Große
KULTUREN
der Welt

Große KULTUREN der Welt

Ägypten – Hellas – Rom – Byzanz
Islam – China – Japan – Das Alte Amerika

Frontispiz:
Das Grab der Neferati (19. Dynastie) im Tal der Königinnen
ist das schönste dieser Nekropole. Die Abbildung zeigt die
Gemahlin Ramses' II. in ihrem königlichen Schmuck.

Übersetzungen:
Ägypten: Arthur Reif
Hellas, Rom, Byzanz, Islam und die Inkas: Karin Müller
Japan: Petra Matusche

Abbildungsnachweis:
R. Hecher, München: S. 308 und 424
M. Kemkes, Freiburg: 262
J. Lauber, Freiburg: 404–408, 456, 504, 521, 552, 561–564
Th. Wöppel, Freiburg: 307, 312, 329, 354–356, 359, 360, 377, 378, 380/381, 402, 403
Rainer Frank, München: S. 577, 579–583, 601, 602, 607, 625–631, 652, 656, 673–679,
697–700, 702, 703, 748–751, 772, 774–776, 793–795, 820, 842, 843, 847, 870–872, 890,
892–895, 913–915, 917, 940–942, 961, 962, 964–967, 989–992, 1010–1012, 1014, 1016,
1034, 1035, 1037–1039, 1059, 1060, 1063, 1086–1088, 1106, 1107, 1109, 1110, 1112
R. Heynowski, Dannenfels: S. 1013, 1036, 1058, 1061, 1108, 1111
Alle anderen sind dem Verlagsarchiv entnommen.

Genehmigte Sonderausgabe
Edition RVG, Offenbach, 2000
© 2000 by I.P. Verlagsgesellschaft International Publishing München
Gesamtherstellung: I.P. Verlag

ISBN 3-89755-114-4

Anklänge an die Wandmalerei lassen sich auf diesem tönernen Salbölgefäß erkennen, das der sogenannte Achilleus-Maler um 440 v. Chr. schuf.

Der Palazzo dei Conservatori in Rom birgt in seiner «Scala della Lupa» das Wahrzeichen der Stadt, die Kapitolinische Wölfin, eine etruskische Bronzeplastik vom Beginn des 5. Jahrhunderts v. Chr.

Das Mosaik in der Apsis von San Vitale zeigt die Kaiserin Theodora mit ihren Hofdamen.

Ägypten

Text von Ania Skliar

Einleitung

Ägypten, die fruchtbare Oase zwischen der Libyschen und der Arabischen Wüste, dieser lange, schmale Talstreifen, der vom Nil befruchtet wird, scheint die prägende Kultur der Welt zu sein. In jenem Tal, das schon seit siebentausend Jahren magische Anziehungskraft ausübt, scheint die Kultur der Menschheit hinter einem in der Sonne glitzernden Schleier aufgewirbelten Staubes ihren Anfang zu nehmen. Die grandiose Landschaft, die dieses Tal umgibt, die regelmäßige Wiederkehr der Nilfluten sowie der unbeirrbare Lauf der Sonne öffnen den Blick auf eine andere, dem Menschen in seiner Vergänglichkeit verschlossene Welt. Der ewig wolkenlose Himmel, der vor Helligkeit blendet, die Erde, in der die Ägypter ein «Geschenk der Götter» sehen, all dies evoziert das ewig Unabänderliche: Die Zeit scheint über den Hügeln und Felsplateaus zu schweben. An der Schwelle zur Wüste fordert das Leben den Tod heraus, der nur eine andere Form des Daseins ist. Die Luft ist so trocken, daß sich die Toten von Natur aus mumifizieren. Es bedurfte daher nur noch eines unbedeutenden Schrittes zum Glauben an die Unsterblichkeit der Seele. Und eben dieser Glaube wird während der gesamten Dauer des ägyptischen Reiches im Mittelpunkt der ägyptischen Kunst stehen. In diesem unermeßlich weiten Raum ist der Horizont grenzenlos. Die Sonne, das strahlende Gestirn, schafft hier keinen Schatten, keine Beleuchtungsnuance: Die Formen und Konturen werden so deutlicher und genauer sichtbar. Das gleißende Licht der Sonne verfestigt die unauflösliche Verbindung zwischen der Erde und einer dauernd vorhandenen, unzerstörbaren Macht: einer Dauerhaftigkeit, deren Rhythmus – unabhängig vom Lauf der Zeit – vom Jahreszeitenwechsel und den periodisch wiederkehrenden Nilfluten bestimmt wird.
Von Juli bis Oktober treten die Fluten des Stromes über die Ufer und bewässern den seit Monaten ausgetrockneten Wüstenboden. Die große Menge wertvollen Schlamms, die der Nil jedes Jahr anschwemmt, ist ein Geschenk, das die Götter den Menschen in der Wüste zukommen lassen: In ihrem Wohlwollen verleihen sie dem Land Fruchtbarkeit. Somit führt die Betrachtung dieser außergewöhnlichen Landschaft direkt zu tiefgründigeren Themen: Licht und Schatten des Jenseits.

Dieses Gefühl der Dauer, dieses ausgewogene Verhältnis zwischen dem Leben und der Ewigkeit begeisterten ungezählte Reisende, wie zum Beispiel *Herodot*, den griechischen Geschichtsschreiber aus dem 5. Jahrhundert v. Chr., der Ägypten als ein «Geschenk des Nils» ansah. Dieses grundlegende Gefühl der Beständigkeit, geradezu ein Siegel für den Fortbestand der Orte und Epochen, wird die ägyptische Seele etwa viertausend Jahre lang beflügeln.

Zwischen dem Nil, der seine Gestade düngt, und dem Himmel, dem Bereich der Sonne, wird sich ein Netz von Verbindungen entspinnen: der irdische Beweis für eine entsprechende göttliche Wahrheit. Die Götter beschützen Ägypten. Sie bestimmen den Lauf der Welt.

Folgendes vermittelte der Vizekönig Meten seinem Monarchen Djoser (3. Dynastie): «Es gibt eine Stadt an dem Fluß, aus dem der Nil seine Kraft zu schöpfen scheint. Man nennt sie Stadt des Anfangs, und dort, weit, weit im Süden, befindet sich das Land, das vor allen anderen Ländern erschaffen wurde. Dort ist eine lange Stiegenflucht, eine Treppe; an diesem Ort ruhte sich der Gott Ra aus, nachdem er die ersten Menschen erschaffen hatte. Und dort befinden sich auch zwei Höhlen, in denen die zwei Bäche entspringen, die die Quellflüsse des Nil sind. Die große Überschwemmung, die die gesamte Erde ertränkt, nimmt dort ihren Anfang. Das geht folgendermaßen vor sich: Der Gott Nil erhebt sich, stampft mit seinen Sandalen auf den Boden, öffnet die Riegel und die beiden Tore, aus denen sich sodann das Wasser ergießt: Es schießt heraus, und bald bedeckt ein grüner Teppich die Felder und Gärten der gesamten Erde, und die Menschen freuen sich jetzt in Erwartung der künftigen Ernten.»

So entsteht eine Weltgeschichte, ein Schöpfungsmythos, der durch die Verbindung des Familiären mit dem Phantastischen, des Magischen mit dem Religiösen genuin ägyptische Züge erhält.

Religion

Ein Hauptcharakteristikum dieser Religionskonzeption ist die Pluralität der theologischen Systeme. Jede oder beinahe jede Metropole ist der Sitz eines eigenen Systems. Doch über diese Pluralität hinaus gibt es überall eine souveräne und bezeichnenderweise einheitliche Sonnengottheit. Die wichtigsten Zentren sind *Memphis* mit *Ptah*, der lokalen Gottheit, *Theben*, Stadt des *Amon*, *Hermopolis* mit der Gottheit *Thoth* sowie *Heliopolis*, Sitz des *Ra*. Die Hauptlehren, deren Einfluß auf die ägyptische Religion unbestreibar ist, sind die von Hermopolis und Heliopolis.

1 *Unter Echnaton fand der ägyptische Sonnenkult seinen Höhepunkt. Auf der Darstellung aus dem Königsgrab in Tell el-Amarna verehrt die königliche Familie die Morgensonne.*

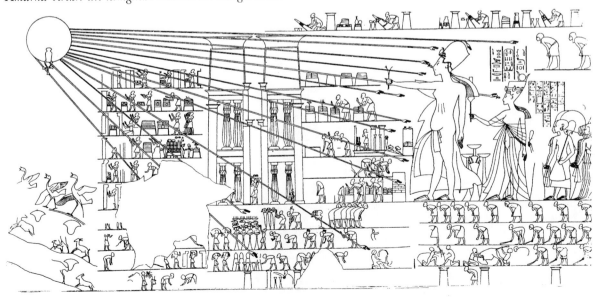

Die Lehre von Hermopolis

Im System von Hermopolis bringt eine Gruppe von Gottheiten die Sonne zur Welt: *Thot*, der örtliche Gott, erschafft mit seiner Stimme acht bedeutende Gottheiten (die von Schlangen – für die weiblichen Gottheiten – und Fröschen – für die männlichen – verkörpert werden), die sich zu vier Paaren gruppieren: Nacht, Finsternis, Mysterium, Ewigkeit. Diese Paare erschaffen ihrerseits, zurückgezogen auf einem aus der Finsternis aufragenden Erdhügel, das Ei, aus dem die Sonne ausschlüpft, die Bezwingerin und Organisatorin der Welt.

Die Lehre von Heliopolis

Die Lehre von Heliopolis, die man auch «Sonnenlehre» nennt, unterscheidet sich wesentlich von der Lehre von Hermopolis: Am Anfang ist das Urmeer, das in der Finsternis liegt. Aus dem Chaos, das *Nun* heißt, tritt die Sonne – *Atum* – heraus, die, nach einer der verschiedenen

2 Die bemalten Reliefs in den Kapellen des Sethos-Tempels in Abydos gehören zum Schönsten, was uns das Neue Reich hinterlassen hat. Hier König Sethos I. (19. Dynastie) mit dem Bild der Göttin der Wahrheit.

3 Im Londoner Britischen Museum befindet sich dieser Papyrus aus der 21. Dynastie. Eine Verstorbene und ihre Seele (links) beten die Sonnenscheibe an, die Gott Schu hochhält. Rechts die vier Himmelsruder.

Versionen, durch Ausspucken ein Paar gebiert: *Schu*, Gott der Luft, und seine Gemahlin *Tefnut*, die ihrerseits *Geb*, den Gott der Erde, und *Nut*, die Königin des Himmels, hervorbringt. Schu wiederum trennt *Geb* von *Nut*, die daraufhin zwei göttliche Paare gebiert: *Isis* und *Osiris*, *Seth* und *Nephthys*. Das sind zusammen neun Gottheiten, die göttliche Neunergruppe von Heliopolis. All diese offiziellen Götter werden von der Religion des Volkes auch geachtet, jedoch in familiärerer Weise.

Der Osiris-Mythos

Es entstehen verschiedene legendenumwobene Versionen eines Mythos. Der am weitesten verbreitete dieser Mythen ist der um *Osiris*: *Osiris*, der älteste Sohn von *Geb* und *Nut*, Thronerbe von Ägypten, verschaffte seinem Land Gerechtigkeit, Wohlstand und Sicherheit. Sein Bruder *Seth* war eifersüchtig, verschwor sich gegen seinen Bruder und tötete ihn: Bei einem Bankett tat er so, als wolle er ein Spiel mit den Gästen spielen. Er versprach demjenigen einen großen Reisekoffer, der diesen am besten ausfüllen würde. Der Koffer aber war für *Osiris* maßgeschneidert. Als dieser sich in den Koffer gelegt hatte, verschlossen *Seth* und seine Komplizen denselben und warfen ihn in den Nil. Er landete am Strand von Byblos, wo er Wurzeln schlug und zu einem Baum wurde. *Isis*, seine untröstliche göttliche Gattin, fand ihn schließlich und brachte ihn zurück ins Nildelta. Sie versteckte ihn in den Sümpfen, wo auch *Horus*, der nach des Vaters Tod geborene Sohn von *Isis* und *Osiris*, lebte. Aber *Seth* entdeckte Osiris noch einmal, zerschnitt ihn in Stücke und verstreute die vierzehn Teile im Land. Nun begann die zweite Suche der *Isis*. Es gelang ihr, alle Teile zusammenzutragen, mit Ausnahme des Penis, den ein Fisch gefressen haben soll. *Isis* begrub die Stücke schließlich wieder am jeweiligen Fundort. Aus diesem Grunde gibt es in Ägypten eine so große Zahl von Heiligtümern, die angeblich über ein Grab des *Osiris* verfügen.

Als *Horus* alt genug war, um seinen Vater zu rächen, forderte er seinen Onkel *Seth* zum Zweikampf heraus. In einer anderen Version erfahren wir von verschiedenen Kämpfen, in denen sich *Horus* und *Seth* gegenüberstanden. Sie endeten mit dem Sieg von *Horus*, der über das in *Seth* verkörperte Böse triumphierte. Er konnte dadurch zu seinem Recht kommen und seinem Vater auf dem ägyptischen Thron nachfolgen.

Die Legende berichtet auch, daß der Sonnengott *Ra* den schakalköpfigen Gott *Anubis* vom Himmel sandte, der die Einbalsamierung des *Osiris* überwachte. *Anubis* fügte den Leichnam wieder zusammen und wickelte ihn in ein Leichentuch; er kreuzte seine Arme auf der Brust und schmückte den Kopf mit einer Haube, die seitlich mit zwei großen Federn verziert war. Mit Hilfe von *Nephthys* hauchte ihm *Isis* wieder Leben ein, indem sie sang und Psalmen las: «Du hast deinen Kopf wiederbekommen, du hältst deinen Körper wieder zusammen, man hat dir deine Venen zurückgegeben (...) Komm in dein Haus! Schau mich an, ich bin deine Schwester, die du liebst, entferne dich nicht von mir! Geh auf die zu, die du liebst, komm zu deiner Frau; die Götter und die Menschen beweinen dich gemeinsam.»

Dies war die Wiedergeburt von *Osiris*. Um die für *Osiris* praktizierten Riten zu imitieren, die die Auferstehung symbolisieren, wurde die Einbalsamierung allgemein als Begräbnisritus eingeführt. Diese Gepflogenheiten beschrieb Herodot in seinen «Historien»: «Zu Beginn entfernt man mit Hilfe von Eisenhaken und durch die Injektion von zersetzenden Chemikalien das Gehirn durch die Nasenlöcher. Dann schneidet man die Seiten des Leichnams auf und entfernt die Eingeweide, die man darauf mit Palmwein spült und mit zerstoßenen aromatischen Pflanzen reinigt. Dann füllt man die Bauchhöhle mit Myrrhe, falschem Zimt und anderen wohlriechenden Pflanzen (außer Weihrauch) und näht sie wieder zu. Daraufhin wird der Leichnam in Natron getaucht und bleibt siebzig Tage in diesem Bad liegen. Nach siebzig Tagen wäscht man den Toten, umwickelt ihn mit in einer Art Harz getränkten Leinenstreifen und bringt ihn schließlich seiner Familie. Diese läßt eine Holzmumie in Menschenform anfertigen, in die man den Toten bettet; der Tote wird im Hause der Familie sorgfältig in einer Grabkammer verwahrt, wo man die Mumie stehend an eine Wand lehnt.»

Gericht über die Toten

Osiris führt den Vorsitz des Gerichts, *Anubis* nimmt ebenfalls an der Entscheidung teil. Die ältesten Texte, die von diesem Gericht berichten, kann man an den Wänden der Pyramiden finden. Es folgen weitere Texte an den Wänden von Sarkophagen sowie schließlich die auf

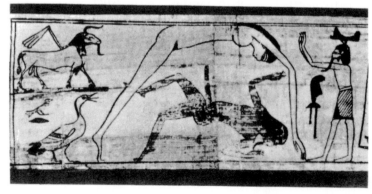

4 Der Erdgott Geb sucht sich mit seiner Gemahlin, der Himmelsgöttin Nut, zu vereinen, die sich über ihn beugt. Papyrus der 21. Dynastie im Britischen Museum, London.

Papyrus geschriebenen Texte des Neuen Reiches. Die Gepflogenheiten entwickeln sich beständig weiter, um den Dahingegangenen mit absoluter Sicherheit eine bis in alle Ewigkeit dauernde Existenz zu sichern.

Maat, die Göttin der Gerechtigkeit, empfängt den Toten. Sein Herz wird, als Sitz seiner Intelligenz, auf eine Waagschale gelegt. In der anderen Waagschale befindet sich das Symbol der Gerechtigkeit. *Horus* und *Anubis* überprüfen die Genauigkeit des Wiegevorgangs, und *Thoth*, der Gott der Weisheit und Schutzpatron der Schriftgelehrten, schreibt das Ergebnis nieder. Das Herz, das während der Gerichtsverhandlung in all seine Teile zerlegt wird, kann sowohl einen Schuldspruch als auch einen Freispruch für den Toten erwirken. Daher spricht es der Tote wie ein eigenes Lebewesen an und hält es durch seine Gebete und durch rituelle Redewendungen zur Milde an: «O mein Herz, lege kein Zeugnis gegen mich ab, wende dich nicht vor meinen Richtern gegen mich ...»

Der Tote spricht auch die 42 Richter an, die sich im Saal befinden. Zunächst muß er sich von all den Sünden lossagen, die man ihm vorwerfen könnte:

«Ich bin nicht schlecht zu den Menschen.
Ich bin keiner, der seine Eltern tötet.
Ich lüge nicht, anstatt die Wahrheit zu sagen.
Ich versündige mich nicht gegen die Götter.
Ich mache mich nicht der üblen Nachrede schuldig.
Ich verursache keine Hungersnot.
Ich bringe niemanden zum Weinen.
Ich lasse die Menschen nicht leiden.
Ich verringere meine Tempelopfer nicht.
Ich stehle den Toten nicht ihre Nahrung.
Ich halte das Wasser nicht auf, solange es laufen muß.»

Aber vor allem muß der Tote beweisen, daß er magische Kräfte besitzt und daher alle Götter mit ihrem Namen anrufen kann:

«O Du, der Du gemäß Deiner Weisheit handelst und in Tebuu erscheinst, ich behindere nicht den Lauf des Wassers.
O Du allmächtiger Gott, der Du am Firmament erscheinst, ich bin kein Mensch mit laut hallender Stimme.
Du, der Du das Wohlergehen der Toten sicherst und in Sais erscheinst, ich würde nie einen Gott beleidigen.
O Du, der Du einen Arm hebst und in der Hölle erscheinst, ich würde nie etwas tun, das beim Gott meiner Heimat Anstoß erregt.»

Wird der Verstorbene verurteilt, verschlingt ihn auf der Stelle ein gefräßiges Tier, das den Körper eines Nilpferdes hat, auf dem jedoch der Kopf eines Krokodils sitzt, und das seinen Platz neben dem Thron des *Osiris* hat. Bestätigt das Herz jedoch die Unschuld des Toten, führt *Horus* ihn nun vor *Osiris*, der ihm seinen Platz in der anderen Welt anweist.

Farbabbildungen

17   Deutsche Archäologen entdeckten 1912 bei Ausgrabungen in Amarna die berühmte Porträtbüste der Königin Nofretete, Gemahlin Echnatons (18. Dynastie).

18   Zwischen der Chefren- und der Cheops-Pyramide (rechts) liegt in Gizeh die Kolossalstatue des Sphinx (4. Dynastie): 20 m hoch und 57 m lang, ein Porträt des Pharaos Chefren.

19   Die kleinste Pyramide der Totenstadt von Sakkara ist die des Königs Unas (5. Dynastie), berühmt für ihre Pyramidentexte: magische Formeln und Gebete, die den König schützen sollten.

20   Die Mastaba des Priesters Mereruka (6. Dynastie) in Sakkara wurde 1893 freigelegt und umfaßt 32 reich dekorierte Räume. Unsere Abbildung zeigt eine Scheintür mit einer Statue des Priesters.

21   Aus der 5. Dynastie stammt die Mastaba des Höflings Ptahhotep in Sakkara, deren Reliefs ein Höhepunkt der Kunst im Alten Reich sind. Hier die Darbringung von Opfergaben.

22   Bei den Ausgrabungen in Sakkara fand man 1899 auch die Statue des Thay, eines königlichen Stallmeisters der 18. Dynastie. Sie ist aus Ebenholz gearbeitet.

23   Die Statuengruppe (6. Dynastie) aus bemaltem Kalkstein zeigt den Zwerg Seneb, Priester für den Totenkult, mit seiner Familie. Gefunden wurde sie in einer Mastaba bei Gizeh.

24   Zur Nekropole von Gizeh gehört auch das Grab der Königin Meresanch III. (4. Dynastie), das mit Darstellungen von Tätigkeiten aus dem Alltag ausgeschmückt ist.

5 Zwei Löwen tragen die Sonnenscheibe, die von der Uräusschlange umschlossen und so vor Angriffen geschützt ist. Rechts ein Ungeheuer aus der Unterwelt.

Das pharaonische Prinzip

Der Gott *Osiris*, der Herr über das Jenseits und frühere König Ägyptens, stellt durch seine Nachkommenschaft auch weiterhin den Thronfolger in seinem früheren irdischen Reich. Die Monarchie ruht somit auf zwei zusammengehörenden Säulen: Die Herrscher sind göttlichen Ursprungs, außerdem ist der ägyptische Königsthron erblich. Während der ersten Dynastien wurde der Sohn des *Horus* als Pharao durch einen Falken symbolisiert, im Mittleren Reich wurde eben dieser – der Enkel des *Osiris* – als «Sohn des *Ra*» bezeichnet, der mit den Göttern der Neunergruppe von Heliopolis auf einer Stufe steht. Die Reinheit des königlichen Blutes ist einer der entscheidenden Gründe für die Legitimität des Königs: So heirateten die Könige mit Vorliebe eine ihrer Schwestern beziehungsweise Halbschwestern. Darüber hinaus muß der Sonnengott den König in einer Krönungszeremonie zu seinem Nachfolger machen. Der Pharao ist dann der Vater der ägyptischen Erde und seines Volkes und auch der Vermittler zwischen den Menschen und den Göttern.

Der König ist nicht nur oberster Herr der Verwaltung und im militärischen Bereich, er verfügt auch über die gesamte spirituelle Macht. Er errichtet den Göttern Tempel und läßt ihnen dort auch regelmäßig dienen. Er allein bringt den Göttern Opfer dar, kann dies aber auch an Priester delegieren. Nach seinem Tode kehrt er an die Seite seines Vaters, des Sonnengottes, zurück: Nachdem man ihn der rituellen Reinigungszeremonien unterzogen hat, die in den Texten der Pyramiden festgelegt sind, fährt er in Form eines Vogels, eines Skarabäus oder einer Heuschrecke in den Himmel auf. Dabei helfen ihm alle Naturkräfte und auch die Götter selbst. Bevor er das «Feld der Weihegeschenke», den Aufenthaltsort der Glücklichen im

Orient, erreicht, muß der König noch eine letzte Bewährungsprobe bestehen: Er muß den See überqueren, der die Pforte des Paradieses schützt. Der Fährmann in seinem Boot unterwirft ihn einer Befragung; er muß darauf mit ritualisierten Formeln antworten. Ist diese letzte Hürde genommen, empfängt ihn schließlich der Sonnengott; der Tote kann nun dessen himmlisches Dasein teilen.

Vom Mittleren Reich an kann außer den Pharaonen auch jeder andere das ewige Leben erlangen. Beim Aufstieg zu dieser neuen Existenz verwendet sich die Seele des Verstorbenen, das «Ba», am Tag in verschiedenen Erscheinungsformen für ihn, und in der Nacht sucht es ihn ebenfalls in seinem Grab auf. Ein anderer Wesenszug des Menschen und die «göttliche Schaffenskraft» ist das «Ka». Es ist das grundlegende Lebensprinzip, von dem alle Kreaturen in hierarchischer Reihenfolge einen kleinen Anteil erhalten. Diese Schaffenskraft geht naturgemäß vom Schöpfer auf die Kreaturen über. Sie hat ihren Ursprung beim Weltschöpfer (Demiurg), der sie auf das erste göttliche Paar übertrug. Die folgenden Göttergenerationen haben sie weitergegeben, so daß sie schließlich auf den König, den Sohn und Erben der Götter, überging. Der König allein hat vierzehn «Ka». Seine Aufgabe ist es auch, diese göttliche Kraft unter den Menschen zu verteilen, da auf Erden nur er allein über diese Kraft verfügt. Aber auch ein Pharao muß, wie jeder Mensch, sterben, um in den Besitz seines «Ka» zu kommen. Dies geschieht nach einem jüngsten Gericht über den Toten. Um im Jenseits weiterleben zu können, bedarf die Seele des Leichnams, und aus diesem Grund bemühen sich die Ägypter, ihn zu konservieren, deshalb haben sie die Mumifizierung und die Einbalsamierung erfunden. Eine weitere Funktion des «Ka» ist, daß der Tote durch dessen Vermittlung die Opfergaben erhalten kann, die die Lebenden in seinem Grab deponieren.

6 Die Sonne wird von einem riesigen Skarabäus auf ihrer Bahn entlanggerollt. Er symbolisiert die aufgehende Sonne und findet sich auch links im Boot zusammen mit dem Erdgott Geb; sie werden von den Göttern der Nacht zur Sonne gezogen.

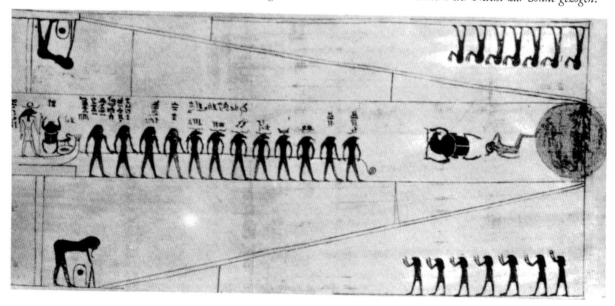

Die Kunst der Grabmäler

«In dem Gefängnis, von dem Pascal spricht, ist es den Menschen gelungen, in ihrem eigenen Wesen eine Antwort zu finden, die, wenn ich so sagen darf, diejenigen, die dessen würdig sind, mit dem Gefühl der Unsterblichkeit erfüllt. (...) Das größte Geheimnis ist nicht, daß wir wahllos in diese wirre Welt aus Materie und Gestirnen geworfen werden, sondern die Tatsache, daß wir in diesem Gefängnis aus uns selbst heraus Bilder schöpfen, die stark genug sind, um darauf unser Sein zu begründen. Und nicht nur Bilder» (André Malraux). Diese magischen Bilder sind sogar in der Lage, das Weiterleben der Seele zu garantieren. «Jede sakrale Kunst stellt sich dem Tod entgegen, weil sie nicht bloß die Zivilisation, der sie entspringt, schmückt, sondern weil sie deren herausragende Wertvorstellungen ausdrückt» (André Malraux).

In den Behausungen für die Ewigkeit, das heißt in den ägyptischen Grabmälern, ist jede bildliche Darstellung, und sei es eine Hieroglyphe, der Ursprung von Existenz. Man kann sie in einer Statue darstellen, es reichen aber auch ein kleines Relief oder eine Malerei oder sogar ein eingeritzter Name aus, um diese Existenz zu erzeugen, ja sogar zu vollenden. Das gesamte ägyptische Leben wird in diesen Behausungen der Ewigkeit zusammen mit der ägyptischen Geschichte noch einmal lebendig. Wenn die ägyptische Kunst im Stil selbst besteht, so erreicht sie mit der Zielsetzung der Ähnlichkeit mit dem Original die Schaffung des Absoluten. So ist all die Kunst Grabeskunst, ohne je düster oder traurig zu sein: Sie ist, ganz im Gegenteil, religiös-feierlich, eben weil es sich um sakrale Kunst handelt. Die Künstler bemühen sich, das Leben aus all den Blickwinkeln darzustellen, die für das Weiterleben im Jenseits wichtig sind, es aber auch bezüglich der Fülle der königlichen und auch menschlichen Funktionen, die für die Verwaltung des Königreichs sowie zum Genuß dieser Machtstellung unabdingbar sind, naturgetreu wiederzugeben (Opferszenen, Tributzahlungen, Festlichkeiten, Arbeiten auf dem Felde, Berufe, das tägliche Leben, die Fischerei, die Jagd usw.). Betrachtet man diese Scheinhandlungen beispielsweise anhand eines Königsgrabes, diese Handlungen, die mit einigen Varianten – die von den Wirkungen historischer Umwälzungen abhängen – immer die gleichen Rituale darstellen, so versteht man die Zeitlosigkeit dieser Kunst, deren Wirkung man jedoch trotzdem emotional empfindet. Jedes große Kunstwerk entspringt zwar seiner Zeit, kann diese aber gleichwohl nur durch die Elemente überdauern, die über diese Zeit hinausweisen: die spürbare Resonanz des Vorhandenseins von etwas Neuem, das mehrfache Echos auslösen kann.
So verwenden die Ägypter Materialien, die für ewige Haltbarkeit bürgen, wie zum Beispiel Granit, harter Kalkstein, Alabaster, Porphyr, Diorit usw. Dadurch machen sie die Gräber unzerstörbar und unempfindlich gegen die Gewalt des Windes, des Sands und der Wasserfluten. Aus dem gleichen Grund suchen sie auch nach immer glatteren geometrischen Formen. So war zum Beispiel der Tempel des «Per» das «Haus» Gottes, und das architektonische Bauwerk stellte die Garantie gegen die Vergänglichkeit von Leib und Seele dar.

Die prähistorische Epoche

Folgt man dem Niltal stromaufwärts, beginnt man eine Reise in die Ewigkeit. Die herausragenden Stationen auf dieser Reiseroute sind die politische Hauptstadt Memphis und die religiöse Nekropole Theben mit ihren berühmten großen Tempelanlagen Karnak und Luxor, dem unvergleichlichen Tal der Könige und Nubien. Es ist dies eine phantastische Pilgerfahrt in eine zeitlos erscheinende Epoche. «Unsere in Stein gehauenen Tunnel mit den Belüftungsturbinen erinnern uns daran, daß der Mensch das Werkzeug erfunden hat; Ägypten allerdings erinnert uns daran, daß der Mensch das Grab erfunden hat» (André Malraux).
Schon aus vorgeschichtlichen Zeiten sind die ersten Begräbnisstätten erhalten, runde, mit Steinhaufen bedeckte Gräber. Später erhalten sie eine ovale Form, ihre Wände werden mit Latten oder durch eine Tonverkleidung befestigt. Noch später werden sie zu rechteckigen Grabanlagen und können daher hinfort auch mehr und bedeutendere Grabbeigaben enthalten. Da sind zunächst die ersten kleinen Statuen: kleine Figuren aus Terrakotta wie diejenige, die die Arme in Richtung Himmel hebt und so eine Haltung des Gebets oder des Wehklagens einnimmt – die ersten bildlichen Darstellungen des Jenseits. Zweifellos befinden sich die religiösen Vorstellungen hier noch im Stadium der Magie, ohne eine ausformulierte Schöpfungsgeschichte oder ein Dogma, aber man kann doch in den eindrucksvollen Ansätzen des Stils eine aufkeimende Tendenz dazu spüren, dem Menschen Zugang zu einer überirdischen Welt zu verschaffen.
In diesen Gräbern findet man auch die ersten Wandbilder, wie zum Beispiel das Bild, das man in Hierakonpolis entdeckt hat. All dies scheint die Entstehung einer ureigenen Kunstrichtung anzuzeigen. Die Art zu malen ist noch nicht wohlgesetzt, die Bilder fügen sich noch nicht in einen Rahmen. Die Künstler dieser Epoche verfügen noch nicht über die Kenntnis der Perspektivtechnik. Die typischen Konventionen der ägyptischen Malerei treten jedoch schon hier deutlich hervor: Die Menschen sind im Rumpfbereich von vorn abgebildet, während das Gesicht und die Füße im Profil dargestellt sind. Bei den Frauen herrschen gelbliche, bei den Männern rötliche Ockertöne vor. Schwarz und Weiß gehören ebenfalls schon zum Farbspektrum der Bilder an den Wänden dieser Gräber, und auch die Anfänge erster chromatischer Konventionen sind bereits erkennbar.

Was die Grabbeigaben betrifft, so findet man hier eine große Zahl von Gefäßen, deren Formen und Verzierungselemente immer weiter verfeinert und ausgestaltet wurden. Grundsätzlich unterscheidet man drei Arten prähistorischer Töpferei: Den Typus von Badarie bilden Gefäße aus rotem Ton, die ein Dekor aus parallelen und diagonalen Streifen aufweisen, deren Ränder beim Brennvorgang nachdunkeln. Der zweite Typus ist der von El Amrah, der die Farbe des Materials beibehält, dessen Dekor aber durch geometrische Figuren und Motive aus der Tier- und Pflanzenwelt vielfältiger erscheint. Die Töpferwaren aus Gerze schließlich verfügen über noch vielfältigere und phantasiereichere Dekorelemente und stellen bisweilen sogar Motive religiösen oder magischen Ursprungs dar. Außerdem werden die Form und der zur Herstellung verwendete Ton zusehends feiner.

In der neolithischen Epoche, in der der Mensch begann, Kupfer zu verwenden, nahm die Herstellung von Gefäßen zu, und es entstand auch eine Reihe von Gefäßen in Menschen- und

7 *Auf dieser Kalkstein-Stele aus der 19. Dynastie wird der religiöse Wechsel jener Zeit deutlich: Eine Verstorbene betet Osiris (links) an, den Gebieter der Unterwelt, der den alten Totengöttern den Rang ablief, wie z.B. Ra, der hier ebenfalls (noch) verehrt wird.*

8 Die berühmte Schminkpalette des Königs Narmer wurde um 3000 v. Chr. geschaffen. Auf ihrer Rückseite ist der König zu sehen, der einen Feind erschlägt, ferner der Horusfalke.

Tierform. Der einzige Gegenstand aus dieser Epoche, dessen Funktion man noch nicht herausgefunden hat, eine Schieferpalette, erfährt ebenfalls seine eigene Entwicklung. Vielleicht diente diese Palette zur Zerkleinerung von Schminke, möglicherweise war sie aber auch einfach ein ritueller Gegenstand für die magischen Zeremonien bei der Jagd oder bei der Fischerei. Elfenbein und Knochen verwendete man ebenso zur Herstellung von Toilettenartikeln wie Kämmen, Spangen und dergleichen. Die Metalle Kupfer und Gold wurden zur Anfertigung von Werkzeug und Schmuck verwendet. Man findet zum Beispiel Messer, deren Klinge üblicherweise aus Feuerstein und deren Knauf entweder aus Elfenbein oder aus Gold ist.

Die thinitische Epoche

In der thinitischen Epoche vereinigte Menes, ein König der 1. Dynastie, den Norden und den Süden des Landes zu einem Reich, eroberte das Nildelta und erwählte This zur Hauptstadt seines doppelten Königreiches. Zu seiner Zeit werden die Gräber zu architektonisch bedeutsamen Anlagen. Ziegel ersetzen die Holz- und Tonwände, und der ungeordnete Steinhaufen wird zu einem rechteckigen, massiv gemauerten Grab mit einem in der Mitte gelegenen Hohlraum, in den der Tote gelegt wird. Bei Königsgräbern befindet sich an der gleichen Stelle eine Art Wohnung. Einige Zimmer sind dazu vorgesehen, die Opfergaben der Lebenden aufzunehmen, andere sind für die Grabbeigaben bestimmt. Diese Gräber werden zunächst mit einer Holzdecke versehen, dann aber noch mit Ziegeln zugemauert. Die äußeren Mauern werden mit Schmuck versehen: Die Ornamente stellen bisweilen Fassaden mit Vorsprüngen und Gesimsen dar, wie sie zweifelsohne in den einfacheren königlichen Palästen vorhanden sind. Ein Beispiel dafür ist die «Stele des Schlangenkönigs» (Louvre, Paris), die man im Ehrengrabmal dieses Königs in Abydos fand. Ein solches Ehrengrabmal ist ein leeres Grab, das man zu Ehren eines Toten errichtet, der anderswo begraben ist. In der 1. Dynastie des ägyptischen Reiches scheinen die sterblichen Hüllen der Könige aus Abydos in noch größeren Gräbern bestattet worden zu sein, und zwar in Sakkara, wo solche Gräber entdeckt worden sind. Man nennt diese Art Grab im allgemeinen «Mastaba». Die einheimischen Arbeiter des französischen Ägyptologen Auguste Mariette (1821–1881) gaben den Begräbnisstätten diesen Namen, weil sie den Bänken glichen, die sie vor ihren Häusern stehen hatten: «Mastaba» heißt im Arabischen «kleine Bank». Eine sehr große Anlage dieser Art fand man an der Ausgrabungsstätte von Nagada in der Nähe von Theben; es handelt sich dabei möglicherweise um das Grab des Königs Menes. Die Gräber von Privatleuten, die man an gleicher Stelle in großer Zahl fand, sind wegen ihrer geringen Größe architektonisch nur von geringem Interesse. Was das ägyptische Relief der thinitischen Epoche betrifft, so «ist es, wie die Malerei, wegen seines äußerlich vergänglich erscheinenden Charakters und seiner Einbindung in die Gebäudearchitektur eigentlich der Statue nachgeordnet. Zu den Darstellungsbereichen des Reliefs gehören der Bereich der Ernte, die Haustiere, der Tanz und die Jagd. (...) Darüber hinaus

9 *Apophis, das unheilbringende Schlangenwesen und überhaupt die Verkörperung des Schlechten, wird auf dieser Grabstele von einem Verstorbenen und seinen drei Söhnen besänftigt.*

schlägt es uns mit einer Darstellungsweise in Bann, die erhabene Felsskulpturen nicht darzustellen in der Lage sind» (André Malraux).

Das erste bekannte Beispiel ist eine Palette aus grünem Schiefer, die sogenannte Narmer-Palette. Die charakteristischen Kennzeichen dieser Palette enthalten andeutungsweise verschiedene Elemente der ägyptischen Kunst: die Aufgliederung in verschiedene Bildebenen, leichte Ansätze von Erhöhungen, die eine stärker graphisch orientierte Darstellung ermöglichen und auf diese Weise den Lauf des Lebens andeuten können, sowie schließlich die bereits angesprochenen Konventionen bei der Darstellung von Menschen. Diese Themenkreise finden sich in der ägyptischen Ikonographie wieder. Auf der Vorderseite: der König Narmer (Menes), der eine rote Krone als Symbol Unterägyptens (dem Gebiet des Nildeltas) auf dem Kopf trägt; vor ihm befindet sich eine Reihe von Soldaten; Darstellungen von Gottheiten, wie zum Beispiel die der Göttin *Hathor*; mythische Tiere mit ineinander verschlungenen, sehr langen Hälsen, die von Sklaven festgehalten werden, ein Motiv mesopotamischen Ursprungs, das aber auch in Europa bis ins Mittelalter hinein spürbaren Einfluß hatte. Auf der Rückseite: Im Zentrum findet sich eine Szene, in der der Pharao, der hier die weiße Krone Oberägyptens trägt, einen Libyer in Schach hält, den er an den Haaren festhält; mit der rechten Hand umfaßt er eine Menge Waffen; zu seiner Rechten befindet sich der Falke *Horus*; auf einer höheren Ebene erkennt man die Göttin *Hathor*, während am unteren Rand zwei tote Feinde dargestellt sind.

Im Laufe einer fortwährenden Entwicklung greift die ägyptische Kunst immer wieder frühere Stilelemente auf. So ritzt man zum Beispiel zunächst den Namen eines Verstorbenen in einer Mauer ein, später fügt man ein kleines Abbild des Toten hinzu, das man in einer kleinen Vertiefung anbringt, in der Folge wird diese Vertiefung dann zu einer Nische, zu einem Ort der Anbetung, um schließlich eine Kapelle, ja sogar ein richtiger Tempel zu werden. Dieses grundlegende Gesetz findet nicht nur in der Architektur seine Anwendung, sondern beeinflußt auch die Literatur, nämlich in den Sammlungen der magischen Formeln, die den Verstorbenen ermöglichen, dem obersten Richter *Osiris* mit zuversichtlich erhobenem Haupt entgegenzutreten.

Im Laufe der folgenden Jahrhunderte werden wir sehen, daß die unbestreitbare Entwicklung der ägyptischen Kunst in keiner Weise zu einer Veränderung der traditionellen Formen führt: In der Architektur, in der Malerei und in der Bildhauerei bleibt die Form immer dem gleichen Endzweck untergeordnet, der absoluten Notwendigkeit, dem Toten die Fortsetzung seines Lebens nach dem Tod zu verschaffen. Auch die Pyramiden entstehen später ganz natürlich aus dieser Entwicklung, die stets an diesen Zweck gebunden bleibt.

Das Alte Reich

Die Stufenpyramide · Der ägyptische Kanon

König Djoser ließ auf dem Plateau von Sakkara, das gegenüber der Stadt Memphis lag, in der 3. Dynastie für sich einen Grabkomplex errichten, der die prähistorischen Mastabas an Komplexität und Größe bei weitem übertraf. Die Architektur dieser Stufenpyramide weist bereits auf die der berühmten Grabanlage von Gizeh voraus, die den Höhepunkt der Entwicklung der Pyramide im Alten Reich darstellt. Diese Grabanlage ist schon wesentlich aufwendiger gebaut als die Anlagen der thinitischen Epoche. Sie wurde von Imhotep, dem Kanzler und Baumeister des Königs Djoser, gebaut, den man darüber hinaus später als Halbgott betrachtete und als Patron von Wissenschaft und Medizin anbetete. Unter römischer Herrschaft wurde Imhotep mit Äskulap gleichgesetzt. Durch den Bau dieses Grabkomplexes wurde Imhotep zum Wegbereiter der späteren Architekten des Alten Reiches, die sämtlich anonym blieben. Eine Umschließungsmauer von fast zwei Kilometern Länge, deren äußere Fassade mit Kobraskulpturen verziert ist, umschließt diese «Stadt der Toten», die eine Fläche von fünfzehn Hektar bedeckt. Zum ersten Mal in der ägyptischen Architektur baute Imhotep hier ausschließlich mit Kalkstein, und dieser Meisterarchitekt hat es auch bemerkenswert gut fertiggebracht, die architektonischen Elemente früherer Perioden (Ziegel und Schilfrohr) in seinem Baumaterial weiterleben zu lassen.

Die heutige Struktur der Stufenpyramide des Djoser entstand Schritt für Schritt durch den Bau immer neuer Schichten des pyramidenförmigen Mantels über dem Bankgrab. Die ursprüngliche rechteckige Grabkonstruktion wurde in der Höhe zunächst um zwei Meter von der Umfassungsmauer überragt. Erst dann hatte der Architekt die Idee, die Mastaba Schritt für Schritt zu überbauen (zunächst mit drei Schichten, dann mit weiteren zwei Schichten). Aber dies ist nur eine Hypothese, denn die Pyramide (im Griechischen bedeutet Pyramide «kleiner Weizenkuchen») blieb zweifellos unvollendet. Diese verschiedenen, sich überlagernden Schichten, die schließlich die Stufenpyramide ausmachen, sind ein Musterbeispiel für das bereits angesprochene allgemeingültige Gesetz von der beständigen Weiterentwicklung, einem spezifisch ägyptischen Gesetz.

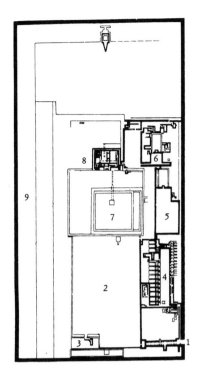

10   Die Grabanlage des Königs Djoser (3. Dynastie) in Sakkara:

1 Tor und Eingangshalle
2 Südhof
3 Südgrab
4 Hebsed-Kapellen
5 und 6 Osthof
7 Stufenpyramide
8 Verehrungstempel
9 Magazine

Eine Kammer des Unterbaus der Pyramide ist als Grabkammer mit Granit ausgekleidet, vier andere Kammern sind mit blauen Fayencen geschmückt. In zwei dieser Räume sind drei Scheintüren-Stelen mit Darstellungen des Djoser verziert. Meistens aus Kalkstein gefertigt, sind diese Scheintür-Stelen ein architektonisch überflüssiges Element und stellen eine Tür dar, die mit Reliefs und Hieroglypheninschriften verziert ist. Sie befindet sich an der östlichen Wand der Grabkammer, und der Verstorbene bedient sich dieser Tür, um aus der Welt der Toten in die der Lebenden hinüberzugelangen, damit er dort die für ihn vorbereiteten Lebensmit-

11   Unas war der letzte Pharao der 5. Dynastie. Seine Pyramide in Sakkara ist wegen ihrer Pyramidentexte berühmt, die in die Wände der Kammern eingraviert sind:
1 Eingang
2 Grabkammer

tel von einem Opfertisch nehmen kann, der wiederum vor dieser Stele steht. Die Opfergaben sind Gegenstand eines organisierten Versorgungsdienstes, den man «Per-Djet» nennt, was soviel heißt wie «die Wohnung». Die Funktion dieser dem Königspalast unterstehenden Organisation ist es, die Gaben entsprechend der Hierarchie und der vom Klerus festgelegten Konventionen auf die Opfertische der Mastabas zu verteilen. Während der ersten Dynastien handelt es sich dabei noch um echte Opfergaben. Gegen Ende des Alten Reiches jedoch reicht der königliche Reichtum nicht mehr aus, um all die Bewohner der Totenstadt mit Lebensmitteln zu versorgen. Der «Per-Djet» wird also zu einem privaten Service. Bald darauf hält aber auch hier die Magie Einzug, und von nun an reichen Inschriften an den Wänden der Gräber, die die Opfergaben aufzählen, für den Lebenserhalt des Verstorbenen aus.

Die große Anzahl von Galerien und Schächten dieser Grabanlage rechtfertigt durchaus die weitverbreitete Vorstellung vom düsteren und geheimnisvollen Gewirr von Gängen in diesen riesigen Gebilden aus Stein, der der Ewigkeit zu trotzen vermag.

Im Inneren der südlichen Umfassungsmauer ließ sich der König eine weitere ‹Wohnung› einrichten, die aus den gleichen Elementen bestand und die möglicherweise die Kanopen des Königs aufnehmen sollte. Es handelt sich hierbei um vier Krüge mit Deckeln in Form von Menschen- oder Tierköpfen, die die einbalsamierten Eingeweide des Toten enthielten. Diese Gefäße standen unter dem Schutz der vier Söhne des *Horus* und der Göttinen *Isis*, *Nephthys*, *Neith* und *Selkis*.

Nördlich schließt sich an die Pyramide ein Grabestempel an, der der Anbetung des Königs diente. Weitere Bestandteile des Gebäudeensembles um die Pyramide sind die Kapelle des «Sed»-Festes, das «Haus des Nordens», das «Haus des Südens» sowie der Serdab.

Die Kapelle des «Sed»-Festes diente speziell zur Feier des königlichen Jubiläums. Bei dieser Zeremonie handelte es sich um die Fortführung einer sehr alten Tradition. Die Zeremonie erlaub-

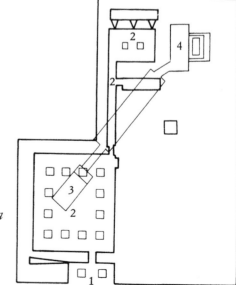

12 Die Mastaba des Ti (5. Dynastie) in der Nekropole von Sakkara ist deren schönstes und vermutlich größtes Grab:
1 Eingang
2 Kapellen
3 Schacht zum unterirdischen Gang in das Grabgewölbe (4)

te dem Pharao nach dreißigjähriger Herrschaft eine rituelle Wiedergeburt: Er erhielt dadurch neue Kräfte für eine weitere Herrschaftsperiode. Später warteten die Monarchen nicht mehr die traditionelle Frist von dreißig Jahren ab, um sich als «Söhne der Götter» und «Väter Ägyptens» feiern zu lassen, sondern die Häufigkeit dieser Jubiläen unterlag dem Willen des jeweiligen Herrschers.

Das «Haus des Nordens» und das «Haus des Südens» sind einfache Heiligtümer von Unter- und Oberägypten und drücken die Souveränität des Pharaos über beide Landesteile aus. Die Schmuckelemente dieser Bauten, wie zum Beispiel kleine Säulen in Lotosform in der Nordkapelle, unterscheiden die beiden geographisch und verwaltungstechnisch getrennten Landesteile.

Schließlich ist da noch der Serdab, das heißt im Persischen «neue Höhle», der dazu diente, die als Kopien des Toten angefertigten Grabstatuen aufzunehmen. Sie sollten dem Verstorbenen ein seinem irdischen Leben entsprechendes ewiges Leben garantieren. In dieser ohne Ausgang konstruierten Kammer fand man die Statue des Djoser, die heute im Ägyptischen Museum in Kairo steht. Es handelt sich dabei um eine der ersten Statuen des Alten Reiches, «bei der der Künstler zu Ende der prähistorischen Epoche eine unübertroffene Meisterschaft und Größe erreicht» (André Malraux). Djoser ist im rituellen Gewand für das «Sed»-Fest dargestellt. Die Statue verfolgt das gleiche Ziel wie die Architektur, sie ist eng mit dem Weiterleben nach dem Tode verbunden. Als Träger des «Ka» muß sie einerseits naturgetreu sein, auf der anderen Seite muß sie aber gleichzeitig eine souveräne majestätische Figur darstellen. Es handelt sich also um eine realistische, aber nicht naturalistische Darstellung: Es ist eine Kultskulptur. Die Pose ist religiös-feierlich, der Blick ist in typisch ägyptischer Art starr ins Unendliche gerichtet. Sieht man der Statue des Djoser in die Augen, erblickt man darin die Unbegrenztheit des Unendlichen. Der Mensch strebt, wie von einem Magneten von der Ewigkeit angezogen, nach dem Absoluten, und schon dadurch ist er unsterblich. Der schlechte Erhaltungszustand der Statue trägt noch weiter dazu bei, diese heitere und bestimmende Haltung des vergötterten Monarchen zu verstärken.

Einige Nebenräume der Grabkammer sind mit Reliefs geschmückt, die ein sehr stark graphisches Muster, feierliche Posen und das Fehlen jugendlicher Bewegung auszeichnen. In der Grabkammer selbst ist König Djoser auf drei Scheintüren dargestellt. Eine der Darstellungen zeigt ihn auf einer rituellen Reise. Es handelt sich hierbei zweifellos um die Strecke, die der König in einem vorher festgelegten Gebiet zurücklegte, um symbolisch von seinem gesamten Königreich Besitz zu ergreifen.

Hier bietet sich die Gelegenheit, mit einigen Strichen die wichtigsten Kennzeichen des «ägyptischen Kanons» zu skizzieren, der sich nicht nur auf die Reliefs, sondern auch auf die Malerei auswirkt: Die Ägypter verwendeten in ihren Darstellungen Euklids Regeln der Perspektive nicht. Sie stellten also Objekte nicht so dar, wie man sie sieht, sondern so, wie man sie kennt. Die bildliche Darstellung, eine veritable Schöpfung, die die Kraft besitzt, den Tod zu überwinden, muß so wirklichkeitsgetreu wie möglich sein, weil Veränderungen, die die Perspektive mit sich bringt, Störungen des Lebens im Jenseits nach sich ziehen könnten. In Ägypten ist alles auf einer einzigen Ebene dargestellt: Die Teile eines dargestellten Gegenstandes werden begradigt, geplättet, entfaltet, so daß alle Aspekte des Modells sichtbar werden.

Dies ist besonders auffällig bei der Darstellung von menschlichen Wesen: Es ist eine urstößliche Notwendigkeit, die verschiedenen Körperpartien einschließlich möglichst aller ihrer bedeutsamen Aspekte darzustellen, damit man nach dem Tod Zugang zu den «Gebieten des ewigen Lebens» erhält. Mann und Frau sind so dargestellt, daß der Kopf im Profil, das Auge aber frontal sichtbar werden. Die Schultern sind von vorn dargestellt, wobei aber bei der Frau eine Brust im Profil erscheint. Das Becken erscheint im Dreiviertelprofil, die Arme und Beine hingegen sind im Profil dargestellt, die Hände allerdings sieht man offen. Die Darstellung des Körpers gehorcht einem sehr strengen und genauen Proportionensystem: Der Körper eines sitzenden Menschen wird in 15 Maßeinheiten eingeteilt: drei für den Kopf, sechs vom Halsansatz bis zu den Knien und sechs weitere von den Knien bis zur Fußsohle. Nach dem gleichen System wird auch ein stehend dargestellter Mensch immer in der folgenden Weise eingeteilt: drei Maßeinheiten für den Kopf, sechs vom Hals bis zu den Knien und sechs für die Beine.

Bis hinein in die Renaissance ist jegliche Skulptur polychrom – und die ägyptischen Statuen machen da keine Ausnahme. Die majestätische Erscheinung fast aller Statuen ist mit leuchtenden und lebendigen Farben besonders hervorgehoben. Dasselbe gilt für die Reliefs. Die verwendeten Farben haben jedoch symbolische Funktionen: Die grüne Farbe stellt die Frische, Jugend und die Auferstehung dar. Die Farbe Schwarz evoziert die fruchtbare Erde des Niltales im Gegensatz zum Rot, das die unermeßliche Größe der Wüste symbolisiert. Weiß steht für das Licht, das aus der Dunkelheit auftaucht, und Goldgelb ist die Farbe der Ewigkeit, der Leib der Götter. Die Körper der Männer sind rötlich ockerfarben, die der Frauen hellgelb. Rot ist die Farbe des Blutes und der Lebenskraft, und Türkisblau steht für die Durchsichtigkeit der ursprünglichen Gewässer, aus denen die Götter wiedergeboren werden.

Die Pyramiden von Dahschur

Ein erster Entwicklungsschritt ist jetzt vollzogen. Die Entwicklung der Baukunst des Alten Reiches erreicht mit dem Bau der Pyramiden des Königs Snofru in Dahschur eine weitere Stufe.

Die erste nennt man wegen ihrer ungewöhnlichen Form allgemein «Knickpyramide». Diese eigentlich nicht ganz exakte Bezeichnung erhielt die Pyramide wegen ihres Profils mit zwei

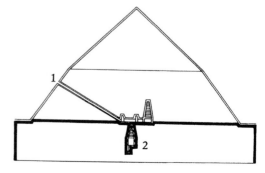

13 Querschnitt (Ost-West) durch die Knickpyramide von Dahschur, eine der beiden dortigen Steinpyramiden des Königs Snofru (4. Dynastie). Vom Eingang (1) gelangt man zur Grabkammer (2) in der Basis der Pyramide.

verschiedenen Neigungswinkeln. Die originelle Bauweise stellt die Archäologen vor ein Problem, weil man nicht genau weiß, warum die Architekten des Snofru die Form der Pyramide im Laufe der Bauarbeiten verändert haben. Manche Archäologen nehmen an, daß die beiden Neigungswinkel für die Qualität stehen, die die Pyramide an sich ausdrückt, und eine in Stein verewigte symbolische Idee sind. Andere glauben, die Änderung des Plans geschah, um das Monument schneller fertigzustellen.

Die Pyramide ist aus Blöcken örtlichen Kalksteins gebaut und mit Kalksteinplatten aus Tourah verkleidet. Sie ist eine der besterhaltenen Pyramiden überhaupt und hat eine Länge von 188 Metern und eine Höhe von 97 Metern. Der Neigungswinkel der Basis beträgt 55°, ab einer Höhe von etwa 50 Metern beträgt er nur noch ungefähr 43°. Eine Besonderheit dieser Pyramide sind zwei Eingänge, die jeweils zu einer anderen Kammer führen. Diese Eingänge befinden sich auf verschiedenen Ebenen: Der erste ist in den felsigen Grundfesten, während der andere das Mauerwerk der Pyramide durchbricht. In der Umgebung finden sich sichtbare Spuren von zwei Umfassungsmauern, und es ist auch gelungen, die Pläne der zwei Tempel der Pyramide zu rekonstruieren.

Die zweite Pyramide von Dahschur ist die «ebenmäßige Pyramide», eine Vorläuferin der Pyramiden von Gizeh. Der Neigungswinkel ihrer Seitenflächen ist sehr flach, sie hat eine Seitenlänge von etwa 213 Metern und ist 99 Meter hoch. Sie wurde aus roten Steinblöcken gebaut und ebenfalls mit Kalksteinplatten aus Tourah verkleidet. Weil jedoch diese Verkleidung die Zeit nicht überdauert hat, nennt man sie auch die «Rote Pyramide». Über diese Pyramide hat man leider noch ziemlich wenig herausgefunden. Der Eingang des Grabganges liegt auf der Nordseite in etwa 30 Metern über dem Boden. Von dort erreicht man zunächst einen ersten Vorraum; folgt man einem kurzen Gang, so erreicht man dann einen zweiten Vorraum, bevor man in den dritten Raum vordringt, der zweifellos die Grabkammer war. Umgeben ist die Pyramide von einer Nekropole, in der die Beamten des Königs Snofru begraben sind.

Die Pyramide von Meidum

Diese immer neuen Entwürfe für Königsgräber beweisen, daß man nach einer Bauweise suchte, die dem Verstorbenen ein ewiges Leben sichern würde. Die letzte Vorstufe dieser Suche, die mit dem Bau der Pyramiden von Gizeh ihren Abschluß fand, war die der Stufenpyramide in Meidum auf dem Westufer des Nil etwa in Höhe des Fayum. Sie wird König Huni zugeschrieben, dem letzten König der 3. Dynastie. Die Bauweise dieses Königs stellt eine bedeutende Entwicklungsstufe der ägyptischen Architektur dar.

Eine Umfassungsmauer umschließt das Bauwerk, das in drei Phasen errichtet wurde: Ursprünglich hatte die Pyramide sieben Stufen, und jedes dieser Stockwerke wurde in der zweiten Bauphase noch erhöht. Man fügte noch eine weitere Stufe hinzu und ummantelte die ganze Konstruktion dann mit zwei Verkleidungen: Die erste bestand aus Kalksteinplatten, und die zweite war so ausgelegt, daß eine perfekte Pyramidenform erreicht wurde. Heute kann man noch die dritte und vierte Stufe aus der ersten, primitiven Bauphase sowie die fünfte, sechste und siebente Stufe aus der zweiten Bauphase erkennen. Der Begräbnistempel der Pyramide

Farbabbildungen

41 Im Grab des Schreibers Neferhotep (18./19. Dynastie) in Theben fand man die Statue seiner Frau Meritre. Typisch für die Mode jener Zeit: die volle Perücke und das plissierte Kleid.

42 Im Grab Ramses' I. (19. Dynastie) im Tal der Könige sind die Farben besonders gut erhalten geblieben. In unserer Abbildung wird Osiris von einem widderköpfigen Gott gestützt.

43 Auch diese Szene stammt aus dem Grab Ramses' I. im Tal der Könige: Ein widderköpfiger Gott fährt auf einer Barke durch die Unterwelt.

44 1881 entdeckte man in den Tälern bei Deir el-Bahari das Versteck der Königsmumien, das auch diesen Sarkophag der Königin Meritamun (18. Dynastie) barg.

45 In der Nähe des Ramesseums liegt die Nekropole von Scheich Abd el-Kurna mit dem Grab des Chaemhet (18. Dynastie), der unter Amenophis III. Aufseher der Kornkammern war.

46 Vom Amon-Tempel in Karnak führte eine von jeweils 20 widderköpfigen Sphinx-Skulpturen (19. Dynastie) gesäumte Allee zum Anlegeplatz der Barken am Nil.

47 Der Architekt Senenmut war engster Vertrauter von Königin Hatschepsut, deren Tochter Nofrure er erzog. Auf dieser Würfelstatue (18. Dynastie, Karnak) hat er sich zusammen mit seinem Zögling dargestellt.

48 Im Tempel von Medamud bei Theben fand man den Kopf des Königs Sesostris III. (12. Dynastie), der zu einer Statue aus grauem Granit gehörte.

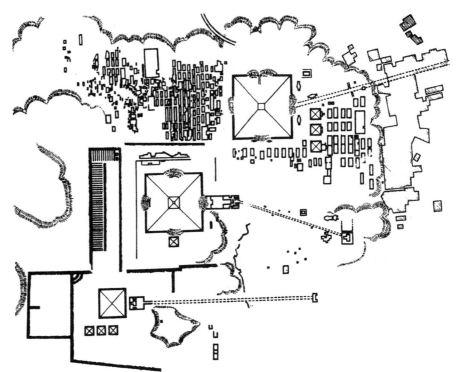

14 Plan der Totenstadt von Gizeh. Unter die Pyramide des Mykerinos, in der Mitte die des Chefren mit der Rampe zum Taltempel und zum Sphinx, oben die Große oder Cheopspyramide, umgeben von zahlreichen Mastabas.

besteht aus zwei großen Sälen und einer Kammer, die das Heiligtum von der Pyramide abgrenzt. Südlich zwischen der Pyramide und der sie umschließenden Mauer erhebt sich eine Nebenpyramide, deren genaue Funktion bis heute nicht geklärt ist. Im Umfeld fand man zahlreiche Mastabas von Beamten der 3. und 4. Dynastie. Eine der berühmtesten ist die des Prinzen Rahotep und seiner Frau Nofret, die beide mit Snofru verwandt waren. In ihrem Grab fand man ihre Statuen. Als die Arbeiter 1872 diese Statuen entdeckten, rannten sie aus Schrecken vor der eine Sinnestäuschung erzeugenden Erscheinung weg. Sie hatten den Eindruck, daß Rahotep und Nofret lebten oder vielleicht aus dem Reich der Toten zurückgekehrt seien. Ihre als Einlegearbeit gestalteten Augen aus weißem Stein, Bergkristall und Ebenholz (zur Darstellung von Hornhaut, Iris und Pupille) haben etwas Furchterregendes an sich. Dies ist besonders bemerkenswert, da mehr als 4000 Jahre zwischen der Zeit Rahoteps und Nofrets und dem Leben der Arbeiter lagen. Aber das Unwandelbare der Ewigkeit ist auf ägyptischem Boden immer gegenwärtig. Beide Figuren sind sitzend dargestellt, er im gewöhnlichen Lendenschurz mit kurzen Haaren und einem gleichzeitig strengen und ein wenig beunruhigten Gesichtsausdruck; sie im großartigen Mantel, der durch einen großen V-Ausschnitt ihre Brust zeigt und auch sonst ihre Körperformen betont. Diese Nachbildungen der Toten sind erstaunlich gut erhalten: Die Farben, Rötlich-Ocker bei Rahotep, weißes und gelbliches Ocker bei Nofret, sind völlig unbeschädigt. Die außerordentlich hohe Qualität dieser Statuen, die sich sowohl in der Suggestivkraft ihres in die Ewigkeit gerichteten Blickes als auch in ihrem stattlichen Aussehen und ihrer religiös-feierlichen Haltung manifestiert, lassen vermuten, daß sie in den königlichen Werkstätten von Snofru oder auch Cheops hergestellt worden sind. Sie stehen nun im Ägyptischen Museum in Kairo.

Zu den Malereien, die die Gräber von Meidum schmücken, gehört das unbestrittene Meisterwerk unter den bildlichen Darstellungen jener Epoche, das unter dem Namen «Gänse von Meidum» bekannt ist. Dieses Fragment der Abbildung einer Vogeljagd fand man in der Kapelle der Mastaba des Atet und bewahrt es seitdem im Ägyptischen Museum in Kairo auf. Dargestellt sind sechs Enten, die einherwatscheln und Insekten fressen, die sie am Boden finden. Diese Schwimmvögel bestechen durch ihre außerordentlich naturgetreue und präzise Darstellung und zeugen so vom großen Talent, das ägyptische Künstler bei der Darstellung von Tieren bewiesen. Die Anordnung der Tiere ist symmetrisch: Drei Gänse bewegen sich nach rechts, die drei anderen nach links und picken dabei Körner auf. Zwischen ihren Füßen und ihren Hälsen befinden sich kleine Gräser und vereinzelte Blumen.

Die Stilisierung der Tiere und der rudimentären Landschaft zeigt die erstaunliche Stilsicherheit der ägyptischen Kunst der 4. Dynastie auf. Die Farben sind einheitlich ohne jegliche Abstufung: schwarz, grau, weiß, ocker, grün.

Die Pyramiden von Gizeh

«Vielleicht tritt die vergötternde Kraft, die manche historischen Persönlichkeiten auf ihre Umgebung ausüben, an keinem anderen Ort der Welt mit größerer Macht zutage als in Gizeh, wo sich einige der ältesten dieser Persönlichkeiten der unermeßlichen Ewigkeit entgegengestellt haben. (...) Wenn man statt von der Straße vom Dorf auf die Pyramiden zugeht, sieht man, wie die Nacht sich über die Stätte senkt. Die Unordnung evozierenden Ruinen des Taltempels liegen wie Scherenschnitte im dunklen Vordergrund. Die von Menschen errichteten Mauern verfließen mit den von jeher vorhandenen Steinblöcken im Licht der letzten Sonnenstrahlen. (...) Im Schatten der Großen Pyramide lassen die Verzweigungen der letzten Sonnenstrahlen die Sphinx noch größer erscheinen. Die zweite Pyramide in der Ferne rundet das Bild ab und macht diese kolossale Totenmaske zum Wächter über eine Falle, die gegen die anbrausenden Sandwellen der Wüste und die Finsternis gerichtet ist» (A. Malraux).

Auf dem Westufer des Nil, im Vorort Kairos, dessen Namen «Weiße Mauer» bedeutet, ragen die großen Pyramiden auf, die wie folgt bezeichnet werden: «Horizont des Cheops», «Groß ist Chefren», «Göttlich ist Mykerinos». In diesem fruchtbaren Tal, so sagt ein arabisches Sprichwort, «fürchten alle Dinge die Zeit, aber die Zeit selbst hat Angst vor den Pyramiden».

Ganz im Gegensatz zu gewissen vorgefaßten Vorstellungen sind die Pyramiden nicht zu Ehren eines Pharaos errichtet worden, sondern vielmehr, um ihm wie auch dem ihn umgebenden Hofstaat ein ewiges Leben zu ermöglichen. So sollte er auch in der anderen Welt weiterhin seine irdischen Funktionen erfüllen können. Darüber hinaus waren die Arbeiter, die zum Bau dieser gigantischen Monumente beitrugen, nicht – wie man so oft vermutete – Sklaven, sondern tatsächlich bezahlte und entschädigte Arbeiter.

In den ersten Jahrhunderten des Christentums rankte sich eine weitere Legende um die Pyramiden. Die Christen hielten diese Bauten für die Kornhäuser, die Joseph errichtet hatte, um darin das Getreide zu lagern, das Ägypten während der sieben mageren Jahre retten sollte; Joseph hatte so den Traum des Pharaos interpretiert (Altes Testament, Genesis, 1. Mose,

15   Historische Darstellung der Totenstadt von Abusir mit den Pyramiden (von links) des Ne-User-Re, Neferirkare und des Sahure, alle drei Könige der 5. Dynastie.

Kap. 41). Dieser Text ist übrigens auf einem Mosaik in einer der Kuppeln des Markusdoms von Venedig bildlich dargestellt.

Die drei Bauwerke sind praktisch nach dem gleichen Plan errichtet worden, einzig die Dimensionen wurden verändert. Die Grabkammer ist von nun an in die Pyramide selbst integriert und befindet sich nicht mehr in deren Fundament; der Eingang zum Grabgang befindet sich einige Meter höher als das Fundament der Pyramide: «(...) wir erreichten den Eingang der Pyramide ohne Zwischenfälle (...) Zunächst mußte man nun den Kopf und den Rücken hinunterbeugen und die Füße geschickt auf zwei Marmorrillen stellen, die die Seiten des hinunterführenden Weges bilden. Man kommt so Schritt für Schritt voran, indem man die Füße so gut wie möglich rechts und links anspreizt. Ein wenig gestützt von den Fackelträgern, steigt man so immer vollständig gebückt etwa 150 Schritt hinunter. Von nun an besteht nicht mehr die Gefahr, in den großen Spalt zu fallen, den man zwischen den Füßen sah. Statt dessen sieht man sich nun der Unannehmlichkeit gegenüber, auf dem Bauch unter einem von Sand und Asche teilweise versperrten Bogen hindurchzukriechen. (...) Nach weiteren 200 Schritt auf wieder ansteigendem Weg erreicht man eine Art Kreuzung, deren Mitte ein riesiger, dunkler und tiefer Schacht bildet, um den man herumgehen muß, um die Treppe zu erreichen, die zur Grabkammer des Königs führt» (Gérard de Nerval, *Reise in den Orient*).

Die Grabkammer des Cheops war mit steinernen Fallgattern bewehrt; bedauerlicherweise wurde der Sarkophag dennoch leer aufgefunden. Über der Grabkammer befinden sich weitere Kammern, die die Grabkammer teilweise vom Druck, den die enorme Baumasse aus Stein auf sie ausübt, entlasten.

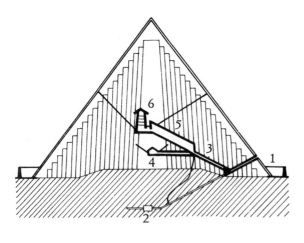

16 Querschnitt (Nord-Süd) durch die Cheopspyramide in Gizeh:
1 Eingang (Norden)
2 Unvollendete erste Kammer
3 Aufstieg
4 Unvollendete zweite Kammer
5 Große Galerie
6 Königszimmer

Wie in Sakkara, sind die Pyramiden auch in Gizeh Teil eines architektonischen Ensembles. Das am besten erhaltene Ensemble ist das des Königs Chefren. Der Begräbnistempel besteht aus massiven örtlichen Kalksteinblöcken, die mit Granit verkleidet sind, und befindet sich in der Mitte der Ostfassade der Pyramide. Seine westliche Flanke schließt sich dabei direkt an die äußere der beiden Umschließungsmauern der Pyramide an. Der große Hof, in dem die Opfer stattfinden, bildet das Kernstück des öffentlich zugänglichen Teils des Tempels. Vor den zwölf Granitpfeilern befanden sich genauso viele Statuen des sitzenden Königs. Im Westen setzt sich der Hof in Richtung auf fünf Kapellen fort, in denen der Pharao unter seinen fünf Namen verehrt wurde. Jede Kapelle enthielt eine identische Königsstatue sowie ohne Zweifel eine Barke, die vielleicht mit den Barken vergleichbar sind, die rund um den Tempel gefunden wurden. Hinter diesem Hof befindet sich das Naos – das Allerheiligste –, das allein die Priester betreten durften, die die Messe hielten: Es ist dies der innerste Bereich des Tempels.

Eine 494 Meter lange Rampe, die nach Nordwesten gerichtet ist, führt vom Begräbnistempel zum Empfangstempel, der auch als «unterer Tempel», «untergeordneter Tempel», ‹Taltempel› oder «Säulenhalle» bezeichnet wurde. Die Ostfassade des Taltempels des Chefren ist von zwei Türen durchbrochen, die jeweils eine Inschrift tragen – die Titel des Herrschers – und zu beiden Seiten von einer Sphinx flankiert waren, von denen allerdings nur die im Boden eingelassenen Sockel gefunden wurden. Zwischen den beiden Türen ragt eine Art «Naos» auf, das wahrscheinlich eine Statue enthielt. Entlang der Achsen der beiden Türen befinden sich je ein langer Saal in Ost-West-Richtung; eine Art Diele, die mit dem Vorzimmer durch einen schmalen Durchgang verbunden ist. Gegenüber der Eingangstür stand in einer Nische wohl eine Königsfigur. Durch einen Durchgang an der Westwand des Vorzimmers erreicht man einen Gang, der in eine Säulenhalle führt, einen Raum in Form eines umgekehrten T, dessen Decke von sechzehn monolithischen Granitsäulen getragen wird. Dieser Saal war mit 23 Statuen des sitzenden Königs ausgestattet. Der König hat die beiden Hände auf den Oberschenkeln liegen, die eine offen, die andere geschlossen. Die Statuen sind aus Alabaster, Schiefer und Diorit. Hinter dem Kopf einer dieser Statuen (der im Ägyptischen Museum in Kairo ausgestellt ist) umfängt ein Falke – der Gott *Horus* – mit seinen ausgebreiteten Flügeln in einer majestätischen, schützenden Geste den königlichen Kopfschmuck, den man auch Nemes nennt. Seine Klauen krallen sich an der Lehne des Throns fest. Auf der einen Seite des königlichen Stuhls sind die beiden Pflanzen dargestellt, die symbolisch für Ober- und Unterägypten stehen: Lotos und Papyrus. In religiös-feierlicher Pose scheint der König schon nicht mehr der Welt der Lebenden anzugehören, sondern vielmehr schon Teil der Welt der Gottheiten zu sein, die von *Horus*, seinem Vater, symbolisiert wird. Diese Entrücktheit des Herrschers wird auch durch die Rhythmen verstärkt, die sich in völligem Gleichgewicht verbinden: Die senkrechten Strukturen der Lehne und die regelmäßigen Streifen des Lendenschurzes suggerieren eine Plastizität und entsprechen dem «Rhythmus des Wachstums», den man bereits in den Türfüllungen der Scheintüren erfühlen kann und der später auf den Flügeln von *Isis* zum Ausdruck kommt, die den zweiten Sarkophag von Tut-ench-Amun schützt; die Linienführung des königlichen Kopfputzes entspricht der der Flügel des *Horus* und entrückt den König schon dadurch in unwiderstehlicher Weise in die Richtung seiner göttlichen Bestimmung. Auch Mykerinos,

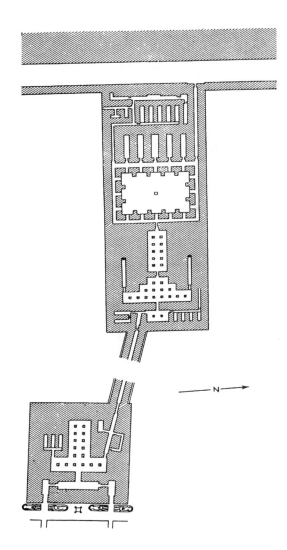

17 *Taltempel (unten) und Verehrungstempel des Königs Chefren in Gizeh; der große Tempel ist weitgehend zerstört, doch hat man seinen Grundriß rekonstruieren können.*

der mit der Göttin *Hathor* und der Gottheit eines Reichsbezirks eine «Triade» bildet, die man im Tempelbereich seiner Pyramide fand, geht festen und zuversichtlichen Schrittes in Richtung Ewigkeit.

Die Südtür der Säulenhalle ermöglicht den Zugang zu einem Gang, von dem aus drei in Ost-West-Richtung liegende tiefe Nischen zu erreichen sind, die wie die Zähne eines Kamms angeordnet sind. Durch die Nordtür erreicht man schließlich den hinaufführenden Gang. An den Wänden der Korridore sind zahlreiche Texte niedergeschrieben, die man «Pyramidentexte» nennt. Es handelt sich dabei um die ältesten Zeugnisse der religiösen Literatur Ägyptens. Die ältesten dieser Texte findet man in der Pyramide des Königs Unas (5. Dynastie). Sie sind im allgemeinen an den Wänden der Korridore der Pyramiden eingemeißelt und enthalten Zauberformeln, die dazu dienten, den Verstorbenen auf dem hindernisreichen Weg in die andere Welt zu führen. Gebete verhalfen ihm außerdem dazu, daß er die für ihn im Grab deponierten Opfergaben erhielt. Bisweilen rühmen die Inschriften die Verdienste und die Macht des Königs.

Untrennbar mit den großen Pyramiden, ganz besonders aber mit der des Chefren, ist die Sphinx verbunden; ein Felsblock in Form eines liegenden Löwen mit Menschenkopf, dessen Gesicht ein Portrait des Königs Chefren ist. Dieser Steinkoloß ist etwa 70 Meter lang und 20 Meter hoch: Mit dem Kopfputz Nemes und der Uräusschlange (Kobra) auf der Stirn geschmückt, «erhält diese alles überragende Ruine eine hieroglyphenartige Kontur, wird sie zu einem trapezförmigen Monument vor dem Hintergrund des noch hellen Himmels» (André Malraux). Leider ist ihr Kopf beschädigt, und «diese Beschädigung, die ihre Gesichtszüge bis fast zur Unförmigkeit entstellt, rückt sie in die Nähe der Teufelssteine und der heiligen Berge» (André Malraux). Zwischen ihren Pfoten steht eine Granitstele, die Thutmosis IV. im Neuen Reich errichten ließ und die erzählt, wie dieser Pharao in der Nacht vor seiner Thronbestei-

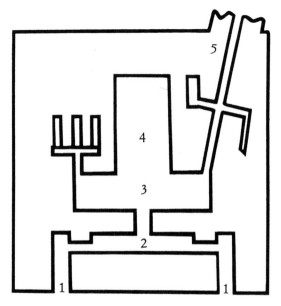

18 Der Taltempel des Königs Chefren wurde lange Zeit fälschlich Tempel des Sphinx genannt:
1 Eingänge
2 Vorraum
3 Breite Halle
4 Tiefe Halle
5 Gang zum Verehrungstempel an der Pyramide

19 Der schottische Maler David Roberts (1796–1864) unternahm 1838/39 eine Reise ins Heilige Land und nach Ägypten. Seine Eindrücke hielt er in einem Skizzenbuch fest. Hier die Pyramiden von Gizeh.

gung, in der er sich zur Sphinx begeben hatte, von den Göttern den Auftrag bekam, den gesamten versandeten Koloß freizulegen. Die Götter versprachen ihm dafür die Königskrone. Zwei andere Reliefs, die aus der Zeit Ramses' II. stammen, erinnern an eine weitere Restaurierung. Später befreiten die Griechen die Sphinx vom Sand, ganz freigelegt wurde sie aber erst 1925.

Die Mastabas der Noblen

Außer den Königen konnten auch die Würdenträger bei Hof das ewige Leben zu erreichen versuchen. Ihre Gräber, die immer in derselben Provinz wie die Hauptstadt lagen, sind trotz schrittweiser Detailänderungen nach einem ziemlich einheitlichen Schema angelegt. Die Infrastruktur verändert sich allenfalls von einer Nekropole zur anderen: Man gelangt auf einer Treppe oder durch einen Schacht in die Grabkammer. Die wichtigsten Beamten betrachteten sich durch nach ihrem Modell gemachte Statuen als unsterblich. Einige dieser Werke sind berühmt geworden, wie z.B. die Statue des «kauernden Schreibers», einem Prunkstück des Pariser Louvre. Sein scharfer, schlauer und intelligenter Blick stellt die Verbindung zwischen der irdischen Welt und dem Absoluten her, nach dem der Beamte mit seinem gesamten Wesen trachtet. Das Kinn drückt einen starken eigenen Willen aus, die gesamte Körperhaltung zeugt von großer Vitalität. Die Figur ist in kauernder Stellung angelegt, trägt einen weiten Lendenschurz und hat einen langen, ausgerollten Papyrus auf ihren Knien sowie die Berufsutensilien eines Schreibers (eine Tintenpalette aus Holz, Stein, Elfenbein, Alabaster oder Ton; angespitzte Schilfrohre, die in Tinte getaucht sind).

Das Leben im Jenseits spiegelt das Kastensystem wider. An der Spitze stehen die Priesterkönige mit ihren Beratern und Schülern, in der Mitte die Beamten, schließlich das Volk, bestehend aus Bauern und Handwerkern. Unter den hohen Beamten nimmt der Schreiber einen sehr wichtigen Platz ein. Als offizieller Schriftsteller, der direkt dem Pharao untersteht, spielt er im wirtschaftlichen, militärischen und gerichtlichen Bereich eine Rolle. Als Ausgleich für seine Dienste genießt er vielfältige Privilegien: Er ist von der Steuerpflicht befreit, braucht keine körperliche Arbeit zu leisten, die er als entwürdigend betrachtet, er ist unter Seinesgleichen ein sehr geachteter Mann, weil die Gebildeten in Ägypten selten sind: «Du kennst einen reichen Schatz großer Wunder (...) Du bist ein besserer Spezialist als deine Kollegen, die Weisheit deiner Bücher, die du im Herzen trägst, ist groß. Deine Sprache ist von hohem Wert (...) ein Satz aus deinem Mund hat mehr Gewicht als drei Bücher (...). Ich staune, wenn du erklärst: Als Schreiber bin ich tiefgründiger als der Himmel, die Erde und die Welt des Jenseits.»

Es ist also wichtig, den Schreiber in den Gräbern darzustellen, um seiner Aufgabe ewig Geltung zu verschaffen: Er ist stets in der religiös-feierlichen Haltung dargestellt, die seiner hochstehenden Funktion als Träger von Wissen und Weisheit entspricht. Sein Schutzheiliger, der Gott der Weisheit *Thoth*, beherrscht alle intellektuellen Aktivitäten. Er ist der Sekretär der Götter und ein Magier, der mit der Macht des Wissens und mit der Macht des Heilens versehen ist. Dargestellt wird er in Form eines Ibis oder eines Pavians.

20   In der Zeichnung nach A. Badawy ist eine Gruppe von Mastabas rekonstruiert, der Ziegelbauten über den Gräbern hoher Hofbeamter. Mit Mastaba bezeichnen die Araber die Steinbänke vor ihren Häusern.

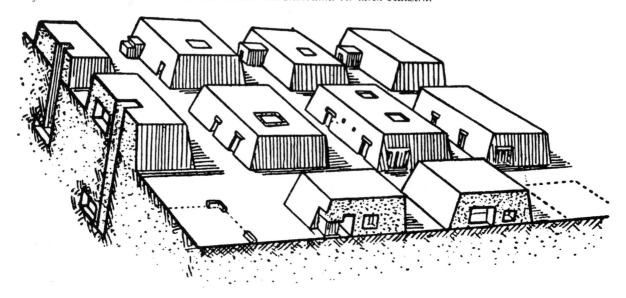

21 Die Göttin Mut, Gemahlin des Amon und Mutter des Chons. Ursprünglich wurde sie als Geier dargestellt (hier noch mit ihrer Geierhaube), später aber völlig vermenschlicht.

Unter den Noblenstatuen fand man einen weiteren Beamten, dessen Leibesfülle von seiner Wichtigkeit zeugt. Diese Figur, die Kaaper heißt, belegten die Arbeiter des Archäologen Mariette mit dem Namen «Scheich El Beled», weil sie an ihr eine Ähnlichkeit mit ihrem Herrn, dem Vorsteher ihres Dorfes, entdeckten. Der in die Ewigkeit gerichtete Blick des Kaaper ist voller Güte, Großmut und Lebhaftigkeit.

Die Noblengräber enthalten auch bedeutende Reliefs, wie zum Beispiel die an der Mastaba des Ptahhotep in Sakkara. Die Szenen sind in verschiedene Register aufgeteilt und stellen eine schier unendlich scheinende Prozession von Opferträgern dar. Ihre feierlich-religiösen, den Konventionen entsprechenden Posen stehen in seltsamem Gegensatz zu der Bewegungsfreiheit, über die die Tiere verfügen, die zum Opfer geführt werden (Enten, Gänse, Kälber, Rinder, Steinböcke). Die Diener tragen, wie schon im Alten Reich, kurze Lendenschurze und haben kurze Lockenperücken, die im Laufe der Zeit länger werden. Jeder Diener ist in einer anderen Haltung dargestellt. Betrachtet man dies zusammen mit der sorgsamen Detail-Darstellung der Menge der Opfergaben, so beweist dies die unnachahmliche Virtuosität, die den ägyptischen Bildhauern zu eigen war. Sie beherrschen es perfekt, frei über ihre Kunstmittel zu verfügen, die das sehr feine, flache, fast ziselierte Relief bei der Darstellung von Menschenkörpern und Opfergaben erfordert.

Erste Zwischenzeit

Auf den Schwung der Vorstellungskraft und der Kreativität des Alten Reiches und die Entwicklung der Grabesarchitektur dieser Epoche folgt eine Periode des Verfalls. Zwei Geißeln brechen über Ägypten herein: die Einfälle asiatischer Völker und vor allem mörderische Bruderkriege. Es herrschen völlig ungeordnete Verhältnisse, das Volk enteignet die Nobilität, und so findet eine «soziale Revolution» statt: Es ist dies eine Zeit des Schreckens, die Neferrohu, ein Priester der 4. Dynastie, dem König Snofru 400 Jahre zuvor prophezeit: «Ein Vo-

22   Papyrus der Königin Nejmet. Sie und ihr Gatte verehren Osiris und bringen ihm Opfer dar. Rechts neben den Opfergaben Isis und die vier Söhne des Horus, darunter die Waage der Göttin Maat, mit der sie über das Schicksal der Menschen entscheidet.

23   *Die Stele aus dem Grab des Keti in Herakleopolis stammt aus der Ersten Zwischenzeit (um 2100 v. Chr.) und zeigt die Versorgung des Toten mit Speis und Trank.*

gel ausländischen Ursprungs wird in den Sümpfen des Deltas in der Nähe der Menschen ein Nest bauen und Eier legen; in ihrer Not werden die Menschen den Vogel in ihre Nähe kommen lassen (...). Der Palast wird in Gefahr sein; niemand wird ihm zu Hilfe kommen (...). Die Tiere der Wüste werden aus den Strömen Ägyptens trinken und sich auf Kosten der Gestade der Ströme ernähren, weil da niemand sein wird, der sie verjagen könnte. Das Land wird in Aufruhr geraten.»
Die gespannte Lage, die schnell aufeinanderfolgenden ausländischen Invasionen und die inneren Kämpfe der Nobilität sind kein günstiger Nährboden für das Aufblühen der Kunst. In der Baukunst entsteht eine neue Form des Grabes – es wird nun in den Stein gehauen –, welche die Grabform des Alten Reichs zu verdrängen scheint. Die Pyramiden haben nun kleinere Dimensionen, und die Zahl der Noblengräber nimmt zu: Die Begräbnissitten werden demokratisiert. Jedermann kann, vermittels seines «Ka», das wiederum mit dem «Ka» des Königs zusammenhängt, den Zugang zum ewigen Leben anstreben und so einen Platz in der Welt des *Ra* erhalten. Die nunmehr fast verschwundenen Reliefs und Malereien werden, wie in der Vorgeschichte, durch kleine Kalksteinfiguren oder bemalte Holzfiguren (Opferträgerinnen oder Konkubinen) ersetzt, die das Leben des Verstorbenen im Jenseits angenehm gestalten sollen. Neben diesen «Modellfiguren» findet man in den Gräbern dieser Epoche aus Holz gefertigte Darstellungen von Menschengruppen, die die Feldarbeit, das Putzen der Ochsen, das Brauen des Biers oder sogar Kompanien von Soldaten zeigen, wie zum Beispiel die Schnitzerei von Assiut, die sich dadurch auszeichnet, daß man nicht einmal zwei gleiche Gesichter entdecken kann.

Das Mittlere Reich

«Aber seht, es wird ein König aus dem Süden kommen (...), der die weiße und die rote Krone tragen wird, er wird auf seinem Haupt die Macht beider Landesteile vereinigen, er wird *Horus* und *Seth* zufriedenstellen (...). Freut euch, die ihr seine Zeitgenossen seid! Der Sohn eines Menschen wird sich einen Ruf für die Ewigkeit schaffen» (Neferrohu).

Dank der Monarchen von Theben erlebt Ägypten neuerlich eine Zeit des Wohlstands und der Aufwärtsentwicklung. Die Zeit der Wirren geht zu Ende, man glaubt wieder an die Zukunft. Die Tradition bleibt jedoch ungebrochen, die Neuerungen bauen auf dem bereits vorhandenen Kulturgut der Vergangenheit auf und folgen dabei den bereits erwähnten Gesetzen der Fortentwicklung. Man findet also häufig die gleichen Elemente in größerer Zahl oder vergrößerter Form. Die entscheidenden Veränderungen werden in der Form der Statuen erkennbar, weil es auf diesem Gebiet zu jener Zeit zwei Schulen gibt: Die nördliche Schule setzt die Tradition des Alten Reichs fort, die Schule des Südens geht zu einer realistischeren Darstellung über, die eine spontanere und unverfälschtere Inspiration erkennen läßt. Der Optimismus hängt vom jeweiligen Wohlstand ab, und König Sesostris III. schaut mit eher skeptischem Blick in die Ewigkeit. In der vorhergehenden Periode hätte keiner gewagt, den Pharao krank oder mit von Schmerz gezeichneten Zügen darzustellen. Jetzt drückt das königliche Gesicht Zweifel und fehlende religiöse Überzeugung aus. Offensichtlich hat der König an Prestige verloren. Die Mundpartie Amenemhets III., eines verbitterten Herrschers, der es leid war, die Bürde des Königtums auf seinen Schultern zu tragen, drückt gar Traurigkeit aus. Der Unterschied zu den Porträts von Sesostris I. und Sesostris II., die in einer Werkstätte im Norden entstanden, ist augenfällig.
«Dann glaubten wir, daß eine späte Nachahmungsphase den hochstehenden Epochen großer Schaffenskraft gegenüberstand (...). Aber da sind auch noch die Skulpturen Amenemhets III. in Tell el-Amarna sowie die Skulpturen aus der beginnenden 18. Dynastie, deren Meisterwerke Amenemhet III. näherstehen und an Gründlichkeit den Statuen des Alten Reiches ebenbürtig sind. All diese Skulpturen lassen den unstreitbar nachahmerischen Charakter der Darstellung

erkennen, der wie der unerbittliche Sand jede einzelne Statue prägt und verwittern läßt»
(A. Malraux).

Ein anderer Typus der Statue des Mittleren Reiches ist die Blockstatue: eine sitzende Figur, die mit bis ans Kinn gezogenen Knien einen Würfel bildet. Hier setzt sich wieder die Notwendigkeit durch, die Nachbildung des Toten gegenüber Unbilden und Stößen unempfindlich zu machen, um das Überleben des Verstorbenen zu sichern.

Das Wiedererstehen der ägyptischen Kunst geht auch mit einer neuen und fruchtbaren architektonischen Aktivität einher. Leider sind nur wenige Tempel erhalten.

Auf dem Westufer des Nil, gegenüber der Stadt der Lebenden (die auf dem Ostufer ist), liegt die Totenstadt von Theben, darunter in Deir el-Bahari, im «nördlichen Kloster» (das nach einer christlichen Bezeichnung des später in ein Kloster umgewandelten Ortes so heißt), ein bedeutendes Grabensemble, das unter der Herrschaft der Könige Mentuhotep I. und Mentuhotep II. in der 11. Dynastie erbaut wurde. Eine lange Allee führt zu einem großen Platz. Von dort gelangt man über eine lange, nicht überdachte Rampe, die sich geradlinig an den Tempel anschließt und von Tamarisken und Maulbeerbäumen gesäumt ist, die wiederum vier Statuen des Königs schützen, zu einer Terrasse, die die Form einer Vorhalle mit zwei Reihen viereckiger Pfeiler hat. Diese Konstruktion ist die Grundlage einer anderen, die aus einem Säulengang und einem Wandelgang mit drei Säulenreihen besteht, die jeweils drei Seiten des Geländes umfassen. Über dieser zweiten Terrasse befindet sich eine Grundmauer, wahrscheinlich eine Basis einer Pyramide. Hinter diesem architektonischen Ensemble existieren, bereits in den Berg hineingebaut, ein durch ein Portal zugänglicher Hof, eine große Säulenhalle, ein Kultraum mit Altar und schließlich das Allerheiligste, das die Statue des Gottes enthielt.

In der Grabkammer fand Howard Carter, der Archäologe, der auch das Grab des Tut-ench-Amun entdeckte, eine Steingutstatue Mentuhoteps I. Dank dieser nach seinem Bild geformten Statue kann Mentuhotep in gelöster Heiterkeit weiterleben. Aber sein Abbild ist mehr noch als eine Garantie seines Überlebens: Es ist die Erfüllung des irdischen Lebens im Jenseits, es evoziert heiligmäßige und phantastische Vorstellungen; die Farben des Mentuhotep (Schwarz, Rot, Weiß) sind besonders eindrucksvoll. Die ägyptische Kunst ist immer stilisiert. Trotz seines ein wenig schwerfällig und barbarisch anmutenden Aussehens trägt Mentuhotep dazu bei, das Absolute auszudrücken, nach dem alle Bewohner auf Gottes Erde streben.

Die Könige der 11. Dynastie konnten sich jedoch nicht lange an der Macht halten. Es folgte eine Periode der Wirren, bevor der Wesir des letzten Monarchen Seankhare Mentuhotep als Amenemhet I. die 12. Dynastie begründete. Er verließ Theben, um sich im Fayum niederzulassen.

Medinet Madi

Aus der 12. Dynastie ist nur ein Tempel einigermaßen gut erhalten. Es ist dies der Tempel des Königs Amenemhet III. in Medinet Madi, im Gebiet des Fayum, dem Sitz des Königs. Er ist der Erntegöttin Renenutet und dem lokalen Schutzgott Sobek geweiht, dem Förderer der Fruchtbarkeit. Aus der Säulenhalle, in der wunderbare papyrusstengelähnliche Säulen die Rekonstruktion tragen, gelangt man in eine Vorhalle und von dort in drei aufeinanderfolgende Heiligtümer. Glücklicherweise wurde dieser Tempel von der ptolemäischen Dynastie in gutem Zustand erhalten. Diese Herrscher fügten noch einen Prozessionsumgang, der mit Sphinxstatuen gesäumt war, sowie ein weiteres Heiligtum hinzu, das sich an das ältere Heiligtum anschließt.

Die Kapelle Sesostris' I. in Karnak

«Ich gestatte Dir, Millionen von ‹Sed›-Festen zu veranstalten, auch wenn Du noch so lebendig bist wie die Sonne.» So lautet der Lobgesang der Götter *Amon* bzw. *Amon-Min* auf Sesostris I., König der 12. Dynastie. In der Kapelle, die ihm geweiht ist, begleitet der Gott *Month* dann den König Sesostris bis zu den beiden Göttern: «Nehmt Sesostris, der von euch abstammt, bei euch auf, kommt und wiederholt für ihn alle ‹Sed›-Feste, weil ihn alle Götter lieben.» Diese Kapelle wurde mit Felsblöcken, die man in den Fundamenten des dritten Pylonen des Tempels von Karnak wiederfand, wiederaufgebaut. Es ist dies ein kleines viereckiges Gebäude mit zwei achsial verlaufenden Treppen. Das Gebäude enthält ein Ensemble von außerordentlichen Reliefs, sechzig fast völlig erhaltene Szenen. Zum Beispiel ist der König 32mal zusammen mit einem Gott auf den acht viereckigen Pfeilern abgebildet. Auf anderen, länglichen Abbildungen erscheint der ihn begleitende Gott seinerseits zusammen mit einer anderen Gottheit. Doch die Krönung all dieser Szenen ist ein Vogel, ein königlicher Falke oder Geier. Teilweise ist der König in betender oder opfernder Haltung dargestellt, teilweise umarmt er gerade den

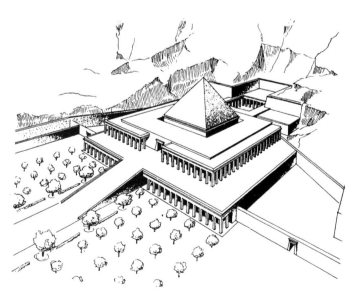

24 *Rekonstruktion des Tempels von König Mentuhotep I. (11. Dynastie) in Deir el-Bahari. Neu daran ist, daß sich die Grabkammer am Ende eines Stollens im Berginneren befindet und nicht in oder unter der Pyramide angelegt wurde.*

mumifizierten Gott *Min*, um den Lebenshauch einzuatmen, der aus dessen Nase strömt. Manchmal erscheint er mit *Anubis,* aber die wichtigste Szene zeigt ihn beim Bau der *Amon-Min* geweihten Kapelle: In Begleitung anderer Gottheiten schenkt ihm dieser Gott für seine königlichen Opfergaben ein langes Leben sowie Stabilität, Gesundheit und Freude für seine gesamte irdische Herrschaft. Sein Vater gibt ihm in einer didaktisch orientierten Anrede Wünsche (und sogar Ratschläge) mit. Amenemhet I., königliche Majestät beider Ägypten, Sohn der Sonne, sagt zu Sesostris:

«Du, der Du Dich zu den Göttern erhebst, höre mir zu, damit Du König der Welt wirst. Begib Dich nicht ohne Eskorte unters Volk, weil man gegen seine Untergebenen gewappnet sein muß.
Lege Dein Herz nicht in die Hände Deines Bruders, nimm niemanden zum Freund, erwähle Deine Vertrauten nicht unter Neuankömmlingen, denn man muß den Eifer der Bediensteten lange Zeit prüfen.»

Die Noblengräber

Durch den im Mittleren Reich für alle möglichen Zugang zum ewigen Leben vervielfacht sich die Zahl der Noblengräber, die man vor allem in Beni Hassan und Assuan findet. Sie verdeutlichen uns klar die Entwicklung der Religionskonzeption, die in gewisser Weise die Begräbnisriten demokratisiert. In massive Felswände gehauen, haben diese Gräber einen vereinfachten Grundriß, aber genau wie bei den Königsgräbern steht auch hier ein Begräbnistempel über der Mastaba. Man erreicht die Grabkammer durch einen Schacht, dessen Eingang mit viel Geschick getarnt ist. Einige dieser Gräber sind sehr raffiniert angelegt, und man stellt eine beträchtliche Vergrößerung der Proportionen sowie eine größere Komplexität der Bauwerke fest.
In den Felsengräbern sind die Schmuckelemente von besonderem Interesse. In einem seiner Briefe, aus dem Jahr 1828, gibt Champollion die Entdeckung von Malereien wieder: «Bei Tagesanbruch erzählten mir einige unserer jungen Leute, die als Fackelträger in die nahegelegenen Höhlen mitgegangen waren, daß dort nichts zu erforschen sei, weil alle Malereien fast völlig unkenntlich geworden seien. Bei Sonnenaufgang ging ich trotzdem selbst hinauf, um diese unterirdischen Gewölbe zu besichtigen. Ich war angenehm überrascht, eine ganze Reihe von Malereien zu finden, die bis ins kleinste Detail einwandfrei erkennbar wurden, sobald wir sie mit einem Schwamm befeuchtet und dadurch die Staubkruste entfernt hatten, die sie bedeckte. Von diesem Moment an gingen wir ans Werk und mit Hilfe von Leitern und Schwämmen sahen wir vor unseren Augen die außergewöhnlichste Reihe von Bildern ablaufen, die man sich vorstellen kann. All die Bilder stellen den Bereich Kunst, die Berufe, das zivile Leben und – was neu war – die Soldatenkaste dar.»

Farbabbildungen

65 Kopf einer bemalten Holzstatue aus Sakkara (5. Dynastie), die den Aufseher der königlichen Landarbeiter namens Metjetji darstellt.

66 Wandmalerei im Grab des Inhercha (20. Dynastie) in Deir el-Medina; der Untergebene von Ramses III. ist ohne Perücke abgebildet, die nur außerhalb des Hauses getragen wurde.

67 Der Tempel von Deir el-Medina stammt aus der Ptolemäerzeit (um 145 v. Chr.); ein Flachrelief in seiner linken Kapelle zeigt Osiris als vierköpfigen Widder.

68 Szenen aus dem Grab des Inhercha in Deir el-Medina. Oben wird die Apophis-Schlange getötet, darunter erfreut ein Blinder mit seinem Harfenspiel den Verstorbenen und seine Frau.

69 Das Grab des Senefer (18. Dynastie) in Scheich Abd el-Kurna ist mit Begräbnisriten ausgemalt und wird wegen seines Weintrauben-Dekors auch «Rebengrab» genannt.

70 Die Große Säulenhalle des Amon-Tempels in Luxor (19. Dynastie) zeigt auf ihren Wandreliefs die Zeremonien des Opet-Festes; hier die Schlachtung eines Ochsen.

71 Die linke der beiden Kolossalstatuen von König Ramses II. im Ramseshof des Luxor-Tempels trägt das Relief, das die Vereinigung von Ober- und Unterägypten symbolisiert.

72 Unter Thutmosis IV. (18. Dynastie) war Nacht ein hoher Beamter. Sein Grab in Scheich Abd el-Kurna ist reich ausgemalt. Hier drei Frauen mit Lilien in der Hand beim Totenmahl.

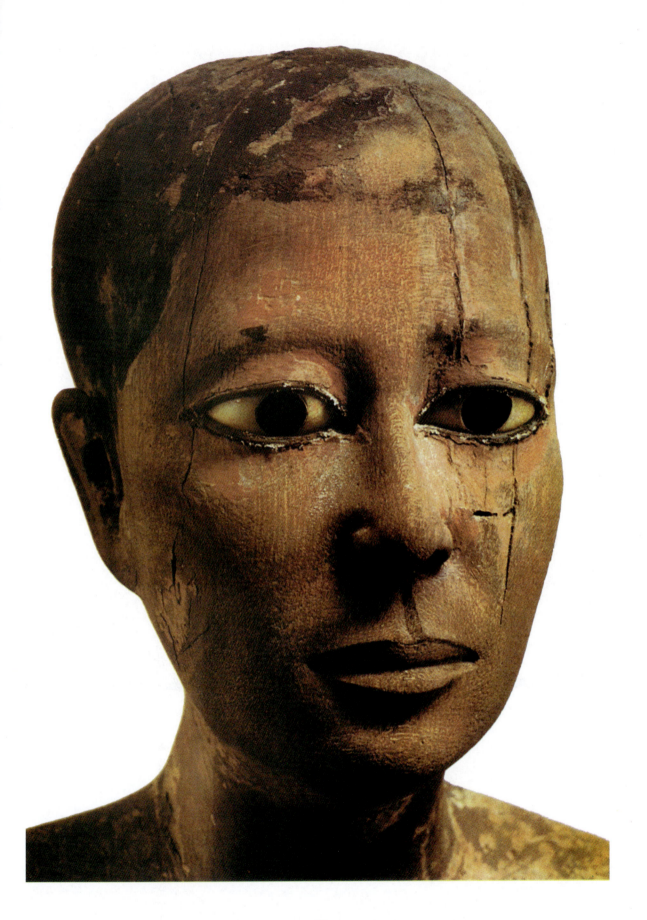

Die Grabbeigaben

Um das Weiterleben so sicher wie möglich zu machen, legt man im allgemeinen all das ins Grab, was der Verstorbene in seinem irdischen Leben gebraucht hatte, und fügt bildliche Darstellungen und Skulpturen hinzu: Möbel, Werkzeug, Schmuck, Toilettenartikel und dergleichen.

Im Mittleren Reich erreichen manche dieser Grabbeigaben ihre beste Form, besonders die Schmuckstücke. Es sind dies harmonische Gebilde aus Gold und Edelsteinen (Smaragd, Lapislazuli, Karneol): Brustschmuck (Pektorale) in Falkenform, in Form der königlichen Kartuschen, Halsketten, Armreifen, Gürtel. Die allerraffiniertesten Stücke sind aber die königlichen Kronen und Diademe, wie zum Beispiel das der Prinzessin Chnumet, das man in Dahschur fand.

Bei den kleinen Keramikgegenständen handelt es sich oft um Skarabäen und Nilpferde mit Pflanzenzeichnungen auf dem Körper. Diese kleinen Tiere sind mit einer dünnen, harten, hellbraunen Glasur überzogen. Viele Teile des Geschirrs sind ebenfalls aus Keramik, die luxuriösen Stücke jedoch aus Alabaster gefertigt.

Was die Möbel betrifft, erscheinen sie auf einigen Darstellungen im Vergleich zum Alten Reich im großen und ganzen unverändert, wenngleich ein wenig dekorativer gestaltet: Die Betten bestehen aus einem mit kreuzweise verlaufenden Stoffbändern oder geflochtenen Fasern bespannten Rahmen aus Holz und haben sogar Kopfpolster; die Sitzgelegenheiten haben die verschiedensten Formen: Schemel, hölzerne, mit Rohrgeflecht bespannte Klappstühle oder Sessel mit geschnitzten Füßen in Form von Löwen- oder Stierfüßen; die Tische dienen meist für die Opfergaben; die Koffer enthalten Kleider, Geschirr oder Schmuck. Alle Möbel wurden entweder aus Holz ägyptischen Ursprungs hergestellt – Akazie, Maulbeerbaum, Tamariske, Palme – oder aus noch wertvolleren ausländischen Edelhölzern wie Zeder, Wacholder, libanesischer Eiche oder nubischem Edelholz angefertigt.

Unter den Toilettenartikeln finden sich wundervolle Spiegel aus poliertem Kupfer, deren Griff einem Papyrusstengel nachempfunden ist. Diese Spiegel ermöglichten den großen Damen, das Abbild ihrer Schönheit zu bewundern, während ihre Dienerinnen sie kämmten.

Zweite Zwischenzeit

Wie bei der Ersten Zwischenzeit, wird auch jetzt das Land von Krisen geschüttelt: inneren Wirren und Einfällen von Seefahrervölkern, die man Hyksos («Herrscher der Fremdländer») nennt. Sie erhielten ihren Namen von Manetho, einem ägyptischen Historiker, der griechisch schrieb und im 3. Jahrhundert v. Chr. lebte. Er schrieb folgendes: «Die Götter zürnten uns, und völlig unvermittelt hatten Krieger einer uns unbekannten Rasse, die aus dem Osten kam, den Wagemut, in unser Land einzufallen. Sie schafften es auch ohne Schwierigkeiten oder Kämpfe, sich des Landes zu bemächtigen. Sie nahmen die führenden Leute fest, brandschatzten die Tempel wie Wilde, rissen die Tempel der Götter nieder und behandelten die Eingeborenen äußerst grausam: Sie erwürgten viele und verschleppten Frauen und Kinder in die Sklaverei (...)»
Einige halten diese Eindringlinge für Phönizier, andere für eine semitische Völkergruppe. Die Ägypter selbst nannten sie niemals bei ihrem Namen, sondern verwendeten bildhafte Ausdrücke: «die Könige der Hirtenvölker» oder «die Pest». Zunächst setzten sich diese asiatischen Völker aus dem Osten im Nildelta fest, dann drangen sie weiter in Richtung Oberägypten vor. Ihre Herrschaft dauerte 25 Jahre. Geschwächt durch innere Probleme, konnten die Ägypter den Hyksos nur geringen Widerstand entgegensetzen. Die Ägypter kannten zudem weder Pferde noch Kampfwagen und waren daher den Hyksos entscheidend unterlegen. Das Land mußte also den Eindringlingen Tribut entrichten und erlitt vielfältige Demütigungen.
In dieser Atmosphäre der Fremdherrschaft und der inneren Wirren konnte sich die Kunst kaum entwickeln. Man muß bis zum Neuen Reich warten, um das Entstehen eines neuen Schwungs, einer neuen Begeisterung feststellen zu können.

Das Neue Reich

Wie im Mittleren Reich, ging auch nun die Wiedervereinigung der Landesteile von der Hauptstadt des Reiches, Theben, aus. Es war der Begründer der 18. Dynastie, Amosis, der diese Schwierigkeiten meisterte. In einem alten Papyrus heißt es:
«Theben ist der Herrscher über alle Städte und mächtiger als alle anderen Städte. In seiner Umgebung wird niemals gekämpft, weil seine Macht zu groß ist. Der Ursprung von Erde und Wasser kommt von ihm, am Anbeginn der Welt hat sich der Sand hier in fruchtbare Erde verwandelt, um seinen Boden zu erschaffen. (...) Alle Städte wurden in seinem Namen gegründet, denn man nennt es ‹die Stadt›, und alle anderen Städte befinden sich unter seiner Schirmherrschaft. (...) Alle Städte stehen in seinem Schatten und erhalten ihr Aussehen von ihm. (...) Der Norden und der Süden, die Berge und das Wasser, das Meer und seine Reichtümer und der Nil gehören ihm. Alles, was auf Erden wächst, alles, was von der Sonne beschienen wird, all dies gehört ihm, und seine Untertanen zahlen Theben Tribut. Es ist das Auge des Gottes Ra, dem niemand widerstehen kann.»
Nachdem Amosis das Land von den Eindringlingen befreit hatte, gelang es ihm, einen festgefügten und mächtigen Staat aufzubauen. Um diesen Staat zu sichern, unternahm er Eroberungsfeldzüge nach Asien und Nubien, eine Politik, die seine Nachfolger fortsetzten. Diese Feldzüge hatten beträchtlichen Einfluß auf das Land selbst. Der orientalische Hang zum Luxus und zur Verfeinerung findet sich nun in den Statuen, den Bildern, beim Schmuck und Geschmeide und sogar in der Literatur. Die asiatischen Eroberungen der Pharaonen verschafften Ägypten auch erhebliche wirtschaftliche Macht. Das Land erlebte nun eine lange Periode großen Wohlstands. Dies verdankte es der Macht und Intelligenz seiner Herrscher. Das Neue Reich unter der 18. und den beiden folgenden Dynastien ist eine der eindrucksvollsten Perioden in der ägyptischen Geschichte.
Das Staatsgebiet war nun zwar von den Hyksos befreit, aber man mußte fast alle Tempel wiederaufbauen. Dieser Aufgabe verschrieben sich die Könige im besonderen. Man wollte damit den nationalen Gottheiten den Dank für den Schutz beweisen, durch den sich die Herrscher der Dynastie die Oberherrschaft hatten sichern können. Vor allem aber wollten die Könige

angesichts der tiefen Religiosität der Bevölkerung die eigene Frömmigkeit unter Beweis stellen. Zu Ehren der Götter wurden neue Tempel errichtet, besonders die von Luxor und Karnak, die *Amon*, dem Gott Thebens, geweiht sind. Dieser Gott hatte zu jener Zeit nie dagewesenen Ruhm, dessen Glanz erst durch die amarnische Zwischenperiode ein wenig getrübt werden sollte.

Mit Ausnahme des Tempels von Edfu sind alle ägyptischen Tempel heute beschädigt. Hinsichtlich der Grabesarchitektur unterscheidet man zwei Arten von Tempel: den Begräbnistempel, der von der Kapelle abstammt, die der Verehrung des Königs dient, sowie den Gottestempel, der zu Ehren einer Gottheit errichtet ist. Das größte Bauensemble eines Gottestempels des Neuen Reichs ist sicher der Tempel von Karnak, der in einem kleinen Dorf auf dem östlichen Nilufer liegt und den damals eine Straße mit Theben verband.

> Des Himmels Stürme halt ich im Zaume.
> Mit Mumienbinden umwickle und kräftige
> ich Horus,
> Den gütigen Gott, Osiris, ich, dessen Formen
> vielfältig.
> Meine Opfer erhalt ich zu den vom Schicksal
> geordneten Stunden.
> Seht, hier erscheint Ra von vier höheren
> Göttern begleitet;
> In der Sonnenbarke durchquert er den
> Himmel.
> Auch ich, Osiris, beginne die Reise
> Zu der vom Schicksal geordneten Stunde.
> Hoch sitzend auf der Sonnenbarke Tauwerk,
> Mein neues Dasein beginn ich.
>
> Das ägyptische Totenbuch

Es erweist sich als ziemlich schwierig, das Bauschema eines klassischen Tempels nachzuvollziehen. Man kann aber dennoch die folgende Beschreibung wagen. Eine den gesamten Komplex umschließende Steinmauer machte aus dem Tempel eine Art kleine Stadt. Eine lange, von Sphinxstatuen gesäumte Allee, die sogenannte «Straße des Gottes», führte zu einem monumentalen Eingangstor, das zu beiden Seiten von Türmen flankiert wurde und auf dem zwei mit Fähnchen geschmückte Masten standen. Dieses Portal bildete den Zugang zum eigentlichen Tempel. Dahinter befand sich ein großer Hof mit einem Säulenumgang, der sich später aufteilte und den öffentlichen Teil des Tempels bildete, in dem das Volk an den Festtagen auf den offiziellen Prozessionszug mit der göttlichen Statue wartete. Dann konnte man in eine Säulenhalle treten (diese Halle konnte je nach dem Tempel verschieden groß sein), die allerdings den Privilegierten für religiöse Zeremonien vorbehalten war. Hinter dieser Säulenhalle befanden sich die Privatgemächer des Gottes mit der Kapelle für die heilige Barke. Das Allerheiligste beherbergte in einem Naos die göttliche Statue und die Räume, die für den Schatz des Gottes bestimmt waren. Die weniger wichtigen Gottheiten verfügten über nach dem gleichen Schema angelegte Gemächer wie die Hauptgottheiten. Einzig der König oder sein Vertreter, das heißt der Hohe Priester, durften hier eintreten.

Die Ausschmückung des Tempels war sehr üppig. Normalerweise fand man auf den Außenmauern Darstellungen der militärischen Erfolge des Gottes und des Königs, während die inneren Mauern religiöse Szenen zierten. Es wurden immer wieder die gleichen Szenen darge-

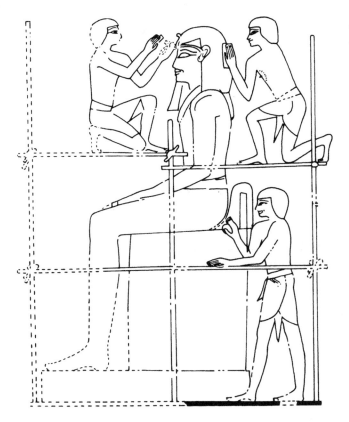

25 Die Zeichnung rekonstruiert die Arbeiten an einer sitzenden Statue im alten Ägypten.

26 Arbeiten (Rekonstruktion) an der Statue eines ägyptischen Königs, der die Krone Oberägyptens trägt.

stellt, da die Tradition sehr stark war: die Anbetung des Gottes, die Darbietung von Opfergaben oder Weihrauch, die Reinigung, der göttliche Schutz usw.

Ein originelles Charakteristikum dieser Tempel, das die religiöse Zielgerichtetheit gänzlich rechtfertigt, ist der deutlich merkliche Übergang von Helligkeit zu Dunkelheit, je weiter man sich dem Allerheiligsten nähert. Vom Portal bis zum Allerheiligsten steigt der Boden ständig an, während die Höhe der Räume im Gegensatz dazu immer geringer wird. Der Hof liegt im gleißenden Sonnenlicht, und der heilige Ort ist in Dunkelheit getaucht. Diesen Übergang von Hell zu Dunkel gibt es in den Sonnentempeln der 5. Dynastie, die von den göttlichen Strahlen erleuchtet werden, nicht. Der Übergang verschwindet dann wieder mit den griechischen Tempeln, taucht aber in den christlichen Heiligtümern erneut auf.

In der Nähe des Tempels befand sich ein Heiliger See, der zu bestimmten, an festen Terminen stattfindenden Zeremonien diente.

Manchmal verband der «Dromos», eine gepflasterte und mit Sphinxdarstellungen gesäumte Straße, das Portal mit dem Fluß, an dessen Ufer die Barke mit der königlichen Statue lag, die in

27 Aus der 18. Dynastie stammt diese Kalksteinplatte, die man in Gizeh gefunden hat. Sie zeigt König Semenchkare mit seiner Gemahlin Meritaton beim Spaziergang im Garten.

einer Prozession von einem Besuch des Heiligtums eines anderen, benachbarten Tempels zurückgebracht wurde. Vor den Portalen waren manchmal zwei Granitobelisken errichtet, die an die Gründung des Tempels erinnerten.
In diesen Tempeln fanden verschiedene Zeremonien statt, wie zum Beispiel die Grundsteinlegung eines Grabgebäudes. Eine solche Grundsteinlegung mußte mitten in der Nacht stattfinden, weil die Beobachtung der Sterne es ermöglichte, die richtige Lage und Ausrichtung des Tempels festzulegen. Der König und die Göttin Seschat – eine Chronistengöttin, die in ihrem Kopfputz einen mit einem siebeneckigen Stern versehenen Stab trug – standen sich gegenüber und ließen vier Pfähle einrammen, die die zukünftige Lage des Bauwerkes festlegten. Dann spannte man eine Schnur, und der König hob selber den Graben der Grundmauer aus. Schließlich warf der Monarch in jede Ecke des Grabens einen goldenen, silbernen oder kupfernen Stein. Im Falle wichtiger Vorkommnisse konnte sich der König von einem Priester vertre-

28   In der Gegend von Mephis wurde 1892 dieser Katzensarg gefunden, der aus der Zeit der 18. Dynastie stammt. Die Inschriften besagen, daß es die Lieblingskatze des Kronprinzen Thutmosis war, eines Bruders von Echnaton.

ten lassen. Die Göttin Seschat wurde von der königlichen Gattin des Pharaos persönlich dargestellt.

Andere Riten, wie zum Beispiel der der Tempelweihe, begannen mit einer Reinigungszeremonie: Der König umrundete das Bauwerk zu Fuß und beweihräucherte es. Dann schlug er mit einer Keule an das Tempeltor, um schließlich den «Naos» zu reinigen, die Nische, in der die göttliche Statue verborgen war.

Die Grundelemente des ägyptischen Tempels, die Steinsäulen, die sich aus primitiven Holzsäulen entwickelt haben, weisen die verschiedensten Stilrichtungen auf. Manche dieser Stilrichtungen nehmen die spätere griechische Kunst vorweg, wie zum Beispiel die gekehlte achtseitige Protodorische Säule, bei der das Hauptgebälk auf dem Kapitell ruht und eine Deckenkonstruktion aus Stein trägt. Die mystisch und religiös bedeutende Hathor-Säule symbolisiert die Göttin Hathor mit ihrem Kennzeichen, dem Sistrum (einem rasselartigen Musikinstrument). Der Schaft der Säule stellt den Stiel des Instruments dar, und das Kapitell ist auf seinen vier Seiten mit Reliefs des Gesichts der Göttin geschmückt. Andere Säulen verraten eine stärker an Pflanzen orientierte Inspiration: die lotosförmige Säule, die einen Strauß weißer und blauer Lotosblumen darstellt, der sich zu einer geschlossenen Blütenkrone zusammenfügt; die palmenförmige Säule, deren Kapitell die Form einer Palme hat, deren Blätter sich rundum üppig entfalten. Bänder umschließen den Schaft, Schilfrohrstengel erinnern an frühere Epochen ägyptischer Kunst. Der Papyrus hat ebenfalls einer in Ägypten sehr verbreiteten Säulenform Pate gestanden, der sogenannten papyrusförmigen Säule. Eine weitere Säulenform mit umgekehrt glockenförmigem Kapitell findet sich ebenfalls sehr häufig, so zum Beispiel in der großen Säulenhalle des Amontempels von Karnak. In der ptolemäischen Epoche wird schließlich noch die Säulenform mit Komposit-Kapitell entstehen, das einen Blumenstrauß mit entfalteten Blütenblättern darstellt. Einige Motive mesopotamischen Ursprungs – besonders die Rosette – werden in Ägypten wiederaufgenommen, aber in immer stärker stilisierter Form dargestellt.

29 Dieser Stelenpfeiler ist mit seiner quadratischen Grundfläche äußerst ungewöhnlich gestaltet. Seine Herkunft ist unbekannt, die Inschriften nennen Ramses II. Daher muß der Pfeiler um 1250 v. Chr. hergestellt worden sein.

30 Querschnitt durch den Großen Säulensaal des Amon-Tempels in Karnak, der während der 18. und 19. Dynastie errichtet wurde. Die insgesamt 144 Säulen sind mit Reliefdarstellungen verziert.

Karnak

Die historische Stätte Karnak vermittelt uns so etwas wie einen Abriß sowohl aller traditioneller Elemente eines ägyptischen Tempels als auch des Beitrags der aufeinanderfolgenden Pharaonen, die mit eifersüchtig verfolgtem Besitzstreben Karnak triumphierend ihren eigenen Stempel aufdrücken wollten. So kann man die Hinzufügung einer weiteren, den Tempelbereich umschließenden Mauer (erbaut von Thutmosis I. und Thutmosis II.), eines Innenhofs Thutmosis' I., Amenophis' III. oder Rames' II., eines weiteren Portals (errichtet von Thutmosis I., Thutmosis III., Amenophis III.), einer Säulenreihe beziehungsweise einer Kapelle, die eine andere ältere Kapelle ersetzt (Thutmosis III. zerstörte so die Kapelle seiner Tante Hatschepsut), die kleinen Bauten Ramses' II., den in der Epoche der Ptolemäer vollzogenen Umbau einer von Thutmosis III. zu Ehren des in Memphis beheimateten Gottes *Ptah* errichteten Tempels oder auch den Bau von Tempeln außerhalb der Umschließungsmauer, wie zum Beispiel die von Amenophis III. den Göttern Month und Mut geweihten Tempel, feststellen. Dieses einem Zyklopenfriedhof gleichende Ensemble des Tempels von Karnak, das wegen der Anhäufung seiner Ruinen große Berühmtheit genießt, vermittelt auch ein außerordentliches Bild der Macht, das von den riesenhaften Proportionen einer der Säulenhallen noch verstärkt wird, deren Schönheit Champollion voller Begeisterung ausrufen ließ: «In Europa übersteigt die Vorstellungskraft zwar bei weitem die Größe der dortigen Säulenhallen, aber angesichts der 144 Säulen der Hypostylenhalle von Karnak versagt diese Vorstellungskraft völlig» (Brief Champollions vom 24. November 1828).

Dieser überdimensionale Kolossalbau ist 102 Meter lang und 53 Meter breit. «Auf beiden Seiten des Hauptschiffs, in das das Licht durch Öffnungen in der Decke einfiel, befanden sich zwei Seitenschiffe, die etwa 10 Meter niedriger waren und deren Säulenwald von 62 Säulen ins Halbdunkel getaucht war. Die Säulen des Hauptschiffs trugen Kapitelle, die kleine offene Papyrusblüten darstellten, die sich dem Licht wie aufgespannte Sonnenschirme entgegenreckten; die niedrigeren Säulen der Seitenschiffe trugen Kapitelle mit noch geschlossenen Papyrusblüten» (René Huyghe: *Der Mensch und die Kunst*).

Diese hochkomplexe Konstruktion geht vor allem auf Thutmosis III. zurück, der so seine Machtfrustration zu kompensieren suchte. Die Bautätigkeit Amenophis' III. läßt sich möglicherweise dadurch erklären, daß er den Klerus seiner Autorität unterwerfen mußte. Außer

31 Rechts eine Ziersäule aus der Zeit der 18. Dynastie, daneben eine Pypyrussäule mit offenem Kelch aus Karnak; die beiden linken Säulen haben Knospenkapitelle und sind ebenfalls Papyrussäulen.

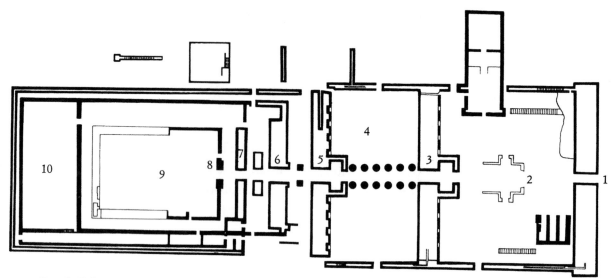

32 *Grundriß des Großen Amon-Tempels in Karnak:*
   1 Eingang und Erster Pylon
   2 Kiosk des Taharka
   3 Zweiter Pylon
   4 Großer Säulensaal
   5 Dritter Pylon
   6 Vierter Pylon
   7 Fünfter Pylon
   8 Sechster Pylon
   9 Heiligtum
   10 Festsaal des Königs Thutmosis III.

diesen Bauten und den schrittweisen baulichen Veränderungen stammen auch die Reliefs aus der Zeit Thutmosis' III. Sie stellen ihn selbst dar, wie er Feinde schlägt, ein traditionelles Motiv seit thinitischer Zeit. Eines der Reliefs ist wegen der besseren Haltbarkeit in die Wände eines Portals des Tempels von Karnak eingemeißelt. Es hat eine besonders charakteristische Konzeption: Links ist Thutmosis dargestellt, das rechte Bein steht hinter dem linken, er fängt gerade an, die Gefangenen grausam zu töten. In seiner Linken hält er eine Art langes ‹Szepter›. Zu beiden Seiten dieses ‹Szepters› sind viele der unglückseligen Gefangenen dargestellt, die dem Pharao ihre Arme entgegenstrecken, um Gnade zu erflehen. Diese Abfolge von in abgeflachter Reliefform dargestellten Händen und Gesichtern vermittelt den Eindruck ihrer Gesänge und ihres Wehklagens. Die größeren Vertiefungen unterstreichen, im Gegensatz dazu, durch die dadurch erzeugten Schatten die Gestik des triumphierenden Monarchen.

Diese lange ikonographische und bildhauerische Tradition wird sich in den Reliefs der Ramessiden in der 19. und 20. Dynastie fortsetzen, in denen königliche Großtaten oder religiöse Szenen auf Tempelwänden dargestellt sind. Durch sein Spiel mit Licht und Schatten aufgrund von Vertiefungen und Furchen ermöglicht das Relief viel feinere Nuancierungen als die Malerei, wenngleich es sich durch die graphische Darstellungsweise der Malerei stark annähert. In der Reliefkunst vollzieht sich so eine vergleichbare Entwicklung wie in der Malerei.

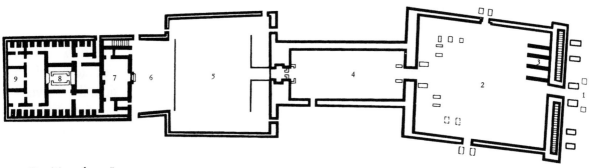

33 Der Tempel von Luxor:
1 Eingang
2 Hof des Ramses II.
3 Drei-Kammer-Kapelle
4 Großer Säulengang
5 Hof des Amenophis III.
6 Säulenhalle
7 Vestibül
8 Heiligtum
9 Allerheiligstes

Luxor

Luxor liegt direkt in Theben, wo nach Homer die Gebäude unermeßliche Reichtümer enthalten und jedes der hundert Tore der Stadt von 200 Kriegern bewacht wird, die mit ihren Pferden und Kampfwagen durch die geöffneten Tore heraustreten.

Der Luxor-Tempel ist sozusagen das Landhaus des *Amon*, seine «südliche Residenz» neben seiner «großen Residenz» in Karnak. Begonnen wurde der Bau im Laufe der 18. Dynastie unter Amenophis III., beendet wurde er von Tut-ench-Amun und Haremhab, nachdem ihn Echnaton beschädigt hatte.

Die Tempel von Luxor und Karnak verbindet eine 31,5 Kilometer lange heilige Straße, die gepflastert und auf beiden Seiten von Widderstatuen gesäumt ist. Sie beginnt am *Chons*-Tempel in Karnak, führt geradlinig durch das große Südtor aus dem Tempel hinaus, biegt dann auf der Höhe des Mut-Tempels nach Westen ab, um von dort in gerader Linie nach Luxor zu führen. An der Nordfassade des Luxor-Tempels ragten sechs Kolossalstatuen von sitzenden und stehenden Pharaonen und zwei monolithische Obeliske aus rosa Granit auf. Einen dieser Obelisken schenkte Mehmed Ali 1831 Frankreich, und so gelangte er am 25. Oktober 1836 auf die Place de la Concorde in Paris.

An dem mit vier schmückenden Masten verzierten Eingangstor werden in Reliefs, die sich durch strenge und klare Linienführung auszeichnen, die Vorgänge der Schlacht von Kadesch gefeiert, in der die ägyptischen Truppen von Ramses II. angeführt wurden: Asiatische Völker bildeten unter der Führung des Hethiterherrschers Muwattali eine Allianz gegen Ägypten. Diesem Heerführer war es gelungen die Unterstützung von mehr als zwanzig Völkern zu erhalten, die ihm Soldaten und eine große Zahl von Kampfwagen unterstellten. Diese Allianz sollte nahe der syrischen Stadt Kadesch auf die ägyptische Armee treffen. Die Armee Ramses' II. setzte sich aus vier Teilarmeen zusammen: der Armee des *Amon*, der Armee des *Ra*, der Armee des *Ptah* und des *Seth*. Ramses II. selbst führte das Kommando über die Armee des *Amon*, des höchsten Gottes der göttlichen Ruhmeshalle dieser Epoche. Die Schutzgötter Ägyptens waren in jedem wichtigen Moment der Geschichte (sowie auch des täglichen Lebens) gegenwärtig. In der ägyptischen Armee dienten auch viele ausländische Söldner. Der Pharao führte seine Armee über Kanaan und Galiläa entlang der Küste nach Norden. Nachdem er das weiter im Landesinneren gelegene Oronto-Tal erreicht hatte, bewogen zwei Spione Muwattalis den König zu einer falschen Entscheidung. Sie sagten ihm, daß der Hethiterkönig seine Armee zur Stadt Aleppo hätte führen lassen. Der Pharao entschloß sich, ihn zu verfolgen, und erreichte die Stadt Kadesch, in deren Nähe er ein Lager aufschlagen ließ. Doch die Asiaten umgingen die Stadt, um die Ägypter zu überraschen, und griffen die Armee des *Ra* an. Ramses stürzte sich eiligst in die Schlacht, um die Situation wieder in den Griff zu bekommen, aber er konnte die Stadt Kadesch nicht zurückgewinnen und auch nicht in Richtung Euphrat marschieren, wie er geplant hatte. Es gelang ihm lediglich, eine katastrophale Niederlage seiner Armee abzuwenden und die Armee Muwattalis auf Distanz zu halten. Der westliche Turm des Eingangstores trägt die Darstellung des rechteckigen ägyptischen Lagers, inmitten dessen sich die Soldaten unterhalten, ohne sich der drohenden Gefahr bewußt zu sein. Auf dem östlichen Turm ist der Ablauf der eigentlichen Schlacht dargestellt.

Das südlich des großen Hofes gelegene Tor führt zwischen zwei Kolossalstatuen des sitzenden Ramses' II. hindurch in eine Säulenhalle mit 14 Säulen und Kapitellen in Form sich öffnender Blüten. (Die Maße der Säulen betragen: 15,8 Meter Höhe, 9,8 Meter Umfang bei einem Gewicht von etwa 20 Tonnen.) Wandreliefs aus der Zeit des Tut-ench-Amun und des Haremhab stellen das große Neujahrsfest zu Ehren des Gottes dar. An diesem Tag holte man die göttlichen Barken aus dem Heiligtum in Karnak und befuhr mit ihnen auf eigens für diesen Zweck vorgesehenen Schiffen in einer Prozession den Nil. An der östlich gelegenen Mauer zeigen Reliefs aus der Zeit des Haremhab eine Darstellung des großen Opet-Festes.

34 Ostrakon nennt man die Scherbe eines Tongefäßes, in die man Schriftzeichen oder Abbildungen einritzte. Hier ein Ostrakon (19./20. Dynastie) aus Deir el-Medina, das die Tierwelt auf den Kopf stellt: Die Katze muß das Geflügel (= die Vögel) behüten.

Das Opet-Fest

Das Opet-Fest war ein sehr populäres Fest in der Gegend von Theben und das bedeutendste Fest im Luxor-Tempel; der Harem des *Amon* feierte jedes Jahr mit großem Prunk die Ankunft *Amons* in Karnak. Diese Zeremonie fand zwischen dem 15. und dem 26. Tag des zweiten Monats der Jahreszeit der Überschwemmung statt. Das Fest begann mit der Opferzeremonie, die vom Pharao geleitet wurde. Man legte Geschenke und Blumen vor dem Gott nieder; geschmückt mit einem Steinbockkopf und zwei Bockfüßen, lag seine Barke dabei in seiner Kapelle. Dasselbe galt für die drei anderen Barken, die der *Mut,* des *Chons'* und des Monarchen. Der König unternahm ein Trankopfer und schwenkte dabei ein Weihrauchfaß. Dieser Zeremonie folgte dann eine Prozession mit einem Soldaten und einem Trommler an der Spitze. Gleich nach Beginn trugen die Priester die vier Barken zum Nilufer und verluden sie auf die dafür vorgesehenen Schiffe. Die Spitze des prunkvollen Geleitzuges bildete die mit Gold und Edelsteinen verzierte Barke des Gottes *Amon,* es folgte das Geleit der anderen Barken. Vom Ufer aus verfolgten die Armee, der Klerus sowie Musiker und Tänzer den imposanten Zug mit großer Aufmerksamkeit. Auch das Volk beobachtete die Prozession und gab seiner überschäumenden Freude und Begeisterung Ausdruck. Schließlich erreichten die heiligen Barken Luxor, wo man sie wieder verwahrte. Der Pharao persönlich brachte den Göttern noch einmal Opfergaben und Tieropfer dar.
An der Stirnwand der Säulenhalle von Luxor kann man die Rückkehr des Gottes nach Karnak verfolgen. Die Riten sind die gleichen, und auch die gleiche Heiterkeit und Begeisterung begleiten ihn zurück in seine Residenz. Im ägyptischen Ritual kommt es ziemlich häufig vor, daß ein Gott auf Reisen geht, um einem anderen Gott einen Besuch abzustatten.
In einer der Hallen in der Nähe des Heiligtums finden sich weitere Reliefs, die von der Thronbesteigung Amenophis' III. berichten.

Die Thronbesteigung des Königs

Nach der Reinigungszeremonie setzte sich der zukünftige Herrscher nacheinander auf zwei Thronsessel, die in einem aus zwei Wand an Wand stehenden Kapellen bestehenden Gebäude standen. Er trug einen langen Umhang und hielt Szepter und Geißel, die königlichen Insignien, in der Hand. Bei seiner Ankunft trug er die weiße Krone Oberägyptens auf dem Kopf, dann setzte er die rote Krone Unterägyptens auf, um den zweiten Thron zu besteigen. Nach Beendigung dieser Zeremonie flochten Priester, die *Horus* und *Seth* (oder *Thot*) darstellten, die symbolischen Pflanzen der beiden Königreiche um eine Säule. Dann ergriff der König Besitz von seinem Königreich, indem er um eine symbolische Mauer herumging. Die folgenden Zeremonien gehörten zum königlichen Protokoll und zu den Königsfeierlichkeiten.
In einem der Räume findet man auch die Darstellung der Legende von der Geburt des Königs, der von der Königin Mutemwia und dem Gott *Amon* gezeugt wurde. Man erkennt dort auch Gott *Chnum,* der aus Ton ein Abbild des Königs (das «Ka») herstellt und sie dem *Amon* und den örtlichen Gottheiten darbringt, die ebenfalls bei der Geburt anwesend sind.

Farbabbildungen

89   Auch diese Szene stammt aus dem Grab des Nacht in Abd el-Kurna. Zwei junge Mädchen bei der Ährenlese.

90/91   Der Totentempel der Königin Hatschepsut (18. Dynastie), einer der schönsten erhaltenen Tempel Ägyptens, hat den Talkessel von Deir el-Bahari weltberühmt gemacht.

92   Das Grab der Nefertari (19. Dynastie) im Tal der Königinnen ist das schönste dieser Nekropole. Unsere Abbildung zeigt die Gemahlin Ramses' II. mit ihrem königlichen Schmuck.

93   Das Wandrelief aus dem Tempel in Karnak zeigt eine Szene aus dem Amon-Kult; die Darstellung der Königin Hatschepsut in der Mitte wurde (vermutlich von ihrem Nachfolger Thutmosis III.) zerstört.

94   Über 2 m lang ist dieser Sphinx aus schwarzem Granit, der in Tanis gefunden wurde und König Amenemhet III. darstellt (12. Dynastie).

95   Die Wandmalereien im Grab des Bildhauers Ipi (19. Dynastie, Deir el-Medina) zeigen in vielen Details die Vorbereitung des Grabmobiliars.

96   Die Statue des Ramses II. (19. Dynastie) aus schwarzem Granit wurde in Tanis entdeckt und befindet sich heute im Ägyptischen Museum von Kairo.

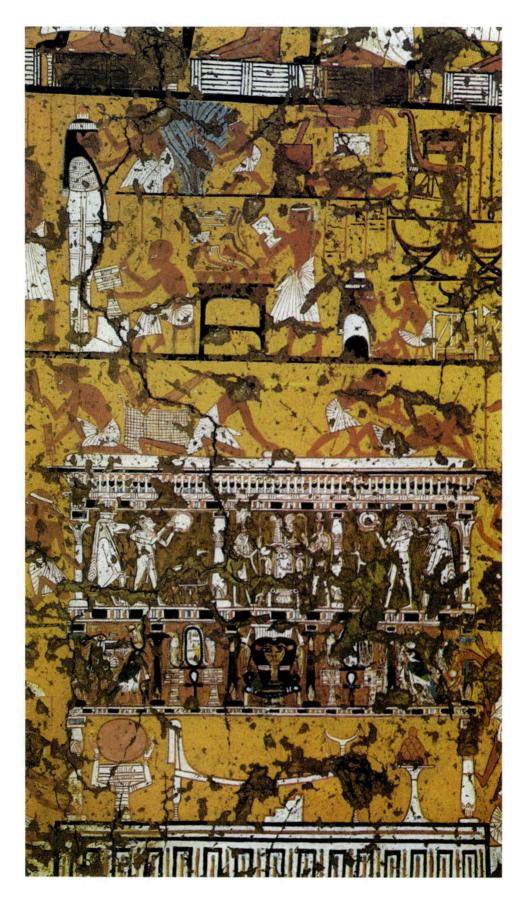

35 *Königin Hatschepsut im Krönungsornat; Detail einer Sitzstatue (18. Dynastie), die man im Tempel der Königin in Deir el-Bahari entdeckt hat. Sie befindet sich jetzt im New Yorker Metropolitan Museum of Art.*

Das von Amenophis III. errichtete Allerheiligste am Ende des Tempels von Luxor hat zu beiden Seiten je eine kleine Kammer, die dazu dienten, heilige Gegenstände aufzunehmen oder am Vorabend von Festen die Wachen des Heiligtums zu beherbergen. Das Allerheiligste ist rechteckig, und seine Decke wurde früher von vier Säulen getragen. Eine Steingutplattform, die an zwei Säulen und der Südmauer befestigt war, bildete die Basis des «Naos», der aus hartem Stein bestand (Granit) und in dem sich das «Millionen Jahre alte Ebenbild des Gottes» befand.

Deir el-Bahari

Der für das Neue Reich besonders charakteristische Gottestempel ist der der Königin Hatschepsut, nicht weit von Theben auf dem anderen Nilufer gelegen. Als Thutmosis II. starb, hinterließ er zwei eheliche Töchter und einen unehelichen Sohn, Thutmosis III., der zum Erben des Königreiches erklärt wurde. Da der Prinz noch ein Kind war, usurpierte seine Tante, die Witwe Thutmosis' II., die Macht und erklärte sich selbst zur Regentin. Die Dauer ihrer Herrschaft betrug 22 Jahre. Eine Inschrift aus der Zeit scheint die Usurpation zu bestätigen: «Thutmosis II. fuhr im Triumph zum Himmel auf und begab sich zu den Göttern. Sein Sohn übernahm seinen Thron als König der beiden Reiche und als legitimer Erbe dessen, der ihn gezeugt hatte. Seine Tante, die göttliche Gattin Thutmosis' II., Hatschepsut, bestimmte die Geschicke des Landes nach ihrem eigenen Gutdünken.» Man weiß bis heute nichts über das Schicksal von Thutmosis III. während der Regentschaft seiner Tante.

Diese ehrgeizige Königin wollte einem König in nichts nachstehen. Sie kleidete sich wie ein Mann, entfernte die weiblichen Endungen in ihren Titeln und Namen und übernahm schließlich auch vollständig die Hofsitten der ägyptischen Könige, mit Ausnahme des traditionellen Beinamens «starker Stier». Im Gegensatz zu ihren Vorgängern begann sie keine Feldzüge; in ihre Regentschaft fällt das Ende der Eroberungspolitik der Könige der 18. Dynastie. Sie ließ aber dennoch Monumente zu Ehren der Götter errichten. Ihren Begräbnistempel entwarf ihr Lieblingsarchitekt Senmut, der sich den Begräbnistempel Mentuhoteps zum Vorbild nahm, der sich harmonisch in die grandiosen und wild zerklüfteten Felsabbrüche am Rande der Wüste bei Deir el-Bahari einfügte. Die Reihe der drei treppenförmig angeordneten Terrassen, die von Säulengängen gesäumt sind, führt nach einem einzigartigen Plan über sich aneinanderreihende Rampen hinauf zum in den Fels gehauenen Allerheiligsten. Der Tempel war *Amon* und der Kuhgöttin *Hathor*, dem Totengott *Anubis* sowie dem Sonnengott *Ra* geweiht. Er diente zum Totenkult der Königin sowie ihrer Eltern, Thutmosis I. und der zweiten Gattin ihres Vaters, Ahmes. Auf jeder Seite der Rampe befinden sich wie auf der ersten Terrasse zwei Säulengänge: Der linke beherbergt die Darstellung einer Handelsexpedition nach Punt. Die ägyptische Reliefkunst ist in ihrem Realismus bisweilen fast grausam: Das üppige Hinterteil der «Königin von Punt» bezeugt die fast übertriebene Detailfreude des Bildhauers, der aber die

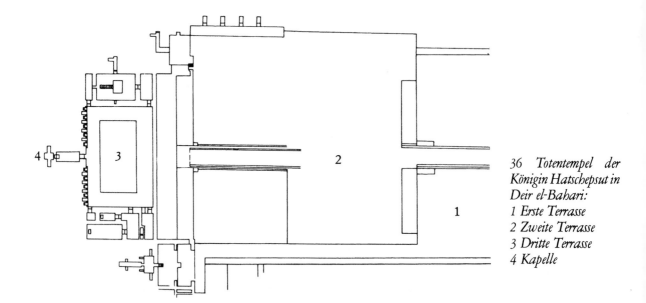

36 Totentempel der Königin Hatschepsut in Deir el-Bahari:
1 Erste Terrasse
2 Zweite Terrasse
3 Dritte Terrasse
4 Kapelle

Schwelle zur Karikatur nicht überschreitet. Die rücksichtslose Linienführung beweist die ausgeprägte Beobachtungsgabe der Künstler dieser Epoche.
Der rechte Säulengang ist das sogenannte «Mammisi», das «Geburtshaus». Hier vereinigt sich der Gott *Amon*, geführt von *Thot*, mit der Königin Ahmes, um das göttliche Kind Hatschepsut zu zeugen:

«Der allgewaltige Gott,
Amon selbst, der Herr über die Throne beider Reiche,
Erschien in Gestalt ihres Gemahls.
Man fand sie ruhend in ihrem schönen Palast.

Als sie durch den Duft des Gottes erwachte,
Lachte sie seine Majestät an.
Er drängte sich nach ihr, entflammte sich für sie,
Verlor sein Herz an sie.

Sie konnte sehen,
Daß er ein Gott war,
Als er sich ihr näherte.
Sie frohlockte ob seiner Schönheit.

Seine Liebe durchdrang sie völlig.
Der Palast ward erfüllt
Vom Duft des Gottes.
All seine Wohlgerüche stammten aus Punt, dem Land des Weihrauchs.

In seinem majestätischen Wesen
Machte der Gott mit ihr, was er wollte.
Sie ließ ihn seiner Lust mit ihr frönen
Und umarmte ihn.»

Im Tempel von Deir el-Bahari fand man eine Statue der Königin aus weißem Marmor.
Im Neuen Reich wurden die Statuen ausdrucksstärker und weniger feierlich als in früheren Epochen. Im Mittleren Reich ließ die Tendenz zum Realismus der südlichen Schule der orientalischen Verfeinerung Raum, sich zu entwickeln. Diese verschwand erst in der Spätzeit. Die Körper wurden länger, Haartracht und Geschmeide erhielten einen höheren Stellenwert.
Die Königin Hatschepsut ist offensichtlich eine Ausnahme: Sie trägt den Lendenschurz des Königs, hat den Nemes auf dem Kopf und ist wie ein Pharao dargestellt: sitzend, mit beiden Händen flach auf den Oberschenkeln. Aber ihre Schönheit und ihre jugendlichen Reize berücken dennoch. Ihre feinen Wimpern, ihre hübsch geschwungenen Augenbrauen, ihre kleine gerade Nase und ihr energisch anmutender Mund, all dies scheint auf einen unbezähmbaren Charakter hinzuweisen, der die typisch weiblichen Charakterzüge der Schlauheit und Hinterlist in sich verbindet. Die Darstellung der Hatschepsut ist trotz ihrer katzenartigen Erscheinung ganz den Konventionen der ägyptischen Kunst unterworfen.
Gleiches gilt für ihren Neffen, Thutmosis III., der sich nach Hatschepsuts Tod als großer Feldherr in kraftvoller, gleichwohl jugendlicher Pose verewigen ließ.

37 *Wüstenszene mit Oase aus dem Skizzenbuch (1838/39) des schottischen Malers David Roberts (1796–1864).*

Das Tal der Könige

Das Neue Reich stellt den Höhepunkt der ägyptischen Malerei dar, wie das Alte Reich Höhepunkt der Skulptur war. Bisher hatte die Malerei hauptsächlich erzählenden Charakter. Nun entwickelt sie sich, und der ägyptische Kanon ändert sich: Die dargestellten Figuren werden größer, schlanker und vor allem eleganter, die Linienführung wird feiner, und die Kleidungsstücke ändern sich. Diese neue Art der Darstellung fügt sich in den architektonischen Rahmen ein. An den Kalksteinwänden der unterirdischen Gewölbe sind hauptsächlich Szenen des alltäglichen Lebens dargestellt, die im Leben nach dem Tod wieder neu ‹belebt› werden. Solche Darstellungen finden sich in besonders großer Zahl in der Nekropole von Theben (Tal der Könige und Königinnen, Tal der Noblen, zum Beispiel die Gräber Nefertaris, des Wesirs Rechmire oder auch das Grab des Menena).
Die Bilder sind auf einem Untergrund aus Gipsputz gemalt. Die Farben (Schwarz, Weiß, Grün, Blau, Rot) sind mineralischen Ursprungs; sie wurden in Muschelnäpfchen angerührt und mit meist aus Schilf gefertigten Pinseln aufgetragen. Die verschiedenen Materialien halten

auf der Kalksteinwand durch ein Bindemittel, eine Art Klebstoff, der aus Kautschuk und Eiweiß hergestellt wurde. Vor den Figuren wurde der jeweilige Hintergrund gemalt: Zu Beginn der 18. Dynastie war er blaugrau, zu Ende der 18. und in der 19. Dynastie war er weiß, in der Epoche der Ramessiden war er gelb. Da die Felswände brüchig waren, bot die Malerei hier einen Ersatz für das Relief.

Seit Thutmosis I. bürgerte sich ein Brauch ein: Man versuchte die Mumien an einem sicheren Ort aufzubewahren. Das bedeutete, daß man sie an einem von den Begräbnisbauten getrennten Ort aufbewahrte, um ihr Weiterleben zu sichern. Es ist dies der Beginn der Nutzung des Tals der Könige, des Tals der Königinnen und des Tals der Noblen für die hohen Beamten. Diese Totenstadt liegt in einer Senke der am Rande der Libyschen Wüste verlaufenden Bergkette.

Bis in die amarnische Epoche bestand das unterirdische Gewölbe aus Säulenhallen, einer Flucht von hinunterführenden Scheingängen, Treppen, die einen zur Grabkammer gelangen lassen. Unglücklicherweise haben diese labyrinthartigen Konstruktionen die Grabräuber nicht abgehalten. Das Tal der Nekropolen war für sie jahrhundertelang ein hervorragender Ort, um sich zu bereichern. Das einzige noch völlig unangetastete Grab war das berühmte Grab des Tut-ench-Amun.

All die Grabmäler sind reich ausgeschmückt. Viele Szenen sind an die Pfeiler und Mauern gemalt, wie zum Beispiel die Szenen im Grab des Rechmire, der unter Thutmosis III. Wesir war. Die Malereien in diesem unterirdischen Gewölbe im Tal der Noblen entstammen einer Übergangszeit zwischen zwei Epochen: Der archaische Charakter der Malerei der vorhergehenden Epochen schwächt sich ab, und die Posen werden zunehmend ungezwungener. Die Komposition der Bilder ist immer gleich und soll hier anhand eines Töpfers beschrieben werden. Die verschiedenen Stufen der Herstellung eines Gefäßes sind nacheinander dargestellt. Die Figuren wirken trotz ihrer gesteigerten Größe noch steif, einige unter ihnen sind schon im Profil dargestellt, ohne daß die Schultern aus der Frontalperspektive gesehen werden: Der viel schlankere Körperbau läßt das Verschwinden gewisser Konventionen erkennen. Die strikte

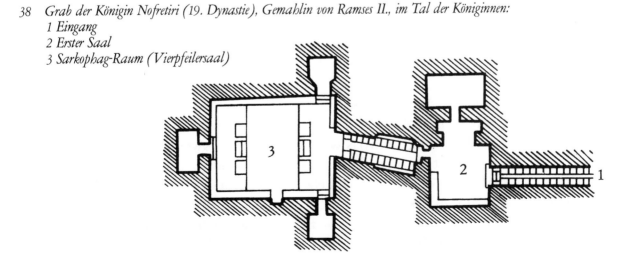

38 *Grab der Königin Nofretiri (19. Dynastie), Gemahlin von Ramses II., im Tal der Königinnen:*
  1 Eingang
  2 Erster Saal
  3 Sarkophag-Raum (Vierpfeilersaal)

Symmetrie, wie zum Beispiel bei den «Gänsen von Meidum», ist hier von einem Ebenmaß verdrängt, das sich nach den Bewegungsabläufen der verschiedenen Figuren richtet. Dies ist besonders augenfällig bei den beiden Tischlern, die mit der Herstellung eines Bettes beschäftigt sind. Hinsichtlich der Farben tauchen vor allem im Bereich der Ockertöne einige Abstufungen auf.

Es vollzieht sich also eine langsame Veränderung zu größerer Flexibilität und Freiheit. Das Grab des Schriftgelehrten Nacht verdeutlicht eine weitere Stufe in der Entwicklung der Malerei im Neuen Reich. Der Aufbau ist hier bereits völlig verändert. Eine Wand kann von nun an auch zur Darstellung nur einer einzigen Szene verwendet werden. Dadurch ist diese Szene stärker in den Mittelpunkt gestellt, wie zum Beispiel eine Jagdszene in den Sümpfen oder ein Festbankett. Der steife und feierliche Charakter der Bilder, der zur Zeit Thutmosis' III. noch offensichtlich war, ist völlig verschwunden. Die Szenen, die sich bei der Darstellung von Göttern und hochgestellten Persönlichkeiten noch immer an die Konventionen halten, zeigen bei der Darstellung der einfachen Leute, wie zum Beispiel des blinden Harfenspielers, mehr Phantasie, stellen Menschen charmanter und ausdruckskräftiger dar. Auch die Kleiderstoffe sind neu: Die Figuren tragen statt Wolle und Leinen nun plissiertes Mousselin, dessen Transparenz die eleganten und wohlproportionierten Körperformen zum Beispiel der Sängerinnen oder der Harfenspielerin erahnen lassen. Die gewählten Farben sind abgestuft, die verschiedenen Farbtöne tragen zur Gestaltung bei, die Ohrringe der Musikantinnen sind in einem helleren Ockerton gehalten als die Gesichter.

Das gesamte irdische Dasein des Nacht ist hier nachvollzogen. Besonderes Augenmerk liegt auf der Feldarbeit, deren Überwachung eine seiner Aufgaben war. Unter seiner Aufsicht geschieht die Weinernte mit Freude und Begeisterung. Die Arbeiter pflücken die Weintrauben unter dem Weinspalier mit der Hand, legen die Trauben sorgfältig in Körbe, ohne sie zu quetschen, und entleeren diese schließlich in einen flachen runden Bottich. Zu den Klängen von Musik stampfen die Erntearbeiter die Trauben mit den Füßen, damit der Saft durch die Schlitze des Bottichs in ein Auffanggefäß läuft. Die ausgepreßten Trauben füllt man erneut in einen Kübel, damit kein Tropfen Wein verloren geht. Der gewonnene Most wird dann zur Gärung in große irdene Krüge gefüllt, die enge Hälse und zwei kleine Henkel haben. Sie dienen zum Transport des Weins. Manchmal sind in der Nähe des Bottichs eine Schlange und vor ihr Opfergaben zu sehen. Sie stellt die Göttin Renenutet dar, unter deren göttlichem Schutz all diese Arbeiten geschehen: «Die Nacht senkt sich herab. Der Tau fällt stark auf die Trauben herunter. Wir müssen uns beeilen, sie zu keltern und ins Haus unseres Herrn zu tragen. Alles ist gottgegeben. Unser Herr wird den Wein voller Anmut trinken und dem Gott für sein ‹Ka› danken. Bereiten wir dem Cha, dem Schutzgeist der Weinberge, ein Trinkgelage, damit er in anderen Jahren wieder viel Wein wachsen läßt.»

An anderer Stelle sieht man die Aussaat, die vor der Bestellung der Felder stattfindet, damit die Erde die Samen bedecken kann, wenn das Wasser des Nil zurückweicht, nachdem es die Uferbereiche fruchtbar gemacht hat. Eine Episode aus der Erzählung von den «beiden Brüdern» überliefert diesen Moment des bäuerlichen Lebens: «Zur Zeit der Bestellung der Felder sagte sein älterer Bruder zu ihm: ‹Bereite dein Gespann vor und laß uns pflügen, da die Überschwemmung zurückgegangen ist; das Land ist wieder aus dem Wasser aufgetaucht, es ist Zeit, die Felder zu bestellen. Geh und trage das Saatgut auf die Felder, wir werden morgen zu

39 Das Grab des Königs Haremhab (18. Dynastie) im Tal der Könige ist reich mit mythologischen Szenen ausgeschmückt. Hier wird die Nachtsonne auf einer Barke durch die Unterwelt gezogen.

arbeiten beginnen.› So sprach er, und der jüngere Bruder tat, was ihm sein großer Bruder empfohlen hatte. Am nächsten Tag gingen sie bei Sonnenaufgang mit ihrem Gespann aufs Feld, um zu pflügen. Sie taten dies den ganzen Tag lang, und ihre Arbeit erfüllte ihr Herz mit Glück.»

Der Pflug wird normalerweise von Ochsen gezogen, und seine Lenker sind üblicherweise zu zweit. Der eine hält die Griffe des Pfluges in der Hand, der andere geht an der Seite des Gespanns und führt es. Manchmal kommt der Besitzer, um zu kontrollieren, ob seine Arbeiter gut arbeiten. Die Felder müssen bis zur Ernte bewässert werden, da Regenfälle selten sind. Über ein ausgeklügeltes System von künstlichen Bewässerungskanälen wird die Wohltat der Überschwemmung durch den Fluß zeitlich verlängert.

Dann kommt die Erntezeit, in der nicht nur die Arbeiter, sondern auch die Gutsbesitzer, die Gutsverwalter, die Familienangehörigen, das Hauspersonal und auch eine große Zahl von

Neugierigen auf den Beinen sind. Zunächst vermessen die Feldmesser die Äcker, um auszurechnen, wieviel der einzelne Bauer abzuliefern hat. Dies meldet er an höherer Stelle. Dann beginnen die Bauern unter den aufmerksamen Blicken des Herrn, der im Schatten eines Maulbeerbaumes sitzt, mit der Sichel die ersten Ähren zu schneiden. Die Frauen gehen hinter ihnen, heben die Ähren auf und sammeln sie in Körben, um sie besser transportieren zu können. Die zu Boden gefallenen Körner sammelt man sorgfältig in Tellern. Nach Abschluß der Ernte überläßt man die Felder den Frauen und Kindern zur Nachlese. Das Erntegut wird zum Schutz vor Dieben sogleich auf dem Rücken von Eseln abtransportiert. Die Ochsen verwendet man eher zum Dreschen. Während sie mit ihren Hufen die Ähren auf dem Dreschplatz zertreten, wenden die Männer die Garben mit Gabeln. Der Trennung der Körner vom Stroh folgt die Eichung und das Wiegen der Scheffel durch die Schriftgelehrten und andere Beamte. Diese Arbeit, der man von früh bis spät nachgeht, dauert mehrere Wochen, und häufig müssen dazu noch zusätzliche Arbeitskräfte eingestellt werden.

Ein anderer wichtiger Aspekt der ägyptischen Landwirtschaft ist die Viehzucht. Jedes Gut besitzt, wenn es keine Herde hat, zumindestens Haustiere wie Hunde, Ochsen und Esel zum Transport des Erntegutes (das Pferd kommt erst im Neuen Reich nach Ägypten) sowie Ziegen und Schafe. Davon getrennt züchtet man auch noch Geflügel (meist Enten und Gänse). Der Stall befindet sich in der Nähe des Hauses, und die Hirten, die für jeden Verlust oder Schaden in ihrer Herde verantwortlich sind, leben mit ihren Tieren zusammen. Die Tiere sind mit Brandzeichen versehen, um dem Diebstahl vorzubeugen.

Nach der Feldarbeit findet ein Bankett statt. Alles ist für das Fest vorbereitet: Ein Ochse ist geschlachtet und gehäutet, Grillfleisch und Saucen sind vorbereitet, Gänse braten am Spieß. Gold- und Silbergeschirr sind geschmackvoll bereitgestellt. Schließlich kommen die Gäste, und man begrüßt sie mit herzlichen Worten: «Willkommen», «Brot und Bier» oder: «Ich flehe alle Götter und Göttinnen der Gegend an, dir ein langes Leben zu geben. Ich will sehen, daß es dir gut geht, will dich in meine Arme schließen.»

Auch die anwesenden Gäste verleihen ihrer Freude und ihrer Dankbarkeit Ausdruck: «Die Milde *Amons* erfülle dein Herz! Er gebe dir eine glückliche Altersruhezeit! Er ermögliche dir, dein Leben lang glücklich zu sein und Ehrenbürger zu werden. Deine Lippen strotzen vor Gesundheit, deine Glieder vor Kraft. Dein Auge sieht weit. Du trägst Leinengewänder. Du sitzt auf einer Kalesche, hältst eine Peitsche mit Goldknauf in der Hand und besitzt auch neue Zügel.»

Tänzer und Musikanten unterhalten die Hausherren und ihre Gäste, die gerührt dem blinden Harfenspieler lauschen, der vor Einfühlungsvermögen bebt, eingeschlossen in seiner inneren Welt und dazu verurteilt, die Sonne niemals zu sehen.

Im Grab des Menena, in dem diese bäuerlichen Szenen und das Festmahl dargestellt sind, findet sich auch der Ablauf einer außergewöhnlichen Jagd in den Sümpfen, deren Darstellung ganz besonders berühmt ist. Sie bedeckt eine ganze Wandfläche und läßt trotz der Symmetrie der Darstellung viel Raum für die Vorstellungskraft des Betrachters. Unten ist der blaue Fluß dargestellt, dessen Wellen in Form dunklerer Streifen sichtbar werden. Den Fluß bevölkert eine Vielzahl von Enten, Fischen und Krokodilen, die vorzügliche Detailtreue auszeichnet. Auf der Wasseroberfläche schwimmen zwischen dicht wachsenden Papyruspflanzen zwei in ihrer Konstruktion dem Papyrus nachempfundene Barken. Auf der linken steht Menena: Mit ver-

40 *Nachzeichnung einer Darstellung der heiligen Barke des Amon, der ursprünglich ein kleiner Lokalgott der Gegend um Theben war und dann zum Hauptgott Ägyptens wurde, dem man den Riesentempel von Karnak weihte.*

setzt stehenden Beinen scheint er zum Sprung bereit; in seiner Rechten hält er einen Bumerang, in der Linken ein Vogelpaar. Hinter ihm befindet sich seine Frau, die eine viel längere Perücke trägt, als zu früheren Epochen üblich. Sie ist in ein federleichtes und luftiges Faltenkleid gewandet. Zu Füßen des Paares erkennt man ein nacktes junges Mädchen von graziler Statur, das sich geschmeidig hinunterbeugt, um im Fluß eine Lotosknospe zu pflücken. Die Darstellung dieses Mädchens im Profil, so daß durch die feinen Linien der Körper nur als Bogen erscheint, ist allein schon ein Meisterwerk der Malerei. Auf der rechten Barke erkennt man dieselben Personen, wodurch eine symmetrische Komposition des Bildes erreicht wird. Menena trägt hier eine lange, fein gewebte Tunika und jagt mit einer Harpune Fische. Seine Frau steht auch hier wieder hinter ihm und hält ihn an den Hüften fest, damit er nicht das Gleichgewicht verliert. Die unterschiedlich stark schillernden Farben tragen zum dynamischen Eindruck dieser sehr lebhaften und bezaubernden Szene bei.

Die amarnische Häresie

Zweihundert Jahre lang dominierten nun im Reich politische Stabilität und Wohlstand. Ägypten war damals die größte Macht des «Fruchtbaren Halbmonds» und beherrschte Ländereien im Süden bis hin zum vierten Nilkatarakt und im Norden bis an die Grenze Syriens. Amenophis III. konsolidierte diese eroberten Gebiete. Er ließ jedoch auch bereits eine gewisse Emanzipation von den noch geltenden Sitten und Gebräuchen erkennen.

41   Der Sonnengott Ra ist Mittelpunkt des uralten ägyptischen Sonnenkults und wurde von der 5. bis zur 18. Dynastie als Hauptgott verehrt, schließlich abgelöst von Amon.

Vom Begräbnistempel Amenophis' III. in der Totenstadt von Theben sind nur noch die beiden stark beschädigten Kolossalstatuen des sitzenden Königs erhalten, die die Griechen Memnons-Kolosse nannten. Bis zur Restaurierung durch den römischen Kaiser Septimius Severus gab eine der beiden Statuen Amenophis' III. bei Sonnenaufgang durch Spannungen im Stein erzeugte singende Töne von sich.
In diesem Klima des Friedens wurde der spätere Amenophis IV. geboren. Er wuchs in eine Zeit der Rebellion gegen einen allzu mächtigen Klerus hinein. So begann der junge Prinz, nachdem er seinem Vater auf dem Thron gefolgt war, bedeutende Religionsreformen, die auch auf die Kunst und die politische Situation im Land beträchtlichen Einfluß hatten.
Aufgrund der Einwanderung vieler Ausländer ins fruchtbare Niltal hatte die ägyptische Rasse ihre Reinheit verloren. *Amon* aber war zu sehr spezifisch ägyptisch geprägt, um als Gott zu dieser nun heterogenen Bevölkerung zu passen. So wollte Amenophis IV. die frühere monotheistische Religion von Heliopolis wieder einführen. Er verbot daher alle anderen Götter, besonders aber *Amon*, den Gott Thebens, dessen Namen er überall herausmeißeln ließ. «Die Umwälzung ist genauso tiefgreifend wie die einer Invasion, und außerdem systematisch und peinlich genau organisiert» (André Malraux).
Der *Aton*-Kult, symbolisiert durch die Sonnenscheibe, hatte bereits unter der Herrschaft Amenophis' III. begonnen. Andererseits hatte der Klerus des Gottes *Amon* aber zu viel Macht besessen, und sein politischer Einfluß war noch größer gewesen als seine religiöse Funktion. Amenophis IV. erkannte dies und verließ Theben, die Lieblingsstadt der Könige der 18. Dynastie, um in Mittelägypten die neue Stadt Achet-Aton (Tell el-Amarna) zu gründen. Dieser Name bedeutet «Horizont der Sonnenscheibe». Er selbst nahm den Namen Echnaton an, was soviel heißt wie «der, der dem Gott *Aton* gefällig ist». Der Gott *Aton* war der allgewaltige Demiurg (Weltschöpfer). Er war allgegenwärtig, so daß man ihn nicht in Form von Statuen darstellen mußte. Opfer brachte man ihm direkt dar, und sein Heiligtum war ein Hof ohne Überdachung, der es den Opfernden erlaubte, sich in seinen Lichtstrahlen zu sonnen. Unterstützt

von seiner Königin Nofretete, war der König Prophet des *Aton*. Nofretete, deren Schönheit zur Legende wurde, war angeblich eine mitanische Prinzessin, doch gibt es über ihre Herkunft keine genauen Angaben. Sie ist tatsächlich ein ausländisch anmutender Frauentyp, ihr Name bedeutet: «Die Schöne ist gekommen.» Sie verschrieb sich dem *Aton*-Kult mit noch mehr Leidenschaft und Mystizismus als ihr Gemahl. Echnaton gründete sogar eine neue Priesterschule, deren Hoher Priester sich «der größte der Sehenden» nannte.
«In der Sonnenstadt, die er in Gegnerschaft zum alten Ägypten gründete, belebt der visionäre König die Kunst in einer Weise wieder, die man ungeschickterweise realistisch nennt, weil sie individuelle Züge bis zu einem nie erreichten Grad zu stilisieren versuchte» (André Malraux). Dies gilt vor allem für Darstellungen der Königsfamilie. Schon unter Amenophis III. kann

42 *Ein typisches Beispiel für die Kunst der Amarna-Zeit: Doppelporträt der Königin Nofretete mit Kindern unter der Obhut der göttlichen Sonnenscheibe.*

man bei den Statuen einen völlig neuen erlesenen Geschmack feststellen. Die amarnische Linie zeigt nun eine klare Wendung gegen die idealistische Darstellung. Von nun an muß der Bildhauer die Züge einer Person getreulich nachbilden, und seien sie auch bis zur Karikatur verunstaltet.

In Karnak sind noch einige Osirispfeiler erhalten, die Echnaton darstellen. Die körperlichen Unzulänglichkeiten sind auffällig: Die Brust ist flach, die Taille schmal, der Bauch wölbt sich rund vor, die Beine sind dünn, das Gesicht von den vorstehenden Kiefern geprägt; der König hat kleine, sehr hochliegende Mandelaugen, schwere Lider, eine sehr kleine Nase und eine hängende Unterlippe. Trotz dieser Unzulänglichkeiten gibt ihm der nach innen gerichtete tiefgehende Blick des Visionärs Pathos und macht ihn unvergeßlich. Das Mystische übersteigt die körperliche Schönheit und erreicht Sphären, die der Schar der Sterblichen unerreichbar erscheinen. Am Anfang seiner Herrschaft sind diese Züge noch absichtlich übertrieben dargestellt, in der Folge mildern sie sich jedoch und gehorchen so wieder einer mehr klassischen Strömung.

Echnaton ist sehr oft mit seiner Gattin dargestellt. Sie spielt im Amarna-Epos eine sehr volkstümliche Rolle. Nofretete symbolisiert den Triumph der weiblichen Schönheit, aber auch eine Vertraulichkeit, die sich nicht vor der Menge scheut. Die bedeutende Büste, die sich im Ägyptischen Museum von Berlin befindet, rechtfertigt diesen Ruf völlig. Ihre Kleidungsstücke bringen ihren Körper zur Geltung, der in erstaunlicher Weise nach dem Modell ihres Gatten dargestellt ist. Die generalisierende Übertragung von Zügen des Königs auf andere Mitglieder der Königsfamilie und deren Umfeld scheint in Tell el-Amarna mit besonderer Strenge vollzogen worden zu sein. Auch die kleinen Prinzessinnen bilden hier keine Ausnahme; sie sind üblicherweise in einfacher Kleidung dargestellt.

Die königliche Familie wird jetzt in ihrer häuslichen Atmosphäre und in ungewohnten Situationen dargestellt. So ist das königliche Paar zum ersten Mal auf Bildern und Reliefs bei Tisch dargestellt. Eine andere häufige Szene ist die der Anbetung der Sonnenscheibe durch den König, die Königin und manchmal auch durch die Prinzessinnen, die die Begeisterung ihrer Eltern und deren Liebe zum Sonnengott teilen:

«Du erhebst dich in deiner Schönheit vom Horizont zum Himmel,
Sonne, die du seit Anbeginn lebst.
Du leuchtest am östlichen Horizont,
Du hast das ganze Land mit deiner Schönheit erfüllt.
Du bist schön, groß und strahlend.
Du erhebst dich über jedem Land.
Deine Strahlen umfangen die Länder
Bis zu den Grenzen der Schöpfung:
Du, der du Ra bist, unterwirfst sie dir ganz,
Bindest sie für deinen ältesten Sohn.
Du bist weit weg, aber deine Strahlen sind auf der Erde.
Du bist im Gesicht der Menschen,
Und man weiß nicht, woher du kommst.»
(Aus dem Sonnenhymnus Amenophis' IV.)

43   In Tell el-Amarna fand man diesen aus Sandstein gearbeiteten Kinderkopf aus der 18. Dynastie, Abbild einer Tochter des Königspaares Nofretete-Echnaton und Ausdruck der «Geburt des Individuums» in jener Zeit.

Auf einem etwas beschädigten und, wie fast alle Reliefs der amarnischen Epoche, tief in den Stein eingehauenen Relief sieht man Echnaton und Nofretete bei der Anbetung von *Aton,* dessen Strahlen an den Enden Hände haben, die die Sonnenenergie verströmen. Der König empfängt sie als einziger Sohn und Prophet seines alleinigen Gottes als erster. Die Größenunterschiede innerhalb der Königsfamilie symbolisieren die hierarchische Struktur: König, Königin und schließlich die Prinzessinnen.
Die traditionelle Strenge der Darstellung ist hier durch eine umfassende Freiheit der Darstellung ersetzt: Die Gewandtheit der Ausführung führt zu einer Diversifizierung der Formen. Bewegung ist nicht mehr zwangsläufig Zeichen von weltlichen Dingen: Hände und Handgelenke erhalten ihre natürlichen Bewegungsmöglichkeiten zurück, der Hals ist gestreckt, und der Kopf reckt sich dem göttlichen Gestirn entgegen; auch die Falten der Kleiderstoffe sind verschiedenartig dargestellt. So vermitteln – zum ersten Mal in der ägyptischen Kunst – religiöse Szenen den Eindruck großer Zärtlichkeit und unermeßlich großer Liebe für das gesamte Universum.
Die künstlerische Revolution, die mit dieser religiösen Reform einhergeht, findet ihren Ausdruck auch in der Malerei. Dies beweist die Szene der beiden nackt auf Kissen sitzenden Prinzessinnen, die sich Kinn beziehungsweise Schulter streicheln. Ihre Körperformen sind rund, weich und anmutig.
Die im Palast von Tell el-Amarna freigelegten Malereien sind ebenso bis zu diesem Zeitpunkt unübertroffene Meisterwerke. Da ist zum Beispiel das üppig wuchernde Papyrusdickicht, das «von schönen Vögeln durchsetzt ist und an einigen Stellen noch durch blaue Lotosblüten ge-

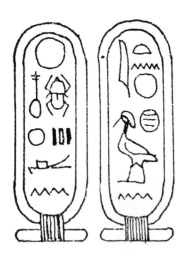

44   Bei ihrer Thronbesteigung erhielten die ägyptischen Könige fünf Beinamen, in denen sich ihre Machtfülle ausdrückte. Für jeden Beinamen gab es bildliche Symbole, die man in sogen. Namenskartuschen zusammenfaßte. Hier die Kartusche Echnatons.

fällig gestaltet ist» (René Huygue). Die Szene bedeckt eine ganze Wand, und die Sträuße sind harmonisch über sie verteilt. Die Blumen entfalten sich zu kleinen, weit geöffneten farbigen Sonnenschirmen. Kein Zwischenraum blieb ohne Schmuck. Dieser Naturalismus, den man in der Kretischen Malerei wiederfindet, hinterließ in den Darstellungen der folgenden Perioden einen wenn auch geringen, so doch prägenden Einfluß.

Entsprechend seiner religiösen Ethik ließ sich Echnaton östlich von Amarna begraben. Sein 1891 entdecktes Grabmal besteht aus einem Gang, einem Vorraum, einer Grabkammer sowie einem Nebenraum. Die Wände sind nicht verziert, aber auf einer Stele ist eine Szene der Anbetung der Sonnenscheibe dargestellt. In einem zweiten Grabmal ruhte eine der Töchter Echnatons, Mekitaton. Hier ist einer der Räume mit einer traurigen und dramatischen Familienszene verziert: Echnaton und Nofretete bejammern und beweinen den Tod ihres vorzeitig verstorbenen Kindes. Dieses Grab war ursprünglich für die ganze Familie vorbereitet worden, was von einer erstaunlichen Entwicklung der Begräbnisgebräuche zeugt.

In Amarna legte man außerdem noch etwa 25 in den Fels gehauene Noblengräber frei. Der Tempel von Amarna wurde nach dem Tod des Königs völlig zerstört. Eine Rekonstruktion war aber dank der Gräben der Grundmauern, die zuvor mit Gips gefüllt worden waren, dennoch möglich. An ihnen ließ sich der Grundriß des Tempels erkennen.

Der Tempel Amenophis' IV. ist von den klassischen Bauwerken grundlegend verschieden und hat eigene charakteristische Merkmale. Das wichtigste Ensemble im Inneren des Tempels ist der «perhai», das «Haus des Jubels», und der «guem-Aton», die «Begegnung mit *Aton*». Der «per-hai» ist ein aus einer Abfolge von Höfen bestehender Tempel, die durch Pylonen voneinander abgegrenzt sind und in denen unzählige Opfertische standen. Fast der gesamte Tempelbau läßt die Sonnenstrahlen offen einfallen. In dieser Beziehung ist er mit dem Sonnentempel von Abu Gurob in der Nähe von Kairo vergleichbar, der in der 5. Dynastie von König Neuser-Re erbaut wurde; diese Epoche war vom Triumph der Sonnentheologie geprägt, die zweifellos auf den Klerus von Heliopolis zurückgeht. Die Könige fügten ihren Titeln noch den des «Sohn des Ra» hinzu und ließen sich fremdartig anmutende Tempel bauen. Ein in

Ägypten einmaliges architektonisches Merkmal dieser Tempel: Das Heiligtum ist sonnendurchflutet, ganz im Gegensatz zu den anderen Tempeln, in denen das Allerheiligste in Dunkelheit getaucht ist. Die Tempelruinen erlauben eine ziemlich originalgetreue Rekonstruktion der Bauwerke. Der wichtigste Bestandteil dieses architektonischen Ensembles war ein gemauertes Fundament, auf dem der «Benben» aufragte, das wichtigste Sinnbild des Sonnengottes in Form eines massiven, aber nicht monolithischen Obelisken. Viel später, im Neuen Reich, finden wir die Obelisken wieder, diesmal allerdings in monolithischer Form. Sie stehen vor den wuchtigen Eingangstoren der großen Tempel (Karnak, Luxor). Vor diesem imposanten Monument befand sich ein Altar, und zu beiden Seiten des Obelisken standen Lagergebäude und eine Kapelle. Alle Bauwerke bedeckten eine Fläche von 80 auf 110 Metern, die mit einer hohen und dicken Umfassungsmauer umgeben war. Diese dicken Mauern waren als Wandelgänge konzipiert: Der südliche Gang führte zum Obelisken, der nördliche zu den Lagerhäusern. Im Haupthof, zwischen dem Altar und den Lagergebäuden, fanden die Opfer statt. Herodot berichtet mehr oder weniger genau von diesen religiösen Zeremonien. Trotz der möglichen Zweifel an der Wirklichkeitstreue seines Berichts sind die folgenden Auszüge sehr informativ und lebendig geschrieben:

«Will man zum Opfer schreiten, nimmt man das markierte Tier, führt es in die Nähe des Altars, entfacht das Feuer, gießt Wein über das Opfertier und ruft dabei den Gott an und schneidet dem Tier schließlich den Kopf ab. Dem Körper des Opfertieres wird das Fell abgezogen, auf den Kopf werden alle Flüche vereinigt, bevor er weggebracht wird. Wenn es irgend-

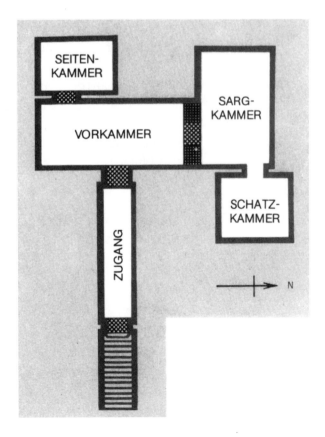

45 Das Felsengrab des Tut-ench-Amun im Tal der Könige wurde am 4.11.1922 entdeckt und am 26.11. geöffnet. Die vier kleinen Räume enthielten das gesamte Grabmobiliar (heute im Ägyptischen Museum in Kairo).

Farbabbildungen

113 Die berühmte Totenmaske des Tut-ench-Amun ist aus massivem Gold mit Einlegearbeiten aus Lapislazuli (Augen) und blauer Glaspaste (Halskragen).

114 Im Grab des Tut-ench-Amun fand sich auch dieses lebensgroße (Höhe: 173 cm), mit Blattgold versehene «Ka» des Königs.

115 Grabtruhe aus dem Tut-ench-Amun-Grab im Tal der Könige; Holz mit Blattgold und blauen Fayence-Einlegearbeiten.

116 Diese Sandalen aus Holz lagen zu Füßen der Mumie des Tut-ench-Amun; die Innen-und Außenseite der Sohle zeigt gefangene Afrikaner und Asiaten, die symbolisch «mit Füßen getreten» wurden.

117 Zu den wertvollen Beigaben im Grab des Tut-ench-Amun gehört auch dieser Halsschmuck mit dem Bild der Geiergöttin Nechbet.

118 Salbölschachtel aus dem Grab des Tut-ench-Amun, verziert mit Blattgold-Reliefs, die die Kartusche des Königs darstellen.

119 Die Schmalseite eines der Gold-Sarkophage des Tut-ench-Amun zeigt die Göttin Nut-Isis, die mit ausgebreiteten Flügeln den König auf der Reise ins Jenseits beschützt.

120 In Medinet Habu findet man diese Statuengruppe (20. Dynastie), die Ramses III. darstellt, umgeben von den Göttern Horus und Seth.

115

wo einen Markt der Griechen gibt, bringt man den Kopf dorthin, um ihn zu verkaufen. Gibt es keinen solchen Markt, wirft man ihn in den Fluß. Die zitierten Flüche lauten so: ‹Wenn den Opfernden oder Ägypten irgendein Unglück droht, möge es auf diesen Kopf abgewälzt werden.› Alle Ägypter befolgen die Riten für die Flüche und die Trinkgelage genau. Das ist einer der Gründe, warum kein Ägypter je den Kopf irgendeines Tieres essen wird.»

Außerhalb des Tempelbezirks befindet sich die etwa 30 Meter lange Barke des Sonnengottes, die in Ost-West-Richtung steht. In diesem Wasserfahrzeug soll der Gott Ra jede Nacht seine Reise ins Jenseits machen.

Der Palast von Echnaton und Nofretete in Tell el-Amarna wurde völlig zerstört, aber sein Grundriß ist – wie schon der des Tempels – auf dem Boden zu erkennen. Der Palast bestand aus den Wohnungen der Bediensteten, einem Harem, Vorratshäusern und dem offiziellen Palast. Dieses bauliche Ensemble war vom Haus des Königs durch eine große königliche Straße und eine Brücke getrennt. Östlich des Palasts befanden sich die privaten Gemächer.

Der Sonnenkult zieht sich durch die religiöse und politische Geschichte Ägyptens, deren Entwicklung er Ausdruck verleiht. Ziemlich schnell nimmt jedoch die Tradition wieder ihren Platz ein und überdeckt diese einzigartige und fesselnde Herrschaftszeit.

Gegen Ende seines Lebens scheint sich der König entschlossen zu haben, sich mit dem Klerus des *Amon*-Kults zu versöhnen, was zu einer Trennung von Echnaton und Nofretete geführt zu haben scheint. Die Königin zog sich in einen «Schloß des *Aton*» genannten Palast im Norden der Stadt zurück. Man mußte die Nachfolgefrage klären, die zwischen den Ehepartnern Differenzen aufwarf. Sie hatten nur Töchter: Mekitaton, die älteste, hatte Semenkare geheiratet, Ankesenpaaton, die zweite, Tutankaton. Der König hatte den Mann seiner ältesten Tochter zum Nachfolger ausersehen und schon etwa drei Jahre lang mit den Regierungsgeschäften vertraut gemacht. Aber Mekitaton und er starben kurz nacheinander, so daß Tutankaton den Thron besteigen konnte. Man sagt, der junge Prinz sei Nofretete in ihren Palast gefolgt, aber aus noch unbekannten Gründen schwor er der vom Schwiegervater begründeten Religion ab und gab *Amon* die Macht zurück, die er eingebüßt hatte. So wurde er Tut-ench-Amun, regierte aber nur kurz und starb im Alter von etwa 18 Jahren.

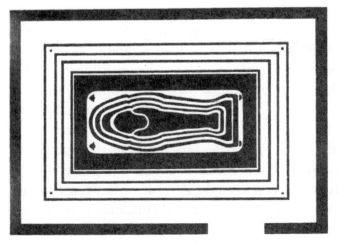

46 *Die Mumie des Pharaos Tut-ench-Amun ruhte im innersten von vier prächtigen Särgen, der aus massivem Gold besteht. Heute ist in der Sargkammer nur noch der äußerste Sarg aus gelbem Quarzit.*

47   Die Schatzkammer im Tut-ench-Amun-Grab ist mit zahlreichen Bildern dekoriert. Hier eine Nachzeichnung der Sonnenbarke mit dem König in Begleitung verschiedener Götter.

Das Grab des Tut-ench-Amun

Dieses Grab und sein sagenumwobener Schatz wurden im November 1922 vom Archäologen Howard Carter nach langwierigen Bemühungen und vielen Enttäuschungen entdeckt. Die Geschichte der Wiederauferstehung des Tut-ench-Amun umfaßte anschließend eine wichtige und schwierige Phase, nämlich die der chemischen Behandlung im Labor, die verhindern sollte, daß die Gegenstände beim kleinsten Stoß zu Staub zerfielen! Hier ein Auszug aus Carters Tagebuch, in dem er beschreibt, wie er, assistiert von Carnavon, zur Öffnung der ersten Kammer schritt: «Der entscheidende Augenblick war gekommen (...). Zunächst sah ich nichts; die warme Luft, die aus der Grabkammer drang, ließ die Flamme meiner Kerze flackern. In dem Maße, wie sich meine Augen an die Dunkelheit gewöhnten, zeichneten sich dann langsam Umrisse ab: fremdartige Tiere, Statuen und überall das Glitzern des Goldes. Einige Sekunden lang – die für meinen Gefährten wohl eine Ewigkeit gedauert haben müssen – blieb ich vor Erstaunen stumm. Und als Lord Carnavon schließlich fragte: ‹Sehen Sie etwas?›, konnte ich nur antworten: ‹Ja, wunderbare Dinge.› Dann vergrößerte ich die Öffnung, damit wir beide hineinblicken konnten.»

Zwei getrocknete Kornblumen neben dem Leichnam ließen den Schluß zu, daß Tut-ench-Amun im Frühling gestorben war – nostalgische Symbole seiner Jugend... Das Wiedererwecken des Pharaos löste eine Serie von unerwarteten und Bestürzung auslösenden Vorkommnissen aus. Man schrieb sie, zur großen Freude der nach irrationalen Sensationen gierenden Öffentlichkeit, einem Fluch zu, der den Pharao rächen sollte. Der englische Begleiter Carters, Lord Carnavon, war der erste Betroffene dieses Fluches und starb an einer Lungenembolie, noch bevor er die Gelegenheit gehabt hatte, die Sarkophage und die Mumie des Königs zu bewundern. Man erzählt, daß im Augenblick seines Todes in Kairo die Lichter erloschen und sich in England seine Hündin ohne ersichtlichen Grund heulend auf die Hinterbeine aufrichtete, um dann auf der Stelle zu verenden! Ein halbes Jahr später verschwanden der Halbbruder Carnavons und die Krankenschwester, die in der Nacht seines Todes bei ihm gewacht hatte. 1924 war Dr. Archibald Douglas Reed an der Reihe, der nur die Zeit hatte, die Mumie einmal zu röntgen. Ein Freund Carnavons besuchte das Grab mit Carter und wurde am darauffolgenden Abend von heftigem Fieber dahingerafft.

So kann man etwa zwanzig ‹Opfer› Tut-ench-Amuns zählen, aber alle Versuche, eine plausible Erklärung für die verschiedenen Todesfälle zu finden, waren bisher vergeblich. Das Geheimnis bleibt bestehen; vielleicht existiert es auch gar nicht. Die Faszination der Ereignisse ist jedoch immer noch genauso stark, und Legenden brauchen keine Erklärungen, um in den Gehirnen der Menschen zu entstehen und sich fortzuentwickeln.

Heute stehen die Grabbeigaben Tut-ench-Amuns konserviert im Ägyptischen Museum in Kairo. Zwischenzeitlich haben sie auch die Hauptstädte der Welt bereist. Im Vorraum des Grabes fand man unermeßliche Reichtümer. Jeder der Gegenstände war aus edlem Holz, Stein oder Edelmetall. Schmuckstücke, Gefäße, goldene Stühle, Szepter, Stöcke, Trompeten – alles lag in dem Raum durcheinander. Die relative Unordnung bewies, daß Grabräuber vorbeigehastet waren, aber bei der Ausführung ihrer Tat wohl gestört wurden.

Von allen Gegenständen ist zweifellos der Thron des jungen Königs eines der berühmtesten Stücke. Er ist aus geschnitztem Holz, mit Blattgold belegt und mit Edelsteinen besetzt. Die Lehne ist gerade, und die geflochtene Sitzfläche liegt auf Beinen auf, die auf Löwenpfoten stehen. Auf der Lehne ist in einer Szene das königliche Paar dargestellt. Der Stil des Kunstwerks ist noch stark von der amarnischen Kunst beeinflußt. Tut-ench-Amun hinterließ auch einen bewundernswerten stuckverzierten und bemalten Holzkoffer, auf dessen Seitenflächen eine Schlacht mit den Syrern dargestellt ist. Den Deckel ziert eine Jagdszene. Der Stil entfernt sich schon von der amarnischen Epoche und weist auf die Tradition zurück, die in gewisser Weise von der Herrschaft Echnatons unterbrochen wurde.

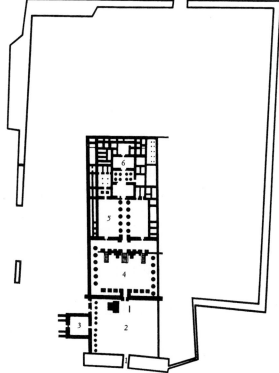

48 *Das Ramesseum in der Totenstadt von Theben ist der Totentempel Ramses' II.:*
1 *Eingang*
2 *Erster Hof*
3 *Königlicher Palast*
4 *Zweiter Hof*
5 *Säulenhalle*
6 *Heiligtum (nicht erhalten)*

Am besten zeigen den Übergang von der amarnischen Kunst zur Rückkehr zu klassischen Formen jedoch die Malereien auf gelbem Grund, die die vier Wände der Grabkammer schmücken: die Prozession mit dem Katafalk, die «Öffnung des Mundes», die Ankunft des Pharaos im Himmel, die Anbetung der Sonnenbarke im Jenseits. Diese Bilder scheinen überstürzt gemalt worden zu sein, da der frühe Tod des Königs seinen Hofstaat wohl überrascht hat. Die Darstellung des menschlichen Körpers weist noch die typisch amarnischen Unzulänglichkeiten auf, wie zum Beispiel den vorgewölbten Bauch und die schlecht proportionierten Beine des Tut-ench-Amun oder die Darstellung der Zehen des *Anubis*. Die Arme sind bereits wieder in der steifen, feierlich-strengen Art der Epoche vor Amenophis IV. dargestellt.

Mit Haremhab ging die Herrschaftszeit der 18. Dynastie zu Ende. Es folgte die 19. Dynastie mit ihrem Begründer Ramses I., der aus dem Nildelta stammte. Sein Sohn nahm zu Ehre des Gottes *Seth,* den man im Delta verehrte, den Namen Sethos I. an. Er ließ den Grabestempel von Kurna und in Abydos eine Begräbniskapelle für seinen Vater errichten. Der Tempel Sethos' I. in Abydos ist für sein «Osireion» genanntes stark gekünsteltes Grabmal berühmt.

Der große Bauherr der 19. Dynastie aber ist zweifelsfrei König Ramses II. Er errichtete einen Tempel mit dem Namen Ramesseum und vor allem zwei Felsentempel im nubischen Abu Simbel.

Das Ramesseum

Der Begräbnistempel Ramses' II. war dem Gott *Amon*, dem Herrscher über die Stadt Theben, geweiht. Dort feierte man ein großes Fest, das «schönes Fest des Wüstentals» hieß. Wie auch in Luxor kommt *Amon* auf seiner Barke und besucht die benachbarten Heiligtümer in Begleitung von *Mut* und *Chons*.

Im Südosten steht ein mächtiges, 67 Meter breites Eingangstor, dessen äußere Fassade leider sehr verfallen ist. Die innere Seite steht noch: Dort findet man bewundernswerte Reliefs, die einige Ereignisse der Schlacht von Kadesch berichten, die auch schon in Luxor dargestellt waren, zum Beispiel Szenen aus dem Lagerleben mit Soldaten, die sich unterhalten, freilaufende Pferde und Esel, ein Kriegsrat, das Auspeitschen von Spionen und vor allem der überraschende Angriff der Hethiter. Im ersten Hof stehen noch Reste einer riesig großen Ramsesstatue. An den Wänden dieses Hofes befinden sich weitere Reliefs. Dargestellt ist hier der Ablauf des Festes für den Erntegott Min. Dieses Fest wurde bei Thronbesteigung des Königs gefeiert und ist noch umfassender im Tempel Ramses' III. in Medinet Habu dargestellt.

Dann schreitet man in einen weiteren Hof mit Säulengängen aus Osirispfeilern. An der Nord-West-Seite stehen die Reste von zwei Kolossalstatuen des sitzenden Königs aus schwarzem Granit. Man verläßt diesen Hof und durchquert einen Vorraum, um dann in die große Säulenhalle in Form einer Basilika vorzustoßen, neben der noch zwei kleinere Räume liegen. Das Allerheiligste ist von zwei Heiligtümern umgeben, die *Mut* und *Chons* zugedacht waren. Rund um den Tempel befinden sich entsprechend der Tradition die Wohn- und Lagerhäuser. So stellt das bauliche Ensemble eine Nachbildung der Stadt der Lebenden dar. Seinen Palast hatte Ramses II. südwestlich des Tempels bauen lassen.

49   David Roberts besuchte 1838/39 auch das Ramesseum und war von der umgestürzten Ramses-Sitzstatue beeindruckt, die einst komplett etwa 17 m hoch und über 1000 Tonnen schwer gewesen sein dürfte.

Die Tempel von Abu Simbel

Das imposante Monument der Tempel von Abu Simbel steht etwa 300 Kilometer südlich des ersten Nilkatarakts auf nubischem Gebiet. Wahrscheinlich wurde dieser Ort schon lange vor dem Beginn des Neuen Reiches verehrt. Die Felswände, in die die Tempel des Königs und seiner Gattin Nofretiri gehauen wurden, hießen «Meha» und «Ibchek». Der größte, Ramses II. vorbehaltene Tempel war dem Kult des *Amon-Re, Re-Horachte, Ptah* und des Königs selbst geweiht. Am Eingangstor stehen vier Kolossalstatuen des Pharaos. Der Torso einer dieser Statuen liegt leider am Boden. Der sitzende Herrscher ist mit dem königlichen Kopfputz (Nemes), der Uräusschlange und einem falschen Bart dargestellt. Die 20 Meter hohen Statuen haben trotz ihrer Ähnlichkeit verschiedene Gesichtsausdrücke. Zu Füßen der Steinkolosse reichen ihnen kleine Figuren bis zum Knie. Diese Statuen stellen Nofretiri und ihre Mutter, die Königin Tui, sowie einige ihrer Kinder dar. Über dem Eingangstor befindet sich die Statue des Sonnengottes *Re*-Horachte, der die Hände auf hieroglyphische Symbole gelegt hat.
Bei Sonnenwende (am 21. März und am 23. September) befindet sich die Sonne zu bestimmten Stunden in ganz gerader Linie zum Tempel: Dann läßt die Sonne langsam, ganz langsam die in den Fels gehauenen göttlichen Statuen im Allerheiligsten aus der Dunkelheit auftauchen. Es erscheinen so, die Hände auf die Knie gelegt, *Re*-Horachte, Ramses II. und schließlich

Amon-Re. Allein die Statue des Gottes *Ptah* bleibt in die Dunkelheit des Jenseits getaucht, weil dieser Gott die Welt der Finsternis symbolisiert.

Jeden Morgen erleuchtet die Sonne unweigerlich den Tempel. Das Fries der heiligen Affen, ganz oben auf der Fassade, erhält die ersten wohltuenden Strahlen. Nachdem wir durch die Eingangstür getreten sind, gelangen wir in den inneren Saal, der etwa 17 Meter lang und 16 Meter breit ist. Vor seinen acht Säulen stehen Statuen des Königs in Gestalt des *Osiris* mit Geißel und gebogenem Szepter; die nordseitig gerichteten Statuen tragen die Doppelkrone, die südseitig gerichteten die Krone Oberägyptens auf dem Kopf. Die Gesichter sind feierlich ernst, ihr Blick ist in ein Jenseits gerichtet, das wir nicht mehr nachvollziehen können. Die weiche Morgensonne liebkost diese Gesichter. Eine Stunde lang wird nur Ramses von der Sonne beschienen, dann wird der gesamte Saal und schließlich der Rest des Tempels von ihr beleuchtet. Dort finden sich dann die triumphalen und ausdrucksvollen Reliefs, die Großtaten des Monarchen darstellend. An der Nordwand finden wir die uns bereits bekannte Schlacht von Kadesch, deren Darstellung hier besonders bemerkenswert ist, weil die Szenen auf zwei übereinanderliegenden Ebenen gruppiert sind. Auf der untersten Ebene ziehen die ägyptischen Truppen von Westen nach Osten in den Krieg. Es ist dies eine sehr malerische Szene, die präzisen Aufschluß über das militärische Leben in der Regierungszeit Ramses' II. gibt. Dann finden sich hier noch der traditionelle Kriegsrat des Königs und seiner Prinzen, die unausweichlich vorhandenen Stockhiebe für gefaßte Spione und schließlich der Schlußangriff der Kampfwagen gegeneinander. Auf der darüberliegenden Ebene stürzt sich der Herrscher auf die Feinde, die seinen Kampfwagen umzingelt haben. Dann wechselt die Szene hin zur tapfer verteidigten Festung Kadesch am Oronte-Fluß. Das letzte Relief bietet eine den Darstellungen der protodynastischen Epoche auf der Narmerpalette vergleichbare Szene: Vor dem Pharao, der ein Büschel Haare schwenkt, von denen abgeschlagene Köpfe herabbaumeln, sieht man Prinzen, die sich ihm unterwerfen.

Aus dem folgenden kleineren Saal gelangt man durch einen querliegenden Raum in drei nebeneinanderliegende Räume. In der Mitte sind der heilige Sockel der heiligen Barke und vier Statuen. Im Norden und im Süden davon existieren noch weitere Räume, die wahrscheinlich dazu dienten, Kultgegenstände aufzunehmen. Auch hier sind die Wände mit Flachreliefs versehen.

Weiter nördlich liegt der zweite Tempel von Abu Simbel, der zu Ehren der Lieblingsfrau des Pharaos, Nofretiri, errichtet wurde. Dieser Tempel von Abu Simbel liegt etwa 100 Meter vom großen Tempel entfernt, die Königin ist hier in Gestalt der Göttin *Hathor* dargestellt. Die Stützpfeiler sind abwechselnd in Form von drei Statuen des Königs und drei Statuen der Königin in Gestalt *Hathors* behauen. In diesem Tempel haben, wie in allen dieser Göttin geweihten Heiligtümer, die Säulen sämtlich hathorförmige Kapitelle, auf einer von ihnen ist eine große Rassel (Sistrum) mit Hathorkopf dargestellt. Im Innersten des Heiligtums sieht man, wie *Hathor* hinter dem vor ihr gehenden König einherschreitet.

Diese beiden Felstempel wären beinahe in Vergessenheit geraten und der Zerstörung anheimgefallen. Aber die Götter haben sie beschützt, und die Menschen haben sich zusammengeschlossen und eine Zeitlang versöhnt, auf daß sie nicht den Zorn der Götter erregen... Die Bauten von Abu Simbel waren vom Untergang im geplanten künstlichen Stausee bedroht, der durch den Bau des neuen Dammes von Assuan entstehen sollte, dessen Bau man im Jahre

1956 beschloß. Verschiedene Rettungspläne wurden ausgearbeitet. Die UNESCO förderte schließlich einen Plan, der vorsah, die Tempel in Steinblöcke von maximal 30 Tonnen Gewicht zu zerschneiden und 60 Meter höher auf einer Steilstufe wieder zusammenzusetzen. Dieses abenteuerliche und großartige Unternehmen sucht in der Geschichte des Menschengeschlechts seinesgleichen.

Im Jahre 1960 hielt André Malraux anläßlich dieser Unternehmung eine seiner orakelartigen Reden. Man ist versucht, die Rede ganz zu zitieren, hier aber nur einige Passagen: «Sieh, alter Fluß, (...) die Menschen, die diese Steinkolosse außer Reichweite deiner Fruchtbarkeit spendenden und zerstörerischen Fluten schaffen: Sie kommen aus allen Erdteilen. (...) Der geringste der Arbeiter, der die Bilder *Isis*' und Ramses' retten wird, wird dir sagen, was du seit Urzeiten weißt, was du aber zum ersten Mal hören wirst: Es gibt nur eine Tat, über der weder die Unbestimmtheit der Sternenkonstellationen noch das ewige Murmeln der Flüsse steht: Es ist dies die Tat, mit der der Mensch etwas dem Tod entreißt.»

Nofretiri genoß das Privileg, im Tal der Königinnen zu Luxor bestattet zu werden. Die Malereien in ihrem Grab sind besonders majestätisch und elegant. Im Gang, der zur Grabkammer hinunterführt, hat sich Nofretiri unter Führung der Götter selbst in die Hölle begeben. Ohne jeglichen Verlust ihrer Würde verteilt sie auf ihrem Weg Opfergaben und grüßt die Gottheiten aus Himmel und Hölle, denen sie begegnet, «bis zu der Szene, in der sie allein vor einem Schachbrett sitzend dargestellt ist. Sie spielt mit einem unsichtbaren Gott (dargestellt durch den leeren Platz), um ihr Schicksal als Tote und um den völligen Zerfall ihres Körpers abzuwenden» (André Malraux).

Kennzeichen der Regierungszeit Ramses' II. ist auch die höchstmögliche Perfektion der Reliefkunst, die zum Beispiel in Darstellungen Ramses' II. und seines Sohnes bei der Stierjagd erreicht wird. Dieses Relief findet sich im Tempel seines Vaters Sethos I. in Abydos. Der Prinz packt das kräftig dargestellte Tier am Schwanz. Hinter ihm steht ein ihn bei weitem überragender Ramses, der eine Schlinge in der Hand hält. Die Betonung der Linien durch die Schatten (die durch vorspringende Elemente erzeugt werden) gibt den Rhythmus ihrer Verfolgungsjagd in Stein gehauen wieder. Die Bewegung geht vor allem von den diagonalen Linien aus, die die Beine des Tieres, des Körpers und des Prinzen darstellen. Die wie Halbkreise erhobenen Hörner des Stieres, die den vom «Pschent» des Pharaos begonnenen Bogen fortsetzen, tragen so zur dynamischen und kraftvollen Darstellung bei.

Bezüglich der Statuenkunst in der 19. Dynastie bleibt die Statue Sethos' I. zu erwähnen, die sich Ramses II. ohne Zweifel angeeignet hat. Sie trägt eine blaue Metallkrone (Cheperesch), auf deren Stirnteil die Uräusschlange zu erkennen ist. Gekleidet ist der König nach der Mode des Neuen Reiches: Er trägt eine lange Tunika mit vielen Falten, die die Körperformen betont und den rechten Arm frei läßt. Er hält in der Rechten das Szepter; die Linke liegt geschlossen auf seinem Knie. So läßt die Statue trotz ihrer immer stärker erkennbaren imitatorischen Züge zugleich Vornehmheit und Anmut erkennen. Die majestätischen und feierlichen Posen der Statuen des Alten Reiches, wie zum Beispiel der des Djoser oder des Chephren, sind verschwunden. Die ägyptische Kunst verliert nun gegen Ende des Neuen Reiches und in den folgenden Epochen langsam an Qualität. Ihre wichtigsten Elemente werden schließlich gar von der griechisch-römischen und später auch von der christlichen Kunst aufgesogen, wenngleich in der saitischen Epoche (26. Dynastie) noch ein Rückgriff auf den alten Stil stattfand.

50 So sah David Roberts vor 150 Jahren die vier Kolosse an der Fassade des Großen Tempels von Abu Simbel. Die Sitzstatuen (20 m hoch) stellen Ramses II. dar.

Der Sohn Ramses' II., Ramses III., war der letzte große König des Neuen Reiches. Zu seiner Zeit beginnt der Niedergang Ägyptens sowohl im politischen wie auch im künstlerischen Bereich. Dieser Monarch ließ den letzten großen Begräbnistempel bauen, der gleichzeitig der wichtigste Tempel dieser Art in der 20. Dynastie war. Er liegt in Medinet Habu.

Medinet Habu

Das gesamte Bautenensemble ist zwar ein göttlicher Bezirk, gleichwohl aber durch Befestigungsanlagen geschützt: Eine 17 Meter hohe und sehr dicke Mauer umgibt den Bereich, zwei bewehrte Tore ermöglichen den Zugang von Südosten und Nordosten. Betritt man den Bezirk durch das Südtor, sieht man zur Rechten einen kleinen Tempel der 18. Dynastie, dessen Bauweise ihn zu einem Vorläufer griechischer Tempel macht. Auf der östlichen Seite dieses Tempels befindet sich ein Heiliger See.

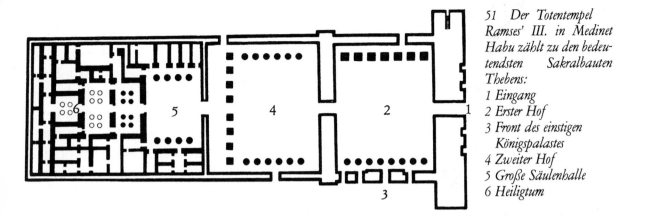

51 Der Totentempel Ramses' III. in Medinet Habu zählt zu den bedeutendsten Sakralbauten Thebens:
1 Eingang
2 Erster Hof
3 Front des einstigen Königspalastes
4 Zweiter Hof
5 Große Säulenhalle
6 Heiligtum

Der Tempel Ramses' III., dessen Grundriß klassisch ist und der wie das Ramesseum terrassenförmig angelegt ist, hat folgendes zusätzliches Merkmal: Der Bau wird von unten nach oben immer schmaler, je näher man dem Allerheiligsten kommt.

Ein erstes Eingangstor führt in einen Hof, auf dessen Nordostseite sieben Osirispfeiler die Decke eines Säulenumgangs tragen. Auf der gegenüberliegenden Seite wird ein weiterer Säulenumgang von acht papyrusförmigen Pfeilern getragen. Ein weiteres Eingangstor führt in einen zweiten Hof. Auf dessen Nord- und Nordwestwänden stellt die obere Reihe der Reliefs den Ablauf des Festes für den Erntegott Min dar.

Das Min-Fest

Es ist dies eines der ältesten und im ganzen Land populärsten Feste, die in Ägypten gefeiert werden. Dieses Fest ist eng mit der Königsverehrung verbunden und findet im letzten Sommermonat statt. In Begleitung seiner Gattin, der königlichen Familie, des Hofstaats und der Armee begibt sich der König mit einem großen Festzug zum Heiligtum des Gottes Min. Er erreicht das Heiligtum in einer von den Prinzen königlichen Blutes getragenen Sänfte und bringt prächtige Opfergaben dar. Dann kommt die Prozession oder der «Ausflug» des Gottes Min, der auf einem Schild steht und von 22 Priestern getragen wird. Dieser Schild ist mit viel Stoff geschmückt, vor und hinter dem Gott stehen zwei kleine Königsstatuen, um ihn herum bewegen Priester Fächer auf und ab. Vor dem Gott zieht ein schier unendlicher Festzug: Mitglieder des Klerus, die Salatköpfe tragen (denen man aphrodisiakische Wirkung zuschrieb, weil der Gott Min häufig mit erigiertem Phallus dargestellt ist). An der Spitze des Zuges gehen die Trägerinnen der göttlichen Insignien, und dort trägt man auch sieben Königsstatuen. Unter ihnen befindet sich die des regierenden Monarchen, der von seinen Vorfahren, seinen

Fürsprechern bei Min, begleitet wird. Hinter ihnen gehen, direkt vor dem Gott, der König und ein weißer Ochse, der zwischen den Hörnern eine weiße, federgeschmückte Sonnenscheibe trägt. Beide treten vor den Gott hin und werden von einem vor ihnen gehenden Priester beweihräuchert. Am Ziel der Prozession angelangt, empfängt der Gott neuerlich Opfergaben vom König, und man singt ihm zu Ehren Hymnen. Die Gebräuche im Laufe der Prozession kommen einer Königsverehrung noch näher: Man schenkt dem König eine Getreidegarbe und eine Sichel. Dann wiederholt die Königin siebenmal eine Formel, und ihr göttlicher Gatte schneidet die Garbe mit der Sichel ab. Die Ähren werden dem Gott dargebracht, und auch der Herrscher erhält eine Ähre. Die Hymne, die während dieser Zeremonie gesungen wird, soll die Manneskraft des Min auffrischen. Schließlich entfernt sich der König vom Gott und umrundet das Heiligtum. Das Ende dieses Rituals ist gleichzeitig grandios und ergreifend: Vier Vögel fliegen in die vier Himmelsrichtungen, um allen Menschen auf der göttlichen Erde die Erneuerung der Herrschaft des Pharaos zu verkünden, der von nun an die Doppelkrone als Symbol seiner Macht über beide Königreiche trägt.

Es erscheint natürlich und logisch, Min, den Gott mit dem erigierten Phallus, Inbegriff der Fruchtbarkeit, für den wichtigsten Gott beim Erntedankfest zu halten. Dafür gibt es aber keinerlei sichere Belege.

Auf der Nordwestseite des zweiten Hofes von Medinet Habu führt ein Portikus zu einer Säulenhalle, in der drei Hauptschiffe drei Seitenschiffe überragen. Hinter der Säulenhalle hat man Zugang zu zwei Querhallen mit jeweils acht Säulen, dann zu den drei den Barken der Götter Thebens – *Amon, Mut* und *Chons* – geweihten Kammern. Seitlich befindet sich noch eine Reihe von der Göttin *Osiris* geweihten Sälen, die den Tempelschatz beherbergten. Der Palast des Königs liegt nordwestlich des ersten Hofes.

Ein anderes Charakteristikum dieses Tempels ist eine 1477 Zeilen lange Inschrift, die einen Festtagskalender darstellt (der Jahresbeginn ist der 19. Juli).

In der Epoche der Ramessiden sinkt bereits die Qualität des künstlerischen Ausdrucks. So finden sich zum Beispiel in der Malerei schon erste Anzeichen von Verfall und Verlust der typischen Merkmale. Die stilisierte Darstellung verschwindet zunehmend. Gegen Ende des Neuen Reiches befindet sich die ägyptische Kunst an einem entscheidenden Wendepunkt ihrer Entwicklung, ihr Ende zeichnet sich eigentlich schon ab. Der Putz, der den Untergrund der bildlichen Darstellung bildete, wurde gröber, seine Herstellung wurde mehr und mehr vernachlässigt. Die Anzahl der Details auf den Bildern nimmt nunmehr ständig zu, und die Maler scheinen es auch leid zu sein, immer wieder die gleichen Themen darzustellen.

Die Spätzeit

Im Laufe der saitischen Dynastien, zu Beginn einer als «Renaissance» zu bezeichnenden Epoche, versuchen die Künstler wieder einfachere, klassische Formen zu finden. Dabei befreien sie sich von der übertriebenen Eleganz und Verfeinerung des Neuen Reiches und nähern sich – in manchmal zum Verwechseln ähnlicher Weise – den Formen des Mittleren Reiches an. Dieser Rückgriff auf die Vergangenheit geht jedoch mit einer Welle der Nachahmung und dem Fehlen eigener Vorstellungskraft und Kreativität einher: Der schon unter den Ramessiden beginnende Verfall setzt sich fort.

Nach der persischen Herrschaft erfährt die Kunst zu Zeiten der Ptolemäerdynastie, die von einem General Alexanders des Großen begründet worden war, seltsame Veränderungen. Die ägyptische Religionstradition wird respektiert, aber die ägyptischen und auch griechischen Formen der Kunst erfahren eine eigene Interpretation. Die Technik der Reliefkunst entwik-

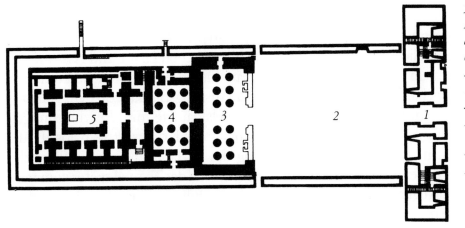

52 Der Horus-Tempel in Edfu ist der besterhaltene des Landes, erbaut von dem berühmten Architekten Imhotep:
1 Eingang
2 Hof
3 Pronaos oder Erster Säulensaal
4 Zweiter Säulensaal
5 Heiligtum

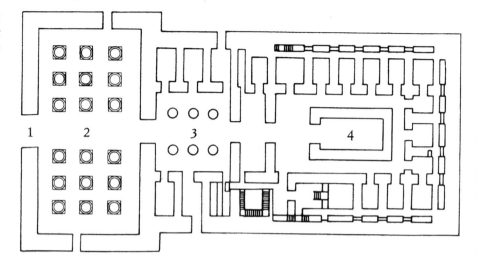

53 Ein Gegenstück zum Horus-Tempel in Edfu ist der Tempel der Hathor in Dendera:
1 Eingang
2 Säulenhalle
3 «Saal des Erscheinens»
4 Allerheiligstes

kelt sich weiter: Die vorspringenden Elemente werden stärker betont und führen so zu einer Tendenz zur Reliefskulptur. Die Themen und die Gesten bleiben ganz ägyptisch. Die Darstellung des menschlichen Körpers verrät aber immer stärker hellenistische Prägung. Die Körperformen werden immer schwerfälliger, woran sie die bisher gültigen Konventionen, trotz dem künstlerischen Niedergang, scheinbar doch noch gehindert hatten. Der hellenistische Einfluß ist jedoch in der Architektur nicht spürbar. In diesem Bereich ist die ägyptische Tradition immer noch lebendig. Man baut Tempel mit klassischen Grundrissen nach dem Muster des Neuen Reiches: wuchtige Eingangstore, Säulenhallen, Vorräume, Heiligtum, Lagerräume, Nebengebäude etc. Die schönsten und bei weitem am besten erhaltenen Beispiele dieser Architektur sind die sehr bekannten Tempelanlagen von Edfu, Dendera und Philae.

Edfu und Dendera

Die Hauptstadt des zweiten Verwaltungsbezirks von Oberägypten, Edfu, war ein wichtiges religiöses Zentrum. Die Stadt liegt auf dem Westufer des Nil zwischen Luxor und Assuan. Zur damaligen Zeit war Edfu ein bedeutender Umschlagplatz für landwirtschaftliche Produkte. Dort wurden Märkte abgehalten, und Edfu war auch der Ausgangspunkt, von dem Karawanen nach Süden aufbrachen. Der Bau des dortigen Tempels dauerte mit Unterbrechungen 180 Jahre. Am 23. August 237 v. Chr. fand in Anwesenheit des Königs Ptolemaios III. die Gründungszeremonie statt. Als Vivant Denon Anfang des 19. Jahrhunderts die Pläne des Tempels entdeckte, war dieser völlig versandet. Freigelegt wurde der Tempel später vom französischen Archäologen Auguste Mariette. Der Tempel von Edfu ist von allen ägyptischen Tempeln der besterhaltene.

Das vom Architekten Imhotep erbaute architektonische Ensemble ist Sitz des Gottes *Horus*, dessen Kennzeichen eine Sonne oder der königliche Falke ist. *Horus* wird häufig zusammen mit seinem Vater *Osiris,* und seiner Mutter *Isis* und seiner Gattin *Hathor* erwähnt. Er konnte als «*Horus* der Mutige» beziehungsweise als «goldener *Horus*» nach Art der ägyptischen Götter in verschiedene Rollen schlüpfen.

Wie alle ptolemäischen Tempel, hat auch der Tempel von Edfu einen klassischen Grundriß sowie einige neu hinzugekommene Elemente: Es sind dies eine Reihe von immer höher werdenden Mauern, die sich ineinander verschachteln, und eine kleine Kapelle mit dem Namen «Mammisi», in der der Gott geboren wurde.

Alle Mauern des Tempels sind mit Reliefs bedeckt, von denen einige von mythologischen Ereignissen wie zum Beispiel dem Kampf zwischen *Horus* und *Seth* berichten: «Die Horden des *Seth* zogen sich geschlagen nach Norden zurück. Dann aber erneuerten sie den Angriff. Man sah, wie sich in einem fürchterlichen Durcheinander die Ochsen des *Horus* und die Esel des *Seth* gegenüberstanden. Der Zauberer *Horus* ging als erster in den Kampf. Eines Tages hatte er sich in einen Sperber verwandelt, um auf das Rückgrat eines Nilpferdes herunterstürzen zu können, das niemand anderer war als *Seth*. Doch als dieser sich entdeckt sah, verwandelte er sich in eine Gazelle und verschwand, bevor *Horus*, der sich nun in einen Falken verwandelt hatte, ihn hätte fassen können. An einem anderen Tag nahm er, um seinen Feind zu erschrecken, die Gestalt eines Löwen mit Menschenkopf an, dessen Krallen so scharf wie Messer waren. Aber *Seth* entkam ihm wieder.»

Die wichtigste und bekannteste Zeremonie, die in Edfu stattfand, war der Besuch der Göttin *Hathor*, die in Dendera residierte, bei ihrem in Edfu wohnenden Gemahl *Horus*. *Horus* trifft *Hathor* jedes Jahr. Die Reise zwischen den beiden Städten wird durch Aufenthalte bei den verschiedenen Heiligtümern unterbrochen. Diese Aufenthalte ermöglichen Opferzeremonien und das Rezitieren langer Gebete. Der Prozession folgt eine große und begeisterte Menschenmenge, die singt und lärmt.

Ist man am Zielort angekommen, wird den Göttern eine Vielzahl von Opfergaben dargebracht: «Man häutet einen Ochsen, spricht Gebete, dann entfernt man die Gedärme, läßt die anderen Innereien und das Fett aber im Körper; man schneidet ihm die Beine, das Ende der Wirbelsäule, das Hinterviertel und den Kopf ab. Dann füllt man den Rumpf mit Weizenbrot, Rosinen, Feigen, Weihrauch, Myrrhe und anderen wohlriechenden Substanzen und brät ihn, wobei man ihn ausgiebig mit Öl benetzt. Vor dem Opfer fastet man. Während das Tier brät, klopfen sich alle Anwesenden an die Brust. Dann lassen sie es sich schmecken» (Herodot). Anschließend läßt man wie beim Min-Fest vier Vögel fliegen, die die Thronbesteigung des *Horus* verkünden sollen. Außerdem schießt man vier Pfeile in die Luft, die eventuelle Feinde des Gottes töten sollen.

Nach 13 Tagen fährt *Hathor* wieder in ihre Residenz nach Dendera zurück. Dendera liegt auf dem westlichen Nilufer zwischen Abydos und Luxor und ist die Hauptstadt des vierten Verwaltungsbezirks von Oberägypten. In Dendera befand sich sicher schon in viel früherer Zeit eine Kultstätte: Gegen Ende des 19. Jahrhunderts grub man dort zahlreiche Mastabas des Alten und Mittleren Reiches aus. Dendera ist auch wegen seines Tiermumienfriedhofs berühmt. In echten Katakombennischen findet man Falken, Gazellen, Katzen, Ichneumons (ägyptische Mangusten, d.h. kleinasiatische Schleichkatzen), Schlangen und sogar Hunde. Im

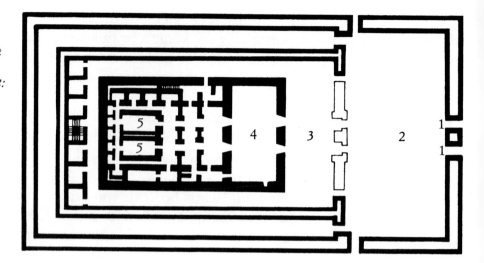

54 Der Große Tempel von Kom Ombo war den Göttern Horus und Sobek gewidmet und wurde in der Ptolemäerzeit errichtet:
1 Eingang
2 Hof
3 Erster Säulensaal
4 Zweiter Säulensaal
5 Heiligtümer

Heiligtum der Kuh *Hathor* findet man jedoch keine Hundemumien. In seinen «Historien» erzählt Herodot, wie man diese heiligen Tiere begrub: «Nach ihrem Tod werden die Katzen nach Bubastis gebracht, wo man sie auf heiligem Gelände einbalsamiert und begräbt. Die Hunde gräbt man in geheiligten Särgen in der Stadt ein, in der sie lebten. Die Spitzmäuse und die Falken bringt man nach Bouto, die Ibisse nach Hermopolis, die in Ägypten seltenen Bären, die Wölfe, die hierzulande kaum größer als Füchse werden, begräbt man gleich dort, wo man ihre Kadaver findet.»

Zu römischer Zeit blühte Dendera noch einmal auf. Erst die Christen richteten hier Schäden an, indem sie alle erreichbaren bildlichen Darstellungen abschlugen. Im Inneren des Tempelbezirks wurde eine Basilika mit drei Schiffen und einer kleeblattförmigen Apsis gebaut (etwa 5. Jahrhundert). Daneben wurde ein Gebäude errichtet, das als Sanatorium oder Kloster diente. Auch die arabische und die koptische Stadt drangen in den Tempel ein, und als Mariette die Anlage freilegen wollte, fand er einen Teil der arabischen Siedlung auf dem Dach des Tempels.

Philae

Der letzte bekannte Tempel der Spätzeit ist das Heiligtum der *Isis* auf der Insel Philae. Es umfaßt zahlreiche Bauten, von denen der kleine Trajan-Kiosk sicherlich am interessantesten ist. Es handelt sich dabei um eine Säulenhalle, deren Säulen früher Hathorkapitelle trugen. Dieser Tempel, den die Römer entscheidend verändert haben, war jeweils neun Monate im Jahr in den Fluten des Nil versunken. Wie beim Ramses-Tempel von Abu Simbel mußte

55 *Die historische Abbildung zeigt den Chnum-Tempel auf der Nil-Insel Elephantine bei Assuan; erhalten geblieben sind nur ein paar Säulenreste.*

man eine Rettung organisieren: Der Tempel wurde zerlegt und Stein für Stein auf einer benachbarten Insel wiederaufgebaut. Von nun an war der Tempel vor dem Hochwasser des Nil geschützt. So wurde die letzte Spur einer der großartigsten Kulturen, die die Menschheit kennt, gerettet.

Farbabbildungen

137   Zu der Nekropole von Assuan gehört das Grab von Sarenput I. (12. Dynastie, Sesostris I.), das mit Bildnissen des Toten geschückt ist.

138/139   Der Papyrus (um 1300 v. Chr.) aus der Zeit des Neuen Reichs zeigt die Göttin Hathor, die oft in Gestalt einer Kuh dargestellt wurde und Beschützerin der Toten war.

140   Kapitell einer Säule des Tempels von Edfu (um 200 v. Chr.) im Stil der Ptolemäerzeit.

141   Ebenfalls aus der Ptolemäerzeit stammt der Tempel von Kom Ombo (ca. 150 v. Chr.), dessen eine Hälfte dem falkenköpfigen Gott Horus geweiht war.

142/143   Das Grab des Sabni gehört zur Nekropole von Assuan; unsere Abbildung zeigt ein Relief aus der 6. Dynastie: der verstorbene Erbfürst mit seinen Söhnen beim Fischfang.

144   Unter König Amenemhet II. (12. Dynastie) war Sarenput II. Erbfürst in Assuan; seine dortige Grabkammer zeigt in einer Nische den Verstorbenen, wie er von seinem Sohn Opfer entgegennimmt.

143

Schlußbemerkung

Die ägyptische Zivilisation hat dem gesamten Mittelmeerraum kulturell ihren Stempel aufgedrückt. Mehr noch, Ägypten lebt in den Herzen mancher Menschen, wie zum Beispiel im Herzen von Carlos Vilardebo. Er hatte sich in einen kleinen hölzernen Schminklöffel aus dem Mittleren Reich verliebt, der im Musée du Petit Palais in Paris ausgestellt ist. Vilardebo wollte diesem Löffel neues Leben geben, indem er einen sechsminütigen Kurzfilm darüber drehte, den man in Paris im Centre Pompidou sehen kann. Der Film beginnt mit kurzen Blicken auf Kunstwerke der Vergangenheit: kleine, in ihrer Nacktheit rührend erscheinende Konkubinen, ein aus Holz gefertigtes Paar aus Memphis im Pariser Louvre, das dem Zahn der Zeit trotzend durch die Jahrhunderte in die Ewigkeit geht, wobei sich Mann und Frau gegenseitig stützen. Dann erscheint der kleine Löffel, ein nacktes, auf dem Bauch liegendes Mädchen, das in seinen Händen einen kleinen Schminkbehälter trägt. Sie ist bewegungslos, entrückt in ihrer Glasvitrine, liegt auf rotem Grund, ist somit zu einem gewöhnlichen Kunstgegenstand geworden. Dann befreit sie sich schließlich aus ihrem scharlachroten Gefängnis. Nun ist sie auf sich gestellt und bietet ihrer Herrin voller Grazie die Schminke an. Aber es lastet schon ein anderes Joch auf der bezaubernden jungen Dame: die Zeit. Ihr Körper verrät noch Spuren polychromer Farbgebung, ist vom Leben und den vergangenen Jahrhunderten geschunden. Dieses junge Mädchen unterliegt, wie jedes Wesen, dem unerbittlichen Zahn der Zeit. Die Kamera streichelt ihren bezaubernd schönen und grazilen Körper, bevor sie das schmerzvolle Gesicht zum Leben erweckt: Ihre Mandelaugen drücken Trauer und eine fast nicht zu ertragende innere Spannung aus. Der vergoldete Hintergrund scheint nun Sand zu suggerieren. Der Raum öffnet sich, vergrößert sich, wird schließlich riesengroß. Es geschieht etwas: Die junge Sklavin flieht, wird lebendig, weil sie endlich frei ist. Sie springt ins klare Wasser, taucht langsam wieder auf und genießt die Freiheit in vollen Zügen...
So belebt die Kamera ein Kunstwerk neu, ohne Rücksicht auf die verstrichene Zeit und die Geschichte. Dieses Mädchen, das es schon so lange gibt, spricht unsere Vorstellungskraft an und behält doch seine Eigenschaft als Grabbeigabe. Mehr als alle anderen verstand es Vilarde-

bo, das Mädchen mit seinen Mitteln als Filmregisseur wiederzubeleben, ihm seinen Sinn zurückzugeben und dadurch all der ägyptischen Kunst in unseren Museen einen Sinn zu verleihen. Die ägyptische Kunst ist nur all denen unverständlich, die nicht in die Welt und noch weniger in ihr eigenes Herz hineinhorchen. Ein Kunstwerk wird nämlich, obwohl es einer Epoche entstammt und dieser auch verhaftet ist, erst durch die Besonderheiten wertvoll, die es über die Zeit und damit über den Tod erhaben werden lassen.

Hellas

Text von Catherine Regulier

Einführung

Mit welcher Betrachtungsweise soll man sich den Monumenten Griechenlands nähern? Soll man sie mit demselben neugierigen, aber flüchtigen Blick betrachten wie die bayerischen Königsschlösser, die Westminster Abbey oder die ägyptischen Pyramiden? Sicherlich nicht, denn die griechischen Bauwerke sind für uns nicht nur ein gewöhnliches ästhetisches Schauspiel. Sei es, daß man sie an Ort und Stelle besichtigt oder sie nur auf Photos bewundert: Es handelt sich dabei immer um eine «Reise zu den Ursprüngen».
Was die Ursprünge der europäischen Zivilisation betrifft – eine um so dringendere Frage angesichts ihrer gegenwärtigen Krise –, so stehen sich zwei große Theorien gegenüber. Nach der einen entspringt die europäische Kultur dem Christentum, das selbst wiederum seine Ursprünge im Judentum hat. Folglich würden unsere Vorstellungen von Moral und Tugend im wesentlichen vom sog. Judenchristentum herrühren, dessen wichtigste Schriften das Alte und das Neue Testament sind. Es handelt sich dabei vor allem um moralische und religiöse Wertvorstellungen. Die andere Theorie besagt, daß die konstituierenden Elemente unserer Kultur und unserer Gesellschaft von Rom und vor allem von Griechenland ausgehen: Die Griechen erfanden die Wissenschaften, vor allem die Mathematik und die Logik, den Römern verdanken wir die Rechtswissenschaft und das Gesetz.
Es geht uns hier nicht darum, diesen Gegensatz zu erläutern. Es genügt, wenn wir annehmen können, daß die These, die es erlaubt, die Quellen unseres Wissens und unseres Denkens bis zum griechischen *logos* (Vernunft, Verstand) zurückzuverfolgen, genügend Argumente liefern kann, um ihre Gültigkeit zu rechtfertigen. Die Schriften der Philosophen und die Berichte der Geschichtsschreiber zeigen es. Doch wodurch stellen sich eine Gesellschaft und eine Kultur dar? Worin erkennt man sie immer wieder? Sicherlich in ihren Schriften, aber auch und vor allem in ihren Bauwerken. Gerade in den öffentlichen und privaten Gebäuden setzen sich nicht nur eine bestimmte Form der Macht, sondern auch eine bestimmte Vorstellung von der Welt und eine bestimmte Lebensart des einzelnen oder der Gesellschaft durch. So müssen wir wohl die griechischen Bauwerke unter einem besonderen Gesichtspunkt, nämlich als die Geburtsstätte des Abendlandes, betrachten. Dies führt uns jedoch sofort zu folgender Frage: Wer

waren eigentlich diese so berühmten Griechen, dieses in zahlreiche Kleinstaaten aufgeteilte Völkchen, das die nur mäßig fruchtbaren und von allen Seiten vom Meer umgebenen Landstriche besiedelte? Können wir uns heute überhaupt noch eine Vorstellung von ihnen machen? Diese Fragestellung wirft sofort neue Fragen auf, worauf unzählige historische Arbeiten bisher nur unvollständige und unbefriedigende Antworten geben konnten.

Den Griechen, so sagt man, verdanken wir die wertvollsten Schätze der Welt: die Freiheit, das Wissen und den klaren Verstand, die Eintracht im Kleinstaat und (nicht zu vergessen) den Glücksbegriff, während ein immenses Angstgefühl die Vorstellungswelt des Ostens prägt. Dies mag zweifellos richtig sein, doch ist die Geschichte Griechenlands auch eine Aneinanderreihung von düsteren und blutigen Episoden: von zerstörten Städten, hingeschlachteten Völkern. Dieser Teil der Geschichte erschließt sich uns durch den schrecklichen Bericht von der Plünderung Trojas. Die «Ilias» und die «Odyssee», die Grundfesten griechischer Kultur, führen uns liebenswerte Figuren vor, wie z.B. Nausikaa und Penelope, doch abgesehen von diesen charmanten Gestalten treffen wir nur auf Gewalt und Vergewaltigung: Iphigenie, Kassandra und viele mehr. Es ist zwar die Rede von Harmonie und Ausgeglichenheit, aber man weiß auch, daß die Bacchantinnen heulend durch die Lande zogen und jedes Lebewesen in Stücke rissen, das sich ihnen in den Weg stellte. Dunkle Mysterien bestimmen die Kehrseite des für so glanzvoll gehaltenen hellenischen Wesens.

Man fordert uns auf, die großen griechischen Philosophen oder wenigstens das, was von ihrem Werk übriggeblieben ist, zu lesen, denn der Philosoph verdichte den Zeitgeist seiner Epoche, spiegele ihn wider und fasse ihn in Worte. Nun, solch ein wenig vertieftes Studium zeigt genau das Gegenteil: Die griechischen Philosophen vertraten vielmehr den gegenteiligen Standpunkt ihrer Epoche. Während sich das Volk an den herrlichen Erzählungen der Mythologie erfreute, entstand die Philosophie, um die Mythologie zu bekämpfen und dem Zauber der Mythen einige harte Wahrheiten entgegenzusetzen. Die griechischen Götter nahmen den Raum zwischen Himmel und Erde ein, aber Demokrit lehrte, daß alles nur Materie und Zusammensetzung von Atomen sei. Zweifelsohne verdanken wir den Griechen eine gewisse süße Lebensart, doch gibt es nichts Strengeres, nichts Asketischeres als das Gedankengut von Pythagoras und Empedokles. In den Städten herrschte eine ausgesprochene Kontaktfreudigkeit, ähnlich dem, was in Frankreich im 18. Jahrhundert «urbanité» genannt wurde und einige moderne Denker als «Geselligkeit» bezeichnen; doch Heraklit, einer der ersten und bedeutendsten Philosophen, lebte stolz und zurückgezogen im Dunkel der Einsamkeit. Wie soll man also bei den Philosophen den Zeitgeist ihrer Epoche wiederfinden gemäß der etwas einfachen und allzu verbreiteten These der heutigen Geschichtsphilosophen? Waren sie nicht vielmehr Fremde, Randfiguren in der griechischen Gesellschaft? Statt die griechische Zivilisation zu preisen, übten sie Kritik an ihr, weil sie sehr früh die Gefahren, die sie in sich barg, erkannten. Und doch, welche Kraft steckt in diesen Denkern, die weder das Wissen von der Weisheit noch die Poesie vom Wissen trennten! Könnte man bei ihnen Griechenland zwar nicht wie in einem Spiegel, so doch in einer Art Negativ erkennen?

Gegen Ende des 19. Jahrhunderts verband der Philosoph Nietzsche in Europa ebenfalls Dichtkunst mit Wissen. Erfüllt von dem Gedankengut der Griechen, hatte er in jungen Jahren griechische Philologie an der Universität Basel unterrichtet; niemand kannte sich in der griechischen und insbesondere in der philosophischen Literatur besser aus als er. Ohne Zweifel war er

es, der Griechenland damals am besten verstand und mit dem größten Sachverstand darüber sprach. So schrieb er 1883 in «Also sprach Zarathustra» (Erster Teil, Kapitel: «Von Tausend und Einem Ziele»): «Eine Tafel von Gütern hängt über jedem Volke. Siehe, es ist seiner Überwindungen Tafel (...). Wahrlich, mein Bruder, erkanntest du erst eines Volkes Not und Land und Nachbar: so errätst du wohl das Gesetz seiner Überwindungen und warum es auf dieser Leiter zu seiner Hoffnung steigt. Immer sollst du der erste sein und den anderen vorragen: Niemanden soll deine eifersüchtige Seele lieben, es sei denn den Freund – dies machte einem Griechen die Seele zittern: dabei ging er seinen Pfad der Größe.»
Für Nietzsche bestand die Größe Griechenlands also zunächst im Geist von Wettbewerb und Herausforderung und dann in der absoluten Gegenüberstellung von Freund und Feind, Gut und Böse, Schön und Häßlich, Richtig und Falsch.
Einige Jahre zuvor hatte derselbe Dichterphilosoph versucht, Seele und Geist Griechenlands durch Gegensätzliches, aber auch durch die konfliktgeladene Einheit zweier Prinzipien zu definieren: des Dionysischen und des Apollinischen. Nach Nietzsche ist sowohl in der Kunst wie auch in der Literatur Griechenlands eine Diskrepanz vorhanden, die in jeder Linie, in jeder Zeile erkennbar ist. Eine trügerische Klarheit löst sich von einem Hintergrund rätselhafter Tiefen ab. Jede noch so genau umrissene Gestalt zieht sich wie ein Kometenschweif, der auf eine ungewisse, vielleicht undurchdringbare Welt verweist. Dieses Halbdunkel umhüllt alle griechischen Werke und vor allem die Tragödie. Dem wahren Denken sowie der wahren Empfindsamkeit Griechenlands ist die sokratische Denkweise vom theoretischen Menschen entgegengesetzt, «der sich vor den Folgen seiner Anschauung fürchtet und es nicht mehr wagt, sich dem ‹Schreckensstrom› der Existenz anzuvertrauen, sondern sich damit zufrieden gibt, am Ufer mit großen Schritten auf- und abzugehen (...)»
Für Nietzsche markierte Sokrates also einen Schritt und einen Bruch in der Geschichte Griechenlands: den Beginn des Niedergangs, was in der Tat mit den historischen Daten und Ereignissen übereinstimmt. Worin besteht nun dieser sokratische Bruch? Er besteht darin, daß er dem dionysischen wie dem apollinischen Geist ein Ende setzte. In der Tat waren für Nietzsche die griechischen Gottheiten und Mythen keine Produkte der Einbildung, keine phantastischen Bilder, sondern Gestalten, die in dem Vermögen von Lebens- und Denkkraft begründet sind.
Dionysos ist die Götterfigur von Trunkenheit und Ekstase. Der erste Eindruck der dionysischen Handlung ist folgender: «Die Abgründe, die die Menschen voneinander trennen, machen einem allesumfassenden Gefühl der Einheit Platz, das den Menschen der Natur zurückgibt» (Nietzsche, «Geburt der Tragödie aus dem Geiste der Musik», 1872). Die dionysische Verzückung verbietet die gewohnten Grenzen der menschlichen Existenz. Solange sie andauert, taucht sie das Individuum in das Vergessen dessen, was es durchlebt hat, sowie der Realität des Alltags. Die Begierde befreit sich von allen Einschränkungen und erhebt sich über die Welt und den Tod hin zu Unsterblichkeit. «Unter solchen Voraussetzungen und kraft solcher Erkenntnis, die sie vor ihren eigenen Augen verändert, eskortieren die Anhänger des Dionysos ihren Gott mit viel Getöse: Sie finden sich als die wahren Naturmenschen wieder.» Die dionysische Ergriffenheit ermöglicht es, die künstlerische Darbietung an eine große Menschenmenge zu vermitteln, sich von einer Kohorte von Geistern umgeben zu finden und mit diesen in Verbindung zu stehen. Dieser Umstand bewirkte nach Nietzsche das Entstehen des

tragischen Chores (in der Tragödie) und verkörpert das Urphänomen des Dramas schlechthin: Es verwandelt den Menschen vor seinen eigenen Augen durch eine Art Zauber und läßt ihn handeln, als ob er in einen anderen Körper geschlüpft wäre. Der vom dionysischen Geist erfüllte Zuschauer fühlte, wie er dem Gott oder Helden auf der Bühne näherkam, dessen Leiden er sich bereits zueigen gemacht hatte. Aber sogleich tauchte er in den apollinischen Traumzustand ein, in dem sich ihm eine andere, hellere, deutlichere Welt vor seinen Augen auftat, die dennoch dem Halbdunkel ähnlicher war und sich in mannigfaltiger Form präsentierte. «Auf diese Weise birgt das griechische Wesen eine tiefgehende Zwiespältigkeit in sich, die in der Tragödie ihren Widerklang findet: der dionysische Lyrismus des Chores und der apollinische Traum der Bühne. Diese Zwiespältigkeit verschmilzt dennoch zu einer Einheit, da sich ja die dionysische Tiefe objektiviert, d.h. in den apollinischen Erscheinungsformen manifestiert, wo alles einfach, durchsichtig und schön ist» («Geburt der Tragödie»).

Diese tiefgreifende Analyse, die es heutzutage sicherlich nötig hätte, vervollständigt zu werden, verdient größte Beachtung, da die Geschichte Griechenlands seit Nietzsche weitere Entdeckungen und Fortschritte zu verzeichnen hat. Sie veranschaulicht dem modernen Menschen, was für die Griechen religiöses Gefühl bedeutete. Für uns sind die Erzählungen aus der Mythologie ein wenig das, was für die Kinder die Märchen sind. Wir erkennen nur allzu leicht in den Göttern und ihren Beziehungen untereinander die Umsetzung auf die menschlichen Leidenschaften. Diese Götter sind streitbar, oft engstirnig, in mehr oder weniger gemeine Intrigen verstrickt, in denen sie auf brutale und willkürliche Weise ihre Macht demonstrieren. Im besten Falle handelt es sich dabei um die beschönigende Darstellung der politischen Macht. Vor nicht allzu langen Zeiten sprach man von den «wundersamen Heidengöttern» als von phantastischen Geschichten mit Personen, die nur geringfügig bedeutender und stärker als die Menschen selbst waren.

Wenn man mit einer solchen Einstellung an Griechenland und seine Bauwerke herangeht, wird man sicherlich nichts davon begreifen. Den Griechen bedeuteten die Götter längst nicht das, was die modernen Soziologen und Philosophen als das «Heilige» betrachten. Die Götter waren zugleich fern und doch nahe, mischten sich unter das Leben wie ein lebensspendender Quell und nicht wie toter Zierrat. Wir wollen an dieser Stelle nicht weiter auf diesen wesentlichen Punkt eingehen; alles, was wir über den Parthenon und die Akropolis zu sagen haben, wird an anderer Stelle zeigen, in welchem Maß diese Stätten und Bauwerke für die Griechen die Gegenwart von Pallas Athene atmen.

Die Analyse Nietzsches vernachlässigte etwas die Mythen und Legenden über Athene. Nietzsche beschäftigte sich vorrangig damit, die griechische Tragödie in ihrer ganzen Vielfalt zu erfassen. Um die griechische Stadt und insbesondere Athen zu verstehen, müssen wir das herrliche Standbild der Athena Parthenos (der jungfräulichen Athene) begreifen, das sich im Herzen des Parthenon befand. Man darf es jedoch nicht mit dem Verstand begreifen wollen wie einen zu analysierenden Gegenstand, sondern höchstens mit einer Art irrationaler Eingebung, die dem «Heiligen» Rechnung tragen würde. Es bedarf nur eines klaren Einfühlungsvermögens, das gleichzeitig die Stadt, das Bauwerk, das über ihr thront, und die göttliche Idee, die es beflügelte, als eine Einheit aufnimmt.

Kreta bis zum Ende der mykenischen Periode

Kreta ist jene große, südöstlich des Peloponnes gelegene Mittelmeerinsel, deren Seiten wie abgeschnitten wirken und die von drei Gebirgsmassiven beherrscht wird: dem für die Landwirtschaft wenig geeigneten Dikte-Gebirge im Osten, dessen Bewohner ihren Lebensunterhalt vorwiegend aus dem Fischfang bestritten, dem Ida-Massiv im Zentrum und den Weißen Bergen im Westen der Insel. Die einzige ausgedehnte Ebene ist die Messara im Süden; die anderen, wie z.B. die von Knossos, sind nur klein. Der nur mäßig fruchtbare Boden dieser Ebenen war dem Getreide-, Wein- und Olivenanbau vorbehalten, während sich der teilweise mit Pinien- und Zypressenwald bedeckte Gebirgsboden eher als Weideland, zur Viehzucht sowie zur Holzgewinnung eignete. Obwohl der Boden auf Kreta qualitativ nicht besser war als auf den anderen Inseln der Ägäis, verhalf die geographische Lage Kreta bald zu einer privilegierten Stellung. Auf halbem Weg zwischen Griechenland und Afrika gelegen, so daß die Seefahrer von ihren Häfen aus leicht das Nildelta erreichen konnten, und ebenso nach Asien wie zum Abendland hin geöffnet, widmete sich die Insel schon bald der Handelsschiffahrt. Es war für die Kreter ein Leichtes, an den Küsten Libyens entlangzufahren oder das an metallischen Erzen reiche Zypern, ja sogar die syrische Küste zu erreichen. Zwischen 1600 und 1400 v. Chr. war die Flotte Kretas, die aus dem Holz seiner eigenen Wälder gebaut war, in der ganzen Ägäis berühmt und machte die Insel zu einer bedeutenden Vormacht im Osten und zum idealen Drehpunkt technischer und wirtschaftlicher Beziehungen, die aus der Erfindung der Metallverarbeitung hervorgingen. Die Besonderheit Kretas besteht sicherlich darin, daß diese Insel als erste eine neue Zivilisation in der ägäischen Welt hervorbrachte und in der Folge eine nie dagewesene Kunstblüte, sei es auf materiell-technischem oder geistig-ästhetischem Gebiet. Dort sollten sich die vorhellenische Kunst und Zivilisation bald höher entwickeln als anderswo. Wenn auch der geographische Faktor in diesem Zusammenhang einen wesentlichen Bestandteil für eine Erklärung darstellt, so trifft dies nicht auf den ethnologischen Faktor zu, der wegen der schwierigen Entschlüsselung der vorhellenischen Sprachen wesentlich unzuverlässiger ist. Es ist sogar wahrscheinlich, daß die ägäische Welt sehr früh eine asiatische oder mediterrane Sprach- und vor allem Volksgemeinschaft bildete, die also weder indoeuropäisch noch semitisch war, deren ethnische Züge und Sprache aber mit bestimmten Völkern und bestimmten Sprachen Kleinasiens zusammenpaßten.

Die minoische Periode

Kreta und die sogenannte «minoische» Periode sind der Ausgangspunkt für die Urform der Gebietsordnung, aus der (obwohl inhaltlich vollkommen verschieden) die *Polis* oder Stadt der Bürger hervorging. Diese Form, die zum ersten Mal städtische Siedlungen in großem Rahmen bildete, ist mit einem anderen, ebenfalls neuen Phänomen ins Verhältnis zu setzen, nämlich mit der Form der politischen Macht, die in den Händen eines einzigen Mannes, des Despoten Minos, lag, einer zugleich historischen und mystischen Gestalt, die über Kreta herrschte. Diese beiden Phänomene führten die Insel von einer Zivilisation in die andere, von der Zivilisation der Dörfer und Marktflecken in die der Paläste, den Symbolen einer gewissen politischen,

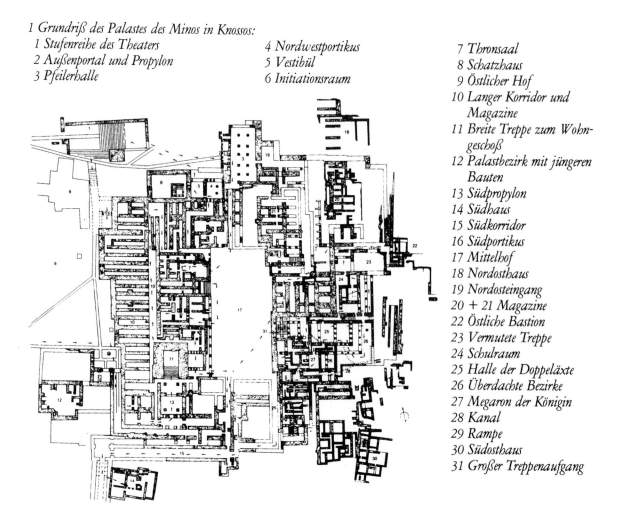

1 Grundriß des Palastes des Minos in Knossos:
  1 Stufenreihe des Theaters
  2 Außenportal und Propylon
  3 Pfeilerhalle
  4 Nordwestportikus
  5 Vestibül
  6 Initiationsraum
  7 Thronsaal
  8 Schatzhaus
  9 Östlicher Hof
  10 Langer Korridor und Magazine
  11 Breite Treppe zum Wohngeschoß
  12 Palastbezirk mit jüngeren Bauten
  13 Südpropylon
  14 Südhaus
  15 Südkorridor
  16 Südportikus
  17 Mittelhof
  18 Nordosthaus
  19 Nordosteingang
  20 + 21 Magazine
  22 Östliche Bastion
  23 Vermutete Treppe
  24 Schulraum
  25 Halle der Doppeläxte
  26 Überdachte Bezirke
  27 Megaron der Königin
  28 Kanal
  29 Rampe
  30 Südosthaus
  31 Großer Treppenaufgang

religiösen und wirtschaftlichen Macht. Dieser Abschnitt, dessen Entwicklungsstufen fast nahtlos verlaufen, kann nur mit der Einflußnahme Ägyptens und der ersten babylonischen Dynastie erklärt werden. Die territoriale Ausdehnung Ägyptens nach Asien und der babylonische Vorstoß in den Mittelmeerraum ermöglichten den kretischen Seeleuten, Händlern und Reisenden, nicht nur neue Techniken zu erlernen, sondern vor allem deren Nutzen und die Folgen ihrer Anwendung auf die kretische Zivilisation als Ganzes zu verbreiten. In der Tat gab es in Ägypten schon vor dem Jahr 2000 v. Chr. regelrechte Paläste, eine künstlerische Schmuckherstellung, eine Ikonographie und ein Schriftsystem. Man kann sicherlich nicht ohne Vorbehalt von einer direkten Beziehung zwischen Ägypten und Kreta sprechen, aber die umherstreifenden Phönizier boten reichlich Gelegenheit zu Kontakten, die der kretischen Zivilisation den notwendigen Fortschritt näherbrachten. Aller Wahrscheinlichkeit nach wurde so im Osten Kretas die Zivilisation der mittelminoischen Epoche geboren. Der Palast von Mallia muß der erste gewesen sein, der über die bis dahin unabhängigen kleinen Städte des Ostens herrschte und Mallia selbst zu einer Art Provinzhauptstadt machte. Knossos und Phästos, im Zentrum und im Süden der Insel gelegen, scheinen sich erst später durchgesetzt zu haben. Bereits zu Anfang des 2. Jahrtausends v. Chr. war von diesen Städten eine starke Zentralmacht ausgegangen. Der auf einen Beamtenapparat gestützte Herrscher Minos gewährleistete die wichtigsten Funktionen der Verwaltung und hatte die Kontrolle über die Metallverarbeitung und das Transportwesen. Ausdruck dieser Macht war der Bau von großen Palästen, um die herum sich die Stadtsiedlungen anordneten.

Städte und Paläste

Homer zählte hundert kretische Städte. Zweifellos dürften in dieser Zahl auch einige Marktflecken enthalten sein. Die kretische Stadt ist die symbolische Verkörperung einer neuen Welt, die gleichzeitig den Göttern und dem Despoten geweiht ist. Das trifft hauptsächlich auf Knossos zu. Ein unter seinen Trümmern gefundenes Mosaik gewährt uns den Blick auf die Anlage einer befestigten Stadt mit mehrstöckigen, sehr eng stehenden Wohnhäusern. Die Anlage dieser Stadt ist ebenso kompliziert wie der Grundriß der kretischen Paläste, und man kann eine klare Übereinstimmung der Anlage von Stadt und Palast feststellen. Zur selben Zeit dieser Übereinstimmung taucht eine neue Form auf: das Labyrinth. Ohne Zweifel ist das Labyrinth ein Mythos, der von der Form alter kretischer Städte herrührt, von denen jedoch heute nur noch sehr undeutliche Spuren und Skizzen übrig sind – es sei denn, das Labyrinth stellte auf symbolische und bildhafte Weise die kretische Tradition der Verkehrsnetze durch fremde Länder und Meere dar.
Die Palaststadt, d.h. der Palast, an den sich der Stadtkern angliedert, kann in seinem ganzen Ausmaß in Knossos bewundert werden, der einzigartigen Stadt, dem Baudenkmal Stadt. Der Palast von Knossos, die Residenz des Herrschers Minos, ist das größte und zugleich bedeutendste Bauwerk Kretas. Dank der Forschungen wurden viele Einzelteile gefunden, die den Wiederaufbau der oberen Stockwerke ermöglichen. Das momentane Erscheinungsbild des Palastes macht nur die letzte Periode seiner Verwendung sichtbar und verständlich, d.h. den

Höhepunkt der minoischen Kultur von 1600–1400 v. Chr. Von den ersten kretischen Palästen sind in Knossos und Phästos nur einige Ruinen unter den später gebauten Palästen übriggeblieben, während der sogar später erbaute Palast von Mallia die einfachen Linien der frühen Epoche bewahrte. Außerdem befanden sich sowohl in der Gegend von Knossos als auch von Phästos Fürstenpaläste und große Städte: Agia Triada in der Messara-Ebene und Chania. Man kann in jedem Fall festhalten, daß diese Anlage das erste große Beispiel einer wirklichen Architekturkunst und nicht nur einer bloßen Bautechnik darstellt.

Betrachten wir zunächst die Ruinen von Mallia, die repräsentativ für die ersten kretischen Paläste sind, d.h. für das, was man allgemeinhin die «mittelminoische Epoche» nennt. Die Festungsmauer ist aus schön behauenen Steinblöcken gebaut und weist in ihrem Verlauf Einsprünge und Vorsprünge auf, die vor allem noch am Westteil der Mauer zu sehen sind. Vom Mittelhof, der auf zwei Seiten mit Säulengängen eingefaßt ist, gehen verschiedene Gemächer aus, die sich in Form von Quadraten ausdehnen. In Mallia kann man bereits seit der Frühepoche das Erscheinen von Stockwerkskonstruktionen, vor allem über dem Westflügel des Palastes, feststellen, die wahrscheinlich über eine große Treppe vom Mittelhof aus zugänglich waren; dieser Teil des Palastes ist jedoch sicherlich in der darauffolgenden Epoche verändert worden. Der östliche Teil besteht ausschließlich aus einfachen, erdgeschossigen, zwischen dem Hof und der Einfriedung gelegenen Vorratskammern mit stuckverzierten Wänden, in denen die Vorratsgefäße eingelagert wurden. Die Halle, die den Mittelhof im Norden begrenzt, zeugt durch ihre Konstruktionsweise vom Einfluß Ägyptens auf Kreta. Dieser Hypostyl (d.h. die Decke wird mit Hilfe von Säulen gestützt) ist hier zwar mit viel Ungeschick realisiert, doch wird diese Technik später in deutlich ausgereifter Form in Knossos wiederzufinden sein.

Ebenfalls in Mallia hat man die königliche Nekropole von Chrysolakkos entdeckt: Eine dem Palast ziemlich ähnliche Umfriedung umschließt riesige Grabkammern, die dieselbe Bauweise wie die Häuser aufweisen. Überall sind die Mauern aus minderwertigem Baumaterial gearbeitet, jedoch immer mit Stuck verziert.

Neben diesen architektonischen Neuerungen brachten die Ausgrabungen in Mallia Erkenntnisse einer metallverarbeitenden Betätigung bereits aus der mittelminoischen Epoche an den

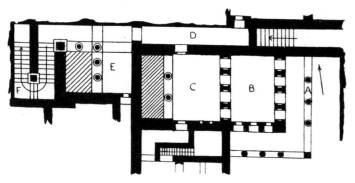

2 *Die Halle der Doppeläxte im Minos-Palast: A Breite Säulenhalle; B Hauptraum; C Schmale Säulenhalle; D Gang; E Galerie mit Lichtschacht; F Treppe.*

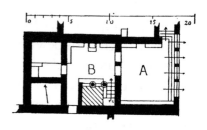

3 *Der Thronsaal in Knossos: A Vorraum, B Saal mit steinernem Thron.*

4 Typisch für die kretischen Holzsäulen ist, daß ihr Schaft nach oben dicker wird, wie diese Architektur-Wandmalerei aus dem Palast von Knossos veranschaulicht.

Tag. In einer Bronzewerkstatt innerhalb des Palastes von Mallia fanden sich Gußformen, in denen verschiedene Werkzeuge gegossen wurden wie z.B. doppelschneidige Äxte, Meißel und dergleichen. Die Schmuckherstellung folgt seit dieser Epoche ebenfalls den Fortschritten der Metallverarbeitung. Einige Schmuckstücke sind der Zerstörung der Totenstadt von Chrysolakkos entgangen. Die stilisierten Formen der gefundenen Schmuckstücke deuten darauf hin, daß man sich wesentlich mehr um den Schmuck als um die naturgetreue Darstellung sorgte. Das beweist, daß den Kretern die äußerst verfeinerte und sehr ausgeprägte Kunst der Schmuckherstellung der Syrer, ja selbst der Ägypter bekannt war. Dieselbe Vorliebe für die Gestaltung charakterisiert auch die Keramik dieser Zeit. In Mallia handelt es sich dabei hauptsächlich um relativ einfache geometrische Motive oder stilisierte Pflanzen und Blumen in nur drei Farben: Rot, Weiß und Schwarz. Dies trägt dazu bei, der Keramikkunst der frühminoischen Epoche einen noch primitiven Charakter zu verleihen.

Vor allem wenn man zum Studium der sog. Jüngeren Paläste Kretas übergeht, d.h. zur mittel- bzw. spätminoischen Zeit, bemerkt man den Fortschritt in der Technik der Keramik. Die Ansiedlungen in unmittelbarer Nähe der großen Paläste zeigen vor allem in Knossos den weitverbreiteten Verbrauch der Feinkeramik. Diese erreicht in der Periode höchster Machtentfaltung in den Palästen einen sehr hohen technischen Stand: Die Wände der Vasen werden immer dünner und erreichen schließlich die Stärke einer Eierschale; die Tatsache, daß die Farben nach Jahrtausenden noch ihre Leuchtkraft bewahren, zeugt von der hohen Qualität der verwendeten Materialien. Eine solch fortgeschrittene Technik läßt auf einen großen Markt und einen hohen Grad der Spezialisierung der Kunsthandwerker, kurz auf eine Zivilisation auf ihrem Höhepunkt schließen. Der Übergang von der Kultur der Älteren zu der der Jüngeren Paläste entspricht Entwicklungen und wichtigen Veränderungen, die sich ohne Bruch vollzogen.

Man vermutet, daß ein Erdbeben um 1750 v. Chr. den Älteren Palästen ein jähes Ende bereitete, während eine andere, nicht näher zu bestimmende Naturkatastrophe um 1570 durch die Plünderungen der Festlandgriechen noch verschlimmert wurde. Die neue Kultur sollte dennoch bis 1400 v. Chr. bestehen bleiben. Man kann davon ausgehen, daß Knossos in dieser Zeit seine Macht, verkörpert in der Tradition des Minos, noch weiter festigte und seinen Einfluß auf die Zentren der Provinz, die ländlichen Städte und Villen, deren Zahl den allgemeinen Wohlstand Kretas in dieser Epoche bestätigt, ausübte.

Der Haupteingang des Palastes von Knossos öffnet sich nach Süden. Von da aus führt ein langer Korridor durch ein dreifaches Portal zum Propyläon, d.h. zur riesigen Vorhalle, die schon deutlich die durchlüftete Form aufweist, die so charakteristisch für die klassische Periode werden sollte. Die Fassade des Propyläons führt in einen rechteckigen Saal, der mit Säulenpaaren geschmückt ist. Der wichtigste Teil des Palastes ist der Westflügel, da er den Altarhof und die Gemächer für feierliche Empfänge enthielt. Das Propyläon führt ebenfalls auf den Mittelhof und zu den ausgedehnten Vorratsräumen im Erdgeschoß, die fast den ganzen Westflügel einnahmen. Das einzige Prunkgemach in diesem Teil des Palastes war der Thronsaal, der vom Mittelhof durch einen Vorplatz mit vier Toren getrennt war. Die Mauer hinter dem Thron zierte ein farbenprächtiges Fresko, das zwei riesengroße sitzende Greife, Symbole der göttlichen Macht des Despoten, darstellte. In diesem Saal fanden auch die Läuterungsriten durch Eintauchen in ein kleines, mit Wasser gefülltes Brunnenbecken statt, das direkt in das Pflaster eingelassen war. Auf beiden Seiten des Thrones befanden sich zwei kleine niedrige Steinschemel, auf denen die Priesterinnen Platz nahmen. Zum Zeitpunkt der Zerstörung des Palastes um 1400 muß wohl gerade eine Läuterungs- und Salbungszeremonie im Gange gewesen sein, denn man fand auf dem Pflaster nahe dem Eingang Salbenkännchen und ein umgestürztes Gefäß.

Der Thronsaal war auch von Norden her zugänglich. Diese verschiedenartigen Eingangsmöglichkeiten zeugen von der Vorliebe der Kreter für offene und durchlüftete Architekturformen. Die ständig wiederkehrenden Motive der minoischen Architektur sind die großen, von Säulengängen eingefaßten Höfe, die sich an das natürliche Gelände anpassende, terrassenförmige Anlage und schließlich die vollkommen offenen Säle, die zwar mit Pfeilern geschmückt und aufgeteilt sind, aber dennoch das Licht eintreten lassen. Die wichtigsten Beispiele hierfür finden sich noch in Knossos, im Wohnbereich im Erdgeschoß des Ostflügels: Der sog. Saal der Doppeläxte – so benannt nach den zahlreichen Exemplaren dieses Symbols an den Wänden – ist dank eines nach oben offenen, breiten Korridors hell erleuchtet, obwohl er nach außen durch eine durchgehende Wand abgeschlossen ist. Auf der gegenüberliegenden Seite ist eine zweite Lichtquelle in Form eines kleinen Lichthofes nur von zwei Säulen verdeckt. Dasselbe Prinzip des gefilterten Lichts inspiriert die gesamte architektonische Anlage, die Mauern sind meist noch durch Fresken belebt.

Wenn man die Architektur der Jüngeren Paläste mit der der vorhergehenden Epoche vergleicht, stellt man fest, daß der grundlegende Unterschied nicht in den Proportionen liegt, sondern in einer anderen Raumaufteilung, die langsam immer besser ausgearbeitet wird. Gemeinsame Merkmale bleiben indessen bestehen, wie z.B. die entlegenen und mit Korridoren verbundenen Trakte im Erdgeschoß und die detaillierteren Wohn- und Empfangsbereiche. Aber die Gestaltung der Säle wird in den Jüngeren Palästen immer abwechslungsreicher und feiner in ihrer Ausführung und mit ihr das Spiel von Licht und Schatten. Etwa zur selben Zeit werden auch die Königsgräber immer monumentaler. Es scheint in diesem Zusammenhang, daß die Gräber des Festlandes die älteren sind und ihnen die Gräber auf Kreta nachgebaut wurden, denn dieser Typus läßt sich nicht in die große Linie der kretischen Architektur einordnen. Eine Ausnahme macht vielleicht das südlich des Palastes von Knossos entdeckte Tempelgrab. Die Grabkammer mit einem Mittelpfeiler ist in den Felsen gehauen. Vor ihr befinden sich eine Krypta mit zwei Pfeilern und ein Saal, der auf einen gepflasterten Hof führt, welcher als Lichtschacht dient.

Die Ausgrabungen auf Kreta brachten neben der Architektur auch einen unverhofften Reichtum an Malereien ans Tageslicht. Die Motive der gemalten Verzierungen sind von unendlich größerer Vielfalt, aber wesentlich weniger zweckgebunden als in den meisten anderen Kulturen, einschließlich Ägyptens. Nichts kann die kretische Kultur auf ihrem Höhepunkt besser zu neuem Leben erwecken als die Fresken von Knossos. Die berühmtesten zieren die Gemächer der Königin: die Darstellung der Meerestiefen, bei der einzig die freie und lebendige Bewegung zählt und wo das Spiel der Phantasiefarben der Wahrheitstreue der wirklichen Farben vorgezogen wird.

Wie zur Zeit der Älteren Paläste, bietet die Kunst der Steingravur zahlreiche Variationsmöglichkeiten für den Reliefschmuck. Hier wird wiederum der Geist der Bewegung zur Geltung gebracht, der die kretische Ästhetik in seiner Ganzheit charakterisiert. In jeder Kunstart wird derselbe Geist sichtbar, die schöpferische Phantasie wird der strengen, wirklichkeitsgetreuen Darstellung vorgezogen. Selbst die Architektur folgt diesen Prinzipien: Sie sucht weder Symmetrie noch die Perspektive einer Achse, sondern die Improvisation und die Bewegung. Kein einziger Grundriß eines Saales gleicht dem anderen, das Licht kommt, von wo man es nicht erwartet, nämlich von oben oder aus Lichtschächten. Dies alles steht in krassem Gegensatz zur mykenischen Architektur, wie wir noch sehen werden.

Die mykenische Periode

Um 1600 v. Chr. erwachte die bis dahin relativ primitive Kultur des Festlandes schlagartig zum Leben. Dies vollzog sich unter dem Einfluß von Kreta, obwohl Mykene und die mykenische Kunst bereits vor Kreta bekannt waren. Die Vormachtstellung Mykenes baute sich zunächst friedlich auf. Erst um 1400 v. Chr. und unter historisch noch mysteriösen Umständen wurden die kretischen Paläste, allen voran der von Knossos, weitgehend zerstört. Ab diesem Zeitpunkt erfuhr das wirtschaftliche Leben Kretas einen deutlichen Abstieg. Die um die Paläste errichteten großen Ansiedlungen, deren wirtschaftliche Aktivitäten ausschließlich auf den Königshof fixiert waren, wurden gänzlich von der neuen mykenischen Thalassokratie verdrängt. Da der Seehandel der Kreter zum größten Teil dem Machtinhaber und seinem Umfeld vorbehalten war, gab es keine autonome Händlerschicht, die sich den Mykenern entgegenstellen konnte. So verloren die Städte in zunehmendem Maße an Bedeutung. Sie büßten ihre wirtschaftliche Rolle ein und wurden im Vergleich zum Land, das selber für die Herstellung seiner Gebrauchsgüter sorgte, unproduktiv. Die Stadtzentren zersplitterten in zahlreiche, in ihrer Größe stark reduzierte Siedlungen.

Farbabbildungen

161   Aus dem Neolithikum (ca. 3000 v. Chr.) stammt die 7,2 cm hohe Statuette einer Göttin. Das Material ist Aragonit, gefunden wurde die Statuette auf Ägina.

162   1829 entdeckte man in einem Grab bei Athen die 20,5 cm hohe Statuette eines Mädchens. Aus Ton gearbeitet, dürfte sie Anfang des 3. Jahrhunderts v. Chr. in einer Athener Werkstatt entstanden sein.

163   Die Tonstatuette aus dem 2. Jahrhundert v. Chr. zeigt einen Schauspieler der Komödie.

164/165   Duris war ein sehr produktiver Maler attischer rotfiguriger Tonschalen. Auf dieser Trinkschale (um 470 v. Chr.) hat er den rastenden Herakles dargestellt, wie er von der Göttin Athena bewirtet wird.

166/167   Das Vorratsgefäß (Stamnos) zeigt den Abschied eines Kriegers von seiner Frau. Das Tongefäß entstand um 430 v. Chr. in einer Athener Werkstatt und wurde von dem sog. Kleophon-Maler verziert.

168   Auf dieser Amphore (um 760 v. Chr.) deutet sich eine wesentliche Veränderung der attischen Vasenkunst an: Im wesentlichen noch vom geometrischen Stil geprägt (Mäandermuster), finden sich erste figürliche Tierszenen auf dem Tongefäß.

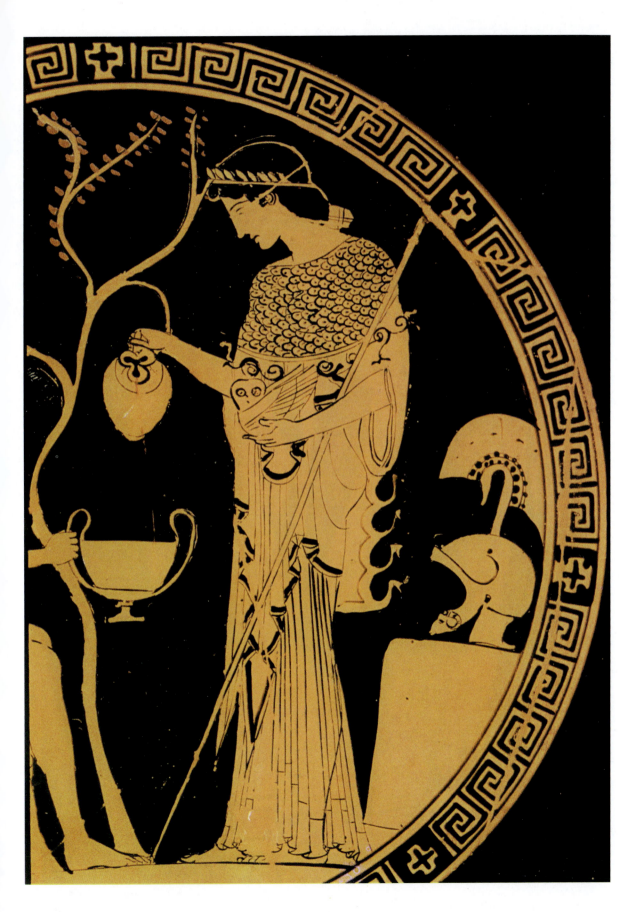

5-7 Mykenische Friesornamente: links aus Elfenbein (Mykene), in der Mitte aus Alabaster mit Glaspasten (Tiryns), rechts aus Porphyr (Mykene).

Wer waren eigentlich die Mykener?

Als Nachfahren der indoeuropäischen Völkerwanderung um 2500 v. Chr. aus dem Donaubecken in Makedonien kommend, entsprechen sie dem Volk, das Homer die Achäer nannte. Schon zu Beginn des mittleren Bronzezeitalters (um 1900 v. Chr.) fiel ein Teil von ihnen in Zentralgriechenland und dem Peloponnes ein. Ungefähr ein Jahrhundert später nahmen sie Troja ein und veränderten die Kultur dieser Stadt, wie aus den Untersuchungen des VI. Troja zu entnehmen ist. Die Achäer oder Mykener (benannt nach ihrer berühmtesten Stadt Mykene), die sich der griechischen Sprache bedienten und die Landwirtschaft von den neolithischen Völkern gelernt hatten, brachten eine neue soziale Ordnung nach Kreta, die sich von der der Minoer vollkommen unterschied. Die mykenische Gesellschaft war eine Stammesgesellschaft, d.h. sie besaß einen Adelsstand, den *genos,* eine zahlenmäßig relativ bedeutende Gruppe von Personen, die sich für die Nachfahren eines und desselben menschlichen oder göttlichen Vorfahren hielten. Der *genos,* in seiner Struktur umfangreicher als die Familie, ist am ehesten mit der Volksgruppe zu vergleichen. Über dem *genos* war die Phratrie (= Bruderschaft), die aus mehreren *genoi* bestand und ebenfalls auf gemeinsamer Abstammung basierte. In Gruppen zusammengefaßt, bildeten mehrere Phratrien den Stamm. Die Stämme wurden zum einen von einem Rat geleitet, der sich aus den Anführern der *genoi* zusammensetzte, zum anderen von einem einzigen gewählten Führer, der die Funktion einer Art föderalen Herrschers innehatte. Mit Hilfe dieses Gesellschaftssystems errichtete Mykene seine Macht über die Argolis und Korinth. Städte wie Argos behielten ihre Eigenständigkeit, ihren eigenen Herrscher und ihre Burg bei. Nur zu besonderen Gelegenheiten konnte der föderale Herrscher eine dann von allen anerkannte Macht ausüben. Das war auch der Status von Agamemnon, dem Heerführer der Achäer im Kampf gegen Troja. Das Grundeigentum wurde gemäß dem System zwischen den Stämmen aufgeteilt und von jedem *genos* bewirtschaftet.
Die mykenische Kunst kann in ihrer Entwicklung nicht unabhängig von ihren Beziehungen zur Kultur Kretas betrachtet werden. War der Einfluß Kretas auf Mykene an eine politische Vorherrschaft gebunden? Und in welchem Sinne wirkte sie sich aus? Kreta oder Mykene? Wer war der Vasall des anderen? Zwischen diesen beiden Gegensätzen gab es möglicherweise einen Mittelweg: Ganz allmählich sicherte sich die mykenische Gesellschaft, die, wie wir gesehen haben, straff organisiert war, ihre Vormachtstellung über ein durch Naturkatastrophen

und ein Übermaß an Machtzentralisierung geschwächtes Kreta. Im Bereich des Handelsverkehrs wird der Wettbewerb zwischen Kreta und Mykene besonders deutlich. Die Entdeckung einer Handelsniederlassung auf Rhodos zeigt uns, daß um 1450 v. Chr. mykenische Einfuhren die kretischen ablösten. Um die Mitte des 16. Jahrhunderts v. Chr. festigte sich also die Macht der Achäer auf Kreta.

Seltsamerweise kann man gerade an der Architektur der Grabdenkmäler die charakteristischen Merkmale der mykenischen Kunst studieren. Die immer prächtigeren Königsgräber verleihen ihr eine ganz besondere Note. Die *tholoi* sind große, kreisförmig angelegte Gräber mit einem in Überhangtechnik errichteten und von Säulen gestützten Gewölbe. Sie sind das Beispiel eines Architekturkonzepts, das nichts mehr mit dem der Kreter gemein hat. Die Fürsten von Mykene ließen sich dort begraben; der Archäologe Heinrich Schliemann, der Entdecker Mykenes und Trojas, versuchte einige Gräber mit bestimmten Figuren Homers wie Agamemnon, Klytämnestra u.a. in Verbindung zu bringen.

Indessen wurden die Herrscher zur Zeit der ersten beiden Dynastien der Mykener in Grabmälern mit mehreren Gruben beigesetzt, die außen von einer kreisförmigen Mauer aus Stein umgeben waren. Die ältesten Gräber (aus dem 17. Jahrhundert v. Chr.) sind alle in Ring B außerhalb der Akropolis zusammengefaßt, während sich die neueren aus der Zeit von 1550–1500 in Ring A innerhalb der Akropolis nahe dem berühmten Löwentor befinden. Die Gräber wurden durch Gedenkplatten gekennzeichnet, die meist mit Skulpturen verziert waren. Die Überreste dieser Grabstätten bargen viele wertvolle Gegenstände: die Goldmaske, die als Totenmaske die Züge des Verstorbenen trägt, außerdem Dolche, deren Klingen mit Gold- und Silberfäden eingelegt und deren vergoldete Griffe mit Jagdszenen verziert sind, des

8–11 Auch die mykenischen Säulen verdicken sich nach oben; sie haben verschiedenartige Kapitelle:
1 Vom Schatzhaus des Atreus in Mykene
2 Vom Löwentor in Mykene
3 Elfenbeinrelief
3 Elfenbeinrelief aus Menidi
4 Elfenbeinsäulchen aus Sparta

weiteren Tassen aus Gold und Silber und persönliche Schmuckstücke. Die spätere Monumentalisierung der *tholoi* und ihre ständige Benutzung zu jener Zeit durch die Mitglieder derselben Nachkommenschaft scheinen von einer starken politischen, vom Adel ausgehenden Macht zu zeugen. Wie dem auch sei – das Studium der Grabbeigaben gewährt Einblick in einen Teil der mykenischen Gesellschaft: Die Grabmäler von Mykene in Ring B lassen auf beträchtliche Vermögensunterschiede bereits ab 1600 v. Chr. schließen und beweisen somit, daß die wirtschaftliche Kraft bereits mit der politischen Vorherrschaft gleichgezogen haben mußte. Aber die Grabkunst ist nicht die einzige Realisierung mykenischer Kultur. Man muß auch das Megaron, den Wohnsitz des Herrschers, erwähnen, das bereits seit 1400 v. Chr. von mächtigen Mauern geschützt wurde, die zur selben Zeit entstanden wie die Burgen von Mykene und Tiryns.

Um 1350 v. Chr. baute man um die Akropolis von Mykene eine riesige Mauer, in der sich zwei Tore befanden: die skäischen Tore. Im Griechischen bedeutet *skaiai pulai* «Tore zur Linken». Diese Bezeichnung ist darauf zurückzuführen, daß diese Tore von vorgerückten Bastionen aus verteidigt wurden, so daß die möglichen Angreifer auf der rechten Seite verletzbar waren, da sie sich mit ihren Schilden nicht ausreichend schützen konnten. Im Nordwesten der Akropolis befindet sich das Löwentor. Es wird von einem riesigen Türsturz aus Stein überragt, der das Entlastungsdreieck trägt, auf das die Mauersteine herunterdrücken. Auf diesem dreieckigen Feld ruht eine Tuffplatte (poröses und leichtes Felsgestein aus der Umgebung), in die zwei Löwen in Wappenstellung beidseitig einer Säule gemeißelt sind. Der Löwe kann als das Symbol der Stärke Mykenes angesehen werden, aber es ist wahrscheinlich, daß er diese symbolische Dimension nur in dem Maße erreichte, als er bereits ein traditionelles Motiv kretischer Kunst darstellte. Dies zeigt auch die Vielzahl der Löwenjagdszenen als Schmuck auf den Grabbeigaben. Auf der Akropolis wurde von nun an das Megaron, die königliche Residenz, gemäß der Kultur der Achäer errichtet. Es öffnete sich zum Mittelhof des Palastes durch eine mit zwei Säulen geschmückte Vorhalle. Man mußte zunächst ein Vorzimmer durchqueren, um schließlich zum Thronsaal zu gelangen, in dessen Mitte sich eine kreisförmige Feuerstelle befand. Vier Säulen stützten die Decke, in deren Mitte eine Öffnung als Abzug für den Rauch war. Die Besonderheit an diesem Thron war, daß er nicht nur, wie in Knossos, von einem Wandfresko eingerahmt war, das zwei Greifen darstellte, sondern daß diese auch noch von zwei Löwen begleitet wurden: Dies sollte die Verschmelzung von minoischer und mykenischer Macht demonstrieren.

Den Kunsthistorikern stellt sich weiterhin die Frage nach den Beziehungen, die zwischen der Kunst der Kreter und der der Mykener entstehen konnten. Nicht nur auf dem Gebiet der Architektur, sondern auch in der Bildhauerei, Malerei und Keramik bezog die Kunst der Mykener fast ausschließlich ihre Ursprünge aus der Kunst der Kreter. Seltsamerweise gebrauchte sie deren Verfahren aber nur, um sie in ein anderes ästhetisches Universum überzuführen. Die Formen, die Verfahrensweisen und die Techniken blieben im wesentlichen von der kretischen Kunst inspiriert, während sich die Inhalte radikal veränderten und sich einer eigenen Entwicklung unterzogen, die sie zur Abstraktion, Vereinfachung und Schematisierung dessen, was künstlerisch dargestellt ist, führte. Zur Darstellung gelangten von nun an zunehmend Themen der Gewalt (Krieg und Jagd) und der Religion (in der Bildhauerei Darstellungen von zahlreichen Götzen der «Barbaren»). Die deutliche Akzentuierung der Monumentalität

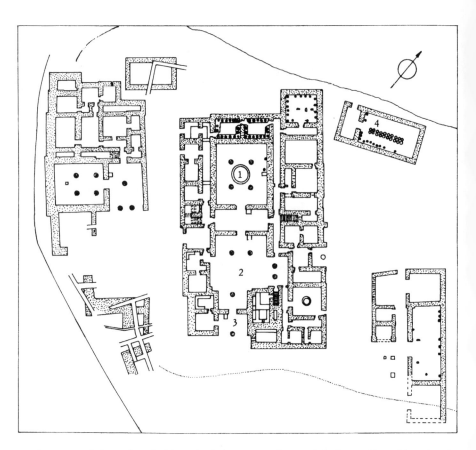

12   Zwischen 1300 und 1200 v. Chr. entstand der Palast des Nestor in Pylos, wegen seines aufgelockerten Grundrisses eine der größten Sehenswürdigkeiten Griechenlands aus der mykenischen Zeit:
1 Megaron; 2 Hof; 3 Propylon; 4 Magazine

(großartiger Charakter der *tholoi*) bzw. die Existenz solcher Stätten der Macht wie das Megaron beweisen, daß man sich in der Architektur radikal vom Stil der Jüngeren Paläste Kretas entfernte.

Wie gelang es schließlich der mykenischen Zivilisation, sich von der Kretas loszulösen und sie endgültig zu ersticken? Zunächst einmal kam sie vom Kontinent und umfaßte die Landschaft der Argolis in ihrem ganzen Ausmaß, war also zahlen- und größenmäßig im Vorteil. Sobald die Vorherrschaft Mykenes auf Kreta gefestigt war, breitete sich die Macht der Achäer rasch über die ganze ägäische Welt aus. Rhodos, Kos und Milet wurden zu blühenden Stätten der Mykener, während sich der Einfluß auch in Ägypten und Syrien, zweifellos gefördert durch den Umweg über Zypern, bemerkbar machte, dessen Handel in starke Konkurrenz zu Mykene trat und dessen Seemacht zum Sturz brachte. Als die mykenische Zivilisation infolge von großen Umwälzungen in der Welt der Ägäis an ihrem Höhepunkt anlangte, nahm die vorhellenische Kunst ihr Ende und die eigentliche hellenische Kunst ihren Anfang. Im Laufe des

13 Ausdrucksvoller Marmorkopf (175–150 v. Chr.) des Odysseus, vor wenigen Jahren in der Grotte des Tiberius nahe dem süditalienischen Sperlonga aufgefunden (heute im dortigen Museum).

12. Jahrhunderts v. Chr., zur Zeit großer Zerstörungen und Völkerwanderungen, zerstörte eine erneute Welle von aus dem Norden kommenden Indoeuropäern die mykenischen Städte des Festlandes. Ende des 12. Jahrhunderts v. Chr. fiel Mykene als eine der ersten Städte, und die Neuankömmlinge aus dem Norden, die Dorer, besetzten zunächst den Peloponnes. Die achäischen Traditionen konnten sich nur noch kurze Zeit und allein in Attika halten. Mit dem Ende der mykenischen Epoche und dem Auftauchen der Dorer gingen Griechenland und seine Kunst von der Vorgeschichte in die eigentliche Geschichte über. Während sich die Mykener von der kretischen Kunst bis hin zu einer Verschmelzung beeinflussen ließen, so verhielt es sich mit den Dorern anders, die ihnen einen radikal anderen Geist aufzwangen. Angesichts dieser gewaltsamen Vermischung von Einflüssen sollte sich eine Synthese als notwendig erweisen: Sie bildet zugleich die Widersprüche und die vielen dafür gefundenen Lösungen, die die hellenische Kunst ausmachen.

Die Zeit der Dorer

Die Kunst der Griechen verdankt ihren Ursprung der Ankunft der Dorer. Sie wurden zu den neuen Herrschern Griechenlands und somit zu einem notwendigen Bestandteil in der Entwicklung der griechischen Kunst und auf dem Weg des Landes in eine neue Epoche. Von der Existenz der kretisch-mykenischen Kultur blieben die Dorer unbeeinflußt. Außerdem lebten sie auf dem griechischen Festland, das zu großen Teilen vom Osten, nämlich von den Ioniern und ihren Traditionen, beeinflußt war. Aus diesen drei Bestandteilen: dem Überleben kretisch-mykenischer Kultur, dem brutalen Einfall der Dorer und dem Einfluß der alten Syrer und Ägypter, entstanden gleichzeitig eine neue Kunst und eine neue Zivilisation. Griechenland trat in eine neue Phase des menschlichen Zusammenlebens ein.
Wie die Achäer, waren auch die Dorer in Stämmen organisiert. An ihrer Spitze stand jedoch kein unumschränkter Herrscher, sondern ein Fürst, der zugleich das Heer befehligte und von der Gemeinschaft der wesentlichen Stammesgruppen oder aller Stämme gewählt oder zumindest kontrolliert wurde. Ebenfalls wie die Achäer blickten die Dorer auf eine landwirtschaftliche Tradition zurück. Sie boten der ländlichen Welt des Mittelmeerraums bei ihrer Ankunft das Bild von nomadischen Soldaten, von «Eisenmenschen» (im 11. Jahrhundert), die nur gelegentlich Landwirtschaft betrieben. Bald untergrub eine tiefgreifende Krise die Fundamente der ländlichen Stammesgemeinschaft. Das Bevölkerungswachstum und die soziale Ungleichheit waren schuld daran, daß ein großer Teil der Bauern, die nicht mehr von ihrem Land leben konnten, neue Mittel und Wege im Handel suchten, um ihren Lebensunterhalt zu sichern. Ganze ländliche Bevölkerungsgruppen gaben ihr Stück Erde auf. Das Land orientierte sich an neuen wirtschaftlichen Betätigungsfeldern und förderte das Entstehen von Städten, deren Bewohner vom Handel lebten und weder auf die Feldarbeit noch auf die Bearbeitung der Rohstoffe angewiesen waren. Die griechische Halbinsel vollzog auf diese Weise während der Krise der Stammesgemeinschaften den Übergang von einer ländlichen zu einer städtischen Gesellschaft.
Dieser Übergang machte sich auch in politischer Hinsicht bemerkbar. Im Vergleich zu den ägyptischen Reichen, die auf der Ausbeutung des Landes und dem Absolutismus eines Gottesgnadentums begründet waren, hatten die Kreter eine politische Verschiebung hin zu einer weniger absoluten, weniger göttlichen, dafür aber volksnahen Monarchie vollzogen. Diese

14 Die schwarzfigurige Trinkschale aus dem 6. Jahrhundert v. Chr. zeigt die Bestrafung der Titanen: Atlas trägt schwer am Himmelsgewölbe, und dem gefesselten Prometheus hackt ein Adler die Leber aus dem Leib.

Verschiebung traf zeitlich mit dem Entstehen der Palaststädte, d.h. der Stadtsiedlungen zusammen, als sich «der Palast in der Stadt, auf gleicher Höhe mit ihr, einnistete» (René Huyghe). In Griechenland existierten daher äußerst entgegengesetzte politische Formen nebeneinander: das Auftreten der Tyrannei in Kleinasien und Groß-Griechenland nach östlichem Vorbild sowie in Athen der Übergang zur Demokratie und zum «König Bürger». In Athen und in allen anderen demokratischen Gemeinwesen Griechenlands änderte sich die Vorstellung vom Individuum; das Verhältnis des Menschen zur Welt wurde auf den Kopf gestellt, die Religiosität veränderte ihr Wesen und die Kunst mit ihr. Die Kunst verlor zunehmend ihre Nutzfunktion und begünstigte damit das Entstehen einer ästhetischen Empfindung. Von ihrer magisch-primitiven Ausstrahlung bewahrte sich die Kunst nur noch die reine Religiosität, d.h. das Beschauliche. Nun konnte man beobachten, wie sie von der spontanen Darstellung allmählich zu einer immer bewußteren und verstandesmäßigeren Darstellung gelangte. In der Tat zeigt sich die dorische Kunst vom ersten Augenblick an als Bemühung um monumentale Ordnung, als schwer verständliche Strenge, wenn man sie mit den einfallsreichen und weichen Formen der kretisch-mykenischen Kunst vergleicht. Gibt es ein herrlicheres Beispiel für den dorischen Stil als den archaischen Apollon-Tempel zu Korinth?
In der dorischen Kunst siegte die starre Form über die Bewegung. Diese Strenge in der Form wirkte sich nicht nur auf die Kunst, sondern auch auf die Philosophie aus: Ebenso wie man sich in der Kunst zunehmend an Formen band, interessierte man sich auch in der Philosophie in zunehmendem Maße für die Strenge von Verstand und Vernunft. Die dritte Komponente des griechischen Wesens – die Einflüsse aus dem Osten – bildete jedoch ein Gegengewicht zur allzu großen Verstandesschärfe europäischen Ursprungs. Was der Hellenismus sowohl in sei-

ner Philosophie als auch in seiner Kunst zu überwinden trachtete, kam aus der ionischen Welt. Die ersten großen Denker der Ionier waren es, die sich an die der Natur des Griechen fremden und beunruhigenden Gedanken heranwagten: Anaximander und Anaximenes an das Unendliche, Heraklit an die Bewegung, den Widerspruch und den flüchtigen Lauf der Zeit. Der geradlinigen Geometrie der Dorer, die den griechischen Vasen den «geometrischen Stil» verliehen, setzte die ionische Kunst die sanfte Eleganz Asiens entgegen, eine Geschmeidigkeit, die sich auch in der Denkweise bemerkbar machte. Dem kraftvollen und strengen Geist der dorischen Kunst und den schematischen Silhouetten ihrer Linien stand die lebendige Bewegung der Jagdszene der ionischen Kunst gegenüber. Sie führte die Volute an den Kapitellen ein. Später sollte die griechische Kunst des 9.–6. Jahrhunderts v. Chr. zwischen dem dorischen Geist des griechischen Festlandes und dem Beitrag der Ionier der Inseln und der asiatischen Küste eingeordnet werden und eine glückliche Stilmischung begünstigen. Doch das Ende dieser Trennung von dorischer und korinthischer Ordnung konnte sich erst in dem Moment vollziehen, in dem sich die griechische Architektur der Einheit des Hellenismus bewußt wurde.

Die Unterscheidung zwischen ionischer und dorischer Ordnung betrifft in der Architektur vor allem den Bereich der Säule und des Gesimses. Die Unterschiede kommen vor allem in den formalen Gesetzen, wie der Form des Gebäudes, seiner Treppe und der Ausschmückung seiner wichtigsten Teile, zum Tragen. Aber wie der Name schon sagt, herrschen die beiden Stilformen in verschiedenen Gegenden Griechenlands vor. Die bedeutenden ionischen Bauwerke befinden sich im Osten (wie z.B. der Artemis-Tempel in Ephesus oder der Hera-Tempel auf Samos). Was die dorische Richtung betrifft, so ist sie eher im eigentlichen Griechenland und in den Kolonien verbreitet. Die beiden Ordnungen entwickelten sich nur langsam. Man kann eine Entwicklung der dorischen Kapitelle verfolgen, aber sie bewahren sich trotz der langen Zeit und durch alle Modeerscheinungen hindurch die traditionellen und ursprünglichen Konstruktionsprinzipien. Das korinthische Kapitell könnte auch als eine Innovation innerhalb des ionischen Stils erscheinen, aber es stellt nur eine ornamentale Spielart dar und läßt die Hauptbestandteile unverändert.

Inmitten all dieser Unterschiede, die es zu überwinden galt, bewegte sich der Hellenismus auf eine einigende Synthese zu: Im süditalienischen Paestum findet sich eine ionische Säulenreihe im Vorbau des Ceres-Tempels (dorische Ordnung) aus der Mitte des 6. Jahrhunderts v. Chr. In der Folge wurde auch in Athen die ionische Ordnung übernommen, deren Weichheit sich als vorteilhaft für die Zwecke im Inneren des Gebäudes erweisen. In Delphi und Epidauros wird man ebenfalls einige Kapitelle korinthischer Ordnung vorfinden. So wurden schließlich die beiden Ordnungen sowohl für den Bau öffentlicher als auch sakraler Gebäude zu zwei gleichwertigen und nützlichen Ausdrucksformen, die je nach Bedarf oft in ein und demselben Bauwerk Verwendung fanden. Dem Zusammentreffen dieser beiden ungleichen Bestandteile verdankt der Hellenismus sein unverwechselbares Wesen. Der ionische Einfluß blieb jedoch neben und trotz des «neues Blutes», das die Dorer auf so grausame Art ins Land brachten, beträchtlich. In der Tat war es die ionische Welt, von der die hellenistische Kunst und Wissenschaft ihren Ausgang nahmen. Wenn die ionische Welt dem Rest der griechischen Welt weit voraus war, dann deshalb, weil sie mit wesentlich älteren Kulturen in Berührung kam. Die Ionier haben viel vom Osten gelernt, dessen Denkweise für sich genutzt und dem Hellenismus einverleibt. Die ionische Architektur z.B. bezog ihre Inspiration aus der östlichen Baukunst. Nach ägyptischem Vorbild entstand die Heilige Straße mit jeweils einer Reihe Statuen auf jeder Seite, die zum Apollo-Heiligtum von Didyma hinaufführte. Nach diesem Modell wurde die Löwenallee an der zum Heiligen See führenden Prachtstraße in Delos errichtet. Die regionale Architektur in den waldreichen Landschaften Lydien und Lykien in Kleinasien lieferte den Ioniern das Vorbild für das Gebälk und die leichten Dachkonstruktionen. Die ionische Ordnung, die diese Holzkonstruktion in Stein umsetzte, übernahm teilweise die von der dorischen Ordnung so unterschiedliche Leichtigkeit, die dank weniger schwerer Dachstühle, dünnerer und längerer Säulen und dem Kranzgesims, das nur auf dem Architrav aufliegt, gewonnen wurde.

Kehren wir zu den griechischen Städten und ihrer Gestaltung zurück. Bis zum 8. Jahrhundert v. Chr. kannte das antike Griechenland keine wirkliche Urbanisierung. Die Lage der ländlichen Stammesgemeinschaft achäischen Ursprungs und die dorischen Infiltrationen bewirkten nur, daß eine Art Zufluchtsstätte gebaut wurde, beeindruckende Fluchtburgen, errichtet aus riesigen Felsblöcken. Das, was man damals Polis (= Stadt) nannte, hat noch nichts mit dem zu tun, was wir heute unter einer herkömmlichen Stadt verstehen, sondern bezeichnet einfach nur den Zusammenschluß von Familien (*genoi*) und Stämmen, die durch ein religiöses Band miteinander verbunden waren. Die Stadt entstand erst später als der Ort, an dem sich das Allerheiligste der Schutzgottheit befand. Bevor man aber eine Stadt bauen konnte, mußte sie erst einmal gegründet werden. Nichtsdestotrotz hatte der Grieche, bevor er noch wirklich «Bürger» wurde, die Zeit, eine beispiellose Beziehung zu seiner Stadt aufzubauen, denn jeder

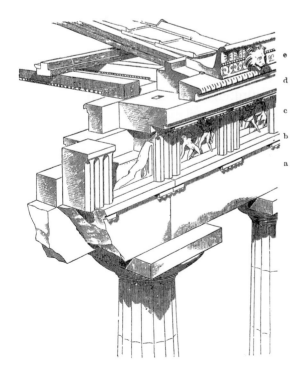

15 *Die für das Dach des dorischen Tempels typische Gebälkordnung:*
a *ungeteilter Architrav (Epistyl)*
b *mit Tropfen versehene Leiste (Regula), die Nägel nachbilden sollten*
c *Deckplatten (Triglyphen) mit drei senkrechten Rillen, die sich mit Reliefplatten (Metopen) abwechseln*
d *Kranzgesims (Geison) mit Tropfen*
e *Rinnleiste (Sima) mit Wasserspeiern und reicher Reliefverzierung*

16 Aufbau eines dorischen Tempels – Tempel der Aphäa (ca. 480 v. Chr.) auf der Insel Ägina.

Bürger war auf ewig mit seiner Stadt verbunden, da sie die Stadt seiner Götter war. So wurde Eleusis das Heiligtum der Demeter, so sah Delphi, die Stadt Apollos des Ägäers, diesen mit Herakles kämpfen, und schließlich war es Olympia, wo sich die Schutzgottheiten ablösten: von Hippodameia (Bezwingerin der Pferde) zu Hera, um sich endlich ganz und gar Zeus zu weihen. Unter diesem Aspekt müssen wir die großen antiken Städte untersuchen, die Kultstätten und Heiligtümer, die über das ganze kontinentale Griechenland verstreut sind und deren architektonischen Schätze vom Hellenismus zeugen, obgleich sie die Früchte verschiedenster fremdländischer Einflüsse sind.

Olympia

Einem Gott dorischer Herkunft, Herakles, wird nachgesagt, in den Boden von Olympia einen heiligen Ölbaum gepflanzt zu haben, den er aus dem Land der Hyperboreer mitgebracht hatte und aus dem man die Kränze für die Sieger der Wettbewerbe fertigte. So soll Herakles die Olympischen Spiele gestiftet haben. Der älteste Teil der heiligen Stätten Olympias ist der Hera-Tempel. Zu Beginn der olympischen Bauwerke waren die Säulen und das Gebälk noch aus

17   Diese schwarzfigurige Schale (Kylix) aus Lakonien wurde um 550 v. Chr. geschaffen; ihr Bild zeigt die Blendung des Kyklopen Polyphem durch Odysseus und seine Gefährten, wie sie in Homers «Odyssee» beschrieben ist.

Holz. Die Friese sind im dorischen Stil und bestehen aus Metopen (Zwischenräumen) und verzierten Triglyphen (Platten mit drei senkrechten Rillen). Der Grundstein zum Hera-Tempel wurde im 6. Jahrhundert v. Chr. gelegt. Bis zur hellenischen Epoche wurden neue Säulen aufgestellt. Die Epochenunterschiede sind vor allem an den Kapitellen zu bemerken. Einige sind aus archaischer Zeit, dick und nach oben hin breiter, andere wiederum sind entsprechend der fortgeschrittenen Zeit schlanker und strenger. Die ältesten Kapitelle tragen einen Reif, eine Art «Halsband» mit hängenden Blättern, aber diesmal aus Stein gemeißelt. Ursprünglich war der Tempel ein Peripteros, d.h. ein Tempel mit einem Umgang aus Holzsäulen, die nach und nach durch Steinsäulen ersetzt wurden, sobald die Zeit es erforderte. Im hinteren Teil des Tempels blieben die Holzsäulen am längsten erhalten. Die Cella (Raum, in dem das Götterstandbild seinen Platz hatte) enthielt zwei Säulenreihen, bestehend aus freistehenden Elementen und aus Stützen, die mit der Decke oder den Mauern durch Quermäuerchen verbunden waren. Sie bestand aus einem rohen Backsteinbau auf einer Grundmauer aus Stein. Das Dach stellt die einzige Zierde dar dank seiner lebhaft gefärbten Deckung mit Terrakotta. Man hat außerhalb des Tempels das überlebensgroße steinerne Haupt einer Göttin gefunden. Sie trägt ein Stirnband, aus dem eine Blätterkrone wächst. Aufgrund charakteristischer Merkmale und der Gesichtsproportionen kann sie wahrscheinlich auf das 7. Jahrhundert v. Chr. datiert werden. Ganz offensichtlich ist dieses Fragment einer der letzten Überreste der antiken Statue des Hera-Kultes, da seine Datierung mit der des Tempels ungefähr übereinstimmt.

Die Einfachheit des Hera-Tempels überrascht, wenn man ihn mit zeitgenössischen Bauwerken vergleicht, deren dorische Architektur bereits ein hohes Maß an Vollkommenheit erreicht hatte. Neben dem Tempel bestand das Heiligtum im 6. Jahrhundert noch aus der Einfriedung der Grabstätte des Königs Pelops in Form eines Fünfecks, außerdem aus einem Gebäude, das Hippodameia geweiht war, den Thesauren (Häusern, in denen die Schätze verschiedener griechischer Städte aufbewahrt wurden) und dem Stadion. Dieses stammt aus dem 6. Jahrhundert. Es war in den Heiligen Bezirk integriert, und die Bahn in seiner Mitte lag nahe dem Zeusaltar. Beiderseits der Kampfbahn befanden sich stufenförmig angeordnete Sitzreihen.

18 In der Nähe von Paläopolis auf Korfu wurde um 590 v. Chr. der Artemis-Tempel errichtet (hier eine Rekonstruktion der Westfassade), von dem nur noch unbedeutende Reste erhalten sind. Das herrliche Giebelrelief befindet sich im Museum von Korfu.

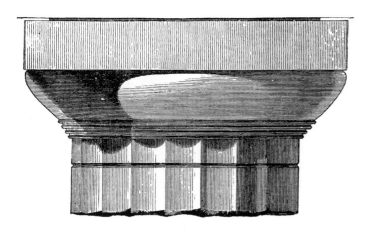 

19 + 20   Links ein dorisches Kapitell vom Theseion (Hephaistos-Tempel) in Athen, rechts ein bemaltes dorisches Antenkapitell, das, aus Holz gefertigt, als Blende am Deckenabschluß diente.

Was waren eigentlich die Olympischen Spiele? Zweifellos waren sie der Ort der größten panhellenischen Zusammenkunft und folglich ein wichtiger Faktor der griechischen Einheit. Ihr Geist scheint auf die panhellenische Zeit zurückzugehen. Nach dieser Tradition samt all ihrer Verschiedenheiten wird die Gründung der Spiele drei leicht zu verwechselnden Helden zugeschrieben: Pelops, dem Phrygier, dessen Vorfahren Mykene, die Stadt der Achäer, einnahmen und der das Wagenrennen in die Spiele eingeführt haben soll, und zwei Herakles-Gestalten verschiedenen Ursprungs: Einer, aus Kreta stammend, verkörpert die Vorherrschaft der kretischen Kultur, während der zweite, ein Thebaner, auf irgendeine Weise den kretischen Geist verraten haben soll, indem er die Spiele im Sinne der dorischen Herren ausrichtete. Im Jahre

21 + 22   Links ein attisch-dorisches Eckkapitell vom Erechtheion in Athen, rechts ein korinthisches Kapitell vom Tempel in Bassä.

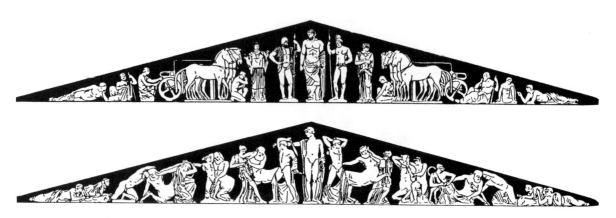

23 + 24 Die Rekonstruktion zeigt die berühmten Giebelskulpturen vom Zeus-Tempel in Olympia; ihre Fragmente sind im Saal des dortigen Museums ausgestellt. Oben der Ostgiebel mit den Vorbereitungen zum Wagenrennen zwischen Pelops und Oinomaos, unten der Westgiebel mit dem Kampf zwischen den Lapithen und den Kentauren.

776 v. Chr. fanden die ersten Olympischen Spiele statt. Aus diesem Grund wurde eine neue Zeitrechnung eingeführt. Eine Olympiade bedeutete die vier Jahre, die jede Zusammenkunft anläßlich der Spiele voneinander trennten. Gerechnet wurde, indem man das Jahr der Olympiade festlegte. Die Spiele fanden bis ins 4. Jahrhundert n. Chr. statt, als sie schließlich der römische Kaiser Theodosius I. im Jahre 393 verbot. An den Spielen konnten alle Griechen teilnehmen, mit Ausnahme der Sklaven und der Barbaren (= Nichtgriechen), die jedoch das Recht hatten, ihnen als Zuschauer beizuwohnen. Die Spiele wurden von Herolden (Boten), die zu Fuß von Olympia nach ganz Griechenland ausschwärmten, angekündigt, und zwar alle vier Jahre kurz vor dem Herbst. Während dieser Zeit der Vorbereitung wurde ein Waffenstillstand, der sog. Gottesfriede, ausgerufen. Er schützte Teilnehmer und Besucher der Spiele sowohl während der Spiele als auch bei ihrer An- und Abreise – selbst wenn Kriegszustand herrschte. Waffen waren im Stadtgebiet verboten. Die Wettkämpfe wurden mit großartigen religiösen Zeremonien und zahlreichen Opfergaben eröffnet, die hauptsächlich Zeus geweiht waren. Vor dem Zeus-Altar leisteten die Wettkampfteilnehmer einen Eid, der sie verpflichtete, ehrlich und ohne jede Hinterlist zu kämpfen.

Diese große Zusammenkunft veranlaßte auch Dichter, Philosophen und Künstler, die Spiele zu besuchen. Es heißt, daß sogar Herodot, Empedokles und Gorgias dort Lesungen und öffentliche Darbietungen abhielten. Olympia symbolisierte also dank der Spiele eine zuerst verlorene, dann wiedergefundene Eintracht Griechenlands. Diese war jedoch nur Schein und nicht Wirklichkeit und hat in keinem Fall die Zukunft des vom Verfall bedrohten und zerrissenen Griechenland beeinflußt. Dennoch: Olympia war sicherlich der Ort, wo die panhellenische Zivilisation am harmonischsten funktionierte. Dieses Einvernehmen und diese Begeisterungsfähigkeit, die, wenn auch nur für einen kurzen Moment, versuchten, die Gegensätze und die Zerrissenheit der griechischen Gesellschaft wegzuwischen, waren leider zu kurz und zu wenig intensiv, als daß sie eine wirkliche Rolle im Ablauf der Geschichte und der hellenischen Weltvorstellung hätten spielen können.

Zwischen 468 und 457 v. Chr. wurde der Zeus-Tempel unter der Leitung des elisschen Architekten Libon erbaut, der so die im Jahre 471 v. Chr. erfolgte Wahl von Elis als Veranstalterin der Spiele feierte, einer Stadt, die infolge der von Themistokles veranlaßten Zusammenlegung mehrerer Gemeinschaften aus dem Gebiet der Eleer entstanden war. Von diesem Zeitpunkt an war das Zeus-Standbild im Hera-Tempel untergebracht. Der Zeus-Tempel gilt als reinste und klassischste Ausprägung der dorischen Tempelform und war außerdem der größte Tempel Griechenlands. Was die Architektur betrifft, so ist der Tempel das Ergebnis langer sowohl ästhetischer als auch technischer Erprobungen und Ausarbeitungen, die niemals mehr übertroffen werden sollten. Der jetzige Zustand des Tempels läßt sein damaliges Aussehen nur noch erahnen. Von weitem schon sieht man in der Ebene der Altis den hohen Unterbau, der eine Reihe von zugleich mächtigen und hochaufragenden Säulen trug. Einzig die in die Giebelfelder gemeißelten Ornamente (heute im Museum von Olympia) können uns eine Vorstellung von der Großartigkeit dieses Bauwerkes vermitteln. Die Vorderseite (*pronaos*) und die Rückseite (*opisthodomom*) des Tempels waren von zwölf Metopen besetzt, die über die beiden Giebel verteilt waren und die Taten des Herakles darstellten. Das schönste zeigt die Bezwingung des von Poseidon zur Raserei getriebenen Stiers von Minos durch Herakles. Es befindet sich heute im Pariser Louvre.

Der Bildhauer von Olympia ist zweifellos der beste griechische Künstler. Details aus seinem Leben sind uns weitgehend unbekannt geblieben, er stammte aber höchstwahrscheinlich vom Peloponnes. Im Jahre 455 v. Chr. floh der aus Athen verbannte Phidias nach Olympia, wo er die Cella des Zeus-Tempels umbaute, um dort das riesige, aus Gold und Elfenbein gearbeitete Standbild der Gottheit aufzustellen. Der Historiker Strabon, der die Statue des Phidias für zu voluminös für den dazu vorgesehenen Raum in der Cella hielt, bemerkte amüsiert, daß Zeus, falls er den Kopf hätte heben wollen, die Decke zertrümmert hätte. Die Giebelskulpturen des Zeus-Tempels befinden sich heute im Museum von Olympia. Der Ostgiebel zeigt den lokalen Mythos vom olympischen Wagenrennen. Oinomaos herrschte über Olympia. Als er alt wurde, versprach er demjenigen sein Reich und die Hand seiner Tochter, der ihn beim Wagenrennen bezwingen würde. Pelops bestach dessen Wagenführer, die Achsen anzusägen. Oinomaos fand in dem Rennen den Tod. Bemerkenswert daran ist, daß die Skulpturen dieser Giebelseite nicht das Wagenrennen selbst darstellen, sondern die Zeremonie, in der sich der Teilnehmer verpflichtete, den Sieg nicht durch Betrug anzustreben. Es ist ziemlich paradox, daß auf ein und demselben Skulpturenwerk zugleich dem betrügerischen Helden (Pelops) und der Zeremonie der Vereidigung zum fairen Wettkampf vor Zeus gehuldigt wird. Diese kurze Anmerkung würde fast schon ausreichen, um die Aufmerksamkeit auf den widersprüchlichen und zwischen unvereinbaren Gesinnungen hin- und hergerissenen Charakter des griechischen Wesens zu lenken. Es muß aber auch gesagt werden, daß die Rekonstruktion dieser Giebelseite umstritten ist. Die zweite, westliche Giebelseite zeigt die Laphiter-Frauen in voller *hybris* (einer Art ekstatischer und zerstörerischer Raserei) im Kampf mit den Kentauren. Diese versuchen, den Laphitern die Frauen zu rauben. Die gebieterische Figur des Apollo wirft mit ausgestrecktem Arm die Horde der Kentauren nieder. Man erkennt in dieser Giebelseite einen deutlichen Kontrast zum Ostgiebel. Letzterer wird von Starrheit und feierlicher Ruhe, der erstere von Unordnung und Bewegung zu beiden Seiten der starren und mächtigen Figur des Apollo beherrscht.

Farbabbildungen

185	Der Untersatz eines bauchigen Mischkessels (Krater) entstand um 700 v. Chr. in einer Athener Werkstatt und zeigt einen Krieger.

186/187	Anklänge an die Wandmalerei lassen sich auf diesem tönernen Salbölgefäß (Lekythos) erkennen, das der sogen. Achilleus-Maler um 440 v. Chr. in einer Athener Werkstatt schuf. Es zeigt rechts eine Verstorbene als Muse, die (wie die Beschriftung besagt) auf dem Helikon sitzt, dem Gebirge, das als heiliger Ort der Musen galt; links eine Hinterbliebene.

188	Das Eleusinische Weiherelief aus der Zeit um 440 v. Chr. (Nationalmuseum Athen) zeigt die beiden Fruchtbarkeitsgöttinnen Persephone (links) und ihre Mutter Demeter sowie deren Sohn Triptolemos.

189	Dieses Relief eines abschiednehmenden Paares findet sich auf einer Salbölflasche (Lekythos) aus der Zeit um 370 v. Chr. Lekythen wurden meist als Grabbeigaben verwendet.

190	Der Tempel E von Selinunt auf Sizilien war vermutlich der Göttin Hera geweiht. Seine Metopen (Reliefplatten vom Gebälk) befinden sich heute im Nationalmuseum von Palermo. Hier die Hochzeit des Zeus und der Hera auf dem Ida-Gebirge.

191	Eine weitere Metope (460–450 v. Chr.) des Hera-Tempels von Selinunt zeigt Artemis und Aktaion, der von Hunden zerrisssen wird. Geschaffen wurden die Metopen von einem sizilianischen Meister teils aus porösem Kalkstein, teils aus parischem Marmor.

192	Die komische Ton-Maske einer alten Frau ist 6,5 cm hoch und stammt aus dem 3. Jahrhundert v. Chr.

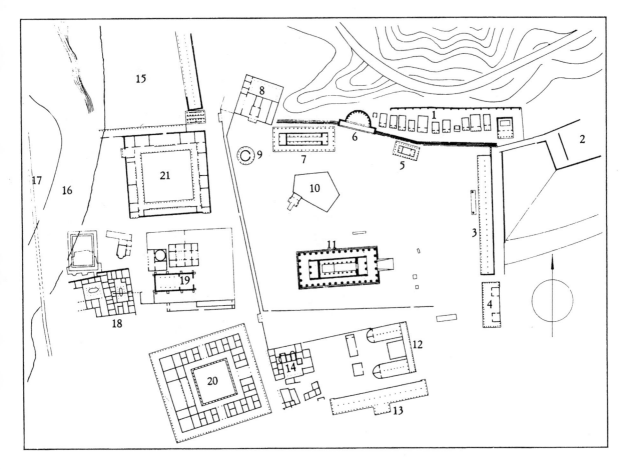

25 Plan der Ausgrabungen von Olympia:
 1 Schatzhäuser
 2 Stadion
 3 Echohalle
 4 Südost-Raum
 5 Metroon
 6 Nymphäon
 7 Hera-Tempel
 8 Prytaneion
 9 Philippeion
10 Pelopion
11 Zeus-Tempel
12 Bouleuterion
13 Süd-Stoa
14 Süd-Thermen
15 Gymnasion
16 Kladeos-Fluß
17 Antike Deichmauer
18 Römisches Gästehaus
19 Werkstatt des Phidias
20 Leonidaion
21 Palästra

Ab dem 5. Jahrhundert v. Chr. wurden in Olympia die notwendigen Einrichtungen zum Empfang der Besucher und der Athleten vervollständigt. Die eigentlichen Sporteinrichtungen wurden dem Stadion angegliedert; Thermen und ein Schwimmbad wurden eigens zu dieser Gelegenheit gebaut. Aber allem voran wurden der Bau und die Ausschmückung des Zeus-Tempels weiterverfolgt.

26 Gegenüber der Insel Lesbos liegt an der Südküste der äolischen Landschaft Troas die Stadt Assos mit dem einzigen dorischen Tempel Kleinasiens. Hier seine Rekonstruktion.

Delos

Delos war der religiöse Mittelpunkt, wo sich die Ionier der Inseln seit Homer versammelten, um Apollo zu ehren. Diese extrem kahle Insel bezog ihre wirtschaftlichen Einnahmen einzig und allein aus ihrer Berufung zum Heiligtum und aus den großen Zusammenkünften, die aufgrund der Kultfeiern stattfanden. In der ostgriechischen Welt spielten die Inseln eine vergleichsweise bedeutendere Rolle als die Städte Kleinasiens. Die Insel Delos, inmitten der Kykladen in der Ägäis gelegen, war angeblich von Zeus zum Geburtsort von Apollo und Artemis bestimmt worden. Die engen Beziehungen zum Osten bereicherten das künstlerische Erbe der Insel und machten aus ihr den bevorzugten Ort einer anderen, vielfältigeren, vom Osten beeinflußten Kunst. Es scheint, daß eine der ersten auf Delos herrschenden Heldenfiguren einer weiblichen Gottheit zugeordnet werden konnte, die später mit Artemis in Verbindung gebracht wurde. Ihr Heiligtum nahe dem des Apollo und ihr Tempel wurden mehrere Male von neuem aufgebaut. Der Apollo-Kult und die Tatsache, daß er als Herr der Insel angesehen wurde, kennzeichnen zweifellos den Beginn einer patriarchalen Gesellschaft. Die weibliche antike Gottheit wurde somit auf Delos in den Hintergrund verbannt.

27 Das Apollon-Heiligtum auf Delos, Rekonstruktion des Lageplans:
 1 Propyläen
 2 Altar des Zeus Polieus
 3 Halle der Stiere
 4 Halle mit Stierköpfen
 5 Tempel des Dionysos
 6 Rechteckige Stoa
 7 Tempel der Aphrodite und des Hermes
 8 Agora
 9 Schatzhäuser
10 Nordpropylon
11 Apollon-Tempel
12 Basis der Kolossalstatue des Apollon
13 Kleine Säulenhalle
14 Prozessionsstraße
15 Südpropylon
16 Stoa
17 Archaisches Artemision
18 Exedra
19 Philipps-Portikus
20 Terrasse
21 Artemision
22 Porinos-Oikos
23 Platz am Hafen
24 Heiliger Hafen

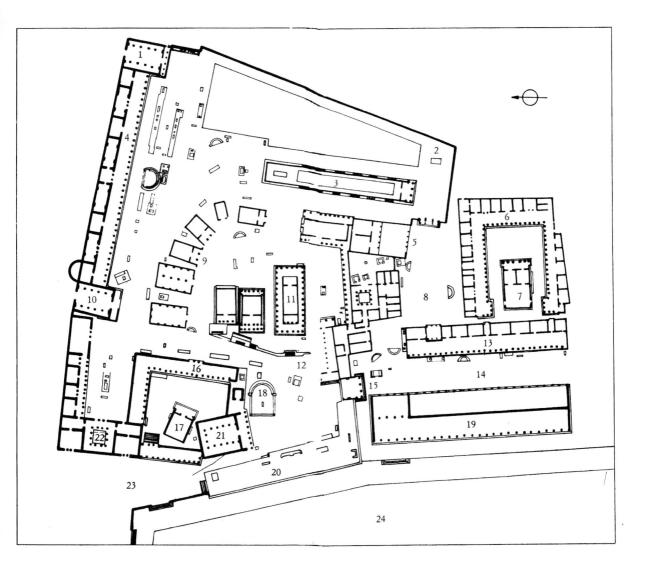

Um 600 v. Chr. wurde Delos die Schutzmacht über die Insel Samos, deren großer Tempel, genauso wie der von Milet oder Ephesus, auf die wichtige Rolle der ägyptischen Zivilisation in der ionischen Monumentalarchitektur hindeutet. Die ägyptischen Säulenhallen haben unbestritten jenem Säulenwald, in dem sich Licht und Schatten dicht an dicht abwechseln, als Vorbild gedient. Der ägyptische Einfluß zeigt sich auch in der Gestaltung der Kapitelle und der Schmuckelemente, wie z.B. der Zierleisten der Gesimse. Der ionische Architekt, der den Baumaßnahmen der Monumente von Delos vorstand, kam von Samos. Theodoros von Samos führte die Pläne und den Bau des Hera-Tempels in seiner Stadt aus. Dieser Tempel wurde unglücklicherweise durch einen Brand um 530 v. Chr. zerstört, jedoch sofort wieder aufgebaut, aber in einem ganz anderen, viel monumentaleren und strengeren Stil als der erste.
Ab dem 7. Jahrhundert gelangte das Heiligtum unter die Schutzherrschaft von Naxos, das dort eine starke kulturelle Vorherrschaft ausübte. Für Naxos war es aufgrund seiner Rivalität mit den ionischen Städten Milet und Paros wichtig, die bevorrechteten Beziehungen zu Apollo zu festigen. Ein Beweis für diese Haltung ist die Tatsache, daß die Naxier Apollo eine riesige Statue auf Delos weihten. Zur selben Zeit nahm die Straße, die zum Heiligen See führte, der heute nicht mehr vorhanden ist, monumentalen Charakter an. Eine Reihe von neun vor der Wasserfläche aufgerichteten Löwenstatuen mit weitaufgerissenen Mäulern überragte die Straße. Diese Statuen stammen aus dem 7. Jahrhundert v. Chr., nur fünf von ihnen haben «überlebt». Diese Tradition der Tierallee hat seinen Ursprung im Osten.
Delos, das im Jahre 314 v. Chr. seine Unabhängigkeit von Athen wiedererlangte, erlebte danach eine etwa drei Jahrhunderte währende Periode des Wohlstands. Es wurde Handelszentrum der griechischen Welt und ein bedeutender Markt für Sklaven und Weizen. Im Jahre 166 v. Chr. gaben die Römer den Apollo-Tempel an die Athener zurück und machten Delos zum Freihafen. Als Mithridates 88 v. Chr. die Stadt einnahm, wurde der Hafen, der schon seit den Anfängen des Römerreiches mehr und mehr versandet war, stillgelegt und die Stadt völlig verlassen, obwohl sie immer noch als Heiliger Bezirk eines Kultes galt, der noch eine ganze Weile andauern sollte.

Eleusis

Man kann sich kein richtiges Bild von den großen Heiligtümern Griechenlands in ihrer Verschiedenheit und ihrer kulturellen Gemeinsamkeit machen, ohne Eleusis zu erwähnen. Demeter verließ Olympia, um sich über den Verlust ihrer entführten Tochter Persephone hinwegzutrösten, und kam so nach Eleusis. Die Region in Attika, westlich von Athen gelegen, wurde bereits in vorhellenischer Zeit wegen ihres Reichtums und ihrer Fruchtbarkeit besiedelt.
Der Mythos der Demeter ist Ausdruck einer ländlichen Gesellschaft. Demeter war die Göttin des Getreides, da sie die Felder fruchtbar werden ließ. Ihre Tochter Kore oder Persephone war zugleich diejenige, die die Toten bei ihrer Ankunft in der Unterwelt empfing, und das personifizierte Symbol des jungen Weizens im neuen Jahr. Dieser Mythos von der Paarung Schöpfung/Zerstörung, der Leben und Tod vereint, findet sich auch in Ägypten mit Isis und Osiris

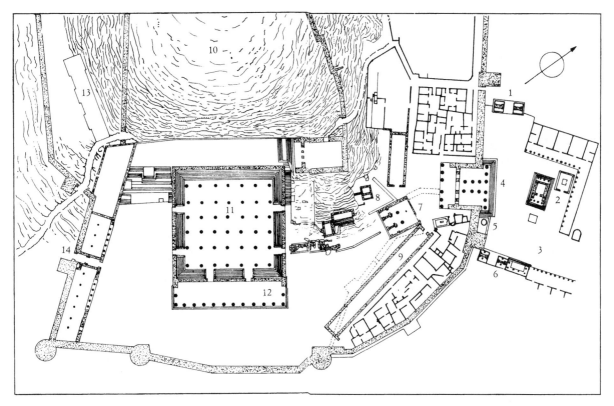

28 Lageplan des Heiligtums Eleusis:
1 Triumphbogen
2 Tempel der Artemis und des Poseidon
3 Heilige Straße
4 Große Propyläen
5 Kallichoron-Brunnen
6 Triumphbogen
7 Kleine Propyläen
8 Plutonion
9 Römische Magazine
10 Akropolis
11 Telesterion
12 Stoa des Philon
13 Museum
14 Südtor

sowie in Syrien mit Aphrodite und Adonis. Diese Paare bestehen jedoch immer aus einem Mann und einer Frau, während der griechische Mythos in einem weiblichen Paar, dem Paar aus Mutter und Tochter, verkörpert ist. Vielleicht muß man darin die Wurzeln archaischer matriarchalischer Traditionen sehen.

Der Kult der Demeter und ihrer Tochter Kore fand unter größter Geheimhaltung im Tempel statt und war nur Eingeweihten vorbehalten. Die Feste, die sich außerhalb des Kultbezirkes abspielten, waren dagegen allen zugänglich. Die Mysterien der Demeter, die zunächst Fruchtbarkeitskulte waren, wandelten sich nach und nach zu einer Religion der Wiedergeburt in ein besseres Leben im Jenseits. Wegen der Besonderheit dieses Kults wurden Gebäude errichtet, die speziell für die Einweihung in die heiligen Mysterien und die Begleitzeremonien bestimmt waren, zum Beispiel das Telesterion. Ein erstes Telesterion war bereits unter Peisistratos gebaut worden. Es war eine große, von Säulen eingefaßte Halle. Im Inneren liefen sieben Stufenreihen

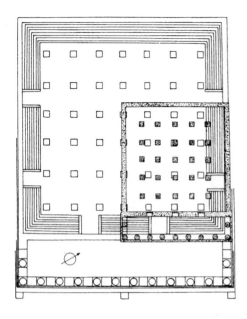

29 Das Telesterion, auch Heiligtum der Mysterien genannt, ist der bedeutendste Bau von Eleusis. Der Grundriß zeigt die vollständige Anlage. Rechts das ursprüngliche kleine Heiligtum aus der Zeit des Peisistratos (Mitte 6. Jahrhundert), das Mitte des 5. Jahrhunderts v. Chr. wesentlich erweitert wurde. Die sechs Säulenreihen mit jeweils sieben Säulen stützten eine Holzdecke, acht Stufenreihen an allen Seiten boten den Zuschauern Platz. Der Raum faßte etwa 3000 Personen.

an den Mauern entlang. In der Mitte der Halle sorgten fünf Reihen ionischer Säulen für ein Halbdunkel. Das Bauwerk wurde beim Einfall des Xerxes zerstört; ein neuer Tempel mit viel größeren Ausmaßen wurde zwar geplant, aus uns unbekannten Gründen jedoch nie gebaut. Eine Straße führte vom Telesterion zum Tor der Mauer des Peisistratos bis hin zu den Großen Propyläen. Folgte man ihrem Verlauf, traf man auf die Stelle, wo die Töchter des Königs Keleos die den Verlust ihrer Tochter beweinende Demeter getröstet hatten. Homer schreibt in seiner Hymne an Demeter: «Mit angsterfülltem Herzen ließ sie sich am Rande der Straße nieder, nahe dem Jungfrauenbrunnen (...)» Den Heiligen Bezirk umgab eine Mauer aus dem 4. Jahrhundert v. Chr., der kleine Tempel aus römischer Zeit, der heute noch dort zu sehen ist, wurde direkt auf den Grundmauern eines anderen Tempels von gleichem Ausmaß aus der Zeit des Peisistratos gebaut. Der Kult der eleusischen Gottheiten war in Attika weit verbreitet, und das Heiligtum von Eleusis gab sogar zahlreichen anderen Mysterienstätten seinen Namen: Man nannte sie Eleusinien. Aber nur die Stadt, die nach dem Mythos die Gottheit aufgenommen hatte, bewahrte allein ihre geheimnisvolle Bestimmung und hatte als einzige das Recht, die Initiationsriten zu begehen.

Delphi

Das Gebirgsmassiv des Parnaß überragt ganz Griechenland und galt schon sehr früh bei seinen Einwohnern als Sitz der Götter. Der Geograph und Historiker Strabon erklärte: «Der ganze Parnaß ist göttlich.» Zahlreiche Wege und Straßen verlaufen über das Gebirge. Sowohl die vielen Pässe als auch die vulkanischen Quellen und Dämpfe haben viel zur Verklärung des Parnaß beigetragen. Das Heiligtum von Delphi stammt aus der frühesten Zeit Griechenlands. Die ersten Huldigungen galten natürlich den Göttern der Erde und der Wasser: Gaia, die Erd-Mutter, und Python, das Schlangenkind, hatten bereits ihre Tempel und Priester, die Labyaden. An diesen Ort gelangte, von kretischen Seeleuten begleitet, Apollo, der Gott der Seefahrer, dem als Symboltier der Delphin angehört. Hierin liegt der Name des Heiligtums, Delphi, begründet. Der Kult und die Legende sind von dieser Ankunft geprägt. Apollo tötete die Schlange Python und vertrieb die Göttin Gaia; der neue Gott nahm die Stelle der alten Gottheiten ein. Modern gesprochen und aus einem historischen und sozialen Blickwinkel gesehen, entspricht diese Legende dem Ersatz eines ursprünglich bäuerlichen Matriarchats durch

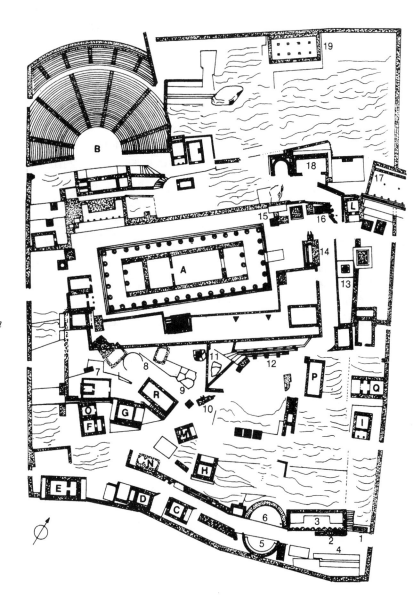

30 So sah das Apollon-Heiligtum von Delphi um 140 v. Chr. aus (Grundrißrekonstruktion): Bauwerke:
A Apollon-Tempel
B Theater
C Schatzhaus von Sykion
D Schatzhaus von Siphnos
E Schatzhaus von Theben
F Schatzhaus von Poteidaia
G Schatzhaus der Athener
H Schatzhaus der Äolier
I Schatzhaus von Kyrene
L Schatzhaus von Akanthos
M Schatzhaus von Knidos
N,O Schatzhäuser der Athener
P Schatzhaus von Korinth
Q Prytaneion
R Bouleuterion.

Votivgaben und Denkmäler:
1 Stier von Korkyra
2 Denkmalbasen der Arkadier
3 Halle des Lysandros
4 Basen der Marathon-Weihung
5 Basis der Denkmäler der Sieben Epigonen
6 Weihegeschenke der Könige von Argos
7 Musen-Temenos
8 Heiligtum der Erdgöttin
9 Felsen der Sibylle
10 Naxier-Säule
11 Felsen der Latona
12 Säulenhalle der Athener
13 Dreifuß von Plataä
14 Apollon-Altar
15 Reiterstatue Prusias II.
16 Dreifuß von Hymera
17 Attalos-Stoa
18 Weihegabe des Daochos
19 Lesche von Knidos

eine neue Gesellschaftsform, in der Schiffahrt und Handel unter der Schirmherrschaft Apollos eine wesentliche Rolle spielen. Nach der Legende schuf Apollo selbst eine neue Gruppe von Priestern, die Thrakiden. Der Einfall der Dorer sollte jedoch störend auf den neuen Kult einwirken: Herakles, Held und Gottheit der Dorer, wollte dem ägäischen Apollo den Ort seines mythischen Aufenthalts und seines Kultes sowie seines prophetischen Wirkens entreißen. Doch Apollo wich nicht. Er akzeptierte einen Kompromiß und machte sich zum Dorer. Man wird die Pythia immer unter Verdacht haben, die Nachfahren der Dorer zu begünstigen. Später dann, zu einer nicht genau bestimmbaren Zeit, kam Dionysos von Thrakien, von dem Plutarch sagte, daß seine Rolle der des Apollo in Delphi entspricht.

Wurde nicht die berühmte Theorie Nietzsches über das Dionysische und das Apollinische von dieser bemerkenswerten Entstehungsgeschichte angeregt? Die Pythia, die auf einem Dreifuß über einer Art Grotte saß, aus der übelriechende Dämpfe aufstiegen und sie betäubten, sprach oft unzusammenhängende Worte und stieß unartikulierte Schreie aus. Daraufhin nahm ein Priester des Apollo diese Worte und Schreie auf und faßte sie sogar in Verse. So störte und befruchtete die düstere dionysische Eingebung gleichzeitig die apollinische Klarheit. Stellen wir uns diese Szene vor: Auf ihrem Dreifuß sitzend, zittert und heult die Pythia im Delirium, aber neben ihr formuliert der apollinische Priester ruhig und heiter die Botschaft, wie z.B. das berühmte «Erkenne dich selbst!», das ausführlich die Philosophie des Sokrates kommentiert. Währenddessen geleiten die bis zum Wahnsinn betrunkenen Bacchanten, die jedes Lebewesen in ihrer Reichweite in tausend Stücke reißen, Dionysos, den Anstifter ihrer Maßlosigkeit. Der delphische Kult in all seinen Widersprüchlichkeiten ergibt so ein konzentriertes Bild Griechenlands. Sein Einfluß erstreckt sich über ganz Hellas und sogar noch darüber hinaus. Das Orakel spielte eine bedeutende politische Rolle. In den griechischen Städten wurde nichts ohne die Befragung des Orakels unternommen. Heute weiß man übrigens, mit welcher Geschicklichkeit und Mehrdeutigkeit das Orakel die Zukunft und die anwesenden Parteien lenkte. Die Besucher konnten auf ihre Weise die Interpretationen der Priester auslegen.

Das Heiligtum des Apollo wurde an dem Ort, der vormals Gaia, der Erd-Mutter, geweiht war, errichtet. Als die Amphiktyonen entstanden, d.h. die Verbände griechischer Stämme, die aber ihre Verfassung und Ziele häufig veränderten, wuchs die Rolle Delphis. In der Mitte des 6. Jahrhunderts entstand eine Amphiktyonie, die Delphi zum Mittelpunkt hatte und fast alle

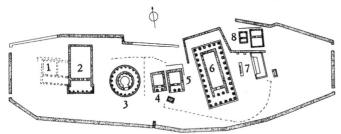

31 *Das Ruinenfeld des Heiligtums der Athena in Delphi heißt Marmaria, der «marmorne» Bezirk. Sein Lageplan:*

1 *Priesterwohnungen*
2 *Neuer Athena-Tempel*
3 *Tholos*
4 *Schatzhaus von Massilia*
5 *Dorisches Schatzhaus*
6 *Alter Athena-Tempel*
7 *Altäre*
8 *Schatzhäuser*

32   Perspektive des heiligen Bezirkes von Delphi, Blick von Südosten (Rekonstruktionszeichnung).

Städte Griechenlands vereinte. Der pythische Apollo-Kult schien dem gesamten Griechenbund vorzustehen. Die Pythischen Spiele, die alle vier Jahre stattfanden, rivalisierten mit den Olympischen Spielen. Ebenfalls ab Mitte des 6. Jahrhunderts v. Chr. entstanden immer mehr Gebäude, u.a. die Thesauren, in denen die Schätze der Städte aufbewahrt wurden. Einige dieser Schatzhäuser waren derart reich an Schmuckwerk und Zierrat, daß sie eher an Skulpturen als an Bauwerke erinnerten. So auch jenes, das von der Kykladeninsel Siphnos erbaut wurde, die reich an Gold- und Silberminen war. Davon übrig ist u.a. noch der Nordfries, eine Gigantomachie darstellend, Kampfszenen zwischen den Giganten, zu sehen im Museum von Delphi. Ein weiteres Schatzhaus in Delphi, das der Athener, ist noch fast vollständig erhalten. Eine der schönsten Skulpturen, die das Fries zieren, befindet sich getrennt vom Metop im Museum: Sie stellt den über eine Amazone triumphierenden Theseus dar. In diesem Museum befindet sich außerdem noch die Auriga, eine Bronzestatue, die einen Wagenlenker zeigt und nicht ohne Grund als eines der Meisterwerke der Antike gilt.

Das Heiligtum des Apollo blickt auf eine abwechslungsreiche Geschichte zurück. Im 8. Jahrhundert wurde es bereits in den Schriften Homers erwähnt. Gegen Ende des 6. Jahrhunderts wurde die wahrscheinlich verfallene Anlage von den Athenern (genauer von den Alkmäoniden, einem mächtigen Athener Geschlecht und Rivalen des Peisistrates) erneuert. Ungefähr

33   Die auf der Kykladeninsel Melos (ital. = Milo) gefertigten Terrakotta-Reliefs fanden im 5. Jahrhundert v. Chr. große Verbreitung. 1820 entdeckte man dort die berühmte Marmorstatue der Venus. Unsere Abb. zeigt ein Relief (ca. 460–450), dessen naiver und gleichzeitig ausdrucksstarker Stil beeindruckt: Odysseus kehrt nach seiner jahrelangen Irrfahrt nach Hause zurück und spricht, als Bettler verkleidet, mit seiner Frau Penelope, die ihren (vermeintlich) verschollenen Ehemann betrauert. Vgl. die Darstellung dieser Täuschungs-Episode in Homers «Odyssee».

zwei Jahrhunderte später stürzte das Gebäude ein, wurde aber anscheinend nach den gleichen Plänen wieder aufgebaut. Das, was wir heute davon sehen können, entstand bei einem teilweisen Wiederaufbau, der mit den noch vorhandenen Teilen aus den Ruinen Anfang des 20. Jahrhunderts bewerkstelligt wurde. Wir wissen so gut wie nichts über die Bedeutung dieses Tempels, der unter anderem den Omphalos (nach der griechischen Kosmogonie das Zentrum der Welt) enthielt.

Die Besichtigung Delphis und seiner Heiligtümer, jenes Bezirks, mit dem Hellas, ähnlich wie Olympia, versuchte, eine Einheit im Land zu schaffen, vervollständigt das Verständnis der griechischen Stadt als Ganzheit. Athen, Delphi und Olympia bilden die griechische Trilogie.

Von der Polis zur Demokratie – Kunst und Architektur im antiken Athen

Bevor wir uns Athen und seine Bauwerke näher ansehen, wollen wir versuchen, alle Bestandteile zusammenzutragen, die zum Verständnis der griechischen Stadt und ihrer geschichtlichen Besonderheit, die man nicht unterschätzen sollte, beitragen. Bereits vor den griechischen Städten gab es anderswo städtische Siedlungen, die größer und vielleicht noch schöner waren. Man denke nur an die Städte Asiens und die Metropolen Ägyptens. Die bescheideneren Gebäude des Hofstaats und des geknechteten Volkes, das für seine Herren arbeitete, waren um den Sitz des absoluten Herrschers, des Grundbesitzers und Gottgleichen zu Lebzeiten (wie bei den Pharaonen), angeordnet. Die griechische Stadt hat eine andere Entstehungsgeschichte, eine Tatsache, die man nicht genug unterstreichen kann, denn sie birgt die Anfänge der europäischen Stadt. Wie wir schon im vorausgegangenen Kapitel gesehen haben, muß die Stadt vom Kleinstaat unterschieden werden. Der Kleinstaat konnte ein mehr oder weniger großes Stück Land umfassen, das von Dörfern oder Marktflecken besiedelt war, die wiederum einer Art Feudaladel unterstanden. Dennoch waren die Bauern auf diesem Land frei, waren kleine und mittlere Eigentümer entsprechend der alten Tradition, nach der die Zuständigkeit des Stammes durch gleichmäßige Landverteilung für Gleichheit sorgte. Der Synoikismos (gr. = Zusammensiedlung) faßte die Marktflecken zu einer Einheit zusammen, und im Verlauf dieser Einigung entstand die Stadt. Sie unterscheidet sich darin vom Kleinstaat, daß sie ihr eigener Mittelpunkt ist und eine als heilig erachtete Mauer besitzt, die die wertvollsten Heiligtümer umschließt: Die Feuerstellen mit dem heiligen Feuer und die Tempel. Es scheint so, daß in vielen Fällen und vor allem in Athen die primitive Agrarstruktur aus zwei Gründen zerfallen ist: zunächst wegen des Bevölkerungswachstums und dann wegen der Enteignung der kleinen Bauern durch Ruin, Verschuldung und der Ausdehnung größerer Besitze. Diese ruinierten Bauern strömten in die städtischen Zentren, vor allem in die Häfen; dort wurden sie

Seefahrer, Schiffsbauer oder Kunsthandwerker (vor allem Keramiker), kleine Händler, bisweilen auch Piraten und Plünderer. Dieses Zustandekommen einer Stadt aus einem vielschichtig zusammengesetzten Milieu brachte Invasionen und Wanderungen mit sich und verlieh ihr eine ganz besondere Ursprünglichkeit, die gleichzeitig die Entwicklung des Handels, einer Klasse freier und tatkräftiger Menschen und schließlich einer Stadtdemokratie erlaubte. Man darf nicht meinen, daß die Entwicklung einer solchen Stadt harmonisch wie das organische Wachstum einer Pflanze oder eines Tieres verlaufen ist. Im Gegenteil, der Kleinstaat und die Stadt in Griechenland entwickelten sich unter erbitterten Kämpfen, inneren und äußeren Kriegen. Tatsächlich ist der Adel nie vor dem *demos,* dem in der Stadt versammelten Volk, zurückgewichen. Er hat sich oft beträchtlichen Landbesitz zurückbehalten; außerdem hat er versucht, den Handel und den über den Seeweg abgewickelten Warenaustausch in den Häfen an sich zu reißen. Dies gab immer wieder Anlaß zu Kämpfen. Bemerkenswert ist auch, daß eine Stadt, die auf einer Agrarstruktur begründet war, nie ganz damit gebrochen hat. Die Stadt «schwamm» sozusagen im Territorium des Kleinstaates. Die zu Phratrien zusammengefaßten Familien, welche wiederum den Demos bildeten, stellten die interne Organisation der Stadt selbst dar. Der *genos,* die Familie im weitesten Sinne, wich eigentlich nie den speziell städtischen Organisationsformen wie den Körperschaften.

Man muß sich auch vor einer vereinfachten Betrachtungsweise hüten, was die erbitterten Kämpfe zwischen den Adelsgeschlechtern und den Volksgruppen anbelangt. Jedes Adelsgeschlecht versuchte, seine Stadt und seinen Kleinstaat zu beherrschen, indem es von einer politischen Macht Gebrauch machte, die auch vor Vergeltung und Unterdrückung nicht halt machte. Aber es kam auch vor, daß sich das Volk einen Führer wählte, der in der Lage war, dem Adel eine gewissermaßen diktatorische Herrschaft aufzuerlegen. Ein solches Oberhaupt trug die klassische Bezeichnung Tyrann. Aber der Tyrann bezog fast ausnahmslos seine Macht vom Volke. In unserer modernen Terminologie würde das heißen, daß er mit Hilfe der Stimme der Demokratie zur Macht gelangte, diese Macht aber gegen diejenigen, die sie ihm verliehen, verwendete und so die Tyrannei gegen das Volk selbst ausübte. Das Stadtleben stand nicht in krassem Gegensatz zum Landleben, wie es von vielen Historikern und Städtebauern behauptet wurde. Athen hatte die Akropolis als Zentrum und verlief sich in den Randgebieten in Olivenhainen und Weinbergen, obgleich bald beliebte Viertel (wie Kerameikos, Melita und Kollitos) entstanden, die aus Holz oder Mörtelkies gebaut wurden.

An dieser Stelle soll bemerkt werden, daß man die griechische Stadt, genausowenig wie Griechenland und seine Geschichte selbst, idealisieren darf. Man sollte den Mut besitzen, sich von den falschen Vorstellungen zu lösen, die sowohl die Wirklichkeit als auch die wahre Größe Griechenlands verschleiern. Die griechische Stadt war nicht gerade schön. Die Straßen waren eng und schmutzig; während man in Asien schon seit Jahrtausenden Abwassersysteme baute, gab es in den griechischen Städten nichts von alledem, so daß sich der Unrat in den Straßen häufte. Im Gegensatz zu den Privathäusern erstrahlten alle öffentlichen Gebäude, alle Monumente, alles, was vom Leben der Gemeinschaft zeugte, in wunderbarem Licht. Doch diese Bauwerke ragten wie kleine, glanzvolle Inselchen aus einem Morast. Die Geschichte Griechenlands war brutal, blutrünstig und von barbarischen Taten und Massakern begleitet. Eine althergebrachte Ikonographie und Archäologie haben das Bild eines harmonischen Griechenlands verbreitet, makelloser Monumente und Statuen von vollkommener Reinheit, die sich

34 Um 600 v. Chr. kam das Münzwesen in Kleinasien auf und gelangte durch die Ausweitung des Handels auch nach Griechenland, wo jede Stadt ihre eigenen Münzen prägte. Hier die Münze von Athen (520–510 v. Chr.) mit dem Abbild der Stadtgöttin Athena auf der Vorder- und der heiligen Eule mit Ölzweig auf der Rückseite. Die Redensart «Eulen (= Münzen) nach Athen tragen» wurde damals zum Synonym dafür, etwas Überflüssiges zu tun, denn die Stadt und ihre Bewohner waren so reich, daß für sie die Münzen als Zahlungsmittel praktisch keinen Wert hatten.

gegen einen ruhigen Himmel abheben. Doch wir wissen heute, daß all die weißen Säulenreihen und Statuen mit kräftigen Farben angestrichen waren, die mit der Zeit verblaßten und weiß wurden. Und was war die berühmte griechische Tragödie? Sie war ein schreckliches Schauspiel der Gewalt und des Todes, dessen Verwandlung in ein ästhetisches Gesamtkunstwerk immer noch nicht nachvollzogen werden kann. Genau dieser Begriff des Kunstwerkes paßt jedoch nicht recht, denn das, was wir Kunst nennen, hatte für die Griechen noch lange nicht dieselbe Bedeutung. Das Standbild einer nackten Göttin war für sie vor allem ein geweihter Gegenstand und nicht die Darstellung einer schönen unbekleideten Frau, wie wir sie mit unseren Augen sehen.

Unser Humanismusbegriff ist eng mit dem Begriff des Profanen oder Weltlichen verknüpft, während bei den Griechen die Gegenstände, die uns profan oder weltlich erscheinen, geheiligt waren. Die Tempel mit ihren Säulen scheinen für uns nur zahlenmäßige Proportionen hervorzuheben, und sicherlich kannten die Griechen sie auch, wie z.B. das Modul, ein von den Architekten hervorgehobener optischer Effekt. Doch die Tempelsäulen hatten für sie vor allem symbolischen Wert. Die dorische Säule symbolisierte, wie wir bereits gesehen haben, die männliche Kraft des Himmels, die ionische Säule verkörperte Schönheit, Anmut sowie die Fruchtbarkeit der Frau. Die Götter und die Göttinnen hielten sich zugleich im Olymp und in der Stadt auf: Diese Staatsgötter bewohnten die Tempel ihrer Stadt. Ein Grieche zur Zeit des Perikles war davon überzeugt, daß sich Pallas Athene im Heiligen Bezirk aufhielt und an den ihr geweihten Feierlichkeiten, den Panathenäen, teilnahm. Und wie es sich für einen gutgläubigen modernen Menschen gehörte, glaubte dieser Athener auch, daß die Göttin dem wutentbrannten Achilles über das Haupt strich und ihn beruhigte, als er sein Schwert zog, um Agamemnon zu töten; und er glaubte auch, daß sie wirklich und wahrhaftig an der Seite des Odysseus stand, um ihm in schwierigen Situationen mit gutem Rat beizustehen. Pallas Athene war für ihn in keinster Weise ein poetisches Symbol, sondern leibhaftige Gegenwart, engstens verknüpft mit ihrer Stadt.

Die griechischen Götter gewannen noch an Bedeutung, indem man sie mit den verschiedensten menschlichen Fähigkeiten ausstattete: Hephaistos stand für die Arbeit, Aphrodite für die Liebe, Pallas Athene für die Weisheit und Hera für die häuslichen Tugenden sowie für die eheliche Eifersucht, und so fort. Diese Götter stellten für die Griechen wunderbar reiche und idealisierte Abbilder ihrer selbst dar. Was uns heute als Einbildung oder bestenfalls als ein Symbol erscheint, war für sie Ideal und Wirklichkeit zugleich. Der Philosph Platon wollte zeigen, daß die Ideen gleichzeitig Vorbild und Wesen der Dinge sind, ihre Vollendung sich zugleich im Inneren und Verborgenen abspielt. So hat jedes wirkliche Pferd die Idee von einem Pferd zum Vorbild und Inhalt; das sehr schöne Pferd nähert sich dieser Idealvorstellung, während sich das häßliche davon entfernt. Sicherlich hielt Platon als Philosoph eine Distanz zur Mythologie, aber man kann sagen, daß die griechischen Götter in einem gewissen Sinne die Idealvorstellungen menschlicher Stärken verkörperten. So war nach Platon die Gottheit einer Stadt zugleich deren Ideal, wie Athene das der Stadt Athen. Was den griechischen Humanismus betrifft, so meint er in diesem Zusammenhang nur die Idee Platons vom Leben und den Städten Griechenlands. Manche Skulpturen auf dem Parthenon, manche poetischen oder philosophischen Sentenzen kommen dieser feinsinnigen Vorstellung vom Menschen nahe und genügen, um sie zu erklären.

35 Plan der Akropolis von Athen:
 1 Athena-Nike-Tempel
 2 Sockel des Agrippa-Denkmals
 3 Propyläen
 4 Pinakothek
 5 Brauronion
 6 Propylon des Parthenon
 7 Chalkothek
 8 Heiligtum des Zeus Polieus
 9 Parthenon
10 Roma-Tempel
11 + 12 Heroon des Pandion
13 Athena-Altar
14 Ehemaliger Athena-Tempel
15 Propylon des Athena-Tempels
16 Erechtheion
17 Haus der Arrhephoren
18 Standbild der Athena Promachos
19 Magazine

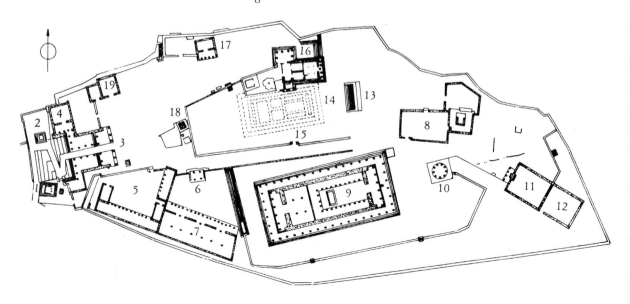

36 Rekonstruierte Ansicht der Akropolis von Athen.

Doch abgesehen von diesen Augenblicken höchster Vollkommenheit verlief das Leben in Griechenland in gemeinen Kämpfen und höchster Grausamkeit, die der Barbarei näher standen als dem Humanismus. Die Griechen mochten an den Gegensatz von Barbarei und «Griechentum» glauben – uns fällt es schwer, ihn anzunehmen. Dies schmälert jedoch in keinster Weise den griechischen Mythos, sondern verdeutlicht nur um so mehr, wie sehr die zahlreichen Höhepunkte die Antike überragen. Wenn Athene die Schutzgöttin Athens wurde, so deshalb, weil sie angeblich den Olivenbaum nach Attika brachte, als Symbol von Frieden und Wohlstand. Im Verlauf des Niedergangs des Griechentums sollte Alexander der Große, Schüler des Aristoteles, in vielen Augenblicken seines Lebens zeigen, wie die Vernunft seine eigene kriegerische Gewalt besiegte und beherrschte.

Die Konzeption der griechischen Stadt umfaßt drei deutlich voneinander zu trennende Bereiche: den Außenbereich, entweder von Griechen oder Barbaren bevölkert, das Gebiet des Stadtstaates und die Stadt selbst. Die Umschließungsmauer der Stadt soll von dem sogenannten eponymen Helden, d.h. dem Gründer, angelegt worden sein. Dieser grub eine Furche oder streute Hafer oder Weizen, um so die Grenzlinien des unantastbaren Bezirks des Geländes zu kennzeichnen.

Farbabbildungen

209   Bei der Insel Antikythera (zwischen Peloponnes und Kreta) wurde um 1900 im Meer die 1,94 m hohe Bronzestatue eines Jünglings gefunden, deren Künstler unbekannt ist. Sie entstand um 340 v. Chr.

210   Szenen aus dem Trojanischen Krieg sind ein beliebtes Motiv der griechischen Vasenmaler. Hier der Tod des Achilleus auf einer Amphore aus einer Athener Werkstatt (um 520 v. Chr.).

211   Der Götterbote Hermes mit seinem typischen Hut und seinem Heroldsstab trägt den jungen Herakles, seinen Bruder. Sie hatten verschiedene Mütter, aber denselben Vater (Zeus). Ton-Amphore um 530 v. Chr. aus einer Athener Werkstatt.

212   Der sogen. Andokides-Maler gilt als der «Erfinder» der rotfigurigen Vasenmalerei, benannt nach dem athenischen Töpfer, für den er arbeitete. Die Abbildung zeigt eine Amphore (um 510 v. Chr.) mit dem Gelage des Herkules im Beisein der Athena; die andere Seite des Tongefäßes ist (mit demselben Motiv) noch schwarzfigurig ausgeführt.

213   Solche Vorratsgefäße wurden als Siegespreise bei den panathenäischen Wettkämpfen in Athen vergeben. Die hier abgebildete Amphore ist 61 cm hoch, entstand um 520 v. Chr. in einer Athener Werkstatt und zeigt den Wettlauf der Männer.

214   Diese goldene Amulett-Kapsel (ca. 630 v. Chr., Werkstatt in Etrurien) zeigt auf der Oberseite eine Darstellung von Wildnis und Jagd.

215   Aus einer Werkstatt in Etrurien stammt diese goldene Halskette, deren ankerförmige Zeichen an den orientalischen Lebensbaum erinnern.

216   Diese goldene Amulett-Kapsel (ca. 630 v. Chr., Werkstatt in Etrurien) zeigt auf der Oberseite eine Darstellung von Wildnis und Jagd.

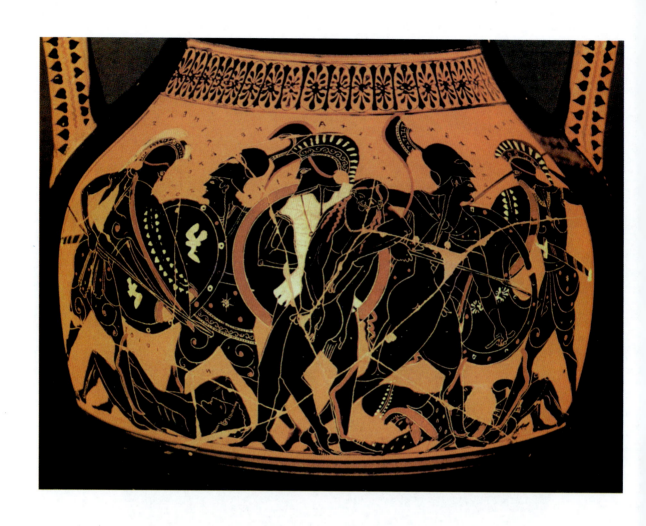

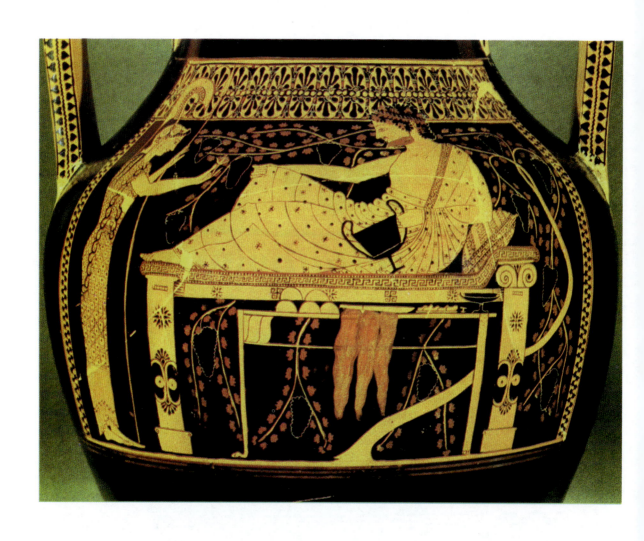

Die Stadt selbst steht als Abbild des Kosmos. Das griechische Universum, d.h. der Kosmos, enthält auf seiner höchsten Ebene die Sphäre der unbeweglichen Fixsterne, darunter folgt die Region der Planeten auf ihrer Umlaufbahn, und ganz unten befindet sich der Erdenbereich, der dem Werden, dem Betrug und dem Tod unterworfen ist. Die Stadt faßt den Kosmos zusammen. Ihr Hauptelement ist der Hügel oder Berg, auf dem sich die öffentlichen Gebäude befinden und der von Privatbehausungen umgeben ist. Es ist dies die Akropolis, zugleich Festung, heiliger Bezirk und Abbild des Universums. Das Licht von Himmel und Sonne erleuchtet die über dem Erdenreich errichtete Akropolis. Hierin unterscheidet sich die griechische Stadt ganz erheblich von der etruskischen oder italienischen Stadt, deren zentrales Merkmal ein Abgrund, ein mysteriöses Loch ist, von wo die dunklen Kräfte der Erde aufsteigen und in dem sie wieder verschwinden: der *mundus,* die Welt. Das Griechentum beansprucht also das zugleich dauerhafte und strahlende Wesen der Stadt und des Kosmos für sich.

Aus der Menge der eingezwängten Privathäuser und elenden Straßen erheben sich die öffentlichen Stätten, die alle, wenn auch nicht in gleichem Maße, Weihestätten sind. Die eben erwähnte Akropolis ist die bedeutendste, da sich dort die Tempel befinden, die entweder den Gründerhelden, den Schutzgottheiten oder anderen Göttern geweiht sind. Neben diesen Hauptstätten ist die Agora die zweite von Bedeutung. Die Griechen sind nicht die Erfinder des Platzes, der für die Allgemeinheit offenstand und den wir öffentlich nennen, um ihn vom privaten oder heiligen Platz abzugrenzen. Dieser Ort war bei den Griechen immer dem Leben der Stadt und der Versammlung gewidmet. In den Bezirken der asiatischen Reiche befand sich der Platz nahe dem Stadttor, dort, wo sich die Reisenden, Kameltreiber, Händler, Herumtreiber, ja sogar Diebe und Banditen versammelten, wie man sie nur noch in «Tausendundeine Nacht» antreffen kann. In Griechenland hingegen befindet sich die Agora im Stadtzentrum oder in dessen Nähe. Da dieser Ort ausschließlich der Versammlung der «Stadtbürger» vorbehalten war, wurde jede anderweitige Nutzung der Agora, die nicht im weitesten Sinne politisch war, ausgeschlossen. Die Versammlung der Stadtbürger war eine ständige Einrichtung. Zu jeder beliebigen Tageszeit fanden sich die Bürger auf der Agora ein, um über öffentliche Angelegenheiten der Stadt zu diskutieren. Manchmal, wenn eine bedeutende Entscheidung anstand,

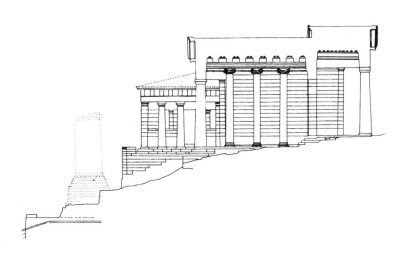

37 *Aufriß der Propyläen gegen Norden auf der Athener Akropolis.*

38 Die Sammlungen des Athener Akropolis-Museums zählen zu den bedeutendsten Griechenlands. Hier eine marmorne Stele (460 v. Chr., Höhe 62 cm) der Göttin Athena.

hielt die politische Volksversammlung oder Ekklesia eine Sitzung ab. Die griechische Stadt ist jedoch immer mehr oder weniger an den Handel gebunden. Sie steht in enger Beziehung zu Athen, weniger zu Sparta, ihrer Rivalin, wo die Landwirtschaft anstelle des Handels vorherrschte.

Wie konnte man verhindern, daß sich die Händler auf der Agora niederließen? Die Maßnahmen blieben wirkungslos. Spuren dieser vergeblichen Bemühungen finden sich in den Texten Platons, der eine Idealstadt und eine Agora, von der die Händler endgültig ausgeschlossen sein würden, anstrebte. Da die Griechen die Händler und ihre Geschäfte weder von der Agora verbannen noch sie dort hinnehmen konnten, lösten sie dieses Problem mit einer rundum genialen architektonischen Erfindung: dem Säulengang. Es handelt sich dabei um eine lange, gedeckte Galerie entlang der Agora, die so gestaltet ist, daß sie sowohl die Menge der Kunden als auch die Händler selbst mit ihren Läden aufnehmen konnte. Der Säulengang (Stoa) spielte von diesem Zeitpunkt an eine sehr bedeutende Rolle im Städtebau und im Lebensablauf der Stadt. Später wurde sie sogar zum Ort philosophischer Diskurse. Die Stoiker verkündeten in diesen Säulenhallen inmitten der vorbeiströmenden Menschenmassen ihre Philosophie und verdankten somit diesem Bauwerk sogar ihren Namen.

Die griechische Stadt, deren Idealtypus oder vielmehr Idealvorstellung im Sinne Platons für uns Athen ist, stützt sich auf eine bestimmte Anzahl dominierender Orte, die den Rhythmus der Stadt bestimmen. Dazu gehört ganz sicherlich der Tempel, dessen Doppelfunktion, nämlich der Politik und der Götterverehrung, besonders hervorgehoben werden muß. Er enthält einen besonders heiligen Innenraum, die Cella. Es gibt eine Vorder- und eine Hinterhalle, den

Pronaos und den Opisthodom, aber es wäre irreführend, bei einem griechischen Tempel von Fassaden zu sprechen. Es gibt an diesem Bauwerk keinen bevorzugten, besonders ausgeschmückten Teil, der von außen sofort ins Auge fallen sollte. Unserer Meinung nach bildet sich die Fassade erst in der römischen und christlichen Welt heraus. Der Parthenon hat keine Fassade im eigentlichen Sinne, obwohl seine Seiten nicht völlig identisch sind. Man könnte vielleicht sagen, daß er aus verschiedenen Fassaden besteht, deren Friese, Giebel und Säulenreihen auf jeder Seite unterschiedlich sind. Aber es handelt sich dabei eben nicht um eine Fassade, da ja keine Seite der anderen vorgezogen oder mit besonderer Bedeutung behaftet ist. Die Säulenreihe verbindet und trennt zugleich Innen- und Außenraum. Zwischen diesen beiden Bereichen gibt es keine Abtrennung, obgleich sich der Platz, an dem sich das Götterstandbild befindet, und die Wandelgänge, in denen sich die Gläubigen aufhalten, optisch voneinander unterscheiden.

Luftigkeit und Helligkeit des Raumes kennzeichnen die Besonderheit des griechischen Tempels im Gegensatz zu den Sakralbauten der Ägypter, der Asiaten und später der Christen. Im griechischen Tempel verdichtet sich sozusagen die Helligkeit der verehrten Gottheit und breitet sich bis zu den Grenzen des Stadtstaates aus. Diese tiefe Religiosität ist zugleich in höchstem Maße politisch im eigentlichen Sinne des Wortes: Sie ist die Grundsubstanz der Polis, die Wirklichkeit und Ideal, praktisches Leben und bewußte Existenz gleichermaßen verkörpert. Das Bauwerk Tempel ist in Griechenland die Realisierung dessen, was wir in unserer modernen Sprache politisches Bewußtsein nennen. Es wird an Ort und Stelle in Form des Tempels verwirklicht. Man darf also seine Rolle und seine mannigfachen Funktionen nicht unterschätzen. Er ist gleichzeitig Mittelpunkt und Maß des Raumes. Für Heidegger «bildet (der Tempel) nichts ab», denn er schöpft und ahmt nicht nach. Er ist ganz einfach nur da. «Das Bauwerk umschließt die Gestalt des Gottes und läßt sie in dieser Verbergung durch die offene Säulenhalle hinausstehen in den Heiligen Bezirk. Durch den Tempel west der Gott im Tempel an. Dieses Anwesen des Gottes ist in sich die Ausbreitung und Ausgrenzung des Bezirkes als eines heiligen. Der Tempel und sein Bezirk verschweben aber nicht in das Unbestimmte. Das Tempelwerk fügt erst und sammelt zugleich um sich die Einheit jener Bahnen und Bezüge, in denen Geburt und Tod, Unheil und Segen, Sieg und Schmach, Ausharren und Verfall

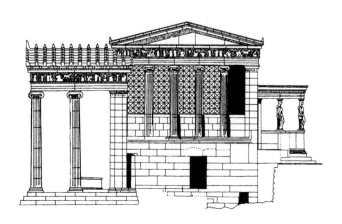

39   *Rekonstruktion (Ostansicht) des Erechtheions auf der Athener Akropolis. Es war Tempel, Grabmal und Schauplatz von Mysterien und besticht durch die Anmut seiner Säulenreihen und seiner feinen Verzierungen.*

40   Der Tempel der Athena Nike (der Siegesgöttin Athena) wurde aus Marmor geschaffen und ist von unvergleichlicher Anmut und Eleganz. Er repräsentiert den klassischen ionischen Stil.

die Gestalt des Menschenwesens in seinem Geschick gewinnen. (...) Dastehend ruht das Bauwerk auf dem Felsgrund. (...) Dastehend hält das Bauwerk dem über es wegrasenden Sturm stand und zeigt so erst den Sturm selbst in seiner Gewalt. Der Glanz und das Leuchten des Gesteins, anscheinend selbst nur von Gnaden der Sonne, bringt doch erst das Lichte das Tages, die Weite des Himmels, die Finsternis der Nacht zum Vor-Schein. (...) Der Tempel eröffnet dastehend eine Welt und stellt diese zugleich zurück auf die Erde, die dergestalt selbst erst als der heimatliche Grund herauskommt. (...) Der Tempel gibt in seinem Dastehen den Dingen erst ihr Gesicht und den Menschen erst die Aussicht auf sich selbst» (aus «Holzwege», Kapitel 1: «Der Ursprung des Kunstwerks», S. 31/32, Frankfurt 1963).
Die Entstehung des Theaterbezirks zeigt genauso deutlich wie die architektonische Form des Tempels die Entwicklungsgeschichte der hellenischen Stadt einschließlich ihrer Bedeutung und Stärke. Als Ursprung des Theaterbezirks findet der Historiker den Graben, den Odysseus aushob und in den er das Blut der Opfertiere hineingoß, um der Toten seiner Irrfahrt zu gedenken. Das Blutopfer, das den Göttern der Unterwelt dargebracht wurde, stand im Gegensatz zum Brandopfer, bei dem das Opfer verbrannt wurde und der Rauch sich zu den olympischen Göttern erhob. Der im Verlauf der Opferzeremonie beschworene Tote sollte so unter die Lebenden zurückkehren. Die Gemahlin des toten Königs Darius und ihr Hofstaat erweckten so in den «Persern» des Äschylus (einer antiken Tragödie) den toten König der Könige wieder zum Leben, um ihn schließlich nach der Katastrophe von Salamis und während der Rückkehr ihres besiegten Sohnes um Beistand anzuflehen.

Um diesen Graben befindet sich eine Art runder Plattform, die Orchestra. Auf ihr wurden religiöse Tänze und Riten aufgeführt. Dieses Rund war von besonderer Heiligkeit, so daß diejenigen, die in es eintraten, unantastbar waren. Erst im 6. Jahrhundert v. Chr. trennte Kleisthenes, der Tyrann von Sikyon, die Totenrituale von den Aufführungen des tragischen Chores und den Tänzen, die auf der Orchestra stattfanden. Diese den Tod beschwörenden Chorgesänge hießen Dithyramben. Es handelte sich dabei um lautstarke lyrische Gesänge, die an den toten Gott Dionysos erinnerten. (Dionysos stirbt und wird gemäß dem Wechsel der Jahreszeiten wiedergeboren. Als Gott des Weines steht er der Weinernte vor, und dabei wird die Weintraube zerdrückt, deren Saft das göttliche Blut symbolisiert, das alle belebt, die es trinken.) Es gab einen bis heute kaum untersuchten Zusammenhang zwischen dem Dionysoskult, dem Theaterbezirk und den Gesängen und Riten, aus denen später einmal die klassische Tragödie werden sollte. In Athen gab man anläßlich der Dionysosfeste großartige Theatervorstellungen. Das große Theater, in dem die Werke von Äschylus, Sophokles und Euripides zur Aufführung kamen, wurde an den Hängen der Akropolis, an einem dem Dionysos geweihten Ort, errichtet. Bekanntlich besteht das Wort Tragödie aus zwei griechischen Wörtern, von denen das eine «Bock», das andere «Gesang» bedeutet. Anscheinend wurde der Bock häufig dem Dionysos als Opfer dargebracht. Aber dieser Zusammenhang bleibt, wie gesagt, im Dunkel. Man weiß jedoch sicher, daß sich das Theater an der Abseite eines Hügels einrichtet und auf die offene Landschaft blickt. Die Orchestra erstreckt sich am unteren Ende der Sitzreihen. Vor der Bühne befindet sich ein Säulengang, der an einen Tempel oder einen Palast erinnert. Bis zum 4. Jahrhundert v. Chr. treten die Schauspieler auf der Orchestra zusammen mit den Chören auf.

Übrigens verliert die Rolle des Chores im Laufe der Geschichte der Tragödie an Bedeutung. Später wird aus dem Dach des Säulenganges das, was wir heute die Bühne nennen.

Doch halten wir uns an dieser Stelle nicht mit weiteren Punkten auf, die im Dunkel bleiben müssen. Man weiß, daß die Frauenrollen von Männern mit Masken gespielt wurden, jedoch hatten die Masken magische und religiöse Bedeutungen, von denen wir uns heute kaum eine Vorstellung machen können. Außerdem gilt als sicher, daß zur Zeit des Äschylus nur zwei Schauspieler auf der Bühne waren und daß erst Sophokles einen dritten einführte. Man muß daran erinnern, daß das griechische Theater, vor allem in Athen, von seinen Anfängen bis zu seiner Entfaltung und zu seinem Untergang ein Volkstheater war. Man spricht oft von dem «griechischen Wunder». Nicht ohne Grund, denn den Griechen verdanken wir die Erfindung der Logik, der Mathematik und anderer zahlreicher Wissenschaften, die später in Vergessenheit gerieten. Ist nicht eine Seite dieses Wunders das Verstehen eines Volkes aufgrund seiner Werke, die uns heute als Höhepunkte ästhetischen Schaffens erscheinen und deren schöpferische Kraft wir noch heute nicht ganz ermessen können? Es sei jedenfalls bemerkt, daß die Bedeutung dieses recht verbreiteten Begriffs vom «griechischen Wunder» nicht überbewertet werden sollte. Es war sowieso nicht von allzu langer Lebensdauer und beschränkte sich räumlich auf einige wenige Stadtstaaten, allen voran Athen.

Was die Geschichte betrifft, so soll Athen im Laufe des 12. Jahrhunderts v. Chr. von Theseus gegründet worden sein. Dieser Held soll die zwölf Stadtgemeinden Attikas zu einem einzigen Stadtstaat zusammengefaßt haben. Die neue Stadt wurde lange Zeit von Königen und Adligen, den Eupatriden, regiert. Die wirkliche politische Existenz der Stadt begann jedoch erst im

41 Griechenlands berühmtester Bildhauer Phidias prägte die attische Plastik des 5. Jahrhunderts v. Chr. Angeregt u.a. durch seine Parthenon-Skulpturen, erfuhr in seiner Nachfolge die Reliefkunst eine neue Blüte. Hier die Umzeichnung einer marmornen Grabstele des Schusters Xanthippos mit einem Leisten in der Hand.

7. Jahrhundert mit Drakon, der eine öffentliche Gesetzgebung einführte, aber vor allem mit dem Politiker Solon, der Athen 594 v. Chr. eine richtige Verfassung gab. Solon erließ den Bauern die Schulden, die sie erdrückten, und gab denjenigen die Freiheit wieder, die aufgrund ihrer Verschuldung zu Sklaven geworden waren. Er förderte auch das Kunsthandwerk. Diese Reihe von Maßnahmen führte in Athen die Demokratie ein. Zu diesem Zeitpunkt errichtete man die ersten Bauwerke auf der Akropolis, allen voran den Tempel der Schutzgöttin Athene, von dem heute allerdings nur noch die Fundamente zu sehen sind. Die auf Solon begründete Demokratie muß natürlich relativ betrachtet werden, da die Teilnahme des *demos* am politi-

schen Leben, d.h. an der Ekklesia, von der Größe der Einkommen bestimmt war (Timokratie). Außerdem waren die Frauen, die Armen (Theten) und die Sklaven von dieser Demokratie ausgeschlossen.

Die demokratische Verfassung ersparte den Athenern nicht die Tyrannei. Im Verlauf des 6. Jahrhunderts beherrschten Peisistratos und seine Söhne die Stadt. Wahrscheinlich kam der Tyrann Peisistratos dadurch an die Macht, daß er die Rückverteilung der vom Volke eingeforderten Ländereien in die Tat umsetzte, eine Maßnahme, die Solon angestanden hätte. Peisistratos erließ, so die Historiker, eine Art Einkommenssteuer, die es ihm erlaubte, seine Baupläne zu verwirklichen. Es handelte sich dabei vor allem um den Wiederaufbau und die Vollendung des ersten Tempels der Schutzgöttin Athene; dem sollte ein großartiger Zeus-Tempel folgen, der südlich der Akropolis gebaut werden sollte, aber unvollendet blieb. Das Paradox ist uns bereits bekannt: Der Tyrann enthob den Landadel seiner Macht und begünstigte den «demos», das Volk. Demagogie oder Opportunismus? Das spielt keine Rolle, denn nur das Ergebnis zählt.

Dieses Prinzip wurde von Kleisthenes und auch von Perikles im 5. Jahrhundert fortgeführt. Die althergebrachten Verbindungen der Blutsverwandtschaft aus dem Genos wurden durch territoriale Organisationen ersetzt, die von der Stadt eingesetzt waren. Zu dieser Zeit entstanden auf der Akropolis mächtige Tempel, insbesondere die Propyläen und der Parthenon. Perikles beauftragte den Bildhauer Phidias mit der Ausarbeitung des Gesamtkonzepts und der Aufsicht über die große Schar von Architekten, Bildhauern und Arbeitern, die dieses Werk ausführen sollten.

Wie hatte man sich die Akropolis des Perikles nach seiner Konzeption vorzustellen? Im Verlauf und am Ende eines Aufstiegs auf die Akropolis erhoben sich die Bauwerke stufenweise

42 *Auch die attische Malerei wurde von der reduzierten Darstellungsweise des Phidias beeinflußt. Hier die Umzeichnung eines Vasenbildes aus dem späten 5. Jahrhundert v. Chr., das die Bekränzung von Opfertieren zeigt.*

43   Einer der Meister der rotfigurigen attischen Malerei war Duris (1. Hälfte des 5. Jahrhunderts v. Chr.), der vermutlich in Athen lebte. Unser Innenbild einer Trinkschale zeigt das Leitmotiv aus Homers «Ilias»: Odysseus versucht den unwilligen Achill zur Teilnahme am Kampf um Troja zu überreden.

vor den Augen des Betrachters und der Gläubigen. Wenn man die Propyläen hinter sich ließ, öffnete sich der Blick dem Standbild der bewaffneten Athena Promachos. Um zum Parthenon zu gelangen, mußte man zwischen dem Heiligtum der Artemis auf der einen Seite und der Chalkothek, in der die Waffen aufbewahrt wurden, auf der anderen Seite hindurchgehen. Dem Parthenon näherte man sich von Südwesten mit einer Perspektive, die die architektonische Komposition hervortreten ließ. Der Festzug der Großen Panathenäen, der auf dem Fries des Parthenon dargestellt ist, begleitete den Besucher, der so Schritt für Schritt das Bauwerk entdeckte. Wenn er dann auf dem nach Osten gelegenen Vorhof ankam, blickte er durch die äußere Säulenreihe zur Cella, bis hin zur kolossalen, aus Gold und Elfenbein geschaffenen, fünfzehn Meter hohen Statue der Athena Parthenos, dem Meisterwerk des Phidias. Ursprünglich trugen nur dieser Saal und diese Statue den Namen Parthenon, der sich jedoch bald auf das ganze Gebäude bezog.

Der heilige Hügel und das ihn krönende Bauwerk war für den Griechen wirklich die Wohnstätte der Gottheit, die sich auf einfühlsame Art im Kunstwerk, d.h. im Gebäude und in allem,

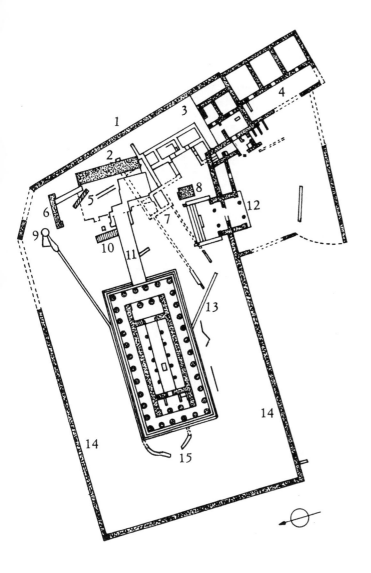

44 Grundriß des heiligen Bezirks von Ägina mit dem Aphäa-Tempel:
1 Ost-Peribolos
2 Altar aus dem 5. Jahrhundert
3 Priesterhäuser
4 Stoa
5 Altar aus dem 6. Jahrhundert
6 Fundamente
7 Propylon aus dem 6. Jahrhundert
8 Fundamente
9 Zisterne
10 Altar aus dem 7. Jahrhundert
11 Rampe
12 Propylon aus dem 5. Jahrhundert
13 Peribolos aus dem 7. Jahrhundert
14 Mauer
15 Runde archaische Grundmauern

was es vervollkommnet, wie Friese, Skulpturen, verzierte Säulen, darstellt. Die Heiligkeit des Bauwerks rührte vor allem auch daher, daß Athene im Verlauf des Baues angeblich Wunder vollbrachte: Sie soll einen Baumeister geheilt haben, der einem Arbeitsunfall zum Opfer gefallen war. Im Gedenken daran ließ Perikles eine Statue zu Ehren der Athene Hygieia (der Heilkundigen) errichten. Auf diese Weise mehrten sich nur noch die wunderbaren Eigenschaften der Gottheit und förderten das Gefühl der Verehrung für ihr unsichtbares Wesen sowie die Bewunderung für ihr sichtbares Wesen, wie es sich aufgrund der Statuen in den Tempeln darstellte. Athene erscheint nacheinander als Kriegsgöttin, als Anstifterin voll der Weisheit des Logos und der Vernunft, die die Stadt lenken soll, als Beschützerin der körperlichen Gesundheit und als Siegerin. Die kunstvolle Beherrschung der Materialien wie Stein, Holz, Bronze und Gold schließt in keinster Weise das religiöse Empfinden aus, das aufs Ernste mit dem politischen verbunden ist. So erreicht die griechische Kunst ihren Höhepunkt in den Skulptu-

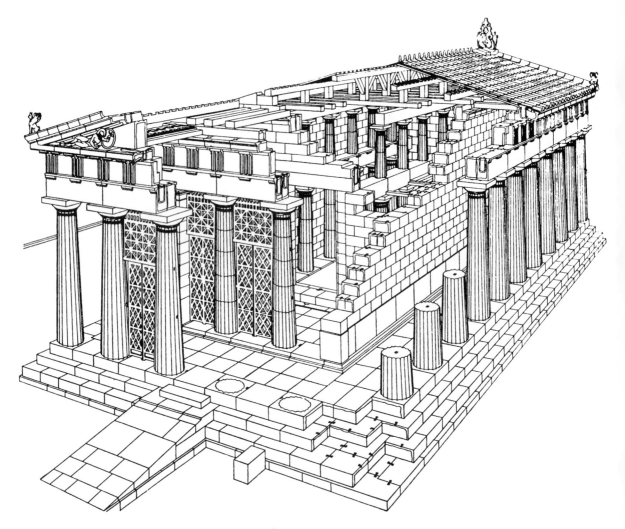

45 *Die Schnittzeichnung des Aphäa-Tempels auf Ägina vermittelt eindrucksvoll die Konstruktion und Raumaufteilung dieses Heiligtums.*

ren des Parthenon und, wie viele Historiker meinen, im Fries an der Ostfront, einem Werk des Phidias oder eines seiner besten Schüler, auf dem die Olympgötter Dionysos, Poseidon und Apollo dargestellt sind.

Während der Bauzeit des Parthenon bereitete Perikles mit Phidias den Bau des Erechtheion vor. Die Bauarbeiten mußten jedoch unterbrochen werden. Der Peloponnesische Krieg hatte gerade seinen Anfang genommen. Die Unterstützung des Volkes und vor allem des Stadtproletariats, das Perikles zu den großen Baumaßnahmen heranzog, fing an abzubröckeln. Man beschuldigte Perikles, das Geld der Stadt ausschließlich für seine Prestigebauwerke zu verschwenden. Phidias, der beschuldigt wurde, einen Teil des für die Athena-Statue aus Gold und Elfenbein bestimmten Geldes gestohlen zu haben, wurde verbannt und suchte in Olympia Zuflucht. Der in Ungnade gefallene Perikles verlor die Macht 432 v. Chr. Die Arbeiten am Erechtheion ruhten während mehrerer Jahre und wurden erst um 409 wieder aufgenommen.

Die Echtheit des architektonischen Ensembles, das auf der Akropolis um den Parthenon, das Erechtheion und die Propyläen entstehen sollte, war gefährdet. Das Erechtheion, das unvollendet bleiben sollte, befindet sich im Norden der Akropolis. Es sollte die ältesten Zeugnisse, die Reliquien der Athener Geschichte, darunter eine archaische Statue der Athene, enthalten. Ein Saal sollte sogar den Blick auf die Salzquelle gewähren, die nach der Legende aus einem Felsen emporschoß, in den Poseidon seinen Dreizack gebohrt hatte, als er sich wegen der neuen Stadt und dem Namen, den sie tragen sollte, mit Athene stritt. Ein anderer Saal sollte das Grab des ägyptischen Königs Kekrops beinhalten, dem man die ersten Festungsbauten der Akropolis noch vor der eigentlichen Gründung Athens durch Theseus zuschreibt. Nach der Legende soll Athene den drei Töchtern des Kekrops einen verschlossenen Korb anvertraut haben, den sie jedoch nicht öffnen sollten und der den kleinen Erichthonios (oft gleichgesetzt mit Erechtheus) enthielt. Zwei der Töchter waren allzu neugierig und öffneten den Korb, nur die dritte mit Namen Pandrosos widerstand der Versuchung.

Die Umfriedungsmauer des Erechtheion, das seinen Namen wohl dem mystischen Helden verdankt, soll Pandrosos geweiht worden sein. Das Erechtheion ist durch die vorherrschende Rolle der ionischen Säulen gekennzeichnet, deren lichte Eleganz in der berühmten Karyatiden-Halle gipfelt. Diese besonders lieblichen Figurensäulen zeigen in Vollendung die Bildhauertradition der Koren, der Mädchenfiguren, die sich zunächst nicht in die architektonische Komposition einfügten.

Mit diesem Wissen im Hintergrund sollte der heutige Besucher der Akropolis einmal einen Blick auf die Gesamtheit der Anlage werfen. Nach der hier entwickelten These hat man nicht nur die Monumente des klassischen Griechenland, sondern die Idealvorstellung von Griechenland schlechthin vor Augen. Perikles, der Zeitgenosse des Sokrates und der großen Tragödiendichter, der intime Freund des Anaxagoras, eines ionischen Philosophen, und des Phidias, dessen Tod mit der Geburt Platons zusammentraf, wollte seine Idealvorstellung vom Hellenismus im Sinne Platons in Stein umsetzen. Es ist ihm aber nicht gelungen, da sein Werk unvollendet geblieben und später nur durch ungeschickte und unförmige Hinzufügungen vervollständigt worden ist. Sollte man nicht auch in den Ruinen das gleiche Symbol sehen wie im Gesamtwerk? Das griechische Genie war unvergleichlich; die Griechen waren, wie man so sagt, «außergewöhnliche Begabungen». Aber haben sie wirklich ihr Möglichstes gegeben und geschaffen, ihre höchste Selbstverwirklichung erreicht? Die Akropolis zeigt uns, daß sie wohl das richtige Ziel vor Augen hatten, es jedoch nicht erreichten.

Was ist damals eigentlich geschehen? Das Athen des Perikles zeigt zahlreiche Widersprüche auf, die vielleicht auch in der modernen Welt ihre Bedeutung noch nicht verloren haben. Wie oft haben die Menschen der Neuzeit das Loblied auf die Demokratie und die Freiheit gesungen, ohne deren Grenzen richtig einzuschätzen. Noch weniger haben sie die Devise des Perikles erkannt, die deutlich in seinen Schriften niedergelegt ist: «Demokratie nach Innen, Imperialismus nach Außen.» Es war Perikles, der Athen zuerst in eine Reihe von erfolgversprechenden, dann aber katastrophalen Konflikten hineinzog. Athen zögerte nicht, den vom griechischen Städtebund im Kampf gegen die Perser errungenen Beuteschatz zu konfiszieren und auf die Akropolis abzutransportieren. Es heißt, daß die Akropolis einen Schatz von annähernd zehntausend Talenten in Gold barg, was für jene Zeit einen kolossalen Betrag bedeutete. Perikles zögerte nicht, damit seine Bauvorhaben zu finanzieren. Die Statue der Athena Parthenos

46   Infolge der griechischen Kolonien in Süditalien entstand dort eine eigenständige Gattung der rotfigurigen apulischen Vasenmalerei. Auf einem Glockenkrater (Mischgefäß, um 350 v. Chr.) ist dargestellt, wie Odysseus vom Priester Maron den süßen schweren Wein eingeschenkt bekommt, mit dem der Held später den Polyphem trunken machte.

kostete allein bereits den Preis von zweihundertfünfzig Triremen, d.h. Kriegsschiffen. Die unterworfenen Städte und die revoltierenden und besiegten Kolonien waren mit gewaltigen Steuerabgaben überlastet. Diese Außenpolitik, die man nur imperialistisch nennen kann, war Perikles von seiner Innenpolitik vorgeschrieben: Da er auf seinen öffentlichen Baustellen einen immer größeren Teil der Bevölkerung beschäftigte, mußte er außerhalb Athens und Attikas für den notwendigen finanziellen Nachschub sorgen. Er hatte keine Angst, die Rivalität mit Sparta heraufzubeschwören, und versammelte das in einer Art Chauvinismus entfachte Volk um sich. So führte die athenische Strategie zum schrecklichen Peloponnesischen Krieg, der nicht nur zum Ruin von Athen und Sparta, der Rivalin, sondern von ganz Griechenland führen sollte und anschließend in die Abhängigkeit von Philipp II. von Makedonien und Alexander dem Großen.

Diese wirtschaftliche und politische Erklärung reicht jedoch nicht aus, die Größe und den Untergang Athens zu verstehen. Es ist schon seltsam, daß der Verfall des Römischen Reiches gestern wie heute tiefgreifende Überlegungen hervorruft. Was das Scheitern der hellenischen Zivilisation und Athens betrifft, so bleibt es unverstanden. Warum eigentlich? Weil man wie einen selbstverständlichen Allgemeinplatz die These akzeptiert, nach der der griechische Logos und der ihm entsprechende Humanismus in vollendeter Weise und umfassend in die Wirklichkeit umgesetzt worden sind. Alles, was wir über die Architektur und die Stadt gesagt haben, scheint eher das Gegenteil zu zeigen. Wie die Ruinen bezeugen können, blieb in Griechenland etwas Unvollendetes, etwas Unerreichtes zurück. Aber warum und auf welche Weise? Vielleicht, weil die Griechen in erster Linie agonistisch waren (ein Begriff, den sie selbst anwendeten), d.h. begründet auf Rivalität, Streit und den Wettkampf (*agon*). Perikles und seine Zeit (sowie Platon und Sokrates) gaben sich sicherlich Mühe, diese gefährliche Tendenz in den Griff zu bekommen und etwas Höheres entstehen zu lassen. War das nicht der Sinn der Lehren des Sokrates und der Dialoge Platons? Sie schafften es nicht. Das griechische Genie scheint bereits von Anfang an den Keim der Verderbnis in sich getragen zu haben. Der Höhepunkt wurde von Anfang an vom Untergang begleitet. Dies alles kann an der Akropolis abgelesen werden. Wer war also die Athena Parthenos? Herrin des Krieges oder der Weisheit? Grausame Jungfrau oder Inspiration der Philosophie? Beides, würden Perikles und Phidias sagen. Aber wir sehen nach fünfundzwanzig Jahrhunderten immer noch einen zerstörerischen Widerspruch in ihr.

Die griechische Kolonisation in Sizilien und Süditalien

Während der sogenannten archaischen Periode vollzogen sich in Griechenland wirtschaftliche Veränderungen großen Stils, besonders auf dem Gebiet der Landwirtschaft. Gegen Ende des 9. Jahrhunderts v. Chr. tauchten erstmals Strauchkulturen auf wie der Weinstock, der Oliven- und der Feigenbaum, alles Kulturen, die sich besonders für die trockene und ziemlich unfruchtbare griechische Erde eigneten. Zu Beginn des 8. Jahrhunderts nahmen diese Kulturen ein beträchtliches Ausmaß an, übrigens sehr zum Nachteil der Getreidekulturen. Diese Situation sollte noch ein schwerwiegendes Mißverhältnis in der griechischen Wirtschaft nach sich ziehen, das um so schwerer wog, als die Einschränkung der Getreideproduktion die Voraussetzung für die Knappheit an Kornprodukten schuf. Diese wirtschaftliche Unausgewogenheit war eine der anfänglichen Ursachen für das Phänomen der griechischen Kolonisation. Dabei darf man jedoch auch nicht den neugierigen und abenteuerlichen Geist der Griechen vergessen, die zu jener Zeit noch ein junges Volk am Anfang ihrer Geschichte waren, sowie die demographische Entwicklung des Landes.

Zwischen 775 und 550 v. Chr. machten sich die Griechen auf, in ihre nächste Umgebung im Mittelmeerraum auszuschwärmen. Dies hat man später die griechische Kolonisation genannt. Zuallererst begnügten sich die griechischen Siedler damit, wie zur selben Zeit auch ihre Mitstreiter, die Phönizier und die Karthager, einige Handelsniederlassungen einzurichten und mit der Bevölkerung vor Ort Handel zu treiben. Aber bald schon sollten richtige Siedlungen entstehen und die bescheidenen Gründungen verdrängen. Die neuen Städte, die von der gleichen Dynamik wie ihre Mutterstädte belebt waren, holten diese bald ein und übertrafen sie manchmal sogar an Reichtum und Glanz. Obwohl sie immer bevorzugte wirtschaftliche und religiöse Beziehungen zu ihren Heimatmetropolen unterhielten, erlangten sie bald ihre vollständige Unabhängigkeit auch in der Politik; meist schwärmten sie bald selbst nach allen Seiten aus, um so andere neue Kolonien zu gründen. Dieses Phänomen fällt mit der zweiten Welle der Kolonisation zusammen.

Aufgrund der Handelsbeziehungen mit den Kolonien fanden die griechischen Städte, die ihre Ressourcen im Import und Export entwickeln konnten, zu einer wirtschaftlichen Stabilität zurück, die bis zum klassischen Zeitalter andauerte. Die Griechen besorgten sich von jenseits des Meeres die Getreidesorten, an denen es ihnen mangelte, aber auch Edel- oder Nutzmetalle, die es ihnen erlaubten, ihre metallverarbeitende Industrie weiter zu entwickeln, und außerdem Holz und gesalzenen Fisch. Auf der anderen Seite setzten sie in den Kolonien ihre landwirtschaftliche Überproduktion wie Wein und Öl ab und außerdem viele kunsthandwerkliche Gegenstände, die ihren Reichtum und ihren Ruhm ausmachten, vor allem Keramiken, Stoffe, Salben (die griechische Medizin hatte in der Antike einen sehr guten Ruf) und Duftwässer. Eine erste Gruppe von Kolonialstädten entstand um die Mitte des 8. Jahrhunderts v. Chr.: Es handelt sich dabei um Megara Hybläa, Syrakus, Naxos und Sybaris. Später folgte eine zweite Gründungswelle, die mit dem Zeitpunkt zusammenfiel, da sich die Städte der ersten Kolonisation veranlaßt sahen, sei es aus Gründen der Wirtschaft oder der Sicherheit, ihrerseits Kolonien in eigener Verantwortung einzurichten.

Wir werden nun in genaueren Einzelheiten auf diese Städte eingehen und beginnen bei den ältesten Gründungen, welche der ersten Periode der Kolonisation angehören.

Die ältesten Gründungen

Da ist zunächst **Naxos** auf Sizilien, auf dem Kap Schiso fast am Fuße des Felsens von Taormina in der Provinz Messina gelegen. Es ist die älteste Kolonie auf Sizilien und darf nicht mit dem berühmten Naxos, der größten Kykladeninsel, verwechselt werden, wo, so die Legende, Ariadne verlassen und übrigens getröstet wurde... Naxos in Sizilien wurde von den Chalkadiern in der ersten Hälfte des 8. Jahrhunderts gegründet und von Syrakus 403 v. Chr. zerstört. Aufgrund zahlreicher Ausgrabungen von Archäologen konnte ein Wohngebiet aus dem späten 7. oder frühen 8. Jahrhundert v. Chr. wiederentdeckt werden. Die Anlage ist geordnet und durch rechtwinklige Straßenkreuzungen aufgeteilt. Die einfachen, ungefähr fünf Meter breiten Straßen waren von Mauern begrenzt. Leider sind nur noch einige Überreste eines archaischen Tempels vorhanden, der wahrscheinlich Aphrodite geweiht war, sowie ein Teil der Umfriedungsmauer aus groben Basaltblöcken und einige Keramikbrennöfen.

Megara Hybläa: Es waren die Megarer, die zunächst auf der Halbinsel von Thapsos an Land gingen und dort auf Sizilien die Siedlung um die Mitte des 8. Jahrhunderts v. Chr. gründeten. Ihre zunächst blühende Entwicklung wurde sehr bald von den beiden mächtigen Nachbarn Syrakus und Leontinoi, die auf ihre Bedeutung eifersüchtig waren, gebremst. Diese Nachbarschaft erwies sich für Megara Hybläa als unheilvoll, das 483 von Gelon, dem Tyrannen zu Syrakus, zerstört wurde. Nachdem die Siedlung nach fast hundert Jahren in ihren Rechten und ihrem Wohlstand wieder erstarkt war, überstand sie jedoch nicht den Angriff, der 212 v. Chr. von dem römischen Feldherrn Marcellus gegen sie geführt wurde.

Hinsichtlich der Architektur und des Städtebaus ist Megara Hybläa das typische Beispiel für eine griechische Kolonialstadt, die zum Zwecke der Bewirtschaftung eines Gebietes gemäß den

Farbabbildungen

233 Das Salbölgefäß in Gestalt einer Eule (Ton, Höhe: 5 cm) stammt aus einer Werkstatt in Korinth und wurde im späten 7. Jahrhundert v. Chr. geschaffen. Die Eule war der Vogel der Weisheit und der Göttin Athena geweiht.

234 Euphronios war der Maler dieses Trinkgelages, das ein Mischgefäß (Krater) aus einer Athener Werkstatt schmückt (um 510 v. Chr.).

235 Der Krater aus einer Athener Werkstatt (um 500 v. Chr.) zeigt ein berühmtes Liebes- (und Ehe-)Paar aus der griechischen Mythologie: Dionysos und Ariadne.

236 In Korinth geschaffen (um 560 v. Chr.) und auch in Korinth gefunden wurde dieses Mischgefäß mit der Abbildung eines Reiters.

237 Den Ausritt zur Jagd zeigt eine Amphore aus Athen (um 530 v. Chr.), die der Töpfer und Maler Amasis schuf, von dem viele schwarzfigurige Werke erhalten sind.

238 Die Reste der Giebelfiguren vom Zeus-Tempel befinden sich heute im Museum von Olympia, darunter auch diese Lapithin, die von einem Kentauren bedrängt wird (Westgiebel, entstanden zwischen 470 und 456 v. Chr.).

239 Aus einer Athener Werkstatt des 3. Jahrhunderts v. Chr. stammt diese Ton-Statuette (Höhe: 27,3 cm) eines badenden Mädchens.

240 Eine der hervorragendsten Vertreter der schwarzfigurigen attischen Kunst des 6. Jahrhunderts v. Chr. war Exekias, Maler und Töpfer zugleich. Er schuf auch diese Trinkschale aus Ton (530 v. Chr.), die das von Delphinen umkreiste Schiff des Dionysos zeigt.

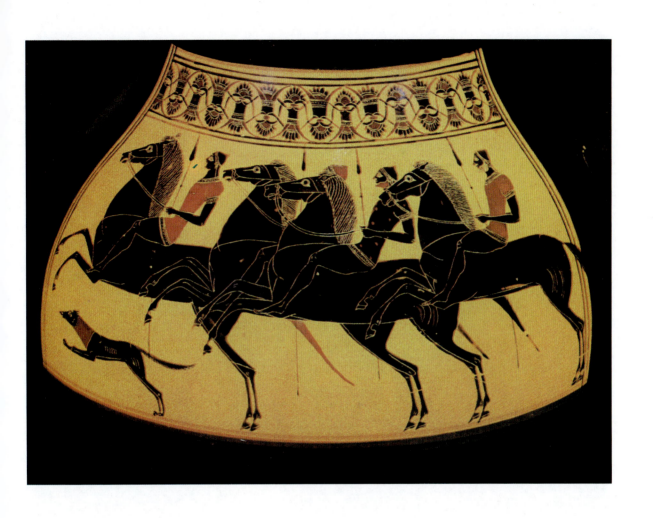

47 Im Archäologischen Nationalmuseum von Neapel befindet sich heute diese Wandmalerei aus dem 5. Jahrhundert v. Chr., die man im süditalienischen Paestum entdeckt hat, einer der großgriechischen Kolonien. Unsere Abb., die eine Umzeichnung von heimkehrenden Kriegern aus einer Grabkammer von Paestum zeigt, ist eines der seltenen Beispiele für Wandmalereien der griechischen Klassik.

Möglichkeiten landwirtschaftlicher Nutzbarkeit gegründet wurde. Die Ausgrabungen brachten eine archaische Stadt ans Tageslicht, die um eine trapezförmige Agora (74 m auf 63 m) angelegt war. Südlich der Agora erhoben sich zwei Tempel, von denen nicht einmal mehr die Fundamente übrig sind. Westlich finden sich noch einige öffentliche Gebäude, darunter ein Prytaneion (Gemeindehaus). Im Westen und Norden kann man noch die Ruinen der Säulengänge erkennen. Die bei den Ausgrabungen gefundenen Gegenstände sind im Museum von Syrakus ausgestellt.

Sybaris: Die Siedlung am Golf von Tarent wurde Ende des 8. Jahrhunderts gegründet, ihr Name wurde zum Synonym für Trägheit, Verweichlichung und Sinnlichkeit. Sie verdankte jedoch paradoxerweise ihren Reichtum der Nutzung der Landwirtschaft und der Bodenschätze (u.a. Silber) sowie ihren Handelsbeziehungen zu etruskischen Städten und Milet. Ihr Ruhm, der ihr viele Neider einbrachte, war auch die Ursache ihres Untergangs: Nach zwei Jahrhunderten des Luxus wurde sie 510 v. Chr. von der rivalisierenden Nachbarstadt Kroton zerstört.

Syrakus: Die Stadt wurde Mitte des 8. Jahrhunderts von einer Gruppe korinthischer Siedler gegründet, die unter primitivsten Umständen auf der Insel Ortygia lebten. Die Stadt, die lange Zeit bevorrechtete Handelsbeziehungen zu Korinth unterhielt, kam bereits sehr früh zu Wohlstand. In ihrem wachsenden Reichtum und ihrer Blüte sah sie sich bald veranlaßt, ebenfalls Kolonien zu gründen, und wurde zum Mittelpunkt der Städte Kasmenai, Heloros, Akrai und Kamarina. Als sie unter die Herrschaft von Gelon, dem Tyrannen von Gela, fiel (485–478 v. Chr.), wurde sie zur bedeutendsten Stadt Siziliens. Der mit Theron von Agrigent verbündete Gelon brachte den Karthagern die blutige Niederlage von Himera bei (480). Unter der Herrschaft Gelons und später seines Bruders Hieron (478–466 v. Chr.), beides Freunde der Geisteswissenschaften und der Künste, wurde der Hof von Syrakus einer der geistigen Mittelpunkte der Epoche, an dem sich so berühmte Dichter wie Pindar, Äschylus und Xenophanes aufhielten. Nach einer düsteren und schweren Zeit, die auf die kriegerischen Zerstörungen ihrer Rivalin Segesta zurückzuführen war, erwachte Syrakus erneut zu Stärke und Wohlstand unter der Herrschaft von Dionys dem Tyrannen (405–367), der aus ihr die reichste Stadt der griechischen Welt machte und sich nicht nur den Sikulern, sondern auch den chalkadischen Städten, vor allem den Karthagern, siegreich widersetzte. Der Wohlstand von Syrakus sollte bis zur Römerzeit andauern.

Da Syrakus im Kampf gegen die Römer für die Karthager Partei nahm, unterlag die Stadt im Jahre 212 v. Chr. trotz des Einfallsreichtums des großen Mathematikers Archimedes, der für die Verteidigung all seine kreativen Fähigkeiten einsetzte, den Angriffen des römischen Feldherrn Marcellus nach einem Belagerungszustand von drei Jahren.

Zahlreiche Überreste zeugen vom vergangenen Glanz der Stadt, allen voran die Ruinen des dorischen Apollo-Tempels, dem wahrscheinlich ältesten auf Sizilien. Er liegt im Bereich von Ortygia und stammt aus dem 6. Jahrhundert. Die Ironie der Geschichte und ihrer Phantasien machten daraus nacheinander eine byzantinische Kirche, eine arabische Moschee und eine normannische Basilika, aber die in die Seitenwand eingebundenen zwölf dorischen Säulen verraten sehr wohl seinen antiken Ursprung. Bereits bei ihrer Ankunft in Ortygia errichteten die griechischen Siedler ein kleines, der Athene geweihtes Heiligtum, das Gelon zu Beginn des 5. Jahrhunderts durch einen sechssäuligen Peripteros (ein von freistehenden Säulen umgebener Tempel, mit jeweils sechs Säulen in der Fassade) ersetzte. Nach einem Erdbeben wurde das Gebäude mit einer großen barocken Fassade versehen. Erst neuerdings konnten die Überreste eines unvollendeten ionischen Tempels um 525 v. Chr. freigelegt werden. Dieses Heiligtum war entweder Artemis oder ebenfalls Athene geweiht.

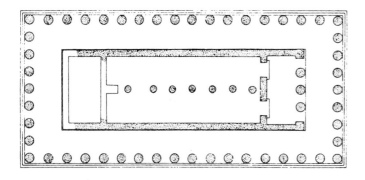

48   Grundriß der sogenannten «Basilika» in Paestum. Sie erhielt ihre falsche Bezeichnung von den Archäologen, die sie im 18. Jahrhundert entdeckten und für ein profanes Bauwerk hielten. Tatsächlich war es ein Hera-Tempel.

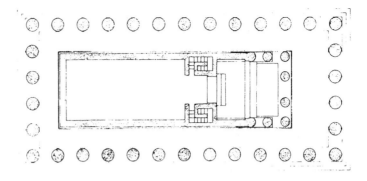

49 Der Tempel der Ceres in Paestum erhielt seinen Namen von einigen Tonstatuen der Göttin, die man in seiner Nähe entdeckte. In Wirklichkeit war er der Minerva geweiht.

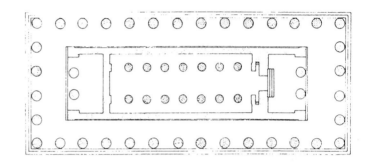

50 Grundriß des Neptun-Tempels in Paestum; etwa 450 v. Chr. errichtet, ist er der bedeutendste Tempel des Heiligtums.

Im Stadtviertel Neapoli kann man noch zahlreiche Überreste finden, so z.B. Säulen, die zur Agora gehörten. Von dem großartigen Altar Hierons II. (198 × 23 m), der für die öffentlichen Opfergaben bestimmt war, ist nur der untere, in den Felsen gehauene Teil übrig. Er wurde um 228 v. Chr. errichtet. Von dem aus dem Felsen ausgehauenen Griechischen Theater, das angeblich 15 000 Zuschauer aufnehmen konnte, sind nur noch 46 Sitzreihen (von ursprünglich 61) und ein Wandelgang auf halber Höhe der Sitzreihen übriggeblieben. Dieses Theater, das zur Zeit des Hieron vergrößert und von den Römern zwischen dem 1. und 4. Jahrhundert n. Chr. umgebaut wurde, hatte einen Durchmesser von 138 m.

Süditalien (Großgriechenland)

Zuerst sei **Paestum** erwähnt, eine der schönsten Städte und berühmt für seine Überreste. Von der Geschichte Paestums sei nur soviel gesagt, daß es von Sybaris gegründet wurde; es handelt sich dabei also um eine Siedlung der zweiten Kolonisation. Die griechischen Monumente von Paestum zählen zu den schönsten des sogenannten Großgriechenland, d.h. des italienischen Südens, und sind besonders gut erhalten. Gerade hier kann man sich eher als in Griechenland selbst vorstellen, wie ein griechischer Tempel ausgesehen haben mag.

Die Basilika, heutiger Name des früheren Hera-Tempels, ist in Ost-West-Richtung erbaut. Aufgrund der ungeraden Zahl der Säulen (9), ihrer ausgeprägten Bauchung sowie des wulstförmigen Kapitellkörpers kann die Entstehungszeit des dorischen Tempels auf die Mitte des 6. Jahrhunderts v. Chr. datiert werden. Er mißt 24,5 × 54,3 m und hat jeweils neun Säulen an den Breit- und achtzehn an den Längsseiten. Die Fassade des Pronaos besteht aus drei Wandpfeilern, die drei Säulen umgeben. Die Cella ist von einer mittleren Säulenreihe, von der noch drei Säulen stehen, in zwei Schiffe unterteilt. Ganz hinten diente ein kleiner Raum, das *Adytum,* als Schatzkammer.

Der Neptun-Tempel mißt 24,3 m auf den Breitseiten (6 Säulen) und 60 m auf den Längsseiten (15 Säulen). Die Säulenreihe (36 Säulen), das Gebälk, die Kranzgesimse, die beiden Giebel und der Metopenfries sind beinahe unversehrt erhalten. Der Pronaos und das Opisthodom konnten ebenfalls ihre Säulen und Wandpfeiler bewahren. Eine doppelte Ordnung von zweigeschossigen Säulen teilt die Cella in drei Schiffe. Der Heilige Bezirk bewahrt noch Überreste kleiner Tempel und Votivkapellen (*Thesauren*), Säulenbasen und zwei Altäre, einer griechisch und der andere römisch.

Beim Ceres-Tempel lassen dessen archaische Züge, die man an der Form der Säulen erkennen kann, die Bauzeit zwischen der der Basilika und der des Neptun-Tempels, d.h. gegen Anfang des 6. Jahrhunderts v. Chr., ansetzen. Er ist der kleinste der drei Tempel von Paestum. Er mißt 32,88 m an den Längsseiten (13 Säulen) und 14,54 m an den Breitseiten (6 Säulen). Der Grundriß besteht nur aus Pronaos und Cella. Das Hauptinteresse an dem Tempel ruht auf den acht ionischen Säulen, die den Pronaos schmücken. Der Heilige Bezirk des Tempels enthielt eine Anzahl von Heiligtümern, Altären und geweihten Nischen. Stil und Baumaterial lassen darauf schließen, daß der Tempel dem Kult der Athene geweiht war. Paestum war Gegenstand zahlreicher Untersuchungen, die die Chronologie und Topographie seiner Siedlung mit ihren verschiedenen Bezirken genauestens beschrieben haben. Die Agora wurde teilweise wieder freigelegt durch den Bau des Forums nach der römischen Besetzung im 3. Jahrhundert v. Chr. Die großen Achsen einer archaischen Stadtanlage sind bekannt. Es sind drei große Zonen zu unterscheiden: eine mittlere, die der Agora und den religiösen Gebäuden vorbehalten ist; diese wird von zwei Wohnbezirken eingerahmt, wobei der jüngere zweifellos im Osten liegt; eine große Nord-Süd-Achse, deren Verlauf wohl einige Verschiebungen erfahren haben muß, grenzt nach Westen den Bereich der öffentlichen Plätze und Tempel ab; drei in Ost-West-Richtung verlaufende Fundamentsblöcke teilen die Stadtfläche in Parzellen von ungefähr 35 × 290 m.

Metapont: Die Siedlung wurde in der Zeit des ausgehenden 8. Jahrhunderts und des beginnenden 7. Jahrhunderts v. Chr. unter der Schirmherrschaft von Sybaris am Golf von Tarent gegründet und verfügte bereits bei seiner Gründung über ein großes Territorium. Die Hauptachsen der archaischen Stadtanlage werden von 12,6 m breiten Fundamentsblöcken beherrscht, die in Ost-West-Richtung orientiert sind. Zwischen den Achsen liegen zweitrangige Straßen von sechs Metern Breite. Als Pythagoras um 510 v. Chr. Kroton verlassen mußte, ließ er sich in Metapont nieder, wo seine Schule noch zweihundert Jahre nach seinem Tode bestand. Angeblich soll Platon dort in die Theorien des Pythagoras eingeführt worden sein. Metapont verdankte seinen Reichtum der Fruchtbarkeit seines Bodens, wovon die Weizenähre, Wahrzeichen der Stadt, das auf den Münzen erscheint, zeugt. Von diesem Reichtum und Glanz zeugen nur noch wenige Ruinen: die «tavola palatina», ein im 6. Jahrhundert wahrscheinlich der Hera geweihter dorischer Tempel, von dem nur noch der Unterbau und 15 kannelierte Säulen zu sehen sind, außerdem einige Überreste eines Apollo geweihten Tempels, der Unterbau eines dorischen Heiligtums, ein Theater, eine Agora und ein Dutzend archaische Wohngebäude.

Tarent: Die Stadt wurde von Auswanderern aus Sparta angesichts der außergewöhnlichen landschaftlichen Lage im Jahre 708 v. Chr. gegründet. Es handelte sich dabei um einen äußerst sicheren Hafen mit fischreichen Gewässern. In seiner Expansionsphase mußte sich Tarent wegen Fragen der Territorialgewalt zahlreichen Kämpfen gegen die Bevölkerungsgruppen Apuliens stellen. Die Stadt erlebte im 4. Jahrhundert eine lange Periode des Reichtums und war bekannt für die Schönheit seiner Bauwerke, von denen allerdings nur sehr wenige übriggeblieben sind. Nach dem augenblicklichen Stand der Ausgrabungen scheint es, daß die Stadt durch das westliche Vorgebirge geteilt war; die Altstadt dehnte sich mit ihren Bezirken zusehends nach Osten aus. Eine zentrale Verkehrsader markierte die Hauptachse des Stadtkomplexes und hob vor allem die Tempel hervor. Die Verlagerung der Totenstädte zeigt die Entwicklung der Stadt, deren Teilung sich wohl im 6. Jahrhundert vollzogen haben muß. So fällt es einem heute leichter, den Aufbau der ursprünglichen Stadt von den weitgestreuten archaischen Behausungen zu unterscheiden. Die städtebauliche Entwicklung Tarents verlief wahrscheinlich nicht in einer konsequenten Linie, sondern über eine lange Zeit; von daher auch die Schwierigkeiten, sie zu rekonstruieren.

In der zweiten Hälfte des 8. Jahrhunderts gründeten die Euböer aus Chalcis Kyme, besser bekannt unter dem Namen **Cumae**. Als älteste griechische Ansiedlung am Tyrrhenischen Meer spielte Kyme eine besondere Rolle in der Bedeutung des Hellenismus, denn von dort aus wurde das chalkidische Alphabet verbreitet. Hier befindet sich die berühmte Höhle der Sibylle, die Vergil in seiner «Aeneis» besang. Dieses Bauwerk, das vermutlich aus dem 5. Jahrhundert v. Chr. stammt, hat die Form eines langen Ganges von trapezförmigem Zuschnitt (2,4 m breit und 131,5 m tief).
Dieser gewaltige Gang ist in den Tuffstein geschnitten und wird von sechs Seitengalerien beleuchtet, die zum Meer hin geöffnet sind und denselben Querschnitt wie die Hauptgalerie haben. Auf der dem Meer zugewendeten Seite öffnen sich drei kleine Galerien, die zur Zeit der Römer als Zisternen verwendet wurden. Ein Stück weiter mündet die Galerie in ein großes Gewölbe mit Nischen: das geheime Schlafgemach der Sibylle, in dem sie ihre Orakel abhielt.

Kroton (Crotone): Berühmt als Wohnsitz des Pythagoras, der hier um 510 v. Chr. seine Schule begründete, eine rigoros moralische Lehre, basierend auf der Respektierung der Gesetze und der Religion, der Liebe zur Arbeit und der Askese. Pythagoras und seine Schüler beherrschten die Stadt lange Zeit; dann wurden sie vertrieben und ließen sich in Metapont nieder, wo der Philosoph um 500 v. Chr. starb. Aus der Zeit von Krotons ruhmreicher Vergangenheit stammen die Ruinen eines Hera-Tempels mit 48 dorischen Säulen und die Sammlungen des Städtischen Museums.

Die Städte Siziliens

Gela an der Südküste Siziliens wurde 688 v. Chr. von aus Rhodos und Kreta stammenden Siedlern gegründet. Im Jahre 405 wurde die Stadt von den Karthagern geplündert. Timoleon baute sie 338 wieder auf und umgab sie mit mächtigen Festungsmauern. Im Jahr 311 nahm Agathokles die Stadt ein, und 286 wurde sie von Phintias, dem Tyrannen von Agrigent, zerstört. Zu sehen sind dort noch Stücke der griechischen Befestigungsmauer (entdeckt 1948), die den Hügel von Gela umschlossen. Die Mauer verläuft anfangs am Meer entlang, wendet sich dann nach Norden und gleich darauf wieder nach Osten; im Süden, wo sie am besten erhalten ist, erreicht sie eine Höhe von acht Metern. Auch findet man in Gela noch Überreste von zwei dorischen Tempeln, die die Akropolis schmückten. Der erste war Athene geweiht (6. Jahrhundert), von ihm sind noch die Fundamente zu sehen. Vom zweiten Tempel existiert außer dem Fundament noch eine Säule des Opisthodom. Er war wahrscheinlich chthonischen Gottheiten geweiht und stammt aus dem 5. Jahrhundert v. Chr.

Agrigent: Die Stadt wurde 581 von Siedlern aus Gela gegründet. 406 wurde sie von den Karthagern zerstört und ebenfalls von Timoleon, dem erklärten Retter der Städte, ab dem Jahre 309 wieder aufgebaut, bis sie endgültig im Jahre 210 von den Römern eingenommen wurde. Ihre Blütezeit entspricht der Zeit guter Handelsbeziehungen zu Karthago zwischen ca. 480 und 410 v. Chr. Wie viele Städtegründer vor ihnen, liebten die Gründer Agrigents die flache Küste anscheinend überhaupt nicht und bauten daher ihre Städte an den Hügel in der besten Tradition der Akropolis, die den Griechen der archaischen Städte so teuer war. In der hellenistischen Epoche sollte es sich jedoch anders verhalten. Agrigent zog sich im Wechsel von kleinen Tälern und Terrassen über den Hügel der Akropolis hinauf und erreichte schließlich eine Höhe von etwa 325 Metern. In der Folge wurde die Stadt durch eine riesige Mauer von der

51 + 52   Der Tempel des Olympischen Zeus in Agrigent (griech. = Akragas) ist eines der größten Baudenkmäler des Altertums und wurde um 480 v. Chr. errichtet. Hier die Grundrisse des gesamten Tempels und seine Altares.

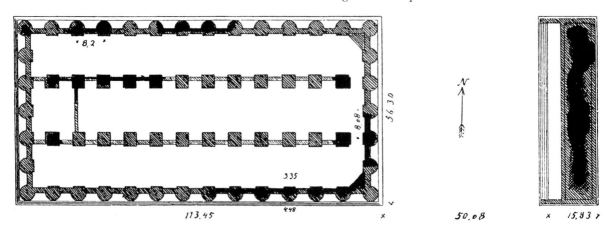

Umwelt abgeschnitten. Die Ausgrabungen innerhalb der Mauer legten ein Wohngebiet frei, in dem keine großen Achsen oder regelmäßigen Straßen zu erkennen sind, sondern höchstens Spuren von Häusern, die um Wasserstellen angelegt waren.

Neben den Überresten der Stadt findet man auch die Reste der großen Heiligtümer von Agrigent, die in der ganzen antiken Welt berühmt waren. Der Tempel des Olympischen Zeus

(Olympieion), der größte Tempel Siziliens (113,45 × 56,30 m), wurde durch ein Erdbeben zerstört. Als einziger in der ganzen griechischen Welt hatte er keine Säulenreihen, sondern bestand aus riesigen Steinquadern, die durch eingelassene Halbsäulen aufgelockert wurden, denen im Inneren eingelassene Wandpfeiler entsprachen. In den Säulenzwischenräumen waren Atlanten (oder Telamonen) aufgestellt, Gigantenfiguren, die mit ihren Armen die Architektur stützten. Die Telamonen, 38 an der Zahl und abwechselnd mit oder ohne Bart, trugen vielleicht das Gesicht der Dioskuren, der göttlichen Zwillingssöhne des Zeus.

Die im westlichen Bereich des Zeus-Tempels entdeckten prähistorischen Funde bezeugen für diese Stelle die Existenz einer Eingeborenenkultstätte, wahrscheinlich aus der Zeit vor der Ankunft der Griechen, welche den Ort Demeter und Persephone, den Göttinnen der Erde und der Unterwelt, weihten. Die Altäre waren dort in Zweierreihen zusammengestellt, von denen der eine rund und der andere eckig war. Heute erheben sich im Zentrum dieser Anlage und als Symbol von Agrigent die vier Säulen, die zum Tempel von Kastor und Pollux gehörten.

Seine längliche Form und die verjüngten Säulen weisen den Herkules-Tempel als das älteste Bauwerk von Agrigent aus (angeblich um 520 v. Chr.). Es ist ein sechssäuliger Peripteros mit jeweils 15 Säulen auf der Längsseite. Der Concordia-Tempel verdankt seine fast unversehrte Erhaltung der Umwandlung in eine Kirche gegen Ende des 6. Jahrhunderts n. Chr. Leider öffneten die für die Schönheit des Tempels unempfänglichen Christen die Arkaden, die dazu bestimmt waren, den Innenraum mit dem Säulenumgang zu verbinden, und zerstörten so die Mauern des Naos. Der um die Mitte des 5. Jahrhunderts v. Chr. errichtete Tempel, eine Mischung aus Harmonie und Spiritualität, ruht auf einem Unterbau mit vier Sitzreihen und verfügt über einen Peripteros von 34 Säulen.

Der Juno-Tempel entstand zeitgleich mit dem Concordia-Tempel und hat auch dessen Form und Struktur. Der Architrav und die Säulen der Nordseite sind erhalten und fast vollständig. Die Spuren der Brandschatzung von 406 v. Chr., die den Tempel schwer beschädigte, sind auf den Blöcken der Cella noch sichtbar.

Selinunt: Die Stadt wurde gegen Mitte des 7. Jahrhunderts v. Chr. von Siedlern aus Megara Hybläa gegründet. Archäologische Ausgrabungen ermöglichten es, die Errichtung der Akropolis chronologisch in der Mitte des 6. Jahrhunderts anzusiedeln. Die Akropolis war in große, gleichmäßige Zonen aufgeteilt, die wiederum von in Ost-West-Richtung verlaufenden Straßen um eine große Nord-Süd-Achse durchzogen wurden. Von den ersten Bauten, die aus dem späten 7. Jahrhundert stammen, sind noch Mauerfragmente aus kaum behauenem Stein erhalten.

In Selinunt beherrscht der Tempel E mit seiner Säulenreihe eine wunderschöne Landschaft. Im reinsten dorischen Stil Anfang des 5. Jahrhunderts erbaut und wahrscheinlich Hera geweiht, handelt es sich dabei um einen sechssäuligen Peripteros mit Pronaos und dystilem Opisthodom, Naos und Adyton. Seine Ausmaße sind 67,82 × 25,33 m. Die Säulen, das Gebälk und die Mauern sind freigelegt worden. Zu diesem Tempel gehören die vier herrlichen Metopen, die sich im Museum von Palermo befinden.

Der Tempel F ist der kleinste und am meisten beschädigte. Seine Ausmaße betragen 61,83 × 24,43 m. Er wurde zwischen 560 und 540 v. Chr. errichtet. In seiner Anlage ähnelt er sehr dem

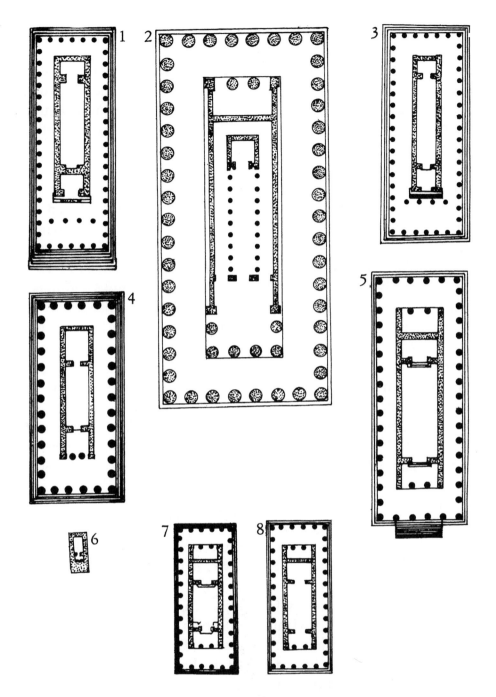

54 Bislang war es noch nicht möglich, die Gottheiten zu identifizieren, denen die Tempel von Selinunt geweiht waren. Deshalb werden die Bauwerke provisorisch mit Buchstaben gekennzeichnet:

1 Tempel C
2 Tempel G
3 Tempel F
4 Tempel D
5 Tempel E
6 Tempel B
7 Tempel A
8 Tempel 0

Akropolis-Tempel: vordere doppelte Säulenreihe, Pronaos ohne Säulen, Naos und Adyton. Einem Metop zufolge muß der Tempel F Athene geweiht gewesen sein.

Der Tempel G hat überdimensionale Ausmaße, ähnlich dem des Olympischen Zeus in Agrigent. Im Gegensatz zu den meisten Tempeln auf Sizilien, die meist hexastyl (6 Säulen in der Fassade) sind, ist der Tempel G oktostyl (8 Säulen). Der achtsäulige Pronaos führt durch drei Portale in den Naos, der durch zwei Reihen monolithischer Säulen in drei Schiffe geteilt wird. Der Opisthodom ist distyl (2 Säulen).

Die einst von einer Mauer aus Kalksteinblöcken umgebene Akropolis (450 × 350 m) war durch zwei große Haupttrassen, die sich im rechten Winkel schnitten in Bezirke aufgeteilt. Rechts der Nord-Süd-Trasse befindet sich der Unterbau des Tempels O, dessen Anlage der seines Nachbarn und Zeitgenossen, dem besser erhaltenen Tempel A, ähnelt. Es handelt sich dabei jeweils um einen sechssäuligen Peripteros mit Pronaos und Opisthodom. Östlich von Tempel A kann man die Überreste einer Torhalle sehen. Rechts von der Ost-West-Achse finden sich Überreste von Behausungen aus der punischen Zeit (4. und 3. Jahrhundert v. Chr.), die von zwölf dem Tempel C entwendeten Säulen beherrscht werden.

Der Tempel C ist der größte und der älteste Peripteros der Akropolis. Er wurde um 550 v. Chr. erbaut und mißt 64,7 × 24 m. Man hat ihn sich folgendermaßen vorzustellen: jeweils 6 Säulen an den Fassaden und 17 an den Seiten, doppelter Säulengang, Pronaos ohne Säule und sehr langgestreckter Naos. Im Museum von Palermo kann man drei wunderschöne Metopen dieses Tempels bewundern.

Geht man weiter, sieht man zur Rechten, immer der großen Nord-Süd-Trasse folgend, die Ruinen des Peripteros D (sechs auf 13 Säulen), der zwischen 570 und 554 v. Chr. errichtet wurde. Seine Ausmaße sind 56 × 24,7 m. Er wurde nach einem dreiteiligen Konzept erbaut, bestehend aus Pronaos, Naos und Adyton.

Segesta: Diese kleine Stadt ist sicherlich wegen ihrer historischen Rolle, die sie im Schicksal Athens spielte, bekannt. In der Tat mußte die von Selinunt und Syrakus bedrohte Stadt Athen, mit dem es 415 ein Bündnis geschlossen hatte, zu Hilfe rufen: Da schlug die Stunde für das mächtige Athen.

Der Tempel von Segesta wurde um 425 v. Chr. begonnen. Es handelt sich dabei um einen dorischen Peripteros, der sich als ein Peristyl mit zwei Giebeln darstellt und einen vollkommen leeren Raum umgibt. Alles läßt darauf schließen, daß die Ereignisse des Jahres 409 (Hannibals Feldzug gegen die Griechen in Sizilien) den Lauf der Bauarbeiten am Tempel zum Erliegen brachten. Allein die nicht kannelierten Säulen und die Zapfen des Unterbaus zeugen davon, daß der Tempel nicht vollendet wurde.

Die drei Satellitenstädte von Syrakus, **Akrai**, **Kasmenai** und **Kamarina**, wurden um die Mitte des 7. Jahrhunderts (die ersten beiden) und Anfang des 6. Jahrhunderts v. Chr. (die dritte) gegründet. Das Entstehen der ersten beiden Städte scheint mit der Aufwertung der großen kultivierbaren Ebene im Nordwesten der Metropole zusammenzuhängen.

Die Anlage der archaischen Stadt Akrai scheint um eine große Mittelachse zentriert zu sein, von wo aus parallel verlaufende Straßen wegführten. – Die Anlage von Kasmenai (in Monte Casale entdeckt) ist etwas besser bekannt, und ihre Chronologie ist weniger undurchsichtig.

55 Exekias war einer der berühmtesten Töpfer und Maler der attischen schwarzfigurigen Periode in der 2. Hälfte des 6. Jahrhunderts v. Chr. Auf diesem Amphorenbild bekämpft Herakles den dreileibigen Geryoneus über dem gefallenen Eurythion. Links und rechts am Rand die Signaturen des Künstlers.

Die Stadtanlage ist mit großer Strenge entworfen und grenzt lange Bahnen voneinander ab, die völlig unabhängig von einer großen Mittelachse sind und nur einen einzigen Freiraum lassen, nämlich die Ostplattform, auf der ein Heiligtum entstehen sollte. Kamarina, die dritte Kolonie von Syrakus, kannte mehrere Expansionsphasen, die sich in der Stadtanlage wiederfinden und die den Phasen ihrer historischen Ausbreitung entsprechen: Gründung, Ausdehnung im 5. Jahrhundert, Erneuerung im 4. Jahrhundert.

Katana (Catania), gegründet 729 v. Chr. von den Chalkidiern aus Naxos, zog den Neid von Syrakus auf sich, das 476 dessen Bewohner nach Leontinoi vertrieb. Katana erlangte nie wieder seine Unabhängigkeit, sondern wurde Militärbasis für Athen, das in unaufhörliche Kriegsstreitigkeiten mit Syrakus verwickelt war. Vom griechischen Katana ist nichts erhalten geblieben, auch nicht das Theater aus dem 5. Jahrhundert, das später von den Römern wieder aufgebaut wurde.

Leontinoi (Lentini), zur selben Zeit gegründet wie Katana, gehört zu den ersten griechischen Kolonien. Von der antiken Stadt sind im wesentlichen noch einzelne Stücke der Umfriedungsmauer zu sehen, die zwischen dem 7. und 2. Jahrhundert v. Chr. viermal erneuert wurde und im Süden und rund um die Akropolis gut erhalten ist.

Zankle (heute Messina) wurde um 700 v. Chr. von Handel treibenden Piraten, aus Kyme kommend, gegründet. Eigentlich müßte man sich fragen, ob nicht alle diese kühnen Seeleute und heldenhaften Städtegründer mehr oder weniger Piraten waren. Zankle bedeutete in der Sprache der Sikuler «Sichel» und erinnert an die gekrümmte Form der Halbinsel von Messina. Zu Beginn des 5. Jahrhunderts bemächtigte sich Anaxilaos, der Tyrann von Rhegium (heute: Reggio), der Stadt und nannte sie Messena in Erinnerung an Messenien, seine ursprüngliche Heimat. 461 erlangte die Stadt wieder ihre Unabhängigkeit. Überreste aus der griechischen Zeit sind nicht erhalten.

Mylae (Milazzo) wurde von einer Gruppe von Siedlern aus Zankle 717 v. Chr. gegründet. 426 wurde es von den Athenern erobert. 315 wurde die Stadt von neuem erobert, diesmal von Agathokles, dem Tyrannen von Syrakus. Antike Überreste sind nicht erhalten.

Höhepunkt und Niedergang der klassischen Epoche

Das Aristotelische Zeitalter: Die Kämpfe zwischen den antiken Städten

Das «Aristotelische Zeitalter», das mit dem Sturz Athens im Jahre 404 v. Chr. beginnt und mit dem Tod Alexanders im Jahre 323 endet, war eine sehr bewegte Epoche in der hellenischen Geschichte. Das Griechenland der Stadtstaaten, das zunächst im Chaos der Bruderzwiste unterzugehen drohte, kam dank des militärischen Kampfmutes Philipps II. von Makedonien langsam wieder zu Kräften. Mit der Gründung des Reiches Alexanders des Großen begann ein neues Goldenes Zeitalter.

Fünfzig Jahre lang war Griechenland im Kampf zwischen den drei großen Städten Athen, Theben und Sparta zerrissen, die alle die Hegemonie anstrebten und zu jeder Art von Bloßstellung und Kämpfen bereit waren, um ihr Ziel zu erreichen. Im Jahre 404 endete der lange Peloponnesische Krieg mit dem Zusammenbruch des Athener Reiches. Während das besiegte und erniedrigte Athen unter die Tyrannei der Dreißig (eine Art Verwaltungsrat, von Sparta eingesetzt) fiel, übernahmen die Spartaner, bald unter der Führung des Agesilaos, eine fast dreißig Jahre währende Herrschaft. Allmählich fand sich Griechenland wieder einmal der Launenhaftigkeit eines mächtigen Stadtstaates ausgeliefert: Die lakedaimonischen Garnisonen ließen sich in den anderen Städten nieder, adelige Regime lösten die Demokratien aus früherer Zeit ab. Sparta schien also zu seinen Gunsten ein Reich aufzubauen, das genau dem Modell des Athener Reiches ein Jahrhundert zuvor entsprach. Angesichts dieser unerträglichen Situation gewann die panhellenische Idee wieder an Bedeutung. Athen und Theben, bald gefolgt von ganz Griechenland, verbündeten sich gegen Sparta (Korinthischer Krieg 395–387 v. Chr.). Obwohl Sparta aus diesem ersten Konflikt siegreich hervorging, gelang es ihm nicht, den Streit endgültig beizulegen. Es rief den Prinzen Kyros von Persien um Hilfe. Diese Epoche lakedaimonischer Größe war seitdem für die anderen griechischen Städte mit dem Stempel des Verrats behaftet. Das aristokratische Sparta war nicht in der Lage, sich auf politischem und gesellschaftlichem Gebiet neu zu organisieren. Seine staatliche Ordnung wurde zusehends zersetzt, was die militärische Schlagkraft stark beeinträchtigte.

Tatsächlich häuften sich die Gefahren, die das lakedaimonische Reich bedrohten. Athen errichtete mit Hilfe der seit 404 v. Chr. autonomen Inseln einen neuen Attischen Seebund. Dieser demokratisch strukturierte Bund war gegen Sparta gerichtet. Die ersten Siege auf See zogen zahlreiche Beitritte nach sich, und Sparta war 371 gezwungen zu verhandeln: Wenn es den Peloponnes behalten dürfte, würde es die Seeherrschaft Athen überlassen. Athen mochte glauben, daß die Stunde der Vergeltung gekommen war. Aber auf dem Festland festigten sich zwei andere griechische Mächte, die Sparta bedrohten: der Böotische Bund um Theben und

Thessalien, mit Jason von Pherai an seiner Spitze. Theben schuf sich eine demokratische Regierung und eine Elitearmee, die besonders von dem Philosophen und Feldherrn Epaminondas gefördert wurde. Sparta glaubte, diese Störenfriede leicht aus der Welt schaffen zu können, aber die Überraschung war perfekt: In der Schlacht von Leuktra (371) wurden die Spartaner aufgrund taktischer Neuerungen des Epaminondas verheerend geschlagen. Von nun an hatte Theben die Vormacht in Griechenland, um so mehr, als Jason, der mögliche Rivale, ermordet wurde. Diese Vorherrschaft war jedoch weniger abgesichert als die seiner großen Rivalen. Theben befand sich im ständigen Konflikt mit den anderen Städten. Es nahm unterdessen Einfluß auf einen Teil des griechischen Festlandes, gründete Messana, das heutige Messina, sowie die neue Hauptstadt des arkadischen Bundes, Megalopolis. Der Aufruhr der Städte führte schließlich endgültig zu einer großen Auseinandersetzung von 371 bis 362 v. Chr., in deren Verlauf Epaminondas fiel und Thebens Versuch einer Vormachtstellung scheiterte. Sparta und Theben waren also in ihrem Kampf um die Hegemonie gescheitert, allein Athen behielt noch etwas Macht. Aber diese Stadt mußte sich einer Vielzahl von Problemen stellen. Die reichen Bürger brachen unter den öffentlichen Lasten und den ungewöhnlich hohen Steuern zusammen, die Armee verschlang immer mehr Geld. Dieser Mangel an finanziellen Mitteln hinderte Athen daran, sich dem aufsteigenden makedonischen Ehrgeiz zu widersetzen. Auf der anderen Seite war Athen auch gezwungen, allein zu handeln, denn es stellte bereits von neuem die Autonomie der mit ihm verbündeten Städte infrage. Die Städte Kleinasiens schlossen sich unter der Herrschaft des ehrgeizigen Satrapen von Karien, Artaxerxes, zusammen, der aus Eifersucht auf die Stärke Athens einen Bund mit Byzanz, Chios und Rhodos schloß und schließlich die Flotte Athens in der Schlacht von Embata im Jahre 356 v. Chr. vernichtete. Athen blieb zwar eine wohlhabende Stadt, doch sollte von nun an keine griechische Stadt stark genug sein, um Griechenland zu beherrschen.

Die Monarchie Philipps von Makedonien

Seit dem Beginn des 4. Jahrhunderts widerfuhr dem Thron Makedoniens ein Drama nach dem anderen: Das vorläufig letzte ereignete sich 359 und war der Tod von Perdikkas III., der in einer Schlacht fiel. Er hinterließ keinen einzigen Nachkommen im regierungsfähigen Alter. Die Situation war schwierig, aber eine Persönlichkeit sollte sich dieses Durcheinander zunutze machen, um die Bühne zu betreten: Philipp, der Onkel des jungen Königs, wurde Regent. Es gelang ihm, sich derart aufzudrängen, daß man ihn schließlich 356 als Philipp II. zum König ausrief. Sein Ehrgeiz war es, das ungeeinte Griechenland seiner Herrschaft zu unterstellen. Obwohl erst 23 Jahre alt, besaß er unleugbare Qualitäten, und man erkannte seine politischen Fähigkeiten an, die er mit Kraft und Diplomatie unter Beweis stellte. Außerdem besaß er Erfahrung: Man zählte ihn zu den Freunden des Epaminondas, und er war der ehemalige Gouverneur einer makedonischen Provinz. Schließlich machte er sich daran, eine mächtige und tüchtige Armee aufzustellen, die es ihm erlaubte, Griechenland zu bezwingen.
Er begann den Kampf mit Griechenland vom Norden her aufzunehmen, um so die makedonische Macht zu konsolidieren, doch er nutzte auch einen von Delphi zusammen mit Athen

56 *Im späten 5. Jahrhundert v. Chr. wurde Pella die Hauptstadt Makedoniens. Ausgrabungen förderten Mosaikfußböden zutage, darunter diese Hirschjagd vom Anfang des 3. Jahrhunderts v. Chr.*

und Sparta provozierten Konflikt mit Theben und Thessalien, um sich auf diese Weise immer mehr in griechische Angelegenheiten einzumischen. Athen blieb zu diesem Zeitpunkt die einzige Stadt, die in der Lage war, sich zu widersetzen, aber unter der Führung des Eubulos zog es sich ganz auf sich zurück und sorgte sich mehr darum, seine Finanzen in Ordnung zu bringen, als im außenpolitischen Bereich einzugreifen. Athen zog es vor, angesichts der vorrückenden Truppen Philipps lieber zu verhandeln (Friede von Philokrates 346). Aber im Herzen der Stadt war ein Mann fest entschlossen, die Demokratie zu verteidigen, auch auf die Gefahr hin, sich mit Philipp anzulegen: Demosthenes. Der Autor der Philippika war ein Verfechter des persönlichen Engagements jedes einzelnen Bürgers und der griechischen Einheit, die man dank der Achtung der Traditionen, der Freiheit und all dessen, was die Grundfeste der «polis» ausmacht, anstreben sollte. Er erneuerte die Seestreitmächte und empfing von den Athenern dazu finanzielle Unterstützung. Er hielt in der Stadt einen panhellenischen Kongreß ab im Hinblick auf die Gründung eines Bundes, der sich den Makedoniern widersetzen würde, doch Philipp

Farbabbildungen

257   Die sechs Königsgräber der Akropolis von Mykene wurden 1876 von Heinrich Schliemann freigelegt. Zu den reichen Grabbeigaben gehörte auch diese goldene Totenmaske (16. Jahrhundert v. Chr.) eines Königs, fälschlicherweise oft «Maske des Agamemnon» genannt, der im 13. Jahrhundert lebte.

258   Der Thron des Minos im Thronsaal des Königspalastes von Knossos. Während der Thron aus Alabaster (ca. 1450–1400 v. Chr.) sich im Originalzustand befindet, ist das Fresko mit dem Greifen hinter ihm eine Rekonstruktion.

259   Die Akropolis von Mykene wurde Mitte des 14. Jahrhunderts v. Chr. durch eine Kyklopen-Mauer befestigt, die bis zu 17 m hoch und 3–8 m dick ist. Zu ihr gehört das Löwentor (etwa 1250 v. Chr. errichtet), dessen gewaltiger dreieckiger Monolith mit den beiden Löwen den Anfang der griechischen Monumentalplastik bedeutet.

260   Die Koren-Halle an der Südseite des Erechtheion auf der Athener Akropolis ist eines der großen Meisterwerke. Sechs überlebensgroße Mädchen-Statuen (Koren), entstanden um 413 v. Chr., tragen wie einen Baldachin das Dach über dem Grabmal von Kekrops, dem sagenhaften König von Athen.

261   Der Marmor-Tempel der Athena Nike (zweite Hälfte des 5. Jahrhunderts v. Chr.) auf der Athener Akropolis bezaubert durch seine elegante Ausführung. Sehenswert ist vor allem der Relieffries am Gebälk, der eine Götterversammlung auf dem Olymp (unsere Abbildung) sowie Kampfszenen aus der Schlacht bei Plataä zeigt.

262   Der Parthenon ist die Krönung der Akropolis von Athen. Zwischen 447 und 432 v. Chr. wurde er zum Ruhm der Göttin Athena im dorischen Stil aus Marmor errichtet.

263   Ursprünglich schmückten 92 Metopen (Reliefplatten) den Fries des Parthenon, von denen sich heute nur noch wenige am Tempel befinden (die übrigen sind teils zerstört, teils in Museen ausgestellt). Unsere Abbildung zeigt Metopen vom Westfries mit Szenen aus den Perserkriegen.

264   Im Museum auf der Athener Akropolis sind diese beiden Giebelfiguren vom alten Tempel der Athena ausgestellt (um 525 v. Chr.), Meisterwerke der archaischen Zeit.

fand einen stärkeren Verbündeten in der Person des Perserkönigs. Seine zahlreichen Angriffe auf Griechenland zwangen es, ihm 340 den Krieg zu erklären. Nach zwei Jahren wurde Athen in Chaironeia in Böotien vernichtend geschlagen (338) und mußte ein Friedensabkommen unterzeichnen. Philipp wollte Athen nicht niederwerfen wie Theben, dem er ein oligarchisches Herrschaftssystem aufgezwungen hatte. Er ließ den Athenern die Autonomie, ihre Flotte und ihre Garnisonen. Lykurg, von nun an Verwalter der Stadt, rief in Korinth die Vertreter sämtlicher griechischer Städte zusammen und gründete einen neuen panhellenischen Bund, dessen Heer Philipp vorstehen sollte. Ein Offensiv- und ein Defensivbündnis wurden geschlossen. Philipp hoffte auf die Unterstützung dieses Bündnisses, um einen Rachefeldzug gegen die Barbaren in Persien durchführen zu können, doch er konnte seine ehrgeizigen Pläne nicht zu Ende führen: Im darauffolgenden Jahr wurde er ermordet (336). Der Sieg Philipps war gleichzeitig auch der Sieg eines neuen politischen Systems, das auf der Monarchie, der Armee und der einigenden Eroberung begründet war im Gegensatz zum antiken Stadtstaat, der nicht mehr der wirtschaftlichen und gesellschaftlichen Wirklichkeit angepaßt zu sein schien.

Das Alexanderreich

Beim Tode Philipps war sein Sohn Alexander gerade zwanzig Jahre alt, verfügte aber schon über militärische und politische Erfahrung. Bereits mit dreizehn Jahren wurde er der Vormundschaft des Aristoteles unterstellt, und man mag sich fragen, welche Lektionen er wohl von diesem Schüler des Platon und Begründer des Schulsystems erhalten hat. Der aristotelischen Logik stand Alexanders leidenschaftlicher und ausschweifender Charakter gegenüber, der Ethik und der vollkommenen Bescheidenheit des Lehrmeisters sein Ideal von der Größe, der auf der Polis begründeten Politik des Aristoteles die Konstruktion seines Weltreiches. Er war von der Mythologie fasziniert und hielt sich selbst für einen Nachfahren der Götter und Helden, denn er erbte von seinem Vater den Wirklichkeitssinn und von seiner Mutter Olympias das übersteigerte Interesse für den Mystizismus. Alexander ließ sich auf einem Kongreß in Korinth zum Anführer des Panhellenischen Bundes benennen und schlug die Revolte der griechischen Städte nieder, indem er Theben zerstörte und Athen unterwarf. Nachdem er die makedonische Armee mobilisiert und fachkundige Feldherren (seine Nachfolger, die «Diadochen») sowie die Armee des Hellenenbundes um sich geschart hatte, machte er sich daran, Asien zu erobern. Nach einem ersten Sieg über Dareios III. nahm er innerhalb von wenigen Monaten alle griechischen Städte an der Küste Kleinasiens ein: Sardes, Ephesus und Gordion, wo er den Gordischen Knoten zerschlug (Vorzeichen für die Eroberung ganz Asiens). Daraufhin drang er in Syrien ein, nahm Issos, nach einer Belagerung von sieben Monaten Tyros, und Gaza. In Ägypten, wo er als Befreier gefeiert wurde, setzte er sich die Krone von Memphis auf und gründete Alexandria (Frühjahr 331). Danach zog er in Richtung Mesopotamien weiter und schlug Dareios entscheidend bei Gaugamela. Die Hauptstädte Babylon, Susa und Persepolis (das er anzündete, um seiner Geliebten zu gefallen und die Zerstörung Athens durch die Perser zu rächen) fielen eine nach der andern. Er nahm den Titel eines Königs von Asien an und setzte schließlich seinen Eroberungszug durch Baktrien, Hyrkanien und Sogdianien (dem

57 Zwischen 306 und 281 v. Chr. war diese Münze die gängige Währung in Pergamon. Die Vorderseite der silbernen Tetradrachme (Viererdrachme) zeigt den Kopf Alexanders des Großen mit dem Widderhorn des Zeus. Die Verwendung des Herrscherporträts auf Münzen ist typisch für die hellenistische Zeit.

heutigen Iran und Afghanistan) fort, wo er Militärkolonien gründete, die alle den Namen Alexandria trugen. Als Herrscher über das gesamte persische Reich zog er weiter nach Indien und überquerte den Indus, wo er den König Poros schlug. Doch seine Männer waren nun erschöpft und weigerten sich, weiterzuziehen. Bevor Alexander den Rückzug antrat, ließ er zwölf Altäre um eine Bronzestatue errichten, die die Inschrift trägt: «Hier hielt Alexander inne.»

Die Eroberung Asiens war nicht sein einziges Ziel. Er betrieb eine Politik, die dem panhellenischen Ideal sehr nahe kam und die die Barbaren und die Griechen in einem harmonischen Ganzen, in dem Gleichheit herrschte, zu integrieren suchte. Er wählte Babylon als Hauptstadt, stiftete zahllose Mischehen und heiratete selber Roxana, die Tochter eines baktrischen Fürsten, und außerdem drei persische Prinzessinnen. Er starb überraschend im Jahre 323 nach wenigen Tagen der Agonie, zu einem Zeitpunkt, als er bereits an neue Eroberungszüge dachte. Zwölfeinhalb Jahre hatten genügt, um in Griechenland eine radikale Wandlung in seinem politisch/sozialen System zu bewirken und den Horizont gegenüber dem Osten zu öffnen.

Die Erneuerung der Künste durch den Mystizismus: Die Psychologisierung der Skulptur

Die politischen, sozialen und auch die religiösen Umwälzungen des 4. Jahrhunderts zogen eine schnelle und kontinuierliche Entwicklung der Kunst nach sich. Sie wurde noch durch andere Einflüsse gefördert, vor allem durch die neuen Denkweisen in der Philosophie, vertreten durch die beiden beherrschenden Figuren Platon und Aristoteles. In den Künstlerkreisen entwickelte sich ein besonderes Interesse für den Mystizismus Platons, eine Doktrin, die bald zum Instrument wurde, mit dem ein Künstler die fühlbare Welt hinter sich lassen konnte, um zur Welt der Ideale, zur idealen Welt zu gelangen.

Diese Tendenz zeigt sich ganz deutlich in der Bildhauerei bei Skopas und Praxiteles. Sie übertrieben regelrecht alle Allegorik und Symbolik. Der erste, Skopas, stammte aus Paros. Er arbeitete am Artemis-Tempel von Ephesus mit und war an der Ausschmückung des Mausoleums von Halikarnassos beteiligt, von dem wir noch sprechen werden. Von seinen berühmtesten Werken seien genannt: «Die Jagd auf die Meleager», «Die Schlacht von Kaikos», «Ares Ludovisi», das den ruhenden Kriegsgott darstellt, und «Hypnos», halb Gott, halb Dämon mit gesenktem Haupt. Dieser Bildhauer, der die Unrast seines Zeitalters zum Ausdruck brachte, formte seine Gesichter immer auf dieselbe Art und Weise, um ihnen so Aussagekraft zu verleihen. Der Schädel ist massiv und eckig, die Gesichtszüge haben einen kraftvollen Ausdruck, der mit einfachsten Mitteln erzielt wird; ein halbgeöffneter Mund, tiefliegende Augen unter vorstehenden Augenbrauen und der nach oben gerichtete Blick.

Praxiteles war Athener und Sohn des Bildhauers Kephisodot der Ältere. Ihm verdanken wir die «Aphrodite von Knidos», deren Grazie die hellenistische Epoche inspirierte. Seine ersten Werke, der «Ruhende Satyr» und die «Aphrodite von Thespis», sind deutlich vom Stil des Polyklet (Bildhauer und Theoretiker des 5. Jahrhunderts und Verfasser eines «Kanon» der Proportionen des menschlichen Körpers, dessen Kunst von der formalen und allzu unpersönlichen Perfektion gekennzeichnet war) beeinflußt. Sie haben aber weichere Züge und eine geschwungenere Linie. Praxiteles verzückte die anmutige und lockere Körperhaltung der Jünglinge im Moment der Entspannung und der Entrücktheit. Er bewies in seinen Werken viel Talent in der Darstellung der Formen, vor allem in ihrer Lieblichkeit und Zartheit. Die Welt seiner Skulpturen ist die Welt der Mythologie. Das schönste Beispiel dafür ist sein «Hermes Dionysophoros», eine Bronzestatue, die sich im Athener Nationalmuseum befindet. Sie wird auch «Ephebe von Marathon» genannt und zeigt Hermes mit flach ausgestreckter linker Hand (wahrscheinlich befand sich in ihr eine Schildkröte) und erhobener rechter Hand, Daumen und Zeigefinger eng aneinanderliegend (ein Zeichen der Freude: Der junge Gott hatte gerade die Lyra erfunden, deren Resonanzkörper der Panzer der Schildkröte sein sollte). Ein anderes Meisterwerk, die «Aphrodite von Knidos», deren Original verschollen ist, stellt die nackte Göttin dar, die sich anschickt, ins Bad zu gehen. Die zahlreichen Kopien, die von ihr angefertigt wurden, zeigen sie aufrecht stehend, den Oberkörper voller Anmut und Geschmeidigkeit leicht nach vorn gebeugt. Die Nacktheit war Zeichen der Fruchtbarkeit, und es war der Brauch, die Statuen ganz in den Göttinnenkult mit einzubeziehen.

Entgegen der mystischen Strömung beharrte der Rationalismus, der seine Bedeutung beibehielt, darauf, die Wirklichkeit der fühlbaren Welt in ihrer ganzen Schönheit wiederzugeben, auch wenn es sich dabei um einen manchmal übertriebenen und sogar brutalen Realismus handelte. Als Repäsentant und Meister dieser Richtung sei Lysipp genannt, der in seiner Bildhauerkunst auf die klassischen «scaema» (Figuren) zurückgriff und die Tradition der athletischen Bildhauerei wieder aufnahm. Sein Zusammentreffen mit Alexander machte ihn zum offiziellen Bildhauer des Herrschers, den er bevorzugt darstellte. Man kann behaupten, daß Lysipp viel zur Bildhauerkunst beitrug, indem er seinen Werken freiere Proportionen gab und so grazilere und lebendigere Figuren schuf. In seinen Neuerungen unterscheidet er sich von

Skopas und Praxiteles durch seine Hartnäckigkeit, die Schönheit in der Darstellung des menschlichen Körpers schaffen zu wollen, ohne auch nur im geringsten nach Mystizismus oder Pathos zu streben. Trotz seines umfassenden Schaffens (schätzungsweise 1500 Statuen) kennen wir nur Kopien seiner Werke. Zu seinen berühmtesten Skulpturen zählen «Agis von Delphi», «Apoxyomenos», an dem man die Kunst der momentanen Bewegung und des Detailrealismus bewundern kann, sowie «Hermes» und «Poseidon». Der Einfluß dieses Bildhauers war von um so größerer Bedeutung, als er bis zum Ende des Jahrhunderts lebte. Durch ihn vollzog sich der Übergang vom Klassizismus zur hellenistischen Kunst.

Neben diesen drei großen Meistern, die den schöpferischen Genius dieser Epoche verkörpern, können noch zwei Mitarbeiter des Skopas beim Bau des Mausoleums von Halikarnassos genannt werden: Leochares, Schöpfer des «Apollo von Belvedere» und der «Diana von Versailles», und Bryaxis, von dem wir einen «Asklepios» kennen. Silanion, der einen «Platon» meißelte, war ein talentierter Porträtist seiner Zeit. Ob sie nun der einen oder der anderen Strömung angehörten: Die Bildhauer dieser Epoche schrieben der psychologischen Analyse eine hervorragende Bedeutung zu. Die dargestellten Persönlichkeiten sind nicht mehr sanfte und friedliche Wesen, sondern man kann in ihren Gesichtern durchweg Schrecken, Angst, Freude oder Triumph lesen.

Die Wiederbelebung der Architektur im Bereich profaner und sakraler Bauten

Die Erneuerung der griechischen Kunst im Verlauf des 4. Jahrhunderts v. Chr. zog zahlreiche Veränderungen und Neuerungen auf dem Gebiet der Architektur nach sich. Man kann eine regelrechte Auferstehung des ionischen Stils verfolgen, bemerkenswert vor allem wegen des umfangreichen Wiederaufbaus der Gebäude und weniger wegen der neuen Formen. Die Merkmale dieser Kunst sind die gleichen wie die der archaischen Epoche: die ornamentale Fülle und der Hang zum Kolossalen.

Zahlreiche Beispiele untermauern diese Renaissance. So wurde z.B. der Krösus-Tempel in Ephesus, der im Jahre 356 v. Chr. abgebrannt war, wieder errichtet. In Sardes war es der Kybele-Tempel, der 498 abbrannte und nun wieder aufgebaut wurde. Dort findet man ähnliche Formen wie beim Tempel von Ephesus, aber dennoch kann man eine neue Anordnung des Säulengangs feststellen: Eine einzige Säulenreihe auf den Längsseiten (Pseudodipteros), zwei Säulenreihen an der Fassade und die Säulen des Peristyl sind die größten in ganz Kleinasien. Zwei andere Städte, Athen und Delphi, erlebten eine große architektonische Neuerungswelle. In Athen errichtete man ein neues Asklepieion, erneuerte den Tempel des Apollo Patroos und das Telesterion von Eleusis, wo zwei Kapellen, die eine dem Zeus, die andere der Athene geweiht, erbaut wurden. Der Architekt Theodoros entwarf den Plan des Tholos von Marmara, ein Rundbau aus Marmor, in dem eine Mischung von dorischem Stil (äußere Säulenreihen) und korinthischem Stil (im Inneren Säulenreihe mit korinthischen Kapitellen) zu sehen ist. Dieses Heiligtum wurde 373 v. Chr. von einer Naturkatastrophe zerstört und später wieder aufgebaut. Man verehrte dort die Göttin Athena Pronaia. Auf dem Peloponnes finden sich ebenfalls einige neue Bauten, die in ihrer Gesamtheit dem dorischen Stil treu bleiben, aber dennoch durch Neuerungen in den Proportionen bereichert sind. Sie wirken wesentlich leichter, die Tempel weniger überladen, im Inneren fallen die korinthischen Friese ins Auge. In Epidauros erbaute Theodoros den Tempel des Asklepios, der nur aus einer Vorhalle und dem Naos besteht und in dem die Gläubigen dem Heilgott Opfertafeln darbrachten, auf denen Reliefbilder des geheilten Gliedes oder Organs dargestellt waren, oder sogar Tafeln oder Steingravuren, die die Wunderheilungen des Asklepios selbst symbolisierten. Der Kult dieses Gottes war seit langem in ganz Griechenland verbreitet, vor allem aber in den letzten dreißig Jahren des 5. Jahrhunderts und während des ganzen 4. Jahrhunderts v. Chr. Man schreibt Asklepios 66 Heilungen zu. Er wurde von zahllosen Anhängern verehrt und zog eine große Pilgerschar nach Epidauros. Ebenfalls in Epidauros erbaute Polyklet der Jüngere den Tholos, der auch mit Thymele (Opferstätte) bezeichnet wurde. Er besaß eine Cella in Rundform mit einem äußeren Ring dorischer und einem inneren Ring korinthischer Säulen. Im Inneren befanden sich geschnitzte Deckenkassetten und allegorische Bildnisse von Pausanias. Ein Säulengang zur Vorbereitung, eine Heilquelle, ein Artemis-Tempel und Altäre, alle aus buntem Marmor, gehören ebenfalls zum Heiligtum von Epidauros. Im arkadischen Tegea entwarf Skopas den Plan für den neuen Bündnistempel der Athena Alea. Bei einem Brand 395 zerstört, wurde er später in einem Stil wieder aufgebaut, der die dorische Ordnung (äußere Säulenreihe) mit der ionischen (innere Säulenreihe) verbindet. In Nemea, dem Wettkampf-Heiligtum, welches den Vorbereitungen der Athleten auf den Kampf diente, wurde ein Zeus-Tempel errichtet, der dem von Tegea sehr ähnlich ist. Es sind allerdings nur noch wenige Überreste von diesem Monument zu sehen, dessen innere Säulenreihe korinthische Kapitelle trägt. Im nordafrikanischen Kyrene wurde das Apollo-Heiligtum wieder aufgebaut, ein dorischer Tempel mit einer äußeren Säulenreihe von sechs auf elf Säulen.

Die Tempel und Heiligtümer sind jedoch nicht die einzigen Zeugen der architektonischen Erneuerung. Die vielen Kriege im Verlauf des 4. Jahrhunderts gaben Anlaß zu zahlreichen Bauten zum Andenken an die Bruderkriege der Griechen. Von zahlreichen Votivbildern können wir die Geschichte der Könige von Argos und Arkadien ablesen. Unter den rein militärischen Bauwerken zählen die Festungsmauern von Messene zu den am besten erhaltenen ihrer Zeit. Es sind hohe, mit Schießscharten unterbrochene Mauern, an denen sich alle zwanzig bis dreißig Meter ein eckiger oder halbrunder Turm befindet, der durch Zwischenfassaden mit Zinnen getrennt wird. Ende des 4. Jahrhunderts wurden die Mauern von Sparta in derselben Art gebaut. Schließlich seien noch die Festungswerke von Ägosthena zwischen Athen und Sparta erwähnt. Ein anderes, zu rein militärischen Zwecken genutztes Bauwerk errichtete Philon von Eleusis in Piräus in Form eines hypostylen Arsenals, die Skeuothek, deren Decke von Säulen gestützt wurde und die zur Aufbewahrung der Segel und Taue der im Zea-Hafen liegenden Schiffe diente. Dieses kolossale Bauwerk maß 18 m in der Breite und 113 m in der Länge.

Das Mausoleum von Halikarnassos in Kleinasien verdeutlicht wohl am besten den Ruhm der Heere im 4. Jahrhundert v. Chr. Das vom Satrapen Mausolo konzipierte und nach seinem Tod 353 von seiner Witwe Artemisia begonnene Grabmal ist das Werk der beiden Architekten Pytheos (wahrscheinlich der Schöpfer des Viergespanns) und Satylos. Skopas, Timotheos, Bryaxis und Leochares führten die Ausschmückungen des Mausoleums aus, darunter zwei Friese am Sockel (Kentauromachie und Amazonomachie) und ein Fries in der Cella, auf der ein Wagenrennen zu sehen war. Das Mausoleum wurde während der Kreuzzüge zerstört, und nur die Berichte von Plinius dem Älteren vermitteln uns noch einige Einzelheiten von dem Bauwerk, das von den Alten als eines der Sieben Weltwunder angesehen wurde. Es stand an der Abseite eines Hügels auf einer künstlichen Plattform und verfügte über einen quadratischen Unterbau, wahrscheinlich die Grabkammer, über dem sich ein ionischer Tempel mit 36 Säulen erhob, auf dem eine rechteckige Pyramide thronte. Auf der Spitze dieser Pyramide befand sich eine Quadriga mit den Statuen des Mausolo und der Artemisia. Löwenskulpturen und andere Statuen zierten die Säulenzwischenräume der Cella und der Terrasse. Bei Ausgrabungen wurden zwar einige Friesfragmente gefunden, aber nur die Amazonomachie ist relativ gut erhalten (London, Britisches Museum).

Im 4. Jahrhundert v. Chr. vollzog sich ebenfalls eine bemerkenswerte Weiterentwicklung der öffentlichen Bauwerke, die zu Versammlungszwecken dienten, und vor allem der Theater aus Stein, die den provisorischen, meist aus Holz oder gestampfter Erde gefertigten Konstruktionen folgten. Die beiden bemerkenswertesten Beispiele dieses neuen Elans in der Architektur sind ohne jeden Zweifel das Dionysostheater in Athen und das Theater von Epidauros. Die Grundrisse beider Theater zeigen die charakteristischen Merkmale: die Sitzstufen sind im Halbkreis übereinander angeordnet, eine kreisförmige Orchestra befindet sich in der Mitte, dahinter erhebt sich die Skene, das Bühnengebäude. Ein Seitengang (Parados) erlaubt den Zugang zur Orchestra und führt an der Skene vorbei, deren Mauer eine Reihe von Toren aufweist. Abgesehen von diesen, allen Theatern jener Zeit gemeinsamen Merkmalen verfügen einige über noch ausgefeiltere Einrichtungen. Dies ist im Theater des Dionysos Eleuthereus in Athen der Fall, das neben der Mauer der Skene noch einen Säulengang besitzt (Proskenion). Das Theater von Epidauros ist das am besten erhaltene Theater in ganz Griechenland. Es konnte 14 000 Zuschauer aufnehmen. Polyklet ließ es unweit vom Tholos errichten. In der zweiten Hälfte des 4. Jahrhunderts erlebte Megalopolis, die Stadt des Arkadischen Bundes, errichtet von Theben unter Epaminondas, ebenfalls den Bau eines Theaters, das das größte von ganz Griechenland werden sollte. Man darf nicht die Entwicklung der Versammlungsgebäude nennen, ohne an die Bauten zum Zwecke politischer Zusammenkünfte zu erinnern. So gestaltete man in Athen die Pnyx, den Hügel, auf dem sich die «Ekklesia» ab ungefähr 500 v. Chr. versammelte, wieder neu. Man vergrößerte das Auditorium und errichtete zwei Säulenhallen auf der Spitze des Hügels. In Megalopolis baute man für die Versammlung der Zehntausend ein hypostyles Ekklesiasterion, das Thersilion, ein Bundesgebäude, dessen großer Saal fünf konzentrische Rechtecke aus Säulen beinhaltete, die ein Dach mit vier abfallenden Seiten trugen. Dieses Bauwerk diente als Modell für die Versammlungsstätten der hellenistischen Epoche.

Was die Architektur privater Bauwerke angeht, kann man allenfalls eine geringfügige Weiterentwicklung hin zum Wohnkomfort beobachten. Die Häuser bewahrten ihre frühere Einfachheit, waren nach außen hin geschlossen und besaßen einen manchmal mit Säulengängen geschmückten Innenhof. Die schönsten Bauwerke verfügten über zwei Haupträume, den Andron und den Oikos (d.h. ein Empfangszimmer und einen Raum, der gleichzeitig als Arbeitsraum, Küche und Bad diente).

Der Höhepunkt der hellenischen Malerei

Wie wir sehen konnten, nahm die Bildhauerei einen bedeutenden Platz in der Kunst des 4. Jahrhunderts v. Chr. ein. Dennoch mußte sie die Spitzenposition, die sie im vorhergegangenen Jahrhundert innegehabt hatte, an die wieder auflebende Malerei abgeben.
Drei großen Schulen treten in dieser Epoche besonders hervor: die Ionische Schule, die Attische Schule und die Sikyonische Schule mit den jeweiligen Vertretern und Meistern Parrhasios, Aristides der Ältere und Eupompos. Das einzige uns bekannte Gemälde der Künstler der Ionischen Schule ist das «Opfer der Iphigenie» des Thimantes von Kythmos. Dagegen verfügte die Attische Schule über drei große Meister. Der erste, Aristides der Ältere, Schöpfer der «Sterbenden Mutter mit Säugling», mythologischer Gemälde und vom «Kampf der Griechen gegen die Perser», malte vorwiegend pathetische Motive. Der «Kampf der Griechen gegen die Perser» stellte zum ersten Mal in der griechischen Kunstgeschichte eine Menschenmenge dar. Die Attische Schule beschäftigte sich hauptsächlich mit der Darstellung der Seelenzustände. Sehr deutlich zu spüren ist diese Art der Darstellung bei dem zweiten Künstler, Nikias, der stark von den Skulpturen des Praxiteles beeinflußt war, die er kolorierte. Er malte die «Totenbeschwörung», «Io und Argus», «Perseus und Andromeda» und «Odysseus und Kalypso». Von dem dritten Künstler, Philoxenos, stammt die «Schlacht des Dareios gegen Alexander» (möglicherweise das Vorbild für das pompejanische Mosaik im Haus des Faun). Wir wissen nur wenig über Eupompos, den Meister der Sikyonischen Schule. Mehr wissen wir über Pamphylos, einen Schüler des Pausias, der so komplizierte Techniken wie die Malerei auf Buchsbaum und die Wachsmalerei anwendete. Er war der Gründer der Malakademie der Stadt. Außer der Malerei unterrichtete er dort noch Bildende Künste, Arithmetik und die Geometrie. Er schuf die «Schlacht bei Phlionte» und Abhandlungen über die Malerei und die Zeichenkunst.

Gebrauchskunst im Alltag

Wenn die Entwicklung der Malerei an die Ausbildung des Geschmacks und das Bemühen um die Verschönerung öffentlicher und privater Innenräume gebunden war, dann zeugt die Keramik- und Töpferkunst ebenfalls von dem Bemühen um eine Verschönerung der Alltagswelt. Man kann fast von einem neuen Klassizismus, von einer Suche nach formeller Reinheit und selbstverständlicher Schönheit sprechen, und zwar zu einer Zeit, in der anderweitige Betätigungen des Geistes, die mehr auf die Wirksamkeit der Botschaft gerichtet waren, die Ängste und die Unrast des griechischen Volkes wiedergaben, das zusehen mußte, wie die Zivilisation der «Polis» langsam zusammenbrach.
Die Keramik der roten Figuren durchlebte eine Periode des Niedergangs angesichts der Konkurrenz, die ihr aus der Malerei erwuchs. Dennoch warfen gegen Mitte des Jahrhunderts die Vasen im Kertsch-Stil wieder etwas Glanz auf diese Kunstart, deren bedeutendstes Produktionszentrum Athen blieb.

Die Töpferei nahm jetzt einen bedeutenderen Platz ein, und man erkennt in ihr deutlich den Einfluß des Praxiteles. Häufig dargestellt sind Jünglinge, Kinder und Götter, von ihnen ganz besonders gern Aphrodite und Dionysos. Böotien wurde ein bedeutendes Produktionszentrum. Auch an den Geldmünzen ging die künstlerische Entwicklung nicht vorüber, besonders im griechischen Westen, wo Goldstater und Tetradrachmen weit verbreitet waren.

Gelegenheitsliteratur und mystische Beklemmung

In einem Buch, das vorrangig dem Studium der Bildenden Kunst und der Architektur gewidmet ist, kommt man dennoch nicht umhin, etwas über die Entwicklung des Bewußtseins zu sagen. Die langfristigen Folgen dieser Entwicklung sind nichts Geringeres als das Auftauchen fremdartiger Kulte mit monotheistischer Tendenz, die zu einem Teil den Ursprung des Christentums in sich tragen.

Im 4. Jahrhundert, angesichts der Krise der klassischen Zivilisation, war die Literatur nicht mehr in der Lage, Antworten auf die Probleme der Griechen zu geben. Der schlagende Beweis dafür ist, daß die Tragödie jegliche Aussagekraft verlor. Diese literarische Form, die so gut an die kollektiven Denk- und Verhaltensweisen angepaßt war, konnte von nun an nur mehr Themen und Formen der Vergangenheit reproduzieren. Die Komödie verlor ihre ganze satirische Schlagkraft, die von einem volkstümlichen und fast ketzerischen Elan herrührte, und tendierte nun zu einer Art bürgerlichem Drama, das zwar elegant, aber doch ein bißchen langweilig war und manchmal in den Boulevardstil verfiel. Eine gewisse Erneuerung kam jedoch zunehmend aus der politischen Literatur. Die Logographen, bezahlte Redner, wie z.B. Lysias, die damit beauftragt waren, die Reden ihrer Klientel vor dem Gericht vorzubereiten, verdienen ein riesiges Vermögen dank der immer noch lebendigen Leidenschaft der Griechen für Gerichtsverfahren. Es war aber vor allem die Redegewandtheit, die die Literatur im 4. Jahrhundert vor der Bedeutungslosigkeit rettete. Drei große Namen erhellen diese Kunst: Xenophonon war ein zuerst von der athenischen Demokratie, dann von der spartanischen Politik angewiderter Aristokrat, der schließlich das Loblied auf die Monarchie anstimmte («Kyrupädie», ein Roman zu Ehren des Perserkönigs Kyros). Isokrates, Schüler der Sophisten, war wahrscheinlich der berühmteste Redner seiner Zeit, blieb aber allzu sehr dem klassischen und panhellenischen Ideal verhaftet. Es heißt, er sei an dem schrecklichen Schlag gestorben, den ihm die Nachricht von der Niederlage bei Chaironeia versetzte. Der originellste unter ihnen war jedoch Demosthenes, der mürrische und stolze Herold der athenischen Unabhängigkeit, der als erster den formalen Rahmen der klassischen Redekunst sprengte und sich einer Redeform mit mehr Pathos und Leidenschaft zuwandte.

In der Philosophie erscheint die Erneuerung am deutlichsten: Auch wenn der Einfluß des Sokrates vorherrschend blieb, machte sie doch verschiedenen Entwicklungen Platz, so der von Antisthenes gegründeten Schule der Kyniker, bekannt durch die Gestalt des Diogenes, des streitsüchtigen Philosophen, der über der Suche nach dem «wahren Menschen» verzweifelte. Die beiden bedeutendsten Philosophen im 4. Jahrhundert waren ohne Zweifel Aristoteles und Platon. Es ist bekannt, in welchem Ausmaß Platon das westliche Denken in nahezu endgültiger Form bis heute geprägt hat. Was Aristoteles betrifft, so war dieser der bahnbrechende Vordenker unseres christlichen Mittelalters, dem allerletzten und einzigartigen Band zwischen dem antiken Erbe und der christlichen Zivilisation. Interessant ist dabei, daß sowohl der eine als auch der andere von den Wirren ihrer Epoche zeugten und jeder für sich auf seine Art versuchte, eine Antwort darauf zu geben. Während bei Aristoteles die Erkenntnis über die Krise der Polis zum Realismus und zum Sinn für das Konkrete führte und ihn schließlich zur rationalen Erforschung der Natur (Klassifizierung der «acht großen Arten» des Tierreichs) und des Seins (Unterscheidung von Substanz und Zufall) sowie zum Versuch des logischen Denkanstoßes (dem Syllogismus) brachte, erscheinen die Dialoge des Platon moderner und entsprechen eher den Ängsten seiner Epoche. Sowohl in seiner Dialektik (Definition der Ideenwelt) als auch in seiner Eschatologie (Suche nach der Seele) und seinem Traum vom idealen Staat (der Republik) stellte Platon Fragen, die sich am Rande der untergehenden hellenischen Zivilisation häuften.

Im Ganzen gesehen konnten weder die Literatur noch die Philosophie noch die Kunst eine wirkliche Beruhigung der «Angst» des 4. Jahrhunderts bewirken, die jedoch lebendige und bedeutungsvolle Formen in der Entwicklung der Kulte und der Volksbräuche annahmen. In der Tat kann man eine Veränderung des klassischen Götter- und Heldenkultes beobachten. In zunehmendem Maße wandten sich die Gemüter neuen bzw. neuinterpretierten Gottheiten zu. Neue und fremdartige Gottheiten tauchten aus dem geheimnisvollen Orient auf, wie z.B. Isis und Astarte, frühere Gottheiten wurden in neuem Licht gesehen und revidiert, wie Apollo, der Lyraträger, und vor allem Asklepios, der bedeutendste unter den Heilgöttern. Die Krise des Stadtstaates begünstigte das Entstehen des Herrscherkultes, der sich vor allem mit Alexander entwickelte. Hinter all diesen, manchmal sehr extremen Formen (Orphismus, Dionysoskulte) verbarg sich eine Art barockes Zeitalter, das auf den Klassizismus des 5. Jahrhunderts folgte.

Griechenland nach dem Alexander-Reich

Kann man den Niedergang Griechenlands einem bestimmten Zeitpunkt zuordnen und seinen Beginn mit dem Tod des Perikles (429 v. Chr.) festsetzen? Sicherlich ja, aber diese vereinfachte Sichtweise muß gleich wieder korrigiert werden. So, wie die aufsteigende Kurve Höhen und Tiefen durchmachte, verliefe auch die absteigende Kurve, wäre sie aufgezeichnet worden, in einem ständigen Auf und Nieder. Athen wurde 404 v. Chr. von Lysander und den Spartanern eingenommen, aber es gelang der Stadt, sich wieder aufzurichten, und es kann sogar von einem Wiederaufstieg Athens gegen Ende des Jahrhunderts gesprochen werden. Dennoch geriet ganz Griechenland unter die Herrschaft Philipps von Makedonien; in Athen entwickelte sich unterdessen ein intensives politisches, philosophisches und künstlerisches Leben. Es war das Zeitalter des Aristoteles, des Lehrmeisters Alexanders, dessen geistesgeschichtliche und politische Rolle wir gerade aufgezeigt haben. Beim Tod Alexanders des Großen gerieten die Diadochen, seine Nachfolger, in Streit und teilten das Reich. Es handelte sich dabei um die Heerführer und Leutnants von Alexander, von denen die bekanntesten Ptolemäus, Seleukos,

Lysimachos und Krateros waren. Ptolemäus gründet die Dynastie der Lagiden, die über mehrere Jahrhunderte bis zur römischen Eroberung in Ägypten herrschte. Ptolemäus, genannt «Soter» (Retter), machte aus der Metropole Alexandria eine bedeutende Stadt. Er schuf die berühmte Bibliothek und das Museum und zog damit alles dorthin, was Griechenland an berühmten Wissenschaftlern, Dichtern und Philosophen aufzuweisen hatte. Die philosophische Tradition Aristoteles' und vor allem Platons sollte in Alexandria lange währen. Sein Sohn, Ptolemäus II., genannt «Philadelphos» (Liebhaber der Schwester), setzte das Werk seines Vaters fort, gründete in Ägypten zahlreiche Städte und verbreitete so den kulturellen Glanz Alexandrias. Der dritte Ptolemäus setzte dieselbe Tradition fort und unterstützte die Literatur, die Künste und die Wissenschaft. Er starb 221 v. Chr. Dieses Ereignis markiert den Beginn des Untergangs des hellenischen Ägyptens, das bald unter die Abhängigkeit Roms geraten sollte. Zur selben Zeit ließ sich ein anderer Diadoche, Seleukos, zunächst in Babylon nieder und versuchte die hellenische Herrschaft bis nach Indien aufrecht zu halten. In Syrien konnte er seine Macht am stärksten festigen und bestimmte während dieser Zeit Antiochia zur Hauptstadt. Nach einem wechselreichen Schicksal endete das Königreich der Seleukiden wie das der Lagiden mit dem Sieg der Römer. Die geistige und kulturelle Rolle der Seleukiden in Babylon und Antiochia war unvergleichlich weniger glanzvoll als die der ptolemäischen Dynastie, doch sie hatte auf den Hellenismus einen ebenso bedeutenden Einfluß, der bis nach Indien reichte. Während dieser Zeit erlebten Athen und die anderen griechischen Städte einschließlich Sparta und Theben einen langsamen, aber sicheren Niedergang. Von den großen Athenern starb einer nach dem anderen: Aristoteles kurz nach Alexander und im selben Jahr wie Demosthenes. Und es war in Alexandria, daß der berühmte Mathematiker Euklid seine «Elemente» der Mathematik veröffentlichte.

Zusammenfassend läßt sich feststellen, daß der Stadtstaat von einer zwar archaischen, aber machtvollen Gesellschaftsform besiegt wurde: vom Territorialstaat, d.h. vom makedonischen Königreich. Die Siege Philipps und Alexanders erstreckten sich bis Asien, wo entgegen allem Anschein die Zugehörigkeit zu einem Staatsgebiet stärker ausgeprägt war als die zu einer Stadt. Dennoch hatte die Regierungsform der Stadt in Griechenland ausreichend Fuß gefaßt. Sie konnte nicht einfach verschwinden, ohne Spuren zu hinterlassen. In gewissem Sinn basierte die Macht der Diadochen auf der Ausdehnung der Städte, wie es die vielen Neugründungen und die Rolle der Hauptstädte, wie z.B. Alexandria, zeigen. In der Zeitspanne zwischen den makedonischen Siegen und der römischen Eroberung bewahrten Griechenland und Athen, die streng von den großen Königreichen im Auge behalten wurden, eine verhältnismäßig große Autonomie. Die Städte, ob groß oder klein, fuhren fort, ihre inneren Angelegenheiten so gut wie möglich selber zu erledigen. Es gelang ihnen sogar, Bündnisse wie das von Korinth im Jahre 337 v. Chr. wiederherzustellen. Diese Unabhängigkeit war jedoch mehr Schein als Wirklichkeit. Die ausgezehrten und z.T. zerstörten Städte konnten den Beschlüssen der makedonischen Könige und ihrer Nachfolger nicht lange Widerstand leisten. Die Volksversammlung beschäftigte sich nicht mehr mit Fragen der Außenpolitik. Die Beschlüsse betrafen nur noch Fragen der Stadtverwaltung. Sie verlor zusehends an Ansehen und Vitalität.

Als politischer Organismus und demokratische Verfassung siechte der Stadtstaat dahin und starb. Die Historiker haben wiederholt bemerkt, daß Platon und Aristoteles kein anderes politisches Ideal kannten als das des Stadtstaates, daß aber bald neue philosophische Schulen mit

Tendenz zu Moral und Universalisierung (insbesondere die Stoiker) zunächst den Menschen im allgemeinen proklamierten, und ferner, daß dieser Mensch überall seine Heimat hatte, wo er sein individuelles Schicksal und seine Pflicht erfüllen konnte. Für diese Philosophen war der Weise nicht mehr hervorragendster Bürger seines Stadtstaates, sondern Weltbürger. Gleichzeitig und im Wettbewerb mit dieser Besorgtheit um den moralischen Imperativ tauchte die Vorstellung von der individuellen Glückserfahrung auf, mit dem aus der griechischen Philosophie entwendeten Begriff des Oidemonismus. Von daher entstanden erneute Widersprüche, in der Ethik (der Moral) wie in der Ästhetik. Jedenfalls begleitete der Individualismus, der sich bereits seit dem großen griechischen Zeitalter bei den sogenannten Sophisten durchsetzte, den Hellenismus während seines Niedergangs. Paradoxerweise waren es die in der Antike sich ausbreitenden Ideen des untergehenden Hellenismus, die in das Römertum eindrangen und sich schließlich im Christentum wiederfinden sollten. In der Tat erwies sich die Glückserfahrung im Römertum als unmöglich und erst recht in seinem Verfall. Der Zusammenhang zwischen dem einzelnen und den höheren, transzendenten Werten bestand in der Sorge um das Heil des einzelnen, in der vollkommenen Erlösung der Welt. So lieferten die Werte und Ideen des Hellenismus, nachdem sie die römische Welt betreten und durchlaufen hatten, den Ausgangspunkt für die Christenheit. Begnügen wir uns an dieser Stelle damit, an den Anfang des Johannes-Evangeliums zu erinnern: «Am Anfang war das Wort.» Das Wort ist der Logos der Griechen, der mit dem Heiligen Johannes in die christliche Dreifaltigkeit eingeht. Erinnert sei auch daran, daß der Heilige Augustinus, einer der Gründer des Christentums, in die auf die Christenheit umgemünzte Tradition Platons Eingang findet dank der Philosophen Alexandrias, von denen der berühmteste Plotin war.

Dieser gewaltige Wandel in der Ideengeschichte vollzog sich nicht ohne wirtschaftliche und politische Veränderungen. Die Historiker weisen darauf hin, daß seit der alexandrinischen Epoche große Manufakturen in Erscheinung traten (Ergasteria). Der Landadel verschwand zwar ebensowenig wie das Handel treibende Bürgertum, aber es formierte sich doch etwas, das, zwar noch im Anfangsstadium, bereits dem Industriebürgertum ähnelte. Die großen Reiche wie das Alexanders, Karthagos und der Römer begünstigten die Ausweitung und das Erstarken der Märkte. Auch dort war die Polis (Stadt) überfüllt und platzte aus allen Nähten. Der einzelne verlor den Kontakt zu seiner Umgebung und war gezwungen, Beziehungen zu weiteren Kreisen aufzunehmen. In den Diadochenreichen wie in Rom war das Privatleben vom öffentlichen Leben getrennt und das wiederum vom politischen Leben, das von Autokraten gelenkt wurde.

Auch im Bereich der Architektur gab es Veränderungen. Die Herrscher ließen erneut Paläste bauen. In den neuen bzw. wiederaufgebauten Städten wie Priene setzte sich allmählich die rechteckige Stadtanlage durch, deren Erfindung gemeinhin Hippodamos von Milet während der großen hellenischen Epoche zugeschrieben wird. In diesen neuen Städten befand sich immer eine Agora, doch gewannen die Säulenhallen immer mehr an Bedeutung, und die Agora füllte sich mit Altären und kleinen Tempeln, statt für die Volksversammlung freizubleiben. Die bedeutendsten Städte hatten sogar mehrere Marktplätze, die an Händlergruppen gebunden waren, die ihren Sitz, ihr Geschäft oder ihr Büro in der Nachbarschaft der eigens für sie geschaffenen Agora einnahmen. So lagen in Delos die Agora der Delier und die der Italiener direkt nebeneinander. Man verzeichnete in dieser Stadt, die als Kornmarkt großen Wohlstand erlebte, sogar ein großes Gebäude, das zugleich dem Handel diente und doch heilig war, eine Art Handelsbörse oder Handelskammer, die aber nichts von ihrem religiösen Charakter verloren hatte. Das Bauwerk bestand aus einer großen Säulenhalle mit 44 Säulen. Nahe dem Eingang befand sich ein dreifaches Heiligtum, das Poseidon-Baal, Aphrodite-Astarte und Roma geweiht war. Der religiöse Eklektizismus begleitete die sozialen Veränderungen und den Verfall des Stadtstaates mit seinen namengebenden Helden und seiner Schutzgöttin.

Die Stadt der hellenistischen Epoche wies nun eine Ordnung auf und war nicht mehr nur eine Ansammlung kleiner Häuschen, die um das zivile, religiöse und politische Zentralheiligtum angesiedelt waren. Es entstehen nun auch die geräumigen und prächtigen Privatbehausungen, deren erstes Auftauchen auf Delos beobachtet werden kann. Im Jahre 166 v. Chr. ernannten die Römer Delos zum Freihafen, der zu einem großen Zwischenlager zwischen dem römischen Italien, Afrika und Asien wurde. Sein großer Wohlstand dauerte fast ein Jahrhundert an, bis er 88 v. Chr. von Mithridates eingenommen und 69 von Piraten geplündert wurde. Während dieser Zeit gab es einen Haustyp des aufkommenden Bürgertums, der in seiner Gestaltung zwischen einem Palast und einem Privatbau anzusiedeln war. Dieses Haus beinhaltete einen großen, von Säulen eingerahmten Innenhof und außerdem eine Art großen Wohnraum, den Oikos, der sich zum Innenhof öffnet. Anstelle des Plattenbelags bzw. des Fußbodens war der Boden mit Mosaiken bedeckt, und die Wände waren vollständig bemalt. Das Haus von Dioskourides und Kleopatra (Eheleute athenischer Abstammung und reiche Hausbesitzer) bleibt das in Delos noch sichtbare Modell dieses Wohntyps, der auf die römische Welt übergehen sollte. Man kann darin den Ursprung des Patio erkennen, wie man ihn noch heute in Italien, Spanien und in den alten spanischen Kolonien sehen kann. Dieses berühmte Wohngebäude enthält noch die Statuen der beiden Besitzer. Der bildhauerische Stil der großen Epoche besteht im Faltenwurf des Mantels fort, der den Körper zwar verhüllt, ihn aber dennoch zeigt. Dieses Haus auf Delos spiegelt eine bemerkenswerte wirtschaftliche Entwicklung, aber auch den Aufstieg einer begrenzten Gemeinschaft, der Familie, wider, die sich von der Stadtgemeinschaft unterscheidet und sich – wenigstens bei einem Teil der Bevölkerung, dem wohlhabensten – durchsetzte.

In der Architektur ist die hellenistische Periode durch die wachsende Vorherrschaft der korinthischen Säulen und die ihr entsprechende Stilrichtung gekennzeichnet. Die korinthische Säule ist wesentlich eleganter als die ionische. Sie entfernt sich zusehends von der dorischen Strenge. Die großartigen Tempel von Ephesus und Sardes sind in diesem Stil erbaut. Als Antiochos IV. Epiphanes in Athen den Bau des Olympieions (eines dem Zeus geweihten Tempels, dessen Bau dreihundert Jahre geruht hatte) im Jahre 175 v. Chr. wieder aufnehmen ließ, wurden die ursprünglich ionischen Säulen durch die sehr leichten und dekorativen korinthischen Säulen ersetzt. Das Bauwerk wurde erst unter dem römischen Kaiser Hadrian vollendet, der den Tempel 131/132 n. Chr. weihte. Seine Überreste befinden sich noch, wie ein Fremdkörper, am Fuße der Akropolis.

Die hellenistische Epoche erscheint uns voller Widersprüche, und doch verschwanden die Kunstformen, die in der Blüte der hellenischen Zeit entstanden, noch nicht ganz. Aufgrund der vielartigen Einflüsse und Eingriffe aus dem Okzident (Kelten) und dem Orient entwickelten sich die Bildhauerei und die Malerei weiter. Viele große Kunstwerke, die für die griechische Kunst repräsentativ sind, stammen aus der hellenistischen Zeit, wie z.B. die «Venus von

Milo» (2. Jahrhundert v. Chr.), der «Sieg von Samothrake» (selbe Epoche), die «Aphrodite von Syrakus», die sitzende «Venus von Wien» (alle aus dem 3. und 2. Jahrhundert v. Chr.). Auch die hellenistische Malerei, die bei den Nachfahren Alexanders astronomische Preise erzielte, war von hohem künstlerischem Wert bestimmt. Leider blieb von ihr nichts erhalten. Das Goldschmiedehandwerk erreichte ebenfalls in hellenistischer Zeit ein sehr hohes Niveau. Die Gefäße aus Edelmetall, die Darstellungen religiöser Prunkzüge und die Auflistungen der von Raubzügen mitgebrachten Beutestücke lassen auf die große Menge und die hohe Qualität der hergestellten Gegenstände schließen. Diese Stücke, von denen viele erst vor kurzem wieder aufgefunden wurden, zeugen von einem luxuriösen und angenehmen Leben trotz endloser Kriege und einer steigenden Unsicherheit in der Gesellschaft. Die Künstler nahmen die antiken Themen wieder auf, aber sie behandelten auch Motive, die sie der Natur und dem Körper von Mensch und Tier absahen. Vor allem im hellenistischen Italien (Großgriechenland) sind dank der Terrakotta-Kunst, der Glasbläserei, des Kamee sowie der Numismatik Meisterwerke entstanden. Man fragte sich sogar lange Zeit – und auch heute noch –, ob es überhaupt eine eigene römische Kunst oder nur eine römische Kopie der griechischen Kunst gegeben hat. Hier stellten sich der Geschichtsforschung große Fragen: Warum ist diese hellenistische Welt, die mit der lateinischen Zivilisation verbunden war und in die römische eindrang und sie befruchtete, untergegangen? Wir haben gerade gesehen, daß eine neue Schicht der Industrie und der Finanzen, wenigstens im Keim, entstanden war. Warum ist es ihr nicht gelungen, die westliche Welt zu beherrschen, und warum hat sie sie nicht vor dem Verfall gerettet, der erst mit dem Beginn des Mittelalters hätte enden dürfen? Warum ist diese Entwicklung, die seit der hellenistischen Epoche in Gang kam, erst ein Jahrtausend später mit der Epoche, die etwas unpassend als Renaissance bezeichnet wird, wieder aufgenommen worden?

Diese Fragestellung hat zu vielen wissenschaftlichen Werken und Arbeiten geführt. Die Antwort bleibt jedoch ungewiß. Wir wissen sicher, daß der bewegliche Besitz nicht die Grenzen durchbrechen konnte, die ihnen der Grundbesitz des Adels aufzwang. Der Grundbesitz blieb eine fundamentale Angelegenheit trotz der bewußten oder unbewußten Anstrengungen der Städte und der Industrie, diese Grenzen zu durchbrechen. Im kleinen Zusammenhang, im Stadtstaat (wie z.B. in Athen), wurde das Territorium der Stadt unterstellt und von ihr beherrscht. Das Stadtvolk konnte den Kampf gegen den Landadel anstrengen, sei es als Sieger oder als Besiegter. In einem größeren Zusammenhang, in ganz Griechenland, haben wir gesehen, wie die landwirtschaftliche Region Makedonien den Militäradel besiegte. Haben sich nicht dieselben Phänomene auf einer noch höheren Ebene, der des Römischen Reiches, wiederholt? Es genügt nicht, sich auf die Invasion der Barbaren zu berufen; die Barbaren waren Menschen des Waldes und der Erde, die in die urbanisierten (d.h. zivilisierten und in Städten zusammengefaßten) Landstriche des Römischen Reiches einfielen.

Wir können nun einen Gesamtblick auf Griechenland und seine Entstehungsgeschichte werfen, wie sie in den Monumenten und in kondensierter Form in den Bauwerken der Akropolis ihren Ausdruck findet. Man darf nicht unter dem Vorwand der strikten wissenschaftlichen Objektivität alle Perioden der griechischen Geschichte als gleichbedeutende, als gleichwertige historische Fakten behandeln. Diese objektivierte Betrachtungsweise macht jegliches Studium uninteressant und entwertet den Menschen samt seiner Geistesgeschichte, weil sie die Auseinandersetzung mit den späteren Epochen, einschließlich der unseren, unterbindet.

Um sich von den Fakten eine richtige Vorstellung machen zu können, darf man nicht länger von vorschnellen Wertmaßstäben ausgehen und so Menschen wie Dinge in eine vorgefertigte Rangordnung pressen wollen, wie es z.B. im Humanismus geschah. Unserer Auffassung nach widerspricht es nicht der historischen Objektivität, in Griechenlands Kultur und Kunst eine Entstehungsgeschichte, d.h. einen komplexen Entwicklungsprozeß zu sehen. Nur allzu oft hat man von Griechenland die Vorstellung einer von Anfang an vollendeten Wirklichkeit. Es ist gleichwohl richtig, daß bestimmte Werke schon ganz zu Beginn eine unvergleichliche Vollendung erreichen, wie z.B. die Gedichte Homers. Im Gegensatz zu einer unbeweglichen Sicht Griechenlands haben wir versucht, mit Hilfe einiger Ausführungen über die Stadt und die Monumente eine Wirklichkeit in ihrem Entstehungsprozeß und ihrer Erneuerung, jedoch immer in aufsteigender Linie, zu zeichnen.

Von Knossos bis zum Parthenon entstand etwas ganz Besonderes und nahm Formen an. Es war der Hellenismus oder, wie manche sagen, das Griechentum. Wir haben gesehen, wie schwer es ist, dieses Phänomen genau zu bestimmen, was nicht zuletzt daran liegt, daß der Hellenismus eine Kraftanstrengung oder vielmehr ein angestrebtes, aber nie erreichtes Ziel blieb. Auf dem Höhepunkt der griechischen Entstehungsgeschichte zeichnet sich das Bild eines unvergleichlichen Menschen ab. Er ist nicht nur schön und gut (*kalos-kagathos*), sondern kultiviert zugleich Körper und Geist. Diese Charakteristika sagen jedoch fast nichts über jenen Übermenschen aus, der überall in den Kunstwerken und Texten aus der Zeit des Perikles sichtbar wird. Dieser ideale, aber nie wirklich existierende Grieche strebt nach einer Aristokratie des Geistes, deren Fürsten (wie Diogenes und Sokrates) im Volk zu finden sein würden. In höchstem Maße zwiespältig und doch als Einheit stellt er in einem die Tatkraft, das Schaffen und die religiöse und philosophische Betrachtungsweise dar. Dichter, Philosophen und Künstler sind für diesen Griechen inspirierte Wesen. Aber der epische oder dramatische Dichter muß vor einer riesigen Menge Gehör finden; der Philosoph muß sich über den Staat Gedanken machen und auf der Agora sprechen; und der Künstler muß über unbestrittene Fertigkeiten verfügen, sei es nun, daß er als Bildhauer, Maler oder Keramiker arbeitet. Für einen solchen Menschen ist noch untrennbar verbunden, was später getrennt sein wird: Es trennt sich weder der Kampfesmut von der Liebe zum Leben und zu den anderen Menschen, noch das Vergnügen von der Anstrengung, noch die Freiheit von der Arbeit. Soll man ihn deshalb, wie so oft, durch Mäßigkeit charakterisieren? Nein, denn obgleich der Grieche zu allen Leidenschaften fähig war, kann man annehmen, daß er sie wenigstens im Idealfall zu beherrschen wußte.

Aus unseren Ausführungen ging bereits hervor, welche Bedeutung die berühmte Ideenlehre Platons einnimmt, in der die griechische Philosophie gipfelte. Unsere Absicht war es, aufzuzeigen, daß Athen die Idealvorstellung der griechischen Stadt, daß die Akropolis die Idealvorstellung Athens war. Genauso verhält es sich mit dem Griechen, der die Idealvorstellung des Menschen war und blieb, so wie sie in Europa Gestalt angenommen hat. Dies schließt jedoch nicht die verschiedensten anderen Vorstellungen, ob nun aus dem Orient, dem präkolumbianischen Amerika etc., aus. Erinnern wir uns daran, daß die Platonische Idee zugleich Vollendung und Modell und kein fernes, unerreichbares Ideal ist und daß sie die Seichtheit des Realismus und das einfache und pure Hinnehmen des Festgefügten ausschließt. Es versteht sich von selbst, daß unsere Darstellung Griechenlands nicht die Übernahme der Platonischen Philosophie mit beinhaltet. Sie zeigt lediglich an, daß man dem Platonismus eine historische Bedeutung zumißt, und nicht, daß Platon und der Platonismus Griechenland und seine menschliche Natur widerspiegelten und zum Ausdruck brachten, wie sie waren, ganz im Gegenteil. Genau zu dem Zeitpunkt, als das Land, der Stadtstaat und Athen auf den Abgrund zu- und in das Verderben rollten, verkündete Platon, was aus dem Stadtstaat und aus dem Staatsbürger hätte werden können und müssen, eine zwar wesentliche, aber zu späte Einsicht.

Was wurde aus der Menschengestalt, wie sie die Ära des Perikles zeichnete und die durch die Werke des Platon in die Philosophie einging, im Verlauf des Niedergangs, d.h. der hellenistischen Periode, von der wir wissen, daß sie paradoxerweise die Ausdehnung des hellenischen Einflusses begleitete. Die überwundene und von einer Synthese beherrschte Zweiheit machte der Zerrissenheit Platz. Das jeder Gemeinschaft entrissene, der Welt zur Beute vorgeworfene Individuum erfuhr sich sowohl als Zentrum ebendieser Welt als auch immer öfter bezogen auf eine Wahrheit, die außerhalb und über ihr liegt. Vergeblich sollten bedeutende Römer versuchen, die Fragmente dieses zerrissenen Wesens wieder zusammenzusetzen, sei es mit Hilfe der materialistischen Philosophie des Lukrez oder der poetischen Vision Vergils. Die Zerrissenheit des antiken Menschen führte diese Welt zum Christentum. So machte in der römischen Welt die Architektur der Profan- und Sakralbauten der Architektur der imperialistischen Macht Platz. Aus dem griechischen Theater, wo die großen klassischen Tragödien zur Beschwörung der Götter und Helden zur Aufführung gelangten, wurde nun der Zirkus, wo Gladiatoren und Christen ihr Leben ließen. Der russische Dichter Boris Pasternak (1890–1960) verwies auf den Verfall der Zivilisation und das Altern der Menschheit:

> Nun alt, ist es Rom, das
> anstelle der Wagen und Stelzen
> nicht die Komödie fordert,
> sondern alsbald den Tod.

Seltsam ist es, das Schicksal des Hellenismus, in dem wir dank seiner Bauwerke wie in einem zerrissenen Buch immer wieder lesen können, in dem aber auch schon mal ein Kapitel fehlt. Fast dreitausend Jahre alt, durchlebte der Hellenismus eine lange Periode der Vergessenheit, nachdem er Angelpunkt und Grundfeste der Antike gewesen war. Während der Renaissance erwachte er zu neuem Leben. Heute dient uns das Griechentum immer noch als Bezugspunkt, wenn nicht sogar als Leitfaden. Was wir heute Verstand nennen, bezeichnen wir immer auch noch mit Logos oder Logik. Griechenland bleibt unsere Quelle, sei es im Bereich der Wissenschaft, der Kunst oder des Denkens.

Farbabbildungen

281   Die Skulpturen des Aphäa-Tempels auf Ägina (hier die Statue der Athena vom Westgiebel) wurden um 1810 wiederentdeckt, vom berühmten dänischen Bildhauer Bertel Thorvaldsen restauriert und befinden sich heute in der Münchner Glyptothek.

282   Vom Hera-Tempel in Paestum stammen großartige Metopen vom Ende des 6. Jahrhunderts v. Chr., die heute im dortigen Museum aufbewahrt werden. Unsere Abbildung zeigt eine dieser Reliefplatten mit zwei Tänzerinnen.

283   Auch dieser Tempel in Paestum war der Hera geweiht. Um 450 v. Chr. errichtet, ist er einer der bedeutendsten erhaltenen dorischen Tempel überhaupt.

284   Ein prachtvolles Beispiel dorischer Baukunst ist der Concordia-Tempel im sizilianischen Agrigent, der fast vollständig erhalten blieb. Um 450 v. Chr. in unruhigen Kriegszeiten erbaut, spiegelt sein Name den Wunsch der Bevölkerung nach Versöhnung und Eintracht wider.

285   Säulenumgang des Concordia-Tempels von Agrigent. Im 6. Jahrhundert wurde der Tempel in eine christliche Kirche umgewandelt; damals brach man die Arkaden in die Mauer der Cella (links).

286   Der Apollo-Tempel und das Theater von Delphi wurden beide Mitte des 4. Jahrhunderts v. Chr. erbaut. Die 35 Ränge boten 5000 Zuschauern Platz und gewähren noch heute einen herrlichen Blick auf das großartige Landschafts-Panorama.

287   Das Schatzhaus der Athener an der Heiligen Straße von Delphi wurde um 500 v. Chr. aus parischem Marmor errichtet und 1912 rekonstruiert beziehungsweise restauriert.

288   Die Tholos, im attischen Stil des frühen 4. Jahrhunderts v. Chr. errichtet, ist eines der schönsten Baudenkmäler von Delphi. Die Bestimmung des Marmorrundbaus ist nicht bekannt.

Rom

Text von Catherine Chamontin

Bevor Rom wirklich Rom wurde

1 Ausdruck der hohen Kunstfertigkeit der Etrusker sind die Handspiegel, deren Rückseiten mit Ritzzeichnungen verziert wurden. Hier eine Szene aus der griechischen Sage mit Menelaos und Hellena.

«Die Antike verfügt über das Privileg, die Götter am Entstehen der Städte teilnehmen zu lassen, um ihnen so einen erhabeneren Charakter zu verleihen.» (Livius Titus)

Gewöhnlich wird der Zeitpunkt der Gründung Roms auf die Mitte des 8. Jahrhunderts, auf das Jahr 753 v. Chr., festgelegt. Dieses Jahr soll auch uns als Anhaltspunkt dienen: Es ist das Jahr 1 des römischen Kalenders, der die Jahre ab der Gründung der Stadt Rom, *«ab urbe condita»*, zählt. Archäologische Funde aus der jüngsten Zeit bestätigen eine seit langem kontroverse Theorie: Tatsächlich wurden auf dem Palatin Überreste einer Badeanstalt gefunden, die aus der Mitte des 8. Jahrhunderts stammen, d.h. aus einer Zeit, zu der sich die ersten Siedler in Groß-Griechenland und Sizilien niederließen.

Die Situation Italiens wurde zu jener Zeit von großen Gegensätzen bestimmt. Die Gegend, in der Rom entstehen sollte, wurde vor der Gründung der Stadt von zwei großen Invasionswellen heimgesucht. Die ersten Ankömmlinge waren indoeuropäischer Abstammung und unter dem Namen Terramaren bekannt. Sie beherrschten die Kupfertechnik und äscherten ihre Toten ein. Sie lebten in trapezförmigen Dörfern, die mitunter in sumpfige Gebiete gebaut waren.

Ihnen folgte Ende des 2. Jahrtausends v. Chr. ein Volk aus dem Norden, das hinsichtlich der Technologie gegenüber seinen Vorgängern eine gewisse Überlegenheit aufwies, da ihm der Gebrauch des Eisens bekannt war. Eine Reihe archäologischer Funde aus dem Jahr 1850 brachte eine Totenstadt ans Tageslicht, deren Urnen aus Terrakotta auf dem Grund eines Schachtes vergraben waren, die die Asche der Toten enthielten. Diese Kultur erhielt den Namen der Gegend, in der diese «Erfindung» angewendet wurde: die Urnenfelder-Kultur von Villanova. Allgemein wird angenommen, daß das Ausbreitungsgebiet der Villanova-Kultur bedeutend größer gewesen sein muß als das der Terramaren. Wahrscheinlich umfaßte sie die Tyrrhenische Küste Mittelitaliens hinauf bis zur Po-Ebene.

Wie Pierre Grimal, Autor des berühmten Werkes *La Civilisation Romaine* (*Römische Kulturgeschichte,* München 1961), auf das wir uns noch öfter beziehen werden, vollkommen richtig bemerkt, bestand die lateinische Rasse, aus der Rom hervorging, nicht aus einer einheitlichen Volksgruppe, sondern aus einer Synthese der indoeuropäischen Eindringlinge und der Ureinwohner, die die neolithischen Traditionen weiterverfolgten und deren Kultur sich langsam im Zusammentreffen mit den Neuankömmlingen weiterentwickelte.

Die römischen Historiker machten aus dieser komplexen Wirklichkeit eine Version, die eher ihrer Vorstellung vom «Römertum» entsprach. Wenn man ihnen Glauben schenken soll, so wurde Rom von den Nachfahren des Äneas gegründet, der aus dem vom Feuer verwüsteten Troja in Begleitung seines Vaters, seines Sohnes Ascanius und einiger treuer Begleiter geflohen war. Nachdem er an der Küste von Latium freundlich aufgenommen worden war, heiratete er Lavinia, die Tochter des Königs Latinus. Nach dem mysteriösen Tod des Helden folgte ihm sein Sohn auf den Thron und begründete eine Dynastie, die durch die Umtriebe des Intriganten Amulius unterbrochen wurde. Dieser vertrieb den regierenden Herrscher jener Zeit, Numitor, tötete dessen Sohn und ließ dessen Tochter bei den Priesterinnen der Vesta, den Hüterinnen des heiligen Feuers von Rom, einschließen, deren Dienst der Jungfräulichkeit geweiht war. Mit dieser Strategie glaubte er, die Geburt eines Nachkommens verhindern zu können, der seinen Anspruch auf den Thron geltend gemacht hätte. Doch ging seine Rechnung nicht

2 *Etruskischer Stirnziegel (Antefix). Solche mit Palmetten und Köpfen verzierte Ziegel bildeten am antiken Haus den unteren Abschluß des Daches.*

3   Die Rückseite eines etruskischen Handspiegels zeigt eine Szene aus dem Trojanischen Krieg: Telephos, der Sohn des Herakles, wird im Beisein Agamemnons durch Achill von einer Verwundung geheilt gemäß dem Orakel des Apoll: «Der die Wunde schlug, wird sie heilen.»

auf, denn die Tochter Numitors brachte schließlich Zwillinge zur Welt, die, nachdem sie auf dem Tiber ausgesetzt worden waren, wie durch ein Wunder gerettet und von einer Wölfin gesäugt wurden.
«Sie war offenbar vom Vater der Zwillinge, dem Gott Mars, gesandt, und die Römer nannten sich bis ans Ende ihrer Geschichte gern ‹Söhne der Wölfin›. Von einem Hirten, dem guten Faustulus, gefunden – sein Name allein ist ein günstiges Vorzeichen, denn er kommt von *favere*, begünstigen –, wurden Romulus und Remus von dessen Frau Acca Larentia aufgezogen. Hinter Faustulus und seiner Frau verbergen sich die Namen von Gottheiten: Der erste Name ist dem des Faunus verwandt, des Hirtengottes, der in den Wäldern von Latium heimisch war; der zweite erinnert an die göttlichen Laren, die Beschützer des römischen Herdes. In Rom gab es sogar den Kult einer ‹Mutter der Laren›, die letztlich wohl nur die wackere Nährmutter der Zwillinge sein konnte – wahrscheinlicher ist, daß die Sage sich die göttlichen Namen borgte, um ihren Helden mehr Persönlichkeit zu verleihen» (Pierre Grimal).
Plutarch gibt uns im folgenden eine Version, die er für ein Kapitel der authentischen Geschichte Roms hält:
«Woher kommt eigentlich der große Name Rom, den die vielgerühmte unter allen Nationen verbreitet hat? Aus welchem Grund hat man ihn dieser Stadt verliehen? In diesem Punkt stimmen die Geschichtsschreiber nicht überein. Die vernünftigste Ansicht ist die, daß Romulus der Stadt seinen Namen gab. Hier nun zu diesem Thema die allgemein verbreitete Meinung: Die Nachfolge der von Äneas abstammenden Könige war bei den beiden Brüdern Numitor und Amulius angelangt. Amulius teilte das Erbe in zwei Teile: zum einen das Königreich und

zum anderen das Barvermögen und das aus Troja mitgebrachte Gold. Numitor wählte das Königreich. Amulius, der nun die Schätze für sich hatte und somit mächtiger als sein Bruder war, konnte ihm jetzt leicht das Königreich wegnehmen. Aber er fürchtete, daß die Tochter Numitors Kinder bekommen würde, und machte sie daher zur Priesterin der Vesta, als die sie sich zur Enthaltsamkeit verpflichten mußte. Die einen nennen sie Rhea, die anderen Silvia. Entgegen allen Regeln der Vestalinnen wurde sie kurze Zeit später Mutter. Sie entging der Todesstrafe dank der Tochter des Königs, die bei ihrem Vater für sie Fürsprache einlegte. Doch man sperrte sie ein und unterwarf sie der vollkommenen Isolierung. Sie brachte zwei schöne und gesunde Zwillinge zur Welt. Amulius, der nun keine Ruhe mehr fand, befahl einem Diener, sie ins Wasser zu werfen. Dieser nahm die Kinder, legte sie in einen Korb und ging damit zum Fluß hinab, um sie in die Fluten zu werfen. Da aber der Fluß angeschwollen und reißend war, wagte er sich nicht näher, sondern setzte die Zwillinge ab und zog sich zurück. Doch der Fluß trat über die Ufer, riß den Korb mit sich fort und trug ihn an eine ebene Stelle. Dort, neben einem wilden Feigenbaum, wurden die ans Land geschwemmten Kinder von der Wölfin gesäugt, und ein Grünspecht half ihr bei der Nahrungssuche und der Beaufsichtigung. Man rechnet diese Tiere Mars zu, und von daher stammt auch das Gerücht, daß Romulus und Remus von dem Gott Mars gezeugt wurden.

Als sie erwachsen waren, gaben sie ihrem Großvater den Thron zurück, und sie selbst beschlossen, an dem Platz ihrer Kindheit eine Stadt zu errichten. Romulus und Remus, die sich

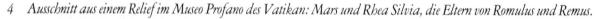

4   *Ausschnitt aus einem Relief im Museo Profano des Vatikan: Mars und Rhea Silvia, die Eltern von Romulus und Remus.*

5 Janus war einer der ältesten römischen Götter und beschützte die Torbögen sowie die Ein- und Ausgänge der Häuser. Deshalb wurde er immer doppelköpfig, gleichzeitig nach vorn und hinten blickend, dargestellt.

auf dem Palatin bzw. dem Aventin niedergelassen hatten, wollten jedoch zuvor die Vorsehung befragen. Der Himmel bevorzugte Romulus, indem er an ihm zwölf Geier vorbeifliegen ließ und an seinem Bruder nur sechs. So wurde ihm die Ehre zuteil, die neue Stadt gegründet zu haben; er zog mit dem Pflug eine Furche um den Palatin und trennte einen Bereich ab, der einmal geweiht sein sollte.»

Auch wenn die Römer die Legende von Romulus nicht bis auf das letzte Wort glaubten, so war ihnen doch klar, daß ihre Stadt nicht nur eine einfache Ansammlung von Häusern, Tempeln und anderer verschiedenartigster Gebäude war; in erster Linie war sie ein Fleck heiligen Bodens, der unter dem Schutz der Götter stand. Die schreckliche Geste des Romulus, mit der dieser auf die Herausforderung des Remus antwortete, der über die heilige Mauer gesprungen war, beweist den Wunsch der Stadt, das Wesen der Unverletzbarkeit zu bekräftigen. Und so tötete Romulus seinen Bruder mit den Worten: «Tod dem, der in Zukunft diese Mauern durchbricht!»

Die Legende fährt damit fort, wie sich die Hirten und Heimatlosen, die Romulus in die neue Stadt geholt hatte, aus Mangel an Frauen einen Hinterhalt ausdachten, um sich der Frauen ihrer Nachbarn, der Sabiner, zu bemächtigen, und wie diese schließlich zwischen ihren Männern und ihren zu Hilfe eilenden Vätern und Brüdern vermittelten. Dieser Legende liegt zweifellos ein langer und schwerer Krieg zugrunde, der die Latiner und die Sabiner entzweite. Doch als sich die Sabiner schließlich mit den Nachbarn versöhnt hatten, ließen sie sich mit Sicherheit in der Stadt nieder, deren Bevölkerung sehr schnell anwuchs.

Die jüngst in der Toskana (in Luni, nahe Viterbo) gefundenen mykenischen Tonscherben lassen die Legende von der Landung des Äneas an der latinischen Küste glaubwürdig erscheinen. Soviel sei in jedem Fall gesagt, daß es, im Ganzen gesehen, diese eher vorteilhafte Version der Geschichte der Römer erlaubte, ihre Abhängigkeit von den Latinern und später von den

Etruskern bis in das Jahr 509 v. Chr. zu verschleiern, eine Unterwürfigkeit, die ihrem Ehrgefühl als «Beherrscher der Welt» nicht gerade schmeichelte.

So war Rom, bevor es eigentlich römisch wurde, sabinisch und etruskisch. Über die Entwicklung der Stadt besitzen wir nur sehr unzureichende Informationen. Die Bedeutung des Dorfes auf dem Palatin entspricht anscheinend nicht der hervorragenden Stellung, die ihm die Legende einräumt. In Wirklichkeit, so scheint es, befanden sich ab dem 7. Jahrhundert auf den verschiedenen Hügeln kleine Dörfer, die jedes für sich eine Einheit darstellten. Dies trifft ganz besonders auf den Palatin zu, aber auch auf das Kapitol, den Quirinal und im Osten auf den Esquilin. Auf dem Forum erstreckte sich zu dieser Zeit eine Totenstadt in der Nähe des Tempels des Antoninus und der Faustina.

Man glaubt, daß sich die verschiedenen Dörfer sehr schnell verbündet und zu einer latinischen Liga, dem Septimontium, zusammengeschlossen haben. Die auf dem Palatin, Esquilin und Caelius niedergelassenen Sabiner übernehmen rasch die Führung in der Liga.

Es regieren nun drei Sabinerkönige. Diese Periode ist vor allem durch den Zusammenbruch der Stadt Alba gekennzeichnet, deren Vormachtstellung zu einer immer größeren Belastung für die kleinen Städte in Latium geworden war. Nachdem Alba zerstört war, weigerten sich diese Orte dennoch, die Herrschaft des Septimontium anzuerkennen. Latium durchlebte eine Zeit der Anarchie, die die Etrusker auszunutzen wußten. Sie fielen in Latium ein und errichteten aller Wahrscheinlichkeit nach auf dem Kapitol eine Garnison. Sie waren es schließlich, die all die kleinen Dörfer zu einer richtigen Stadt zusammenschlossen, deren Name nun zum ersten Mal auftaucht: Rumon (etruskisch = Stromstadt).

6   *Die Fasces, ein mit Lederriemen umschnürtes Rutenbündel mit einem Beil, waren das Abzeichen der Amts- und Strafgewalt der höchsten römischen Magistrate. Sie wurden von einem Liktor (Amtsdiener) den Beamten vorangetragen, wenn diese in der Öffentlichkeit auftraten.*

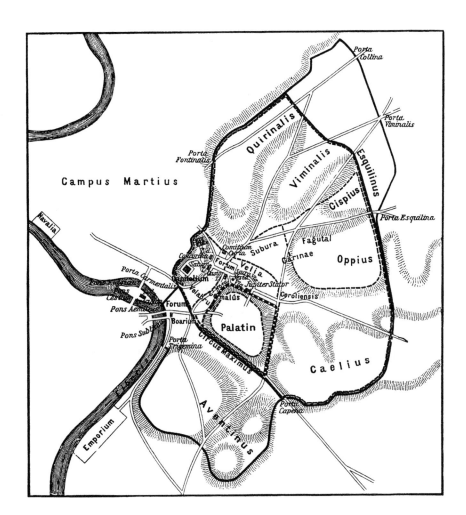

7 Rom zur etruskischen Zeit und während der frühen Republik mit der im 6. Jahrhundert v. Chr. errichteten ersten Stadtmauer.

Die Urbs

Der erste Versuch einer politischen Organisation des Stadtstaates ist Servius Tullius, dem vorletzten etruskischen König Roms (578–534 v. Chr.), zu verdanken: Er teilte die Stadt in vier Bezirke, die jeweils einem Stamm entsprachen. Diese Teilung wurde durch zwei rechtwinkelig gekreuzte Achsen vollzogen, die (wie später bei fast allen Städten des Reiches, die nach dem Vorbild Roms errichtet wurden) das Gerippe der Stadt bilden sollten. Die Nord-Süd-Achse erhält den Namen *cardo*, die Ost-West-Achse den Namen *decumanus*. Aufgrund der Topographie konnte dieses Konzept in Rom jedoch nur bedingt in die Tat umgesetzt werden: Die Hügel Kapitol und Aventinus bleiben bis zur Neuordnung durch Augustus in 14 Bezirke von dieser Aufteilung ausgeschlossen.

Zwei Einfriedungsmauern, eine religiöse und eine militärische, grenzten zwei voneinander verschiedene Bereiche ab: Der erste, das Pomerium, hat seinen Ursprung (jedenfalls nach der Legende) an dem Ort, dem die Legende die Gründung Roms durch Romulus zuschreibt. Dieser hatte damals die sehr ausführlichen Rituale beobachtet, und zwar gerade die, die nach alter

Tradition die Gründungsfeierlichkeiten einer Stadt begleiteten und die wahrscheinlich auf die Etrusker zurückgehen, wie Plutarch bereits bemerkte:

«Nachdem Romulus seinen Bruder Remus begraben hatte, gründete er die Stadt nach Anweisungen von Männern, die er von Tyrrhenien kommen ließ und die ihm in allen Einzelheiten bestimmte, zu beachtende Zeremonien, wie die zur Feier der Mysterien, erklärten. Ein Graben wurde um den Ort gezogen, der heute das Komitium ist, und in ihn warf man jeweils ein Exemplar aller zum Leben notwendigen Dinge hinein. Dann warf noch ein jeder eine Handvoll der Erde aus dem Land, aus dem er gekommen war, dazu und vermischte alles miteinander. Man nannte diesen Graben wie das Universum selbst: Mundus.

Von diesem Punkt als Zentrum wurde dann die Befestigungsmauer der Stadt angelegt. Der Gründer versieht seinen Pflug mit einer ehernen Pflugschar (...) und zieht eigenhändig eine tiefe Rille auf der Begrenzungslinie. Ihm folgen Männer, die die von dem Flug nach oben beförderten Erdklumpen in den Kreis der Umfriedung zurückwerfen und genau darauf zu achten haben, daß keiner außerhalb bleibt.

Die gezogene Linie markiert den Verlauf der Mauer, die man Pomerium nennt, was soviel wie ‹was hinter der Mauer liegt› bedeutet. An der Stelle, wo ein Tor entstehen soll, nimmt man die Pflugschar aus der Erde, trägt den Pflug über die Stelle hinweg und unterbricht so die Furche.»

Die in ihrem Wesen religiöse und sinnbildliche Befestigungsmauer grenzte sich von der militärischen ab, die nach ihrem Begründer Servius Tullius benannt war, im 6. Jahrhundert erbaut und nach Bedarf, je nach der Ausdehnung Roms, erweitert wurde. Die erste begrenzte die *urbs*, die zweite das *oppidum*. Diese Unterscheidung bildete eine deutliche Grenze zwischen den religiösen und militärischen Mächten. So war es verboten, innerhalb des *pomerium* in Waffen zu erscheinen; fremde Götter hatten kein Recht, dort einzudringen, und die dort abgehaltenen Auspizien hatten draußen keine Gültigkeit, usw.

Als Servius Tullius seine Befestigungsmauer erbauen ließ, war das etruskische Reich auf dem Höhepunkt seiner Macht und seiner Ausdehnung. Die Mauer von 11 500 Metern Länge umschloß eine Fläche von 426 Hektar. Der heute in Stazione Termini ankommende Reisende kann sich nicht dem Eindruck der imposanten Mauer entziehen, denn Überreste der Festungsanlage wurden in die Architektur des Bahnhofs mit einbezogen.

Die Mauer wurde im 4. Jahrhundert nach der gallischen Invasion und danach noch wiederholte Male im Verlauf des 1. Jahrhunderts v. Chr. restauriert; für diese Arbeiten benutzte man den porösen Tuff der Steinbrüche der *grotta oscura*. Was heute noch davon zu sehen ist, stammt aus dem 4. Jahrhundert. Die Mauer setzt sich aus Blöcken von 59 cm Höhe (entspricht zwei römischen Fuß) zusammen und ist 10 m hoch und 4 m breit. Bei der Restauration nach der gallischen Invasion zählte sie 16 Tore. Die Mauer besaß ein bemerkenswertes Verteidigungssystem, das Rom zu einer gefürchteten Festung machte. Es sind übrigens noch zwei Öffnungen für Katapulte zu sehen, die zur Abwehr Hannibals aufgestellt waren. Dies scheint sehr große Wirkung gehabt zu haben, denn Hannibal zog es vor, sich auf keine Auseinandersetzung einzulassen.

Teils aufgrund der wachsenden Bedrohung der Stadt durch die Barbaren und teils, um die gesamte Stadt, die sich schon beträchtlich jenseits der Mauer ausdehnte, zu umschließen, errichtete man später unter Aurelian (215-275) einen weiteren Wall. Er wird Zeuge der letzten Krisen des Reiches.

8 Der Kupferstecher Giambattista Piranesi (1720-1778) veröffentlichte ab 1748 seine berühmten «Vedute di Roma», insgesamt 137 Blätter mit Ansichten von Rom. Hier die Engelsburg (Mausoleum des Hadrian, 2. Jahrhundert).

Die ziemlich begüterten Dörfer, über die auf dem Kapitol ein etruskischer König herrschte, nahmen wohl sehr früh die Gewohnheit an, sich am Fuße ihres Hügels im Tal des Forums zu treffen. Bevor das Forum zu einem bevorzugten Ort im Leben der Römer wurde, war es eine morastige Senke, die seit dem 9. Jahrhundert den Bewohnern der benachbarten Hügel als Totenstadt diente. Ab dem 6. Jahrhundert diente sie nicht mehr als Begräbnisstätte, und nach beträchtlichen Arbeiten zur Trockenlegung, die von der unternehmungsfreudigen Dynastie der Tarquinier durchgeführt wurde, befestigte man sie mit einem Pflaster. Dieser Zeitpunkt kennzeichnet die wirkliche Entstehung einer wohlorganisierten, urbanen Gemeinschaft, deren gesellschaftliche Hauptaktivitäten im Herzen einer einzigen Anlage zusammengefaßt waren. Sehr schnell wurde das Forum der bevorzugte Ort im Leben der Römer, denn es vereinigte in sich die verschiedenartigsten Funktionen:

– Zuallererst die wirtschaftliche Funktion mit zahlreichen Geschäften, die unter dem Kaiserreich verschwanden, um Geld- und Tauschgeschäften Platz zu machen. Die Geschäftsleute im eigentlichen Sinne ließen sich nach und nach an geeigneteren Stellen nieder wie dem *forum holitorium* (Gemüsemarkt) und dem *forum boarium* (Viehmarkt). Diese Geschäfte waren in einer Doppelreihe von Nord nach Süd angelegt. Die ältesten im Süden, die *tabernae veteres*, wurden aller Wahrscheinlichkeit nach unter Tarquinius dem Älteren gebaut. Sie gehörten offiziell dem Staat, der sie an die Geschäftsleute, insbesondere an die Metzger, vermietete, bevor sie sich im Norden niederlassen konnten.

– Als die wirtschaftliche Funktion etwas abgeschwächt wurde, traten politische, religiöse und juristische Funktionen an ihre Stelle. Die Händler verlagerten nun alle ihre Geschäfte in die

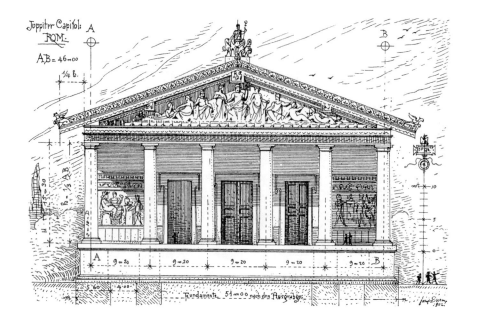

9 Rekonstruktion des Jupiter-Tempels (6. Jahrhundert v. Chr.) auf dem Kapitol, dessen Unterbau und Grundmauern sich im Palazzo Caffarelli erhalten haben.

Zone des *forum holitorium et boarium*, die sich außerhalb der Mauer des Servius am Ufer des Tiber zwischen der *porta carmentalis* und den Abhängen des Kapitols befand.

«Ein Gemüsemarkt und ein Viehmarkt bedurften damals keiner Buden oder Hallen. Jeder Händler bot unter freiem Himmel seine Ware feil. Die Gemüsehändler saßen vor ihrer Ware, die Viehhändler standen neben ihren Tieren, so, wie es noch heute rings um das Mittelmeer der Brauch ist. Das Rom des 2. Jahrhunderts v. Chr. war zur Hauptstadt eines großen Reiches geworden, aber trotzdem ein großer bäuerlicher Marktflecken geblieben. Während das politische und wirtschaftliche Zentrum einen großen Aufschwung der Geldwirtschaft erlebte, reichte das bäuerliche Leben noch bis an die Tore der Stadt» (Pierre Grimal).

Durch das Forum führte die bedeutendste heilige Straße, die Via Sacra, die am Marsfeld ihren Ausgang nahm und am Kapitol endete. Sie war eine natürliche Talrinne, die zwischen dem Palatin und dem Tempel der Vesta verlief und auf der die Triumphzüge stattfanden.

Der Triumphzug war die ehrenvolle Auszeichnung für einen siegreichen Feldherrn. Er wurde nur äußerst selten und nur bei einer Anzahl aufs sorgfältigste überprüfter Fälle genehmigt: Damit einem diese Ehre zuteil wurde, mußte man, besonders unter der Republik, schon Magister sein und mindestens 5000 feindliche Soldaten in einem Kampf getötet haben, der möglichst zu einer Gebietserweiterung des römischen Territoriums geführt haben sollte. Nur zu diesem Preis konnte der Wohltäter hoffen, als außergewöhnliche Ehre in Waffen und an der Spitze seiner Soldaten die heilige Umfriedungsmauer zu durchschreiten.

Der Zug ging vom Circus Maximus aus, überquerte das Forum und führte schließlich zum Jupitertempel auf der Spitze des Kapitols, wo den Göttern Opfergaben dargebracht wurden. Das Kapitol, einer der sieben Hügel Roms, besteht in Wirklichkeit aus zwei Erhebungen: dem Kapitol und dem Arx, und sollte für alle Zeiten das Symbol römischer Macht sein. Noch heute befindet sich dort der Sitz der römischen Stadtverwaltung.

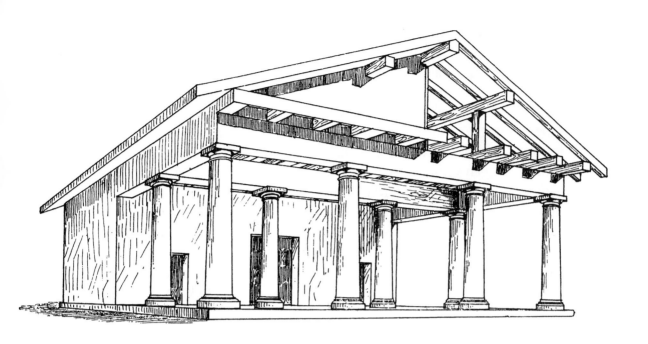

In der Tat war alles dazu bestimmt, diesen abschüssigen Hügel von 50 Metern Höhe zum Sitz der Zitadelle zu erkoren. Eine der berühmtesten Episoden in seiner Geschichte ist seine Einnahme durch die Sabiner, die sich so an der erlittenen Schmach nach dem Raub der Sabinerinnen durch Romulus rächten. Die Eindringlinge konnten in die Festung nur durch den Verrat der Tarpeia, der Tochter des Wächters, Einlaß finden, die als «Lohn» für ihre Schandtat von den Schilden der Soldaten zermalmt wurde. Die Erinnerung an dieses Ereignis blieb lange

10 (oben) Auf dem zehnbändigen Werk «De architectura» (um 25 v. Chr.) des römischen Baumeisters Vitruv basiert diese Rekonstruktion eines typischen etruskischen Tempels.

11 Rekonstruktion eines etruskischen Tempels. Die Nachbildung wurde von Gottfried Semper gezeichnet, einem der bedeutendsten deutschen Architekten des 19. Jahrhunderts, der sich stark von den antiken Vorbildern inspirieren ließ.

lebendig, denn es wurde zur Tradition, von der Höhe dieses Abhangs, der daraufhin der «Felsen der Tarpeia» genannt wurde, die wegen Verrats Verurteilten hinabzustürzen.
Der Hügel wurde mit Sicherheit seit sehr langer Zeit bewohnt, denn man fand dort Keramiken, die man auf das Bronzezeitalter datiert. Der erste etruskische Kaiser Tarquinius Priscus ließ dort den Jupitertempel erbauen, auch «Tempel des Jupiter Capitolinus» genannt, weil er der Göttertriade Jupiter, Juno und Minerva geweiht war. Er wurde von Tarquinius Superbus vollendet, doch fand die Einweihung nicht vor Beginn der Republik statt. Der Tempel hatte einen rechtwinkeligen Grundriß und stand auf einer erhöhten Plattform etruskischer Herkunft, dem sogenannten Podium. Man erreichte es auf einer Treppe, die sich nur an der Eingangsseite zum Tempel befand, denn man glaubte, daß der Schutz der Gottheit erst ab dem Moment in Kraft trat, da ihr Blick auf die Person oder den Gegenstand fiel, für den der Segen erbeten wurde. Die Zahl der Stufen war ungerade, so daß der Gläubige, fing er den Anstieg mit dem rechten Fuß an, auf dem Podium auch mit demselben Fuß ankam.
Die ersten römischen Tempel wurden von etruskischen Architekten errichtet, die sich von griechischen Vorbildern anregen ließen. Doch beschränkte sich dieser Einfluß vorwiegend auf die Gebäudeform, denn die Technik der Ausschmückung blieb italienisch: eine Verkleidung mit Terrakottaplatten und bunt bemalten Reliefs. Marmor wurde erst sehr viel später verwendet, vor allem unter Augustus, der sich rühmen sollte, eine Stadt aus Ziegelsteinen übernommen und sie in Marmor wieder aufgebaut zu haben!
Der Innenraum des Jupitertempels, der dem Götterkult vorbehalten war und in den die Gläubigen nie eindringen durften, bestand aus einem Saal, der sogenannten *cella*, die in drei Teile geteilt und jeweils Juno, Jupiter und Minerva geweiht war. Dort wurden die Statuen der jeweiligen Gottheit, Kultgegenstände und Opfergeschenke aufbewahrt. Am Fuße der Juno-Statue legten die Römer im 4. Jahrhundert eine Gans aus Silber nieder, um an die Warnung der Tiere, die Juno geweiht waren, vor den einfallenden Galliern im Jahre 387 v. Chr. zu erinnern.
Auf dem Giebel des Tempels befand sich eine Figurengruppe aus Terrakotta von einem gewissen Vulca, einem etruskischen Künstler aus Veji. Die Gruppe stellte ein Vierergespann dar. Im 3. Jahrhundert wurde sie durch eine andere Gruppe aus Bronze ersetzt, einem Geschenk derselben Stadtväter, die dem römischen Volk bereits die Wölfin des Lupercal geschenkt hatten. Der mehrmals zerstörte Tempel wurde immer wieder nach denselben Plänen aufgebaut (als Fortführung der Tradition der toskanischen Tempel), mußte sich aber im Laufe der Zeit einer Anzahl von Ausbauten und Veränderungen, die der Entwicklung architektonischer Techniken entsprachen, unterziehen, um schließlich zu guter Letzt vollkommen neu in Marmor aufgebaut zu werden.
Das politische und religiöse Zentrum Roms befand sich also am Fuße des Kapitols. Jeder Augenblick, jede Handlung war unter den Schutz der Götter gestellt, deren Gunst man sich sicherte, indem man vor jeder Unternehmung die Auspizien um Rat bat. Über diese charakteristische Haltung schrieb Polybios, daß «die Römer frömmer waren als die Götter selbst».
Bevor ein Gebäude zu einem religiösen oder weltlichen Zweck errichtet wurde, war es Brauch, eine Befragung der Auspizien vorzunehmen; der Bau wurde erst fortgeführt, wenn das Ergebnis günstig ausfiel. Diese Zeremonie hieß *inauguratio,* und das Gebäude, das auf dem so geweihten Platz errichtet wurde, war ein *templum*. Damit aus dem *templum* ein Tempel wurde, veranstaltete man eine Weihe zugunsten der Gottheit, die man ehren wollte.

12 Der Centurio war Anführer einer Hundertschaft. Sein Rang entspricht dem eines Hauptmanns, doch gehörte er gesellschaftlich zur einfachen Klasse der Soldaten.

13 Anläßlich von Festen wurden die Götterstatuen auf Wagen von den Tempeln zum Ort der Festlichkeit transportiert, wie dieses Relief dokumentiert.

Farbabbildungen

305   Im Museo Pio-Clementino des Vatikan ist die Marmor-Statue des Apollo von Belvedere zu bewundern, Kopie oder Nachgestaltung eines griechischen Bronzeoriginals aus dem 4. Jahrhundert v. Chr.

306   In Prima Porta wurde 1863 im Haus der Livia dieses Marmorstandbild des Kaisers Augustus entdeckt, das um 20 v. Chr. entstanden sein dürfte. Heute steht es im Museo Chiaramonti des Vatikan.

307   Dieses kulturgeschichtlich interessante Relief eines römischen Reisewagens ist in die Außenwand der Wallfahrtskirche von Maria Saal in Kärnten (Österreich) eingelassen. In der Nähe befand sich die Römerstadt Virunum.

308   Auf dem höchsten Punkt der Sacra Via steht der im Jahre 81 n. Chr. errichtete Titusbogen, dessen Inschrift und Reliefs an die Siege des Kaisers in Judäa erinnern.

309   Im Jahre 113 n. Chr. wurde die Trajanssäule errichtet, auf deren spiralförmigem Reliefband mit 2500 Figuren die wichtigsten Ereignisse während der Feldzüge des Kaisers gegen die Daker geschildert sind.

310   Die 312 v. Chr. angelegte Via Appia führt durch die prachtvollsten Landstriche der römischen Campagna und erstreckte sich einst bis nach Capua und Brindisi.

311   Die Grabstele von der Via Statilia (heute im Konservatorenmuseum des Museo Capitolini) ist ein typisches Beispiel der römischen Grabmalkunst um die Mitte des 1. Jahrhunderts v. Chr.

312   Das Kolosseum, auch Amphitheater der Flavier genannt, ist das charakteristischste und prachtvollste Bauwerk des alten Rom, das uns erhalten blieb. Erbaut wurde es zwischen 72 und 82.

14 Die Umzeichnung eines pompejanischen Wandgemäldes aus der Zeit Neros zeigt eine Römerin bei der Toilette und spiegelt den Luxus im Haushalt einer vornehmen Familie wider.

Ein so von den Auspizien bestimmter Platz war das *comitium* auf dem Forum. Es war exakt auf die vier Himmelsrichtungen ausgerichtet, auf ihm befanden sich einige der wichtigsten Gebäude Roms. Wenn man danach geht, was in den römischen Kolonien davon übriggeblieben ist, so muß das *comitium* wohl eine halbrunde Form gehabt haben. Dieses Rund leitete sich mit Sicherheit von der Form einer Tribüne, der *rosta,* her, die aus Sitzreihen bestand, auf denen man Platz nehmen und den Rednern zuhören konnte. Die Reste der *rostra,* die heute noch zu sehen sind, stammen aus der Zeit des Augustus. Sie war 24 Meter lang und zehn Meter breit. Während des Römischen Reiches wurde sie gegenüber dem Erdboden um drei Meter angehoben. Die Bezeichnung *rostra* rührt von Zierelementen, den Schiffsschnäbeln (*rostrum* = Schiffsschnabel), der Tribüne her, die von den Schiffen der vor Antium besiegten Latiner als Beute mitgenommen worden waren.

Dank der bevorzugten Lage im Südosten des *comitium* konnten sich die Redner, die diese Tribüne betraten, sowohl an die im *comitium* als auch an die auf dem Forum versammelte Menge richten. Hier sollte ab dem 2. Jahrhundert der Großteil der Versammlungen abgehalten werden, da es die ständig steigende Zahl der Zuhörer besser aufnehmen konnte.

Weltliche und religiöse Versammlungsorte

Ferner gab es von altersher eine andere Tribüne, die den ausländischen Botschaftern vorbehalten war, welche von dort aus den Senatsversammlungen beiwohnen konnten. Es handelte sich dabei um Beschlüsse von höchstem Interesse, da diese Handvoll Senatoren die Verantwortung trug, über das Schicksal eines immer bedeutender werdenden Teils der Bevölkerung des Mittelmeerraumes zu entscheiden.

15 Das Forum des Augustus (hier eine Rekonstruktion) wurde zur Erinnerung an die Schlacht von Philippi (42 v. Chr.) errichtet und war dem rächenden Mars (Mars Ultor) geweiht, ebenso der Tempel in der Mitte des Platzes.

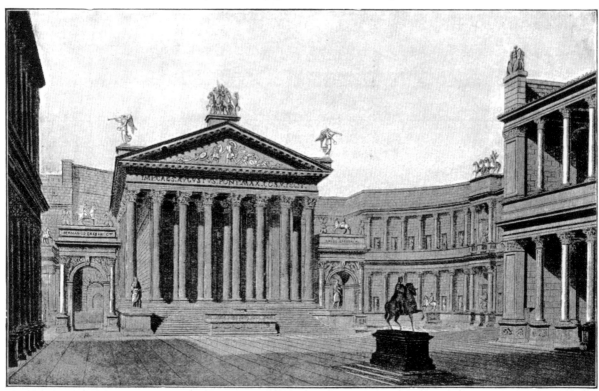

Der gewöhnliche Versammlungsort des Senats war die Kurie. Die erste Kurie war von Tullus Hostilius, dem dritten König Roms, errichtet worden, der dem Gebäude seinen Familiennamen gab, das daher *Curia Hostilia* hieß. Im Jahre 80 v. Chr. wurde sie von Sulla vergrößert, da die Zahl der Senatoren von 300 auf 600 angestiegen war. Es gab noch einen anderen Saal von geringerer Bedeutung, das *senaculum*, das im Westen des *comitium* lag. Das Backsteingebäude, das heute noch existiert, ist die Kurie Cäsars. Damals betrug die Zahl der Patres 900. Die Kurie Cäsars wurde von Augustus vollendet, doch stammt ihr jetziges Aussehen aus noch späterer Zeit, nämlich von einer letzten Instandsetzung zur Zeit Diokletians, die nach einem Brand im Jahre 283 n. Chr. durchgeführt wurde.

Es handelt sich hierbei um ein rechtwinkeliges Bauwerk, dessen Mauern von vier dicken Wandpfeilern abgestützt sind, die als Gegengewicht dienen. Zur damaligen Zeit war die Hauptfassade mit Marmorplatten verziert. Der Innenraum richtete sich nach den von Vitruv, dem berühmten Baumeister des Augustus, empfohlenen Proportionen (dessen zehnbändiges Werk «De architectura» noch Generationen von Architekten anregen sollte): 21 Meter in der Höhe, 18 Meter in der Breite und 27 Meter in der Länge. In der Tat «sollte die Höhe ungefähr der Hälfte der Summe von Breite und Länge entsprechen», damit die optimale Akustik erzielt werden konnte.

Eine Schilderung von Plinius dem Älteren vergegenwärtigt uns auf lebhafte Weise die Kurie auf dem Forum in ihrer alltäglichen Betriebsamkeit. Vor Einführung der ersten Sonnenuhr (anläßlich des Ersten Punischen Krieges im Jahre 263 v. Chr.) wurden die wichtigsten Stunden des Tages von einem öffentlichen Herold verkündet. Dieser stellte sich auf die Stufen der *Curia Hostilia*, und um die Mittagsstunde ankünden zu können, peilte er den Stand der Sonne zwischen *rostra* und der Kurie an.

Die Senatoren waren in Rom Persönlichkeiten von großer Bedeutung: Mit den Komitien (Volksversammlungen) verfügten sie über die effektive Führung im Staat. Im Gegensatz zu den Magistraten, die jedes Jahr ausgewechselt wurden, vertrat der auf Lebenszeit gewählte Senat die Tradition und eine Form der Stabilität.

Ihre Berufung war Pflicht der Zensoren, die die Listen aller ehemaligen Magister der Kurie, der Patrizier und schließlich der Plebejer führten. Eine strenge und hierarchische Ordnung bestimmte die Berufung auf die Leerstellen: Die Patrizier wurden vor den Plebejern, die Älteren vor den Jüngeren eingeschrieben. Die Plebejer bekamen nach der Zeit der sozialen Unruhen im 5. Jahrhundert das Recht, allmählich in den Großteil der Magistrate vorzudringen. Schließlich befanden sich beide Klassen Seite an Seite im Senat, ohne sich jedoch zu vermischen, denn es blieb noch immer eine Anzahl von Vorrechten bei der Benennung zu Gunsten der Patrizier bestehen.

Zwei sehr bedeutende Tempel wurden bereits zu Beginn der Republik am Rande des Forums errichtet: der Tempel des Saturn und der Tempel des Kastor und Pollux.

Mit Sicherheit wurde der Kult der Zwillinge um das 5. Jahrhundert v. Chr. aus Griechenland über die Handelsniederlassung Tarent eingeführt. Die Legende erzählt, daß bei der Schlacht am Regillus-See, bei der sich die Römer und die Latiner, die mit dem von seinem Thron verjagten Tarquinius Superbus verbündet waren, gegenüberstanden, zwei geheimnisvolle Reiter des Weges kamen, die den Römern zum Sieg verhalfen. Dann hielten sie auf die Stadt zu, wo sie ihre Pferde an der Quelle der Juturna tränkten und die Nachricht vom Sieg verkündeten. Sie

16   Das Pantheon (Vedute von Piranesi) wurde unter Agrippa im Jahre 25 v. Chr. gebaut und nach einem Brand unter Hadrian vollständig erneuert.

verschwanden genauso geheimnisvoll, wie sie gekommen waren. Aufgrund dieser Legende wurden sie als die Beschützer der Ritter angesehen, die in Italien wie in Griechenland als Vertreter der Klasse des Adels galten.

Heute sind vom Tempel nur noch drei Säulen am äußersten Ende der ehemaligen *Curia Hostilia* zu sehen. Sie stammen aus der Zeit seines Wiederaufbaus im Jahre 17 v. Chr. Ein neuer Tempel wurde den beiden Brüdern im Jahre 6 n. Chr. geweiht, von dem ein Teil des Podiums erhalten werden konnte.

Der Tempel der Kastoren, wie er von den Römern genannt wurde, die so einen der beiden Zwillinge vorzogen, liefert uns ein gutes Beispiel für das Ineinanderwirken des politischen und religiösen Lebens in Rom. Der Senat kam dort mehrere Male zu Sitzungen zusammen, und an diesem Ort beschloß Cäsar, seine Agrarreform vorzustellen. Die Tribüne wurde ab und zu als Vorstandstribüne der gesetzgebenden Komitien benutzt, die auf dem angrenzenden Platz abgehalten wurden. Ferner weiß man, daß dort auch das Eich- und Vermessungsamt untergebracht war.

In Saturn verehrten die Römer vor allem den mutmaßlichen Gründer einer Stadt auf dem Kapitol. Als Gott der Saat und des Korns, auch gelegentlich des Weines, wurde Saturn schnell mit dem griechischen Gott Chronos in Verbindung gebracht. Die Legende besagt, daß der Gott nach seiner Vertreibung vom Olymp in Italien Unterschlupf suchte, um dort die Segnungen des Goldenen Zeitalters fortdauern zu lassen. Sein Tempel wurde südwestlich der *rostra* mit ziemlicher Sicherheit auf dem Standort eines in Erinnerung an den Gott geweihten Altars errichtet. Er ist wohl bereits zur Zeit des Königreichs begonnen, aber erst zu Beginn der Republik eingeweiht worden und ist der älteste Tempel nach dem des Jupiter Capitolinus. Der Tempel wurde durch einen Brand zerstört – ein völlig normales Schicksal für die zahlreichen Holzbauten der Stadt – und in zwei Abschnitten im Jahre 48 v. Chr. und 283 n. Chr. vollständig wieder aufgebaut. Der heutige Tempel stammt von diesem letzten Wiederaufbau. Anläßlich der alljährlichen Wiederkehr seiner Weihe fanden Feste statt (*Saturnalia*), die für ihre Zügellosigkeit berühmt waren: Es wurde ein Burgfrieden erlassen und die soziale Ordnung für einige Stunden aufgehoben.

Der Concordia-Tempel wurde 367 v. Chr. unter Camillus errichtet, um die Versöhnung zwischen den Patriziern und den Plebejern nach einer der ersten inneren Krisen Roms zu feiern. Als die Patrizier die Tarquinier vertrieben und im Jahre 509 v. Chr. eine aristokratische Republik gegründet hatten, stießen sie sich an dem Wunsch der Plebejer, an den Staatsangelegenheiten teilnehmen zu wollen. Eine Reihe von Reformen, benannt nach Servius Tullius, erlaubte dem Plebs eine zunehmende Einmischung in das öffentliche Leben und machte einem regelrechten Bürgerkrieg ein Ende.

Dieser Tempel, Symbol der wiedergefundenen Einheit, wurde zum ersten Mal von L. Opimius im Jahre 121 v. Chr. nach dem Mord an C. Gracchus restauriert und dann später im Jahre 7 n. Chr. Von ihm sind nur die Schwelle und die Plattform übriggeblieben. Tiberius verwandelte den Tempel in ein Museum, dessen Bestand an Kunstwerken uns durch Plinius den Älteren überliefert ist. Es bewahrte im wesentlichen griechische Skulpturen, die von den wohlhabenden Römern des Reiches hoch geschätzt waren.

Während der Republik versammelte sich dort manchmal der Senat, und in einer dieser Sitzungen hielt Cicero seine berühmte vierte Rede «Gegen Catilina», die über den Tod der im nahen Gefängnis im Tullianum inhaftierten Verschwörer entschied. Dort wurden allgemein die Staatsgefangenen festgehalten, um dann, nachdem sie dem Triumphzug ihres Bezwingers gefolgt waren, erdrosselt zu werden. Dieses Schicksal ereilte auch Jugurtha und Vercingetorix. Die Überlieferung machte aus diesem Ort ferner das Gefängnis des Hl. Petrus, doch scheint dies ein Irrtum zu sein.

Eine Beschreibung hat uns Sallust, der Statthalter von Numidien und Günstling Cäsars, überliefert: «Im Gefängnis gibt es einen Ort Tullianum, ungefähr zwölf Fuß unter der Erde. Er ist von dicken Mauern umgeben und von einer Decke aus Stein überwölbt. Sein Anblick ist abstoßend und erschreckt durch die Einsamkeit, die Dunkelheit und den Gestank.» Coarelli erinnert an den berühmten Ausspruch Jugurthas, der, als man ihn in das Loch stoßen wollte, sich an die Soldaten wandte und bemerkte: «Ziemlich kalt, eure Thermen, Römer!»

Es gab in Rom noch zwei andere Foren, die ursprünglich Zentren des Handels waren und erleben konnten, wie ihr eigentlicher Bestimmungszweck wieder an Bedeutung gewann, als sich der Handel allmählich vom Hauptforum zurückzog.

17 Rekonstruktion des Tempels der Vesta auf dem Forum. In der Mitte des Rundbaus brannte unter einer offenen Kuppel das heilige Feuer, das die Vestalinnen hüten mußten.

Das Forum Boarium

Wenn man die Bedeutung der Lage in Betracht zieht, möchte man meinen, daß es hier bereits vor der Entstehung der Stadt einen Markt gegeben hat. Der Knotenpunkt der beiden Haupthandelswege, des Tiber und der Via Salaria (Salzstraße), die Etrurien und Kampanien miteinander verband, trägt zudem die Spuren griechischer und asiatischer Bevölkerungsgruppen, die dank Keramikfunden identifiziert werden konnten.

Zu jener Zeit war Rom vor allem ein Markt für Landwirtschaft und in zwei Bereiche aufgeteilt: im Norden der Gemüsemarkt, der, wie bereits gesagt, *Forum Holitorium* genannt wurde, und im Süden, in der Verlängerung des Circus Maximus, das *Forum Boarium*, der Viehmarkt. Eines der berühmtesten Gebäude dieses Bereichs ist ein schöner Rundtempel, der völlig unpassend «Tempel der Vesta» genannt wird. Es handelt sich um den ältesten Tempel Roms aus Marmor. Nach Vitruv gibt es drei Arten von Rundtempel:
- den Monopteros-Tempel mit einer einfachen Säulenreihe auf einem Unterbau,
- den Peripteros-Tempel mit einer «cella», die von einem Säulenrund umgeben ist,
- den Anten-Tempel mit einer «cella», die von falschen, halb in die Mauer eingelassenen Säulen umgeben ist.

Dieser Rundtempel von 16 Metern Durchmesser war Herkules gewidmet. Außergewöhnlich an ihm ist, daß trotz der Teilrenovierung unter Tiberius der Großteil der Säulen noch im ursprünglichen Zustand ist. Im Ganzen waren es zwanzig. Der Architekt war ein Grieche, und zwar Hermodoros von Salamis.

Die Entdeckung einer Inschrift bestätigt, daß der Tempel Herkules zugeschrieben werden muß: Die Inschrift trägt den Namen des Gottes Herkules Olivarius und den des Bildhauers, der die Statue geschaffen hatte: Skopas der Jüngere, gleichlautend mit dem des griechischen Meisters. Vermutlich trug der Gott den Beinamen Olivarius, weil der Erbauer des Tempels ein reicher Geschäftsmann war, dessen Schutzpatron Herkules war. Man mag sich wundern, daß ein einfacher Geschäftsmann in der Lage war, sich einen der ersten Marmortempel der Stadt erbauen zu lassen. Aber der Schriftsteller Strabon erinnert uns an die Macht, die die italienischen Händler gegen Ende des 3. Jahrhunderts v. Chr. besaßen, zu einer Zeit, als sie in Delos, einer Stadt, mit der sie fruchtbare Handelsbeziehungen unterhielten, die Agora der Italiker erbaut hatten, einen Platz, auf dem täglich bis zu 10 000 Sklaven gehandelt wurden. Das vermag einen Eindruck von der Macht dieses Standes vermitteln, der an Reichtum und Glanz mit den ältesten Familien des römischen Adels mithalten konnte.

Das Forum Holitorium

Dieser Platz befand sich nördlich vom *Forum Boarium*, von dem es durch die Stadtmauer des Servius Tullius getrennt war. Eigentlich befand er sich außerhalb der Mauer und wurde erst anläßlich der großen Neuorganisation durch Augustus einbezogen, eine Neuordnung, die mit einer Aufteilung in 14 Bezirke endete. Wie sein Name schon sagt, diente der Platz als Gemüsemarkt. Seine archäologische Bedeutung rührt daher, daß sich dort drei Tempel aus der Zeit der Republik befinden, in deren Mitte die Kirche San Nicola in Carcere errichtet wurde. Der Janus-Tempel ist am besten erhalten: Er liegt im Norden, in der Nähe des Theaters des Marcellus. Mit seiner Treppe mißt der Tempel eine Länge von 26 Metern. Es handelt sich dabei um einen ionischen Peripteros, doch ohne die Säulenreihe auf der Rückseite. Er besteht aus zwei Reihen von je sechs ionischen Säulen auf der Fassadenseite und acht auf den Längsseiten. Die Säulen sind aus «Peperino» gebaut, einem aschgrauen Tuffstein, der übrigens noch immer in der Nähe von San Marino abgebaut wird. Dieser Stein sollte sich in der 2. Hälfte der Republik besonderer Beliebtheit erfreuen.

18 Aureus (altrömische Goldmünze) aus den Jahren 14/15 n. Chr. Auf der Vorderseite das von Lorbeerzweigen gekrönte Profil des Kaisers Tiberius.

Janus ist eine der vielfältigsten Gottheiten des römischen Pantheon: Seiner Legende zufolge gelangte er sehr früh nach Latium, wo er eine Stadt gründete. Er war es, der den vom Olymp verjagten Herkules aufnehmen sollte. Als Unterpfand seiner Dankbarkeit verlieh ihm Herkules die Gabe des doppelten Wissens, was durch die beiden Köpfe symbolisiert wird. Man ordnete Janus viele Eigenschaften zu, und nach und nach sah man in ihm den Begründer aller Dinge; dies zeigt sich unter anderem in der Verwendung seines Namens, um den ersten Monat des Jahres zu bezeichnen (Januar = Monat des Janus).
Der zweite Tempel war deutlich kleiner: ein dorischer Peripteros von 25 Metern Länge und 11 Metern Breite. Es handelt sich dabei mit Sicherheit um den Tempel der Spes, der während des 1. Punischen Krieges erbaut wurde. Wie die beiden anderen, ist das heutige Bauwerk das Ergebnis einer Erneuerung im 1. Jahrhundert v. Chr. Der dritte Tempel, der Juno-Tempel, wird heute von der Kirche San Nicola in Carcere überragt. Der ionische Peripteros hatte eine Länge von 30 Metern.

Das Mauerwerk und die römische Bautechnik

Öffentliche Bautätigkeit aus privaten Mitteln

Inschrift auf dem Kleinen Theater in Pompeji:
Gaius Quintius Valgus, Sohn des Gaius, sowie Marcus Porcius, Sohn des Marcus, Duumviri, gaben auf Beschluß der Decurionen den Bau des gedeckten Theaters in Auftrag und führten die Bauabnahme durch.

Inschrift auf dem Amphitheater in Pompeji:
Gaius Quintius Valgus, Sohn des Gaius, sowie Marcus Porcius, Sohn des Marcus, Duumviri Quinquennales der Kolonie, ließen aufgrund der ihnen übertragenen Würde das Amphitheater auf ihre Kosten erbauen und stifteten es ihren Mitbürgern für alle Zeiten.

In der Hauptsache verwendeten die Römer eine Bauweise, die von griechischen und etruskischen Techniken angeregt wurde und deren Grundlage der Backstein war, der trocken und ohne Mörtel verarbeitet wurde. Hatten die Steine eine unregelmäßige Form, sprach man von einem *opus siliceum,* waren die Steine regelmäßig, von einem *opus quadratum.* Der Zusammenhalt der Steine wurde sowohl durch Zapfen und Agraffen wie auch durch das Gewicht der Steine selbst gewährleistet. Diese Bauweise kam erst richtig gegen Ende der Republik zum Tragen, vor allem beim Saturn-Tempel und dem Marcellus-Theater.

Man kann sich leicht vorstellen, daß diese Technik zwei große Nachteile mit sich brachte: Trotz der erstaunlichen technischen Entwicklung der Hebeapparate – die Römer benutzten den Flaschenzug, der es ihnen erlaubte, Steinblöcke von mehreren Dutzend Tonnen Gewicht hochzuziehen – hinterließen die Hebevorgänge und das Zusammensetzen der Blöcke Spuren, denn es war unmöglich, einen Strick um einen Steinblock zu legen und ihn einige Meter hochzuheben, ohne an der einen oder anderen Stelle eine Kerbe, eine Aussparung oder einen Vorsprung einzuplanen, die das gute Greifen garantierten. Was die Zapfen und die Agraffen anbetraf, so hatten diese nicht nur eine Aussparung im Stein zur Folge, sondern auch noch den Nachteil, nicht den Zusammenhalt des Bauwerks gewährleisten zu können, falls es an verschiedenen Punkten zu Erschütterungen kommen sollte. Der Boden, auf dem Roms Architekten arbeiten mußten, zeichnete sich durch extreme Nachgiebigkeit aus, und so mußte die ungleiche Fundamentstiefe der einzelnen Teile eine Rückwirkung auf das Gleichgewicht – und folglich die Widerstandsfähigkeit – des Ganzen haben.

19 *Die Vedute von Piranesi zeigt das Grabmal der Caecilia Metella aus der Zeit des Augustus an der Via Appia. Im 13. Jahrhundert wurde es in eine Burg umgewandelt.*

Sowohl im Hinblick auf die Anregung als auch auf die Technologie unterscheidet sich die römische Baukunst vor Mitte des 2. Jahrhunderts nicht grundsätzlich von ihrem griechischen Vorbild. Und ein Theoretiker wie Vitruv, dessen Werk «De architectura» noch im Mittelalter wie auch in der Renaissance gelesen wurde, hatte das Pech, in einer Zeit von einem griechischen Vorbild auszugehen, in der die römischen Architekten noch weit von ihren originellsten Meisterwerken entfernt waren.

Einer der Gründe für den Aufschwung des römischen Mauerverbands ist in einer technischen Erfindung zu suchen, die ab dem 2. Jahrhundert entwickelt und eingesetzt wurde und die man *opus caementicum* oder Gußmauerwerk nannte. Bei diesem Verfahren bedarf es einer Bretterverschalung, in die man Mörtel einlaufen läßt; auf diese Mörtelschicht wird eine Schicht aus Stein und Bruchstein gefüllt, und dies solange im Wechsel, bis die gewünschte Mauerhöhe erreicht ist. Obgleich den Römern der Beton und wahrscheinlich auch der Zement im eigentlichen Sinne unbekannt waren, besaßen sie mit dieser Technik eine besonders wirksame Methode, einen soliden Rohbau herzustellen.

Diese Technik war nicht nur in der Ausführung besonders schnell, sondern außerdem noch überaus wirtschaftlich, da man dazu Abfallsteine benutzen konnte. Die Mauer wurde anschließend mit kleinen Bruchsteinen oder Backsteinen verkleidet. Diese Technik ermöglichte es, Bögen und Gewölbe von großer Tragfähigkeit zu errichten.

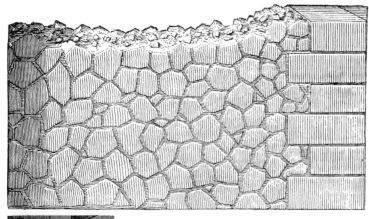

20 + 21 Zwei Arten des römischen Mauerbaus. Oben das opus incertum (3./2. Jahrhundert v. Chr.), gebildet von einem Kern von Bruchsteinen, darunter das opus reticulatum (Mitte des 1. Jahrhunderts v. Chr.), bei dem der Kern von einem regelmäßigen Steinnetz verkleidet wurde.

22 Grundriß des Pantheons in einer Vedute von Piranesi. Es ist der größte antike Kuppelbau und das einzige noch vollständig erhaltene Gebäude aus dem alten Rom. ▶

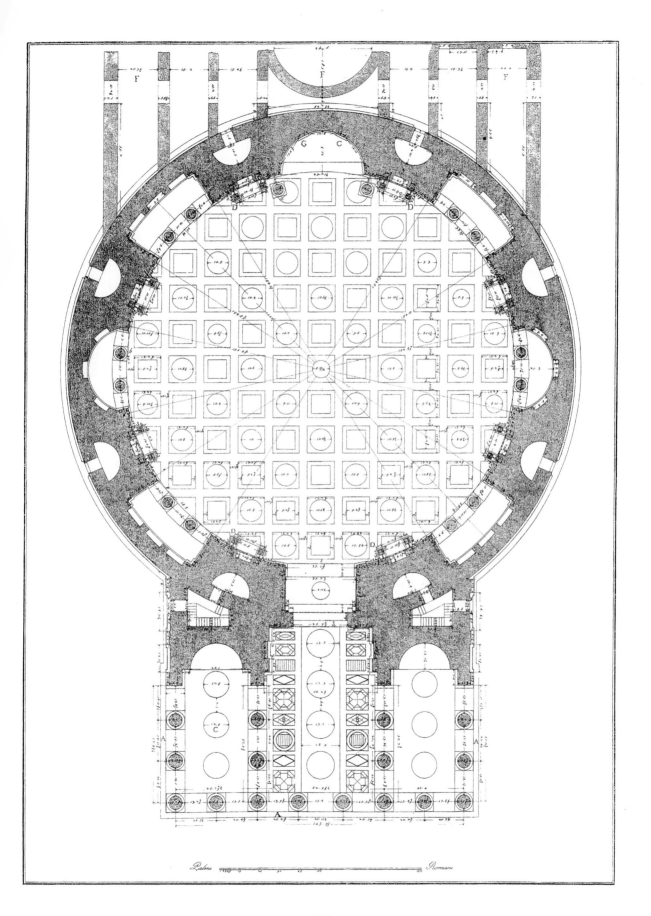

23   Der Innenraum des Pantheons (hier in einer Vedute von Piranesi) erhält sein einziges Licht durch eine Öffnung in der Kuppel. In den altarförmigen Nischen standen einst die Götterstatuen.

Die Mauerverkleidung, die dazu diente, die Gußmörtelwand zu verdecken, wechselte je nach Epoche. Es sind vor allem zu erwähnen:
- *opus incertum*, bestehend aus kleinen, unregelmäßigen Bruchstücken, die eines neben das andere gesetzt sind;
- *opus reticulatum*, bestehend aus kleinen, rautenförmigen Steinblöcken, die ein Maschennetz bilden, die am häufigsten benutzte Form zur Zeit Kaisers Augustus. Ihr voraus geht ein fast identischer Mauerverband, der jedoch weniger ausgearbeitet ist, das *opus quasi reticulatum*;
- *opus latericium*, dabei handelt es sich um einen Mauerverband aus leicht zu verarbeitenden Backsteinen, auf denen man leicht verschiedene Putzschichten und Zierplastiken anbringen konnte. Der Gebrauch des Backsteins spielte vor allem ab dem Kaiserreich eine entscheidende Rolle;
- *opus mixtum*, dabei handelt es sich um eine Mischung der beiden vorausgegangenen Verblendungen aus Stein und Ziegel. Diese Methode war während der ganzen Kaiserzeit sehr verbreitet.

Die annähernden Daten, an denen die verschiedenen Techniken auftauchten:

opus quadratum: 8. Jahrhundert v. Chr.
opus caementicum: Ende 3. Jahrhundert v. Chr.
opus incertum: Ende 3. Jahrhundert v. Chr.
opus reticulatum: Mitte 1. Jahrhundert v. Chr.
opus quasi reticulatum: Mitte 1. Jahrhundert v. Chr.
opus latericium: Mitte 1. Jahrhundert v. Chr.
opus mixtum: Mitte 1. Jahrhundert n. Chr.

So bedeutend die verschiedenen Mauerverblendungen auch sein mögen (ein Bereich, in dem die Römer eine unbestrittene Originalität an den Tag legten), stützt sich die römische Baukunst doch auf zwei andere grundlegende Erfindungen: die Technik des Gußmauerwerks und die Anwendung des Gewölbes. In diesem Zusammenhang sei daran erinnert, daß sich die Römer, in dieser Beziehung kühner als die Griechen, bereits im 2. Jahrhundert v. Chr. auf das Tonnengewölbe besinnen, mit dessen Hilfe man das sehr teure und leicht entzündbare Holzgebälk umgehen konnte. Im Verlauf des 1. Jahrhunderts entstanden dann die Kuppel und die Halbkuppel, bald gefolgt (1. Jahrhundert nach Chr.) vom Kreuzgratgewölbe, d.h. zweier sich im rechten Winkel schneidender Tonnengewölbe.

«Das Zurückweichen des Dachstuhls vor dem Gewölbe entzieht dem tragenden System viel an Bedeutung, das auf der Säule und dem Gebälk begründet war und das die Griechen zur Vollendung geführt hatten. Dennoch ist dieses System so sehr mit der klassischen Tradition verknüpft, daß man sich davor hütet, ganz darauf zu verzichten; doch billigt man ihm nur noch eine im wesentlichen ornamentale Funktion zu. (...) Eine Kombination, die gegen Anfang des 1. Jahrhunderts v. Chr. auftritt und für die römische Kunst charakteristisch wird, ist die Verbindung der Säule mit ihrem Gesims; das *tabularium*, dessen Fassade das Forum von der Höhe des Kapitols überragt, verfügt über eines der ältesten Beispiele (78 v. Chr.)» (G.C. Picard).

Säulenhallen und Basiliken

Das 2. Jahrhundert v. Chr. ist in der Geschichte der Urbanisierung Roms von der Einführung der Säulenhallen und ihrem Nutzen für die Allgemeinheit gekennzeichnet. In Griechenland hatten sich die Kolonnaden als beste Lösung für die zahlreichen städtebaulichen Probleme erwiesen. In Rom wurden die ersten im Hafenviertel und auf dem Marsfeld errichtet. An dieser Stelle fand auch mit Sicherheit der erste Versuch statt, eine geschlossene Ladengalerie einzurichten, die von Geschäften und Werkstätten gesäumt war.
Einige Jahre später wurde auf Initiative von Cato auf dem Forum die erste Basilika erbaut. Der Name dieses Bauwerks, das in der Geschichte der sakralen Architektur eine bedeutende Rolle spielen sollte, stammt von einem griechischen Gebäude, der Basilika Stoa, einer großen Säulenhalle in Athen, ab. Von diesem Bauwerk kennen wir nur den Namen, denn es ist nichts davon erhalten geblieben.
Die Griechen bezeichneten mit «Basilika» einen großen hypostylen Saal, dessen Innenraum von Säulenreihen aufgeteilt war, wodurch eine bestimmte Zahl von Schiffen und Gewölbejochen gebildet wurde, die je nach Größe des Gebäudes variierte. Die Basiliken verbreiten sich schnell im ganzen Mittelmeerraum. Im griechischen Orient und besonders in Makedonien war es nicht selten, daß ein Herrscher ein Gebäude dieses Typs der Öffentlichkeit oder den Prozeßführern zur Verfügung stellte.
In Rom verwandelte sich die Säulenhalle in einen geschlossenen Saal, der als Unterkunft für die Tribunen diente. Die Richter hatten ihren Sitz auf einem der erhöhten Podeste am äußersten Ende des Gebäudes. Nach und nach hob man diesen Teil durch eine Apsis etwas hervor.

Farbabbildungen

329   Der gewaltige Rundbau der Engelsburg wurde im Jahre 135 unter Kaiser Hadrian als Mausoleum für ihn selbst und für seine Nachfolger begonnen und dient heute als Museum.

330   Dem römischen Hafengott Portunus war dieser rechteckige Tempel aus dem 1. Jahrhundert v. Chr. geweiht. Der ionische Bau steht in der Nähe des Tiber und wurde im 9. Jahrhundert in eine Kirche umgewandelt.

331   Auf dem Forum Roms erhebt sich der Tempel des Antoninus und der Faustina, den der Kaiser zu Ehren seiner vergöttlichten Gemahlin nach deren Tod im Jahre 141 errichten ließ.

332   Griechischen Originalen des 5. Jahrhunderts v. Chr. nachgebildet sind die Statuen am Rand des Canopus im Garten der Hadrians-Villa (Tivoli). Hier die Amazone des Phidias und der Kriegsgott Ares.

333   Blick auf den Canopus, ein künstlich angelegtes Tal mit Kanal im Garten der Hadrians-Villa. 125–135 errichtet, ist sie die größte und am schönsten ausgestattete kaiserliche Villa des römischen Weltreichs.

334   Das antike Ostia war der Hafen Roms und zugleich eine große Handelsstadt. Von ihrem Glanz zeugen noch die herrlichen Mosaiken in den Thermen des Neptun aus dem 2. Jahrhundert.

335   Im Haus der Livia auf dem Palatin hat wahrscheinlich auch ihr Gemahl, der Kaiser Augustus, selbst gelebt. Der Empfangsraum (Tablinum) ist mit Fresken im pompejanischen Stil ausgeschmückt.

336   Der Palazzo dei Conservatori in Rom birgt in seiner «Sala della Lupa» das Wahrzeichen der Stadt, die Kapitolinische Wölfin, eine etruskische Bronzeplastik vom Beginn des 5. Jahrhunderts v. Chr.

Dadurch entstand zwar eine erhebliche Veränderung des ursprünglichen Grundrisses, gleichzeitig jedoch die Grundform der christlichen Basilika.

Zu einer Zeit, als man die griechische Architektur genau kannte und sich ihr Einfluß allmählich bei allen Gebäuden bemerkbar machte, zerstörte im Jahre 214 ein Brand einen Teil des Forums. Bei seinem Wiederaufbau beschloß man, auf Kosten des Staates die erste Basilika zu errichten. Sie diente als eine Art gedecktes Forum, das Schutz vor den Unbilden der Witterung sowie der Sonne bot, und wurde rasch ein geschätzter Ort für Spaziergang und Versammlung.

Vitruvs Vorschriften für die Basilika waren folgende: «Ihre Breite darf nicht weniger als ein Drittel und nicht mehr als die Hälfte ihrer Länge messen, es sei denn, die Beschaffenheit des Geländes erfordert es. Wenn der Platz sehr langgestreckt ist, muß man an jedem Ende ‹Chalkidien› errichten [Chalkidien waren Säle an den beiden Enden des Gebäudes, um das restliche Gelände zu nutzen]. In der Länge ist das Gebäude in drei Teile geteilt, und die Seitentrakte, die Säulengänge, dürfen in der Breite nur ein Drittel des Mittelteils messen. Die Höhe der Säulen muß dieser Breite entsprechen. Der untere Säulengang wird von einem zweiten überragt, dessen Säulen um ein Viertel niedriger und untereinander mit einer erhöhten Balustrade verbunden sein müssen» (*De architectura*).

Diese erste Basilika, die von Cato erbaute Basilika Porcia, existiert nicht mehr. Die zeitgleiche Basilika Aemilia befindet sich dagegen noch an der Nordseite des Forums. Sie wurde im Auftrag von zwei Zensoren im Jahre 179 v. Chr. errichtet und mehrfach restauriert. Die Fassade, die sich zum Forum hin öffnete, bestand aus zwei übereinanderliegenden, auf Wandpfeilern errichteten Arkadenreihen aus Halbsäulen. Nach der ersten Renovierung wurde der erste Säulengang durch eine elegantere Kolonnade ersetzt, von der drei Säulen aus Granit rekonstruiert werden konnten.

Wie die Basilika Aemilia an der Stelle der *tabernae novae*, wurde auch die Basilika Sempronia auf einem Teil der *tabernae veteres* erbaut. Ersetzt wurde sie durch die Basilika Julia, im Jahre 54 unter der Herrschaft Cäsars begonnen und erst unter Augustus fertiggestellt. Sie ist eine echte Vertreterin der klassischen Basilika und sollte den Architekten als Vorbild dienen.

Man erkennt an ihr die Verwendung des Ziermotivs in Form eines Bogens mit zwei Halbsäulen. Sie war die größte römische Basilika vor den Kaiserforen. Mit ihrem Bau wurde im Jahre 54 begonnen, also zur selben Zeit, wie die Renovierung der Basilika Aemilia erfolgte. Sie brannte nach der Renovierung durch Augustus ab und wurde beim Wiederaufbau den Adoptivsöhnen des Kaisers, Gaius und Lucius, geweiht, behielt jedoch ihren früheren Namen. Nach einem zweiten Brand wurde sie von Diokletian erneut aufgebaut.

Trotz der zahlreichen Restaurierungen ist es gelungen, den großartigen Grundriß zu rekonstruieren; die Haupthalle bestand aus fünf Schiffen, der Gesamtbau maß 82 Meter in der Länge und 18 Meter in der Breite. Auf allen vier Seiten war er von zwei Säulenhallen umgeben. Dort, im Freien, wurden die Versammlungen des Gerichts der *centumviri* abgehalten.

Um private Streitigkeiten zu schlichten, gab es ständige Gerichtshöfe, bestehend aus 105 Mitgliedern mit je drei aus jedem Stamm, die für die Angelegenheiten der Erbfolge und des Eigentums zuständig waren, oder das Gericht der *decemviri*, das sich aus zehn, von den Tribunen ernannten und dann gewählten Mitgliedern zusammensetzte und für Verfahren zuständig war, die die Freiheitsrechte der Menschen betrafen.

24   Die Cestius-Pyramide ist das Grabmal für den im Jahre 43 v. Chr. gestorbenen Prätor und Volkstribun Gajus Cestius. Rechts ein Zinnenturm der antiken Porta Ostiensis (heute: Porta S. Paolo). Vedute von Piranesi.

Die Basilika des Maxentius wurde an der Stelle eines Salz- und Pfefferladens, *horrea piperataria* genannt, erbaut. Lange Zeit war sie nur unter dem Namen «Friedenstempel» bekannt. Die Ruinen sind bemerkenswert: Das Gebäude bedeckte eine Grundfläche von 100 × 65 Metern und muß wohl 35 Meter hoch gewesen sein. Die Basilika war im Backsteinmauerwerk erbaut und mit einem Kreuzgratgewölbe versehen: die drei Kirchenschiffe wurden von vier riesigen Pfeilern gestützt, die von Säulen flankiert waren.
Als Konstantin dem von ihm besiegten Maxentius im Jahre 312 auf den Thron folgte, sorgte er dafür, daß die von seinem Vorgänger begonnene Basilika, wenn auch mit kleinen Abänderungen, fertiggestellt wurde. Die Fassade, die ursprünglich nach Osten, d.h. nach dem Kolosseum, ausgerichtet war, blickte nun auf die Via Sacra. Konstantin ließ eine Säulenhalle mit vier Säulen aus Porphyr errichten (die übrigens noch heute existiert), mit einer Treppe, die den Höhenunterschied zwischen der Via Sacra und der Via Velia ausgleichen sollte.
Interessanterweise wurden die angewendeten Konstruktionstechniken zum Bau der kaiserlichen Thermen, die oft auch «Basiliken» genannt werden, wieder aufgegriffen. Dies trifft in besonderem Maße für die Thermen des Caracalla und des Diokletian zu, einer typischen Konstruktionsweise, die bemerkenswert gut erhalten ist und von Michelangelo für den Bau der Kirche Santa Maria degli Angeli verwendet wurde.
In der Westapsis der Thermen war ein monumentales Standbild des Kaisers Caracalla aufgestellt, das erst 1487 entdeckt wurde. Diese Art Standbild wird Akrolith genannt, d.h. eine

Statue, an der nur der Kopf, die Arme und die Beine aus Marmor, der Rest aller Wahrscheinlichkeit aus vergoldetem Marmor bestanden. Diese Fragmente können heute im Hof des Gesandtenpalastes besichtigt werden. Der Kopf alleine mißt bereits 2,60 Meter. Daran läßt sich die Größe der gigantischen Statue ersehen.

«Der Bau ist nur deshalb erwähnenswert, weil Maxentius bei diesem Gebäude mit der Tradition der herkömmlichen Basilika bricht und die großen Thermensäle zum Vorbild nimmt. An die Stelle einer hölzernen Kassettendecke trat eine steinerne Wölbung, deren Kämpfer vor der starken Mauer auf Wandsäulen aufliegen. Als viele Jahrhunderte später, zu Beginn der Hochrenaissance, die alte vatikanische Basilika durch die größte Kirche der Welt ersetzt werden sollte, hat Michelangelo in seiner Konzeption von St. Peter gewissermaßen die Basilika des Konstantin durch die Kuppel des Pantheons überhöht» (Pierre Grimal).

Die Basilika Sempronia, die sich über ehemaligen Privathäusern erhebt, setzt die vom Tempel der Kastoren ausgehende Linie der Bauwerke fort. Sie trägt dazu bei, die Hauptfluchtlinie des Forums mitzugestalten, das in zunehmendem Maße das Aussehen einer echten hellenistischen Agora erhielt.

Die letzte Gottheit, die zum Forum Zutritt fand, war Cäsar selbst, dessen Körper (nach dem Mord an den Iden des März) von der Menge nahe der Regia am äußersten Ende des Platzes verbrannt worden war. An der Stelle des Scheiterhaufens errichtete man eine Marmorsäule und einen Altar. Die Römer waren davon überzeugt, daß der Mensch nach dem Tod eine Art Gottheit wurde, und zwar mit gutem Grund, wenn dieser Mensch, wie Cäsar, zu seinen Lebzeiten solche Erfolge davongetragen hatte, daß er bereits vorher zu einer Art Held oder Halbgottheit geworden war. Das römische Volk schätzte und liebte Cäsar. Octavian, der die Nachfolge seines Adoptivvaters angetreten hatte, ließ ihm, der inzwischen bereits eine Art Gott geworden war, einen Tempel errichten: den Divus-Julius-Tempel, erbaut gemäß der römischen Tradition, d.h. auf einem Podium, wobei der vordere Teil gekrümmt war, so daß sich der Platz für einen Andachtsaltar ergab. Somit war nun auch die vierte Seite des Platzes geschlossen. Octavian, später zum Augustus ernannt, beabsichtigte seinerseits, nach dem Vorbild seines Vorgängers eine vollkommen symmetrische Anlage zu realisieren. Bereits im Jahre 42 v. Chr. anläßlich des Sieges bei Philippi geplant, zog sich das Unternehmen bis ins Jahr 2 v. Chr. hin. Die Nordostmauer (noch vorhanden) weist eine seltsame Asymmetrie auf, und man darf annehmen, daß der römische Staat hier aufgrund der unvermeidlichen Enteignungen auf einigen Widerstand stieß. Sehr darauf bedacht, seinen Ruf als liberalen Monarchen zu wahren, zog es der Kaiser vermutlich vor, den Gesamtplan zu opfern, als auf Zwangsmaßnahmen zurückzugreifen.

«Da aber der Tempel eine Apsis enthalten sollte, mußte der Architekt geschickt diese Asymmetrie zu verbergen wissen, und zwar so, daß sie unter keinen Umständen im Inneren des Forums zu bemerken war. Er machte sogar aus der Not eine Tugend, indem er durch die mit Türen aufgelockerten Mauern auf den Seiten des Tempels, den er schräg stellen mußte, die Bewegung der Exedramauer wiederherstellte» (G.C. Picard).

Unter dem Kaiserreich unterlag das Forum Cäsars praktisch keinerlei Veränderungen, und der mit einigen Säulen und Bögen angereicherte Platz behielt im wesentlichen das Aussehen, das ihm die Architekten der Republik verliehen hatten.

Monumentale Tore und Triumphbögen

25   Der Silberdenar wurde 44 v. Chr. geprägt und zeigt auf der Vorderseite das Profil des Antonius. Der Schleier um den Kopf ist ein Zeichen der Trauer um den im selben Jahr ermordeten Cäsar.

Die Tore und Triumphbögen, die nur sehr selten bei den Griechen zu finden sind, welche mehr Wert auf die Grundlagenforschung als auf die technische Ausführung legten, erfreuten sich bei den Römern größter Beliebtheit. Diese architektonische Form kann als Ausprägung des politischen Lebens des Stadtstaates angesehen werden, da sie nur zu einem besonders wichtigen Anlaß Verwendung fand, den man mit der gebührenden Feierlichkeit begehen wollte.

Der Triumphbogen ist religiösen Ursprungs: Bei der Rückkehr von einem Feldzug mußten die Soldaten ein heiliges Tor (*fornix*) passieren, da man glaubte, daß sie dadurch von der zerstörerischen Kraft, die sie im Feld mit sich trugen, befreit würden. Später erhielt dieses Ritual eine persönliche Bedeutung, denn es wurde das Symbol des Sieges eines einzelnen Mannes, des Imperators, über den Rest der Menschheit. Und da sich eine Tendenz zur Personalisierung, zum Personenkult abzeichnete, feierte man von nun an immer mehr den Menschen statt des Sieges.

Der Triumphzug führte nun unter diesen Bögen hindurch, und der Wunsch, so lange wie möglich ein sichtbares Andenken an diesen Augenblick des Ruhmes zu bewahren, der politisch von großer Bedeutung war, bewirkte, daß sich der *fornix* nicht länger als provisorischer Holzbau darstellen ließ, sondern den Status eines Bauwerkes erhielt, das in Stein oder Marmor gearbeitet war. Diese Bögen hatten in der Regel ein oder drei Tore, die von Säulen und Flachreliefs eingerahmt waren und manchmal von Statuen überragt wurden, von denen uns leider nur sehr wenige erhalten geblieben sind.

Zu Beginn lediglich ein Schauspiel, durch das das Volk öffentlich dem siegreichen Feldherrn den Dank für die dem Staat erwiesenen Dienste bekundete, wandelte sich der Triumphzug ab dem Ende der Republik zu einem pompösen Spektakel, zu einer jener großartigen Attraktionen, auf die das müßige Volk so versessen war, und zu einem Kult des Tageshelden. Die militärischen Führer Roms bekundeten so mit immer geringerer Zurückhaltung ihr Machtstreben. Die Feldzüge fern des Mutterlandes waren die bequemste Methode, sich einen Namen zu machen und auf diese Weise eine möglichst «vorteilhafte» Rückkehr vorzubereiten.

Nur die Konsuln, Feldherrn, Prätoren und gegen Ende der Republik einige Legaten konnten vom Senat das Recht erhoffen, einen Triumphzug feiern zu dürfen. Es konnte sich nur derjenige für einen Triumphzug bewerben, der als Feldherr während der Dauer seines Feldzuges mindestens 5000 Feinde getötet hatte. In der Regel mußte der Feldherr, der das siegreiche Heer anführte, auch seine Truppen nach Rom zurückführen. Aufgrund der Ausdehnung des Kaiserreiches und der ständig wachsenden Entfernungen zwischen den Schlachtfeldern und der Stadt Rom war es später jedoch auch erlaubt, die Triumphzüge an Ort und Stelle durchzuführen.

Während der Vorbereitungszeit hatte der Sieger ausnahmsweise die militärische Macht inne, die er zu normalen Zeiten nur außerhalb der Stadt ausüben konnte. Er versammelte seine Truppen auf dem Marsfeld in der Nähe der Tempel der Bellona und des Apollo.

Am Festtag formierte sich der Geleitzug mit dem vollständigen Senat an der Spitze, begleitet von den Magistraten und den Notablen der Stadt, die von Liktoren vor der zudringlichen Masse abgeschirmt wurden. Dann folgten die Hornbläser (*tubicines*) und die Kriegsbeute, die einen ausgesuchten Platz einnahm. Unter dem Kaiserreich verwandelte sich dieser Teil des Zuges zu einer richtiggehenden Theaterbühne mit Nachbildungen der Festungen, die gestürmt worden waren und die nun als verkleinerte Modelle mitgeführt wurden, mit Waffen und Fahnen als Trophäen oder sogar Bildern, die bestimmte Szenen der Schlacht darstellten. Dann folgten die Sklaven, die Tafeln mit den Abbildungen von den wichtigsten Heldentaten des Siegers trugen sowie Statuen, die die durchquerten Wasserläufe und Städte personifizierten; schließlich folgten die Beuteschätze und die in Ketten gelegten Gefangenen, in der Regel Fürsten, Feldherrn und Würdenträger des besiegten Landes, deren Rang das Ansehen desjenigen vermehrte, der sie in diesen erbarmungswürdigen Zustand versetzt hatte. Die Weihepriester gingen dem Siegreichen voran, der sich in einem herrlichen Wagen, gezogen von vier Pferden, näherte.

Der Triumphzug Sullas – um ein Beispiel zu nennen – dauerte zwei volle Tage, der von Aemilius Paullus nach seinem Sieg über Perseus drei Tage, so bedeutend war die eroberte Beute und so zahlreich die mitgebrachten Gefangenen. Nach Octavian, der seinen Sieg über Antonius feierte, wurde das Recht auf den Triumphzug für die Kaiser erblich.

Auf der Velia, dem kleinen Hügel, der den Palatin und den Esquilin miteinander verbindet, wurde beim Tode Titus' ein Triumphbogen zu seinem Andenken errichtet. Als ältester Sohn des Kaisers Vespasian hatte Titus nur von 79 bis 81 n. Chr. regiert, aber er hat diese kurze Regierungszeit genutzt, um Jerusalem im Jahre 79 im Sturm zu erobern und so dem Palästina-Feldzug ein Ende zu setzen, den sein Vater seit 66 geführt hatte. Der Titusbogen stellt eine Art posthumer Ehrerbietung an den Sieger dieses Feldzuges dar.

Der Bogen, wie man ihn heute bewundern kann, war Gegenstand einer von Valadier 1888 durchgeführten Renovierung, wie es eine neue Inschrift an der Attika des Bogens bezeugt. Auf der anderen Seite des Bauwerks erlaubt eine diesmal antike Inschrift die eindeutige Identi-

26 Altrömische Goldmünze (aureus) aus der Zeit um 120–130 n. Chr. mit dem Profil Kaiser Hadrians auf der Vorderseite.

fizierung. Der Wortlaut ist folgender: «Senatus Populusque romanus divo Tito divi Vespasiani f(ilio) Vespasiano Augusto» («Der Senat und das römische Volk dem göttlichen Titus, Sohn des göttlichen Vespasian, und dem Vespasian Augustus»).

Der Bogen hat nur eine Wölbung von 4,50 Metern Breite und mißt 15,40 Meter in der Höhe und 4,50 Meter in der Tiefe. Ein gemeißeltes Flachrelief an den Eckzwickeln des Gewölbes stellt die Apotheose des Titus dar: Die Seele des Kaisers wird von einem Adler fortgetragen, Allegorie seiner Gottwerdung.

Die Basreliefs sind zu den Meisterwerken der historischen Skulptur zu rechnen. Sie verweisen auf den Triumph Vespasians und seines Sohnes über die Juden. Für die Römer nahmen die Jahre des Feldzuges ein Ende, aber dieser Sieg markierte auf der anderen Seite für die Juden eine der schmerzlichsten Episoden ihrer Geschichte. In der Tat wurde Jerusalem völlig zerstört und der Tempel, das Symbol der geistigen Einheit der in alle Welt verstreuten Juden, dem Erdboden gleichgemacht.

Kaiser Hadrian erbaute auf derselben Stelle einen Tempel, den man Aelia Capitolina, nach dem Namen der Familie Aelius, nannte. Dort ist der triumphierende Titus auf seinem Wagen zu sehen, eine vollkommen mystische Szene, denn wie wir schon bemerkt haben, starb der Kaiser, bevor er den Glanz seines Triumphzuges auf der Via Sacra erleben konnte. Man findet dort auch den Goldleuchter mit den sieben Armen, den Moses fertigen und in den Tabernakel stellen ließ, wie Gott es ihn auf dem Berge Sinai geheißen hatte, den Tisch mit den Zwölf Broten, die jede Woche im Namen der zwölf Stämme Israels niedergelegt wurden, und die Silbertrompeten, die die Feste ankündigten.

«Wir machten in Jerusalem halt. Ich studierte an Ort und Stelle den Plan einer Neustadt, die ich an der Stelle der von Titus zerstörten jüdischen Niederlassung errichten wollte. Wegen des aufblühenden Orienthandels und um Judäa richtig verwalten zu können, bedurfte es an diesem Knotenpunkt einer großen Stadt. Ich stellte mir eine dieser römischen Provinzhauptstädte vor: Aelia Capitolina würde seine Märkte, Badeanstalten und sein Heiligtum der römischen Venus haben. (...) Diese Enterbten zogen ihre Ruinen einer Stadt vor, die alle Möglichkeiten des Verdienstes, der Fortbildung und des Vergnügens bot» (Marguerite Yourcenar, *Die Erinnerungen des Kaisers Hadrian,* Saeculum aureum).

Ebenso berühmt wie der Titusbogen, erhebt sich der Septimius-Severus-Bogen, erbaut im Jahre 203, zwischen den Rostra und der Kurie und beherrscht so das *comitium.* Das Bauwerk umspannt drei Bögen und mißt 20,88 Meter in der Höhe, 23,27 Meter in der Breite und 11,20 Meter in der Tiefe. Man hatte vermutlich über zwei Treppen zu den seitlichen Arkaden Zugang. Unter dem Hauptbogen führte anscheinend eine Straße hindurch, von der jedoch nichts erhalten geblieben ist. Der Bogen wurde aus Travertin und Backstein erbaut und zur Gänze mit Marmor verkleidet. Er wurde von den Standbildern des Kaisers und seiner Söhne Caracalla und Geta sowie einer Siegesstatue überragt, doch sind all diese Figuren verschollen. Eine lange Widmung zierte einst die beiden großen Seiten des Attikaaufbaus; der Name Getas wurde von seinem Bruder ausgewischt, der ihn hinrichten ließ, um sich die alleinige Herrschaft zu sichern.

Die sehr reiche Ausschmückung umfaßt zwei Gruppen von Elementen. Zum einen holt sie sich ihre Anregungen von den gemalten Tafeln des Feldzuges gegen die Parther und illustriert davon die Ausschnitte, die den Betrachter am meisten zu beeindrucken vermögen. Es handelt sich dabei um vier große Felder von 4 × 5 Metern, die über den seitlichen Gewölben angebracht sind. Man erkennt darauf den Angriff des römischen Heeres, Soldaten, die schweres Kriegsgerät handhaben, und an einer anderen Stelle die Übergabe Edessas. In der Regel findet man diese Art von historischen Berichten eher auf den Triumphsäulen. Es wird sogar die Hypothese vertreten, daß die Bildhauer, die den Septimius-Severus-Bogen entwarfen, von der reichverzierten Marc-Aurel-Säule inspiriert wurden.

Der eher rauhe Ausdruck ohne jede Liebenswürdigkeit, der sich auf den Gesichtern ablesen läßt, gibt ein getreues Zeugnis jener Epoche ab, die ganz und gar auf Krieg ausgerichtet war und das Leben des Stadtstaates völlig der Eroberung, der Konsolidierung und schließlich der Verteidigung eines Kaiserreiches unterordnete, das vorwiegend als Kampffeld für die macht- und ehrbesessenen Familienklüngel diente. Es handelte sich um die ganze brutale Kraft eines «Militärregimes» (der Ausdruck stammt von J.P. Neraidau), die sich auf den Gesichtern und in der Haltung der Gefangenen, die an der Säulenbasis als Schmuck dienen, bemerkbar macht.

Zu der Zeit, als der Konstantinsbogen errichtet wurde, durchlebte Rom, politisch gesehen, eine bewegte Periode: Die Einfälle der Barbaren stellten für die Stadt eine solche Bedrohung dar, daß Marc Aurel beschloß, eine neue Befestigungsmauer um Rom zu errichten. Sie ist heute noch zu sehen. Beim Konstantinsbogen handelt es sich um eine dreibogige Anlage im neoklassischen Stil und von nicht geringer Eleganz. Das Ganze erinnert in der Ausschmückung der Fassade wie in den freistehenden Säulen auf hohen Sockeln an den Septimius-Severus-Bogen. Der Konstantinsbogen gedenkt des Sieges über Maxentius (312) nach der Schlacht an der Mulvischen Brücke, bei der dieser den Tod fand.

Besonders typisch für die künstlerische Atmosphäre dieser Epoche ist, daß die Skulpturen, die den Bogen schmücken, aus verschiedenen «Bruchstücken» älterer Monumente Roms (aus der Zeit Trajans, Hadrians oder Commodus') bestehen. Die Architektur war in Wirklichkeit allzu unbedeutend geworden, als daß man sich noch die benötigten neuen Ziegel verschaffte. Auf der anderen Seite besaß niemand mehr die künstlerischen Fähigkeiten, die nötig gewesen wären, um den bildhauerischen Schmuck eines öffentlichen Gebäudes zu Ende zu führen. Aus diesem Grund wurden die großen Bauwerke des 2. Jahrhunderts geplündert. Dieser zerstörerische Brauch lebte noch bis weit ins Mittelalter hinein.

Die Nordfassade verdient genauer betrachtet zu werden: Es sind Statuen von vier dakischen Gefangenen zu sehen, wahrscheinlich Überreste eines Trajan zu Ehren errichteten Bauwerks, die jedoch dem typischen Geschmack des 4. Jahrhunderts angepaßt sind. Die Statuen stehen auf einem großen Sockel, der von einem Gesims getragen wird. Die vier Flachreliefs zwischen den vier Statuen stammen aus dem 2. Jahrhundert. Zusammen mit den im Konservatorenpalast ausgestellten Reliefs gehörten sie zu Marc Aurel zu Ehren errichteten Bauwerken. Dessen Kopf wurde durch den Kaiser Konstantins ersetzt. Von links nach rechts erkennt man den von der personifizierten Via Flaminia empfangenen Marc Aurel bei seiner Rückkehr aus Germanien, wo er siegreich gekämpft hatte, seinen Triumphzug, die Verteilung von Brot und Geld an das Volk (eine gegen Ende des Kaiserreiches übliche Zeremonie) und schließlich die Befragung eines gefangengenommenen Königs.

Die vier Medaillons, die sich zwischen die Reliefs einfügen, behandeln die Jagd, eine aus dem Orient stammende Sportart, die ganz besonders von Kaiser Hadrian geschätzt wurde. Ihm war das Bauwerk geweiht, von dem die Medaillons entwendet wurden. Von links nach rechts sind zu unterscheiden: die Wildschweinjagd und das Opfer an Apollo, den Gott der Natur, der das Wild erschaffen hat. Dann eine Löwenjagd und das Opfer an Herkules, den Gott, der zu diesem Anlaß mit einem Löwenfell geschmückt ist. Die anderen Plastiken aus dem 4. Jahrhundert sind künstlerisch von geringer Bedeutung und illustrieren die Herrschaft Konstantins.

Das Kompositionsschema der Südostfassade ist identisch mit der anderen. Oben befinden sich vier Flachreliefs, die zur selben Serie wie die im Konservatorenpalast und auf der anderen Seite des Bogens gehören. Rechts ist der Kaiser zu sehen, wie er sich an die Armee wendet, und eine Opferszene. Auf den vier Medaillons sind der Aufbruch zur Jagd und das Opfer an Silvanus, den Gott des Waldes, dargestellt, ferner die Bärenjagd und das Opfer an Diana, die Göttin der Jagd.

In der Nähe des Septimius-Severus-Bogens gab es einen von Titus erbauten und von Konstantin renovierten Brunnen. Er hatte die seltsame Form eines Trichters, durch den das Wasser wie Schweiß tropfte. Dieser Brunnen wurde 1936 endgültig zerstört.

Diese Stadtskulpturen zählen zu den berühmtesten der Antike. Sie zeugen von einer klassischen Ästhetik, obgleich sie einem ungleich weniger strengen Kanon zu gehorchen hatten als die des Augusteischen Zeitalters. Aufgrund der hohen Qualität seiner Kunstwerke kann der Konstantinsbogen als eine regelrechte Sammlung der offiziellen Skulptur Roms angesehen werden.

Das Forum Cäsars

Ein neues Forum, das sich in seiner Konzeption von den früheren unterschied, entstand zu der Zeit, als Cäsar den Feldzug gegen die Gallier anführte. Seine Gestaltung sollte die späteren Bauwerke der Stadt nachhaltig beeinflussen und den Anfang einer regelrechten Revolution in der Architektur einläuten. Dieses Projekt entstand aus dem Bedürfnis der Römer, den Rahmen des Stadtlebens und besonders des öffentlichen Lebens zu erweitern.

Das Forum Cäsars war von quadratischer Grundfläche und an drei Seiten von Säulengängen abgeschlossen. An der vierten Seite befand sich ein Venus-Tempel. Es ist nicht ausgeschlossen, daß Cäsar die Absicht hatte, eine Agora, wie er sie bei seinen Feldzügen kennengelernt hatte, zu errichten.

Das Forum Cäsars drückt eine politische Denkweise aus: Das öffentliche Leben sollte sich nun nicht mehr unter den Augen des kapitolinischen Jupiter abspielen, sondern unter dem «‹gegenwärtigen› Schutz der Venus, der Schutzherrin der *gens Iulia*, deren mythischer Gründer Aeneas, ein Sohn der Göttin, war. Damit bestätigt das *forum Iulium* den göttlichen Charakter der neuen Herren Roms und kündigt ihre dynastischen Ansprüche an» (Pierre Grimal).

Wie wir bereits gesehen haben, sollte sich Augustus ebenfalls mit dem Bau eines neuen Forums beschäftigen. Es fiel ihm schwer, einzusehen, daß die Stadt einen neuen Bereich benötigte, der ausschließlich dem öffentlichen Leben vorbehalten war, während er sich nur von den Erwägungen des persönlichen Ansehens leiten ließ. Er entschloß sich, diesen Platz um den Tempel des Rachegottes Mars (Mars Ultor) zu errichten, was ihm erlaubte, sich als Rächer seines Vaters darzustellen. Augustus wählte einen Standort nördlich des Cäsarforums, was ihn zwang, Grundstücke zu kaufen, die zu den beliebten Stadtvierteln *argiletum* und *suburba* gehörten. Das «Immobiliengeschäft» zahlte sich – wie wir bereits erfahren haben – nicht aus.

Außerdem beschloß Augustus, den Platz mit Nischen einzufassen, in denen er die Statuen großer Könige der Vergangenheit aufstellen ließ. Sie sollten für die Römer eine Art Band zwi-

27 Das Relief vom Sarkophag des Ammendola bildet eine Kampfszene aus dem Krieg zwischen den Römern und den Galliern Mitte des 1. Jahrhunderts v. Chr. ab.

28 Büste des Gajus Julius Cäsar (100-44 v. Chr.) im Museum Pio-Clementino des Vatikan, benannt nach seinen Gründern, den Päpsten Klemens XIV. (1769-1774) und Pius VI. (1775-1799).

schen der Gegenwart und einer Vergangenheit darstellen, die für viele schon immer einen Idealzustand der Politik und des Lebens ganz allgemein bedeutete.

So konnte sich der Kaiser später einmal rühmen, eine Stadt aus Marmor hinterlassen zu haben, die er einst in einfachem Backstein übernommen hatte. Und in der Tat gestaltete er den urbanen Raum zugleich zur Behaglichkeit und zum Vergnügen seiner Bewohner und zum größten Ruhm des Kaiserreichs, denn Rom sollte allen Provinzhauptstädten als Vorbild dienen, die ebenfalls von nun an ein Kapitol, ein Forum und Thermen erhielten.

Das Forum des Augustus öffnete sich zur Kolonnade hin und schien einen Garten zu umschließen. Augustus legte großen Wert auf Grünflächen und wies in der Zukunft wiederholt die Parzellierung der großen Gärten, die sich wie ein Gürtel um die Stadt schlossen, zurück. Das Vorgehen des Octavian Augustus unterscheidet sich grundlegend von dem Cäsars, da es für ihn von vorrangigster Bedeutung war, die Stadt nach einem rationelleren Plan neu zu gestalten, aber auch das Einvernehmen zwischen dem Volk und den Göttern wiederherzustellen, denen allein es zu verdanken war, daß aus Rom überhaupt das Römische Reich wurde. Bei dieser Aufgabe wurde er von einer Gruppe Intellektueller, allen voran Varro und Livius Titus, unterstützt, die ihm tatkräftige Solidarität bewiesen.

Domitian folgte der julisch-claudischen Tradition und erbaute ebenfalls ein Forum, dessen hauptsächliche Funktion darin bestand, die beiden früheren Foren – das des Cäsar und das des Augustus – mit dem Friedenstempel zu verbinden: Man nannte es daher *forum transitorium* (Durchgangsforum).

Trajan, der Nachfolger, hatte nun schon die Abhänge der Hügel vor sich, und jede Ausdehnung der Stadt nach Norden schien zunächst ausgeschlossen. Mit Hilfe seines Architekten Apollodorus von Damaskus hatte Trajan vor, eine Reihe von städtischen Einrichtungen auf einem einzigen Ort zusammenzufassen. Und da der Quirinal diesem Projekt im Wege stand, beschlossen sie kurzerhand, ihn abzutragen und aus den sanften Abhängen dieses Hügels einen schroffen Felsen zu machen. Auf der Trajanssäule erinnert eine Inschrift daran, daß die Architekten Erdreich in einer Höhe von 38 Metern auf einer Fläche von 210 × 160 Metern abtragen ließen. Wahrlich eine echte Römerleistung!

Der von den Dakern erbeutete Schatz sicherte die Finanzierung der notwendigen Arbeiten zur Errichtung dieses Forums, das in einer originellen architektonischen Lösung verband, was wir heute unter einem Einkaufszentrum, Kulturzentrum und einem Gerichtsgebäude verstehen.

Die Trajanssäule

Sie erhebt sich 30 Meter in die Höhe und erzählt auf ihren 17 mit Skulpturen verzierten Trommeln den berühmten Feldzug Trajans gegen die Daker, einem Volk im Gebiet des heutigen Rumänien. Auseinandergerollt und in gerader Linie gemessen würde diese Spirale eine Länge von 200 Metern erreichen. Man hat darauf 2500 Figuren gezählt, die mit äußerster Feinheit und

29 *Das Relief gibt einen guten Einblick in das römische Alltagsleben. Es ist eine Szene im Fleischerladen: Links sitzt der Inhaber und macht die «Buchführung», rechts zerteilt der Gehilfe das Fleisch, die Waage hängt griffbereit.*

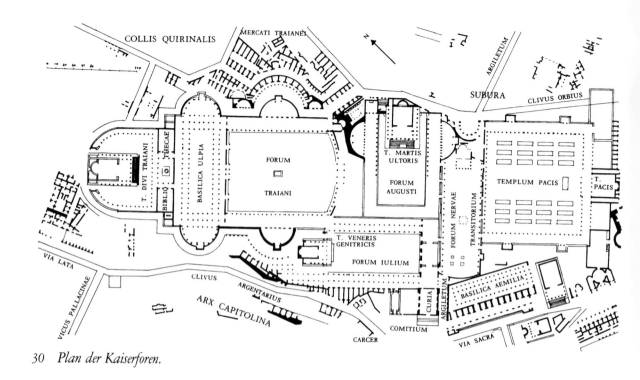

30 Plan der Kaiserforen.

Genauigkeit in den Details gearbeitet sind und aus diesem von Apollodorus von Damaskus entworfenen Monument ein in seiner Art einzigartiges Werk machen, das in der Folgezeit Gegenstand vieler Nachahmungen wurde. Der Durchmesser ist nicht einheitlich. Auf einer Länge von ungefähr zwei Dritteln der Säule ist der Säulenschaft leicht ausgebaucht, um jede Vorstellung von Konkavität, ein häufiger optischer Effekt bei Bauwerken von großer Höhe, zu vermeiden. Außerdem kann man feststellen, daß die Felder und Figuren immer größer werden, je nachdem, wie sehr sich der Standpunkt des Betrachters verändert.

In der Antike waren die Flachreliefs bemalt, und auf der Spitze der Säule erhob sich damals ein Standbild Trajans. Im Jahr 1587 ließ es Papst Sixtus V. durch eine Statue des Hl. Petrus ersetzen, die dort heute noch zu sehen ist. Andererseits erzählt man sich, daß die Trajanssäule, ein heidnisches Bauwerk, niemals von den Christen verunstaltet worden sei, denn man war davon überzeugt, daß die Seele des Kaisers durch die Fürbitten des Hl. Gregorius gerettet wurde.

Von einer auf dem Sockel entdeckten lateinischen Inschrift leiten manche Leute ab, daß ihre Höhe (30 m) die Höhe der Erhebung des Hügels anzeigt, den man zum Bau des Forums abtragen mußte.

Es gab bereits mehrere Bibliotheken, als Trajan die seine erbauen ließ. Da war z.B. die auf dem Friedensforum, die von Asinius Pollio errichtet worden war und einen Anhang des *Atrium Libertatis* bildete. Wie der Großteil der hellenistischen Bibliotheken enthielt sie Galerien, deren Wände von Nischen durchbrochen waren, in denen sich auf Regalen die *volumina*, d.h. Rollen aus Papyros oder Leinen, die in Etuis verschlossen waren, befanden.

Der Trajansmarkt

Um das zu bauen, was man mit einem gewollten Anachronismus ein «Einkaufszentrum» nennen muß, konnte Trajan die gigantischen Einebnungsarbeiten, die den Quirinal verkleinert hatten, für sich nutzen. Der Markt mit seinen beeindruckenden Ausmaßen, dessen zweistöckige Fassade am Fuße des Quirinal ein Halbrund bildet, sollte allen Rundfassaden zu Beginn der Neuzeit als Vorbild dienen. Die untere Terrasse befindet sich auf derselben Ebene wie das Forum.

«Hinter jedem Bogen öffnet sich ein Laden (*taberna*). Über dieser ersten Reihe von Läden verläuft eine Galerie, in die durch eine Reihe von Fenstern das Licht für ähnliche *tabernae* wie im Untergeschoß fällt. Die beiden Stockwerke sind durch Treppen verbunden» (Pierre Grimal). Eine derart komplexe und zweckmäßige Anlage rief Bewunderung hervor. Sie stand in Einklang mit den Zentralisierungsbestrebungen des Kaisers auf dem Gebiet der Wirtschaft. Man muß feststellen, daß der Trajansmarkt im Gegensatz zum *Forum Boarium* wahrscheinlich nicht für den Einzelverkauf bestimmt war. Die Geschäfte waren dort der Befugnis eines hohen Beamten, des Präfekten der *annona* (Naturalabgaben), unterstellt und hatten zum Ziel, die Versorgung der ganzen römischen Bevölkerung zu gewährleisten. Es handelte sich dabei also eher um eine Art Großmarkt.

«Diese Marktanlage Trajans (Mercati di Trajano) zeugt von der blühenden Handelstätigkeit im Rom Trajans, ist aber noch für einen besonderen Aspekt der damaligen Wirtschaft charakteristisch: Vermutlich wollte der Kaiser der Stadt weniger ein großes ‹Kaufhaus› schenken, als vielmehr in einem einzigen Gebäude die bis dahin verstreuten Verteilerstellen der *annona*, die unter staatlicher Kontrolle die Bevölkerung mit Lebensmitteln versorgten, zusammen unterbringen. Tatsächlich hat man neben den *tabernae* ‹Büros› und offenbar für die Überwachung bestimmte Räume festgestellt, von denen aus mit einem einzigen Blick alle Kommenden und Gehenden beobachtet werden konnten. Andererseits ist auch bekannt, daß die kaiserlichen Schatzmeister (*arcarii Caesariani*) auf dem Trajansforum ihre Diensträume hatten. Ihr Auftrag war es, bei den Geschäfts- und Kaufleuten die Steuern einzutreiben, aber auch allen Lebensmittelvorrat für den Staat bei den großen Importeuren einzukaufen. Es ist also wahrscheinlich, daß der Trajansmarkt auch als Magazin für die Aufbewahrung der Lebensmittel diente, die an das Volk verkauft oder manchmal sogar umsonst verteilt werden sollten» (Pierre Grimal).

Farbabbildungen

353 Der gewaltige Bilderfries in der «Villa der Mysterien» in Pompeji ist das größte erhaltene Denkmal antiker Malerei (70–60 v. Chr.). Die Szenenfolge mit der Einweihung in die dionysischen Riten endet in der hier abgebildeten Geißelung.

354 Die Via Stabiana war eine der Hauptstraßen Pompejis. Im Hintergrund der Vesuv, dessen Ausbruch im Jahre 79 n. Chr. in Blitzesschnelle den Untergang der Stadt verursachte.

355 Der Altar des Vespasian-Tempels (1. Jahrhundert n. Chr.) auf dem Forum von Pompeji zeigt auf seiner Vorderseite eine Opferungsszene, möglicherweise das Opfer bei der Einweihung des Tempels.

356 Außenansicht des Amphitheaters von Pompeji, das etwa 70 v. Chr. auf Kosten von zwei Stadtvätern gebaut wurde. Es ist das älteste uns erhaltene Amphitheater.

357 Das Amphitheater bot 20.000 Zuschauern Platz. Gut zu erkennen sind am oberen Rand des Ovals die Logen, die den Frauen vorbehalten waren.

358 Das Forum von Pompeji, im 2. Jahrhundert v. Chr. angelegt, war mit seinen Tempeln und öffentlichen Gebäuden das politische, geistliche, administrative und wirtschaftliche Zentrum der Stadt.

359 Blick auf die Basilika am Forum von Pompeji. Etwa 120 v. Chr. errichtet, diente sie der Rechtsprechung. Sie ist das älteste erhaltene Beispiel für einen neuen Bautypus, der später die christliche Basilika prägte.

360 Ein eintoriger Ziegelbogen mit Statuennischen überspannt den nordöstlichen Eingang zum Forum in Pompeji. Links der Jupiter-Tempel, rechts der Portikus vor der Markthalle (Macellum).

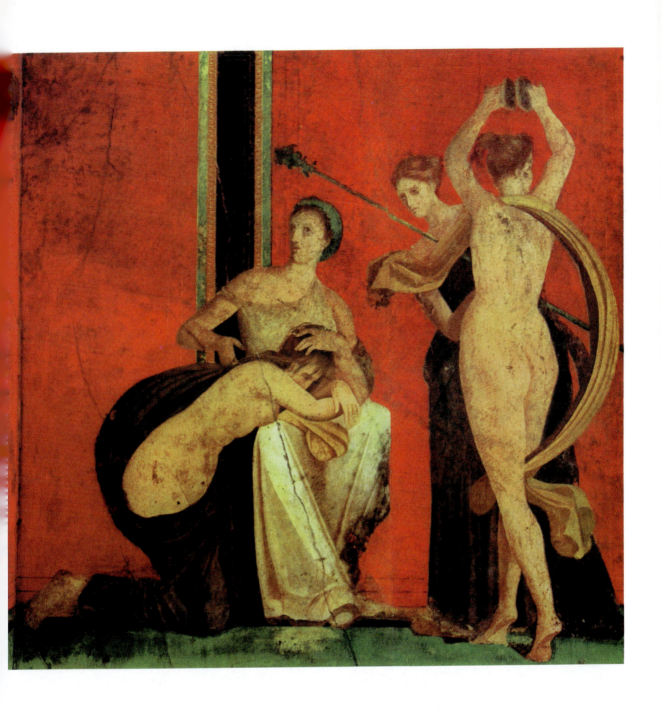

Das Rom der Spiele und der Freizeit

Der Zirkus

In der Vorstellung der meisten Menschen bleibt Rom in allererster Linie die Stadt der Spiele. Allerdings verfügte sie erst sehr spät über Einrichtungen, die ausschließlich den verschiedenen Darbietungen vorbehalten waren.

Zwischen dem Palatin und dem Aventin gab es eine Senke, die *Vallis Murcia* hieß und seit Menschengedenken als Versammlungsort für Prozessionen und Aufmärsche diente. Man hielt dort vor allem Pferderennen ab, die älteste Form der Spiele in Rom. Einige einfache Vorrichtungen machten daraus ab dem 2. Jahrhundert den Hauptversammlungsort des Volkes an Festtagen. Der Zirkus ist ein Viereck, dessen zwei Kurzseiten abgerundet und unsymmetrisch sind. Die Arena war der Länge nach von einer erhöhten Mauer zweigeteilt, der *spina*, die die Rennbahn begrenzte. An ihren beiden Enden waren Begrenzungspfeiler angebracht, die *meta*. Die *spina* war mit Tempeln, Statuen und Pflöcken verziert, von denen einige dazu dienten, die Anzahl der Runden zu zählen. An einer der Seiten befanden sich die Ställe und die Wagenhallen (*carceres*). Die Zuschauer nahmen auf den anderen drei Seiten Platz, die aus Sitztribünen bestanden. Ein Teil davon war für hohe Persönlichkeiten reserviert. In den Galerien befanden sich Geschäfte und die Treppen, die zu den verschiedenen Stockwerken führten.

31 Der Circus Maximus war die größte Arena von Rom und bot anfangs 150 000, später nach dem Ausbau 400 000 Zuschauern Platz. Die Rennbahn war insgesamt 1500 Meter lang.

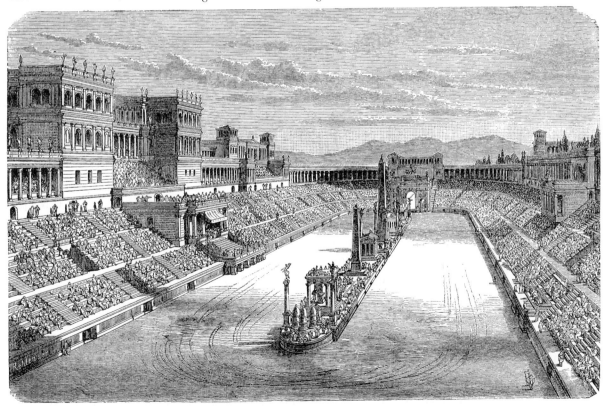

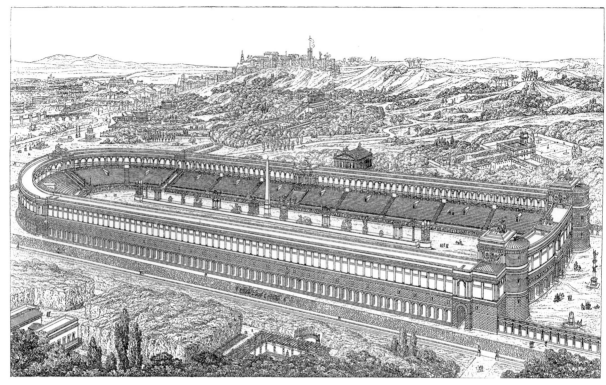

32 Zum Areal des Kaiserpalastes, der unter Caligula und Nero erweitert wurde, gehörte auch ein Hippodrom, der zweite Zirkus der Stadt. Er wurde im 4. Jahrhundert n. Chr. beim Bau der ersten Basilika von St. Peter zerstört.

Der Hauptzirkus, der die Zeit überdauert hat, ist der Circus Maximus, der von Julius Cäsar errichtet wurde und der größte Roms war. Er maß 645 × 124 Meter und konnte vor seiner Vergrößerung 150 000 Zuschauer und danach 400 000 aufnehmen. Die Rennbahn war 1500 Meter lang.

Man glaubt, daß die erste Gründung ein Werk des etruskischen Königs Tarquinius Priscus war. Dann wurde der Zirkus bis zur Zeit Trajans vergrößert, umgebaut, ja sogar jedesmal wieder neu aufgebaut, nachdem er von Bränden zerstört worden war. In der Tat waren viele Teile, besonders die Zuschauertribünen, aus Holz gebaut. Man erzählt, daß unter Antoninus Pius der Einsturz der Holztribünen der beiden oberen Stockwerke den Tod von 1100 Menschen verursacht hat.

Die bedeutendsten Wagenrennen, die in dem Zirkus stattfanden, wurden anläßlich der *Ludi Romani* oder Großen Spiele abgehalten, die vom 4. bis 18. September dauerten. Die Bedeutung dieser Rennen im Leben der Römer stieg immer weiter an, bis sie ihren Höhepunkt in der Mitte des 4. Jahrhunderts erreichte. Zu diesem Zeitpunkt nahmen die vier Mannschaften der Wettfahrer das Verhalten von rivalisierenden Parteien an, und die Rennen verliefen in einer zunehmend gespannten und aufgeheizten Atmosphäre, die manchmal zu Ausbrüchen von Massenwahn ausartete.

Die Parteien waren vier an der Zahl: die *albata*, die *russata*, die *prasina* und die *veneta*, die jeweils durch eine Farbe gekennzeichnet waren, nämlich durch Weiß, Rot, Grün und Blau. Die Zuschauer setzten jeweils auf die verschiedenen Gespanne. Die Rennen unterschieden sich durch die Zahl der angespannten Pferde (die *biga* mit zwei, die *triga* mit drei und die *quadriga* mit vier Pferden). Manchmal gab es sogar Gespanne mit zehn Pferden!

Zur Zeit Cäsars kam es vor, daß man auch andere Spektakel zum besten gab, wie z.B. Hetzjagden (*venatio*) mit Raubtieren oder eine vorgetäuschte Schlacht mit Tausenden von Menschen und Elefanten. «Dazu mußte die herkömmliche Anordnung geändert werden. Cäsar ließ die Arena von einem breiten, mit Wasser gefüllten Graben umgeben, um die Zuschauer vor den Elefanten und den wilden Tieren zu schützen» (P. Grimal).

Auf der *spina* waren zwei Obelisken aufgestellt, der erste von Augustus, der ihn nach der Schlacht bei Actium aus Heliopolis in Ägypten mitgebracht hatte, und der zweite von Konstantin drei Jahrhunderte später. Letzterer stammte aus Theben. Der erste befindet sich heute auf der Piazza del Popolo und der zweite vor der Basilika San Giovanni in Laterano.

Ein zweiter Zirkus wurde im Jahre 221 v. Chr. von dem Zensor C. Flaminius Nepos, dessen Namen er trägt, begonnen. Er wurde auf dem Marsfeld errichtet und gab einem benachbarten Viertel seinen Namen. Dies waren aller Wahrscheinlichkeit nach die beiden einzigen Zirkusse in Rom. Der Zirkus des Vatikan, in dem die Christen gefoltert wurden, war mit Sicherheit nur ein Privatzirkus, den Caligula in seinen Gärten errichten ließ. Er wurde zu Beginn des 4. Jahrhunderts n. Chr. zerstört, um den Bau der ersten Basilika von St. Peter zu ermöglichen.

Das Amphitheater

«In der Republik fanden noch bis zur Zeit Cäsars Gladiatorenkämpfe auf dem Forum statt. Die Errichtung von Bauten für diese Art von Spielen, die der nationalen Tradition eigentlich nicht entsprachen, ließ lange auf sich warten. Die ersten Gladiatorenkämpfe fanden 264 v. Chr. bei den Leichenspielen des Iunius Brutus statt. Die Kämpfe waren ein kampanischer – im eigentlichen Sinn samnitischer – Brauch, eine abgemilderte Form der Menschenopfer, die

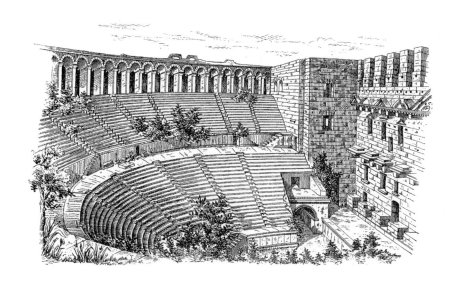

33 Ab 133 v. Chr. wurde Pamphylien in Kleinasien römische Provinz. Eine ihrer bedeutendsten Städte war Aspendos, das seinem Rang gemäß auch ein Theater erhielt.

einst am Grab bedeutender Männer dargebracht wurden. Eineinhalb Jahrhunderte später gab es in Ausnahmefällen bei den öffentlichen Spielen Gladiatorenkämpfe. Die römische Aristokratie scheint dem Geschmack des Volkes höchst ungern entgegengekommen zu sein und ihn, wenn überhaupt, nur unter absichtlich unbequemen Bedingungen befriedigt zu haben» (Pierre Grimal).

Als 29 v. Chr. das erste massive Amphitheater in Rom von Statilius Taurus erbaut wurde, gab es in Pompeji bereits zwei davon. Rom besaß bereits dank Pompeius sein erstes, im Jahre 55 v. Chr. erbautes Steintheater, als der Wunsch, die Gunst des Volkes durch außergewöhnliche Darbietungen auf sich zu ziehen, einen Römer dazu bewegte, ein einzigartiges Experiment zu versuchen. C. Curion war ein römischer Bürger ohne Vermögen, aber von außerordentlicher Begabung. Er wußte sich die Unterstützung Cäsars zu sichern, der ihm die notwendigen Mittel gewährte, die er zur Durchführung eines derart kühnen und raffinierten Projekts brauchte.

Man ließ zwei sehr große Theater aus Holz errichten, die mit der Rückseite gegeneinanderstießen und auf eine riesige Drehachse gesetzt waren. Am Vormittag gab man Theatervorstellungen auf jeder der beiden Bühnen, die einander entgegengesetzt waren, so daß sich die beiden Vorstellungen nicht gegenseitig behinderten. Dann drehte man die beiden Theater, so daß die beiden *cavae* zusammentrafen; man ließ die hölzernen Trennwände der Bühne verschwinden und erhielt so ein Amphitheater, in dem sich die Gladiatoren Kämpfe lieferten, die übrigens weniger gefährlich waren als der Sonntagsspaziergang, zu dem sich die Römer gezwungen sahen, wollten sie an dem Schauspiel teilhaben.

Vier Jahre nach diesem kühnen Versuch ließ Cäsar das erste Amphitheater aus einem Stück, diesmal aus Stein, erbauen. Die elliptische Form des Bauwerks hatte den Vorteil, bei gleicher Oberfläche mehr Zuschauer aufnehmen zu können als das Rund. Andererseits erleichterte das Oval der Arena die Bewegung der Tiere und der Gladiatoren. Das Amphitheater Cäsars bestand aus drei Hauptteilen, die sich in allen späteren Amphitheatern wiederfinden: In der Mitte, wo sich die Gladiatoren bewegten, konnte die Arena mit Wasser gefüllt werden und so den Wasserspielen, den Naumachien, dienen. Die restliche Zeit war dieser Teil mit Sand bedeckt, woher auch sein Name rührt (*arena* = Sand). Caligula und Nero verfielen gelegentlich auf den Gedanken, den Sand durch Goldstaub zu ersetzen!

Das Untergeschoß beherbergte die Käfige für die Tiere sowie die gesamte Apparatur, die notwendig war, um die Arena zu überfluten. Ein mit dem Bildnis des Kaisers geschmücktes *velum* (Segel) war über die Zuschauer auf den Tribünen gespannt und schützte sie so mehr oder weniger vor den Witterungseinflüssen. Die offiziellen Persönlichkeiten nahmen auf einem Podium, einer Art erhöhter Plattform, die sich vor den Zuschauertribünen befand, Platz. Der Zuschauerraum war in mehrere Abteilungen aufgeteilt, die mit Türen versehen waren, die den Zutritt zu den Galerien ermöglichten.

Die Kämpfe wurden immer gegen Tagesende durchgeführt. Ihnen ging ein Aufmarsch, angeführt vom Organisator der Spiele (*editor*), voraus, dem die Kämpfer nachfolgten. Letztere schritten bis zur Tribüne, wo sie den Kaiser grüßten und die berühmten Worte sprachen: «Ave Caesar, morituri te salutant» («Sei gegrüßt, Cäsar, die Totgeweihten grüßen dich»).

In den Kämpfen standen sich in aller Regel Gladiatoren gegenüber, die verschiedenen Kategorien angehörten. Diese Gladiatoren, deren Tod die Menge durch die Wetten, die sie auf die

Kämpfe abschließen konnte, oft in eine entfesselte und aufgeheizte Stimmung versetzte, waren entweder zum Tode Verurteilte oder berufsmäßige Kämpfer, die eigens für diesen Zweck trainiert wurden, oder Kriegsgefangene.

Die verschiedenen Kategorien der Gladiatoren erkannte man an ihren Ausrüstungen. Der Samnite war schwer gerüstet und trug einen Helm, einen langen Schildpanzer, links einen Beinschützer und ein Schwert. Er vertrat die älteste Kategorie der Gladiatoren. Ab Augustus wurde die Gruppe der Samniten in *secutores,* die sich dem *retiarius* stellen mußten, und die *oplomachi,* die mit den Thrakern kämpften, aufgeteilt. Der Retiarius verfügte nur über eine leichte Ausrüstung (Leibriemen, Lendenschurz, Dreizack und Netz, welchem er seinen Namen verdankte). Er vertrat den niedrigsten Rang der Gladiatoren. Der Thraker war mit einem kleinen Rundschild, einem Helm, zwei Beinschützern, einem Armschutz und einem kurzen Rundsäbel bewaffnet. Der Gallier oder Myrmillone benutzte nur wenige Verteidigungswaffen (Helm, Schild, Schwert). Ferner gab es auch Gladiatoren zu Pferd und solche, die einen Wagen lenkten.

Die Zuschauer durften ihre Wetten abgeben, sobald die Kampfgruppen ausgelost waren. Hatten die Kämpfe erst einmal begonnen und kam es dann vor, daß einer der Kämpfer getroffen wurde, schrie die Menge: «Hoc habet!» («Er hat ihn!») Um für den Verletzten Gnade zu erbitten, streckte man die linke Hand in Richtung des Podiums, auf dem sich der Kaiser befand, der schließlich über Gnade oder Ungnade für diesen Menschen zu entscheiden hatte. Doch war es meist der *editor*, der, die Reaktionen der Menge berücksichtigend, die Antwort gab. Zur Begnadigung hob er den Daumen und er senkte ihn, wenn der Tod beschlossen war. Nach einer bestimmten Anzahl von Siegen konnten die Kämpfer ihre Freiheit wiedererlangen; es wird angenommen, daß sie sogar große Geldsummen erhielten und manchmal sogar äußerst gefragte und ehrenvolle Belohnungen.

In den Amphitheatern wurde noch eine andere Art von äußerst grausamen und blutigen Kämpfen abgehalten: die Naumachien. Die ersten fanden unter Nero statt und bildeten die Schlacht von Salamis nach. Außerdem gab es noch Kämpfe zwischen Menschen und Raubtieren und zwischen Raubtieren untereinander. Die Tiere kamen aus Afrika, und man überließ ihnen die zum Tode Verurteilten, allen voran die Christen. Danach betraten Tierbändiger die Arena, verfolgten die Bestien und machten ihnen, bewaffnet mit Spießen, Lassos und Messern, den Garaus.

Das Kolosseum

Das berühmteste Amphitheater, das Amphitheater der Flavier, besser bekannt unter dem Namen Kolosseum, wurde unter Vespasian begonnen. Seinen Namen verdankt es einer kolossalen Nero-Statue, die sich nicht weit davon entfernt befand.

Die Spiele waren zu einer der wenigen Möglichkeiten geworden, die Instinkte der Gewalt und der Brutalität einer zunehmend müßiggängerischen Menge zu kanalisieren. Sie waren zu einer Art politischer Notwendigkeit geworden. Der Kaiser nutzte die Kampagne bedeutender Baumaßnahmen, um dem römischen Volk einen Teil der Stadt zu ersetzen, den Nero ganz einfach seinem Palast angegliedert hatte (der *Domus Aurea*). In der Mitte dieses Areals von überdimensionaler Größe befand sich ein großer See. Diesen zwischenzeitlich ausgetrockneten See wählten die Ingenieure als Standort für den Bau des Amphitheaters. In der Tat ersparte ihnen die Wiederverwendung des Wasserbeckens kostspielige und schwierige Fundamentarbeiten. Eine erste Einweihung fand unter Vespasian einige Zeit vor seinem Tod (im Jahre 79) statt. Alles weist darauf hin, daß die Arbeiten zu diesem Zeitpunkt die Höhe des zweiten äußeren Stockwerks erreicht hatten. Titus führte schließlich die Arbeiten weiter und organisierte zu ihrem Abschluß ein gigantisches, 100 Tage währendes Fest, bei dem mehr als fünftausend Raubtiere getötet wurden. Erst unter Domitian wurde das Kolosseum im Jahre 82 endgültig fertiggestellt.

Das Kolosseum macht seinem Beinamen alle Ehre. Es mißt knapp 50 Meter in der Höhe, der Durchmesser der Ellipse beträgt 188 Meter auf der großen Achse und 156 Meter auf der kleineren. Man hat nachgerechnet, daß zu seinem Bau etwa 100 000 Kubikmeter Travertin nötig waren. Übrigens mußten für die Heranschaffung der Steine eigens Straßen gebaut werden, die mehr als 6 Meter breit waren, und das auf einer Länge bis zu den Steinbrüchen von Albulae in der Nähe von Tivoli. Für die Beschläge brauchte man 300 Tonnen Eisen. Diese Beschläge wurden im Mittelalter abgebrochen, wie übrigens ein Großteil des Materials, das zur Wiederverwertung für andere Bauwerke benutzt wurde.

Die ganz aus Travertin gearbeitete Außenwand des Kolosseums besteht aus vier Stockwerken, die nacheinander von unten nach oben mit dorischen, ionischen und korinthischen Säulen geschmückt sind. Das vierte und letzte Stockwerk zieren Wandpfeiler. Die von den Halbsäulen eingerahmten Arkaden beleben die Fassade auf angenehme Weise; nur das oberste Stockwerk ist arkadenlos.

In das Bauwerk gelangte man durch die Arkaden im Erdgeschoß, die die Zuschauer durch ein kompliziertes System von Gängen und Treppen auf die *cavea* verteilten. Dieses strenge Ordnungsprinzip kann durchaus mit dem in unseren modernen Stadien verglichen werden, ganz besonders dort, wo man König Fußball huldigt ... Von den vier Eingängen besteht heute nur noch der im Norden: es war dies der Ehreneingang zur Kaiserloge. Dort sind noch Überreste einer Verzierung von Stuckfiguren zu erkennen, die einen Eindruck von der Pracht des Gebäudes in seiner ruhmreichen Zeit vermitteln.

Die Konsolen der Säulen trugen Masten, an denen die großen Stoffbahnen des *velum*, das die Zuschauer vor den Witterungseinflüssen schützen sollte, befestigt waren. Zur Handhabung dieses *velum* benötigte man die Hilfe von 100 Seeleuten aus dem Hafen von Rom, die ganz in der Nähe in einer eigens für sie eingerichteten Kaserne untergebracht waren. Es handelte sich dabei um ein ganz besonders schwieriges Manöver, vor allem bei Wind, und die Sachkenntnis professioneller Seeleute war sicherlich nicht übertrieben.

Die Sitzplätze waren gemäß dem Rang eines jeden Zuschauers angeordnet. Ganz oben, auf einer von Säulen getragenen Terrasse, hielten sich die Frauen auf. Die Sklaven ihres Gefolges mußten auf der Terrasse stehen. Der einzige Teil der Zuschauertribünen, bei dessen Bau man auf Marmor zurückgriff, war der, der für die Senatoren bestimmt war. Jeder hatte seinen Sitz, der den Namen des Eigentümers trug. Starb der Inhaber eines Platzes, wurde sein Name ausgelöscht und der seines Nachfolgers eingesetzt. Dies ist der Grund für die zahlreichen «Streichungen», die noch heute zu sehen sind. Dank dieser Sitte konnte man die Namen der 195 Senato-

34 Rekonstruktion der vierstöckigen Fassade des Kolosseums, auch Amphitheater der Flavier genannt. Sie war 54 m hoch. Arkaden mit dorischen, ionischen und korinthischen Halbsäulen bilden die drei unteren Geschosse, das oberste war arkadenlos.

ren rekonstruieren, die zum Zeitpunkt des Untergangs des Römischen Reiches und der Eroberung Roms durch Odoaker (zwischen 476 und 483 n. Chr.) im Amt waren.
Bedeutende Ausgrabungsarbeiten machten verständlich, wie ein so gigantisches Bauwerk in derart kurzer Zeit gebaut werden konnte. Man stellte fest, daß die Wiederverwendung des großen Beckens aus der Zeit Neros, so es einmal trocken gelegt war, die Gesamtarbeiten erheblich verringerte. Das anschließend errichtete Untergeschoß ruhte auf Pfeilern aus Travertin. Der Innenraum, der zur Hälfte in Ruinen liegt, kann heute nur noch einen sehr vagen Eindruck von der Ausstattung des Kolosseums zur Zeit der Spiele vermitteln. So fehlt der Boden der Arena, unter dem sich die Geschosse mit den «Diensträumen» befanden. Kleine Lastenaufzüge mit Gegengewicht waren vermutlich in den Nischen installiert, die rund um die Arena in die Wand eingelassen sind: Diese Apparate dienten wahrscheinlich dazu, die Gladiatoren und die Tiere zur Oberfläche der Arena zu befördern. Außerdem gab es noch ein unterirdisches

35 Auf dem Marsfeld ließ Pompejus 55 v. Chr. das nach ihm benannte Theater errichten, das erste steinerne und zugleich das größte und bedeutendste der Stadt.

System von schiefen Ebenen aus riesigen Tuffsteinblöcken, das es dank einer Drehvorrichtung mit Gegengewichten ermöglichte, mitten in der Arena alle möglichen Arten von Dekorationsgegenständen auftauchen zu lassen, die hauptsächlich für die in der Arena nachgespielten Jagdszenen verwendet wurden.

Das Kolosseum erfüllte seinen Zweck bis ins Jahr 404, in dem die Duelle der Gladiatoren von Kaiser Honorius verboten wurden. Zwei Jahrhunderte später wurden dann auch die Kämpfe der Raubtiere verboten. Im 13. Jahrhundert kaufte die Familie Frangipani das Gebäude, die es in eine Festung umbaute, bevor es seinem traurigen Schicksal überlassen wurde: Während eines großen Teils des 15. Jahrhunderts diente das Kolosseum als Steinbruch für den Bau des Palazzo Venezia und des Palazzo della Cancelleria. Im 18. Jahrhundert wurde das Gebäude von Benedikt XIV. den Märtyrern geweiht, die an dieser Stelle hingerichtet worden waren, und man errichtete einen Kreuzweg um die Arena. Heute kann man noch einen Überrest dieses Weges, das Kreuz nahe dem Eingang, bewundern.

Wie könnte man angesichts dieses ungewöhnlichen Bauwerks die Prophezeiung des Beda Venerabilis, eines englischen Theologen und Historikers, vergessen, der zu Beginn des 8. Jahrhunderts schrieb: «Solange das Kolosseum fortdauert, dauert auch Rom fort. Wenn das Kolosseum fällt, fällt auch Rom. Und wenn Rom fällt, fällt auch die ganze Welt.»

Das Theater

Religiöse Darbietungen gehörten in Rom immer schon zur religiösen Liturgie, doch da sich die Notwendigkeit eines Bauwerks nur gelegentlich aufdrängte, bürgerte es sich ein, alle Jahre ein Holzgebäude zu errichten, das nach Beendigung der Aufführungen sogleich wieder abgerissen wurde. Dies erklärt sich durch die Zurückhaltung der römischen Zensoren gegenüber dem Theaterschauspiel, das sie für verderblich hielten, da es zu einem Verfall der öffentlichen Moral führen konnte.

Das Theater war also aus Holz, bis Pompeius im Jahre 55 v. Chr. in Rom das erste Theater aus Stein erbauen ließ, dem bald darauf zwei weitere folgten.

Das römische Theater unterscheidet sich vom griechischen durch seine halbrunde Anlage und durch die Tatsache, daß es sich nicht notwendigerweise an einen Hügel anlehnte oder in einer Mulde Schutz suchte. Das Überwinden dieser Einschränkung durch das Gelände hatte für die römische Kunst glückliche Folgen, denn von nun an besaßen die Theater eine Fassade.

Das Gebäude bestand aus drei Hauptteilen: Die *cavea*, die Zuschauertribünen, waren im Halbrund angeordnet. Manchmal befanden sie sich auf einer natürlichen Anhöhe nach griechischer Tradition, sehr darauf bedacht, die Baukosten zu verringern. Doch war das nicht lange die Regel, wie wir noch sehen werden. Ganz unten befand sich die *orchestra*, die den bedeutenden Zuschauern vorbehalten war. Nachdem sie ursprünglich den Vorführungen des Chors gedient hatte, wurde sie von nun an nur noch von den Magistraten benutzt. Das Halbrund war oft mit seltenem Marmor oder Mosaiken bepflastert. Die *orchestra* stand durch ein oder zwei Stufen in direkter Verbindung mit der Bühne. Die Bühne (*proscaenium* oder *pulpitum*) wurde von einer Bühnenrückwand begrenzt, die eine Palastfassade mit drei oder fünf Türen darstellte. Diese Mauer erreichte dieselbe Höhe wie die oberste Reihe der Zuschauertribünen der *cavea*. Die Gebäude hätten leicht abgedeckt werden können, doch kamen nur die kleineren

36 *Silberdenar mit dem Profil des Pompejus auf der Vorderseite, versehen mit den Insignien des Auguren: rechts der lituus (Augurenstab), links das praefericulum, das ihm vorangetragen wurde.*

Theater in den Genuß eines solchen Schutzes. Meistens waren die Zuschauer durch ein großes Tuch, das *velum*, vor Witterungseinflüssen geschützt.

Der obere Teil der Bühnenrückwand war nach vorne geneigt als Schalldeckel für die Stimmen und um ein Echo zu vermeiden. Im Hintergrund befanden sich Kulissen (*postscaenium*). Es kam auch vor, daß sie neben der Bühne angebracht waren. Man weiß ferner, daß die Römer einen Theatervorhang benutzten. Entgegen dem heutigen Brauch wurde er zu Beginn der Aufführung herabgelassen und am Ende wieder hochgezogen und muß wohl mit der Bühnenrückwand in Verbindung gewesen sein.

Das erste Theater wurde also von Pompeius nach einem Plan erbaut, der in anderen Teilen des Landes bereits eine lange Tradition hatte: als Tempeltheater. Es ging in Wirklichkeit darum, das Verbot der Zensoren, ein «massives» Theater zu errichten, zu umgehen, indem man den Bau eines Venustempels vorgab. Dorthin gelangte man über einen Treppenlauf, der einen majestätischen Zugangsweg zum Tempel der Göttin darstellen sollte.

Die Ausmaße des Tempels waren beträchtlich (180 × 135 m). Er wurde am 29. September, dem Geburtstag des Pompeius, der gerade zum zweiten Mal Konsul war, eingeweiht und besaß eine mit Baumgruppen geschmückte Säulenhalle, die heute nicht mehr zu sehen ist. Man kann sich eine Vorstellung von dem Gebäude machen, das ganz in der Nähe der Halle lag, in dem Cäsar an den Iden des März 44 ermordet wurde, wenn man es mit dem Theater des Marcellus vergleicht, das unter Cäsar begonnen und unter Augustus vollendet wurde.

Die Fassade des Marcellus-Theaters war, wie die der Theater im allgemeinen, mit 21 Arkaden verziert, die von Säulen der drei Ordnungen in einer unveränderbaren Reihenfolge eingerahmt waren: zuunterst kam die dorische Ordnung, dann folgte ein Stockwerk in ionischer Ordnung und schließlich eine Reihe in korinthischer Ordnung. Nur das erste und zweite Stockwerk sind uns erhalten geblieben. Das Projekt Cäsars sah ein Fassungsvermögen von 10 000 Zuschauern vor. Es wurde jedoch erst in den Jahren 17–13 v. Chr. von Augustus fertiggestellt, der das Gebäude seinem früh verstorbenen Neffen Marcellus weihte. Es sollte unter diesem Namen bekannt werden.

«Gleichzeitig wurde der Realismus so weit getrieben, daß man die Mythen mit all ihren schrecklichen Ereignissen so genau wie möglich darstellte. Nicht selten nahm im Höhepunkt der dargestellten Katastrophe ein zum Tode Verurteilter den Platz des Schauspielers ein. Der mythische König Pentheus zum Beispiel wurde vor den Augen der Zuschauer von den Bacchantinnen in Stücke gerissen; die angezündeten Mauern Trojas wurden zu einer echten Feuersbrunst; Herkules verbrannte wirklich auf seinem Scheiterhaufen» (Pierre Grimal).

Wie Grimal weiter bemerkt, gab es Spielorganisatoren, die sich von einer Fabel des Apuleius (es handelt sich um den *Goldenen Esel*) inspirieren ließen und eine öffentliche Veranstaltung auf die Beine stellten, in deren Verlauf eine vom Gericht wegen ihrer kriminellen Vergehen verurteilte Frau unter aller Augen von wilden Tieren zerrissen werden sollte, jedoch nicht, bevor sich ein Esel an ihr vergangen hatte. Daraus läßt sich schließen, daß das römische wie das griechische Theater ein «privilegierter» Ort war, an dem die Regeln von Sitte und Anstand keine Gültigkeit mehr hatten.

Sehr bald schlug das Theater Wege ein, die nichts mehr mit denen der Literatur gemein hatten. Es entstand eine Bühnengattung, die *fabula Atellana*, die hauptsächlich auf Improvisation beruhte und erst im 1. Jahrhundert v. Chr. eine literarische Gattung wurde, in der sich besonders ein Autor wie Lucius Pomponius hervortrat. Die Atellane war eine derbe Komödie, in der maskierte Spieler sizilianisch inspirierte Themen behandelten.

Die Gattung, die aus Atella in Kampanien stammte (daher der Name) und wohl deshalb dem Einfluß der sizilianischen Komödie unterlag, erfreute sich in Rom unter der Republik und zu Beginn des Kaiserreichs großer Beliebtheit. Die Farcen wurden in lateinischer Sprache gespielt, doch war die Sprache von Dialektausdrücken durchsetzt. Die Atellane bestand im wesentlichen aus vier mehr oder weniger stereotypen Rollen: Maccus der Hanswurst, Bucco (d.h. der «Pausbäckige») der Dummkopf, Pappus der lächerliche Alte und Dossenus (manchmal auch Manducus genannt) der Freßsack, «der Fresser, der unablässig die Kiefer spielen läßt». Die Themen glänzten nicht gerade durch Vielfältigkeit. Jede der Figuren wurde in eine Alltagssituation gestellt, und der Schauspieler konnte, ohne Folgen befürchten zu müssen, einer wilden und manchmal obszönen Verunglimpfung bekannter Persönlichkeiten freien Lauf lassen. Das freie und schallende Lachen bildete den Hauptantriebsmotor für diese Art der Darbietungen, von der die Commedia dell'arte einige Züge übernommen hat.

Es kamen auch Pantomimen zur Vorstellung, die über einen wenn auch äußerst einfachen Text verfügten. Legenden dienten als Hauptquelle der Anregung, und die Autoren zeigten vor den Göttern genauso wenig Respekt wie vor den Menschen.

Die Thermen

Die Thermen stellen ein wesentliches Element der römischen Zivilisation dar. Ob öffentlich oder privat, vermehrten sie sich schnell im ganzen Reich. Es handelte sich dabei um Badeanstalten, in die man sich vorwiegend nachmittags begab. Sie blieben den ganzen Tag bis zum Einbruch der Nacht geöffnet.

Die Thermen waren natürlich auch beliebte Treffpunkte; die vornehmsten waren mit Ruhesälen, Lesehallen und Bibliotheken ausgestattet. Dort konnte man gleichzeitig seinen Körper entspannen und pflegen und seine Seele erholen. In der Tat scheint die Benutzung von Thermen auf die griechischen Sportler zurückzugehen, die sehr darauf bedacht waren, ihre Muskeln nach einem besonders harten Training zu entspannen. Zu den Sportlern gesellten sich nach und nach auch andere, die sich nicht besonders von körperlicher Ertüchtigung angezogen fühlten.

In Rom, wo die Leibesübungen nie die Bedeutung erreichten wie in der griechischen Welt, wurden die Bäder sehr schnell zu einer Art nationaler Institution. Was zunächst eine rein hygienische Maßnahme war, wurde sehr bald zu einem Zeitvertreib und Vergnügen. Die Thermen unterstanden der Verantwortlichkeit der Ädilen und waren im Besitz der Städte und des Staates.

Die Thermensäle waren derart angelegt, daß man allmählich vom Kalten ins Warme gelangte. Die verschiedenen Phasen des Bades bestimmten den Grundriß des Gebäudes. Zur Zeit des Kaiserreichs badete man sowohl in Rom wie auch im übrigen Kaiserreich auf dieselbe Art und Weise. Die Thermen wurden, bis auf kleine Abweichungen, fast überall gleich erbaut.

37   Schnittzeichnung (Rekonstruktion) der Thermen des Diokletian (306 n. Chr. eingeweiht), den ausgedehntesten der Stadt. Im 16. Jahrhundert wurden sie auf Anordnung von Papst Pius IV. von Michelangelo umgebaut.

«Das Baden selbst war eine langwierige Tätigkeit, der man sich gemeinsam unterzog. Man kleidete sich im *apodyterium* aus, wo man, eine nützliche Vorsichtsmaßnahme gegen Diebe, seinen Sklaven zurückließ, der Tunika, Mantel und Sandalen zu bewachen hatte. Zunächst betrat man einen lauwarmen Saal, das *tepidarium*, in dem sich der Körper an die Hitze gewöhnte. Dann ging man in das Schwitzbad hinüber (*sudatorium*), dessen überhitzte und trockene Luft den Körper zum Schwitzen brachte. Hier hielt man sich lange auf, besprach tausenderlei Dinge mit seinen Freunden oder den Fremden, die der Zufall hierhergeführt hatte. Von Zeit zu Zeit schöpfte man mit der hohlen Hand das Wasser in ein Becken, um eine wohltuende Wirkung zu erzielen. Dann kam das Einölen. Die Badenden reinigten ihren von Schweiß und Staub bedeckten Körper mit Hilfe eines Striegels (*strigilis*), und ein Masseur, die Hand voll wohlriechenden Öls, bearbeitete die Muskeln, während der Badegast sich völlig entspannte. Schließlich tauchten die Mutigsten in ein Becken mit kaltem Wasser, während die anderen Badegäste sich mit dem lauwarmen Wasser einer Badewanne begnügten» (Pierre Grimal).

Die Säle folgten also in einem zusammenhängenden Ablauf aufeinander: Man durchquerte zuerst das *apodyterium*, wo man die Kleider ablegte, dann das *frigidarium*, in dem sich die Schwimmbecken befanden. Dieser Saal war je nach Klima und Breitengrad offen oder gedeckt. Ihm voran ging oft eine *palaestra* für die Leibesübungen und ein «normales» Schwimmbecken. Dann folgte das *tepidarium*, ein Durchgangssaal ohne Becken, der oft durch einen kleinen Nebenbau, das *destrictarium*, ergänzt wurde, wo man sich mit Wasser begießen konnte. Das *caldarium* war ein Saal mit einem Warmwasserbecken, den man über Stufen betrat. Manchmal folgte dann noch ein Trockenschwitzbad, das *laconium*.

38 Altrömische Goldmünze (aureus) mit dem Bild des Kaisers Diokletian auf der Vorderseite, geprägt im Jahre 303 n. Chr.

Hatte man das *caldarium* erreicht, das normalerweise die letzte Etappe darstellte, durchlief man die Säle noch einmal in umgekehrter Richtung. Aber die Thermen hatten in Wirklichkeit zwei Rundgänge, so daß die Badegäste nicht zweimal dieselben Säle durchlaufen mußten. Dies ist leicht verständlich, denn die zunehmende Beliebtheit solcher Einrichtungen verursachte schon mal einen «Stau».
Die Ingenieure, die mit der Einrichtung der Thermen beauftragt waren, standen vor zwei Problemen: der Zufuhr und Entleerung des Wassers und der Beheizung. Das Wasser wurde über Aquädukte herangeführt, in Zisternen gelagert, über ein komplettes Kanalisationsnetz aus Zement und Blei verteilt und schließlich über ein Abwassernetz entsorgt. Die ersten öffentlichen Bäder wurden mit Wärmepfannen beheizt. Das Warmwasser der Bäder kam aus einem bronzenen Heizkessel, der im Freien aufgestellt war. Ab dem 1. Jahrhundert v. Chr. wurde die Heizung durch ein System von Feuerstätten und *hypocausta* gesichert; die durch die Verbrennung von Holz oder Holzkohle erwärmte Luft zirkulierte in den Gewölben unter den Räumen, und zwar in Rohren, die im Innern der Mauer angebracht waren. Ein *hypocaustum* bestand aus einer Feuerstelle (*praefurnium*), einem Gewölbe mit einer Öffnung für das Anzünden. Von dieser Feuerstelle ging das Röhrensystem aus, das die Warmluft in ein Zimmer führte, das mit Heißluft angefüllt war und sich direkt unter dem zu beheizenden Raum befand. Dieses Zimmer bestand aus lauter kleinen Pfeilern, auf denen ein Backsteinboden, die *suspensura*, aufgehängt war. Die Warmluft zirkulierte ebenfalls zwischen der Wand und einer Zwischenwand aus Backsteinen durch ein Röhrennetz. Verbesserungen im Heizungssystem erlaubten es, die Temperaturen in den Schwitzbädern auf 60 °C ansteigen zu lassen. Sandalen

Farbabbildungen

377 Zu den Altertümern von Cumae in der Nähe von Neapel gehört auch die Krypta des Cocceius, eine unterirdische Galerie, die ursprünglich als Straßentunnel diente, später als frühchristliche Begräbnisstätte.

378 Die Thermen von Herkulaneum bei Neapel wurden um 10 v. Chr. errichtet und waren wesentlich einfacher ausgestattet als die von Pompeji. Hier das Caldarium (Warmbad) der Männer.

379 Das «Haus des Neptun und der Amphitrite» in Herkulaneum ist nach diesem Mosaik benannt, das die beiden Götter zeigt, eingerahmt von zwei Säulen und bekrönt von einer Muschel.

380/381 Der Decumanus maximus war eine Hauptachse von Herkulaneum und diente der Stadt als Forum. Im Norden (rechts) war er von Kolonnaden gesäumt, die Südseite flankierten Läden und Privathäuser. Die Lage der modernen Häuser dokumentiert eindrucksvoll die Höhe der Verschüttung des alten Herkulaneum.

382 Eine antike Straße mit tiefen Spurrinnen durchzieht die Nekropole von Cerveteri nordwestlich von Rom. Die Etruskerstadt erreichte im 7. Jahrhundert v. Chr. ihre größte Blüte.

383 Der Hermeskopf (etwa 490 v. Chr., Museum der Villa Giulia in Rom) ist ein Meisterwerk etruskischer Bildhauerkunst.

384 In der 1. Hälfte des 4. Jahrhunderts v. Chr. wurde in Tarquinia der «Ara della Regina» genannte Tempel errichtet, dessen Giebel von den berühmten geflügelten Pferden gekrönt wurde, die heute im Museum der Stadt ausgestellt sind.

mit Holzsohlen waren daher sicherlich unentbehrlich, um auf den warmen Böden der Säle laufen zu können.

In Rom gab es eine riesige Anzahl von Thermen (nicht weniger als 900 im 4. Jahrhundert). Die bedeutendsten waren die des Nero, Agrippa, Titus, Trajan, Caracalla, Diokletian und Konstantin.

Die Caracalla-Thermen sind die großartigsten. Ihr Aussehen läßt sich heute noch erahnen. 217 von Kaiser Caracalla eingeweiht und begonnen im Jahre 206 n. Chr., bedecken sie eine Fläche von 11 Hektar (Außenmaße 295 × 305 m). Sie verdanken ihre Versorgung mit Wasser einer Umleitung des Aquädukts der Aqua Marcia, genannt Aqua Antoniana. Die äußere Umschließungsmauer wurde einige Jahre später von einem Kaiser der Severer-Dynastie errichtet. Ihr Aussehen war auffallend einfach und bildete einen krassen Gegensatz zu der luxuriösen Innenausstattung, wo in verschwenderischer Fülle Marmorarbeiten, Mosaike, Statuen und Säulen zu finden waren. Zahlreiche Kunstwerke sind erst später entdeckt worden. Man kann sie heute im Nationalmuseum von Neapel bewundern.

An der Nordostfassade befanden sich vier Eingangstore; zwei identische Saalgruppen zeichneten eine völlig symmetrische Anlage. Die Untergeschosse, die die gesamten Versorgungseinrichtungen beherbergten, bildeten eine Art unterirdisches Straßennetz. Die Gewölbe erhoben sich bis zu dreißig Meter in die Höhe. Die ganze Anlage vermittelte einen Eindruck des Über-

39 Grundriß der Caracalla-Thermen: A offene Säulenhöfe (palaestrae); B Hauptsaal (tepidarium); C Badebassin (frigidarium); D Kuppelsaal mit heißem Bad (caldarium), zwischen ihm und B das lauwarme Bad.

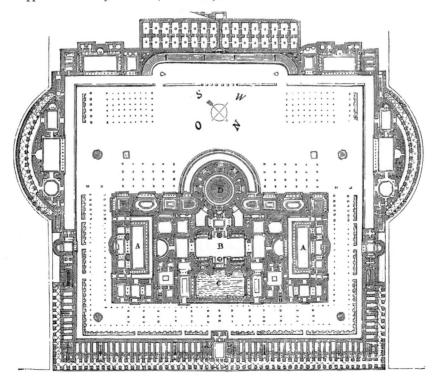

40　Die Thermen des Caracalla, 206 begonnen und 217 eingeweiht, dienten bis ins 6. Jahrhundert als öffentliche Bäder. Hier in einer Rekonstruktion der Mittelsaal mit Ausblick auf die Schwimmhalle.

dimensionalen: 1600 Badegäste konnten sich dort gleichzeitig aufhalten und einen Großteil des Tages verbringen.

Die Benutzung der Thermen war nicht besonders kostspielig; der Unterschied zwischen den begüterten Kunden und den anderen konnte an der Zahl der Sklaven im Gefolge abgelesen werden.

Die Caracalla-Thermen waren bis zum Überfall der Westgoten im 6. Jahrhundert in Betrieb, die die Aquädukte, die Rom mit Wasser versorgten, zerstörten.

Das Hauptgebäude war von einer Säulenhalle eingefaßt und öffnete sich am Fuß des Aventin auf die Via Nova, die parallel zur Via Appia verlief. Auf der Südwestseite waren riesige Wasserbehälter aufgestellt. Auf jeder Seite war eine Bibliothek vorgesehen. Die Nord- und Ostseiten hatten die Form eines Halbkreises, in dem Turnhallen untergebracht waren. Außerdem gab es zwischen dem Portikus und dem Gebäude einen großen Garten, wo es bestimmt angenehm war, spazierenzugehen und nach einem schönen Bad zu plaudern. Die Römer machten aus diesem Aspekt der Körperpflege einen wichtigen Bestandteil ihres sozialen Lebens. Außerdem waren die Bäder ein tägliches Unternehmen. Wie man sieht, führten die Römer ein wesentlich angenehmeres und weniger überlastetes Leben als wir, denn der Großteil der Aktivitäten in der Stadt, die bei Tagesanbruch begannen, waren gegen drei oder vier Uhr nachmittags bereits beendet.

«Die Thermalanlagen gelten mit gutem Grund als eine der schönsten Errungenschaften der römischen Architektur und sind der Ursprung zahlloser kolossaler Bauprojekte des 19. Jahrhunderts, doch sind sie immer unerreicht geblieben...» (Bernard Andreae, *L'art de l'ancienne Rome*).

Die römischen Aquädukte

41 Aureus (altrömische Goldmünze) mit dem Profil des Claudius auf der Vorderseite, gekrönt von Lorbeerzweigen. Die Münze wurde im Jahre 46 n. Chr. geprägt.

«Die Vollendung einer Kunst wäre für die Menschheit ein trauriges Geschenk, wenn das Beste an ihr das Ende kennzeichnete.» (Quintilian)

Das Leitungssystem, das das Wasser an den Verbrauchsort bringen soll, ist eigentlich keine römische Erfindung. Schon in Mesopotamien, also zu einer Zeit, die weit zurück in der Antike liegt, wurden die Wohnhäuser über gedeckte Kanäle aus dem Euphrat und Tigris mit Wasser versorgt. Man fand Überreste eines Aquädukts in Silo bei Jerusalem. Die Griechen benutzten ebenfalls unterirdische Leitungen oder in Stein gehauene Galerien, um den Wasserbedarf weniger begünstigter Gebiete zu decken.

Die Römer hatten als erste die Idee einer riesigen Wasserleitung, mit der sie die Probleme der Wasserversorgung lösen konnten. Sie zogen übrigens den Wassertransport in der Höhe dem am Boden und unter der Erde vor, weil es einerseits den römischen Ingenieuren schon immer widerstrebte, Kanäle zu benutzen, und weil andererseits eine erhöhte Leitung das Wasser vor Verschmutzung oder Diebstahl bewahrte.

Das Gefälle der Wasserleitungen wurde aufs sorgfältigste berechnet, um eine zu starke Neigung – und damit einen zu starken Wasserdruck – zu vermeiden. Im Verlauf der Strecke wurden Behälter angebracht *(castella)*, von denen aus das Wasser dann über Bronzerohre *(calicae)* in die Verteilerrohre aus Blei *(fistulae)* floß.

Die Technik des Gußmauerwerks ermöglichte den Bau großer und stabiler Gewölbe, sogar mit Aufbauten, die die Unregelmäßigkeiten des Geländes überwinden und so die Länge der Trasse verringern konnten. Auf dem Land fügten sich die großen Bögen, die die oft mehrstöckige Wasserleitungen trugen, wunderbar in die Landschaft ein und stellten manchmal richtige Kunstwerke dar.

Die Versorgung der Stadt mit Wasser war immer eine der Hauptsorgen des Kaisers, denn sie war sowohl für das Funktionieren der Thermen wie für die Sicherheit der Stadt Rom selbst von größtem Interesse.

Dank eines Kurators, Sextus Julius Frontinus, der eine sehr ausführliche Abhandlung über den Zustand und Aufbau der Aquädukte Roms hinterlassen hat, besitzen wir ausreichende Informationen über die Organisation der Wasserversorgung. Dieser Senator gehörte zu den ältesten Familien Roms. Als Senator von hohem Rang überantwortete ihm Trajan die Neuorganisierung der Wasserzufuhr und -verteilung. Er beschreibt, wie diese Aufgabe bis Augustus von den Zensoren erfüllt, dann aber ausschließlich von den Vertrauten des Kaisers übernommen wurde, was beweist, welche Bedeutung man ihr beimaß.

Der erste Aquädukt wurde vom Erbauer der berühmten Via Appia (die von Rom nach Capua führte), Appius Claudius, errichtet, im Jahre 312 v. Chr. fertiggestellt und war den wenig ausgereiften Techniken der Griechen nachempfunden. Es handelte sich dabei um einen einfachen gemauerten Kanal, der sich entweder auf dem Boden befand oder in die Erde eingelassen, dann aber abgedeckt war und der dem endlosen Auf und Ab des Geländes folgen mußte. «Die Kunst bestand darin, die Höhe des Gefälles immer über dem Wasserreservoir des Endpunktes zu halten. So ist es nicht verwunderlich, wenn die *Aqua Appia*, dieser archaische Aquädukt, obwohl seine Quelle nur 11 km von Rom entfernt lag, eine tatsächliche Länge von 16,55 km aufwies. Erst in der Nähe der Stadt verlief diese Wasserleitung, aber nur 88 Meter lang, über dem Boden auf Unterstützungsmauern oder Bogen. Damit war eine Verteilung unter Druck natürlich unmöglich. Das Wasser lief in ein einfaches Becken, aus dem es jeder schöpfen konnte» (Pierre Grimal).

Der *Anio Vetus,* erbaut im Jahre 272 v. Chr., war 60 km lang und war der erste Viadukt. Man muß bis zum Jahr 144 v. Chr. warten, bis mit der *Aqua Marcia* der erste, auf seiner ganzen Länge überirdische Aquädukt errichtet wurde. Mit dieser Wasserführung, deren Aufbau vier Jahre harte Arbeit gekostet hat, war ein deutlicher Fortschritt in der Wasserqualität und in der Verteilungstechnik erreicht. Man leitete das Wasser aus dem Land der Sabiner ab. Was die Technik betrifft, so ermöglichte der Bau des neuen Aquädukts die Einführung des Verfahrens des umgekehrten Siphons, was bedeutet, daß der eine Teil der Kanalisation unter Druck gesetzt wurde, damit ein Tal ohne die zahllosen Windungen wie früher überbrückt werden konnte. So wurde es auch möglich, das Wasser bis auf die Hügel der Stadt zu transportieren. «Dies ging nicht ohne Widerstände. Die Aufseher behaupteten, es sei gottlos, auf den heiligen Hügel, auf das Kapitol, Wasser aus der Fremde zu führen. Doch Marcius Rex, der das Projekt entworfen hatte, setzte sich darüber hinweg, und die Götter nahmen die Neuerung an» (P. Grimal).

Augustus fügte der *Aqua Marcia* einen weiteren Aquädukt hinzu, der, wie könnte es anders sein, den Namen *Aqua Augusta* trug und den Caracalla zur Speisung seiner Thermen benutzte. Dieser baute dann noch die *Aqua Antoniana*.

Im Jahre 33 v. Chr. wurde Agrippa von seinem Schwiegervater Oktavian eine völlige Neuordnung des Wassernetzes übertragen. Die Verwendung von Bögen wurde nun allgemein eingeführt, doch waren die Gesamtanlagen noch nicht so beeindruckend wie ein Jahrhundert später unter Claudius und Nero. Augustus erhöhte die Kapazität der bereits bestehenden Zuflußsysteme und baute noch zwei weitere, die *Aquae Julia et Virgo,* dazu, die 19 v. Chr. eingeweiht wurden. Die Hauptfunktion der *Aqua Virgo* war die Versorgung der Bäder des Agrippa auf dem Marsfeld. Der Kaiser schuf auch zahllose Brunnen in der ganzen Stadt, eine Tatsache, der wir sogar einen mehr oder weniger authentischen Ausspruch verdanken. Als das Volk eines Tages von Augustus die Verteilung von Wein verlangte, antwortete dieser: «Mein Schwiegersohn Agrippa hat euch genug Wasser zum Trinken gegeben!»

Gegen Ende des 1. Jahrhunderts n. Chr. lieferten die Aquädukte für die Bevölkerung (ca. eine Million Einwohner) 992 200 Kubikmeter Wasser, so viel, daß jeder Römer täglich 600 bis 900 Liter zur Verfügung hatte.

«Die gesamten Wasseranlagen waren ein kostenloses Geschenk des Kaisers an die Stadt. Privatpersonen erhielten zunächst grundsätzlich keine Konzession. Immerhin gab es seit der Republik Ausnahmen zugunsten hochgestellter Persönlichkeiten, siegreicher Feldherrn, denen der Senat als Dank des Staates das Recht zugestanden hatte, für den eigenen Gebrauch eine Leitung vom öffentlichen Aquädukt abzuzweigen. Diese zunächst sehr seltene Konzession wurde allmählich immer häufiger gewährt. In der Kaiserzeit war sie eine der Formen kaiserlicher Großzügigkeit. Es wurde aber auch üblich, durch Bestechung des Instandhaltungspersonals, heimliche Ableitungen anzulegen. Als Frontinus den Auftrag übernahm, die kaiserliche Verwaltung zu ordnen, mußte er feststellen, daß die *aquarii* (die Brunnenmacher) zu diesem Zweck einen regelrechten Dienst eingerichtet hatten, dessen Leiter den bezeichnenden Namen *a punctis* führte, das heißt ‹der mit der Anzapfung der öffentlichen Leitung Beauftragte› (Pierre Grimal).

Zu den sechs Aquädukten, die in der Hauptsache die Häuser des linken Tiber-Ufers versorgten, fügte Augustus noch einen siebten, die *Alsietina*, hinzu, die von einem See in Etrurien ausging. Dieses Wasser war nicht trinkbar und sollte zur Speisung der Naumachien dienen, die in einem Theater stattfanden, das er speziell zu diesem Vorhaben im heutigen Stadtviertel Trastevere hatte erbauen lassen.

Die letzten Aquädukte wurden von Claudius und Nero im Hinblick auf die Oberstadt erbaut, der es noch immer an Wasser mangelte. Also ließen sie die *Aqua Claudia* und die *Anio Novus* errichten, die sich nach der Renovierung durch Vespasian heute noch an der Porta Maggiore 32 Meter über den Boden erheben. Es handelt sich hierbei um die höchsten Aquädukte der römischen Region. Zu den sechs Bauwerken dieser Art, über die Rom gegen Ende des Augusteischen Zeitalters verfügte, kamen noch zwei weitere hinzu, eines unter Trajan und das andere unter Alexander Severus gegen 225 n. Chr.

Im Ganzen gesehen machte die Technologie entscheidende Fortschritte durch die Erfindung und die Vervollkommnung der Bauweise des Brückenaquädukts, mit dessen Hilfe Täler überspannt werden konnten. Wenn die Zahl, die uns Frontinus nennt (992 200 m^3 Wasser pro Tag), stimmt, so kann man getrost behaupten, daß die Bewohner des antiken Rom über ein Trinkwasserkontingent verfügten, das wesentlich höher war als das heutiger Großstädte.

42 Im «Haus des Tragischen Dichters» zu Pompeji entdeckte man dieses Schwarz-Weiß-Mosaik aus dem Jahre 62 n. Chr. mit der Inschrift cave canem *(Achtung vor dem Hund!), die sich vor vielen römischen Häusern befand.*

Die römischen Wohnhäuser

43 Rekonstruktion eines Atriums: In der Mitte das Wasserbehältnis, links und rechts die Flügelzimmer, im Hintergrund rechts der Korridor zum Garten und links der Zugang zum Arbeitszimmer (tablinum) des Hausherrn.

Wie wohnte damals eigentlich der einfache Privatmann? Die Antwort darauf lautet, daß es mehrere Kategorien von Wohnhäusern gab:

Da waren zunächst die Atriumhäuser *(domus)*, die uns dank der Ausgrabungen von Herculaneum und Pompeji bekannt sind. Während langer Zeit war sehr wahrscheinlich die *domus* das typische römische Haus. Als aber die Bevölkerung Roms immer mehr anwuchs, wurde der Typ *domus*, der den Nachteil hatte, eine relativ große Grundfläche einzunehmen, durch einen in vielerlei Hinsicht rentableren Haustyp, die *insula*, ersetzt.

In einigen Zügen erinnert die *domus* an das griechische Haus, doch waren es zweifellos die Etrusker, die den Römern beibrachten, Wohnhäuser mit einem rechtwinkligen Grundriß zu errichten. Ihre Front zeigte mit Sicherheit zur Straße, doch war die Fassade auf dieser Seite blind, d.h. ohne Fenster, und enthielt nur eine einfache Tür. Diese Tür *(ianua)* führte durch einen Gang bis ins Atrium. Das ganze Leben im Haus fand rund um das Atrium statt, das das Herzstück des Gebäudes bildete. In der Mitte fing ein Becken *(impluvium)* das Regenwasser auf, das über ein in den Hof abfallendes Pultdach zu einer Öffnung geleitet wurde, die dieselbe Oberfläche wie das Becken hatte. Das auf diese Weise gesammelte Wasser diente der Verwendung im Haus.

Das Atrium konnte von unterschiedlicher Größe sein und wurde entweder von einem Gebälk oder von Säulen getragen; in letzterem Fall war es von einem Peristyl eingefaßt. Das offene Atrium verteilte auch das Licht, so daß das Öffnen der Fenster nach außen vermieden werden konnte (ein Prinzip, von dem die maurischen Häuser noch heute beeinflußt sind).

Das Hauptzimmer *(tablinum)* befand sich in der Achse des Eingangs. Es war dem Hausherrn und seiner Gemahlin vorbehalten und ein Ort, in dem man auch die Penaten (Hausgötter) der Familie und die Masken der Vorfahren aufbewahrte.

Von der anderen Seite des *tablinum* ging es in den Garten, was darauf hinzuweisen scheint, daß diese Hausform von den alten Bauernhäuser der Campagna abstammt.

Die anderen Aktivitäten im Haus waren auf zwei Flügel verteilt, die zu beiden Seiten des *tablinum* und um das Atrium angelegt waren. Dort befanden sich die Wohnräume, das Speisezimmer und die Küche, die übrigens alle, so scheint es, keinen wirklich angestammten Platz hatten.

Das Haus lag etwas von der Straße zurückgesetzt. Manchmal hatte es vorn, zu beiden Seiten des Eingangs, zwei Zimmer, die sich zur Straßenseite öffneten und im allgemeinen an Händler oder Handwerker vermietet wurden.

Das Haus war die Unterkunft für die «Familie» im weitesten Sinne, worunter man in Rom folgendes verstand: Jede Familie stellte den Zweig einer *gens* (Sippe) dar. Sie bestand neben dem *pater familias*, der über eine sehr große Autorität verfügte, aus der Ehefrau, den Kindern, den Dienern und den Sklaven. Um dieses kleine Völkchen unterzubringen, bedurfte es einer stattlichen Anzahl von Räumen. Da die Grundfläche unverändert war, gewann man an Raum, indem man eine oder mehrere Etagen auf das Vorderteil des Hauses aufstockte.

Diese Art des Landhauses mußte sich den Zwängen des Bevölkerungszuwachses unterordnen, der aus Rom eine Stadt mit ständigen Wohnungsproblemen machte. Man mußte sich sehr bald daran gewöhnen, nur den vorderen Teil der *domus* zu nutzen, der sich auf der einen Seite zur Straße und auf der anderen zum Atrium hin öffnete. Die entscheidende technische Neuerung des *caementicum* (Mörtel) ermöglichte es, sich ab dem 2. Jahrhundert von den Einschränkungen, die durch den Gewölbeschub hervorgerufen worden waren, zu befreien und so mehrere Stockwerke übereinander zu errichten. Nun kam es vor, daß man die Lichtschächte, die einem verengten Atrium entsprachen, beließ, wobei aber dieses Atrium nur noch die Funktion eines Innenhofes hatte und nicht mehr als Wohnraum benutzt wurde.

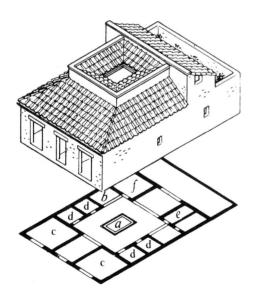

44 Plan des typisch römischen Atrium-Hauses: a Regenwasserbassin (*impluvium*); b Eingang zum Flügelzimmer (*ala*); c Ladengeschäft (*taberna*); d Schlafzimmer (*cubiculum*); e Gang, Korridor (*andron*); f Speisezimmer (*triclinium*).

45 Schnitt durch ein römisches Haus.

Die *insulae* konnten eine beachtliche Höhe erreichen: Sie stiegen mitunter bis zu sieben Stockwerke an, während die *domus* nie zwei oder drei Etagen überschritt. Da in Rom der «Baugrund» sehr beschränkt war, mußten die Architekten ab der Zeit Ciceros den Raum, der ihnen am Boden fehlte, in der Höhe finden. Die *insulae* waren regelrechte Sozialbauten, die den Minderbemittelten vorbehalten waren. (Pierre Grimal erinnert im Zusammenhang mit den *insulae* an die Armenviertel von Neapel und Nizza.) Im Erdgeschoß befanden sich im allgemeinen Geschäfte oder die Stände der Handwerker. Die Zimmer waren voneinander separat.

Der Alltag in einer Insula

«Von den verschiedenen Zimmern, die zu einer Wohnung gehörten, hatte keines eine besondere Bestimmung: keine Küche, kein Bad, auch keine Latrine. Wasser mußte aus dem Brunnen an der nächsten Straßenkreuzung geschöpft werden. Dies war weniger unbequem, als es uns scheint. Denn täglich besuchte man am späten Nachmittag die Thermen, in denen so wirksam für Hygiene Sorge getragen wurde, daß noch heute viele Bewohner moderner Städte die Römer beneiden könnten. Eine Heizung war – genauso wie in der *domus* – nicht vor-

Farbabbildungen

401 Die Nekropole von Tarquinia umfaßt Tausende von Gräber, die teilweise prachtvoll ausgemalt sind. Hier die Darstellung eines Adligen mit seinem Diener aus dem 4. Jahrhundert v. Chr.

402/403 Vorzüglich erhalten ist die römische Wasserleitung «el Puente» in Segovia in Spanien mit ihren 119 Bögen. Vorläufer der Aquädukte gab es schon im Alten Orient, doch perfektionierten die Römer diese Art der Wasserversorgung.

404/405 Ab 133 v. Chr. eroberten die Römer zahlreiche Gebiete in Kleinasien, aus denen sich die Provinz Asia bildete. In ihren Zentren schlug sich auch die römische Kultur nieder, wie die Fotos der Theater von Aspendos (Seite 116) und Aphrodisias (Seite 117) zeigen.

406 Typisch für das römische Theater ist der Abschluß der Bühne durch das Bühnengebäude, dessen zum Publikum gerichtete Wand mit zahlreichen Säulen und Statuennischen geschmückt war. Hier die Scaena des Theaters von Gerasa in Kleinasien (2. Jahrhundert n. Chr.).

407 Unter Kaiser Augustus entwickelte sich Ephesus zur Hauptstadt der römischen Provinz Asia. Die Anlage der Metropole (hier das große Theater) ist das hervorragendste Beispiel einer Weltstadt des römischen Kaiserreiches.

408 Das syrische Palmyra stand seit dem 1. Jahrhundert v. Chr. unter römischer Oberhoheit. Obwohl zur Zeit Hadrians zerstört, blieben prächtige Bauwerke erhalten, darunter die Reste einer gigantischen Säulenstraße (von ursprünglich 375 Säulen stehen noch 150).

gesehen. Wenn es sehr kalt wurde, begnügte man sich damit, Kohlebecken anzuzünden. Auf Becken mit Holzkohle bereitete man auch die Mahlzeiten, wenn man nicht für billiges Geld im benachbarten *thermopolium* gekochte Speisen kaufte» (Pierre Grimal).

Die Verlockung des Geldes trieb die Architekten dazu, immer höhere *insulae* zu bauen und damit ein Maximum an Gewinn zu schöpfen. Augustus mußte daraufhin den Bau von Häusern über 70 Fuß Höhe, d.h. 20 Metern, verbieten. Jede Ähnlichkeit mit unserer heutigen Zeit wäre natürlich rein zufällig!

Auf der anderen Seite waren die Gebäude nicht immer so stabil, wie sie es hätten sein sollen, und oft war der Einsturz ganzer Häuser, die aus zu dünnen Backsteinen gebaut worden waren, zu beklagen – ganz abgesehen natürlich von der Brandgefahr, die komplette Stadtviertel bedrohte, denn der größte Teil der Häuser war aus Holz, und das übergreifende Feuer hatte leichtes Spiel, ein ganzes Stadtviertel in Schutt und Asche zu legen.

Für die Betreiber erbrachten diese Bauten ein beträchtliches Einkommen, und über kurz oder lang breitete sich unter den Römern eine regelrechte Bauwut aus. Die mittlere Jahresmiete einer *insula* pendelte sich bei etwa 4000 Goldfranken ein. Das Haus wurde an eine Art Makler vermittelt, der es an Privatleute untervermietete.

Trotz dieser Bauwut verfügte die Ewige Stadt nie über eine ausreichende Anzahl von Wohnungen, die den Bedarf hätte decken können. Gegen Ende der Kaiserzeit war die Zahl der *domus* zugunsten der *insulae* beträchtlich zurückgegangen: man zählte 46 602 *insulae* gegenüber 1790 Häusern vom Typ «*domus*».

Was den Ursprung der *insulae* betrifft, so kann man sich natürlich fragen, ob es sich um eine römische Erfindung oder um eine (z.B. aus dem Orient) eingeführte Tradition handelt. Der gesunde Menschenverstand rät einem zur ersten Lösung. In der Tat hält einen nichts davon ab, sich vorzustellen, daß die römischen Architekten angesichts der Wohnungsnot spontan daran dachten, von der *domus* alle Teile wegzunehmen, die nicht unbedingt unentbehrlich waren (z.B. die Nebengebäude), und nur den vorderen Teil zu bewahren, der von nun an aufgestockt wurde. Je nach Beschaffenheit des zur Verfügung stehenden Raumes entwickelten die Architekten drei Formen der *insula:* bald dehnte sich die völlig flache *insula* entlang einer Straße aus, so sie an andere Gebäude angrenzte; bald bildete sie zwei getrennte Reihen mit Wohnungen und zeigte dabei mit zwei Fassaden auf zwei parallel verlaufende Straßen, wobei das sehr lang gestreckte und schmale Gelände diese geradlinige Entwicklung bedingte.

Und schließlich die *insula*, für die der Architekt über ein fast gleichseitiges Viereck verfügte und deren vier Fassaden eine jede auf eine der Straßen zeigte, die den Häuserblock umschlossen. Die verschiedenen Baukörper gliederten sich im Inneren zu engen Höfen.

Die römischen Paläste

In Anbetracht der Zwänge, die auf seiner Art zu leben lasteten, war es sich der Patrizier schuldig, daß sein Wohnsitz eindeutige Merkmale aufwies. So lebte er ständig umgeben von einer Schar von Bittstellern. Mit der Zeit war es eine feste Einrichtung geworden, daß diese Klientel, die sich aus mittellosen Menschen zusammensetzte, ihr Schicksal an das eines wohlhabenden Mannes knüpfte, der ihr seine Protektion im Tausch gegen bestimmte Dienste gewährte. Je mehr jemand von seiner Familie, seinen Freunden, seiner Klientel umgeben war, desto höher war er angesehen.

Dies hinderte einen Mann mit einer eigenen Bittstellerschaft nicht daran, selber einem noch reicheren oder mächtigeren Mann verpflichtet zu sein. In diesem System war nur der Kaiser niemandem verpflichtet; doch bestand für ihn die Verpflichtung, eine Menge von schätzungsweise 15 000 Menschen zu unterhalten, die sich täglich drängten, ihr Almosen, das Brot, entgegenzunehmen. «Dieser Brauch des Almosenspendens (typisch für die patrizischen ‹gentes›) ist übrigens in keinster Weise eine römische Eigenheit; er ist auch in verschiedenen keltischen Gesellschaften zu finden. Man nimmt an, daß er eine lange Vergangenheit hat und daß demzufolge die ‹gentes› die letzten Überlebenden eines alten sozialen Standes darstellen, wie er bei den indoeuropäischen Eindringlingen zu finden war und somit auch zugleich den Sabinern und den Latinern gemeinsam gewesen sein dürfte» (Pierre Grimal).

46 *Die Villa Doria-Pamphili wurde im 17. Jahrhundert entworfen und ist die größte Roms. Vedute von Piranesi.*

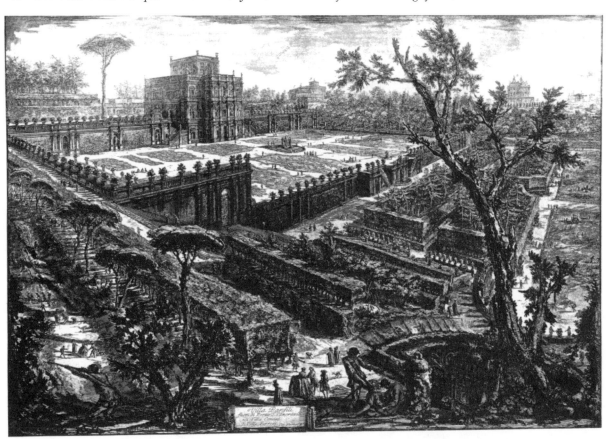

Der Palast gab also noch einmal eine architektonische Antwort auf ein ganz bestimmtes gesellschaftliches Problem: Der Kaiser mußte in der Lage sein, eine riesige Menschenmenge zu empfangen und sie durch die Schönheit der Formen und die Vornehmheit der Proportionen seines Palastes zu beeindrucken. Ab der Zeit des Augustus sollte man sich damit beschäftigen, eine dem Kaiser wirklich würdige Residenz einzurichten. Da der Staat auf dem Esquilin Land besaß, drängte sich wie von selbst der Gedanke auf, eine architektonische Anlage zu errichten, die die wenig ästhetische *domus Tiberiana,* die bereits vorhanden war, in das Vorhaben mit einbezog. Und so entstand die *domus Transitoria,* das «Durchgangshaus», so genannt, weil es, nach der Vorstellung des Kaiser, den gesamten Palatin mit der riesigen Vergnügungsstadt (den Gärten der Maecenas), die er auf dem Esquilin besaß, verbinden sollte.

Domus Aurea

Nach dem Brand, der die Stadt im Jahre 64 verwüstete – und für den die Historiker übrigens immer weniger Nero verantwortlich machen –, beschloß der Kaiser, sich einen völlig neuen Palast bauen zu lassen. Es sollte dies ein gigantisches Bauwerk quer über zwei Hügel, die Velia und den Oppius, werden. Seine Eingangshalle befand sich in Höhe des heutigen Titusbogens, und Sueton berichtet, daß die Ausmaße derart grandios waren, daß es möglich gewesen ist, dort eine Statue des Kaisers von 35 Metern Höhe aufzustellen.

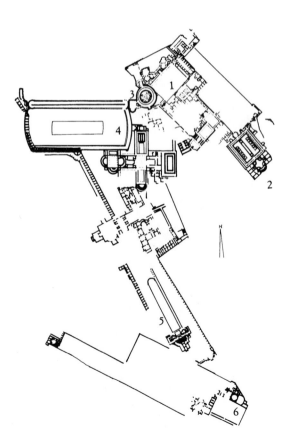

47   *Gesamtplan der Hadrians-Villa in Tivoli, 118-134 errichtet, die größte und prächtigste kaiserliche Villa des römischen Weltreichs: 1 Bibliothekshof; 2 Goldener Platz (Piazza d'Oro); 3 Teatro Marittimo; 4 Poikile (Säulenwandelhalle); 5 Canopus (künstlich angelegtes Tal); 6 Accademia.*

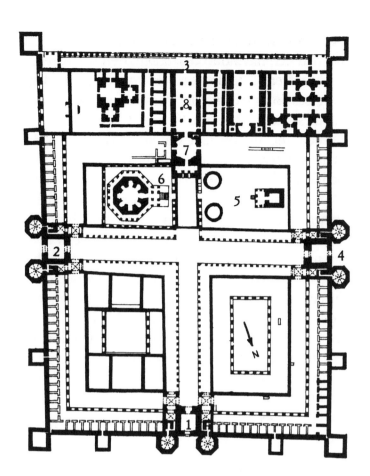

48 In den Jahren 293–305 wurde im dalmatinischen Spalato (heute: Split) für Kaiser Diokletian ein riesiger Palast errichtet, der in seiner Vierteilung den Grundriß des alten Rom widerspiegelt: 1 Porta Aurea; 2 Porta Argentea; 3 Porta Bronzea; 4 Porta Ferrea; 5 Heiligtum und Tempel des Jupiter; 6 Heiligtum und Mausoleum des Diokletian; 7 Vestibül; 8 Tablinum

Der Park, der als Rahmen für den riesigen See des Palastes diente, enthielt Felder, Weinberge und sogar kleine Dörfer. Um sich diese «Grünfläche» (der Begriff stammt von G. C. Picard) schaffen zu können, zögerte Nero nicht, einen ganzen Sektor Roms zu annektieren, und zog sich damit die Proteste der gesamten, wie man heute sagen würde, politischen Klasse auf sich. Nach seinem Tod im Jahre 68 wurden die annektierten Gebiete wieder an das Volk zurückgegeben.

Die Hauptresidenz bestand aus zwei Baukörpern von unterschiedlicher Größe. Im Osten befindet sich ein Raum in Form eines gleichmäßigen Achtecks, das von einer Kuppel überwölbt wird. Eine mehr oder weniger glaubwürdige Überlieferung besagt, daß die Decke des Speisesaals mit beweglichen und durchlöcherten Platten aus Elfenbein getäfelt war, die es erlaubten, von oben auf die Gäste entweder Blumenblätter oder Parfümtröpfchen regnen zu lassen. Auffällig ist auch die seltsame und irreführende Anordnung der Speisesäle, deren «Hauptrund», so erzählt Sueton, «sich Tag und Nacht wie das Universum drehte». Mit diesem Hauptrund kann nur der berühmte achteckige Kuppelsaal mit einer runden Öffnung von sechs Metern Durchmesser gemeint sein, dessen Nischen so gestaltet waren, daß sie Liegestätten für die Gäste aufnehmen konnten. Der Satz Suetons hat natürlich die verschiedensten Interpretationen hervorgerufen und die Gemüter beträchtlich erhitzt, denn allein die Vorstellung einer sich ständig drehenden Decke schien bereits unüberwindbare technische Probleme zu bereiten.

Der gesunde Menschenverstand schlägt uns vor, diese Textstelle bei Sueton so zu interpretieren, daß sich nicht die Gebäudemassen bewegten, sondern das Sonnenlicht, in das sie eingetaucht waren: Der Beobachter konnte in der Mitte des Rundbaus der langsamen Verschiebung des Sonnenlichts, das durch die riesige Öffnung der Kuppel eindrang, folgen. Übrigens war dieser achteckige Saal Gegenstand einiger Forschungen, die besonders auf das Gebiet der Beleuchtung ausgerichtet waren, da ja, so man B. Andreae Glauben schenken will, "dieses Achteck überdies auf mysteriöse Art und Weise durch ein nicht zu ortendes und indirektes Licht erleuchtet wurde, das von den umliegenden Räumen herrührte. (...) Dieses zarte und diffuse Licht verleiht dem Raum eine Schwebewirkung ganz besonderer Art, in der die drehende Bewegung des Sonnenlichts noch deutlicher wahrnehmbar ist."

Nach dem Selbstmord Neros im Jahre 68 verwarf der Senat sein Andenken. Die Räume wurden niedergewalzt, der große See, "einem Meer ähnlich", trockengelegt; die Fundamente des Palastes dienten als Unterbau für die Thermen des Titus und Trajan (was den gut erhaltenen Zustand des Palastes erklärt). Die *domus Aurea* wurde in der Renaissance wiederentdeckt: Die Fresken und die Malereien, die damals wieder zum Vorschein kamen, begeisterten die damaligen Künstler, die nicht lange zögerten, sich dort Anregungen für ihre Motive zu holen. Die Ornamentformen, die bei den Ausgrabungen gegen Ende des 15. Jahrhunderts an den Tag kamen, waren mitten unter den Trümmern, also in gewisser Weise in den «Grotten» aufgetaucht, und so gab man diesen Wandmalereien des Namen «Grotesken». Selbst ein Meister wie Raffael verschmähte diese Gattung nicht, die sich rasch in ganz Europa und besonders in den Niederlanden verbreitete.

Im Gegensatz zu Augustus, der sich zeit seines Lebens mit einem Haus zufriedengab, dessen ländliche Einfachheit auch sein Leben und seine Politik charakterisierte, hatte Nero entschieden Pomp gewählt ... und eine Neuerung auf dem Gebiet der Architektur.

Der Palast der Flavier – Domus Augustana

Entsprechend ihrem jeweiligen Geschmack und ihrer Veranlagung bewohnten die Nachfolger Neros bald die *domus Tiberiana,* bald die *domus transitoria* (in der sie übrigens einige Umbauten vornahmen), bald in einem Haus von bescheidenem Aussehen nach Art Vespasians in den Gärten des Sallust auf dem Pincio. Auf jeden Fall traf das Ende der julisch-claudischen Dynastie mit der Machtergreifung einer Mittelklasse zusammen, die oft mehr um Komfort als um große architektonische Leistung bemüht war. So waren es auch die ersten Architekten der Flavier, die den großen *stagnum Neronis* (Nero-See), den Stolz der *domus Aurea*, trockenlegten und das freigewordene Gelände als Fundament für das große Amphitheater des Titus benutzten.

Domitian nutzte den Brand, der den Palatin im Jahre 80 n. Chr. verwüstete, um auf demselben Gelände einen großen Kaiserpalast zu errichten, dessen Bau er seinem Lieblingsarchitekten Rabirius anvertraute. Eine riesige Eingangshalle mit Backsteinmauern von 30 Metern Höhe, die sich am Fuße des Palatin hinter dem Tempel der Dioskuren erhob, ermöglichte es, eine Verbindung mit dem Forum herzustellen. Da nichts auf eine Gewölbekonstruktion hinweist,

49 Sarkophag des Kaisers Alexander Severus und seiner Mutter; beide wurden im Jahre 235 ermordet. Der Reliefschmuck an den Sarkophagen allgemein bildet den Höhepunkt der römischen Bildhauerei.

nimmt man an, daß dieser Saal von majestätischen Ausmaßen mit einem Dachstuhl aus Zedernbalken gedeckt war.

Der Prunk war hier zweckgebunden: «Wenn man sich den Grundriß genauer ansieht, glaubt man auch, den Sinn dieser Eingangshalle erkennen zu können: ein Wartesaal von übertriebenen Ausmaßen für die Bittstellerschaft des Kaisers, die dem Herrn und Gott Domitian nach einem strengen Protokoll zur allmorgendlichen Huldigung aufwarten mußte. In den südlichen Stützmauern hatte man ein Vorzimmer vorgesehen, von dem aus man in den Thronsaal sehen konnte. Die riesigen Mauern schufen einen imposanten Rahmen, in dem der Kaiser für den Bittsteller wie ein Wesen aus einer anderen Welt erschien...» (B. Andreae, *L'art de l'ancienne Rome*).

Der Besucher, der über einen kurvenreichen, überwölbten Aufgang auf den Palatin gelangte, befand sich sogleich inmitten eines großen Gebäudekomplexes, dessen Plan mit den Landvillen zu vergleichen ist, die die Patrizier vor den Toren Roms erbauten und bei denen Gärten eine vorherrschende Rolle spielten. Die Anlage war dreigeteilt. Es wurde eine Unterscheidung getroffen zwischen dem, was man heute Bürogebäude *(domus Flavia)* und Wohngebäude *(domus Augustana* mit tiefergelegenen Gärten) nennen würde. Ohne in die äußerst umfangreichen Details zu gehen, genügt es, auf den Dreierrhythmus der Räume (drei Gruppen von Räumen, die jeweils in drei Teile unterteilt waren) und den gewaltigen Thronsaal, die *Aula Regia* mit ihrer Kassettendecke und ihren Mauernischen, hinzuweisen. Das Gebäude, dessen majestätische Dimensionen Dichter wie Martial verblüfften, enthielt außerdem einen Speisesaal *(Coenatio Jovis)*, einen zentralen Säulenhof, ein *lararium* (eine Hauskapelle), eine Basilika für die kaiserliche Rechtsprechung, eine dem Kaiser vorbehaltene Apsis, einen ovalen Brunnenraum und ein Hippodrom.

Besonders erwähnenswert ist noch das Nymphäum mit seinen marmorgeschmückten Backsteinwänden, in denen sich bald rechteckige, bald runde Nischen abwechselten und in dem man sich unter Säulen bewegte. Will man Sueton glauben, so war der Peristylos von Kaiser Domitian mit reflektierendem Stein, Phenakit, verkleidet worden, um besser beobachten zu können, was hinter seinem Rücken vorging. Lassen wir dazu den Dichter Martial zu Wort kommen, dem die *domus Flavia* lyrische Worte entlockte: «Hier erstrahlen nach Herzenslust die Marmore der phrygischen und libyschen Berge, die Gesteine des fruchtbaren Syene, das Azurblau der Steine von Chios, rivalisierend mit denen von Doris und Luna, die den Säulen eine feste Stütze sind, und darüber das einzigartige Gewölbe, das das geblendete Auge mit dem goldenen Dach des Himmels verwechselt.»

Die Kaiserpaläste kennzeichnen durch die Kühnheit ihres architektonischen Entwurfs, den Reichtum ihrer Ausschmückung und den subtilen Einsatz des römischen Lichts den Anfang eines neuen Zeitalters in der westlichen Architektur.

50 Die sogenannte «Gemma Augustea» (Kunsthistorisches Museum, Wien) bildet im oberen Teil die Familie des Kaisers Augustus ab; im unteren Teil ist die Errichtung eines Siegeszeichens durch römische Legionäre dargestellt.

Schlußbetrachtung

Die römische Zivilisation stellt sich uns vor allem als Stadtkultur, ähnlich den meisten Kulturen der Antike, dar. Doch Rom, dem es gelang, ein Kaiserreich aufzubauen, hatte Erfolg, wo Athen scheiterte. Das Phänomen der Urbanisierung gehört zu den bemerkenswertesten Erfolgen in der Geschichte der Eroberungen. Das etruskische Wort *Urbs* bezeichnete in den meisten Fällen die Stadt selbst, die auf den Teil innerhalb der Mauern begrenzt war, aber diese Bedeutung konnte sich auch auf die Vororte, die in den sogenannten «Bereich der tausend Schritte» mit einbezogen waren, ausdehnen.

Die Stadtverwaltung Roms war nie deutlich von der Reichsverwaltung zu unterscheiden, was auch in der Zukunft nicht der Fall sein sollte. Die Ausdehnung Roms auf die eroberten Provinzen bewirkte unter anderem eine Art Anpassung, die diese dazu veranlaßte, die Metropole auf dem Gebiet des Städtebaus, der Kunst im allgemeinen und im Bereich der Institutionen nachzuahmen. Im Rahmen dieser Untersuchung ist für uns nur der erste Punkt von Interesse.

Die römischen Städte waren organisch um eine orthogonale Achse, den *cardo* und den *decumanus*, angeordnet, die sicherlich zum ersten Mal von dem griechischen Architekten Hippodamos von Milet angewendet wurde. Sie verlieh den römischen Städten der Halbinsel – und auch denen des übrigen Reiches – das Aussehen eines Rasters, wie es auch den Feldlagern eigen war. Diese Aufteilung der Stadtanlage wurde praktisch jedes Mal berücksichtigt, sofern die Topographie keine unüberwindbaren Hindernisse aufwies. Wie haben bereits darauf hingewiesen, daß der römische Städtebau nur da von diesem Prinzip abwich, wo sich der natürliche Verlauf des Tales, das sich am Fuß des Kapitols ausdehnt, dem Bedürfnis nach Symmetrie entgegenstellte (sofern es nicht auch von den verärgerten Besitzern angegriffen wurde, die sich widersetzten, ihre Parzellen an den Staat abzutreten!).

Das Prinzip der Quadrierung fand sich auch in den Gebärden der Auguren, die in der Opferhaltung Himmel und Erde durch senkrecht aufeinandergestellte Geraden zertrennten. Bei solch einer Gelegenheit ließ sich vielleicht am besten die innige Allgegenwärtigkeit der Religion in jedem bedeutenden Augenblick des Lebens eines Römers erfassen.

Der römische Städtebau scheint ziemlich eindeutig das Erbe des etruskischen Städtebaus zu sein, was bedeutet, daß der Religion ein großer Bereich zukam. Die religiöse Funktion machte sich vor allem in den archaischen Gründungsriten bemerkbar, die anläßlich der Entstehung der Stadt oder der Anordnung verschiedener Gebäude auf dem Forum zueinander stattfanden. Sie fand ihren Ausdruck in Form eines Kapitols – auch wenn das Gelände aufgrund seiner topographischen Beschaffenheit keine Anhöhe aufwies – und dem Standort eines Tempels, der der kapitolinischen Göttertriade geweiht war. Am Fuße dieses Kapitols organisierte sich sowohl in Rom wie auch in der Provinz das politische und religiöse Leben der Stadt.

Während des Kaiserreichs betrug die Fläche Roms 181 000 Hektar mit einer Bevölkerung von 1 200 000 Einwohnern, die sich vor allem durch die bemerkenswerte Organisation der – wie man heute sagen würde – Dienstleistungsbetriebe angezogen fühlte, wie z.B. die Trinkwasserversorgung und vor allem die *annona*, die die kostenlose Verteilung des Getreides (oder zumindest zu festgesetzten Preisen) zu Gunsten von 200 000 Bedürftigen gewährleistete. Es sei noch darauf hingewiesen, daß sich in Rom diese Versorgungseinrichtung auf Grund des Rückgangs der Getreidekultur in Italien ab dem Ende der Republik als zwingend notwendig erwies.

Der wirtschaftliche Wohlstand und das kulturelle Ansehen der Hauptstadt zogen eine immer größere Menschenmenge nach Rom. Doch nicht alle Einwanderer kamen in den Genuß derselben Vorrechte, denn nicht jeder besaß das berühmte Staatsrecht. Die *civitas*, die Staatsbürgerschaft, war eines der typischen Merkmale der antiken Zivilisationen. Und das empörte «civis Romanus sum» eines glücklosen, zu Unrecht verurteilten und allen üblen Behandlungsweisen eines «fremden Landes» ausgesetzten Römers, von dem uns Sallust berichtet, versteht sich besser, wenn man sich bewußt macht, daß die Staatsbürgerschaft für ihren Träger eine Reihe von unveräußerlichen Rechten mit sich brachte. Ein richtiger römischer Bürger besaß das Zivilrecht der Eheschließung *(ius connubii)* und des Rechtsgeschäfts *(ius commercii)* und außerdem noch politische Rechte wie das Wahlrecht *(ius suffragii)* und das passive Wahlrecht zu einer Magistratur *(ius honorum)*.

Neben dieser Gruppe vollrechtlicher Bürger gab es eine Kategorie «unvollständiger» Bürger, die *cives minuti*, die nicht über alle Rechte verfügten. Es handelte sich dabei um Freigelassene oder Bewohner aus Gemeinden der Provinz oder sogar um ehemalige Bürger, die auf ihre Privilegien verzichtet hatten, denn die *civitas* brachte auch eine Anzahl von Verpflichtungen mit sich, wie z.B. die Tributpflicht und die Ableistung des Militärdienstes. Das *imperium romanum* spielte mit diesen Unterscheidungen, um seine Autorität als Staatsmacht zu behaupten.

Gab es eigentlich auch eine römische Kunst? So gestellt, ist die Frage wohl eher eine Provokation. Dennoch hat es nie an fähigen Denkern gefehlt – und es gibt sie immer noch –, die behaupten, daß das Genie der Römer und Latiner vorwiegend in der Organisation und der angewandten Forschung zu finden ist, daß es aber nicht in der Lage war, auf ästhetischem Gebiet irgend etwas zu schaffen, das nicht eine mehr oder weniger ungeschickte Imitation der Griechen oder Orientalen war. Selbst Cicero und Vergil zeigten keine besondere Begeisterung für das Schaffen ihrer Zeitgenossen.

Diese These findet zum Beispiel ihre Bestätigung in der fast erschreckenden Gleichförmigkeit der Büsten, ob sie nun aus Terrakotta, Marmor oder Bronze sind. Sicherlich kann man an ihnen die «noble Eleganz der Gesichter» bewundern, doch käme wohl niemand auf die Idee, über die Fülle und den Abwechslungsreichtum der Gesichtsausdrücke in Verzückung zu geraten. Bis auf einige wenige Ausnahmen zeichnet sich die römische Darstellung des menschlichen Gesichtes nicht gerade durch psychologische Tiefe aus.

Dennoch kann man leicht Kunstwerke finden, die dieses Urteil Lügen strafen. Da ist das wunderbare Fresko der Einweihung in die Mysterien des Dionysos in Pompeji, das durch seine Ausdruckskraft beeindruckt. Dann gibt es die «Landschaft im Niltal», jenes seltsame Mosaikfragment aus dem Heiligtum der Fortuna Primigenia in Praeneste. Da ist der Sarkophag, auf dem die Trauerfeierlichkeiten Hektors dargestellt sind und der aus dem 2. Jahrhundert n. Chr. stammt, einer Zeit, in der sich eine originelle Portraitkunst offenbart. Und schließlich gibt es noch, um wieder auf die Baukunst zurückzukommen, die Kunst der Berichter-

51   Das Relief zeigt Marc Aurel, den Philosophen auf dem Kaiserthron (161-180 n. Chr.), bei der Darbringung eines Opfers, römischer Sitte gemäß mit verhülltem Haupt.

stattung, wie sie sich auf den Trommeln der Trajanssäule darstellt und auf den Rankenornamenten des *Ara Pacis*, des Friedensaltars auf dem Kapitol. Vor allem seien noch die feinsinnige Aufgliederung des Raumes und die geschickte Einrichtung der Lichtspiele in der *domus Aurea* des Kaisers Nero genannt, der Zeuge eines erstaunlichen künstlerischen Schaffensdranges wurde.

Man kann ferner nicht leugnen, daß das *imperium romanum* an den Anfängen einer neuen künstlerischen Sprache beteiligt gewesen ist. Um noch einmal auf G. C. Picard zurückzukom-

52 Im berühmten Apollo von Belvedere, der Marmorkopie eines griechischen Bronzeoriginals aus der 2. Hälfte des 4. Jahrhunderts v. Chr., sah man lange Zeit das höchste Ideal der Kunst des Altertums.

men, könnte man sagen, daß «die Elemente, aus denen diese Sprache zusammengesetzt ist, fast alle von den Griechen erfunden worden sind, daß aber die Syntax, die sie miteinander verbindet, das Werk Roms ist». Denn es ist schließlich das Kaiserreich, das im Okzident riesige Gebiete allen möglichen Formen der Kultur erschloß und es ermöglichte, daß im Orient die Schätze des geistigen Lebens und der hellenischen Kunst überleben und über Jahrhunderte hinweg ihre schöpferische Kraft bewahren konnten.

Farbabbildungen

425   Nach einem Nebenfluß der Rhone ist der Pont du Gard in der Nähe von Nîmes in Südfrankreich benannt, einer der besterhaltenen römischen Aquädukte aus der Zeit des Kaisers Augustus.

426   Wo sich heute nördlich von Rom die Stadt Civita Castellana erhebt, befand sich früher das antike Zentrum Falerii Veteres. Von seinem Tempel «ai Sassi Caduti» stammt eine der schönsten und vollständigsten Architekturdekorationen der archaischen Zeit (6. Jahrhundert v. Chr.), darunter dieser Krieger in bemalter Terrakotta (Villa Giulia, Rom).

427   Schön verzierter Silberhelm aus dem 6. Jahrhundert v. Chr. (Museum der Villa Giulia, Rom).

428   Die berühmte bronzene Chimäre (5. Jahrhundert v. Chr.) wurde im 16. Jahrhundert in der Stadt Arezzo gefunden und von Benvenuto Cellini meisterlich restauriert; sie befindet sich heute im Archäologischen Museum von Florenz.

429   Das etruskische Volterra war zwischen dem 4. und 1. Jahrhundert v. Chr. ein Zentrum der Keramikkunst. Dort entstand auch dieses schwarzfigurige Mischgefäß (Krater), das heute zu den reichhaltigen Sammlungen des Museo Guarnacci gehört.

430   Die Fresken der «Tomba del Triclinio» (5. Jahrhundert v. Chr.) zählen zu den schönsten Grabausmalungen der Antike. Sie sind heute im Museum von Tarquinia ausgestellt, darunter auch dieser graziöse Tänzer.

431   Im Gewölbe der Kirche S. Costanza in Rom finden sich die ältesten uns bekannten christlichen Mosaiken (4. Jahrhundert).

432   Große etruskische Goldfibel aus der Mitte des 7. Jahrhunderts v. Chr.

Byzanz

Text von Ania Skliar

Das Byzantinische Reich

Handelt es sich bei Byzanz um eine prachtvolle Stadt oder um ein fernes Trugbild, eine majestätische Tiara am Bosporus, eine Metropole des Orients oder eine Rivalin Roms? Am Anfang ist Byzanz lediglich ein kleines Dorf, das an der Grenze zwischen Asien und Europa die Meerenge des Bosporus beherrscht. Aus ihm wird schließlich Konstantinopel, ein seltsames Märchen, eine verrückte Idee der römischen Kaiser, die sich zur neuen Religion bekehren. Es ist ihre Absicht, einen neuen Staat zu schaffen, der sich dem Orient zuwenden und den Okzident entthronen soll. Rom ist nicht mehr römisch, und Byzanz ist bereits byzantinisch.

Reichsgründung

Ist das Byzantinische Reich nur eine Erweiterung des Römischen Reiches, dessen Macht sich bis nach Afrika ausdehnte? Für Charles Diehl beginnt das Byzantinische Reich «an dem Tag, an dem Konstantin Konstantinopel gründete und daraus die zweite Hauptstadt des Römisches Reiches machte – an jenem 2. Mai 330». Der Hof wechselt den Sitz der Residenz, und die Verwaltung folgt ihm nach. So entwickelt sich die neue Metropole sehr zum Nachteil der alten. Im 4. Jahrhundert können sich die römischen Institutionen immer noch behaupten. Der Abdankung der römischen Kaiser Diokletian (284–305) und Maximian folgt eine Periode der Unruhen und der Kämpfe um die zwischen dem Osten und dem Westen aufgeteilte Macht. Konstantin, der Sohn eines Nachfolgers der «Augusti», die mit den «Cäsaren» die von Diokletian eingesetzte Tetrarchie bildeten, schaltet sowohl im Osten als auch im Westen einen Gegner nach dem anderen aus und steht nun allein an der Spitze eines zerrütteten Reiches. Im Jahre 313 erläßt er ein Toleranzedikt, das sogenannte «Mailänder Edikt», das es den Christen ermöglicht, wieder zu ihren Gütern und Rechten zu gelangen, deren sie beraubt worden waren, und ihren Kult in uneingeschränkter Freiheit auszuüben. Der Kaiser empfängt die

1 Als Konstantin der Große im Jahre 330 seine neue Hauptstadt weihte, ließ er auch diese Münze prägen, die eine Allegorie Konstantinopels zeigt: eine gekrönte Frau mit einem Füllhorn in der Hand.

Taufe, nimmt die Belange der Kirche in die Hand und schafft so die Fundamente für den neuen Staat. Ein neues Kapitel in der Geschichte wird geschrieben. Es ist dies der Anfang der christlichen Welt, deren Blüte ihren Ausgang von Konstantinopel nehmen wird. Als uneinnehmbare Feste gegen die Barbaren und als Land- und Seestützpunkt auf halbem Weg der Handelsstraßen zwischen Europa und Asien, dem Mittelmeer und dem Schwarzen Meer vergrößert sich Konstantinopel zusehends, und es haften ihm ein Ansehen und ein Wohlstand an, die eher von den Parthern und den Sassaniden als von den Lateinern herrühren.
Nach Konstantin wird das Reich von inneren Unruhen erschüttert. In der totalen Anarchie löst ein Kaiser den anderen ab. Die Vorstellung eines geeinten Reiches bleibt trotz der Aufteilung der Machtbereiche in Ost und West bestehen. Die Gegensätze zwischen den beiden Reichsmächten verstärken sich, und im Jahre 395, anläßlich des Todes von Theodosius I., dem letzten Kaiser des Mittelmeerraums, kommt es schließlich zum endgültigen Bruch. Von nun an ist Byzanz die sagenhafte und berühmte Stadt eines einzigen Ostreiches.

Dauer

Wie viele Jahrhunderte währt der Glanz dieser Königin aus Tausendundeiner Nacht? Als alleinige Weltmacht im 5. Jahrhundert dauert das Byzantinische Reich tausend Jahre und somit länger als Rom, bis ins Jahr 1453, dem dramatischen Schicksalsjahr, das den Untergang und den Zusammenbruch des Reiches mit der Eroberung Konstantinopels durch die Türken bringt.

Ausdehnung

Beschränkt sich Byzanz nur auf die Stadt Konstantinopel oder erstreckt es sich über den Bosporus hinaus? Bei der Ankunft Konstantins besteht das Reich aus den Gebieten der «Fruchtbaren Sichel», der Mittelmeerküste Afrikas, des Balkans, Italiens, Spaniens und Galliens sowie aus einem Teil Germaniens und den angelsächsischen Inseln. Im Verlauf seiner Geschichte schrumpft das Byzantinische Reich aufgrund ständiger Landverluste allmählich zusammen. So dramatisch die Geschichte von Byzanz in seiner langen Zeit als Kaiserreich auch sein mag, so wenig spiegeln auf der anderen Seite die Hauptausdrucksformen der Kunst dieses wechselvolle Schicksal, diese Folge von glorreichen und verheerenden Kämpfen, kurz gesagt: diese Gegensätzlichkeit wider.

Geschichte

Ab 395 folgen weitere Invasionen der Barbaren und zerteilen das Reich in mehrere Königreiche: Attila, der Hunnenkönig, auf dem Balkan, die von Alarich angeführten Westgoten und die Ostgoten mit Theoderich. Die bis 488 andauernden Kämpfe begünstigen den Untergang Roms und Italiens, doch gelingt es ihnen nicht, Konstantinopel zurückzudrängen.
Der Orient sieht sich ebenfalls neuen Gefahren ausgeliefert, nämlich dem Krieg gegen die Perser (502-505) und den arabischen Angriffen. Eine nicht weniger gefährliche Geißel droht dem Reich im Inneren in Form des religiösen Zerfalls: die beträchtliche Entwicklung der Ketzerei, hervorgerufen durch die Bestimmung des Wesens Christi und die damit in Frage gestellte Essenz der christlichen Lehre schlechthin.
«Die Person Jesu gottgleich?» ruft ein Anhänger des Arianismus. «Das ist reiner Götzendienst! Der Messias ist nur ein Sterblicher, zwar von Gott inspiriert, aber doch ein erschaffener Mensch, er ist nur Träger Gottes.»
«Dies ist Gotteslästerung gegen den Schöpfer und die Rechtgläubigkeit», antwortet ein anderer, ein Monophysit. «Man stelle sich eine Kirche vor, deren Mittelpunkt nicht einmal ein Gott wäre. Im Gegenteil, der Herr hat nichts Menschliches an sich. Der Göttliche Geist hat schließlich die Fleischessubstanz in sich aufgenommen.»
«Aber», sagt ersterer, «wenn man aus seinem Körper eine Art vergeistigtes Gespenst macht, welchen Wert hätte dann für uns, die wir aus Fleisch und Blut sind, seine Auferstehung?»
«Warum machen wir denn nicht», versichert ein versöhnender Dritter, Schüler des Nestorios, «aus dem Erlöser ein Doppelwesen, das gleichzeitig Mensch und Gott ist? Jesus, der Vergängliche, gelangt später durch den göttlichen ‹Logos› zu seiner wahren Größe.»
Diese verschiedenen theologischen Abweichungen werden nacheinander in den Konzilen von Nizza (325), von Ephesus (431) und von Chalkedon (451) bekämpft.
Gegen diese beiden Bedrohungen, die Religionskrisen und die Invasionen der Barbaren, die die Grenzen des Reiches immer mehr zusammenschrumpfen lassen, muß Kaiser Justinian (527-565), unterstützt von seiner Gemahlin Theodora, ankämpfen. Diese Frau, so Charles Diehl, «besaß einige hervorragende Qualitäten, die die Ausübung höchster Macht legitimie-

ren: stolzen Tatendrang, mannhafte Entschlossenheit und überlegten Mut, der sich in den schwierigsten Situationen bewährte. Während der 21 Jahre, die sie neben Justinian regierte, übte sie einen nachhaltigen und legitimen Einfluß auf ihren Mann aus, der sie vergötterte. (...) Von Kopf bis Fuß eine Frau, die immer darauf bedacht war, zu gefallen, verlangte sie prächtige Gewänder, herrliche Gemächer, kostbare Geschmeide und einen Tisch, der mit exquisitem und ausgesuchtem Geschmack gedeckt war.»

Angetrieben von dem Gedanken an das geeinte Reich Konstantins, holt sich Justinian den Westteil von den Goten zurück (Italien, Korsika, Sardinien, die Balearen und Südspanien), zwingt den Frankenkönigen Galliens seine Oberherrschaft auf, erobert die von den Vandalen besetzte Mittelmeerküste Afrikas zurück und schafft so eine straffe Regierung, die durch die kaiserliche Autorität noch verstärkt wird. Er organisiert eine Armee und zentralisiert die Verwaltung mit dem Ziel, das Reich zu einen. Sein diplomatisches Geschick erlaubt es ihm, aufgrund des wirtschaftlichen Wohlstands den Einfluß des Reiches über seine Grenzen hinaus auszudehnen. Der geistige und politische Mittelpunkt der Welt wird Konstantinopel.

Doch der ruhmreichen Herrschaft Justinians folgt eine Zeit der Anarchie, obgleich Heraklios (610–641) in unaufhörlichen Angriffen gegen die Eindringlinge anstürmt. Er rettet das Reich vor den Persern und Awaren, aber Syrien, Ägypten, Nordafrika und Armenien fallen in die Hände der Araber. Die Lombarden gehen in Italien siegreich hervor, und die auf dem Balkan

2 + 3   Die beiden Votivbronzen aus der Regierungszeit Kaiser Konstantins dokumentieren den religiösen Wandel jener Jahre: links das christliche Pax-Symbol, rechts ein heidnisches Symbol.

4 Neben der Hagia Sophia und dem Kaiserpalast befand sich einst das Hippodrom, 203 errichtet und unter Konstantin zu einer Anlage von 400 x 150 m erweitert. Die Elfenbeinschnitzerei aus der Mitte des 4. Jahrhunderts zeigt ein Wagenrennen im Hippodrom.

lebenden Slawen stellen eine dauernde Bedrohung für das Reich dar, das nun auf Kleinasien, den Balkan und das von Justinian gegründete Exarchat Ravenna reduziert ist. Das Reich muß nicht nur regelmäßig die Angriffe der Barbaren, Perser und Araber über sich ergehen lassen, sondern es wird auch noch von schweren Religionskrisen erschüttert, wie der der Bilderstürmer im 8. und 9. Jahrhundert, die die systematische Zerstörung der Bilder, die als gotteslästerlich empfunden wurden, zur Folge hat. Denn «Bilder zu schaffen bedeutet, der Natur des

Göttlichen entgegenzuwirken und sie auf die Ebene der Materie herabzuwürdigen. Die Bilderverehrung bedeutet einen Rückfall ins Heidentum, eine Herabsetzung der Heiligen auf den Rang derer, die früher Götter waren. Es gehört sich nicht für den Christen, erklärt Epiphanios von Zypern, seine Seele durch die Täuschung seiner Augen und die Verwirrung seiner Sinne erforschen zu wollen» (René Guerdan).

Mit dem Schisma von 1054 vollzieht sich endgültig der Bruch zwischen dem Osten und dem Westen. Trotz dieser Teilung macht sich allmählich der Einfluß von Byzanz bemerkbar, vor allem in den von den Aposteln Kyrillos und Methodios (9. Jahrhundert) christianisierten slawischen Ländern, während sich im Westen das Heilige Römisch-Deutsche Reich Karls des Großen konstituiert hat (800).

Während der Bilderstürmer-Krise brechen die isaurischen Kaiser den ungestümen Elan des Islam und organisieren die Monarchie neu. Später findet dann Byzanz unter der makedonischen Dynastie zu seiner Größe zurück.

In den folgenden Jahrhunderten tragen die Kaiser der Dynastie der Komnener ebenfalls dazu bei, daß Byzanz wieder zu Ansehen gelangt, obgleich immer wieder neue Barbarenvölker zurückgedrängt werden müssen, wie z.B. die von Italien verstoßenden Normannen, die Türken, Serben und Ungarn. Das Reich wird von allen Seiten bedroht. Trotzdem ist Konstantinopel nun das politische und diplomatische Zentrum des Mittelmeerraumes und wird es bis zur Eroberung durch die venezianischen Kreuzfahrer im Jahre 1204 bleiben, einem Schlag, von dem es sich nie mehr ganz erholen wird.

Es gibt zahlreiche Chroniken und Berichte über diese berühmte Schlacht, darunter auch die von Geoffrey von Villehardouin, einem der vier Anführer des 4. Kreuzzuges: «Und dann begann also der grausame und wunderbare Sturmangriff der Schiffe auf die Stadt. Die im Kampfe ausgestoßenen Schreie waren derart laut, daß die Erde zu zerbersten schien. (...) Und die Ritter zerstörten drei der Tore und drangen in das Innere ein. (...) Dann konnte man sehen, wie Griechen erschlagen und Pferde und Stallknechte, Maulesel und anderes Beutezeug genommen wurde. Dabei gab es viele Tote und Verwundete, ganz ohne Maß und Ziel.»

Nach einer Zeit der «Renaissance» unter der Dynastie der Paläologen reduziert sich das Byzantinische Reich auf Nikäa, erobert jedoch einige der verlorenen Territorien zurück.

Die inneren sozialen und religiösen Kämpfe richten dann zugrunde, was von dem Königreich des Ostens noch übrig ist, und der endgültige Schicksalsschlag der Eroberung Konstantinopels durch die Türken im Jahre 1453 veranschaulicht am besten die allmähliche Schwächung dieses Reiches, das sowohl wegen seiner Grenzstreitigkeiten als auch wegen der Machtkämpfe unentwegter Instabilität und Unruhe ausgesetzt ist.

Wehklagt, Christen,
Christen des Ostens,
Christen des Westens,
Beweint ein großes Unglück!
Am Dienstag, dem neunundzwanzigsten Mai
Tausendvierhundertdreiundfünfzig,
Nehmen die Söhne des Agar
Die Heilige Stadt Konstantinopel.

>   Sie plündern die Kirchen,
>   Sie zerreißen die Heiligen Bilder,
>   Sie zerbrechen die Silberkreuze
>   Und treten sie zu Boden.
>   Ihre Pferde dringen in die Tempel ein,
>   Die unbefleckte Hostie wird in den Schmutz getreten,
>   Sie töten die Priester
>   Und schänden die Jungfrauen.

Anonymer Text über die Eroberung Konstantinopels im Jahre 1453

So stirbt Byzanz, das Glanzlicht einer vom Glauben beherrschten Welt, ein Reich, dessen Zeit jedoch nach tausend Jahren des Ruhmes und der Grausamkeit abgelaufen ist.
«Von 109 Herrschern starben 65 eines gewaltsamen Todes durch Mord: Zwölf starben im Kloster oder im Gefängnis, drei hungerten zu Tode, 18 wurden durch Kastration verstümmelt oder es wurden ihnen die Augen ausgestochen, Nase und Hände abgeschnitten, und der Rest wurde vergiftet, erstickt, erdrosselt, erdolcht, von einer Säule gestürzt oder schändlich zu Tode gehetzt. Im ganzen zählt man im Verlauf von 105 Jahren 65 Palast-, Straßen- und Kasernenrevolutionen und 65 Thronstürze. Man hätte auch sagen können, daß Byzanz eine durch Mord geschwächte absolute Monarchie war» (René Guerdan).

Christliche und römische Kunst im Gegensatz

Dennoch bleibt die Kunst über all diese politischen Unruhen hinweg von erhabener Beständigkeit, obgleich sie im Verlauf der Jahrhunderte natürlich auch einer Entwicklung und gelegentlichen Veränderungen unterliegt.
Welcher Art ist eigentlich die byzantinische Kunst? Ist sie etwa die erste christliche Kunst? Es gibt zur Geburtsstunde des Christentums weder einen byzantinischen Stil noch eine spezifisch christliche Kunst, sondern lediglich vereinbarte Erkennungszeichen zwischen den ersten Christen, die wegen der ständigen Verfolgungen durch die Römer gezwungen sind, im Untergrund zu leben. Das am häufigsten gebrauchte Symbol ist der Fisch, nach dem griechischen «Ichthys» (= Fisch), dessen Buchstaben die Initialen Christi bilden: «Iesous Christos Theou Yios Soter» (Jesus Christus, Gottes Sohn, Heiland).
Andere Übereinkommen waren der Pfau, das Symbol der Unsterblichkeit; die Taube mit dem Olivenzweig im Schnabel, das Zeichen des Hl. Geistes und der Ankündigung des Himmlischen Friedens; der Anker oder das Boot als Ausdruck christlicher Hoffnung; der Gute Hirte und der Erlösergott, die Retter der verlorenen Seelen; die Oranten als das ewige Seelenleben; das Festmahl, die Wiederholung des Heiligen Abendmahls.
Als die christliche Religion Ende des 4. Jahrhunderts zur Staatsreligion ernannt wird, verlassen die Gläubigen den Untergrund, und aus ihren Symbolen werden ikonographische Themen. Die Katakomben, also die unterirdischen Friedhöfe, die von den Glaubensgemeinden mit die-

sen ersten Zeichen versehen wurden, tauchen aus dem Dunkel auf und verwandeln sich in Basiliken. Zuerst entstehen dort rudimentäre Malereien und später dann Mosaike, die von der Gegenwart Gottes zeugen und die heiligen Apostel und Märtyrer darstellen.

Handelt es sich also ab diesem Zeitpunkt um christliche Kunst? Ist sie von nun an mit Byzanz in Verbindung zu bringen?

Das Mosaik «Drei Engel bei Abraham» in der Kirche Santa Maria Maggiore in Rom (Anfang des 5. Jahrhunderts) hat zweifellos eine feinere Ausdruckskraft als die Mosaike in den Katakomben, doch erreichen sie nicht die strenge Feierlichkeit und die Materielosigkeit, die an eine andere Welt denken läßt, wie die Mosaike von San Vitale in Ravenna (6. Jahrhundert), die Kaiser Justinian und seine Gemahlin Theodora darstellen.

Die ersten Versuche der christlichen Künstler führen, so scheint es, von den ersten Oranten der Katakomben zum «Pantokrator», dem Christus als Weltbeherrscher, in den byzantinischen Kuppeln. So kündigt auch die Entwicklung der altchristlichen Fresken, ja sogar bestimmter Mosaike, hin zu den Mosaiken des 4. und 5. Jahrhunderts zugleich die Entdeckung einer verfeinerten und einfühlsamen Sprache an.

Über den byzantinischen Stil schrieb André Malraux: «Und als man endlich aufgehört hatte, all die Bilder byzantinisch zu nennen, die nicht mehr der Antike und noch nicht dem Mittelalter zuzurechnen waren, fing man an, die antik zu nennen, die nicht wie Ikonen aussahen. Nachdem sie einem unklaren byzantinischen Stil zugeordnet worden waren, gehörten die Mosaike von San Lorenzo in Mailand, von Santa Maria Maggiore und Santa Pudenziana in Rom also der ‹Spätantike› an. Aber sie sind nicht auf antike Bilder zurückzuführen. (...) Das römische Mosaik stellte die Götter dar, und das christliche Mosaik ist der Ausdruck Christi», denn «das, was die christlichen Künstler seit dem ersten, in den Katakomben gemalten Oranten bis hin zu dem Abend, an dem Rembrandt seinen letzten Pinselstrich tat, gewollt haben, hat Augustinus, für viele Jahrhunderte gültig, in Worte gefaßt: Gott zu loben.»

Wer übrigens sonst als der Heilige Augustinus hat diese Gemeinschaft besser verstanden und intensiver gelebt: «Nichts ist zärtlicher als eure Liebe, und nichts empfinde ich als größere Wohltat als eure Wahrhaftigkeit, wie es sie schöner und strahlender nicht geben kann» (*Bekenntnisse,* Buch II, Kap. VI).

Die Offenbarung einer Über-Welt jenseits der Erscheinungswelt bestimmt Byzanz, das eher die Erbin des Ostens ist als die Roms, wo die Künstler die Wirklichkeit des irdischen Lebens nachahmen. Und welche Ausdrucksmöglichkeiten bieten sich den Christen von damals, diese «andere Welt zu malen»? Doch nur die römische Kunst, aber diese Kunst bringt den Ruhm der gottgleichen Kaiser zum Ausdruck, die sich ihrer selbst und ihrer Macht sicher sind und deren Blick jede Innerlichkeit vermissen läßt. Das heidnische Rom hat seinen Darstellungsort auf dem öffentlichen Platz, so wie die Schauspieler auf der Bühne eines Theaters. Die emphatische Geste des Redners verdeckt die Leere ihrer Seele, wie das Gewand den Körper. Das Standbild des Kaisers Augustus zeugt von dieser Selbstsicherheit und Abwesenheit geistigen Lebens, das so spezifisch römisch ist: die realistischen Gesichtszüge mit dem süffisanten und eingebildeten Ausdruck, die einstudierten Bewegungen eines in der Öffentlichkeit stehenden Mannes, der es gewohnt ist, vor Publikum zu sprechen; die lange Tunika, nur eine blasse Kopie des griechischen Faltenwurfs, dessen leichte und harmonisch angeordnete Falten die Komposition des klassischen Basreliefs oder der archaischen Skulptur des 7. und 6. Jahrhun-

5 Der Erzengel Michael wurde als Patron der christlichen Heere gefeiert. In der bildenden Kunst wurde er als Anführer der himmlischen Heerscharen dargestellt, so auch auf diesem Flügel eines Elfenbein-Diptychons aus dem frühen 6. Jahrhundert. Diese zusammenklappbaren Schreibtafeln wurden sehr kunstvoll gearbeitet und dienten als Brief, Notizbuch, Urkunde usw.

derts v. Chr. rhythmisch gestalten. «Zweifellos hat es nie ein Volk gegeben, dem derart tiefgreifend und anhaltend ein plastischer Stil vorenthalten worden ist, wie dem römischen Volk» (André Malraux).
Nun war aber der Kaiserkult unvereinbar mit dem Christentum, dem neuen Glauben, der sich über das ganze Reich verbreitete. Der Ausdruck der römischen Kunst kann also nicht bei den

Christen Anklang finden, und von daher besteht die Notwendigkeit, andere Formen zu schaffen, die in der Lage sind, das Geheimnis Gottes zu offenbaren. Hierin liegt die Genialität des durch den neuen Glauben inspirierten Menschen, der von einer bis dahin unbekannten Hoffnung angetrieben und für den es ein fundamentales Bedürfnis sein wird, dieses Gefühl des «ganz Anderen» in einer unmittelbar fühlbaren Sprache auszudrücken, um so ein unzertrennbares Band zwischen dem Menschen und den überirdischen Mächten herzustellen.

Zu Beginn des christlichen Zeitalters bedient sich der Künstler zwangsläufig der Zeichen der römischen Ikonographie, die aber jeder Bedeutung entleert sind: Aus dem «Hermes Criophorus» wird der «Gute Hirte», aus dem Redner im Dienste Roms der Christus und Messias des Alten Testaments.

Die antiken Formen, die man in der christlichen Kunst vorfindet, sind nicht die des Praxiteles, und selbst schlecht kopiert, sind es nur noch Formen, die nichts mehr beinhalten. «Hätten sie nicht ihre Seele verloren, hätten sie die Christen auch nicht als ihre Zeichen verwenden können» (André Malraux).

So verhielt es sich auch mit der Metamorphose des Apollo im Nordwesten Indiens in der Gegend von Gandhara (1. bis 4. Jahrhundert n. Chr.), die mit der Ankunft Alexanders des Großen anläßlich seiner Eroberung Indiens im 4. Jahrhundert v. Chr. eingeleitet worden war. Denn «so, wie die antiken Formen in Byzanz auf Christus treffen sollten, waren sie zuvor in den makedonischen Königreichen Indiens auf Buddha getroffen». Aber in diesem Falle ist es «der griechische Geist, der seine Begabung zur Darstellung in den Dienst des Buddhismus stellte, die, anscheinend zum ersten Mal, Szenen aus dem Leben des Weisen zum Leben erweckte und so den leeren Platz, der bis dahin die ‹Erleuchtung› symbolisierte, durch sein Bild ersetzte. Aber der Orden hatte den Palast ersetzt», wie die Basilika das Forum. «Die Skulpturen befanden sich nicht mehr auf den Plätzen, sondern an Orten, an denen sich der Besucher nur noch nach bestimmten Ritualen, ähnlich denen der Priester, zu verhalten wagte.» Diese Umwandlung ist, obgleich vollkommen verschieden von der des «Hermes Criophorus», genauso symptomatisch und charakteristisch für die Entstehung eines Stils, für den Künstler und keine Illustratoren gebraucht werden: «Niemand außer dem Künstler kann Bilder schaffen, die sich von der äußeren Erscheinungswelt unterscheiden.» So «konnten der Buddhismus und das Christentum Apollo und den Guten Hirten vorübergehend als Symbol übernehmen, aber nicht daraus ihr Ebenbild machen. Einzig ihr eigener Stil konnte zum Ausdruck bringen, was der eine und der andere Göttliches an sich hatte» (André Malraux).

In der primitiven christlichen Kunst sind die aus der römischen Ikonographie entwendeten Zeichen von rührenden Ungeschicklichkeiten im Stil begleitet, die man an den Wänden der Katakomben vorfinden kann.

An einer Wand der Krypta der Lucina in der Katakombe des hl. Calixtus in Rom befindet sich ein länglicher, pastellfarbener Fisch, der auf seinem Rücken einen Korb mit fünfzig kleinen Broten trägt. Hier erhält der Symbolismus, obgleich streng christlich, eine etwas andere Färbung: Der Fisch ist ein Nahrungsmittel, und der auferstandene Christus hat davon gegessen; somit wird er zum Symbol des eucharistischen Mahls, bei dem er häufig neben dem Brot dargestellt ist. Dieses einfache Zeichen genügt, um die Christen an das Wesentliche ihres Glaubens zu erinnern, während in der Ikonographie aller indoeuropäischen Völker der Fisch als Emblem des Wassers die Fruchtbarkeit und die Weisheit verkörpert.

6   In der Zentralkuppel der byzantinischen Kirche wurde Christus stets als Pantokrator («Allesbeherrscher») dargestellt. Hier das Mosaik (spätes 11. Jahrhundert) aus der Klosterkirche von Daphni bei Athen.

In den Katakomben der Priscilla in Rom wird Isis, ihren Sohn Horus tragend (ägyptische Ikonographie), zur Hl. Jungfrau mit dem Jesuskind, die weit aufgerissenen Augen auf ein Absolutes, auf Gott gerichtet. Das nur sehr schematisch und rudimentär gezeichnete Jesuskind schmiegt sich dabei an die Brust seiner Mutter.
Die inhaltlos gewordenen Zeichen, die keine Glaubwürdigkeit und schon gar keine Philosophie evozieren, nehmen angesichts des Glaubens einen anderen Sinn an. Und damit diese neue Bedeutung des menschlichen Seins, des von seinem Schöpfer abhängigen Menschen, in den Malereien des christlichen Friedhofs und später in den Mosaiken Ausdruck finden kann,

ist der erste Versuch der Künstler zunächst einmal, die Existenz «Roms» zu verleugnen, d.h. nicht mehr dessen Universum darzustellen, sondern ein verborgenes Jenseits zu vermitteln, das von dem Pantokrator beherrscht wird. Dieses Jenseits scheint trotz eines wesentlichen Unterschiedes eher dem Ägyptens und seiner Pharaonen zu ähneln, oder auch noch der mysteriösen Welt der Schattenreiche des Mittleren Orients, in jedem Fall aber einem Heiligen Bereich. «Und diese Verbindung zwischen der Kunst und dem Sakralen ergreift den Menschen im Innersten, egal aus welcher Zivilisation er kommt. Die Sachverständigen der Frühgeschichte bestätigen diese Tatsache, die bereits seit dem Auftreten der Höhlenkunst Gültigkeit haben soll. Alle Rassen aller Klimazonen haben nach und nach diese innige Verbindung, dieses dem Menschen eigene Bestreben bestätigt, das ihn dazu bewegt, das Heilige, das Transzendente in dieser zweiten Sprache der Kunst in all ihren Spielarten auszudrücken» (Régine Pernoud).
Um eine Vorstellung von der Jenseitswelt Christi schaffen zu können, findet der Maler und später auch der Mosaikkünstler zu der für den Orient typischen Starrheit zurück, wie sie besonders in den persischen Figuren der «noblen Meder» auf der Treppe des Tripylon in Persepolis zur Geltung kommt.
Er entfernt sich von den harmonischen und musikalischen Linien der Statuen des klassischen Griechenland, die nach dem Manierismus und der Virtuosität der hellenistischen Epoche von den Römern kopiert wurden, ohne jedoch ihren Ursprung zu verstehen. Die Rankenverzierung und die Bewegungsfreiheit des menschlichen Körpers sind die Merkmale, die die Antike kennzeichnen und die in Griechenland das Werden der Natur und das des Menschen auf seine Natur hin vermitteln. Der Unbeweglichkeit des Orients steht die bildliche Darstellung des Göttlichen im Kosmos gegenüber, eine Macht, die ihre Kraft aus dem Rhythmus der Linien und Kurven bezieht.
Auch wird der Künstler mit der Arabeske brechen und zu jener jahrhundertealten Konfrontation zurückfinden, die bei jedem Wiederaufleben des Sakralen von neuem erscheint. Zum Hieratismus gesellt sich ein Schematismus, der die Unwirklichkeit und die Entmenschlichung begünstigt. Auf einer der Zwischenwände der Katakomben der Domitilla sitzt Christus inmitten der Apostel und vier Heiliger. Der Faltenwurf ist nicht mehr römisch; die Falten seines Gewandes sind stark herausgehoben, und die Linien wirken sehr grafisch und abgehackt. Die dargestellten Figuren nehmen eine frontale Haltung ein und fallen durch die vollkommene Abwesenheit jeglicher Bewegungsfreiheit auf. Ihre Silhouetten sind in die Länge gestreckt, und die Füße scheinen den Boden nicht zu berühren. Die durch Ringe stark vergrößerten Augen sind auf die Welt Gottes, verkündet durch seinen Sohn Jesus, gerichtet.

Die bedeutendste Kunstart: das Mosaik

Das altchristliche und frühbyzantinische Mosaik

Die Entmaterialisierung findet ihren vollendeten Ausdruck im Mosaik, das zur bedeutendsten Kunstart des Byzantinischen Reiches werden wird und dessen Bedeutung selbst heute noch nicht richtig eingeschätzt wird.
Zunächst einmal kann es nicht auf ein bloßes historisches Dokument der byzantinischen Zivilisation reduziert werden. Auf Sizilien stellen die Mosaiken von Piazza Armerina (Villa del Casale, römische Kunst des 4. Jahrhunderts) junge Mädchen beim Spiel dar: Sie spiegeln das tägliche Leben im Römischen Reich wider. Anders in Byzanz. Seine Kunstgeschichte hat nicht das geringste mit seiner Epochengeschichte zu tun. Wie könnten auch der «Gute Hirte» und die vielen Darstellungen der Heiligen und Märtyrer Aufschluß über eine Zeit geben, in der ein Lebensmittelhändler öffentlich ausgepeitscht wurde, wenn er spekulierte, und einem Goldschmied die Hand abgehackt wurde, nur weil er ungeprägtes Silber gekauft hatte?
Das Mosaik kann auch kaum als Chronik, d.h. als Berichtesammlung in zeitlicher Abfolge angesehen werden, denn das Reich setzt sich aus einer Vielzahl unterschiedlichster Länder und Regionen zusammen wie Italien, Sizilien, Griechenland, Konstantinopel, dem Mittleren Orient und Nordafrika.
Oder erfüllt es vielleicht nur rein dekorative Zwecke? Wohl auch nicht, trotz seines prachtvollen Ansehens, das für den Orient typisch ist, und seiner offensichtlichen Ähnlichkeit mit den Mosaiken der römischen Paläste, die nur dem Zweck der Ausschmückung dienen. «Als die Römer in dieser Technik eine ‹Malerei für die Ewigkeit, ein Werk von Menschenhand, das nur von Menschenhand zerstört werden kann›, entdeckt hatten, kamen sie auch bald zu dem Schluß, daß sie unverwüstlich und hervorragend geeignet sei, um darauf zu gehen. An der Wand hatten sie sie manchmal als Ersatz für die Malerei verwendet, aber meist als Dekoration ähnlich ihren Pflastern» (André Malraux).
Das römische Mosaik, dessen Smalte (kleine Glaswürfel) eine naturgetreue Nachbildung der

Farbabbildungen

449 Zu den Beständen der Moskauer Tretjakow-Galerie zählt heute die «Gottesmutter von Wladimir» (12. Jahrhundert), die zum Vorbild der Ikoneṅ in Rußland geworden ist.

450 Das Athos-Kloster Pantokrator wurde 1270 gegründet und erhebt sich auf einem Felsen am Meer. Zum Schutz vor Seeräubern ist es wie eine Festung angelegt.

451 Aus dem Kloster Dionysiou (Berg Athos) stammt diese Ikone des Heiligen Johannes des Täufers, vermutlich in der Neuzeit nach einem mittelalterlichen Vorbild gemalt.

452 Eines der bekanntesten Athos-Klöster ist das Kloster Simonos Petra, im 14. Jahrhundert vom Einsiedler Simon in malerischer Lage auf einem Steilfelsen gegründet.

453 Die Freskenmalerei (entstanden 1547), die das «Jüngste Gericht» zeigt, ist im Refektorium des Klosters Dionysiou auf dem Athos angebracht.

454 Wertvoll verzierte Ikone vom Kloster St. Paulus am Berg Athos mit Figuren in Email. Vermutlich wurde sie als Einbanddeckel einer Bibel benutzt.

455 Im 14. Jahrhundert gegründet, später mehrmals stark zerstört und neu errichtet wurde das Kloster Grigoriou, das fast wie eine kleine Festung wirkt.

456 Der Neubau der kolossalen Basilika Hagia Sophia in Konstantinopel wurde im Jahre 537 unter Kaiser Justinian vollendet. Die Minarette wurden später von den Mohammedanern errichtet.

Wirklichkeit erlauben, ist zunächst eine rein dekorative Kunst, wie z.B. die Mosaiken in den Thermen von San Biagio auf Sizilien. Das byzantinische Mosaik hingegen ist voll und ganz der Grundidee der christlichen Religion untergeordnet, nämlich dem Lob Gottes dank des persönlichen Bandes, das die Verbindung schafft mit seinem Wort, seiner Wahrheit, aber auch mit seiner verborgenen Gegenwart, so wie sich der Herr dem Moses im brennenden Dornbusch offenbarte: «Tritt nicht herzu, zieh deine Schuhe aus von deinen Füßen, denn der Ort, darauf du stehst, ist ein heilig Land! (...) Ich bin der Gott deines Vaters, der Gott Abrahams, der Gott Isaaks und der Gott Jakobs. Und Mose verhüllte sein Angesicht, denn er fürchtete sich, Gott anzuschauen» (Altes Testament, 2. Mose 3, 5-6).

Die Smalte, kleine bunte Würfel aus Glas oder Email, die im byzantinischen Mosaik verwendet werden und im allgemeinen in der Struktur der Figuren als Elemente sehr deutlich hervortreten, tragen dazu bei, eine Vorstellung von der Transzendenz des «wahren Bildes» zu vermitteln, statt eine Scheinwirklichkeit nachzuahmen oder darzustellen, die einer chronologischen Zeitabfolge und Übereinkünften unterliegt. «Die Lobpreisung des Ewigwährenden verlangt, daß sich die Stadt mit den Personen in Einklang befindet in einer Welt, die nicht die der Erscheinungsformen ist. Die Formen werden nicht allein durch den Glauben von ihrem Äußeren befreit, sondern durch die Gabe der Erfindung» (André Malraux).

Als erstes beginnt der Mosaikkünstler damit, die Mauer mit einem Zement aus zerstampftem Marmor und Kalk zu überziehen. Dann folgt eine zweite, feinere Zementschicht, auf die die Emailwürfelchen aufgesetzt werden, die schräg abgeschnitten sind, damit sie besser haften. Die Smalte erhalten ihre Farbe durch Metalloxyde, die der Glaspaste zugemischt werden, außer für die Würfel in Gold und Silber. Diese werden mit hauchdünnem Blattgold und -silber und anschließend mit einer dünnen Glasschicht überzogen.

«Durch die Ablehnung der Illusion in der römischen Kunst erkannte die christliche Kunst, als

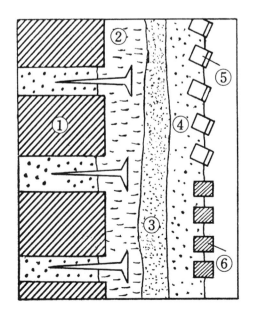

7 *So ist ein Wandmosaik strukturiert:*
1 *Ziegel*
2 *grobe Mörtelschicht*
3 *feinere Mörtelschicht*
4 *sehr feine Mörtelschicht*
5 *Tesserae (lat. = Würfel) mit Goldplättchen*
6 *Tesserae*

sie ihre Figuren nicht zugunsten einer neuen Illusion, sondern zugunsten des Geheimnisses von der Mauer losmachen wollte, die Sprache ihrer Farben» (André Malraux). Die Mosaikkunst ist vor allem «die Kunst des Ausdrucks durch die reine Farbe» (ders.). Die tiefen Blau- und Violettöne, das Blutrot und andere Rottöne finden am häufigsten Verwendung, denn da sie am meisten Symbolkraft haben, kontrastieren sie mit den römischen Pastell- und Ockertönen, die sich zum letztenmal in den Katakomben finden.

Diese Kunst der Farbe – unentbehrlich, um die «andere Welt» zum Leben zu erwecken – wird sich in einer späteren Zeit zu einer Dissonanz der Farbtöne entwickeln, die den griechischen Maler El Greco, den großen Mystiker des 16. Jahrhunderts, unmittelbar inspirieren wird. Die kristalline Färbung des Mosaiks kommt augenblicklich durch die Lichtreflexe des Sonnenlichts auf die kleinen Würfel zur Geltung.

Das Mosaik in Santa Pudenziana in Rom (4. Jahrhundert) ist eines der ersten Beispiele. Der Rahmen des Mosaiks ist durch die Architektur selbst, nämlich die halbrunde Apsis, begrenzt. Der Mosaikkünstler erfindet ein in «Bildflächen» zusammengefügtes System, das eine wirklichkeitsfremde Farbskala bewirkt, da es sich ja um die Darstellung einer anderen Welt handelt. In ihr dominiert Christus, der auf einem orientalischen Thron sitzt, umgeben von den Aposteln und den beiden Heiligen Pudentiana und Praxedis, die Petrus und Paulus während ihres Romaufenthaltes beherbergten. Hinter diesen Personen ist ein Innenraum vorgetäuscht, von dem aus sich Türen in eine dunkelblaue Finsternis öffnen: Der Raum ist nicht mehr irdisch, sondern bereits symbolisch. Über der Christusfigur hebt sich auf einem bewegten Himmel über dem Himmlischen Jerusalem, das ohne jede Perspektive dargestellt ist, ein goldenes, mit Edelsteinen geschmücktes Kreuz ab, das an die Leiden Christi erinnert. Zu beiden Seiten befinden sich die Symbole der vier Evangelisten; Matthäus mit einem Engel, Markus mit einem Löwen, Lukas mit einem Stier und Johannes mit einem Adler. Auf den ersten Blick könnte diese Szenerie römischen Ursprungs sein, aber die Christusfigur verkörpert den Propheten, den Sohn Gottes. Seine Haltung ist feierlich, sein linker Arm deutet auf die Apostel, wie die Hand Gottes. Die Falten seines Gewandes, das keine kaiserliche Tunika mehr ist, sind steifer und lassen es schwerer erscheinen. Sein fast verzückter Blick drückt vollkommene und grenzenlose Liebe für die Menschen aus. Die beiden heiligen Frauen und die Apostel, die in regungslosen Gesten verharren, stehen auf einer tieferen Ebene als Christus und scheinen so gänzlich seiner Allmacht untergeordnet zu sein.

Jedoch löst sich der Künstler noch nicht ganz vom Einfluß der Antike los, wie es das anmutige Gesicht einer der Figuren zur äußersten Rechten in der Apsis und das Beibehalten der Rundungen und Arabesken, besonders in der Haltung der beiden Heiligen, beweisen. Aber ein Schritt ist bereits vollzogen: Der Mosaikkünstler sucht nach seiner eigenen Ausdrucksform! Er erprobt und lenkt von nun an sein Schaffen auf das einzige ihm vorstellbare Ziel hin: die Verherrlichung Gottes.

Im Mausoleum der Galla Placidia in Ravenna (5. Jahrhundert) erinnert den Besucher nichts mehr an Rom. Der Sternenhimmel der Hauptkuppel und der vier Tonnengewölbe erstrahlt in einem solch tiefen Blau, die Zacken der Sterne aus Gold leuchten derart intensiv, daß er sofort in eine andere, nicht mehr irdische, sondern vom Menschen überwundene göttliche Welt eintritt. An den vier Ecken der Kuppel befindet sich der Tetramorph, die vier Symbole der Evangelisten. Auf den Wänden am Fuße der Kuppel sind unbewegliche Apostel dargestellt, die sich von einem symbolischen Hintergrund in Nachtblau und Goldgelb, den typisch byzantinischen Farben, abheben.

Die Darstellungsweise des Guten Hirten, der auf einer der Rückwände abgebildet ist, scheint direkt vom römischen Vorbild inspiriert zu sein. Die in Pastelltönen gehaltene Landschaft ist reich an Vegetation. Die Figur wäre eigentlich nur ein einfacher Hirte, der seine Schafe in einer idyllischen Landschaft hütet, hielte er nicht anstelle des Stockes das Heilige Kreuz, hätte er nicht einen Heiligenschein und wäre nicht sein Blick auf ein Universum gerichtet, das sich doch erheblich von dem des heidnischen Rom unterscheidet. Das Bild des antiken Schäfers, das, seiner römischen Bedeutung völlig entleert, in den Fresken der Katakomben Verwendung fand, erhält hier, im Mausoleum der Galla Placidia, seine volle Bedeutung.

Das Baptisterium der Orthodoxen und das der Arianer veranschaulichen in Ravenna deutlich die Suche nach einem eigenen Stil, der geeignet ist, das Sakrale zum Ausdruck zu bringen. An der höchsten Stelle der Kuppel: die Taufe Christi. Das Flußwasser, dargestellt durch blaßblaue Rillen, ist durchsichtig und läßt die Beine Christi erahnen. Die Taube über dem Haupt des Gottessohnes symbolisiert den Heiligen Geist. Noch feierlicher, aber auch steifer, erscheint der Christus im Baptisterium der Arianer, dessen Augen starr und durch dunkle Ringe besonders hervorgehoben sind. Der goldene Hintergrund betont die Glaubensgemeinschaft, das geheime Band zwischen Gott und den Menschen. Diese Szenerie wird von den Zwölf Aposteln, die stehend in der Luft zu schweben scheinen, umrahmt. Noch materieloser sind sie vielleicht im Baptisterium der Arianer, wo sich das kreisförmig angelegte Gefolge zum leeren Thron schließt, der in Erwartung des Allmächtigen vorbereitet ist.

Ein anderes Beispiel ist die Kirche der Heiligen Kosmas und Damian (527) in Rom. Der in der Apsis dargestellte Christus ist einem römischen Redner nachempfunden. Ohne Zweifel ist auch hier sein Arm auf die Menge gerichtet, doch tut er dies im Zeichen der Predigt und der Ankündigung des Gottesreiches, denn «Byzanz will der Welt als Mysterium Ausdruck verleihen» (André Malraux). Der blaue, mit leichten und flauschigen Wolken übersäte Hintergrund, dessen Farbtöne von Himmelblau bis ins nuancenreiche Purpurrot übergehen, schafft einen Ausgleich zu den Personen: «In Byzanz wie in St. Kosmas erweckt der bleierne, indigofarbene Hintergrund der Mosaike nicht nur die Vorstellung vom Universum als etwas Dramatischem, sondern auch den Eindruck, daß die Personen in einer abgeschlossenen Welt eingesperrt und ihrer Unabhängigkeit beraubt sind, so wie das Christentum dem Staat das Leben des einzelnen abverlangt, um es an die christliche Bestimmung, an die Schlange und an Golgatha zu binden» (ders.).

Die schwere und dicke Tunika der Christusfigur mit ihren starren und unnatürlichen Falten hat nichts mehr mit der des römischen Prozeßführers zu tun und wirkt in ihrer vollkommenen Ebenmäßigkeit äußerst monoton. Die Linien der Zeichnung sind derart steif und abgehackt, daß sie mehr einer Gravur gleicht. Es weist also alles darauf hin, daß die byzantinischen Wertvorstellungen in krassem Gegensatz zu den römischen stehen und somit auch die Kunst von diesen Unterschieden betroffen ist. Doch kommt hier die byzantinische Kunst nicht zu ihrer Vollendung, da vor allem die Christusfigur noch einige Ungeschicklichkeiten aufweist. Erst im 6. Jahrhundert erreicht sie ihren Höhepunkt. Zu dieser Zeit verhilft Kaiser Justinian dem Reich zu einem segensreichen Aufschwung, und die noch vorhandenen Kunstwerke zeugen von dem Versuch, diese vom Glauben beherrschte, übernatürliche Welt darzustellen.

8 Die Basilika Agios Dimitrios in Saloniki wurde zwar 1917 durch eine Feuersbrunst zerstört, konnte aber 1926–1948 wieder restauriert werden. Ihr wohl ältestes Mosaik (ca. 610–641) ist die Darstellung des Heiligen Demetrios in Begleitung des Bischofs Donor an einem Pfeiler am Chor der Basilika.

Das byzantinische Mosaik

In Sant' Apollinare Nuovo (519–558) in Ravenna nimmt Justinian Änderungen an den unter dem gotischen König Theoderich vor 526 realisierten Mosaiken vor. Daher ergibt sich ein seltsamer Kontrast zwischen den beiden Stilrichtungen. Das Werk Justinians erweist sich als beachtlich und künstlerisch vollkommen. Der obere Teil des Kirchenschiffs ist mit Mosaiken bedeckt, die Heilige, die sich in einer Prozession auf die Apsis zubewegen, darstellen. Der Gläubige wird wie in den frühen Basiliken von Chor und Altar eingefangen, hier jedoch bereits mittels der rhythmischen Abfolge von Säulen und Bögen, die die Seitenwand mit den Mosaikszenen stützen. Diese gleichsam in der Luft hängenden Prozessionen bringen das Herz des Gläubigen wie eine göttliche, folglich harmonische Melodie zum Singen:

> Wie habe ich mich gefreut,
> Als man zu mir sagte:
> Komm mit, wir gehen zum Haus des Herrn!
> Nun sind wir angelangt,
> Wir haben die Tore durchschritten
> Und stehen in Jerusalem.
> Jerusalem, du herrliche Stadt,
> Von festen Mauern geschützt!
> Zu dir ziehen sie in Scharen,
> Die Stämme, die dem Herrn gehören.
> Dort soll Israel ihn preisen
> So, wie er es angeordnet hat.
>
> Psalm 122

Die Heiligen Frauen und die Märtyrerinnen, die von drei Engeln und den Heiligen Drei Königen geleitet werden, gehen auf Maria mit dem Kinde zu, während den Heiligen Männern und den Märtyrern der Heilige Martin vorausgeht: Sie bringen dem Messias zahlreiche Opfergaben dar und danken so Gott, der seinen Sohn zur Errettung der Menschheit geschickt hat. Diese vollendete Darstellung zeigt die Silhouetten etwas in die Länge gestreckt, und trotz der gleichförmigen Aufeinanderfolge der Männer und Frauen weisen ihre Haltung und ihre Gesichter doch leichte Unterschiede auf. Die rein byzantinischen Gewänder der Heiligen sind bei den Männern von extremer Einfachheit, bei den Frauen jedoch von erstaunlicher Pracht. Der Glanz der justinianischen Kunst läßt sich jedoch am besten an den Mosaiken der Kirche San Vitale (525–548) in Ravenna ablesen. Gegenüberliegend, zu beiden Seiten des Chores, bringen der Kaiser Justinian und seine Gemahlin Theodora, umgeben von hohen Gefolgsleuten, dem Glorreichen Christus in der Apsis Geschenke dar. «Die Mosaikkünstler von Ravenna stellen weder das, was sie sehen, noch ein theatralisches Bruchstück der sie umgebenden Welt dar, sondern eine bewußte Verneinung des Vergänglichen. Ihr Stil entsteht, wie so viele andere Stilrichtungen des Orients, aus der Notwendigkeit, das darzustellen, was verstandesgemäß nicht dargestellt werden kann, nämlich das Übermenschliche durch das Menschliche zu zeigen – nicht die Welt selbst, sondern das, was in der Welt oder außerhalb ihrer wert ist, dargestellt zu werden» (André Malraux).

9   Zur Einweihung (548) der Kirche San Vitale in Ravenna wurde die Apsis mit prachtvollen Mosaiken eines unbekannten Meisters versehen. An der Nordwand ist Kaiser Justinian dargestellt, dessen Haupt mit der Krone geschmückt und von einem Heiligenschein umgeben ist.

Deshalb sind auch die Szenen auf einem Goldgrund und einer Bodenfläche von abgestuften Grüntönen aufgebaut, beide willkürlich und ohne Bezug auf einen bestimmten Ort. Auf dem Bildnis der Theodora kann man eine vorgetäuschte Inneneinrichtung mit Stoffbahnen auf schwarzem, unwirklichem Grund erkennen. Die sehr hieratischen, über die Maßen langgestreckten Figuren scheinen auf diesen konventionellen Hintergründen zu schweben. Ihre leichten, schwerelosen Füße überschneiden sich, ohne sich im geringsten um die Perspektive zu kümmern, denn es war nicht das Anliegen der Künstler, einen irdischen Raum zu schaffen. Die langen und üppigen Gewänder in lebhaften Farben wie Schwarz, Weiß, Grün, Orange, Blau und Gold, deren Konturen mit dunkleren Rändern nachgezeichnet sind, fallen in regelmäßigen, starren und schematisierten Falten. Die Haltung der Figuren ist feierlich und steif, und das Kaiserpaar ist, obgleich allmächtig auf Erden, dem Pantokrator untergeordnet, wie alle anderen Figuren. In ihrem Blick, der nicht so ausdruckslos ist wie in den römischen Porträts (vgl. die «Zuifarella» genannte Vestalin), erstrahlen unbewegliche Augen, die wie gebannt auf das Ewige gerichtet sind. Bar jeder Rührseligkeit konzentriert sich der Blick auf das Absolute, in den Augen die Lobpreisungen des Herrn:

> Preist den Herrn, alle Völker!
> Rühmt ihn, ihr Nationen alle!
> Denn seine Güte zu uns ist übergroß,
> Und seine Treue hört niemals auf.
> Psalm 117

Die Ablehnung der fleischlichen Erscheinung zeigt sich bereits in den auf koptische Sarkophage gemalten Grabporträts des Fayum (Ägypten), die, obgleich römisch, die Ewigkeit und das den Ägyptern so wichtige Leben nach dem Tod widerspiegeln. Doch hier bedeutet das ewige Leben nicht einfach ein zweites, irdisches Leben, sondern vielmehr das Seelenheil und das Privileg, zu den Auserwählten für das Himmlische Jerusalem zu zählen. «Das ewige Leben verleiht dem einzelnen Gesicht einen neuen Ausdruck. (...) Die Bildnisse einiger Oranten werden durch den festen Blick der großen Augen zu erhabenen Porträts» (André Malraux).

Die Ikonenkrise

Zu Beginn des 8. Jahrhunderts kommt es zur Krise des Bildersturms, und die byzantinische Kunst muß nie wieder gut zu machende Verluste hinnehmen. Im Jahre 726 untersagt Kaiser Leon III. den Gebrauch von Ikonen, d.h. von Heiligenbildern, indem er diesen Kult als Götzendienst, Gotteslästerung und Ketzerei verurteilt. Zweifelsohne ist gegen Ende des 7. Jahrhunderts eine Tendenz dahin zu verzeichnen, daß sich die Hoffnungen stärker auf die Zauberei und die Wunder verlagern und der Bilderkult ebenfalls eine Intensivierung erfährt. Jedoch führen die Gegenmaßnahmen zu katastrophalen Folgen: Die Mosaiken werden fast völlig zerstört. Die Kirchenfresken werden auf groteske Art und Weise mit Grafittis überdeckt, die Karotten, Rüben und Blumenkohlköpfe darstellen. Dieser Kampf bringt aber auch grausame und schmerzliche Dramen mit sich:
«Mehr als sechzigtausend Geistliche sind gezwungen, in Süditalien Zuflucht zu suchen oder in die Berge zu flüchten. Hier werden die Frauen, die unter Verdacht stehen, in ihre Brusttücher Reliquien eingeschnürt zu haben, sogleich verfolgt, eingeholt und niedergesäbelt, und die Soldaten schrecken auch nicht davor zurück, mit ihren Absätzen auf den Resten eines abgetrennten Armes herumzutrampeln. Dort lassen sich Mönche den Bart versengen, die Schädelhaut abziehen und die klaffende Wunde mit den von ihnen verehrten Bildern notdürftig zustopfen. Im Gegenzug werden Soldaten gelyncht, die Hagia Sophia überfallen und der Patriarch von einer Horde Weiber gesteinigt (...). Am 19. Februar 843, nach anderthalb Jahrhunderten gemeiner und brutaler Kämpfe, endet der Streit mit dem Sieg der Bildverehrer. Ein feierliches ‹Te Deum›, gefolgt von einer beeindruckenden Kerzen- und Bilderprozession, feiern sein Ende» (René Guerdan).

10   Das Pendant zu Justinian bildet an der Südwand der Apsis von San Vitale seine Gemahlin, Kaiserin Theodora, die mit ihrem reichen Gold- und Edelsteinschmuck einer Himmelsgöttin gleicht und den Prunk sowie die Macht des kaiserlichen Hofes repräsentiert.

Künstlerisch gesehen ist diese Periode vom Mangel an religiöser Bildkunst in den Kirchen und in der Numismatik gekennzeichnet, denn die Geldstücke der ikonoklastischen Kaiser stellen nie Christus dar.

Im Gegensatz dazu entwickelt sich die profane Kunst unter zunehmender Verwendung ländlicher Motive wie Szenen der Jagd, des Fischfangs oder des Alltags in Konstantinopel (z.B. das Pferderennen im Hippodrom). Es wird auch eine große Anzahl von Themen wieder aufgenommen, die seit dem Ende der Antike immer wieder Verwendung fanden, wie z.B. der kaiserliche Zyklus. Die Ausschmückung der Paläste (reich verzierte Teppiche, Fliesenarchitektur) wird besonders unter der Herrschaft Theophilos', des letzten ikonoklastischen Kaisers, immer prachtvoller, der von dem Wunsch besessen war, mit den Kalifen von Bagdad zu rivalisieren, deren Residenzen in Glanz und Reichtum wie ein Leuchtturm in der Wüste erstrahlen.

«Renaissance»

Auf die Ikonenkrise folgt mit Basilios I. (867–886), dem ersten Kaiser der makedonischen Dynastie, die Periode der sogenannten «Renaissance». Das Reich erfährt sowohl in den Techniken und in den Wissenschaften als auch in der Literatur und in den Künsten einen neuen Aufschwung. Das Mosaik findet seine religiöse Bestimmung wieder und bezieht die Kirche mit ein. Das erste Beispiel dieser künstlerischen Wiederbelebung ist ein Mosaik in der Hagia Sophia. Es stellt Kaiser Leon VI. (886–912) dar, wie er den Regierungsauftrag von Christus erhält (Ende des 9. Jahrhunderts). Dieses Mosaik befindet sich über dem Hauptportal des Narthex, an einem Platz, der gewöhnlich dem Kirchenheiligen vorbehalten ist.

Dieses Werk kennzeichnet eine Übergangszeit und kündet nach einer langen Zeit der Unruhen im 8. und 9. Jahrhundert die künstlerische «Renaissance» an. Seine Anordnung ist von großer Besonderheit. Die Christusfigur sitzt auf einem orientalischen Thron, der mit Zierrat überladen ist. Links zu seinen Füßen kniet Leon VI., ganz gebeugt, die Stirn auf der Erde. Jeweils zur Seite Christi befinden sich die Jungfrau Maria und der Erzengel Gabriel. Diese Konstellation ist um so überraschender, als sich die Haltung des Kaisers von der Justinians in Ravenna vollkommen unterscheidet. Die Unterwürfigkeit tritt an die Stelle der Größe des 6. Jahrhunderts. Der Körper Leons VI. hat nur Rankencharakter: Die Konfrontation ist verschwunden. Seine Bewegungen erhalten ihren Rhythmus durch die Falten des Gewandes, das weiter und feiner ausgearbeitet ist als das der Heiligen Märtyrer in Sant' Apollinare Nuovo in Ravenna. Die Gesten des Kaisers sind weicher und menschlicher. Im Gegensatz dazu verharrt der Christus immer noch in Frontalstellung, trotz der etwas verkürzten und weniger langgezogenen Silhouette im Goldenen Zeitalter des Justinian.

Auch im Ausdruck findet eine Entwicklung statt. Die weniger starren Gesichter werden durch schwach abgestufte grün-graue Schattenfelder herausmodelliert. Die Anmut des Erzengels Gabriel erinnert in nichts an die Feierlichkeit der Gefolgschaft Justinians in San Vitale in Ravenna. Die Jungfraufigur ist schon fast ikonenhaft, beinahe zärtlich, aber dennoch hieratisch. Die etwas homogenere Farbskala reicht von Weiß- bis zu Grautönen, hervorgehoben durch Grün, das Ganze immer auf Goldgrund. «Das Schaffen dieses Hintergrunds ist das Gegenteil des Schaffens eines Raumes: das einer Einheit, die nur durch die Kunst, die sie schafft, existieren kann. Es geht nicht mehr darum, ein trügerisches Schauspiel zu vermitteln, sondern ein übernatürliches Schauspiel aufzuerlegen; und in keinem Fall einen Raum, sondern eine andere Welt zu schaffen» (André Malraux).

Im 11. und 12. Jahrhundert kommt es dann zu einer regelrechten Überfülle an Kunstwerken, von Konstantinopel über Griechenland bis Venedig.

In der Hagia Sophia in Konstantinopel kennzeichnen zwei voneinander unabhängige und etwa ein Jahrhundert auseinanderliegende Wandfüllungen, die sich an der Ostwand der Apsis auf dem dem Chor am nächsten gelegenen Teil befinden, den Anfang dieses neuen Zeitabschnitts. Auf der einen ist Christus, umgeben von Kaiser Konstantin IX. Monomachos und der Kaiserin Zoë (11. Jahrhundert), abgebildet. Es heißt, daß dieses Mosaik mehrere Male ausgebessert worden sei (nur die Gesichter), was auf die verschiedenen Ehen der berühmten Basilissa zurückzuführen ist. Sie war nacheinander die Gemahlin Romans III., Michaels IV. und Konstantins IX. Monomachos.

In der Komposition ist deutlich eine Rückkehr zu den byzantinischen Konventionen zu erkennen. Der Kaiser und seine Gemahlin stehen auf einer Ebene unterhalb des Christus. Die Figuren zeigen sich frontal, und ihre Gesichter sind von Feierlichkeit geprägt, obwohl ihnen die leicht schräge Kopfhaltung einen «etwas zarten Ausdruck» verleiht. Die Farben Gold und Dunkelblau herrschen vor, die Töne wirken etwas unharmonisch. «Der Goldgrund spielt auf das Licht Gottes an, stellt es aber nicht dar (...) Er ist der Himmel, den niemand außerhalb der Kirche sehen kann, die andere Welt, in die der Künstler seine Figuren einfügen muß, indem er sie mit ihr in Einklang bringt» (André Malraux). Dieses anmaßende Königsblau trotzt der Welt und fällt sofort ins Auge. Das Mosaik ist immer Ausdruck durch die Farbe, leicht wahrnehmbar und lebendig, immer versucht, der äußeren Erscheinungswelt zu entgehen. Noch deutlicher hervorgehoben sind die schwarzumrandeten Blau-, Rot- und Goldtöne der zweiten Wandfüllung, die die große und schlanke, mit einer bunten Tunika bekleidete Jungfrau mit Kind zwischen Kaiser Johannes II. Komnenos und seiner Gemahlin Irene (12. Jahrhundert) darstellt. Die fein herausgearbeiteten Gesichter drücken ebensoviel Gefühl aus wie das der Jungfrau, Vorbild an Anmut und Reinheit.

Im Gegensatz dazu präsentiert sich die Gottesmutter der Klosterkirche Nea Moni auf Chios in Griechenland ernst und in Tränen aufgelöst (11. Jahrhundert). Hoch aufgerichtet und feierlich verharrt Maria vor dem gekreuzigten Jesus, hinter ihr zwei weitere trauernde Marien. Diese nüchterne, manchmal fast hart anmutende Kunst scheint sich nach und nach von dem vergeistigten Stil San Vitales zu entfernen. Die Besonderheit dieser Kunst sind jedoch ihre grellen, nicht harmonisierenden Farben. «Die auferstandenen biblischen Könige» passen sich in ihrem Nebeneinander von Rot-, Blau- und Grüntönen an die Kirchenfenster an. «Die Mosaikkünstler berufen sich eher auf die Farbe als auf die Form, um in diese andere Welt, die sie vertreten, einzudringen» (André Malraux). Die Bewegungen sind nicht mehr weich, sondern durch die großen dunklen Konturen stark schematisiert, die die Linien und Gesichtszüge hervortreten lassen. Adam und Eva erscheinen so glücklich und verzückt dank der Liebe desjenigen, der ihnen die Pforten seines Königreiches öffnet.

Allmählich hält das Gefühlselement Einzug in das byzantinische Mosaik, und die Künstler finden zunehmend zur Rankenverzierung zurück, die die Christen der Katakomben und der ersten Basiliken zerstörten.

Die Mosaiken der Klosterkirche von Daphni (11. Jahrhundert) nahe Eleusis und unweit von Athen stehen eher dem Stil der «Deësis» der Hagia Sophia in Konstantinopel nahe, jedoch verläuft die Entwicklung weiter in Richtung einer Abschwächung des Sakralen und hin zu einer Annäherung an das Menschliche. Trotz alledem immer noch ernst und beherrschend: der Pantokrater des Kuppelmosaiks. Die Gesichtszüge sind zwar etwas hervorgehoben, doch spiegeln sie keinerlei menschliche Gefühle. Das Antlitz Christi ist vielmehr der Ausdruck Gottes, die Ankündigung des Himmlischen Jerusalem. Der Gottessohn ist der unumschränkte Herrscher und der Schöpfer der Welt. Johannes der Täufer, der die Hand über das nackte Jesuskind hält, das zwischen den hellblauen Linien des Jordanwassers kaum zu sehen ist, rivalisiert in der Ausdruckskraft mit dem Pantokrator der «Deësis» in der Hagia Sophia. Die dunkle Intensität der Mosaiken von Chios ist verschwunden. An ihre Stelle tritt in Daphni eine leichte und beschwingte Anmut. Die Szenerie der «Geburt Christi» kündet in der Komposition bereits von den Ikonen. Die Figuren verlieren ihre Strenge, und ihre Gesten werden freier. Die feingliedrige und weich gezeichnete Jungfrau liegt auf einem goldenen Tuch inmitten einer Phantasielandschaft. Aber «der Byzantiner verweigert der Jungfrau die Hervorhebung der Mutterschaft der Krippe sowie der des Kreuzes. (...) Und das Ewige, das Byzanz beschwört und in dem es manchmal verweilen wird, das seinen Ausdruck in der Christusfigur findet, dessen übergroßes Gesicht die Kuppel der Kirche von Monreale ausfüllt, in der schlanken Jungfrau von Torcello oder in den Propheten, die die Krypten des Bosporus bevölkern wie die Statuen die Plätze Roms, kennt schließlich nur noch jene Gesichter des Übermenschlichen» (André Malraux).

Zu den Mosaiken von Daphni kommen noch weitere hinzu: Die sizilianischen Mosaiken der Dome von Cefalù und Monreale sowie der Cappella Palatina in Palermo (alle 12. Jahrhundert) sind ebenso wie die Szenen der «Geburt Christi» und des «Einzugs in Jerusalem» von Bilderreichtum geprägt.

Das Bemühen um die Detailtreue und die Biographien findet allmählich Eingang in die religiösen Darstellungen, jedoch nicht, ohne eine gewisse Strenge und Materielosigkeit beizubehalten, die notwendig ist, um dieser Überwelt und diesem Gottesglauben, der das ganze byzantinische Reich beherrscht, Ausdruck zu verleihen.

Eines der letzten Werke vor dem Untergang des Reiches ist das Mosaik «Die Reise der Hl. Jungfrau und Josefs nach Bethlehem» in der Chora-Kirche in Konstantinopel. Die Feinheit der Ausarbeitung herrscht darin vor. Die Figuren sind über die Maßen in die Länge gezogen und erscheinen leicht und tänzelnd. Selbst der Esel scheint Tanzschritte anzudeuten. Die Geziertheit der Linien nähert sich allmählich der Kunst der Miniaturen- und Buchmalerei.

Das byzantinische Mosaik mit seinen Merkmalen Hieratismus, Schematismus und Chromatismus ist aufgrund der irrationalen Thematik gänzlich an den Leitfaden einer Formensprache und an die Unmöglichkeit, eine plastische Darstellungsweise auf eine verstandesmäßige Abbildung zu reduzieren, gebunden. Diese Welt ist weder phantastisch noch fiktiv, sondern wegen ihrer symbolhaften Ausdrucksweisen ‹wahr›. Sie manifestiert sich mit Hilfe eines erfundenen, aber mitteilbaren Erscheinungsbildes, das jedoch mit einer außerordentlichen, nie verstandenen Bedeutung versehen ist, einer Art Seelensprache und einer selbst der jüdischen Botschaft unvergleichlichen Offenbarung einer Göttlichen Liebe, die das menschliche Verständnis überschreitet und nicht auf menschliche Gefühle zurückzuführen ist.

11 Im Jahre 1103 wurde der Normanne Roger II. König von Sizilien. Er ließ den Dom von Cefalù (1131–1148) errichten, dessen Innenraum zum Teil mit byzantinischen Mosaiken geschmückt ist, darunter vor allem die Apsis mit dem Pantokrator, der Madonna mit Erzengeln sowie mit Aposteln.

Die Sakralkunst

Wie alle Künste, ist auch die byzantinische Kunst eine Sprache emotionaler Zeichen, die der Zeit, d.h. dem Tod, entgeht und versucht, Zutritt in eine andere Welt zu bekommen.
Als Kunst des Sakralen steht sie damit in Zusammenhang mit der Kunst der Ägypter, die dank des Bildes oder «Ebenbildes» (Statue, Flachrelief, Malerei, Inschrift) dem Menschen erlaubt, im Jenseits weiterzuleben. Sie steht auch in Zusammenhang mit der Kunst der griechischen Bildhauer, die im Erscheinungsbild, d.h. im zeitlich Gebundenen, das Göttliche festhalten; aus Begeisterung über eine im beständigen Werden begriffene Welt werden die Götter des Stadtstaates geboren, wie Aphrodite, die dem goldschimmernden Meer entstieg.
Dieses Sakrale, das niemals eine bloße Darstellung, d.h. eine illusionistische Nachahmung, sondern eine Offenbarung einer spirituellen Wahrheit ist, die es in einer symbolischen Figürlichkeit zu verwirklichen gilt, führt hier die Quelle vor, aus der die künstlerische Ausdrucksweise einer Zivilisation entspringt. Dieses Sakrale begründet für die Kunst den Wert, der sie festigt und den sie in ihrem Dasein unter Beweis stellt und in einer Kunstform offenbart. Der Hieratismus des Königs Chefren im Alten Reich Ägyptens steht im Gegensatz zur Arabeske der «Ergastinen» des Parthenon im klassischen Griechenland: «Die Kontinuität der Formen wird illusorisch, sobald die Kunst ihre Funktion verändert» (André Malraux).

Das religiöse Bewußtsein

Die byzantinische Kunst ist zweckgebunden, und zwar an einen religiösen Zweck, wie jede Kunst des Ewigwährenden. Übrigens ist das religiöse Bewußtsein nichts spezifisch Orientalisches, seit Jahrtausenden existiert es in den Herzen der Menschen. Von Pfeilen durchbohrte Tiere, auf die Wände der prähistorischen Höhlen gemalt oder geritzt (Lascaux und Altamira), bilden die erste künstlerische Sprache, die eine übermenschliche Macht zum Ausdruck bringt:

12   Neben Elfenbein war der weiche grünliche Speckstein als Material bei den byzantinischen Künstlern beliebt. Aus ihm wurde auch die Hostienschale (13. Jahrhundert) der Heiligen Pulcheria geschaffen, die im Athos-Kloster Xeropotamou aufbewahrt wird. Pulcheria, eine Schwester Kaiser Romanos III. (1228-1034), hat angeblich das Kloster gegründet.

Die Jagd kann beginnen, da die unterirdischen Mächte angerufen sind. Der Mensch sucht bereits nach etwas anderem, und dieses andere ist etwas Übermenschliches.
Die tiefreligiösen ägyptischen Pharaonen haben ebenfalls ein Bewußtsein für das Zeitlose, und obgleich sie eines der ersten auf Landwirtschaft basierenden Reiche gründen und auch Religionen und einen hierarchisierten Klerus einrichten, durch deren Rituale sich ihnen die Pforten des Jenseits öffnen sollen, trachten sie danach, ihr irdisches Leben zu verdoppeln und in einer Vollkommenheit zu verewigen, die es außerhalb der Reichweite der Zeit sichert. Das religiöse Empfinden Indiens drückt in den halb geschlossenen Augen Buddhas eine tiefe Leidenschaft für alles Lebendige aus. Ohne die Welt erklären zu wollen, überträgt der Grieche das Unerreichbare auf das fragende und rätselhafte Lächeln der «Schmollenden» Kore aus dem 5. Jahrhundert v. Chr.
«Die einzige Zivilisation, die weder einen höheren Ort, noch einen Kosmos, noch eine Transzendenz gekannt hat, denn der Überschwang der Kraft gilt nicht als solche; die erste, die das Streben nach einem Absoluten durch ein Streben nach Autorität ersetzt und die Opferdarbietungen mit Triumphzügen verwechselt hat», ist für André Malraux die der Römer. Aufgrund

der starken Zentralisierung unterliegt Rom jedoch tiefgreifenden Umwälzungen. Der Zustrom der aus dem Orient stammenden Bevölkerung, die ihre verschiedenartigen Gebräuche mitbringt, bedroht das Gleichgewicht des Reiches. Eine zunehmende Vermischung der Römer mit ihren Sklaven, die im allgemeinen Kriegsgefangene waren, freizügigere Sitten und eine gelockerte Moral, eine nachlässige Kindererziehung, geknüpft an die Lasterhaftigkeit der Eltern, dies alles begünstigt den Zerfallsprozeß der Keimzelle des gemeinen Volkes, der Familie. Aber mehr noch als die Familie ist die offizielle Religion selbst in Gefahr. Der Kaiserkult verliert an Glaubwürdigkeit, denn das Volk wird sich bewußt, daß eine Palastrevolution genügt, um dem nächsten an die Macht zu verhelfen. Die Gottgleichheit ist von nun an in Frage gestellt und infolgedessen die Macht Roms erschüttert. Die rituellen Zeremonien und das Pantheon können sich noch halten, sind aber jeden geistlichen Inhalts entleert, sofern sie ihn jemals gehabt haben. «Die Religion Roms läßt die Begeisterung für den Glauben durch ihre Gefühlsarmut und ihre auf den Nutzen gerichtete Nüchternheit zu Eis erstarren» (Jerôme Carcopino), wie es die zunehmende Anziehungskraft der verschiedenartigsten ‹Mysterienkulte› auf das Volk beweist, die von den Sklaven und Händlern aus dem Orient stammen und viel aufregender als die Roms sind. All diese Religionen bringen Glauben und Wohlstand in das Land und die Hoffnung auf ewiges Leben. Diesen Mysterien ist eine vorangehende Einführungszeremonie in Form von mehr oder weniger schwer zu überwindenden Prüfungen auferlegt. Von den Herrschern toleriert, werden sie schnell von einer nach Gefühlen und Hoffnung begierigen Bevölkerung angenommen.

Der zweifellos älteste Kult kommt aus Ägypten und feiert die Göttin Isis. In Rom zur Zeit Sullas eingeführt (138-78 v. Chr.), wird er endgültig zu Beginn des Kaiserreichs übernommen und vorwiegend von den in Italien lebenden Ägyptern und den aus dem Orient stammenden Frauen, die immer schon für Gesänge und prächtige Prozessionen empfänglich waren, praktiziert. Von Isis, der Mutter des Sonnengottes Horus, bekommt man das Unterpfand der Unsterblichkeit, denn sie ist es, die ihren Bruder und Gemahl Osiris wieder von den Toten auferstehen läßt. In Ägpyten gelangte man in die Welt der «Ebenbilder», die eine Kopie der Welt der Lebenden ist, nachdem man sich einem letzten Gericht unterzogen hatte. Der Tote mußte eine Anzahl von Gebeten sprechen und seine Unschuld beteuern:

«Ich gehöre nicht zu denen, die den Menschen Böses zufügen,
Ich gehöre nicht zu denen, die ihre Eltern töten,
Ich gehöre nicht zu denen, die lügen, anstatt die Wahrheit zu sagen (...)»

Neben den öffentlichen, fröhlichen und begeisterten Zeremonien spielen sich auch noch mysteriöse heilige Riten ab, die allein den Königen und Priestern vorbehalten waren, wie es die Vorschriften der ägyptischen Tempel verlangten.

In der römischen Zeit verändert sich jedoch der Kult: Die dem König und den Mitgliedern des Klerus vorbehaltenen Riten werden nur den Eingeweihten zugänglich, die sich mit der Passion und der Auferstehung Osiris' vereinen. Die Einweihung in den Kult beginnt mit der Zeremonie der Reinigung und setzt sich fort mit dem des Begräbnisses, wie man es für den lebenden Pharao und die Götter abhielt: Der Eingeweihte wird, nachdem er «getötet» und wiedererweckt wurde, in die Welt der Unsterblichen aufgenommen. Dieses Ritual verläuft

Farbabbildungen

473   Mit ihrer Gesamthöhe von 55 Metern gehört die Hagia Sophia zu den großartigsten Bauten der europäischen Architektur. Hier die Basilika von Südwesten her gesehen.

474   Das Mosaik (11. Jahrhundert) von der Empore der Hagia Sophia zeigt das nachträglich eingesetzte Gesicht des Kaisers Konstantinos Monomachos, während die Gestalt einem seiner Vorgänger zugehörte.

475   Wie die Inschrift besagt, stellt dieses Mosaik (11. Jahrhundert, Empore der Hagia Sophia) «Zoë, die frömmste Kaiserin» dar, Gemahlin des Konstantinos Monomachos.

476   Die Kapitelle in der Hagia Sophia sind mit einem durchbrochenen Ornament geschmückt; auf diese Weise wird eine verblüffende Schattenwirkung erzeugt.

477   Die farbigen Marmorsäulen auf den Emporen der Hagia Sophia akzentuieren den weiten Innenraum. An den Kapitellen stehen zwischen Akanthusblättern die Namensinitialen des Kaiserpaares.

478   Im früheren Chora-Kloster von Konstantinopel (heute Moschee Kahriye camii) befindet sich die Darstellung (etwa 1320) des Heiligen David von Thessaloniki.

479   Die «Heilung einer Aussätzigen» entstand um 1315–1320 und befindet sich ebenfalls im Chora-Kloster zu Konstantinopel.

480   Miniatur (11. Jahrhundert) aus einer Abschrift der Predigten des Gregor von Nazianz; rechts unten hat sich der (unbekannte) Künstler verewigt.

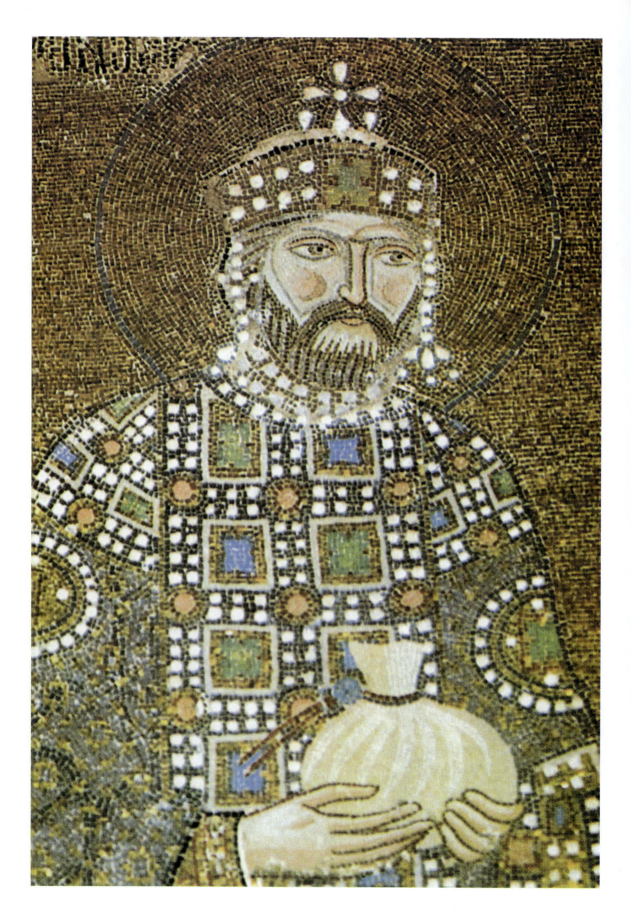

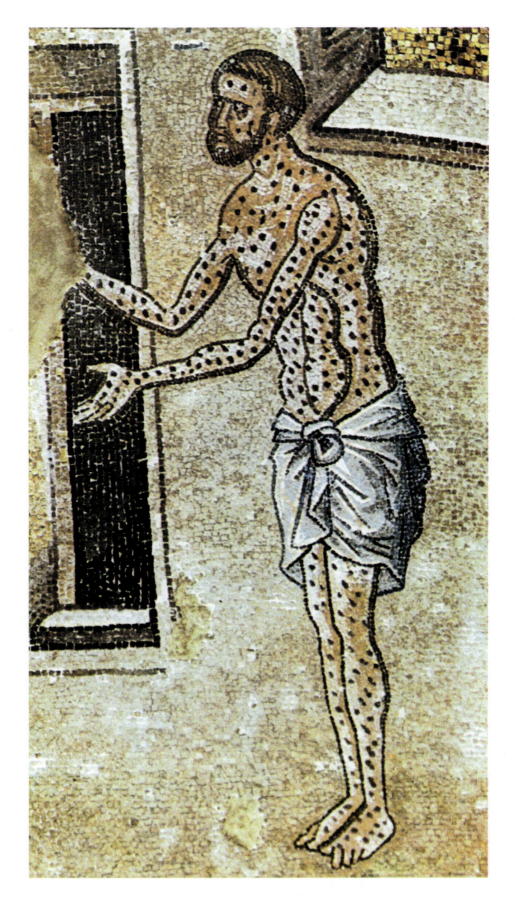

nach den Anweisungen Isis', dem weiblichen Prinzip des Universums. Von ihr hängt also das Schicksal des Mannes ab.

Ein anderer Kult verbreitet sich im Westen: Es ist der aus Persien stammende Kult des Mithra. Diese von Moral und höherer Eingebung geprägte Religion ist auf der Rechtschaffenheit, der Verteufelung der Lüge, der Brüderlichkeit unter den Menschen und dem immensen Bedürfnis nach Reinheit begründet. Im wesentlichen monotheistisch und dualistisch, feiert dieser Kult Mithra, Mythenheld und Erlösergott zugleich, der dem Leben im Universum vorsteht und die Natur schützt. Ebenfalls in geheimer Bruderschaft praktiziert, versammelt der Mithra-Kult seine Eingeweihten (ausgenommen die nicht zu dem Ritual zugelassenen Frauen), um in dunklen Höhlen Opfer darzubringen. Der Geheimnisträger wird dort mit einem glühenden Eisen gebrandmarkt und so dem Mithra geweiht. Die sehr harten Prüfungen der Einweihung bestehen in der Regel aus Kämpfen und Gefechten. Häufige Opferdarbietungen garantieren die Unsterblichkeit: Der Neuling muß sich vom heiligen Brot und Trank, der Substanz Mithras, ernähren.

Ganz anders dagegen der Kult des Dionysos: Orgiastisch und geheimnisvoll entfesselt er eine lautstarke und betörende Begeisterung. Wie bei den anderen Kulten, schließt die Religion des Dionysos den Gedanken der glückselig machenden Unsterblichkeit mit ein. Aber ihr Hauptanliegen ist der Gedanke der mystischen Vereinigung des Göttlichen mit dem Menschlichen,

13   *Dieses byzantinische Tafelbild (7. Jahrhundert) in der geistlichen Akademie von Kiew ist in der Technik der ägyptischen Fayum-Porträts ausgeführt.*

die ihre lebendigste Ausdrucksform im geheimen Ritual der wirklichen oder nur gestellten Schließung der heiligen Ehe zwischen Dionysos und der Königin Ariadne findet. Frauen spielen, ganz im Gegensatz zum Mithra-Kult, eine wesentliche Rolle. Anläßlich der blutigen Opfer zerreißen die «Bacchantinnen» in einem Anfall von Wahnsinn mit ihren Zähnen ein lebendiges Tier und manchmal sogar einen Menschen. Diese Szenen auf dem Höhepunkt des dionysischen Schauspiels sind an den Wänden der «Villa der Mysterien» in Pompeji abgebildet.

Als heilige Ehe ist die Verbindung von Demeter, der Göttin der Fruchtbarkeit, und eines Priesters ebenfalls ein Bündnis mit dem Mysteriengott. Dieser aus Eleusis stammende Kult verspricht den Geheimnisträgern ein beneidenswertes und vom Glück begünstigtes Schicksal im Jenseits. Die Seele der Weltlichen steigt in ein unterirdisches Reich hinab, um für immer dort zu bleiben, denn der Mysterienkult von Eleusis kennt den Gedanken der Wiederauferstehung nicht.

All diese Religionen sind in höchstem Maße feierlich, ja sogar mystisch; ihre Götter leiden, sterben und stehen von den Toten auf, ihre Mythen begreifen den ganzen Kosmos in sich und schließen das Geheimnis mit ein.

Neben den sehr beliebten heidnischen Kulten wimmelt es in Roms Straßen von Astrologen (aus Chaldaea), Hexen und Wahrsagern, die mit ihren Vorsehungen und Zaubereien dem brennenden Verlangen der römischen Bevölkerung nach Irrationalem und Okkultismus entsprechen. Obwohl von dem Patriziat geächtet, tolerieren die Machthaber all diese Religionen, die nach und nach in den verschiedenen sozialen Schichten Einzug halten.

Das Christentum

In diesem für die Erweiterung des religiösen Bewußtseins günstigen Augenblick taucht langsam das Christentum auf, das jedoch nicht besonderen Anklang findet. Schon das Judentum, aus dem das Christentum entsprang, wurde als Gefahr für das Römische Reich empfunden. Der strikte Monotheismus, der von der Ankunft eines Messias kündet, der die Toten ins Leben zurückrufen würde, vorausgesetzt, die Menschen gehorchten dem Gesetz, das dem Propheten Moses von Jahwe, dem einzigen Gott, Schöpfer und Schutz der Welt, auferlegt wurde, stellt die Verkörperung römischer Macht infrage: den Kaiser göttlicher Abstammung. Die Religion Christi, des Gottessohnes, erschüttert vor allem die Fundamente des Staates. Sie verbreitet die ungewöhnliche Botschaft von der Erlösung und von der Bruderliebe, die in dieser hierarchisierten Gesellschaft kaum Platz findet. Der Sklave, der keinerlei Rechte hat, kann von nun an hoffen:

> Selig sind, die da Leid tragen,
> denn sie sollen getröstet werden. (...)
> Selig sind, die da hungert und dürstet nach der Gerechtigkeit,
> denn sie sollen satt werden.
> Bergpredigt, Matthäus-Evangelium 5, 4 und 6

14   Die «Hochzeit des David» ist eine byzantinische Silberarbeit (Durchmesser ca. 27 cm) und wurde etwa 610–629 geschaffen. Sie befindet sich im Museum für Altertümer in Nikosia (Zypern).

Dieser Gott gleicht in nichts den anderen heidnischen Göttern. Das Wesen des Christentums ist das Geheimnis Gottes, offenbart durch seinen Sohn Jesus Christus. Und «die Offenbarung besteht aus drei überwältigenden Worten: Gott ist Liebe. Aber diese Liebe ist nicht die menschliche Liebe, sondern die heilige Liebe. Sie hat Teil am Mysterium des Ewigen selbst. Die Offenbarung bringt nicht die Erhellung dieses Mysteriums, sondern ein Bündnis mit ihm» (André Malraux).

Der christliche Glaube schafft ein unauflösliches Band zwischen den Seelen und richtet sich so an alle Menschen, die vor Gott gleich werden, denn dieser sendet seinen Sohn auf Erden, um die Menschen von dem Übel, dem unentrinnbaren Unheil, dem sinnentleerten Leben zu retten. Der Tod Christi ist der Preis für ihre Erlösung. Die Liebe Gottes, gewaltig, unendlich und unerklärlich zugleich, übersteigt das menschliche Fassungsvermögen. Man muß sie hören und sich von ihr durchdringen lassen: «Zu dir rufe ich, Wahrhaftiger Gott, Quelle, Ursprung, Schöpfer der Wahrheit und all dessen, was wahr ist (...) Seligmachender Gott, Quelle, Ursprung, Schöpfer des Glücks und all dessen, was selig macht (...) Erleuchtender Gott, Quelle, Ursprung, Schöpfer des Lichts und all dessen, was von diesem Licht erstrahlt; Herr, zu dir drängt uns der Glaube, auf dich richtet sich all unser Hoffen, in dir vereint sich all unsere Güte; Herr, durch dich triumphieren wir über den Feind; an dich richte ich all mein Bitten» (Augustinus, *Soliloquien*, I, 1, 2-3).

Der Hl. Augustinus, der große Theologe und Kirchenvater des 5. Jahrhunderts, verschafft dem byzantinischen Denken einen fundamentalen geistigen Anstoß mit seinen *Bekenntnissen*, dem Epos der christlichen Bekehrung schlechthin. Der Kampf zwischen den beiden Prinzipien Gut und Böse vollzieht sich auf Pfaden, die mit Hindernissen übersät sind, von denen die schlimmsten die Versuchung des Fleisches und der Stolz sind. Aber dieser Kampf entscheidet sich zugunsten des Hl. Augustinus, der den Geist Gottes, das geistige Prinzip, entdeckt, die Offenbarung dieses Mysteriums untersucht, um schließlich die ganze Schöpfung im Licht der Wahrheit zu betrachten.

Die eigentliche Quelle der byzantinischen Theologie ist das Gespräch Jesu mit Nikodemus: «Nikodemus sprach zu ihm: ‹Wie kann ein Mensch geboren werden, wenn er alt ist? Kann er auch wiederum in seiner Mutter Leib gehen und geboren werden?› Jesus antwortete: ‹Wahrlich, wahrlich, ich sage dir: Es sei denn, daß jemand geboren werde aus Wasser und Geist, so kann er nicht in das Reich Gottes kommen. Was vom Fleisch geboren wird, das ist Fleisch; und was vom Geist geboren wird, das ist Geist. Laß dich's nicht verwundern, daß ich zu dir gesagt habe: Ihr müsset von neuem geboren werden. Der Wind bläst, wo er will, und du hörst sein Sausen wohl; aber du weißt nicht, woher er kommt und wohin er fährt. Also ist ein jeglicher, der aus dem Geist geboren ist.›» (Johannes-Evangelium 3, 4-9.)

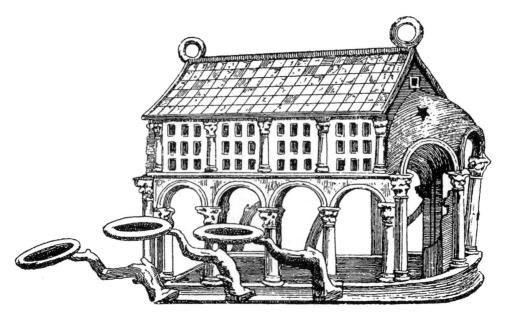

15   Bronzener Lampenträger in Form einer Basilika.

Die Architektur

Die altchristliche religiöse Architektur des Westens: die Katakomben

Um die untrennbar mit dem Glauben verbundene Wiedergeburt oder «Taufe» zu feiern, werden Versammlungsorte unentbehrlich. Zu Beginn des Jahrtausends sind Christenverfolgungen an der Tagesordnung, und so formiert sich eine heimliche Kirchengemeinde zugleich in Rom und im Orient. Die christliche Idee von der Unsterblichkeit der Seele und der Auferstehung des Fleisches verlangt von nun an die Bestattung anstelle der in Rom üblichen Einäscherung. Hierin liegt der Ursprung der unterirdischen Friedhöfe nach jüdischem Vorbild, die bis zu fünfzehn Metern Tiefe erreichen und Katakomben heißen.
Der Eingang zu diesen Ruhestätten der Körper vor der Auferstehung ist winzig klein, und die Treppe, die zu den ersten Grabkammern führt, ist steil und sehr eng. In den Kammern befinden sich die «loculi», übereinanderliegende Gräber in Form gemauerter Nischen, die beidseitig in die Wände gehöhlt sind. Von diesen asymmetrischen kleinen Sälen gehen mehrere, ziemlich enge Gänge aus, die sich häufig verzweigen und zu anderen Kammern, Familiengräbern, Kapellen oder Versammlungsplätzen erweitern. Die Katakomben sind bis zur Zeit Konstantins in Gebrauch und führen bis aufs Land, entlang der römischen Straßen, wie z.B. die Katakomben des Hl. Calixtus und der Hl. Domitilla an der Via Appia, das Prachtgrab des Hl. Petrus unter der jetzigen Peterskirche in Rom oder am anderen Ende der Stadt die Gräber der Hl. Priscilla und Agnes. Zur Zeit Stendhals «werden die meisten Aussichtspunkte von ein paar Überresten eines Aquädukts oder einer Grabruine beherrscht, die der Landschaft Roms einen Charakter der Größe verleihen, der mit nichts zu vergleichen ist» (Stendhal, *Italienreise*). Nach dem Kirchenfrieden werden die Katakomben zu Pilgerstätten.

Die altchristliche weltliche Architektur des Ostens: Dura-Europos

Neben den unterirdischen Grabstätten finden sich Versammlungsorte der Christen überall im ganzen Römischen Reich verstreut, vor allem in Syrien, in Dura-Europos am Euphrat (vor 230).

In dem vor dem Mailänder Edikt entstandenen Haus der Christen sind einige Räume dem Kult vorbehalten. In der Mitte des Hauses befindet sich ein quadratischer Hof mit einer Seitenlänge von acht Metern. Um ihn herum sind fünf Säle angeordnet, von denen einer oder zwei umgeändert worden sind: Eine Sakristei und ein Baptisterium sind in ihrer Funktion leicht zu erkennen. Die Architektur dieses Hauses, die sich in nichts von der anderer weltlicher Bauwerke dieser Epoche unterscheidet, zeichnet sich lediglich durch die Anpassung der Säle an eine religiöse Funktion aus.

Die altchristliche weltliche Architektur des Westens: Rom

Ab der präkonstantinischen Epoche gibt es in Rom ebenfalls zu diesem Zweck bestimmte Privathäuser (später unter den Kirchen Santa Clemente und Sant' Anastasia wiederentdeckt). Das am besten erhaltene ist zweifellos das des «titulus Equitii» (3. Jahrhundert) neben der Basilika San Martino ai Monti. Der ziemlich große Saal im Erdgeschoß (17,5 × 13,5 m) wird von hohen Kreuzgratgewölben überdeckt, die auf freistehenden Säulen und Wandpfeilern ruhen.

16   Grundriß der alten Peterskirche in Rom, deren Bau Konstantin der Große im Jahre 324 veranlaßt hatte. In dieser Form existierte sie bis zur Mitte des 15. Jahrhunderts.

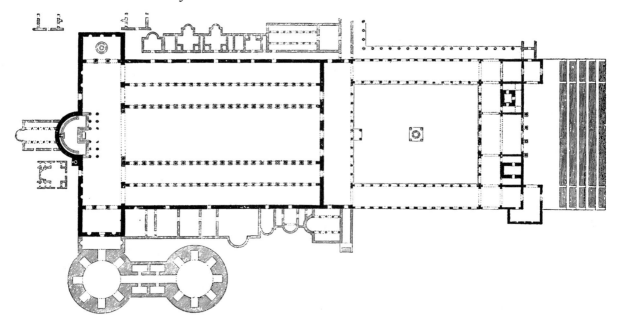

Die ersten religiösen Bauwerke: Basilika und Zentralbau

Salomo sagt zum Herrn: «Du hast mir befohlen, einen Tempel auf Deinem heiligen Berg zu errichten und einen Altar in der Stadt, wo Du Dein Zelt aufgeschlagen hast, ein Abbild jenes Himmelszeltes, das Du von Anfang an vorbereitetest.»
So entstehen seit Konstantin die ersten großen religiösen Bauwerke, die aus den Tiefen der Katakomben und des unterirdischen Kultes auferstehen, denn die Christen können nun ihren Kult in aller Öffentlichkeit begehen und zahlreiche Kirchen zum Ruhme Gottes errichten:

> Singet dem Herrn ein neues Lied;
> Singet dem Herrn, alle Welt!
> Singet dem Herrn und lobet seinen Namen.
> Psalm 96

Die Architekten verwenden zwei in ihrem Ursprung verschiedene und durch ihre Funktion bedingte Gebäudeformen: die zur Liturgiefeier bestimmte Basilika und den für Baptisterien und Märtyrerfeiern geeigneten Zentralbau.
Die Kunst des Kirchenfriedens hält nun überall ihren Einzug, und man nennt sie die Kunst des Triumphes. Diese Kunst verdankt ihre besondere Bedeutung der christlichen Basilika. Die geheime Kirche wird ein Ort der Feierlichkeiten, in dem sich die Blicke aller Gläubigen auf dem Bogen treffen, der dem Sieg der Märtyrer geweiht ist und ihre Reliquien überwölbt. «Die Herrlichkeit des Gebäudes wird nun von den innen stehenden Säulenreihen, sein Ruhm vom antiken Tempel beherrscht: In vielerlei Hinsicht ist die Basilika ein nach innen gekehrter Tempel» (André Malraux).
Der Grundgedanke der Gestaltungsform der Basilika ist folgender: Gott soll über einen Weg, der von der Außenwelt durch das Kirchenschiff zur Apsis und zum Altar in eine Heilige Welt führt, aufgesucht werden. Der Gläubige fühlt sich unwiderstehlich zum Chor hingezogen und löst sich so allmählich von der irdischen Last. «Der Architekt macht die Kirche zu einem vereinfachten Modell des Universums, das in seinen Grundzügen schematisiert wird, um so das Wesentliche der kosmisch-anthroposophischen Botschaft, die Gott seiner Schöpfung Mensch anvertraut hat, zu verdeutlichen. Umgekehrt kann die Seele, die sich mit Gott vereinen will, nun den Pfad hinaufgehen, über den er bis zu ihr herabgestiegen ist. Die kosmische Kirche wird so zu einem königlichen Weg, der dem Geist mittels imaginärer Stufen zum geeigneten Halt bei einem wahrhaftigen spirituellen Aufstieg verhilft» (Gérard de Champeaux und Dom Sebastien Sterckx).
Die riesige rechteckige Halle der Basilika ist in drei oder fünf parallel verlaufende Schiffe unterteilt, die voneinander durch Säulenreihen getrennt sind. Das Eingangsportal befindet sich an einer der Kurzseiten des Gebäudes. Gegenüber der Vorhalle trennt ein Altar das Kirchenschiff von der Apsis, wo sich die Geistlichen während der Messe aufhalten. Vor der Basilika liegt ein Vorhof mit einem Säulenumgang, das «Atrium», die christliche Bezeichnung für die Säulenhallen der heidnischen Tempel. Hier können sich die Gläubigen reinigen, bevor sie in die Kirche

eintreten. Das Mittelschiff der Kirche besitzt im allgemeinen ein Satteldach und die Seitenschiffe Pultdächer, die auf einem Gebälk ruhen.

Wo hat diese für die konstantinischen Kirchen so typische Gebäudeform ihren Ursprung? Ist sie etwa eine Nachahmung der römischen weltlichen Basiliken für juristische Zwecke, die durch zwei Apsiden gekennzeichnet sind, von denen eine dem Richter vorbehalten ist? Oder ist sie, was wahrscheinlicher ist, aus heidnischen Kultstätten, besonders der Bacchuskulte, entstanden, die sich aus einer Apsis, einem Mittelschiff und zwei Seitenschiffen oder «Niedrigseiten», in denen man sich frei bewegen konnte und die voneinander durch Säulenreihen getrennt waren, und manchmal aus einem Atrium zusammensetzten? Die christliche Architektur erfindet im 4. Jahrhundert etwas Neues: das Querschiff, das zusammen mit dem Längsschiff das Kreuz Christi symbolisiert. «Die Form des Kreuzes ergibt den Tempel», sagte schon der Hl. Ambrosius.

Im 4. und 5. Jahrhundert beziehen sich praktisch alle Baumeister von Spanien bis Mesopotamien, von Armenien bis Ägypten auf ein und dieselbe Gebäudeform. Der Grundtyp weist je nach Gegend jedoch einige Varianten auf: Die Basiliken aus konstantinischer Zeit sind fünfschiffig, und ihr Atrium verfügt über vier Säulengänge, wie z.B. die Lateransbasilika in Rom und die Geburtskirche in Bethlehem, während von den bedeutenden anderen Gründungen dieser Zeit der Großteil der Basiliken dreischiffig ist.

In den Basiliken Konstantinopels ist das auffälligste Merkmal der Narthex (Abschluß eines der Säulengänge des Atriums durch eine Zwischenwand und Türen). Von hier aus wohnen die Katechumenen und Büßer dem Gottesdienst bei. Über den Seitenschiffen befinden sich Emporen, die zweifellos für die Frauen bestimmt waren. Die Klosterkirche des Hl. Johannes von Stoudion ist die typische Vertreterin der orientalischen dreischiffigen Basilika mit Atrium, Narthex und einer Apsis mit drei Konchen.

In Griechenland, wo die Mehrzahl der Basiliken aus dem 5. Jahrhundert stammt, trennen Vorhänge den Narthex vom Mittelschiff, die den Teil der Liturgie vor den Katechumenen verbergen, an dem sie nicht teilnehmen dürfen (Demetrius-Basilika in Saloniki). Vielleicht ist diese Trennung von Klerus und Gläubigen der Ursprung der Ikonostase, einer Holzwand mit zwei Türen, die in den späteren orthodoxen Kirchen das Kirchenschiff von dem den Geistlichen vorbehaltenen Altarraum trennt und als Tragewand mehrerer Reihen von Ikonen dient.

In Syrien werden in den zahlreichen und gut erhaltenen Basiliken (4. und 5. Jahrhundert) das Atrium durch einen Hof ersetzt und der Altarraum dreigeteilt: eine Mittelapsis, begrenzt von jeweils zwei quadratischen Abteilen, die in einem rechtwinkligen Grundriß durch eine geradlinige Rückwand miteinbezogen sind. Einer dieser beiden Seitenbauten dient als Kapelle, in der die Reliquien in Sarkophagen aufbewahrt werden, der andere ausschließlich als Sakristei. In Syrien gab es für die Frauen keine Emporen, sondern sie mußten sich in dem rückwärtigen Teil des Schiffes hinter den Männern zusammendrängen, damit diese sie nicht sehen konnten. Der Aufschwung Syriens in der Baukunst wird von der außergewöhnlichen Klosteranlage von Kalat Seman beherrscht. Der Hl. Symeon der Stylite (390–460), ein in Sizilien geborener Einsiedler, war berühmt für sein Fasten und seine Bußübungen in seiner Einsiedelei am Fuße des Berges Telenissa. Um sich noch mehr zurückzuziehen, bestieg er eine Säule und verbrachte auf ihr ganze sechsunddreißig Jahre. Von dort oben hielt er Beratungen ab oder belehrte die riesige Menge der Pilger, die von überall herkamen, um ihn zu sehen und seine Weisheiten zu

17 Ausschnitt aus dem Apsis-Mosaik (vor 1128) von S. Clemente in Rom: der Gekreuzigte mit zwölf Tauben (den Aposteln), Maria mit dem Apostel Johannes und das Lamm Gottes.

hören. Um die Säule des Heiligen wurden vier dreischiffige Basiliken angeordnet, die die Form eines Kreuzes, das Symbol der Erlösung, bilden und das in die Fundamente der Kirche einbezogen ist.

Das sowohl in der Baukunst als auch in anderen Bereichen sehr eigenwillige Ägypten besitzt zahlreiche religiöse Monumente und eine ihnen typische Kunstrichtung: die koptische Kunst. «Koptisch» ist die Deformierung des Wortes «Aigyptoi», das im Griechischen Ägyp-

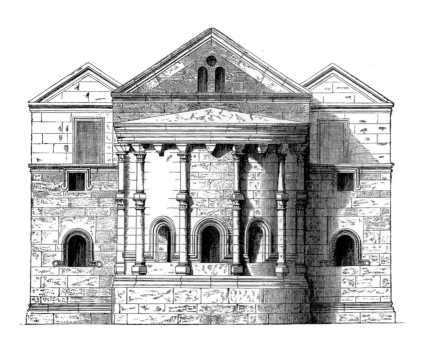

18 Von 395 bis 636 gehörte Syrien zum Byzantinischen Reich. In dieser Zeit entstanden dort mehrere Basilika-Bauten, wie die Kirche von Kalb-Luseh.

ten bedeutet. Manchmal fügen sich die Kirchen in die Tempel des pharaonischen Ägypten ein wie in Dendera beim Tempel der Hathor. Die religiöse Festung in der Wüste ist eine rechteckige Konstruktion mit schrägen Mauern, die an die Pylone der ägyptischen Tempel erinnern, und drei Schiffen, die durch zwei Säulenreihen getrennt sind.

Eine andere Variante ist die Gewölbebasilika, wie man sie im nördlichen Mesopotamien, in Mittel-Kleinasien, Armenien, Georgien und Zypern findet. Das Gewölbe, das den alten örtlichen Traditionen verhaftet ist, gleicht sich nun der christlichen Architektur an.

Neben den Basiliken errichten die Christen zahlreiche Kultstätten in der Zentralbauweise: kreisförmige, mehreckige oder quadratische Bauten, die im allgemeinen als Märtyrergrab oder Baptisterium dienen.

Die kreisförmigen Bauten scheinen eine Fortsetzung der antiken Tradition zu sein. d.h. der Grabrundbauten über den kaiserlichen Grabstätten, wie z.B. der der Hl. Konstanza, der Tochter des Kaisers Konstantin, in Rom (4. Jahrhundert). Aber diese Mausoleen werden bald zu Märtyrergräbern, errichtet an Orten, die durch das Andenken an einen Heiligen oder durch Reliquien besonders verehrungswürdig sind. Das berühmteste unter ihnen ist das Heilige Grab in Jerusalem, das um eine Grotte, in der der Leichnam Christi aufgebahrt gewesen sein soll, errichtet wurde (4. Jahrhundert). Der kleine Rundbau mit vielen Nischen wird von einer Säulenreihe in zwei Bereiche geteilt, einen Chorumgang und eine runde Mittelhalle, unter der sich das Heilige Grab befindet. Es symbolisiert die Auferstehung: die Liegestatt der Grabstätte Christi und der Felsblock, der vor den Eingang der Grotte gerollt worden war: «Am Abend, als der Sabbat vorüber und der Sonntag eben angebrochen war, machten sich Maria Magdalena und die andere Maria auf den Weg, um nach dem Grab zu sehen. Plötzlich bebte die Erde, denn ein Engel des Herrn kam vom Himmel herab, trat an das Grab, rollte den Stein weg und

19 Ein weiterer byzantinischer Kirchenbau in Syrien: die Basilika von Turmanin.

setzte sich darauf. Er leuchtete wie ein Blitz, und sein Gewand war schneeweiß. Die Wächter erschraken vor ihm so sehr, daß sie zitterten und wie tot dalagen. Der Engel sagte zu den Frauen: ‹Ihr braucht keine Angst zu haben! Ich weiß, ihr sucht Jesus, der ans Kreuz genagelt wurde. Er ist nicht hier, er ist auferweckt worden, so, wie er es vorausgesagt hat›» (Evangelium des Matthäus 28, 1–7).

«Soweit man auch die Jahrtausende zurückgehen mag, beweisen unzählige Zeugnisse, daß der Mensch das Dach seiner Bauwerke immer spontan als den Ersatz des Himmelszeltes angesehen hat» (Gérard de Champeaux): daher die Kuppelüberwölbung, die symbolische Übertragung des Himmels, die als Erbe des Orients die Zukunft der byzantinischen religiösen Baukunst bestimmen wird.

Die Grabstätte ist Teil eines architektonischen Ensembles, das noch aus einer fünfschiffigen Basilika mit einer halbrunden Apsis («Kirche der Auferstehung Golgathas») besteht. Die Basilika und der Zentralbau, die architektonischen Hauptordnungen der byzantinischen Kunst, verschmelzen hier zu einer Einheit.

Obgleich der achteckige Grundriß bei einigen Märtyrergräbern zu finden ist, wird er doch hauptsächlich für die Baptisterien verwendet. Dieses Gebäude ist ein «Ort, wo sich das Mysterium der Wiedergeburt abspielt, das eine ganz neue Schöpfung bedeutet; diese Wiedergeburt betrifft zuerst den Menschen, aber mit ihm das ganze Universum, das er auf sich nimmt» (ders.). In der Mitte befindet sich ein großes Becken, in das der Getaufte ganz eintaucht. Um das Becken herum dehnt sich ein großzügiger Raum für die Mitwirkenden aus. Ein berühmtes Beispiel hierfür ist das Baptisterium der Orthodoxen in Ravenna (Anfang des 5. Jahrhunderts). Der oktogone Bau wird ebenfalls von einer Kuppel, dem Symbol des Himmelszeltes, überwölbt.

20 + 21   Zwischen 534 und 538 war eine byzantinische Goldmünze im Umlauf, die Kaiser Justinian in voller Rüstung zeigt und an einen Sieg seines Feldherrn Belisar über die Vandalen erinnert.

Das Zeitalter Justinians

Das Goldene Zeitalter der byzantinischen Kunst ist unbestritten die Epoche Kaiser Justinians im 6. Jahrhundert. Dieses Jahrhundert ist durch die Verwendung mehrerer architektonischer Bauformen gekennzeichnet: die einfache Basilika mit Balkendeckung, wie z.B. in Ravenna San Apollinare in Classe (549) und San Apollinare Nuovo (519-558), und der runde oder achteckige Zentralbau, dessen bestes Beispiel San Vitale in Ravenna ist. Weitere Merkmale sind die Kuppel über dem Achteck und ein Säulenumgang, klar getrennt von Chor und Mit-

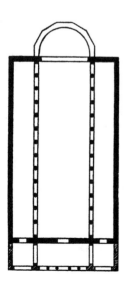

22   Grundriß der Basilika Sant' Apollinare Nuovo in Ravenna, die Anfang des 6. Jahrhunderts erbaut wurde und ursprünglich die Palastkirche Theoderichs war. Ihre 24 Marmorsäulen stammen aus Konstantinopel.

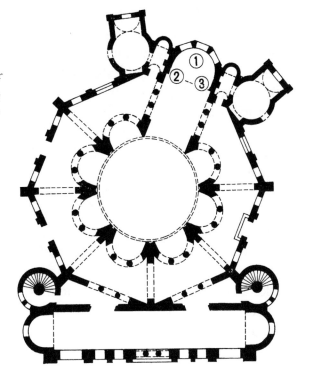

23 Grundriß von San Vitale in Ravenna:
1 Apsis
2 Mosaik des Kaisers Justinian
3 Mosaik der Kaiserin Theodora
Die achteckige Basilika wurde im Jahre 548 von Erzbischof Maximinian eingeweiht und wird nicht zuletzt wegen ihres ungewöhnlichen Grundrisses als «Wunder von Ravenna» bezeichnet.

telhalle. Man muß an dieser Stelle bemerken, daß der byzantinische Einfluß im Westen, vor allem in Italien, bemerkenswert ist. Der dritte Kirchentyp, die Kuppelbasilika, ist vertreten durch die Hagia Sophia in Konstantinopel, und die Grundrißform des Kreuzes durch die Johannes-Kirche in Ephesus. Das Kreuz ist in ein Rechteck eingefügt und wird von einer Kreuzkuppel überwölbt.
Das Meisterwerk dieser Epoche ist die Hagia Sophia in Konstantinopel, die von Justinian nach dem Brand im Jahre 532, der das Werk Konstantins (325) gänzlich zerstörte, wieder aufgebaut wird. Die beiden genialen Baumeister Anthemios von Tralles und Isidor von Milet führen den Bau der Kirche durch, angeregt von der Kirche der Hl. Sergius und Bacchus (527–536) in Konstantinopel. In dieser Kirche ist ein Achteck in ein Quadrat eingefügt (25 m Seitenlänge), deren Hauptkuppel durch die vier Apsen, die die halbkreisförmigen Exedren (Sitznischen) überragen, gedrückt und vergrößert wirkt. Das Sonnenlicht dringt durch die Fenster der Emporen und des Tambours ins Innere.
Aber die Hagia Sophia, «das ist die ruhmreiche Auferstehung der Katakomben. Das Mysterium hat zu seiner Architektur gefunden», und daneben «wirken die Basiliken profan: ihr Raum ähnelt dem eines Palastes, ja sogar eines Hauses; der geometrische Raum des Menschen wird von der Hagia Sophia durch eine dem Orient besonders teure Erfindung, die Kuppel, zerstört» (André Malraux). Die gigantische Kuppel aus Ziegel (55 m Höhe) überragt einen fast

quadratischen Grundriß und ruht lediglich auf rechtwinkligen Ziegelbögen, wobei der Fuß dieser Bögen und die Basis der Kuppel Dreiecke bilden, die sogenannten «Pendentifs» oder «Zwickel», durch die die Rundform in das Quadrat überführt wird. Das Pendentif wird in der Folge zu einer der am häufigsten benutzten Techniken, um die Kuppeln byzantinischer und selbst mittelalterlicher Kirchen des Westens zu tragen. Die Kuppel der Hagia Sophia wird außerdem durch zwei gewaltige seitliche Strebepfeiler im Gleichgewicht gehalten, die sich außen befinden, aber im Inneren durch die an Ost- und Westseite gelegenen Halbkuppeln von gleichem Durchmesser (31 m) abgestützt werden, die selbst wiederum von je einem breiten Tonnengewölbe zwischen zwei Exedren getragen werden. Diese kühne Konstruktion stürzt 557 ein. Sie wird 562 mit einigen Verbesserungen in der Statik wieder aufgebaut.

Die zahlreichen Fenster in der Kuppelbasis, den Halbkuppeln und den Emporen lassen in die Kirche den Lichtkegel der Sonne je nach Tageszeit eindringen. Dieses Lichternetz, das bis in die hintersten Winkel der Kirche strahlt, macht es unmöglich, die Hagia Sophia im rechten Licht zu photographieren. Niemand ist in der Lage, die ganze Kirche auf einmal zu überblicken, denn ihr Raum ist nicht mehr von dieser Welt: Die Byzantiner kehren wieder zum sakralen Raum zurück und durchmessen darin seine ganze Weite: «Gelobt sei Gott, der mich dazu auserwählt hat, ein solches Werk zu vollbringen. Salomo, ich habe dich besiegt!» ruft Justinian bei der Einweihung der Kirche aus.

Ihre Leichtigkeit läßt die Kuppel auch luftig und wie einen Himmel erscheinen, während sie von außen schwerfällig und drückend wirkt. «Eine Stille wird Sie überkommen, sobald Sie unter dem dem Mosaik der Jungfrau zwischen Justinian und Konstantin hindurchgegangen sind, eine Stille, die vor lauter Gold ersummt, eine Stille, die alles Donnerrollen, alles Blätterrauschen des Waldes, alles Wellenrauschen am Flußufer in sich vereint. Die Unterscheidung dieser leicht durchbrochenen Bögen, all diese feine, rationale und erfrischende Eleganz, all

24   *Schnitt durch San Vitale in Ravenna. Der Name des Architekten der Kirche ist nicht bekannt.*

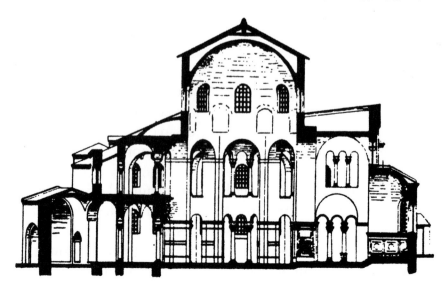

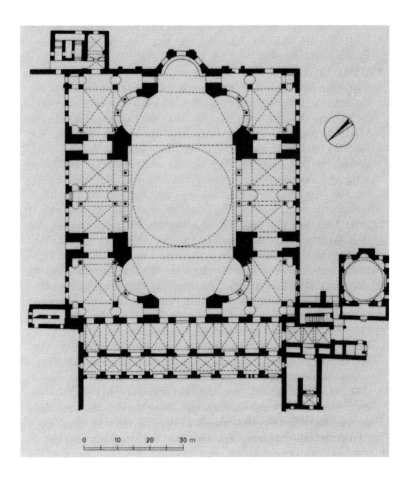

25   *Grundriß der Hagia Sophia in Konstantinopel, 532–537 unter Leitung der Architekten Anthemios von Tralleis und Isidor von Milet errichtet, der bedeutendste Kirchenbau byzantinischer Zeit.*

dieser gute Ton, was bedeuten sie angesichts dieser magischen Tiefe, die Sie von allen Seiten umgibt und Ihnen dennoch entgeht?» (Michel Butor).
Der Mensch wird durch die Herrlichkeit und Majestät der Kuppel gleichsam in die Höhe gehoben, eine Wirkung, die durch die Wahl des kristallinen und prächtig gefärbten Gesteins noch verstärkt wird: Porphyr, Jaspis, schillernde Mosaike, denn der byzantinische Künstler «fängt den irdischen Raum ein wie die Flamme einer Kerze in der Nacht, der sich nur undeutlich mit dem Universum in Einklang bringen läßt; denn der Orient betrachtete das Firmament als eine Kuppel» (André Malraux).
Während der nächtlichen Feste erstrahlt das Innere der Kirche in wahrhaft herrlichem Glanz. Sechstausend Kandelaber erleuchten gleichzeitig die riesigen Schmucktafeln aus Mosaiken, die die Wände bedecken. Die Hagia Sophia ist heute mit der von 562 identisch, trotz einiger Veränderungen der Türken, die sie 1453 in eine Moschee verwandelten. Hinzu kamen damals vier Minarette, Strebepfeiler und Stützmauern. Einige Mosaike sind von den Muselmanen zugedeckt worden, die keinerlei Ikonen in der Moschee duldeten, weil ihnen ihr Glaube die Darstellung von Göttern verbot. Seit 1935 ist die Hagia Sophia ein Museum.

Farbabbildungen

497   Nur wenige Kilometer liegen zwischen dem antiken Heiligtum Delphi und dem Kloster Hosios Lukas (um 1020), Höhepunkt byzantinischer Kunst in Griechenland.

498   Christus der Allmächtige auf einer mittelbyzantinischen Ikone (11./12. Jahrhundert) im Kloster Hosios Lukas; typisch die schematisierte Darstellung von Haar und Gewändern.

499   Das Katholikon ist die Hauptkirche von Hosios Lukas (1011 oder 1024 errichtet) und bildet einen neuen Typus des byzantinischen Kirchenbaus.

500   Zwei der fünf Großkuppeln des Markus-Doms in Venedig, dessen überaus reiche Pracht die historische Bedeutung der Stadt widerspiegelt.

501   Aus dem 12. Jahrhundert stammt das Mosaik in der Klemens-Kapelle des Markus-Doms, das die Überführung des Leichnams von St. Markus nach Venedig darstellt.

502   Die Nordwand der Apsis von San Vitale in Ravenna trägt ein Mosaik (548), das Kaiser Justinian und sein Gefolge darstellt.

503   Das zweite Apsis-Mosaik in San Vitale zeigt Kaiserin Theodora mit ihren Hofdamen, eines der Meisterwerke aus der Zeit Justinians.

504   Das Mausoleum des 526 verstorbenen Ostgotenkönigs Theoderich in Ravenna. Im unteren Geschoß war der Sarkophag aufgestellt, das obere diente als Kapelle.

Die Renaissance in der Architektur

Nach der Periode der Ikonoklasten im 9. Jahrhundert bricht in Byzanz ein regelrechtes Baufieber aus, und im ganzen Reich entsteht eine große Zahl von Kirchen. Die wenigen Variationsmöglichkeiten, denen die religiöse Kunst unterliegt, kennzeichnen wie immer den byzantinischen Stil. Beständigkeit und Stabilität machen aus Byzanz, wie früher aus Ägypten, ein Reich, das unveränderlich und ewigwährend scheint.

Die verschiedenen Kirchentypen

Die byzantinischen Kirchen des Mittelalters weisen zwei Grundformen auf: die holzgedeckte Gewölbebasilika nach altchristlichem Muster und die kubische Kirchenform, ebenfalls mit Gewölben und einer Mittelkuppel.
Trotz der weiterhin bestehenden Form der Basilika im 9. und 10. Jahrhundert (Kathedrale von Trikkala in Thessalien und Klosterkirche des Hl. Nikon in Sparta) bleibt der im allgemeinen kleine und untersetzte zentrale Kuppelbau die beherrschende architektonische Form. Sie wird mit der unvermeidbaren Vielzahl von Variationsmöglichkeiten in der Innenausstattung bis zum Sturz des Reiches andauern. Die Kuppel ruht auf Winkeltrompen, d.h. auf Mauernischen in jedem Winkel des zu überwölbenden Vierecks. Sie machen das Viereck zu einem Achteck, auf dem die Kuppel ruht (die Kirche der Hl. Theodoren in Mistra, des Hl. Nikodemos in Athen und die Kirche von Daphni). Aber die Gesamtkonstruktion weist auch Nachteile auf: Die acht Tragpfeiler, die das Oktogon stützen, verstellen etwas den Innenraum. Man übernimmt auch eine elegantere, leichtere und daher weniger schwerfällige Bauweise: die Pendentifs oder sphärischen Dreiecke aus Mauerwerk, die wie die Winkeltrompen an jedem Winkel des Vierecks angebracht sind und sich auf die drei Bögen stützen, die die vier Pfeiler verbinden (Markusdom in Venedig, die kleine Metropolis-Kirche in Athen). Das Viereck wird direkt ins Rund überführt, über dem sich die Kuppel erhebt. Diese Technik ist ausgefeilter als erstere und findet ab dem 12. Jahrhundert allgemein Anwendung.

Ein anderer Unterschied sind die untergeordneten Tonnen- oder Kreuzgewölbe, die sich in verschiedenen Höhen rund um die Kuppel erheben können. Die Höhe der Gewölbe und Kuppeln lassen auf ein architektonisches Verfahren von höchster Perfektion schließen: Sie sind «ohne Bogengerüst (gebaut), d.h. ohne die Hilfe einer provisorischen Holzverschalung, die die Ziegel oder Steine eines Bogens oder eines Gewölbes während des Baues und bis zum Moment, in dem der Mörtel trocken ist, zurückhält» (André Grabar). Manchmal schiebt sich ein Gewölbejoch zwischen die Apsen des Chorabschlusses und die viereckige Halle, die von der Kuppel überwölbt wird. In einer letzten Variationsmöglichkeit weist die Kirche manchmal eine Vorhalle und Seitengalerien auf.

Diese architektonischen Variationen sind notwendigerweise regionalen Besonderheiten unterworfen, denn das Byzantinische Reich erstreckt sich, bedingt durch seine unregelmäßigen Phasen des Wohlstandes, von Kleinasien bis Griechenland und Nordafrika.

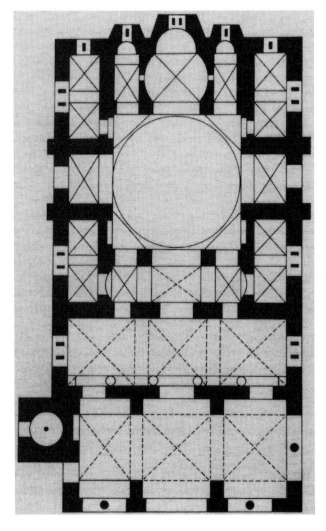

26 *Grundriß der Klosterkirche von Daphni bei Athen, die um 1080 entstand, ein prachtvolles Beispiel byzantinischer Baukunst.*

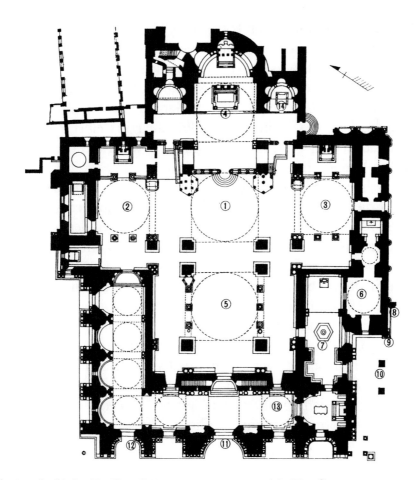

27 Grundriß der Markuskirche (Basilica di San Marco, 1067–1073) in Venedig:
1 Himmelfahrtskuppel
2 San Giovanni-Kuppel
3 San Leonard-Kuppel
4 Ostkuppel
5 Pfingstkuppel
6 Schatzkammer
7 Baptisterium
8 Reliefmarmorplatten
9 Tetrarchen
10 Pfeiler von Acri
11 Eingang der Westfassade
12 Mosaik «Überführung des Leichnams von St. Markus»
13 Kleinkuppel der Schöpfung
14 Klemenskapelle

Konstantinopel, Jugoslawien, Rußland, Venedig

In *Konstantinopel* veranschaulicht die Kirche der Fenari Isa Meljid (10. Jahrhundert) aufs vollkommenste das Wiederaufblühen der Architektur und stellt die Virtuosität der Byzantiner und die Beherrschung ihrer Kunst unter Beweis. Immer noch überrascht sie trotz ihrer Baufälligkeit durch die Eleganz ihrer Proportionen, die Leichtigkeit der inneren Stützen und die große Anzahl der Öffnungen, die als Verbindung mit den äußeren Galerien dienen.
In Konstantinopel befindet sich schließlich auch das schönste Beispiel der von Gewölben eingerahmten Zentralkuppel: die Erlöserkirche (10. Jahrhundert). In der Basis des Tambouren

führen die Gewölbe, die mit ihren vier Tonnen die Kuppel symmetrisch berühren, auf die Außenmauern des Bauwerks. Sie bilden ein Kreuz mit vier fast gleichlangen Armen.

Eine Besonderheit ist in Thessaloniki zu erwähnen: die später erbauten Kirchen, wie die der Hl. Katharina (14. Jahrhundert), der Hl. Apostel (14. Jahrhundert) und des Hl. Panteleimon sind an drei Seiten von einer Galerie oder einem Gang umgeben, überwölbt von vier untergeordneten Kuppeln, die dem Gebäude von außen die Form einer Pyramide verleihen. Die Kirchen Athens besitzen hingegen keine Seitengalerien, wohl aber die Kirche in Daphni, die eine doppelstöckige Vorhalle hat (11. Jahrhundert).

Aber der byzantinische Einfluß geht noch weiter und erstreckt sich bis in die slawische Welt. In *Jugoslawien* zeugt die Sophienkirche von Ochrida (11. Jahrhundert), erbaut nach dem Vorbild der kubischen Kuppelkirche mit eingefügtem Kreuz, von der bemerkenswerten Ausstrahlung der spirituellen Antriebskraft der strahlenden Stadt am Bosporus.

Ihre Zeitgenossin in *Rußland*, die Sophienkathedrale in Kiew (1037), erstrahlt über die «Mutter aller russischen Städte». Erbaut von griechischen Architekten auf Anordnung des Fürsten Saroslaw des Großen anläßlich des Sieges über die Petschenegen, unterliegt sie im Laufe der Jahrhunderte zahlreichen Plünderungen und häufigen Verwüstungen. Die ursprüngliche Gebäudeform ist kreuzförmig mit Kuppeln, von denen die größte von ebenfalls kreuzförmigen Pfeilern und Gurtbögen unterstützt wird. «Am meisten ausgeschmückt ist die Zentralkuppel. Ihren schlanken Tambour zieren zwölf kleine, sehr feine eingebundene Säulen, die kurz vor ihrem Zusammenlauf auf die bogenförmigen Spitzen der Fenster treffen, über die sich ein ziemlich breites Fries in Form einer Schlangenlinie zieht» (Grégoire Logvine).

28 *Längsschnitt der Sophienkirche (9.-14. Jahrhundert) von Ochrida (Ohrid) in Makedonien, das von etwa 980 bis 1767 Sitz des bulgarischen Patriarchats war.*

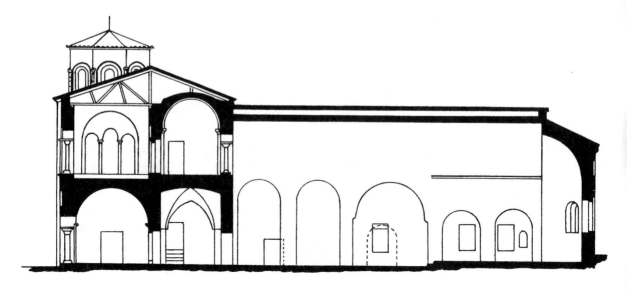

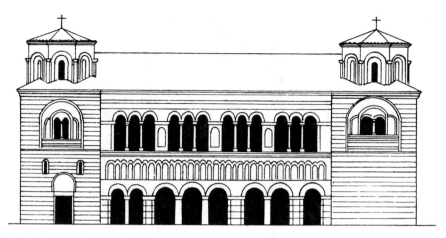

29   Westfassade der Sophienkirche in Ochrida.

Der Rest der Kathedrale ist in mehrere Lang- und Querschiffe unterteilt, die dem Hauptraum untergeordnet sind. Die Sophienkirche ist eines der bedeutendsten Beispiele für Ausgeglichenheit und gelungene Proportionen. Diese Kirchenform besteht aus fünf Schiffen, fünf Apsen, dreizehn Kuppeln sowie zwei Reihen offener Galerien und Türmen.

Obgleich ihr Stil byzantinisch ist, darf man jedoch nicht vergessen, daß es sich bei der Sophienkirche um eine russische Kirche handelt. Ihre Kuppeln ziehen sich in die Länge, um sich einige Jahrhunderte später in Zwiebelknollen zu verwandeln, und die Übereinanderschichtung der Massen wird noch deutlicher hervortreten. Ein weiteres charakteristisches Merkmal ist der überreiche Zierrat, der sich im 12. und 13. Jahrhundert herausbildet.

Im Jahr 1165 erhebt sich in der Region von Wladimir in Bogoljubowo, am Zusammenfluß des Nerli und der Kliazma, die kleine Kirche der Fürsprache der Jungfrau, ein Juwel der susdalesischen Architektur (der Stadt Susdal). Die Kirche von Bogoljubowo, mit ihrer gedrängten und kubischen Form und überwölbt von einer Zentralkuppel, ist die direkte Nachfahrin der mittelalterlichen byzantinischen Kirchen. Einsam und weiß zwischen dunklen Bäumen, hebt sie sich wie ein Skelett von einem Feld mit weißem unberührtem Schnee ab. Sie verkörpert das Symbol der russischen Orthodoxie. «Die irdische Ruhe schien mit der des Himmels zu verschmelzen; das Geheimnis der Erde rührte an das der Sterne (...) Aliocha stand da und schaute: Plötzlich, wie vom Blitz getroffen, warf er sich auf die Erde. Er wußte nicht, warum er sich an die Erde drückte. Er selbst konnte es nicht verstehen, warum er die Erde hemmungslos hätte küssen, über und über küssen wollen. Weinend küßte er sie, durchnäßt von seinen Tränen, und ganz außer sich schwor er ihr, sie zu lieben, auf immer zu lieben (...). Es war ihm, als ob Verbindungsdrähte aus diesen unzähligen göttlichen Welten in seiner Seele zusammenliefen,

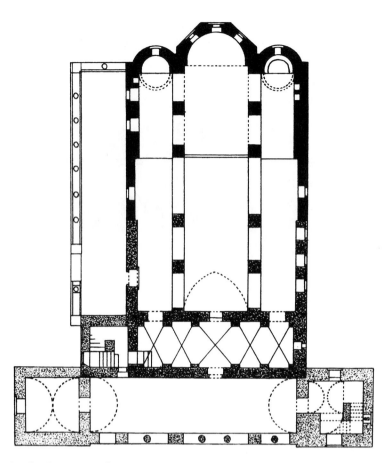

30 *Grundriß der Sophienkirche in Ochrida.*

und diese erzitterte, sobald sie mit den anderen Welten in Berührung gebracht wurde» (Dostojewski: *Die Brüder Karamasow*).

Byzanz unterhält nicht nur Beziehungen mit Rußland, sondern vor allem mit der Republik von *Venedig*. Die Lagunenstadt spielt eine bedeutende Rolle im Handel und importiert viele Waren aus Byzanz.

Der künstlerische Einfluß ist besonders deutlich am Markusdom (1070–1117) in Venedig zu erkennen. Es handelt sich dabei um eine dreischiffige Basilika, getrennt durch zwei Reihen von je zwölf Säulen, der man 1603 weitere Längsschiffe und ein Querschiff hinzufügte; der Narthex wurde an den beiden Seiten verlängert und traf so mit dem Querschiff zusammen.

Dieses Prunkstück der Adriaküste hat viel von der Antike geerbt, sein Inneres ist prachtvoll ausgestattet. Die Kirche selbst erscheint dank einer ausgeklügelten Perspektive größer, als sie in Wirklichkeit ist. Ihre Ausschmückung beginnt im 12. Jahrhundert und wird von Byzantinern ausgeführt. Die Fassade ist wesentlich überladener als die byzantinische, mit Marmorschmuck und Statuen, wie z.B. der «Quadriga», die von der Plünderung Konstantinopels 1204 mitgebracht wurde und zuvor bereits von Konstantin vom Trajansbogen in Rom in seine orientalische Hauptstadt geschafft worden war. Im 19. Jahrhundert ließ sie Napoleon in Paris auf den Arc de Triomphe du Carrousel setzen, von wo sie schließlich endgültig nach Venedig zurückkehrte.

So ist das Land vom Bosporus bis zur Serenissima und im Norden bis zu den weiten russischen Steppen übersät mit Kirchen, die sich, einen Weg des Kreuzes zeichnend, an Herrlichkeit und Ruhm übertreffen. «Und damit ihre Säulenreihen ein langer Zug werden, müssen sie sich auf Christus richten. Ihm ist es zu verdanken, daß dieser Bogen des Triumphes kein Triumphbogen ist und daß die Kirchen nicht länger Basiliken des Kaisers sind. Die christliche Basilika verlangt nach seinen Bildern» (André Malraux).

Die byzantinische Ikonographie

In den frühen christlichen Basiliken verteilen sich die ikonographischen Thematiken auf verschiedene Bereiche. An den Wänden des Kirchenschiffs finden sich Szenen aus der Geschichte, d.h. aus dem Alten und Neuen Testament oder beiden zusammen. Diese Bilder sind den Betgesängen der Messe und den Predigten der Bibelgeschichte zu vergleichen. Sie verlaufen oft in einer Reihe in Richtung des Chores und des Altares:

> Der Himmel verkündet: Gott ist groß!
> Seine Schöpfermacht bezeugen die Gestirne.
> Ein Tag sagt es dem andern,
> Jede Nacht ruft es der Nächsten zu.
> Psalm 19

In der Apsis und auf dem Triumphbogen: das feierliche Antlitz Gottes. Auf der Rückwand hinter dem Altar: die Vision Gottes im Himmel. Im 6. Jahrhundert erscheinen im Chor historische Szenen und Figuren von religiöser Bedeutung.
In den Zentralbauten, die vor dem ikonoklastischen Zeitalter gebaut wurden, verteilen sich die Themen vor allem in der Kuppel. In ihrem Zentrum befinden sich die Embleme des Triumphes Christi. Das Lamm versinnbildlicht das Opfer und die Apokalypse (San Vitale): «Als das Lamm das siebte Siegel aufbrach, war es eine halbe Stunde im Himmel ganz still» (Apokalypse). Das Kreuz über dem Thron symbolisiert den Triumph Christi: «(...) es wird nun nichts mehr geben, was unter dem Fluch Gottes steht. Der Thron Gottes und des Lammes wird in der Stadt stehen, alle, die dort sind, werden Gott dienen, sie werden ihn sehen, und sein Name wird auf ihrer Stirn stehen» (Apokalypse). Manchmal schreitet Christus sogar selbst, feierlich, das Kreuz in Form einer Lanze in der Hand (Georgioskirche in Saloniki), und wird zum Sieger über den Tod: «Ich bin Alpha und Omega, der Erste und der Letzte, der Anfang und das Ende.»
Der Kuppelgrund stellt einen augenscheinlichen und strahlenden goldenen oder mit Sternen übersäten blaugrundigen Himmel dar (Mausoleum der Galla Placidia in Ravenna). Dieses himmlische Universum ist von göttlichen Wesen bevölkert, wie den Engeln in den Diagona-

len, die das zentrale Medaillon stützen (San Vitale). Heilige, Propheten und Märtyrer finden sich sowohl in der Kuppelfläche als auch auf den benachbarten Bögen.
Das Kuppelgewölbe evoziert den Himmel und das Universum, doch wird der Kosmos erst durch die christlichen Insignien zu etwas Göttlichem. Die Kuppel bringt die Natur des Ewigen des Triumphes Christi über das Universum zum Ausdruck. Und die Ewigkeit wird durch die ständige Wiederkehr der Jahreszeiten im Bild des Pfauen (San Vitale) oder des Phönix (Georgioskirche in Saloniki) versinnbildlicht.
In den Märtyrergräbern finden sich vor allem Szenen des Evangeliums, wie die Kindheit Jesu, seine Leidensgeschichte und seine Auferstehung.
Nach dem Ikonoklasmus tauchen neue Themenbereiche auf. Aber vor allem wird die Aufteilung endgültig festgelegt und bleibt bis 1453 unverändert. Das älteste bekannte Beispiel ist die «Neue Kirche», die von Basilios I. im 9. Jahrhundert gebaut und ausgestattet wurde (Nea Ekklesia). Ihre Ausschmückung ist typisch für den kubischen Zentralbau.
Diese Kirchen sind eine Art Mikrokosmos und Reduzierung des Universums, und die Motive sind derart ausgewählt und verteilt, daß sie die Bewohner des Himmels evozieren: Am höchsten Punkt der Zentralkuppel erstrahlt der Christus Pantokrator, die Welt mit seinem Blick umschließend. Um ihn herum die Erzengel, Propheten oder Apostel, die von der Ankunft seines Reiches künden. In der Konche der Apsis hält die betende Jungfrau, die die Kirche der Menschen symbolisiert, Fürsprache, um so auch an das Geheimnis der Sakramente der wahrnehmbaren Welt zu erinnern. Darunter ist die Eucharistie in der Gemeinschaft der Apostel dargestellt. «Dann nahm Jesus Brot, sprach darüber das Dankgebet, brach es in Stücke und reichte es ihnen mit den Worten: ‹Das ist mein Leib, der für euch geopfert wird. Tut das immer wieder, damit unter euch gegenwärtig ist, was ich für euch getan habe.› Ebenso gab er ihnen nach dem Essen den Becher mit den Worten: ‹Dieser Becher ist der neue Bund Gottes, besiegelt mit dem Blut, das für euch vergossen wird›» (Evangelium des Lukas 22,14).
An den Seitenwänden der Kirchenschiffe sind schließlich noch die Ereignisse des Lebens Christi in verschiedenen Etappen der Heilsgeschichte dargestellt, die im Verlauf der Messe immer wieder zu neuem Leben erweckt werden. Die christliche Liturgie vermittelt nur einen schwachen Eindruck von der immerwährenden göttlichen Liturgie, die von den Engeln gefeiert wird. So entsteht das Band zwischen Gott und den Menschen, so kündet der Glaube von der Ankunft des Herrn:

Dankt ihm, dem allerhöchsten Gott!
Seine Liebe hört niemals auf.
Dankt ihm, dem mächtigsten aller Herren!
Seine Liebe hört niemals auf.

Psalm 136

Indessen ist trotz dieser traditionellen Abläufe eine Verlagerung in der Verteilung der Themen zu verzeichnen. Im 12. und 14. Jahrhundert werden immer mehr Szenen des Evangeliums und sogar unzuverlässiger Evangelien in erzählender Weise illustriert, wie das Leben der Heiligen, Bilder des liturgischen Kalenders und eine Vielzahl architektonischer und landschaftlicher Einzelheiten. Die Szenen aus dem Evangelium nehmen einen pittoresken Charakter an, behalten jedoch immer ihre byzantinische Feierlichkeit. Diese Aufteilung der religiösen Motive findet sich auch bei den Fresken und den Mosaiken.

Die Freske

Trotz der beachtlichen Menge und der großen Vielfalt der über das Imperium verstreuten Fresken sind sie nur ein blasser Abglanz der Mosaiken, der künstlerischen Hauptausdrucksform von Byzanz. Die Freske unterliegt jedoch zeitlich und vor allem räumlich in den verschiedenen Teilen des Reiches ihrer eigenen Entwicklung.

Vor dem Ikonoklasmus

Was die hieratische Linie der Figuren und die stark graphische Zeichnung betrifft, weisen in Rom Ende des 5. Jahrhunderts die Wandmalereien dieselben Merkmale auf. Die Komposition des Gemäldes der Hl. Jungfrau zwischen den Hl. Felix und Adauktus und Turtuna in der Kommodilla-Katakombe ist von großer Symmetrie. Dieses Gemälde zeichnet sich besonders durch das Fehlen eines Hintergrundes und jeglicher räumlicher Tiefe aus, unterscheidet sich aber von den Mosaiken allein durch die Farbgebung. Hier bleiben die Farben flach, ohne Leuchten und ohne jede Abstufung. Die Bezeichnung «Kunst der Farbe» für das Mosaik ist um so mehr gerechtfertigt, wenn man es mit der farblosen Darstellung dieser Jungfrau vergleicht, die jedoch über die Strenge und typisch byzantinische Silhouette verfügt.
Ebenso erscheint uns die Jungfrau, umgeben von Aposteln und überragt vom glorreichen Christus, des Apollonius-Ordens von Baûit in Ägypten nur als simple Abbildung, verglichen mit den Figuren in San Vitale. Die Pastellfarben (Blau, Gelb, Rosa, Grün) können nicht mit den Goldgründen von Ravenna oder gar dem Sternenhimmel des Baptisteriums der Galla Placidia konkurrieren.

Nach dem Ikonoklasmus (Jugoslawien, Rußland, Griechenland)

Nach der Leere, die die «Bilderzerstörer» hinterlassen hatten, muß man ungefähr bis zum 10. Jahrhundert auf eine erneute sogenannte «figürliche» Darstellung warten. Eines der ersten ursprünglichen Bildwerke, das jedoch noch der Kunst der Mosaike verpflichtet ist, befindet sich in *Jugoslawien*. Die Sophienkirche von Ochrida (1. Hälfte des 11. Jahrhunderts) ist ein sehr bedeutendes religiöses Zentrum jener Zeit. Dennoch taucht bereits eine gewisse Geschmeidigkeit in der Linie als ein vorausweisendes Element der slawischen Kunst auf. Der Hl. Basilios beugt sich im Chor über ein Manuskript; sein Körper zeichnet die Linie einer Arabeske, obgleich er doch verhältnismäßig steif bleibt. Handelt es sich vielleicht um den Versuch, dem byzantinischen Hieratismus zu entfliehen? Die Figur zur Rechten, deren gerade und steife Tunika leichte Wellen wirft, bringt zweifellos die Antwort. Ihr zur Seite geneigter Kopf verleiht ihr den Ausdruck von Mitgefühl. Eine Besonderheit: Die Scheinarchitektur auf symbolischem Grund erinnert etwas an die bildliche Darstellung des Himmlischen Jerusalem in der Apsis von Santa Pudenziana in Rom.

Die Farben (Blau, Ocker, Weiß, Violett, Gelb) nähern sich denen der Mosaike an. Das dunkle Blau des Himmels, an das das Tuch auf dem Altar erinnert, führt unweigerlich in die Tiefen des heiligen Mysteriums:

> Am Anfang war Er, der das Wort ist.
> Er war bei Gott und in allem Gott gleich.
> Von Anfang an war er bei Gott.
> Evangelium des Johannes, 1, 1-2

Eine bedeutende Etappe in der Geschichte der europäischen Malerei sind die Fresken (1164) der Kirche von Nerezi in der Nähe von Skopje in Jugoslawien. Sie bedeuten einen außergewöhnlichen Wandel in der religiösen Kunst dieser Epoche. Eine fast physisch spürbare Verbindung herrscht zwischen den Figuren. Die kniende Jungfrau der «Pietà» umgreift mit ihren trostspendenden Armen den regungslosen Körper Christi. Die zärtlichen und beschützenden Gesten einer Mutter sind zutiefst menschlich. Der schmerzerfüllte und erschütterte Blick Marias ist nicht länger byzantinisch und auf ihren Sohn, den sie nie verlassen hat, gerichtet. Christus trägt die Maske des Todes, und die Figur zur Rechten ergreift, völlig im Schmerz versunken, sachte seine Hand. Das Pathos und die dramatische Zärtlichkeit dieser Szene entfernen sie der byzantinischen Unerschütterlichkeit und führen sie in Richtung eines Expressionismus, der zusehends auf Mittel- und Westeuropa übergreift. Auch die weicheren Konturen tragen zu einer verstärkten Bindung zwischen den Figuren bei und bekräftigen die persönliche Einheit mit dem Schöpfer.

Mehr noch als Nerezi kennzeichnet in *Rußland* die Sankt-Demetrios-Kirche (1194-1197) in Wladimir diese Entwicklung. Trotz des Zerfalls ihrer Fresken ist der Gefühlsausdruck vielleicht noch bewegender als in Nerezi. Dieses Werk derselben Kunstart hat jedoch einen eigenen, typisch russischen Charakter, der die Figuren menschlicher und leidenschaftlicher erscheinen läßt: «Die Frau verharrte auf den Knien und starrte unablässig auf den Starost. In diesem Blick war etwas Verstörtes (...). In gleichmäßig rhythmischer Bewegung neigte sie den Kopf mal nach rechts, mal nach links, die Wange auf den Handballen gestützt. Sie sprach in einer Art Wehklage. Im Volk gibt es einen Schmerz, der leise und geduldig ist, der sich in sich selbst zurückzieht und schweigt; aber es gibt auch einen anderen, durchdringenden, der sich in Tränen und folglich in Wehklagen äußert, vor allem bei den Frauen. Er ist nicht weniger schwer zu ertragen als der leise Schmerz: Die Klagen lindern, doch vertiefen sie nur den Schmerz und zerreißen das Herz. Ein solcher Schmerz sucht nicht den Trost: Er nährt sich in dem Glauben, nie zu versiegen» (Dostojewski: *Die Brüder Karamasow*).

Ein letzter Versuch dieser Kunstart sind die Fresken von Mistra in *Griechenland* aus dem 14. Jahrhundert. Trotz der unbestrittenen Nähe der Fresken zu denen von Nerezi herrscht in Mistra ein konservativer Geist, vor allem in der Afendiko-Kirche. Eine Gruppe von Märtyrern, die mit wertvollen, edelsteinbesetzten Tuniken bekleidet sind, stellt einen bemerkenswerten Typus der Bildgestaltung dar. Die Füße der Figuren schweben in der Luft, und der erste Märtyrer auf der rechten Seite des Bildes nimmt die typisch byzantinische, steife und feierliche Haltung ein. Aber sein Gesicht kündet schon die Ikonen an und ähnelt auf erstaunliche Weise einem der drei Engel aus der «Dreifaltigkeitsikone» von Andrej Rubljow, einem russischen Maler des 14. Jahrhunderts. Der dritte senkt den Kopf, und sein Mantel wirft leichte Falten. Der fünfte Märtyrer beugt das linke Bein und geht nach rechts. Ebenfalls schräg der siebte, dessen Tunika und die Beine sich wieder versteifen. Die stärker betonten Gewandfalten des neunten lassen die Körperformen erkennen. Dieser letzte Märtyrer neigt sich ebenfalls nach rechts. Vom zweiten, vierten, sechsten und achten Märtyrer erscheinen nur die Köpfe mit den Heiligenscheinen, die nach der gleichen Seite ausgerichtet sind wie alle anderen auch. Der Wechsel von Köpfen und Faltenwürfen trägt zur Harmonie des gesamten Bildes bei. Die Bewegung des Drängens von links nach rechts bewirkt einen ansteigenden und fortlaufenden Rhythmus; die ausgebreiteten Arme der Märtyrer sind eine regelrechte Hymne der Liebe, ein zum Himmel aufsteigender heiliger Gesang, der über die Heiligenscheine auf das Unendliche hinauswirkt.

Ebenfalls in der Afendiko-Kirche, in der Chor-Apsis, entrollt der Bischof Gregorios I., Patriarch von Armenien, genannt der «Erleuchtete» (257–332), eine Handschrift. Das Besondere daran sind die im Vergleich zur Märtyrergruppe lebhafteren und sich stark abhebenden Farben. Das zarte Rosa seiner mit schwarzen Kreuzen übersäten Priestergewänder kontrastiert stark mit dem blauen, ins Violett gehenden Bildhintergrund. Wenn auch die Gestalt noch byzantinisch ist, das Haupt ist es nicht mehr. Sein Blick beinhaltet mehr die Pflicht als die Ewigkeit. Die graphische und strenge Linie seiner Haartracht und seines Bartes weisen jede Unbeweglichkeit und jedes Losgelöstsein von den irdischen Dingen von sich, Merkmale, die charakteristisch für die Kunst Konstantinopels und vor allem Ravennas sind.

Diese Eleganz und Feinheit finden sich auch in der Peribleptos-Kirche unweit der des Afendiko. Die hochgewachsene Jungfrau beim Jesuskind ist fast vollkommen in Träumereien versunken und stützt mit einer Hand ihren Kopf. Sie kehrt dem Kind den Rücken zu und zeigt dem Betrachter ein melancholisches und leicht trotziges Gesicht. Die Jungfrau, die in eine dunkle, sich eng anschmiegende Tunika eingehüllt ist, bildet einen Kontrast zu der von Torcello bei Venedig und verwandelt sich in eine Ikone.

Diese zentrale Figur umgibt eine ganz außergewöhnliche, ja phantastische Landschaft, die eher der des Mondes als der der Erde gleicht. Aus den hervorspringenden Felsen, die dem Ort eine vollkommen irrationale Atmosphäre verleihen, erheben sich über und beidseitig der Krippe Engel, die Vision einer «anderen Welt». Die einen feiern und besingen stehend die Ankunft des Messias, und die anderen, über den Neugeborenen geneigt, bringen dem Herrn ihre Opfergaben und Ehrerbietungen dar: «Ich bringe euch eine gute Nachricht, über die sich ganz Israel freuen wird. Heute wurde in der Stadt Davids ein Retter geboren – Christus, der Herr. (...) Alle Ehre gehört Gott im Himmel. Sein Frieden kommt auf die Erde, zu den Menschen, die er liebt» (Evangelium des Lukas 2, 10-15).

Links in der Ferne hinter einer Felskrümmung galoppieren die Heiligen Drei Könige, angeführt vom wegweisenden Stern: «Als sie ihn dort sahen, kam eine große Freude über sie; sie gingen in die Herberge, fanden das Kind mit seiner Mutter Maria, warfen sich vor ihm nieder und huldigten ihm. Dann breiteten sie die Schätze aus, die sie ihm als Geschenke mitgebracht hatten: Gold, Weihrauch und Myrrhe» (Evangelium des Matthäus 2, 10-12).

In der Szenerie herrscht das pittoreske Element vor: Eine Vielzahl kleiner Figuren bewegt sich zu allen Seiten der Jungfrau, die vollkommen unberührt ist von dem, was um sie vorgeht. Das in Windeln gewickelte Jesuskind wird liebevoll von Ochs und Esel bewacht, die peinlich genau gezeichnet sind.

Die Sorge um die Detailtreue ist also in der byzantinischen Malerei des 14. und 15. Jahrhunderts deutlicher ausgeprägt. In der «Auferweckung des Lazarus» in der Pantanassa-Kirche von Mistra befreit sich die Bewegung und verschwindet die Strenge völlig. Die Komposition erhält durch die anmutige und elegante Linie einen musikalischen Rhythmus. Ein Windhauch bläst über die Szene, die sich sofort verwandelt. Handelt es sich um eine Freske oder eine Buchmalerei? Der Hintergrund verändert sich, wird mit Ockertönen aufgehellt. Bisher unbekannte Farbtöne treten hervor: Türkis, Orange, Violett, Gelb, Grün und Hellblau schaffen leichte Farbdissonanzen. Falten und plastische Hervorhebungen entstehen durch das Nebeneinander von dunklen und hellen, ja fast weißen Strichen. Diese Malerei wirkt überraschend, weil farblich unausgewogen. Die dekorative Wirkung bleibt monumental. Die Vorliebe für die Genauigkeit und die feine Ausarbeitung breitet sich derart aus, daß sie später in den Buchmalereien das religiöse Element fast völlig verdrängt. «Dies ist eine Malerei voller Anmut, aber sie zeigt uns auch, daß am Vorabend des Zerfalls des Byzantinischen Reiches die für die monumentale Malerei typischen Eigenschaften ihre Kraft zugunsten der Ästhetik der Ikonen verloren hatten» (André Grabar).

Die Freske hat also das Privileg, das «ganz andere» zu versinnbildlichen, eingebüßt. Aber diese Kraft besteht noch weiter fort und drückt sich alsbald in einer anderen Formensprache aus: der Ikone.

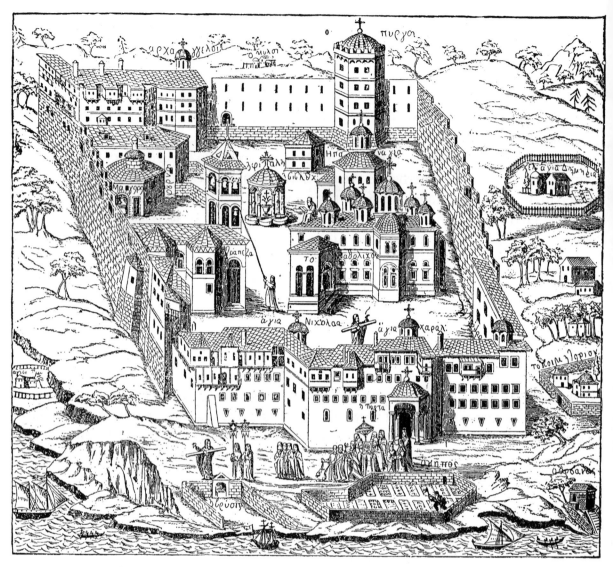

31 Das Kloster Roussikon auf dem Berg Athos, im 12. Jahrhundert gegründet, war einst eine mächtige Anlage, die mehr als 1000 Mönche beherbergte.

Die Ikonen

«So wie sich ein Schatten unter der Einwirkung eines Sonnenstrahles bildet, so offenbart sich auch das Bild Christi besser, wenn es auf Materie geprägt ist (...). Das Abbild des Göttlichen ist im Göttlichen selbst enthalten, so wie der Schatten das voraussetzt, was er wirft, so wie der Abdruck eines Siegels das Siegel voraussetzt. (...) Der Abdruck ist von vornherein im Siegel enthalten» (Théodore Stoudite).

Die Ikone unterscheidet sich trotz einiger Einflüsse ganz wesentlich von der Wand- und der Buchmalerei. Ihr Bestreben ist es, eine Verbindung zwischen dem Menschen und Gott zu schaffen, denn sie ist in erster Linie Gegenwart des Göttlichen. Aber kommt es nicht einem Götzendienst gleich, Gott in menschlicher Form darstellen zu wollen?

Ganz im Gegenteil, denn Gott hat Menschengestalt angenommen, indem er Christus auf die Welt schickte, um die Menschen zu erlösen. Die Geheimnisse der Fleischwerdung und der Erlösung rechtfertigen voll und ganz den Bilderkult, der schon sehr alt und bis zum Ende der Antike zurückzuverfolgen ist. Die Totenporträts aus dem Fayum (Ägypten), die auf das Holz der Sarkophage gemalt wurden, sind insofern die Vorfahren der Ikonen, als sie versuchen, der Wirklichkeit zu entgehen und ein Jenseits, das hinter der Scheinwelt liegt, zu erreichen. Etwa gleichzeitig, im 4. Jahrhundert, entwickelt sich im Orient ein Reliquienkult. Aber leider sind aus dieser Epoche nur wenige Werke erhalten, und die ersten vereinzelten Ikonen aus dem 5. und 6. Jahrhundert stammen zu einem großen Teil aus dem Katharinenkloster auf dem Sinai-Gebirge. Die Ikonen sind in der Technik der Enkaustik gemalt, bei der die Farben mit Wachs gestreckt werden.

Andere erhaltene Beispiele gehen auf das 10. und 11. Jahrhundert zurück, aber die künstlerische Blütezeit für die Ikonenmalerei ist die Regierungszeit der Paläologen (13., 14. und 15. Jahrhundert) in Byzanz und in den slawischen Ländern Bulgarien und Rußland. Nach der ikonoklastischen Krise (730–843) werden die Ikonen auf Holz (Linde oder Zypresse) gemalt. Der Künstler höhlt die Oberfläche des Holzstücks leicht aus und trägt eine Schicht Gips und Leim auf. Die verwendeten Farben sind natürliche Farbpuder, die in Wasser und Eigelb aufgelöst wer-

Farbabbildungen

521 Ravennas bedeutendstes Bauwerk aus dem 5. Jahrhundert ist das Mausoleum der Galla Placidia, ein kleiner Sakralbau mit kreuzförmigem Grundriß.

522 Die Südwand des Mittelschiffs von Sant' Apollinare in Ravenna, um das Jahr 504 als Hofkirche des Ostgotenkönigs Theoderich errichtet.

523 Eines der Mosaiken (um 504–526) an der Nordwand von Sant' Apollinare Nuovo in Ravenna zeigt Christus bei der wundersamen Vermehrung von Fisch und Brot (Speisung der 5000).

524 Ein weiteres Mosaik von der Nordwand mit dem biblischen Motiv der Heilung des Lahmen von Kapernaum. Erstaunlich sind die perspektivischen Verzerrungen.

525 Das zehnte Mosaik von der Nordwand ist ein Symbol für das Jüngste Gericht: Christus trennt die Schafe von den Böcken, also die Guten von den Schlechten.

526 Das Baptisterium der Arianer in Ravenna wurde um 500 errichtet. Ein Mosaik in der Mitte der Kuppel zeigt Christus, der von Johannes im Jordan-Fluß getauft wird.

527 Das Taufmosaik im Arianer-Baptisterium ist von einer Randzone umgeben, die die Prozession der zwölf Apostel darstellt.

528 Über der Eingangstür zum Mausoleum der Galla Placidia in Ravenna befindet sich diese Darstellung (Mitte 5. Jahrhundert) des Christus als guter Hirte.

den. Eine dicke Lackschicht aus Leinöl und Harz schützt die bemalte Ikone. Manchmal wird ein Teil des Bildes von einem dünnen, getriebenen Metallblatt (Silber) bedeckt.

Man muß mehrere Ikonenarten gemäß ihrem allgemeinen Verwendungszweck unterscheiden. Zuallererst ist sie Kultgegenstand: Noch heute spielt sie in den Ländern orthodoxen Glaubens in der Liturgie eine bedeutende Rolle. Die Messe wird vor der Ikone, die dem jeweiligen Tagesfest entspricht und um die herum Kerzen angezündet sind, abgehalten. Als bewegliches Bild nimmt die Ikone an zahlreichen prächtigen Prozessionen teil, die von innigen und mystischen Gesängen begleitet werden. Jede Kirche besitzt selbstverständlich eine Ikone, die ihren Schutzheiligen darstellt. Aber die Ikone erfüllt noch andere Funktionen. Als Votivgegenstand schlechthin ist sie Teil des geistigen Lebens eines jeden, sei es zu Hause oder auf Reisen, ganz im Gegensatz zu den Fresken und Mosaiken, die sich beim Heiligtum befinden und die Gläubigen zu einem Zwiegespräch mit ihnen einladen. Jeder kann so durch die Betrachtung des Bildes eine Verbindung mit Gott herstellen.

Manchmal ist die Ikone sogar integrierender Teil der Innenarchitektur der Kirche. Ab dem 16. Jahrhundert wird die Abgrenzung, die das Heiligtum vom Kirchenschiff trennt (die «Kanzel» in den ersten Jahrhunderten des Christentums) und den Ikonen als Ausstellungsfläche dient, verbreitet und vergrößert wegen der zunehmenden Masse von Bildern und verwandelt sich in eine richtige Holzwand, die den Altarraum völlig von den Gläubigen abtrennt (Ikonostase). Die Isolierung des die Messe lesenden Priesters trifft man auch in Europa vom Zeitalter der Gotik an. Der Kult wird immer noch geheimnisvoller: Die Gläubigen, die nicht dem ganzen Ablauf der Messe beiwohnen können, werden sich voll und ganz der Natur der Feier und der Gegenwärtigkeit Gottes in ihrer Seele bewußt.

Die ikonographische Anordnung der Ikonostase ist praktisch identisch mit der des Wandschmucks. Die Trennwand teilt sich im allgemeinen in fünf Ebenen: Auf der obersten sind die den Schöpfer umringenden Patriarchen dargestellt; darunter umgeben die Propheten, die ein Phylakter (aufgerolltes Pergament mit Gebeten) in der Hand halten, die Jungfrau der Fleischwerdung; in der dritten Reihe ist der Verlauf der zwölf liturgischen Feste dargestellt, die auf winzig kleinen Tafeln mit äußerst detaillierten Szenen verteilt sind; die vierte Ebene befindet sich direkt über der heiligen Pforte (Königspforte) und trägt die dreiteilige Deësis-Ikone: Christus auf dem Thron, umgeben von den beiden Fürsprechern, der Hl. Jungfrau und Johannes dem Täufer. Jeweils neben Maria und dem Hl. Johannes nähern sich die Apostel Peter und Paul und die Erzengel Michael und Gabriel. Diese Ikone ist das Herzstück der Ikonostase und nimmt darin den wichtigsten und größten Platz ein. Die letzte, unterste Reihe enthält die «Porträt-Ikonen» von beachtlicher Größe, die nie zu den Prozessionen mitgeführt wurden. Die Flügeltüren der Königspforte, die sich auf dieser Ebene befindet, tragen eine weitere Jungfrau, die der Verkündigung, begleitet von dem gottgesandten Engel und den Evangelisten Markus, Matthäus, Lukas und Johannes.

Die Ikonen des Byzantinischen Reiches

Die älteste bekannte Ikone geht auf das 6. Jahrhundert zurück und befindet sich im Louvre: Christus und der Hl. Menas errichten von neuem das Allerheiligste inmitten der Ruinen des Klosters von Baûit (koptische Kunst, Ägypten). Diese berühmte, auf Holz gemalene Ikone zeichnet sich durch die dem koptischen Stil eigenen Besonderheiten aus, wie z.B. die gedrungenen Umrisse, die übermäßig großen Köpfe und der starre Blick, der an die Porträts aus dem Fayum erinnert. Die warmen Farbtöne und die beschützende Geste Christi, dessen rechte Hand auf der Schulter des Heiligen ruht, verleihen diesem Werk einen Ausdruck von Würde, gepaart mit dem Gefühl der heiligen Liebe. Aus der eigentlichen byzantinischen Epoche haben jedoch nur wenige mit dem Pinsel auf Holz gemalte Ikonen die Zeit überdauert, doch sind noch einige Ikonen in Email- und Mosaiktechnik erhalten.

Das Beispiel eines Heiligenbildes in Email ist der Erzengel Michael, eine Ikone aus dem 10. Jahrhundert, die aus einer Kirche in Konstantinopel stammt und in Venedig in der Schatzkammer des Markusdoms aufbewahrt ist.

Prächtig, wie sie ist, könnte sie auch der Goldschmiedekunst zugerechnet werden, aber ihr religiöser Verwendungszweck ist derselbe wie der der Holz-Ikonen. Der Goldgrund verbindet auf herrliche Weise das bunte Email und die Edelsteine zu einer einzigartigen Harmonie. Die hieratische Haltung und der feierliche Blick der Heiligen sind typisch byzantinisch und unterscheiden sich in nichts vom Stil des Mosaiks, das selbst auch als Technik für die Ikone Verwendung findet. Eine Darstellung der Jungfrau mit dem Kinde aus Bythinien (14. Jahrhundert) zeugt von der noch lebendigen Bedeutung des Mosaiks als Hauptkunstart, das nur schwer akzeptieren kann, von einem weniger edlen Material, dem Holz, das weniger geeignet ist, eine andere, dem Menschen völlig fremde transzendente Welt zu versinnbildlichen, verdrängt zu werden. Dieselbe Tendenz wie in der Mosaikkunst und in der Wandmalerei, nämlich die Veranschaulichung menschlicher Gefühle (hier der Mutterliebe), kann man auch in den beweglichen Bildern antreffen. Der Körperkontakt, die Wange des Kindes an der Marias, drückt die Zärtlichkeit einer Mutter für ihren Sohn aus, selbst wenn es sich um die Mutter Gottes handelt.

Aufgrund des Materials kann diese Ikone in gewisser Weise als Verbindungsglied zwischen dem Mosaik, der bildlichen Darstellung an der Wand und der Ikone aus Holz, dem Votivgegenstand, der sich durch seine Transportierbarkeit auszeichnet, angesehen werden. Zweifellos folgt dieser künstlerischen Entwicklung eine andere, die für die Gesellschaft und den Künstler selbst von tiefgehender und einschneidender Bedeutung ist: die Entwicklung des Glaubens oder vielmehr die Art und Weise, diesem Ausdruck zu verschaffen.

So wird, wie im Westen in der Zeit der Renaissance, als kleine private, zum Schloß gehörige Kapellen entstehen, die Frömmigkeit eine Angelegenheit des einzelnen und nicht mehr der Gesellschaft. Es vollzieht sich eine umwälzende Entwicklung in einer Welt, die sich fortbewegt und langsam, aber sicher den Sinn für das Sakrale und Transzendente verliert: Der Christus Pantokrator einer Ikone aus dem 14. Jahrhundert (zur Zeit der Paläologen-Dynastie) ist ein vollkommen anderer als der von Monreale oder Cefalù (Sizilien). Trotz der Ähnlichkeit in der Komposition und desselben Goldgrundes wird der Ausdruck der Augen immer menschlicher. Die zwar kleineren, aber immer noch auf das Absolute gerichteten Augen drücken nun eher Mitleid als ein transzendentes Jenseits aus.

Der Verlust des Sakralen wird noch deutlicher in der «Kreuzigung» (Kirche der Paläologen, Thessaloniki). Die langgezogene Silhouette der Jungfrau in ihrer dunkelblauen Tunika erinnert an ein älteres Mosaik in der Kirche Nea Moni auf Chios, das ebenfalls die Kreuzigung darstellt. Die schlanke, langgestreckte Maria, die der Todesstunde ihres Sohnes beiwohnt, scheint einen durchdringenden Schmerzensschrei gen Himmel zu richten. Ihr gegenüber, auf der anderen Seite des Kreuzes, stützt der Hl. Johannes mit der Hand sein Haupt und bringt so seinen unendlichen Schmerz angesichts des Todes seines Herrn zum Ausdruck. Der Abgesang, der im Unendlichen verhallt, ist durch den Goldgrund symbolisiert.

Die Transzendenz, das wesentliche Merkmal des byzantinischen Stils, verschwindet im Laufe der nachfolgenden Jahrhunderte fast völlig, ganz besonders deutlich in einer Ikone, die die Beschützende Jungfrau und auf der unteren Reihe der Ikonostase einen Schiffbruch darstellt (Ionische Inseln, 17. Jahrhundert). Der Goldgrund zeichnet einen Spitzbogen und auf den beiden Seiten jeweils eingeflochtene Pflanzenmotive. Die Jungfrau macht einen fast fröhlichen, zärtlichen Eindruck; und der Schiffbruch kündet bereits die Genremalerei an. Diese Ikone zeigt die große Verehrung der Gottesmutter zu allen Gelegenheiten. Der unbestrittene Votivcharakter dieses Werkes ist nur einer von vielen Aspekten.

Die Ikonen der slawischen Welt

Wenn die Ikone in Byzanz von ihrer Ursprünglichkeit und ihrer Zweckgebundenheit verliert, so verhält es sich in den angrenzenden und vom Reich beeinflußten Ländern etwas anders. Die Ikonenkunst entwickelt sich auch in der slawischen Welt, wo sie sich in *Bulgarien* zum erstenmal manifestiert. Das im Jahre 865 zum Christentum konvertierte Bulgarien errichtet bereits ab dem 9. und 10. Jahrhundert zahlreiche mit Mosaiken, Fresken und Ikonen geschmückte Kirchen und Klöster, vor allem in Pliska und Preslav, den beiden bedeutendsten Zentren des Landes. Die ersten bulgarischen Ikonen sind aus Keramik (9. und 10. Jahrhundert), aber die künstlerische Blütezeit kann auf das 13., 14. und 15. Jahrhundert veranschlagt werden. Trotz der zahlreichen Verwüstungen sind uns noch einige Werke erhalten geblieben, darunter der «Hl. Nikolaus von Nessebar» (13. Jahrhundert) mit einem feierlichen und strengen Blick und von monumentaler Komposition. Der Heilige ist von kleinen Bildern umrahmt, die sein Leben illustrieren, aber in einem zu schlechten Zustand sind, um genauer identifiziert werden zu können. Der Kontrast der Farben des Mantels (dunkles Rot und weißer Kragen, mit schwarzen Kreuzen verziert) trägt zum Hieratismus und zur Unbeweglichkeit der Figur bei. Ebenso wie in Byzanz bewegt sich die Ikonenkunst langsam auf eine eher pittoreske und narrative als sakrale Kunst zu.

Vor allem in *Rußland* gewinnt die Ikone eine beachtliche Bedeutung. Die Bilderkunst im alten Rußland verfügt über ihre eigene Ursprünglichkeit. Dieses Land der Barbaren, in dem noch die heidnischen Götter lebendig sind, bekehrt sich am Vorabend des Jahres 1000 zum christlichen Glauben. Es wird unvergleichliche Talente hervorbringen, die zwischen dem 11. und dem

32 Von den in Jugoslawien erhalten gebliebenen byzantinischen Fresken zählen die in der Kirche des Heiligen Panteleimon von Nerezi zu den schönsten. Sie wurden um 1164 gemalt und erinnern mit ihren anmutigen Physiognomien an antike Porträts.

17. Jahrhundert zahlreiche Meisterwerke schaffen werden. Zwei Hauptschulen dominieren das mittelalterliche Rußland: die von Nowgorod und die von Moskau. Das Genie der russischen Ikonenmalerei ist unbestritten Andrej Rubljow (14. Jahrhundert), nur wenige Künstler nach ihm erreichen eine solche Virtuosität in der Darstellung des Glaubens. Aber dieser Glauben ist nicht byzantinisch, sondern durch und durch russisch. Der von Andrej Rubljow Anfang des 14. Jahrhunderts gemalte Christus Pantokrator verkörpert das Idealbild des russischen Christus, denn für die Russen kann Christus nur «russisch» sein.

Wie in Byzanz, wird auch die orthodoxe Welt vom Propheten beherrscht. Aber «es ist nicht der mit Zorn und Geschichte beladene Prophet Israels; es ist bereits der slawische Prophet, der Inspirierte, der Mensch der Wahrheit, der Mensch Gottes. Die ganze Raserei Dostojewkis verliert sich im Schatten der Ikonenfiguren des Zosimus, des Prinzen Muschkin und Aliochas. Die Mörder, die Gefolterten und die Blinden von Byzanz vermehren sich heimlich unter dergleichen Figuren, die zwar weniger zart, aber dafür leidenschaftlicher sind. Dostojewski wird, indem er auf die Ankläger des Aliocha antwortet, das letzte erhabene, jedoch stockende Echo derjenigen sein, die in Gott lebten, und der Stimme, die sie mit den Anklägern der Ehebrecherin verwechselte. Der Geist von Byzanz meidet verbissen die Erscheinungswelt; sowohl bei Dostojewski als auch in unserem Mittelalter wird aus ihm Nächstenliebe» (André Malraux). Der Gesichtsausdruck des Christus von Rubljow ist zugleich streng und voller Dramatik. In diesem Gesicht läßt sich das Mitgefühl lesen wie ein göttlicher Gesang, in den sich eine rührende Liebe für den Unterdrückten und die Sklaven mischt. Ein Vergleich mit der Kunst Konstantinopels ist nun nicht mehr möglich. Aus dem Pinsel Rubljows fließt eine zarte Herzlichkeit, und ganz Rußland ist berührt von diesen warmen Ocker- und schwingenden Rottönen. Doch das Meisterwerk Andrej Rubljows, wie das Licht im Dunkel und die Flamme in der Nacht, ist unbestritten die Dreifaltigkeitsikone (1422–1427), die in der Tretjakow-Galerie in Moskau aufbewahrt wird.

«Abraham wohnte bei den Eichen von Mamre. Eines Tages, als er um die Mittagszeit am Eingang seines Zeltes saß, erschien ihm der Herr. Abraham sah plötzlich wenige Schritte vor sich einen Fremden mit zwei Begleitern stehen. Sofort lief er ihm entgegen, verneigte sich bis zur Erde. (...) Dann nahm er drei Brote, saure Sahne, Milch und das Kalb, das er bereitet hatte, und trug alles hinaus unter den Baum. Er bediente seine Gäste, und sie ließen es sich schmekken» (Genesis 18, 1–9). Die drei Engel, die Abraham besuchen, symbolisieren die Dreifaltigkeit der drei Personen Vater, Sohn und Heiliger Geist, vereint in einer einzigen Erscheinung und von gleicher Majestät. Die durchgehende Bewegung dieser harmonischen Komposition ist kreisförmig, ohne Anfang und ohne Ende. Dieser unveränderliche Kreis hat in seinem Mittelpunkt, d.h. als sein Urprinzip, den auf dem Tisch abgestellten Kelch, der die Gabe des Patriarchen Abraham enthält.

Die goldenen Flügel der Engel glänzen im Inneren des Kreises, wodurch sich ein sanfter und beschwingter Rhythmus ergibt. Die Leichtigkeit der Engelsfiguren wird noch durch die außergewöhnliche und reine Palette Rubljows verstärkt. Die Ocker- und Pastelltöne harmonieren auf wunderbare Weise: die blassen Grüntöne neben den fast türkisen Blautönen, die gelben Ockertöne heben sich kaum merklich von dem cremefarbenen Hintergrund ab. Die einzige dunkle Fläche des Bildes ist das braunrote Gewand des Engels in der Mitte. Der Gesichtsausdruck einer jeden Figur ist trotz ihrer frappierenden Ähnlichkeit verschieden. Die Köpfe mit der anmutigen Lockenpracht sind leicht geneigt und verleihen so dem Gesamtbild einen delikaten Charme, von dem eine tiefgehende und mystische Spiritualität ausgeht. Diese Wesen sind nicht aus Fleisch und Blut, sondern kommen aus einer anderen Welt, die der menschlichen Logik nicht zugänglich ist.

<blockquote>
Heilig, heilig, heilig,
Dir, Herr der Heerscharen!
Himmel und Erde sind erfüllt von deiner Herrlichkeit,
Hosianna in der Höhe.
</blockquote>

Die Landschaft, in die diese Szene eingefügt ist, gleicht sich harmonisch an dieses Mysterium an. Im Hintergrund auf der linken Seite erhebt sich aus der Verlängerung des langgestreckten und weichen Körpers eines der drei Engel eine Scheinarchitektur. Ein Stück weiter tauchen zwischen den beiden rechten Figuren die grüne Eiche von Mamre mit ihrem knorrigen und rauhen Stamm und der sehr blasse Felsen, der den heiligen Baum überragt, auf; dies alles, Baum und Felsen, beugt sich im selben Rhythmus wie die Köpfe der beiden Engel. Im Vordergrund schließen der Tisch und die Stühle, von denen nur jeweils ein Seitenteil des Sitzes und zwei Beine zu sehen sind, die Komposition vielleicht noch geometrischer zusammen, als das die Gesichter und die Gewänder tun. Diese Wiederholung der Linien verstärkt sowohl die monumentale Einfachheit der Komposition als auch die subtile Harmonie von Landschaft und Figuren.

Die Dreifaltigkeitsikone ist jedoch kein vereinzeltes Meisterwerk. Die drei darauffolgenden Jahrhunderte bringen ebenfalls unvergleichliche Talente hervor, wie es die Ikone der «Jungfrau von Bogoljubowo» von 1545 beweist, die aus dem Solowkij-Kloster in Nordrußland stammt. Ihre Komposition ist vollkommen anders: Im Mittelpunkt befindet sich die Jungfrau und um sie herum eine Gruppe kniender Oranten, die sich bekreuzigen. Im Hintergrund der Szene ist eine entzückende kleine, typisch russische Kirche zu sehen, mit ihren Kuppeln in Form von Zwiebeln und ihren Erkern, den «kokochniki», so genannt wegen ihrer Ähnlichkeit mit den Frisuren der Frauen, die sich in Stufen auftürmen und eine Art Pyramide formen.

Das mittlere Bild umrahmen Miniaturszenen, die in separaten Bildern eingerahmt sind und das Leben des Hl. Zosimus und des Hl. Sava darstellen. Die Farbpalette besteht vor allem aus Ocker-, Rot- und Violettönen und aus verschiedenen Cremefarben. Die sehr langgezogenen Silhouetten erinnern an die byzantinische Linie und ganz besonders an die der langgestreckten Jungfrau, eine Anspielung des im russischen Himmel widerschallenden Gebetes. Die Landschaften sind meist sehr rudimentär, und in den kleinen erzählenden Szenen in der Umrandung der Ikone zeigen sich die ersten Detaildarstellungen.

Die Buchmalerei

Parallel zu den Ikonen entwickelt sich in Byzanz eine Kunst, die andere ‹bewegliche Objekte› berührt: die Buchmalerei der Handschriften. Doch darf man sie nicht mit einer rein dekorativen Kunst verwechseln: «Das Wort Verzierung macht die Empfindung, die die Buchmalerei und ihre Kreation inspiriert, unverständlich», denn «die Kunst wird nicht dekorativ, indem sie schmückt, sondern indem sie sich ausschließlich nach dem Vergnügen für das Auge richtet» (André Malraux).

Die Buchmalerei begleitet im allgemeinen einen Text, wie Psalmen, Evangelien usw., ist aber nicht nur einfache Illustration. Ihre Rolle ist vor allem religiös funktionalisiert, denn «das Buch wendet sich an Gott». Ebenso wie das Mosaik, die Freske oder die Ikone muß auch die Miniatur Gott preisen und sich an die Gläubigen wenden. Diese Kunst versucht den Ruhm Gottes mit einem neuen bildlichen Ausdrucksmittel zu preisen, das sich von den anderen unterscheidet, sich aber parallel und eigenen Gesetzmäßigkeiten folgend entwickelt.

Bereits seit dem zweiten Jahrtausend v. Chr. zeichnen die Ägypter an den Rand ihrer Totenbücher aus Papyrus. Diese Erfindung wird durch die Jahrhunderte über die griechisch-römische Kultur bis schließlich hin nach Konstantinopel weitervererbt. Ihre Form verändert sich: Aus dem Papyrus wird Pergament, d.h. eine mehrere Meter lange Rolle, die man im 1. und 2. Jahrhundert n. Chr. der Länge nach aufrollte; dann folgt der Kodex, ein Buch, das rechteckige oder quadratische Seiten enthält.

Zur Zeit Konstantins entwickelt sich die Buchmalerei in naturwissenschaftlichen Texten (Botanik, Zoologie, Astronomie, Jägerei, Landwirschaftskunde), literaturwissenschaftlichen Texten (Geschichte, Epik, Dramatik, Poesie) und religiösen Texten (Altes und Neues Testament), denn das lebendige und fundamentale Bedürfnis, das göttliche Geheimnis zum Ausdruck zu bringen, kommt in allen Teilen des Landes zum Ausbruch. Wie das Mosaik, sucht auch die Buchmalerei nach ihrem eigenen Stil, und ihr Werk scheint eher eklektisch als einheitlich.

Um das 6. und 7. Jahrhundert tauchen die griechischen und orientalischen (vor allem syrischen) Kodizes auf. Diese Handschriften, die im Vergleich zu denen aus der Zeit Konstantins reifer sind, besitzen ihre eigenen Besonderheiten. Das Buch der «Genesis» aus der ersten Hälfte des 6. Jahrhunderts, aufbewahrt in Wien, das Evangeliar von Rossano (Italien) und das von Sinope (Türkei), die aus derselben Zeit stammen, haben alle ein Merkmal gemeinsam: den Purpurgrund, der für die Handschrift dieselbe Bedeutung trägt wie der Goldgrund für das Mosaik. Er ist der Ausdruck des Unendlichen, das Symbol einer Überwelt, die den fühlbaren Scheinwelten und der Realität des weltlichen Universums entgleitet.

Die Szene des Christus mit den zwei Blinden von Jericho aus dem Kodex von Sinope ist besonders bezeichnend für den Stil dieser Buchmalereien. Die Figuren werden von einem göttlichen Hauch belebt, der von dem Wunder Christi ausgeht. Einer der beiden Blinden ist schon geheilt, der Herr läßt seine Hand auf ihm ruhen. Der Glaube, die Heilung und die Offenbarung werden gleichzeitig erkennbar, und der Leser ist ebenso wie die erstaunten Figuren hinter Christus von der Gnade gerührt. Trotz ihres erzählerischen Charakters ist die Szene vorrangig religiös und bezieht ihre Ausstrahlungskraft aus der Darstellungsweise. Ein himmlisches Lüftchen spielt in den Kleidern, die leicht flattern. Die Körper sind weicher, ihre Silhouette kann nicht mit denen Justinians oder Theodoras von San Vitale in Ravenna verglichen werden.

Einen anderen Stil kennzeichnet das Rabulas-Evangeliar, das aus dem 6. Jahrhundert stammt und in Florenz aufbewahrt wird. Die Palette verändert sich: Die Hintergründe werden heller, und die stark schematisierten Figuren sind sehr graphisch gezeichnet. Die Jungfrau des Pfingstfestes entspräche eher dem byzantinischen Stil, aber das Gesamtbild, das nicht so steinern wirkt wie ein Mosaik, neigt zum Pittoresken und Erzählerischen. Aber «nehmen wir uns in acht vor dem sogenannten Pittoresken in einigen von diesen Werken, die nur in unseren Augen ‹pittoresk› erscheinen. Die Zeitgenossen dieser Kunst sehen darin den legitimen Ausdruck der Bibel» (André Malraux). Die Figuren, die den Kanon der Konkordanz illustrieren, bekommen sowohl durch ihre Bewegungen als auch durch ihren Blick Leben. Die Zeichnung ihrer Tuniken wird sich, etwas weiterentwickelt, einige Jahrhunderte später auf den romanischen Fresken finden.

Die Handschriften aus Byzanz dienen nämlich als Vorbilder für den Westen. «Enge Bande verknüpfen die Klöster Ägyptens und Syriens mit denen des Westen. Die Maler der Orden kennen sowohl die Bilder des Hl. Menas als auch die des Hl. Johannes Chrysostomos. Für sie ist die byzantinische Kunst eine Welt verschiedenartigster Bilder, die die gemeinsame Macht verbindet, die Welt Gottes der Erscheinungswelt zu entreißen: Es handelt sich um eine pluralistische Kunst des Sakralen» (André Malraux).

Während der Ikonenkrise entgehen nur wenige Handschriften der Zerstörung, und erst ab dem 9. Jahrhundert, in der makedonischen Renaissance (867-1056), nach einer Zeitspanne von zweieinhalb Jahrhunderten, entstehen wieder bemerkenswerte bemalte Manuskripte. Ein großer Teil der Bilder, deren Motive der Hl. Schrift entnommen sind – denn die byzantinische Kunst ist eine religiöse Kunst –, holt sich Anregungen aus den Kommentaren, die Parallelen zwischen dem Alten und dem Neuen Testament und unter den Psalmen herstellen.

Was die Ikonographie betrifft, so entwickeln sich ab dieser Zeit ein unabhängiger und andersartiger Geist und neue Motive. Christus am Kreuz erscheint nun mit geschlossenen Augen,

33 Eine wichtige Stellung in der byzantinischen Kunst nehmen die illuminierten Handschriften ein. Zu den berühmtesten Beispielen zählt die Redensammlung (Homilien) des Gregor von Nazianz (ca. 329 - ca. 390), die sich heute in der Pariser Nationalbibliothek befindet. Hier eine Miniatur daraus.

mit dem leichenblassen und dramatischen Antlitz des Todes. Diese Art der Darstellung ist vielleicht auf den Geist der Ikonodulen zurückzuführen, die den Todesaspekt Christi betonen und von daher auch die Möglichkeit einräumen, ihn mit menschlichen Zügen und im Verlauf seiner Leidensgeschichte mit allen Regungen des Schmerzes darzustellen.
Die wirkliche «Renaissance» beginnt jedoch erst gegen Ende des 9. Jahrhunderts, deren bemerkenswertestes Beispiel der Kodex (880–886) des Gregor von Nazianz in der Nationalbibliothek von Paris ist (Codex Parisinus 510). Es handelt sich dabei um eines der außergewöhnlichsten Werke der gesamten byzantinischen Buchmalerei. Dieser großformatige Kodex ist typisch für die Reihe von luxuriös ausgestatteten Kodizes der makedonischen Dynastie. Die äußerst verschiedenartigen Themen sind derart abwechslungsreich, daß es schwerfällt, ein zusammenhängendes und genaues Gesamtbild zu erkennen. Die Themen stammen alle aus dem Alten und Neuen Testament, dem Leben der Heiligen, insbesondere des Hl. Basilios und des Hl. Gregor von Nazianz, den beiden griechischen Kirchenvätern, sowie dem Leben der Kaiser, wie Konstantin des Großen oder Julians des Abtrünnigen. Eine ganze Seite kann oft einer einzigen Episode oder einer ganzen Geschichte Christi, eines Heiligen oder eines Kaisers gewidmet sein. Die Szene verteilt sich entweder auf verschiedene Register (Ebenen) oder auf mehrere schachbrettartige Felder. So variiert die Komposition je nach Phantasie des Künstlers und nach Gutdünken seiner Inspirationen.
Auf einer dieser Seiten sind drei Wunder Christi abgebildet, verteilt auf drei Register. Das erste zeigt die Heilung eines Leprakranken, das zweite die Auferstehung der Toten und das dritte Je-

sus, wie er über das Wasser schreitet. Die Palette dunkler Ockertöne, violetter Blautöne und einiger Rottupfer erinnert in gewisser Weise an die Wandmalereien der mittelalterlichen Kirchen im Westen, insbesondere an die romanischen Fresken auf dunklem Grund von Berzé-la-Ville im Burgund.

Andererseits künden auch die geschmeidigen und tänzelnden Figuren die romanische Linie an. Der leicht mitfühlende und menschliche Gesichtsausdruck der Christusfigur zeigt die Gegenwart Gottes als etwas Ewigwährendes und nicht mehr als die Vereinigung mit dem göttlichen Geheimnis als etwas Geheimnisvollem, wo Gott außerhalb der Welt steht. Christus hilft einer Toten aus ihrem Grab, nimmt ihre Hand und betrachtet sie liebevoll. Zwischen ihnen besteht ein unerklärliches Band, wie es der faszinierte und feierliche Blick einer dritten, mit einer rosafarbenen Tunika bekleideten Figur bezeugt. Auf dem letzten Register ist ein tanzender Christus zu sehen. Sein Gewand wirft Falten im gleichen Rhythmus wie das Meer, dessen Wellen der Künstler wie sich ins Unendliche vervielfältigende Krümmungen gezeichnet hat. Auch hier kommt Christus den Menschen nahe, dringt in ihre Welt ein und erhebt sie zu sich. In der Zeichnung kommt Bewegung auf, und dieser Christus ist die Vorstufe der luftig-leichten Figuren, die auf die Kryptawände der romanischen Kirche von Tavant in der Touraine gemalt sind.

Ein anderes Blatt stellt eine Seite der Religionsgeschichte des Byzantinischen Reiches dar: die Verfolgung der Orthodoxen durch die Arianer um das 5. Jahrhundert. Die Orthodoxen, die wahrscheinlich von den Häretikern gewaltsam auf ein Schiff verfrachtet wurden, verbrennen dicht aneinandergedrängt bei lebendigem Leib. Trotz ihrer schwerfälligen und starren Haltung ist ihnen die Angst deutlich ins Gesicht geschrieben. Kleine rote Flammen beginnen das Boot zu verschlingen, das sich von einem kobaltblauen Grund abhebt. Diese Szene bringt für das späte 9. Jahrhundert eine erstaunliche Empfindsamkeit zum Ausdruck und gehört zu denjenigen, die die mittelalterliche Kunst beeinflussen werden, die sich wesentlich menschlicher als die byzantinische Kunst gestaltet.

Eine andere Handschrift illustriert auf ganz bemerkenswerte Weise diese Epoche: die «Cosmas Indicopleustes». Sie ist in der Bibliothek des Vatikan aufbewahrt (Codex Vaticanus 699) und umfaßt eine von einem alexandrinischen Reisenden angefertigte Beschreibung der Welt (6. Jahrhundert). Trotz der Nähe des Stils zu der Handschrift des Gregor von Nazianz von Paris erscheint ihre Darstellungsweise wesentlich nüchterner: Die Kompositionen sind weniger abwechslungsreich, und die Palette ist nicht mehr so reich an Farben: nur noch Blau-, Grau- und Gelbtöne. Die Figuren heben sich von dem farblosen Grund des Pergaments ab, das hier und da mit Elementen aus der Architektur und der Landschaft verziert ist.

Der Höhepunkt der makedonischen Renaissance ist vor allem in den Handschriften der sog. «Aristokratischen Psalter» spürbar, die aus der Mitte des 10. Jahrhunderts stammen. Der berühmteste von ihnen ist der «Pariser Psalter» in der Nationalbibliothek (Codex Parisinus 139), dessen Illustrationen, die von den altchristlichen Figuren der Bücher des «Exodus» und der Könige abstammen, nach der Art des 10. Jahrhunderts wieder aufgenommen worden sind. Eine Art höfische Kunst scheint durch diese farbenfrohen und an Details reichen Blätter. Man darf jedoch nicht vergessen, daß diese Kunst vor allem religiösen Charakter hat und daß es in allererster Linie ihre Funktion ist, die Gegenwart einer anderen Welt zu verdeutlichen. Aber wie könnte man diese Kostbarkeit in den Szenen übersehen, insbesondere in der des «Eze-

34 *Ausschnitt aus der sogen. «Josuarolle», die im 9./10. Jahrhundert von einem mittelbyzantinischen Miniaturenmaler geschaffen wurde. Länge der Rolle ca. 10 m.*

chias, krank und geheilt». Der Ausdruck der Figuren ist auf eine göttliche Gegenwart ausgerichtet, obgleich sie einen etwas menschlicheren Ausdruck haben. Deutlich gezeichnete Elemente aus der Architektur bilden ein malerisches Ganzes, das nur wenig mit der Religiosität der Szene in Einklang zu bringen ist. Dennoch geht eine prophetische Weisheit, verbunden mit majestätischer Schwermut, von dem Bild aus, dessen Rahmen sich als Fries mit Pflanzenmotiven darstellt.

Die Freiheit dieses Psalters findet sich auch in anderen Darstellungen, wie z.B. in der «Durchquerung des Roten Meeres». Die ebenfalls eingerahmte Szene teilt sich in zwei Teile. Die breit angelegte Komposition erinnert an die monumentalen Wandmalerein. Dieser Psalter ist vor allem durch die prächtige Farbpalette, die Detailtreue und die aristokratische Freiheit der Figuren charakterisiert, die sich mit Eleganz und Geschmeidigkeit bewegen.

35 «David als Hirte mit der Melodia», byzantinische Buchminiatur aus dem 10. Jahrhundert nach einer älteren Vorlage.

Diese Tendenz zur Affektiertheit setzt sich vom 11. bis zum 13. Jahrhundert in einer Reihe von Handschriften fort, deren winzig feinen Bilder und äußerst elegante Ausschmückung ihnen die Bezeichnung «niedliche» Gruppe eingebracht hat. Eine davon, die Tetraevangele, ein vollständiger Text der vier Evangelien (Codex Parisinus 74), fällt vor allem durch den Reichtum ihrer Ausschmückung, die Bestätigung dieser Entwicklung, ins Auge. Die Vielzahl der Figuren verleiht der Szene «Jüngstes Gericht» einen erzählerischen und malerischen Charakter. Die Episode dehnt sich über eine ganze Seite aus, und der Künstler kann so seiner Phantasie freien Lauf lassen.

Die kleinen Figuren ziehen sich unverhältnismäßig lang himmelwärts; andere Figuren, insbesondere die Engel, sind geschmeidig und elegant und wirbeln in einem anmutigen himmlischen Tanz umher, mit den Füßen scheinbar in den Wolken schwebend. Der luftigleichte Charme, der von ihren stilisierten Silhouetten ausgeht, läßt sie noch durchsichtiger erscheinen. Ihre leichten und grazilen Bewegungen stechen um so mehr ins Auge angesichts der althergebrachten Steifheit der byzantinischen Heiligen- und Kaiserfiguren, die auf der linken Seite des Bildes dargestellt sind.

Der gleiche Kontrast findet sich auf einem anderen Blatt der Handschrift, auf dem Nikephorus Botaniatus und seine Gemahlin dargestellt sind, überragt vom Gottessohn, dessen Ausdruck etwas geziert wirkt und die Kopfhaltung feminin.

Diese Geziertheit macht sich auch bei der Weiterentwicklung der Textausschmückung und der Großbuchstaben bemerkbar. Übrigens erreicht sie besonders in Irland ihren Höhepunkt in den herrlichen, reich gearbeiteten Buchstaben, die die religiösen Texte schmücken. Pflanzen- und Tiermotive sind von großer Vielfalt. Reizende Genreszenen breiten sich um die Anfangsbuchstaben aus. Gespenstische und fabulöse Monstren entstehen über den Bögen, die die Kapitelanfänge markieren. Seltsame Vögel mit einem schillernden Federkleid fliegen mit einer Leichtigkeit im Rahmen der bemalten Seiten umher, alles scheint zu tanzen, sich zu regen, sich vom eigentlichen byzantinischen Stil loszumachen, der eine Transzendenz zum Ausdruck bringen soll.

Die in den Miniaturen verwendeten Elemente wie Pflanzen, Tiere, Zierbänder, Geflechte und andere geometrische Motive werden sich zunehmend im ganzen Westen verbreiten und auch z.B. in der irischen Buchmalerei und noch in der romanischen Bildhauerei wiederzufinden sein.

Eine Etappe ist nun vollendet: Die Detailtreue dringt, verbunden mit einer bis dahin nie gesehenen Kunstfertigkeit, in die Handschriften ein und trägt dazu bei, daß sich die Buchmalerei zusehends von ihrer religiösen Rolle entfernt.

Die Bildhauerkunst

Die äußerst zurückgedrängte Bildhauerkunst gehört nicht zu den Hauptausdrucksformen der byzantinischen Kunst. Byzanz will den Glauben und die jenseitige Welt malen. Nun nähert sich aber die Bildhauerei eher einer Darstellungsweise, wie sie der römischen Kunstauffassung entspricht. Die Trajansäule, die Triumphbögen, die Kaiser- und Ahnenporträts stellen die Wirklichkeit dar und verherrlichen die gottgleiche Person des Kaisers. Das Christentum widersetzt sich dem römischen Kaiserkult und weist folglich alle Abbildungen als Götzendienst zurück. Die Skulptur ist zu sehr dem Erscheinungsbild verhaftet und auch zu sehr einer Welt, die von den Byzantinern abgelehnt wird, um zu Gott gelangen zu können. Aus diesem Grund wird das Mosaik zur Hauptkunstart. Die Bildhauerkunst besteht jedoch noch eine Zeit nach der Christianisierung des Reiches fort, denn sie war die bevorzugte Kunstform der Kaiser. Während der ersten Jahrhunderte christlicher Kunst können auch noch die Porträtbüsten und die triumphierende Bewegung, nostalgische Phantome aus der Tiefe des Römischen Reiches, überleben.

Die Statuen des Kaisers Konstantin und seiner Nachfolger erheben sich auf den römischen Plätzen, gekleidet als römische Feldherren mit Brustpanzer, das Haupt bedeckt mit dem Lorbeerkranz, dem Symbol des Ruhmes. Das Ende des 9. Jahrhunderts hat Überreste der antiken Bildhauerkunst hinterlassen, darunter eine Statue des jungen Kaisers Valentinian II. (375–392) mit ebenmäßigen Zügen und jugendlicher Frische des Gesichtsausdrucks. Noch mit der weiten Toga bekleidet, deren Falten regelmäßig herabfallen und die Körperformen erraten lassen, ist dieses Porträt ein letzter Glanzpunkt der Kunst des Cäsarenimperiums.

Trotz der fortbestehenden hellenistischen Tradition scheint durch diese Statuen bereits ein neuer Geist, der versucht, sich von den klassischen Linien loszulösen. Der Blick ist nicht mehr leer wie bei den «Augusti», sondern von nun an auf eine dem heidnischen Rom unbekannte Welt gerichtet, nämlich die des Geheimnisses der Offenbarung. Ein Beispiel hierfür ist das kolossale Haupt Konstanzas II. im Kapitolinischen Museum in Rom. Ihre majestätischen Züge starren in die Ewigkeit, ihre riesigen, weit aufgerissenen Augen blicken weit, sehr weit.

Dieselbe Stiländerung macht sich bei den Bogen- und Säulenreliefs, den letzten Bekundungen kaiserlicher Glorie, bemerkbar. Den vornehmen und selbstsicheren Figuren der griechisch-römischen Reliefs steht nun ein gedrungener Menschentyp mit groben und linkischen Zügen gegenüber, denn der Künstler sucht einen Weg, der römischen, d.h. realen Welt zu entfliehen, um zu einem Universum zu gelangen, das jenseits der Erscheinungswelt liegt.

Eines der bemerkenswertesten Flachreliefs dieser Übergangszeit ist, stilistisch gesehen, das des Obelisken Theodosius' I. in Konstantinopel. Dieser vom Kaiser aus Ägypten mitgebrachte Obelisk erhebt sich im Hippodrom der Hauptstadt. Das Hippodrom existierte auch im alten Rom, hatte aber in keinster Weise dieselbe Funktion. In Byzanz gibt es keine Gladiatoren, entfesselten Raubtiere und unglücklichen Opfer mehr. Von nun an wohnen die Zuschauer Wagenrennen bei und schließen vor allem Wetten ab, sei es auf die grünen oder die roten Wagen. Der Byzantiner ist von ganzer Seele ein Freund der Wagenrennen, und die Wahl der Farben bedeutet ihm eigentlich wenig, sobald das Rennen einmal im Gange ist. Die Ehre liegt beim Wettkampf und nicht so sehr bei der zu gewinnenden Summe, und die Ergebnisse rufen sowohl Freudenschreie als auch ganz einfach nur Verzweiflung hervor. Das Hippodrom ist auch eine politische Arena, die Heimstätte öffentlichen Lebens und der Ort der Urteilssprüche. Es ist in jeder Stadt anzutreffen, und der Obelisk des Theodosius erinnert dank der Reliefs, die den Kaiser und seine Söhne beim Wagenrennen darstellen, an seine Existenz.

Es ist auch ein Museum antiker Gegenstände, die für die Ewigkeit zusammengetragen sind. «Dort befinden sich alle Herrlichkeiten der antiken Kunst: Kostbarkeiten des antiken Griechenland, Glanz und Ruhm des Zeitalters des Phidias, Perikles und Lysipp, Idole im Dunkel weit zurückliegender Zeiten. Byzanz hatte sie dort oben, an den Sitzreihen, in der Galerie der Säulenhallen, wie in einer Art Dachboden der Erinnerungen angehäuft, denn zu welchem Zweck hätten sie ihr, der christlichen Stadt, denn schon dienen sollen?» (René Guerdan). Die Darstellungsweise des Reliefs auf dem Obelisk ähnelt mehr dem orientalischen Stil Palmyras oder Dura-Europos'. Auf der Nordost- und Südwestseite sitzt der Kaiser in seiner Loge, umgeben von seinem Hofstaat und seiner Leibwache, und kündigt feierlich die Eröffnung des Rennens an. Die Wagen kommen aus einem bogenförmigen Tor, das unter den Füßen Theodosius' gelegen ist, heraus. Trotz der kaiserlichen Note in dieser Skulptur läßt sich doch die Herausarbeitung eines Stils erkennen, der dazu geeignet ist, etwas Sakrales auszudrücken. Auf der Südostseite erhebt sich der Kaiser und händigt majestätisch die Krone an den Sieger der Spiele aus. Auf der Nordwestwand erhält er die Ehrerbietung und die Tribute der besiegten Barbaren. Die düsteren Gesichter drücken eine starke innere Anspannung aus, und die Körper sind in sicherlich wertvolle, aber äußerst steife Gewänder eingezwängt. Dieser Hofstaat wird zu dem Gottes oder wenigstens Erbe des Himmlischen Jerusalem.

Die ausschließlich religiöse Bildhauerkunst ist viel seltener anzutreffen als die, die das Leben des Kaisers und seiner Gefolgsleute zur Darstellung bringt. Verbleiben noch einige Statuen des Guten Hirten, des thronenden Christus und Büsten der Evangelisten. Unter den Sarkophagen, die von der Entwicklung des christlichen Reliefs zeugen, muß man drei große Gruppen unterscheiden: die Italiens von der ersten Hälfte des 3. bis zum 5. Jahrhundert, darin enthalten die lateinischen Provinzen (Gallien, Spanien, Nordafrika) ausschließlich Ravenna; die Kleinasiens und Konstantinopels gegen Ende des 4. Jahrhunderts und die Ravennas vom ausgehenden 4. bis zum 7. Jahrhundert.

Farbabbildungen

545   Als Beute eines Kreuzfahrers gelangte 1204 dieser Reliquienbehälter von Konstantinopel nach Deutschland, wo er noch heute zum Domschatz von Limburg an der Lahn gehört.

546   In Gestalt einer byzantinischen Kirche ist diese Räuchervase aus dem 12. Jahrhundert ausgeführt.

547   Die Miniatur aus einem Predigtbuch des 12. Jahrhunderts stellt die Himmelfahrt Christi dar. Darüber die Apostelkirche von Konstantinopel, Vorbild für den Markus-Dom in Venedig.

548   Die Kirche St. Klemens von Ohrid im jugoslawischen Makedonien, 1295 errichtet, zeigt außen die Merkmale der spätbyzantinischen Architektur.

549   Wandmalerei an der Westwand des Presbyteriums der Klemenskirche von Ohrid, geschaffen von den griechischen Künstlern Eutychios und Michael.

550   Die Kirche von Peć (Serbien) stammt aus dem 14. Jahrhundert und setzt sich aus mehreren Einzelkirchen zusammen, deren älteste auf das 12. Jahrhundert zurückgeht.

551   Die Gegend um Skopje war neben Ohrid ein zweites Zentrum der byzantinischen Kultur in Makedonien. Hier die Klosterkirche St. Panteleimon in Nerezi.

552   Aus Karnak in Ägypten stammt der Obelisk, den Kaiser Theodosius Ende des 4. Jahrhunderts in Konstantinopel aufstellen ließ. Die Marmorreliefs am Sockel zeigen Mitglieder des kaiserlichen Hofes.

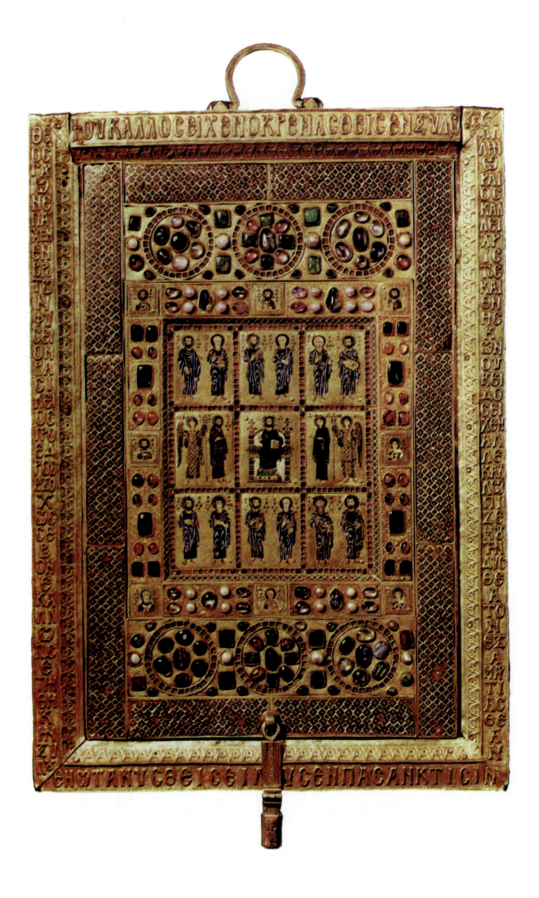

36 *Fabeltier aus dem späten 9. Jahrhundert, das man in Preslav, der damaligen Hauptstadt Bulgariens, gefunden hat (heute im Nationalmuseum von Sofia).*

Trotz der leichten Unterschiede in der Ikonographie drücken alle Flachreliefs dasselbe Verlangen der byzantinischen Künstler aus: dem hellenistischen Einfluß zu entgehen, um sich dem Propheten und Schöpfer Gott zuzuwenden. Die christologischen und symbolischen Szenen verteilen sich im allgemeinen symmetrisch auf den Außenseiten der Sarkophage. Manchmal sind sie von Pflanzenmotiven oder Elementen paradiesischer Landschaften, wie Palmen oder Wolken, eingefaßt.

Die Luxuskünste

Die Elfenbeinschnitzerei

Die Bildhauerkunst findet sich nicht nur auf Särgen aus Stein. Es werden auch andere Materialien wie Elfenbein, Gold, Silber und Terrakotta verarbeitet. Die Elfenbeinschnitzerei ist wohl eine der markantesten Äußerungen des luxuriösen und exquisiten Geschmacks der hohen byzantinischen Gesellschaft. Die Themen sind je nach Bestimmung des Gegenstandes entweder profaner oder religiöser Natur. Die häufigsten Objekte, die Diptychen (bestehend aus zwei länglichen, von Scharnieren zusammengehaltenen Platten), dienen häufig als offizielle und private Geschenke. Auf der Rückseite der Platten kann der Eigentümer des Gegenstandes auf einer Wachsschicht Notizen eintragen und sogar wieder löschen. Der Byzantiner verbindet somit auf gelungene Weise den Nutzen und die Schönheit eines Gegenstandes.
Die Technik der Elfenbeinschnitzerei erreicht im Westen ihren Höhepunkt im 5. Jahrhundert, verfällt dann aber allmählich. Konstantinopel übernimmt sie vom ausgehenden 5. Jahrhundert bis zum 7. Jahrhundert. Die Kunst der Elfenbeinschnitzerei ist im Orient vor allem durch das Verschwinden jedes Anzeichens von Individualität und Lebensgeschichte charakterisiert. Es gibt keinerlei illusionistische Perspektive mehr, und so kommt es nun einzig auf die Komposition an, die die ganze Szene beherrscht.
Neben den Diptychen sind noch zahlreiche andere Gegenstände aus Elfenbein vorhanden: Plaketten mit Einlegearbeiten für Möbel und Deckelkapsen oder kleine Dosen in Rundform, die für das Parfüm oder den Weihrauch verwendet wurden. Die Motive variieren: Orpheus, der mit den Tieren spielt; Daniel in der Löwengrube; die Hochzeit zu Kanaa.

Die Silberschmiedekunst

Auch hier sind die verwendeten Themen zahlreich. Gegenstände von unterschiedlichster Verwendung werden wiederentdeckt, zu großen Schätzen angehäuft und während der Invasionen und Kriege vergraben. Es handelt sich dabei um Kultgegenstände (Reliquienschreine, Weihrauchgefäße, Kelche, Patenen, Prozessionskreuze) und allerlei profanes Geschirr. Trotz des bereits frühen Auftretens der Silberschmiedekunst entstehen die ersten byzantinischen Werkstätten erst ab dem 6. Jahrhundert und vorzugsweise in Konstantinopel. Ein Gegenstand erregt ganz besonders die Aufmerksamkeit, denn er ist sehr typisch für den Christen: die

37   Die hier abgebildete Elfenbeinschnitzerei (um 500) stellt die Kaiserin Ariadne dar; diese Fertigkeit spielte in der frühchristlichen und byzantinischen Kunst eine große Rolle.

38 Das Erzbischöfliche Museum in Ravenna birgt u.a. einen überaus kostbaren Schatz, das schönste Werk der Elfenbeinschnitzerei, das uns die antike Kunst überliefert hat, nämlich den Thron (545–553) des Bischofs Maximinian. Unsere Abb. zeigt die Vorderseite der Sitzfläche mit Johannes dem Täufer zwischen den vier Evangelisten.

«Ampullen». Diese kleinen Fläschchen finden ab dem 6. und 7. Jahrhundert Verbreitung in der christlichen Welt, werden rasch zum Gegenstand großer Verehrung und setzen so die kirchliche Tradition des Reliquienkults fort. Sie enthalten Öl vom lebenspendenden Holz (d.h. dem Kreuz Christi) der Heiligen Stätten Christi. Ursprünglich aus Palästina stammend, werden sie als Industrieprodukte in Serie hergestellt, denn die Kundschaft fragt aus allen Ecken des Reiches danach. Da die Ampullen nicht alle aus Silber sein können, wird ein Großteil in Gußformen aus Stein oder Terrakotta gegossen.

Die Emailkunst

Auch wenn es die Techniken der Elfenbein- und Silberkunst schon seit Jahrtausenden gibt, tritt die Emailkunst, die von den Barbaren kam, erst im 9. Jahrhundert auf, erreicht aber sehr schnell eine bemerkenswerte Fertigkeit. Durch ihre Technik gelangt diese Kunst in Byzanz bald zu großer Bedeutung, denn das Licht vermag auf unwirkliche Weise auf dem Email und den Matallen zu spielen. Nun kann sich Byzanz nur mit Hilfe der Mittel Ausdruck verleihen, die es ihm erlauben, der Wirklichkeit zu entfliehen. Es bieten sich die verschiedensten Techniken an, doch die am meisten geschätzte ist die der Cloisonné. Sie wird entweder auf oder zwischen dem sehr feinen und zergliederten Metallnetz angewendet, das man im voraus auf der als Untergrund dienenden Platte angebracht hat. Das Emailpulver verflüssigt sich vollständig unter der Hitze, und das Resultat kann, was die Lichtreflexe betrifft, fast mit dem des Mosaikkünstlers verglichen werden, der die Smalten zum Zweck des Licht- und Schattenspiels einsetzt.

Im allgemeinen trifft man die Emailplatten auf vielen Kultgegenständen an: auf Ikonen, Gold- und Silberpatenen, Kelchen, Kronen, Anhängern, Reliquienschreinen, den Deckeln von Kodizen und Triptychen.

Das Meisterwerk der byzantinischen Goldschmiedekunst ist zweifellos die «Pala d'Oro» im Markusdom von Venedig, eine Miniatur-Ikonostase aus Email mit einem Rahmen aus Gold. Sie wurde im Laufe der Jahrhunderte von den venezianischen Goldschmieden verändert und präsentiert sich heute kaum noch als typisch byzantinisches Kunstwerk.

Stoffe und Stickereien

Die Stoffe sind ebenfalls Ausdruck von byzantinischem Luxus. Leider bleiben viele Fragen offen, was die Herkunft und die Datierung der wenigen verbliebenen Stücke betrifft. Berühmt ist das seidene Schweißtuch des Hl. Viktor aus dem 8. Jahrhundert, aufbewahrt in der Schatzkammer der Kathedrale von Sens. Von sehr geometrischem Aufbau, schöpft das Stoffstück seine Themen aus der mesopotamischen Ikonographie: Ein frontal dargestellter Mann erhebt sich hieratisch zwischen zwei Löwen von phantastischem Aussehen. Gold, Beige und Schwarz bilden eine zugleich dunkle und vornehme Farbpalette. Die extrem weit getriebene Stilisierung und der nachweisbare orientalische Einfluß verleihen diesem Werk eine Ursprünglichkeit, die das eigentliche byzantinische Gebiet verläßt und sich sogar in Irland wiederfindet, denn ab dem 9. Jahrhundert entwickelt sich die byzantinische Spiritualität auch im Westen. Europa erwacht aus seiner Apathie und überzieht sich, vor allem in Frankreich, mit herrlichen Kirchen, die das berühmte «weiße Kleid aus Leinen» bilden.

Nachwort

Die romanische Welt des Westens (Ende des 10. Jahrhunderts bis zum 12. Jahrhundert) im zweiten Christenzeitalter bleibt immer noch eine vom Glauben beherrschte Epoche, in der sich aber eine gewisse Humanisierung in der Darstellungsweise der Figuren breitmacht. Sie wird mit der byzantinischen Welt in Konkurrenz treten und sogar einen Gegenpol zu ihr schaffen. Byzanz ist die kryptische Manifestation einer Überwelt mit dem Ziel, die umfassende Erkenntnis über den christlichen Glauben durchzusetzen. In der Folge entsteht die Kunst der Katakomben, die im Mosaik zu einer totalen Vergeistigung des Dargestellten führt. Es gilt, sich von der Zeit, d.h. vom irdischen, wahrnehmbaren Alltag, abzuwenden, um die Gegenwart Gottes, des Pantokrators, entdecken zu können. Das Sakrale hat die Abwesenheit der Skulptur, die allgegenwärtige Angst vor Bildern und den hieratischen Charakter der Mosaiken zur Folge, der besonders deutlich in den Geleitzügen der Heiligen, die sich auf den Triumphbögen der Kirche in Richtung des Allmächtigen bewegen, zum Ausdruck kommt. Im Mittelalter der Romanik hält die Darstellung der Zeit ihren Einzug. Der Mensch geht nicht mehr aus sich heraus, um auf Gott zuzugehen, denn zum ersten Mal in der christlichen Kunst beugt sich die «andere Welt» über ihre Schöpfer. Ein Beispiel: Die großen goldgrundigen Giebeldreiecke der Kirchen, die das Jüngste Gericht darstellen, künden vom Ende der Welt und der Rückkehr Christi und markieren damit einen Zeitfaktor. Dann tauchen in der Ikonographie die Sternkreiszeichen, die Kalender, die verschiedenen Berufe, die Jahreszeiten – ein Kreislauf, der an den der Liturgie gebunden ist – und die Darstellung der heiligen Namenspatronen auf. Ebenfalls in den Giebelfeldern zu sehen: der Pantokrator. Aber von nun an verbindet er die byzantinische Majestätik mit Barmherzigkeit. Es handelt sich hier um eine Kunst, die wesentlich mehr Verkörperung in der Darstellung als die byzantinische Kunst aufweist, die viel lyrischer ist, ohne jedoch sentimental zu werden.
Und so bewegt sich die Geschichte im Kreis. Trotz der Annäherung an Byzanz mit dem Wunsch, das Geheimnis der Offenbarung darzustellen, wendet sich die romanische Kunst von ihr ab, weil sie das Neue Testament, die Welt Christi, und nicht mehr das Alte Testament, die Welt der Propheten, ausdrücken will. Aber diese mittelalterliche Kunst ist noch nicht bio-

graphisch, wie sie es in der Gotik (12., 13. und 14. Jahrhundert) sein wird. Die romanische Kirche von Autun (Burgund) ist ‹Heiligtum› wie die Hagia Sophia in Konstantinopel. Notre-Dame von Paris ist ein ‹Gebetshaus›, gewiß, aber auch ‹Versammlungsort›. Und die Gotik ist eine ständige Schöpfung. Das Volk erlebt nie die Vollendung seiner Kathedrale, denn sie entsteht zur selben Zeit, wie eine neue Zivilisation geboren wird. Für den Menschen zur Zeit der Kathedralen drückt sich Gott eher durch sein Handeln als durch seine Majestät aus. Er ist voll und ganz in der Schöpfung gegenwärtig, und die gotische Spiritualität wird eher der Spiegel der Gedanken des Hl. Franz von Assisi (1182-1226) als des Hl. Augustinus: «Mein Bruder, der Wolf (...) Meine Schwester, der Tod (...)» Die ganze Erde ist gerührt, und der Mensch empfindet eine geheime Freude, denn sie ist der Ausdruck des Königreichs des Herrn, das dem Himmlischen Jerusalem ähnlich ist.

In der gotischen Bildhauerei werden genaue ikonographische Inhalte festgelegt. Christus wird der Lehrmeister, und auf dem Portal, das das Giebeldreieck ersetzt, liegt die Betonung auf Figuren, deren Ausdruck, ohne dennoch wirklichkeitsgetreu zu sein, von Mitgefühl, Schmerz und einer Liebe geprägt ist, die nichts mehr mit der sakralen Liebe von Byzanz zu tun hat. In der Renaissance schließlich zerfällt die christliche Gemeinschaft langsam, und die Spiritualität verwandelt sich in individuelle Frömmigkeit. So entwickelt und verwandelt sich also der christliche Glaube in seiner Funktion als Wert einer Gesellschaft von Byzanz bis zur Renaissance, um in den darauffolgenden Jahrhunderten allmählich zu verschwinden.

Doch brachte Byzanz, die Kunst des Sakralen und der Transzendenz, in den Mittelmeerraum eine Botschaft der Erlösung, die einzigartig in der Gesellschaft ist. Die schöpferische Triebkraft dieser Zivilisation dauerte nicht weniger als tausend Jahre und überstrahlte die Erde mit einer unendlichen Liebe, einem unvergleichlichen Epos, majestätisch und geheimnisvoll.

Farbabbildungen

561   Wehrgang der Burg von Resafa in Kleinasien.

562   Aus der justinianischen Zeit stammt die Marienkirche in Antalya (Kleinasien), das früher Adalia hieß.

563   Sechseckiges Grabmal in Cyhrrus (Kleinasien).

564   Ziel vieler Pilger war die Kirche des kleinasiatischen Simeonklosters.

565   Typisch für die Architektur von Wladimir ist die 1166 errichtete Kirche der Schutzheiligen und Fürbitter am Nerlifluß in Rußland.

566   Kiew war die erste Stadt Rußlands, die den Einfluß der byzantinischen Kultur aufnahm. Ausdruck davon ist die Sophien-Kathedrale, im 11. Jahrhundert gebaut und im 17./18. Jahrhundert weitgehend verändert.

567   1194–1197 wurde die Kirche St. Dmitrij im russischen Wladimir errichtet, deren Fassaden durch ihren reichen Reliefschmuck beeindrucken.

568   Aus der Ära des Normannenreichs in Sizilien stammt die Kathedrale (1174–1182) von Monreale. Unsere Abbildung zeigt die Außenansicht der Apsis mit islamischen Spitzbögen aus späterer Zeit.

Islam

Text von Miriam Meier

Eine ungewöhnliche Kultur

Während die anderen alten Kulturen das Ergebnis eines langen Reifeprozesses sind, kann die Geburtsstunde des Islam auf einen genauen Zeitpunkt datiert werden, nämlich auf das Leben des Propheten Mohammed zu Beginn des 7. Jahrhunderts (also ziemlich spät in der Weltgeschichte!), welcher unauflöslich mit der neuen Religion, die er begründet, verbunden bleibt.

1   *Eine Stuckdekoration des 9. Jahrhunderts aus Samarra (Bagdad, Irak-Museum).*

Mittels der Sprache und der arabischen Schrift breitet sich der Islam durch Kriege weit über die arabische Halbinsel, wo er entstand, aus und umschließt bald das ganze mediterrane Becken von Spanien und dem heutigen Marokko bis nach Ägypten und Syrien sowie den Mittleren und den Fernen Osten, von den Toren Konstantinopels bis zum Indischen Ozean, von Arabien und dem Irak bis zur indischen Halbinsel.

Die politische Herrschaft ist unauflöslich mit dem religiösen Engagement verbunden, das die neuen Untertanen selbst gewählt haben. Die um sich greifende Religion, die, weil selbst tolerant, bereitwillig angenommen wird, ermöglicht so äußeren Elementen, einen wachsenden politischen Einfluß zu erlangen. Die anfängliche politische Einheit der moslemischen Welt wird nach und nach durch religiöse Schismen, die Machtübernahme durch Fremde und zuallererst durch die (konvertierten) Türken ab dem 11. Jahrhundert zersetzt. Es findet zugleich ein Verfall in der Politik und in der Religion statt: Im Namen einer Sekte verfolgt man unerbittlich eine andere, und was auf das 11. Jahrhundert zutraf, trifft auch heute noch zu: iranische Schiiten gegen irakische Sunniten, eine Auseinandersetzung, die fast so alt wie der Islam selbst ist!

Die Religion und die Kultur haben den politischen Verfall überlebt, der um das 16. Jahrhundert zu einem Abschluß kommt. Von da an wird das moslemische Element durch die beherrschenden fremden Einflüsse in allen Teilen dieser riesigen Welt gestört. Es handelt sich nun um eine facettenreiche Kultur, deren überraschende Vitalität uns täglich in den Ereignissen begegnet, die heute die moslemische Welt erschüttern.

Die Anfänge

Das heroische Zeitalter der Eroberung

Zu der Zeit, als Mohammed um 570 in der Stadt Mekka geboren wird, sind die Araber in dieser Gegend im wesentlichen Hirten, die in Nomadenstämmen organisiert sind und durch die Wüste ziehen. Nur eine Minderheit hat sich in landwirtschaftlichen Siedlungen oder in Handel treibenden Städten niedergelassen, die sich in den begünstigteren Zonen, zum Beispiel in einer Oase wie Mekka, oder am Rande der Wüste herausbildeten. Es ist also eine noch recht wenig entwickelte Besiedlung, mit Zelten für die einen und Häusern samt Vorbauten für die anderen; und mit einer Religion, die ebenfalls einfach und auf unbestimmte Weise animistisch und pantheistisch ist und auf die allmählich die Last der verschiedenartigen Einflüsse drückt, die die Händler von den jüdischen Religionen aus Palästina oder vom Christentum der byzantinischen Welt, die sich gerade auf dem Höhepunkt ihrer Expansion befindet, mitbringen.
Der junge Mohammed, der aus dem bedeutenden Stamm der Koreisch stammt und sehr früh Waise wird, findet es ganz natürlich, Händler zu werden, um seinen Lebensunterhalt zu verdienen. Im Dienste der reichen Witwe Chadidscha durchstreift er die Wüste und zeigt sich allen Neuheiten gegenüber sehr aufgeschlossen. Er heiratet die zwanzig Jahre ältere Chadidscha und läßt sich nieder. Als er sich 613 zur Meditation in eine Grotte zurückzieht, wird ihm die Offenbarung durch den Mund des Erzengels Gabriel zuteil und er macht sich sogleich auf, zu predigen. Er bekehrt bald seine Verwandten und erwirbt sich einen gewissen Bekanntheitsgrad, der bis nach Medina dringt, wohin er eingeladen wird. Mohammed nimmt um so lieber an, als er sich in Mekka einige Feinde gemacht hat, und begibt sich im Jahre 622 mit seinen Anhängern nach Medina. Dieses Datum wird in der Folge für die Moslems der Anfang eines neuen Zeitalters: die Hedschra, die Auswanderung, die an den Exodus des Alten Testaments erinnert.
Die Neuankömmlinge richten sich in der Stadt ein, und die moslemische Religion dient als Band zwischen ihren Bewohnern. Im Heiligen Krieg, dem Dschihad, werden die rebellierenden Oasen angegliedert und müssen sich wohl oder übel dem neuen Glauben unterordnen.

2   Diese kalligraphierte und illuminierte Koranausgabe entstand 1289 in Bagdad und befindet sich heute in der Pariser Nationalbibliothek. Format der Seite: 19 x 15 cm.

Bei den Christen und Juden, den «Menschen des Buches», die eine gewisse Hochachtung verdienen, weil sie sich auf den Weg der Wahrheit einließen, tauscht man Unterwerfung und Tribut gegen Protektion; nichts zwingt sie, ihre Religion abzulegen: Sie sind Dimmi (Protegierte). Die Anhängerschaft mehrt sich schnell um ein Vielfaches, und als Mohammed 632 stirbt, ist die neue Religion bereits fest verankert.

Die verhältnismäßig ungebildeten Araber jener Zeit sind schnell von dieser einfachen und leicht verständlichen Religion eingenommen, in der ein einziger und allmächtiger Gott herrscht, der sich bereits Abraham und Jesus verkündet haben soll, jedoch erst mit dem Propheten Mohammed seine Offenbarung vollendete. Die Aufgaben sind genau definiert und sehr einfach: das Schahada (Glaubensbekenntnis) und somit der Gehorsam (Islam) gegenüber dem Willen Gottes sowie die fünf «Stützen des Islam»: das Gebet, das Almosen, das Fasten im Ramadan, der Pilgergang nach Mekka und der Heilige Krieg. Die Welt ist deutlich zwischen Moslems und Heiden aufgeteilt, wobei den «Menschen des Buches» ein eigener Bereich zugewiesen ist. Die Bekehrungen häufen sich vor allem in den Städten, was zum Teil erklärt, daß die islamische Zivilisation eine im wesentlichen städtische Zivilisation ist; die Bauern bleiben immer auf der untersten Stufe der sozialen Leiter. Staat und Religion ergänzen sich gegenseitig und garantieren die Einheit der Gemeinschaft (Umma). Dieser Staat hat noch keine konkrete Form, doch ist er der erste auf der arabischen Halbinsel. Die Nachfolger Mohammeds setzen sich als Aufgabe, ihn zu erweitern und zu organisieren.

Zunächst zur Ausdehnung. In zehn Jahren führt der Kalif, der Stellvertreter des Propheten, der aus der Familie oder aus dem unmittelbaren Umfeld Mohammeds auserwählt wurde, den Heiligen Krieg sowohl nach dem Orient als auch nach dem Okzident. Die Siege erfolgen weniger dank besonders ausgefeilter Waffen (die Byzantiner waren darin zu jener Zeit besser), als vielmehr durch den Enthusiasmus der neuen Anhänger, die sich den Söldnern widersetzen (von daher auch die Schwäche ihrer sassanidischen und byzantinischen Gegner), und durch das Beutefieber. Ein neues Reich entsteht, das sich 642 vom Iran bis nach Armenien und von Arabien bis nach Ägypten erstreckt.

In den darauffolgenden zwanzig Jahren verlangsamt sich die Eroberung geringfügig, organisiert sich jedoch, und den vier Kalifen, die zwischen dem Tod Mohammeds und der Machtübernahme durch die Omaijaden regieren, gelingt es, eine gemeinsame, anpassungsfähige Herrschaft zu errichten, die auf der Religionszugehörigkeit beruht, jedoch die alteingesessenen Institutionen respektiert. So entsteht unter den vier sog. «rechtgeleiteten» Kalifen ein Reich eigener Prägung, in dem sich die Araber nicht mit der Bevölkerung mischen, sondern in den Garnisonen verbleiben und so Anlaß für eine besondere Art der Architektur geben.

Man muß in dieser Zeit zwei Arten von Niederlassungen unterscheiden. Zum einen richten sich die Soldaten, und zwar vollkommen abgeschieden, neben einer bereits bestehenden Stadt ein, wie es in Syrien der Fall ist, zum anderen gründen sie an einer neuen, meist strategisch günstigen Stelle ein ständiges Lager. Dieser Fall trifft auf Basra im Irak und auf Fustat in Ägypten zu. Beides sind eine Art ausgebaute Militärbasen, von denen aus weite Expeditionen und Eroberungszüge unternommen werden können.

Die erste islamische Architektur ist also zunächst eine Militärarchitektur, die jedoch bald mit den notwendigen religiösen Elementen eine Verbindung eingeht. Da ist zunächst die Moschee. Zu Beginn ist sie, wie das alte römische Forum, nichts weiter als ein Versammlungsort zu vielerlei Zwecken, in dem das gemeinsame Gebet nur eine nebensächliche Rolle spielt. In erster Linie handelt er sich um einen für alle zugänglichen Platz, dessen Grenzen auf dem Boden markiert sind (wie in Basra) oder durch einen Graben (wie in Kufa). Das Wesentliche daran ist die Ausrichtung auf die Kibla, d.h. auf Mekka, die Mohammed (so die Legende) mit einer in den Boden gesteckten Lanze markierte. Der Aufruf zum Gebet erfolgt damals von der

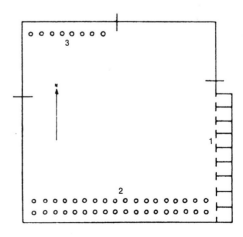

3 Rekonstruktionszeichnung vom Haus des Propheten Mohammed in Medina, das 705–709 zur Großen Moschee erweitert wurde: 1 Zimmer für Mohammeds Frauen; 2 Das Dach (nach Mekka ausgerichtet), unter dem Mohammed predigte; 3 Das Dach, unter dem die Gäste schliefen.

Farbabbildungen

577 Ebenso wie die Stadt selbst, wurde auch die Große Moschee von Kairuan um 667 gegründet. Ihr heutiger Bau wurde 836 errichtet. Hier das dreistufige Minarett.

578 Das Portal der Großen Moschee in al-Mahdiye (Tunesien), ursprünglich um 916 errichtet und 1961–65 nach alten Plänen neu aufgebaut, eines der schönsten Beispiele für die Kunst der Fatimiden-Zeit.

579 Doppelbögen und Säulen der Gebetshalle der Großen Moschee in Kairuan. Die 420 Säulen sind antiken Ursprungs und wurden aus Städten des ganzen Landes zusammengetragen.

580 El Qued (Algerien) wird wegen seiner Kuppeln und Tonnendächer auch «Stadt der tausend Kuppeln» genannt. Der Holzmangel in der Oase ließ keine andere Dachkonstruktion zu.

581 Das Shellah-Minarett in Rabat (Marokko) gehört zu einer Nekropole aus der Meriniden-Zeit, die zwischen 1310 und 1339 angelegt wurde.

582 Das Minarett der Kutubija-Moschee in Marrakesch wurde 1190 vollendet und ist 77 m hoch. Es wurde zum Vorbild für die Giralda in Sevilla.

583 Die Moschee von Dschibla (Nord-Yemen) stammt aus dem 8. Jahrhundert und gehört zu den ältesten des Islam, die uns erhalten blieben.

584 Der Südiwan der Großen Moschee von Isfahan und die Kuppel vor dem Michrab. Im 12. Jahrhundert begründet, stammt ihr heutiges Aussehen aus späteren Zeiten.

Höhe des Daches des Hauses des Propheten. Nach und nach wird die Moschee ein umschlossener und gedeckter Ort, dem ein Minarett hinzugefügt wird. Die Araber besitzen ursprünglich keine eigene Architektur, und die ersten Baumeister sind Fremde. Auch kann man in diesem heroischen Zeitalter noch nicht von einem wirklichen Stil sprechen.

Unter den Omaijaden

Die Einsetzung des neuen Regimes verläuft nicht reibungslos; in den Machtkämpfen sterben alle Kalifen, mit Ausnahme des ersten, eines gewaltsamen Todes. Die schwerste Krise ereignet sich unter dem Schwiegersohn Mohammeds, Ali, dessen Ermordung im Jahre 661 am Anfang des ersten Bruchs in der Gemeinde steht. Von nun an findet man auf der einen Seite die Freunde Alis, die Vorfahren derer, die man Schiiten (Parteigänger) nennen wird, und auf der anderen Seite die Omaijaden, die später zu den Sunniten, den Trägern der Tradition, werden. Es entwickelt sich noch eine dritte Richtung, die der Charidschiten, die Ali unterstützen, es aber als würdiger empfinden, sich aus dem Streit zurückzuziehen. Keine dieser Richtungen ist rein politisch zu sehen; es sind damit unauflöslich religiöse Betrachtungsweisen verbunden, da ja die Wahl zum Kalifen zugleich die zum Imam, zum geistlichen Führer der Gemeinde, ist. Für die Charidschiten muß dies der beste Moslem sein, der von der gesamten Gemeinde gewählt wird. Die Omaijaden und die Schiiten beschränken die Wahl auf den Zweig der Dynastie, deren Parteigänger sie sind: Für einen Schiiten kann nur ein Nachkomme Alis Imam werden; da aber der Begriff des Erbrechts noch sehr dunkel ist, zählt die ganze Familie Mohammeds dazu. Die verschiedenen Sekten bilden sich erst später heraus.
In der Hauptkrise des Jahres 660 und danach stehen sich gleichzeitig zwei Männer, Ali und Mo'awija, der Verwalter Syriens, zwei geographische Regionen, Arabien und der Irak sowie Syrien, zwei verschiedene politische und religiöse Vorstellungen gegenüber. Der Sieg Mo'awijas, der die Herrschaft der omaijadischen Dynastie für eine gewisse Dauer (661–750) verankert,

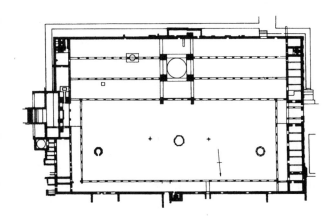

4 Grundriß der Großen Moschee (714/715 beendet) in Damaskus, eines der vollkommensten Werke der Omaijaden-Baukunst. Typisch ist der in drei Schiffe unterteilte Gebetsaal, die parallel zur Kiblawand verlaufen.

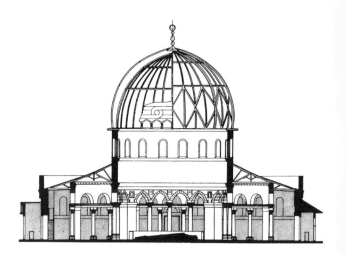

5 Schnitt durch den Felsendom in Jerusalem. 688–691 errichtet, ist er das älteste islamische Baudenkmal, das nahezu unverändert bis in die heutige Zeit erhalten blieb.

entscheidet über eine realistische Wahl, bei der der Kalif kein vollkommener Mensch, sondern der Führer einer geeinten Gemeinde ist, dem sein Sohn, wenn auch nicht unbedingt der Erstgeborene, nachfolgt; so löst sich auch das Problem der Machtübernahme. Er beschließt, sich endgültig außerhalb Arabiens in Damaskus in Syrien niederzulassen.

Gegen Mitte des 8. Jahrhunderts stabilisieren sich die Grenzen des neuen Reichs. Im Osten ist der Indus erreicht; im Westen gebieten die Truppen Karl Martells dem arabischen Eroberungszug im Jahre 732 Einhalt.

Die Strukturierung dieses riesigen Reichs ist im wesentlichen das Werk von Abd al-Malik, dem bedeutendsten Mann der Dynastie (685–717). Er versucht das Reich durch die allgemeine Verbreitung einer neuen Währung und der arabischen Sprache zu einen. Die Arabisierung und Islamisierung gehen Hand in Hand, während die zunehmenden Bekehrungen ein Zeichen für den Wunsch neuer gesellschaftlicher Schichten sind, sich in die herrschende Klasse zu integrieren. Die meisten sind ehemalige Kriegsgefangene und Eingeborene von höherem Rang, von denen viele iranischer Abstammung sind: Sie bilden die Klasse der *māwāli*, die hauptsächlich in den Städten und der Verwaltung vorzufinden sind und ganz wesentlich zu der im Entstehen begriffenen Kultur beitragen.

Es handelt sich dabei um eine siegreiche Kultur, die diese Tatsache auch allen Besiegten kundtun muß. Zunächst ist es der Sieg einer Dynastie, und die Kunst stellt sich in den Dienst der Überschwenglichkeit des Kalifen; die politische Bestimmung zahlreicher Bauwerke erklärt die Schnelligkeit, mit der sie errichtet werden. Die Notwendigkeit, die den Kalifen dazu bewegt, seine Residenz nach Damaskus zu verlegen, um der arabischen Vormachtstellung zu entgehen, hat tiefgreifende Folgen für die omaijadische Architektur. Der islamische Universalismus hat seinen Anfang in der Kunst: Es vollzieht sich in ihr die Synthese zwischen der antiken mediterranen und der orientalischen Kunst durch Künstler aus dem Ausland, da die Araber selbst keine Ahnung von Architektur haben. Diese Kunst ist auch besonders stark von Byzanz beeinflußt, dem vorherigen Beherrscher dieser Region und großen Verlierer: Sein Staat ist besiegt, das Christentum zum Scheitern verurteilt. Der byzantinische Beitrag zur omaijadischen Kunst ist beträchtlich, und zwar um so mehr, als diese die Überlegenheit des

Islam auf eben diesem Gebiet demonstrieren und ebenso beeindruckende Moscheen errichten muß, wie Byzanz prächtige Basiliken errichtet hatte.

Zu dieser Zeit nimmt die Moschee allmählich ihre endgültige Bestimmung und Form an. Sie wird in allererster Linie zum geschützten Versammlungsort für das Gebet, doch bleibt ihre politische Verwendung vorhanden (ein Beweis hierfür ist der abbasidische Staatsstreich im Jahre 749, der von der Moschee ausgeht). Der Sitz der Regierung oder des Gesandten verbleibt in unmittelbarer Nähe. Zunächst verwendet man lediglich einfache Baumaterialien, deren einzige Aufgabe es ist, die Gemeinde vor den Unbilden der Witterung zu schützen: Mauern aus Ton und Palmstämmen, das Dach aus Palmblättern. Doch bald verwendet man festere Baustoffe, die oft den Ruinen antiker Bauwerke oder ehemaliger christlicher Basiliken, die für den neuen Glauben umgestaltet wurden, entnommen sind. Mangels Steinen verwendet man Ziegel. Überall verstreut, erheben sich die neuen Moscheen nach einem Grundriß, der klassisch wird und den man in der ganzen arabischen Welt wiederfinden kann.

Das typischste und noch mehr oder weniger vollständig erhaltene Beispiel dieser Architektur ist die große Moschee von Damaskus, die 706–715 von dem Kalifen al-Walid erbaut wurde. Sie erhebt sich über dem Standort eines alten Jupitertempels, dessen Steine zunächst für den Bau der Kirche des Hl. Johannes von Damaskus und dann für die Moschee verwendet wurden. Sein Grundriß bestimmt die riesigen Dimensionen dieser Moschee (157 × 100 m), doch nicht allein: Die wichtigste Voraussetzung für die neue Moschee ist, alle Mitglieder der Gemeinde aufnehmen zu können, und die Bevölkerung von Damaskus ist in ständigem Wachsen begriffen. Ein riesiger Hof von 122 × 150 m, dessen ursprünglich der Verteidigung dienende Befestigungsmauer von einem Säulengang, der an den antiken *temenos* erinnert, umgeben war, führt südlich zur Gebetshalle. Da die Mohammedaner alle in Reihen in Richtung Mekka beten und dabei gleichzeitig dieselben Bewegungen verrichten, ist die Moschee mehr breit als lang und von doppelten Säulenreihen in drei Schiffe unterteilt, die parallel zur Kiblawand verlaufen. Die Fassade schneidet diese Abschnitte in der Achse des Michrab. Die Moschee ist mit einer Kuppel jüngeren Datums gedeckt, die die bei einem Brand zerstörte Holzkuppel von 1082–83 ersetzt, welche die *maqsura* überwölbte, eine Fläche, die dem Kalifen und seiner Familie vorbehalten war, um ihn gleichzeitig abzusondern und vor etwaigen Attentaten zu schützen.

Der Michrab weist für das Gebet die Richtung nach Mekka. Er ist eine flache, reich verzierte Nische, die an die der Thora in der Synagoge erinnert. Sei es als Platz Mohammeds in der Moschee oder als Reduzierung der ehemaligen Zuhörerhalle, taucht er erst gegen Anfang des 8. Jahrhunderts auf, wird dann aber zum dauerhaften Element der Moschee, das schnell von allen moslemischen Ländern übernommen wird. Gleich daneben befindet sich der Minbar, zunächst der Stuhl des Imam für seine politische Rede, dann für die religiöse Predigt, die am Freitag, dem Feiertag, gehalten wird.

Die Moschee von Damaskus war im byzantinischen Stil mit Marmor verkleidet und mit Mosaiken geschmückt, die im Licht der Fensterreihen schimmerten, aber leider zu einem großen Teil Feuersbrünsten zum Opfer fielen.

Die moslemische Religion reglementiert auch die Darstellungsweisen der Kunst, und es wird als Gotteslästerung angesehen, den Menschen und andere Wesen der Schöpfung darzustellen, was bedeuten würde, das Werk Gottes nachahmen zu wollen. Figürliche Kunst existiert

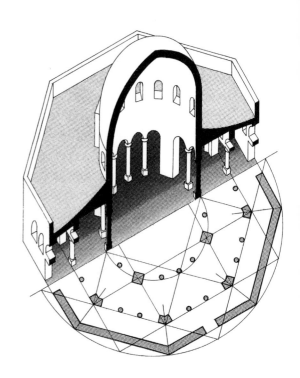

6 Aufriß des Felsendoms in Jerusalem, den byzantinische Baumeister entworfen haben und dessen Grundriß daher exakt mit dem zahlreicher byzantinischer Sakralbauten übereinstimmt.

zwar, doch ist sie aus den Moscheen verbannt. In Damaskus kann man eine prächtige, stilisierte Vegetation bewundern sowie Stadtlandschaften im byzantinischen Stil, von denen man glaubt, daß sie die durch den Islam befriedete Welt in einer Vision des Goldenen Zeitalters darstellen. Es handelt sich also um ein Motiv des Triumphs im Inneren eines religiösen Bauwerkes.

Man findet die Mischung beider Themen auch außerhalb der Gebetshalle: im Westen an einem kleinen achteckigen Bau, dessen acht Säulen eine Kuppel tragen, die ursprünglich mit Mosaiken verziert und dazu bestimmt war, die Schätze der Gemeinde zu bewahren; im Norden am Turm des Minaretts, dessen kubische Basis für diese erste Architekturperiode typisch ist. Er dient zum einen dazu, zum Gebet zu rufen, und zum anderen, vom Sieg des Islam zu zeugen. Die Minarette wurden auch als Spähtürme in den zahlreichen befestigten Moscheen verwendet, die nahe den Militärlagern errichtet wurden.

Ein in seiner architektonischen Konzeption einzigartiges Bauwerk ist der Felsendom in Jerusalem. Fälschlicherweise Omar-Moschee genannt, wurde sie in Wirklichkeit von dem Kalifen Abd al-Malik 685–705 erbaut. Ihr Grundriß in Form eines sternenförmigen Vielecks, der sich völlig von dem der anderen Moscheen unterscheidet, ist eine Antwort auf das ganz besondere Anliegen, den heiligen Felsen von Abrahams Opfer zu bewahren, von dem sich auch Mohammed himmelwärts erhoben haben soll (noch heute wird den Besuchern der Fußabdruck gezeigt). Erbaut auf dem Vorplatz des ehemaligen Tempels des Salomon (dessen eine, wiederentdeckte Mauer das höchste Heiligtum der Juden ist: die Klagemauer), nicht weit vom Heiligen Grab der Christen, bildet diese Moschee einen einzigartigen Komplex zusammen mit der al-Aksa-Moschee, deren silberne Kuppel das Gegenstück zur Goldkuppel jener darstellt. Mit der unvergleichlichen Pracht dieses Bauwerks versteht es Abd al-Malik ein weiteres Mal,

7   Dreibogiger Eingang (Nordseite) zum Tempelplatz in Jerusalem, auf dem der Felsendom steht.

die Überlegenheit des Islam über die anderen Religionen und über die besiegten Reiche der Byzantiner und der Sassaniden zu demonstrieren, Siege, die in den Inschriften gefeiert werden. Es ist auch seine Absicht, mit der Moschee der Kaaba von Mekka einen anderen Pilgerort, weit weg von Arabien, entgegenzusetzen, ein Ziel, das er (wenn auch erst viel später) erreicht, denn die Moschee zieht heute jedes Jahr Tausende von Gläubigen an.

8   Rekonstruktionszeichnung der al-Aksa-Moschee in Jerusalem, wie sie um 780 ausgesehen haben dürfte. Deutlich zu erkennen sind die rechtwinklig zur Kiblawand verlaufenden Schiffe.

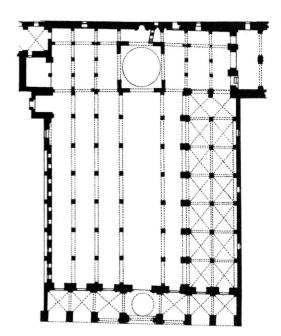

9   Der Grundriß der al-Aksa-Moschee in Jerusalem, zwischen 704 und 715 errichtet, mit den rechtwinklig zur Kiblawand verlaufenden Schiffen und dem großen Mittelschiff, prägte die Architektur fast aller Moscheen des westlichen Islam.

In dem Gebäude mit den harmonischen Proportionen kommen der iranische Einfluß durch das Bogenkranzgesims und der byzantinische durch den Gebrauch von Balken und den durchbrochenen Fenster zum Ausdruck. Es ist in den unteren Teilen mit reichen Marmorverzierungen und oben mit Mosaiken bedeckt. Die Außenseite war bis zum 16. Jahrhundert auf die gleiche Weise geschmückt, doch wurden dann die Mosaike durch Keramikverzierungen ersetzt.

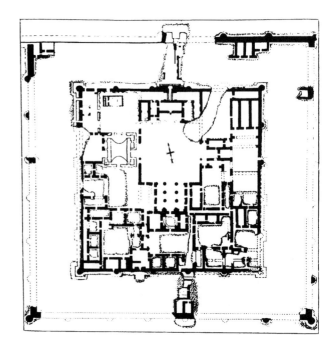

10   Irakische Archäologen haben den Herrscherpalast von Kufa (um 670) freigelegt, der in seiner Anlage einem sassanidischen Königspalast gleicht. Typisch ist der Hof, auf den sich in kreuzförmiger Anordnung vier Iwane öffnen.

Die al-Aksa-Moschee ist trotz ihrer Beschädigung bei einem Brand vor fast zwanzig Jahren ein besonders harmonisches Beispiel für die omaijadische Architektur. Im Unterschied zu den syrischen Moscheen verlaufen die Schiffe senkrecht (und nicht parallel) zur Kiblawand, was sicherlich auf den Einfluß der Basiliken zurückzuführen ist.

Ein Wort sei noch über die Moschee gesagt, die unter al-Walid 707–709 in Medina an der Stelle des Hauses des Propheten erbaut wurde und auch seine Grabstätte beherbergt. Ihre reiche Ausschmückung ist uns nicht direkt überliefert, denn die Moschee wurde im Laufe der Jahrhunderte viele Male umgebaut. Halten wir dennoch fest, daß an dieser Stelle zum ersten Mal der Michrab eingeführt wurde, jener religiöse Ort, der ursprünglich, wie wir gesehen haben, höchstwahrscheinlich einem politischen Zweck diente.

Die Symbiose dieser beiden Mächte findet sich in der Lage des Palastes des Kalifen oder seines Gesandten in enger Abhängigkeit zur Moschee. Den Palast von Damaskus, der im Laufe der Zeit zerstört worden ist, kennen wir nicht, doch da der Kalif die meiste Zeit außerhalb der Hauptstadt verbrachte, sind viele andere Paläste erhalten geblieben. Der älteste ist das Haus des Statthalters von Kufa (um 670). Die noch am vollständigsten erhaltene Anlage ist die von Anjar, eine Stadt, die zu Beginn des 8. Jahrhunderts gegründet, dann aber aus politischen Gründen verlassen wurde und von der man daher noch intakte Fundamente fand. Die vorislamische Stadt ist quadratisch angelegt mit vier Toren, zwei sich im rechten Winkel schneidenden Straßen, Wohngebäuden vom Typ der *insulae,* und im Südwestquadrat mit dem Komplex von Moschee, Thermen und dem Palast, der einen rechteckigen Grundriß aufweist: Die Empfangssäle befinden sich auf den Kurzseiten, die Wohnräume auf den Langseiten.

11 Querschnitt (Rekonstruktion) durch die Bäder des Schlosses Chirbat al-Mafdschar bei Jericho.

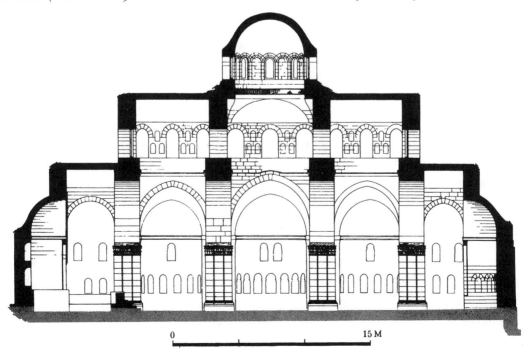

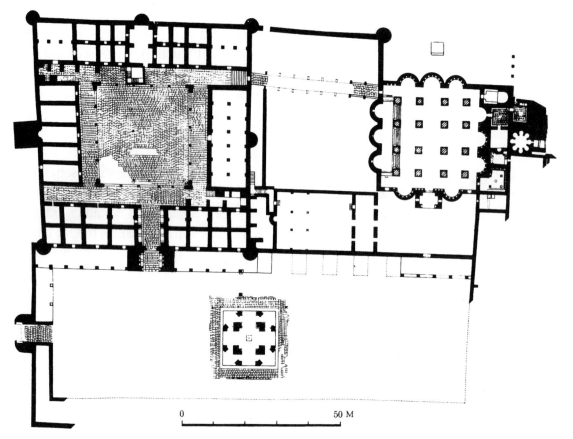

12   Grundriß des Schlosses Chirbat al-Mafdschar (ca. 724–743 errichtet).

Wie man sehen kann, bleibt die römische Tradition in Syrien und Palästina sehr lebendig, und die omaijadischen Kalifen, allen voran Abd al-Malik, zögern nicht, sie in ihrem Sinn wieder aufzunehmen, was in einer Reihe von Bauten, die als «Schlösser» bezeichnet werden und die mit Sicherheit die Fortsetzung des antiken *limes* sind, besonders deutlich wird.

Man hat sich zahllose Fragen über die Verwendung dieser berühmten omaijadischen Schlösser gestellt, die sich in völliger Abgeschiedenheit am Rande der Wüste befinden und deren Bau hinsichtlich der besonderen Lage mit Sicherheit enorme Schwierigkeiten bereitete. Man muß in ihnen eine Art zweiten Wohnsitz bzw. eine Sommerresidenz des Fürsten sehen, von denen ein paar ganz besonders prunkvoll ausgestattete für den Kalifen selbst bestimmt waren, den es immer wieder in die Heimat seiner Wüste zog. Gleichzeitig waren diese Schloßanlagen befestigte landwirtschaftliche Zentren gegen einen zu jeder Zeit möglichen feindlichen Überfall. Die Anlage ist immer mehr oder weniger die gleiche: ein Mauerquadrat mit einem einzigen Tor und vier runden Türmen an jeder Ecke, einem zentralen Haupthof, der von einer unterschiedlichen Zahl von Wohnräumen umgeben ist, und fast immer ein Gebetssaal.

Eines der ältesten Schlösser dieser Art ist das von al-Miniya nahe Tiberias, das ziemlich klein ist und die Besonderheit besitzt, in einer fruchtbaren Gegend gelegen zu sein.

Das größte ist das von al-Mafdschar in der Nähe von Jericho, das Kalif Hischam (724–743) zugeordnet wird, eine bis auf die Thermen nie vollendete Sommerresidenz. Für den internen Gebrauch, für die Berieselung der Felder und den Betrieb der Zuckerrohrmühle bediente man sich eines römischen Aquädukts. Ein Säulenhof gewährte Zutritt zur Moschee und zu den nördlichen Thermen. Eine Eingangshalle führte zu dem zweistöckigen Palast. Die heute noch zu bewundernde Ausschmückung zeugt von einer großartigen, einfallsreichen Pracht. Das Stuckdekor und die Mosaike des *frigidarium* und der Empfangshalle schöpfen sowohl aus dem Reichtum der im Islam so beliebten geometrischen Muster, als auch der der Welt der Pflanzen und Tiere, ja sogar der Menschen entlehnten Motive: Man fand dort eine Statue des Kalifen. In der Empfangshalle blieb ein herrliches Mosaik, das von einem Löwen angegriffene Gazellen um einen zentralen Obstbaum darstellt, fast vollständig erhalten. Die Szene ist von einem starken Realismus geprägt, dessen Bewegung von abgestuften Grün- und Ockertönen unterstrichen wird.

Im Schloß von Kusair Amra nahe Amman sind die Motive etwas gewagter: nackte Frauen, die ihrer Arbeit nachgehen, und in der Empfangshalle sind um eine Hauptfigur in der Mitte, die den Kalifen (Walid oder Hischam) darstellt, in byzantinischer Manier sechs kleinere Figuren gruppiert, die sechs von dem Kalifen besiegte Herrscher zeigen.

Wie wir sehen, wird das Verbot der Darstellung menschlicher Figuren zwar an den geheiligten Orten respektiert, jedoch nicht (zumindest nicht in den Anfangszeiten der Geschichte des Islam) in den Profanbauten.

Gegen Ende dieser Periode wurde das nie vollendete Schloß von Mschatta (ebenfalls in der Nähe von Amman) errichtet. Die komplexere Innenaufteilung kündet bereits von den abbasidischen Palästen. Die von Flachreliefs mit Pflanzen- und Tiermotiven geschmückte Fassade, die heute in Berlin bewundert werden kann, zeugt von dem verschiedenartigen Einfluß mehrerer Gruppen von Künstlern.

Die Wüstenschlösser werden wieder verlassen, sobald die omaijadische Dynastie fällt; immer neue Bauwerke werden im Osten errichtet als Zeugen der neuen Ausrichtung der Politik des abbasidischen Kalifats nach Mesopotamien.

Das erste Jahrhundert der Abbasiden

Die Omaijaden sichern dem neuen Reich feste Grenzen und eine stabile Struktur. Begünstigt durch diese relative Sicherheit, entsteht gegen Ende der 1. Hälfte des 8. Jahrhunderts die Gruppe der Aliden (oder Schiiten), um sich ihrer im rechten Augenblick am Vorabend des Sieges zu entledigen; auf der anderen Seite gibt es in der ständig wachsenden sozialen Gruppe die Māwāli, die gerade erst Konvertierten, die zu einem großen Teil aus dem Iran stammen und durch Bittstellerschaft an einen arabischen «Herrn» gebunden sind, jedoch sehr schnell in hohe Positionen vor allem in der Administration gelangen und nun die Gleichstellung mit den moslemischen Arabern verlangen. Dies sind die hauptsächlichen Nutznießer der sich ankündigenden Revolution.

Die Revolte, die in Kufa in Kurdistan ihren Anfang nimmt, ist mit Sicherheit nur eine «Familienangelegenheit», wodurch die Omaijaden durch die Nachkommen al-Abbas, des Onkels Mohammeds, ersetzt werden; doch die Revolte gewinnt auf Grund einer geschickten Propaganda sehr schnell die Unterstützung der Bevölkerung und endet ein Jahr nach der Einnahme Kufas mit dem erbarmungslosen Hinmorden der Omaijaden (750).

Die Überlebenden dieses Massakers werden kurz darauf in Spanien zu finden sein, wo sie eine beständige Dynastie gründen und ihre mitgebrachten künstlerischen Traditionen zur Entfaltung bringen.

Die neue Dynastie der Abbasiden bleibt fünf Jahrhunderte an der Macht, bis zur Ermordung ihres letzten Kalifen durch die Mongolen im Jahre 1258. Doch ist ihre Macht bereits lange Zeit vorher unter dem Einfluß von Neuankömmlingen, besonders der Türken, im Abstieg begriffen. Das Goldene Zeitalter im wirtschaftlichen, gesellschaftlichen und kulturellen Leben dieser Dynastie ist im ersten Jahrhundert ihrer Macht anzusiedeln, in dessen Verlauf die Bestandteile des Rechts, der religiösen Rechtsgläubigkeit, in ihrer endgültigen Form ausgearbeitet werden, die zentrale Verwaltung der Finanzen und der Gerichtsbarkeit eingerichtet und organisiert wird und eine neue Kultur entsteht, in der der orientalische Einfluß vorherrschend ist. Die Loslösung vom Okzident ist vollzogen, und die geographische und politische Vormachtstellung des iranischen Elements behauptet sich in seiner ganzen Kraft.

Die Beamten sind in der Mehrheit Perser, also Einheimische, und betreiben ein sehr aktives Mäzenatentum. Vor allem die Abbasiden folgen geographisch ihrem politischen Anziehungspunkt, und im Jahre 762 gründet der Kalif al-Mansur seine neue Hauptstadt Bagdad an den Ufern des Tigris. Mesopotamien wird der Nabel der moslemischen Welt.

Der zukünftige Iran ist dank des regen Handelsverkehrs, der auf einem Städtenetz antiken Ursprungs basiert, ein offenes Tor nach Zentralasien. Diese Öffnung wird bald unberechenbare Folgen haben, denn die Türken dringen langsam in das Reich ein, bis sie schließlich dort sogar die Macht übernehmen.

Vom Bagdad der Abbasiden ist nichts erhalten geblieben, denn dieser Ort wurde niemals verlassen, und so folgten immer wieder neue Städte aufeinander, bis in unsere Tage. Es gibt nur die bewundernden Beschreibungen der Bewohner, Reisenden oder Botschafter dieser größten Stadt des Mittelalters, die gegen Ende des 10. Jahrhunderts 1,5 Millionen Einwohner zählt. In seiner Blütezeit erreicht Konstantinopel gerade eine Million Einwohner; ganz zu schweigen von Neapel, der größten Stadt des Okzidents im Mittelalter, die sich ihrer lediglich 500 000 Einwohner rühmte!

Badgad ist zu Beginn eine rein künstliche Schöpfung, die vor allem den Sicherheitsbedürfnissen des Kalifen und seiner hohen Vorstellung von Macht entspricht, was auch die außergewöhnliche Anlage der «runden Stadt» erklärt. In der fruchtbaren, aber sumpfigen Ebene gelegen, die Euphrat und Tigris voneinander trennt, und durch ein Kanalnetz bewässert, das bereits der Stolz der Sumerer war, handelt es sich dabei um eine kreisförmige Festung von 2,3 km Durchmesser. In der Mitte eines riesigen leeren Platzes erheben sich der Kalifenpalast und die Moschee. Um diese Gebäude herum befinden sich Ringmauern, die voneinander durch Wälle und Gräben getrennt sind. Eine Stadt also, die einem neuen und recht orientalischen Bild von der Macht entspricht, die Furcht, Respekt und Bewunderung einflößen soll und die sich von einem an den Rand gedrängten Volk isoliert.

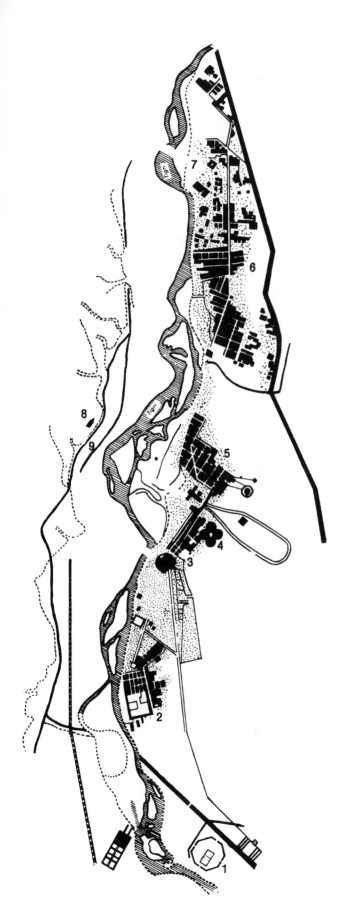

13 Stadtplan von Samarra, der 836 gegründeten neuen Hauptstadt nördlich von Bagdad am Ostufer des Tigris:
1 Qadisiya-Palast
2 Balkuwara-Palast
3 Große Moschee
4 Pferderennbahnen
5 Jawsaq al-Khaqani
6 Mutawakkiliya
7 Abu Dulaf-Moschee
8 Kasr al-Aschik («Schloß der Liebenden»)
9 Mausoleum Qubbat al-Sulaybiyya.

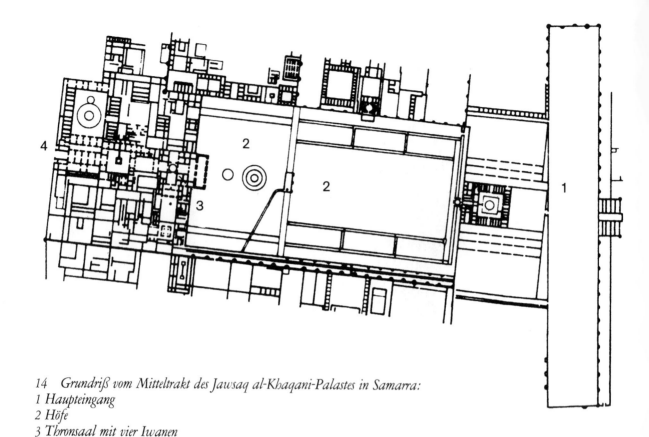

14 Grundriß vom Mitteltrakt des Jawsaq al-Khaqani-Palastes in Samarra:
1 Haupteingang
2 Höfe
3 Thronsaal mit vier Iwanen
4 Drei zum Tigris hin geöffnete Iwane.

Die runde Stadt wird sehr schnell von den Kalifen aufgegeben und verfällt im 10. Jahrhundert, während sich auf dem Westufer des Tigris im Überfluß Paläste von Kalifen oder reichen Beamten und Moscheen erheben und auf der anderen Seite des Flusses die weniger luxuriösen Behausungen in den verschlungenen Straßen eine ständig anwachsende Bevölkerung anziehen.

Bagdad weitet sich aus und gestaltet sich im Lauf der Zeit abwechslungsreich, denn es ist eine Stadt, in der gelebt wird, eine Drehscheibe des Handels, ein religiöser und kultureller Mittelpunkt, der unabhängig von der zentralisierten Macht ist. Im Gegensatz dazu steht Samarra, eine weitere Schöpfung des Kalifats am Tigris, 80 km nördlich von Bagdad und im Jahre 836 von al-Mutassim ebenfalls aus Sicherheitsgründen errichtet, denn er befürchtet Zusammenstöße zwischen seiner neuen Leibwache, in der immer mehr Türken zu finden sind, und der aufrührerischen Stadt Bagdad. Samarra wird fünfzig Jahre später von dem Kalifen al-Mutamid verlassen, der nach Bagdad zurückkehrt, um sich der Machtübernahme durch die Türken zu widersetzen (allerdings zu spät). Die Fürstenstadt, die keinen anderen sozialen Zusammenhalt kennt als den, der durch den Herrscher entstand, wird ihrem einsamen Schicksal überlassen. Samarra ist die einzige unversehrte Stadt, die uns dank der Ausgrabung E. Herzfelds in den Jahren 1911–13 erhalten geblieben ist. Obgleich die Forschungen nur unvollständig betrieben

15 *Stuckdekoration (Höhe: 1,05 m) des 9. Jahrhunderts aus Samarra, heute im Irak-Museum in Bagdad.*

worden sind, können wir hier eines der besten Beispiele der abbasidischen Architektur auf ihrem Höhepunkt kennenlernen.

Samarra ist riesig. Es zieht sich 35 km am östlichen Ufer des Tigris entlang, auf einer Breite von 5 km. Obgleich es in relativ kurzer Zeit von Künstlern aus allen Teilen der islamischen Welt erbaut wurde, finden sich dort die bedeutendsten Bauwerke jener Zeit. Die vorherrschenden Materialien sind rohe Ziegel und Strohlehm, denn der Backstein war den strategisch wichtigen Bauwerken vorbehalten. Stuckverzierungen sind im Überfluß vorhanden (unter den Omaijaden herrschten sie vor), doch ist auch kein anderes Schmuckelement vernachlässigt. Es muß daran erinnert werden, daß einzig aufgrund des extrem trockenen Klimas dort derart empfindliche Materialien die Jahrhunderte überdauern konnten.

Durch die Bauwut der verschiedenen Kalifen entstanden (in der Reihenfolge von Süd nach Nord) mehrere Palastanlagen: im Süden Qadisiya, die Residenz al-Mutassims, in der Mitte Jawsaq al-Khaqani, bestehend aus zwei Hippodromen, einer großen Moschee und einem Palast, erbaut von al-Mutawakkil (847–861), und schließlich Mutawakkiliya, eine Stadt für sich mit Palast und Moschee, deren Bau seit 859 im Gang war.

16 *Auch diese Stuckdekoration (Höhe: 1,11 m) stammt aus Samarra und entstand im 9. Jahrhundert (Irak-Museum, Bagdad).*

Die Moscheen haben noch dieselbe Bauform wie unter den Omaijaden, doch sind sie nicht mehr direkt mit dem Palast verbunden; der Ziegel wird nun überall verwendet, der Gebetssaal ist mehr in die Länge gestreckt, die Schiffe verlaufen parallel zur Kiblawand, und das Dach wird von schweren Pfeilern getragen, in die rechteckige kleine Säulen eingelassen sind. Die Jawsaq-Moschee ist die größte der Welt. Mit ihren 240 × 146 Metern konnte sie zu den großen moslemischen Festen mehr als hunderttausend Gläubige aufnehmen. Eine riesige Mauer, die Nebengebäude mit Bädern und Aborten umschloß (man hatte an alles gedacht!) und von halbrunden Türmen unterbrochen wurde, trennt sie vom Rest der Stadt. Ein breiter Säulengang umgibt sie auf drei Seiten, auf der vierten Seite öffnet sich der mit zahlreichen Säulen versehene Gebetssaal, der nicht weniger als 25 Schiffe zählt, die von achteckigen, an ihren Sockeln quadratischen Pfeilern, an deren vier Kanten Säulen angebracht sind, begrenzt werden. Gegenüber dem Michrab erhebt sich das berühmte konische Minarett auf einem Quadratsockel mit einer außenläufigen, schraubenförmigen Treppe, das in einem Zylinder endet, der mit Sicherheit einen Holzpavillon stützte. In dieser besonderen Form erkennt man die babylonische Zikkurat wieder, also in gewisser Weise ein Ableger des Turms zu Babel!

Die Abu-Dulaf-Moschee in Mutawakkiliya, die ebenfalls beträchtliche Ausmaße hat (213 × 135 m), besitzt ein gleiches, jedoch kleineres Minarett. Als Besonderheit verfügt der Gebetssaal über siebzehn Schiffe, die rechtwinklig zur Kiblawand verlaufen, ohne jedoch auf sie zu stoßen: Zwei Schiffe parallel zur Kiblawand sind ihnen vorgelagert und verleihen der Gesamtanlage eine T-Form, die in Mesopotamien, aber auch in Nordafrika sehr verbreitet ist. Außer dem al-Aschik-Palast (dem Palast des Liebenden), der sich etwas abgelegen auf dem Westufer des Tigris befindet, ist kein einziger Palast befestigt. Die Lage der Stadt ist bereits Verteidigung genug. Die Gebäude sind je nach Laune der Erbauer innerhalb einer rechteckigen Stadtmauer in kleinen unabhängigen Zellen, gemäß der persischen Sicht des Raums, angelegt.

Der Palast al-Mutassim, 836–838 erbaut, ist eine riesige Anlage, in der mehrere bedeutende Zeremoniengebäude bis hin zum Tigris führen, die von Wohnanlagen eingerahmt sind, die sich jeweils um den Turm ihres Hofes gruppieren. Zum Fluß gelangt man über eine Treppe, die bis zu einem großen Becken hinabführt.

17 *Grundriß des Balkuwara-Schlosses in Samarra, das streng axial angelegt wurde. Von der symmetrischen Anordnung ausgenommen blieb die Moschee im oberen großen Hof, bedingt durch die Lage ihrer Kiblawand.*

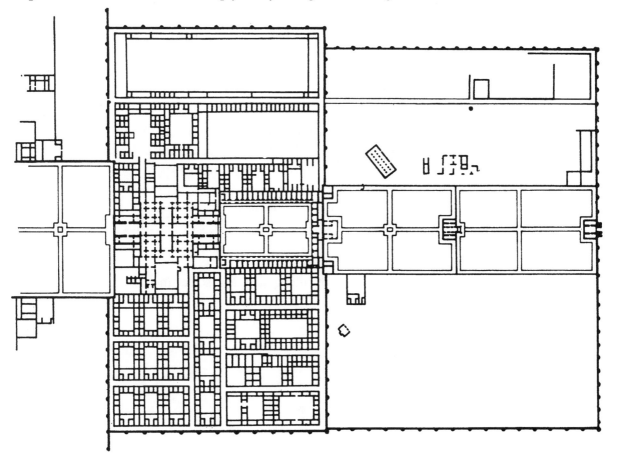

Farbabbildungen

601 Von seiner Pilgerfahrt nach Mekka brachte Kaiser Kanga Musa im 12. Jahrhundert den Architekten mit, der in Djenné (Mali) die Moschee errichtete.

602 Dem traditionellen sudanesischen Lehmbaustil verhaftet ist das 27 m hohe Minarett der Moschee von Agadez (Niger). Es stammt aus dem 15. Jahrhundert.

603 Pfeilerhalle mit Stalaktitendecke aus dem Kalifen-Palast in Bagdad, den der Abbaside an-Nasir (1180–1225) errichten ließ.

604 Detail vom Portal der Incé-Minarelli-Medresse (1258) in Konya (Türkei), eines der berühmtesten und prachtvollsten Beispiele des anatolischen Baudekors aus der Seldschuken-Zeit.

605 Kuppel der Grabmoschee (1472–1474) des Sultans Kait Bai in der Totenstadt der Kalifengräber von Kairo. Neuartig ist das Reliefdekor auf der Außenseite der Kuppel.

606 Gegen Ende des 14. Jahrhunderts wurden immer seltener Moscheen mit Innenhöfen gebaut (hier das Mausoleum des Sultans Barkuk in Kairo, 1399 bis 1409); statt dessen bevorzugte man den Medressen-Typ.

607 An die Hagia Sophia erinnert die Mohammed-Ali-Moschee, die 1824–1857 in Kairo errichtet wurde. Ihre große Kuppel und die beiden Minarette beherrschen das Stadtbild.

608 Im Norden Kairos liegen die Kalifengräber, Mausoleen mehrerer Sultane des 15. Jahrhunderts.

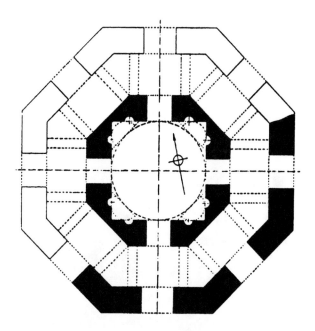

18 Grundriß der Qubbat al-Sulaybiyya in Samarra, eines kleinen, achteckigen Kuppelgrabmals, das nach dem Vorbild des Jerusalemer Felsendoms errichtet zu sein scheint.

Der Balkuwara-Palast (854–859) ist besser erhalten als letzterer. Er ist in zwei Bereiche geteilt: Der erste offizielle Teil gruppiert um drei aufeinanderfolgende Höfe die Empfangssäle und eine Moschee, der zweite Teil umfaßt Wohngebäude und Bereiche mit Becken und Brunnen, die Tag und Nacht in Betrieb waren, duftende Gärten voll seltener Pflanzen und große Parkanlagen, der Jagd vorbehalten.

Erwähnenswert ist, daß sich in Samarra das erste moslemische Mausoleum, das Grabmal al-Muntassirs (gestorben im Jahre 862), befindet. Diese Art von Bauwerk steht in völligem Gegensatz zur moslemischen Sicht von der Gleichheit aller Gläubigen angesichts des Todes. Es entspricht der wachsenden Begierde des Kalifen nach Ruhm, eines Kalifen, der immer mehr zu einem Herrscher orientalischen Schlages wird. Das Gebäude ist sehr einfach: Es besteht aus einem einzigen quadratischen Saal, der von einer Kuppel überragt wird. Das Mausoleum des Muntassir ist in ein achteckiges Gebäude einbezogen, das an die Kuppel des Felsendoms erinnert. Diese Art der «Pavillon-Moschee» findet jedoch nicht vor dem 10. Jahrhundert Verbreitung.

Die Ausschmückung von Samarra ist prächtig, vor allem in den vornehmeren Bereichen. Marmorarbeiten, Mosaike, Teppiche und wertvolle, mit Gold und Edelsteinen besetzte Stoffe sollten dem Besucher den Eindruck von unermeßlichem Reichtum vermitteln. Doch die große und bedeutende Neuerung der abbasidischen Zeit sind die bunten Stuckarbeiten, deren schmückende Wirkung sich zu einer zunehmenden Stilisierung hinentwickelt, in der die abstrakten Motive eine immer größere Rolle spielen, die die glückliche Erfindung der Arabeske mitbestimmen, eines Motivs, dem eine große Zukunft beschieden war. Sein Ursprung ist in Zentralasien zu suchen, von wo es von den Türken, die am Hof immer zahlreicher werden, mitgebracht wurde.

19 Ein berühmtes Beispiel islamischer Unterhaltungsliteratur ist das Fabelbuch von «Kalila und Dimna», benannt nach seinen beiden Helden, zwei Schakalen. Unsere Abbildung zeigt «Dimna im Gefängnis», eine der ältesten Illustrationen der Fabeln vom Anfang des 13. Jahrhunderts (Istanbul, Topkapi-Museum).

Samarra ist das strahlendste Feuerwerk des ersten abbasidischen Jahrhunderts. Sein Entstehen ist jedoch bereits ein Anzeichen für die stumme Furcht der Machtinhaber vor inneren Spaltungen. Das zu große und von seinem Ausgangspunkt bis weit in den Westen zerklüftete Abbasidenreich muß bald nicht wieder gut zu machende Brüche hinnehmen, die seinen politischen Untergang und den Aufstieg regionaler Mächte besiegeln, was tiefgreifende Konsequenzen für den Abwechslungsreichtum in der moslemischen Kunst mit sich bringen wird.

Das Mittelalter: Das Goldene Zeitalter der moslemischen Zivilisation

Die regionalen Schulen: Die Eroberungen im Westen

Das Abbasidenreich bricht nicht mit einem Schlag zusammen, sondern zerfällt ganz allmählich in seine einzelnen Teile. Der äußerste Westen löst sich bereits in der ersten Hälfte des 8. Jahrhunderts, Zentralasien wird zu Beginn des 9. Jahrhunderts unabhängig und die anderen Gebiete zwischen dem 9. und 10. Jahrhundert. Orient und Okzident beginnen nun als zwei selbständige Einheiten ihren eigenen Weg zu gehen, die sich trotz ihrer gemeinsamen Züge zu Nationalstaaten entwickeln. Dies trifft sowohl hinsichtlich der Politik wie der Kunst zu. Der Westen, das ist vor allem Spanien, am äußersten Ende der moslemischen Welt, das 756 von dem Omaijaden Abd ar-Rahman I. erobert wird, der dank der Unterstützung der Berber Nordafrikas, wo er sich zunächst versteckt hielt, der Ermordung der Seinen entging. Er ruft sich lediglich zum Emir aus, womit er demonstrieren will, daß es nicht seine Absicht ist, mit dem Rest der islamischen Gemeinde zu brechen. Doch die Entfernung des Kalifats gewährt ihm Handlungsfreiheit. Die omaijadische Dynastie verbleibt bis ins Jahr 1031 in Cordoba, während sich Abd ar-Rahman III. im Jahre 929 zum Kalifen ausruft, zur Zeit des Höhepunkts der Zersplitterung der moslemischen Welt. Andalusien wird ihr zweiter großer kultureller Pol, der die ursprüngliche Zivilisation mit den Einflüssen all derer harmonisch vermischt, aus denen sie sich zusammensetzt, wie die syrischen Araber, die maghribischen Berber, die christlichen, jüdischen und konvertierten (mozarabischen) Spanier. Eine neue Architektur wird geboren, die sich im Maghreb ab der Mitte des 11. Jahrhunderts verbreitet und die man als den spanisch-maurischen Stil bezeichnet. Die Omaijaden von Cordoba waren große Architekten in der syrischen Tradition, doch infolge der Zerstörungen und des Wiederaufbaus der nachfolgenden Zeiten sind uns nur sehr wenige vollständige und ursprüngliche Bauwerke erhalten.

In der Sakralarchitektur ist als wichtigstes Beispiel die Große Moschee von Cordoba zu nennen, die drittgrößte nach den beiden von Samarra. Sie wurde 785 von Abd ar-Rahman I. nach syrischem Vorbild erbaut, das auch während der beiden Umbauten 848 und 961 gewahrt werden konnte; beim dritten Umbau 987 mußte die Symmetrie aufgrund der Beschaffenheit des Geländes und nicht eines ausdrücklichen Willens aufgegeben werden. Der Gebetssaal folgt dem bereits beschriebenen Grundriß der Basilika mit elf rechtwinklig zur Kibla verlaufenden Schiffen, die auf einen geschlossenen Hof (ursprünglich ohne Säulengang) führt. Das Neue daran ist die Erhöhung der Durchgänge dank des hufeisenförmigen Bogens (er stammt wahrscheinlich von den Westgoten), der auf einem Wald von schlanken Säulen ruht und so eine optische Erweiterung des Raumes bewirkt. An den Wänden heller Stein und dunklerer Backstein im Wechsel, entsprechend der vielfarbigen syrisch-byzantinischen Tradition. Später wird noch der drei- oder mehrpassige Bogen eingeführt, der von unten nach oben verschlungen eine sehr dekorative Wirkung erzielt und die Architekten Siziliens und Süditaliens beeinflußt. Das zentrale Schiff wird von einer langseitigen Kuppel überwölbt, ähnlich der in der Moschee von Toledo (980–999), die heute die Kirche Cristo de la Luz ist.

Ausgrabungen in acht Kilometern Entfernung von Cordoba ermöglichten die Freilegung der Fürstenstadt von Medîna as-Zâhra, die von Abd ar-Rahman III. im Jahre 936 für seine Lieblingsfrau gegründet wurde. Die äußerst reizvolle Residenz- und Verwaltungsstadt verschlang für ihren Bau ein Drittel der Einnahmen Andalusiens und wurde bereits 1010 zerstört. Sie besteht aus drei stufenförmig angelegten Stadtvierteln, die vollständig erforscht wurden. Der orientalische Einfluß ist leicht an den im Grundriß der Basilika erbauten Empfangshallen zu erkennen, die mit Pflanzen- oder Figurenmotiven, in Marmor oder Stuck nach syrischer Art gemeißelt, verziert sind.

Trotz der fortgeschrittenen Zerstörung dieser Stadt kann man doch dieselbe Art der künstlich geschaffenen Stadtanlage wie in Samarra erkennen, die an den Ufern eines Flusses von einem Prinzen zu seinem persönlichen Ruhm und weit weg vom Leben der Hauptstadt gegründet wurde.

Nordafrika (Ifrikija) ist bereits zu Beginn der omaijadischen Epoche in das islamische Reich eingetreten. Nach dem Sturz Karthagos 696, das neben dem aufsteigenden Stern der neuen Gründung (670) Kairuan (Quajrawān: das Feldlager) völlig in den Hintergrund gedrängt wird, setzt sich die moslemische Herrschaft trotz des Widerstandes der zum Charidschismus konvertierten Berber fest. Doch an der Wende zum 9. Jahrhundert führen die separatistischen Tendenzen zur Gründung zweier neuer, von dem abbasidischen Kalifat unabhängiger Staaten: der eine im heutigen Marokko im Jahre 788 mit der Ernennung des Emirs Idris, dessen Dynastie bis zum 10. Jahrhundert an der Macht bleibt; der andere in Tunesien, wo im Jahre 800 Ibrahim ben Aghlab das Emirat von Kairuan übernimmt, das die Aghlabiden bis zu ihrer Ablösung durch die Fatimiden 910 innehaben werden, die selbst wiederum bis zum Jahr 973 bleiben und nach ihrem Abzug nach Ägypten von den Ziriden abgelöst werden. Der Stadt Kairuan entspricht das im Jahre 808 gegründete Fes, das ebenfalls eines der großen arabischen Zentren der Kultur in Nordafrika wird.

Vor allem der Ifrikija-Stil Kairuans zieht unsere besondere Aufmerksamkeit auf sich. Die Architektur dieser Gegend verbleibt zusammen mit einigen Merkmalen lokalen Ursprungs oder angeregt durch die Erfordernisse der Verteidigung in der omaijadischen Tradition. Man darf nicht vergessen, daß Kairuan vor seiner Funktion als Stadt und Metropole ein Militärlager war; daher ist es auch nicht erstaunlich, daß seine Moschee befestigt war.

20 Detail von einem Marmorbecken (140 × 67 cm, 10. Jahrhundert) des al-Mansur, das man bei den Ausgrabungen des Schlosses von Medina as-Zahra in der Nähe von Cordoba entdeckte.

Die 836 wiedererbaute Große Moschee von Kairuan mit Veränderungen aus den Jahren 862–863 und 875–902 wurde eines der größten Heiligtümer des Islam (die Kibla der nordafrikanischen Moscheen sind nach ihr ausgerichtet). Ihr Grundriß ist heute noch Vorbild in dieser Gegend. Die große rechteckige und ungleichmäßige Befestigungsmauer, die auf drei Seiten von einem Säulengang umgeben ist, wird im Norden von dem berühmten quadratischen Dreistufenminarett unterbrochen. Ganz hinten im Hof gelangt man in die lange Gebetshalle, wo Säulen, die über Bögen das Flachdach tragen, den Raum in siebzehn Schiffe rechtwinklig zur Kiblawand aufteilen, die an einem parallel zu ihr verlaufenden Querschiff enden. Dies ist die älteste uns bekannte Anlage in dieser Gegend. Das Mittelschiff ist breiter und höher als die anderen und wird von zwei Kuppeln überwölbt. Die über dem Michrab ist mit der Basis durch halbkreisförmig ausgeschnittene Nischen orientalischen Typs verbunden, die von außen ein Achteck bilden. Die Innenausschmückung beruht auf dem Glanz der metallisch schimmernden Ziegel und der Marmorplatten; letztere zierten auch die Fassade und waren mit Skulpturen versehen.

Eine Ausnahme macht die strengere Große Moschee von Susa (850–851), deren zwei Mittelkuppeln zwei hintereinanderliegende Michrab überwölben und in deren Befestigungsmauern zwei Rundtürme enthalten sind (ursprünglich mit Sicherheit vier), die höchstwahrscheinlich zur Verteidigung der Stadt dienten; das Ribat liegt in der Tat ganz in der Nähe. Die Ribat sind die befestigten Klöster der Soldatenmönche, die im 8. und 9. Jahrhundert an den afrikanischen Küsten sehr zahlreich waren, wo sie eine fast durchgehende Verteidigungslinie bildeten. Die Mehrheit dieser Anlagen ist im großen und ganzen verschwunden; übriggeblieben sind nur die von Monastir und Susa. Es handelt sich dabei um dieselbe kleine quadratische Fortanlage mit Rundtürmen an den Eckpunkten und auf jeder Seite und einem einzigen Eingang. Im Inneren befinden sich an den Seiten in zwei Etagen die Wohnzellen und außerdem ein Gebetsraum. In Monastir entdeckte man zudem einen Friedhof.

Dieser Bautyp findet sich auch entlang der marokkanischen Küste und der Sahara, mit dem Zweck, den Islam im übrigen Afrika zu verbreiten. Dort entsteht dann im 11. Jahrhundert die Sekte der Almoraviden (al-Murabitun: die Kämpfer des Ribat), die im ganzen Maghreb (1062) und in Spanien (1090) die Macht ergreift.

Von der fatimidischen und ziridischen Architektur Ifrikijas ist uns nur sehr wenig erhalten geblieben, denn die nomadische Invasion, angeführt von Banu Hilāl, führt sich in dem Land wie «eine Armee von Heuschrecken auf, die auf ihrem Durchmarsch alles zerstören», wie schon Ibn Khaldūn, der große arabische Literat des 14. Jahrhunderts, bemerkte. Die Moschee von al-Mahdıya befindet sich in einem erbarmungswürdigen Zustand, doch ihr Eingangsportal verdient noch immer besondere Aufmerksamkeit. Die von zwei quadratischen Türmen eingerahmte Fassade ist von drei Toren durchbrochen, von denen das mittlere an einen römischen Triumphbogen erinnert. Als Vorbau unterstreicht die Gesamtheit der behauenen Steine das fatimidische Zeremoniell. Das Tor ist von einem großen Hufeisenbogen überragt, der auf zwei Reihen und auf den Seiten von kleineren Nischen derselben Form eingerahmt wird. Sie erfüllen einen rein ornamentalen Zweck (die unteren sind übrigens nur leicht angedeutet). Es handelt sich hierbei, wie wir noch sehen werden, um ein sehr oft verwendetes Motiv der Fatimiden.

Die Überreste der Profanarchitektur sind sehr dürftig. Erwähnt sei der ziridische Palast von Ashīr in Algerien (um 947), der einen deutlichen orientalischen Einfluß aufweist. Er ist in der Breite angelegt und besitzt einen einzigen Eingang auf der Längsseite. Im Inneren befindet sich ein quadratischer Hof, über den man, auf derselben Achse wie zum Eingangsportal, in die Empfangsräume gelangt. An den Seiten befinden sich Wohnräume.

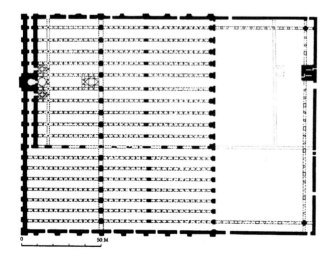

21 Plan der Großen Moschee von Cordoba, deren Grundstein 785 gelegt, die aber schließlich infolge zahlreicher Erweiterungen erst 987 vollendet wurde. Ihr Grundriß entspricht dem der al-Aksa-Moschee in Jerusalem. Oben der Betsaal mit elf Schiffen, die rechtwinklig zur Kiblawand verlaufen.

22   Das schöne Tor Bab Lalla Rihana wurde im Jahre 1294 unter den Hafsiden an die Große Moschee von Kairuan angebaut.

Im 10. Jahrhundert steigt eine andere Macht im orientalischen Afrika auf, deren Kultur und auch Architektur zu denen Bagdads allmählich in Konkurrenz treten: Ägypten. Ägypten gehört seit Mitte des 7. Jahrhunderts zum moslemischen Reich; es wird als eines der ersten Gebiete erobert. Da es nahe zur Hauptstadt Bagdad liegt, muß es auch länger unter ihrem Joch verharren. Doch anläßlich des Untergangs der abbasidischen Herrschaft verspürt der Kalif die Notwendigkeit, seine Macht an den Türken Ahmad ben Tūlūn zu übergeben, der ab 868 aus Ägypten einen fast unabhängigen Staat macht und ihm Syrien angliedert. Nach seinem Tod kann der Kalif im Jahre 905 diese Ländereien wieder zurückgewinnen, doch nur für kurze Zeit, denn dasselbe Phänomen wiederholt sich unter dem neuen türkischen Führer Ikhshid, der es vorzieht, Syrien im Norden den Hamdaniden zu überlassen, um sich ausschließlich Ägypten zuwenden zu können. Dieses Mal gewinnen die Abbasiden diesen Teil des Reichs nicht mehr zurück, denn eine neue Macht bemächtigt sich seiner im Jahre 969 vom Westen her, um dort zweihundert Jahre lang zu herrschen.

Die Fatimiden, die gegen Ende des 9. Jahrhunderts auftauchen, berufen sich auf die religiöse Gruppe der Ismailiten, einer Sekte der Schiiten. Die Nachhaltigkeit ihres missionarischen Werbens erbringt viele Anhänger unter den nordafrikanischen Berbern, die den Aghlabiden gegenüberstehen, und bald fassen sie in Ifrikija Fuß und gelangen schließlich sechzig Jahre später in das sunnitische Ägypten. Aufgrund ihrer Eroberungspolitik profitieren die Fatimiden von einer blühenden Wirtschaft, in der der Handel eine wesentliche Rolle spielt. Ungefähr um das Jahr 1000 wechselt der internationale Handelsverkehr zu ihren Gunsten vom Persischen Golf ins Rote Meer. Am Kreuzungspunkt der Zivilisationen West- und Osteuropas, des Orients, Nordafrikas und oft noch weitaus fernerer Länder erfährt Ägypten einen kulturellen Aufschwung sondergleichen, der seinen Niederschlag in der Architektur findet.

Al-Qahira al-Muizziya, «die siegreiche Stadt des al-Muizz», wird 969 von diesem tapferen Eroberer gegründet, und das ursprüngliche Militärlager ersetzt Fustat bald als Hauptstadt. Von dem alten tulunidischen Kairo ist nur die al-Qataj-Moschee übriggeblieben, die nach dem Vor-

23 *Grundriß der Großen Moschee von Kairuan in Tunesien. Sie wurde in der heutigen Form 836 errichtet und folgt in ihrer Konstruktion mit siebzehn rechtwinklig zur Kiblawand verlaufenden Schiffen und dem breiteren Mittelschiff dem Plan der al-Aksa-Moschee in Jerusalem.*

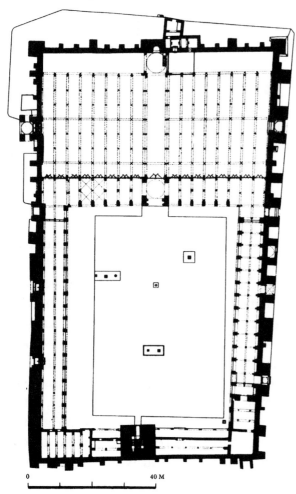

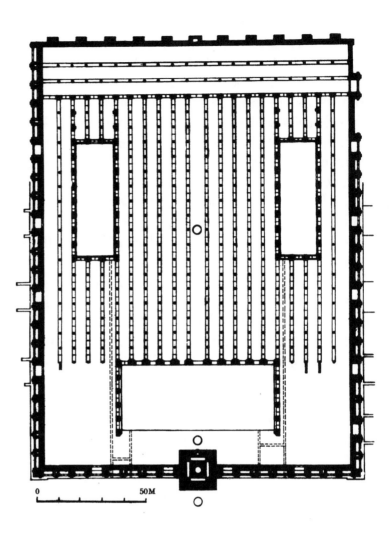

24 *Die Hassan-Moschee in Rabat (hier eine Rekonstruktion ihres Grundrisses) wurde ab 1196/97 errichtet und sollte eine der größten der muslimischen Welt überhaupt werden. Aus uns nicht bekannten Gründen blieb sie unvollendet.*

bild der Moscheen Samarras erbaut wurde. Hier findet der Spitzbogen reiche Anwendung, der sich in den romanischen Kirchen des Westens noch großer Beliebtheit erfreuen wird.

Die al-Azhar-Moschee, die 972 fertiggestellt wird, ist gleichzeitig der Sitz einer der ältesten islamischen Universitäten, an der auch heute noch gelehrt wird. Aus Quaderstein und leider sehr oft umgebaut, wurde sie ursprünglich nach omaijadischem Grundriß erbaut, mit einem breiten Saal mit fünf parallel zur Kiblawand verlaufenden Schiffen, die durch Säulenreihen voneinander getrennt sind und von einem höhergelegenen zentralen Querschiff gekreuzt werden; zwei Kuppeln befinden sich über dem Eingang und vor dem Michrab. Die Stuckverzierung ist in abbasidischem Stil gehalten.

Die Moscheen des al-Hakim (990–1013), die erst kürzlich wieder dem schiitischen Kult geöffnet wurde, und des al-Akmar (1125) sind von typisch fatimidischer Bauart. Von diesem Zeitraum an findet der Quaderstein sowohl für den Bau als auch für die Ausschmückung systematisch Verwendung. Besonders die Bedeutung der Fassade, wie man sie ihr in Afrika zumißt, ist für Ägypten neu. Das Eingangsportal ist ein Vorbau, der bei der al-Hakim-Moschee reich mit Flachreliefs aus Gemme und bei der al-Akmar-Moschee mit Wabenzellen nach Art der Seldschuken (erstes Beispiel des Stalaktitenschmucks in Ägypten) verziert ist. Zwei Eckminarette schmücken die Fassade der al-Hakim-Moschee.

Wie in Persien, so häufen sich auch in Ägypten die Grabbauten. Zum einen sind es freistehende, kuppelüberwölbte Bauten in Form eines Würfels wie in Assuan, zum anderen sind sie im Rahmen einer komplexen Anlage an eine Moschee gebunden, wie die Grabmoschee al-Juyushis in der Nähe von Kairo (1085). Der Portalvorbau wird von einem Dreistufenminarett überragt und führt in einen Hof, der an den Seiten mit Wohnräumen für die Besucher versehen ist, während sich an der Rückseite des Hofes hinter einem dreifachen Bogen der kuppelüberwölbte Gebetssaal öffnet, der von zwei kleinen Räumen flankiert ist, von denen einer das Grab des Erbauers enthält.

Von den Profanbauten blieben nur die Beschreibungen der Paläste und drei Steintore der Befestigungsmauer von Kairo erhalten, von denen jedes von zwei Türmen eingerahmt ist und sich auf ein riesiges Rundbogenportal hin öffnet; der byzantinische Einfluß ist deutlich zu erkennen, denn die Mauer wurde von syrischen Architekten 1087–1093 erbaut.

Zum Schluß noch einige Worte zur arabisch-normannischen Architektur Siziliens, von der, bis auf die Cappella Palatina aus dem 12. Jahrhundert (um 1140) in Palermo, fast nichts erhalten geblieben ist. Die Stalaktitenholzdecke dieses Bauwerks ist das Werk moslemischer Künstler, die sie mit den großartigsten Gemälden der islamischen Kunst verzierten.

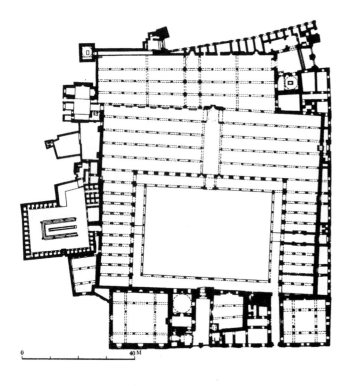

25 Grundriß der al-Azhar-Moschee in Kairo, die 970–972 errichtet, später aber durch zahlreiche Anbauten immer wieder verändert wurde. Dennoch ist deutlich der rechteckige Umriß der ursprünglichen Anlage zu erkennen.

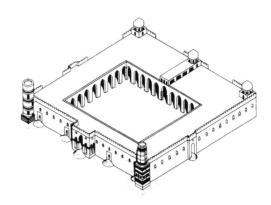

26 Die Rekonstruktionszeichnung zeigt den ursprünglichen Zustand der 1004 errichteten Moschee des Kalifen al-Hakim in Kairo, die heute verfallen ist.

Das Wiederaufleben der iranischen Provinzen und die Seldschuken

Wie der Westen, beginnt nun auch der Osten, sich von der abbasidischen Bevormundung zu befreien. Natürlich sind es die von Bagdad am weitesten entfernten Provinzen, die als erste das Joch abwerfen. Tāhir, ein General, der dem Kalifen Ma'mūn bei der Niederschlagung einer gefährlichen Revolte große Dienste erwies, erhält von diesem zur Belohnung die Provinzen Kur-

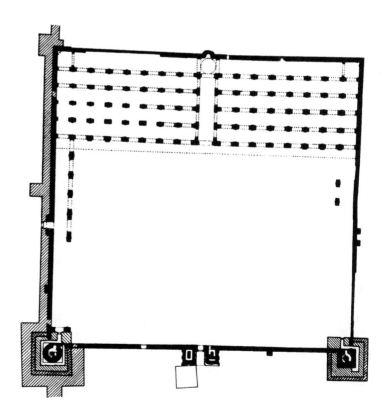

27 Grundriß der al-Hakim-Moschee in Kairo. Der annähernd quadratische Bau besitzt einen Hof mit Arkadengängen. Das Mittelschiff führt zur Kuppel vor dem Michrab. Die Fassade ist von zwei Minaretten flankiert.

distan und Zentralasien, wo er und seine Nachfolger (820–872) von Nishapūr aus ihre Macht festigen. Von dort aus beginnen sie die Eroberung eines riesigen Gebiets, das sich bis nach Indien ausdehnt. 873 werden sie von einer unbedeutenden Dynastie zur Umkehr gezwungen, und schließlich ist es die neue Macht der Samaniden, die bald von Transoxanien bis Afghanistan reicht und sich in ihrer Hauptstadt Buchara festigen kann.

Während dieser Zeit bemächtigen sich andere Dynastien, und ganz besonders die Bujiden, die vom Süden des Kaspischen Meers kommen, der Macht in Bagdad und setzen sich als Vormund des Kalifen ein (945). Sie bleiben ein Jahrhundert, und in dieser Zeit erleben der Irak eine kulturelle Wiedergeburt und Bagdad sowie Isfahan und Schiras ein Wiederaufblühen prächtiger Bauwerke. Im 11. Jahrhundert beginnt jedoch der Verfall. Schuld daran sind vor allem die Umleitung der Handelsstraßen zum Roten Meer (zugunsten der Fatimiden, wie wir bereits gesehen haben) und die erneuten internen Machtkämpfe. Zu diesem Zeitpunkt erheben sich nun ihrerseits Ghasnawiden und die Seldschuken und vertreiben ihre Vorgänger auf ihrem siegreichen Weg. Der Iran verschwindet von nun an von unserem kulturellen Horizont.

Die Macht der beiden letztgenannten Dynastien darf uns jedoch nicht dazu verleiten, den kulturellen Stand ihrer Vorgänger zu vernachlässigen. Die Samaniden waren große Mäzene, und berühmte Dichter der neupersischen Sprache wie Firdausi treffen an ihrem Hof auf bedeutende Wissenschaftler wie Avicenna und al-Birūnī, der dort seine Laufbahn beginnt.

Die heutigen Zeugnisse der damaligen Architektur sind sehr ungenügend (könnte man sie bei den Ereignissen, die dieses Gebiet der Erde immer wieder erschüttern, jemals vervollständigen?), sie erlauben uns aber dennoch, uns ein Bild jener Epoche zu entwerfen.

Die Moscheen folgen dem irakischen Konstruktionstyp, ohne dabei das sassanidische Erbe zu vernachlässigen; der senkrechte Verlauf der Linien, der für den Orient so typisch ist, herrscht dort vor.

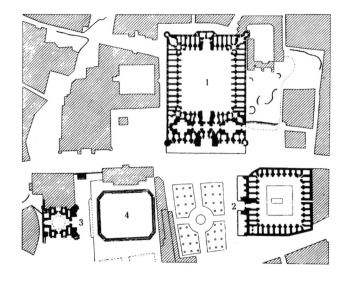

28 Plan der Labi-Havuz-Anlage in Buchara:
1 Medresse des Kukalda (1568/69, Hochschule)
2 Medresse des Nadir Diwan Begi (1622, Hochschule)
3 Kloster des Nadir Diwan Begi
4 Wasserbassin Labi Havuz.

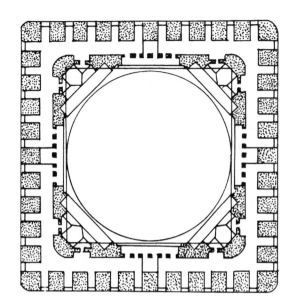

29 *Grundriß des Mausoleums der Samaniden in Buchara, zwischen 892 und 907 von Ismail als Familiengrab errichtet, ein klassisches Beispiel für die Ziegelbauweise.*

Sowohl in der Moschee von Damgan (Iran), der ältesten uns bekannten, als auch in denen von Nayin (um 960) und Balkh (Afghanistan) wird das Gewölbe oder Dach von riesigen, oft mit Stuck verzierten Rundpfeilern getragen, die in Balkh von neun Kuppeln überwölbt werden. Die Pavillonform erfreut sich allmählich einer gewissen Beliebtheit, ebenso wie die Verwendung des kuppelüberwölbten Iwan, wie z.B. in Niriz (Provinz Fars, um 970). Der Iwan ist für Persien typisch, wo er bereits seit der abbasidischen Epoche Verwendung fand. Es handelt sich dabei um einen Raum, der von einem Gewölbe oder einer Kuppel überragt wird und sich nach außen öffnet und der als Eingangs- oder Haupthalle dienen kann.

Im Norden des Iran, in schiitischem Gebiet, verbreitet sich ab dem 10. Jahrhundert das Mausoleum und ist dem Kult der Heiligen oder den Mitgliedern der neuen Dynastie geweiht. Es sind dies zylinderförmige, manchmal recht hohe Türme, die mit einer Kuppel gekrönt und mit Inschriften in Pehlewi oder Kufisch geschmückt sind, wie die von Lajim (um 1016–17); manchmal nehmen sie auch die Formen einer Kuppel auf einem quadratischen Sockel an, so das Grabmal des Samaniden Ismail in Buchara (Anfang des 10. Jahrhunderts), bei dem man sehen kann, wie eine Bogengalerie den Übergang zur Kuppel bewerkstelligt. Was die Außenansicht betrifft, so werden sich die vier kleinen Eckkuppeln in Indien noch größer Beliebtheit erfreuen, und die geometrische Verwendung von Ziegeln und Elementen der Stuckplastik wird von den Ghasnawiden und den Seldschuken wieder aufgenommen werden.

Die Profanarchitektur ist uns weniger bekannt. Der Palast der Dichkane in Zentralasien besteht aus einem großen quadratischen Turm mit zwei Stockwerken, der von halbkreisförmigen Bastionen flankiert wird. Zahlreiche Karawanenstrecken markieren die Routen Zentralasiens, ein Beweis für den blühenden Handel gegen Ende des 10. Jahrhunderts. Doch die Samaniden begehen dieselben Fehler wie die anderen Dynastien. Wegen der Bedrohung durch ihre Feinde verstärken sie den türkischen Sklavenanteil in ihrer Armee, welcher sich bald erhebt und sich des afghanischen Fürstentums von Ghasni bemächtigt. Die Eroberungskriege bringen Anfang des 11. Jahrhunderts die neue Dynastie aus Kurdistan vor die Tore Bagdads, nach Nordindien und bis an den Indischen Ozean. Dieses Gebiet bekehrt sich zum Islam und ist bis heute eine der treuesten Anhängerschaften geblieben. Die Ghasnawiden sind die kulturellen Erben der Samaniden, doch fühlen sie sich in Indien am meisten beheimatet. Sie bewahren die arabische Sprache, und zwar in der Form, wie sie al-Bīrūnī gebrauchte, ihre Kunst unterliegt persischem Einfluß.

Die Sakralarchitektur ist recht dürftig. Die älteste Moschee ist die von Balkh in Afghanistan. Sie besteht aus einem kleinen Gebetssaal mit Schiffen parallel zum Michrab, der von einer säulengestützten Kuppel gekrönt wird. Das einzig neue Element ist das Querschiff, dessen Kuppel von vier Pfeilern getragen wird. In Ghasni fand man die Reste von zwei sehr hohen und schlanken Minaretten, deren iranischer Einfluß deutlich zu erkennen ist.

Die prunkliebenden Ghasnawiden steckten ihr ganzes Geld in die Paläste, in denen sie mit Vorliebe ihre Reichtümer zur Schau stellten. Die zwei berühmtesten Paläste sind der des Machmud (999-1030) in Lashkari Bazār, der dank des trockenen Klimas sehr gut erhalten ist, und der des Ma'sud III. (1099-1115) in Ghasni, der fast vollkommen in Trümmern liegt, da er aus Strohlehm und rohen Ziegeln errichtet war.

Beide Paläste sind mit quadratischem Grundriß um einen zentralen Hof angelegt, auf den sich vier Iwane öffnen. Die beiden größten, die sich gemäß der iranischen Symmetrie gegenüberliegen, sind den Empfängen vorbehalten. Die auf den Hof blickende Fassade ist beim Machmud-Palast mit Nischen in Stuck und mit Marmor beim Palast des Ma'sud verziert. Letzterer fügt ihr noch persische Inschriften, die den Ruhm des Sultans beschreiben, hinzu. Alle beide schmücken das Innere mit gebrannten Motiven auf haftenden Platten aus, auf denen geometrische und kalligraphische Muster in den Farben Rot, Gelb und Blau bei Machmud, und etwas bescheidener an Farbe dort, wo die reich gekleideten Leibwächter zu sehen sind, bei Ma'sud, der es sicherlich vorzog, die Ausschmückung auf die Moschee, die auf den Hof führt, zu verlagern, wähend Machmud die Moschee außerhalb des Palastes verlegte: Sie ist sehr groß, denn sie mußte Platz für den ganzen Hof bieten.

Mit Hilfe der Ghasnawiden dringt die islamische Kunst mit persischem Vorbild nach Indien ein. Indien ist ihre letzte Bastion, da die konvertierten Seldschukentürken sie nach ihrem entscheidenden Sieg bei Merw 1040 aus ihrem Kernland verdrängt haben.

Von den nördlichen Grenzen des moslemischen Reichs dringt der Stamm der Ogusen nach Kurdistan vor, wo er sich, das allzu stark ausgeprägte Interesse Ma'suds für Indien nutzend, niederläßt. Als sich dieser seines Fehlers bewußt wird, greift er, jedoch zu spät, ein und ist gezwungen, vor Toghryl aus dem Land zu fliehen, das er allzu sehr geliebt hatte. Die Seldschuken stürzen sich nun auf die Eroberung des Iran, von wo sie die letzten Bujiden vertreiben: Im Jahre 1055 zieht Toghryl in Bagdad ein, wo er den Titel eines Sultans annimmt, das Kalifat jedoch bestehen läßt. Seine beiden Nachfolger Alp Arslan (1063-1072) und Melikschan (1072-1092) bringen die Herrschaft zu ihrem Höhepunkt. Sie erobern das ganze arabische Asien und wenden sich gegen Byzanz, dem sie Anatolien entreißen; es gelingt ihnen sogar, den *basileus* (1071) gefangenzunehmen. Kleinasien wird zum Rum-Sultanat, das bis 1243 Bestand haben wird. Das syrische Palästina wird ebenfalls annektiert.

Von nun an ist der Islam sowohl in seiner Sprache als auch in seiner Zivilisation türkisch. In einer Atmosphäre des relativen Friedens gestalten die neuen Herrscher ihr wieder geeintes Reich

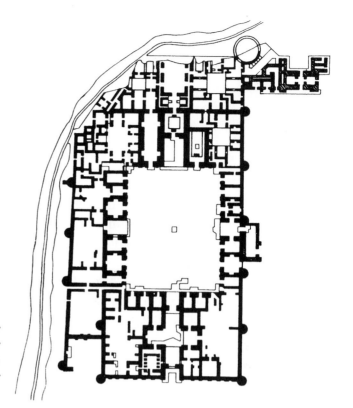

30 Grundriß des Palastes von Lashkari Bazar, der Residenzstadt der Ghasnawiden in Afghanistan. Der unter Machmud 999–1030 errichtete Palast ist um einen zentral gelegenen Hof gegliedert, auf den sich vier Iwane öffnen.

nach einer Art Feudalsystem, indem sie unter der Oberherrschaft des Ältesten an die Familienmitglieder Apanagen ausgeben. Dies ist ein erster Schritt zur Zersplitterung des Reichs nach dem Tod Melikschahs in autonome Provinzen, die ihre Zeit mit nie enden wollenden Streitigkeiten verbringen. Die einheimischen Dynastien kommen und gehen, doch sämtliche Gebiete bleiben trotz ihrer Gegensätzlichkeiten zutiefst moslemisch und türkisch. Der Niedergang der Seldschuken endet mit der Invasion der Mongolen unter Dschingis Chan.
O. Grabar spricht von einem «zweiten islamischen Klassizismus» unter den «Großen Seldschuken». Die Blüte der Städte und des Handels, die vielfältigen Kontakte zwischen Türken, Christen und Indern ermöglichen eine beachtliche intellektuelle und kulturelle Erneuerung. Die Kunst erreicht besonders im Iran unvergleichliche Höhepunkte und wird von der Regierung, dem städtischen Bürgertum und den religiösen Institutionen, die nun einen erneuten Aufschwung erleben, unterstützt.
Man ist einfallsreich, bildet Geschmack und legt die Stilarten fest. Drei Gebiete sind zu unterscheiden: Persien (d.h. der gesamte seldschukische Orient), Kleinasien (Rum) und Mesopotamien-Syrien, wo am Hof des Nur ed-Din (1146–1173) in Aleppo und Damaskus Salah ad-Din, besser unter dem Namen Saladin bekannt, zu seiner Größe gelangt.
Neben den weitverbreiteten Kiosk-Moscheen, mit einer aufgrund des türkischen Einflusses flacheren Kuppel und einem rautenverzierten Tambour, erlebt in Persien sowie in Mesopotamien-Syrien die Medressen-Moschee ab dem 12. Jahrhundert ihre größte Blüte. Die Seldschuken sind vom religiösen Geist durchdrungen, und ihr größter Wunsch ist es, den Islam überall

Farbabbildungen

625　Nach Vorbildern in Samarkand und Buchara wurde in Schiras das Mausoleum (13. Jahrhundert) des Schah Cirag errichtet. Die heutige Kuppel stammt aus dem 19. Jahrhundert.

626　Schiras wird die «Stadt der Rosen» genannt. Der Rosenstrauch findet sich zahlreich als Schmuckelement der Vakil-Moschee, die ihr Keramik-Dekor im 19. Jahrhundert erhielt.

627　Die Gebetshalle der Vakil-Moschee in Schiras (18. Jahrhundert, im 19. Jahrhundert restauriert) ist 100 m lang und 50 m breit; ihre Steinsäulen sind Monolithe.

628　Die Lotfollah-Moschee in Isfahan wurde 1603 begonnen und 1617 vollendet. Über ihrem einzigen Saal wölbt sich die Kuppel mit Blumenarabesken.

629　Das imposanteste Gebäude von Isfahan ist die Königs-Moschee (1611 begonnen) mit ihren Kuppeln, Minaretten und Arkaden, eines der vollendetsten Bauwerke des Islam.

630　Typisch für den Stil der Seldschuken-Zeit sind die tief in den Lehm geritzten Ornamente, hier am Isaak-Pascha-Palast von Dogubeyazit.

631　Nahe der iranischen Grenze liegen die Ruinen des Isaak-Pascha-Palastes von Dogubeyazit, um 1700 errichtet, mit einer Moschee, die vermutlich Selim I. bauen ließ.

632　Anläßlich der Beschneidung der vier Söhne Sultan Ahmeds III. im Jahre 1720 wurde ein zweiwöchiger Prunkzug veranstaltet, den diese Miniatur darstellt.

31 Schnitt durch die Kuppel der Großen Moschee von Isfahan. 1088/89 neu errichtet, ist sie das einzige große Baudenkmal aus der Seldschuken-Zeit, das im Iran erhalten blieb.

verbreitet zu sehen. Auch fördern sie ganz besonders diesen Bautyp. Ein Beispiel: die Große Moschee in Isfahan, deren Grundriß mit vier Iwanen um einen zentralen Hof klassisch iranisch bleibt, jedoch auch als Vorbild in Syrien diente, außer vielleicht beim Medressengrab des Nur ed-Din in Damaskus, wo sich die Gebäude auf zwei Seiten eines Mittelshofs gegenüberstehen.

Mehr noch als zum Gebet ist dieses Gebäude dazu bestimmt, eine größtmögliche Anzahl von Studenten und Lehrern aufzunehmen, und auf zwei Stockwerken finden sich sowohl Wohnräume als auch eine Bibliothek und «Klassenzimmer». Im Gebetsaal fällt auf, daß die Kuppel, die über dem Michrab thront, dazu dient, den Platz des Fürsten zu markieren, wie es der überhöhte Sinn des Seldschukenstaates verlangt.

Die Kuppel ist, wie auch im übrigen Gebiet, Gegenstand aufwendigen Schmucks. Sie ist in vielen Fällen gerippt, was bedeutet, daß auf eine Holzabstützung verzichtet werden kann; allmählich entwickelt sich die Zweischalenkuppel. Das Anschlußstück ist oft wabenförmig (in *muqarnas*, d.h. in Stalaktitenzellen) und entspricht mehr den Ansprüchen der Ästhetik als der Notwendigkeit. Im Irak nimmt dieses Muster die besondere Form eines «Zuckerhutes» an, wie im Fall des Mausoleums der Sitta Zubaida (um 1200). In Syrien zog es der große Erbauer Nur ed-Din vor, die Moschee von Mosul mit kleinen Kuppeln im Schachbrettmuster zu decken.

Von außen ist das Portal das wichtigste Element der Fassade. Es besitzt riesige Ausmaße und ist oft von einem Minarettpaar eingerahmt. Das schönste ist mit Sicherheit das von Jam in Afghanistan (Ende des 12. Jahrhunderts), das mehr als 60 m Höhe erreicht und mit kufischen

Inschriften verziert ist. Im Osten hat man die Angewohnheit, den Zylinder zu kannelieren. Er kann achteckig sein und sogar über Zinnen verfügen, durch die das Licht in das Treppenhaus im Inneren eindringen konnte, wie in Balis, oder mit Stalaktiten verziert sein, wie der von Suq al-Ghazl in Bagdad (13. Jahrhundert).

Die Grabbauten nehmen an Bedeutung zu. Oft sind dies Türme, deren sternenförmiger Grundriß im Zentrum des Iran eher achteckig wird (z.B. Kharraqān, 11. Jahrhundert). Das konische, oft gerippte Dach hat das Aussehen eines Zeltes. Das Mausoleum des Sandschar in Chorassan übernahm die Form des Würfels, und seine gerippte Kuppel war ganz einfach mit glasierten blauen Kacheln bedeckt.

Die weltlichen Bauten wurden zum größten Teil zerstört. Es handelt sich dabei um die uns bekannten Nutzbauten: viele Brücken und Karawansereien entlang den großen Handelsstraßen. Die vom Typ Rabat Sharafs in Kurdistan (Anfang des 12. Jahrhunderts) wurde bis in unsere Tage nachgebaut. Die Gebäude sind um zwei hintereinandergelegene Höfe angelegt, die es ermöglichen, die Kundschaft auszusondern: Die Ärmeren bleiben im ersten, die Reicheren haben das Recht, in den inneren Hof vorzudringen.

Von den Palästen ist nichts übriggeblieben. Es ist sehr interessant, festzustellen, daß im Westen der Stein vorherrscht, während im Osten überall gebrannte Ziegel verwendet werden, da sie zweifellos mehr Möglichkeiten zur Verzierung bieten. Die Ornamentik folgt den großen Linien der Architektur. Außen ist sie aus Keramik, wie bei dem kleinen Meisterwerk des Taj al-Mulk-Pavillons in Isfahan (1088), oder besteht aus verzierten kufischen Inschriften. Im Inneren herrscht der Stuck vor, und wenn die Malereien auch sehr bedeutend waren, so können wir sie doch nicht mehr bewundern.

32 Schnitt durch den Ali-Kapu-Pavillon in Isfahan, der unter Schah Abbas I. zu Beginn des 16. Jahrhunderts errichtet wurde.

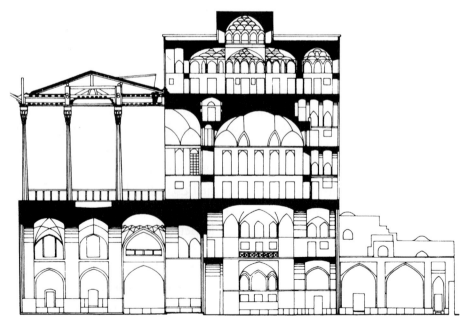

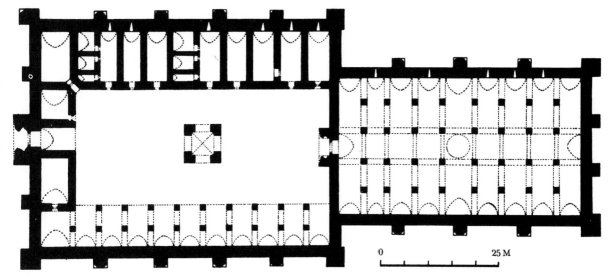

33 Grundriß der Karawanserei Sultan Chan (1229) an der Straße von Konya nach Aksaray, eine der schönsten in der Türkei.

Die Architektur des Rum-Sultanats unterscheidet sich hiervon etwas. Die Städte Nikaia, Konya und Sivas übernehmen eine nach der anderen die führende Rolle in diesem unabhängigen, gut durchorganisierten und an seinen Grenzen befestigten Staat am Schnittpunkt der Handelsstraßen und der künstlerischen Einflüsse. Wenn auch der persische Einfluß sehr deutlich hervortritt, so mischen sich doch noch viele andere hinzu. Das Zeitalter der Blüte ist in der ersten Hälfte des 13. Jahrhunderts bis zur Ankunft der Mongolen 1243 anzusiedeln. Man findet zwar den Ziegel vor, Stein und Marmor sind jedoch vorherrschend.

Die Moschee ist durch die Verlängerung der Halle und der kuppelüberwölbten Zone charakterisiert. Der Hof verschwindet nahezu völlig. Der übrige Grundriß folgt noch dem persischen Vorbild. Sehr oft steht die Moschee in Verbindung mit einer Medresse, einem Mausoleum, Bädern, wie z.B. in Kayseri (1239) und vor allem in Divrighi (1228-1229). Die Karatay-Medresse in Konya (1251) folgt exakt dem persischen Grundriß und ist im Inneren vollkommen mit Mosaiken in blauer, weißer und schwarzer Majolika überzogen, die den Raum ins Unendliche erheben. Es sind zahlreiche Mausoleen in allen möglichen Formen zu finden, mit konischen und pyramidenförmigen Dächern und einer prächtigen, mit vielen Skulpturen versehenen Ausschmückung.

Dieser Handelsstaat erneuert seine Straßen und seine für diese Gegend typischen Karawansereien: Zwei langgestreckte Baukörper sind durch eine steinerne Befestigungsmauer miteinander verbunden. Der Gebetssaal hat keinen festen Platz, ist jedoch immer vorhanden.

Die Paläste wurden aus sehr leichten Materialien gebaut, und nur dank unlängst vorgenommener Ausgrabungen weiß man, daß sie im allgemeinen in der Pavillonbauweise errichtet waren: kein einzelnes großes Gebäude, sondern mehrere kleinere und mittlere, die in großen Parks verstreut waren. Obgleich sie von außen eher nüchtern wirken und nur die Fassade und das Tor mit übrigens für das Gebäude viel zu großen Inschriften verziert sind, bieten sie im Inneren zur Zerstreuung der Fürsten lebhaft sprühende Brunnen inmitten eines mit Mosaiken gepflasterten Hofes.

Nicht mit jedem ...

Nicht mit jedem, dessen Erscheinung dir gefällt,
ist es wirklich gut bestellt. Auf den Kern kommt es an
und nicht auf die Schale.
Wie weit im Wissen einer es gebracht,
Kannst du im Umgang eines Tags erfahren.
Ob nicht in ihm ein list'ger Schurke steckt,
Das merkst du oftmals erst nach langen Jahren.

Saadi, «Ratgeber»

Die türkische Erneuerung: Das Zeitalter der Mamluken

Nur ed-Din bleibt in der Geschichte des Islam der Verteidiger des wahren Glaubens gegenüber dem fränkischen Eindringling, der sich gegen Ende des 11. Jahrhunderts etwas zu schnell in Syrien festgesetzt hat. Es gelingt ihm, die Einheit des Landes wiederherzustellen, und es ist Salah ad-Din Jusuf ben Aijub, genannt Saladin, der in Ägypten die Ordnung wiederherstellt, wo er 1169 Wesir des fatimidischen Kalifen wird, um ihn schließlich 1171 beiseiteschaffen zu lassen. Ihm ist es zu verdanken, daß Ägypten unter die Schutzherrschaft des sunnitischen Syrien zurückkehrt. Jedoch nicht für lange Zeit, denn beim Tode Nur ed-Dins macht er sich zum Herrscher dieses Landes, und seine Nachfolger erweitern das neue Reich bis zum Tigris. In der Legende bleibt Saladin der heldenhafte Ritter, der die Kreuzfahrer bei Hittin (1187) schlägt, was ihm die Tore Jerusalems öffnet. Die durch ihn wiedergewonnene Einheit ist nur von kurzer Dauer, denn seine Erben teilen nach seinem Tod das Reich in drei Teile, mit Kairo, Damaskus und Aleppo als Hauptstädten. Dennoch führen sie eine friedfertigere Politik als er, was dank der entstehenden Handelsbeziehungen mit dem Westen ein Wiederaufleben der Wirtschaft nach sich zieht: Im Jahre 1207 wird eine venezianische Handelsniederlassung in Damaskus eingerichtet und eine weitere etwas später in Aleppo. Während dieser Zeit wird Syrien wieder zum Zentrum der moslemischen Welt.

34 Plan der Zitadelle von Aleppo (Syrien).

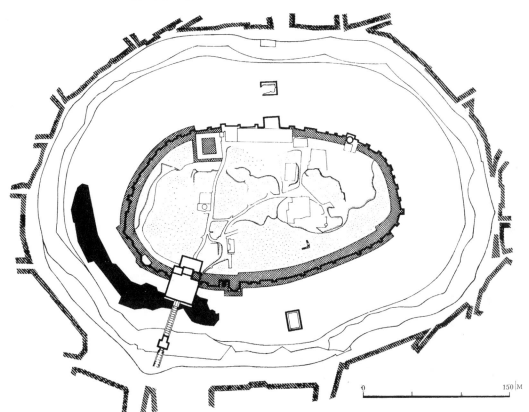

Die aijubidische Architektur vollzieht im übrigen keinen Bruch mit der vorangegangener Epochen. Die örtlichen Traditionen, besonders die Verwendung des Steins, werden berücksichtigt, und hinzu kommen Elemente aus dem Iran und vor allem von den Kreuzfahrern, die besonders in der Militärarchitektur bemerkenswert sind. Dies wird sichtbar an der Zitadelle von Aleppo (wiedererbaut in den Jahren 1209–1212), deren Tor das Aussehen eines kahlen, scharfkantigen Blocks hat, in dem sich ein riesiger Torbogen öffnet, der über eine Brücke mit dem Vorbau verbunden ist.

Die Stadtmauer von Kairo, die von Saladin geplant und nur teilweise ausgeführt wird, stellt die klassische Erscheinungsform der mittelalterlichen Befestigungsanlage auf einer Anhöhe dar, deren Mauern nur von halbkreisförmigen Türmen unterbrochen werden.

Saladin war Soldat, aber ein Streiter für Gott. Daher wird man sich nicht über die zahlreichen religiösen Gründungen wundern, die jedoch zum größten Teil zerstört wurden. Die verschiedensten Gebäudetypen sind nebeneinander zu finden: Mausoleen mit Kuppeln, Säulenmoscheen und vor allem Medressen von keiner speziellen Bauform. Der allgegenwärtige Iwan kann einfach, doppelt, dreifach oder sogar wie in der Medresse al-Salihiyya (1243–1244) in Kairo vierfach sein. Der Michrab ist, zum ersten Mal in Ägypten, des öfteren mit buntem Marmor verziert.

In vielen Fällen ist die Medresse an das Grab des Gründers angeschlossen. Das Mausoleum besteht aus einem würfelförmigen Steinbau, der durch eine wabenförmige Zwischenzone in die Ziegelkuppel übergeführt wird, wie z.B. beim Grabmal Saladins in Damaskus.

Die Moschee folgt dem syrischen Modell. Auffallend ist die Bedeutung, die dem Portal beigemessen wird, auf das sich die ganze Verzierung beschränkt: In Aleppo spielt man mit der Zweifarbigkeit des Marmors, wo es mit Nischen mit Stalaktitenmotiven geschmückt ist.

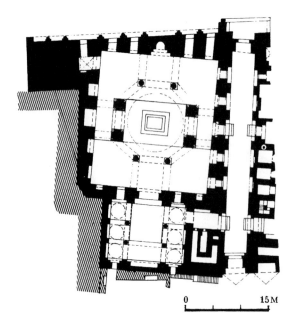

35 *Grundriß des Mausoleums, das unter Sultan Kala'un ab 1284 in Kairo errichtet wurde, eines der bemerkenswertesten Baudenkmäler der Mamluken.*

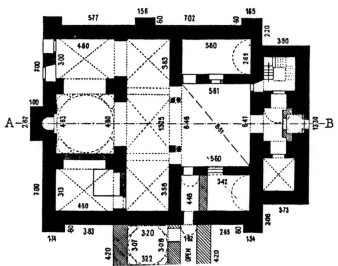

36 + 37   *Aufriß und Grundriß der Grabmoschee des Emirs al-Juyushi, im Jahre 1085 in der Nähe von Kairo errichtet. Die Eingangszone (B) wird von einem dreibogigen Minarett überragt. Durch einen Hof gelangt man in den Bereich des eigentlichen Oratoriums (A).*

Um sich der mongolischen Invasion entgegenstellen zu können, kauft der letzte Aijubide eine große Anzahl türkischer Sklaven (Mamluken), die den Hauptteil seiner Armee bestreiten. Dank ihrer Hilfe gelingt es ihm sogar, König Ludwig den Heiligen von Frankreich gefangen zu nehmen, doch als er stirbt, reißen die Mamluken die Macht an sich und gründen zwei aufeinanderfolgende Dynastien, die bis zur Ankunft der Osmanen im Jahr 1517 bestehen bleiben. Ihr Militärregime ist sowohl gegen die Mongolen in Syrien (1260) als auch gegen die Kreuzfahrer (1291, Einnahme von Akka) siegreich. Von diesem Zeitpunkt an ist die Welt der Mamluken deutlich von dem Gebiet der Mongolen durch eine Grenze, die am Mittleren Euphrat verläuft, abgetrennt.

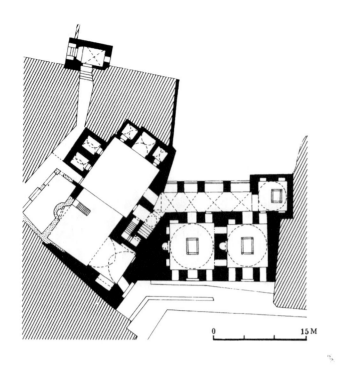

38 Grundriß des Mausoleums der Emire Sangar und Salar, das 1304 als Ruhestätte der beiden Brüder in Kairo errichtet wurde. Symbol dafür ist das Kuppelpaar über dem Grabmal.

Nachdem sie sich in Ägypten niederlassen, führen sie mit eiserner Hand die Völker, die sie einer regelrechten Militärdiktatur unterwerfen. Es ist dies eine Ära des politischen Ruhezustandes in der wiedergefundenen Einheit, für die der Aufschwung in der Wirtschaft nur von Nutzen sein kann. In der Tat sind die Einnahmequellen aus dem internationalen Handel die Basis für die Stabilität des Regimes. Sie sind jedoch stark besteuert und tragen daher nicht zum Aufschwung der nationalen Wirtschaft bei. Andererseits erlebt Europa bald eine große wirtschaftliche Erneuerung und läuft somit Syrien-Ägypten den Rang ab, das noch dazu von der schwarzen Pest und von Timur verwüstet wird. Als 1492 Christoph Kolumbus obendrein auch noch Amerika entdeckt und sich deshalb die Handelsrouten verlagern, ist die Wirtschaft der Mamluken endgültig dem Untergang geweiht. Die Osmanen brauchen nur die Hand auszustrecken, um sich ihres Reiches zu bemächtigen.

Sicherlich hat diese Periode des relativen Friedens einen sowohl kulturellen wie auch künstlerischen Aufschwung mit sich gebracht, doch ist die reichliche Produktion nicht gerade besonders einfallsreich. Die Kultur umfaßt alle Wissenschaftsbereiche (es sei bemerkt, daß die endgültige Fassung von «Tausendundeiner Nacht» im mamlukischen Ägypten entstanden ist), und die Architektur folgt den örtlichen und den türkischen Traditionen, die sich nun an den Ufern des Nil festsetzen.

Es finden sich die Säulen- und Kuppelmoscheen, mitunter beeinflußt von den christlichen Basiliken, die den Hauptiwan in drei Teile teilen, wie z.B. im Hauptiwan der Moschee des Sultans Baibars in Kairo (Anfang des 13. Jahrhunderts). Es ist eine gewisse Tendenz festzustellen, die Moschee auf ihren einzigen Gebetsaal zu reduzieren, wie bei der Argun-Ismaili-Moschee (1347).

Doch haben die Mamluken wie ihre aijubidischen Vorgänger eine Vorliebe für immer monumentalere Anlagen von Medressen, Mausoleen und oft auch Krankenhäusern, zum Beispiel die Gründungen des Sultans Kala'un (Ende des 13. Jahrhunderts) nach syrischem Plan und von der Gotik beeinflußt, wie an den Spitzbögen und an den durchbrochenen Fenstern zu erkennen ist. Die zahlreichen Medressen übernehmen im allgemeinen den Grundriß mit vier Iwanen, wie z.B. die Sultan-Hassan-Medresse (1356–1363), die mit einer Fläche von 8000 m^2 in der Form eines Kreuzes riesige Ausmaße besitzt. In den vier Flügeln zwischen den Kreuzarmen befinden sich vier sunnitische Rechtsschulen, in denen sich die Wohnzellen um einen kleinen Hof anordnen, in dessen Mitte ein kuppelüberwölbter Pavillon das Becken des Ritus beherbergt. Das Grabmal, das die Verlängerung eines der Arme des Kreuzes bildet, ist auf die Kiblawand ausgerichtet. Das beeindruckende Eingangsportal ist schlicht mit Stalaktiten verziert. Wenn auch die Gesamtanlage in ihrer Nüchternheit ziemlich elegant wirkt, so hat sie doch nichts Originelles an sich und läßt einen, wie übrigens die gesamte mamlukische Architektur, eher unberührt, die nach U. Monneret de Villard «zwar fähig, dank ihrer Mittel prächtig und dem Anschein nach gepflegt ist, sich aber in Wirklichkeit, ohne jedes schöpferische Talent, dem neuen, großen Problem der Architektur weder stellt, noch es zu lösen vermag». Dieser Grundriß diente als Vorbild für unzählige *khanaqas* (Klöster) und Moscheen. Man findet ihn auch bei den nahezu identischen «Kalifengräbern» (15. Jahrhundert) in Kairo vor, die eine helmförmige Kuppel besitzen. Manche sind auch Doppelgräber und besitzen zwei Kuppeln, die durch einen Iwan miteinander verbunden sind.

Die Ausschmückung dieser Gebäude gewinnt ständig an Bedeutung. Die Verwendung des Steins ist, was die Strukturen anbetrifft, konstant, deren horizontaler Verlauf durch die Zwei-

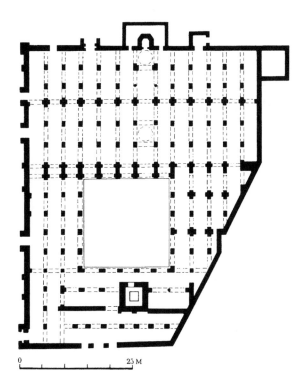

39 Eine der Abspaltungen vom Almohaden-Reich bildete sich 1235 im östlichen Algerien heraus, wo die Abd al-Waditen Tlemcen zum Zentrum ihres neuen Imperiums machten. Hier der Grundriß der Großen Moschee der Hauptstadt.

farbigkeit von dunklem Gelb und Rot noch unterstrichen wird. Die stufenförmigen Öffnungen werden von bunten Verzierungen, dreipässigen oder spitzbögigen Fenstern bzw. Nischen eingerahmt, deren gotischer Einfluß auch in der häufigen Verwendung von Zinnen erkennbar ist.

Die Minarette sind in direkter Linie auf die fatimidische Kunst zurückzuführen. Sie besitzen einen ziemlich hohen quadratischen Sockel, auf den sich ein achteckiger Stumpf stützt, der durch ein wabenförmiges Kranzgesims schließlich in den zylinderförmigen Schaft, der von einer gerippten Haube gekrönt wird, übergeht.

Die massiven Kuppeln sind geriefelt und mit Arabesken verziert. Im Inneren wird viel farbiger Marmor verwendet, und zu den geometrischen Mosaiken an den Wänden und den höhergelegenen Bodenpflasterungen gesellen sich Rund- und Spitzbögen, die zuweilen ganze Galerien bilden (Sultan-Kala'un-Moschee). Wie im Westen, streut man auch hier das Licht, indem man die zahlreichen Fenster mit Stuckgittern oder farbigen Gläsern versieht.

Auch die weltliche Architektur hat sich stark weiterentwickelt, doch hat man wesentlich mehr Zweckbauten als Paläste wiederentdeckt. Der Palast von Kaitbay besteht aus drei einstöckigen Trakten. Der mittlere ist auch der größte und besitzt eine Kuppel. Bei der Innenausstattung finden sich Marmor, Ziegel und viel Holz nebeneinander. Es ist zwecklos, all die vielen Karawansereien aufzuzählen, die die Straßen des Nildeltas und Syriens markieren, doch sei auf eine der beiden noch existierenden Karawansereien in Kairo hingewiesen, die mit ihren vier Stockwerken weit über der durchschnittlichen Höhe liegt.

Im Grunde ist die Epoche der Mamluken eine reine Übergangszeit, in der sich die türkische Kunst in Ägypten niederlassen konnte.

Die letzten Glanzlichter des moslemischen Westens

Der Westen, das sind nun der Maghreb und Andalusien, deren kulturelle Einheit durch die politische Wiedervereinigung am Ende des 11. Jahrhunderts gewährleistet ist.

Nach dem Sturz des omaijadischen Kalifats im 11. Jahrhundert ist Spanien in eine Reihe autonomer Teilreiche mit hochentwickelten Kulturen zersplittert, die mehr oder weniger in Symbiose mit dem christlichen Teil Spaniens leben. Diese «Könige der Taifas» (der islamischen Teilreiche) müssen sich der christlichen Reconquista stellen, die zur Eroberung Toledos durch Alfons VI. von Kastilien führt. Man hat keine Wahl: Man muß die Almoraviden im Maghreb um Hilfe ersuchen, auch wenn ihre Rohheit nicht nach dem Geschmack der Andalusier ist.

Bei den Almoraviden handelt es sich um frisch islamisierte nomadische Berber, voller Enthusiasmus für den Heiligen Krieg, welche unter der Führung des Begründers der Dynastie Ibn Tachfin Ende des 11. Jahrhunderts den zentralen Maghreb und ganz Marokko erobern, wo sie 1061 Marrakesch gründen, während der maghribische Westen den Nomadenstämmen der Banu Hilal, angestachelt von den ägyptischen Fatimiden, zum Opfer fällt.

Gesagt, getan: Die Almoraviden eilen nach Spanien, schlagen die Christen in der Schlacht bei Sallaka (1086) und annektieren einen großen Teil der Halbinsel. Einige Taifas-Könige bleiben

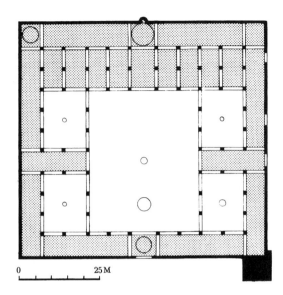

40 Unter Ja'kub al-Mansur wurde 1196 die Moschee der Kasba von Marrakesch errichtet, deren fast quadratischer Grundriß wegen der Innenaufteilung sehr ungewöhnlich ist.

noch an der Macht, wie z.B. Rodrigo Diaz, genannt der Cid, in dem übrigens christlichen Valencia. Zu Beginn des 12. Jahrhunderts sind die Almoraviden im ganzen moslemischen Spanien anerkannt, während mit ihnen eine nie gekannt Intoleranz gegenüber Nicht-Moslems zum Ausbruch kommt.

Während dieser Zeit bleibt Marokko nicht untätig. Auf den Hochebenen des Atlasgebirges erklärt die religiöse Berbersekte der *al-muwahhid* («Bekenner des Einzigen»), angeführt von dem «Mahdi» Ibn Tumart, den Heiligen Krieg im Namen der Rückkehr des wahren Glaubens und beginnen somit die langsame Eroberung des Maghreb. Beim Tod Ibn Tumarts (1128) übernimmt sein Schüler Abd al-Mumin die Macht und bringt die Gebietseroberung zu einem Ende, indem er den Maghreb in einem zentral verwalteten Kalifat organisiert. Den Almohaden gelingt zu Beginn des 12. Jahrhunderts die einzige politische Einigung des gesamten Maghreb der Berber und Spaniens und sie vollenden so das Werk der Almoraviden. Dies ist nochmals eine Epoche der Intoleranz, jedoch auch ein großer Moment der andalusischen Zivilisation, deren Mittelpunkt die Hauptstadt Sevilla ist, eine Stadt, deren Einfluß auf das christliche Europa von höchster Bedeutung ist.

So schnell sich das almohadische Reich formiert, zerfällt es bereits ab dem 13. Jahrhundert wieder. Unter den Peinigungen der Banu Hilal erwachen im Maghreb von neuem separatistische Tendenzen, und die drei früheren Teile bilden sich erneut; im Osten, in größter Entfernung, die Hafsiden, dann im Mittelwesten die Abd al-Waditen (1235-1554), auf Tlemcen konzentriert, und schließlich Marokko mit den Meriniden in Fes (1269-1465). In Spanien markiert die Katastrophe von Las Navas de Tolosa (1212) den unerbittlichen Rückschlag durch die Christen. Die geschwächten Almohaden werden von den Nasriden aus Granada (1236-1492) ausgeschaltet, die nun Vasallen des Königs von Spanien werden und schließlich in der Unterdrückung durch die beiden Erzkatholiken Ferdinand und Isabella enden. Ihr Königreich erreicht eine hohe Stufe der Kultur, die jedoch dem Islam bereits fast fremd ist.

Die Moslems der unterworfenen Gebiete werden korrekt behandelt und unterhalten während zwei Jahrhunderten eine besondere Zivilisation, nämlich den sogenannten *Mudejar*, der die maurische Tradition auf Rechnung der christlichen Fürsten fortsetzt.

Die christliche Wiedervereinigung der Halbinsel beim Sturz des Königreichs von Granada 1492 endet mit der Vertreibung der Juden und der «Mauren», von denen viele ins Maghreb, nach Syrien oder ins aijubidische Ägypten auswandern. Trotz ihres Beitrags ist der Untergang des Maghreb, der nicht nur an politische, sondern auch an wirtschaftliche Gründe gebunden ist, nicht mehr aufzuhalten, denn der Handel läuft nur durch die Hände der Portugiesen, und auch der Aufschwung Europas ist für ihn schicksalhaft. Ohne Marokko gliedert er sich dem restlichen osmanischen Reich an.

Im Gegensatz dazu schreitet der Islam mit Riesenschritten in Schwarzafrika voran und liefert so die theoretischen Grundvoraussetzungen für die Etablierung mächtiger Reiche im Sudan, in Mali und im Tschad. Die Sklavenhändler werden den politischen und kulturellen Aufstieg dieser Gegenden zerstören.

Die Zivilisationen des Westens haben ihren Schwerpunkt in Spanien, wo das Beste aus Orient und Okzident eine Verbindung eingeht. Es handelt sich um eine besonders schöpferische Epoche, die auf die Übernahme der antiken Wissenschaften in Europa vorbereitet, während eine mystische Philosophie ihre volle Blüte mit Ibn Roschd (Averroës, gestorben 1198), dessen System aristotelischer Tradition sich bald im ganzen christlichen Europa ausbreitet, und mit seinem Schüler, dem Juden Musa ibn-Maimun (Maimonides, gestorben 1208), erlebt, einem Arzt und Philosophen wie er, dem größten des Judentums. Das 14. Jahrhundert erstrahlt in einem weniger hellen Schein; dennoch ist es im Maghreb durch den außergewöhnlichen Ibn Kaldun (1332–1406) gekennzeichnet, einen Historiker von großem Ansehen und sicherlich dem ersten modernen Soziologen, für den die menschliche Gesellschaft Gegenstand wissenschaftlicher Betrachtung ist.

Die maurische Kunst, oder genauer gesagt (betrachtet man ihren Ausgangspunkt) die spanisch-maurische Kunst, befindet sich ebenfalls am Schnittpunkt der Kulturen. Im ganzen moslemischen Westen trifft man auf den gleichen Stil in der Architektur, und es wäre falsch, hier geographische Unterschiede vornehmen zu wollen. Es bildet sich eine typische Stilrichtung heraus, die sich von der zeitgenössischen christlichen Kunst, in der die Vorliebe für sehr klare Linien vorherrscht, tiefgehend unterscheidet. Die Verzierung der Dächer mit glasierten grünen Ziegeln ist dafür ein charakteristisches Merkmal, ebenso wie die Verwendung von Keramikmosaiken. Die Stalaktitenzellen und die Arabesken stammen direkt aus dem Orient, der Hufeisenbogen steht in Konkurrenz zum Rundbogen, während das Kapitell mit dem europäischen verwandt ist. Indessen ist es notwendig, chronologische Unterscheidungen zu treffen: Von der Herrschaft der Taifas bis zur Zeit des Mudejar sind drei bedeutende Stilrichtungen voneinander zu trennen: der im wesentlichen religiöse Stil der Almohaden und die Richtung der Alhambra und des Mudejar für die profane Architektur.

Die Taifas-Könige sind viel zu sehr mit der Kriegführung beschäftigt, als daß sie sich für Moscheen interessieren könnten, und so werden erst unter dem strengen Puritanismus der Almoraviden Bauwerke dieser Art errichtet. Eher noch als in Spanien finden sich in Algerien, in Algier und Tlemcen, die besten Beispiele: keine wesentlichen Neuerungen, der Grundriß ist sehr einfach und besitzt zahlreiche, rechtwinklig zur Kiblawand verlaufende Schiffe. Der anda-

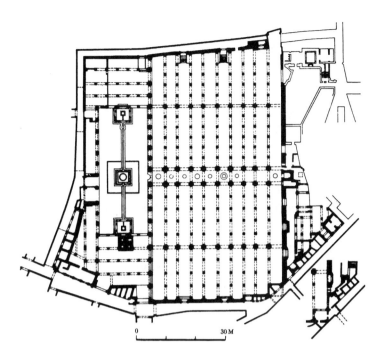

41 Auffallend am Grundriß der Moschee der Kairuaner (1135) in Fes, der ersten muslimischen Hauptstadt Marokkos, ist, daß ihre Schiffe parallel zur Kiblawand verlaufen, was einzigartig im Westislam ist.

lusische Einfluß ist an der Verwendung mehrpässiger Bögen erkennbar und der orientalische an den Stalaktitenzellen in der Kuppel.

Die Almohaden sind die bedeutendsten Erbauer, und erst unter ihrer Herrschaft gelangt der oben skizzierte Stil zu seiner Vollendung. Er ist äußerst nüchtern, die Ausschmückung ist auf ein Minimum reduziert, und er findet im ganzen almohadischen Reich Verbreitung, das er sogar überdauert.

Die religiösen Hauptzentren sind nacheinander auch die politischen Hauptstädte, wie Marrakesch, Sevilla und Rabat, doch zahlreiche weniger bedeutende Zentren profitieren ebenfalls von der Bauwelle der Almohaden: in Taza und Tinmal fand man die ältesten Moscheen dieser Epoche, deren Grundriß sich kaum von dem der Almoraviden unterscheidet.

Die Große Moschee von Sevilla, die 1171 an der Stelle der Omaijadenmoschee aus dem 9. Jahrhundert errichtet worden war, wurde in der Folge vollkommen zerstört und durch eine Kathedrale ersetzt, jedoch ist das Minarett erhalten, das heute als Glockenturm dient. Die Giralda, so benannt nach einer Wetterfahne, die über einer Jungfrauenstatue thront, ist ein hoher quadratischer Turm, verziert mit Blindbögen, über die sich ein Steingitter erhebt, und mehrzackigen oder hufeisenförmigen Bogenfenstern. Natürlich ist der obere Teil des Turms stark verändert worden.

Ein Blick auf die nie vollendete Hassan-Moschee in Rabat (1196–1197) erlaubt uns eine genauere Vorstellung von der Architektur der Almohaden. Sie wurde zur selben Zeit wie die Stadt selbst anläßlich des Sieges des Kalifen al-Mansur über die Christen bei Alarcos (1195) errichtet. Die erste Neuerung ist der verwendete Werkstoff: der Stampfbau. Er wurde bereits bei den Almoraviden für die Militärbauten benutzt, doch machen die Almohaden davon systematischen Gebrauch. Die riesige Befestigungsmauer umfaßt ein Rechteck von 180 × 140 Meter und war dazu gedacht, alle Teilnehmer des Heiligen Krieges aufzunehmen. Sie enthält vierzehn Tore, die auf den Gebetsaal hinführen. Dieser nimmt die für den moslemischen Westen charakteristische T-Form wieder auf, mit einundzwanzig rechtwinklig zur Kiblawand verlaufenden Schiffen und drei Parallelschiffen zu ihr. Die zweite Neuerung sind die beiden rechteckigen Höfe. Der nördliche besitzt in der Achse des Minaretts einen Brunnen und war wahrscheinlich von einem Säulengang umgeben, von wo mehr Licht eindrang. Das Minarett, das auf der anderen Seite des Hofes gegenüber dem Gebetsaal liegt, ist ein quadratischer Turm, dessen spärliche Verzierung an die Giralda erinnert.

Obwohl zweimal erbaut, ist die «Moschee der Buchhändler» in Marrakesch, die Kutubija, das Meisterwerk der religiösen Architektur der Almohaden. Im Jahre 1140 errichtet, wurde sie sofort wieder aufgegeben, weil die Achse des Michrab schlecht ausgerichtet war, und dann 1195 etwas weiter weg, jedoch nochmals in falscher Richtung, von Jakub al-Mansur erneut aufgebaut. Der Grundriß ist der gleiche wie der von Rabat, mit zusätzlich vier kleinen Höfen, die einen größeren umgeben und deren Gesamtfläche den Großteil des Geländes umfaßt. Der Gebetsaal in Form eines T enthält elf rechtwinklig zur Kiblawand verlaufende Schiffe und zwei Parallelschiffe. Das Querschiff ist von drei Kuppeln überwölbt. Anstelle von Säulen sind Backsteinpfeiler vorzufinden, an deren Ecken Halbsäulen angebracht sind. Das Minarett liegt nicht in der Achse der Kibla, sondern abseits im nordöstlichen Winkel des Hofes. Wie bei allen almohadischen Minaretten handelt es sich dabei um einen quadratischen Steinturm, auf dem sich ein kleiner Turm derselben Form befindet, der mit einer kleinen gerippten Kuppel gedeckt ist. Die beiden Spitzen sind mit Zinnen versehen. Die Fassaden sind mit vereinzelten Fenstern oder kuppelüberwölbten Nischen geschmückt, die von girlandenverzierten oder in sich verschlungenen Arkaden eingerahmt werden.

Die almohadische Ornamentik ist also sehr bescheiden; man bemerkt von außen nur die rein der Architektur untergeordnete Ausschmückung der Minarette und der Kuppel, die manchmal mit emaillierter Keramik verkleidet ist. So besteht auch im Inneren die Dekoration im wesentlichen aus den Motiven der hufeisenförmigen, gezackten und girlandenverzierten Bögen, die durch Archivolten unterstrichen werden. Ein Beispiel dafür ist der Michrab von Tinmal, dessen von einem Hufeisenbogen eingefaßte Nische mit einem durchbrochenen Stalaktitenmuster in feingliedriger Arbeit verziert ist. Diese Art des Schmucks gewinnt später mit dem Stalaktitenfries noch an großer Bedeutung.

Unter den Meriniden von Fes gelangt nach deren Ausscheiden aus dem Reich der Almohaden der maurische Stil zu seiner vollen Blüte. Wenn auch der Grundriß einfach bleibt, so wird doch die Ausschmückung, ganz im Gegensatz zum strengen Ideal der Vorgänger, äußerst prächtig. Diese Dynastie errichtet zahlreiche Moscheen und Medressen mit dem Ziel, die religiöse Unterweisung sowohl in ihrer Hauptstadt, als auch im übrigen Land, wie z.B. in Tlemcen und al-Mansura, voranzutreiben. All diese Moscheen haben einen einfachen Grundriß ohne Neuerungen. Die Moschee von al-Mansura (die Siegreiche), die zusammen mit der neuen Lagerstadt nahe Tlemcen gegründet wurde, unterscheidet sich kaum spürbar von der Hassan-Moschee in Rabat. Doch gibt es dort lediglich einen einzigen quadratischen Hof, in den man durch einen von einem Minarett flankierten Eingang gelangt und der zu einem länglichen Gebetsaal mit rechtwinklig zur Kiblawand verlaufenden Schiffen Eintritt gewährt, von denen das mittlere breiter ist. Dieser quadratische Hof bleibt ein konstanter Bestandteil der

42 Aus der Zeit Mohammeds V. (1354-1391) stammen die Bauten, die den Löwenhof der Alhambra in Granada umgeben, darunter die Harems- und die Audienzsäle.

späteren merinidischen Moscheen, in denen der Gebetsaal in einem parallell zur Kiblawand verlaufenden Querschiff endet.

Die besonders in Fes sehr zahlreichen Medressen, denen es sein typisches Aussehen verdankt, haben ebenfalls einen einfachen Grundriß: ein rechteckiger Hof mit einem kleinen Brunnen, um den herum sich zweistöckige Gebäude anordnen; auf der Schmalseite befindet sich der Unterrichtssaal, der gleichzeitig als Gebetsaal dient, der Rest besteht aus Wohnzellen für die Studenten. Einige Medressen sind völlig separat und besitzen ihr eigenes Minarett, andere stehen mit einer benachbarten Moschee in Verbindung. Alle sind trotz ihrer architektonischen Einfachheit prächtig ausgeschmückt. Die Wände sind innen wie außen fast vollständig mit Stuckarbeiten, Malereien oder Holz bedeckt. Die großen Portale sind mit oftmals durchbrochenen Bronzearbeiten verkleidet und von Flachreliefs aus Stein eingefaßt, und die Ausschmückung erstreckt sich bis zum Minarett, das oft von bunten geometrischen Mustern aus Keramik gekrönt wird. Im Inneren werden die flachen, holzgeschnitzten Decken von zylind-

Farbabbildungen

649 Auch diese Miniatur (um 1720) schildert die «Festlichkeiten am Goldenen Horn» und stammt aus dem Buch der Feste des Sultans Ahmed III. (Topkapi-Museum, Istanbul).

650 Die Mosaiken (691/692), die als Wandverkleidung des Felsendoms in Jerusalem dienen, haben ihr Vorbild in der byzantinischen Kunst.

651 Kalif Abd al-Malik (685-705) ließ in Jerusalem den Felsendom auf jenem Platz errichten, der nach alter Überlieferung als Schauplatz von Abrahams Opfer galt.

652 Berühmt für den verschwenderischen Dekor ihrer Innenräume ist die Alhambra von Granada, deren Löwenhof unter Mohammed V. (1354-1391) gebaut wurde.

653 Blick auf den Alhambra-Palast von Granada, ein verschachtelter Komplex von Gebäuden, die sich jeweils um einen Innenhof gruppieren.

654 Die Körperreinigung ist im Islam die wichtigste Voraussetzung für das Gebet, und deshalb sind die Baderäume aufs prächtigste ausgestattet. Hier das Königliche Bad der Alhambra.

655 Im Jahre 1398 wurde eine Auswahl von Werken der berühmtesten persischen Dichter zusammengestellt und mit zwölf Miniaturen illustriert, darunter dieser mystischen Landschaft.

656 Unter den Safawiden wurde in Ghom (Iran) das Heiligtum der Fatima errichtet, das bedeutendste Bauwerk der heiligen Stadt.

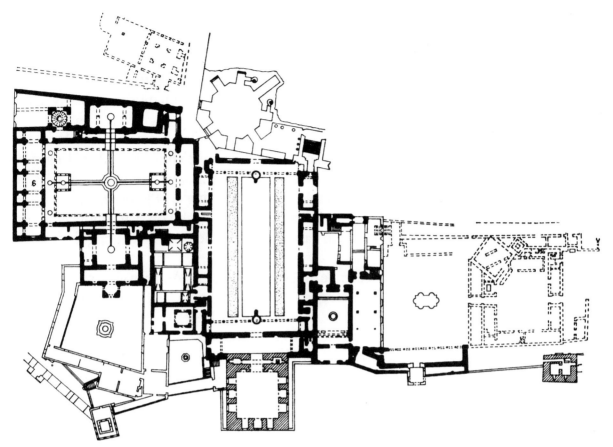

43 Das letzte muslimische Territorium in Spanien war das kleine Königreich der Nasriden von Granada, wo sie sich im 14. Jahrhundert mit der Alhambra einen weltberühmten Palast schufen. Hier der Plan des Schlosses.

rischen Formen getragen, deren oft mit Marmor verkleidete Kapitelle durch Hufeisenbögen miteinander verbunden sind. Die vergitterten Fenster bestehen aus bunten Scheiben. Der Hof der al-Attarin-Medresse (1323) im Parfümhändlerviertel von Fes ist ein betörendes Beispiel maurischer Eleganz, in dem die geometrischen Keramik- und Stuckmotive nicht das geringste Fleckchen eines Pflasters oder einer Mauer aussparen. Ebenso prachtvoll sind die Medresse al-Sarrij (1321) in Fes und das Betzimmer des Sidi bel-Hassan (1296) in Tlemcen.
Die Grabmäler der Heiligen und Fürsten sind ebenfalls sehr reich ausgeschmückt. Oft sind sie einer Anlage angegliedert, die eine Moschee und eine Medresse, manchmal sogar ein Hospiz beinhalten. Die Heiligengräber sind Bestandteil der nordafrikanischen Landschaft, selbst wenn der Großteil aus relativ junger Zeit stammt. Im allgemeinen sind sie klein, quadratisch, von einer Halbkuppel überwölbt und von keinem besonderen architektonischen Interesse. Manchmal ist der untere Teil durch hufeisenförmige Arkaden aufgelockert.
Die Fürstengräber sind vom Gebäudetyp her gleich, jedoch in ihrer Ausführung wesentlich monumentaler. Die Gräber der Meriniden in der Nähe von Fes sind heute nur noch Ruinen, doch die Grabmoschee von Shella in der Nähe von Rabat, vollendet von dem Meriniden

Abu'l Hassan 1339, erlaubt es, sich ein Bild von diesem Baustil zu machen. Innerhalb der rechteckigen Befestigungsmauer finden sich nach einem genauen Plan zwei unabhängige Moscheen mit ihrem Hof und ihrem Minarett, drei Grabmäler und ein Garten.

Die anderen nordafrikanischen Dynastien weisen dieselben Stilelemente auf. In Spanien dominiert zu dieser Zeit die profane Architektur. Vielleicht bietet sie im moslemischen Westen am meisten Interesse.

Bis zum Ende der almohadischen Periode herrscht der Militärstil vor, der von den Meriniden in Nordafrika fortgeführt wird. Die Taifas-Könige errichten zahlreiche Festungen in der gegenüber dem Stein wirtschaftlicheren Stampfbauweise, die auf Anhöhen lagen und mit Türmen und Strebepfeilern befestigt waren. Sie dienten auch gleichzeitig als Residenz.

Es konnte so gut wie keine Spur weder von den Festungen noch von den almoravidischen Zitadellen, von denen in Marokko noch ein paar Festungsmauern aus Stein übrig sind, aufgefunden werden.

Die Almohaden waren ebenfalls bedeutende Erbauer militärischer Anlagen und schufen einen gewissen Stil, der von da an während dieser ganzen Epoche immer wieder aufgenommen werden sollte. Der Stampfbau ist von diesem Zeitpunkt an die Regel, das Eingangstor befindet sich in einem mächtig betonten Vorbau, die Türme rahmen oft das Tor ein und haben einen vieleckigen Grundriß, wie z.B. der Torre del Oro in Sevilla (Anfang des 13. Jahrhunderts) mit zwölf Seitenflächen. Die sehr nüchterne Verzierung konzentriert sich um den massiven Hufeisenbogen. Einige Beispiele dieser Portale finden sich noch in Rabat, wo die Überreste mit einer Kuppel gedeckt sind, und in Marrakesch mit der niedrigen, rechteckigen Aba Agenau aus dem 12. Jahrhundert, deren Stirnseite mit Inschriften verziert ist. Die am besten erhaltene Festung ist die Alcalà de Guadaira zur Überwachung der Straße nach Sevilla, die jedoch nach der Reconquista im 12. Jahrhundert stark umgebaut wurde: Eine hohe, mit Türmen gespickte Mauer umschließt einen Wachtturm und eine zweite, niedrigere Mauer. Während dieser Zeit wird in Granada die Kasba der Alhambra errichtet, die im 14. Jahrhundert in den Bereich der Residenz eingegliedert wird.

Die Meriniden in Marokko befestigen ebenfalls ihre Städte, angefangen mit ihrer Hauptstadt Fes. Ihr bemerkenswertestes Bauwerk ist das befestigte Feldlager von Mahallat al-Mansura, errichtet an der Wende zum 14. Jahrhundert vor den Toren von Tlemcen mit riesigen Mauern und Toren, um es von der Außenwelt abzuschirmen, und im Inneren mit einem sehr schönen Palast und einer Moschee, von der wir bereits gesprochen haben.

Ab dem 14. Jahrhundert wenden sich die moslemischen Fürsten von dem strengen Stil ihrer Vorgänger ab und wenden sich den prachtvolleren Bauten weltlichen Stils zu. Das erste Beispiel dieser neuen Auffassung von der Architektur (und vom Leben) ist die berühmte Alhambra in Granada (Qalat al-hamra: die rote Zitadelle). Dieses komplexe und massive Bauwerk, auf dem Hügel, der Granada überragt, und neben der Kasba der Almohaden gelegen, ist zu einem Teil das Werk des Nasriden Yussuf I. (1333-1354) und später das seines Sohnes Mohammed V. (1354-1391). Umgebaut und vollendet wurde sie jedoch von dem christlichen König Karl V. ab 1526. Der aus dem Rahmen fallende Grundriß folgt möglicherweise bestimmten nordafrikanischen Vorbildern, doch mit größter Wahrscheinlichkeit ist er das Ergebnis ständiger Improvisation infolge spontaner Bedürfnisse. Es sind drei Hauptkomplexe zu unterscheiden, die jeweils um einen Mittelhof angelegt sind.

Was ich auch tue

Wenn ich schweige,
sagen die andern:
O dieser Dummkopf!

Wenn ich rede,
sagen die andern:
Was für ein Unsinn!

Wenn ich mich setze,
sagen die andern:
Ha, da hat er sich festgesetzt!

Wenn ich gehe,
sagen die andern:
Seht, nun ist er ein Wanderprophet!

Beug' ich die Stirne,
sagen die andern:
Oh, er ist fromm aus lauter Angst!

Was ich auch tue:
Die andern, die andern
haben zu mäkeln und haben zu spotten.

Gott, ich wende mich zu dir:
Schütze du die Ehre deines Dieners
jetzt und künftig, wenn er tot ist.
Schütze deinen Sänger Nanak.

Baba Nanak, 1469-1538

Die beiden ersten Anlagen sowie die Befestigungsmauern des Palastes können Yussuf I. zugeordnet werden. Die erste ist für jedermann zugänglich und besteht aus der Aufeinanderfolge zweier Höfe, von denen der größte, der Machucas, der Justizverwaltung durch den Sultan diente. Zwischen den beiden Höfen ist eine Moschee eingefügt. Die zweite, viel bedeutendere Anlage, die für die festlichen Empfänge bestimmt ist, umgibt den Myrtenhof bzw. den Alberca-Hof (so benannt nach dem großen Brunnenbecken, *birka*, in der Mitte). Zunächst trifft man auf den Saal der Gesandten, der im Inneren des mächtigen quadratischen Komares-Turms eingerichtet ist, dann auf eine Reihe von Salons des Cuarto Dorado, schließlich auf ein kleines Gebetzimmer und die Bäder. In der Mitte des Löwenhofs, der auf Mohammed V. zurückgeht, verteilt ein Brunnen sein Wasser über kleine Kanäle nach den vier Seiten; um den Hof sind die Privatgemächer des Fürsten und seiner Familie (der Harem), eine kleine Totengruft und andere Empfangssäle angeordnet, von denen der schönste der Saal der beiden Schwestern ist. Karl V. fügte der Gesamtanlage einen nie vollendeten Palast und eine Kapelle südlich des Myrtenhofs hinzu.

Im Gegensatz zum nüchternen und wehrhaften Äußeren ist das Innere des Palastes von einer unvorstellbaren ornamentalen Pracht, die seinen Ruhm begründet. Man kann von einem neuen Stil sprechen, der nicht nur in Spanien (Sevilla), sondern auch in Nordafrika (Fes, Tlemcen) nachgeahmt wurde. Die Ausschmückung wird zugleich Teil der architektonischen Linien und unterstreicht sie, indem sie perspektivische Wirkungen erzielt, die auf einer vollkommenen technischen Fertigkeit beruhen.

Es handelt sich dabei um keine wirkliche Neuheit, doch die Überfülle und die Vollendetheit tragen reichlich dazu bei. Alle Gemächer und Höfe werden von Arkaden mit feinen Marmorsäulen gesäumt, die von Rund- oder Hufeisenbögen überspannt sind, die sich manchmal wie im Löwenhof überschneiden. Die kräftigen Gesimse dieser Arkaden, die mit Stuckverzierungen verkleidet sind, tragen die mit wabenförmigen Stalaktitenzellen geschmückten Decken und die mit Ziegeln oder Stalaktitenkuppeln gedeckten Dächer. Sämtliche Oberflächen sind mit geschnitztem und bemaltem Stuck verziert, der manchmal durchbrochen als Gitter oder als Stern gearbeitet ist. Die mit Arabesken verbundenen Blumenmotive und die kalligraphischen Inschriften, vertikal in Kufisch und krummlinig in Naschki, einer Sprache, in der überall die Devise der Könige von Granada «Kein Besieger ohne Gott» auftaucht, ziehen sich auf die Gesimse, die Wandflächen und -leisten zurück. Die heitere Vielfarbigkeit der Rot-, Blau- und Grüntöne tritt oft in Verbindung mit Gold auf.

Der Stil der Alhambra wurde in den religiösen und profanen Gebäuden der Meriniden wieder aufgenommen, jedoch bei letzteren weniger. Von der Residenz der Meriniden ist nichts übrig geblieben außer einigen reichverzierten Eingangsportalen, von denen das jüngste das des Palastes von Meknes ist. Wir besitzen eine Zeichnung aus dem Jahr 1622 vom Sultanspalast in Fes, der denselben Grundriß mit denselben länglichen Becken zu haben scheint wie die Alhambra.

Die Bäder (*Hammam*) sind nach römischem Vorbild erbaut; die öffentlichen Brunnen von Marrakesch zeichnen sich durch herrliche Verzierungen aus. Meist sind die Bazare verfallen, bis auf einige Teile des Bazars von Tunis (13. und 14. Jahrhundert), oder in Granada einige Arkaden auf dem Seidenmarkt oder der Getreidebörse, die in der Folge zu einem *Fonduq* mit mehreren Stockwerken und einem Innenhof umgebaut wurde. Man findet weitere *Fonduq* vor allem in Fes; wie die Karawansereien dienten sie als Herberge für die Händler.

Der Mudejar-Stil wurde noch drei Jahrhunderte nach dem Fall Granadas von moslemisch gebliebenen Künstlern weiterentwickelt, die ihre maurische Tradition beibehielten, sie jedoch den Wünschen ihrer neuen christlichen Herren anpaßten. Es handelt sich also hierbei um eine Hofkunst, in der vom Hauch des heiligen Islam nichts mehr zu verspüren ist.

In den zahlreichen Etappen, die den Phasen der Reconquista entsprechen, läßt sich eine gewisse Kontinuität feststellen. Die älteste findet sich in Toledo, das im Jahr 1085 fiel. Die typischsten Bauwerke sind die beiden Synagogen, von denen die ältere zur Kirche Santa Maria la Blanca umgebaut wurde. Zu Beginn des 13. Jahrhunderts von einem jüdischen Minister Alfons' VIII. gegründet, wurde sie gegen Ende desselben Jahrhunderts nach einem Brand wieder aufgebaut. Der große Saal wird von massiven achteckigen Pfeilern, deren Kapitelle mit Taubenmotiven verziert sind und die die großen Hufeisenbögen tragen, in fünf Schiffe unterteilt. Die Ausschmückung ist wie bei den Almohaden-Moscheen auf die Kapitelle und auf einige Zierleisten mit Blumenmotiven und geometrischen Mustern über den Arkaden beschränkt.

Die andere Synagoge aus der zweiten Hälfte des 14. Jahrhunderts vermengt die Arabesken mit gotischen Rankenornamenten und hebräischen Inschriften. Zahlreiche Glockentürme in Toledo erinnern sehr stark an Minarette.

Ein militärischer Bau im Mudejar-Stil ist die Puerta del Sol in Toledo. Ähnlich den Portalen des 12. Jahrhunderts ist sie von zwei Zinnentürmen flankiert, die mit hufeisenförmigen oder ineinander verschlungenen Bögen an Fenstern und Reihen von Blindnischen geschmückt sind.

Die zweite Periode des Mudejar-Stils folgt auf den Fall Sevillas im Jahre 1248; hier findet sich das schönste Bauwerk, der berühmte Alcazar, errichtet unter Peter dem Grausamen um 1364, jedoch in der Folge, besonders unter Karl V. und im 19. Jahrhundert, stark umgebaut. Der Grundriß ist der Alhambra nachgeahmt, mit einem Mittelhof, dem Patio de las Doncellas (der jungen Mädchen), um den sich Empfangssäle anordnen. Über den vielzackigen Bögen erstrecken sich Rautengitter, die aus dem Stuck herausgearbeitet sind. Der vielschichtige Charakter dieses Palastes wird besonders deutlich an dem Nebeneinander von kufischen Inschriften zum Ruhme des Königs «Don Pedro» und Zitaten aus dem Evangelium.

Die letzte Phase des Mudejar-Stils ist in Granada nach seiner Eroberung 1492 anzusetzen, wird jedoch unter dem Einfluß der Renaissance abgeschwächt und verschwindet schließlich endgültig mit der Vertreibung der letzten Mauren 1610.

Wer übernimmt nun die Ablösung? Es ist nicht der Maghreb, wo man sich mit der Nachahmung der andalusischen Kunst zufrieden gibt, sondern das weit entfernte Schwarzafrika, dem es gelingt, einen eigenen Architekturstil zu entwickeln.

44 Ein uraltes iranisches Heldenepos liegt dem «Königsbuch» des Firdausi zugrunde, das zu Beginn des 11. Jahrhunderts entstand und zum populärsten Meisterwerk der persischen Literatur wurde. Drei Jahrhunderte später wurde es adäquat illustriert, wie in dieser Ausgabe von 1331. Die Szene zeigt Bahram Gur auf der Jagd bei einem Meisterschuß.

Die Neuzeit: Zersplitterung und Untergang

Im Schatten der Mongolen: Ilchane und Timuriden

Das Seldschukenreich ist bereits durch Bürgerkriege und schwerwiegende wirtschaftliche Probleme stark in Mitleidenschaft gezogen, als eine erneute Invasion aus dem Osten es mit einem Schlag auslöscht. Sehr schnell befreien sich die Truppen Dschingis Chans, die aus der Wüste Gobi auftauchen, von dem Joch der Chinesen und erobern ein riesiges Reich, das von China bis nach Rußland reicht, wobei sie für einen kurzen Moment sogar bis nach Ungarn und Deutschland vordringen. Auf ihrem Weg des Schreckens, der mit Ruinen und Leichen gepflastert ist, strecken sie nach kurzer Zeit die völlig entkräftete Armee der Seldschuken nieder und dringen 1258 in Bagdad ein, wo in einem unbeschreiblichen Massaker der letzte Kalif der Abbasiden von dem Eroberer Hülägü, dem Nachfolger Dschingis Chans, erdrosselt wird. Die Eroberung setzt sich im Westen fort, bis ihr durch die ägyptischen Mamluken Einhalt geboten wird, so daß die Grenze zwischen der arabisch-mamlukischen und der mongolischen Welt nach 1260 am Mittleren Euphrat festgesetzt wird.

Im Jahre 1261 wird Hülägü als «Ilchan», d.h. als ein für ein begrenztes Gebiet zuständiger Chan, der dem Großchan untergeordnet ist, anerkannt. Die unmittelbaren Auswirkungen der ilchanidischen Invasion sind für die Wirtschaft der Region verheerend, und vor allem die Landwirtschaft erholt sich nie wieder und weicht zusehends neuen Betätigungen auf dem Gebiet des Hirtenwesens. Trotz der anfänglich chaotischen Zustände festigt sich die Mongolenherrschaft und verhilft Asien sogar zu einer fünfzig Jahre währenden Friedensperiode, die dem Handel Aufschwung verleiht; gegen Ende des 13. Jahrhunderts steht die Wirtschaft wieder in voller Blüte. Der Handel erstreckt sich nicht nur auf ganz Asien bis nach China, sondern richtet sich auch nach dem Westen. Marco Polo lieferte uns davon in seinen Berichten beeindruckende Zeugnisse. Der Handelsverkehr verlagert sich von dem unruhigen «Fruchtbaren Halbmond» etwas nach Norden, sein Knotenpunkt befindet sich von nun an in Täbris in Aserbaidschan, wohin auch die politische Hauptstadt verlegt wird.

Anfangs verhalten sich die Mongolen in Fragen der Religion vollkommen gleichgültig; von daher erklärt sich auch ihre Toleranz auf diesem Gebiet. Doch durch den Einfluß der immer zahlreicher werdenden Turkmenen konvertieren sie schließlich unter dem Herrscher Chan Ghazan gegen Ende des 13. Jahrhunderts zum Islam. Ihr niedriges Niveau zwingt sie, die einheimischen Führungskräfte um Hilfe zu bitten; die Verwaltung bleibt an Ort und Stelle, und bald fährt die kulturelle Entwicklung da fort, wo sie stehengeblieben war, und nähert sich immer mehr der persischen an. Von da an lassen sich der araberfreundliche und der persische Teil des Islam deutlich voneinander trennen. Die Kultur erfährt neue Impulse in allen Bereichen (z.B. die großen Dichter Sa'adi und Firdausi); die Bauten zum Ruhm der neuen Führer setzen die Tradition der Seldschuken fort. Weitere Beiträge, vor allem aus dem Fernen Osten, sind der kosmopolitischen Einstellung des Hofes zu verdanken.

Das wichtigste neue Element der ilchanidischen Architektur ist die Bedeutung, die den vertikalen Strukturen, ähnlich den gotischen Kathedralen im Westen, beigemessen wird, die durch die Verringerung der Anzahl der Auflagepunkte erzielt werden, während der übrige Bau durch zahllose Fenster, Nischen und Öffnungen aller Art aufgelockert wird. Es wird alles daran gesetzt, diese Vertikalität mit Hilfe von eckigen schlanken Säulchen und in die Länge gezogenen Kuppeln, die bereits von den Zwiebelkuppeln der nachfolgenden Epoche künden, noch zu betonen. Auch der Iwan wird größer und von zwei Minaretten flankiert. Das gesamte Bauwerk aus Rohziegel, verkleidet mit Backstein, verschwindet vollständig unter der Fülle der Ausschmückungen, die für den Erbauer das Wesentliche sind.

Die Moscheen übernehmen den Grundriß von denen der Seldschuken, wenn auch mit einigen Ungereimtheiten: In der Tat scheint die Große Moschee in Täbris (1310–1320) aus einem einzigen großen Iwan aus Rohziegeln zu bestehen, der auf einen Hof führt. Das einzige Bei-

45 Warqa und Gulsah sind die Namen eines berühmten Liebespaares, dessen Geschichte noch heute in den islamischen Ländern lebendig ist. Im Topkapi-Museum von Istanbul wurde vor wenigen Jahren eine Handschrift vom Anfang des 13. Jahrhunderts entdeckt, die die Geschichte des Paares schildert und in 71 herrlichen Miniaturen darstellt. Unsere Abbildung zeigt einen Überfall auf das Paar während seiner Hochzeitsfeier.

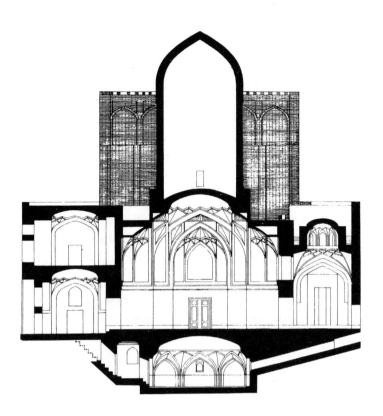

46 Aufriß des Israt-Hana-Mausoleums in Samarkand, das 1464 für die Frauen der Timuriden-Familie errichtet wurde. Heute ist es weitgehend verfallen.

spiel einer typischen Moschee mit vier Iwanen ist die von Varamin in der Nähe von Teheran (1322–1326) in Form eines Kreuzes, deren Hauptiwan von einer Kuppel überwölbt ist. Die harmonischen senkrechten Linien werden durch eine Verkleidung mit blauen Glasuren veredelt: Die Fayencen von Kashan sind an ihrem Höhepunkt angelangt. Andere Moscheen mit vier Iwanen: die von Kerman und die von Natanz, die an eine Anlage angeschlossen ist, die ein Mausoleum und ein Kloster umfaßt (zwischen 1304 und 1325).

An Heiligtümern dieser Art fehlt es in dieser Zeit nicht: Pir-i Bakran in Linjan und das noch viel größere von Bistam um das Grabmal des Heiligen Bayazed, mit seinem klassisch seldschukischen Kuppelturm, der ebenso wie der von Maraghe (Aserbaidschan) quadratisch ist. Die Gräber der Imamschiiten von Kum aus derselben Zeit besitzen einen vieleckigen Grundriß, die Kuppel ist unter einem pyramidenförmigen Dach versteckt. Die Vertikalität der Linien wird durch die zahlreichen Öffnungen, die für die Zeit der Ilchaniden typisch sind, hervorgehoben.

Die Mausoleen entwickeln sich zu einer Vertikalität mit langgestreckter Kuppel, wie z.B. das Grabmal des Öldschäitü in Sultanija im Aserbaidschan. Von diesem Ilchan zwischen 1309 und 1313 im Zentrum der zeitweiligen Hauptstadt, die er gegründet hatte, erbaut, besteht es aus einem achteckigen Unterbau, der durch vier Dreiecksflächen zu einem Quadrat und außerdem noch durch die Grabkammer auf der anderen Seite erweitert wird. Das Achteck wird von einer achteckigen Kuppel von 24,50 Meter Durchmesser überragt, wobei die Dicke der Schale mit zunehmender Höhe abnimmt. An jeder Ecke erhebt sich ein kleines Minarett. Die Fassaden sind mit Blindnischen geschmückt. Der gesamte Bau ist mit türkisblauer Fayence ausgekleidet, die ihn trotz seiner monumentalen Größe leicht erscheinen läßt.

Wie gewohnt, ist von der profanen Architektur weniger bekannt. Wir besitzen durch Marco Polo eine knappe Beschreibung des Palastes von Dschingis Chan im Karakorum, die uns jedoch kaum Aufschluß über die Paläste seiner Nachfolger liefern kann. Hartnäckig wird am Gebrauch des gewohnten Zeltes festgehalten, und die Paläste waren mit Sicherheit aus leichten Materialien gebaut. Von dem Palast in Takht-i Sulayman (1265-1285) sind noch einige Ruinen, nämlich die Pfeiler des Thronsaals und die mit Nischen verzierte Fassade, erhalten.

Marco Polo lieferte uns auch eine Beschreibung der Poststationen, die mit den Karawansereien verglichen werden können und deren Bedeutung mit dem Handel wieder aufblüht. Erwähnt seien die von Sarcham und Marand (um 1330) an der Straße von Aserbaidschan, und von Sin in der Nähe von Isfahan, die eine hexagonale Eingangshalle besitzt, die in das Innere des Hofes hineinragt.

Die unter den Seldschuken angedeutete Ausschmückung entwickelt sich nun äußerst wirkungsvoll. Im Inneren bleibt der Stuck wesentliches Element, vor allem für den Michrab, während in der Außenverkleidung die zunehmend glasierte Keramik mit ihren reichen Nuancen von Hell- oder Dunkelblau über Schwarz und Weiß die Hauptrolle übernimmt. Sie wird zum ersten Mal in großen Flächen an dem Grabmal des Öldschäitü angewendet. Diese Art der Verzierung gelangt in den nachfolgenden Epochen zu ihrem Höhepunkt.

Unterdessen bricht jedoch das ilchanidische Königreich nach knapp einem Dreivierteljahrhundert zusammen. Zu viele verschiedenartige Elemente behindern sich darin gegenseitig, und so spaltet es sich schließlich in eine Menge kleiner Fürstentümer, die den regionalen

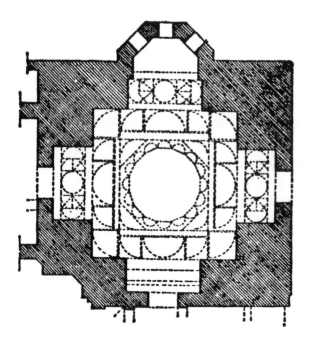

47 Das Mausoleum (1432) der Gauhar Shad (hier der Grundriß) ist in den Komplex der von dieser Fürstin gegründeten Medresse in Herat (Afghanistan) eingegliedert.

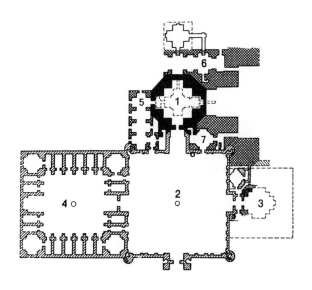

48 Grundriß vom Mausoleum (Anfang des 15. Jahrhunderts) des Tamerlan in Samarkand:
1 Mausoleum
2 Hof
3 Kloster
4 Medresse
5 Galerie
6 Südlicher Anbau
7 Kuppelraum.

Eigentümlichkeiten entsprechen. Vor allem ein Neuankömmling, Timur-i Läng («der Hinkende»), den die Menschen des Abendlandes in Tamerlan umbenannt haben und der aus Transoxanien stammt, bricht gegen Ende des 14. Jahrhunderts auf, die Welt zu erobern, und pflastert dabei seinen Weg mit noch weit mehr Leichen als sein Vorgänger Dschingis Chan. «Ein unkultivierter Wüstling, jedoch ein großer Heerführer» (Cl. Cahen), ein fanatischer Moslem, der unter dem Vorwand, die Rechtmäßigkeit und die Einheit des Islam wiederherstellen zu wollen, fast ausschließlich seine Glaubensbrüder angreift. Er eilt von einer Eroberung zur anderen und vereint schließlich unter seinem Joch ein kurzlebiges Reich, das von Kleinasien bis nach China und von Rußland bis nach Indien reicht: das letzte asiatische Weltreich der Geschichte. Doch zu welchem Preis! Der Handel ist zerstört, die gesamte Wirtschaft liegt am Boden, das Nomadentum wird die Regel, und überall stößt man auf die Ruinen geplünderter Dörfer.

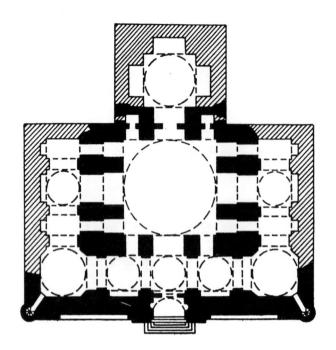

49 Grundriß der Blauen Moschee in Täbris, 1462–1465 gebaut, eines der schönsten Monumente der iranischen Architektur der Timuriden-Zeit.

Zu seinem Ruhm kann lediglich die Verschönerung Samarkands, seiner Heimatstadt, angeführt werden, die er zur Hauptstadt macht und für die er aus dem restlichen Reich alle Reichtümer und alle benötigten Künstler heranschafft. Die zwar herrliche, aber künstliche Stadt erstrahlt nur ein einziges Jahrhundert über dem Orient.
Der Sohn Tamerlans, Schah Roch (1407–1447), sichert von seiner neuen Hauptstadt Herat aus zumindest einen relativen Frieden. Nach ihm schreitet der Verfall jedoch schnell voran, und die andauernden Kriege führen zu einer Aufsplitterung des Reichs in kleine Fürstentümer, so daß gegen Ende des 15. Jahrhunderts die Timuriden praktisch verschwunden sind.
Der Stil der Timuriden bestätigt mit Nachdruck die bereits unter den Ilchaniden angedeuteten Tendenzen; diese Zeitperiode ist für uns von großem Interesse. Auf ihre Weise Mäzene mit dem einzigen Ziel, ihren Ruhm zu mehren, ließen sie von überallher Künstler kommen, die vor allem im Osten, in Transoxanien (dem Samarkand Tamerlans) und in Kurdistan, prachtvolle Bauwerke errichten sollten. Sie streben nach der absoluten Pracht, und so geraten einige Elemente über die Maßen groß, vor allem das Eingangsportal und die Kuppel. Letzterer schenkt man besonders viel Aufmerksamkeit; sie nimmt, wie schon in der vorangegangenen Epoche angedeutet, die Form einer Zwiebel an. Sie stützt sich auf einen hohen Kuppelschaft, und ihr enormes Gewicht ruht auf einem System von ineinander verschlungenen Querbögen, das es erlaubt, das Schwerpunktzentrum des Bauwerks zu senken und es so gegen die in dieser Gegend häufig auftretenden Erdbeben widerstandsfähiger zu machen. Außerdem ist die Wirkung im Inneren sehr dekorativ, und deshalb breitet sich dieser Bautyp sehr schnell im ganzen asiatischen Osten aus, wo er eine rein dekorative Funktion erhält.
Um die Pracht der Bauwerke noch zu unterstreichen, bedecken bunte glasierte Ziegel große Flächen (die blaue Kuppel des Grabmals Timurs) oder schmücken Wände mit geometri-

schen Mustern, auf denen kufische Inschriften einen großen Platz einnehmen, ohne die architektonischen Linien zu beeinträchtigen. Im Inneren werden die zu teuren Mosaike allmählich durch bemalte quadratische Ziegel ersetzt. Stuckarbeiten und Malereien werden immer noch in großem Maße angewendet. Blau dominiert in all seinen Nuancen, doch sind andere Farben nicht ausgeschlossen.

Die Moscheen haben zu diesem Zeitpunkt endgültig den Grundriß mit vier Iwanen angenommen. Bei der unter Tamerlan erbauten Moschee von Samarkand (um 1399) befinden sich Minarette an allen vier Eckpunkten, und kleine Kuppeln bedecken die Flügel. Dasselbe gilt für die Moschee von Meschhed (zwischen 1405 und 1418).

Trotz ihres stark beschädigten Zustands ist die schönste die Blaue Moschee von Täbris (1462 bis 1465), in der der anatolische Einfluß spürbar wird: kein Hof, eine von sechs kleineren Kuppeln umgebene Hauptkuppel und überall feingliedrige Muster aus bunter Keramik.

Die Moscheen sind oft Teil einer Gesamtanlage, die eine Medresse enthält, wie z.B. die des Ulugh Beg in Samarkand (1417–1420) oder die des Gauhar Shad in Herat, zu der auch ein Grabmal gehört (vollendet 1432) und die eine religiöse Gründung ist. Zur Ahmad Yasavi-Moschee in Turkestan (1394–1395) gehören außer der Moschee (ohne Hof, was sehr selten ist) ein Mausoleum, ein Kloster und eine Bibliothek. Zum ersten Mal findet sich hier ein doppeltes Heiligtum aus zwei kuppelüberwölbten Sälen, die nacheinander hinter dem Iwan liegen.

Die beeindruckendste Ansammlung von Mausoleen ist Shah Zinda («des lebendigen Königs») in Samarkand, eine breite Straße, die von einer kleinen Totenstadt gesäumt ist mit Gräbern der Familie Tamerlans und dem des berühmten Gur-i-Mir. (1405), abseits gelegen und von einzigartiger Größe. Die meisten besitzen die übliche quadratische Form, gedeckt mit einer Kuppel, außer dem von Timur mit einem achteckigen Grundriß und einer kannelierten Kuppel auf einem zylindrischen Kuppelschaft und einem Portalvorbau in Form eines Iwans.

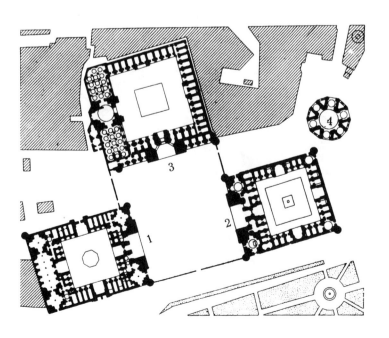

50 Plan des Registan-Viertels in Samarkand:
1 Medresse des Ulugh Beg
2 Shir-dar-Medresse
3 Moschee-Medresse Tiliya-kari
4 Chaharsu («Kreuzweg»), das Zentrum des Basars.

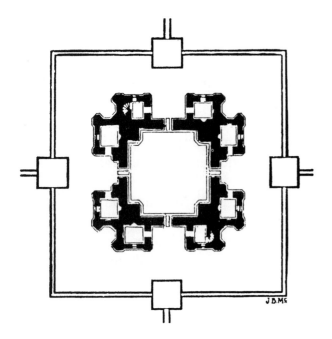

51 Grundriß vom Mausoleum (1622) des Khvaja Rabi in Meschhed (Iran). In Form eines Quadrats angelegt, wird der Bau durch Abschrägung der Ecken zum Oktogon.

Die Anwendung von Nischen, Stalaktitengewölben und Bögen schafft eine prachtvolle Wirkung. Der äußere Schmuck in blauer und bunter Keramik auf der Kuppel und an den Wänden läßt dieses monumentale Bauwerk leichter erscheinen. Die anderen Gräber folgen der zeitgemäßen Entwicklung der Architektur der Timuriden.

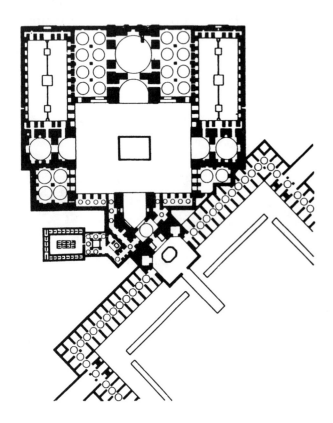

52 Grundriß der Königs-Moschee (1611–1616) in Isfahan. Da sie nach Mekka ausgerichtet sein mußte, liegt sie nicht auf der Achse des Maidan-i Schah-Platzes.

53 Der Stich aus dem 19. Jahrhundert zeigt den Maidan-i Schah-Platz von Isfahan mit der Königs-Moschee.

Von der Profanarchitektur bleiben uns sogar in Samarkand nur Beschreibungen und Ruinen. In Schahr-i-säbs (der «grünen Stadt»), einer weiteren von Tamerlan geschaffenen Stadt, ist von dem Palast nur ein riesiges, von zwei Minaretten flankiertes Portal übriggeblieben. Wir kennen den Palast durch die Beschreibung des spanischen Gesandten Clavijo, der von ihm als etwas Gigantischem spricht. Die Paläste waren von großen, mit hohen Mauern eingefaßten Gärten nach geometrischen Plänen umgeben, die den Reichtum inmitten einer trostlosen Natur ohne Wasser symbolisierten.

Persien unter den Safawiden

An der Wende zum 16. Jahrhundert werden die mystischen moslemischen Orden immer zahlreicher und entlehnen aus Zentralasien Praktiken, die dem Islam fremd sind. Sie sind in etwa den Schiiten zuzuordnen und profitieren von zahlreichen frommen Schenkungen, die sie nicht nur vermögend machen, sondern auch politische Bedeutung gewinnen lassen.
Einer dieser Orden turkmenischen Ursprungs begründet die Dynastie der Safawiden, die für die Geschichte des modernen Persiens von größter Bedeutung ist, denn sie einigt das Land (nicht immer auf sanfte Weise) in einem Glauben gemäßigt schiitischer Färbung. Die benachbarten Staaten sind alle sunnitisch, und dieser Gegensatz bleibt natürlich nicht allein auf den religiösen Bereich beschränkt. Im Westen grenzt das Osmanische Reich an, dem es gelingt, die Safawiden innerhalb der Grenzen Persiens zu halten, und im Osten sitzen die indischen Moguln, denen sie den Besitz Afghanistans streitig machen. Dieser Kampf währt bis ins 18. Jahrhundert und endet mit dem Sturz der Safawiden anläßlich der afghanischen Invasion.

Farbabbildungen

673   Der Eingang und das Minarett der Bazar-Moschee von Meschhed (Iran) sind im traditionell persischen Stil mit Kacheln verziert.

674   Im Jahre 817 wurde Imam Reza in Meschhed vergiftet, den man als Nachkommen Mohammeds verehrt. Seine Grabmoschee ist (wie die ganze Stadt) Heiligtum der Schiiten.

675   Die Große Moschee von Heret (Afghanistan) wurde im 15. Jahrhundert neu errichtet, nachdem Tamerlan einen früheren Bau zerstört hatte. Sie ist die größte und schönste Moschee des Landes.

676   Gewissermaßen für die »Prominenz« von Samarkand wurde die Nekropole von Shah Zinda angelegt mit ihren zahlreichen Grabmonumenten im Timuriden-Stil (14./15. Jahrhundert).

677   Die Shir-Dar-Medresse (1619–1636) ist eines der drei Gebäude, die den Registan-Platz von Samarkand beherrschen.

678   Ebenfalls am Registan-Platz in Samarkand gelegen ist die Moschee-Medresse Tiliya-kari (1660). Unsere Abbildung zeigt ein Detail aus dem Stalaktiten-Gewölbe ihres Eingangstores.

679   Die Kuppel des Gur-i Mir (1404), des Grabmals des Tamerlan in Samarkand, ist berühmt für ihre rippenartige Struktur und den Glanz ihres Keramik-Dekors.

680   Ein berühmtes Beispiel für die Ziegelbauweise ist das Grabmal des Samaniden Ismail (1. Hälfte des 10. Jahrhunderts) in Buchara (Usbekistan).

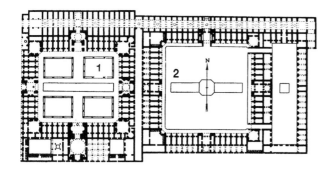

54 Grundriß der Madar-i Schah-Medresse (1) in Isfahan, deren angeschlossene Karawanserei (2) zur Finanzierung der Medresse diente.

In dieser Zeit verliert der Islam für immer seine fundamentale Einheit und zerfällt in drei mehr oder weniger nationale Blöcke: Persien, Zentralasien und Indien.

In dieser Epoche kommt die nationale persische Kultur zu voller Blüte, da sich diese Region vollkommen isoliert im Herzen eines feindlich gesonnenen Asiens befindet. Doch sie ist nicht allein auf sich gestellt, denn die Handelsbeziehungen mit den europäischen Ländern und China versetzen der Wirtschaft einen Peitschenhieb und verhelfen der Zivilisation zu Wohlstand. Der Höhepunkt der Safawiden ist unter der Herrschaft von Schah Abbas dem Großen (1588 bis 1629) erreicht, den man im Westen «Großer Sufi» nennt und der ein Zeitgenosse Philipps II. von Spanien, Elisabeths I. von England und Iwans des Schrecklichen von Rußland ist. Der zentralisierte Staat begünstigt die Aktivitäten auf dem Gebiet des Kunsthandwerks und des Handels, doch schwächt sich das Interesse der Herrscher für Kunst und Handel allmählich ab, und so läuft der große Handel über die Armenier und die großen europäischen Kompanien, die den gesamten Seehandel monopolisieren, ab. Der Handel über den Landweg wird ebenfalls langsam aufgegeben, was zusammen mit den zahlreichen Zerstörungen im Laufe der vorangegangenen Jahrhunderte und den afghanischen Kriegen (1722–1738) zu einem schnellen Verfall führt.

Das künstlerische Zentrum ist Isfahan, die Hauptstadt von Schah Abbas ab 1598, nachdem sich die Dynastie mehrmals in Täbris und dann in Kaswin niedergelassen hatte. Die europäischen und chinesischen Einflüsse sind dort deutlich zu spüren, doch die Entwicklung der Architektur wird davon nicht betroffen. Sie bleibt noch dem mittelalterlichen Geschmack der aristokratischen Mäzene verhaftet, für die die Ausschmückung mehr bedeutet als die Bestimmung. Es handelt sich dabei um eine Luxus- und Ornamentalarchitektur, in der die Struktur wenig zählt und die Grundmaterialien oft von schlechter Qualität sind, so daß von den meisten Bauwerken dieser Zeit bestenfalls noch Ruinen zu sehen sind. Außerdem sind diese gegenwärtig auch noch von der iranischen Revolution, einer anderen schiitischen Richtung, bedroht: Ayatollah Khomeini, der sich nicht gerade durch Sinn für Geschichte auszeichnet, machte bereits in Meschhed und anderen Orten eine beachtliche Anzahl dieser «Haufen von Gips und verrotteten Ziegeln» dem Erdboden gleich, selbst wenn es sich dabei um Moscheen handelte ...

Natürlich ist es das Isfahan des Schah Abbas, wo wir die schönsten Bauwerke antreffen. Dieser große Erbauer schuf eine neue Stadt südlich der alten als Kaiserresidenz, und die wichtigsten Monumente sind heute noch bemerkenswert gut erhalten, vor allem die um den Maidan-i

Schah («Königsplatz»), einer riesigen Esplanade von 500 × 150 Metern, die das Herzstück der Stadt darstellt.

Eines der schönsten Bauwerke ist die Masjid-i Schah (1611–1616), eine gewaltige Moschee mit harmonischen Proportionen, die innen wie außen prachtvoll geschmückt ist. Wegen der Ausrichtung der Kibla befindet sie sich nicht auf der Achse des Platzes; zur Moschee selbst gelangt man über einen geknickten Gang, der auf ein großes, von zwei Minaretten flankiertes Portal folgt. Der klassische Grundriß besteht aus vier kuppelüberwölbten Iwanen. Die größte Kuppel über dem Michrab wird von einem achteckigen Kuppelschaft mit Arkaden getragen. Von der Moschee aus gelangt man in zwei Medressen. Die verschiedenen Teile des Gebäudes sind voneinander fast unabhängig und entsprechen einem bereits zur Zeit der Timuriden existierenden Grundriß. Auffällig ist die überreiche Dekoration aus glasierter Keramik und Mosaiken in den wichtigsten Bereichen und die Verwendung des Stalaktitenbeckens mit Blumenmotiven aus Emailmosaiken im Eingangsportal. Die Kuppel ist zur Gänze mit einem bezaubernden Durcheinander von blauen, weißen und gelben geometrischen Mustern aus Emailkeramik bedeckt, wozu die Spitzbogenfenster nur das zusätzliche dekorative Element des Lichts beitragen. Von außen lassen die Blautöne die Masse der Kuppel leicht erscheinen.

Östlich des Platzes erhebt sich die anmutige kleine Moschee des Scheich Lotfollah (1603–1617), ein Meisterwerk der safawidischen Architektur. Sie ist wesentlich kleiner als die zuletzt beschriebene und liegt ebenfalls schräg zum Platz. Sie besitzt keinen Hof, sondern besteht nur aus einem einzigen quadratischen Iwan und einer Kuppel mit nur einer Schale (selten für diese Epoche), deren Tambour von Fenstern durchbrochen ist. Auf der Außenseite ist sie vollständig mit buntem Emailschmuck in Form von Arabesken in Gelb- und Grüntönen bedeckt, während im Innenraum Blautöne vorherrschen.

Die Grabbauten stellen immer ein besonders bedeutendes Element in der Architektur dar. Dies trifft besonders auf die Heiligtümer (*Imamzad*) zu. Im Westen werden sie durch eine Eingangshalle verlängert, während man im Osten die Form des achteckigen Pavillonbaus mit Nischen bevorzugt.

Die interessanteste Anlage ist das Grab des Scheichs Safi in Ardebil, wo die Bauten ohne Unterbrechung vom 16. bis in die Mitte des 17. Jahrhunderts aufeinander folgen und so die architektonische Entwicklung der safawidischen Epoche illustrieren. Nach einem langen Garten betritt man einen Hof, in dem sich zur Linken die alte achteckige Moschee ohne Michrab (das Portal nimmt die Stelle der Kibla ein), zur Rechten das Mausoleum befindet. Daneben das Kini Khane («Haus des Porzellans»), erbaut im 17. Jahrhundert zur Aufbewahrung des Chinaporzellans des Mausoleums. Die Anlage enthält weiterhin Wohnräume für die Besucher und Küchen.

Die letzte Medresse, die in Persien erbaut wurde, ist die der Madar-i Schah (Mutter des Schahs) aus den ersten Jahren des 18. Jahrhunderts und befindet sich in Isfahan. Neben der Medresse gehören zu der Anlage noch eine Moschee und eine Karawanserei, deren Gewinne der Schule zugute kamen. Man findet zu dem Grundriß mit vier Iwanen zurück. Über zwei Stockwerke erstrecken sich Wohnräume um einen Hof, an dessen vier Ecken vier Gänge zu anderen Höfen und Appartements führen. Der Gebetsaal ist von einer Kuppel überwölbt, die außen mit blauen Emailmustern verziert ist. Die Harmonie der Proportionen erzeugt einen Eindruck der Heiterkeit.

Die überdimensionale Größe des Maidan-i-Schah-Platzes, der dem Polospiel diente, ist gegenwärtig mit breiten Prachtstraßen und einem zentralen Wasserbecken ausgefüllt. Er ist in seiner Gänze von zweistöckigen Arkadenreihen umgeben, die von vier Toren unterbrochen werden, und zwar im Norden von dem des Basars, gegenüber das der Masjid-i-Schah-Moschee, östlich davon das der Scheich-Lotfollah-Moschee, das dem Ali-Kapu-Tor gegenüberliegt. Durch dieses gelangt man in den Palast über riesige Gärten, die bis zur Tschahar Bagh führen, einer breiten, drei Kilometer langen Prachtstraße, die mit Bäumen, Pavillonen und Brunnen eingefaßt ist und in deren Mitte ein Kanal verläuft, den die entlang von ihm wohnenden Aristokraten zur Bootsfahrt nutzten. Daran schließen sich zwei parallel verlaufende Straßen an, und zur Überquerung des Flusses standen monumentale zweistöckige Brücken mit Ruhepavillons für die Reisenden zur Verfügung. Die Nachfolger Schah Abbas' fügten nach seinen Plänen noch weitere dazu, was der Stadt ein homogenes Erscheinungsbild verleiht.

In dieser Zeit verändern die Paläste ihr Aussehen. Ihre Größe reduziert sich auf bescheidenere Ausmaße, manchmal auf einfache Pavillons, die sich in die Geometrie der großen Parkanlagen einfügen. Ein wesentliches, aus der persischen Tradition stammendes Element ist der *talār*, eine Verandaterrasse mit einem von hohen Säulen getragenen Flachdach. Das schönste Beispiel ist der Tschehel Sotun, der Palast der «Vierzig Säulen» (zwanzig sind es in Wirklichkeit), der Thronsaal von Schah Abbas. Der Talār, der sich im ruhigen Wasser eines Beckens spiegelt (daher die zwanzig Säulen mehr), gewährt Zutritt in einen von zwei geschlossenen Räumen flankierten Iwan und anschließend in einen großen, dreigeteilten Empfangssaal, der von drei Kuppeln überwölbt wird. Die Decken sind ein Wunderwerk der Kunstschreinerei, die in dieser Epoche in voller Blüte steht, und die dekorativen Wandmalereien zeugen von dem wachsenden europäischen Einfluß. Da sie profaner Natur sind, wurden sie leider von den jetzigen iranischen Glaubensanhängern aus religiösen Motiven mit einer dicken Gipsschicht überdeckt, nachdem sie endlich nach langer Arbeit von italienischen Fachleuten restauriert worden waren. Der Palast ist in einen großen Park eingegliedert, in dem sich noch ein anderer Pavillon

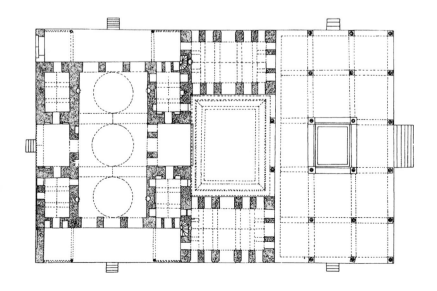

55 Neben dem Maidan-i Schah-Platz in Isfahan liegen die Gärten des Tschehel Sotun-Pavillons, dessen Grundriß die Abbildung zeigt.

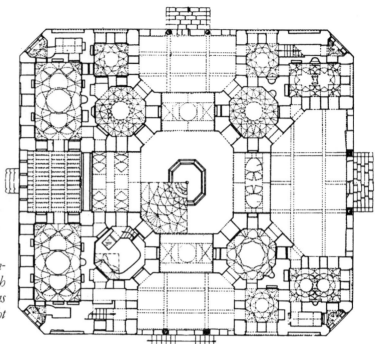

56 Zu den Meisterwerken der Pavillon-Architektur zählt das Schlößchen des Schah Suleiman in Isfahan (hier der Grundriß), das unter dem Namen Hescht Bihischt («Die acht Paradiese») bekannt ist.

befindet, der Hescht Bihischt («die acht Paradiese», um 1670), ein kleines Schmuckstück der safawidischen Architektur. Auf einem quadratischen Grundriß mit abgerundeten Ecken umfaßt das Gebäude in den vier Ecken zweistöckige Wohnräume, weiterhin einen zentralen Empfangsraum, der sich über drei Talār weit nach draußen erstreckt. Der Pavillon diente prachtvollen Festen unter freiem Himmel.

Es wurden noch viele andere solcher Anlagen in dieser Zeit erbaut, doch sie sind alle verschwunden. Man kann feststellen, daß die Gärten dabei eine wesentliche Rolle spielten, wie z.B. der Park von Abbas II. in al-Ashraf, wo in einem Rahmen von Grünpflanzen nach bester iranischer Tradition Brunnen und Pavillons nach streng geometrischem Muster verteilt sind. Dies trifft auch auf die Gärten von Farahbad (dem «Ort der Glückseligkeit») zu, der königlichen Sommerresidenz, erbaut um 1700.

Im Rahmen der von Schah Abbas beabsichtigten wirtschaftlichen Entwicklung ist es selbstverständlich, daß die öffentlichen Gebäude einen bedeutenderen Platz erhalten als zuvor. Die Basare nehmen in den Städten riesige Ausmaße an, und man findet dort nicht selten öffentliche Badeanstalten. An den großen Straßen entwickeln sich die Karawansereien (wie die Medressen) um einen symmetrischen Hof, wodurch die Stallungen leichter zugänglich sind. Oft befindet sich dabei auch eine Medresse, wie wir an dem Beispiel von Madar-i Schah in Isfahan gesehen haben.

Die Architektur erlebt unter Schah Abbas ihren Höhepunkt. Der sich ankündende Verfall wird durch die afghanische Invasion, die sogleich den osmanischen Feind auf den Plan ruft, jäh beschleunigt. Dieser ergreift für ungefähr zehn Jahre die Macht, doch der König wird 1747 ermordet und durch die rein iranische Dynastie der Sand, die bereits seit einem Jahrtausend in der Provinz Fars besteht, ersetzt. Unter Karim Chan (1750-1779) erholt sich das Land wieder etwas, und die neue Hauptstadt Schiras wird reich an Bauwerken. Doch diese Periode des Friedens geht schnell zu Ende, und als die beständige Dynastie der Kadscharen die Macht übernimmt (1794-1925), wird Persien zu einem geeinten Land im Abseits, das vom Rest der islamischen Welt vollkommen isoliert lebt. Die Kunst entwickelt sich nicht weiter, sondern sucht nach Inspiration in ihrer Vergangenheit und im Beispiel des Abendlandes.

Das Osmanische Reich: An den Pforten Europas

Gegen Ende des 13. Jahrhunderts geht das Mongolenreich seinem Ende entgegen, das dem angesehenen Seldschuken Pervapneh überlassen ist, der zwar die Macht ergreift, jedoch bald von seinen Mitregenten verdrängt wird, die sich untereinander den Rest des Sultanats in große, unabhängige Fürstentümer aufteilen.

In der näheren Umgebung und vor allem in Anatolien entstehen weitere unabhängige Regierungen, von denen eine, gegründet von dem Türken Osman (gestorben 1326), die anfänglich auf ein kleines Gebiet zwischen Bithynien und Phrygien beschränkt ist, sich allmählich ausbreitet und schließlich zum größten Staatsgebiet Anatoliens wird. Die Osmanen oder Ottomanen stellen ein besonderes Element dar, verglichen mit den anderen Völkern der Halbinsel und den Mongolen. Angeregt vom Geist Ghazzalis aus den Anfangszeiten des Islam und erfüllt vom Mystizismus, den ihnen die Derwische (damals von großer Bedeutung) einflößen, nutzen sie das auf dem Balkan herrschende Durcheinander aus, um schnell das letzte große Reich des Mittelalters unter sich aufzuteilen.

Ihre Expansion ist zunächst fast unmerklich, und Bursa, ihre 1326 eroberte Hauptstadt, befindet sich noch ganz in der Nähe ihres Ausgangspunktes. Doch ab der Mitte des 14. Jahrhunderts dient das 1354 erreichte Gallipoli als Ausgangslager für die Eroberung Thrakiens. Der nun europäisch gewordene Osmanische Staat verlagert seine Hauptstadt nach Adrianopel (Edirne). Das im Inneren bereits sehr geschwächte Byzanz wird eingekreist. Doch wird der Eroberungszug durch die Niederlage bei Ankara (1402) zugunsten von Tamerlan für kurze Zeit angehalten, was den Fürsten Kleinasiens erlaubt, ihre Gebiete wiederzuerlangen. Doch sie ergreifen die Gelegenheit nicht, die Macht der Osmanen zu zerschlagen, die in ihrem europäischen Teil bald wieder erstarken, Anatolien schnell wieder zurückerobern und 1453 Konstantinopel einnehmen. Das Tausendjährige Byzantinische Reich ist auf immer zerschlagen, von nun an ist das christliche Konstantinopel türkisch und trägt den Namen Istanbul, was aus dem Griechischen stammt und soviel wie «die Stadt» heißt.

Von dort aus greifen die Osmanen im Sturm den Balkan an, dringen über die Donau bis zur Krim vor, nehmen ganz Kleinasien wieder in Besitz, stellen sich den Mamluken und den Iranern und gründen ein Reich, das sich im 16. Jahrhundert von Syrien und Ägypten bis über das ganze Mesopotamien erstreckt; die ganze arabische Halbinsel bis zum Yemen, die ganze afrikanische Nordküste bis Algerien, die Inseln Zypern, Rhodos und Kreta stehen unter ihrem

57   Ein Beispiel für die Kunst der Mongolenzeit im Iran gibt diese Darstellung eines Hochzeitszuges aus der 1. Hälfte des 15. Jahrhunderts (Topkapi-Museum, Istanbul), die unverkennbar an chinesischen Vorbildern orientiert ist.

Zepter und machen sie zu Herren über die nahezu ganze arabische Welt und den Mittelmeerhandel.

Von der Eroberung Konstantinopels bis zum Tode Suleimans des Großen (1520–1566) erlebt die Osmanische Welt ihr Goldenes Zeitalter. Sie steht nun auf ihrem Höhepunkt, und die Einheit des Reichs wird sich niemals mehr als so stark erweisen. Der Staat ist gefestigt und besitzt eine schlagkräftige Armee, die anfangs nur aus den von der Idee des Heiligen Krieges besessenen Turkmenen zusammengesetzt ist, dann durch Sklaven und Kinder verstärkt wird, wobei letztere aus den unterworfenen Völkern rekrutiert und zu Soldaten herangebildet werden, und zwar nach dem System der *Devsirme* (der neuen Armee), deren türkischer Name *yeni cheri* in Europa zu «Janitscharen» verunstaltet wurde: Es handelt sich dabei um eine Infanterie, deren Rolle wieder genauso bedeutend wird wie die der Kavallerie.

Das Werk der Islamisierung im Rahmen der sunnitischen Glaubensrichtung schloß in der moslemischen Tradition niemals die Tugend der Toleranz aus. Nun findet sich zwischen den führenden Schichten der Osmanen und dem Volk der Dimmi erneut eine politische und soziale (und steuerliche) Aufteilung in Fiskusbereiche, gemessen an der Steuer und der Loyalität gegenüber dem Herrscher.

Der Besitz der Heiligen Stätten, zu deren Schutzherr sich Selim I. (1512-1520) ernennt, sichert dem türkischen Reich großes Ansehen, und der Herrscher nimmt von sich aus den Kalifentitel an. Das Land ist zu einer Weltmacht geworden, und Suleiman muß sogar die Schiedsrolle zwischen Franz I. und Karl V. übernehmen. Alle türkischen Schiffe hissen das osmanische Banner, Istanbul wird wieder die Drehscheibe des internationalen Handels wie zu Zeiten von Byzanz, und die Reichtümer der ganzen Welt häufen sich dort an.

Die Kultur, in die sich die verschiedensten Einflüsse mischen, erreicht ebenfalls einen Höhepunkt. In Istanbul, der Hauptstadt der religiösen Welt der Moslems, florieren nicht nur Medressen und Bibliotheken, sondern das Türkische wird auch offizielle Literatursprache. Die Künste entsprechen den Bedürfnissen einer reichen Aristokratie, vor allem die prächtigen Stoffe sowie Schmuck und auch Waffen, während eine gebildete Elite literarische Werke liest, in denen sich Schreibkunst und Miniaturenmalerei an Schönheit gegenseitig übertreffen. Doch nach Suleiman setzt der Verfall ein. Wesentlich stärker als zur Zeit der Mamluken machen sich nun die Auswirkungen der Verlagerung des Handels auf den Atlantik bemerkbar. Die unheilvolle Rolle, die der Zustrom amerikanischen Goldes gegen Ende des 16. Jahrhunderts in der ganzen Welt spielt, trifft auch in vollem Ausmaß das Osmanische Reich, so daß die Wirtschaft, die zudem noch einer schweren landwirtschaftlichen Krise ausgesetzt ist, ernsthaft in Gefahr gerät. Allmählich expandieren die europäischen Schiffahrtskompanien und okkupieren die osmanische Wirtschaft. Schließlich, gegen Ende des 18. Jahrhunderts, ist es an der Reihe Rußlands, das untergehende Reich mit seinem Einfluß zu unterdrücken, das von nun an zum Spielball der europäischen Mächte wird (das berühmte Orient-Problem im 19. Jahrhundert!); endgültig niedergeworfen wird es anläßlich des Ersten Weltkrieges, aus dessen Asche die Türkei ersteht.

Die osmanische Epoche kann im Bereich der Architektur in drei Abschnitte eingeteilt werden. Im 14. und 15. Jahrhundert ist diese Kunstart in Anatolien am weitesten entwickelt, obgleich tiefgehende Annäherungen an Europa bestehen. Die Verbindung zur Architektur der Seldschuken ist, zusammen mit verschiedenen, vor allem byzantinischen und armenischen Einflüssen, offensichtlich. Die Eroberung Konstantinopels markiert eine neue Etappe, versinnbildlicht durch den genialen Sinan (gestorben 1578), der zahlreiche Gebäude in Konstantinopel selbst und auch außerhalb, vor allem in Adrianopel, entwirft und so bis ins 17. Jahrhundert hinein in allen Teilen des Reiches Schule macht. Das Ende dieser Periode wird vom europäischen Barock beherrscht, entbehrt aber trotz der allgemeinen Dekadenz keineswegs eines gewissen Einfallsreichtums.

Zunächst folgt die religiöse Architektur dem Stil der Seldschuken und der Emirate, die sich im Rum-Sultanat gegründet haben. Ihr Hauptzentrum ist die ehemalige Hauptstadt Bursa. Es handelt sich hierbei um einen Übergang zu einem Stil, der sich erst später in Konstantinopel weiterbilden wird und der durch die Ulu Cami (Große Moschee) in Bursa vertreten ist. Der mehrsäulige Gebetsaal ist breit und von gleichmäßigen Schiffen in Quadrate unterteilt, die mit kleinen Kuppeln gedeckt sind, die in dieser Epoche Gegenstand ausgesuchter ästhetischer Geziertheit sind. Anstelle eines Hofes wird ein Mittelquadrat ungedeckt gelassen und mit einem Brunnen versehen. Das Licht dringt durch die Fenster im Tambour der Kuppeln. Das Eingangsportal entspricht in seinen Proportionen wieder der Fassade, die mit vielen Öffnungen versehen ist.

Die Entwicklung in der Ästhetik führt zu den Moscheen vom Typ der Yesil-Cami (Grüne Moschee) in Iznik (1378), die aus einem einzigen mit einer Kuppel gedeckten Saal besteht. Die kleinen Kuppeln beschränken sich auf die dreibogige Eingangshalle in byzantinischem Stil. So gelangt man auch zur Grünen Moschee von Bursa (1421), dem Schmuckstück dieser Periode, deren T-förmiger Grundriß von den Medressen der Seldschuken mit vier Iwanen und zwei Stockwerken inspiriert ist. Es finden sich dort zwei hintereinanderliegende Kuppelsäle, die

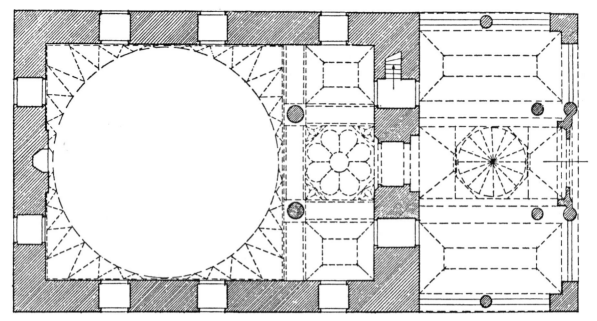

58 *Grundriß der 1378 errichteten Grünen Moschee in Iznik (Türkei), die lediglich aus dem Kuppelraum und der Säulenvorhalle besteht, geprägt von byzantinischen Vorbildern.*

von zwei kleineren, ebenfalls kuppelüberwölbten Sälen flankiert werden; es besteht die Tendenz, die Anlage in die Länge zu dehnen. Die Fassade ist von zwei schlanken Minarettürmen eingerahmt und gewährt Zugang zu einem Hof ohne Brunnen. Im 15. Jahrhundert werden in Istanbul weitere kleinere Moscheen nach dem gleichen Schema errichtet.

Eine neuartige Moschee wird von Sinan mit Hilfe seines Vorbilds, der Hagia Sophia, entworfen. Vor ihm waren bereits einige andere durch die Hagia Sophia inspirierte Versuche unternommen worden, wie z.B. die al-Mahmudijje-Moschee, die von Mohammed dem Eroberer 1462 in Konstantinopel gegründet, aber leider wieder zerstört wurde. Das wichtigste Element war eben die eine große Kuppel, deren halbkuppelförmige Ausweitung noch die Kibla überwölbt, während die kleineren Kuppeln die Seitenschiffe bedecken.

Sinan Agha wird 1489 in einer christlichen Familie aus Kayseri geboren, doch seine Ausbildung durch die *Devsirme* macht aus ihm einen türkischen Moslem. Wie bei seinen Zeitgenossen der europäischen Renaissance, tritt sein Name aus der Anonymität des Mittelalters heraus. Sein Werk ist gewaltig: Er selbst schreibt sich 318 Bauwerke zu, doch erkannte man ihm über 350 an. Es ist natürlich unmöglich, an dieser Stelle alle seine Werke ins Gedächtnis zu rufen, doch kann die Entwicklung seines Stils am Studium dreier Hauptwerke nachvollzogen werden.

In der Sehzade-Moschee von Istanbul (1544–1548) nimmt Sinan den Grundriß der zentralen al-Mahmudijje-Moschee wieder auf, indem er sie erweitert und mit einer großen Kuppel von 19 Metern Spannweite überwölbt, die sich auf vier große Bögen stützt, die ihrerseits auf achteckigen Pfeilern ruhen, und außerdem mit vier Halbkuppeln und vier kleinen Kuppeln in den Ecken verstärkt wird. Aufgrund der zahlreichen Fensteröffnungen wirkt sie leicht, und ihre Eleganz wird durch zwei typisch osmanische Minarette in Form einer Nadel unterstrichen. Sie bilden einen Kontrast zu dem sonst eher massiven Bauwerk.

Die Suleiman-Moschee (1550-1557), ebenfalls in Istanbul, wurde unter Suleiman dem Großen auf dem höchsten Hügel der Stadt errichtet, um den monumentalen Charakter noch zu betonen. Sinan läßt sich von der Hagia Sophia inspirieren und übernimmt das Thema der von zwei Halbkuppeln eingefaßten Hauptkuppel, von welchen eine jede zwei Exedren besitzt; die Seitenschiffe sind mit je fünf Kuppeln gedeckt, von denen drei größere mit zwei kleinen alternieren; das Gebäude ist symmetrisch angelegt, um die zentrale Wirkung zu verstärken. Die zweistöckige Fassade wird durch eine Arkadengalerie aufgewertet. Die kompakte Gesamtanlage, von der sich die Kuppelwölbung abhebt, wird durch die zwei Nadelminarette zur Geltung gebracht. Im Inneren läßt die Harmonie der Formen die Masse der Architektur vergessen. Schlanke Pfeiler stützen das Querschiff, Weiß- und Goldtöne erstrahlen vom Licht.

Und schließlich sein Meisterwerk, in dem sein ganzes Genie zum Tragen kommt: die Moschee Selims II. in Edirne, die er 1569 achtzigjährig beginnt und 1574 vollendet. Sultan Selim II. läßt sie anläßlich der Eroberung Zyperns auf einem die Stadt überragenden Hügel erbauen. Sinan nimmt auch hier den erweiterten Zentralbau auf, bei dem die hohe Kuppel auf acht Pfeilern, verstrebt mit acht Bögen, getragen wird, während sich vier halbkuppelüberwölbte Exedren mit rechteckigen Nischen abwechseln. Der ganze Raum badet in einem Meer von Licht, das von den großen und zahlreichen Fensteröffnungen herrührt. Außen umgeben vier schlanke Minarette den Gebetsaal, vor dem sich ein riesiger Hof mit Brunnen befindet. Das Bauwerk bezieht seine Anmut zur Gänze aus der vollendeten Geometrie der Linien; die Ausschmückung ist zweitrangig.

Sinans Nachfolger beziehen sich später eher auf die Sehzade-Moschee als auf seine nachfolgenden Werke, wie z.B. die Yeni Valide-Moschee (1597-1663) des Architekten Davud Agha oder die Sultan Ahmed-Moschee (1609-1617), die letzte klassisch osmanische Moschee, wegen der Farbe der Keramik, die sie auf drei Vierteln des Innenraums auskleidet, auch »Blaue Moschee« genannt. Das durch fünf schlanke Minarette unterstrichene Äußere ist harmonisch, doch sind im Inneren die Proportionen verfälscht: Die Kuppel wirkt schwerfällig, die Pfeiler sind riesig, das Licht ist zu grell, und man hat den Eindruck von Leere (in der Tat sind die Originalfensterscheiben verlorengegangen). Weitere Beispiele dieser Architektur, bei der die Kuppel die Hauptrolle spielt, sind von Anatolien bis Algerien zu finden.

Im allgemeinen wollen die Sultane, daß die Moscheen, die sie gründen, auch gleich ihr Grabmal enthalten. Dieses bleibt dem Stil der Seldschuken verhaftet und steht in direkter Verbindung mit der Moschee: Daher ist es hinsichtlich seiner Architektur von keinem besonderen Interesse. An die Moschee sind jedoch ohne besondere Anordnungen bedeutende Gebäudeanlagen angeschlossen, wie z.B. Medressen, ein Krankenhaus, ein Hospiz, manchmal Geschäfte und Karawansereien und, als Neuheit, Refektorien für die Armen. Die Bäder nehmen eine große Bedeutung ein und sind auch heute noch in Betrieb. Sie besitzen alle den gleichen Grundriß: ein quadratischer Saal mit einer Kuppel, die mit «Bullaugen» aus farbigem venezianischem Glas durchbrochen ist, dann das *frigidarium* und das *caldarium*. Der größte uns bekannte Gebäudekomplex ist der, der an die Suleiman-Moschee angegliedert ist.

Wohnhäuser und Paläste sind ungefähr nach demselben Grundriß angelegt, doch unterscheiden sich die Paläste von ersteren sehr wohl in ihrer Pracht. Die im allgemeinen aus Holz ge-

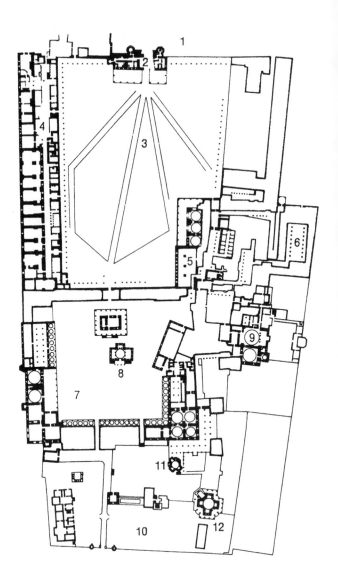

59 Als Istanbul 1462 zur Residenz der Sultane wurde, begann man mit dem Bau des Topkapi Seray auf einer Halbinsel am Bosporus. Hier der Plan der berühmten Palastanlage: 1 Erster Hof (auf der Zeichnung nicht wiedergegeben); 2 Mittleres Tor; 3 Zweiter Hof; 4 Küchen; 5 Schatzhaus; 6 Krankenhaus; 7 Dritter Hof; 8 Bibliothek Ahmeds III.; 9 Harem; 10 Vierter Hof; 11 Revar-Pavillon; 12 Bagdad-Pavillon.

bauten Häuser behalten sich das Erdgeschoß für die Empfangsräume und die Stockwerke für die Wohnräume vor, die mit der Veranda der Straßenseite zugewendet sind. Die Paläste sind aus beständigerem Baumaterial errichtet; um ein Hauptgebäude sind in den Höfen und Gärten kleine Häuser und Pavillons verteilt.

Vom Königspalast in Bursa ist überhaupt nichts, von dem in Adrianopel nur wenig übriggeblieben, doch kann die berühmteste der Anlagen, der Topkapi Seray (Alter Palast) in Istanbul, noch bewundert werden, der unter Mohammed dem Eroberer zwischen 1462 und 1472 auf dem antiken Standort von Byzanz errichtet und in der Folge bis ins 17. Jahrhundert hinein vervollständigt wurde. Es handelt sich dabei um eine riesige Anlage, die von der restlichen Stadt durch eine mit Türmen befestigte Mauer abgetrennt ist. Als Residenz des Sultans sowie als politisches und kulturelles Zentrum vermittelt sie einen repräsentativen Querschnitt der profanen osmanischen Architektur. Die Gebäude sind um vier aufeinanderfolgende Höfe (anfangs waren es nur drei) herum angeordnet. Der älteste Pavillon, der uns noch blieb, ist der

Tshinili Köş Kü («Majolika-Pavillon»), erbaut 1472 von dem Iraner Kemal ad-Din, der noch den timuridischen Vorbildern sowohl im Grundriß als auch in der Ausschmückung folgt. An den vier Ecken des kreuzförmigen, in seiner Mitte von einer Kuppel überwölbten Hauptganges sind die Gebäude im Quadrat, ein jedes mit einer Kuppel, angeordnet; vor der Fassade befindet sich ein Talār, dem eine mehreckige, plastisch hervortretende Apsis gegenüberliegt. Durchquert man die aufeinanderfolgenden Höfe, entdeckt man in den anderen Gebäuden Küchen, einen Schatzraum, ein Krankenhaus, eine Bibliothek (erbaut von Ahmed III. im 18. Jahrhundert), einen Harem und zwei Pavillons nach demselben Grundriß wie der Tshinili Köş Kü, jedoch kleiner, von denen der eine der Bagdad Köş Kü (1638) ist, der im darüberliegenden Stockwerk in einen mehreckigen Kuppelsaal überführt. Man folgte nicht im geringsten einem Stadtbebauungsplan, die ganze Anlage ist nach Gutdünken über Gärten und Wäldchen verstreut.

Erwähnt sei noch der Rumelhisar, eine unter Mohammed dem Eroberer 1452 in Istanbul an den Ufern des Bosporus errichtete Burg gegenüber dem Anadoluhisar auf der asiatischen Seite des Isthmus. Die düsteren, mit Schießscharten versehenen Befestigungsmauern werden von massiven runden oder mehreckigen Türmen unterbrochen, von denen drei ganz besonders beeindruckend sind. Es handelt sich hierbei um einen der schönsten Militärbauten des Orients.

Wir sprachen bereits von der Bedeutung des Handels in den besseren Zeiten des Osmanischen Reichs. Der Staat entwickelt ein Netz von Karawansereien entlang den Hauptstraßen, die zunächst in den Vorbildern der Seldschuken Anregung finden, wie die von 1394 in Bithynien, die als Besonderheit zwei große Kamine besitzt. Danach folgt das mamlukische Modell, bei dem der Hof von mehrstöckigen Arkadenreihen eingefaßt ist, mit den Geschäften unten und den Wohnräumen oben. Die relativ späte Karawanserei von Damaskus des Asad Pascha Han (1752) ist ganz besonders groß und besitzt zwei Kuppeln.

Innerhalb der Städte breiten sich die überdachten Märkte (Bedestān) aus, die ursprünglich nur für den Stoffhandel bestimmt waren, sich aber dann zu großen Basaren erweiterten. Gleichgroße Gänge ohne Hof teilen jeden Basar schachbrettartig in kuppelüberwölbte Quadrate, ähnlich dem Ulu Cami in Bursa.

Das 17. und 18. Jahrhundert fallen weniger durch eine spektakuläre Architektur ins Auge. Erwähnenswert sind jedoch die zahlreichen Brunnen (mehr als tausend allein in Istanbul), die oft aus öffentlichen Schenkungen stammen und zunächst vor allem in Moscheenhöfen, dann aber auch unabhängig davon auftreten: eine für die osmanische Stadt typische Einrichtung. Der schönste ist der des Ahmed III., 1728 hinter der Hagia Sophia errichtet. Es handelt sich hierbei um einen kleinen quadratischen Pavillon mit abgerundeten Ecken und einem weit vorspringenden Dach, von dem sich entsprechend der damaligen Mode fünf Türmchen in Form einer umgekehrten Tulpe erheben. Diese wildwachsende Blume des Orients war im 16. Jahrhundert von einem Wiener Gesandten nach Europa gebracht worden, wo sie in Holland begeisterte Anhänger fand und als Mode zurück in die Türkei gelangte – welch wundersame Wiederkehr der Dinge!

In der Tat nimmt Europa im 18. Jahrhundert starken Einfluß auf die künstlerische Entwicklung der Osmanen. Bereits zur Zeit Ahmeds III. können bei den Brunnen und Dächern Spuren des Barock und des Rokoko nachvollzogen werden, die um die Mitte des 18. Jahrhunderts durch den Einfluß Frankreichs noch weiter an Bedeutung gewinnen. Der 1755 vollendeten Nuruosmaniye-Moschee ist ein halbkreisförmiger Hof vorgeschaltet, und die Portalnische ist mit Parallelnischen geschmückt, an denen sich Reliefs mit Akanthusblättern befinden. Das Element des Rokoko setzt sich weiterhin in der beharrlichen Anwendung von Rundformen, zunächst in Istanbul, dann auch auf dem Land, fort, wie z.B. bei dem Kaiserpalast aus dem 19. Jahrhundert am Ufer des Bosporus. Das schönste Beispiel ist die Anlage des Küchük Efendi (1825) in Istanbul mit ihrem großen ovalen Saal.

Diese Art der Ausschmückung bildet einen Kontrast zu einer früheren, ziemlich strengen «klassischen» Periode, in der das Hauptelement die Verkleidung ist, für die jedoch nicht mehr Marmor, der nur noch zur Unterstreichung der architektonischen Linien eingesetzt wird, Verwendung findet, sondern Stuck und vor allem Keramik, die eine neue Blüte erlebt. Die Fabriken von Iznik werden 1613 Staatsmonopol, und ihre Produkte verkleiden unter anderem die Blaue und die Grüne Moschee in Istanbul. Die symmetrischen Pflanzenmotive mit Tulpen, Rosen und Granatäpfeln sind typisch für die Osmanische Epoche.

Diese Zeitperiode ist also von entscheidender Bedeutung für die moslemische Architektur. Es handelt sich bei ihr um einen künstlerischen Reifeprozeß, in dem neue Modelle geschaffen und bis an die Grenzen ihrer Möglichkeiten ausgeschöpft werden und in dem Einflüsse von außen Aufnahme finden und wohlwollend integriert werden – mit Sicherheit zu sehr, denn bald erlischt unter dem europäischen Einfluß jede persönliche Ausstrahlung, und an ihre Stelle tritt lediglich die Imitation.

Das moslemische Indien: Zwei konträre Welten

Bereits im 8. Jahrhundert erreichen die omaijadischen Eroberer die Provinz Sind, doch es sind die aus dem Osten des Iran kommenden Ghasnawiden, die Indien zu Beginn des 11. Jahrhunderts endgültig in den moslemischen Bereich eingliedern. Wir erinnern uns, daß es der Wunsch Machmuds (997–1029) war, die Grenzen seines Staates weitmöglichst auszudehnen. Er erweitert ihn im Norden bis zum Amu-Darja und in den iranischen Westen, doch er führt vor allem einen brillanten Eroberungskrieg in Indien, wo er aus der Zwietracht unter den zahlreichen Staaten der Halbinsel Nutzen zieht. Er folgt dem Indus-Becken flußaufwärts und erreicht schließlich den Ganges und den Indischen Ozean. Als sich seine Nachfolger von den Seldschuken zu sehr bedroht fühlen, verlassen sie Ghasni und lassen sich in Indien nieder, das so zum neuen Anziehungspunkt der moslemischen Welt wird. Die für den Islam charakteristischen Zusammenstöße zwischen den Dynastien bewirken Mitte des 12. Jahrhunderts den Sturz der Ghasnawiden, doch die Vorherrschaft der siegreichen Ghoriden über den gesamten indischen Norden wird bald von einem Türken übernommen, der 1206 in Delhi eine Mamlukendynastie gründet, die bis 1296 andauert. Die Expansion nach dem indischen Süden, die durch die notwendig gewordene erneute Grenzbefestigung verzögert wurde, wird nun von dem Afghanen-Türken Ala ud-Din (1296–1320) wieder aufgenommen, dem es gelingt, die Halbinsel unter moslemischer Herrschaft zu einen. Nach ihm organisiert die Dynastie der Tuglak (1320–1414) den Staat neu und begünstigt die Verbreitung des Islam, was jedoch nicht ohne Probleme vor sich geht. Die in allen Teilen des Landes ausbrechenden Aufstände führen zur Zersplitterung des Staates, die mit der Invasion Tamerlans (1398) endgültig vollzogen wird. Hundert Jahre lang folgen mehrere Dynastien aufeinander, denen es jedoch nicht gelingt, eine stabile Macht auf dieser heimgesuchten Halbinsel zu errichten, bis schließlich der Afghane Babur 1526 den Thron Delhis erobert und die beständigste und berühmteste Dynastie, die der Moguln, begründet. Er erobert Indien zurück, dessen innerer Aufbau von Akbar organisiert wird. Seine lange Regierungszeit (1556–1605) ist von seiner Persönlichkeit eines genialen Herrschers, eines «erleuchteten Despoten» im wahrsten Sinne des Wortes, gekennzeichnet.

Die von ihm angestrebte Universalität überlebt ihn jedoch nicht, und seine Nachfolger kehren zu einer die Hindus diskriminierenden Politik zurück. Die Rivalitätskämpfe und Bürgerkriege überschatten das freudlose 18. Jahrhundert, in dem die Wirtschaft, die sich wesentlich auf den Handel stützt, vom Untergang bedroht ist und die koloniale Besetzung durch die Europäer von den Küsten in das Landesinnere vordringt. Von nun an üben die Moguln nur noch eine nominale Herrschaft aus, und im 19. Jahrhundert übernimmt England endgültig die Macht, indem es einer sterbenden Dynastie ein Ende bereitet. 1876 nimmt Königin Viktoria die ihr von Disraeli angebotene Krone des Indischen Reichs entgegen.

Das moslemische Indien ist durch das ständige Aufeinandertreffen zweier Religionen gekennzeichnet, zweier Zivilisationen, zweier verschiedener Welten, denen es nur sehr schwer gelingt, miteinander Kontakt aufzunehmen. Auf der einen Seite befinden sich die zunächst fremden Moslems, die lange Zeit auf die führende Randgruppe beschränkt bleiben, sich jedoch in der Folge auch auf weniger begünstigte Gruppen ausbreiten. Man könnte fast sagen, es handelt sich um eine Art «Sandwich» an den beiden Enden der politischen, wirtschaftlichen und sozialen Leiter, wobei sich die Hindus in der Mitte befinden, die seit jeher einer diskriminierenden Politik, ja sogar einer regelrechten Verfolgung durch den Fiskus unterliegen und deren Mentalität der moslemischen vollkommen entgegengesetzt ist. Dem strengen Kastendenken steht ein toleranter Universalismus gegenüber, dem Pantheismus zahlloser dämonischer Figuren, in dem das Ich mehr als Gott zählt, ein klarer und konkreter, von einem fordernden Gott beherrschter Monotheismus, den geographisch und historisch fest verankerten antiken Traditionen und verschiedenartigsten Sprachen verschiedene Völker, die durch eine Sprache und eine noch neue Religion geeint sind. Alles entzweit sie, selbst noch in der heutigen politischen und sozialen Welt der Halbinsel, und doch kann im Bereich der Kultur ein gewisser Synkretismus einer Kunst den Weg bahnen, die ihrem Wesen nach sowohl indisch als auch moslemisch ist.

Die Literatur kann sich schließlich nach langen Umwegen, während derer das Persische lange Zeit dominant bleibt, ab dem 18. Jahrhundert in einer sich stark ausbreitenden Sprache, dem Urdu, Ausdruck verleihen, die zwar auf dem Indischen basiert, jedoch von den Moslems gesprochen wird und bis Anfang des 20. Jahrhunderts offizielle Sprache bleibt und es in Pakistan noch heute ist. Die Kunst entwickelt sich in allen Bereichen, doch sei besonders die Bedeutung der Figuren- und vor allem der Portraitminiatur hervorgehoben.

Die Architektur durchläuft im Vergleich mit der übrigen islamischen Welt eine besondere Entwicklung. Ihre im Laufe der Zeit angesammelten Merkmale vereinen sich zur Apotheose der Mogulnzeit gemäß dem erklärten Ziel, die beiden Kulturen zu verschmelzen. Einheimi-

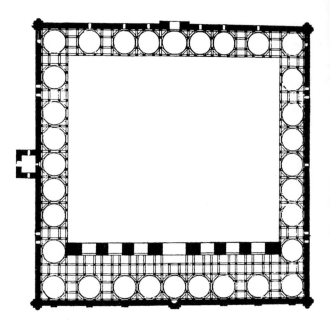

60 Grundriß der Arhai-din-ka-Jhompra-Moschee im indischen Ajmer, zwischen 1200 und 1235 erbaut.

sche hinduistische Traditionen und der Einfluß Persiens verbinden sich zu einer mehr oder weniger harmonischen Mischung, abhängig von der jeweiligen Epoche und der Gegend. Die politische und kulturelle Einteilung Indiens findet sich in den verschiedenen Ausdrucksformen des monumentalen Baustils wieder.

Das Material und die Künstler stammen aus Indien. Überall trifft man auf Bauwerke aus rotem Sandstein, bei denen weißer Marmor als Verzierung verwendet wird, während die Techniken den Traditionen verhaftet bleiben. Dies läßt sich besonders bei der Ausschmückung feststellen: Die Kapitelle haben die Form von Lotosblüten, die Kuppeln, sofern es sie überhaupt gibt, besitzen einen Holzunterbau, und die Bögen sind in der traditionellen Bauweise dachziegelartig übereinandergeschichteter Steinlagen erbaut. Die Zugeständnisse an die persischen Vorbilder sind die Umschließung des Hofes der Moschee mit hohen Mauern, die sich durch ein Spitzbogentor öffnen, und die nach Mekka weisende Kiblawand. Der Einfluß Zentralasiens wird in der oft beeindruckenden Größe der Gebäude sichtbar.

Die Bauwerke vor der Zeit der Ghasnawiden werden fast alle zerstört, und die neue Architektur ist erst ab dem 12. Jahrhundert wirklich interessant. Bis zur Ankunft der Moguln im 16. Jahrhundert werden die Moscheen nach der örtlichen Stilrichtung gebaut. Hervorzuheben sind die von Delhi und Ajmer, die einer großen Region als Vorbild dienen.

Der afghanische Einfluß ist unübersehbar am Kutub-Minar, das sich neben der Quvvat-al-Islam-Moschee («Sieg des Islam») in Delhi befindet. Das 1199 begonnene und 73 Meter hohe Minarett greift nochmals die Form des kannelierten Grabturms der Seldschuken auf. Fünf Stümpfe (von denen nur die untersten drei original sind) aus Säulenbündeln sind dabei übereinandergesetzt und werden durch Brüstungen aus Stalaktitenzellen voneinander getrennt. Sie sind mit dekorativen, von Arabesken eingerahmten Schriftbändern verziert, auf denen sich auch typisch hinduistische Blumenelemente und Rautenfriese finden. Die beiden oberen Teile sind wesentlich jünger, da das Minarett erst 1828 von dem letzten Mogulnherrscher vollendet wurde. Am rückwärtigen Teil des Hofes öffnet sich die eigentliche Quvvat-al-Islam-Moschee, die aus dem ausgehenden 12. Jahrhundert stammt, jedoch in der Folge mehrere Male umgebaut und vergrößert wurde. Der erste Gebetsaal wurde aus den Ruinen hinduistischer Tempel errichtet. Dem großen Saal wurde eine riesige Fassade mit unechten Bögen und dachziegelartig verlegten Gewölbesteinen vorgeblendet. Die erste, 1229 beendete Vergrößerung schließt in einer zweiten Mauer das Kutub-Minar und die erste, um zwei Flügel erweiterte Moschee mit ein. In einem dieser Flügel, der von einer Kuppel überwölbt ist, befindet sich das Grab des Erbauers Iltutmisch. Die dritte, von Ala ud-Din geplante Erweiterung wurde nie durchgeführt, abgesehen von den Fundamenten und der Umschließungsmauer, in die das Eingangsportal mit einbezogen ist. Dabei handelt es sich um ein kleines kubisches Gebäude, das von einer Kuppel überragt und gänzlich mit prächtigem, buntem, in Stein und Marmor gehauenem Dekor verkleidet ist, der die zahlreichen Nischen und Fenster einrahmt. In der Anlage befand sich hinter der Moschee noch eine Medresse und der Umriß vom ersten Stock eines riesigen Minaretts, das noch dreimal größer hätte werden sollen als das Kutub-Minar.

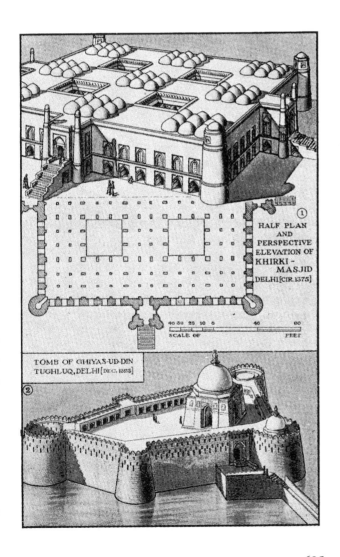

61 + 62 Die Rekonstruktionszeichnungen der Khirki-Moschee und ihres Grundrisses (oben) und vom Mausoleum des Ghiyas ud-Din Tuglak in Delhi stammen von Percy Brown.

Farbabbildungen

697   Die Tschor-Minor-Medresse in Buchara. Der Name dieser Koranschule bedeutet «Vier Minarette».

698   Beeinflußt vom persischen Architekturstil wurde zwischen 1564 und 1572 das Grabmal des Moguln Humayun in Delhi errichtet, Vorbild für das Tadsch Mahal.

699   Das Mausoleum des Großmogul Akbar (1542–1605) ließ dessen Sohn Dschahangir 1613 im unweit von Agra gelegenen Garten von Sikandra erbauen.

700   Das Kutub-Minarett (1199 begonnen) der Großen Moschee von Delhi ist das älteste islamische Baudenkmal Indiens und zeugt vom Sieg Mohammeds von Ghom über die ungläubigen Inder.

701   Das Meisterwerk der indisch-islamischen Architektur ist das 1631–1648 erbaute Tadsch Mahal («Krone des Palastes») in Agra, Mausoleum für die «Lieblingsfrau» des Schahdschahan.

702   Detail von der Außenwand des Kutub-Minaretts in Delhi. Die Schriftbänder mit islamischen Texten sind mit Blütenmotiven verziert, die auf die hinduistische Goldschmiede-Tradition zurückgehen.

703   Der Handelsweg der Seidenstraße ermöglichte die Ausbreitung des Islam bis nach China, wo es noch heute Diasporas dieser Religion gibt. Hier die Moschee der Oase Turfan.

704   Um 1620 schuf Rida Abbasi, einer der berühmtesten Maler der Safawidenzeit, diese Miniatur eines Liebespaares.

63 Rekonstruktion (Percy Brown) der Großen Moschee von Ahmedabad (Indien), die Sultan Ahmed zwischen 1411 und 1423 errichten ließ.

Die Moschee von Ajmer aus der ersten Hälfte des 13. Jahrhunderts hat den gleichen Grundriß mit einem großen, von typisch hinduistischen Pfeilern getragenen Saal, dem eine riesige Fassade im iranischen Stil vorgeblendet ist, die jedoch nicht zu den hinduistischen Strukturen paßt.

Die Moscheen der ausgehenden Tuglak-Epoche geben das bewegte politische Klima jener Zeit wieder; von außen würde man meinen, es handelt sich um massive Festungen, wie die Khirki Moschee in Delhi (um 1375); sie ruht auf einer mit Arkaden eingefaßten Plattform, und über eine Treppe gelangt man in eine geschlossene Anlage, die mit kleinen, zu Zwölfergruppen zusammengefaßten Kuppeln und Flachdächern, die sich nur auf kleine quadratische Höfe öffnen, gedeckt ist. Derselbe massive Grundriß findet sich auch bei den zahlreichen Moscheen Bengalens des 15. und 16. Jahrhunderts.

Der Einfluß der Tuglak-Architektur ist in den Gebieten des Sultanats Malwa, in den Städten

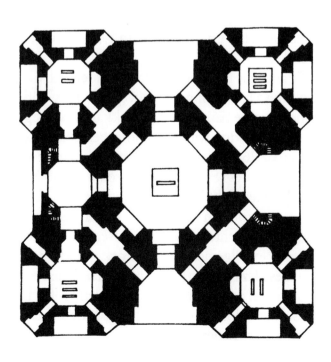

64 Grundriß vom Mausoleum des Hymayun in Delhi, dessen Bau acht Jahre nach dem Tod des Herrschers (1556) begonnen und 1572 vollendet wurde.

Dhar und Mandu, wo die Farben besonders lebhaft sind, und des Dekkan recht deutlich, das seiner Lage an einem Verkehrsknotenpunkt und einer aus Persien stammenden Dynastie andere Elemente aus Zentralasien, wie die Zwiebelkuppeln und die ebenfalls mit einer kleinen Kuppel versehenen Minarette, verdankt. Ein klassisches Beispiel hierfür ist die Moschee von Gulbarga (1367).

Im Gudscharat sind die regionalen Einflüsse weitaus stärker: Das Querschiff wird beträchtlich größer, und der Steinschmuck ist eine regelrechte Juweliersarbeit nach dem Geschmack der Hindus, wie z.B. in der Moschee von Sidi-Sayyid (Ahmedabad, 1515).

Im entfernten Kaschmir behalten die hinduistischen Traditionen ihre Bedeutung; das Holz bleibt der am meisten verwendete Baustoff bei den Gebäuden mit kreuzförmigem Grundriß und vier Iwanen und einem Eingangsportal mit Spitzdach im Pagodenstil.

Während dieser Zeit werden die Moscheen in Delhi in Privatgebäude aufgeteilt, deren Fassaden sich besser in die Gesamtanlage einfügen, während die Kuppel höher und spitzer wird (Motki-Moschee, 1505); man findet dort oft auch einen Grabanbau.

Die Grabbauten sind für Indien etwas vollkommen Neues, denn die Tradition wollte es, daß die Asche der Verstorbenen in einem Fluß verstreut wurde, der sie bis in die Unendlichkeit des Ozeans forttragen sollte. Daraus zeigt sich, daß das architektonische Vorbild eindeutig aus Persien stammt. Zunächst besitzt es die Form einer *qubba*, dann einen massiven, rechteckigen Grundriß ähnlich einer militärischen Festung, wie das Grabmal Ghiyas ud-Din Tuglaks (1325), des Begründers der Dynastie. Das quadratische Gebäude aus rotem Sandstein besitzt vier Spitzbogentore und eine Kuppel aus weißem Stein, die Tore und Nischen sind mit demselben Stein verziert. Es ist von einer Mauer mit Bastionen an jedem Eckpunkt umgeben. Allmählich entwickeln die Grabmäler elegantere und zugleich monumentalere Formen durch Arkaden, Nischen und Fenster, während die Kuppel von anmutigen kleinen Kuppeln umgeben ist, die nach Hinduart auf dünnen Säulen von dem flachen Dach getragen werden (man nennt sie «Tschatri»). Das Grabmal des Humayun in Delhi (1556–1572) ist dafür ein harmonisches Beispiel; es liegt inmitten eines riesigen Gartens auf einer hohen Terrasse. Der hinduistische Einfluß wird besonders im Dekor mit gemeißelten Kapitellen und stilisierten Lotosblüten deutlich.

Wie auch die Moscheen, unterscheiden sich die Grabmäler je nach Region in ihrem Aussehen. Im Gudscharat erinnern sie wegen ihrer Größe und ihrer üppigen Ausschmückung eher an hinduistische Bauwerke. Im Dekkan wird die größte Vielfalt erreicht. Der kubische oder polygonale Grundriß wird manchmal beibehalten, doch die hinzugefügten kleinen Minarette (Gol Gumbaz, 1666), das Aufstocken des mit vielen kleinen Kuppeln nach Art der Tschatri gedeckten Gebäudes (Sultan Dschamschid in Golkonda) und vor allem die Überfülle des in Stein gearbeiteten Schmucks verleihen diesen Gräbern einen typisch hinduistischen Charakter.

Von der profanen Architektur dieser Zeit ist wenig bekannt. Hier ist ebenfalls zu bedenken, daß die Stilrichtungen je nach Region variieren. Die ältesten aufgefundenen Gebäude sind massiv, im allgemeinen zweistöckig und ohne Schmuck. Wir besitzen nur die Beschreibungen des Hezār Sūtūn (Schloß mit den Tausend Säulen) in Delhi (um 1300), wo man nach drei Toren und drei aufeinanderfolgenden Höfen in den Thronsaal gelangte. Jedoch erreichen die Residenzschlösser vor allem in der Mogulnzeit und besonders unter Akbar eine gewisse architektonische Bedeutung.

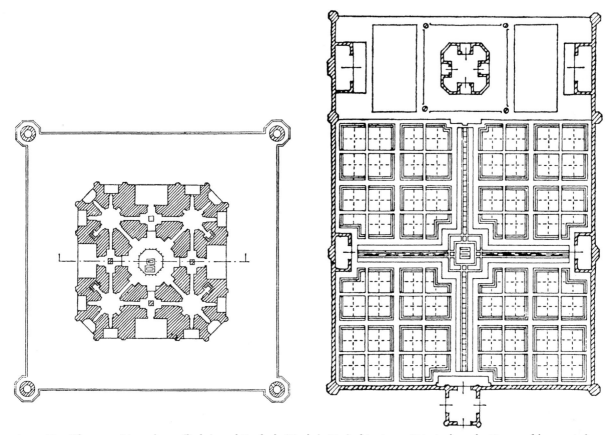

65 + 66   Plan vom Mausoleum (links) und Park des Tadsch Mahal in Agra. Die Anlage des Gartens folgte persischen Vorbildern.

Akbar (1556–1605) bringt als erster den ausdrücklichen Willen zum Ausdruck, die Kunst in seinem Reich zu einen, um so seinen Wunsch nach der Vereinigung all seiner Untertanen in einem einzigen politischen, wirtschaftlichen und gesellschaftlichen System zu unterstreichen. Dieses Streben nach Universalität trägt auch noch unter seinen Nachfolgern Früchte, die von einer Bauwut voller Erfindungsgeist gepackt werden, doch im 18. Jahrhundert, als die neuen wirtschaftlichen und politischen Bedingungen das Land verarmen lassen, wird die Kunst immer steriler und eintöniger.

In den Hauptstädten Akbars findet man die prächtigsten Bauwerke dieser Zeit: Agra, Lahore, Delhi und vor allem die von ihm gegründete neue Stadt Fatehpur Sikri, in der er sich auch niederläßt. Nach Wheeler ist sie eine «Orgie hinduistischer Phantasien, jedoch ihrer Struktur nach persisch».

Akbar ist kein besonderer Liebhaber von Moscheen (was vielleicht daran liegen mag, daß er auf der Suche nach einer neuen synkretistischen Religion war), doch seine Nachfolger haben für sie mehr Interesse. Die beherrschende Form der religiösen Architektur zu jener Zeit aber ist das Mausoleum.

Für die Moscheen bleibt der persische Einfluß von größter Bedeutung, was auch auf den ersten Blick einleuchtend erscheint, da das Gebäude rein moslemischen Ursprungs ist. Im allgemeinen handelt es sich dabei um monumentale Bauwerke, die durch eine Plattform, die sich oft zu einer Terrasse verlängert, noch erhöht werden. Bei den größten unter ihnen sind die verschiedenen Teile der Anlage in separate Gebäude aufgeteilt, wie zum Beispiel in der großen Moschee von Fatehpur Sikri, wo drei Gebetsäle an der Kurzseite eines riesigen Arkadenhofs aufeinanderfolgen, in den man durch einen kleinen Pavillon eintritt. Der Gebetsaal ist gewöhnlich von einer oder mehreren Zwiebelkuppeln aus weißem Marmor, wie in Delhi und Agra, überwölbt. Das bunte Farbenspiel auf dem rotem Sandstein, der weiße und schwarze Marmor und die farbigen Steine schmücken die Kuppeln und Fassaden aufs schönste. In ihren Ausmaßen kleiner, aber von zierlicher Eleganz, wurde die Moti-Masjid (Perlenmoschee) von Schahdschahan zwischen 1646 und 1653 innerhalb der Gesamtanlage seines Palastes in Agra errichtet. Es handelt sich dabei um einen einfachen Gebetsaal aus rotem Sandstein mit einer weißen Marmorverkleidung im Inneren, der mit vielzackigen Bögen geschmückt und drei weißen Zwiebelkuppeln, umgeben von Tschatris, gedeckt ist. Weitere Moscheen werden nach demselben Vorbild in Agra, Delhi und in der Nähe von Kabul errichtet.

Mit den Grabbauten stabilisiert sich die Form der Kuppel, sei es nun als Lotosblüte oder als Zwiebel. Das Mausoleum fügt sich in einen riesigen Garten indischer Prägung, und seine Fassade spiegelt sich in einem Wasserbecken. Obwohl das Bauwerk in Form eines quadratischen oder achteckigen Pavillons monumentalen Charakter besitzt, wirkt es durch die Spitz- bzw. Rundbögen (aus Europa importierte Formen), die Nischen und Galerien, die kleinen Nebengebäude und eckigen Minarette und vor allem durch die zahlreichen Tschatri, die um die große Zwiebelkuppel tänzeln, sehr leicht.

Das Grabmal des Sher Shah Sur in Sasaram (16. Jahrhundert) ist dafür ein klassisches Beispiel. Das achteckige Mausoleum wird von einer Galerie eingerahmt und von einer mit Tschatri umgebenen Kuppel überwölbt. Es erhebt sich inmitten einer quadratischen Plattform mit einem Pavillon an jeder Ecke, die selbst nur eine künstliche Insel ist, da die Anlage aus dem Wasser aufzusteigen scheint. Das berühmteste und vollkommenste Grabmal ist das Tadsch Mahal («Krone des Palastes»), erbaut in Agra zwischen 1632 und 1648 zu Ehren der frühzeitig verstorbenen Lieblingsfrau des Schahdschahan. Man kann wohl behaupten, daß es das Meisterwerk der mogulischen wie auch indo-islamischen Architektur schlechthin ist. Die Synthese der beiden Kulturen ist endlich in die Tat umgesetzt, die Elemente persischer und hinduistischer Herkunft verschmelzen zu einem vollkommenen Ganzen, in dem sich die Eleganz und die Einfachheit der Formen in einen natürlichen und klaren Rahmen an den Ufern des Flusses Dschumna einfügen.

Das Grabmal liegt am Ende eines riesigen rechteckigen Gartens persischen Stils gegenüber von einem Wasserbecken und ist vollständig aus weißem Marmor errichtet. Hervorgehoben wird es zu beiden Seiten noch durch zwei Bauten aus rotem Sandstein, einer Pavillonmoschee und einer Art «Hotel» für die Besucher. In der Mitte einer niedrigen Plattform, an deren Eckpunkten sich vier schlanke, dreistöckige Minarette erheben, die jeweils mit einer kleinen Zwiebelkuppel auf einem Arkadenrund gedeckt sind, befindet sich auf einem achteckigen Grundriß dieses herrliche Bauwerk, das von einer Zwiebelkuppel überwölbt wird, eingerahmt von Tschatri und winzigen eckigen Minaretten. Kein Schmuck außer der Harmonie der Formen und zarten abstrakten Verzierungen an den Spitzbögen der Fassade. Die typische hinduistische Heiterkeit, die das Gesamtbauwerk ausstrahlt, verdeckt keineswegs den persischen Einfluß.

Die vollkommene Schönheit des Tadsch Mahal darf uns nicht vergessen lassen, daß es auch eine zivile Architektur gibt, der Akbar mit der Gründung von Fatehpur Sikri (Stadt des Siegers, in Erinnerung an die Eroberung Gudscharats) im Jahre 1568, ungefähr dreißig Kilometer von Agra entfernt, Ausdruck gibt. Der von ihm angestrebte Synkretismus kommt darin voll zum Ausdruck, indem sie den iranischen Grundriß und die hinduistische Dekoration vereint und andere persische, chinesische und später sogar europäische Elemente beimengt. Der Garten nach Art der Perser, dessen Urheber Babur war, spielt darin eine Hauptrolle, da er der Ausdruck von Reichtum und Überfluß in einem ausgetrockneten Land ist. Fatehpur Sikri wurde 1585 zugunsten Lahores vollständig verlassen und blieb daher in sehr gutem Zustand erhalten (in etwa zu vergleichen mit der Fürstenresidenz von Samarra unter den Abbasiden).
Die Stadt, die eher einer Zitadelle gleicht, grenzt auf der einen Seite an einen künstlichen See, dessen Versorgung mit Wasser schwierig ist. Auf der anderen Seite ist sie von einer fünf Kilometer langen Befestigungsmauer umgeben, hinter der verschiedene Bauwerke nach einem genauen Plan angelegt sind. Zunächst trifft man auf die Paläste, von denen der bedeutendste der Panch Mahal («Palast mit den Fünf Stockwerken») ist, mit offenen Sälen nach draußen, dem Diwan-i Am, dem Thronsaal, und dem Diwan-i Khas für die Privataudienzen, einem quadratischen, zweistöckigen Pavillon, der wegen seines fast reinen Hindu-Stils der vier eckigen Tschatri von besonderem Interesse ist. Weiterhin finden sich dort die Residenzen der Hofbeamten, Verwaltungsgebäude (Schatzkammer, Geldmünze), Schulen (darunter eine für Mädchen!), Bäder und natürlich eine Moschee sowie eine Karawanserei. Diese Moschee mit Namen Dschami-Masjid besitzt ebenfalls Tschatri, und das typisch indische Dach wird von S-förmigen Konsolen im Stil Radschastans getragen.
Akbar baut noch weitere Zitadellen, die im allgemeinen an strategisch wichtigen Punkten zwischen einem Fluß und einer Stadt liegen, wie z.B. das Kotila-i Firuzschah, das quadratische Schloß von Agra, oder der Palast von Ajmer, wo er sich öfter aufhielt und der nach dem Vorbild der persischen Karawansereien erbaut war, mit einer von achteckigen Türmen befestigten Mauer, an der sich Wohnungen befinden, die auf einen riesigen Hof führen, in dessen Mitte sich eine einsame kleine Villa befindet.
Die Nachfolger Akbars geben seinen «eklektischen» Architekturstil auf und ersetzen das, was aus dem Dekkan oder Bengalen kam, durch Elemente aus dem Gudscharat und dem Norden. Vorzugsweise wird weißer Marmor verwendet sowie als Schmuck Blumenmotive (vor allem der Lotos), Zacken- oder Rundbögen. Von den zahlreichen Palästen dieser Zeit blieben oft nur Überreste in sehr schlechtem Zustand erhalten. Schahdschahan läßt einige Paläste dieser Art in Agra, Delhi, Lahore und Ajmer bauen. Das festungsähnliche Aussehen wird noch durch die Mauer hervorgehoben. Dahinter finden sich überall zwischen Gärten und Wasserbecken verstreut weiße Marmorbauten. Die Paläste haben einen ziemlich feierlichen Charakter, und die Gesamtanlage stellt zusammen mit den zahlreichen Pavillons und kleinen Gebäuden eine Augenweide dar.
Gegen Ende des 17. Jahrhunderts geht die Architektur schnell ihrem Verfall entgegen. Die Hindu-Tempel werden systematisch zerstört und an ihrer Stelle Moscheen aus minderwertigen Materialien errichtet, die Stuckornamente werden langweilig und schwerfällig, und nur wenige Gebäude entgehen der Monotonie eines zweifelhaften Geschmacks am Ende dieser grandiosen Epoche.

Schlußbetrachtung

Überall und zu allen Zeiten haben sich in der moslemischen Welt dieselben historischen Fehler ereignet: die Assimilierung fremder Elemente, die immer mehr Macht gewinnen, wie vor allem die Türken, die zugleich die rein moslemische Bedeutung von Politik und Kunst abschwächten und eben diesem politischen und künstlerischen Leben einen neuen Anstoß verschafften. In der Tat war die türkische Invasion in gewisser Weise positiv, denn sie belebte von neuem, was sonst unweigerlich dem Verfall preisgegeben gewesen wäre.

Doch im Osten wie im Westen war es die europäische Kolonisierung, die alles Kreative endgültig abzutöten vermochte. Zunächst wirtschaftlich, dann auf brutale Weise politisch, zwang sie dieser Zivilisation sowohl ihre Herrschaft wie auch ihre Werte auf. Die Feinheiten der fremden Kultur entgingen ihr dabei vollkommen, und sie interessierte sich kaum für sie, es sei denn, um sie zu zerstören. Gerade diese feinsinnige und nuancenreiche Kunst konnte sich solcher Unterdrückung nicht widersetzen und versuchte, wie bereits zuvor, die neuen Elemente zu integrieren, wobei die Augen größer als der Bauch waren und sie selbst aufgefressen wurde. Die triumphierende europäische Zivilisation zwang im 19. Jahrhundert der halben Welt ihr Diktat auf.

So kann man vielleicht die heutige Reaktion vieler moslemischer Länder besser verstehen, die versuchen, durch die Religion ihre wahre Identität wiederzufinden, die nach den langen Jahren des europäischen Imperialismus nicht mehr intakt ist – Reaktionen, die es uns oft schwerfällt zu verstehen, die uns wegen ihrer Intoleranz erschrecken, weil sie in unseren Augen ein Rückschritt sind. Doch hatten und haben diese Völker die Wahl der Mittel?

China

Text von Joachim Hildebrand

Einleitung

Bedeutende Funde der Archäologen in der Volksrepublik China haben in der letzten Zeit immer wieder Aufsehen auch im Westen erregt. In den vergangenen 40 Jahren wurde durch die neuen, systematischen Ausgrabungen die gesamte chinesische Kunstgeschichte revolutioniert. Die gewaltigen Leistungen auf diesem Gebiet wurden auch durch die Auswirkungen der in vielen Bereichen der Gesellschaft verheerenden «Kulturrevolution» kaum geschmälert.
An vergleichbaren Katastrophen ist die chinesische Geschichte reich. Politische Meinungsverschiedenheiten, die häufig mit Mitteln des Krieges ausgetragen wurden, hatten besonders auf künstlerischem Sektor fürchterliche Folgen. Die leichte Bauweise von Häusern und Palästen war vielfach der Grund dafür, daß ein einziger Brandherd eine ganze Stadt in Schutt und Asche legen konnte und mit ihr alle Kunstdenkmäler, seien es nun Wandgemälde, Holzplastiken oder Bildrollen. Die Unvernunft mancher Herrscher brachte zusätzliche Verluste mit sich. So ließ Liang Yuandi (reg. 552–555), Kaiser eines kleinen Reiches im Süden Chinas, seine gewaltige Gemäldesammlung verbrennen, als er sich dazu entschloß, buddhistischer Mönch zu werden. Solch mutwillige oder schicksalhafte Zerstörungen führten dazu, daß Kunstwerke aus vergänglichen Materialien und aus frühen Dynastien nur in ganz geringer Zahl erhalten blieben. Die Leistung der Archäologen ist es gewesen, dieses traurige Bild in den letzten Jahren vorteilhaft zu verändern.
Lange Zeit war das westliche Bild von der chinesischen Kunst von einem unseligen Klischee verfälscht: Die Kunst, ja überhaupt die gesamte Kultur galt als statisch und ohne Entwicklung. Sie erschien westlichen Betrachtern einer starren Tradition verhaftet, die Künstler schienen einer neuen und eigenständigen Entwicklung nicht fähig. Dieses Bild war zum Teil von Europäern mitgeprägt worden, die sich zu einer unvoreingenommenen Beschäftigung mit der chinesischen Kultur nicht bereit fanden oder die gar nicht in der Lage dazu waren, von Kaufleuten und Missionaren, die von der fremden Ästhetik herzlich wenig verstanden.
Die vollkommen ungerechtfertigte Unterschätzung chinesischer Kunst, soweit sie nicht dazu beitrug, mit schön verziertem Porzellan die Tafeln europäischer Fürsten zu schmücken, beruhte nicht zuletzt auf einem völligen Mißverständnis des Traditionsbegriffs. Tradition bedeutete besonders chinesischen Malern viel mehr als westlichen Künstlern. Sie war die feste Grund-

lage, die jeder Künstler für die eigene Entwicklung brauchte. Erst wenn man imstande war, die alten Vorbilder, die man sich gewählt hatte, perfekt zu begreifen und künstlerisch nachzuvollziehen, durfte man es wagen, etwas Neues oder gar Revolutionäres zu schaffen. Die in der chinesischen Kunst immer wieder aufbrechende Kluft zwischen akademischen Malern, die relativ unverändert alte Stile wiederholten, und exzentrischen Malern, die sich in bewußten Gegensatz zu ihren angepaßten Kollegen stellten, bedeutet hier keinen Widerspruch, denn beiden Gruppen diente eine solide Ausbildung in den traditionellen Stilen zur Meisterung ihres Handwerks. Der Grund ihrer Trennung war zum Teil weniger künstlerischer als politischer Natur. Die Exzentriker versuchten mit ihren stilistischen Experimenten eine subtile Art des politischen Protestes, z.B. gegen die Regierung, der sie sich durch ihre Ausbrüche künstlerischer Art verweigerten, während sich die Akademiemaler einer zu manchen Zeiten massiven Gängelung durch ihre Brotgeber, die Kaiser, aussetzten.

Zum Teil war die bewußte Abhebung des eigenen Schaffens vom Gewöhnlichen auch die Betonung des Gegensatzes zwischen nur zu ihrem Vergnügen malenden Literaten-Beamten und den Künstlern, die ihre Fähigkeit für Geld zur Verfügung stellten. Ein dritter Grund für expressive Ausbrüche mit Tusche und Pinsel waren religiöse Notwendigkeiten. Anhänger des Zen-Buddhismus empfanden die schnelle Zeichnung einer Eingebung als Ausdruck religiösen Erlebens, einer Erleuchtung.

Wir wollten am Beispiel der Malerei verdeutlichen, daß der Eindruck, der in Europa entstanden war, denkbar falsch ist. Entwicklungen hat es auf künstlerischem Gebiet zu allen Zeiten gegeben. Die Voraussetzungen für diese Entwicklungen waren in China nur ganz anders gelagert als im Westen. Zudem war der schlechte Eindruck, den man in Europa bekam, auch einfach in den schlechten Beispielen begründet, den man von den häufig zweitklassigen Kunstwerken erhielt, die im 18. und 19. Jahrhundert von Missionaren und Kaufleuten nach Europa mitgebracht wurden und die vielfach von routinierten «Kunsthandwerkern» stammten.

Geradezu eine Blüte der unkonventionellen Malerei wurde durch die Etablierung der letzten Dynastie des Kaiserreiches, der Quing-Dynastie, hervorgerufen. Die Herrscher der Quing waren keine Chinesen, sondern Mandschuren, die China im 17. Jahrhundert eroberten und die chinesischen Ming-Herrscher vertrieben. Die künstlerischen Äußerungen der Quing-Exzentriker hat man als einen Ausdruck des Protestes zu sehen. Das Verhältnis zu ausländischen Einflüssen durch fremde Künstler und auch Eroberer war in China immer zwiespältig, obwohl sie zu manchen Zeiten eine bedeutende Rolle bei der Entwicklung der chinesischen Kunst spielten. Man darf aber niemals vergessen, daß die chinesische Kultur selbst kein einheitliches Gebilde war. Schon ihre Ursprünge machen das deutlich: Das Kaiserreich wurde im dritten vorchristlichen Jahrhundert aus verschiedenen Reichen mit eigenständigen Kulturen zusammengefügt, die sich erst nach und nach zu einer labilen Einheit entwickelten. Es darf also auch bei der Betrachtung der chinesischen Kunst nie außer acht gelassen werden, daß immer sowohl Einflüsse von außen als auch starke regionale Strömungen das Bild mitprägten.

Im 19. Jahrhundert war die chinesische Gartenarchitektur für europäische Gartenanlagen, besonders die englischen, von großer Bedeutung. Manche der berühmten Parks können noch heute bewundert werden. In China selbst war diesen betont asymmetrischen Schöpfungen in vielen Fällen eine sehr strenge und monumentale Palast-Architektur gegenübergestellt. Diese beiden Extreme fügten sich seit der Tang-Zeit in den kaiserlichen Palästen zu einem Ganzen, das einen seltsamen Zwiespalt im chinesischen Denken widerspiegelt, der sich durch die gegensätzlichen Ideale zweier bedeutender philosophischer Richtungen erklären läßt: die des Konfuzianismus und des Taoismus. Die Philosophie des Konfuzianismus hatte hauptsächlich die gesellschaftliche Ordnung und den Menschen in der Gesellschaft zu seinem Gegenstand: der Mensch als ein Abbild des Kosmos. Durch seine wesensmäßige Verwandtschaft mit ihm ist auch die Ordnung im ganzen vom Verhalten des Menschen, ganz besonders aber vom Verhalten des Repräsentanten der Menschheit, des Kaisers, abhängig. Die Beziehungen zwischen Kaiser und Normalsterblichen innerhalb der Gesellschaft im ganzen sind streng geordnet. Der Konfuzianismus geht von einer engen Vernetzung der Welt aus, die kein Element unbeeinflußt läßt. Wenn sich der Kaiser schlecht verhält, ist nicht nur die Gesellschaft von innerer Unruhe geschüttelt; auch die ‹barbarischen› Völker außerhalb des Reichsgebiets begehren auf, und die Natur zeigt durch Unwetter und andere Katastrophen an, daß der Kosmos durch das Fehlverhalten des Kaisers aus dem Gleichgewicht geraten ist.

In der Architektur ist der Palastbau in seiner strengen Ordnung ein Symbol für die Ideen des Konfuzianismus. In der bildenden Kunst drückt er sich besonders durch Darstellungen von in seinem Sinne hervorragenden Persönlichkeiten aus, zum Beispiel vorbildlichen Ministern oder tugendhaften Ehefrauen.

Man kann also zusammenfassen, daß die Gesellschaft nach den Doktrinen des Konfuzianismus von einer Art Naturgesetz geprägt wird, das sich in allen ihren Teilen Ausdruck verschafft.

Auch der Taoismus, der schon früh eine bedeutende Rolle neben dem Konfuzianismus spielte, geht von einer Gesetzmäßigkeit im Wesen des Kosmos aus, die sich aber gerade dann am vorteilhaftesten für alle seine Teile auswirkt, wenn der Mensch nicht versucht, etwas eigenmächtig zu verändern, wenn er allen Dingen ihren natürlichen Lauf läßt und selber natürlich lebt.

In den Gedanken der frühen Taoisten war das Ideal eines Goldenen Zeitalters vor der Einführung der Zivilisation von zentraler Bedeutung. Jede gesellschaftliche Ordnung lehnten sie als «Degeneration» ab. Die Einführung von Gesetzen und Regierungen galt ihnen als Eingriff in die ursprüngliche Harmonie, die dadurch zerstört wurde. Die Taoisten versuchten ihr Ideal zum Teil durch Rückzug aus der Gesellschaft in die Wildnis zu erreichen, zum Teil auch durch die Suche nach fernen Paradiesen, in denen der ersehnte Urzustand noch zu finden war.

In der Han-Zeit bzw. schon kurz davor machten sich neue Elemente bemerkbar: das Streben nach körperlicher Unsterblichkeit durch die Harmonisierung der Lebensweise mit dem Naturgesetz und die Einnahme von Unsterblichkeits-Drogen. In den Darstellungen der Han-Zeit spielt diese neuere Entwicklung eine wesentliche Rolle: Bilder von Unsterblichen und taoistischen Paradiesen kommen auf Keramiken und Reliefs vor, und auch in den frühen Gartenanlagen wurde, bisweilen sogar in kaiserlichem Auftrag, eine Art von Gefilde der Unsterblichen geschaffen. Wir können also an manchen chinesischen Palastanlagen alter und neuerer Zeit zwei ganz unterschiedliche Ideale der Philosophie symbolisch angedeutet finden.

Für die Kunst war auch eine ausländische Religion von großer Bedeutung: der Buddhismus. Die Form, die im 3. und 4. Jahrhundert von zentralasiatischen Mönchen in China eingeführt wurde, war der Mahayana-Buddhismus. Er machte nicht, wie die Hinayana-Richtung, den historischen Buddha zur zentralen Gestalt der Verehrung, sondern Bodhisattvas, Wesen, die gemäß der Vollkommenheit ihres Charakters die Erleuchtung erlangt haben und fähig waren, ins Nirwana einzutreten, aber weiter in dieser Welt bleiben, um den Menschen bei der Vervollkommnung ihres Lebenswandels behilflich zu sein.

Diese Form des Buddhismus hatte bereits eine umfangreiche Götterwelt entwickelt, die sowohl indische, d.h. hinduistische, als auch zentralasiatische Götter integriert hatte. Die weitgehende Offenheit gegenüber anderen Religionen und die Möglichkeit der Erlösung aller Wesen machten den neuen Glauben in China bald attraktiv, ebenso die Perspektive einer Wiedergeburt in einem der vielen Paradiese der Buddhas dieses und aller vorangegangenen Zeitalter, die dem Gläubigen unsägliche Wonnen verhießen.

Im 4. und 5. Jahrhundert können wir eine rege Übersetzungstätigkeit in China feststellen, die zum Teil von ausländischen Mönchen, aber auch schon von gelehrten Chinesen vorangetrieben wurde. Auch die buddhistischen Höhlentempel mit ihren unzähligen Malereien und Steinfiguren legen Zeugnis für die rasche Entwicklung der buddhistischen Kunst in China ab.

Diese Einführung sollte einen knappen Einblick in die vielfältigen Strömungen bieten, die bei der Entfaltung der chinesischen Kunst und Kultur eine Rolle gespielt haben, wobei natürlich keineswegs alle Elemente genannt werden konnten. Einige weitere Facetten zum Gesamtbild der chinesischen Kunst werden, so hoffen wir, in diesem Band noch deutlich.

1 *Die Jadescheibe (Durchmesser: 14,7 cm) wurde in Banshan, Provinz Gansu, gefunden und hatte wahrscheinlich eine religiöse Bedeutung. Sie stammt aus dem Neolithikum.*

Steinzeitliche Funde aus dem Neolithikum
(ca. 5.–3. Jahrtausend v. Chr.)

Bis zum Anfang unseres Jahrhunderts war man der Überzeugung, daß sich in China keine steinzeitliche Kultur entwickelt hat. In den zwanziger Jahren machte nun der Schwede Gunnar Andersson eine aufsehenerregende Entdeckung: In der Provinz Gansu grub er in einer Reihe von Fundstätten bemalte Tonscherben zusammen mit Steinwerkzeugen aus. Nach dem ersten Fundort wurde die Kultur mit den Gefäßen mit zum Teil sehr eleganter Bemalung Yangshao-Kultur genannt.

Zu diesem überraschenden Beweis dafür, daß die chinesische Kultur nicht plötzlich im 2. Jahrtausend v. Chr. aufgetaucht ist, trat bald ein weiterer: 1928 wurde beim Dorf Longshan in Shandong äußerst dünnwandige, manchmal nur eierschalendicke schwarze Keramik entdeckt, die auf der Scheibe gedreht war. Diese technische Finesse war an Yangshao-Gefäßen nicht festzustellen. Allerdings machte die feine und von großem Formgefühl geprägte Keramik nur einen äußerst geringen Prozentsatz aus. Die meisten anderen Gegenstände bestanden aus einem groben grauen und nur mit einfachen Ritzzeichnungen oder Kordeleindrücken versehenen Ton. Da an einigen anderen Fundorten eine Schicht mit Longshan-Formen die Yangshao-Kultur überlagert hatte, nahm man an, daß es sich um eine Folge von Kulturen handelte, die ihren Abschluß in der bronzezeitlichen Zivilisation der Shang gefunden hat.

Aufgrund der umfangreichen neuen Ausgrabungen nach der Revolution sah man sich gezwungen, diese Theorie aufzugeben. Es hatte sich herausgestellt, daß in verschiedenen Regionen zahlreiche Varianten der beiden Kulturen und Mischformen von ihnen entdeckt worden waren, darunter sowohl bemalte als auch dünnwandige graue oder schwarze Gefäße. Heute muß man sie sich wohl als zwei in manchen Regionen zur gleichen Zeit aufgetretene Erscheinungen vorstellen.

Die Keramik der Yangshao-Gruppe zeigt eine große Bandbreite an Dekorformen, die sich großenteils aus dem Kreis und der Spirale entwickelt haben. In den meisten Fällen überziehen die nach dem Brennen aufgetragenen Ornamente die obere Hälfte der Gefäße. Die Füße bleiben unverziert, da sie wohl dem Feuer beim Kochen ausgesetzt oder in die Erde gesteckt wur-

2   Tönernes Grabgefäß der Machang-Kultur (Neolithikum), dessen Dekor als menschliche Figur gedeutet wird. Die Bemalung ist mit schwarzen und rötlichbraunen Tonfarben auf weißem Grund ausgeführt.

den. Im Nordwesten Chinas, besonders in der Provinz Gansu, wurden zahlreiche bauchige Töpfe gefunden, die mit sehr großen schwungvollen Kreisen und Spiralen verziert sind. Das Innere der Kreise und die Zentren der Spiralen sind mit Rauten oder Karos gefüllt. Im Zentralgebiet ist die Ornamentik kleinflächiger, aber die Formen variieren stärker. Es kommen auch blütenartige Verzierungen sowie Tiere wie Kröten, Ziegen und Fische vor. Ganz vereinzelt sind auch schon Menschen dargestellt, z.B. in Flachreliefs an den Wänden hoher bauchiger Töpfe. Mit Menschenköpfen sind vereinzelt Deckel von Gefäßen verziert.
Neben den erwähnten Krügen fanden sich Schalen und Amphoren sowie auch kleine Schalen mit hohen Füßen. Besonders charakteristisch sind zwei Formen, von denen das *Ding*, ein Dreifußgefäß mit massiven Beinen, auch in späterer Zeit noch sehr verbreitet war. Der *Li* hat drei hohle Füße und erinnert an ein Euter. Dieses Gefäß tritt nach der Shang-Zeit kaum noch auf. Es ist deutlich zu erkennen, daß viele der besonders feinen Gefäße niemals für den täglichen Gebrauch bestimmt waren. Sie dienten wohl einzig Repräsentationszwecken oder fanden als Grabbeigaben Verwendung. Ebenso verhielt es sich mit der charakteristischen schwarzen Keramik der sog. Longshan-Kultur. Sowohl aufgrund ihrer Feinheit als auch ihrer besonderen Herstellungsweise auf der Scheibe stellt sie eine Ausnahme zu dieser Zeit dar. Die Füße der Schalen sind häufig durchbrochen, was den schönen Formen zusätzliche Leichtigkeit verleiht. Die meisten Gefäße sind von großer Eleganz und auf Hochglanz poliert, zeigen aber bis auf die Durchbrucharbeit keine Verzierungen, sondern wirken einzig durch die formelle Vollkommenheit.

An manchen Orten wurden Mischformen der beiden Kulturen ausgegraben. Die Töpfer der Dawenkou-Kultur z.B. brachten bemalte Keramik hervor, deren Stil sich dem des Zentralgebietes annähert, d.h. kleinere Muster zeigt. Hinzu kommen sehr feine unbemalte Gefäße, z.B. Fußschalen mit Durchbrucharbeit am Fuß.

Auf manchen Keramikobjekten der Huating-Kultur wurden eingeritzte Zeichen entdeckt, bergartige Gebilde und Beile. Auf Stücken aus anderen Kulturen wurden einfache Ritzungen, Kreuze o.ä., gefunden. Manche Archäologen halten diese Zeichen für erste Entwicklungsstufen einer Schrift. Dies ist nicht vollkommen auszuschließen; Beweise fehlen aber bislang.

Die Steinindustrie des Neolithikums ist auf wenige Arten von Werkzeugen beschränkt, zeigt aber innerhalb dieser Gruppen eine erstaunliche Vielfalt von Formen. Betrachten wir das kurz an den Varianten, die bei der Herstellung von Messern existieren: Die einfachsten bestehen aus länglichen Steinklingen, deren Schneide einseitig oder beidseitig geschärft ist. Etwas komplizierter sind rechteckige Klingen, die zwei oder mehr Löcher aufweisen, mit deren Hilfe ein Griff befestigt werden konnte. Bei manchen wurde auch der Griff aus dem Stein gehauen. Es gibt Messer, bei denen geschärfte Steinfragmente in einen Schlitz an einem Holzgriff eingefügt wurden. Abgesehen von den Messern wurden auch Beile, Sicheln und Pfeilspitzen aus Stein entdeckt.

Keine vollkommene Klarheit konnten die Wissenschaftler bisher über die Funktion und Bedeutung von Röhren schaffen, deren Querschnitt quadratisch, deren Öffnung aber rund ist und die in chinesischen Texten als *Zong* bezeichnet werden. Diese Gegenstände, die aus Jade

3 Die kleine Fußschale (Höhe: ca. 20 cm) aus schwarzem Ton wurde auf der Scheibe gedreht und stammt aus der Longshan-Kultur (etwa 1500 v. Chr.).

Farbabbildungen

721   Krug (Höhe: 15 cm) der Gansu-Yangshao-Kultur mit großzügiger wirbelartiger Bemalung, die wahrscheinlich schon mit dem Pinsel ausgeführt wurde.

722   Schale aus dem Dorf Banpocun bei Xi'an (Shaanxi). Das Fischdekor ist für Banpo besonders charakteristisch. In späteren Epochen wurde es noch stärker stilisiert.

723   Menschlicher Kopf mit hornartigen Aufsätzen aus der mittleren Yangshao-Stufe (ca. 2000 v. Chr.), der wahrscheinlich als Gefäßdeckel diente. Die Streifen auf dem Gesicht wurden als Tränenspuren gedeutet.

724   Gießgefäß für Opferwein aus Bronze (Shang-Zeit). Charakteristisch sind die hohen Grate, die in der späten Shang-Zeit immer stärker hervorgehoben wurden. Reiches Dekor in Form von symmetrischen Tiergesichtern.

725   Besonders reizvoll sind an diesem Gefäß die kleinen Elefantenköpfe mit emporgestreckten Rüsseln am oberen Rand des breiten Mittelteils. An der Mündung kurze Inschrift.

726   Ritualbronze vom Typ Gu für Trankopfer. Am Fuß des Gefäßes sind wiederum, diesmal in Flachrelief, kleine Elefantenfiguren mit erhobenen Rüsseln zu erkennen.

727   Besonders schön verzierte Glocke vom Typ Zhong (West-Zhou). Hauptelement des Dekors ist das Tiergesicht. An beiden Seiten sind Platten in Form von Tigern angesetzt.

728   Kanne aus der späten östlichen Zhou-Zeit (Zhanguo). Der Deckel wird von einer kleinen hockenden Affenfigur bekrönt, die Ansatzstücke der Füße bilden Menschengestalten mit seltsamem Kopfputz.

und anderen Gesteinsarten hergestellt wurden, sind auf der Außenseite in mehrere gleichgroße Abschnitte gegliedert, die in ganz seltenen Fällen mit Tiergesichtern verziert sind. Allein
schon die Tatsache, daß die *Zong* aus der schwer zu bearbeitenden und kostbaren Jade gefertigt
wurden, läßt den Schluß zu, daß wir es nicht mit normalen Gebrauchsgegenständen zu tun haben. Von manchen Wissenschaftlern werden sie als eine Art astronomischer Geräte interpretiert. Man bringt sie auch mit der Symbolik späterer Zeit in Zusammenhang, in der das Runde
für den Himmel und das Quadratische für die Erde standen. Die *Zong* würden sich unter diesem Aspekt als eine Art kosmisches Symbol deuten lassen.

Wenden wir uns nun der Frage zu, wie die Siedlungen der Menschen aussahen, die, wie wir gesehen haben, bereits in der Lage waren, schöne Keramik zu produzieren und härteste Gesteinsarten zu bearbeiten. Glücklicherweise können wir auf eine ziemlich gute Rekonstruktion einer Siedlung aus der Yangshao-Zeit bei der Stadt Xi'an (Prov. Shaanxi) zurückgreifen.
In Banpocun wurde ein größeres Dorf entdeckt, von dessen Häusern 47 ausgegraben wurden.
Wie die meisten der neolithischen Siedlungen, lag die Ortschaft auf einer terrassenartigen
Anhöhe an einem Flußufer. Das Dorf war rund und von Graben und Wall umgeben.

Die Häuser waren rund oder quadratisch, und der Fußboden war abgesenkt, so daß man den
Wohnraum über mehrere Stufen oder eine primitive Leiter erreichen konnte. Der Boden war
von einer Kalkschicht bedeckt, die Wände waren aus Lehm und Flechtwerk hochgezogen.
Dächer und Wände wurden durch Pfosten gestützt. Die Kochstelle befand sich in der Mitte
der Häuser. Neben den Wohnstätten lagen große Vorratsgruben. Der Friedhof befand sich im
Norden, die Keramiköfen im Osten der Siedlung außerhalb des Grabens.

Auf eine zunehmende Strukturierung der Gesellschaft läßt die Umformung des Ortes in einer
späteren Besiedlungsperiode schließen: Um ein großes, mehrzimmriges Haus (von Chang
Kwang-chih als Versammlungshaus interpretiert) und einen zentralen Platz gruppierten sich
die anderen Wohnstätten. Es gibt auch Hinweise auf eine zunehmende Arbeitsteilung innerhalb der Siedlung. Banpocun war mehrmals bewohnt, was sich sowohl an der Bautätigkeit als
auch durch die Analyse der Pflanzenreste zeigt, die im Wechsel auf starke Ackerbautätigkeit
oder aber starken Baumbewuchs im Bereich der Siedlung deuten.

Die Gräber sind zu dieser Zeit noch relativ einfach. Einzel- und Mehrfachbestattungen, meist
in ausgestreckter Lage, kommen vor. Häufig liegen die Friedhöfe außerhalb der Siedlungen;
nur Kleinkinder wurden in zwei an den Öffnungen zusammengelegten Töpfen neben den
Häusern beerdigt. In manchen Fällen wurden die Friedhöfe weit entfernt auf Bergen angelegt.
Die Beigaben bestanden aus Keramikgefäßen mit Lebensmitteln und Steinwerkzeugen. Eine
weitere Beigabe läßt uns die Verwendung von Seide vermuten: In einem Grab in Shaanxi wurde ein halber Seidenraupenkokon gefunden. Auf die Herstellung von Textilien deuten auch
die großen Zahlen bemalter Spinnwirteln, die an manchen Orten ausgegraben wurden. Neben Seide diente wohl Hanf als Material von Stoffen zur Bekleidung.

Da die Tongefäße bei ihrer Herstellung offenbar auf geflochtene Matten gestellt wurden, haben sich besonders am Boden Abdrücke dieser Unterlagen im noch weichen Ton erhalten. Sie
lassen uns erkennen, daß den Menschen im Neolithikum schon eine Vielzahl von Flechttech-
niken bekannt war.

Ein erster Höhepunkt: die Shang-Zeit
(ca. 16.–12. Jahrhundert v. Chr.)

Lange Zeit war man darüber im Zweifel, ob die zwei ersten der sog. Drei Dynastien (Xia, Shang, Zhou) sich überhaupt belegen lassen würden. Noch heute ist nicht klar, ob die erste, die Xia-Dynastie, überhaupt existiert hat. Nach dem jetzigen Kenntnisstand über die spätneolithischen Kulturen wäre es durchaus nicht undenkbar, daß die Kultur der Xia in einer der regionalen Ausprägungen des Spätneolithikums zu sehen ist. Auch darüber aber werden vielleicht weitere Ausgrabungen Aufschluß geben können. Auf jeden Fall kann man den chinesischen Wissenschaftlern, die mit großer Sicherheit von der Existenz der Xia-Kultur sprechen, nicht folgen, da die Anhaltspunkte dafür noch zu unsicher sind.
Die große Sensation in der chinesischen Archäologie in den ersten Jahrzehnten dieses Jahrhunderts war die Entdeckung der letzten Hauptstadt der Shang bei Anyang in der Provinz Henan. Die Stadt war aus den schriftlichen Quellen als Yin bekannt. Die Ausgrabungen wurden bei der Ortschaft Xiaotun durchgeführt. Yinxu, die Ruinen von Yin, wie die Stelle unter den Bauern der Umgebung hieß, war jedoch nicht der erste Hinweis auf die Existenz der Shang. Anfang unseres Jahrhunderts waren in chinesischen Apotheken Tierknochen (meist Schulterblätter) aufgetaucht, die von den Apothekern als wirkungsvolle Medizin in Pulverform verkauft wurden. Die Knochen waren, so meinte man, nicht zuletzt deshalb so wirkungsvoll, weil in sie schwer zu entziffernde Zeichen eingeritzt waren. Gerade diese Zeichen erregten nun bald die Aufmerksamkeit chinesischer Wissenschaftler, denn man hatte in ihnen eine frühe Form der chinesischen Schrift vor sich. Die seltsamen Knochen waren in der Shang-Zeit ein Mittel, in die Zukunft zu blicken: Sie wurden ins Feuer geworfen, und aus den Sprüngen, die dabei entstanden, las man dann den Orakelspruch. Frage und Ergebnis wurden kurz auf dem Knochen vermerkt. Diese neuen Funde hatten einen großen Aufschwung der Lehre von den alten Schriftformen, der Paläographie, zur Folge. Die berühmtesten chinesischen Paläographen waren Dong Zuobin und Luo Chenyu. Die Entdeckung der Orakelknochen und der frühen Schriftformen fielen in eine Zeit, in der eine Umorientierung in chinesischen Historikerkreisen stattfand. Es war der Versuch, die konventionelle und stark von konfuzianischen

Texten beeinflußte Geschichtswissenschaft durch Textkritik umzuformen. Den Verfechtern dieser Entwicklung mußten die neuen Funde sehr zupaß kommen.

Doch kehren wir zunächst zu den Ausgrabungen in Anyang zurück. Es fanden sich dort alle Formen einer schon ziemlich hoch entwickelten Stadtkultur mit einer starken Spezialisierung der Berufsgruppen. Das wurde in besonderem Maße an der Bronzegußtechnik deutlich. Dazu muß noch kurz berichtet werden, daß man bis dahin der Meinung war, die Gefäße aus der Shang- und Zhou-Zeit, die man schon kannte – sie waren immer wieder in chinesischen und westlichen Sammlungen aufgetaucht –, seien im sog. Wachsausschmelzverfahren, dem Guß in verlorener Form, entstanden. Diese Theorie mußte vollkommen revidiert werden, da man sich mit einer sonst unbekannten und offenbar in China entwickelten Gußtechnik konfrontiert sah. Die Bronzen der Shang-Zeit waren aus tönernen Teilgußformen hergestellt, in die man negativ die Muster einschnitt, die dann auf den Bronzen positiv erscheinen sollten. Diese

4 Shang-zeitlicher Dreifuß (Höhe: 23,1 cm) vom Typ Ding mit massiven Beinen. Charakteristisch ist das Tiergesichtsmotiv (Tao-tie), das von einem Grat getrennt wird.

5 Bronzegefäß (Höhe: 31,4 cm), dessen Deckel die Form eines Mischwesens hat und auf dessen Körper sich die Vielfalt der tierförmigen Verzierungen der Shang-Zeit zeigt.

Formen wurden ebenfalls an einigen Fundstellen ausgegraben, was die neuen Erkenntnisse über die chinesische Bronzetechnologie überhaupt erst ermöglichte. Nach dem Gießen wurden die Unreinheiten, die an den Nähten zwischen den Teilen entstanden, abgefeilt.
Wie auf den bereits erwähnten Orakelknochen, so kommen auch auf Bronzen Inschriften vor, die den Anlaß des Gießens und den Stifter dieser für sakrale Zwecke gedachten Gefäße festhielten. Die sehr kurzen und oft nur aus wenigen Worten bestehenden Inschriften wurden bei manchen Sakralbronzen mitgegossen, bei manchen aber auch später eingeschnitten. Die letztgenannte Methode veranlaßte so manchen Grabräuber aus späterer Zeit, seine Funde durch Schriftzeichen zu ‹veredeln›, um sie für Sammler attraktiver zu machen. Häufig fallen die gefälschten Texte dadurch auf, daß vollkommen zusammenhanglos hintereinandergestellte Zeichen eingeritzt wurden.
Nach den ersten Ausgrabungen in Anyang war man der Meinung, daß die Gußtechnik sozusagen aus dem Nichts auftauchte. Heute weiß man, daß es durchaus Vorstufen gab, die durch andere Fundstellen in Erlitou und Zhengzhou repräsentiert werden. Bei den Funden, die dort gemacht wurden, kann man sowohl einen einfacheren Stil als auch einen wesentlich niedrigeren Stand der Technik feststellen. Selbst an manchen neolithischen Ausgrabungsstätten wurden einfache Kupfer- und Bronzegegenstände gefunden, die allerdings noch nicht mit Teilgußformen hergestellt wurden. Wie sich die komplizierte Form genau entwickelt hat, ist bis heute noch nicht vollkommen klar.

6 *Aufbau des Tao-tie-Motivs.*

Bei der Betrachtung der Ornamentik fallen uns mehrere sehr typische Merkmale auf. Wo immer sich die Möglichkeit einer symmetrischen Anordnung der Ornamente ergab, wurde sie genutzt. Besonders bei den Zentralmotiven wurde sie streng beachtet. Die Hauptmotive sind Tiergesichter bzw. Teile von ihnen, die in manchen Fällen geradezu furchterregend auf den Betrachter starren. Gezeigt wird z.B. das Gesicht eines Raubtiers, dem allerdings der Unterkiefer fehlt. Die Hauer des Oberkiefers sind deutlich zu erkennen, ebenso große Augen mit stark betonten Pupillen, deren innerer Augenwinkel nach unten gezogen ist. Spitze Ohren und manchmal auch Hörner sind für diese Gesichter charakteristisch. Häufig werden darunter unverhältnismäßig kleine Vorderbeine mit Krallen angedeutet. In vielen Fällen sind die Gesichter von Graten geteilt, die als zusätzlicher Schmuck dienten. Das führte in der späten Shang- und frühen Zhou-Zeit dazu, daß das Motiv sowohl als ganzes wie auch jede Hälfte für sich als eigenständiges Wesen betrachtet werden konnte. Die Teile der Ungeheuermaske konnten dann als zwei Kopf an Kopf liegende drachenartige Wesen, die sog. Gui-Drachen, gesehen werden. Das Tiergesicht wurde als *Tao-tie* bezeichnet, was übersetzt «Vielfraß» heißt, ein Name der ihm recht willkürlich in der Song-Zeit verliehen wurde.

Neben den großen Motiven kommen auch, allerdings seltener, andere Tierfiguren wie Rinder, Widder, Elefanten und (in sehr stilisierter Form) Zikaden vor, die auf manchen der Sakralbronzen zu ganzen Ornament-Reihen verbunden sind, die dem flüchtigen Betrachter als Zackenlinien am oberen oder unteren Rand der Ornamentfläche erscheinen. Auf den Stücken

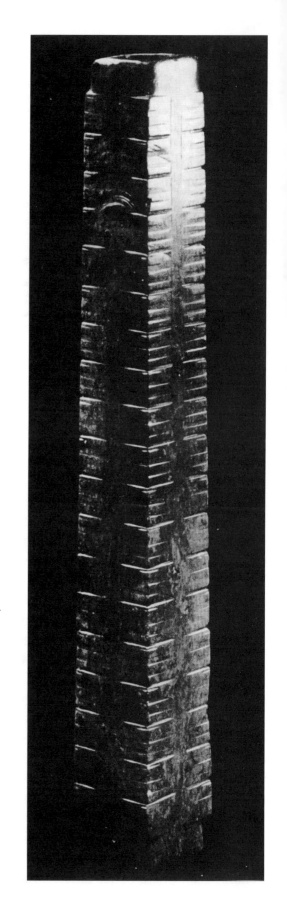

7   Die zylindrische Jaderöhre (Zong) ist 49 cm hoch und stammt
aus der Shang-Zeit. Diese Form wurde in der Song-Zeit imitiert.

wird kaum eine Fläche unverziert gelassen. Die Stellen, die nicht mit tiergestaltigem Schmuck in Flachrelief-Technik versehen sind, wurden mit Spiralen oder Rauten gefüllt. Zuweilen wurden auch vollplastische Tierfiguren an den Gefäßen, z.B. auf den Deckeln, angebracht. Außerdem sind uns auch Gefäße bekannt, die die Form eines ganzen Tieres haben, z.B. eulenförmige Behälter, deren Deckel den Kopf des Vogels bilden, sowie ein Gefäß in Form eines stehenden Rindes. Menschen sehen wir unter den Zierelementen der Shang-Zeit äußerst selten. An den Griffen der Gefäße sind bisweilen kleine Menschengesichter als Verzierungen angebracht. Ein Beispiel ist bekannt, bei dem das Menschengesicht als Hauptmotiv anstelle des Tierkopfes auftritt. Auf einem viereckigen Gefäß kann man auf allen vier Seiten große, frontal abgebildete Menschengesichter sehen.

Wie aus den Inschriften hervorgeht, haben wir es bei den Bronzen niemals mit normalen Gebrauchsgegenständen zu tun. Allein die schwierige Fertigung machte die Gefäße zu wertvoll für die tägliche Benutzung, und auch die komplizierte und sorgfältig ausgeführte Ornamentik deutet auf den religiösen Hintergrund des Shang-zeitlichen Bronzegusses. Die bedeutenden Zeugnisse der Bronzekunst fanden sich denn auch in den Tempelbezirken und den Großgräbern, über die noch zu sprechen sein wird.

Manche der Gefäßformen sind uns schon von der neolithischen Keramik her geläufig. Die Dreifüße *Ding* und *Li* kommen wieder vor, auch Zwischenformen. Schalen mit flachen Füßen, hohe schlanke Becher mit eingezogenem Mittelteil, auch gedrungenere mit gebauchtem Mittelstück, Dreifüße mit lanzettförmigen Beinen, Ausguß, Henkel und einem oder zwei pilzförmigen Aufsätzen, mit deren Hilfe sie nach dem Kochen vom Feuer genommen wurden, sind charakteristisch. Ganz selten kommt es allerdings vor, daß für die Bronzen Gegenstände aus anderem Material zum Vorbild genommen wurden. So betrachten wir mit Überraschung einen Behälter, dem man die Form eines Fasses gegeben hat. Kleine Erhebungen, die reihenweise auftreten, könnten u.U. Nägel an einem Vorbild aus Holz imitieren. Eine der äußerst seltenen Formen ist auch das Trinkhorn aus Bronze. Trinkhörner wurden ursprünglich natürlich aus ganz anderen Materialien hergestellt, sind aber im übrigen in China nie sehr verbreitet gewesen.

Die Funde in den Gräbern umfaßten in den meisten Fällen auch eine Anzahl Waffen. Besonders auffällig ist dabei eine Art Hellebarde mit langer und zweischneidiger Klinge, die sog. *Ge*, in westlicher Terminologie als Dolchaxt bezeichnet. Sie wurde mit Hilfe einer meist rechteckigen Platte am breiten Ende geschäftet. Die Variationen reichen von sehr einfachen Stücken ohne Verzierung bis zu aufwendigen mit gegossener Ornamentik und zum Teil mit Verzierungen aus Halbedelsteinen. Eine weitere Waffe war das Schulterbeil *Yue,* ebenfalls mit einer Schäftplatte versehen, aber häufig sehr breit und mit stark gebogener Schneide. Die größeren Stücke weisen kreisförmige Löcher auf, die bei manchen zwei Drittel der Fläche einnehmen können und die ebenfalls für Verzierungen aus Stein gedacht waren. Die großen Beile sind so schwer, daß sie ganz unmöglich häufig in Gebrauch gewesen sein können. Wahrscheinlich wurden sie bei Opferhandlungen benutzt, vielleicht sogar, worauf manche der frühen Schriftzeichen schließen lassen, bei Menschenopfern. Messer haben an ihren Griffenden Verzierungen; besonders auffällig sind Ringe und Schellen, aber auch Tierköpfe. Diese Zierate deuten auf einen engen Zusammenhang mit nordasiatischen Bronzestilen hin, besonders des Ordosgebietes.

8 In Erligang bei Zhengzhou (Henan) wurde dieses Elfenbeingefäß ausgegraben, das aus einer frühen Phase der Shang-Zeit stammt.

Beil und Dolchaxt gehörten zur Ausstattung des Wagenkämpfers. Der Streitwagen war ebenfalls eine Neuentwicklung der Shang-Zeit; Reste der zweirädrigen Gefährte sind daher bei allen größeren Gräbern entdeckt worden. Die Achskappen und andere Teile waren ebenfalls aus Bronze und wurden mit Tiergesichtern oder geometrischen Ornamenten verziert.

Waren bei den Bronzen die Anknüpfungen an Gefäße aus anderen Materialien eher selten, so sind sie in der Keramik ausgesprochen häufig. Besonders Bronzeformen und speziell ihre Verzierungen dienen den feineren Keramikwaren als Vorbilder. Ebenso wie in der Bronzekunst bildet auch auf der Keramik die Tao-tie-Maske ein Hauptmotiv. Neben den Keramikgegenständen, denen mehr Sorgfalt gewidmet wurde und die zuweilen mit ungleichmäßig verlaufender Glasur überzogen wurden, fertigte man weiterhin die grobe graue und mit Schnurornamenten geschmückte Gebrauchskeramik.

Den höchsten Stand der Töpferkunst der Shang-Zeit können wir an einer Zahl von Objekten aus fast rein weißer Masse sehen. Die kunstvoll verzierten Töpfe mit dünner Wandung enthalten bereits einen Bestandteil, der später zur Herstellung von Porzellan unbedingt nötig wurde: die weiße Gaolin-Erde. Allerdings kann der frühe Versuch mit Gaolin noch nicht als die Entdeckung des Porzellans interpretiert werden, da noch einige Voraussetzungen fehlten. Die Brenntemperaturen waren noch viel zu niedrig, um die gaolinhaltige Tonmasse verglasen zu lassen, d.h. tatsächlich zu Porzellan zu machen.

Es war uns schon aufgefallen, daß der Mensch in der frühen Kunst Chinas eine sehr geringe Rolle spielte. In der Plastik aus Stein oder Halbedelstein wie Jade sind ebenso wie auf Bronzen ziemlich wenige Menschendarstellungen erhalten. Sie zeigen kauernde Würdenträger in stark gemusterten, aber im Schnitt schlichten Gewändern. Bilder von nackten Menschen kommen ebenfalls vor. Den Hauptanteil aber haben Abbildungen von Tieren, z.B. Schlangen, Tigern, Elefanten, kleinen Vögeln, Schildkröten und auch wieder von Zikaden, die schon an den Bronzen auffielen. Überraschenderweise können wir auch Tiere in kniender Haltung wie Menschen sehen. Manche der größeren Figuren sind auf der Rückseite mit Zapfen versehen. Man nimmt an, daß sie als Architekturschmuck gedacht waren, der in die Wände der Tempel und Paläste eingelassen wurde.

Neben Schmuckgegenständen wurden auch Waffen aus Stein und Jade gefertigt. Die Dolchaxt tritt wieder auf, allerdings in meist etwas vereinfachter Form. Messer aus Jade wurden manchmal den Bronzeformen nachgestaltet. Auch Objekte, deren Funktion rein repräsentativ oder religiös war, sind in großer Zahl bekannt, so z.B. Ringscheiben des Typs *Bi*, Halbringscheiben und rechteckige oder trapezförmige dünne Platten, die vielleicht als eine Art Abzeichen dienten, wie sie uns auch an späteren Darstellungen von Beamten auffallen.

Die natürliche Vergänglichkeit von Textilien erklärt den Umstand, daß wir über die Kleidung der Shang ziemlich schlecht unterrichtet sind. Die gemusterten Stoffe an den Steinskulpturen wurden bereits erwähnt, die zum Teil den Verzierungen auf den Sakralbronzen nicht unähnlich sind. Hinweise auf die Webkunst der Shang-Zeit können wir aber noch auf andere Art erlangen: Die kostbaren Bronzen waren manchmal in Stoffe eingewickelt, deren Struktur Spuren auf dem Metall hinterlassen hat, wodurch wir weitere Informationen über die Muster und die Webtechnik der Shang erhalten haben. Sie muß bereits auf einem ziemlich hohen Niveau gewesen sein, da selbst komplizierte Muster bewältigt wurden.

Ähnlich verhält es sich mit der Lackkunst, über die wir nur aus wenigen erhaltenen Fragmenten Aufschluß erhalten. Auch bei ihr fällt der erstaunlich einheitliche Stil auf, der immer wieder die Ornamente variiert und kombiniert, die wir von den Bronzen her kennen.

Die Reste der großen Städte Zhengzhou (vielleicht das Shang-zeitliche Ao, die erste Hauptstadt) und Anyang-Yin, die letzte Residenz der Könige, machen deutlich, daß wir es im Gegensatz zum Neolithikum bereits mit einem sehr komplexen Stadtgebilde zu tun haben, das sowohl einen großen Palastbezirk umfaßte, der gleichzeitig das religiöse Zentrum war, als auch Bezirke, in denen die Werkstätten der Handwerker lagen und die Wohnstätten des Volkes. Die großen Siedlungen wurden von einer Mauer umschlossen, die mehrere Tore besaß und aus gestampfter Erde errichtet war. Die Paläste standen auf Sockeln, die ebenfalls aus Stampferde hochgezogen wurden. Die Gebäude selbst waren in ihrer Form der Langhalle der späteren Zeit nicht unähnlich.

Die Dächer der Häuser wurden durch Reihen von Holzsäulen gestützt, die auf Steinen im Boden ruhten. Diese Steinsetzungen liefern den Archäologen weitere Hinweise auf Grundrisse und Innenarchitektur der Palasthallen. Die Wände bestanden zum Teil wohl ebenfalls aus Holz, wurden in anderen Fällen aber aus Ton oder einer Kombination von Holzstangen, Matten und Lehm aufgeführt, in die dann der figürliche Architekturschmuck mittels der Zapfen eingelassen wurde.

Im Vergleich zu den Bauresten, die wir aus neolithischen Siedlungen kennen, sind die neueren Bauten, die für die Regierenden bestimmt waren, großzügig und repräsentativ, während die Wohnungen des Volks durchaus noch den neolithischen ähnlich gewesen sein mögen. An

9   Die Jaderöhre vom Typ Zong entstand vermutlich im Neolithikum und ist 6,5 cm hoch. An den Ecken kann man stilisierte Gesichter erkennen.

den Ruinen von Gaocheng in der Provinz Hebei, einer weiteren Metropole der Shang-Zeit, ist die Rekonstruktion der Dachformen möglich, da manche Baureste noch intakte Seitenwände aufweisen, die Formen eines einfachen Satteldachs erkennen lassen.

In den Fundamenten der großen Paläste wurden die Reste von Menschenopfern entdeckt, manchmal auch nur Skeletteile, die Köpfe an einer, die Körper an einer anderen Stelle. Diese grauenerregende Sitte müssen wir auch bei der Betrachtung der Grabanlagen aus der Shang- und Zhou-Zeit zur Kenntnis nehmen. In manchen Fällen mußten 20–30 Menschen den Herrscher und ihren Frauen ins Grab folgen. Die Gräber der Regierenden nahmen schon zu dieser Zeit gigantische Formen an. Das machen uns die Ausgrabungen in einem Shang-Friedhof in der Nähe der Ruinen von Yin deutlich. Die Grundrisse der Großgräber wirken wie überdehnte Kreuze mit sehr breiten Querbalken. Diese neue Form kam durch lange Rampen zustande, die zu einer rechteckigen Grabkammer im Zentrum führten. Die Kammer selbst war zweiteilig: Sie bestand einerseits aus einer Plattform, der sog. *Erzengtai*, auf der sowohl Beigaben als auch Menschenopfer, vermutlich Adlige, die ihren Fürsten mit ins Grab gegeben wurden, niedergelegt waren. Daß höhergestellte Persönlichkeiten mitbestattet wurden, erkennt man an den zuweilen kostbaren Schmuckstücken, die neben ihnen lagen. Die eigentliche Hauptkammer andererseits war mit einer Holzkonstruktion umgeben, und die Toten wurden in Särgen bestattet. Sie waren mit zum Teil äußerst kostbaren Gegenständen versorgt, meist Sakralbronzen sowie Waffen aus Jade und Bronze. Dabei wurden kaum Unterschiede zwischen Bestattungen von Frauen und Männern festgestellt. Das Grab der Frau des Königs Ding, Fu Hao

(Frau Hao), legt beredtes Zeugnis darüber ab. Die Grabstätte mit über 1000 Beigaben ist eine der wenigen, die nicht vor der Ausgrabung ausgeraubt worden sind, und zeigt den ganzen Prunk einer Shang-zeitlichen Bestattung. Fu Hao war eine bedeutende Persönlichkeit, die auch in mehreren Orakelinschriften Erwähnung findet und die angeblich für den König sogar Schlachten angeführt haben soll. Unter den Beigaben zu ihrem Grab finden wir feinen Schmuck ebenso wie Waffen. In späterer Zeit wurden nicht immer, doch in den meisten Fällen deutliche Unterschiede bei der Ausstattung der Gräber gemacht.

Unter dem Sarg der Hauptperson befand sich eine kleine Opfergrube, die sog. Taillen-Grube (*Yaogeng*), in der sich oft ein geopfertes Tier, meist ein Hund, fand. Auch auf den Rampen wurden Opfer, nicht selten Menschen, niedergelegt. Manchmal mußte eine große Zahl von Wagen mit Lenkern und Pferden ihren Herren ins Grab folgen. Auch die Wagenlenker wurden dazu mit ihrer typischen Bewaffnung, Dolchaxt und Messer, ausgestattet.

Kurz gesagt, die Toten wurden schon in der Shang-Zeit mit allem versorgt, was ihnen zu einem luxuriösen Leben im Jenseits vonnöten war.

Wir haben schon darauf hingewiesen, daß sich bei unserem heutigen Kenntnisstand nicht mit Sicherheit sagen läßt, ob es die bisher immer als mythisch apostrophierte Xia-Dynastie wirklich gegeben hat. Da aber bereits in den frühesten Phasen der Shang-Dynastie, die uns bisher bekannt geworden sind, die Stadtkultur und die Bronzekunst ein ziemlich hohes Niveau erreicht hatten, ist es durchaus denkbar, daß an anderen Fundstätten noch weitere, frühere Kultur-Formen entdeckt werden. So könnte auch eine bisher nur in Hypothesen existierende Xia-Epoche realere Gestalt gewinnen.

Eine Periode des Übergangs: die Zhou-Zeit
(ca. 1122–221 v. Chr.)

Die Kunst der Zhou-Zeit läßt sich sehr grob in zwei Phasen gliedern: Die erste ist von starker Nachwirkung Shang-zeitlicher Formen geprägt. Diese Erkenntnis läßt sich besonders aus der Betrachtung der Ritualbronzen gewinnen. Für die zweite sind zum Teil deutlich voneinander abgesetzte Regionalstile charakteristisch. Diese Entwicklung wurde durch die endgültige Schwächung der Vormachtstellung der Zhou im Zentralgebiet gefördert.

Die neuen Herrscher hatten sich zunächst wohl hauptsächlich darauf beschränkt, die politische Macht im ehemaligen Shang-Reich zu übernehmen. Auf vielen anderen Gebieten griffen sie auf die Errungenschaften ihrer Vorgänger zurück. Die Bronzen sind bezüglich des Dekors zum Teil kaum von denen der Shang-Zeit zu unterscheiden. Allerdings stellt man die langsame Auflösung der bekannten Ornamentstrukturen fest. Das, was wir bisher als Tao-tie kannten, veränderte sich: Das durch einen zentralen Grat gegliederte Tiergesicht zerfällt zunehmend in zwei getrennte, aber symmetrisch angeordnete Hälften, meist die bereits erwähnten Drachengestalten. Auch diese Ornamente verändern sich, werden vervielfacht und gleichzeitig schematisiert. In der Ost-Zhou-Zeit führte die Entwicklung dazu, daß die Tiere, die ursprünglich dargestellt waren, kaum mehr zu erkennen sind, sondern zum flächendeckenden verschlungenen Muster werden. Neben diesen von Tierformen abgeleiteten Verzierungen treten auch rein geometrische Ornamente auf, wie z.B. große Wellenlinien, die fast die gesamte Wandung überziehen.

In der westlichen Zhou-Zeit ist dagegen noch deutlich der Einfluß der Shang-zeitlichen Bronzen zu spüren. Die Verzierungen bleiben im wesentlichen die gleichen. Manche der Bronzen aus der frühen westlichen Zhou-Zeit sind kaum vom Yin-Stil zu unterscheiden.

Jedoch werden zunehmend regionale Unterschiede in der Behandlung der Flächen deutlich. Auf die Verflachung der Tiermotive zum reinen Muster wurde schon hingewiesen. Zu einem Höhepunkt wurde diese Entwicklung am Ende der Chunqiu- und Anfang der Zhanguo-Zeit getrieben. Bei vielen Gefäßen wurden große Teile der Wandung mit einer einheitlichen Musterung überzogen, die bei flüchtigem Hinsehen so wirkt, als sei die Bronzeoberfläche einheitlich korrodiert. Erst bei genauer Betrachtung werden Strukturen, Teile von Tierkörpern und Gesichter erkennbar. Bei besonders reich verzierten Exemplaren bleiben diese Muster nicht nur flächig, sondern werden auch plastisch an den Gefäßen angebracht. Man kann sich des Gefühls nicht erwehren, daß die überbordende Ziersucht der Bronzemeister dieser Zeit in manchen Fällen etwas straffere Zügel wohl vertragen hätten. Dieser Mangel wird z.B. an einigen Gefäßen aus dem berühmten Grab des Fürsten Yi von Ceng sehr deutlich, von denen manche in ihrem üppigen Ornamentprunk geradezu geschmacklos wirken, technisch aber eine großartige Leistung darstellen. Diese seltsame Kombination aus technischem Perfektionismus und Mangel an gutem Geschmack wird uns noch einige Male in der chinesischen Kunstgeschichte begegnen.

Der eben beschriebene Bronzestil ist in die wissenschaftliche Literatur als Huai-Stil eingegangen und wurde von Bernhard Karlgren in seiner Einteilung der chinesischen Bronzen als letzte große Stilrichtung bezeichnet. Uns war schon bei der Betrachtung Shang-zeitlicher Waffen aufgefallen, daß sich besonders die Messer in ihrer Form u.U. von nordsibirischen Erzeugnissen ableiten lassen. Überraschenderweise können wir nun feststellen, daß der gesamte Huai-Komplex mit dem sibirischen Tierstil in seltsamer und zum Teil enger Beziehung steht – seltsam deshalb, weil der Huai-Stil keineswegs nur in Nordchina, sondern auch in Zentral- und Südchina zu voller Ausprägung kam. Besonders im Gebiet des Königreichs Chu, das eine sehr eigenständige und interessante Kultur entwickelt hat, gelangten die Werkstätten der Bronzegießer des Huai-Stils zu hoher Blüte.

Die Verwandtschaft mit den sibirischen Stilen wird besonders bei der Darstellung einzelner Tiere deutlich. Statt der Pfoten werden sie mit sichelartigen Klauen ausgestattet. Auch die Muskeln werden in charakteristischer Weise stilisiert: Sie erscheinen als Linien, die in Spiralen enden. Die starke Schematisierung der Tiere war nicht auf Bronzen beschränkt; auch bei Lackarbeiten und Holzplastiken folgte man dieser Stilrichtung. An manchen Fundstücken wachsen die wuchernden Verschlingungen der Ornamentik über die Fläche hinaus und werden plastisch an die Gefäße angesetzt, so daß die bereits aus der Shang-Zeit bekannten Formen manchmal mit bizarrem, aber dennoch in den meisten Fällen symmetrischem Beiwerk versehen werden. Auch hierfür finden wir Beispiele im Grab des Fürsten Yi von Ceng.

Charakteristisch für den Tierstil ist ferner das Motiv des Tierkampfes. Vollplastische Bilder von kämpfenden Tieren wurden in Gräbern entdeckt, die einer Randkultur der Zhanguo-Zeit zuzurechnen sind: in den Grabstätten der Könige von Zhongshan. Sie bestehen aus zum Teil vergoldeter Bronze und dienten wahrscheinlich als Füße für ein Gestell. Während die Tierkampfszenen durchaus auch in anderen Bereichen des damaligen China dargestellt wurden, kennen wir einige andere Elemente nur aus den Gräbern dieser Kultur. Es wurden Hinweise darauf gefunden, daß die Herren von Zhongshan große Zelte besaßen, denn es wurden Halterungen für das Zeltdach gefunden, die auf die Spitze des zentralen Pfostens gesteckt werden konnten und an denen mit Hilfe von Ringen die anderen Teile befestigt wurden. Von besonderem Interesse sind auch 1,19 m hohe Gebilde, die einem Dreizack ähneln. Sie konnten ebenfalls auf einen Pfahl gesteckt werden und wurden von den Archäologen als eine Art Würdezeichen gedeutet. Wir können in diesen Elementen Hinweise auf eine Kultur sehen, die sich wahrscheinlich sehr stark von der des Zentralgebietes unterschied.

10   Die Bronzeschale (Durchmesser: 50,9 cm) vom Typ Jian entstand vermutlich zu Beginn der Ost-Zhou-Phase im Huai-Stil. Sie ist von einem Muster bedeckt, das aus Tierformen gebildet ist.

Einen völlig anderen Komplex bilden die Bronzekunstwerke, die in der Nähe des Dian-Sees bei Kunming in Yunnan ausgegraben wurden. Bereits die Herstellungstechnik unterscheidet sie von denen, die uns bisher aus dem Zentralgebiet bekanntgeworden sind: Sie wurden in verlorener Form hergestellt, d.h. es wurde zunächst ein Wachsmodell von ihnen gefertigt, das man mit einem Tonmantel umgab. Das Wachs wurde dann ausgeschmolzen und die so entstandene Tonfigur mit flüssiger Bronze gefüllt. Nach dem Guß zerschlug man die Form, daher der Name dieser Gußtechnik.

Die Bronzen der Dian-Kultur, nach ihrem Fundort benannt, zeichnen sich durch eine besondere Lebendigkeit der Darstellung aus. Wir sehen wiederum Tierkampfszenen, auch Menschen bei der Jagd oder bei zeremoniellen Handlungen. Darstellungen religiösen Inhalts sind besonders häufig auf seltsamen Gefäßen anzutreffen, die zur Aufbewahrung von Kauri-Schnecken dienten. Auf den Deckeln dieser Behälter können wir großangelegte Szenen sehen, die z.B. Opferhandlungen vor Gebäuden wiedergeben. Eine große Rolle spielt bei diesen Bildern der Stier, dem wohl in der Dian-Kultur religiöse Bedeutung zukam. Die Kauri-Behälter ähneln in ihrer Form stark Bronzepauken derselben Kultur, die häufig mit geometrischen Dekorformen überzogen sind. Die Mitte der Schlagfläche wird von einem Sternornament geziert. Plastischer Schmuck ist an diesen Pauken seltener, allerdings kommen an den Rändern der Schlagfläche bisweilen kleine Froschfiguren vor. Die Pauken sind mit ähnlichen Instrumenten verwandt, die wir aus der vietnamesischen Dongson-Kultur kennen.

Die Bronzen des Huai-Stils weisen bei der Strukturierung der Fläche besondere Merkmale auf. Bei manchen Gefäßen wird die Wandung durch Grate in quadratische und rechteckige Felder aufgeteilt. Die Grate können auch wie Schnüre gestaltet sein, die über die Gefäße gelegt und an den Kreuzungspunkten verknotet scheinen.

Eine Neuheit, die uns aus der Zhanguo-Zeit bekannt ist, sind in die Bronzen eingravierte vielfigurige Bilder, die Menschen bei den verschiedenen Tätigkeiten zeigen. Frauen pflücken Maulbeerblätter für die Seidenraupenaufzucht, Jäger werden auf der Jagd mit Schnurpfeilen gezeigt, aber auch Menschen mit einem seltsamen Kopfputz bei rituellen Handlungen vor und in zum Teil mehrstöckigen Häusern.

Viele der Gefäßformen sind uns noch aus der Shang-Zeit bekannt, einige besonders typische aber sind verschwunden, so z.B. die Typen *Jue* und *Gu*. Einige neue kommen hinzu, wie gebauchte Gefäße mit schlankem Hals und schmaler Mündung, die wie Vasen aussehen und *Hu* genannt werden. Diese Form ist auch in der Han-Zeit noch sehr verbreitet und kommt seit der Zhanguo-Zeit in Bronze und Ton vor, meist mit schöngeschwungenen wolkenartigen Verzierungen. Sehr oft werden jetzt Behälter mit Deckeln versehen. Die Deckel haben kleine Aufsätze, so daß sie auch als Schalen verwendet werden konnten, wobei die Aufsätze als Füße dienten. Es wurden außerdem, wie schon in der Shang-Zeit, Gefäße in Tierform hergestellt.

Bei den Waffen lassen sich keine besonders auffälligen Veränderungen erkennen. Allerdings wurden manche Formen besonders fein, schlank und elegant ausgeführt.

Eine der ersten Formen des Geldes war einer Waffe, dem gebogenen Messer, nachgeformt. Diese frühen Messermünzen ähneln den Messern mit Ringgriff und tragen meist eine Inschrift, die anzeigt, aus welchem Land sie stammen. Eine Parallelerscheinung, allerdings in anderen Königreichen, waren die Spatenmünzen, die, wie ihr Name schon sagt, einfachen Spaten in Miniaturformat gleichen. Auch sie tragen Inschriften, die ihre Herkunft erkenntlich machen. Eine weitere und sehr merkwürdige Geldform kennen wir aus dem Staat Chu. Es handelt sich dabei um unregelmäßig geformte Goldplatten, in die reihenweise mit Stempeln Inschriften eingedrückt sind. Wir haben hier im übrigen eine der wenigen Formen vor uns, in denen Gold vor der Han-Zeit auftritt. Gold war in der Zeit davor als Schmuck selten und ist nur vereinzelt als Einlage in Bronzen oder als Draht zu finden.

Eisen wurde in der Zhanguo-Zeit öfter als zuvor verarbeitet, allerdings nicht, wie im Westen zu dieser Zeit, geschmiedet, sondern gegossen, da man mit dieser Technologie infolge der Herstellung von Bronzen vertraut war. Erste Versuche mit Eisen waren aber bereits in der Shang-Zeit unternommen worden. An einigen Bronzewaffen, z.B. aus der Fundstätte Gao-cheng, kann man erkennen, daß die Schneide aus Eisen bestanden hat, das beim Guß mit dem Bronzekörper verbunden wurde. Die Eisenteile sind sehr stark verrostet, so daß nur noch ein kleiner Rest erhalten blieb. Bei diesen frühen Stücken wurde kein abgebautes Metall, sondern Meteor-Eisen verwendet.

Die Keramik folgt in ihrem Stil nach wie vor häufig den Bronzeformen. Die Zhou-Waren wurden mit hohen Temperaturen gebrannt (1200 Grad) und sind gleichmäßig mit Glasur überzogen. Die Glasurfarben variieren zwischen Braun und Grün; bei manchen Stücken verstand man offenbar schon gut die Farbgebung zu kontrollieren. In den Ton wurden entweder geometrische Linienornamente eingeschnitten oder mit Modeln plastische Schmuckformen eingedrückt, die das Dekor der Bronzen nachahmten. In der Zhanguo-Zeit wurde das Tao-tie-

Farbabbildungen

745 Kleiner Topf aus weicher weißer Keramik, eines der wenigen weißen Gefäße, die aus der Shang-Zeit unversehrt erhalten sind. Das Dekor erinnert an die Bronzeverzierungen jener Zeit.

746 Ringscheibe vom Typ Bi aus grüner Jade, Zhanguo. Die äußere Ornamentleiste besteht aus verschlungenen Tierformen, das Innere aus sehr kleinem flächendeckendem Muster. Huai-Stil.

747 Kleiner Deckeltopf aus rotem Ton (Zhanguo oder frühe Han-Zeit). Die Besonderheit an diesem Gefäß ist die Verzierung aus Glaspaste, die erst sehr viel später üblich wurde.

748 Blick in eine der Gruben mit Tonfiguren beim Grab des ersten Kaisers der Qin bei Lintong (Shaanxi). Hier wurden ca. 6000 Figuren entdeckt, die meist allerdings stark beschädigt waren.

749 Kniender Krieger mit Plättchenpanzer, der vielleicht einmal eine Waffe aus Bronze gehalten hat. Die Figur bringt den erstaunlichen Realismus der Qin-zeitlichen Bildhauer sehr gut zum Ausdruck.

750 Köpfe zweier stehender Pferde. Sie sind stilisiert und dem Han-zeitlichen Schönheitsideal für Pferde ähnlich, aber dennoch fast naturalistisch.

751 Figur eines stehenden Wagenlenkers. Die Zügel, die er ehemals in der Hand hielt, sind verloren. Es wurden auch sitzende Wagenführer aus Ton und Bronze entdeckt.

752 Tongefäß vom Typ Hu aus der West-Han-Zeit. Die wolkenartigen Verzierungen und die horizontalen Bänder, die das Gefäß gliedern, sind nach dem Brand auf das bereits abgekühlte Gefäß gemalt.

11 Rückseite eines Bronzespiegels (Durchmesser: 15,75 cm) aus Zhanguo; auf die feinen Muster wurden in höherem Relief drei Drachenmotive gesetzt.

Motiv wiederbelebt. Das Tiergesicht behält einige typische Merkmale; so fehlt z.B. auch bei diesen neuen Formen der Unterkiefer. Der Stil jedoch ist vollkommen verändert und nähert sich eher vorderasiatischen Darstellungskonventionen. Das Gesicht wird nun bei den Tongegenständen aus Formen gedrückt und der Wandung appliziert; manchmal werden den Tierköpfen auch Ringe ins Maul gehängt, so daß sie wie Türklopfer aussehen. Tatsächlich als Türklopfer können wir dieses Motiv auch auf Bildern der Han-Zeit wiederfinden.

Unter den Zhou wurden auch sehr feine Gegenstände aus Stein und Halbedelstein hergestellt, die allerdings kaum mehr praktischen Zwecken dienten. Waffen aus Stein kommen in der Zhou-Zeit kaum noch vor. Sehr viel häufiger sind Schmuckgegenstände aus diesem Material, wie z.B. Teile großer Gehänge, die auf der Kleidung getragen und vermutlich am Gürtel befestigt wurden. Sie bestanden aus Plättchen in Tier- und Menschen-Form, aus rein geometrischen Teilen wie Halbringscheiben u.ä. Es ist bewundernswert, wie die Künstler der Shang- und Zhou-Zeit mit ihren sehr einfachen Gerätschaften Gegenstände von so hoher Eleganz aus derart harten Gesteinsarten wie Jade herausarbeiten konnten. Ringscheiben wie die *Bi*, die seit dem Neolithikum verbreitet waren, sind auch aus der Zhou- und Han-Zeit bekannt.

Eine vollkommen neue Form finden wir in Siegeln, die sowohl aus Bronze als auch aus meist edlem Gestein gefertigt wurden. Die Entstehung des Siegels läßt sich zum einen mit der Entwicklung eines komplexeren Systems von Familiennamen erklären, das eine namentliche Legitimation mithilfe von Siegeln zunehmend geboten erscheinen ließ. Zum anderen war das Siegel eine willkommene Vereinfachung im stetig anwachsenden Schriftverkehr der Beamten. Von manchen Forschern wurde angenommen, daß bereits in der Shang-Zeit eine Form von Siegeln existierte. Zu diesem Schluß kamen sie, da sich auf manchen Bronzen kartuschenartige Gebilde fanden, in die Personennamen eingeschrieben waren. Diese Zeichen wurden für die Nachahmung eines Siegelabdrucks gehalten. Shang-zeitliche Siegel wurden aber unseres Wissens bisher nicht entdeckt.

Ab der Zhanguo-Zeit entwickelte sich eine eigene Siegelindustrie, die sich seit der Han-Zeit immer wiederkehrender Schrifttypen bediente, die der Zhou- und Qin-Zeit angehören. Diese Formen wurden dann in späterer Zeit als Siegelschrift bezeichnet. Auch heute ist es in China noch durchaus üblich, private und geschäftliche Schreiben mit einem persönlichen Siegel zu legitimieren. In der Siegelindustrie wurden sehr bald Unterschiede in der Fabrikation gemacht. Beamtensiegel sind oft relativ unsorgfältig und eilig bearbeitet, da sie für den täglichen Gebrauch benötigt wurden und jedem neuen Amtsinhaber auch ein neues Siegel zustand. Private Namenssiegel und kaiserliche Petschafte wurden sehr schön und sorgfältig geschnitten; auch bei der Wahl der Schriftform und bei der Verteilung der Zeichen auf der Siegelfläche bemühte sich der Handwerker, die beste Lösung zu finden.

In der Zeit der streitenden Reiche (Zhanguo) hat die Lackkunst einen ersten Höhepunkt erreicht. Aus Lack werden ganze Gefäße hergestellt, bzw. Stoff wird in Lack getränkt und dann mit weiteren Lackschichten überzogen, oder es wird Holz als Grundmaterial verwendet. Die beliebtesten Farben waren Rot und Schwarz, bei vielfigurigen Malereien kommen gelegentlich auch andere Töne hinzu. Es herrschen aber geometrische Verzierungen vor. Rauten, Spiralen, wolkenähnliche Voluten wurden vielfältig und elegant variiert. Gefäße entsprechen in ihrer Form Vorbildern aus Metall und Ton. Auch Instrumente wurden mit Lack überzogen, wie z.B. die Hölzer von Zithern. Aus Gräbern des Staates Chu kennen wir Besonderheiten: Große Vögel mit langen Beinen, die Trommeln tragen, wurden mit Lack bemalt. Diese Vögel stehen manchmal auch auf anderen Tieren, z.B. auf Schlangen. Erschreckend und komisch zugleich wirken seltsame Tierfiguren, die sich auf ihren Hinterbeinen aufgerichtet haben und ihre Vorderbeine drohend erheben. Das Seltsame ist der Kopf dieser Tiere: Die typischen Merkmale sind eine überdimensionale, weit herausgestreckte Zunge, riesige, kreisrunde Augen und ein echtes Hirschgeweih. Offenbar waren diese Wesen als Hüter der Grabanlagen gedacht. Die Hirschgeweihe wurden auch auf einfachen Holzgerüsten, die ein Tier symbolisieren sollten, montiert, kommen aber sogar als Zier von Vogelfiguren vor. Die herausgestreckte Zunge ist uns aus vielen Teilen der Welt als unheilabwehrendes Symbol bekannt.

Aus der Zhanguo-Zeit sind die ersten Gemälde auf Seide erhalten. Sie wurden in Gräbern entdeckt, die auf dem Gebiet des früheren Staates Chu liegen. Ihr zum Teil hervorragender Erhaltungszustand ist einer besonderen Konservierungsmethode zu danken, auf die noch im Zusammenhang mit Gräbern der Han-Zeit einzugehen sein wird. Seit langem bekannt sind jene Malereien auf Seide, die einen Mann mit einem Drachen und eine Dame mit Phönix und Drachen zeigen. Die beiden Menschen sind in prächtige Gewänder gekleidet. Die Sicherheit

12   Bronzevase (Höhe: 27,7 cm) aus der Zhanguo-Zeit mit stilisiertem figürlichem Dekor (Jagdszenen). Der Deckel mit drei Aufsätzen konnte als Schale benutzt werden.

der Zeichnung dieser Figuren macht deutlich, daß diese Gemälde keineswegs am Anfang der chinesischen Malkunst stehen; allerdings sind ihre Vorläufer nicht erhalten geblieben.
Eine Kombination aus Schrift und Malerei finden wir in dem berühmten Seidentext aus Chu: Im Zentrum der Bildfläche steht ein langer Text in einer Variante Zhou-zeitlicher Siegelschrift, deren Charakteristika auf die Herkunft aus Chu deuten, ebenso wie die Figuren, die den Text umrahmen. Zu erkennen sind seltsame Mischwesen: manche aus mehreren Tieren zusammengesetzt, manche halb Mensch, halb Tier, die in der Holz- und Lackplastik Parallelen finden. Aus dem Inhalt des Textes, der zum großen Teil entziffert werden konnte, läßt sich entnehmen, daß die Figuren wahrscheinlich etwas mit dem Kalender zu tun haben; eventuell

sind sie als Monatsgottheiten zu interpretieren. Die Gemälde sind bereits mit einem Pinsel ausgeführt, der ähnliche Qualitäten aufwies wie die späteren, was man an der Modulation der Strichdicke erkennen kann.

Wie bei den Bronzen haben sich auch bei der Schrift Lokalstile herausgebildet. Die Quellen, die uns Einblick in die Schriftentwicklung geben, sind relativ vielseitig. Orakelknochen aus der frühen West-Zhou-Zeit weisen ebenfalls Inschriften auf; allerdings verschwand dieses Medium im Laufe der Zhou-Zeit, da man von Orakeln mit Tierknochen zu einer Weissagemethode überging, die sich langer und kürzerer Schafgarbenstäbchen bediente. Diese Methode liegt dem klassischen Orakelbuch der chinesischen Kultur, dem I Ging («Buch der Wandlungen») zugrunde.

Seidentexte sind aufgrund der Vergänglichkeit des Materials natürlich ziemlich selten. Häufiger kommen dagegen Bambus- und Holztexte vor: Man hat sich diese sog. Bambusbücher als eine Aneinanderreihung von Bambusstreifen vorzustellen, die von oben nach unten mit einem Pinsel beschriftet und mit Schnüren verbunden wurden. Die Texte, die in dieser Form erhalten sind, reichen von einfachen und praktischen Notizen bis zu philosophischen Traktaten. Gerade auf diesem Gebiet wurden von den chinesischen Archäologen in den letzten Jahren sehr bedeutende Funde gemacht.

Auch auf Bronzen sind in der Zhou-Zeit Texte übertragen worden, die häufig wesentlich länger sind als die der Shang-Zeit und mehrere hundert Zeichen umfassen. Groß ist auch die Variationsbreite der Stile. Das Spektrum reicht von Inschriften, die in einer relativ leicht zu lesenden und oft sehr fein ausgeführten Siegelschrift geschrieben wurden, bis zu Zierschriften, die zur Unleserlichkeit verzerrt oder mit Zierat versehen sind. Die Zeichen sind in solchen Fällen, wenn überhaupt, nur noch von Schriftspezialisten zu entziffern. Das trifft besonders für Schriften auf Bronzewaffen aus den Südstaaten, z.B. Ba und Shu, zu. Sie sind meist in Gold-Einlegearbeiten ausgeführt. Zu erwähnen ist beispielsweise die Vogelkopfschrift, deren Besonderheit es ist, daß die Strichenden der Zeichen in Vogelköpfen auslaufen. In diesen Fällen wird die Schrift zum reinen Ornament.

Die Städte der Zhou-Zeit waren in ihrer Anlage rechteckig oder quadratisch. Der Sitz der Regierung wurde in manchen Fällen durch eine eigene Mauer von den übrigen Teilen der Stadt getrennt. Die Fundamente der Bauwerke und die Stadtmauern waren wie in der Shang-Zeit aus Stampferde. Neben dem Regierungszentrum lassen sich wieder Reste von Werkstätten der Bronzegießer und Töpfer erkennen sowie Siedlungen der bäuerlichen Bevölkerung, die nach wie vor in halb unterirdischen Häusern lebte. Wie die Häuser der Reichen ausgesehen haben könnten, läßt sich fast ausschließlich auf Bildern erkennen, die (wie bereits erwähnt) in Bronze graviert wurden. Ein- bis zweistöckige Bauten sind da zu sehen, deren Dächer von Säulen mit Kapitellen gestützt werden. Die Dächer wurden von Aufsätzen geschmückt, die wie Kronen aussehen konnten oder auch Vogelform hatten. Sie waren noch nicht, wie in späterer Zeit, geschwungen und bestanden aus Ziegeln. Die Trauf- und Firstziegel waren rund und mit Tao-tie-Masken sowie anderen Ornamenten geschmückt. Die Ziegel sind neben den Fundamenten und Verbindungsstücken aus Bronze für die Balken die einzigen Relikte, die uns von der Zhou-Architektur erhalten blieben.

Die Gräber der Zhou sind im wesentlichen denen der Shang vergleichbar. Zur Grabkammer führte, nun allerdings meist nur noch von einer Seite, eine lange Rampe in die Tiefe. Auch in

13 Aus der Zhanguo- oder der frühen Han-Zeit stammt diese ovale Griffschale aus Lack mit roter Malerei auf schwarzem Grund, die zwei stilisierte Vogel-Drachen zeigt.

diesem Fall war eine Kammer aus Holz gebaut, in der sich die Särge, meist drei ineinandergestellt, befanden. Auch Gräberterrassen (*Erzengtai*) kommen vor. In einem Grab in Langjiazhuang aus der frühen Zhanguo-Zeit ist die Kammer aus Steinen gebaut. In Nebengruben wurden Menschenopfer dargebracht, die bisweilen in eigenen Särgen mit reichem Schmuck beigesetzt wurden. Im genannten Grab in Langjiazhuang fanden sich weitere neun Opfer ohne jeden Schmuck, daher wahrscheinlich niedriger sozialer Stellung, auf dem Deckel des Außensarges. Interessanterweise kommen in diesem Grab zum ersten Mal kleine Tonfiguren von Menschen vor, die darauf hindeuten könnten, daß man versuchte, die Zahl der Menschenopfer einzuschränken. Endgültig verschwand die grausame Sitte, Menschen zu opfern, allerdings erst in der Han-Zeit aus dem chinesischen Grabkult. Häufig wurde auch hier reichen Toten ein Wagenpark samt Bespannung mit ins Grab gegeben, zweirädrige Kastenwagen aus Holz und Bronze, die mit zwei oder vier Pferden bespannt waren. Abgesehen von den skurrilen Grabwächtertieren und Trommeln, die uns schon bei der Betrachtung der Holz- und Lackgegenstände aufgefallen waren, wurden nun auch ganze Sätze anderer Instrumente wie Glokken, Klangsteine, Zithern sowie Geschirr aus Holz und Lack mit in die Grabkammern und Särge gelegt. Die Gräber wurden fast schon zu Behausungen der Toten, in denen nichts für eine jenseitige Existenz im Luxus fehlte. Dazu gehörten auch Bücher, und so kommt es, daß seit der Zhanguo-Zeit manchen Persönlichkeiten ganze Bibliotheken ins Grab folgten.

14   Im 4. oder 3. Jahrhundert v. Chr. entstand dieser Bronzespiegel, dessen Rückseite mit verschlungenen Tierdarstellungen verziert ist, die Gold- und Silbereinlagen besitzen.

Die Qin-Zeit bringt die erste Einigung des Reichs
(221–207 v. Chr.)

Die Einigung Chinas ungefähr in den Dimensionen, in denen wir es heute kennen, fiel einem Staat zu, der einerseits den Bewohnern des Zentralgebiets noch nicht als zivilisiert galt, andererseits aber gegenüber den anderen Reichen einen großen Vorsprung besaß. Die Struktur innerhalb Qins war ziemlich einheitlich, da die um Vormacht im Staat rivalisierenden Clans, die zu Unsicherheit im Innern der anderen Reiche führten, durch eine straff organisierte Beamtenschaft ersetzt war, deren Ämter nicht erblich waren. Zu einer weiteren Straffung der Organisation trug vermutlich auch ein Gesetzeskodex bei, der Qin die Züge einer Terrordiktatur schlimmster Dimension verlieh und auf Gedanken der Legalisten zurückging, die strengste Gesetze als einzige Mittel zur Ordnung des Staates anerkannten. Derjenige Herrscher, der diese Strukturen am besten für sich zu nutzen wußte, war der erste Kaiser von China, Qin Shihuang, der die anderen Staaten besiegen konnte.
Die Reichseinigung brachte offenbar immense Repräsentationsverpflichtungen mit sich. Die ungeheuerlichen Bauvorhaben des ersten Kaisers in Verbindung mit der Notwendigkeit des Unterhaltens einer riesigen Armee waren die Gründe für den baldigen Zusammenbruch des gerade erst entstandenen Großreichs. Einer dieser monströsen Repräsentationsbauten war der Kaiserpalast in Xianyang, der nach seiner Einnahme durch den ersten Kaiser der Han mehrere Wochen lang gebrannt haben soll. Hinzu kamen die Vereinigung bereits bestehender Mauerbauten der ehemaligen Feudalstaaten zu einer einzigen Wallanlage an der Nordgrenze des Reichs und die Errichtung eines Grabes, das alle bisher bekannten Dimensionen sprengte. Über das Innere der Grabstätte ist uns aus chinesischer Quelle einiges bekannt. So soll sie zum Schutz vor Grabräubern mit einer Art Selbstschußanlage ausgestattet gewesen sein, nämlich mit automatischen Armbrüsten (Armbrüste waren eine waffentechnische Neuentwicklung der Zhanguo-Zeit). Das ganze Reich des Qin Shihuang wurde angeblich im Grab plastisch abgebildet, wobei Seen und Flußläufe mit Hilfe von Quecksilber angedeutet wurden. (Queck-

silber ist in diesem Zusammenhang besonders interessant, da man mindestens seit der Han-Zeit im Zinnober, einer Quecksilberverbindung, ein Mittel zur Erlangung der Unsterblichkeit sah.)

Das Grab selbst ist nicht geöffnet worden. Dagegen hat man im weiteren Umkreis des Grabhügels seit längerer Zeit Funde gemacht. So wurde z.B. eine ca. 50 cm hohe Figur aus Ton gefunden, die einen kauernden Menschen darstellt, der seine Hände auf die Knie gelegt hat. Zunächst war man der Meinung, es handle sich um die Darstellung einer Frau; wahrscheinlich haben wir aber einen Wagenlenker vor uns. Wirklich sensationelle Funde wurden aber Anfang der siebziger Jahre gemacht: Es stellte sich damals heraus, daß der Grabhügel von riesigen Gruben umgeben ist, die Tausende leicht überlebensgroßer Tonfiguren von Soldaten, Generälen und ihren Pferden enthalten. Ihre Gestaltung ist überraschend realistisch; mit diesem Fund wurde einer der unerschütterlichen Glaubenssätze der Archäologen umgestoßen, daß die chinesische Großplastik erst im Zusammenhang mit der Einführung des Buddhismus zur Entwicklung kam.

Die Figuren sind keineswegs einheitlich, sondern es lassen sich eine Menge unterschiedlicher Frisuren, Gesichtstypen und Kleidungsstücke erkennen. Auch auf Details der Frisur und Kleidung wurde großer Wert gelegt. Die Figuren sind bemalt, und aufgrund der Bemalung sowie von Besonderheiten in der Ausführung konnte bei vielen der Rang des Dargestellten abgelesen werden. Auch die Pferde sind relativ realistisch abgebildet. Allerdings sind einige bereits mit den typischen Merkmalen der Pferdedarstellungen aus der Han-Zeit ausgebildet: Ein ziemlich massiger Körper steht auf eigentlich zu schwachen Beinen. Die Köpfe sind jedoch sehr fein modelliert.

Die Waffen der Krieger sind im Gegensatz zu späteren Beispielen aus Metall, ebenso das Zaumzeug der Pferde. Die Figuren sind in Gängen aus Holzbohlen aufgestellt, die beim Auffüllen der Gruben mit Erdreich zusammenstürzten. Dadurch sind viele der Figuren stark beschädigt. Bei neueren Grabungen wurden kürzlich auch Wagen mit Pferden und Wagenlenkern aus Bronze entdeckt. Wir können hier einen Unterschied zu den Zhou-zeitlichen Wagenbeigaben darin sehen, daß nicht offene, sondern geschlossene überdachte Wagen wiedergegeben wurden. Sie waren vermutlich mit feingemusterten Stoffen überzogen, denn in die Bronze sind elegante Stoffmuster eingraviert. Die Karossen waren mit vier Pferden bespannt. Eines von zwei gefundenen Gefährten konnte genau rekonstruiert werden.

Eine der Maßnahmen zur Vereinigung des Reichs bestand in der Vereinheitlichung von Maßen und Gewichten, der Wagenbreiten und der Schrift. Zeugnis für diese Neuerungen legen die zahlreichen Einheitsmaße aus Bronze ab, die im ganzen Reichsgebiet gefunden wurden.

Die Gräber der Han-Zeit
(206 v. Chr. – 220 n. Chr.)

In den letzten Jahren wurden speziell in Gräbern der Han-Dynastie besonders spektakuläre Funde gemacht. Sie führten in manchen Bereichen der chinesischen Kultur zu vollkommen neuen Erkenntnissen. Auf philosophischem Gebiet wurden durch Textfunde Neuinterpretationen bei der Deutung der Klassiker notwendig, besonders des taoistischen Laotse. Auch Gegenstände, die bisher nur aus Ritualhandbüchern bekannt waren und über deren Aussehen man sich kaum eine Vorstellung machen konnte, wurden bei Grabungen ans Licht geholt. Dieser Reichtum an neuen Informationen ist auch in diesem Fall wieder hauptsächlich der Prunksucht der Adligen zu verdanken, die ihre Gräber prächtig ausstatten ließen.
Dekor und Formen des zweiten und ersten vorchristlichen Jahrhunderts stehen noch in der Tradition der Zhanguo-Zeit. Die Dekorelemente haben sich wenig verändert, weiterhin dominieren bei der Verzierung geometrische Ornamente. Häufig finden sich unter den Gefäßen die *Hu,* die wir ebenfalls schon aus der Zeit vor der Han-Dynastie kennen. Neue Formen bieten tiefe Schalen mit drei pferdehufähnlichen Füßen und hohe röhrenförmige Vorratsgefäße, ebenfalls mit drei Füßen versehen. Alle Gefäßformen, die uns aus der Bronzekunst der Han-Zeit bekannt sind, wurden auch aus Keramik gefertigt, auf die allerdings die Ornamente nach dem Brennen mit Farbe (manchmal auf einen Kalkgrund) aufgetragen wurden. Aus der Han-Zeit sind überdies sehr viele Darstellungen von Menschen bekannt. Eine große Zahl von ca. 40 cm hohen Bronzefiguren, Soldaten mit ihrer charakteristischen Bewaffnung, zum Teil auf bespannten Wagen, wurden in einem Grab in Leitai, Provinz Gansu, gefunden. Die Figuren sind stark stilisiert, aber fein in der Ausführung. Im selben Grab fand man auch einen eleganten Armleuchter, dessen Arme mit figürlichem Schmuck verziert sind, und einen sogenannten Geldbaum. Von diesen angeblich glückbringenden ‹Gewächsen› wurden in anderen Gräbern nur Fragmente ausgegraben. Neben figürlichen Szenen, die meist mythische Themen zum Inhalt haben, sind die Hauptmotive Münzen mit quadratischen Löchern, die den Kunstwerken eigentlich den Namen gaben. (Die Rundmünze mit quadratischem Loch war seit der Han-Zeit das übliche Zahlungsmittel, das auf Schnüre gereiht wurde.) In den Gräbern sind

diese Bäumchen Symbole immerwährenden Reichtums. Die chinesische Bezeichnung für die Objekte: *Yaoqianshu,* «Baum, von dem man Geld schüttelt», deutet an, welche Vorstellungen man mit dieser mythischen Pflanze verband.

Mythische Assoziationen werden auch mit Gefäßen verbunden, deren Deckel die Form eines stilisierten Gebirges haben, die sog. Boshan-Räuchergefäße (*Boshanlu*). Bei ihnen ist der Deckel durchbrochen gearbeitet, so daß der Rauch zwischen den Berggipfeln hervorquoll und den Gegenständen einen Hauch geheimnisvoller Entrücktheit verlieh. In Flachrelief-Manier sind auf den Gebirgen manchmal Tiere, Menschen bei der Jagd oder pflanzliche Motive zu erkennen. Besonders kostbare Exemplare sind teilvergoldet und mit Halbedelsteinen verziert. Ein aufwendiges Stück wurde in jüngster Zeit im Felsengrab des Liu Sheng, eines Angehörigen der Kaiserfamilie, entdeckt, auf dessen Schale wellenartige Ornamente in Vergoldung herausgearbeitet sind. Die Wellen, die wir auch auf anderen Stücken erkennen, haben die Interpretation nahegelegt, daß die *Boshanlu* als Bilder der Inseln der Unsterblichen gedacht waren. Diese Eilande, die angeblich im Ostmeer gelegen haben sollen, sozusagen am östlichen Rand der Welt, spielten in der Phantasie der Menschen der Han-Zeit eine bedeutende Rolle. Es läßt sich jedoch auch heute noch keine endgültige Feststellung über die mythologische Bedeutung der Räuchergefäße treffen. Ganz ähnliche Exemplare wurden in Ton gefertigt. Es sind uns aus Ton aber zusätzlich Behälter bekannt, deren Körper röhrenförmig sind, deren Deckel aber denen der *Boshanlu* ähneln. Die glatten Wandungen sind ebenfalls mit Berg- und Wellenornamenten sowie mit mythischen Szenen in Flachrelief geschmückt.

Die gerade beschriebenen Gefäße sind nicht die einzigen Gebrauchsgegenstände, denen zugleich mythische oder kosmische Bedeutung innewohnte. Betrachten wir kurz die Entwicklung und die Bedeutung chinesischer Spiegel. Seit der Shang-Zeit wurden, wie wir von Ausgrabungen wissen, in China Spiegel hergestellt. In dem bereits erwähnten Grab der Dame Hao in Yinxu wurden zwei einfache Spiegel gefunden, die die bis zur Song-Zeit für chinesische Spiegel typischen Eigenheiten aufweisen: Sie sind rund, haben keinen Griff, sondern in der Mitte der Rückseite einen runden Buckel, der durchlocht ist. Durch dieses Loch wurde eine Schnur gezogen, mit deren Hilfe man den Spiegel halten oder an einem Gestell befestigen konnte. Spiegelgestelle können wir auf Han-zeitlichen und späteren Darstellungen immer wieder abgebildet sehen. Erst in der Song-Zeit wurden die im Westen verbreiteten Griffspiegel bekannt.

In der Shang-Zeit sind die Verzierungen der Rückseite meist noch sehr simpel und beschränken sich auf Liniendekor oder ein einfaches Sternornament; ebenso verhält es sich mit den aus der westlichen Zhou-Zeit bekannten Stücken. Unter den östlichen Zhou und besonders in der Zhanguo-Zeit wird die Fläche dann durch feine Ornamente belebt, zu denen bisweilen lange Inschriften kommen. Häufig finden wir Exemplare, auf denen geometrische und figürliche Verzierungen kombiniert sind. In der Zhanguo-Zeit sind blüten- und sternartige Zentralmotive um den Knopf oder die Öse in der Mitte verbreitet. Charakteristisch sind ferner Spiegel, auf deren Rückseite drei- oder viermal ein Motiv in Form des chinesischen Zeichens für Berg (*shan*) zu sehen ist, klar abgesetzt von einem flächendeckenden Grundmuster. Die Technik, Hauptornamente, seien sie nun geometrisch oder figürlich, flächig herauszuarbeiten und durch ein sehr kleinteiliges Grundmuster hervorzuheben, ist in der Zhanguo- und Han-Zeit sehr verbreitet. Häufig erinnern die Verzierungen an Textilmuster der gleichen Zeit.

15   Rückseite eines Bronzespiegels aus der Han-Zeit (Durchmesser: 17,8 cm). Im Mittelfeld des TLV-Spiegels befinden sich die Schriftzeichen für die zwölf Tierkreiszeichen; darum herum sind Tierdarstellungen gruppiert.

Zurück aber zu unserem Ausgangspunkt: Auch auf Spiegeln wurden mythische Szenen abgebildet, so z.B. Unsterbliche oder die mythische Königinmutter des Westens. Besonders interessant sind die sog. TLV-Spiegel. Sie werden so bezeichnet, da auf ihrer Rückseite die wichtigsten Motive Zeichen in Form dieser Buchstaben sind. Sie werden systematisch um das Zentrum und den Rand gruppiert, so daß sich immer das gleiche Erscheinungsbild ergibt. Ähnliche Motive sind auf Orakelscheiben zu sehen, die allerdings aus mehreren beweglichen Teilen bestehen, so daß verschiedene Konstellationen der Zeichen erreicht werden können. Es wird angenommen, daß die Darstellung auf den Spiegeln eine besonders günstige Kombination der Zeichen auf der Divinationsscheibe zeigt, daß die TLV-Spiegel daher als glückbringend galten. Wir können daraus erkennen, daß diese Objekte nicht nur den einen Zweck hatten, der uns sofort einleuchtet, sondern daß ihnen, wie vielen anderen auch, noch eine tiefere Bedeutung innewohnte.

Auf einige Merkmale der Keramik sind wir schon zu sprechen gekommen. Sehr viele Formen, die uns aus der Bronzekunst bekannt sind, wurden aus Ton hergestellt. Auffallend ist die grüne, in manchen Fällen durch langes Lagern im Boden ölig irisierende Glasur. Sie ist schon sehr gleichmäßig verteilt, läuft nur an manchen Stellen dick zusammen und ändert dann die Farbe. Grabfiguren aus Ton sind nun schon sehr verbreitet, aber in der Qualität recht unterschiedlich. Sehr einfache Figuren zeigen die gröbsten Merkmale der menschlichen Gestalt. Es kommen aber auch sehr feine Stücke vor. Manchen Adligen wurden auch in der Han-Zeit noch ganze Tonarmeen mitgegeben; allerdings erreichen die Soldaten niemals die Größe, die uns beim Grab des Qin Shihuang überrascht. Größen bis zu 60 cm sind jedoch durchaus nicht selten. Dargestellt sind Szenen aus allen Bereichen der Gesellschaft. Uns werden Bauern mit ihren typischen Geräten vorgeführt, auch feine Herrschaften beim *Liubo*-Spiel, einem Brettspiel, das in der Han-Zeit oft dargestellt wurde und dem ähnlich kosmische Bedeutung zukam wie den TLV-Spiegeln und den Orakeltafeln. Es werden uns Musiker und Tänzer gezeigt, die sich manchmal zu ganzen Orchestern und Ballettensembles fügen. In der Plastik wurden wie auf den Räuchergefäßen Szenen aus der Mythologie gestaltet. Kleine Lampen sind bekannt, denen die Form von Bäumen gegeben wurde, auf deren Fuß und Ästen sich Gestalten tummeln, die wahrscheinlich mit der chinesischen Mythologie in Verbindung zu sehen sind. Besonders in der Provinz Sichuan sind aus der späten Han-Zeit eine Reihe von Ziegeln mit sehr feinen Bildern erhalten geblieben, die zu Ziegelgräbern gehörten. Darauf und auf die dargestellten Themen werden wir noch im Zusammenhang mit den Han-zeitlichen Steinreliefs zu sprechen kommen. Auf die zahlreichen Hausmodelle, die ebenfalls fester Bestandteil der Grabausstattung waren, soll bei der Behandlung der Architektur eingegangen werden.

Große Steinplastik ist unter der Han-Dynastie selten produziert worden. Es sind nur wenige große Menschen und Tierfiguren erhalten geblieben, die in den meisten Fällen auf dem Boden vor Grabanlagen aufgestellt wurden. Am besten bekannt sind die Figuren, die vor dem Grab des Generals He Qubing postiert wurden. Hes größtes Verdienst war es, durch seine militärischen Aktionen die chinesischen Nord- und Westgrenzen vor den ständigen Einfällen der nomadischen Xiongnu zu bewahren, die im ganzen zweiten Jahrhundert v. Chr. die größte Gefahr für China darstellten. Auf seine Großtat weist auch eine berühmte Figur vor seinem Grab hin: Sie zeigt ein massiges Pferd, das sehr kraftvoll und stolz wirkt. Es tritt auf einen gefallenen Krieger mit zottigem Haar und Vollbart, in dem man wohl einen getöteten Xiongnu sehen kann. Einige Steinfiguren, die Beamte darstellen, sind uns aus anderen Teilen Chinas bekannt.

Eine der wichtigsten Quellen zur Kultur der Han-Zeit sind die zahlreichen Steinreliefs, mit denen die Gräber der Reichen geschmückt wurden. Sie waren in Gräber integriert, die entweder ganz aus Steinplatten gebaut waren oder aber aus Ziegeln, zwischen die dann die schön behauenen Steine gefügt wurden. Von besonderem Interesse ist neben dem Inhaltlichen bei den Han-Reliefs, daß sich auch regional recht gut definierbare Stile herausgebildet haben, die eine Einordnung von Stücken, die nicht bei legalen Grabungen entdeckt wurden, erleichtern. Die Themen sind ungemein vielfältig und geben einen guten Einblick in die chinesische Mythologie. Viele der dargestellten Szenen lassen sich in den literarischen Zeugnissen wiederfinden. Eines der am häufigsten auftretenden Motive ist das der Xiwangmu, der bereits erwähnten Königinmutter des Westens, die in einem paradiesähnlichen Reich auf dem Kunlun-Gebirge residiert haben soll. Einer der Träume der Han-zeitlichen Chinesen war es, Xiwangmu in ihrem Reich zu besuchen. Diese seltsame Frauengestalt ist auf den Bildern leicht zu erkennen: sie thront oft auf einem pilzartigen Berg, umgeben von ihren Gehilfen sowie von Hasen, die Unsterblichkeitskraut in Mörsern stampfen, und einer dreibeinigen Kröte, beides Mondsymbole, einem neunschwänzigen Fuchs (Sonnensymbol) oder Unsterblichen, die mit Hilfe ihrer Flügel durch die Lüfte herbeischwirren. Vielfach wurden mythische Tiere in den Stein gehauen, die zum Teil aus mehreren disparaten Tierteilen skurril zusammengesetzt sind.

Unsterbliche mit ihren Flügeln sehen wir nicht nur im Zusammenhang mit Xiwangmu. Doch begeben wir uns in menschlichere Gefilde: Wir sind Zeugen des Gastmahls, das der Grabherr und seine Gemahlin hochgestellten Persönlichkeiten geben. Wir sehen, wie er die Gäste empfängt, die in verschiedenen Wagentypen gefahren kommen. Wir sehen sie beim Essen sitzen und können auch die Köche bei der Zubereitung der Speisen beobachten. Den erlauchten Verstorbenen spielen Musiker auf Flöten, Mundorgeln, Klangsteinen und Zithern Stücke vor, während sich elegant gekleidete Tänzerinnen mit wehenden Ärmeln im Takt der Musik wiegen oder Akrobaten wilde Sprünge vollführen und mit Bällen und Schwertern jonglieren. Auch ganze Prozessionen, wie sie uns in den schriftlichen Quellen als Neujahrsbrauch beschrieben sind, ziehen an uns vorüber, was vielleicht den Anbruch eines jenseitigen neuen Lebens des Grabherrn symbolisieren sollte.

Die Bilder, die recht realistische Eindrücke aus dem vergangenen und, wie man hoffte, zukünftigen Leben der Reichen vermitteln, werden von Szenen akademischeren Inhalts abgelöst. Wir werden mit vorbildlichen Persönlichkeiten aus den konfuzianischen Texten bekanntgemacht, die wohl den hervorragenden Charakter der oder des Verstorbenen symbolisieren sollten. Wir sehen pietätvolle Kinder, z.B. Laolaizi, der bis in sein hohes Alter in Kinderkleidung herumlief und sich auch wie ein Kleinkind benahm, um seinen Eltern das Gefühl zu vermitteln, sie seien noch jung. Auch besonders tugendsame Ehefrauen werden uns gezeigt, die sich durch ihre Treue auszeichneten.

An den Tonreliefs, die aus Sichuan bekannt sind, fällt die besonders feine Ausführung auf, die einen sehr weit entwickelten Stil der späten Han-Zeit repräsentiert. Auch von der Thematik her betrachtet sind sie auffällig: So werden größer angelegte Gebirgsmotive dargestellt, sogar ein Bergwerk. Bauern werden bei der Arbeit auf Reisfeldern gezeigt, und wir können sogar einen Lotosteich erkennen – eine überraschende Entdeckung, da Blumen in der Han-Zeit fast nie auf den Bildern auftauchen.

In den Ritualbüchern aus der Han-Zeit finden wir recht genaue Angaben über die Vorschriften, die bei einer Bestattung zu beachten waren. Es werden darin Totenkleider erwähnt, die hochgestellten Persönlichkeiten zukamen und die aus Jade bestanden. In den Büchern ist auch festgelegt, daß die Kleider je nach dem Rang des Toten mit Gold-, Silber- oder Bronzedraht ‹genäht› wurden. Bis zum Beginn der siebziger Jahre unseres Jahrhunderts konnte man nur darüber spekulieren, wie solche Totenkleider ausgesehen haben. Dann wurden in einem großen Felsengrab bei Mancheng, Hebei, die Totengewänder aus Jade des Prinzen Liu Sheng und seiner Frau Dou Wan entdeckt, die vollständig rekonstruiert werden konnten. Das Gewand des Liu Sheng ist 1,88 m lang und besteht aus 2498 Jadeplättchen, die mit 1,1 kg Golddraht zusammengehalten wurden. Die Verwendung von Golddraht zeigt den hohen Rang des Toten an, der ein Bruder des Han-Kaisers Wu war.

In den beiden Gräbern wurden neben diesen sehr aufwendigen Jadepanzern weitere Gegenstände aus dem Halbedelstein gefunden, die sehr fein ausgeführt sind. So gehörten schön bearbeitete Ringscheiben verschiedener Typen, Abzeichen, Gürtelhaken und feiner Schmuck zur Ausstattung. Hinzu kamen Siegel mit Namen und Titeln des Verstorbenen. Es läßt sich kaum ein Unterschied in der Prachtentfaltung zwischen dem Grab des Prinzen und der Prinzessin erkennen.

An der Malerei in Gräbern fällt auf, daß die Han-zeitlichen Künstler schon sehr virtuos mit dem Pinsel umzugehen verstanden. Deutlich kann man sehen, daß den Malern verschiedene Techniken zu Gebote standen. Sie waren in der Lage, sowohl die Strichdicke gleichmäßig zu halten oder wenn nötig, sie zu nuancieren. Auch die dargestellten Menschen sind keineswegs stereotyp gemalt. Man kann von ihren Gesichtern Ärger, Wut oder Freude ablesen, wie z.B. in einem Grab der Inneren Mongolei bei Horingor, das am Ende der Han-Zeit angelegt wurde und eine Fülle sehr lebendiger Bilder barg.

Einer der wichtigsten Funde Han-zeitlicher Malerei überhaupt ist ein sogenanntes Seelenbanner, das in Grab Nr. 1 in Mawangdui bei Changsha (Henan) gefunden wurde. Es handelt sich dabei um ein großes Seidengemälde in T-Form, das wahrscheinlich bei der feierlichen Prozession zum Grab vor dem Sarg hergetragen und schließlich bei der Bestattung mit der Bildfläche nach unten auf den Sarg gelegt wurde. Das Grab Nr. 1 war die letzte Ruhestätte der Fürstin von Dai aus der westlichen Han-Zeit. Nach Meinung mehrerer Forscher, z.B. Michael Loewes, ist auf dem Seelenbanner die Jenseitsreise der Fürstin dargestellt. Das Seelenbanner liefert zugleich ein Bild des gesamten Kosmos. Die Bildfläche, auf der Rot, Blau und Grün dominieren, läßt sich grob in vier Zonen aufteilen. Im unteren Teil sind zwei fischartige Wesen zu entdecken, die mit ihren Körpern einen Kreis bilden. Darauf steht eine Atlantenfigur, die auf Kopf und Händen eine Plattform trägt, auf denen Diener Gefäße, wahrscheinlich mit Opfergaben für die Tote, aufgestellt haben. Fische und Atlant werden einer Art Unterwelt zugerechnet, auf die sich die Welt der Menschen aufbaut. Über einer Ringscheibe, in der sich zwei verschiedenfarbige Drachen kreuzen, ist eine weitere Plattform zu sehen, die eine Dame, die sich auf einen Stock stützt, drei Dienerinnen hinter ihr und zwei vor ihr kniende Beamte zeigt. Sehr wahrscheinlich haben wir in der älteren Dame das früheste Totenporträt Chinas zu sehen. Man kann davon ausgehen, daß die Fürstin von Dai dargestellt werden sollte. Ob es sich bei den knienden Beamten um Boten aus dem Jenseits handelt, die die Verstorbene abholen sollen, läßt sich wohl nicht klären. Um die beiden Plattformen schwingen sich elegant die Körper der beiden Drachen. Die zentralen Szenen werden von einem Baldachin abgeschlossen, unter dem ein merkwürdiger Vogel, über dessen Bedeutung sich die Forscher streiten, seine Flügel ausbreitet.

Direkt an der Grenze zum breiteren Teil des Bildes erheben sich zwei Pfeiler, die von roten ge-

图三八 彩绘帛画（约 1/7）

16 Seelenbanner aus dem Grab der Fürstin von Dai in Mawangdui bei Changsha. Westliche Han-Zeit.

Farbabbildungen

769 Die Beamten auf diesem bemalten Tonziegel sind bei lebhafter Unterhaltung dargestellt. Das Bild zeigt die Fähigkeit der Han-Künstler, ihren Figuren bereits feine Ausdrucksnuancen zu verleihen.

770 Bei den Kopien der Bilder des Malers Gu Kaizhi aus dem 4. Jahrhundert sind durchaus noch Anklänge an die Han-zeitliche Malerei zu spüren. Seine Ausdrucksmöglichkeiten sind aber nicht mehr so begrenzt.

771 Kopie einer Rolle des Zhang Sengyou (6. Jahrhundert). Dargestellt sind auf diesem von der indischen Kunst beeinflußten Rollenbild mythische Figuren, die mit dem Kalender in Zusammenhang stehen.

772 Die Lebendigkeit des neuen Stils in der Malerei übertrug sich auch auf die Reliefkunst, wie man an diesem Grabrelief mit drei Beamten und einem Drachen erkennen kann.

773 Diese Form von Grabgefäßen wurde fast ausschließlich in der Provinz Sichuan entdeckt. Auf ihren Oberteilen sind aufwendige Aufbauten und Menschen in verschiedenen Tätigkeiten zu sehen. Grüne Glasur, Jin, 4. Jahrhundert.

774 Die buddhistischen Höhlen von Yungang bei Datong (Shaanxi). Die meisten dieser Tempel entstanden zwischen dem 5. und 8. Jahrhundert.

775 Blick in eine der Höhlen von Yungang. Die Wände sind vollständig mit Reliefs überzogen, überwiegend mit kleinen Buddhafiguren. Links ist das Bild einer Pagode zu erkennen. Im Hintergrund eine der Hauptandachtsfiguren der Höhle.

776 Das Höhlenbild zeigt Buddha und zahlreiche Gläubige. Typisch für den Wei-zeitlichen Stil sind der Schmuck der Figuren und die Aufteilung der Gesichter in klar voneinander abgesetzte Farbflächen.

fleckten Raubkatzen bekrönt werden, wahrscheinlich Jaguaren. Im Raum zwischen den beiden Pfeilern sitzen sich zwei Männer gegenüber, die ähnliche Kappen wie die beiden Knienden tragen, die vor der Fürstin zu sehen sind. Es wird angenommen, daß diese Szene als Darstellung des Himmelstors mit seinen beiden Wächtern zu interpretieren ist, für die es in der alten chinesischen Literatur mehrere Traditionen gibt. Über dem tonartigen Gebilde schweben zwei weitere Drachen, die in der Mitte von zwei berittenen Mischwesen begleitet werden. Auf die Flügel des Drachen auf der linken Seite scheint sich eine kleine Frauenfigur zu stützen, die zum Mond, der ausnahmsweise als Sichel wiedergegeben wird, aufstrebt. Der Mond wird zusätzlich durch eine Kröte, das Mondsymbol, gekennzeichnet. Der rechte Drachen wird von pflanzlichen Motiven umrankt, an denen acht rote Früchte hängen. In der rechten oberen Ecke prangt die Sonne wie eine besonders große Frucht. In der Sonnenscheibe steht der Rabe, das Sonnensymbol. Sehr wahrscheinlich sind die übrigen ‹Früchte› ebenfalls als Sonnen zu deuten, da in der chinesischen Mythologie die Vorstellung existierte, daß einstmals zehn Sonnen am Himmel standen, bevor neun von ihnen von einem Bogenschützen abgeschossen wurden. Weshalb aber hier nur neun Sonnenscheiben auf der Bildfläche erscheinen, ist nicht zu erklären. Das Zentrum des Oberteils wird von einer Frauengestalt eingenommen, die einen Schlangenunterleib hat. Es gibt mehrere Deutungen von chinesischen Archäologen; eine davon sieht in ihr eine Apotheose der Verstorbenen. Es läßt sich aber auch in diesem Fall keine endgültige Aussage treffen.

Wir können an dieser Beschreibung erkennen, zu welch überaus komplexen Bildern chinesische Künstler im zweiten vorchristlichen Jahrhundert in der Lage waren. Auf das Grab wird noch einmal im Zusammenhang mit den Bestattungssitten der Han einzugehen sein.

Da die Schrift ein Medium war, das von einer großen Beamtenschaft ständig benutzt wurde und das sich auch für schnelle Notizen eignen mußte, fand auf diesem Gebiet in der Han-Zeit ein starker Wandel statt. Die sog. Siegelschrift kam bald aus dem Gebrauch, und es wurde eine neue Schriftform allgemein üblich, die *Lishu.* Sie zeichnet sich durch ein überaus klares und einfaches Schriftbild aus und ist durch die sehr breit auslaufenden Strichenden gekennzeichnet. Mit Sicherheit entwickelten sich zur gleichen Zeit noch weitere Vereinfachungen, die ein noch schnelleres Schreiben ermöglichten. Eine Kunstform wie in späterer Zeit war die Schrift allerdings noch nicht.

Die Siegelschrift wurde von dieser Zeit an nur noch bei besonderen Anlässen oder für besondere Dokumente verwendet. Sie tritt in späterer Zeit, abgesehen von den Siegeln, auf den Deckplatten von Grabmonumenten oder auf offiziellen Dokumenten auf. Allerdings bedienten sich auch einige berühmte Kalligraphen noch der alten Schriftformen. Für rein alltägliche Zwecke wurde sie aber nie benutzt.

Uns sind aus der Han-Zeit sehr vornehme, aber schlichte Holzfiguren von Damen mit lang über den Rücken hängenden glatten Haaren überliefert, die in eng anliegende und nur am Saum weit ausgestellte Gewänder gekleidet sind. In manchen Fällen wurde die Kleidung aufgemalt, entweder auf einen Kalkgrund oder direkt aufs Holz. Die Gesichter dieser Figuren sind fein gezeichnet, aber meist vollkommen ausdruckslos. Männer werden uns in der traditionellen Beamtentracht vorgeführt. Es kommt auch vor, daß den Figuren tatsächlich Kleider aus Seide oder anderen Stoffen angezogen wurden. Pferde, Schafe, Schweine und Hunde aus Holz wurden ebenfalls gefunden. Zusätzlich kann man, besonders in Gansu, vereinzelt Grabwäch-

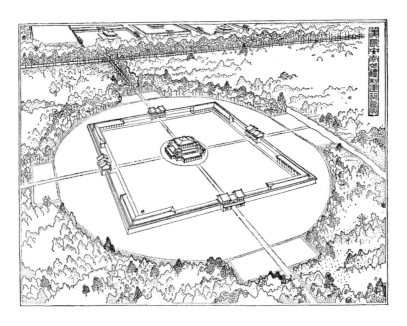

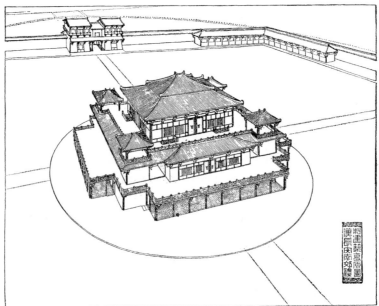

17+18 Rekonstruktionszeichnungen einer Han-zeitlichen Tempelanlage, deren Fundamente bei Xi'an (Shaanxi) entdeckt wurden.

tertiere finden, die allerdings noch von ganz anderer Gestalt sind als die in späterer Zeit üblichen. Sie haben die Form von Einhörnern, die dem potentiellen Angreifer ein furchterregendes, sehr langes Horn entgegenrecken.

Im schon erwähnten Grab Nr. 1 von Mawangdui wurden sehr feine Lackgegenstände entdeckt, die sich, ebenso wie das Seidengemälde, noch in hervorragendem Zustand befanden. Aus Lack waren die meisten Geschirrteile hergestellt. Die Tabletts, die sich in den Nebenkammern des Grabes fanden, sind mit sog. Ohrenschalen, ovalen Griffschalen mit länglichen Griffen an den Breitseiten, Tellern und Dosen geschmückt. Auch Behälter für Flüssigkeiten wie die bekannten *Hu* wurden aus Lack hergestellt. Die Ornamente sind im Normalfall geometrisch oder wolkenähnlich, vereinzelt werden aber auch menschliche Figuren oder mythische Wesen sichtbar. Auf einem der Särge der Fürstin von Dai schweben zwischen Wolkenbändern mythische Tiere, die von einem großen Könner sehr schwungvoll dargestellt wurden.

Aus demselben Grab ist uns eine Fülle von Stoffen bekannt, die durch die Schönheit der Farben und die Vielfalt der Webtechniken auffallen. Die Weber waren zu dieser Zeit bereits in der Lage, komplizierteste Gewebe wie z.B. Samtbrokat zu fertigen. Die Fürstin wurde im Grab mit Blusen aus Gaze und anderen Stoffen, mit Gewändern, Handschuhen und Schuhen aus Seide versehen, die, wie die meisten anderen Gegenstände, sehr gut erhalten waren.

Von Darstellungen auf Reliefs und Malereien sind uns Han-zeitliche Webstühle nicht unbekannt, und wir können an diesen zum Teil sehr präzisen Bildern erkennen, daß die Gerätschaften der Weber sehr gut entwickelt waren. Sie hatten, wie wir wissen, schon eine lange Tradition, da ja bereits in der Shang-Zeit schon feine Stoffe gewebt wurden.

Über die Architektur während der Han-Dynastie sind wir ebenfalls sehr gut informiert. Von den meisten Bauwerken ist aufgrund des vorwiegenden Baumaterials Holz kaum mehr als das Fundament erhalten. Auf Darstellungen an den Wänden der Gräber und durch kleine Hausmodelle in den Gräbern können wir uns aber dennoch recht gut über die Baukunst der Han ein Bild verschaffen. In Modellform sind uns fast alle Bautypen erhalten: Vom einfachen Bauernhof oder Kornspeicher über die vielfach verwinkelten Häuser der Reichen bis zu imposanten Turmbauten wird alles geboten. Speicher sind meist über einige Stufen zu erreichen und haben hochliegende vergitterte Fenster. Die Häuser der Reichen bestehen aus mehreren Bauwerken, die sich um Höfe gruppieren. In manchen Fällen sind vor dem Haupttor zwei Ehrentürme, die *Que* genannt werden und auf die nur sehr hochgestellte Persönlichkeiten ein Anrecht haben. Die Gebäude sind nicht selten mehrstöckig und ihre Fenster durch Gitterwerk vor dem Einblick und dem Besuch unliebsamer Gäste geschützt.

Das Dach, das noch immer nicht geschwungen ist, wird von dreizackartigen Stützen getragen und war mit Ziegeln bedeckt. Typische Dachverzierungen, die gleichzeitig wohl auch unheilabwehrende Funktion hatten, waren Vögel und besonders Fische, die das Haus vor Brand bewahren sollten. Auch die vier bis fünf Stockwerke hohen Türme sind von einer Mauer umgeben, und auf den Modellen sind nicht selten Menschen, z.B. Bogenschützen oder Liubo-Spieler, zu sehen. Von Reliefs kennen wir auch Marktplätze mit ihren für die verschiedenen Händlergruppen reservierten Bezirken und Bauten sowie Ämter, die durch eine große Trommel vor ihren Eingängen gekennzeichnet sind, die derjenige, der dem Beamten ein Anliegen vorzutragen hatte, schlagen mußte, um auf sich aufmerksam zu machen.

Ganz selten ist tatsächlich Architektur erhalten, und auch sie steht im Zusammenhang mit Grabanlagen. So kennen wir einen in seinem ursprünglichen Zustand erhaltenen Grabschrein in Xiaotangshan (Shandong). Dieses kleine, einräumige Gebäude aus Stein, das mit Reliefs geschmückt ist, war wohl einer besonders bedeutenden Persönlichkeit gewidmet. Es wurde von einem einfachen Satteldach gedeckt.

Einige der *Que*, der Ehrentürme, die in kleiner Form und ebenfalls aus Stein gehauen bei Gräbern aufgestellt wurden, können besichtigt werden. Die Türme selbst sind von einem vierseitigen Dach bekrönt. Auf einer Seite haben sie einen kleinen und wesentlich niedrigeren Anbau mit Satteldach.

Han-zeitliche Tempel und Palastanlagen waren, wie bereits in der Qin-Zeit, von gewaltigen Ausmaßen. Zu den Palästen gehörten neben ausgedehnten Gebäudekomplexen auch Parkanlagen, die, wie in späterer Zeit, eine Mischung aus Jagdrevier, auch für die zeremoniellen Jagden im Herbst, und Tierpark waren.

Bei Xi'an in Shaanxi wurden riesige Fundamente, die vermutlich zu einem Tempel gehörten, freigelegt. Die Grundrisse sowohl der ganzen Anlage als auch des zentralen Tempelgebäudes sind quadratisch. Die Rekonstruktion ergab, daß der Zentralbau auf einer hohen Terrasse stand, auf der sich eine zweite mit dem eigentlichen Kultbau erhob. Diese zweite Plattform hatte an jeder Ecke einen Pavillon. Der Tempel war von einem gestuften Ziegel-Zeltdach überspannt.

Bei den archäologischen Grabungen kam eine Vielzahl von Grabformen an den Tag, die sich zum Teil sehr stark von denen der Zhou-Zeit unterschieden. Die Holzkammergräber wurden weiter gebaut, allerdings sind die großen Holzkonstruktionen jetzt stärker strukturiert. Um die Sargkammer liegen mehrere andere für die Beigaben. Die Gräber in Mawangdui, auf die wir schon mehrmals zu sprechen kamen, weisen noch eine besondere Schutzvorrichtung auf, durch die die Feuchtigkeit von der Holzkammer abgehalten wurde: Sie sind von einer Schicht Ton und einer Schicht Holzkohle umgeben. Durch diese Besonderheit läßt sich der phantastische Erhaltungszustand der Beigaben erklären, die wieder in mehreren Kammern um die Sargkammer gelagert waren. Die Sargkammer selbst enthielt, wie in der Han-Zeit üblich, drei ineinandergestellte Särge, die mit Lackmalerei verziert waren. Die Leiche der Fürstin von Dai war zusätzlich mumifiziert und ist besser erhalten als viele der ägyptischen Mumien. Es wurden bei der Leiche nicht einmal die Eingeweide entfernt. Dadurch konnte man feststellen, daß die Fürstin kurz vor ihrem Tode noch eine Melone gespeist hatte.

In der Han-Zeit wurde es auch üblich, Grabkammern aus Ton und Stein zu bauen. Die Gräber aus kleinen Ziegeln waren häufig mit gewagten Kuppel- und Gewölbekonstruktionen überdacht. Als Dekor kamen Reliefziegel, Steinreliefs und Malerei in Frage. Die meisten größeren Grabstätten sind mehrkammrig und lassen sich in Vor- und Hauptkammern aufteilen. In der Hauptkammer standen die Särge. Manchmal sind die Wände durch in unterschiedlichen Lagen gemauerte Ziegel strukturiert. Haupt- und Nebenkammern sind in den meisten Fällen an einer zentralen Achse orientiert. Es wurden für den Grabbau auch sehr große Hohlziegel gebrannt. Die meist rechteckigen Flächen der Breitseiten boten die Möglichkeit für vielteilige Verzierungen, die mit Modeln eingepreßt und dann koloriert wurden.

Gräber, die ganz aus Stein gebaut wurden, sind relativ selten. In Yinan in Shandong entdeckte man eine große Konstruktion aus fein behauenen Steinen, die mit Liniengravierungen virtuos verziert sind. Allerdings ist man heute der Ansicht, daß dieses Grab wahrscheinlich kurz nach dem Ende der Han-Zeit entstanden ist. Einige der Kammern waren von sog. Laternendecken überdacht, einer Art von falschen Kuppeln. Eine weitere Grabvariante haben wir schon kennengelernt: die aus dem Fels gehauenen Grabstätten des Prinzen Liu Sheng und seiner Frau. Die Form solcher Felsengräber, die nicht allzu häufig vorkommen, ist nicht ganz regelmäßig und wurde durch Einbauten aus Holz vervollständigt.

19   Im strengen und schlichten Frühstil ausgeführt ist diese Buddha-Statue aus vergoldeter Bronze (Höhe: 33,75 cm), die älteste (datiert 338 n. Chr.), die man bislang in China gefunden hat.

Die Anfänge der buddhistischen Kunst: San-guo- bis Nan-bei-chao-Zeit
(ca. 220–581 n. Chr.)

Aus geschichtlichen Texten wird uns ersichtlich, daß man in China am Ende der Han-Zeit auf die religiöse Entwicklung in Indien, d.h. auf die friedliche, aber ungeheuer schnelle Verbreitung des Buddhismus, aufmerksam geworden war. So erfährt man z.B. von einem Bild des Buddha, das einem Han-Kaiser im Traum erschienen sein soll. Angeblich schickte der Herrscher Gesandte, um die Statue nach China holen zu lassen und zu verehren. Es wird allerdings angenommen, daß diese Legende nach der Han-Zeit von Buddhisten in die Welt gesetzt wurde, um ihrer Religion Ansehen zu verschaffen. Diese Textstelle ist aber nicht der einzige Hinweis auf erste Einflüsse des Buddhismus schon in der Han-Zeit, denn es sind einige Bilder erhalten, die in Zusammenhang mit dem Buddhismus stehen. Es ist bei ihnen aber meist deutlich zu erkennen, daß die Künstler noch keineswegs mit den neuen religiösen Vorstellungen vertraut waren.

Die buddhistische ‹Revolution› in der chinesischen Kunst und auch in der Literatur fand erst in der Nan-bei-chao-Zeit statt. Die erste bedeutende Entwicklung buddhistischer Kunst spielte sich in Nordchina ab, das vom vierten bis zum siebten Jahrhundert fast durchgehend von Ausländern beherrscht wurde. Die Toba, ein Stamm, über dessen ethnische Zugehörigkeit man sich ebenso im Unklaren ist wie bei den Xiongnu, waren nach dem Untergang der Han mächtig genug geworden, um Nordchina unter sich zu vereinigen. Diese 300 Jahre Fremdherrschaft brachten der chinesischen Kultur jedoch nicht nur Unterdrückung. Die ungeheure Bereicherung, die mit der Einführung neuer Kulturgüter und der neuen Religion einherging, darf nicht unterschätzt werden.

Für die frühe buddhistische Kunst in China waren zwei indische Kunststile prägend, denen sehr verschiedene ästhetische Konzepte zugrundelagen. Der erste war der nordindische Gandhara-Stil. Die Kunst von Gandhara entwickelte sich aus einer seltsamen Mischung von bodenständigen Elementen und einem starken hellenistischen Einfluß, der durch die Etablierung von kleinen Reichen unter griechischer Führung nach dem Tode Alexanders des Großen

20 Relief aus Longmen bei Luoyang, das wahrscheinlich den zukünftigen Buddha Maytreya darstellt. Das 53,1 cm hohe Bildnis aus der Bei-Wei-Zeit ist im strengen, von Gandhara beeinflußten Stil gehalten.

ausgelöst wurde. Die hellenistische Kunst ist gerade bei den Buddhabildern von Gandhara zu einer unpersönlichen Stereotype eingefroren; dies gilt für den Idealtypus des Menschen ebenso wie für die Behandlung der Gewänder. Diese Starrheit hat sich auch auf die frühen buddhistischen Kunstwerke Chinas übertragen, wurde jedoch in gewissem Sinne zu einem positiven Merkmal. Die Gewänder der frühen Buddhabilder Nordchinas beziehen ihre Schönheit aus einer symmetrischen und zugleich sehr dynamischen Behandlung des Faltenwurfs. Man kann also sehr bald den Drang der chinesischen Künstler zu stilistischer Selbständigkeit feststellen, wobei die Veränderung der Gesichtszüge nur ein Element unter vielen ist.

Diese erste Stilrichtung wurde von einem weiteren Komplex von Einflüssen überlagert. Charakteristisch für die Kunst der Gupta-Dynastie in Indien ist eine fast dem Gandharastil entgegengesetzte Behandlung der Gewandung: Die Stoffe umfließen den Körper und wirken fast so, als seien sie in Wasser getaucht. Aus einer Verschmelzung der beiden Stilrichtungen und einer rasch einsetzenden Verselbständigung läßt sich die Entwicklung der buddhistischen Kunst in China erklären.

21 Die marmorne Kolossalstatue eines Buddha ist 5,40 m hoch und stammt aus der Sui-Dynastie (datiert 585 n. Chr.). Die Darstellungsweise ist vermutlich von der Kunst der Gupta in Indien beeinflußt.

Die Toba, die sich unter dem Dynastienamen Wei etablierten, machten den Buddhismus zu einer Art Staatsreligion und setzten sich dadurch von der chinesischen Aristokratie ab, die hauptsächlich durch Konfuzianismus und Taoismus geprägt war. Sie ließen gewaltige Höhlentempelanlagen errichten, die mit Stein- und Stuckplastik sowie Wandmalerei auf das reichste geschmückt wurden. Die Kunstwerke wurden vermutlich von Chinesen und von zugewanderten Künstlern gleichermaßen geschaffen, obwohl man bei vielen deutlich spürt, wie stark der indische und zentralasiatische Einfluß ist. Es wurden vielfach auch chinesische und westliche Elemente verschmolzen, wenn es darum ging, die buddhistischen Inhalte chinesischen Betrachtern leichter verständlich zu machen.

Behandeln wir zunächst wieder die Bronzekunst und die neuen Formen, die unter dem Einfluß des Buddhismus auftreten. Wir können an den frühesten Kunstwerken erkennen, daß hier noch recht unsichere Versuche unternommen wurden. Die Künstler hatten noch nicht zu einem selbständigen Stil gefunden. Die ersten Darstellungen des Buddha zeigen den ungeheuer strengen und symmetrischen Faltenwurf des abgewandelten Gandharastils. Die Haltung ist starr, und das Gesicht zeigt ein sog. archaisches Lächeln, das den Eindruck der Strenge eher noch verstärkt. Die typischen Handhaltungen sind aus der schon bestehenden Ikonographie übernommen, da sie nicht von den religiösen Inhalten zu trennen waren. Es wurde der historische Buddha oder einer seiner mythischen Vorgänger dargestellt. Sie sitzen mit übereinandergeschlagenen Beinen im sog. Lotossitz oder häufig mit herabhängenden Beinen, wobei die Unterschenkel gekreuzt sind. Man nimmt an, daß in diesen Fällen meist eine zukünftige Wiedergeburt des Buddha angedeutet ist.

In der Bronzeplastik kommen gelegentlich schon mehrere Figuren vor, z.B. das häufig abgebildete Buddha-Paar Shakyamuni Prabhutaratna. Die Bronzen waren nicht selten vergoldet. Dem Buddha wurden auch Begleitfiguren beigegeben. So flankieren oft kleine Bodhisattvas in reichem Schmuck die schlichteren, dafür aber wesentlich größeren Buddhas. Bodhisattvas sind Wesen, die noch nicht wie Buddha ins Nirwana eingegangen, sondern aus freiem Willen in der Welt geblieben sind, um weiterhin Menschen zu retten, obwohl eine vorbildliche Lebensführung es ihnen gestattet hätte, die Welt der Wiedergeburt zu verlassen. Da sie dieser Welt noch angehören, wird ihnen reicher Schmuck zugebilligt, der sie als Menschen edler Abkunft kennzeichnet. (Shakyamuni, der historische Buddha, war ein Prinz, der der Welt entsagte.)

Wesentlich vielfältigeres Anschauungsmaterial, als die buddhistischen Bronzen bieten können, präsentieren uns die Wände der Höhlentempel. Die Bronzen wurden bei finanziellen Engpässen häufig als willkommenes Reservoir zur Sanierung maroder Staatsfinanzen angesehen, requiriert und eingeschmolzen. Aus dieser Tatsache erklärt sich ihr relativ geringer Bestand.

Ins Große, fast Überdimensionale gesteigert können wir das, was wir schon bei der Bronzeplastik feststellen konnten, nun auch an den buddhistischen Höhlentempelanlagen studieren, die hauptsächlich in Gansu, aber auch in Xinjiang und im Zentralgebiet bei Luoyang zu finden sind. Hunderte von Höhlen wurden in Dunhuang und Yungang aus dem Felsen gehauen. Die buddhistische Sitte, in Höhlentempeln Andachtstätten und Denkmäler zu schaffen, hatte man aus Indien übernommen, wo man schon im 3. und 2. Jahrhundert v. Chr. daranging, Tempel in den Fels zu meißeln.

22 *Votivstele (Höhe: 147,5 cm) aus dem Jahre 557 n. Chr. mit Gruppen buddhistischer Figuren. In der Mitte Buddha, Bodhisattvas und Schüler Buddhas.*

Besonders Yungang zeichnet sich durch seine Steinplastiken aus, die in manchen Fällen noch die alte Bemalung zeigen. Die Andachtsbilder ähneln meist denen in Bronze. Allerdings wurden aufgrund der wesentlich größeren Flächen, die bearbeitet werden konnten, zahlreiche Figuren hinzugefügt, sowohl Bodhisattvas als auch Angehörige der hinduistischen Götterwelt, die zum Teil in den Buddhismus übernommen wurden.

Der Buddhismus ist seinem Wesen gemäß niemals eine Religion gewesen, die andere Glaubensvorstellungen als falsch ausschloß, wie z.B. das Christentum; im Gegenteil gewann er seine immense Popularität gerade daraus, daß die Götter anderer Religionen ohne weiteres integriert wurden. So kann es uns wenig überraschen, daß die Unsterblichen, die bereits bei der Behandlung der Han-zeitlichen Kunst aufgefallen waren, auch auf den buddhistischen Bildern auftreten, allerdings etwas uminterpretiert: Die Apsaras, niedrige buddhistische Gottheiten, sind auf Reliefs und auf Gemälden kaum von den taoistischen Genien zu unterscheiden. Es treten auf den frühen Reliefs aber auch Gestalten auf, die (wie man an den Gegenständen, die sie in den Händen halten, erkennen kann) mit zentralasiatischen Gottheiten in Verbindung zu setzen sind.

Vereinzelt finden wir Relikte der späthellenistisch-griechischen Tradition, ganz abgesehen von den stilistischen Ähnlichkeiten. So sind Gebäude, die auf den Reliefs wiedergegeben werden, zuweilen von ionischen oder dorischen Säulen gestützt. Man kann sich mit dieser kurzen Schilderung vielleicht ein Bild von der Buntheit und originellen Vielfalt dieser Reliefs machen. Die Höhlen bestanden aus einer Vorhalle, deren Wände (die jedoch häufig eingestürzt sind) vollständig mit Reliefs bedeckt waren. Manche der Kammern wurden, um sie vor weiterer Erosion zu schützen, in späterer Zeit mit Holzvorbauten versehen. Die Hauptkammer ist meist quadratisch und wird in der Mitte von einem Pfeiler gestützt, der wie eine Pagode gestaltet sein kann. Pfeiler und Wände waren ebenfalls mit Reliefs geschmückt. An der Rückwand oder aber auch am Zentralpfeiler befand sich das große Andachtsbild. Die Flächen, die nicht von den größeren Reliefs bedeckt waren, sieht man oft von unzähligen kleinen Buddhafiguren überzogen, welche die endlose Reihe der Wiedergeburten Buddhas symbolisieren.

Nach der Verlegung der Hauptstadt der Toba von Datong (Shaanxi), wo auch Yungang liegt, nach Luoyang (Henan) ins ehemalige Zentralgebiet chinesischer Macht fand ein interessanter stilistischer Wandel statt, der verdeutlicht, daß sich die Künstler des Nordens von südlichen Entwicklungen beeinflussen ließen. Die Starre, die an der Plastik der nördlichen Wei auffällig ist, wich eleganteren Formen. Die Kleidung der Begleitfiguren, die man zum Teil wohl als die Alltagsbekleidung jener Zeit ansehen kann, verliert zunehmend die Merkmale, die für die Gewänder der Toba-Aristokratie kennzeichnend waren. Das soll uns darauf aufmerksam machen, daß die Künstler im Süden eine durchaus eigenständige Entwicklung durchgemacht haben, die sich durch eine dynamischere Linienführung und eine Längung der menschlichen Proportionen auszeichnet, was eine Eleganz hervorrufen kann, die auf keinem der früheren Reliefs erreicht wurde. Dies wird an Gravierungen auf einem Sarkophag deutlich, der heute in Kansas-City (USA) aufbewahrt wird. Er zeigt konfuzianische Themen, die sich aber nicht, wie in der Han-Zeit, in Räumlichkeiten abspielen, sondern zum ersten Male in Landschaften. Der Stil dieser Gravierungen und einiger weiterer Beispiele, die vor längerer Zeit bei Nanjing (Jiangsu) entdeckt wurden, lassen den Schluß zu, daß die Künstler auf den Reliefs wahrscheinlich frühe Rollbilder kopierten.

Es ist nicht ganz undenkbar, daß schon zur Han-Zeit Querrollen, eine der typischsten chinesischen Bildformen, gemalt wurden; die friesartige Anordnung der Bilder in Gräbern und Schreinen könnte darauf hinweisen. Auf den Gravierungen des Sarkophags sind mehrere Szenen einer Geschichte oder sogar verschiedene Geschichten in dieselbe Landschaft versetzt und nur durch Bäume oder Berge voneinander getrennt, eine Technik, die mit Rollbildern in Zusammenhang stehen könnte. Sie wurden Stück für Stück, Szene für Szene aufgerollt, während die bereits betrachteten Teile wieder zugerollt wurden.

23 In einer der buddhistischen Höhlen von Yungang bei Datong (Shaanxi) entdeckte man diesen Stützpfeiler in Form einer Pagode.

An Kopien von Werken eines der berühmtesten Maler des vierten Jahrhunderts, Gu Kaizhi, wird dies bereits deutlich. Seine Illustrationen zu einem Gedicht des Lyrikers aus dem dritten Jahrhundert, Cao Zhi, «Die Göttin des Luo-Flusses», und die von konfuzianischem Gedankengut geprägten «Ermahnungen der Hofdamen» zeigen uns sein großes Können in der Figuren- und auch Landschaftsmalerei. In den «Ermahnungen» sind mehrere Szenen nebeneinandergestellt, die das Verhalten besonders tugendsamer Kaiserinnen und Hofdamen demonstrieren sollen. Typisch für die Malerei dieser Zeit sind die schlanken, fast überdehnten Gestalten und die wie in einem beständigen leichten Wind flatternden Bänder an den Gewändern. Gu Kaizhis Figuren zeichnen sich durch eine Noblesse und Eleganz aus, die in den landschaftlichen Teilen des Bildes von der Göttin des Luo-Flusses nicht erreicht werden: Wie auf den buddhistischen Bildern wirken sie noch sehr starr und schematisiert. Daß die Kopien der Gu-Kaizhi-Rollen recht gut seinen Stil treffen, wurde durch neue Funde bestätigt: Im Grab des Sima Jinlong, eines Wei-zeitlichen Adligen des 5. Jahrhunderts, wurden Teile eines Stellschirms ausgegraben, die mit Malereien auf rotem Lackgrund geziert sind. Ihr Stil erreicht zwar nicht die Feinheit der Rollbilder, zeigt aber alle Stilelemente, die auch Gu Kaizhi zugeschrieben werden.

Kehren wir zu den buddhistischen Höhlen zurück: In Dunhuang in der Provinz Gansu konnten westliche Archäologen wie der Ungar Aurel Stein und der Franzose Paul Pelliot Anfang unseres Jahrhunderts in ca. 400 Höhlen Malereien studieren und photographieren, die trotz starker Winderosion relativ gut erhalten sind. Neuerdings wurde auch von volksrepublikanischen Archäologen eine Bestandsaufnahme gemacht, und es wurden Kopien angefertigt. Die ersten Höhlen von Dunhuang wurden im frühen 5. Jahrhundert angelegt. An Ausstattung enthielten sie neben den Wandmalereien zahlreiche Statuen aus feinem Ton, der über einem Gerüst aus Holz, Häcksel und grobem Ton modelliert wurde. Auch die Plastiken wurden bunt bemalt.

In Dunhuang können wir ferner erste Versuche mit einem Genre betrachten, das in späterer Zeit eines der wichtigsten in der chinesischen Malerei überhaupt wurde, mit der Landschaftsmalerei. Auf den frühen Bildern des 5. und 6. Jahrhunderts tritt Landschaft auf der Bildfläche zunächst einmal als Strukturelement auf. Die Bildfriese, die meist Szenen aus dem Leben des Buddha darstellen, werden durch sehr ornamentale und schräg verlaufende Bergketten gegliedert. Dabei wird kein Wert auf Realismus in den Größenverhältnissen zwischen Menschen und Gebäuden gelegt. Dieses Phänomen läßt sich auch an den Sarkophagen erkennen, deren Schöpfer aber in der Behandlung des Motivs souveräner waren.

Ab Ende des 6. und Anfang des 7. Jahrhunderts wurden auch in den Höhlen Landschaften lebendiger gestaltet. Sie sind nicht mehr reines Dekor, sondern bekommen Eigenwert. Eine ähnliche Entwicklung machte die Darstellung von Gebäuden durch, deren Dächer durch ihre parallel und schräg durch die Bildfläche verlaufenden Linien ebenfalls zur Strukturierung beitragen. Die Menschen, die in großen Zahlen die Wandflächen bevölkern, tragen auffallend oft fremdländische Kleidung, was erneut auf die ausländischen Einflüsse in den nördlichen Gebieten hinweist. Die Gesichtszüge sind stark stilisiert; manchmal wird das Gesicht in Farbflächen, die deutlich voneinander abgehoben sind, aufgelöst. Dennoch wirken die vielfigurigen Szenen keineswegs tot: Reiter galoppieren einher und stürmen auf hohe Stadttore zu, Kämpfe zwischen Heeren werden ausgetragen. Dann wieder kann man einen Asketen in seiner Klause oder in einer Höhle meditieren sehen. Auch die Malerei in Gräbern hat uns derart lebendige Szenen zu bieten: Ebenfalls in Gansu wurden in Ziegelgräbern über 6000 Bildziegel entdeckt, die das Leben der Landbevölkerung – interessanterweise werden dort ansässige nichtchinesische Stämme gezeigt –, Ackerbau und Viehzucht abbilden.

Die Architekturdarstellungen auf den Gemälden zeigen uns einige Neuerungen: Das typische geschwungene Dach wird üblich. Zunächst unternahm man zaghafte Versuche mit der neuen Technik, die die Architekten natürlich vor andere Probleme stellte als das gerade Dach. Die Dachkonstruktionen wurden durch sogenanntes Konsolgebälk gestützt. Die zwei- oder dreiarmigen Stützen, die man als Konsolen bezeichnet, wurden dergestalt aufeinandergebaut, daß sie den Druck des weit vorgezogenen und geschwungenen Daches abfangen konnten. Der Fisch, der in der Han-Zeit den First zierte und das Haus auch schützen sollte, ist einem anderen Schmuck gewichen, den sog. Eulenschwänzen, flügelartigen Aufsätzen an beiden Enden des Firstes.

Eine für die spätere Architektur ebenfalls bedeutende Neuerung ist die Entwicklung der buddhistischen Pagode – wahrscheinlich aus dem chinesischen Turmbau, nicht (wie von einigen Wissenschaftlern angenommen) aus dem indischen Stupa. Mit dem Stupa haben diese Bauwerke den Zweck gemein, buddhistische Reliquien zu beherbergen. Sie wurden in den Fuß der Türme in besondere Behälter, meist zusammen mit heiligen Schriften und Kultbildern, eingeschlossen. Die Pagoden sind in vielen Fällen nicht mehr erhalten. Wir bekommen aber einen Eindruck davon, wie sie ausgesehen haben, aus den Höhlentempeln, deren Zentrum, wie wir gesehen haben, nicht selten eine aus Stein gemeißelte Pagode war. Die Bauten bestanden aus mehreren Etagen, die nach außen durch vorspringende kleine Dächer abgesetzt wurden. Manche Pagoden waren nicht begehbar, sondern massiv gebaut und wurden an ihrer Außenseite mit Nischenbildern des Buddha geschmückt.

Den Darstellungen ist auch zu entnehmen, daß die Bauwerke der Nan-bei-chao-Zeit zu sehr ausgedehnten Komplexen, mit Mauern und Türmen bewehrt, zusammengefaßt wurden, die sich aber durch die eben beschriebenen Merkmale von Han-zeitlichen Bauten ähnlichen Ausmaßes absetzen.

Die Grabarchitektur, überhaupt die Ausstattung der Gräber, wurde grundlegenden Veränderungen unterworfen. Unter der Sanguo-Wei-Dynastie (3. Jahrhundert) wurden neue Bestimmungen erlassen, welche die ungeheure Verschwendung, die unter den Han bei der Errichtung von Gräbern betrieben wurde, einschränkten. Der Bau von Grabschreinen wurde eingestellt, die Herstellung von Jadepanzern untersagt. Allerdings ging die Herrscherfamilie, auf die diese Einschränkungen zurückzuführen sind, mit schlechtem Beispiel voran: Ihre Gräber waren auf das Prunkvollste eingerichtet, und die Toten wurden in Jadepanzer gekleidet. Abgesehen davon, daß viele der Reichen sich nicht um die Bestimmungen kümmerten und mit ihrer Bestattung prunkten, wie es ihnen beliebte, kommen auch in weniger reichen Bestattungen kleine Goldgegenstände, Zierstücke für die Kleidung und sehr viel Keramik vor. Besonders auffällig ist die große Zahl der Grabfiguren, die in der Nan-bei-chao-Zeit produziert wurden. Meist handelt es sich um Bedienstete, Reiter, Musikanten usw.

Äußerst auffällig ist an den Gräbern jedoch, daß Hinweise auf das erste Aufblühen des Buddhismus fast völlig fehlen. Grabmalerei und -reliefs zeigen entweder die alten Themen oder auch Gestalten aus der neueren Geschichte, aber kaum religiöse Darstellungen. Dieses Merkmal ist für den ganzen späteren Grabkult Chinas kennzeichnend. Die Grabformen ändern sich ebenfalls. Nicht selten sind die Gräber oval und haben einen kurzen Grabgang. Sie bestehen nun in den meisten Fällen aus Ziegeln. Es kommen auch rechteckige Formen mit vielen symmetrisch angeordneten Schächten vor, deren Funktion vielfach unklar ist. Die Wände sind oft so gemauert, daß jeweils auf zwei oder drei waagrecht gelegten Ziegeln ebenso viele senkrechte zu stehen kommen.

Am Dekor der Wände, der Särge und auch vieler Gegenstände, die in den Gräbern gefunden wurden, erkennen wir immer wieder die neuen Einflüsse aus dem Westen, die von den ausländischen Herrschern im Norden mitgebracht wurden. Es wird uns bei der Behandlung der Kunst der Tang interessieren, wie bei manchen Gegenständen die westlichen (meist iranischen) Vorbilder noch deutlich spürbar sind. Auch genaue Kopien oder sogar Importe waren verbreitet.

24 Torso (Höhe: 182,5 cm) einer marmornen Bodhisattva-Statue. Die weiche Haltung mit dreifacher Körperbiegung deutet auf die Tang-Zeit hin (ca. 670 n. Chr.).

Farbabbildungen

793 Gruppe von Tang-zeitlichen Tonfiguren (Dunhuang): Buddha und Bodhisattvas auf Thronsitzen. Originalbemalung. Im Hintergrund Wandmalereien.

794 Dunhuang: Gruppe von Bodhisattvas aus einem Andachtsbild neben einer zentralen Buddhafigur. Auch hier sind die Charakteristika Wei-zeitlicher Wandmalerei deutlich zu erkennen.

795 Die große sitzende Buddhafigur vor Höhle 171 in Binglingsi (Gansu) ist ein Beispiel für die Tang-zeitliche Monumentalplastik. Fast alle der buddhistischen Höhlenanlagen wiesen Großplastiken auf, die bis zu 70 Meter hoch sein konnten.

796 Tang-zeitliches Reliquiar aus Zhongbaocun (Höhe: 69,5 cm). Die Verzierungen und auch die Form lassen deutlich westliche Einflüsse spüren. Glasiert in der Sancai-Technik, die in der Tang-Zeit entwickelt wurde.

797 Teil einer Miniaturlandschaft (Höhe: 18 cm), bestehend aus einem Teich, stilisierten Bergen und Vögeln. Man verband solche kleinen Anlagen mit Paradiesvorstellungen.

798 Vornehme Dame mit aufwendigem Hut und weit ausgeschnittenem Kleid. Frühe Tang-Zeit, gekennzeichnet durch die Zartheit der Gestalt. Dekor in Sancai-Glasur, Höhe: 44,2 cm.

799 Frauentyp der späteren Tang-zeitlichen Plastik: Das Gewand ist schlichter, für die Frisur ist die Stirnlocke typisch. Auffällig das pausbäckige Gesicht. Datiert 723 aus Xi'an, Höhe: 44,5 cm.

800 Hahnen- oder Phönixkopfkrug aus Porzellan mit feiner weißer Glasur. Das Dekor ist teils eingeschnitten, teils plastisch aufgesetzt. Übergang Tang – Wu-dai, Höhe: 39,5 cm.

Eine liberale Ära: die Tang-Zeit
(618–907)

Unter der kurzlebigen Dynastie Sui (581–618) wurde nach fast vierhundertjähriger Teilung das Reichsgebiet in der Größe, die es zur Han-Zeit hatte, wiedervereinigt. Es versteht sich aber von selbst, daß ein derart lang währender Bruch zwischen Norden und Süden auch nach der erneuten Zusammenführung der Teile seine Spuren hinterließ. Besonders der starke Einfluß aus Zentralasien durch den Buddhismus und die große Zahl von Ausländern, die weiterhin im Norden lebten, hatten die gesamte Kultur stark verändert.
Die Herrscher der Sui hatten ganz systematisch den Buddhismus als Mittel zu einer raschen Einigung des Reichs genutzt. Sie befahlen den Bau von Tempeln und Reliquienschreinen, die über das gesamte Reichsgebiet verteilt waren, den gleichen Namen trugen und ähnlich gebaut waren. Das führte, auch durch eine generelle Förderung dieser Religion (Steuerfreiheit der Klöster und ihrer Insassen, große Landschenkungen durch den Kaiser und Privatleute, Befreiung von Frondiensten), zu einer festen Verankerung des neuen Glaubens in der chinesischen Kultur. Fremde Religionen wurden in der ersten, sehr stabilen Phase der Tang weitgehend geduldet. So kam es, daß in den Großstädten wie Changan, Luoyang oder Yangzhou nestorianisch-christliche, mazdaistische, manichäische und buddhistische Tempel nebeneinander existierten, ohne daß es zu nennenswerten Spannungen gekommen wäre.
Es gab kaum einen Bereich, der von der allgemeinen Offenheit, besonders was Modeerscheinungen anbelangt, unberührt geblieben wäre. Andererseits war man sorgsam darauf bedacht, daß der wiedererstarkte chinesische Staat mit seinen vom Konfuzianismus geprägten Institutionen nicht von dieser Entwicklung beeinflußt wurde.
Auffällig viele Gefäße aus Bronze und Edelmetallen wie Gold und Silber sind entweder Imitationen iranischer Formen oder wurden sogar aus Zentralasien und dem Iran importiert. Die Wandungen sind von Fabeltieren bevölkert, die wir aus dem Iran kennen; Tiere kann man auch in Paaren auf beiden Seiten eines Baumes stehen sehen, ein sehr altes iranisches Motiv, das keineswegs auf die Metallarbeiten beschränkt blieb. Die meisten Dekor-Muster fanden auch bei Textilien Anwendung. Als Füllmuster waren Geißblattranken und Streublumen üblich. Der Untergrund, der von solchen Motiven freiblieb, war häufig gepunzt.

Schalen mit gelapptem Rand, deren Wandung in Felder gegliedert ist, waren sehr beliebt, Henkeltassen, die mit ausländischen Motiven verziert sind, durchbrochen gearbeitete Räucherkugeln und Räucherpfannen, die man häufig auf buddhistischen Bildern in der Hand von Mönchen sieht, wurden üblich. Viele der Metallgegenstände sind gehämmert, die Verzierungen wurden eingepunzt, gehämmert, graviert oder ziseliert, was die besondere Feinheit des Dekors ausmacht. Auch Granulation kommt vor.

Viele der nun sehr verbreiteten Formen waren in China schon vor der Tang-Zeit nicht unbekannt. Vereinzelt fand man auch in Gräbern aus der Nan-bei-chao-Zeit vergoldete Bronzen oder kostbaren Schmuck, die aus dem Westen eingeführt waren. In der Tang-Zeit treten sie nun sehr häufig auf.

Wieder waren es die Töpfer, die in der Tang-Zeit die neuen Bronzeformen besonders gern kopierten. Das gilt für die Typen ebenso wie für das Dekor. Neben den Schalenformen finden sich Krüge mit kleinem Ausguß und meist mehreren kleinen Ösen, Tassen und Becher, aber auch sehr ausgefallene Formen wie Krüge, deren Mündung und Ausguß die Form eines Hahnen- oder anderen Vogelkopfes haben. Schon aus dem 5. und 6. Jahrhundert kennen wir sog. Hahnenkopfkrüge; allerdings wurde bei ihnen der kleine Ausguß in Form eines Hahnenkopfes an der Gefäßschulter angebracht. Vereinzelt wurden sogar sog. *Rhyta,* Trinkhörner, die

25 *In der Tang-Zeit kamen neue Spiegelformen auf. Dieser blütenförmige Spiegel ist auf seiner Rückseite mit Landschaftsornamenten sowie mit Blattranken in Silbereinlegearbeit verziert.*

26   Das 11 cm hohe Keramik-Trinkhorn aus der Tang-Zeit (8. Jahrhundert) ist mit Sancai-Glasur versehen. Es endet in einem Schlangenkopf; neben der Mündung die Figur eines Kindes.

in einem Tierkopf enden, aus Ton hergestellt. Ganz selten fand man solche Gefäße auch in Gräbern früherer Epochen; in der Tang-Zeit wurden sie dann westasiatischen Vorbildern nachgestaltet. Auch vollkommen kugelige Formen sind keine Seltenheit. Manchmal werden sie durch unverhältnismäßig kleine, gebogene Füßchen gestützt.
Behandeln wir nun einen besonders verbreiteten Gefäßtyp, die «Pilgerflaschen» (Bianhu). Es handelt sich dabei um flache breite Flaschen mit relativ dünnem Hals und kleiner Mündung. An der Schulter sind Ösen zu beiden Seiten des Halses angebracht. Die beiden Breitseiten wurden für reiche Ausschmückung genutzt: Ausländische Tänzer und Musiker sind dargestellt, aber auch reines Blatt- und Blütendekor wurde in Flachrelief-Manier aus dem Ton gepreßt. Die beiden Hälften der Gefäße wurden aus Formen gedrückt und dann zusammengefügt.
Abgesehen von den Hahnenkopfkrügen, die ebenfalls auf ihren Bäuchen manchmal figürliches Dekor tragen, wurden die anderen Gefäßformen mit geometrischem Ornament versehen. Zum Teil wirken diese Zierformen, die aus Modeln gedrückt und auf die Wandung der Töpfe gepreßt wurden, wie die Bronzeanhänger, die an dem Geschirr der Pferde hingen. Flache Schalen und Teller weisen in ihrer Mitte Schmuck auf, der deutlich den Verzierungen auf Bronzevorbildern nachgeahmt wurde: Blüten, die sozusagen in die Fläche eingraviert wurden. Blütenblätter und Blütenboden wurden farblich exakt mit verschiedenen Glasuren voneinander abgesetzt, so daß fast der Eindruck entsteht, die Schalen seien emailliert und nicht glasiert.
Hier werden wir auf eine wichtige technische Neuerung aufmerksam: die Glasur in mehreren Farben auf einem Stück. Aufgrund ihrer Mehrfarbigkeit wird das Steinzeug Sancai-Keramik genannt (Drei-Farben-Keramik). Nicht selten verließen sich die chinesischen Töpfer ganz auf die Wirkung der Glasurfarben und verzichteten auf jedes weitere Dekor. Die Glasuren wurden absichtlich sehr ungleichmäßig aufgetragen: Am Fuß ließ man die Glasur verlaufen, so wie es sich ergab. Sie bildet an manchen Stellen dicke Tropfen. Bei den Sancai-Typen sind die Farben nicht klar voneinander getrennt, sondern verlaufen ineinander. Das trifft allerdings für die eben beschriebenen ‹emaillierten› Schalen und Teller nicht zu.

27 Bianhu (Höhe: 12,3 cm) aus dem 7. Jahrhundert mit ausländischen Musikern und Tänzern, die ihre Kunst auf stilisierten Lotosblüten ausführen.

In westlichen Sammlungen und neuerdings auch bei Ausgrabungen fand man sogar marmorierte Stücke. Sie bestehen aus einer Masse, die aus verschiedenfarbigen Tonschichten zusammengesetzt sind, so daß an der Wandung nach dem Drehen die reizvolle Marmorierung zu sehen ist. Vereinzelt wurden auch Keramikfiguren aus dieser Masse hergestellt, wie man jetzt an Funden im Grab eines Tang-Prinzen feststellen konnte.

Die Keramikgegenstände, die im Westen schon lange am bekanntesten waren, sind die Grabfiguren. Sie vermitteln ein vielfältiges Bild der Tang-Kultur, allerdings natürlich aus der Sicht der Reichen, für die sie in den meisten Fällen produziert wurden. Betrachten wir kurz die Herstellungsweise dieser Plastiken. Die meisten sind mit Hilfe von Modeln gefertigt. Jede der Keramikfabriken hatte einen festen Bestand von solchen Versatzstücken, die immer wieder,

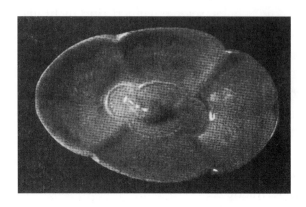

28 Nach einem Metallvorbild wurde diese ovale gelappte Schale mit eingedrücktem Dekor gearbeitet. Länge: 12,5 cm, Tang-Zeit.

29 Aus dem Jahr 728 stammt diese 68 cm hohe Statue, deren Körper mit farbiger Glasur überzogen ist (das Gesicht blieb unglasiert). An der Kopfbedeckung erkennt man, daß es sich um einen Beamten handelt, wahrscheinlich um einen Ausländer.

aber nur in unterschiedlicher Kombination, verwendet wurden. Wir können also an dieser Praxis erkennen, daß die Tang-Plastiken Massenware waren, was aber ihrem besonderen Reiz keinen Abbruch tut. Nur in Einzelfällen wurden die Figuren für eine Bestattung speziell hergestellt, z. B. für die Gräber der Kaiser und ihrer Familien.

Die guten Stücke sind im Detail von erstaunlichem Realismus. Dargestellt sind Hausbedienstete und Pferdeknechte (die Pferdeknechte waren in den meisten Fällen Ausländer, was an den Gesichtszügen und an der Kleidung deutlich zu erkennen ist), Musiker und Tänzer, Beamte, die streng blicken und die typische chinesische Beamtentracht tragen, auch wenn sie häufig unchinesische Gesichtszüge haben, Händler und Kameltreiber. Sehr viele von ihnen könnten ebenfalls aus Zentralasien stammen. Wir müssen bedenken, daß in der Tang-Zeit mit den großen Pferdeimporten auch Pferdeknechte aus dem Ausland kamen, daß es ferner üblich war, als Tribut Musikgruppen und Tänzer neben anderen exotischen Kostbarkeiten zu schikken. Auch die fremdländisch wirkenden Beamten sind durchaus erklärlich, da manche Länder dazu verpflichtet waren, Angehörige der Herrscherfamilien als Geiseln an den chinesischen

30 Figur eines lächelnden ausländischen Händlers mit Weinschlauch. Höhe: 37,2 cm, Sancai-Glasur, 1. Hälfte des 8. Jahrhunderts.

Hof zu schicken, die dann mit unbedeutenden Ämtern zufriedengestellt wurden. Unter den Militärbeamten fanden sich jedoch durchaus auch Ausländer, denen wichtige Posten anvertraut wurden.

Besonders an den Frauenfiguren läßt sich recht gut die künstlerische Entwicklung der Tang-Zeit feststellen. Die frühen aus dem 7. und beginnenden 8. Jahrhundert sind meist grazil, und die gerade herabfallenden und hochgegürteten Kleider betonen ihre Schlankheit. Am Ende des 8. Jahrhunderts werden die Frauentypen seltsam unausgewogen. Auf eine nicht übermäßig wuchtige Gestalt werden sehr runde, fast übervolle Gesichter gesetzt, die fast so wirken, als hätten sie die Backen aufgeblasen. Dieser Typus wird mit einem neuen Schönheitsideal in Verbindung gebracht, das mit der Lieblings-Konkubine des Kaisers Minghuang, der Yang Guifei, zusammenhing. Recht komisch ist die Wirkung, wenn diese vollen Frauengesichter auf vorgefertigte Körper in Männerkleidung gesetzt wurden. Wir kennen bereits aus der Zeit zuvor Darstellungen von Frauen in Männerkleidung. Diese modische Neuerung entwickelte sich schon in der Nan-bei-chao-Zeit und war in der Tang-Zeit durchaus üblich – sehr zum Mißvergnügen griesgrämiger Konfuzianer. Meist ist der gesamte Körper der Figuren mit farbiger Glasur überzogen; nur das Gesicht blieb unglasiert und wurde nach dem Brennen kalt bemalt.

Mit großer Liebe wurden die herrlichen Pferde- und Kamelfiguren hergestellt. Sie sind ebenfalls farbig glasiert. Wenn auch die Farbe der Glasur nicht immer mit der natürlichen Färbung der Tiere in Einklang steht, so sind die Gestalten dennoch sehr reizvoll. Sie sind in ihrem machtvollen Zaumzeug dargestellt, das mit kleinen Bronzeplaketten mit westasiatischer Verzierung behängt ist. Die Kamele tragen manchmal Plattformen auf ihrem Rücken, auf denen Musikanten, Sänger und Tänzer ihre Künste vorführen. Die Mähnen der Pferde sind beschnitten und zu mehreren kleinen Büscheln zusammengefaßt, die Schweife wurden ebenfalls gekürzt und hochgebunden. Ferner sind berittene Tiere zu bewundern, auf denen westasiatische Knechte oder feine Damen mit großen Hüten reiten. Die Atmosphäre, die uns diese Figuren atmen lassen, ist eine der Weltoffenheit und relativen Freiheit auch für die Frauen, die in späteren Dynastien nicht mehr erreicht wurde, überhaupt in der chinesischen Geschichte in diesem Maße nie vorhanden war.

Eine Sondergruppe haben wir in den Grabwächtern und Grabwächtertieren vor uns. Sie sind vielfach größer als die übrigen Figuren und bilden eine Gruppe aus zwei sehr ungleichen Paaren. Die Grabwächter ähneln den buddhistischen Himmelskönigen (*Lokapala*), Beschützern der Lehre, die in prächtigen Rüstungen und Helmen sowie mit furchterregendem Gesichtsausdruck gezeigt werden.

Die Grabwächter trampeln auf kleinen besiegten Dämonen herum, die sich mit schmerzverzerrtem Gesicht unter ihren Füßen winden. (Wir können hierin eine der wenigen Auswirkungen der Religionen auf den Grabkult in der Tang-Zeit sehen.) Die Tiere sitzen meist auf ihren Hinterpfoten und haben den Kopf hoch aufgereckt. Ihr Rücken ist zackenbewehrt, und sie haben kleine Flügel. Einige der Tiere haben karikaturhaft verzeichnete Menschenköpfe, manchmal mit einem Helm, andere furchterregende Tierhäupter. Die Figuren wurden an den Grabeingängen aufgestellt und sollten die Stätten vor schädlichen Einflüssen bewahren. An diesen Figurengruppen läßt sich die Entwicklung von eher starr dastehenden bzw. sitzenden Figuren zu Gestalten mit geradezu wilder Gestik feststellen.

Mit der Tang-zeitlichen Plastik wurde eine lange Tradition fortgeführt: Bereits kurz nach der Han-Zeit waren unter den Grabbeigaben zahlreiche Darstellungen von Ausländern aufgetreten, was sich aus der neuen Zusammensetzung der Oberschicht ergab. So finden sich in den Gräbern Nordchinas die Abbildungen der neuen Machthaber, der Toba, die eine sehr charakteristische Kleidung tragen. Im 6. und 7. Jahrhundert verstärkt sich diese Tendenz. Die Darstellungen werden in den Details immer ausführlicher, die Figuren lassen sich aber nicht mehr so eindeutig einem Stamm oder besser einer Kultur zuordnen. Erschwerend kommt noch hinzu, daß immer mehr Chinesen ausländische Kleidung trugen und daß es in der Tang-Zeit ausgesprochen Mode war, sich in fremdländische Gewänder zu kleiden.

Zu unserer Überraschung können wir unter den Tang-zeitlichen Tongegenständen auch eine kleine Gebirgslandschaft entdecken. Es wurde zunächst angenommen, man habe einen besonders gestalteten Tusch-Reibstein vor sich, doch dann kam man zu dem Schluß, daß es sich um eine eigenständige Miniaturlandschaft handeln muß. Solche Landschaften, in manchen Fällen mit Bonsai bestückt (chin. *Panjing*), kann man auch auf Wandmalereien in der Hand eines Dieners sehen. Diese Miniaturparadiese und kleinen Ideallandschaften erweckten in der chinesischen Tradition taoistische Assoziationen.

Die Landschaft gewinnt in der Tang-zeitlichen Malerei einen wesentlich größeren Stellenwert, als ihr in der Zeit davor zugebilligt wurde. Sie wird nicht mehr zur Kulisse degradiert, in der sich menschliches Handeln abspielt, sondern bekommt wesentlich mehr Eigenständigkeit. Das Betrachten eines Bildes wird, wie man an einigen Kopien früher Landschaftsgemälde bereits erkennen kann, zu einer Reise des Betrachters im Bild. Er kann den Weg verfolgen, den Wanderer oder Reiter, die vom Maler in die Landschaft versetzt wurden, mit ihren Dienern machen, oder er blickt mit dem sinnierenden Gelehrten auf dem Bild in die Landschaft mit ihren wolkenverhangenen Bergen. Diese Form der Malerei gewinnt auch noch auf andere Weise Selbständigkeit: Die Proportionen werden natürlicher, die Menschen spielen auch in ihrer Größe im Vergleich zur Landschaft nicht mehr die bedeutende Rolle, die ihnen in der Malerei vorher zugemessen wurde.

Auf den frühen Bildern hat der Betrachter fast niemals einen freien Blick auf eine weite Szenerie. Dieser wird durch riesenhaft sich türmende, noch relativ stark stilisierte Berge verstellt. Tiefe wird dem Bild dadurch verliehen, daß die Wege, auf denen sich die Reisenden in der Bergwelt bewegen, immer wieder hinter Felsvorsprüngen auftauchen und die Figuren im Bildhintergrund kleiner abgebildet werden. Die Landschaften sind auf keinen Fall Bilder, die direkt von realen Vorlagen übernommen wurden; vielmehr formten sie sich in der Phantasie der Maler. Dies ist ein Merkmal, das für die gesamte chinesische Landschaftsmalerei von Bedeutung ist. Auch wenn zunächst das Kopieren alter Vorbilder sowie die Studie vor der Natur im Vordergrund standen, so galt den Kunstkritikern der Song-Zeit und späterer Epochen doch derjenige als vollendeter Maler, der perfekte technische Beherrschung und gründlichste Kenntnis seiner Vorbilder durch Kopie mit der Kraft zu neuer unbekannter Schöpfung verband. Als bedeutende Meister Tang-zeitlicher Landschaftsmalerei sind Wang Wei, Li Sixun, Li Zhaodao und Lu Hong zu nennen.

Es läßt sich dennoch nicht leugnen, daß der Figurenmalerei auch in der Tang-Zeit die Hauptaufmerksamkeit gewidmet wurde. Dabei haben höfische und religiöse Themen den Vorrang. Wir können Damen bei ihren Amüsements zusehen, z.B. zwei etwas aus der Form gegangenen älteren Damen am Spieltisch mit Dienerinnen, die ihnen zusehen, oder Hofdamen, die sich in einem Garten ergehen. Auch bei der Vorbereitung von Seidenstoffen und zu Pferde werden sie gezeigt. Die Bilder wirken, selbst wenn die Gestalten beritten sind, statisch, Bewegung drückt sich eher in den verschiedenen Haltungen der Figuren zueinander als in tatsächlicher Aktion aus. Die Figuren sind sehr sorgfältig und in Details durchaus realistisch dargestellt; dennoch wirken die stark geschminkten Gesichter der Damen stereotyp.

Die Gemälde, die Pferdeknechte mit des Kaisers Lieblingspferden oder Tributbringer mit ihren exotischen Gaben darstellen, wirken manchmal wesentlich lebendiger. Bilder von Tributgesandtschaften wurden im kaiserlichen Auftrag angefertigt, um die Anziehungskraft des Reichs auf die Völker der ganzen Welt zu dokumentieren. Solche Malereien hatte man schon vor der Tang-Zeit angefertigt; sie wurden oft mit Texten versehen, die mitteilten, aus welchen Ländern die Abgebildeten gekommen waren.

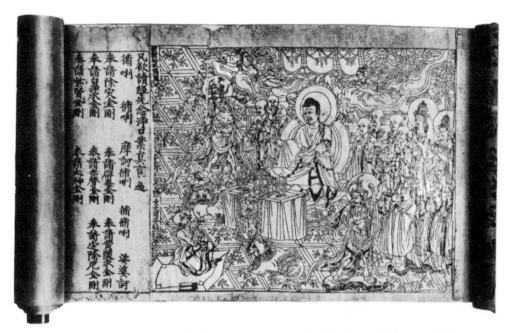

31   Aus der Tang-Zeit stammen die frühesten chinesischen Drucke, die man bislang entdeckt hat, wie diese Diamant-Sutra aus dem Jahre 868, gefunden in Dunhuang.

Der Beginn der Tang-Zeit war eine Hoch-Zeit der buddhistischen Kunst. In den beiden Hauptstädten Changan und Luoyang errichtete man ständig neue Tempel, zu deren Ausschmückung die namhaftesten Künstler der Zeit herangezogen wurden. Unter ihnen waren auch einige berühmte ausländische Maler wie Weizhi Yiseng und sein Vater Weizhi Bozhina, die aus Kucha an den chinesischen Hof gekommen waren.
Leider sind uns gerade von diesen Gemälden nur sehr wenige erhalten geblieben, da die aus Holz erbauten Tempelanlagen sämtlich zerstört wurden. In den Höhlentempeln, besonders in Dunhuang, ist dennoch ein reicher Bestand zu bewundern. Er läßt uns erkennen, daß die Tang-Maler Paradiesbilder besonders häufig malten. Unter diesen buddhistischen Paradiesen stand das des Buddha Amithabha hoch in der Gunst der Gläubigen. Solche Paradiese, in denen besonders fromme Gläubige wiedergeboren zu werden sich erhofften, wurden von den Künstlern als völlig irreale Räume von spiegelsymmetrischer Konstruktion gemalt, in deren Zentrum, in phantastischen Bauten und auf einem Lotosthron, der Buddha sitzt, der von einem immensen Gefolge, das gemäß dem Rang Aufstellung genommen hat, umgeben wird. Hinzu kommen große Orchester himmlischer Musikanten und gelegentlich kleine Lotosteiche, auf deren Blüten sich Kinder zeigen, die Seelen der frommen Verstorbenen. Auch einige der berühmtesten Figurenmaler der Tang sollen hier genannt sein: Zhou Fang, Yan Liben, Yan Lide und Wu Daozi.
In einer zum Teil zugemauerten Höhle in Dunhuang wurden von Aurel Stein Anfang dieses Jahrhunderts Hunderte von Texten aus der Tang-Zeit gefunden. Sie waren nicht nur für die ge-

32 Rund 60 m hoch ist die Große Wildgans-Pagode (Dayanta) in Xi'an (Shaanxi), die im Jahre 652 errichtet wurde.

samte Zentralasienforschung von Interesse (es befinden sich zahlreiche Texte in verschiedenen zentralasiatischen Sprachen darunter), sondern auch für Sinologen bildeten sie eine Fundgrube: Buddhistische Texte, Tang-zeitliche Dichtung, Verwaltungstexte kamen zu Tage und (besonders interessant) die frühesten Drucke, die bisher in China entdeckt worden sind. Es handelt sich um buddhistische Texte, die von einem Bild des lehrenden Buddha mit Gemeinde eingeleitet wurden. Die Drucke wurden mit Holzplatten ausgeführt. Man kann davon ausgehen, daß schon vorher Andachtsbilder und kurze Texte auf diese Weise vervielfältigt und an die immer mehr wachsende Zahl der Gläubigen verteilt wurden. Bei den Funden in der zugemauerten Bibliothek handelt es sich jedoch um die ersten erhaltenen Beispiele längerer gedruckter Texte (9. Jahrhundert).

Über die Tang-zeitliche Architektur sind wir recht gut durch Gemälde in buddhistischen Höhlen und in kaiserlichen Gräbern aus der Umgebung des großen Grabhügels des Tang-Kaisers Taizong informiert.

Es zeigen sich keine wesentlichen Neuerungen gegenüber der Nan-bei-chao-Zeit, Weiterentwicklungen schon bestehender Formen herrschen vor. Die Dachkonstruktionen sind stärker geschwungen, das Konsolgebälk ist weiter ausgebaut. Die meisten Gebäude sind aus Holz und reich gegliedert. Aus schriftlichen Quellen wissen wir, daß vereinzelt Glasfenster beim Bau verwendet wurden. Über die Grundrisse einiger der Tempel und Paläste in Changan sind wir durch neue Ausgrabungen informiert. So wurden die Fundamente des berühmten

Daming-Palastes, der im Nordteil der Stadt lag, freigelegt. Die Palastanlage bestand aus zwei Teilen: den eigentlichen Palastgebäuden, die wie bei allen großen Bauten wieder an einer zentralen Achse orientiert waren, und einer großen Parkanlage mit einem See. Die Bauten im Park sind unregelmäßig verteilt. Wir finden hier bereits ein typisches Schema vorgebildet: die Kombination aus sehr strenger Gliederung und betont unregelmäßiger, asymmetrischer Gestaltung, die in den Palastanlagen zu einem Ganzen kombiniert wurden.

Die einzige Architekturform, von der heute noch Beispiele erhalten sind, ist die der Pagode. Es gab sehr große Unterschiede zwischen den verschiedenen Typen. Es kommen sehr massige Bauten vor, wie die berühmte große Wildgans-Pagode von Xian, die sich von Etage zu Etage nach oben verjüngen, und auch leichtere Konstruktionen, die in ihrem Mittelteil leicht nach außen zu schwingen scheinen und dann zur Spitze hin wieder schmaler werden. Der zweite Typ hat meist wesentlich mehr Etagen, ist aber nicht begehbar, sondern massiv. Auf die vielen Varianten kann hier im einzelnen leider nicht eingegangen werden.

Die Stadtanlage von Changan ähnelt einem Schachbrett, die einzelnen Stadtteile sind durch Mauern voneinander getrennt. Die großen Märkte, auf denen chinesische und ausländische Händler ihre Waren feilboten, lagen im Westen und Osten. Der eigentliche kaiserliche Palastbezirk befand sich wie der Daminggong im Nordteil der Stadt, aber innerhalb der Mauern direkt an der nördlichen Befestigungsanlage.

33 Abbildungen Tang-zeitlicher Architektur aus den Höhlen von Dunhuang.

34 Plan des Sui- und Tang-zeitlichen Luoyang. An der Nordwest-Ecke der Mauer befand sich die Kaiserstadt.

Die älteste noch heute erhaltene Tempelanlage ist der Nanchansi im Kreis Wutai, der um 782 entstand. Die Haupthalle zeigt eine Konstruktion, bei der sich das relativ schwere Dach mit den Eulenschwänzen und der Unterbau mit zwei Fenstern und einer zentralen zweiflügeligen Tür dennoch zu einem relativ ausgewogenen Ganzen fügen. Das Dach ist in diesem Fall nur relativ leicht geschwungen. Ähnlich verhält es sich mit der Konstruktion der großen Halle des Foguang-Tempels, die im Prinzip den gleichen Eindruck vermittelt, aber wesentlich breiter und fünftorig angelegt ist.

Die Grabanlagen bestehen aus einem oberirdischen Teil mit einem sog. Geisterweg, an dem Steinfiguren zu einer Ehrenformation aufgestellt wurden. Zu sehen sind Bedienstete, Gesandte und verschiedene Tiere. Zum Komplex gehörten weitere Gebäude, die aber nicht erhalten sind, und eine Mauer. Über der Grabstätte erhob sich ein Hügel. Die Grabkammer war über einen langen, schräg abfallenden Gang zu erreichen, der von Schächten, deren Funktion nicht geklärt ist, und von kleinen Nischen, in denen Grabfiguren aufgestellt waren, gesäumt wurde. Ein weiterer ebener Gang führte zu zwei oder mehreren Grabkammern, wobei die eigentliche Sargkammer manchmal etwas versetzt gegenüber der Achse, die durch die Gänge gebildet wird, angelegt sein kann. Die Wände sind mit Malereien verziert, die in manchen Fällen von hoher Qualität sind, besonders bei den Gräbern, die sich um das Grab des Kaisers Taizong gruppieren. So finden sich im Grab der Prinzessin Yongtai überaus schöne Bilder von Hofdamen, die sehr wahrscheinlich von einem der bedeutenderen Hofmaler ausgeführt wurden. Die Wandmalereien zeigen fast ausschließlich Menschen, Landschaftsmotive sind seltener.

Von der Erfindung des Porzellans zum Höhepunkt der Landschaftsmalerei: die Song-Zeit
(960–1263)

Die Kultur der Song knüpfte ganz bewußt an alte Traditionen an und wandte sich den Zeugnissen besonders der «Drei Dynastien» zu, in gewolltem Gegensatz zu den fremden Wucherungen der Tang-Zeit. Es kam eine wahre Begeisterung für Shang- und Zhou-zeitliche Bronzen auf, die zu ersten Ansätzen einer Altertumswissenschaft und einer Beschäftigung mit alten Schriftformen führte. Viele der Fachausdrücke, die heute noch in China für Dekorformen auf Bronzen benutzt werden, z.B. *Tao-tie* für das Tiergesicht, wurden von Song-zeitlichen Experten geprägt. Der ‹Antiquitätenhandel› blühte und mit ihm Fälschung und Grabraub. Einige Gelehrte sahen sich aus diesem Grund veranlaßt, Handbücher für Sammler zu verfassen, in denen sogar Hinweise zur Erkennung von Fälschungen vermittelt wurden. Es entstanden große Sammlungen, zu denen Kataloge erstellt wurden. Einer der bedeutendsten ist das Verzeichnis der Sammlung des Kaisers Huizong, das noch heute in gedruckter Form erhalten ist und uns mit seinen Abbildungen das Verständnis der Erklärungen erheblich erleichtert. Sein Titel lautet «Xuanhe bogutu» («Verzeichnis und Abbildungen der Altertümer, die in der Zeit der Regierung des Xuanhe gesammelt wurden»).
Neben den erwähnten Fälschungen entstanden aber auch durchaus seriöse Nachempfindungen der alten Bronzen, die manchmal durch die Verfremdung der alten Dekorformen von eigentümlichem Reiz sind.
Die Buddhistenverfolgung in der Mitte des 9. Jahrhunderts führte zu einer fast vollständigen Zerstörung der religiösen Kultur und ihrer bildenden Kunst, die sich in 600 Jahren entwickelt hatte. Die buddhistischen Gemeinden wurden aufgelöst, und es war ein sehr langwieriger Prozeß des Wiederaufbaus, der zu einer neuen Blüte während der Song-Zeit führte. Die einzige Schule des Buddhismus in China, die von den Wirren fast unberührt blieb und sich weiterentwickelte, war der Meditationsbuddhismus Chan (Zen in Japan).

35 Tonfigur des Luohan (eines der Schüler Buddhas) mit farbiger Glasur, 12. Jahrhundert, Höhe: 1,05 m. Die Lebendigkeit der Darstellung ist typisch für die Song-Zeit.

In der Song-Zeit wurden die Tempel wieder reich ausgestattet. Allerdings verlegten sich die Bildhauer wesentlich stärker auf Holz als Material. Während die Hauptfiguren, die Buddhas, manchmal etwas unförmig wirken und ziemlich ausdruckslos blieben, wurden Figuren von Bodhisattvas und den Schülern Buddhas, die in China unter der Bezeichnung *Luohan* bekannt sind, geschnitzt, die an Vornehmheit in späterer Zeit kaum noch übertroffen wurden. Die Gestalten sind lang und schlank, und die Gesichter wirken edel. Besonders häufig dargestellt wird nun Guanyin (Sanskrit: *Avalokiteśvara*), der entweder im Lotossitz mit übereinandergeschlagenen Beinen oder auf einem Felsen sitzend gezeigt wird, wobei er ein Bein auf den Felsen hochzieht und das andere herabhängen läßt. Auf dem abgewinkelten Bein ruht meist der eine Arm, während der andere auf den Felsen gestützt ist.
Mit dieser Gestalt fand im Lauf der Song-Zeit eine seltsame Veränderung statt. Auf späten Bildern dieser Dynastie erscheint der Bodhisattva nicht mehr als Mann, sondern wird als weißgekleidete weibliche Gottheit wiedergegeben, wobei er in manchen Fällen von einem Kind begleitet wird. Dies resultierte wahrscheinlich aus einer Kombination des buddhistischen Hei-

ligen mit mehreren weiblichen Gottheiten des Volksglaubens: einer Göttin, von der man sich Kindersegen erhoffte, und einer Beschützerin der Seeleute.

Porzellane wurden schon am Ende der Tang-Zeit produziert. Sie entstehen, wenn man sehr feinen und mit Kaolinerde und Quarz gemischten Ton bei so hohen Temperaturen brennt, daß die Masse verglast, d.h. daß sie durchscheinend ist, sich nicht mit Metall ritzen läßt und klar klingt, wenn man das Gefäß anschlägt.

Es wurden damals bereits Waren mit weißer Glasur, aber auch mit leicht blauer Färbung hergestellt. Unter den Song erfolgte nun ein großer Aufschwung in der Porzellanproduktion. Überall im Reichsgebiet wurden Porzellanöfen eingerichtet. Jede Region hatte ihre besonderen Formen und auch spezielle Dekors. Besonders erlesen waren die Gefäße, die für den kaiserlichen Bedarf geschaffen wurden. Ganz allgemein kann man einige Charakteristika vorausschicken: Die Song-Keramik, Porzellan ebenso wie Steingut, besticht durch klare und schlichte Formen sowie schöne Glasuren, meist in Weiß, Blau oder Grün. Die Schlichtheit bleibt auch erhalten, wenn Dekor flach eingeschnitten und mit durchsichtiger Glasur überzogen ist. Die Muster in sehr flachem Relief wurden wesentlich öfter mit Modeln in den ungebrannten Ton gedrückt. Die Glasuren wurden sehr gleichmäßig verteilt, wenn nicht Unregelmäßigkeiten als Stilmittel eingesetzt waren. Allerdings ist die Bildung von Krakelee, der feinen oder gröberen Sprünge der Glasur, nicht immer gewollt. Volle Kontrolle über diese Phänomene erreichte man erst unter den Ming. Es läßt sich eine klare Unterscheidung zwischen nördlichen und südlichen Erzeugnissen machen. Einige der berühmtesten nördlichen sollen kurz beschrieben werden (Einteilung nach Margret Medley).

Die Ding-Ware zeichnet sich durch eine sehr feine weiße Glasur aus. Die am häufigsten auftretenden Formen sind Teller und Schalen mit sehr kleinem Fuß. Entweder der Fuß oder der Mündungsrand bleiben unglasiert. Das Dekor wird mit Modeln eingedrückt und dann mit Glasur überzogen. Die frühen Stücke tragen aus der freien Hand eingeschnittene Muster. Blumen, Vögel und Fische sind die vorherrschenden Motive, Drachen sind seltener.

Jun-Gefäße sind im Vergleich zum Ding im Scherben ziemlich grob, begeistern aber durch ihre herrlichen, vom Rötlichen über Blau ins Grüne changierenden Glasuren. Besonders häufig unter den Jun-Stücken sind Schalen, kleine runde Töpfe und Blumenschalen. Figürliches Dekor fehlt, doch manchmal sind an den Rändern kleine Buckel aufgesetzt, oder die Mündung und die Wand der Gefäße sind gelappt.

Beim sogenannten Ruyao ist die Wandung der Gefäße sehr dünn, und der gesamte Körper ist mit Glasur überzogen bis auf kleine Punkte an den Füßen, Spuren der Brennstützen, auf denen sie im Ofen standen. Ruyao-Glasuren sind fast immer mit Krakelee überzogen. Sie zeigen ähnliche Farben wie Junyao.

Vom Scherben her mit Junyao und Ruyao verwandt, vom Dekor her aber dem Dingyao angenähert sind die nördlichen Seladone, die bei Yaozhou und Linru produziert wurden. Seladone haben eine hell- bis tiefgrüne Glasur. Es kamen in den frühen Epochen Kannen, Vasen, Schalen und Tassen vor; die spätere Produktion beschränkte sich immer mehr auf Schalen und Teller.

Die Gruppe, die wir bisher kennengelernt haben, bestand aus sehr feinen Stücken, die für den höfischen oder jedenfalls nicht für den alltäglichen Gebrauch bestimmt waren. Die Waren, die für den Alltag hergestellt wurden, waren jedoch keineswegs schmucklos. Sie tragen die Be-

Farbabbildungen

817 Wandmalerei aus dem Grab der Prinzessin Yongtai, einer Nebenbestattung im Grab des Tang-Kaisers Tai-zong. Die Malerei zählt zum Elegantesten, was bislang in Gräbern entdeckt wurde, und ist von einem großen Künstler ausgeführt (datiert 706 n. Chr.).

818 Das Zhou Fang zugeschriebene Bild zeigt, zu welch humorvoller Beobachtung Tang-zeitliche Maler in der Lage waren. Zwei ältere Damen sitzen beim Spiel, zwei interessierte Dienerinnen sehen zu.

819 Mit Tusche und Farben auf Seide wurde die Darstellung der «Acht Reiter im Frühling» geschaffen; Wandrolle aus dem 10. Jahrhundert.

820 Bild einer stadtartigen Anlage aus einer Tang-zeitlichen Höhle in Dunhuang, wahrscheinlich aus einer Paradiesdarstellung. Es zeigt recht deutlich die komplizierten Dachkonstruktionen und Gebäudestrukturen.

821 Guanyao (Höhe: 19,7 cm) mit grünlicher Glasur in Form einer Shang-zeitlichen Ritualjade vom Typ Zong. Hinweis auf die Antiquitätenbegeisterung der Song-Zeit.

822 Virtuos mit dem Pinsel hingesetzte pflanzliche Motive kennzeichnen diese effektvolle Vase, eine cizhouähnliche Ware aus dem 12./13. Jahrhundert. Höhe: 43,4 cm.

823 Die Rolle, Gu Hongzhong zugeschrieben (10. Jahrhundert), zeigt die nächtlichen Amüsements des Lebemannes Han Xicai. Die sehr fein ausgeführte Malerei bildet zahlreiche Gegenstände des täglichen Lebens ab und ist daher eine wichtige kulturgeschichtliche Quelle.

824 Das Bild trägt Kennzeichen des Landschaftsstils der nördlichen Song. Das hohe und relativ nahe Gebirgsmassiv läßt nur wenig Blick auf die übrige Landschaft frei.

zeichnung Cizhou, und ihre Dekorformen umfassen ein sehr breites Spektrum. Die bekanntesten Typen sind weißgrundig. Die Verzierungen wurden in souveränen breiten Pinselstrichen in Schwarz und ohne Vorzeichen aufgetragen. Am häufigsten sind Blütenmotive.

Neben der Bemalung kamen aber noch viele andere Techniken zur Anwendung. So wurde manchmal, bevor man die Gefäße mit einer durchsichtigen Glasur überzog, die Verzierung in die dünne weiße Tonschlickschicht eingeritzt, so daß das dunklere Tonmaterial der Wandung durchkam. Die Motive erschienen dann ebenfalls als dunkle Zeichnung. Mit dieser Technik konnte man auch den Eindruck von Flachreliefs erreichen, wenn nicht geritzt, sondern geschnitten wurde. In anderen Fällen malte man über die weiße Schlickschicht mit Schlick in anderer Farbe. Eine technische Neuerung stellte die Malerei mit Emailfarben auf die bereits gebrannte Glasur dar. Als Gefäßformen kommen Vasen, Krüge, Schalen, Teller und auch Nackenstützen vor, die mit Genreszenen wie z.B. angelnden Kindern bemalt wurden. Die Cizhou-Ware hat sich unter ständiger Weiterentwicklung bis in die Yuan-Zeit gehalten.

Im Süden wurden feine Seladone produziert. Die wichtigsten Öfen lagen in Longquan in Zhejiang. Die Gefäße bestanden aus einer porzellanartigen Masse und wurden mit einer Glasur überzogen, die von Blaugrün bis zu einem sehr hellen Grün variiert. Am häufigsten wurden Schalen hergestellt, aber auch Krüge mit Deckeln, Vasen und Gefäße, deren Form an die alten Sakralbronzen erinnert. Das dominierende Dekor ist floral und wurde eingeschnitten oder mit Modeln eingedrückt. Es kommt auch vor, daß die Verzierungen durch die Glasur geschnitten wurden, so daß sie sich dunkel von der glasierten Umgebung abheben.

Die Formen des Guanyao ähneln denen der aus Longquan-Öfen stammenden. Allerdings wird die Glasur, deren Farbe von Grau bis Grün variiert, von einem in diesem Falle sicherlich beabsichtigten großen Krakelee überzogen, das hier eine Dekorform bildet. Andere Verzierungen sind an dieser Ware, die besonders am Kaiserhof sehr beliebt war, selten.

Die Gefäße der Jizhou-Öfen zeichnen sich durch ihre besonderen Dekoreffekte aus. Es wurden z.B. Blätter von Bäumen auf die ungebrannte Tonmasse gelegt und dann mit Glasur überzogen. Die Stellen, an denen die Blätter (oder auch Scherenschnitte) gelegen haben, erscheinen nach dem Brennen heller als der übrige Gefäßkörper. Die Glasuren sind meist sehr dunkel, von Braun bis Schwarz.

Jianyao wirkt ebenfalls durch seine dunkle Glasur, die manchmal noch durch feine Streifen verschönert ist. Diesem Effekt verdankt die Jianyao-Glasur ihren Namen: Hasenfellglasur. Sie ist sehr dick aufgetragen und verläuft am Fuß der Gefäße (meist tiefen Schalen mit kleinem Fuß) zu dicken Tropfen. Zusätzliche Verzierungen sind überwiegend sehr einfach, aber wirkungsvoll: breite Striche in noch dunklerer Färbung oder dicke Flecken mit unregelmäßig verlaufendem Rand. Diese Ware erfreute sich besonders in Japan großer Beliebtheit, speziell als Geschirr für die Teezeremonie.

Die Song-Zeit gilt als die bedeutendste Epoche der chinesischen Landschaftsmalerei. Wir haben schon bemerkt, daß sich die Landschaft in der Tang-Zeit zu einem eigenständigen Genre zu entwickeln begann. Auf allen Kunstgebieten lassen sich wichtige Neuerungen entdecken, doch bei der Landschaftsmalerei sind die Entwicklungen am vielfältigsten. Die Anfänge der nördlichen Schulen, die vor der Verlegung der Hauptstadt von Kaifeng (Henan) nach Hangzhou (Zhejiang) blühten, stellen sich als eine Art Tang-zeitlicher Stile dar. Das Kompositionsprinzip bleibt ähnlich. Weiterhin dominieren gewaltige Gebirgsmassive im

36 «Vorfrühling im Gebirge» von Guo Xi, für den der unruhige, an Kalligraphie erinnernde Strich typisch ist. Charakteristisch für die Malerei der Nord-Song ist das dominierende Gebirgsmassiv im Vordergrund.

Mittelgrund, die den Blick in die Weite verstellen. Allerdings werden die Konturen weicher, da man sich immer mehr von einer festen Konturlinie löste und sie in viele Einzelstriche zergliederte. Der Gesamteindruck des Bildes verändert sich dadurch ebenfalls: Er verliert die zum Teil starre Exaktheit Tang-zeitlicher Landschaften und ist ungleich lebendiger. Einer der bedeutendsten Vertreter dieser Stilrichtung ist Fan Kuan, von dessen Werken einige gute Kopien erhalten sind.

Die Gemälde, die unter den Süd-Song entstanden, lassen einen Durchbruch zum Blick auf eine fast unbegrenzte Landschaft möglich erscheinen. Obwohl die Formate oft klein sind (Albumblätter und Fächer waren sehr beliebt), ist die Wirkung, die durch ganz andere Technik erreicht wurde, überwältigend: Die Formen der Landschaft sind weitgehend in dunstiger oder nebliger Atmosphäre aufgelöst und tauchen nur hie und da schemenhaft auf. Verstärkt wird dieser Eindruck durch ein besonderes Kompositionsprinzip, den Eineckstil, der alle Landschaftselemente in einer Ecke der Bildfläche ballt, während der andere Teil den Blick auf unendliche Weiten von Wasser oder Nebel freiläßt. Die wichtigsten Vertreter dieser Schule an der kaiserlichen Akademie waren Ma Yuan und Xia Gui. Zur gleichen Zeit hüteten aber auch andere Künstler in dieser Institution die alten Traditionen.

Li Tang, der an der Akademie des Kaisers Huizong eine bedeutende Rolle spielte, nimmt eine Übergangsstellung ein. Bei ihm ist die Vorliebe für Monumentallandschaften noch deutlich spürbar, die Formen lösen sich aber auf, verschwimmen im Nebel. Seit der südlichen Song-Zeit ging die eigentliche Entwicklung jedoch in den meisten Fällen an der Akademie vorbei, die in dekorativer Wiederholung althergebrachter Formen verharrte. Zu stark war der Druck mancher Kaiser auf diese Einrichtung, die ihren nicht immer vorzüglichen Geschmack den angestellten Malern aufzudrängen suchten.

Ein positives Beispiel können wir noch in Kaiser Huizong sehen, der (selber ein hervorragender Maler und Kalligraph) eine Schar bedeutender Künstler um sich versammelte. Allerdings war auch er dafür bekannt, daß er in Fragen des Geschmacks recht unduldsam war. Die Sammlung des Huizong (von ihr war schon die Rede) muß ungeheuer gewesen sein. Wenn man allerdings im Verzeichnis, dem *Xuanhe huapu*, blättert, kommen Zweifel auf, ob es sich bei all den Bildern, die berühmten frühen Meistern zugeschrieben sind, nicht um Kopien handelt. Huizong hatte eine Vorliebe für die Malerei von Blumen und Vögeln. Eine immense Zahl von Blättern von manchmal minderer Qualität wird daher allein aufgrund ihres Motivs der Hand des Kaisers zugeschrieben. Die Gemälde, die Vögel verschiedenster Art meist auf Ästen von Bäumen sitzend zeigen, sind in einem sehr dekorativen Stil ausgeführt.

Leuchtende Farben und eine sorgfältige und feine Strichführung sind für diese hübschen Arbeiten kennzeichnend. Von Huizong ist aber auch die Kopie eines Bildes des Tang-zeitlichen Malers Zhou Fang erhalten, das Damen bei der Vorbereitung von Seide zeigt. Es gab in der Song-Zeit durchaus Nachfahren der berühmten Figurenmaler der Tang. So führte Zhou Wenju Gemälde im alten Stil aus, die sich manchmal nur im Beiwerk und vielleicht in der gewagteren Perspektive von ihren Vorbildern (z.B. Zhou Fang) unterschieden. Es wurden auch Motive übernommen, allerdings neu gesehen. Das alte Motiv des Einsiedlers in der Landschaft wurde neu gestaltet, den neuen Forderungen der Landschaftsmalerei angepaßt. Man kann allgemein feststellen, daß in der Landschaft dem Menschen nicht mehr die dominierende Rolle zugebilligt wurde, die ihm in früheren Zeiten zukam.

Andererseits entwickelte sich durchaus eine neue Form ganz eigenständiger Figurenmalerei, die man im weitesten Sinne als Genre-Kunst bezeichnen könnte. Beschäftigen wir uns zunächst mit einer bedeutenden Bild-Rolle, die uns eine Kombination des wachsenden Gefühls für die Schönheit der Landschaft mit einer minutiösen Schilderung städtischen Lebens zeigt, dem «Qingming shanghe tu» des Zhang Ceduan («Am Qingming-Fest flußaufwärts reisen»). Die Rolle führt den Betrachter aus einer ländlichen Gegend durch Vororte in eine lebendige

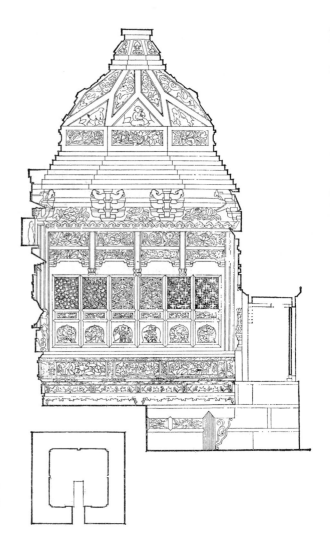

37 *Innenraum eines Song-zeitlichen Grabes. Die geschnitzten und gemalten Verzierungen der Wände sowie die Konsolen wurden als Attrappen angebracht.*

Song-zeitliche Stadt. Dabei kann er Szenen aus fast allen Bereichen der damaligen Gesellschaft wahrnehmen: Er sieht Bauern, die mit ihren Waren zum Markt ziehen, kann in kleine Wirtschaften mit fröhlichen Zechern blicken. Feine Damen werden in Sänften mit verhängten Fenstern vorbeigetragen, Schauspieler produzieren sich auf einer kleinen Bühne, Akrobaten erfreuen die Passanten. Überall kann man in die leichtgebauten offenen Häuser schauen, den Literaten beim Betrachten von Bildern oder das Treiben in einer Küche beobachten. Die verschiedensten Architekturformen sind zu erkennen, auch besondere Festaufbauten aus Holz. Interessant ist, daß die Menschen bei ihren Tätigkeiten ausgesprochen realistisch dargestellt sind, daß aber die Landschaft nicht einheitlich behandelt ist. Der Fluß mit seinen Weiden sowie anderen Bäumen und Büschen ist durchaus realistisch wiedergegeben, doch erinnern manche der Felsformationen stark an den Blau-Grün-Stil der Tang-Landschaften, sind stilisiert, wirken vollkommen irreal.

Die ganz alltäglichen Szenen, die vor uns auf der berühmten Querrolle Revue passieren, kann man häufig auch als Einzelmotive auf anderen Bildern bewundern: Kleinkrämer, Dorfschulen, in denen ausgelassene Kinder ihren eingenickten Lehrern Streiche spielen, sind realistisch und mit viel Sinn für Situationskomik im Bild festgehalten. Ein bedeutender Vertreter dieser Gattung ist Li Song.

In starken Gegensatz zu dieser Richtung stellten sich die sog. Literatenmaler, die, wie sie behaupteten, nur zu ihrem Vergnügen Tuschespiele machten und versuchten, sich von Konventionen völlig frei zu halten. Sind die Landschaften eines Fan Kuan eher kontemplativ, so versuchten Literaten wie Su Dongpo oder Mi Fei expressiv zu malen. Ein Landschaftsbild sollte für sie nicht mehr Ausdruck eines kosmischen Ganzen, sondern ihrer Gefühle und ihres Charakters sein. Zu diesem Zweck erschien ihnen die monochrome Tuschmalerei als die adäquate Technik, mit der sie schnell und unkonventionell ein Thema zu Papier bringen konnten.

Diese Malweise kam auch jenen Künstlern zugute, die mit ihrer Malerei religiöse Inhalte verdeutlichen wollten. Die Anhänger des Chan-Buddhismus gehen davon aus, daß die buddhistische «Erkenntnis», die Erleuchtung, nicht durch ein Bewußtwerden, das sich über einen langen Zeitraum erstreckt, zu erreichen ist, sondern nur durch eine schlagartige und einmalige Erleuchtung. Es kann daher nicht überraschen, wenn auch die Künstler in ihren Kunstwerken etwas von diesen Erlebnissen vermitteln wollten. Ihre Bilder haben deshalb oft etwas Skizzenhaftes: Mit grobem Pinsel ist mit einem Strich eine Figur aufs Papier gesetzt, nur ganz wenige Details (z.B. das Gesicht) sind sorgfältiger ausgeführt. Die Bilder sind lediglich mit schwarzer Tusche gemalt, der aber durch die Strichführung und Verdünnung viele Nuancen gegeben werden können. Die Themen dieser Maler erinnern stark an die der Literaten, doch gibt es Sonderformen, die von den Chan-Meistern bevorzugt wurden. So können wir häufig den Patriarchen Bodhidharma (chin. *Damo*) dargestellt finden, der uns aus weit aufgerissenen Augen ermahnend anstarrt. Auch Bambus war ein Thema, das sowohl den Literaten als auch den Chan-Maler reizte. Durch den Aufbau der Pflanze und die Anordnung der Blätter fühlt man sich an die Kalligraphie erinnert.

Eine Ausnahmeform der Chan-Malerei stellen die Porträts berühmter Lehrmeister dar. Sie wurden besonders begabten Schülern bei der Beendigung ihrer religiösen Ausbildung geschenkt und stehen in krassem Gegensatz zur übrigen Chan-Kunst: Sie überraschen mit einem fast an eine Photographie erinnernden Realismus. Erst seit der Song-Zeit kennen wir überhaupt das Porträt als eigenständige Kunstform. Allerdings war in schriftlichen Quellen schon vorher vereinzelt von Porträts und Selbstporträts berühmter Meister die Rede.

In ihrer Vielfalt und im Reichtum ihrer künstlerischen Ausdrucksformen bildet die Song-Malerei den Höhepunkt der chinesischen Malkunst. Wir werden noch feststellen, daß in den darauffolgenden Epochen ein ständiger Gegensatz zwischen der Kunst besteht, die im Zentrum der Macht entstand, und der, die unter den Literaten in kleinen Zirkeln, verteilt über ganz China, produziert wurde: der Gegensatz zwischen sehr sorgfältiger, dekorativer Malerei, meist mit Farben auf Seide, und der schnell hingeworfenen Skizze, entspringend einer Inspiration, die zu sofortiger Realisation drängte und die kennzeichnend für die Literaten und die Chan-Maler war.

Im Zusammenhang mit dem «Qingming shanghe tu» ist schon kurz auf die Vielfalt der städtischen Architektur hingewiesen worden. In der Tat hatten sich besonders die Städte während der Song-Zeit zu riesigen kulturellen und wirtschaftlichen Zentren mit nicht selten über einer

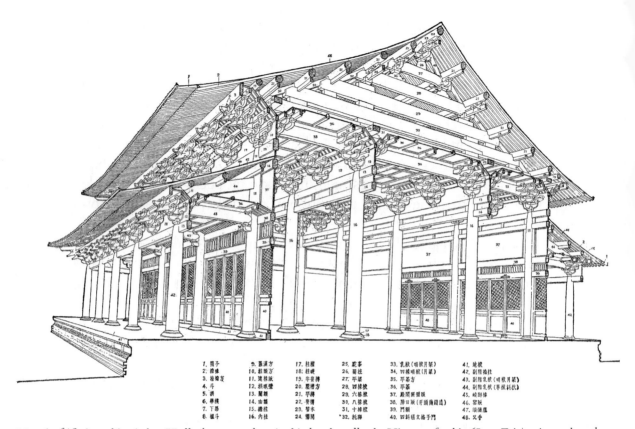

38 Aufriß eines chinesischen Hallenbaus aus dem Architekturhandbuch «Yingzao fa shi» (Song-Zeit) mit wucherndem Konsolgebälk.

Million Einwohnern entwickelt. Besonders die Städte des Südens, die nicht vom Einfall durch Fremdvölker bedroht waren, erlebten einen großen Aufschwung. Ihre Einrichtungen mußten auf die Bedürfnisse eines ständig wachsenden Mittelstandes zugeschnitten werden, bestehend aus reichen Handwerkern und Kaufleuten, die zwar nach wie vor verachtet, aber dennoch ungeheuer vermögend waren. So entstanden Theater und Lokale in großer Zahl, die sich in den Vergnügungsvierteln ballten. Die Entwicklung des Theaters zu einer eigenen Kunstform hat sich auch in der Plastik niedergeschlagen: Wir kennen aus Gräbern Darstellungen von Szenen aus Theaterstücken.

Die festen Strukturen der früheren Stadtarchitektur wurden langsam aufgelöst. So verschwanden nach und nach die Mauern, die ein Stadtviertel vom anderen trennten. Die landschaftlichen Schönheiten des Südens brachten es mit sich, daß das Stadtbild überhaupt aufgelockert wurde durch Parks, die auch der Öffentlichkeit zugänglich waren und architektonische mit gärtnerischen Köstlichkeiten verbanden. Einen Eindruck von der Anmut Song-zeitlicher Stadtanlagen kann man noch heute bei der Betrachtung der Gärten von Suzhou bekommen. Andererseits waren die Wohnviertel infolge der großen Zahl von Menschen, die in die Städte drängten, so eng und zusätzlich fast ausschließlich aus Holz errichtet, daß jeder Brand fast die ganze Stadt in Asche legen konnte, was auch tatsächlich mit der Hauptstadt der Süd-Song, Hangzhou, mehrmals geschah.

Für die Palastarchitektur und andere repräsentative Bauten wurden nun Normen festgesetzt, die in Architekturhandbüchern wie dem berühmten, bereits in der Song-Zeit gedruckten «Yingzao fashi» dokumentiert sind. Durch sehr exakte Darstellungen in diesem Werk kann man sich ein vorzügliches Bild von der Architektur jener Zeit machen. Das Konsolgebälk fängt sozusagen zu wuchern an und wird immer mehr seiner tragenden Funktion beraubt. In der Ming-Zeit werden die aufwendigen, rein äußerlichen Konstruktionen dann ganz zum Zierat. Die Dächer werden, besonders in Südchina, sehr stark geschwungen und bekommen dadurch mehr Leichtigkeit. Die Wände der Gebäude werden innen wie außen wesentlich stärker gegliedert. Der optische Eindruck, der manchmal fast überladen wirken kann, wird noch verstärkt durch eine überbordende Phantasie bei den Verzierungen. Die Handwerker verwendeten Flecht- und Gitterwerk und überaus bunte, figürliche, florale und geometrische Malerei. Die Dachaufsätze wandeln sich. Es kommen wieder Fischformen neben verschiedenen Ungeheuergesichtern vor. Palast- und Tempelarchitektur bleiben meist an einer zentralen Achse orientiert, während die Gartenanlagen, wie schon ansatzweise in der Tang-Zeit, von ganz bewußt gepflegter Asymmetrie geprägt sind.

Von der Innenarchitektur der Song können wir uns merkwürdigerweise hauptsächlich in Gräbern einen Eindruck verschaffen: Die Wände der Grabstätten sind mit Nachahmungen realer Architektur überzogen, die plastisch auf die Wände aufgesetzt oder auf sie gemalt wurden. Die Bewohner sieht man auf den Wandmalereien z.B. am Tisch beim Tee sitzen. Die Wände, die nicht mit figürlichen Bildern bemalt wurden, sind durch Stützpfeiler mit Konsolgebälk und Nachahmungen geschnitzter und geflochtener Bauelemente geziert. Zum äußeren Aufbau der Grabstätten ist zu bemerken, daß sie wie in der Tang-Zeit über einen abfallenden Gang zu erreichen waren. Die Kammern haben quadratische oder vieleckige Grundrisse.

Jahre der Fremdherrschaft: die Yuan-Zeit
(1280–1367)

Die Song-Herrscher zeigten sich zunehmend unfähig, mit den Mongolen, die sich schon ein Weltreich erobert hatten und China wohl nur als eine Art Krönung ansahen, den Kampf aufzunehmen. 1279 mußte der letzte Thronanwärter der Song auf seine Ansprüche verzichten und floh, wobei er umkam. Die Mongolen versuchten sich möglichst unabhängig von der chinesischen Oberschicht zu halten, um ihrem Einfluß zu entgehen. Ihre Verwaltung wurde hauptsächlich von Uighuren und Arabern bestimmt. Nur relativ wenige Chinesen wurden in hohe Stellungen eingesetzt. Das lag jedoch auch daran, daß die traditionelle Loyalität den chinesischen Beamten verpflichtete, nicht zwei Dynastien nacheinander zu dienen. Viele Gelehrte zogen sich aber auch einfach deshalb von jedem Regierungsgeschäft zurück, weil sie die fremden Herrscher nicht unterstützen wollten. Das führte dazu, daß die Mongolen aufgrund des wechselseitigen Mißtrauens in China niemals richtig Fuß fassen konnten. Natürlich war der Zustand vollständiger Abkapselung gegenüber der chinesischen Kultur auf die Dauer nicht haltbar. Den Mongolen ging schließlich China nicht nur aufgrund von wirtschaftlichen Schwierigkeiten verloren. Es waren ihre eigene Assimilation und die ständigen Zwistigkeiten innerhalb des Großreiches, die der Mongolenherrschaft nach Kubilais Tod ein rasches Ende bereiteten.

Trotz der unsicheren Zeiten entwickelte sich die Porzellanindustrie stetig weiter. Die Keramiköfen wurden in besonderen Zentren konzentriert, und ganze Städte lebten nun von dieser Industrie. Besonders bekannt wurde in jener Zeit Jingdezhen (Jiangxi). Einige Waren wurden weiterproduziert. Wir haben schon die Cizhou-Ware kennengelernt. Eine weitere Form ist das Qingbai-Porzellan. Die feinen Formen (kleine Kannen, Vasen, auch Schalen und Henkeltassen) erhielten zusätzlichen Reiz durch die extrem dünnen Wandungen und die bläulichweiße und durchscheinende Glasur.

Die eigentliche revolutionäre Entwicklung, die sich während der Yuan-Zeit anbahnte, war die Massenproduktion von Porzellanen mit Unterglasurmalerei in Blau und Rot. Diese Waren fanden nicht nur in China die größte Verbreitung, sondern wurden auch in großen Mengen nach West- und Südasien exportiert. Keramik wurde nicht erst seit der Yuan-Zeit auch für die Ausfuhr produziert. Bei Ausgrabungen in alten ostafrikanischen Häfen kamen Unmengen Tang-zeitlicher Keramik-Fragmente zu Tage, und auch die Song-Waren wurden bereits ins Ausland verkauft. Das Exportvolumen erreichte aber niemals den Umfang, der ab der Yuan- und Ming-Zeit üblich war.

Die großen Sammlungen, die sich bald bildeten, z.B. die im Topkapi-Serail in Istanbul oder in späterer Zeit die Kollektion Augusts des Starken in Dresden, enthalten sehr viele Stücke, die einzig für den Export hergestellt wurden. Die Struktur des Dekors ist von westasiatischen Metallformen inspiriert, die Dekorelemente lassen sich aber auch aus der chinesischen Tradition erklären. Blumen, Ranken, mythische Tiere wie Drachen und das sog. *Qilin,* eine Art Einhorn, wurden mit Symbolen aus dem buddhistischen und taoistischen Bereich kombiniert. Beliebt waren große Teller und Schalen sowie Vasen und Flaschenformen. Die Farbe, die von da an am meisten verwendet wurde, ist das Kobaltblau, das unter der durchsichtigen Glasur aufgetragen wurde. Die frühen Versuche fielen manchmal grau aus, da man die Technik noch nicht voll im Griff hatte. Im 14. Jahrhundert wurde die Farbe aber immer klarer und variiert von einem dunklen Blau bis zu sehr hellen Schattierungen. Ähnlich verhält es sich mit Unterglasurrot, das bei den ersten Versuchen oft in ein unschönes Braun umschlug. Konzessionen an den ausländischen Geschmack waren die arabischen Inschriften.

Die Porzellanproduktion war in der Yuan-Zeit geradezu in einer Revolution begriffen, die mittelbar auch die gesamte Keramik- und später die Porzellanindustrie in Westasien und Europa mit beeinflußte. Im Gegensatz dazu war die Malerei eher von einer Wendung zurück bestimmt. Das soll nicht heißen, daß man in der Betrachtung alter Malerei verharrte und sie ständig reproduzierte: Man benutzte die alten Formen sozusagen auch als politische Demonstration gegen die Fremdherrscher, entwickelte sie aber gleichzeitig weiter. Politische Demonstration war die bewußte Rückwendung zu Tang- und Song-zeitlichen Darstellungskonventionen insofern, als man damit zum Ausdruck brachte, daß man mit den augenblicklichen Verhältnissen nichts zu tun haben wollte, sondern sich im Gegenteil wehmütig auf die alten Dynastien zurückbesann. Dabei wurde aber auf Techniken, die sich in der Zwischenzeit neu entwickelt hatten, nicht verzichtet. Zhao Mengfu lehnte sich in der Farbgebung und in der Komposition an Tang-zeitliche Vorbilder an. Das zeigt sich z.B. auch an Archaismen wie der Wiedereinführung einer falschen Proportion, die Häuser und Menschen überdimensional erscheinen läßt. Obwohl Zhao Mengfu hohe Funktionen unter Kubilai innehatte, brachte er damit zum Ausdruck, daß er sich nach den Glanzzeiten der chinesischen Kultur zurücksehnte. Gleichzeitig ist sein Stil auch eine Absage an den allzu rückgratlosen Stil der Song-Akademie und an die Disziplinlosigkeit der Chan-Maler. Er bereitete den Weg für die «Vier großen Meister» der Yuan-Landschaftsmalerei: Huang Gongwang, Ni Can, Wu Zhen und Wang Meng. Ihre Werke strahlen eine gewisse Strenge aus, was nicht nur auf der meist verwendeten Technik, der monochromen Tuschmalerei, beruht, sondern auch auf einer Reduktion der Formen. Die Landschaften von Huang Gongwang und Ni Can wirken karg, beziehen aber gerade aus ihrer Kargheit und Stille auch ihre Größe. Besonders bei Ni Can sind die Landschaftselemente auf ein Minimum reduziert. Dabei wird auf das Kunstmittel vollkommen verzichtet, den Bildern durch Nebel oder Wolken Tiefe zu verleihen. Die Bilder erhalten durch weite, ruhige Wasserflächen und entfernte, kaum bewachsene Berge ihre Tiefe. Ebenfalls von der Rückbesinnung auf die Malerei zu Beginn der Song-Zeit nährt sich die Kunst des Wang Meng: das beherrschende Bergmotiv, das jeden Blick in die Tiefe verstellt. Der Song-Stil wird bei ihm durch eine Dynamik bereichert, die durch eine große Bandbreite technischer Mittel erreicht wird, die den Flächen vielfältige innere Struktur verleiht.

Die Yuan errichteten eine neue Hauptstadt in Nord-China, die zunächst als Dadu (Große Metropole), unter den Ming dann als Beijing (Peking, Nord-Hauptstadt, parallel zur Süd-Hauptstadt Nanjing) bekannt war.

Der Kaiserpalast, wie er sich dem heutigen Betrachter präsentiert, stammt in Anlage und Form großenteils aus der Yuang-Zeit. Wie bei offiziellen chinesischen Bauwerken üblich, ist der gesamte Komplex wieder an einer Zentralachse orientiert, auf der die großen Tore und die drei wichtigsten Hallen liegen, in denen bestimmte Zeremonien und die kaiserlichen Audienzen stattfanden. Die Dächer der großen Hallen sind zweifach gestuft und mit goldgelb glasierten Ziegeln gedeckt. Die goldene Farbe war Privileg des Kaisers. Andere offizielle Gebäude und Tempel wurden häufig mit grün glasierten Ziegeln geziert. Die großen Hallen des Kaiserpalastes bargen einen erhöhten Thronsitz, auf dem sich der Kaiser während der Zeremonien niederließ. Die Säulen, die das Dach stützten, sind rot, und das Innere ist mit prachtvollen und zum Teil vergoldeten Schnitzereien versehen. Die Hallen stehen wie üblich auf Plattformen, die von Marmorbalustraden umgeben sind und zu denen Marmortreppen mit kostbaren Platten mit Drachenreliefs in ihrer Mitte emporführen. Die eigentlichen Wohngebäude des Kaisers und seiner Angehörigen gruppierten sich um Höfe, die sich zu beiden Seiten der Achse an das große Geviert mit den Hallen anschlossen. Es handelt sich um kleinere einstöckige Bauten, in denen wesentlich weniger auf Repräsentation als auf Komfort geachtet wurde. Die gesamte Kaiserstadt war von Mauern und Gräben umgeben und so vom übrigen Stadtgebiet abgetrennt. In allen vier Himmelsrichtungen (teils außerhalb der Mauern, teils innerhalb) befanden sich die großen Altäre, zu denen der Kaiser im Laufe des Jahres pilgern mußte, um dort Opfer vorzunehmen. Die Rituale sollten den geregelten Ablauf der Jahreszeiten aufrechterhalten. Diese Konzessionen wurden auch von den religiös toleranten Mongolen und später von den Mandschuren, die die letzte Kaiserfamilie in Chinas Geschichte stellten, an das chinesische Empfinden gemacht. Im Westen am bekanntesten ist der Himmelsaltar mit seiner runden Haupthalle (der Kreis als Symbol des Himmels).

39 Niccolo und Maffeo Polo vor dem Großen Khan und die vier Frauen des Khan; aus dem «Livre des Merveilles» (15. Jahrhundert).

Zwischen Progression und Rückschritt: die Ming-Zeit
(1368–1644)

Eine Neuerung in der Bronzekunst, die sich schon in der Yuan-Zeit anbahnte, war die Verzierung von Bronzegefäßen mit Emaille in der Cloisonné-Technik. Es gab zwei Möglichkeiten, die farbenprächtigen Verzierungen hervorzubringen: Bei der einen wurden auf den Gefäßkörper Drähte aufgelötet, in die man die farbige Glasmasse füllte. Um die einzelnen Zellen bei der anderen Möglichkeit zu schaffen, wurden Vertiefungen in der Bronze erzeugt, die dann Emaille aufnehmen konnten. Der Effekt kann, wenn die Farben dezent gewählt sind, sehr beeindruckend sein. Die Formen der Bronzen nahmen Anspielungen an die alten Ritualbronzen wieder auf. Manchmal wurden auch die Ornamente wie das Tiergesicht in Cloisonné-Technik ausgeführt. Wesentlich häufiger sind aber Blütenranken, die meist in Rot und Gelb erscheinen. Die Grundfarbe ist jedoch fast immer ein leuchtendes Blau. Den Gefäßen wurden auch moderne Formen gegeben. Verschiedene Flaschen-, Kannen- und Dosenformen kommen vor, selbst Tierfiguren werden mit Cloisonné verziert.

In der späteren Qing-Zeit wird die Technik zwar wesentlich verbessert, doch dafür läßt die künstlerische Qualität mehr und mehr zu wünschen übrig. Es greift eine ähnliche Sterilität des Ausdrucks um sich, die wir noch bei der Porzellan-Kunst kennenlernen werden. In der Ming-Zeit erreichte die Perfektion in der Herstellung des Blauweißporzellans einen ersten Höhepunkt. Wir hatten festgestellt, daß sich in der Yuan-Zeit die Aufteilung des Dekors vielfach an westasiatischen Formen orientierte: Die Verzierungen waren in umlaufenden Friesen angeordnet. Diese strenge Struktur wurde bei der Ming-Keramik aufgelöst. Das Dekor überzieht vielfach die gesamte Wandung ohne stärkere Strukturierung. Einzig die Ränder werden durch stärkere Linien und stereotype Wiederholung der Ornamente vom übrigen Gefäßkörper abgesetzt. Die Ornamentik wird vielfältiger. Neben den schon bekannten Motiven sind immer öfter Genreszenen dargestellt. Unsterbliche, Kinder beim Spiel, Szenen aus chinesischen Theaterstücken oder Romanen werden zu beliebten Motiven. Andererseits zeigen einige Gefäßformen deutliche Anlehnungen an westasiatische und arabische Formen. Die kleinen Kannen, die unter der Bezeichnung *Kendi* bekannt sind, sprechen eine deutliche Sprache: Es sind kalebassenähnliche Gefäße, deren Ausguß kugelig und am unteren bauchigen Teil der Kanne angebracht ist.

Es wird deutlich, daß die Ming-zeitlichen Töpfer die größten Probleme bei der Porzellanherstellung gemeistert hatten. Die Gefäße sind von einem strahlenden Weiß, von dem sich das Kobaltblau oder das Unterglasurrot sehr deutlich absetzen. Auch die Glasurfarben zeigen jetzt, daß die Handwerker in der Lage waren, genau die Nuance hervorzurufen, die gewünscht war. Neben den beiden Hauptfarben werden Überglasurfarbe und Email bei der Verzierung von Porzellan verwendet.

Ein bedeutender Teil der Porzellanproduktion ging auch in der Ming-Zeit ins Ausland. In Europa wurden die Blauweißporzellane zunehmend geschätzt. Man erkennt an manchen Formen und besonders am Dekor, daß Gefäße nun speziell für den europäischen Markt gefertigt wurden. Auf manchen Schalen sind in der Mitte europäische Wappen zu sehen, auch andere europäische Motive werden aufgenommen. Chinesische Porzellane schmückten nicht nur die Raritätenkabinette westlicher Fürstenhöfe, sondern wurden auch von Malern z.B. auf Stilleben abgebildet.

Eine Sondergruppe bilden die sog. Blanc-de-Chine-Porzellane. Diese Ware, die in Dehua (Fujian) hergestellt wurde, ist besonders wegen der feinen Figuren, die in den Öfen entstanden, berühmt geworden. Den Bodhisattva Guanyin und Figuren taoistischer Götter und Unsterblicher finden wir am häufigsten. Die Konturen der Dehua-Plastik sind weich und fließend, die Oberfläche wirkt cremig. Unter den anderen Keramikgruppen kommen ebenfalls kleine Figuren mit bunter Bemalung vor, gegenüber den übrigen Gefäßformen bilden sie aber nur einen kleinen Prozentsatz.

Das keramische Zentrum Jingdezhen produzierte hauptsächlich besonders feine und dünnwandige weiße Ware, auf die mit hellem Tonschlick Muster aufgetragen wurden, die sich in ganz leichtem Relief vom Grund abhoben. Dieses Dekor wurde dann mit Glasur überzogen, die manchmal durchscheinend und leuchtend ist. Am Fuß der Gefäße wurde häufig eine Inschrift angebracht, die Dynastie und Entstehungszeit angibt, d.h. die Dynastie Ming bzw. Qing wird genannt und die Regierungsdevise, unter der die Gefäße entstanden, z.B. Da-Ming Wanli nian zhi (während der Zeit der großen Ming-Dynastie in den Jahren der Devise Wanli gefertigt). In der Qing-Zeit steht manchmal statt «in den Jahren» «im kaiserlichen Auftrag».

Während der Ming-Zeit entwickelte sich eine breitgefächerte Industrie für Kleinkunst: kleine Figuren aus Speckstein, Jade, Elfenbein und Bambus, reich geschnitzte Pinselbehälter, Dosen und ähnliches wurden in großen Mengen in Stein geschnitten, geschnitzt oder aus Lack hergestellt. Die Motive sind äußerst vielfältig: Tiere, Menschen und Genien aus buddhistischen und taoistischen Erzählungen erfreuten sich großer Beliebtheit. Aus kostbaren Steinen, aus Bergkristall und Jade wurden ganze Landschaften mit Scharen von Unsterblichen oder großen Gebäudekomplexen herausgearbeitet. Die Werke zeigen zwar einen hohen Grad von Perfektion, sind aber im besten Falle gutes Handwerk. Allerdings muß man der Gerechtigkeit halber sagen, daß die meisten dieser Objekte ja auch gar nichts anderes sollten, als bestimmten Zwecken dienen: eben als Gürtelanhänger oder Pinselbehälter, oder einfach dem Vergnügen reicher Bürger.

40 Korbartig gearbeitete Schale aus der Ming-Zeit (Wanli, 1573–1619) mit Bildern der «Acht Unsterblichen». Die Bemalung und Vergoldung wurden wahrscheinlich in Europa hinzugefügt.

Die Ming-Malerei erlebte in wesentlich krasserem Maße das, was sich schon unter den Song als Gegensatz zwischen Literatenmalern und Akademikern destillierte. Die Akademiemalerei erstarrte zu einem Organ kaiserlichen Geschmacks und kaiserlicher Willkür. Es blieben wenig Möglichkeiten zu individueller Entwicklung. Die Kunst eines großen Teils der Akademiemaler erstarrte im rein Dekorativen. Aber auch die freien Maler und Literaten waren keineswegs ohne Konventionalismus. Maler wie Shen Zhou prägten alten Stilen der Song-Zeit ihren ganz eigenartigen Charakter auf; im Vergleich zu ihren Vorbildern haftet ihnen aber dennoch meist etwas Epigonenhaftes an.

Einer der originellsten unter diesen Malern ist Dong Qichang, der sich auch als Kunstkritiker und -theoretiker einen Namen machte. Allerdings hat die Bedeutung, die seinen Theorien zugemessen wurde, lange Zeit den Kunstkritikern Chinas den Blick für die realen Verhältnisse verstellt, besonders seine klare Trennung der Maler seit der Tang-Zeit in eine nördliche und eine südliche Schule. Unter der südlichen Schule rangierten für Dong Qichang alle Meister des Literatenideals, beginnend mit Wang Wei, die als einzige in der Lage waren, der Landschaftsmalerei eine adäquate Form und Kraft in der monochromen Tuschmalerei zu geben. Zur nördlichen Schule wurden die Akademiemaler gerechnet. Auch ihnen wurde ein Stammvater in Gestalt des Tang-Malers und angeblichen Erfinders des Blau-Grün-Stils Li Sixun verschafft. Wie in den meisten Fällen sind solche Einteilungen willkürlich und im Detail nicht zu rechtfertigen. Dennoch verlieh die ungeheure Autorität, die Dong in der Ming-Zeit genoß, diesen Kategorien so großes Prestige, daß sie für Jahrhunderte als unumstößlich galten. Ebenso verhält es sich mit seinen bei genauerer Betrachtung manchmal sehr fraglichen Zuschreibungen berühmter Gemälde. Auch hier ließen die Gefolgsleute des Dong lange Zeit nicht davon ab, sein Urteil nachzubeten. Dennoch muß man dem Ansatz und der Kunst Dong Qichangs Respekt zollen: Seine Landschaften, die ebenfalls alte Stile wieder aufnehmen, zeichnen sich durch eine Steigerung der Stilelemente und eine dadurch gewonnene Eigenständigkeit aus. Er versucht in seiner Kunst das wesentliche der alten Stile zu konzentrieren.

Eine Extremform der Rückbesinnung ist in Chen Hongshous Kunst zu sehen, der bei der Wahl seiner Vorbilder noch weiter zurückging als seine Zeitgenossen. Er belebte die Figurenmalerei der Jin wieder (4. Jahrhundert), gab ihr allerdings eine eigenartig skurrile Wendung, indem er die Figuren manchmal fast zur Karikatur überzeichnete. Es werden allerdings wichtige Stilmerkmale wieder aufgenommen: Die Menschen, z.B. der Dichter Tao Yuanming, erscheinen in einem fast beziehungslosen Raum, in dem die Landschaft nur mit spärlichen Mitteln angedeutet wird. Es findet also eine Konzentration auf die Gestalt des Menschen statt, die seit Hunderten von Jahren in dieser Form nicht mehr üblich war.

Gerade die Themen des Chen Hongshou beschwören häufig das Jin-zeitliche Ideal des zurückgezogenen Gelehrten, der sich in einer Einsiedelei seinen Studien widmet, und machen damit eine ganz eindeutige politische Aussage: In einer Zeit, die vom Sturz der Ming bzw. dem neuerlichen Einfall eines Fremdvolkes in das Zentralgebiet geprägt war, blieb den Malern, die den neuen Machthabern ihre Fähigkeiten nicht zur Verfügung stellen wollten, nur das Leben in Zurückgezogenheit. Wir werden sehen, daß es schließlich in der Qing-Zeit tatsächlich einzig die sogenannten Exzentriker sind, von denen noch neue Impulse ausgingen. Auch in der Akademiemalerei zeigten sich einige neue Tendenzen, die aber für die eigentliche Entwicklung vollkommen ohne Bedeutung waren.

Die Druckkunst erlebte in der Ming-Zeit bedeutende Impulse. Der Vielfarbendruck, ein sehr kompliziertes Verfahren mit mehreren Druckstöcken, entwickelte sich und wurde zur Vollendung gebracht. Im Westen wurden diese Drucke zuerst durch den Reisenden Engelbert Kaempfer, der im 17. Jahrhundert nach China kam und Drucke sammelte, bekannt. Es handelt sich um hübsche, fein ausgeführte Drucke in ziemlich leuchtenden Farben, die mit ebenfalls gedruckten Beischriften versehen waren. Dargestellt sind Blumen und Tiere, die meist symbolischen Charakter haben. Die Drucke dieses Typs wurden zu Neujahr oder um Glückwünsche auszudrücken verschenkt.

Zur Verbreitung von Malereien berühmter Meister trugen die Druckerzeugnisse ebenfalls bei. Im «Mallehrbuch aus dem Studio des Senfkorngartens» kann man in hervorragender Druckqualität sowohl komplette Abbildungen der Meisterwerke als auch Details zur Schulung angehender Maler in Vielfarbdruck und in einfarbig schwarzer Ausführung sehen. Eine weitere berühmte Druckerei, die der «Zehnbambushalle», brachte brillante Reproduktionen hervor. Am berühmtesten sind eine gedruckte Sammlung von Malereien und zugehörigen Kommentaren und Gedichten in mehreren Farben und ein Kompendium der farbig dekorierten Briefpapiere aus der gleichen Manufaktur. Die frühen Drucke sind von ganz hervorragender Qualität, und die Farben sehr genau in die schwarzen Umrisse eingepaßt. Eine Besonderheit dieser Serien ist die Blindprägung: Es wurden Formen und Muster mit Pressen dem Papier aufgeprägt, so daß sie in leichtem Relief bzw. auf der Rückseite des Papiers wie Gravierungen erscheinen. Manchmal wurden diesen Prägungen auch Farben gegeben, aber häufig wirken sie nur durch die besondere Technik sehr reizvoll.

Mit der Ming-zeitlichen Grabarchitektur sind wir u.a. durch die Ausgrabung einer der großen Kaisergrabstätten bei Peking vertraut, durch die Öffnung des Dingling. Bei den Ming- und Qing-zeitlichen Kaisergräbern sind häufig noch die Hallen, die über der Erde errichtet wurden,

Farbabbildungen

841 Ma Yüan war einer der wichtigsten Vertreter des sog. Eineckstils (13. Jahrhundert). Charakteristisch sind die Massierung der landschaftlichen Elemente in einer Ecke und der weite Blick in eine scheinbar unendliche neblige Ferne.

842 Song-zeitliche buddhistische Plastik aus dem Höhlenkomplex von Dazu (Sichuan). Zu sehen sind eine Frauen- und eine Männergestalt, möglicherweise Bodhisattva Guanyin und ein Mann mit einer Kopfbedeckung ähnlich einer Beamtenkappe.

843 Liao-zeitliche Plastik: Bodhisattvas aus dem unteren Huayan-Tempel in Datong. Die Figuren wirken durch die Längung der Proportionen und die besonders feine Ausarbeitung der Hände sehr elegant. Datiert 1038.

844 Porzellanflasche mit kleinen Henkeln (Höhe: 30,4 cm, frühes 15. Jahrhundert). Es zeigt sich bereits die Perfektion, mit der Blauweißporzellane hergestellt wurden.

845 Der Teller mit westlichem Segelschiff und holländischer Inschrift ist ein Beispiel für das Exportporzellan der Qing-Zeit, das oft nach den Angaben der Besteller dekoriert wurde. 1756 unter Kaiser Qianlong hergestellt.

846 Blick auf eine der großen Hallen des Kaiserpalastes von Peking. Die Anlage stammt aus der Yuan-Zeit (14. Jahrhundert); in seiner heutigen Form wurde der Palast in der Ming-Zeit errichtet.

847 Kunming (Yunnan): Impressionen aus dem Daguan-Park mit der für chinesische Gärten typischen Harmonie zwischen baulichen Elementen und der Landschaft. Die stark aufgebogenen Firstenden sind typisch für Süd- und Mittelchina.

848 Porträt der Hauptfrau des Kaisers Qianlong, Xiaoxiantun Huanghou. An Ming- und Qing-zeitlichen Porträts wurde oft auf die genaue Darstellung der Gewänder soviel Wert gelegt, daß das Porträt selbst kaum mehr eine Rolle zu spielen scheint.

41   Wiedergabe einer monochromen Tuschmalerei. Eine ganze Serie von Reproduktionen berühmter Bilder gab um 1633 die bekannte Druckerei «Zehnbambushalle» heraus.

erhalten. Sie enthielten Inschriftstelen und waren zum Teil für Opfer oder die Aufbewahrung der Zeremonialkleidung sowie des Opfergeräts bestimmt. Der Grabhügel selbst war von einer Mauer eingefaßt, und an seinem Fuß stand ein Pavillon mit einer Inschrifttafel. Auf der Straße zur Grabstätte befand sich, wie schon in der Nan-bei-chao-Zeit, der sogenannte Geisterweg, der von monumentalen Skulpturen von Kriegern, Kamelen, Elefanten und anderen Tieren gesäumt war, die das Grab bewachen sollten. Die unterirdischen Kammern waren symmetrisch zu einer Hauptachse angelegt. Das Dingling hatte sechs Kammern. Die große unterirdische Anlage war aus Stein gebaut und mit Steintoren verschlossen. Im Vergleich zu Songzeitlichen Gräbern waren aber die Wände karg. Im Dingling wurden einige Gegenstände aus kostbarem Material entdeckt, obwohl das Grab beraubt war: Gefäße aus Gold und Silber, Reste einer Filigrankrone der Kaiserin, die nach alten Abbildungen rekonstruiert wurde, u.a. Grabfiguren sind auch in der Ming-Zeit selten gewesen, da sehr viele Beigaben seit der Song-Zeit aus Papier bestanden und bei der Bestattung verbrannt wurden.

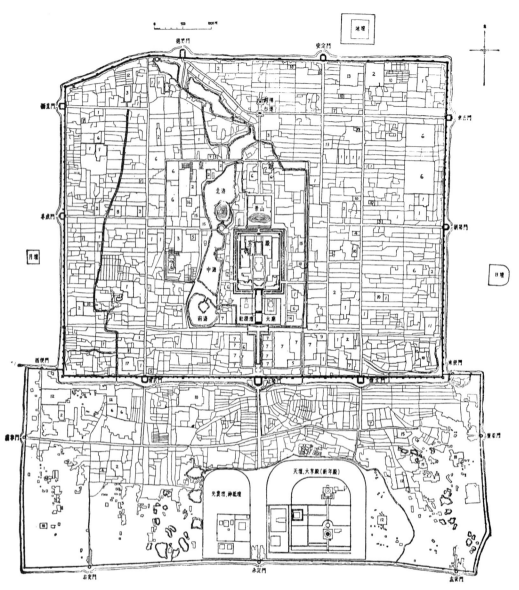

42 Plan des Qing-zeitlichen Peking. In der Mitte der Kaiserpalast, umgeben von der für die Mandschuren reservierten Stadt. Im unteren Teil Altäre und die Chinesenstadt.

Das Ende der Kaiser-Ära: die Qing-Zeit
(1644–1911)

Die Etablierung der neuen mandschurischen Fremddynastie der Qing hatte zwar für die Chinesen enorme politische Folgen, wirkte sich aber auf die Entwicklung der Künste (abgesehen von der Malerei, wie schon angedeutet) kaum aus. Die Keramiköfen, die schon während der Ming-Zeit Berühmtheit erlangt hatten, arbeiteten, mit kleinen Unterbrechungen zu Zeiten der ärgsten Wirren, weiter. Technisch wurde mit ihnen eine vorher nie dagewesene Perfektion erreicht. In chinesischen Büchern über die Fertigung der Porzellane, besonders der in Jingdezhen, kann man sich auch heute noch umfassend über diese Öfen informieren, deren Handwerker einen hohen Grad von Spezialisierung erreicht hatten. Unter dem Kaiser, der unter der Devise Kangxi regierte, erreichte die Keramikproduktion auch künstlerisch noch einmal einen Höhepunk. Im Westen wurden die berühmten blaugrundigen Vasen und Deckelgefäße mit Pflaumenblütendekor besonders bekannt, die später vielfach kopiert wurden. Beliebt waren aber auch Kopien der Waren aus den berühmten Song-Öfen, die nicht nur in ihrer Form, sondern auch in den Glasuren imitiert wurden. Viele dieser Gegenstände sind durchaus reizvoll. In ihrer Eleganz an die Song-Zeit anknüpfend, aber in der Technik Qing-zeitliche Neuentwicklungen sind die sehr schlichten, doch mit wunderbaren Glasuren überzogenen einfarbigen Gefäße, die unter Kangxi gedreht wurden. Verbreitet waren die Glasurfarben Gelb, Grün und das kräftige Ochsenblutrot. Die Unterglasurblau-Waren blieben relativ unverändert im Dekor; allerdings wirken sie steril und ohne Leben, obwohl auch hier wieder die technische Perfektion besticht.

Exportporzellan wird nun in großem Stil produziert entsprechend dem Bedarf, den europäische Abnehmer anmelden. Die Dekorformen bleiben meist chinesischen Vorbildern verhaftet. Weiterhin sind florales Dekor und Bilder mit Szenen aus Theaterstücken und Romanen verbreitet. Es wird aber auch durchaus üblich, nach westlichen Aufträgen Porzellan mit entsprechenden Verzierungen herzustellen: So können wir wiederum ganze Service mit Wappen oder aber auch mit Szenen, die man von Schäferspielen des Rokoko kennt, sehen. Bei den frühen Exemplaren wird deutlich, daß sich die chinesischen Handwerker noch nicht gut auf die westlichen Themen verstanden; das Resultat ist manchmal äußerst komisch. Besonders berühmt wurden Waren, die mit Emailfarben überwiegend in rötlichen oder Grüntönen geschmückt waren. Nach der dominierenden Farbe wurden diese Porzellane als *Famille rosée* oder *Famille verte* bezeichnet. Die Malerei wirkt auf diesen Gefäßen häufig übermäßig kalt, sowohl was die Farben, als auch was die Ausführung anbelangt.

Die technische Perfektion der chinesischen Töpfer zeigt sich auch in gewagten Experimenten: Es wurden feinste Konstruktionen in Filigranarbeit hergestellt, z.B. korbartige Keramikgegenstände, die tatsächlich wie feinstes Flechtwerk aus sehr biegsamen Materialien wirken. Bei der Betrachtung der Qing-zeitlichen Porzellanwaren kann man sich des Gefühls eines Zwiespaltes nicht erwehren: Einerseits kann man die technische Virtuosität nur bewundern, auch die Reinheit des Porzellans und die perfekte Brenntechnik. Auf der anderen Seite ist die Ausstrahlung besonders der späten Stücke derart unpersönlich, daß sie vom ästhetischen Standpunkt her gesehen nicht voll befriedigen können.

Auf die Keramikproduktion des Westens war der Impuls, der durch die chinesischen Importe ausgelöst wurde, enorm. Da das Geheimnis der Porzellan-Herstellung von den Chinesen zunächst sorgsam gehütet wurde, versuchte man, sich durch Nachahmungen in Steingut wenigstens ähnlicher Effekte zu versichern. Besonders die Manufaktur von Delft setzte sich mit ihren blauweißen Steingut-Produkten an die Spitze dieser Entwicklung. Als man dann (vermutlich durch Berichte speziell der in China tätigen westlichen Missionare) die Hintergründe der Porzellan-Herstellung nachzuvollziehen begann und langsam eine eigene Technik entwickelte, versuchte man, auch die beliebten Muster und Dekorformen nachzuahmen. Da man sie häufig nicht richtig verstand, ergaben sich oft Verfremdungen wie z.B. das berühmte Meißner Zwiebelmuster.

Es muß hier aber nochmals betont werden, daß die Begeisterung für chinesische Waren Europa ziemlich spät erreichte. Abgesehen von einigen vielbewunderten Einzelstücken wurde man erst im 16. Jahrhundert auf China als Herkunftsland des «weißen Goldes» wirklich aufmerksam. In weiten Teilen West- und Südasiens sowie des von den Arabern beherrschten Teils von Afrika schätzte man zunächst chinesisches Steingut, später dann Porzellan schon seit der Blütezeit der Tang.

In der Akademie-Malerei fand ebenfalls ein gewisser Austausch zwischen West und Ost statt. Die Jesuiten-Missionare, die einzigen, die jemals realistische Versuche unternommen haben, eine Mission in China aufzubauen, nämlich mit Hilfe der Gelehrtenschicht, hatten sich sozusagen ein konfuzianisches Deckmäntelchen zugelegt, unter dem sie die klassischen Schriften sehr genau studierten und diejenigen Teile der Lehre, die ihnen zum Christentum passend erschienen, aufgriffen. Zu ihrer Strategie gehörte es aber auch, die Beamten und Kaiser mit ihren Fähigkeiten auf den Gebieten der Astronomie und der Malerei zu beeindrucken. Der Jesuit Adam Schall von Bell nahm unter dem Kaiser Kangxi die Stellung eines Hofastronomen ein. Giovanni Castiglione, in China unter dem Namen Lang Shining bekannt, entwickelte wie andere seiner Zeitgenossen einen seltsamen Mischstil aus chinesischen und europäischen Elementen, der zu seiner Zeit gehöriges Aufsehen erregte und beim Kaiser beliebt war. Wirklichen Einfluß hatten diese Künstler, die auf Castigliones Spuren wandelten, aber nie. Die europäische Malerei hat überhaupt nur ganz wenige Anklänge in der chinesischen Malerei hinterlassen. Einige Künstler versuchten sich in der westlichen Form der Perspektive und

Schattierung. In die Technik der Akademie- und der Literatenmaler drangen diese Mittel aber niemals wirklich ein.

Die Akademiker hingen weiterhin wie schon in der Ming-Zeit den traditionellen dekorativen Stilen an, die sie mit Langmut und ohne Imagination immer wieder verewigten. Besonders Kaiser wie der unter der Devise Qianlong regierende dilettierten selbst in Malerei und Kalligraphie, ohne aber die Bedeutung z.B. eines Huizong der Song-Zeit zu erreichen. Gerade Qianlong war aber offenbar von seiner Bedeutung sehr überzeugt: Er verunzierte viele der Bilder-Rollen seiner Sammlung mit geradezu größenwahnsinnigen riesigen Inschriften eigener Gedichte. Die Kombination von Inschrift und Malerei hat in China eine lange Tradition. Man kann sogar sagen, daß Inschriften oder Gedichte bedeutender Männer dem Bild zusätzlichen Wert verliehen. So ist bei manchen besonders geschätzten Bildern jede freie Fläche mit Inschriften und Siegeln von Kunstkritikern, anderen Malern und Sammlern übersät. Wenn Qianlong durch seine Inschrift einem Bild die Echtheit bescheinigte, so galt das lange Zeit als Gütesiegel für spätere Sammler. Die Exzesse, zu denen der Kaiser neigte, haben jedoch mit dieser ehrwürdigen Tradition kaum mehr etwas zu tun, wohl aber mit der Selbstüberschätzung des Herrschers.

Zwischen den Literatenmalern und den Akademikern klaffte besonders in der Qing-Zeit ein Abgrund, wie man ihn sich krasser und tiefer nicht vorstellen kann. Viele der Qing-Meister in monochromer Tusche müssen als ausgesprochene Exzentriker bezeichnet werden. Ihre neuen Sichtweisen führten tatsächlich zu bisher nie dagewesenen expressiven Effekten. Der Maler Zhu Da, bekannter unter seinem Pseudonym Bada Shanren, gilt als typischer Repräsentant dieser Gruppe. Seine Bäume und Vögel wirken fast wie Tuschflecken, denen nachträglich durch einige wenige Striche Gegenständlichkeit verliehen wurde. Seine Landschaften scheinen in der Luft zu schweben, doch nicht, weil sie in Nebel gehüllt erscheinen. Vielmehr entsteht tatsächlich der Eindruck, die Berge und Bäume hätten keinen Grund, auf dem sie ruhen.

Die Unwirklichkeit der Landschaften der Qing-Exzentriker ist überaus kennzeichnend. Shitao z.B. gab Felsen ein Aussehen, als bestünden sie nicht aus einem festen Material. Sie erwecken vielmehr den Eindruck, als wären sie in ständiger Bewegung. Es bedienten sich natürlich nicht alle Qing-Maler, die nicht der Akademie angehörten, derart ausgefallener Stilmittel. Aber auch bei den anderen Meistern ist, wenn denn schon auf traditionelle Formen zurückgegriffen wurde, ein Spiel mit diesen Formen unabdingbar. Sie werden aus ihrem gewöhnlichen Zusammenhang gerissen, neu kombiniert oder überzogen, so daß ganz ungewohnte Effekte entstehen, die den besonderen Reiz der Qing-Exzentriker ausmachen.

Der Skurrilität halber soll hier noch angemerkt werden, daß auch die Architektur der kaiserlichen Parks vom Wirken der eifrigen Jesuiten nicht ganz unberührt geblieben ist. Im alten Sommerpalast der Qing bei Peking, dem Yuanmingyuan, entstanden Barockbauten, die dem damals modernsten europäischen Geschmack entsprachen. Die traurigen Reste dieser Anlage sind heute noch zu sehen. Barocke Voluten und andere Bauteile ragen unvermutet aus dem grünen Dickicht der ehemaligen Palastanlage, die im 19. Jahrhundert von plündernden und zerstörenden europäischen Soldaten in Schutt gelegt wurde.

43   Christliche Umdeutung des von Nieuhof gezeichneten Ehrentors von Kanton. Aus Johann Christoph Wagners Buch «Das mächtige Kayser-Reich Sina ...» (1688).

Japan

Text von Brigitte Bizalion

Einleitung

Alles ist nur glühende Gesteinsschmelze, gestaltloser Schlamm, «Ur-Chaos»; Feines steigt nach oben, Schweres sinkt nach unten. So bilden sich Himmel und Erde. «Und da die gerade geborene Erde wie eine Öllache schwimmt und wie eine Qualle dahintreibt (...), befehlen die himmlischen ‹Kami› den zwei Gottheiten Izanaki-no-Mikoto und Izanami-no-Mikoto, diese treibende Erde auszubessern und sie festzumachen» (Kojiki). Die Vereinigung des Urpaares Izanaki und Izanami steht am Anfang des Mythos von der Erschaffung des japanischen Inselbogens. Die «Kami», himmlische Gottheiten, geben ihnen eine Lanze, um diese gestaltlose Erde zu befestigen. «Auf der Schwebenden Himmelsbrücke stehend, tauchen die zwei ‹Kami› die göttliche Lanze hinunter, rühren sie kreisend im Siedesalz und ziehen sie plätschernd wieder heraus. Da überlagern sich die Salztropfen, die von der Lanze fallen, und werden zu Inseln» (Kojiki). Eines Tages zieht sich die Tochter der beiden «Kami», die Sonnengöttin Amaterasu, in eine finstere Höhle zurück, weil sie erbost ist über das ungehörige Betragen ihres Bruders (der vor ihren Augen einem lebendigen Pferd das Fell abgezogen hatte). Ihr Rückzug senkt die Welt in tiefe Finsternis, und von überall her tauchen böse Geister auf. Da versammeln sich die Götter und ersinnen eine List, um Amaterasu aus ihrer Grotte hervorzulocken: Sie pflanzen einen heiligen Baum, hängen alle möglichen glänzenden Dinge und Spiegel an seine Äste, und eine für ihre Ausgelassenheit bekannte Göttin führt ihnen drollige Tänze vor. Von dem schallenden Gelächter der Götter angelockt, öffnet Amaterasu einen Spalt breit die Tür der Höhle und bleibt verblüfft vor ihrem eigenen Abbild in den Spiegeln des Baums stehen. Das nutzen die Götter, um hinter ihr die Öffnung der Höhle zu verschließen, und von neuem ist die Erde lichtumflossen.

Die Kraft und segensreiche Macht von Amaterasu, die Anlaß zu zahlreichen Riten und Zeremonien gibt, segnen die Geburt der Shintō-Religion. Im tiefen Sinn japanisch, ohne Philosophie und ohne Metaphysik, ist ihr Kult der Natur gewidmet, dem wahren Shintō-Heiligtum. Wurzel des japanischen Geistes, ist sie vor allem eine Lebenshaltung, ja Ausdruck der Verehrung der Landschaften und ihrer Schönheit. Sie gestattet den Japanern, die Kraft und Gewalt der Naturelemente hinzunehmen: Taifune, Vulkane, Erdbeben, Stürme – Kräfte einer heilen und geheiligten Natur.

«Die Wahrheit des Shintō liegt weder in Büchern, noch in Riten, noch in Geboten, sondern in dem Nationalgefühl, dessen höchster religiöser Ausdruck er ist, unsterblich und immer jung. Unter all der oberflächlichen Ansammlung merkwürdigen Aberglaubens, kunstloser Mythen und wunderlicher Zauberei bebt eine gewaltige geistige Kraft, die ganze Seele einer Rasse mit all ihren Triebkräften, Fähigkeiten und Intuitionen. Wer erkennen wollte, was Shintō bedeutet, müßte diese geheimnisvolle Seele kennenlernen, in die Schönheitssinn, künstlerische Begabung, das Feuer des Heldentums, der Magnetismus der Rechtschaffenheit und gläubige Ehrfurcht einströmten, unbewußt und instinktiv wurden» (Lafcadio Hearn).

Vom grünen Bambus bis zu den grünen Kiefern sind die japanischen Landschaften sehr abwechslungsreich. Ihre Fülle, ihre Leuchtkraft begeistern den Blick des Fremden, und das japanische Empfindungsvermögen steht weitgehend unter dem Einfluß dieses natürlichen Reichtums. Das Verschmelzen der japanischen Seele mit der Natur wird besonders spürbar im Wohnsitz der Götter, dem Schrein, der heiligen Stätte; die Gottheiten selber verschmelzen mit der Landschaft. Bäume, Wasserfälle, Wälder, Berge sind vergöttlichte Elemente, ganz wie übrigens auch der Mensch, der daraus die Quelle seiner Kraft schöpft. Sinnbild dieser Symbiose – in einem Land, das mehr als alle anderen eine ungeheure Vielfalt von Bäumen und Blumen besitzt – ist der Wald, nicht Innenwelt und nicht Außenwelt. «Immer, zu allen Zeiten, birgt die japanische Kunst einen Geist, der nicht ohne Bezug zur Landschaft ist. Es ist dieser Geist, den die Japaner *mono-no aware* nennen, was man mit Suche nach einer kontemplativen Harmonie definieren kann, die zu der Erkenntnis führt, daß alles in dieser Welt, und die Welt selbst, vergänglich ist und vorübergehen muß» (Kawabata).

Dann erscheint der Buddhismus, vor allem als Religion des Kaisers. Und Japan nimmt ihn auf, wandelt ihn um, paßt ihn seinem Temperament an und entwickelt seine Weisheit bis zu einer Heiterkeit und Barmherzigkeit, die sich über seine Kiefern, seinen Bambus und seine Kamelien ergießt. Und es herrscht Ordnung, die Suche nach dem inneren Selbst erreicht ihren Höhepunkt: kein Gegensatz mehr, kein Widerspruch mehr, kein Zwiespalt mehr, gelassene Sensibilität, in der dem Geist Ruhe vergönnt ist. «Nichts könnte die Verschiedenheit, die unsere Sensibilität unterscheidet, besser klarmachen als unsere Träume. Wenn wir träumen, ist es doch kaum, um von unseren Träumen die Weisheit zu wünschen, die uns das Leben versagt. Weisheit, nicht Ruhm. Sie haben geschrieben: ‹die Bewegung im Traum›. Ich entgegne Ihnen: die Ruhe im Traum» (André Malraux).

Kunst der Vor- und Frühgeschichte

Das heutige Japan entspricht mit seiner Lage als abgesondertem Inselreich nicht den früheren Gegebenheiten: Das japanische Gebiet gehörte zum übrigen asiatischen Kontinent. Dann bilden sich im Quartär Gräben, die Kontinente werden umgestaltet, Japan trennt sich ab, und am überraschendsten ist, zu erkennen, daß tatsächlich Menschen bei all diesen Umwälzungen zugegen sind; das bestätigen Funde von Werkzeugen und üblichen Gebrauchsgegenständen in der erstarrten Lava. Aber was war der Ursprung der einheimischen Bevölkerung in dieser so fernen und so wenig bekannten Zeit? Es handelt sich nicht, wie man vorweg hätte vermuten können, um prähistorische Gemeinschaften, die auf dem Seeweg vom Festland gekommen sind und sich zufällig an die Küsten des Inselbogens geflüchtet haben. Es handelt sich vielmehr um eine Völkerwanderung von eurasischen Stämmen aus Sibirien, aus Korea und aus Südchina, die zu der Zeit, als Japan noch zum Festland gehörte, als umherziehende Fischer- und Jägergruppen an den Küsten siedelten. Dann trennt sich die Halbinsel ab, und so entsteht in Japan die sogenannte «Epoche der Schnurkeramik» (Jōmon), erstes sicheres Merkzeichen der Entwicklung des Landes.

Jōmon

Am Ende des vorigen Jahrhunderts fallen E. S. Morse, einem amerikanischen Archäologen, Muschelhaufen auf: Schalenabfälle von Meeresprodukten und Krebsarten; die Stämme haben sie nach dem Verzehr im Umkreis ihrer Siedlungen weggeworfen. Weiße Streifen, vom Flugzeug aus leicht erkennbar, gestatten später die Entdeckung mehrerer Jōmon-Dörfer. Diese fernen Vorfahren der modernen Japaner leben von Jagd und Fischfang: Hirsche, Wildschweine, Füchse, Affen und Vögel dienen wahlweise ebenso wie Muscheln, Thunfische, Goldbrassen, Delphine, Walfische und Seehunde als Nahrung. Die Männer gehen mit Angeln, Harpunen und auch mit Netzen auf Fischfang sowie mit Pfeil und Bogen auf Wild-

1 Keramik-Gefäß aus der mittleren Jōmon-Zeit (1. Jahrhundert v. Chr.) aus Kantō, Höhe 40 cm.

jagd. Jagd und Fischfang werden so gut wie möglich den kleinen gastlichen Buchten und den wildreichen Bergen angepaßt.

Die Siedlungen bestehen aus einer Art halb in die Erde eingesenkter, mit Reisig bedeckter Hütten, vermutlich mit einer Öffnung, aus der der Rauch des Herdfeuers abzieht; es sind geschützte Hütten, die so gut wie möglich im Winter die Wärme und im Sommer die Kühle bewahren.

Die Gesellschaft formt sich: Die Männer jagen und bestellen den Acker, die Frauen ziehen die Kinder groß. Es treten immer besser entwickelte Verfahren zur Beisetzung der Toten auf: die Totenkrüge, die die Gebeine der Verstorbenen enthalten. Dieses wachsende Interesse für die Bestattungen ist Anzeichen für ein entstehendes religiöses Gefühl: kleine Tonfiguren als weibliche Fruchtbarkeitssymbole und zu langen Stäben behauene Steine als männliches Äquivalent; eingeritzte Knochen, seltsame Keramiken mit eingepreßten Schnurmustern.

Zur Herstellung dieser offensichtlich unregelmäßigen Gefäße wird keine Töpferscheibe benutzt: Der Gefäßkörper ist ein zylindrischer Kegel, die großen, ausladenden und reich verzierten Henkel sehen aus, als wären Tonschnüre auf die Topfwandung aufgedrückt worden. Einige haben im Gefäßbauch zahlreiche Löcher, was vermuten läßt, daß es sich um Kultgegenstände handelt, zum Beispiel um Weihrauchgefäße. Häufig finden sich Augen, Münder und Ohren aus vollkommen runden Formen sowohl auf den Gefäßen wie auf kleinen runden Masken, die als Amulett gedient haben mögen. Barock anmutende Rundungen und auch größere Einfachheit der Formen sowie mehr oder minder geometrische Zeichnungen mit rhythmischen Ornamenten sprechen für den Einfluß von kunstvollen chinesischen Bronzen, die mit dem örtlichen Material, Ton, kopiert wurden.

Diese Vielfalt gestattet die Einteilung in mehrere Jōmon-Abschnitte. Gegen Mitte des 1. Jahrtausends v. Chr. beginnen die einheimischen Stämme mit einem primitiven Ackerbau von Trockenfeldern; nach und nach werden die Gemeinschaften seßhaft.

Yayoi-Periode

Ungefähr im 3. Jahrhundert v. Chr. tritt plötzlich eine höher entwickelte Kultur auf, die Yayoi-Kultur (nach einem Vorort von Tokio benannt, wo die ersten Keramiken dieser Epoche gefunden wurden). Gebrauch der Töpferscheibe und Auftreten von Metallherstellung lassen darauf schließen, daß alle diese neuen Errungenschaften aus China eingeführt worden sind. Auf dem Festland erzittern die chinesischen Territorialstaaten vor den in Wellen einfallenden nomadischen Reitern, die nach ihren Schätzen trachten. Die Große Mauer wird erbaut, und ganze Familienverbände fliehen vor den Schrecken dieser Kriegerhorden, die auf ihrem Weg alles ausplündern. Die Chinesen versuchen ohne Zweifel, über Korea und die da-

2 Frühe Keramik-Statuette aus der Jōmon-Zeit (3. Jahrhundert v. Chr.), Höhe 12 cm. Ihre abgerundeten Formen und hervorquellenden Augen sind sehr charakteristisch für diese Epoche.

zwischenliegenden Inseln Tsushima und Iki bis nach Japan zu gelangen. Sie flüchten sich an geschützte Strände, die ihnen für die Einrichtung ihrer traditionellen Kulturerrungenschaften die benötigte Ruhe und das geeignete Klima bieten. «Es gibt dort Perlen und grüne Jade. In den Bergen findet man Zinnober. An Bäumen kann man Lorbeeren, Eichen, Kampfer und Ahorn sehen. Bambus gibt es in Zwergarten. Man stößt auf Ingwerstauden und Pfeffersträuche, deren Geschmack nicht bekannt ist. Es gibt wilde Affen und Fasanen» (San-kuo-chih).

Die Chinesen bringen die Enthüllung all ihrer damaligen sowohl technischen als auch künstlerischen Schätze nach Japan. Und die Yayoi-Kultur beweist in diesem Augenblick eine große Kühnheit: die Stufen der Entwicklung zu überspringen; der Abstand zwischen beiden Kulturen ist eindrucksvoll, doch Japan übernimmt ohne weiteres die Errungenschaften seines Nachbarn, des Reichs der Mitte. Mehr noch: Die zahlreichen vom Festland eingeführten Bronzen werden eingeschmolzen, und die Begabung und die Originalität der Japaner entfalten sich in der Herstellung von Lanzen, Waffen für kultische oder kriegerische Zwecke. Die eigenständigen «Dōtaku» geben noch heute zahlreiche Rätsel auf: ähnlich wie ganz in die Länge gezogene Bronzeglocken mit einer Art Öffnung an der Spitze, wie um sie zu tragen oder an irgendeinem Seil aufzuhängen. Man nimmt an, daß es sich um Kultgegenstände handelt. Die Seiten haben feine Gravierungen mit sehr einfachen geometrischen Motiven. Manchmal jagen Männer mit

3   Ebenfalls aus der Jōmon-Zeit (3. Jahrhundert v. Chr.) stammt diese Keramik-Statuette (Höhe 25,6 cm); die Gesichtszüge sind durch einfache Striche gekennzeichnet.

4   Der Krieger in voller Rüstung (Höhe 1,33 m) war Schmuck eines Grabhügels in der Kofun-Zeit (4.-6. Jahrhundert n. Chr.), ein typisches Beispiel für ein Haniwa aus Ton.

Bogen Hirsche, oder es sind Szenen aus dem Bauernleben: Eine Figur spinnt Wolle, andere dreschen den Reis. Der gleiche Stil und die gleichen Szenen aus dem Alltagsleben sind auf den zahlreichen Vasen zu sehen, die an den Ausgrabungsorten auf Kyūshū gefunden wurden: schlichte, ausgewogene, klare Formen, deren Motive mit dem Kamm eingeritzt zu sein scheinen; eine eigene japanische Strenge, die sich von der Jōmon-Keramik sehr unterscheidet.

Farbabbildungen

865 Bronzene Dōtaku aus der Yayoi-Periode (2./3. Jahrhundert), Höhe 47,5 cm. Das Muster dieses glockenähnlichen Kultgerätes erinnert an die Schärpen buddhistischer Mönche.

866 Haniwa-Figur eines Mannes aus dem 6. Jahrhundert, Höhe 63,9 cm. Solche hohl gearbeiteten Tonfiguren wurden rund um die Grabhügel bedeutender Persönlichkeiten aufgestellt.

867 Rückseite eines Bronzespiegels mit geometrischem Muster aus der Provinz Nara (Durchmesser 27,9 cm, 5./6. Jahrhundert). Das Dekor entspricht der japanischen Vorliebe für einfache und klare Formen.

868 Die hölzerne Statue (Höhe 84,3 cm) des Miroku stammt aus der Asuka-Zeit (7. Jahrhundert) und beeindruckt durch ihre feine Linienführung.

869 Kichijō-ten war die buddhistische Göttin des Reichtums. Vorliegendes Bild aus der Nara-Zeit (8. Jahrhundert) ist mit Farbe auf Hanf gemalt.

870 Der Tōdaiji-Tempel von Nara wurde ab 745 unter Kaiser Shōmu errichtet. 50 000 Zimmerleute schufen dieses größte Holzbauwerk der Welt.

871 Zur Tempel-Anlage des Tōdaiji gehört auch die Sangatsudō, die «Halle des Dritten Monats», benannt nach einer Lotos-Sutra, die dort alljährlich im März ausgestellt wird.

872 Ein weiterer Tempel im Bereich des Tōdaiji von Nara ist die Nigatsudō, die «Halle des Zweiten Monats», in der zwischen dem 20. Februar und dem 15. März Wasser-Zeremonien stattfinden.

Im 3. Jahrhundert n. Chr. nimmt der Austausch mit China immer mehr zu. Die chinesischen Hofstaaten entsenden Kaufleute und Reisende zu den Inseln der Aufgehenden Sonne, und diese berichten in überraschenden Einzelheiten über das Alltagsleben im Lande der Wa (wie es von ihnen genannt wird): «Im Land der Wa ist es warm, ebenso im Winter wie im Sommer. Man baut dort Gemüse, die der Nahrung dienen, an; alle laufen barfuß; es gibt Häuser mit Zimmern; Eltern und Kinder schlafen dort getrennt; sie malen sich den Körper rot an und benutzen wie in China Puder. Ihre Getränke sind aus Bohnen hergestellt» (San-kuo-chih). Ohne genau zu wissen, wodurch Japan ganz am Anfang seinen Aufschwung genommen hat, ist doch das eine gewiß, daß der wachsende Reichtum der kleinen Marktflecken die Entstehung einer differenzierten Gesellschaft nach sich zieht. Viele Formen der Totenbestattung bezeugen das: große Grabkrüge, kleine Urnen mit einem Dolmen darüber, Grabbeigaben (Waffen, Spiegel, Schmuck), die den sozialen Rang bestimmter Toter augenscheinlich machen. «Für die Toten benutzen sie Särge ohne Deckel; sie errichten einen Hügel und bauen einen Tumulus; dann beginnt die Trauerzeit, die mehr als zehn Tage dauert: Während dieser Periode ißt man kein Fleisch, und der Zeremonienmeister klagt, während andere (die mit dem Verstorbenen nicht verwandt sind) singen, tanzen und Wein trinken. Sobald die Trauerfeierlichkeiten vorüber sind, geht die ganze Familie ein Reinigungsbad nehmen» (San-kuo-chih).

5 Bronzespiegel mit einem Durchmesser von 22,2 cm aus dem 4.-9. Jahrhundert n. Chr.

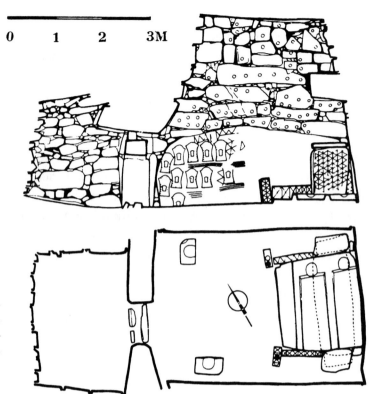

6 Längsschnitt und Grundriß der Grabkammer des Tumulus von Ōtsuka (Fukuoka-ken), der in der Mitte des 6. Jahrhunderts erbaut und 1934 geöffnet wurde. Deutlich zu erkennen das Podest mit Nische, das zur Aufstellung zweier Särge diente.

Kofun: Tumuli und Haniwa

Ohne daß es sich wirklich erklären ließe, mündet die Yayoi-Kultur im 4. Jahrhundert in ein ausgeprägtes Eisen-Zeitalter. Krieger zu Pferd herrschen als unbeschränkte Machthaber auf dem Archipel. Sie sind komplett ausgerüstet: metallene Brustpanzer, Lanzen, Schwerter. Nach vielen kriegerischen Feldzügen gelangen sie 369 bis nach Korea, wo sie die Regierung von Mimana übernehmen. Zu dieser Zeit haben die Erschütterungen, die das in barbarische Reiche und Dynastien geteilte China erleidet, ihre Auswirkungen bis nach Korea. Dieser Kontakt mit dem Festland nutzt den Japanern, die ihren Handel erweitern, und die koreanischen Auswanderer tragen umgekehrt durch die mitgebrachten Techniken und Kulturerrungenschaften zur Entwicklung des Reichs der Aufgehenden Sonne bei.

Vom Eisen-Zeitalter ist sehr wenig bekannt. Doch es hinterläßt eindrucksvolle Spuren: die Grabhügel (Tumuli). Einzeln oder als Gruppe angelegt, spiegeln sie die Größe und Macht dieser kriegerischen Sippen. Als lange Doppelbögen prägen sie auch heute noch bestimmte ländliche Gegenden. Mit Wassergräben und darüberliegender Plattform zum Abhalten der Zeremonie entwickeln sich die Grabhügel bis zur vollendeten Form des «Schlüssellochgrabes» (5. Jahrhundert). Das bemerkenswerteste davon liegt in der Ebene von Osaka: Es ist das Grabmahl des Kaisers Nintoku.

«Da steigt er auf einen hohen Berg. Er blickt in alle Richtungen über die Provinzen und sagt: ‹Ich sehe überhaupt keinen Rauch aus den Häusern aufsteigen. Alle sind arm, darum seien von nun an drei Jahre lang alle Steuern und Frondienste dem Volke erlassen.› Infolgedessen verfällt sein Palast, und es regnet hinein, aber er will ihn nicht reparieren lassen. Er läßt den Regen in kleinen Behältern sammeln und zieht an Stellen um, wo es nicht hineinregnet. Später, als er wieder über die Provinzen blickt, sieht er viel Rauch aufsteigen. Deshalb glaubt er, daß es dem Volk nun gut geht, und von diesem Augenblick an verlangt er wieder Steuern und Frondienste. So gedeiht das Volk und übernimmt willig die Frondienste» (Kojiki). Als vielgepriesener Kaiser herrscht Nintoku unter dem Namen «Tugendhafter Kaiser». Er stirbt im Alter von 83 Jahren, die Errichtung seines Grabes (427) soll ein Jahr lang den Einsatz von 5000 Arbeitern erfordert haben. Entlang den Gräben des Mausoleums wurden zahlreiche Tonstatuetten gefunden. Ursprünglich einfache Röhren zum Stützen der Erde der Grabhügel, haben sich die Elemente der Außenarchitektur schnell zur Darstellung einer Gesellschaft entwickelt: Haustiere, Boote, Häuser und Menschen. «Von nun an sei es für die kommenden Jahrhunderte Gesetz, lebende Menschen durch Tonformen zu ersetzen und diese den Grabstätten im Grabhügel beizufügen.» Diese «Haniwa», stilisierte Figuren, erinnern an das Gesicht der alten Krieger, Gründer des ersten japanischen Staates. Mit vergessenen Zügen, die aus der Morgendämmerung einer Geschichte auftauchen, verlieren sie ihre Augen im geheimnisvollen Dunkel. Trotz einer beinahe modern anmutenden Einfachheit fehlt kein einziges Detail: Die Frauen tragen Hauben, Halsbänder mit großen Perlen und Ohrringe; zur Ausrüstung der Krieger gehören sogar Handschuhe; man vermeint gar das Klingeln der Glöckchen der aufgezäumten Pferde zu hören – ein erstaunliches und geheimnisvolles Leben für Masken, die fast Totenmasken sind. Diese unheimlichen Erscheinungen verbinden den Tod, den man sehr stark in diesen vom Nichts gezeichneten Ausdrücken spürt, mit dem Alltag, mit alltäglichen Einzelheiten.

Solche Darstellungen können nur von einem religiösen Gefühl angeregt worden sein: Die «Haniwa» scheinen kleine Idole zu sein, die der Seele des Toten helfen, Unsterblichkeit zu erlangen. Neigt nicht auch die Religion des Shintō dazu, alles heilig zu machen? Sie umfaßt bis zu 800 Götter (die ältesten Quellen sprechen von 800 × 10 000) oder *kami*: Wasserfall, Getreide, Liebe, Küche, Teiche und selbst Schminke, Fieberanfälle, Musik, Stadt, Pocken, Reisender, Armut ... Dieser Heiligkeitsaspekt findet sich ebenso in den Grabbeigaben wieder, die in einer Art von Totenkammern im Innern der Tumuli gefunden wurden: Porzellanvasen, Spiegel, Juwelen, Schwerter und anderes. Außer einer großen technischen und künstlerischen Meisterschaft kann man daran eine symbolische und magische Bedeutung erkennen. In der Tat sind Spiegel, Schwert und Juwelen die Hoheitsinsignien von Amaterasu, der Sonnengöttin: Hat nicht der Spiegel sie aus ihrem Versteck herausgelockt, als die Welt von Finsternis erfüllt war? Was das Schwert anlangt, rettet es den Menschen vor einem ungerechten Schicksal: «Da schickte der Kaiser Yamato Takeru wieder los mit den Worten: ‹Geh hin, die gewalttätigen *kami* und die Aufrührer der zwölf östlichen Provinzen zu befrieden (...)› Er gab ihm eine lange Lanze aus Stechpalmenholz (...) Yamato Takeru sprach zu seiner Tante Yamato-Hime: ‹Will der Kaiser, daß ich sterbe? Warum schickt er mich jetzt wieder los, um die Aufrührer der zwölf östlichen Provinzen zu befrieden, ohne mir Männer mitzugeben und ohne Ruhepause nach meiner Rückkehr in die Hauptstadt, nachdem ich zur Befriedung der Aufrührer des Westens losgeschickt worden war? Wenn ich es recht bedenke, scheint mir, daß er meinen Tod wünscht.› Er weinte vor Kummer. Da übergab ihm Yamato-Hime das Schwert ‹Grasschnitter› (...) Als er in der Provinz Sagami ankam, täuschte ihn der Statthalter dieser Provinz, indem er zu ihm sagte: ‹Es gibt in diesem Feld ein großes Moor. Der *kami*, der in diesem Moor haust, ist sehr böse und wild.› So ging er in das Feld, um diesen *kami* zu suchen. Da ließ der Statthalter der Provinz das Feld anzünden. Als Yamato Takeru merkte, daß er getäuscht worden war, schnitt er mit seinem Schwert das Gras um sich herum (...) So konnte er aus dem Feld herausgelangen» (Kojiki).

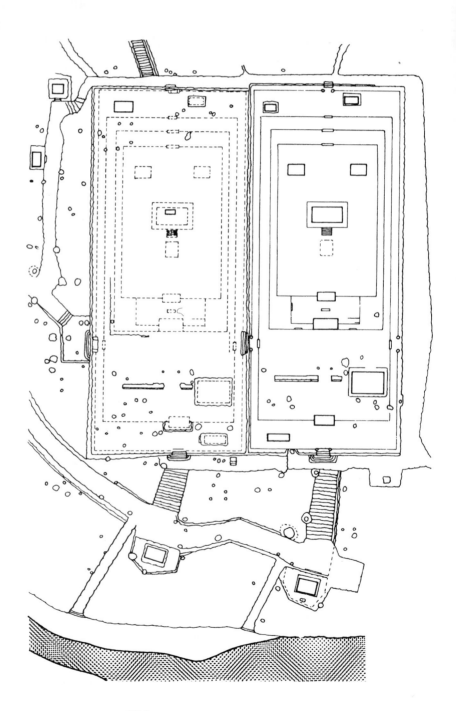

7 Der Naikū (Innere Schrein) von Ise (Mie-ken) war der Sonnengöttin Amaterasu gewidmet. Unser Grundriß zeigt ein Charakteristikum der Ise-Schreine: Aus Holz gebaut und damit schnell vergänglich, wurde der Naikū alle zwanzig Jahre abgerissen und auf einem benachbarten Platz wiederaufgebaut.

Der Ise-Schrein

Am Anfang wohnen Götter und Herrscher zusammen. Doch eines Tages wird es als anstößig empfunden, daß die einen und die anderen unter demselben Dach schlafen und leben müssen: Die Götter ziehen um, und man baut ihnen Schreine. Die ältesten sind die von Ise und Izumo. Dieser erste Ausdruck der japanischen Architektur ist bis in unsere Tage unversehrt erhalten geblieben. Alle zwanzig Jahre erneuert, ist der Schrein von Ise eine Kult- und Gebetsstätte geblieben. Amaterasu selber hat ihre mit der Natur verschmolzene, in den Wald eingebettete Wohnstätte ausgewählt: «Yamato-Hime, der sie anvertraut war, suchte nach einem Ort, wo sie die große Göttin einschreinen würde. So ging sie nach Sasahata auf der Insel Uda. Auf dem Rückweg gelangte sie in die Gegend von Ohomi und ging östlich nach Mino, von wo sie die Provinz Ise erreichte ...» Amaterasu wird von der Schönheit des Ortes in Staunen versetzt: «Die Provinz von Ise, des göttlichen Windes, ist das Land, wo die Wellen der Ewigkeit auslaufen, eine nach der anderen. Es ist ein abgelegenes und angenehmes Land. In diesem Land will ich meinen Wohnsitz errichten» (Nihongi).

Zwei Hauptschreine stehen einander gegenüber, der eine Amaterasu geweiht, der andere Toyouke-Hime, der Erntegöttin; vor jedem die «torii», eine Art leuchtend roter Tore, Kennzeichen der Shintō-Heiligtümer. Die Schlichtheit des Naturholzes erinnert durchaus an die einfache Hütte der alten Waldkulturen. Allein die sachverständig gekreuzten Giebelsparren und das Pfahlwerk, auf dem die Bauten ruhen, zeugen von großer Kunstfertigkeit. Doch Schlichtheit beherrscht und beseelt die vollkommene Verschmelzung der Bauten mit der üppigen Natur der Umgebung: tausendjährigen Kiefern, geheiligt durch Strohseile, die um

8 Aufriß der Seiten- und Vorderansicht des ursprünglichen Schreins von Izumo, des ältesten Shintō-Heiligtums von Japan, wie er bis ins 12. Jahrhundert existierte.

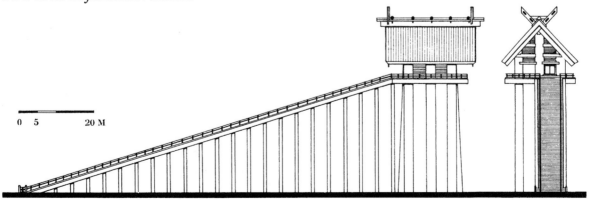

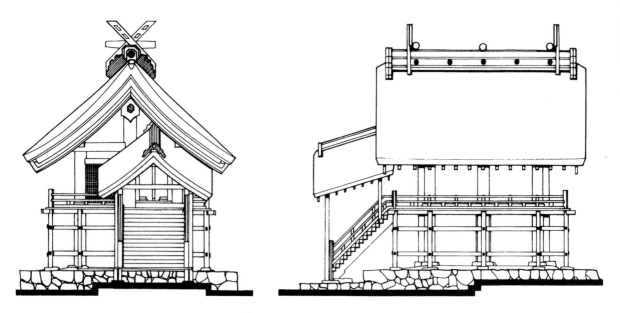

9 + 10   Nachdem der Schrein von Izumo mehrfach eingestürzt war, baute man ihn 1744 verkleinert in der Form auf, wie er bis heute existiert. Links die Vorder-, rechts die Seitenansicht.

ihre knorrigen Stämme geschlungen sind. «Die riesigen Wurzeln, die sich weit in alle Richtungen ausdehnen, erscheinen im Licht der Laternen wie Drachen, die sich winden und schlängeln» (Lafcadio Hearn).

Der heilige Bezirk ist von einfachen Zäunen aus grünem Bambus, Symbol der Reinheit, umgeben. Er ist von der übrigen Welt abgetrennt: Gewöhnliches Publikum darf nicht hinein, der Zutritt ist ein Vorrecht, das nur wenigen Eingeladenen gewährt wird, etwa dem Kaiser, der vor jeder offiziellen Ankündigung über das Kaiserhaus zum Gebet hier herkommt.

Die Einführung des Buddhismus

Es ist schwierig, den Geburtsort des historischen Japan festzulegen. Die Anfangsepoche erlebt den Kampf zahlreicher kleiner kriegerischer Reiche gegeneinander, und erst im 5. Jahrhundert setzt sich ein Hofstaat gegen die anderen durch: das Yamato-Reich.
An der Spitze des Staates steht ein Kaiser, direkter Nachkomme der Sonnengöttin. «Das Kaisergeschlecht unseres Landes, das sein Licht über diese Welt ausstrahlt, stellt die Nachkommen der am Himmel strahlenden Göttin dar. Und gemäß dem Auftrag, den diese Göttin ihnen gab, für alle Zeiten zu regieren, solange Himmel und Erde bestehen, ist das Kaisergeschlecht dazu auserwählt, unbegrenzt die Nation zu lenken bis zum Ende der Zeiten und so lange, wie das Universum fortdauern wird. So ist der Urgrund unserer Bahn» (Motoori Norinaga).
Trotz seiner Göttlichkeit gelingt es dem Kaiser nicht, die Kämpfe zwischen großen Familien- und Sippenverbänden zu verhindern, denen es, ohne ausdrücklich seinen Herrschaftsanspruch anzuzweifeln, nach und nach gelingt, die Staatsgeschäfte in die Hand zu nehmen und sich praktisch die Staatslenkung zu sichern. Wir erleben hier die Geburt einer parallelen Macht, die fortschreitende Verfestigung einer Dualität, die Errichtung eines Systems von zweigleisigen Befehlen, deren Wirksamkeit über mehrere Jahrhunderte lang stets gleichbleiben wird. Ein derartiges historisches Umfeld gestattet natürlich den koreanischen und chinesischen Auswanderern, großen Einfluß, insbesondere in geistiger Hinsicht, auf den gesamten Hof auszuüben.
Wenn man der Legende Glauben schenken will, geht die Einführung des Buddhismus auf das Jahr 552 unserer Zeitrechnung zurück, das Datum, an dem der König von Paekche dem Herrscher von Yamato mit einem Bittgesuch zum Abschluß eines Bündnisvertrages eine Buddha-Statue aus vergoldeter Bronze übersendet. Viele Familien und Verbände empfinden die Einführung des Buddhismus als Lästerung der althergebrachten Gottheiten des Shintō. Andere glauben, die universalistische Absicht, die sich in der buddhistischen Philosophie ausdrückt, zu ihrem Vorteil nutzen und ihre Macht über immer größere Bereiche sichern zu können.

Und tatsächlich soll es nicht an Schicksalswenden mangeln. Kaum hat der Herrscher Kimmei die für viele unannehmbare Forderung, den neuen Kult zu achten, ausgesprochen, da verbreitet sich eine entsetzliche Seuche, die dem berechtigten Zorn der Shintō-Götter zugeschrieben wird (so lautet zumindest das Gerücht, das sich rasch verbreitet). Statuen und buddhistische Bilder werden zu Boden geworfen, verbrannt und zerstört, ein unbarmherziger Kampf zwischen den verschiedenen Sippenverbänden bricht aus. Diese Periode der gewaltsamen Umwälzungen dauert fast ein halbes Jahrhundert an. Die Autorität der Zentralmacht hat es zudem um so schwerer, sich durchzusetzen, als Japan in 200 Jahren 16 Herrscher haben wird, von denen acht Frauen sind.

Jedenfalls gelingt es unter der Herrschaft der Kaiserin Suiko mit dem Prinzregenten Shōtoku Taishi, den Buddhismus durchzusetzen (man verdankt ihm insbesondere die Einführung der Begriffszeichen) und dem Reich der Aufgehenden Sonne seine erste strukturierte Regierungsform zu geben. Seit 592 erhält der Herrscher offiziell den Namen «Himmelskaiser», und der Buddhismus installiert sich als Staatsreligion.

Shōtoku Taishi

Shōtoku Taishi (572–622), eine außergewöhnliche Persönlichkeit, hat wahrscheinlich das große Verdienst der Einführung des Buddhismus im Reich der Aufgehenden Sonne. Mit großer Kraft vertieft er, der Regent der Kaiserin Suiko, diese Religion. Er wandelt sie um und nutzt seine Kenntnisse des Denkens und der Sittenlehre des Festlands, um die Regierungsform zu kodifizieren.

Zu dieser Zeit sind in China Konfuzianismus und Buddhismus miteinander vermischt. Im Gegensatz zum Buddhismus ist der Konfuzianismus vor allem eine Ethik der gesellschaftlichen Ordnung, also eine Art Sittenlehre. «Ehrfurcht vor den Eltern, Schlichtheit und Reinheit des Herzens verströmen einen Duft über hundert Generationen.» Seine vielen Dogmen schließen keineswegs ein Nebeneinander mit Religion oder Glauben aus, sondern geben diesen im Gegenteil ihren Stellenwert. Man kann sich sogar fragen, inwieweit das gegenwärtige Hängen der Japaner an den Traditionen nicht von diesen Begriffen von Achtung herrührt, von diesem Sinn für das Herrschen einer Stufenordnung, in der sich die Anschauung des eigenen Selbst aus der Beziehung zu den anderen bildet. «Die drei Grundpflichten der Frau sind: Gehorsam gegenüber den Eltern, gegenüber dem Ehemann und nach dessen Tod gegenüber ihrem ältesten Sohn.»

Die Kraft von Shōtoku Taishi besteht vor allem in der Synthese, die er aus all diesen Ideen-, Glaubens- und Sittenlehren zusammengefügt hat. Ihre Einsegnung ist die berühmte «Verfassung in 17 Artikeln» (604), die sich nach einer Analyse als eine Art Scharnier für höchst verschiedene chinesische Texte erweist, von der klassischen Poesie bis zu den «Schulgesprächen des Konfuzius». «Verehrt von ganzem Herzen die drei Schätze: Buddha, Dharma und Samgha, denn in diesen befinden sich das vollkommene Leben und die Weisheit der Nation (...) Es

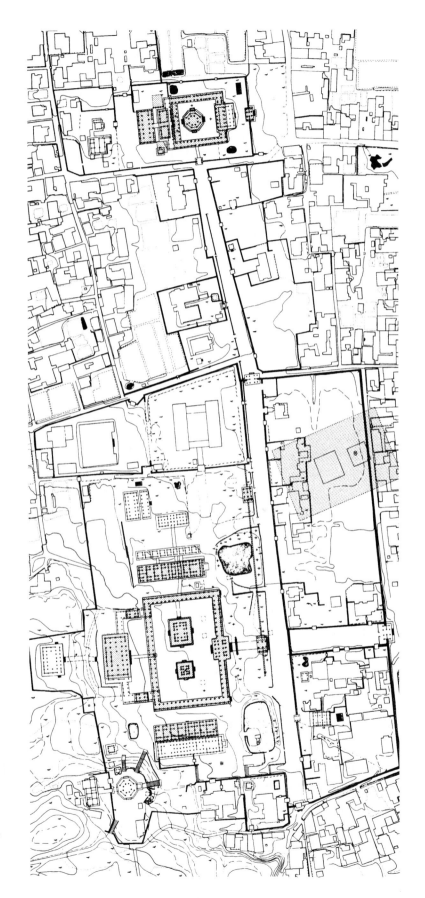

11 Kaiserin Suiko und Prinz Shōtoku gaben 607 den Befehl zum Bau des Hōryūji, der ältesten und berühmtesten Tempelanlage Naras. Sie umfaßt eine große Anzahl von Gebäuden, darunter im westlichen Bezirk (unten) die «Goldene Halle» (Kondō), das älteste erhaltene Holzbauwerk, und die fünfstöckige Pagode Gojū-no-tō, und im östlichen Bezirk die «Halle der Träume» (Yumedono), ein anmutiges achteckiges Gebäude. Der Grundriß der Anlage zeigt die alten Gebäude graugetönt.

gibt nicht viele wirklich schlechte Menschen. Alle können sich eine gute Bildung erwerben. Aber man kann nicht hoffen, die krummen Wege der Menschen ohne die Hilfe dieser drei Schätze gerade zu machen» (Taika-Reform, Artikel 2). Außer als Mensch von tiefer Religiosität erweist sich Shōtoku Taishi ebenso als große historische Persönlichkeit. Agrarreform, Zentralisierung der Regierung, Steuer für Luxusgüter – ein Staatssozialismus auf chinesische Art wird eingerichtet, der den Reis nach Verdiensten und Belastungen eines jeden unter denen neu verteilt, die ihn anbauen. Die große Religiosität und die Humanität von Shōtoku haben sich im Politischen und Sozialen wirkungsvoll umgesetzt, aber seine Glanzleistung besteht vor allem in dem Bewußtsein sowohl seiner eigenen Stellung als auch der des japanisches Volkes. Hat er nicht den Shintoismus mit den Wurzeln verglichen, den Konfuzianismus mit dem Stamm sowie den Ästen und den Buddhismus mit den Blüten? Diese Blüten haben sich bunt und vielfältig entfaltet.

Der Hōryūji

624, zwei Jahre nach dem Tod von Shōtoku, zählt man in Yamato nicht weniger als 46 Tempelanlagen, die heute leider zum größten Teil zerstört sind. Doch der wichtigste ist erhalten geblieben, der Hōryūji in der Nähe der heutigen Stadt Nara. 586 erkrankt Kaiser Yōmei, und der Kronprinz will auf Bitten seiner Tante, der Kaiserin Suiko, dem Buddha der Heilkunst einen Tempel weihen. Die Erbauung des Tempels verhindert allerdings nicht den Tod des Kaisers im Jahre 587. Niemand kann das genaue Datum der Vollendung des Baus bestimmen; die Fachleute behaupten, daß es vor dem Jahre 670 liegt. Der Hōryūji ist bis heute buddhistisches Nationalheiligtum und Stätte der Verehrung von Shōtoku Taishi geblieben. Nach und nach werden später um die drei ursprünglichen Gebäude (Kondō, Chūmon und Pagode) rund dreißig Bauten herumgebaut. Die Anlage bietet eine erstaunliche Ansammlung von Orientierungspunkten für die Geschichte der japanischen Architektur.
Das Chūmon ist der ursprüngliche Tempeleingang, eine kleine Halle mit vorspringenden Dächern, an die sich rechts und links auf gleicher Bodenhöhe ein Klostergang anschließt. Mit Dächern aus koreanischen Ziegeln in geraden und senkrechten Linien, wirkt das Ganze sehr schlank, und die geradlinigen Seiten des Klostergangs geben ihm Leichtigkeit. Die Ruhe und die Heiterkeit, die von ihm ausgestrahlt werden, erinnern daran, daß ursprünglich das Ideal der Barmherzigkeit gegenüber Kranken und Armen in dieser Art von Krankenhaus verwirklicht wurde.
Das Chūmon als Haupteingang ist in seinem Zentrum durch fünf Säulen unterteilt, die zwei Durchgänge freilassen: den einen für Shōtoku, den anderen für seine Tante, auf jeder Seite die Kongorikishi, halbgöttliche Wächter des Tempels. Der eine rote steht in strahlendem Licht, der andere schwarze ist in Finsternis versunken. Von diesen ehrfurchtgebietenden Holzstatuen gehen Macht, Kraft und Bosheit aus. Die Gewänder, die im Wind flattern, das fratzenhafte Grinsen, die angespannten Muskeln und die Hände, die bereit sind, den Feind zurückzu-

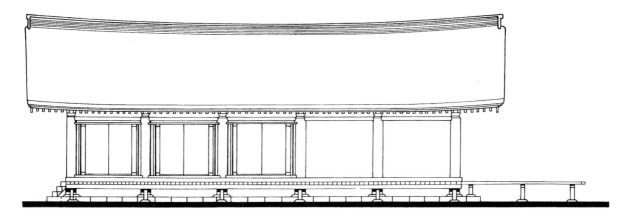

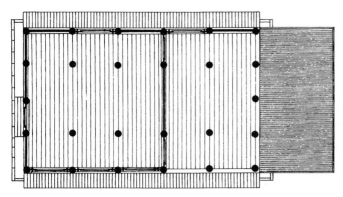

12 + 13   Aufriß und Grundriß der Halle im östlichen Tempelbezirk des Hōryūji.

stoßen, zeigen einen lebhaften Realismus. Die Wächter scheinen dazusein, um auch die bedrohlichste Gefahr abzuwehren; die weise Ruhe der Stätte wird geschützt.

Mit dem Chūmon im Rücken sieht man rechts den Kondō und links die Pagode. Der Kondō oder «Goldene Halle» ist in allen buddhistischen Tempeln die Haupthalle. Dieser hier trägt zwei Dächer aus Ziegeln, gekrönt von einem halb so großen Zierdach. Die nach oben schwingenden Traufkanten geben ihnen die Geschmeidigkeit von Segeln im Wind. Das oberste Dach wird von vier Säulen getragen, um die sich Drachen schlängeln, chinesische Überreste der «grünen und gelben possierlichen Teufel, (...) die beim Streicheln einen Buckel machen, und all der gutartigen monströsen Wesen, die dem asiatischen Tod, ohne daß er dadurch an Größe einbüßen würde, im Geleitzug folgen» (André Malraux). Es gibt hier den Tod, aber eher als Ort denn als Handlungsmittel, als Ort der Verehrung des Buddha der Heilkunst, der bei dem Übertritt ins Jenseits hilft. Tod des Kaisers Yōmei, Tod von Shōtoku. Die «Shaka-Dreiheit» hilft mit bei der Wiedergeburt des Prinzen Shotoku im Paradies. Auf diesem Werk des Bildhauers Tori aus dem Jahre 623 wird Buddha Shakyamuni, «der Erleuchtete», von zwei Begleitfiguren eingerahmt. Tiefe Meditation, von einer übergroßen Flammen-Mandorla ge-

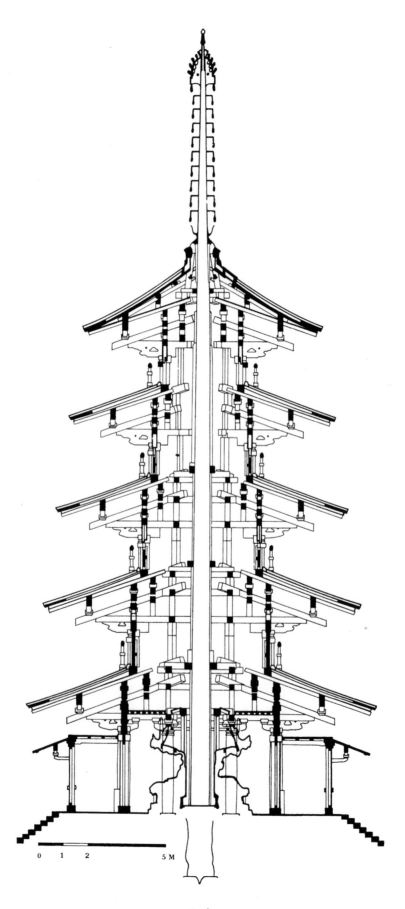

schützte Heiterkeit: Der große Buddha beschwört einen Übergangszustand, eine schwer zu überwindende Schwierigkeit, und die kleinen Buddhas, die dort zu sehen sind, erleuchten die Seele bei ihrer Suche nach Unsterblichkeit. Der Mystizismus des Lächelns, die Festigkeit der Symmetrie strahlen die Kraft und Macht eines tiefen Glaubens aus.

Das dritte Gebäude aus dieser Zeit ist die Pagode mit fünf Stufen (von unten nach oben): Erde, Wasser, Feuer, Wind und schließlich Himmel. Der luftige Eindruck wird durch die Verringerung der Höhe zwischen jedem Stockwerk verstärkt, das Ganze pyramidenförmig mit ausladenden Dachkanten, die sich nach oben verjüngen – nur die majestätischen Kiefern der Umgebung überragen den Tempel. Vor dem Zweiten Weltkrieg wurde die Pagode vollkommen zerlegt, um sie zu restaurieren. Ein schon lange in der Nähe des Mittelpfeilers entdecktes Loch wurde damals untersucht und ein «Reinigungsschatz», der die bösen Geister abhalten soll, geborgen: ein Bronzegefäß, das einen Silberbehälter enthält, der ein weiteres Glasgefäß umschließt, das die Gebeine Buddhas enthalten soll. Danach wurde der Bau in seinem ursprünglichen Zustand wiederhergestellt, Beweis für die Einfachheit der Materialien und der verwendeten Bauweisen.

Es sind dieselben Verfahren wie in China, aber die chinesische Anordnung ist nicht mehr eingehalten. Das Gleichgewicht wird aufgehoben, ein massives Bauwerk steht einem hohen, sehr viel schlankeren Bau gegenüber. Stabilität von Leere und Fülle, gewagte, aber harmonische Proportionen – der Lehrling geht über die Lehren des Meisters hinaus.

14 Schnitt durch die fünfstöckige Pagode im westlichen Tempelbezirk des Hōryūji. Nach einem Brand der gesamten Anlage im Jahre 670 wurde die Pagode 712 wiederaufgebaut (1687–1703 restauriert), sie gilt als architektonisches Meisterwerk des Hōryūji.

15 Die männliche Gigaku-Maske aus lackiertem Holz ist 44,8 cm hoch und stammt aus der Nara-Zeit (8. Jahrhundert).

Aus der Zeit der Einführung des Buddhismus

9. Monat. In diesem Monat machte das Land Kudara eine sechzehn Fuß hohe Buddhastatue, auch fertigte man einen Gebetstext, welcher lautete: «Wie ich vernehme, ist es eine höchst verdienstvolle Handlung, einen Buddha von sechzehn Fuß anzufertigen. In aller Ehrfurcht habe ich die Anfertigung besorgt. Auf Grund dieses Verdienstes bitte ich darum, daß der Kaiser (von Japan) überragende Macht erlangen möge, daß das Land der vom Kaiser regierten Miyake samt und sonders segensvolle Hilfe bekommen möge. Ferner bitte ich darum, daß sämtliche Lebewesen unter dem Himmel alle die Erlösung erlangen mögen. Zu diesem Zwecke habe ich die Anfertigung besorgt.»

Nihongi

Farbabbildungen

889 Die berühmte Statue des chinesischen Mönches Ganjin stammt aus dem 8. Jahrhundert. Er begründete in Nara die Ritsu-Sekte, deren Zentrum der Tōdaiji-Tempel war.

890 Im Jahre 1053 wurde in Uji der Byōdōin gebaut, der «Palast des Gleichgewichts», dessen oberster Dachfirst von zwei bronzenen Phönix-Figuren gekrönt wird.

891 Die Statue (Höhe 295 cm) des Amida Nyorai befindet sich in der Phönix-Halle des Byōdōin und ist das einzige erhalten gebliebene Werk des Bildhauers Jōchō (gest. 1057).

892 Vom Kaiserpalast des Hideyoshi auf dem Fushimi-Hügel bei Kyoto ist nichts erhalten geblieben außer einigen Tempeln. Hier der Fushimi-Inari-Schrein.

893 Die Zugänge zum Fushimi-Inari-Schrein werden aus Dutzenden von leuchtend roten Torii gebildet.

894 Der Hauptschrein (*hondō*) des Kiyomizudera-Tempels bei Kyoto wird von einer außergewöhnlichen Balkenkonstruktion getragen.

895 Fertiggestellt war der Kiyomizudera-Tempel bereits im Jahre 805, wurde aber während der Muromachi-Zeit zerstört und 1633 in der heutigen Form wiederaufgebaut.

896 Bugaku wurde ein im 8. Jahrhundert aus China übernommener Maskentanz genannt, der am Kaiserhof und in den Tempeln aufgeführt wurde. Hier eine Holzmaske (1185) aus der Heian-Zeit.

Nara

> Womit unser Leben
> in dieser Welt vergleichen?
> Mit dem Boot, das früh morgens
> hinausgefahren ist
> und das kein Kielwasser hinterläßt.

Beim Tod von Shōtoku Taishi nehmen die kleinen, bis dahin in Schranken gehaltenen Vasallenstaaten den Kampf wieder auf. Unterdessen kehren die Forscher und Gelehrten, die zum Studium nach China aufgebrochen waren, mit vielen Lösungsvorschlägen zurück, um die Verwaltung zu reorganisieren und dem Reich all den Glanz zu geben, der ihm damals fehlte. Der Staat wird so zentralisiert, daß der Regent, unterstützt von seinem Premierminister und seinem Kabinett, das ganze Reich beherrschen kann. Der Boden wird parzelliert und verteilt. Die Bauern tauschen regelmäßig die Feldanteile, damit die Zuteilung von gutem oder schlechtem Boden nicht immer denselben Bauern trifft. Über der Masse der Bauern stehend, ziehen die Angehörigen des Adels die Steuern (Reis) ein und leiten sie an die Kaiserfamilie weiter. Die Einteilung des Landes in Provinzen, Distrikte und Dörfer gestattet eine Kontrolle der ganzen Insel.
Der Triumph der Herrschaftsidee eines großen Staates verwirklicht sich in der Gründung der Stadt Nara. Bis heute folgt jeder Kaiser dem Brauch, seine Hauptstadt an einem Ort zu gründen, der nicht unter dem Einfluß einer Erinnerung an die Toten steht. Die Kaiserin Gemmyō (707-715) baut für die Nachwelt.
«Dieser Ort Heijō (Nara) befindet sich in Harmonie mit den vier von drei Bergen geschützten Himmelsrichtungen, und die Wahrsagung mittels Schildkröten und mittels Stäbchen ist zu denselben günstigen Ergebnissen gekommen. Darum soll also die Hauptstadt gebaut werden. Die Kosten des Baus sollen ganz in Übereinstimmung mit den tatsächlichen Bedingungen veranschlagt werden. Ferner sollen die Straßen und Brücken erst gebaut werden, wenn die Herbsternte eingebracht ist. Man treibe nicht die Arbeiter, bis zur Erschöpfung zu arbeiten,

16 Ebenfalls im 8. Jahrhundert (Nara-Zeit) wurde diese 34,5 cm hohe weibliche Gigaku-Maske geschaffen, auch sie aus lackiertem Holz.

und man plane umsichtig, damit nicht hinterher noch mancherlei hinzugefügt werden muß» (Nihongi).
Genau wie die chinesische Hauptstadt der Tang-Dynastie Ch'ang-an (Hsi-an) mit Straßen im Schachbrettmuster angelegt, wetteifert die Stadt in Reichtum und Pracht mit ihrem Vorbild, und Tempel und Paläste reihen sich aneinander. Die Eleganz hat Vorrang und steht im Gegensatz zu den armen Bauerndörfern, die sich wenig von denen der Eisenzeit unterscheiden.
Diese Zentralisierung des Staates trägt deutlich zur Erhöhung der Produktion bei, zumal der Reisanbau mehr als jede andere Landwirtschaftsform einen gewissen Kollektivismus bei der Arbeit erfordert. Die Zunahme der Arbeitskräfte führt auch zur Auffächerung der Betriebe: Seidenraupenzucht, Goldschmiedekunst, Lackarbeiten sind alles aus China eingeführte Handwerkskünste.

Der Reichtum des neuen Staates bliebe jedoch ungeklärt, wüßte man nicht, daß zahlreiche Edelmetallvorkommen ausgebeutet werden. Nach chinesischem Vorbild tauchen die ersten Geldmünzen auf, deren Wert vom Staat festgelegt wird.

Die Bevölkerungsvermehrung führt die Regierung dazu, die Japaner zur Erschließung von Neuland anzuspornen. So werden große Familienverbände oder Klöster Eigentümer der neuen kultivierbaren Ländereien, doch die Wiedereinführung von Grundbesitz ruft erneut gewisse widerstreitende Kräfte hervor, Kräfte der Dezentralisierung. Parallel geschieht das Gleiche am Hof, wo Sippen und religiöse Sekten einander befehden, um die Gunst des Kaisers zu erlangen oder sogar, um selber zu herrschen.

Gleichwohl festigt die kaiserliche Familie weiterhin ihre Autorität und leitet insbesondere das religiöse Denken. Kaiser Shomū läßt ab 741 in jeder Provinz einen Tempel und ein Kloster errichten. Nationales Zentrum des Buddhismus ist damals der Tōdaiji-Tempel von Nara. Diese Zentralisierung hindert indessen die Mönche nicht, nach chinesischer Weise die verschiedenen Sutren auszulegen. Diese unterschiedlichen Anschauungen führen zum Auftreten mehrerer Schulen: der sechs Schulen von Nara, deren unterschiedliche Lehrmeinungen freilich dennoch zulassen, daß sich die Gläubigen unter denselben Dächern versammeln. So wird Nara außer politische Hauptstadt auch noch religiöses Zentrum. Hier ist die Konzentration eines Glaubens, der sich im Bau zahlreicher Tempel entfaltet. Die Nara-Zeit ist ebenfalls der Höhepunkt der japanischen Plastik.

17 Nur ein knappes Jahrhundert lang war Heijōkyō von 710-784 Japans Hauptstadt, «Mittelpunkt der Stadt des Friedens». Vom Nara-Plateau, auf dem sie lag, erhielt sie ihren heutigen Namen. Der Plan zeigt die Lage der damaligen Metropole, umgeben von zahlreichen Grabhügeln.

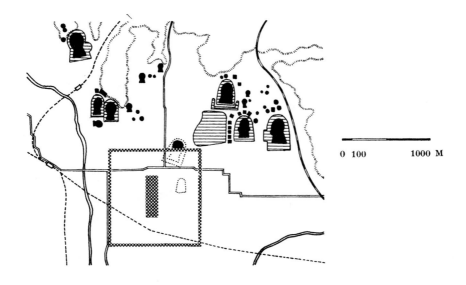

Der Tōdaiji

745 befiehlt der fromme Kaiser Shōmu beim Tod seines Sohnes, einen Tempel zu dessen Gedenken zu bauen. Zwanzig Jahre Bauzeit erfordern die Arbeit von 50 000 Zimmerleuten. Herausforderung an alles, was je zuvor unternommen wurde, ist die Goldhalle des Tōdaiji, das größte Holzbauwerk der Welt. Mit ihrem hervorkragenden doppelstöckigen Dach, das auf chinesische Art von zwei Goldhörnern gekrönt wird, beschützt sie ein gewaltiges Bronzebildnis von 16 Metern Höhe. Ein übergroßer Buddha, der gestiftet wurde, um eine Pestseuche zu bannen, thront auf einem riesigen Lotos, Symbol des Buddhismus. Diese Blume erblüht in Schlammgewässern, Sümpfen, und ihr Weiß und ihre Reinheit vermitteln uns die Vision eines Paradieses im Gegensatz zur Häßlichkeit und zum Schmutz der irdischen Welt:

> Die Verderbnis dieser Welt kann
> in der Lotosblüte Herz
> nicht eindringen.
> Warum läßt sie die Tautropfen
> als Perlen erscheinen?

Tausend Blütenblätter, die jedes ein Weltall darstellen – eine endlose Kosmogonie.
752, in dem Jahr, das Buddha als dem Herrn des Weltalls gewidmet ist, sieht man alle Berühmtheiten der buddhistischen Welt sich um dieses imposante Bildnis versammeln. Die Zeremonie des «Augenöffnens» bringt mehr als zehntausend Mönche aus Korea, China und

18 Grundriß-Rekonstruktion des Palastes von Heijōkyō. Unter Kaiser Kammu (781-806) wurde die Residenz in Heiankyō, der «Hauptstadt des Friedens» (dem heutigen Kyoto), errichtet und die alte Metropole aufgegeben.

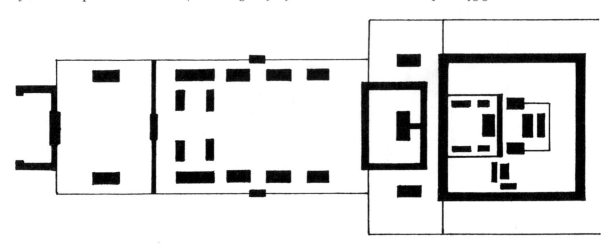

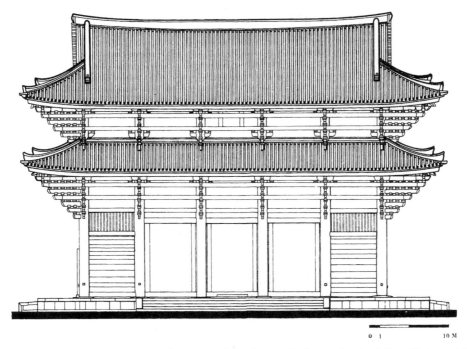

19   Im Nara-Gebiet befindet sich auch der Tōdaiji-Tempel mit der «Halle des Großen Buddha», die im 8. Jahrhundert zur Aufnahme einer monumentalen Buddha-Statue errichtet wurde, die mächtigste Holzkonstruktion der damaligen Welt.

sogar Indien zusammen. Die Feierlichkeiten übersteigen in ihrem Umfang und in ihrer Pracht alles, was Japan bis dahin erlebt hat. Selbst die Fremden staunen vor soviel Inbrunst, und das Land der Aufgehenden Sonne wird zum Mittelpunkt des Buddhismus in Ostasien. 370 000 Arbeiter (Schmiede, Gießer) tragen zur Ausführung dieses gewaltigen (560 Tonnen schweren) Werkes bei. Der Buddha, in der Stellung des Predigens, beeindruckt allerdings sehr viel mehr durch sein Größe als durch seine Schönheit. Das Gleichgewicht dieses Riesen, dem bei Erdbeben zweimal der Kopf zu Boden fiel, ist sehr gefährdet.
Hinter der Goldhalle verbirgt ein merkwürdiges fensterloses Gebäude aus kreuzweise geschichteten Holzstämmen die Schätze des Kaisers Shōmu, mehr als 3000 Gegenstände wie Wandschirme, Masken, Textilien, Holzarbeiten; der persönliche Besitz des Herrschers ist aufgrund der Eigentümlichkeit dieses Bauwerks, luftdicht abzuschließen, bis heute unversehrt erhalten geblieben. Feuchtigkeit läßt die Wände aus Holzbohlen anschwellen, und auf diese Weise ist eine vollkommene Klimatisierung des Innenraums gesichert. Der Shōsōin bleibt dem allgemeinen Publikum stets verschlossen; wenn er geöffnet wird, findet das als feierliche Zeremonie im Beisein eines Gesandten der kaiserlichen Familie statt.

Der Tōdaiji heißt auch Kegon-Tempel. Unter den sechs Sekten Naras entscheidet sich Kaiser Shōmu für diese Lehre, die verkündet, daß alle Wesen des Weltalls Buddhaschaft erlangen können. Es ist eine in Nara sehr verbreitete Sekte, und die führenden Schichten gehen soweit, den Kaiser für eine Inkarnation des Rushana-Buddhas, des Herrn des Weltalls, zu halten.

Die Ritsu-Sekte

Parallel zur Kegon-Sekte taucht ein eher von Riten als von Dogmen bestimmtes religiöses Denken auf. Für den Mönch Ganjin, der aus dem China der Tang-Zeit kommt und erst nach sechs vergeblichen Versuchen bis nach Japan gelangt, beinhaltet das ein asketisches und strenges mönchisches Leben. Das Zentrum seiner Religionsschule, der Ritsu-Sekte, wird mit der Errichtung des Tempels Tōshōdaiji eingeweiht. Dieser umfaßt zwei Hauptgebäude: den Kondō, die Haupthalle, und den Kōdō, die Lehrhalle.
Eine schattige Allee tausendjähriger Kiefern führt zum Kondō. Er ist ein flaches, geradliniges Gebäude mit Pfeilern, die senkrecht zur waagrechten Dachlinie stehen; es herrscht eine schlichte Symmetrie. Auf der Dachspitze stehen zwei Drachenschwänze einander gegenüber. Dieses Wassertier schützt das Gebäude gegen Feuersbrunst, indem es Wasser und Regen sichert. Eine Harmonie der Farben in den Materialien, die mit der Natur verschmelzen: Naturholz, graue Ziegel und weißer Putz. Als Reliquienschrein geheiligter Bildnisse bietet der Innenraum jene Heiterkeit, Ruhe und Weisheit, die die Meditation fördern.

20 *Aufriß der Seitenansicht der «Kondō-Haupthalle» des Tōshodaiji-Tempels in Nara, in der die Statuen der drei großen Gottheiten aufgestellt sind, denen er geweiht ist.*

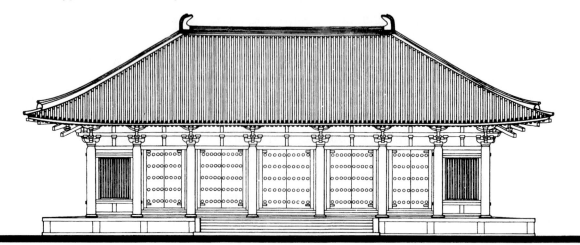

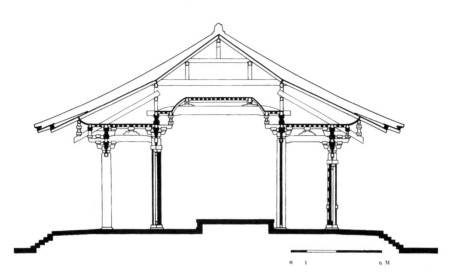

21   *Querschnitt durch die Kondō des Tōshōdaiji-Tempels, der 759 gegründet wurde und ein authentisches Zeugnis für die Kunst am Ende der Nara-Zeit ist.*

Die Lehrhalle, das älteste Bauwerk dieser Art in Japan, ist länger als das vorige, um eine größere Zahl von Gläubigen aufzunehmen. Mönche und Gläubige versammeln sich hier, um die Lesung der buddhistischen Texte anzuhören.

Die Seele dieses heiligen Ortes ist die Seele des Mönches Ganjin. Sein Bildnis weckt bei den Gläubigen nach wie vor Faszination und Ehrfurcht. Die Technik des Trockenlacks gestattet die vollendete Beherrschung allen Lebensausdrucks. Die Haltung des Mönchs ist von einem seiner Schüler am Vorabend seines Todes festgehalten. Der Blick der halbgeschlossenen Augen strahlt die weise Heiterkeit eines Mannes aus, der weiß, wohin er geht, seine Macht und seine Kraft; ein Wille, der sich an kein Ding heftet. Die ganze Energie Ganjins ist auf eine innere Meditation konzentriert. Durch den Trockenlack wird in vollendeter Weise menschliche Lebendigkeit wiedergegeben. Dieses Verfahren besteht im Auftragen von Lackschichten auf Stoff oder auf einen Holz- oder Tonkern. Die Geschmeidigkeit des Materials erleichtert die Arbeit des Bildhauers. Außerdem kann man bei Prozessionen die schmalen und leichten buddhistischen Bildnisse leicht transportieren.

Riten und Zeremonien der Ritsu-Sekte, die auf die Anerkennung des Begriffs des Heiligen in allen Lebensformen zielen, betonen den Respekt, der dem Lehrer gebührt. Es geht um Mitgefühl und um die Bescheidenheit in den Ansprüchen eines jeden, die uns das Bildnis des Mönchs Ganjin vermittelt.

Die Hossō-Sekte

Eine weitere Sekte, die vor allem auf einer bedeutenden Seelenkunde beruht, geht von Nara aus. Die Hossō-Sekte, von dem Mönch Dōshō eingeführt, hebt den Wert des Hierarchie-Begriffs hervor und findet dadurch vielfach Unterstützung beim Hofadel.

Das Zentrum dieser Schule ist der große Tempel Kōfukuji, der unter dem Schutz der Adelsfamilie Fujiwara steht. Als «Tempel der Wiedergeburt des Glücks» beherbergt er viele Gottheiten. Von dem Buddha der Heilkunst ist nur der Kopf erhalten, der erst 1937 entdeckt wurde. Das verwendete Material (Bronze) verleiht den Zügen ihre Festigkeit, dem Blick seine Schärfe

22 *Der Kōfukuji, Familientempel der mächtigen Fujiwara, wurde zu Beginn des 8. Jahrhunderts errichtet, als Nara die neue Hauptstadt Japans wurde. Der Grundriß der Gesamtanlage veranschaulicht die Vielfalt des Tempel-Komplexes.*

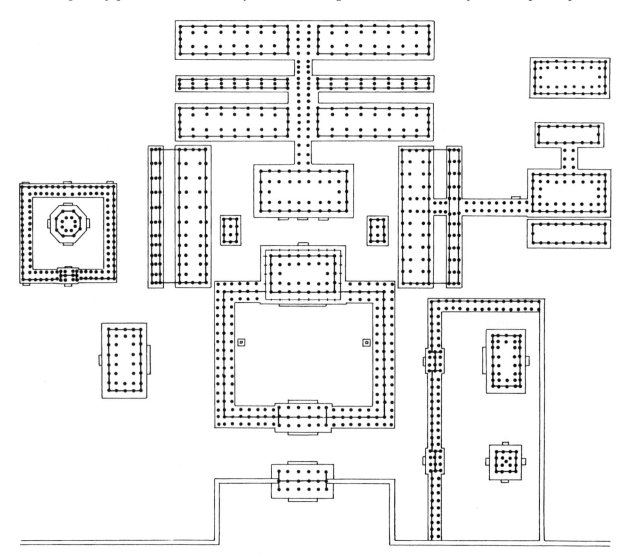

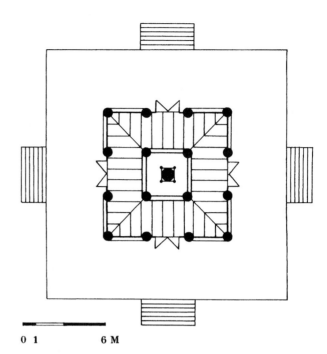

23 Zum Kōfukuji gehört auch eine fünfstöckige Pagode, die 730 vollendet wurde, jedoch mehrfach neu errichtet werden mußte, da Blitzschläge sie vernichteten. In ihrer heutigen Form (die Abb. zeigt den Grundriß am Fuß der Pagode) wurde sie 1426 wiederaufgebaut.

und dem Ausdruck seine Schlichtheit. Es ist eine fast hellenistische Symmetrie, die vom asiatischen Gesichtsausdruck wegführt – Universalität des Menschengeschlechts, wo nur der Glaube, ja die Erlösung sichtbar werden.
Eine weitere Gottheit gewinnt Lebendigkeit, die Göttin Ashura. Halb Engel und halb Dämon der hinduistischen Mythologie, wird sie nach ihrer Verwandlung eine der acht Wächterfiguren Buddhas. Die Technik des Trockenlacks gibt dieser Frau mit ihren drei Köpfen und sechs Armen eine bald dramatische, bald unschuldige, bald grausame Bewegtheit der Züge; diese drei Ausdrucksweisen werden durch die Haltung der Arme und die Gesten der Hände noch verstärkt. «Das Götterbild mit mehreren Armen und der Totentanz sind keine Versinnbildlichung der Welt in ständiger Verwandlung. Es sind Wesen, die von einem nicht-menschlichen Leben erfüllt sind, das diese Arme notwendig gemacht hat. Man muß sie anschauen, wie man riesige Krebstiere anschaut, die die Netze aus großen Tiefen zurückbringen» (André Malraux).
Die Amida-Dreiheit, der Buddha des Ewigen Lichts, schmückt das Miniaturgrab der Dame Tachibana im Hōryūji, einem weiteren Zentrum der Hossō-Sekte. Auf einer riesigen Lotosblüte thronend, hat Amida die Beine in der Haltung des «Yogi» untergeschlagen. Die rechte erhobene Hand versinnbildlicht das Gebet, die andere gesenkte das Zeichen des Mitleids. Amida, erfüllt von Liebe zur Menschheit, predigt das heilige Wort. Aufrechter Kopf, heiteres, auf eine innere Kontemplation gerichtetes Antlitz. Das dritte Auge weist über die menschlichen Grenzen dieses Schülers des historischen Buddha hinaus. An seiner Seite stehen die Helfer Kannon und Seishi. Kleiner als Buddha, tragen sie Juwelen, Kronen und Röcke nach Art indischer Prinzen. Diese Dreiheit ist an einen Wandschirm gelehnt, auf dem die sieben Buddhas der Vergangenheit erscheinen. Unten sind die Seelen der Auserwählten eingraviert, die

auf umgedrehten Lotosblüten sitzen. Fließende Gewandlinien und anmutige Blattrundungen lassen an die Wasserpflanzen denken, die sich, aus dem Sumpf emporragend, um himmlische Wesen ranken. Ein geschmeidiges Gleichgewicht, das Bewegung hervorruft. Indes strahlt ein zwar zurückhaltendes, doch archaisches Lächeln.

Die Bildhauerei, die selbst aus weiter Ferne die Nara-Zeit zum Leben bringt, hat gleichwohl nicht das Aufblühen einer neuen Kunst, der Malerei, verhindert. Das bezeugt die «Göttin der Fruchtbarkeit und Schönheit» im Yakushiji. Kostbare Zierde der religiösen Bauten der Zeit, vermittelt uns das volle Gesicht mit den sinnlichen Rundungen das chinesische Weiblichkeitsideal der Tang-Zeit. Der Zauber, den diese Dame ausstrahlt (eine Malerei auf Hanf, die durch Blattgold-Applikationen gehöht ist), widerlegen ihren Nimbus und ihren religiösen Anschein. Diese Malerei fängt neue, eher weltliche Themen ein, die sich parallel zum Aufblühen des buddhistischen Glaubens entfalten werden.

Übergang zur Heian-Zeit

Nara ist vielen widerstreitenden Kräften ausgesetzt: Klerus, große Familienverbände und Kaiser befehden einander. Das Zusammenwohnen von Buddha und Himmelskaiser wird immer heikler.

Da bringt die Adelsfamilie Fujiwara den Kaiser zu dem Entschluß, den kaiserlichen Palast an einen Ort zu verlegen, wo die religiösen Institutionen nicht mehr durch zu große Nähe ihren unheilvollen Einfluß ausüben können. Kaiser Kammu (781–806) führt diesen Wechsel durch. Es ist eine Art Staatsstreich, ein Stellungnehmen des Monarchen gegen die Politik der großen Klöster. Doch so leicht läßt sich das Problem nicht lösen, der Aufbruch zieht Kosten nach sich, die der Staat nicht immer aufbringen kann.

Indessen wählt die Geomantie, die chinesische Erdwahrsagung, Nagaoka zum günstigen Ort (784). Fujiwara no Tanetsugu, der die Arbeiten überwacht, wird niederträchtig ermordet, der Ort ist durch seinen gewaltsamen Tod entweiht; diesem bösen Unglückszeichen folgen plötzliche Erkrankungen, die den Kronprinzen und seine Frau dahinraffen – zu viele unheilvolle Vorzeichen für diesen verwünschten Ort. So wählt Kaiser Kammu Heiankyō, von dem er selbst sagt, daß es «von Bergen umgeben und von einem Fluß umgürtet, eine natürliche Stadt bildete». Als künftiges Kyoto wird dieser Platz bis 1869 Hauptstadt bleiben. Der Norden, der Osten und der Westen sind durch hohe Gebirge geschützt. Der Süden fällt flach ab bis zur Lagune. 794 läßt sich der Hof in dieser zur Hauptstadt bestimmten Stadt nieder, die wie Nara schachbrettartig angelegt ist. Die Tempel und die Schreine werden jedoch an den Stadtrand gedrängt, wo die Natur die Kontemplation und ein weit von weltlicher Betriebsamkeit entferntes aktives geistiges Leben fördert.

Die Revolten der Großen verhindern trotz allem nicht die kraftvollen Anstrengungen, den Staat zu zentralisieren. Es werden Kanzler ernannt, um die kaiserlichen Anordnungen urkundlich zu sammeln. Als Hüter des Herrscherwillens sichern Regierungsbevollmächtigte die Autorität des Kaisers im ganzen Land. Die Ausstrahlung des neu in Heian eingerichteten Hofes dehnt sich immer weiter aus, und die Regierung führt eine expansionistische Politik zu einem glücklichen Ende. Sonder-Gesandte werden ausgeschickt, um die Grenzen des Reiches zu kontrollieren, bereit, die Barbaren zurückzudrängen; viele von ihnen schlagen dort Wurzeln und gründen so die «militärischen Familiensippen» (buke) – eine neue dezentralisierte Macht, die das gewiß sehr verfeinerte, aber beschauliche höfische Leben nicht unterwerfen kann.

Schwierige und verworrene Strukturen gestatten nicht mehr, dem Staat regelmäßige Einkünfte zu sichern. Der Privatbesitz von Shintō-Schreinen, buddhistischen Tempeln und Landsitzen stellt eine wirkliche Gefahr dar. Und obwohl die landwirtschaftliche Produktion zufriedenstellend ist (offenkundige technische Fortschritte), liefern die Grundherren die Steuern, die sie für den Kaiser eintreiben, diesem bloß nach Gutdünken ab.

In der «Friedenshauptstadt» ändert sich die Atmosphäre. Es ist eine Periode der Rückbesinnung, die sich loslöst von der Einwirkung der chinesischen Kultur. In einem dichten Netz von Bindungen und Verwandtschaftsverhältnissen bleibt das Kaiserhaus nichtsdestoweniger das Zentrum. Die Japaner begnügen sich nicht mehr damit, Dinge von außen nachzuahmen; sie erfinden selbst Neues, und diese Initiativen konkretisieren sich in fortschreitenden buddhistischen Studien.

Die Religionsführer kommen nicht mehr aus China, im Gegenteil, sie begeben sich aus eigenem Antrieb in das Reich der Mitte, um den buddhistischen Glauben zu erforschen und ihre Kenntnisse darüber zu vertiefen. Bei ihrer Rückkehr stiften sie Sekten an entlegenen Orten, an Plätzen in den Bergen, die sich zur Meditation gut eignen. Die Macht, die sie dort ausüben, ist beträchtlich, jedenfalls groß genug, um Scharen von Gläubigen anzuziehen; es ist eine Parallelmacht zum Hof, vor allem aber eine geistige Macht.

Welch erstaunlicher Kontrast zwischen dem Luxus und der Eleganz der Hauptstadt und der Askese und dem Mangel der verloren in den Bergen liegenden Klöster! Aber stellt dieser Widerspruch nicht eher ein Gleichgewicht her, eine Kraft, die das Reich der Aufgehenden Sonne über viele Jahrhunderte zu bewahren bestrebt sein wird?

Die Sekten Tendai und Shingon

«An jenem fünfzehnten Tag des zweiten Mondes des Jahres 809 gründeten Saichō und einige der Schüler desselben Glaubens die ununterbrochene Schule auf der Lotossutra des Herrlichen Gesetzes.»

Entgegen seinem Wunsch, die Unabhängigkeit der Religion von der Macht zu sichern, trifft der Mönch Saichō nach seiner Rückkehr aus China auf große Schwierigkeiten bei der Regierung; erst nach seinem Tod kann sich die Tendai-Sekte endlich auf dem Hiei-Berg, der den Biwa-See überragt, niederlassen.

Die Tendai-Lehre kann als eine Art integraler Buddhismus bestimmt werden, der Theorie und Praxis untrennbar vereinigt. Jedes Element als solches ist nichts. Es herrscht gegenseitige Abhängigkeit: Isoliert bieten die Dinge nur Leere und Nichts. Sich dessen bewußt zu werden kann zur Erleuchtung führen. «Leben und Tod sind Nirwana. Dieses Zugleichsein der Gegensätze und ihr Einssein erklären einen Wesenszug der japanischen Seele, die es vermeidet, sich von letztlichen Spielregeln der Logik fesseln zu lassen» (V. Elisséeff).

24 Die Rekonstruktion zeigt den Kaiserpalast von Kyoto in der Heian-Zeit; die Arbeiten an seinem Bau wurden 793 aufgenommen.

Gleichzeitig, im Jahre 806, kehrt der Mönch Kūkai aus China zurück, wo er sich nach dem Studium von Konfuzianismus und Taoismus endgültig für den Buddhismus entscheidet, «dem letzten Sinn der drei Lehren». Er erhält vom kaiserlichen Hof die Zustimmung zur Gründung der Shingon-Sekte und läßt sich auf dem Kōya-Berg nieder. Er macht deutlich, daß Buddhas Weisheit nur in einem Zustand der Seelenruhe zu erlangen ist, in den die systematische Zuflucht zu psalmodierenden Gesängen, bestimmten Körperhaltungen und rituellen Gesten versetzen kann.

Shingon glaubt an die Wesenseinheit aller Dinge, die bedeutet, daß es keinen Unterschied gibt zwischen dem Reich der Sinnlichkeit und der höchsten Wahrheit, daß es, aus dem gleichen Grund, eine Koinzidenz zwischen dem Bildnis und der Gottheit gibt. Eine solche Religion kann also nicht der bildenden Kunst den Vorrang geben, und den Shingon-Künstlern kommt es so ausschließlich auf das Darstellen der in den heiligen Schriften vorgeschriebenen Ikonographie an, daß sie nicht auf das Schaffen sinnlicher Schönheit zielen.

Die Klöster ziehen sich in wilde Gegenden ganz tief in den steilen Bergen zurück. Kūkai mißt den Gottheiten so wenig Bedeutung bei, daß er nach und nach die Shintō-Götter seinem Glauben einverleibt. Diese neue Synthese, der Robyu-Shintō, entfaltet sich bei den Wasserfäl-

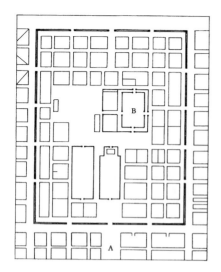

25 Nach chinesischem Vorbild wurde der geometrische, schachbrettartige Plan für den Bereich des Kaiserpalastes in Kyoto entworfen, der auch mit «Daidairi» (das große große Innere) bezeichnet wurde. In der Heian-Zeit standen tatsächlich mehr als fünfzig Häuser in dem Areal, angesiedelt rund um die Residenz (B); zur eigentlichen Stadt öffnete sich auf der Südseite des Bezirks das Haupttor (A).

len und den tausendjährigen Zedern der Umgebung des Murōji im Süden Naras. «Gräser, Bäume, Landschaft, alles wird Buddha.»
Der Kondō des Murōji, ein kleiner Bau tief im Wald, ist vor allem eine Stätte der Zeremonie. «Der unterste Tempeldiener läuft mit schwingender Fackel und hochgezogenem Gewand munter viele Male die Steinstufen hinauf und hinunter. Mit Donnerstimme verkündet er die verschiedenen Aufforderungen: zum Weihrauch-Verbrennen, zu den Riten, zur Teilnahme am Kult (...), während seine Fackel einen wahren Funkenregen versprüht (...). In den Augen derer, die die alten Traditionen der esoterischen Lehre des Robyu-Shintō nicht kennen, wirken das Auftreten eines solchen Mönches, die Erregtheit in seinem Betragen, die Inbrunst seiner Bewegung wie Zeichen der Ankündigung einer Katastrophe. Und wenn dann der Mönch fort ist, die Fackeln nicht mehr die verlassenen Stufen beleuchten, hat man den Eindruck, gleich werde auf den leeren Steintreppen etwas passieren» (Yukio Mishima).
Der Kondō des Murōji lehnt sich an den Berg. Sein Dach aus Zypressenrinden und seine schlichten Pfeiler aus Naturholz fügen sich perfekt in die Umgebung der gewaltigen Zedern ein. Der kleine Bau, ganz im Wald versunken, von dem er sein Gleichgewicht und seine mystische Kraft bezieht, erinnert an die ersten Shintō-Schreine. Licht- und Schattenspiele, die durch die tausendjährigen Bäume wirken, lassen einen hellen Platz auftauchen, auf dem sich die fünfstöckige Pagode erhebt, ein erstaunlicher Kontrast zwischen den waagerechten Dachlinien und den kahlen Baumstämmen, die zum Himmel emporragen. Die Ausmaße sind klein, werden aber durch die Höhe der Bäume vergrößert, die dort zu stehen scheinen, um das Bauwerk, um den Buddha zu schützen. Und dieser sitzt voll Ruhe da, gelassen und heiter, ebenso ungekünstelt wie die Natur der Umgebung.
Der Shaka-Buddha ist, als Monument betrachtet, streng, aber er strahlt von tiefer innerer Harmonie. Er ist nicht nur unbewegt, sondern scheint jeglicher Bewegung enthoben zu sein. Die Shingon-Künstler bemühen sich, die innere Harmonie durch eine Vereinigung mit der

realen Wirklichkeit zu erlangen. Das wird in den eher donnerartigen Bildern des Bodhisattva-Fudō spürbar. Fudō bedeutet der Unbesiegbare. Mit Gelb, Rot oder Blau scheint Fudō von Flammen umgeben. Jede Farbe richtet sich streng nach der Ikonographie der Shingon-Sekte. Die Malerei wird hier zum Bestandteil des Ritus: Ein Kohlenbecken wird entzündet, und mit Hilfe von Gesängen und Weihrauch werden Fudō und seine beiden Helfer für die Gläubigen allmählich zum Leben gebracht. Es gibt dort Szenen von hochdramatischer Intensität, in denen Magie (die manchmal auch in Exorzismus übergeht) spürbar ist. Was den Adel angeht, so erweist er sich als besonders begierig nach dieser Art von Szenen; es ist also seine spektakuläre Seite, die dem Shingon Unterstützung bis in diese Gesellschaftsschicht hinein einbringen wird.

Der Hof

Heiankyō, die neue Hauptstadt, versteht es, alle ihre Rivalinnen auszustechen. Die reichen Paläste, die prächtigen Gärten werden sich vermehren. Von nun an wird alles Vorwand für Festlichkeiten, für mancherlei Feiern, und der Hof erfüllt seine Bestimmung, die vor allem im kulturellen Bereich liegen wird. Obwohl das Reich der Aufgehenden Sonne von nun an vom Festland abgesondert ist, blüht das einheimische Handwerk, gefördert von einer Adelsschicht, die sich die schillerndsten Seidenstoffe und wertvollsten Juwelen allerdings vorbehält. Der Kaiser sieht sich als Mittelpunkt eines riesigen Spinnennetzes, gewoben von den Höflingen, ihren Verwandten und den Adelsfamilien, die alle stark im Intrigieren sind.

Es ziemt sich, daß der Kaiserpalast schön ist. Aber es handelt sich im vorliegenden Fall um Schönheit auf japanische Art: Schlichtheit ist ihr einziger Luxus. Geometrische Strenge beherrscht die Innenarchitektur, eine Strenge, die ein bißchen an die geraden chinesischen Fluchten erinnert. Was die Inneneinrichtung betrifft, unterscheidet ihn praktisch nichts von Adelshäusern, Tempeln und anderen religiösen Gebäuden.

Ein Hauptgebäude geht nach Süden; auf allen Seiten sind kleine Wohnhäuser, die durch überdachte Gänge verbunden sind. Im Norden entspricht ihm ein anderes Wohngebäude. Die östlichen und westlichen Teile grenzen an die Gärten und Teiche. Die milden Farben der Landschaft heben sich ab von dem feierlichen Rot der Säulen und dem Graublau oder Grün der Dachziegeln. Von dem ursprünglichen Kaiserpalast ist nichts erhalten geblieben außer dem Shinshinden, einer kleinen Zeremonienhalle.

Von nun an ist die Verwendung von koreanischen Dachziegeln vorbei; Japan wird seine Identität wiederfinden, indem es für die Dächer Zypressenrinden verwendet. Der offizielle Charakter des Gebäudes wird überhaupt nicht hervorgehoben, in seinen Maßen läßt es eher an die eines Privathauses denken. Die Einfachheit der Materialien steht im Gegensatz zum Prunk der Paläste in Peking oder auch unserer abendländischen Schlösser. In der Tat legt der Japaner keinen Wert darauf, seinen irdischen Aufenthalt zu verewigen: Die Bauten bleiben vergänglich, nur die Seele wird im Jenseits wieder aufblühen.

Wenn man in die Halle eintritt, regen die Kahlheit und die Einfachheit der Stätte (ein einziger Raum) zum Nachdenken an; am Boden schönes, glattes Parkett, auf dem man noch das Rau-

Farbabbildungen

913 Der Heian-Schrein in Kyoto ist von einem Park umgeben, der wegen seiner üppigen Vegetation ein beliebtes Ausflugsziel ist.

914 Im Park des Heian-Schreins befindet sich die sogenannte Hochzeitsbrücke, die von jedem Kyotoer Brautpaar überschritten werden soll.

915 Die Garten des Nijō-Schlosses in Kyoto wird von mehreren Kanälen durchzogen, die einen künstlich angelegten See speisen. Der Palast wurde zu Beginn des 17. Jahrhunderts errichtet.

916 Der Schminkkasten aus der Heian-Zeit (12. Jahrhundert) ist das älteste Beispiel für die *maki-e*-Technik (Streubilder) mit Perlmutteinlagen.

917 Eingangstor des Nijō-Palastes in Kyoto, der an der Stelle eines Flügels des alten Kaiserschlosses errichtet wurde.

918 Die berühmte Kegon-Gojūgo-sho-Bildrolle aus der Heian-Zeit (12. Jahrhundert) berichtet von der Pilgerfahrt eines Knaben, um die Erleuchtung zu erlangen.

919 Auf Seide gemalt ist diese Darstellung (1127) der Gottheit der Wassersphäre, Sui-ten. Die Schmuckgegenstände sind mit Gold- und Silberfolie in der Kirikane-Technik aufgetragen.

920 Die Shariden-Reliquienhalle (um 1285) ist das einzige Bauwerk des Engakuji-Tempels, das im Originalzustand erhalten blieb. Die Architektur ist typisch für den Kamakura-Stil.

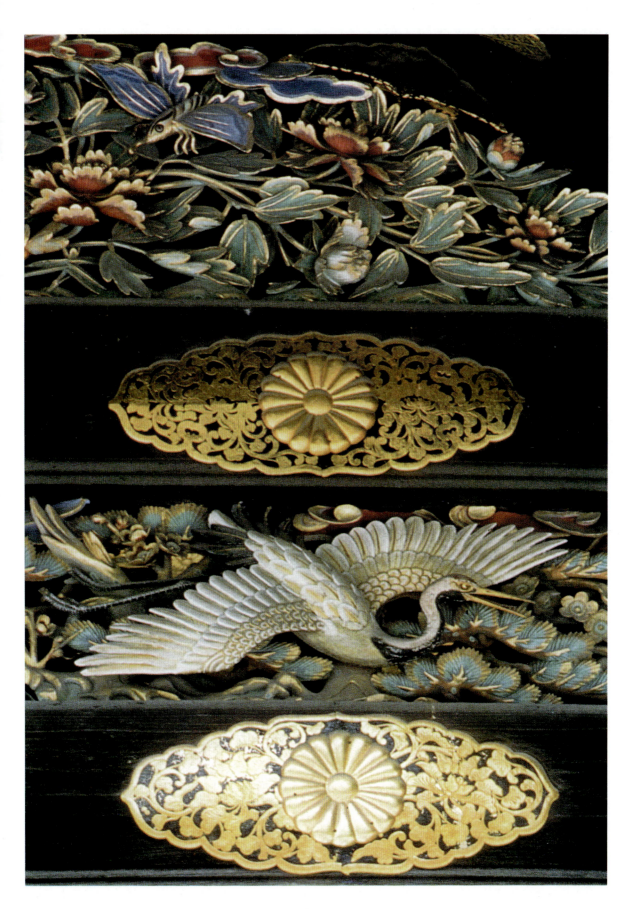

schen der schweren zeremoniellen Kimonos zu hören vermeint. Der auf Pfählen stehende Bau ist von einem *engawa* umgeben, einer Art Veranda, halb drinnen, halb draußen, die, so könnte man sagen, die Landschaft in das Haus hineinholt. Der Wechsel der Jahreszeiten und der Farben wird unzweifelhaft das Herz eines japanischen Adligen rühren, dessen Gefühle sich mit der Natur vereinen, mit ihren Leiden und ihren Gewaltausbrüchen.

> Die entwurzelten, treibenden Gräser
> können nirgendwo
> in der Strömung des Wasserfalls halten.
> Ebenso treibt mein Herz,
> ohne Halt finden zu können.

Der ganze kaiserliche Hof wendet sich den Künsten zu. Die Adligen widmen sich kulturellen Freuden und schreiben Gedichte, in denen sie die Wechselfälle ihres persönlichen Lebens besingen. Der Herrscher wird dieser kulturellen Neigung einen förmlichen Rahmen geben, indem er vom 9. Jahrhundert an die Institution des Hofmalers begründet. Als Ausdruck der neuen Lebensart wird die Malerei zum unverzichtbaren Bestandteil der prunkvollen Zeremonien erhoben. Das vom Festland Gelernte genügt nicht mehr: Die Kose-Familie wird die erste Schule japanischer Malerei begründen.

Wenn man der Legende Glauben schenken will, entlief jede Nacht ein von Kose no Kanaoka gemaltes Pferd; der Künstler sah sich gezwungen, ihm auf der Leinwand die Augen wegzuwischen, um das Tier im Tempel festzuhalten. Obwohl heute von den Werken dieser Zeit nichts erhalten ist, ist in der Legende deutlich zu spüren, daß sich eine erste Neigung zur weltlichen Malerei ankündigt, die während der Heian-Zeit zu voller Entfaltung gelangen wird.

26   Einer der eindrucksvollsten Tempel Japans ist der Murōji, in einem Tal südöstlich von Nara gelegen. Seine fünfstöckige Pagode (Anfang 8. Jahrhundert) ist mit ca. 16 m Höhe zwar eine der kleinsten Japans, doch sicherlich auch eine der schönsten. Kaiser Kammu ließ sie (aus Zypressenholz) zum Dank für seine Genesung von einer schweren Krankheit errichten.

Das Wesen der Dichtung

Das Yamato-Gedicht hat das menschliche Herz zur Wurzel und Tausende von Worten als Blätter... In dieser Welt, wo die Menschen den mannigfachsten Beschäftigungen nachgehen, besteht die Poesie darin, das, was das Herz empfindet, durch das auszudrücken, was man sieht und hört.
Aber der eigentliche Gegenstand der Dichtung ist: sich in Blüten zu verlieben, die Vögel zu beneiden, sich von dem feinen Frühlingsnebel rühren und von dem Tau traurig stimmen zu lassen.
Heutzutage ist das menschliche Herz, das sich der Sinnlichkeit zuneigt, zu einer bunten Äußerlichkeit geworden, es werden nur frivole und leere Gedichte geschaffen, und die wahre Dichtung ist so unbekannt geworden wie ein in der Erde vergrabener Zweig.

Ki no Tsurayuki, Kokinwaka-shu-jo

Heian

Die Heian-Zeit, Goldenes Zeitalter der japanischen Malerei, ist der Höhepunkt einer aristokratischen Kultur, die sich stark von einem mit Konflikten beladenen sozialen Klima abhebt. Die Macht der Grundherren wächst aufgrund ihrer materiellen Autonomie. So tritt eine Familie hervor, die mächtiger ist als die anderen: die Familiensippe Fujiwara; ihr Aufstieg drückt sich in der Ernennung von Fujiwara no Yoshifusa zum Amt des Statthalters im Jahre 866 aus.
Es entsteht eine Art Paradox: auf der einen Seite der Herrscher, Oberhaupt des Staates, ohne jede finanzielle Unterstützung; auf der anderen Seite die Adelsfamilien, materiell unabhängig, die sich durch eine geschickte Heiratspolitik mit dem Herrscherhaus verbinden. Diese innere Entwicklung wird durch die Abgeschlossenheit des Landes begünstigt: Die Expeditionen zum Festland erweisen sich als kostspielig und gefährlich, Menschen und Schiffe haben eine Überlebenschance von eins zu zwei. Nach und nach verschließt sich Japan für fast drei Jahrhunderte, nachdem es von seinem Nachbarn, dem Reich der Mitte, das Maximum an Kenntnissen erworben hat.
Umgekehrt hat das Reich der Aufgehenden Sonne Furcht vor einer Landung von Fremden. 894 nähern sich die Djürtchät, ein Barbarenvolk von Seeräubern und Eroberern aus der Mandschurei, dem japanischen Reich mit einer Flotte von mehr als fünfzig Schiffen. Dem Hof macht das nicht so viele Sorgen; doch Fujiwara no Takaie, das Haupt der Regierung in der Provinz Dazaifu, ist wachsam und beschert ihnen eine schmerzliche Niederlage.
Es ist die Macht der Krieger, die die Schwäche und Unfähigkeit des Herrschers und des Hofes überflügeln wird. Wir erleben das Auftreten neuer Kriegersippen, bei denen sich die Macht mehr vom Schwert als vom Recht herleitet. Die mächtigsten Ritterfamilien sind die Minamoto und die Taira. Es bildet sich parallel zur offiziellen Hierarchie eine Art von Polizei, deren Befehlshaber die Grundherren und Kriegsleute sind, die Samurai. Das Heian-Zeitalter ist gekennzeichnet durch eine Folge von Aufständen und Erhebungen. Am Ende des 11. Jahrhunderts führen die fortwährenden Kriege zunächst zum Sieg der Taira und später der Minamoto. Ein glänzendes und leichtes Leben am Hof, während es für das Volk hart ist. Im Winter fallen arme Bauern in Scharen in Nara und Heian ein, um irgendein Almosen zu erbetteln. Alle Be-

schäftigungen sind recht, und wenn ein neuer Bau errichtet wird, strömen die Japaner aus allen vier Ecken des Landes herbei, um vielleicht Arbeit zu finden.

Die übertriebenen Verfeinerungen von Heiankyō tragen zum Aufblühen eines Kämpfergeschlechts bei: Krieger und Burgherren leben nach eigenen Richtlinien und widersetzen sich damit dem leichtfertigen und oberflächlichen Leben der Hauptstadt. Das Dasein dort wird durch alle möglichen Riten geregelt: Morgens, beim Aufstehen, ruft ein Adeliger siebenmal seinen Schutzstern an. Dann, nachdem er sich die Zähne geputzt und die Hände gewaschen hat, betet er zu Buddha. Nach dem Frühstück kämmt er sich, doch das nur einmal alle drei Tage. Am Tag des Stieres schneidet er sich die Fingernägel, am Tag des Tigers die Fußnägel. Ein Bad alle fünf Tage sichert ihm ein langes Leben.

Diese Rituale und Zeremonien stammen unmittelbar von den esoterischen Shingon- und Tendai-Sekten, bei denen Aberglaube und Zauberei einen großen Raum einnehmen.

Die buddhistische japanische Malerei

Der Mönch Kūkai bringt bei seiner Rückkehr aus China zwei farbige «Mandara» mit, symbolische Darstellungen des Universums. Mehrfach kopiert, entwickeln sie sich in Richtung einer Japanisierung der religiös inspirierten Malerei. Die Mandara (Mandala in Sanskrit) vom Daigoji bei Kyoto zeugen vom Prunk der esoterischen Riten der Shingon-Sekte.

Der Vairocana-Buddha in der Mitte ist von Gottheiten umgeben. Unser Blick wird von den unzähligen goldenen Sternen angezogen, vom prächtigen Schmuck, von der Fülle der kleinen

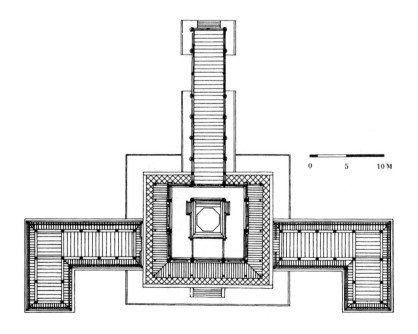

27 In Uji nahe bei Kyoto befindet sich der Byōdōin, ein märchenhafter Palast, den Fujiwara no Yorimichi 1053 erbauen ließ. Das Hauptgebäude wird auch Hōōdō genannt, «Pavillon des Phönix», und in der Tat gleicht sein Grundriß dem Flugbild dieses Vogels.

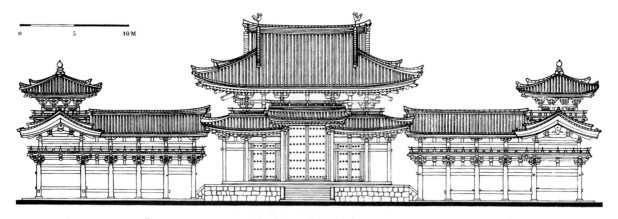

28 Byōdōin heißt in der Übersetzung «Palast des Gleichgewichts»; sein Aufriß beweist, daß er diesen Namen zu Recht trägt. Der oberste Dachfirst ist von zwei Phönix-Nachbildungen gekrönt.

Details, die in ihrer sorgfältigen Anordnung die tiefe Symmetrie erweitern. Jede Gottheit ist von einem Kreis umgeben: Es handelt sich um die Welt der Vernunft. Die von einem quadratischen Nimbus umgebenen Gottheiten stellen die Welt der Weisheit dar; die Größe jeder Figur zeigt ihren Rang an. Auch wenn die Farben auf dem Holz mit der Zeit verblaßt sind, bleiben sie nicht minder beeindruckend, die Blau- und Rosatöne sind ein Widerhall des fernen Indiens. Die heiteren Gesichter und die roten Linien der Zeichnung entfernen sich bereits vom Festland. Die Mandara, mystische Themen, kleine Paradiese, helfen den Menschen auf ihrem Heilsweg. Nur Mönche sind aufgrund ihrer Kenntnisse der Lehren imstande, solche Werke zu schaffen. Die Darstellung der Gottheiten allein genügt nicht. Das Gemälde weitet sich derart aus, daß es selbst «heilig» wird; die sechzehn Arme von Sichigutei bewegen sich und drücken die beiden Seiten des Weltalls aus: die geistige und die materielle Welt. Es ist ein Mittler, göttliches Dasein auf Erden, das den Gläubigen ermöglicht, Buddhaschaft zu erlangen.
Die Meisterschaft des freien Stils, der rhythmisch gegliederten Linien, gibt den Motiven einen menschlichen Zug. Der Charakter des Buddhismus als solcher entwickelt sich: Er geht von der Strenge über zur Intimität, von der Kraft zur Zartheit; er wird eine Privatreligion, die darauf zielt, dem Wohl jedes einzelnen zu dienen, während er zuvor eher eine Sittenlehre nationaler Größenordnung war. Nach dem esoterischen Buddhismus erscheint die Lehre des «Reinen Landes» (Jōdo). Amida, «ewiges Leben» oder «ewiges Licht», war ein Mönch, der sich geweigert hatte, die Buddhaschaft anzunehmen, bevor nicht alle Menschen erlöst waren. Bis dahin eine zweitrangige Gottheit, gewinnt sein Kult zu einer Zeit, da Unglück und Ungerechtigkeit das Reich der Aufgehenden Sonne überwältigen, eine neue Größenordnung.
Überdruß am irdischen Leben und Hoffnung auf eine gerechte Welt kommen nach und nach in der Mittel- und der Adelsschicht auf, die sich, so gut sie können, gegen Schicksalsschläge des Lebens stärken...

Der Mönch Genshin (942-1017) glaubt nicht mehr an das Heil durch Meditation und Reflexion: Der Glaube, er allein führt zum Paradies von Amida. «Wenn in uns einmal bloß ein Gedanke an Freude und Liebe geboren ist, dann streben wir, so wie wir sind, mit unseren Verfehlungen, mit allen unseren Kräften zum Nirwana. Die weltlichen Menschen und die Heiligen, selbst die, die die fünf Todsünden begangen und die heiligen Gesetze Buddhas verleumdet haben, können gleichwohl durch den Glauben an die Macht von Tagata ebenso gewiß seine Barmherzigkeit erlangen, wie das Wasser des Bergwildbachs schließlich den Ozean erreicht und salzig wird» (Shinran).
Hoffnung, Trost, Barmherzigkeit – Amida ist da, um die Menschen zu retten. Meist schwebt er, von seinem himmlischen Hofstaat begleitet, vom Himmel herab, bereit, die Seele des Gläubigen zu empfangen.
Die Phönix-Halle des Tempels Byōdōin in Uji bei Kyoto birgt die schönsten Beispiele für das Herabsteigen Amidas auf die Erde.
1053 befiehlt der Premierminister Fujiwara no Yorimichi den Bau dieses Tempels, um sein eigenes Heil zu sichern; die Anlage des Baus, der gleichzeitig Palast ist, gleicht einem Phönix, der sich zum Fliegen anschickt.
Mit ausgebreiteten Flügeln betrachtet der Vogel sein eigenes Spiegelbild im «Teich der Lotosblüten des buddhistischen Paradieses». Die Gesamtanlage dieses «durchsichtigen Tempels» ist anmutig-kompliziert, gleichwohl symmetrisch. Auf beiden Seiten der Haupthalle, dem Körper des Phönix, erstrecken sich zweistöckige Seitengalerien. Ein Korridor nach hinten weckt die Vorstellung des Vogelschwanzes.
Schwebende Welt, sie hat sich nicht zu Asche gewandelt, und die geheimnisvollen Goldphönixe, die das Dach des Haupttempels schmücken, sind, ohne je mit den Flügeln zu schlagen, gleichwohl in unsere Zeit geflogen. Der berühmte Selbstmord des von den Taira besiegten Minamoto Yorimasa hat die heitere Ruhe des Vogels, stillem Zuschauer finsterer Ereignisse, nicht verändert.
Eine Öffnung in der Haupthalle läßt eine vergoldete Bronzestatue von Amida sehen. Der Mönch-Bildhauer Jōchō bringt hier den plastischen Ausdruck des Amida-Buddhismus zur Vollendung. Er ist nicht mehr erleuchtet, er ist einfach voll Ruhe. Amida meditiert, in der Haltung eines Yogi auf einer Lotosblume thronend. Der Nimbus ist übergroß und reich ausgestaltet: Gottheiten musizieren, tanzen ... Ihre Schärpen rollen sich ein und rollen sich auf und züngeln wie kleine Flammen.
An den Wänden beschwören Malereien das neunmalige Herabschweben von Amida, das den neun Rangstufen der Begrüßung entspricht, je nach der guten oder schlechten Lebensführung der Verstorbenen. Das Goldene Zeitalter der japanischen Malerei blüht in dem strahlenden Antlitz von Amida auf, der von einem Hofstaat musizierender Bodhisattvas umgeben ist. Der himmlische, irreale Anblick wird durch Purpur-, Orange-, Blau- und Hellgrüntöne betont. Die rhythmische Gliederung wird von einer weichen Zeichnung getragen: Die runden Gesichter und die anmutigen runden Linien der Tücher gehen ineinander über. Der Hofstaat singt, tanzt und belebt sich im Umkreis des Sterbenden. Das Bildnis Amidas vertreibt alle Todesangst: Wer ihn ehrfurchtsvoll auf Erden angerufen hat, braucht keinen Schrecken vor dem Jenseits zu haben. Er verdient sein Paradies, und Amidas Mitleid und Barmherzigkeit gehen soweit, daß er zum Reich der Lebenden herabsteigt, um die Seelen der Erwählten zu suchen – eine Überlie-

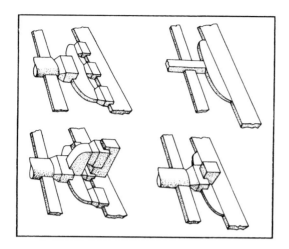 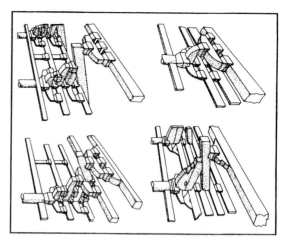

29 + 30 Einfache und zusammengesetzte Gebälkkonsolen in ihren aufeinanderfolgenden Entwicklungsstufen von der Asuka- zur Kamakura-Periode.

ferung, die sich im Triptychon des Tempels Yushi-Hachimankō auf dem Berg Kōya fortsetzt. Amida, übergroß, strahlt wie eine große goldene Sonne, um ihn herum ruhen seine begleitenden Musiker auf schwebenden Wolken – erstaunlicher Kontrast zwischen dem mit Gold übersäten Gewand Amidas und den hellen Purpur- und dunklen Blautönen der Kleider der Bodhisattvas. Das Licht geht vom wahren Heiland aus. Der Hofstaat zieht an einem See vorüber, der von einem herbstlichen Berg überragt wird. Der Künstler hat sich wahrscheinlich von der Landschaft des Biwa-Sees anregen lassen, den er im Moment der Komposition des Gemäldes vor Augen hatte. Eine alte Überlieferung schreibt es übrigens dem Mönch Genshin zu, dem Begründer der japanischen Amida-Verehrung, wie es die Schriften bezeugen:
«Genshin stellte die Unterscheidung zwischen einem reinen und einem unreinen Glauben auf, einem tiefen und einem oberflächlichen. Er lehrte auch, daß es zwei Formen des Paradieses, des Ortes der Ruhe, gäbe, jeweils für die bestimmt mit einem tiefen Glauben oder die mit einem oberflächlichen Glauben. O sterblicher Sünder! Rufe nur einmal Amida-Buddha an! Er stützt uns. Auch wenn unsere leiblichen Augen ihn wegen unserer Verfehlungen nicht klar erkennen können, ist seine Barmherzigkeit immer da, um unseren Geist zu erleuchten» (Shinran).
Persönlicher Stil mit tausend Farbnuancen: Die japanische Malerei offenbart sich. Nach und nach verlöscht die geistige und visionäre Schönheit, die jeder religiösen Malerei eigen ist, und man sieht mitten unter den Gottheiten Landschaften hervorkommen, die wie die Verstofflichung von Form und Geist wirken. Hier findet der erste Durchbruch einer weltlichen Malerei statt, die parallel aufblühen und der sorglosen und verfeinerten Umwelt des Hofes zur Zierde gereichen wird.

Das Aufblühen des Yamato-e

Ein nationaler Kunststil bildet sich, der in erster Linie Leben und Gefühle Japans widerspiegelt: das Yamato-e. Es handelt sich dabei vor allem um dekorative Wandmalereien. Die Maler verstehen sich vorrangig als Handwerker, darauf bedacht, die Landschaften, die sie vor Augen haben, getreu wiederzugeben. Die Türen der Phönix-Halle bilden die Jahreszeiten ab. Die Nordtür stellt einen Frühlingsanfang dar. Die Farben sind ganz in sich abgestuft: Sandfarben ohne jeden Kontrast neben Wassergrün-Tönen. Aber noch liegt ein bißchen Schnee; durch das abgestorbene Schilfrohr gleitet sanft eine Bäuerin über den Fluß, einige Holzscheite mit sich führend, die ihr die Heizung sicherstellen werden; eine kleine Strohhütte zwischen den Kiefern und in der Ferne die sanften Hügel der Landschaft von Kyoto.

Die Zeitläufe haben nichts verdorben: Das Holz scheint gelegentlich durch, doch seine Farben verunzieren kein bißchen die verwendeten Naturfarben. Von dieser Malerei, einem widerspruchslosen Universum, einem Mikrokosmos, strömt die gemächliche Ruhe eines vollständig vorgezeichneten Lebensweges aus.

Die Aristokratie umgibt sich mit solchen Dekorationen, mit dieser halb verschleierten, vor den Gewöhnlichkeiten des alltäglichen Lebens geschützten Atmosphäre... Die Hofdamen frönen ihrer Muße in zahlreichen Gedichten, die von schmachtender Erschöpfung geprägt sind:

> Ach, die Farbe der Blumen
> ist verblichen!
> Indes ich mit verlorenem Blick
> dem Verfliegen meiner Tage nachsinne
> in einer Nacht, da der Regen nicht aufhört.

Eine eigene japanische Schrift (*hiragana*) entsteht, in der nur die Frauen Hilfe gegen ihre Langeweile finden. Eintönigkeit der Tage, die alle gleich dahinfließen, Rhythmus der Jahreszeiten, Seelenzustände, Bekenntnisse, Augenblicksgefühle: Ein erster Roman, erschienen im Jahr 1000, beschreibt ausführlich das Leben des Prinzen Genji. Autor ist eine Frau, Murasaki Shikibu. Nun also erscheint auch eine eigene Frauenliteratur, von großer Feinsinnigkeit und Zartheit, bei der jede Szene auf Querrollen von bemaltem Papier illustriert wird. Es handelt sich hier in der Tat um das Endresultat einer zu jener Zeit schon sehr geläufigen literarischen Form, die einen Text (häufig ein Gedicht) zu einem Bild hinzufügte oder umgekehrt.

Unter der Leitung eines großen Kunstliebhabers wird das Leben des Prinzen Genji von fünf Malergruppen dargestellt. Sechs Bilderrollen mit 80 bis 90 Szenen begleiten die 54 Kapitel dieses Romanzyklus.

Das Hauptthema sind die Liebesabenteuer des Prinzen Genji, der berühmt für seine Schönheit und den Adel seines Charakters ist. Die Darstellung in Form von Bilderrollen läßt die Szenen lebendig werden, die im wörtlichen Sinn vor den Augen «abrollen»: Alltagsbilder, in denen einsame Prinzessinnen erscheinen, Ammen und Höflinge in ländlichen Gegenden Japans. Die Häuser, von oben gesehen, werden ohne Dächer dargestellt, so daß der Zuschauer das Leben der Personen in den Innenräumen verfolgen kann: Die geometrischen Linien gehorchen

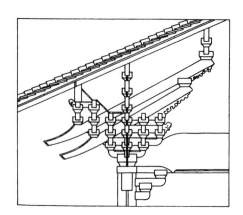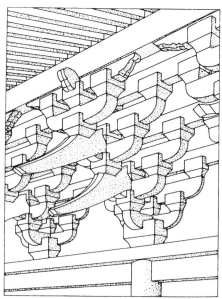

31   Weitere Entwicklungsstufen von Konsolen.

einer revolutionären Perspektive aus der Luft. Die Farben sind zart und sorgfältig gewählt, jede Szene wird von einem Hauptton bestimmt; selbst die kleinste Falte der Kimonos hebt sich klar ab. Die Personen leben: Sie essen, spielen «Biwa» (eine Art Gitarre), schauen sogar dem Fallen des Schnees zu. Ihre Gesichter sind belebt durch einen Strich für die Augen, einen Haken für die Nase, einen roten Punkt für die Lippen.
Eine solche Anonymität erlaubt jedem Leser jener Zeit, sich mit den Helden zu identifizieren. Die dunklen Flecken der langen Haare der Frauen, die Haarknoten der Männer halten die Augenblicke fest, die ihrerseits durch die schrägen Rundungen und die Geometrie des Ganzen rhythmisch gegliedert sind. Die nebelhafte Unwirklichkeit dieser geschlossenen, in sich zurückgezogenen Welt läßt den Graben, der sie vom elend und mühsam lebenden Volk trennt, um so deutlicher werden.
Nichtsdestoweniger muß diese erstaunliche Vereinigung eines geschriebenen und eines bildlichen Ausdrucks, die ebenso an die Bildergeschichte wie an den Trickfilm angrenzt, in Erstaunen versetzen. Das Goldene Zeitalter der japanischen Malerei und Kultur spiegelt den verfeinerten Zeitgeist einer einzigen Klasse. Zur gleichen Zeit befehden sich die Kriegsherren zum großen Schaden einer herumirrenden Bevölkerung, die Hungersnöten und vor allem Kriegen mit ihren unmittelbar erlittenen Folgen ausgeliefert ist. Als typische Figur dieser Kultur verbindet der Samurai den Seelenfrieden mit einer erschreckend herausfordernden äußeren Haltung. «Es gehört zur Aufgabe des Samurai, über seine Stellung im Leben nachzudenken, seinem Herrn, wenn er einen hat, loyal zu dienen, in seinen Freundschaften die Treue zu vertiefen

und sich seiner Stellung gemäß vor allem der Pflichterfüllung zu widmen (...) In seinem Herzen herrscht Frieden, aber nach außen hält er die Waffen zum Kampf bereit.»

Die andauernden Kämpfe gegen die Barbaren im Norden Honshūs und die militärische Macht, die sie einigen Kriegsherren einbringt, haben nicht die Blüte einer eigenständigen japanischen Kultur verhindert, die praktisch nichts mehr ihrem chinesischen Vorbild verdankt. Hören wir diese Töne, sie sind unnachahmbar: «Eines Morgens, als der Schnee dicht vom dunklen Himmel fiel, betrachtete sie, ohne ihre Gedanken an Vergangenheit und Zukunft zu unterbrechen, die im Eis festgefrorene Barke, ungewöhnlicherweise nahe am äußeren Rand; (...) Die vergossenen Tränen abwischend, sagte sie seufzend: ‹Wieviel einsamer noch werde ich mich an einem Tag wie diesem fühlen!›» (*Die Geschichte des Prinzen Genji.*)

Kamakura

In der Dämmerung
weckt eine Wolke, die vorüberzieht,
die Erinnerung an einen Entschwundenen.
Indes weht der Wind
durch die blühenden Orangenbäume.

Der Kampf zwischen den Kriegersippen der Taira und der Minamoto endet 1185 mit dem Sieg der Familie Minamoto. Es ist der Sieg der Kriegerklasse über die verfeinerte und kultivierte Aristokratie von Heiankyō. Obwohl die Einrichtung des Kaisertums erhalten bleibt, errichtet Minamoto no Yoritomo, zum «Obersten Feldherrn zur Unterwerfung der Barbaren» (Shōgun) ernannt, auf seinem Lehnsgut in Kamakura den Sitz der Regierung. Die Samurai, Kriegsleute, nehmen einen entscheidenden Platz ein. Yoritomo holt dann bedeutende Männer in seine Nähe, die entweder vom Hof enttäuscht oder von zu niedriger Herkunft sind, als daß sie vorher einen höheren Rang hätten einnehmen können.

Die Kraft des neuen Militärregimes beruht vor allem auf den direkten Bindungen zwischen dem Shōgun und seinen Gefolgsleuten, die auf diese Weise die unnützen Mittler vermeiden. Aber die Persönlichkeit von Yoritomo ist so stark, daß bei seinem Tod das Land einen Wechsel der Sippe erlebt. Die Familie Hōjō gelangt zur Macht, während der Kaiser von Zeit zu Zeit wie eine Strohpuppe in Erscheinung tritt.

In diese Zeit einer friedlichen, doch autoritären Regierung platzt mit Gewalt das Toben der Mongolen. Dschingis-Khan und seine Nachkommen beherrschen bereits das Reich der Mitte. Die neuen Herren Chinas säumen nicht, den Archipel zu begehren. Nach der Entsendung einer mongolischen Gesandtschaft im Jahr 1268, der stattzugeben der derzeitige Machthaber nicht geruht, da er sie für viel zu schimpflich hält, treffen die Mongolen Vorbereitungen zur Eroberung des Reiches. 900 Schiffe und 25 000 Soldaten nähern sich der Küste Nippons, doch ein von der Vorsehung geschickter Taifun rettet das Land vor der Fremdinvasion.

32   Zur Heian-Zeit entstand in der 2. Hälfte des 12. Jahrhunderts eine Bildrolle im Querformat, die die «Geschichte von den ausgehungerten Gespenstern» (Gaki Zōshi) darstellt.

Ein solcher Sieg, wenn auch unverhofft, begünstigt den übermäßigen Stolz der Krieger, die in Ermangelung einer Anerkennung des Machthabers in Form von Abgaben oder Ländereien ihre Wünsche in Orgien und Privatkriegen befriedigen. Das Panorama von Dekadenzstimmung und Zeit voller Widersprüche und Konflikte bietet der künstlerische Ausdruck der Kamakura-Zeit.

Die Entwicklung einer weltlichen Kunst

Die Bilder der finsteren Kämpfe der Taira-Krieger gegen die Minamoto spuken in den Erinnerungen der Künstler der Kamakura-Zeit. Die Kämpfe sind heftig, ja auch grausam, abgeschlagene Köpfe bedecken den Boden, Paläste werden angezündet. Dieses tragische Heldenepos wird uns in den Bildrollen des Heiji-Monogatari erzählt. Unterstützt von den Texten, wird uns keine Einzelheit erspart. Realistische, aber mitleidslose Kriegsgreuel, die Schreie der von Pferden niedergetrampelten Hofdamen dringen zusammen mit der allergrößten Gewalttätigkeit zu uns. Die Rottöne der Feuersbrünste und die schwarzen aufgelösten Haare bilden in diesen epischen Fresken ein harmonisches Gleichgewicht. In einer gewalttätigen Bewegung von mörderischer Raserei fliegen überall Rüstungen von Kämpfenden, Pfeile und Bogen, durchgehende Pferde durcheinander.

33 Farbig auf Seide gemalt ist die «Illustrierte Geschichte der zwölf Prozeßverfahren», eine Bildrolle im Querformat vom Anfang der Kamakura-Zeit (13. Jahrhundert).

Die Sippe der Minamoto geht, wie gesagt, als Sieger aus dieser blutigen Schlacht hervor. Der neue Shōgun Yoritomo umgibt sich mit überaus fähigen Ministern, und das so gebildete «Kabinett» wird mehrere Generationen lang als Vorbild dienen.

Die Porträts des Shōgun und zwei seiner Minister enthüllen in der Beschwörung dieser durch den Dienst am Staat geformten Persönlichkeiten eine ganz und gar bemerkenswerte Lebhaftigkeit. Ein Maler von adliger Herkunft, Fujiwara no Takanobu, war mit der Aufgabe betraut, die Höflinge zu malen. Das Ergebnis ist gelegentlich von so unerhörter Ähnlichkeit, daß die Adligen Kamakuras beim Erblicken der Porträts sie schnell wieder verhüllen.

Gleiche Sitzhaltung, gleiche ausdruckslose Farben auf den drei einander gegenüberhängenden Gemälden. Die Ähnlichkeit der Aufmachung und der Gewänder wird aber von einem höchst bewußten Ausforschen des Gesichtsausdrucks begleitet. Man bemerkt noch die Harmonie der Erd-, Grau- und Schwarztöne. Die Geometrie der schweren und dunklen Staatstracht hebt die geschwungenen und weichen Linien der Gesichter und Haartrachten hervor. Der Augenblick erstarrt in der Fülle der Form. Es gibt weder Zwiespalt noch Widerspruch. Das Gleichgewicht ist gegenwärtig, beständig, im Ausdruck und im Geist. In keinem Augenblick ist Raum für die widerstreitende Spannung, die häufig asiatische Gesichtsausdrücke belebt. Auch die statische, bewegungslose Intensität des Blicks ist erstarrt, gleichsam gelähmt in einer einzigen Kraft. Es handelt sich eigentlich nicht wirklich um Bewegungslosigkeit, sondern vielmehr um eine völlige Abstraktion, die gleichzeitig mit einer ruhigen, doch machtvollen Energie besteht.

34   Im 13./14. Jahrhundert wurde während der Kamakura-Zeit dieses Porträt des Dichters Taira no Kanemori mit Tusche und ein wenig Farbe zu Papier gebracht.

Der Sohn von Fujiwara no Takanobu, Fujiwara no Nobuzane, setzt die Tradition seines Vaters als Porträtmaler fort. Er bestätigt sie zum Beispiel in dem Porträt der Dichterin Ko-Ogimi. Das Modell erregt durch die ungeheure Verschwendung der Gewänder Aufmerksamkeit, die getragen werden. Zu dieser Zeit ist es keine Seltenheit, Damen von hoher Abstammung mit bis zu fünfundzwanzig übereinandergetragenen Kleidern zu sehen. Mehr denn ein Porträt ist das Bild vor allem ein Schwelgen in farbigen geometrischen Linien auf einfarbigem hellem Untergrund. Schöne schwarze Haare umrahmen das weiß gepuderte Gesicht; Ziererei der Epoche: Die Augenbrauen sind sehr hoch angesetzt, und der rote Mund läßt schwarz gefärbte Zähne erkennen.

Symphonie der Farben, die in gewisser Weise das Porträt in den Hintergrund drängen: Die leicht gebeugte Haltung der Dichterin überträgt sich auf die gleiche Bewegung der übereinandergetragenen Kleider, so daß sie aussieht wie ein mit fetter Beute beladenes Insekt, das verzweifelt davonzufliegen versucht. Solche Kostbarkeit der Kleidung, solch ständiger Aufwand sind am Hof unerläßlich – selbst in Kamakura, wo die Höflinge eher kraftvolle Krieger sind und nicht die feinen Gebildeten der Heian-Zeit.

Farbabbildungen

937 Das Reliquiar aus vergoldetem Kupfer in Form einer Pagode stammt aus der Kamakura-Zeit (13. Jahrhundert) und diente als Aufbewahrungsgefäß für die Asche des Buddha.

938 Der Priester Kōbō Daishi sitzt als Kind träumend auf einer Lotosblüte und betet. Auf Seide gemalte Darstellung aus der Kamakura-Zeit (spätes 13., frühes 14. Jahrhundert).

939 So sah die Idealvorstellung für die Wohnstatt eine Zen-Mönches aus: eine Einsiedelei mitten in der Natur. Die Tuschzeichnung auf Papier wird Shūbun zugeschrieben (15. Jahrhundert).

940 Einer der schönsten Orte Japans ist das Meerheiligtum von Itsukushima (Miyajima) aus dem 13. Jahrhundert mit seinem Eingangstor (Torii) zur Zeit der Flut.

941 Das Himeji-Schloß in der Provinz Hyōgo-ken gilt als das schönste Schloß des Landes. Der Bau wurde unter Kaiser Hideyoshi begonnen und 1609 beendet.

942 Die Schiebetüren (*fusuma*) boten den Künstlern Gelegenheit zu großflächigen dekorativen Gemälden. Unsere Abbildung zeigt ein Beispiel dafür aus dem Nijō-Schloß, Kyoto.

943 Detail aus einem sechsteiligen Wandschirm (Muromachi-Zeit, 16. Jahrhundert), der mit seiner prachtvollen Farbzusammenstellung beeindruckt.

944 Portrait des Zen-Priesters Ikkyū Sōjun (1394–1481), geschaffen von seinem Schüler, dem Priestermaler Bokusai. Tusche auf Papier.

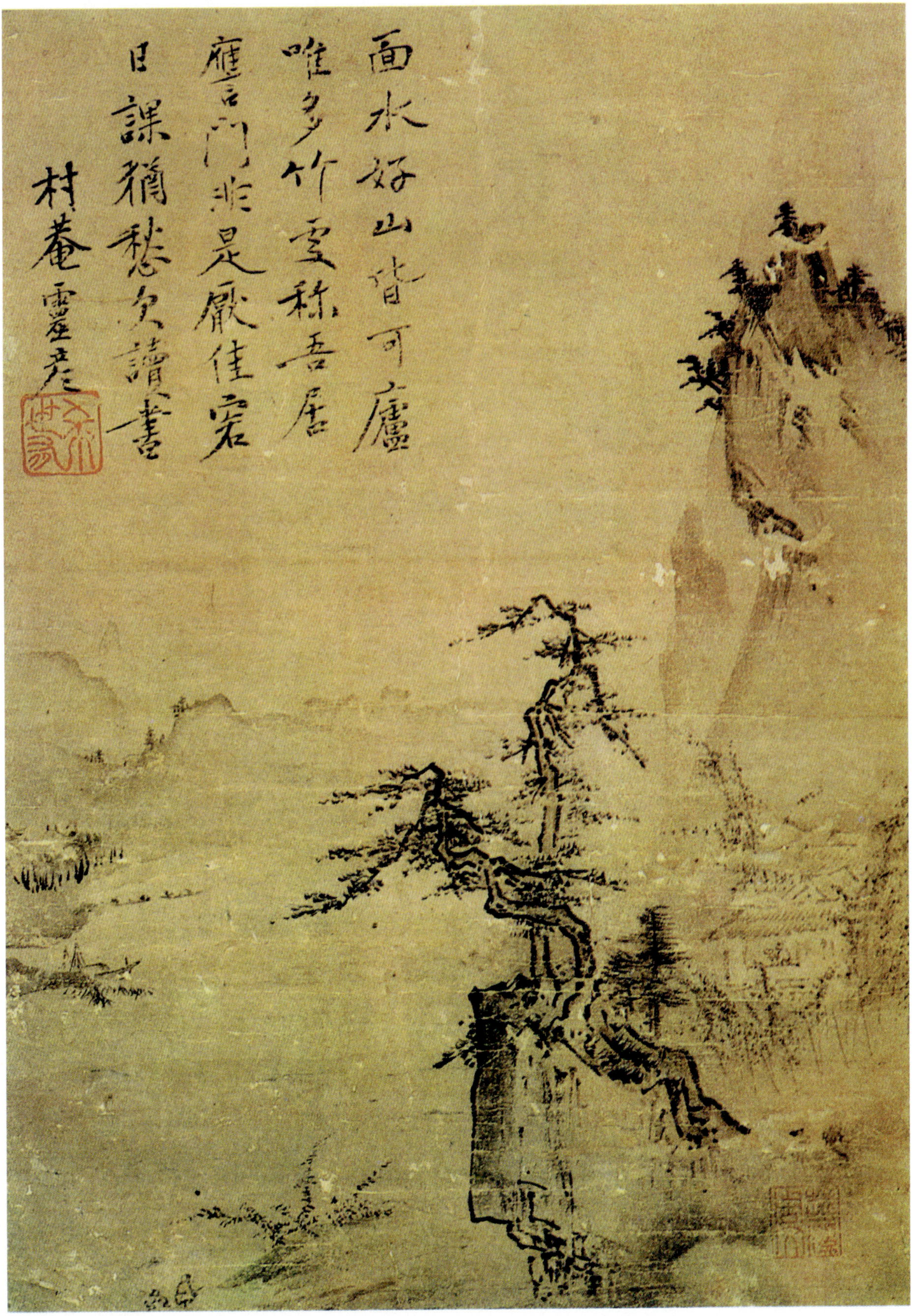
面水好山皆可廬
唯多竹雲稱吾居
應門非是厭佳客
日課猶愁欠讀書
村菴靈彥

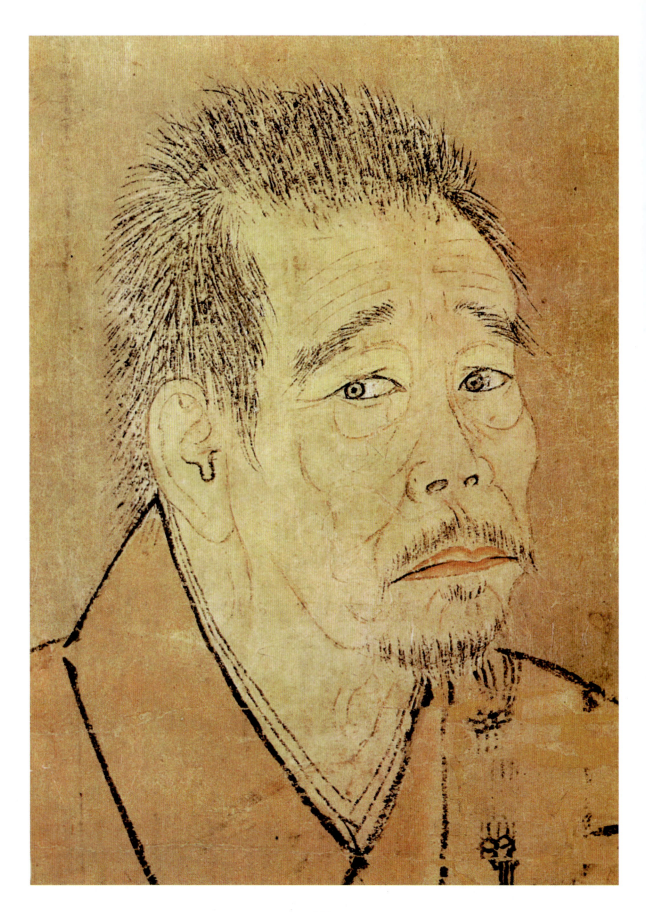

35   Im Stil der Yamato-e-Malerei schuf Fujiwara no Nobuzane (1176–1266), der berühmteste Maler seiner Zeit, das Porträt des Shōguns Minamoto no Shigeyuki.

Die vielen inneren Kriege bedeuten für die am meisten Benachteiligten zunehmende Verelendung, Hungersnot, Umherirren, Krankheit – alltägliche Tragödien, von denen sich die «Bildrollen der hungernden Verdammten» stark anregen lassen. Die isolierten Mönche versuchen die Gläubigen wieder um sich zu sammeln, indem sie ihnen eine in den Grenzbereichen zwischen Leben und Tod angesiedelten Vision darbieten. Gespenstische Gerippe mit gräßlich aufgeschwollenen Bäuchen begleiten die ihren Leiden gegenüber merkwürdig unbeteiligt scheinenden Lebenden. Diese Schreckensbilder grinsen mit höhnischem Lachen und wälzen sich auf dem Boden, durchsichtig gewordene Schattenbilder inmitten stiller Menschen. Es gibt hier zwei parallele Welten, die sich fundamental unterscheiden, aber auf dieselbe Ebene gestellt sind. Halb Menschen, halb Gespenster, erinnern diese abscheulichen Zerrbilder an die gequälten Darstellungen des Hieronymus Bosch, zwei Jahrhunderte vor der Geburt des ingeniösen Malers. Diese gewalttätige Welt soll vor allem die Menschen erschrecken – der Buddhismus bedeutet die Erlösung aus dieser Teufelshölle.

Der Buddhismus zur Kamakura-Zeit

In der geistlichen Welt tritt eine Persönlichkeit hervor: der Mönch Nichiren (1222–1282). Sein ganzes Leben widmet er der Verteidigung einer Sache und geht einsam, aber entschlossen seinen Weg. Er will die Menschen ändern und die Welt erneuern, indem er die einen überzeugt und die anderen hinwegfegt. Sein Anliegen ist bestechend: Es japanisiert den Buddhismus. Nichiren legt Wert darauf, von jedem verstanden zu werden; seine Kraft ist in der Vereinfachung begründet, die er an all den esoterisch-dunklen und komplizierten Lehren vornehmen will. Seine Wahrheit ist in der Lotos-Sutra des Reinen Gesetzes enthalten: Dieser Text erläutert die Natur des Menschen und die von Buddha. Der Mensch kann ebenso das Böse wie das Gute erlangen, seine Lebensführung entscheidet über sein Eingehen in die Hölle oder ins Paradies. Jeder Mensch hat also die Möglichkeit, Buddha zu werden; Barmherzigkeit und Selbstlosigkeit sind die Mittel, die man benutzen muß, um zur Buddhaschaft zu gelangen.
Alles auf Erden ist bloßer Schein, und eine vollkommene Harmonie mit der wahren Natur der Welt erlaubt, diese so zu ändern, daß sie keine Welt von Trauer und Leiden mehr ist, sondern eine Welt der Freude. Jeder kann nach seinen Möglichkeiten aus seinem menschlichen Leben eine Hölle oder ein Paradies machen.
In ihrem Grund ist diese Lehre zutiefst buddhistisch, aber ihr Charakter nimmt eine nationalistische Form an. Zu einer Zeit, die viele für verwünscht halten, schlägt dieser Mystizismus mit nationaler Tendenz in ein derartiges Sektierertum um, daß die anderen Gläubigen den Mönch Nichiren fortwährend verfolgen. Er wird zum Tod verurteilt, dem er knapp entgeht, indem sich die Menge auf das Schwert stürzt, das ihm den Kopf abschneiden soll, und so die Henker bekehrt. Als Verbannter muß er Kälte und Hunger ertragen, doch immer gibt er ein mustergültiges Beispiel von Freude und Hoffnung.
Seine Lehre ist aufgrund des rigorosen Nationalismus von Bedeutung, der übrigens bis in unsere Tage in Form von Sekten mit politischer Färbung grassiert. In ihrer Intoleranz hat die Bewegung des Nichiren eine nationale Komponente, die dem Sozialismus des Zen entgegengesetzt ist.
Die Mönche Eisai (1141–1215) und Dōgen (1200–1253) haben die Zen-Lehre in Form der Rinzai- und Sōtō-Sekte einige Zeit vor Nichiren eingeführt. Zen ist seiner Tendenz nach universell, aber liberal. Er ist in einer persönlichen Suche nach dem Heil auf dem Wege der Meditation begründet. Diese individuelle Erleuchtung ist indessen nicht gleichgültig gegenüber dem gesellschaftlichen Zusammenhang. Der Geist, der die Buddhaschaft erlangt hat, kehrt wieder zur Erde zurück, mischt sich unter die anderen und hilft ihnen, den Weg zu erkennen, sich durch strenge Disziplin und beispielhafte Lebensweise zum Höchsten zu erheben. Jede Handlung des täglichen Lebens muß eine Vollkommenheit in sich erreichen: Der Zen-Anhänger lebt den Buddhismus in Permanenz. Von daher rühren die zahlreichen Vorschriften, die die Teezeremonie regeln, von daher rührt die Begeisterung der Samurai für die leidenschaftliche, ja sogar brutale Einfachheit dieser Lehre. Die Bildnisse verlieren gleichfalls ihren Heiligkeitscharakter; die Legende erzählt, daß ein Zen-Mönch so weit gegangen ist, eine Holzstatue von Buddha zu verbrennen, um sich zu wärmen.
Die Landesherren und Gebildeten bleiben nicht gleichgültig gegenüber dem Zen; die hohe Verfeinerung, die Eleganz und die vier Haupttugenden Bescheidenheit, Einfachheit, Tiefe und

36 Während der Kamakura-Zeit wird die Porträt-Kunst immer mehr verfeinert. Hier ein Abbild (1338) des Kaisers Hanazono, der von 1309 bis 1318 regierte.

Kraft durchdringen die ganze Kultur des Reichs der Aufgehenden Sonne und prägen seine Künste.
Für das Heil der in dieser Zeit der Wirren beunruhigten Seelen bieten die Zen-Tempel jene Ruhe und Stille, die für die Meditation nötig sind: «Abseits der Welt lebt der Mensch ein gewöhnliches Leben in den Zen-Tempeln. Jeden Morgen spätestens um fünf Uhr Aufstehen. (Es ist Sommer.) Das nennt man ‹Eröffnen der Regel›. Nach dem Aufstehen Rezitieren der Sutren, die Morgenbeschäftigung: Man rezitiert sie dreimal, daher der Name ‹dreifacher Dienst›. Anschließend Aufräumen des Tempels und Aufwischen des Bodens. Dann Frühstück, ‹Sitzung des Reisbreis› genannt, während der die speziell dieser Beschäftigung gewidmete Sutra verlesen wird. Nach dem Frühstück Unkrautrupfen, Säubern des Gartens, Sammeln von Kleinholz usw. (...), was man die ‹Aufgaben› nennt. (...) Bald nach unserer Rückkehr kommt es gelegentlich vor, daß der Abt uns heilige Schriften vorliest. Um neun Uhr ‹Eröffnen des Kopfkissens›, das heißt: Schlafengehen. So verläuft die tägliche Routine. Die kleine Glocke, die jeden Morgen in allen Gängen von dem Mönch geschlagen wird, der für das Essen zuständig ist, gibt das Zeichen zum Aufwachen» (Yukio Mishima).

Die sanften Hügel von Kamakura mit ihrer üppigen und farbenkräftigen Vegetation bergen heute noch zahlreiche Zen-Tempel. Über kleine, gewundene Pfade, die von exotischen Bäumen überwuchert werden, erreicht man Gipfelpunkte, von denen der Ozean sichtbar ist. Inmitten der Tempel lassen sich unter Seerosen Teiche erahnen.

Die schönste Jahreszeit ist der Frühling: Die Kirschbäume biegen sich unter der Last der rosa, weißen und ins Violett gehenden Blüten. Der Boden ist mit einem roten, manchmal hell-lila Teppich von Kamelien bedeckt, die mit ihren unversehrten Blüten wie in grüne Schatzkästchen gefaßte Edelsteine wirken, eine Farbensymphonie, die plötzlich den Shariden des Engakuji enthüllt.

Er ist als Reliquienhalle in einem neuen, «chinesisch» genannten Stil erbaut. Die warmen Töne des unbemalten Holzes nehmen nichts von der Wirkung des reichverzierten Schnitzwerks der Trägerkonsolen und der wie Girlanden geschwungenen Fensterbögen, und das mächtige doppelte Strohdach vervollständigt auf anmutige Weise die Harmonie.

Die Zen-Tempel bilden einen Rahmen, eine Umgebung, in der die Mönche ihre mannigfaltigen Talente voll zum Ausdruck bringen. Der Kōzanji von Kyoto enthält außergewöhnliche Zeichnungen und Gemälde der Kamakura-Zeit: Die «satirischen Darstellungen von Tieren» bezeugen das. In diesen monochromen Zeichnungen gibt es keine Einheit, weder im Thema noch im Stil. Im Gegensatz zu anderen Bildrollen begleitet sie keinerlei geschriebener Text. Es ist darum ziemlich schwierig, sie zu verstehen, auch wenn die Interpretation der Phantasie leicht freien Lauf lassen könnte.

Die erste Rolle beschreibt verschiedene Spiele von personifizierten Tieren: Affen, Hasen und Frösche schwimmen, schlagen sich, reiten und schießen gar mit Pfeil und Bogen. Die Rolle enthält sogar eine Lehre: Die Schwachen besiegen die Starken; die Hasen übertreffen so Affen und Frösche beim Schwimmen. Einige Historiker sehen darin eine Art Gesellschaftssatire mit dem Sieg der Kriegerklasse über die Aristokratie. Das Ende der ersten Rolle beschreibt eine religiöse Zeremonie, die von einem als Geistlichen verkleideten Affen durchgeführt wird, der feierlich vor einer Buddha-Statue betet, die in Wirklichkeit ein Frosch ist, der auf einer Lotosblüte thront – Ironisierung der geistlichen Welt? Tuschzeichnungen mit lebendig und scharf gezeichneten Linien, die Beobachtungsgabe ist erstaunlich: Der Humor des Mönchs ist in jeder Bewegung, die die Tiere vor unseren Augen vollziehen, erkennbar. Sie sprechen, tanzen und lachen, nehmen groteske und karikierende Haltungen ein, und man kommt offenkundig nicht umhin, sie mit menschlichen Haltungen zu vergleichen – eine für einen Mönch sehr ungewöhnliche Distanz zu Riten und Zeremonien...

Der Kōzanji, eine Wiege der buddhistischen Malerei, wird im 13. Jahrhundert von dem Mönch Myōe (1173–1232) aus der Kegon-Sekte gegründet. Sein von einem seiner Schüler gemaltes Porträt findet sich noch dort: Der Mönch ist beim Meditieren, einsam in der Umgebung seines Klosters. Er wird im wörtlichen Sinn von den Bäumen eingewickelt, und die Äste schlingen sich um ihn, was ganz die Vertrautheit des Japaners mit der Natur beschwört und was durchaus an die Religion des Shintō erinnert. Eine solche Landschaft, in der die Affen von der Spitze der Kiefern, in die sie sich eingenistet haben, den in seine Meditation versunkenen Mönch betrachten, gibt es noch heute in der Umgebung von Kyoto. Man wird dennoch in diesem Rollbild einige chinesische Elemente bemerken, z.B. den deskriptiven Stil in der Behandlung der Bäume; unter den Elementen, die diesem Werk einen typisch japanischen Cha-

37 In der späten Heian-Zeit (12. Jahrhundert) entstand ein neuer Stil in der Malerei, der vom Linienzeichnen geprägt war. Hier eine Tuschzeichnung, die dem Mönch Kakuyū zugeschrieben wird, bekannt unter dem Namen Toba Sōjō.

rakter geben, bemerkt man indessen die gleichzeitige Anwesenheit von Tieren und Mönch, also jene schon erwähnte Interdependenz von Menschen- und Naturleben.

Während dieses Zeitalters der Wirren und der Spannungen zwischen der Kriegerklasse und der der Aristokraten erleidet das Volk wieder einmal Hunger und Alltagstragödien. Und es ist, wieder einmal, die Religion, von der das Volk eine Zufluchtsstätte erwartet.

Muß man nicht davon frappiert sein, daß sich in diesen Jahren der Vermehrung der Sekten der Buddhismus durchsetzen kann und nach und nach alle Gesellschaftsschichten für sich gewinnt – trotz der Konflikte, die diese Schichten in Gegensatz zueinander bringen –, da er allen den Trost einer glaubwürdigen Hoffnung gewährt?

Muromachi

Von 1333 bis 1392 ist das Reich der Aufgehenden Sonne in zwei Teile gespalten: Zwei rivalisierende Herrscherhäuser regieren, jedes mit Unterstützung eines Shōgun. Nur allmählich gewinnt die Familie Ashikaga die Kontrolle über das ganze Land. Die Regierung des neuen Shōgun läßt sich dann in Kyoto nieder, im Stadtteil Muromachi. Trotz Bürgerkriegen und Grausamkeiten entwickelt sich dort eine elegante und glänzende Kultur: Ein ganz erstaunliches Paradox, das durchaus an die Heian-Zeit erinnert. Allerdings handelt es sich nicht mehr um die Welt des Hofes, sondern die des Shōgun. Was die Institutionen anlangt, sind sie denen der Kamakura-Zeit ähnlich. So etabliert sich nach und nach die Pyramide einer Feudalhierarchie mit vielen Zwischengliedern vom kleinsten Vasall bis zum bedeutendsten Landesherrn, die Linie steigt bis zum Shōgun auf. So viele gleichzeitige Zellen können nicht anders als zum Krieg führen, und die Muromachi-Zeit ist auch wirklich durch eine Landzersplitterung charakterisiert. Trotz dieses unbeständigen Gleichgewichts verbessert sich nach und nach das Leben. Zwei Ernten pro Jahr werden allgemein üblich. Der Austausch zwischen allen Regionen nimmt zu und führt zum Entstehen von Handelsplätzen und Märkten. Eine neue Gesellschaftsschicht tritt auf: die der Händler; Geld kommt in Umlauf, und man beginnt die Steuern in bar zu bezahlen. Wucherer nutzen die Lage der unter dem Gewicht der Lasten erdrückten Bauern aus. Es ist ein Zeitalter des Aufruhrs: der Bauern gegen ihre Herren, der Krieger gegen gewisse Shōgune. Ab 1467 verwüstet der Ōnin-Bürgerkrieg das Land. Diese verhängnisvolle Auseinandersetzung um die Shōgunatsfolge, das Zeitalter der «kämpfenden Länder», wütet zehn Jahre lang. Kyoto und seine Umgebung sinken in Asche.
Einige Gelehrte und erleuchtete Mönche verlassen die Hauptstadt und verbreiten die Kultur im ganzen Land. Andere Menschen gehen ihr Glück woanders suchen und werden zu furchterregenden Piraten, die an den Küsten des Festlands Schrecken und Unruhe verbreiten. Unterdessen versucht die Regierung von Muromachi die Bande zum Reich der Mitte zu erneuern, indem sie Schiffe und Gesandtschaften schickt. Das Ergebnis beweist, daß Japan erneut aus der chinesischen Kultur Gewinn zieht und die strenge Geistigkeit seiner Ästhetik ausnutzt.

Einfluß der Malerei des Reichs der Mitte

Die für Japan bestimmende chinesische Sung-Malerei sucht die behandelten Themen zu vereinfachen, indem sie sie zu monochromen Tuschflecken auf Papier reduziert. Die Japaner erkunden diesen neuen Weg und nennen ihn «sumi-e» («sumi» heißt Tusche und «e» Bild), rasche Malerei, die in einem schnellen Wurf den Augenblick auf das Papier bannt. Die Mönche sehen darin ein Mittel, das auszudrücken, was für sie plötzlich Erleuchtung bedeutet. Die am meisten benutzten Themen sind solche aus der Natur.

Sesshū (1420-1506) hält mit Freude alle Jahreszeiten fest. Als Schüler des Malermönches Shūbun begibt sich der Mönch Sesshū ins Reich der Mitte, wo er sich diesen Malstil aneignet. Der Legende nach soll er gebeten worden sein, einen Raum des Palasts in Peking auszumalen. Nach seiner Rückkehr nach Japan reist er umher, und seine künstlerische Wanderschaft vertieft seine Fähigkeit, das Wesen der japanischen Landschaft zu erfassen. Seine zahlreichen Werke zeigen eine Entwicklung, in der sich nach und nach der chinesische Einfluß verliert. Rhythmisch gegliederte, ruckartig unterbrochene Bewegungen, wo die Leere ein positives Element ist – der Mönch suggeriert, er behauptet nicht. In seinen Werken ist der Mensch nicht anwesend, aber er gibt der Landschaft sein Maß und seinen Stempel. «Bei Sesshū (...) bleibt die Landschaft ‹menschlich› in dem Sinn, daß es der Mensch ist, der die Elemente auswählt, der ihnen sein Siegel aufdrückt, der ihnen seine Kraft, seinen Willen, seinen Schwung vermittelt» (René Grousset).

38 Ende des 14. Jahrhunderts wurde während der Muromachi-Zeit dieses Porträt des Shōguns Ashikaga Yoshimitsu (1358-1408) von einem unbekannten Künstler farbig auf Seide gemalt.

39 Eine querformatige Bildrolle aus dem 13. Jahrhundert (Kamakura-Zeit) präsentiert die illustrierte Geschichte der Reise des chinesischen Mönchs Chien-chen (Ganjin) nach dem Osten, also nach Japan, wo er einen Tempel gründete.

Die Abstraktion ist derart, daß man anfänglich nur Flecken sieht; dann zeichnet sich eine Form ab, die eine Landschaft entdecken läßt. Durch die verwendeten Mittel und das Resultat kommt man unweigerlich zu einem Vergleich zwischen diesen Werken und der Ausdrucksform der Kalligraphie.

Gleichzeitig ist der Einfluß Sesshūs auf Kanō Masanobu (1434–1530) erkennbar. Aus einer Kriegerfamilie stammend, gründet dieser erste Berufsmaler in Kyoto, in der Umgebung des Shōgun, die Kanō-Schule. Seine Malerei mit ihrem klaren Ausdruck, ihren glatten Linien und ihrer ausgewogenen Komposition wird von der Militärklasse hoch geschätzt. Sein Sohn Kanō Motonobu sucht einen anderen Weg und findet die der Tradition Nippons eigenen dekorativen und poetischen Elemente wieder. Seine leuchtenden Farben schmücken kunstvoll die Paläste. Es ist das Genie der Kanō, daß es ihnen gelingt, der chinesischen Abstraktion die Farben der traditionellen japanischen Malerei, des Yamato-e, hinzuzufügen.

Während dieses Zeitalters nimmt der Zen eine entscheidende Stellung ein: Die plötzlichen Erleuchtungen eines Sesshū und die poetische Abstraktion der Kanō-Schule sind von der philosophischen Weisheit dieser Lehre durchdrungen.

40 Der bedeutendste Tuschemaler der Muromachi-Zeit war Sesshū (1420–1506). Seine «Landschaft» offenbart die chinesischen Vorbilder (speziell Yüan), die er bei einem dreijährigen Aufenthalt im Reich der Mitte studiert hatte.

Der Zen

Der Zen, während der Kamakura-Zeit nach Japan eingeführt, beherrscht die ganze Kunst der Muromachi-Zeit. Seine Selbstlosigkeit, seine Andacht und seine alltägliche Disziplin bieten einer mehr als je gespaltenen Gesellschaft Zuflucht und Sicherheit.
Seit der Rückkehr des Shōgun Ashikaga nach Kyoto findet die Stadt ihren Schwung als kulturelle Hauptstadt wieder. Villen, Paläste und Klöster sind im Überfluß vorhanden. Ashikaga Yoshimitsu erbt das Landgut Kitayama, das er in einen großzügig angelegten Ruhesitz verwandelt. Er umfaßt ursprünglich Gebäude für die buddhistische Andacht und solche zum Wohnen: «Adelssaal», Schloßturm «himmlischer Spiegel», Turm des Nordherrschers, Pavillon der «Schneeschau» usw. Die überaus sorgsam erbaute Halle des Reliquienschreins wird Goldener Pavillon oder Kinkakuji genannt. Zwei Stockwerke überragen einen Lustgarten: Das

41   «Huang Chu-ping und seine Schafe», Tuschzeichnung nach Liang Kai von Sesshū.

Erdgeschoß und der erste Stock sind dem Wohnen vorbehalten, der zweite ist von allerreinstem Zen-Stil. Das Dach aus Zypressenschindeln wird von einem vergoldeten Bronzephönix gekrönt. «Um aufzufliegen, genügte es ihm, unbewegt dazubleiben, sich mit einem Zornesblitz im Auge, erhobener Schwinge und ausgebreiteten Schwanzfedern stolz auf seine majestätischen Goldfüße zu stellen» (Yukio Mishima).
Nach dem Tod von Yoshimitsu und seiner Absicht gemäß wird der Ruhesitz in ein Zen-Kloster mit dem Namen Rokuonji verwandelt. Seitdem sind die Gebäude mit Ausnahme des Goldenen Pavillon versetzt oder verlassen worden. 1950 in Brand gesteckt, ist er getreulich wieder aufgebaut worden; das einzige, was fehlt, sind allerdings die unendlich vielen Goldblättchen, die ihn bedeckten.
«Und das erinnerte mich an ein Schiff, während zu Füßen dieses komplizierten doppelstöckigen Schiffsgebäudes das Wasser das Meer darstellte. Der Goldene Pavillon kam für uns aus der

Tiefe einer unermeßlichen Nacht, eine Fahrt, deren Ende nicht vorhersehbar war. Während des Tages ankerte das sonderbare Schiff mit einer Unschuldsmiene und unterwarf sich den neugierigen Blicken der Menge; aber bei Anbruch der Nacht schöpfte es aus der Finsternis der Umgebung neue Kraft, um sein Dach wie ein Segel zu schwellen und in die Ferne zu entweichen» (Yukio Mishima).

Ein anderer Zen-Tempel der Rinzai-Sekte ist der Ginkakuji oder Silberpavillon in Kyoto. Dieser Tempel zeigt uns das Musterbild der Zen-Architektur; er liegt am Fuß der Berge östlich von Kyoto. Der Shōgun Ashikaga Yoshimasa hatte nicht mehr die Zeit, ihn mit Silberblättchen bedecken zu lassen. Das dunkle Holz des Gebäudes kontrastiert mit dem Weiß der Schiebetüren, die mit weißem Papier bespannt sind. Der Innenraum ist, wie in allen japanischen Häusern, «beweglich». Die Abtrennungen zwischen den Zimmern sind Schiebewände, die nach Belieben die Flächen verkleinern oder vergrößern: die einen lichtdurchlässig (*shōji*), die anderen undurchsichtig (*fusuma*), regeln sie Licht- und Schattenspiel. Auf dem Boden die Tatami, die Strohmatten. «Die Klarheit rührt vom Boden her, und der Mensch, der auf dem Tatami sitzt, ist seiner Quelle am allernächsten» (Vadime Elisséeff).

Die Schlichtheit, die Kahlheit, die Leere der Räume leiten den Blick ganz natürlich nach draußen. Keinerlei Schranke, keinerlei Grenze tritt dazwischen. Der Garten, Wasser, Grün und Felsen, setzen sich im Hügel fort. Auf einer ebenen Fläche ziehen zwei Sandhaufen die Aufmerksamkeit auf sich. Die Legende erzählt, daß Ashikaga Yoshimasa, als er eines Abends im Mondschein die seltsame Schönheit eines Sandhaufens, den die Maurer zurückgelassen hatten, bewunderte, diesen aufbewahrte und in seiner ursprünglichen Form erhielt. Die Jahrhunderte haben eine geharkte Fläche hinzugefügt. Ein Symbolismus sieht darin seitdem den Berg Fuji und die Wellenlinien des Ozeans. «Keine Blume, keine Fußspur, wo ist der Mensch? (...) Im Herbeiholen der Felsen, in der Spur des Rechens, in der Arbeit der Handschrift. (...) Der Garten ist ein Webteppich aus winzig kleinen Mineralien (...) Man könnte sagen, daß eine weltliche Technik der Landschaft oder dem Schauspiel gestattet, sich in reiner Bedeutung darzustellen, abrupt, leer, wie eine Bruchstelle» (Roland Barthes).

Neben dem Silberpavillon befindet sich ein kleines Teehaus, der Tōgudō. Es wird als erstes seiner Art für die Teezeremonie benutzt. In seiner kunstvollen Schlichtheit mit einem Hauch von Rustikalität und mit seinen kleinen Ausmaßen wird es das Vorbild des Teehauses überhaupt. Mit der Entwicklung der Zen-Lehre wird diese Zeremonie chinesischen Ursprungs festgeschrieben. Die vielen Vorschriften in einer überfeinerten Umgebung verlangen große Konzentration. Zu solchen Teegesellschaften versammeln sich Adlige und Krieger, die in der Zeremonie die Ausübung der Zen-Meditation erblicken.

Diese durch zahlreiche Vorschriften regulierte und erstarrte Atmosphäre findet sich ebenfalls im Nō-Theater. Die Muromachi-Zeit erlebt sein Aufblühen, wobei sich alle früheren Richtungen vermengt wiederfinden lassen. Shintō-Götter, buddhistische Gottheiten, Geister aus Legenden, Adel und Krieger werden auf derselben Bühne gegenübergestellt. Das Stück wird gleichzeitig gespielt, gesungen und mit einem eintönigen Rhythmus getanzt. Kostüme und Masken sind wahre Kunstwerke.

Der Beruf des Maskenschnitzers wird wie der des Schauspielers vom Vater auf den Sohn übertragen. Eines Tages bittet ein berühmter Nō-Tänzer den Schnitzer Genjiro, ihm eine Maske anzufertigen. Da dieser zuviel Sake trinkt, gelingt es ihm nicht, die Arbeit zum festgesetzten

42 Kanzan, ein chinesischer Mönch aus der Tang-Zeit, war über Jahrhunderte ein beliebtes Sujet der japanischen Maler, hier dargestellt von Kaō (gest. 1345).

43 In der Muromachi-Zeit malte Chuān Shinkō um 1450 diesen «Buddha, aus dem Gebirge kommend» mit Tusche auf einer Hängerolle.

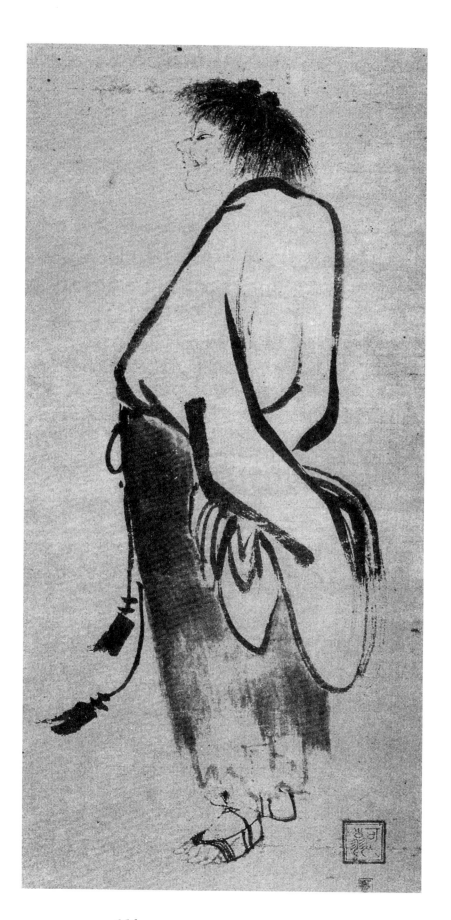

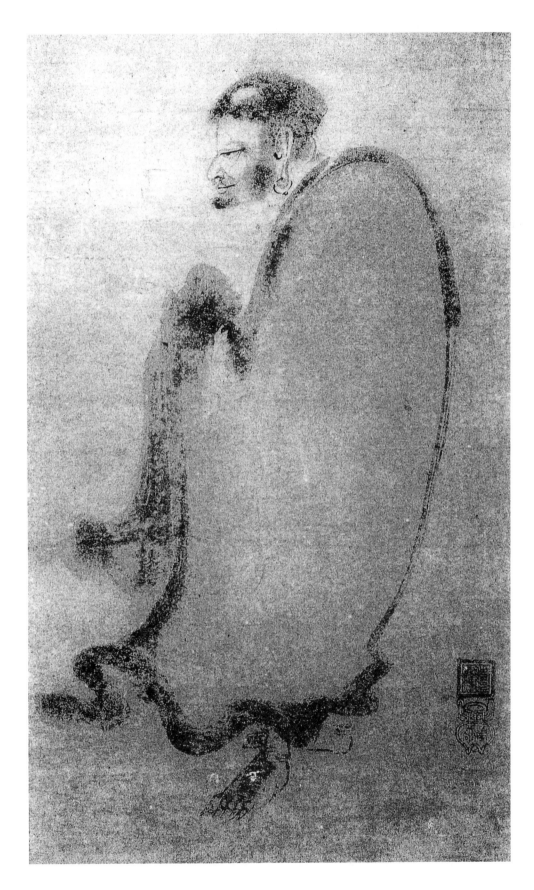

Termin zu vollenden, und er liefert eine nur grob behauene Maske ab, die der Tänzer nicht benutzen kann. Wütend zerbricht dieser die Maske und schickt sie dem alten Meister zurück. Der so gedemütigte Genjiro begeht Selbstmord. Einige Jahre später bestellt derselbe Tänzer eine Maske bei einem neuen berühmten Schnitzer. Die hinreißend schöne Maske paßt dem Tänzer so vollkommen, daß er sie nicht mehr abnehmen kann. Man ruft den Schnitzer herbei, und dem gelingt es, ihm die Maske abzunehmen, doch nicht, ohne ihm einen großen Teil des Gesichts zu zerstören. Jener Schnitzer ist kein anderer als der Sohn Genjiros, und die Maske ist nur das Mittel seiner Rache...

Die Maske muß der lebendige Ausdruck des Tänzers sein: Sie lacht, sie schließt die Augen. Die kunstvollen Gesten, die Bewegungen nach einer komplexen und sorgsam vorbedachten Choreographie, die Zurückhaltung der Ausstattung, die glatten und hellen Flächen der erhöhten Bühne, in deren Hintergrund sich die symbolische tausendjährige Kiefer erhebt, alle diese Elemente tragen dazu bei, eine Atmosphäre von religiöser Andacht zu schaffen. «Vergessen Sie das Theater und betrachten Sie das Nō. Vergessen Sie das Nō und betrachten Sie den Schauspieler. Vergessen Sie den Schauspieler und betrachten Sie die Idee. Vergessen Sie die Idee, und Sie werden das Nō erfassen» (Zeami).

Momoyama

Diese Periode ist, auch wenn sie kurz ist (rund vierzig Jahre), nicht weniger reich an politischen und verwaltungstechnischen Reformen, die auf die Vereinigung des Landes abzielen. Die Landesherren bewirken nur Unglück: Ihr persönlicher Ehrgeiz drückt sich in Kriegen und Terror gegen Bauern aus. So halten sich Dorfgemeinschaften und ständige Vereinigungen bereit, sie bei der ersten Gelegenheit zu vertreiben.
1560 erobert der ehrgeizige und mächtige Imagawa Yoshitomo, Landesherr von Suruga und Tōtomi, einer Gegend zwischen Kamakura und Kyoto, einen Teil von Owari, um von dort aus den Ansturm auf die Hauptstadt vorzunehmen. Ein Sohn des Daimyō von Owari, eines Feudalherrn aus unbedeutender Familie, bereitet ihm durch einen Überraschungsangriff eine vernichtende Niederlage, bei der Yoshitomo den Tod findet. Der junge Oda Nobunaga sieht sich gegen jede Erwartung in den Rang eines Feldherrn erhoben.
Rasch zum legendären Helden geworden, veranschaulicht sein Aufstieg vortrefflich die militärischen und sozialen Bewegungen seiner Zeit. Oda Nobunaga (1534-1582) greift zuerst die buddhistischen Mönche an, die er als «Staat im Staat» betrachtet. In den Flammen einer tragischen Feuersbrunst, der die 400 Tempel und 1500 Mönche des Berges Hiei zum Opfer fallen, bricht die tausendjährige Macht der Mönche zusammen. Der von Nobunaga beargwöhnte Buddhismus wird und bleibt übrigens bis in unsere Tage ein Gegenstand des Mißtrauens. Auch wenn dieses Heldenepos manchmal einen tragischen Verlauf nimmt – was davon bleibt, ist, daß Nobunaga die Mehrheit des Landes um sich sammelt, indem er zu bedeutenden Wirtschaftsreformen schreitet: Er führt zunächst die Reformen auf seinen eigenen Ländereien durch und fördert dadurch die Freiheit von Tausch und Handel; dann schreitet er zu einer Umverteilung der Ländereien, um das Gleichgewicht zwischen den Bodenanteilen wiederherzustellen, entwaffnet bestimmte Bauern, die nur darauf aus sind, handgemein zu werden, und bemüht sich insgesamt, die anarchischen Kämpfe einzuschränken, die während der Kamakura-Zeit gewütet hatten. Er stirbt so, wie er gelebt hat: Mitten im Erfolg wird er 1582 von Akechi

Farbabbildungen

961 «Daibutsu», der Große Buddha von Kamakura. Die 11,36 m hohe Kolossalstatue ist aus Bronze und wurde um 1252 von Kōtoku-in geschaffen.

962 Diese beiden Felsen im Meer südlich von Ise symbolisieren das Urpaar Izanaki und Izanami, deren Vereinigung am Anfang des Schöpfungsmythos Japans steht.

963 Zahlreiche Papier-Wandschirme aus der frühen Edo-Zeit spiegeln die Aufnahme der Handelsbeziehungen mit Europa wider. Sie wurden um 1600 von Künstlern aus Kyoto bemalt.

964 Die Tempel von Nikkō sind seit dem 17. Jahrhundert Ziel von Pilgerscharen, die an den Gräbern der alten Herrscher ihre Gebete verrichten. Hier das Sonnenlichttor (Yomeimon).

965 Zugangstor zum Grab des Kaisers Tokugawa Ieyasus (1542–1616) in Nikkō. Das Dekor ist überaus reich mit Blattgold bedeckt.

966 Nikkō, Detail vom Chinesischen Tor (Karamon).

967 Die größten Künstler der Zeit waren an der Ausschmückung der Tempel von Nikkō beteiligt. Detail der Tür vom Karamon.

968 Zypressen auf einem achtteiligen Wandschirm (Farbe und Blattgold auf Papier), der Kanō Eitoku (1543–1590) zugeschrieben wird.

Mitsuhide, einem seiner Vasallen, den er losgeschickt hatte, um Toyotomi Hideyoshi (1536–1598), einem seiner treuen Heerführer, zu Hilfe zu eilen, hinterlistig ermordet.
Bevor Hideyoshi die Macht an sich reißt, sorgt er mit viel Bedacht dafür, daß ihm die Nachkommen von Nobunaga nicht in den Weg kommen können. Hideyoshi, der wegen seiner bäuerlichen Herkunft den Spitznamen «gekrönter Affe» bekommt, vereinigt mit einer wahrhaft militärischen Begabung eine strategische Fähigkeit, die ihm kluge Bündnisse zu schließen ermöglicht: Ab 1585 erlebt er, daß sich zwei große Feudalherren, Tokugawa und Uesugi, mit ihm verbünden. Um den Preis zahlreicher Feldzüge, die die Störrischen bändigen, wird Hideyoshi bald der unumstrittene Herr von ganz Japan.
So findet sich zum erstenmal seit zweieinhalb Jahrhunderten das Reich der Aufgehenden Sonne einer einzigen Autorität unterworfen. Rechtlich gesehen ist Hideyoshi trotzdem nur ein Vasall, auch wenn er als primus inter pares erscheint: Er bleibt der Vasall des Kaisers, der, auch wenn er nicht auf der politischen Bühne auftritt, trotzdem der geistige und mythische Führer des Archipels bleibt.
Hideyoshi setzt die von Nobunaga unternommenen Reformen fort und verbreitet sie über das ganze Land. Mit Ehren überhäuft, kann er einen Moment lang glauben, daß er der erste Herrscher eines lange fortdauernden Geschlechts sein wird. Doch sein Hinscheiden wird das Land in eine lange Periode der Anarchie stürzen, die durch blutige Zusammenstöße zwischen denen, die die Macht beanspruchen, gekennzeichnet ist. Das einfache Volk wird nicht umhin können, sich im Gegensatz dazu an die Loyalität zu erinnern, die Hideyoshi gegenüber den Nachkommen des Nobunaga bewiesen hatte.
Ein wichtiges Ereignis wird noch diese Zeit kennzeichnen, nämlich die Ankunft der portugiesischen Missionare, die ab 1542 an den Küsten Kyūshūs landen. Während Nobunaga das Erscheinen eines neuen Gottesdienstes und die zahlreichen Bekehrungen jener Zeit für seine Vorwürfe gegen den Buddhismus und für sein Bemühen, dessen Einfluß beträchtlich einzuschränken, genutzt hatte, ist die Reaktion von Hideyoshi diametral entgegengesetzt: Er verbannt 1587 die christlichen Gemeinden und läßt die Priester und Bekehrten zum Tode, insbesondere durch Kreuzigung, verurteilen.
Trotz dieser Wechselfälle fällt die Momoyama-Ära für Japan mit einer Stärkung des Nationalgefühls und dem Bewußtsein der Eigenständigkeit der Kultur Nippons zusammen.

Die Schlösser

Nobunaga und Hideyoshi, große Leitfiguren der Momoyama-Zeit, festigen ihre Macht, indem sie wehrhafte Burgfestungen bauen. Zur selben Zeit, da sich die Schätze anhäufen, wird auch die Ausschmückung überladen.
Das Schloß von Nobunaga liegt in Azuchi in der Nähe des Biwa-Sees. Wälle mit Spießen, Wassergräben, doppelte Zugbrücken, verschanzte Eingänge: Ganz offenkundig hat man es hier mit einem Bauwerk zu Verteidigungszwecken zu tun. Bei Restaurierungsarbeiten hat man aufrecht stehende Skelette entdeckt (Hito-Bashira = Menschensäulen), die nur mit dem Ziel dorthin gestellt wurden, ihre Lebensenergie auf den Bau zu übertragen. Diese Festungen, die

im allgemeinen auf felsigen Bergkuppen stehen, heben sich schon von weitem weiß und gespenstisch vom diesigen Himmelsblau ab. Die verschanzten Eingänge führen auf kleine Höfe, auf die der Feind natürlicherweise zueilen würde; einmal an diesen Ort gelockt, wird der Angreifer von den Pfeilen der Verteidiger durchbohrt, die ihn von oben, von den Wällen aus, unter Kontrolle halten.

Der Hausherr wohnt im Inneren der Festung, in seinen Privatgemächern, von wo aus er die Verwaltung des Gutes führt. Im Fall eines Krieges sind für ihn einige Räume oben im Schloßturm vorgesehen. Es ist ein Zufluchtsort mit einem sehr riskanten Zugang für den Feind, der, um dorthin zu gelangen, dreimal durch hohe Mauern abgetrennte Umschließungen überwinden muß. Letzte Zuflucht für einen Herrn, der von einem zu listigen Feind umzingelt ist: ein Labyrinth, in dem sich der Gegner leicht verirren kann.

Außen herrschen Schwarz und Weiß vor, im Inneren dagegen ist eine solche Zurückhaltung nicht mehr Mode, und die Farben sind knallbunt. Nur die Böden sind glatt und blank und hinreichend poliert, um den Kriegern in ihren Stoffschuhen ein schnelles Vorrücken zu erleichtern.

Wände, *fusuma* und Wandschirme leuchten in bunten Farben. Ein von dem Enkel von Kanō Motonobu, Kanō Eitoku (1543-1590), gemalter Wandschirm mit sechs Paneelen gibt ein bemerkenswertes Beispiel für den Momoyama-Stil. Der Raum scheint zur Fläche zu werden, zitternd in zwei Dimensionen überzugleiten. Trotz der «realistischen» Einzelheiten (Felsen, Kiefernstamm, Vogel) erscheint das Ganze abstrakt, besonders die Wolken und die Blätter, die wie richtige Ornamente behandelt sind. Schwarze Vögel, Goldgrund, dunkles Meeresblau – die leuchtenden Farben strahlen und blühen auf.

Das Schloß Himeji ist das stattlichste der japanischen Schlösser. Den ersten Anstoß für die Bauarbeiten verdanken wir einer Daimyō-Familie. Hideyoshi hat den Bau vollendet und dabei den Anfangsplan vergrößert. Da er von weitem recht verblüffend einem Vogel ähnelt, wird der Bau «Schloß des Reihers oder des weißen Kranichs» getauft. Außen besteht es aus einer Reihe von Mauern und Wassergräben, die abendländischen Konstruktionen nachgebaut sind. Man darf nicht vergessen, daß die Bauzeit historisch mit der Ankunft der Portugiesen zusammenfällt, die Japan nicht nur eine neue Religion bringen, das Christentum, sondern gleichermaßen auch eine ganze, bis dahin unbekannte Technologie. Nur die Ziegeldächer in verschiedenen Höhen wirken asiatisch. Sie sind kunstvoll übereinandergeschichtet.

Wie sich im Westen im Fall von Gefahr die Dorfbewohner in den Schutz der Wallmauern, in die Nähe der Kirchen zurückziehen, so fühlen sich in Japan die Stadtbewohner von den Schlössern angezogen, die den topographischen Vorteil einer höheren Lage genießen. In der unmittelbaren Umgebung bauen sich die Samurai ihre Häuser, im weiteren Umkreis siedeln sich Handwerker und Kleinhändler an. Der Burgherr, in erster Linie Förderer der Künste, ist ebenfalls Förderer des Handels, den er kontrolliert.

Die Verdichtung der Bevölkerung, die mit dem Vorhandensein eines Schlosses verknüpft ist, trägt zur Entwicklung des Kleingewerbes bei und gibt dem örtlichen Handwerk Arbeit.

Das Handwerk in der Momoyama-Zeit

Die von nun an grandiosen Ausstattungen, in denen sich die Macht zu entfalten angewöhnt, werden zur Ausarbeitung einer äußerst verfeinerten Kultur beitragen. Die Teezeremonie wird darin einen vorrangigen Platz einnehmen. Es ist die Ruhe und Heiterkeit nach den heftigen Kämpfen auf dem Feld. Besonders die Krieger schätzen diese Art von Zeremonie. Am Anfang wird man Geschirr und Geräte aus China und Korea einführen, nach und nach aber sind die Japaner gezwungen, selbst für ihre Bedürfnisse zu sorgen.

Die Momoyama-Zeit ist das Goldene Zeitalter der japanischen Keramik. Die traditionellen Töpferwerkstätten liegen in der Provinz Mino. Der Einfluß der koreanischen Keramik zeigt sich in den Stücken mit durchscheinender dicker weißer Glasur, die mit einfachen abstrakten Motiven aus Eisenoxyd dekoriert sind, was ihnen einen rötlichen Ton gibt. Der Schöpfer der typisch japanischen Keramik ist Ninsei, ein Töpfer aus Kyoto: Gold, Silber und bunt bemalter Grund erinnern an die Innenmalereien der Schlösser.

Die eigenständig japanische Tradition findet ihren Ausdruck ebenfalls in den Raku genannten Teeschalen (‹raku› = Freude). Es handelt sich um ganz einfache, anspruchslose Schalen. Sie verdanken ihren Gattungsnamen Hideyoshi, der sie in seinem Momoyama-Palast benutzt. «Das Material ist dick wie Brei, im Umriß leicht unregelmäßig wie eine Frucht, runzelig wie Rinde, genarbt wie Leder, üppig und gestreift wie herunterlaufender Harz, kullernde Steine oder bemooste Felsen; es bewahrt den Geruch der Erde; es hat die Farben von braunen Rinden, von Früchten, von verwelkten Blütenblättern, von geaderten Hölzern, von reichhaltigen Steinen» (D. Elisséeff). Diese ungekünstelten Werke mit ihren klaren und zurückhaltenden Linien können nur von einem Temperament geschätzt werden, das der Natur nahegeblieben ist, wie es das japanische Temperament geblieben ist.

Die Leere und Kahlheit der Innenräume betonen den Wert, der den Gegenständen beigemessen wird: Schönheit, die überwältigt, steht über Nützlichkeit. Die Harmonie zwischen dem Individuum, seiner Umgebung und den Gegenständen, mit denen er sich umgibt, ist so stark, daß jedes Element sein Eigenwesen und seine ganze Dimension wiederfindet. Wenn ein Japaner eine Teeschale in die Hände nimmt, betastet er sie lange, als wollte er sie formen, ihr Leben geben.

Die Textilkunst macht ebenfalls bedeutende Fortschritte, denn es ist nur natürlich, daß die Pracht des Zeitalters ihren Ausdruck in prunkvollen Stoffen findet. Dennoch setzt sich das Tragen eines einfachen Kimonos gegen die übereinandergetragenen Gewänder durch. «Ihr Unterkleid aus weißem Satin war mit Mustern von chinesischer Tusche verziert. Ihr Oberkleid war aus goldkäferfarbenem Satin, auf das Pfauenmuster aufgenäht waren. Darüber hatte sie einen Mantel aus einem feinen Seidennetz gelegt, das diese Muster durchscheinen ließ; über dieses erlesene Gewand hatte sie eine zwölffarbige Schärpe gebunden, ohne Auspolsterung mit steifen Stoffen» (Ihara Saikaku).

Streifen, Karos, Landschaften, Tiere, Pflanzen, religiöse Motive, das sind alles Themen, die benutzt und mit viel Anmut gemischt werden. Im Reich der Aufgehenden Sonne wird jede Jahreszeit durch eine Blume versinnbildlicht: Im Februar sind es die Pflaumenblüten, im März die Pfirsichblüten, im April die Kirschblüten, Mai Iris, dann die Glyzinien und die Chrysanthemen, die die Frauen zur jeweiligen Jahreszeit auf ihren Kimonos tragen. Gleiches gilt für Tiere:

Der Karpfen versinnbildlicht Ausdauer, der Storch Glück, die Schildkröte lange Lebensdauer usw. «Man braucht neue Kleider für die Feste im Februar, dann im April für die Kirschblüten. Die Muster des *Obi* (der Schärpe) stellen die Kirschblüten dar. Dann folgt das Fest der Knaben, das Fest der Glyzinien, und dann kommt der Sommer. Die Kleider sind leichter und bunter. Im Herbst muß die Schärpe wieder die Motive der Jahreszeit darstellen. Keine Schmetterlinge mehr, sondern rote Ahornblätter und späte Chrysanthemen. Es ist das Fest der neuen Reisernte. Schließlich kommen die Kleider für den Schnee» (Thomas Raucat).

Die Kimonos, Prunkgewänder, wahre Kunstwerke, werden gehütet von Generation zu Generation weitergegeben. Ebenso bezeugen die Lackgegenstände – Tabakdosen, Schreibzeug usw. – die Bedeutung, die dem Alltagsleben beigemessen wird. Hideyoshi trägt zur Fortführung dieser Kunst bei, die die unaufhörlichen Kämpfe zwischen den rauhen Kriegern der vorigen Generation zum Erlöschen zu bringen drohten. Nennen wir unter den anderen Meisterwerken der Momoyama-Zeit abschließend «Die Zypressen» von Kanō Eitoku (1543-1590), ein auf Goldgrund farbig bemalter Wandschirm aus acht Paneelen (Nationalmuseum in Tokio), auf denen eine versteinerte, wie der Atmosphäre beraubte Natur nur noch Vorwand ist für üppige Farbmischungen – braunes Ocker für die Zweige, Gold für die Wolken, Schwarz für Gewässer und Klippen, verblaßtes Grün für die Pflanzen – und wo sich große Farbflächen mit graphischen Studien abwechseln, die bis in die kleinste Feinheit ausgearbeitet sind, insbesondere in der Zeichnung der Drehungen der Blätter. Die geradezu dramatischen Linien der Baumstämme vermitteln eine kraftvolle, aber irgendwie in sich selbst verschlossene Bewegung.

Es sind nur rund dreißig Jahre verflossen zwischen dem Augenblick, da Nobunaga in Kyoto einzieht, und dem Augenblick, da Tokugawa Ieyasu in Edo einzieht (1603), aber diese Ära hat das Aufblühen einer prunkvollen Kunst erlebt.

Die Einheit des Herzens im Nō-Spiel

Die Zuschauer urteilen gelegentlich: «Gerade da, als der
Schauspieler gar nicht spielte, war er besonders fesselnd!»
Diese Wirkung beruht auf einer geheimen und wichtigen
Einstellung im Herzen des Schauspielers ... jenes
«gar nicht spielen» meint die Spanne zwischen einzelnen
Aktionen. Der Grund dafür, daß in den Augenblicken,
da «gar nicht gespielt» wird, ein fesselnder Eindruck
entsteht, liegt in der inneren Haltung des Schauspielers,
der ohne die kleinste Nachlässigkeit das einzelne Tun
durch die Kraft seines Herzens miteinander verknüpft.

Seami Motokiyo, Kakyō

Edo

Das Hinscheiden Hideyoshis läßt den alten Zwist zwischen den verschiedenen Sippen wieder aufleben. 1600 geht die Familie Tokugawa als Sieger aus der Schlacht von Sekigahara hervor. Tokugawa Ieyasu (1542–1616), ein früherer Feldherr von Hideyoshi, läßt sich 1603 zum Shōgun ernennen. Der Sitz der neuen Regierung wird damals fern von der alten Hauptstadt in der Provinz Kantō errichtet, in Edo (dem künftigen Tokio).

1614 läßt der Enkel Ieyasus aus düsteren allianzpolitischen Gründen den Katholizismus verfolgen, in dem er weniger eine geistige denn eine weltliche Gefahr sieht. Nur wenige englische und holländische Protestanten erhalten die Erlaubnis, zu bleiben. Das Fremde ist nichtsdestoweniger verbannt, und Japan wird sich «in seiner tiefen Nacht verbarrikadieren».

Dieses Zeitalter bezeichnet den sicheren Verfall des Buddhismus zugunsten des Konfuzianismus, dem eigentlichen Pfeiler der Kriegsethik. Darum hat der künstlerische Ausdruck zwei Richtungen: die eine akademisch aufgrund der militärischen Zentralmacht; die andere erstmalig volkstümlich.

Die akademische Kunst

Ieyasu, der erste Shōgun eines langen Geschlechts, das bis 1867 andauern wird, errichtet damals die Regierungsform der Militärdiktatur. Er setzt indessen Hideyoshis Reformabsichten fort, indem er die Macht der Feudalherren verringert und so zur Einigung des Landes beiträgt. Bei seinem Tod errichtet ihm sein Enkel Tokugawa Iemitsu ein Mausoleum in der Gegend von Nikkō. Die Anlage der Gebäude bildet einen Schrein, obwohl Ieyasu nach dem buddhistischen Ritus eingeäschert wurde. Sobald man bei der Umfriedung ankommt, steht man vor der heiligen Brücke: «Vor langer Zeit gelangte ein König, der ein Löwenherz hatte, zum Nikkō-Fluß und betrachtete von der anderen Seite die Bäume stromaufwärts den Sturzbach und

44 Aus der frühen Edo-Zeit (17. Jahrhundert) stammt dieses Kleid mit engen Hängeärmeln, das als kosode bezeichnet wird, Ausgangspunkt für den modernen Kimono. Das Dekor ist in Tusche und Farbe auf den Seidenstoff (149 × 125 cm) aufgetragen.

stromabwärts die Berge, die sanfteren Umrisse der Ernten wie auch die Ausläufer der bewaldeten Berge. ‹Es fehlt nur ein Farbtupfer im Vordergrund, um all dies zusammenzufügen›, sagte er (...) Ein alter Bettler wagte, ihn um ein Almosen zu bitten. Nun war es ein altes Vorrecht der hohen Herren, die Härte ihrer Klinge an Bettlern und dergleichen Vieh auszuprobieren. Ganz mechanisch ließ der König den Kopf des Greises rollen, denn er wollte keinesfalls belästigt werden. Das Blut quoll hervor und legte sich wie eine Decke über die Granitplatten auf dem Grund der Flußfurt. Der König lächelte. Für ihn hatte der Zufall das Problem gelöst. ‹Bau hier eine Brücke›, sagte er zum Hofzimmermann. ‹Und die Farbe soll ganz genauso sein wie das Zeug auf den Steinen›» (Rudyard Kipling). Das erklärt die leuchtenden Farben der heiligen Brücke.

Man gelangt über eine lange sandige Allee, die von hohen Zedern gesäumt wird, zum Mausoleum; die Strenge des Ortes wird von dem diffusen Licht, das durch die großen Bäume dringt, und durch die hartnäckigen Nebelschwaden gemildert. 250 Millionen Goldblättchen, so viele Holzbretter, daß sie ausreichen würden, die Strecke von Tokio nach Kyoto zu durchmessen, wenn man sie Ende an Ende aneinanderlegen würde, zwanzig Jahre Arbeit der Zimmermannszunft – das sind Zahlen, die allein schon genügen, um die außergewöhnlichen Ausmaße der Arbeit begreifen zu lassen. Aber man steht hier vor allem vor einer Überspanntheit, einer Ausschweifung, einer Raserei, an die uns Japan nicht gewöhnt hat. Gold, Schwarz, Weiß, Rot, Überfrachtung mit diabolischen Tieren, japanische Legenden und blutige Kämpfe vermengen sich. Die innere Übertreibung findet ihre natürliche Fortsetzung im äußeren Pomp: Die Wandmalereien, die *fusuma* und die Wandschirme verdanken wir der Inspiration der akademischen Künstler der Zeit, der Kanō-Schule.

Es ist wieder ein Stil, in dem Gold vorherrscht. Die leuchtenden Farben, die stilisierten Formen, die Nachdrücklichkeit der Haltungen geben voll die politische Unterwerfung Japans unter die Diktatur der Tokugawa im 17. Jahrhundert wieder. Die Themen sind überladen und versammeln gleichzeitig buddhistische Erzählungen, alte Glaubensüberlieferungen der Vorfahren und philosophische sowie religiöse Anspielungen. Die Pflanzenwelt besteht hauptsächlich aus Lotos, Pfingstrosen, Kirschbäumen, Kiefern und Bambus; die Tierwelt bleibt Tapiren, Giraffen, chinesischen Löwen, Füchsen und Dachsen treu, sofern sie nicht Fabelwesen aufnimmt wie Einhörner und Drachen.

Am Hof des Shōgun versuchen die Künstler eine gewisse Strenge zu bewahren: Sōtatsu schmückt die Häuser und Paläste des Adels aus. Er entdeckt am Ende die Shintō-Gottheiten wieder: die Götter des Krieges, des Windes, des Donners... Und die Natur – und nur sie allein – erscheint wiederum vergöttlicht.

45 *So sah das Schloß von Edo um 1657 aus, kurz bevor es abbrannte. 1868 wurde es zum kaiserlichen Palast umgewandelt, als Tokio die Hauptstadt Japans wurde.*

Öffnen wir den Wandschirm der Kiefern-Insel (Matsushima), die wir dem Pinsel von Sōtatsu verdanken: ein vollendet ausgebreiteter Strand aus Gold, einige knorrige Kiefern, die den weißen Schaum überragen, ein Meer aus Gold und Silber, das zu unregelmäßigen Wellen stilisiert ist. Kleine felsige Inseln tauchen wie Steine in einem sorgfältig geharkten Zen-Garten auf. Die Perspektive wird durch die Intensität der Farben betont, die von den dunkelsten bis zu den hellsten reichen und von einer ganz klaren Linie umrandet sind. Nur das Meer dehnt sich in einer unruhigen Bewegung ins Unendliche aus.

Ōgata Kōrin setzt die Kunst von Sōtatsu fort. Er ist der Sohn von wohlhabenden Textilkaufleuten in Kyoto, sein Vater führt ihn in die Malerei ein. Er erbt zufällig ein großes Vermögen, das ihm gestattet, sich vollkommen seiner Leidenschaft zu widmen. Beim Wandschirm der Lilien gelingt es ihm, feinsinnig das Rauschen pflanzlichen Lebens zum Ausdruck zu bringen. Nur drei Farben spielen herein: Das zarte Grün der Stiele und das Blau der Blüten heben sich von einem Goldgrund ab. Ihre Intensität wird aber durch ihre Komposition hervorgehoben. Die stilisierten Pinselstriche verhindern nicht realistische Effekte. Diese Beschwörung der Natur, der Blumen und der Pflanzen ist eine von vielfältigen derartigen Szenen, die es den Japanern gestatten, den Gast in die Intimität ihres Gartens hineindringen zu lassen.

Im Gegensatz zum Luxus und zur Pracht der vorhergehenden Beschwörungen bieten die Katsura-Villa und ihr Garten ein Musterbeispiel von Schlichtheit, die im übrigen nicht die Verfeinerung ausschließt. Die Villa, die zur selben Zeit errichtet ist wie der Nikkō-Schrein (1625), ist die Sommerresidenz eines kaiserlichen Prinzen, eines Bruders des Herrschers. Ebenso wie man vom Nikkō-Schrein sagen kann, daß er erbaut wurde, um die militärische Macht des Shōgun zu bekräftigen, spiegelt dieses Bauwerk den Seelenadel einer himmlischen Gottheit wider. Garten und Wohnbereich bilden eine Einheit. Die Villa besteht aus einer Folge von geometri-

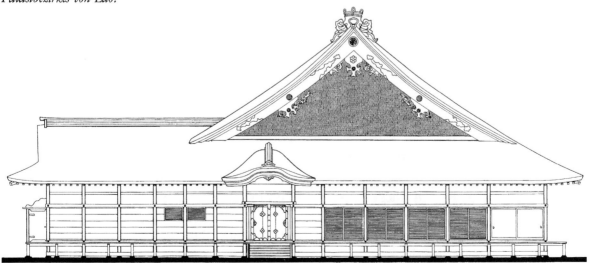

46   *Aus dem Wehrturm (Hōnmaru) entstand 1640 die Große Empfangshalle, deren Aufriß die Abb. zeigt, Zentrum des Palastbezirkes von Edo.*

47 Festliche Sänfte (norimono), verziert mit Bambus-, Päonien- und Malvenblüten; Lackarbeit (um 1660) aus der Werkstatt des Kôami Chôhô (1628-1682).

schen weißen und schwarzen Linien. Die Qualität der benutzten Materialien (Holz, Papier, Stroh) erlaubt äußerste Reduzierung und Zurückhaltung; es scheint, als hätte der Mensch nicht in das Werk eingegriffen.

Paradoxerweise erscheint aber in diesem Universum, in dem alles verschmilzt, der Garten raffiniert und künstlich: Er ist von Menschenhand bearbeitet und nach Menschenmaß gestaltet. Dieser Garten, der von einem berühmten «Teemeister» entworfen ist, ist das Urbild der japanischen Gartenbaukunst: Kleine Brücken, bemooste Steine, Teehäuser, gewundene Wege aus flachen Steinen; ein kleiner See stellt mit seinen zwei Inseln die Sandküste des Ozeans dar. Hier und dort einige Steinlaternen. Sie haben die Aufgabe, an die Seelen der Verstorbenen zu erinnern und das friedliche Nebeneinander von Buddhismus und Shintoismus zu beschwören. Und obgleich sie für die berühmten, ganz harmlosen «Teepartys», die bis zur Morgendämmerung fortdauern, genutzt werden, bleiben sie vom Geheimnis umwittert...

Die Aristokraten jener Zeit pflegen ihre Muße und ihre Sehnsucht in einem eleganten und bezaubernden Rahmen. Einige wenden sich auf der Suche nach Entspannung der Malerei zu. Sie streifen als Sonntagsmaler durch ganz Japan und entdecken die volkstümliche Welt der Vergnügungsviertel von Edo.

Die volkstümliche Kunst

Da der Shōgun die Hauptstadt gewechselt hat, folgt ihm eine große Zahl von Künstlern, und infolge des Handels taucht auch eine Mittelschicht dort auf. Die Bevölkerung von Edo wächst immens und erreicht in der Mitte des 18. Jahrhunderts eine Million Einwohner. Sie verdrängt damit alle japanischen Städte und wird die größte Stadt der Welt. Um die Vergnügungslust dieser neuen Schicht zu befriedigen, werden viele «Teehäuser» im Viertel von Yoshiwara eröffnet. Diese Stätten der Unterhaltung und des Vergnügens werden «vergängliche Welt» (*ukiyō*) genannt, ein buddhistischer Begriff.

Gleichzeitig legt das gerade erst zu Reichtum gelangte Bürgertum Wert darauf, Kunstwerke, aber nicht zu teure, zu besitzen. Um diese Nachfrage besser befriedigen zu können, hat Hishikawa Moronobu (1618–1694) die geniale Idee, in Form des Holzschnitts die aus dem Alltag gegriffenen Skizzen des japanischen Lebens zu vervielfältigen. Liebesszenen aus den Vergnügungsvierteln, Schönheiten aus den Freudenhäusern sind von den Kaufleuten von Edo begehrte Themen. Die Werke von Moronobu, die die Sitten seiner Zeit widerspiegeln, werden in großen Auflagen herausgebracht und «Bilder der vergänglichen Welt» (Ukiyō-e) genannt.

48 «*Junge Frauen besuchen die Küste bei Ise*» lautet der Titel dieses ukiyo-e-Druckes, den der berühmte Mädchenmaler Kitagawa Utamoro (1754–1806) etwa 1800 schuf.

49 An der Wende vom 18. zum 19. Jahrhundert widmeten sich die Bildhauer vorrangig mythischen Figuren. Hier sind kappa und shōjō vereint, zwei Wassergötter.

Die Technik des Holzschnitts benötigt drei Künstler oder Handwerker: Einer zeichnet, der zweite schnitzt, der dritte druckt. Am Anfang wurden nur Schwarz und Weiß benutzt. Nach und nach treten bunte und knallige Farben hinzu.
Moronobu macht einige Figuren unsterblich: Geisha, Freudenmädchen und Kabuki-Schauspieler. Das Kabuki, ein vor allem volkstümliches Theater, das von einer Frau begründet wird, findet selbst beim Shōgun großen Anklang. Ursprünglich ein reines Frauentheater, entwickelt es sich nach und nach zur Darstellung von epischen Dramen, in denen selbst die Frauenrollen von Männern gespielt werden. Grelle Schminke, ausstaffierte Kostüme, übertriebene Gesten, überladene Dekorationen eignen sich zur Inspiration der Meister des Holzschnitts.
Diese stellen zunächst Personen in ganzer Figur dar: anmutige Mädchen, die Shamisen spielen, schreiben oder alltägliche Gesten machen. Die Stimmung ist nicht mehr nur poetisch, sie wird realistisch. Doch die Perspektiven, die durch die schräge Geometrie der Architekturdetails hervorgehoben werden, lassen sonderbarerweise an die «Erzählungen des Prinzen Genji» der Heian-Zeit denken. Die anmutigen runden Linien der Gesichter und der Frisuren setzen sich in der Bewegung der Gewänder, hinreißend vielfarbiger Kimonos, fort. Aber ebenso wie die alten Bildrollen einer Elite vorbehalten waren, drücken die Holzschnitte den Geist einer neuen Mittelschicht aus, der der Bürger und ihrer Interessen.
Utamaro (1753–1806), der all die bis dahin gelernten Techniken ausnutzt, geht weiter und bringt Neues: Er konzentriert sich auf das Gesicht. Seine Themen sind melancholisch, aber in ungezwungenen Haltungen dargestellt; seine Serie «Poesie der Liebe» bemüht sich um die verschiedenen Aspekte dieses Gefühls: heimlich, melancholisch, enthüllt – zarte Farben voll Zauber, die eine Leidenschaft beschwören, die sich in einem Kimonoärmel voll Tränen versteckt.

Es ist vor allem der Ausdruck einer ganzen Seelenkunde, die keines lyrischen oder literarischen Rahmens bedarf.

Sharaku ist von Geheimnissen umgeben. Die Chronologie seines Werkes mündet in einen überraschenden Schluß: Rund zehn Monate haben diesem Genie genügt, um ungefähr 140 Holzschnitte herzustellen. Seine Themen stellen hauptsächlich Porträts berühmter Schauspieler dar, was zu der Annahme führt, daß er selbst einer Theatergruppe angehörte. Die anderen Ukiyō-e-Künstler lassen eine zweideutige Atmosphäre entstehen, Sharaku aber konzentriert seine ganze Kraft auf den Ausdruck des Gesichts. Eine, manchmal zwei Figuren sind für sich allein schon Themen. Verdrehte Münder, verunstaltete Nasen, die Schauspieler sind in voller dramatischer Intensität wie aus dem Leben gegriffen festgehalten. Diese Porträts zielen darauf, die Höhepunkte des Dramas festzuhalten. Tatsächlich ist die Welt des Kabuki die Welt der Formen, nicht die der Bewegung. Auf dem Höhepunkt der Handlung angelangt, läßt der Schauspieler seine Gebärden erstarren, um dem Zuschauer Zeit zu geben, ihn zu bewundern. Das Werk wurde leider schlecht aufgenommen: Die Japaner wollten darin ein Spottbild des Schauspielers sehen, und der arme Sharaku ist in das Dunkel zurückgesunken, aus dem das Schicksal ihn einen Augenblick lang gezogen hatte.

50 *Katsushika Hokusai (1760–1849) war einer der bedeutendsten Landschaftsmaler Japans am Ende der Edo-Zeit, die Drucke seiner Holzschnitte beeinflußten die westliche Kunst. Hier eine verschneite Morgenlandschaft bei Koishikawa.*

51   Auch die Holzschnitte von Andō Hiroshige (1797–1858) fanden in Europa und Amerika große Beachtung und Bewunderung. «Seba» ist eine Szene aus seinen berühmten «Dreiundfünfzig Stationen des Tōkaidō».

Die neue Kunst der Porträtisten verfällt nach und nach, die Qualität der hergestellten Werke sinkt immer weiter ab. Doch die Mode mischt sich ein, so daß das Ukiyō-e neue Fortsetzungen bekommt: Auf der Lauer nach dem geringsten Vorwand bemächtigen sich die Künstler der Romane und anderer literarischer Werke. Alles wird zum Bildmotiv, und es geschieht in diesem Zusammenhang eines ausufernden Durcheinanders, daß Katsushika Hokusai (1760–1869) auftaucht. Dieser holt in gewisser Weise den Holzschnitt aus der Stadt hinaus, führt ihn zur Entdeckung neuer Ansichten japanischer Landschaften und öffnet ihm so eine neue Quelle der Anregung.
Sein Weg ist erstaunlich: Bauernsohn aus einer Gegend in der Nähe von Edo, versucht er erst mehrere Berufe, bevor er mit fünfzehn Jahren in eine Werkstatt eintritt, in der er an Schauspieler-Porträts arbeitet. Beim Tod seines Meisters stürzt er sich mit Besessenheit auf das Studium verschiedener Techniken der Kanō- und Tōsa-Schulen. Die Begegnung mit der westlichen Kunst wird entscheidend. Dieser «Mal-Besessene» wird vom Taumel erfaßt: Das Universum ist sein Repertoire, die Natur sein Echo. Alles begeistert ihn, und er versucht sich in allem. Er selber sagt: «Ich wurde mit 50 geboren.» Im Gegensatz zur japanischen Tradition wechselt er den Blickpunkt und stellt sich unten ans Bild. Die Kompositionen werden dadurch eindringlicher; übergroße Wellen und der weit entfernte Fuji heben sich vom Blau des mit Wattewolken bestreuten Himmels ab. Der Künstler ist da, präsent. Er fühlt das Leben der Erde wie sein eigenes. Er wird im wörtlichen Sinn von der Intensität des Augenblicks verführt, von der sinkenden Sonne bis zur Wellenbrandung. Und der Austausch wird übertragen und geheiligt in dieser strahlenden Gottheit des Berges Fuji, ein irrealer Schattenriß.

> Nebel und Nieseln
> verschleiern den Fuji.
> Zauber dieses Tages.
> Basho

Unterdessen wird der «Mal-Besessene» trotz seiner roten Fujis, Gewitter-Fuji und Fuji mit Welle in der ungeheuren Weite seines Könnens von einem jungen Rivalen erschüttert: Hiroshige (1797–1858). Hiroshige und Hokusai sind in allem Gegensätze. Als Sohn eines militärischen Verwalters wird Hiroshige in wohlhabenden Kreisen geboren. Er beginnt die Malerei als Liebhaber und vervollkommnet sie, indem er in einer Werkstatt arbeitet. Seine ersten Versuche enthüllen trotz des starken Einflusses von Hokusai schon seine Begabung.

1832 begleitet er zu Fuß einen kaiserlichen Boten nach Kyoto. Dieser Weg gestattet ihm, eine Menge von Entwürfen von Landschaften und Poststationen zu skizzieren. Im folgenden Jahr veröffentlicht er die «53 Stationen des Tokaido». Zart und lyrisch taucht Hiroshige die Natur in feine Poesie. Seine verhaltene Sensibilität drückt sich in feinen abgestuften Pinselstrichen aus und in der Harmonie der Farben. Der Mensch ist wieder einmal mit Unwettern verbunden, seine Gesten wiederholen die schroffen Pfade, die er durchschreiten muß; Bäume, Sonne, Regen und Wind werden erneut geheiligt.

Nach den großen Namen des Ukiyō-e werden die Drucke immer seichter und verlieren die Kraft und Originalität, die sie charakterisierten. Paradoxerweise dringt diese neue Gattung anläßlich der Weltausstellung von 1867 in den Westen, und die Pariser Impressionisten ziehen eine wichtige und fruchtbare Lehre aus den banalen und heruntergekommenen Werken. Wie konnten sie die großen Meister hinter diesen minderwertigen Arbeiten erahnen? Wieder einmal geschieht es durch einen wirklichen Manierismus, daß sich die Kunst eines Landes im Ausland bekannt macht.

Farbabbildungen

985   Malerei auf einer Schiebetür aus dem 16. Jahrhundert, Ausdruck eines lebendigen, prächtigen Dekorstils.

986   Kitagawa Utamaro (1753–1806) war berühmt für seine Darstellungen schöner Frauen. Der Holzschnitt zeigt zwei Mädchen nach dem Bad.

987   Alltagsszene in Edo: eine Fächerverkäuferin bei einer Teebude. Holzschnitt von Suzuki Harunobu (1724–1770), der durch dieses Werk berühmt wurde.

988   Seit der Muromachi-Zeit trugen die Damen der Oberschicht solche Gewänder, Uchikake genannt. Unser Beispiel aus dem 16. Jahrhundert ist aus bestickter Seide und Blattsilber gearbeitet.

989   Der buddhistischen Gnadengöttin Kannon ist ein Tempel im Tokyoter Stadtteil Asakusa geweiht, der Legende nach von drei Fischern 628 gegründet.

990   Einer der Speicher im Mittelhof von Nikkō trägt zwei Elefantenreliefs, die Tanyu Kanō (1602–1674) zugeschrieben werden.

991   Ganz in Schwarz und Weiß gehalten ist das Chinesische Tor (Karamon) in Nikkō, durch das man zum Tōshōgū-Schrein gelangt.

992   Die fünfstöckige Pagode des Tōshōgū in Nikkō stammt aus dem Jahre 1636, als die Anlage erheblich erweitert wurde.

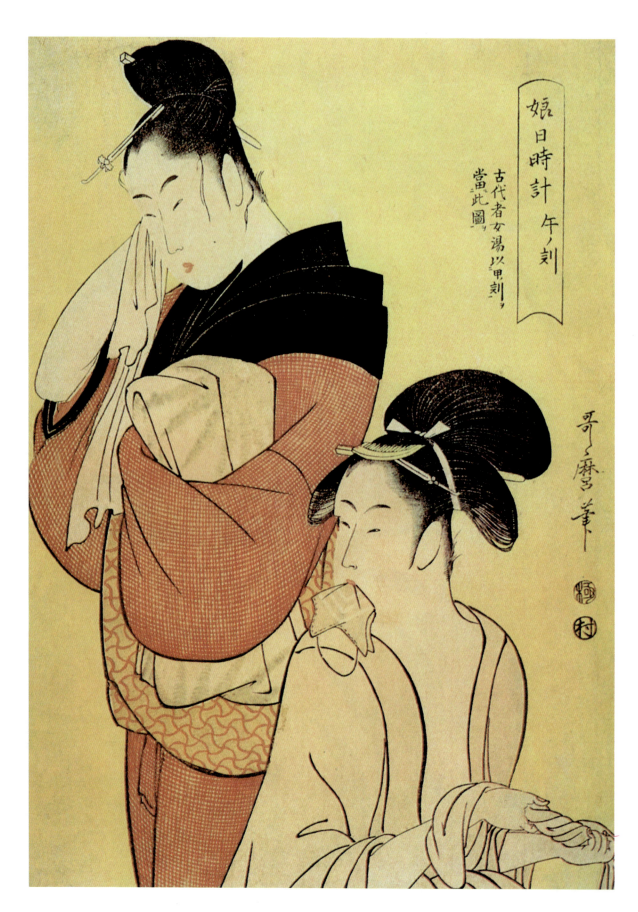

Schluß

Am Ende der Edo-Zeit öffnet sich das Reich der Aufgehenden Sonne erneut dem Ausland; zum erstenmal seit Jahrhunderten tritt der Kaiser wieder auf die politische Bühne. Ein unerschöpflicher Strom von Reformen und neuen Anpassungen läßt ihn, von der einstigen Göttlichkeit verherrlicht, zum Vorschein kommen.

Als Wiederholung derselben Erscheinung hört diese Folge von Öffnung und Rückbesinnung nicht auf, uns in Erstaunen zu versetzen, und verleiht Japan Wendigkeit und Stärke gegenüber dem Westen. Sein Wissensdurst wird gestillt. Und Japan ergreift, betastet und formt seinen Gegenstand. Es bringt alles auf sein Maß, gibt seinem Universum eine Dimension und gestaltet es.

Bäume, Blumen, Flüsse, Berge sind alles Elemente, die der japanische Geist mit seinem Aufdruck versiegelt. Und der Kontakt überträgt sich, die Energien werden ausgetauscht. Intensität eines Augenblicks, flüchtige Eindrücke; die japanischen Künstler beherrschen die Kunst, kurze Erscheinungen festzuhalten.

> Der Duft der Orchidee
> hat sich auf die Flügel des Schmetterlings
> übertragen.
> Basho

Die «Haiku», kleine Silbengedichte, entstehen im 18. Jahrhundert. Ihr Meister, Basho, verleiht ihnen ihre Größe: ein Haiku, «das ist einfach das, was da und dann passiert». Flüchtiges Ergreifen eines Augenblicks, lebenswahr aufgezeichnete Genauigkeit – einige Striche genügen, um ein Universum aufzubauen.

«Das Haiku ist der Blitz eines Photos, das man sehr sorgfältig auf japanische Art aufnehmen würde, aber bei dem man es unterlassen hat, einen Film in den Apparat einzulegen» (Roland Barthes). Überempfindlichkeit, zugespitzte Einfachheit, die dem Leeren nahekommt. Die Sprache erreicht eine Schwelle und bricht. Das Leere ist nicht das Nichts; es ist ein bis zum Alleräußersten getriebenes Wecken.

Der Japaner schöpft dieses Bewußtsein im Zen. Die Stille erfüllt die ebenen, glatten und klaren Flächen, die der Rechen in den Steingärten zeichnet.

Die Leere der Innenräume suggeriert eine Fülle. Sogar die Porträts erreichen Durchsichtigkeit: Die Farbe der Gesichter vermischt sich mit der des Untergrunds, die Grenze ist nur noch eine Umrißlinie.

Flüchtiger Charakter aller Dinge, flüchtiger Charakter der Holzbauten...

Alles geht vorüber, und der Japaner braucht nichts zu beweisen. Er drückt einfach seine augenblicklichen Gefühle aus.

Das alte Amerika

Text von Christian Nugue

Einführung

Ya había reinado en Arauco la sangre:
llegó el reino del robo:
y los ladrones éramos nosotros.

Pablo Neruda *Aun*

Die berühmten Verse Pablo Nerudas bedeuten nichts anderes, als daß die Geschichte der Andenregion im weitesten Sinne eine Geschichte des Blutvergießens ist. Den ersten, aus Nordasien und Polynesien stammenden Siedlern, diesen friedfertigen Mais- und bedeutenden Wasserkulturen, folgen die kriegerischen Stämme der Andenhochebenen, deren Gleichgewicht untereinander nur auf Kosten schrecklicher Massaker gesichert werden kann. Den warmherzigen, lebendigen und bunten Küstenkulturen folgen die grausamen und strengen kriegerischen Verbände, deren ganze Kraft von den unaufhörlichen, natürlich rein «präventiven» Kämpfen und der Sorge um die Verteilung der Arbeit auf die unterworfenen Stämme aufgezehrt wird. Die großen alten Kulturen müssen, wie es das moderne Tibet beweist, nicht immer vergänglich sein. Doch verschwanden die großen Kulturen Perus eine nach der anderen auf noch heute mysteriöse Art und Weise. Sie wurden zu dem Preis unvorstellbarer Massaker durch eine starke zentralistische Macht und einen straff organisierten Staat ersetzt.

Es geschah natürlich im Namen der Zivilisation, als gegen Ende der klassischen Epoche der Sonnenkult eingeführt wurde, der dann von dem Kult des Einzigen Gottes abgelöst wurde. Sowohl die Inka als auch die Spanier zeigten gegenüber fremden Volksstämmen im Grunde das gleiche Verhalten. Dazu bemerkte Pater Labbé, in seinen *Lehrreichen und erbaulichen Briefen* (1722):

«Bei diesen Völkern herrscht eine Sitte, die uns seltsam rührte: Es ist ihr Brauch, die Frauen, sobald sie über dreißig sind, zu töten. Sie hatten eine bei sich, die erst vierundzwanzig Jahre alt war: Einer dieser Indios erzählte mir, sie sei bereits alt und hätte nicht mehr lange zu leben, da sie in ein paar Jahren getötet werden müsse. Unsere Pater bekehrten eine stattliche Zahl Indios dieses Stammes. Doch ist es den Frauen zu wünschen, daß sie alle bekehrt werden können.»

1   Die «Crónica del Perú» des Cieza de León ist eines der wichtigsten Dokumente zur Geschichte der Andenkultur. Der Holzschnitt aus der Erstausgabe (1550) zeigt einen Spanier und einen Indio, die dem Inka huldigen.

Der diskrete Humor, der von diesen Zeilen ausgeht, ist natürlich in seinem Ursprung nicht belegt. Aber die liebenswerte ‹Neugier›, die diesen Reisenden aus dem 18. Jahrhundert beseelt, ist von der Sorte, die die Scheiterhaufen zum Brennen bringt: Diese Indios sind vollkommen anders als wir, sie müssen schnellstens bekehrt werden.
Es soll hier nicht der Mythos vom gutmütigen Wilden heraufbeschworen werden: Die Indios der San-Gabriel-Inseln, von denen uns Pater Labbé berichtet, waren letztlich wohl doch recht unliebsame Zeitgenossen. Auf was es jedoch ankommt, ist die Tatsache, daß diese ‹Wilden›, waren sie nun gut oder schlecht, zum größten Teil ausgerottet oder einem Gesellschaftssystem unterworfen wurden, das ihnen völlig fremd war. Lange Zeit vor der Eroberung forderten die Stammeskämpfe um die Oberherrschaft in den Anden Zehntausende von Opfern bei einer Gesamtbevölkerung, die nie über fünf Millionen anstieg. Sowohl die Inka als auch später die Spanier glaubten sich mit einer Kulturmission betraut. Die Armeen Viracochas bewiesen sogar eine gewisse Menschlichkeit: Nehmt kampflos unsere Gesetze und unseren Sonnenkult an, und wir bieten euch als Gegenleistung unseren Schutz. Mit anderen Worten: Leistet Gehorsam, und wir werden für eure Eingliederung sorgen. Die Rebellen ließ man über die Klinge springen, oder sie wurden in großer Zahl verschleppt. Und eine Bibel war es, die 1532 das Zeichen für das Blutbad in Cajamarca gab.
Das Andengebiet beschränkt sich nicht auf die unberührte Herrlichkeit der Kordilleren: Der Dschungel des Amazonas, der dem Menschen unendlich feindseliger gesonnen ist als die bolivianische *meseta*, trägt ebenfalls zu dieser tragischen Geschichte bei, denn die These vom amazonischen Ursprung des Inkastammes hat immer noch einige eifrige Verfechter. Das sagenumwobene Schicksal lautet wie folgt: Einige Krieger aus wärmeren Ländern lassen sich, so gut es geht, im fruchtbaren Tal von Cuzco nieder, sichern sich dann mit Waffengewalt die Herrschaft über ein gewaltiges, jedoch sehr kurzlebiges Andenreich, bis sie schließlich der Schlagkraft der europäischen Krieger unterliegen, die ebenfalls aus dem Dschungel kamen. Verfolgt von den Soldaten des Vizekönigs Toledo, suchte der letzte Inka instinktiv Zuflucht in den Tiefen des Dschungels ...
Die moderne Zivilisation bekam Recht von den wilden Stämmen der Araukaner, der Antis

2 Das Haus des Inka Garcilaso de la Vega in Cuzco. Er verfaßte die berühmten «Comentarios Reales» (1609), in denen die Kultur der Inka dokumentiert ist.

und der Chanca, die den Friedensbemühungen der Inka grausamen Widerstand leisteten. Die Stämme des Amazonasbeckens sind auf dem Weg zur vollständigen Ausrottung, sie sind Opfer organisierter Massaker, der Hungerlöhne, des Alkohols und unserer Zivilisation insgesamt. Die peruanischen und bolivianischen Indios, die Nachkommen des Bündnisses von Cuzco, kämpfen heute noch ums Überleben. Doch handelt es sich dabei um einen inneren Widerstand, der sich in einer nicht zu entwurzelnden Treue zu den Werten ihrer Vorfahren äußert: Der Rationalismus der Inka, der Katholizismus der Spanier und der moderne ‹Sozialismus› konnten keinen Bruch mit der Vergangenheit bewirken.
Die Überlieferung besagt, daß Francisco Pizarro im Laufe seines ‹Einfalls› in das Andengebiet nur eine einzige Verletzung davontrug: Er schützte mit seinem Arm den Inka Atahuallpa, als ein spanischer Soldat sich anschickte, diesen ohne weitere Verhandlung mit seinem Dolch zu durchbohren. Vom Standpunkt der Geschichte gilt es als unbestritten, daß die Konquista auch positive Auswirkungen, vor allem auf ein mehr als zweitausend Jahre altes Erbe, hatte. Unter den Eroberern befanden sich höhere Beamte, Geistliche und Künstler, die den Herrlichkeiten, die sie in den Tempeln und Grabmälern fanden, den richtigen Wert beimessen konnten. Außerdem konnten sich die imperialistischen Inka nur schlecht damit abfinden, daß es vor ihnen Kulturen gab, die ihnen in manchen Punkten weit überlegen waren. Und wer weiß, ob sie in ihrer ikonoklastischen Raserei, wie sie bei der Einnahme und Plünderung von Chan-Chan, der Hauptstadt des Königreichs von Chimu, zum Ausbruch kam, nicht alles dazu getan hätten, durch eine systematische Zerstörung die Spuren der Vergangenheit auszulöschen? In ideologischer Hinsicht ließen sie jedenfalls keinen Zweifel an ihren innersten Absichten.
Der erhobene Arm Pizarros schützte also auf symbolische Weise die Vergangenheit. Das Blut von Cajamarca wäre somit nicht umsonst vergossen worden und hat vielleicht dazu beigetragen, einen Teil von dem zu bewahren, was den Ruhm der präkolumbianischen Zeit ausmacht: den Schätzen der Anden.

3 Der spanische Dominikanermönch Bartolomeo de Las Casas (1474–1566) kämpfte gegen die Versklavung und Mißhandlung der Indianer durch die Konquistadoren und erreichte einen gesetzlichen Schutz der Ureinwohner in den neueroberten Gebieten.

«Inka, mein Onkel, wie könnt Ihr, die Ihr keine Schrift besitzt, die Erinnerung an vergangene Dinge bewahren, und was wißt Ihr über den Ursprung und die Anfänge unserer Könige?»
Garcilaso de la Vega

Die Augenzeugen

Wir wüßten nur sehr wenig über die großen präkolumbianischen Reiche wie die der Chimu und der Inka, verließen wir uns allein auf die Zeugnisse der Eroberer. Vollkommen eingenommen von seinem fantastischen Vorhaben, das Schicksal herauszufordern, ‹fotografierte› Francisco Pizarro nur jenen Teil der Wirklichkeit, der für seine Strategie von Interesse war.
Die mit der Aufzeichnung des Expeditionsberichts beauftragten Sekretäre kümmerten sich recht wenig um Themen der Völkerkunde, und ihr ‹Gesprächsgerüst› mit den Eingeborenen beschränkte sich auf die unvermeidlichen Fragen nach Gold, dem Lebensunterhalt und den Frauen. Obgleich privilegierte Zeugen einer Zivilisation, die sie dabei waren zu zerstören, legten sie eine geradezu unglaubliche Gleichgültigkeit gegenüber dieser Kultur an den Tag. Sie nannten die Sonnentempel «Moscheen» und würdigten die Erzeugnisse des Kunsthandwerks keines Blickes, es sei denn, es lieferte Gegenstände, die eingeschmolzen und zu klingenden, vollwichtigen Pesos verwandelt werden konnten.
Zum Glück wird die Eroberung sehr schnell bürokratisiert. Eine Armee königlicher Beamter läßt sich in Cuzco nieder. Bischöfe, Verwaltungsleute, Mönche und Chronisten beginnen damit, das Tahuantinsuyu in Planquadrate aufzuteilen und deren Besonderheiten niederzuschreiben. Zwischen 1534 und 1604 erscheint ein Dutzend umfangreicher Werke in spanischer Sprache, die Peru gewidmet waren. Das erste, aus dem Jahr 1534, stammt aus der Feder von Francisco de Jérez mit dem Titel *Verdadera relación de la conquista del Perú* und erscheint knapp zwei Jahre nach der Schlacht von Cajamarca. Zu den bedeutendsten weiteren Namen, die Erwähnung finden sollen, gehören Juan Polo de Ondegardo, der uns eine detaillierte Beschreibung des Verwaltungssystems der Inka hinterließ; Pedro Cieza de León, Schriftsteller und Abenteurer, dessen *Crónica del Perú,* erschienen 1550, uns unersetzliche Informationen über ein riesiges Gebiet liefert, das von Panama bis zum Titicacasee reicht: Huamán Poma de Ayala, dessen Bilder schonungslos die Schrecken der Konquista aufzeigen; und natürlich der Inka Garcilaso de la Vega, der nach einer langen Karriere im Dienst des katholischen Königs seine berühmten *Comentarios Reales*, erschienen 1609, niederschrieb. Trotz der manchmal aggressiven Parteinahme widmeten sich die Chronisten des 16. Jahrhunderts ihrer Aufgabe mit großer Ge-

wissenhaftigkeit. «Wenn sie auch nichts verstanden haben, so machten sie wenigstens ihre Aufzeichnungen» (B. Flornoy).

Garcilaso de la Vega, der 1539 in Cuzco als Sohn eines spanischen Edelmannes (einer von 80, denen die Krone ein Stück Land in der Umgebung der peruanischen Hauptstadt zugewiesen hatte) und einer Inka-Prinzessin königlichen Geblüts, Isabella Chimbu Occlo, geboren wird, ist also der Cousin 1. Grades von Huascar, dem glücklosen Rivalen Atahuallpas. Die Stadt seiner Kindheit, in der er als Sohn einer Person von Ansehen verwöhnt wird, unterliegt mit der Ankunft der Spanier keinen tiefgreifenden Veränderungen. Diese begnügen sich zunächst damit, einige Fenster zu durchbrechen, hier und da einige Balkone anzubringen und so gut als möglich einen Glockenturm in Stampfbauweise zu errichten, bis die endgültige Kathedrale gebaut werden kann.

Da Garcilaso in ständiger Verbindung mit der Familie mütterlicherseits steht, die in einer traurigen Existenz gefangen ist, erwacht in ihm ganz von selbst das Interesse, die große Tragödie niederzuschreiben. Als er mit 21 Jahren Peru verläßt, um sich in Europa in eine militärische Karriere zu stürzen, verfügt er bereits über alle notwendigen Elemente einer großen Rechtfertigungsschrift, die dem Schicksal seiner Vorfahren gewidmet ist. Eine mehr oder weniger tief verwurzelte Tradition will es, daß er vor seiner Abreise nicht vergißt, die Hand Huayna Capacs, des vorletzten Herrschers der Inka, zu berühren, dessen mumifizierte Leiche von einem spanischen Offizier verwahrt wird: symbolische Geste des Bruchs mit einer allzu bedrückenden Vergangenheit. Garcilaso knüpft erst 1590 wieder an die Heldengeschichte seines Volkes an, als er, enttäuscht von der militärischen Laufbahn, die ihm nicht die erhofften Ehren brachte, beschloß, sich nach Cordoba zurückzuziehen. «Die Könige der Inka zerteilten das Reich in vier Bezirke, entsprechend den vier Himmelsrichtungen, und nannten das gesamte Gebiet Tahuantinsuyu, was soviel bedeutet wie die vier Teile der Welt. Ihr Mittelpunkt war Cuzco, dessen Name Nabel der Welt bedeutet. Dieser Name war gut gewählt, denn Peru ist schmal und langgestreckt wie ein menschlicher Körper, und Cuzco liegt darin an der Stelle des Bauches.»

Der Ton ist vorgegeben. Als privilegierter Interpret einer sagenumwobenen Geschichte bemüht sich Garcilaso, uns selbst in den kleinsten Details das System der Inka-Kolonisation greifbar zu machen, uns den diskreten Charme der «pax incaica» spüren zu lassen, deren wohltuende Auswirkungen sich Schritt für Schritt auf eine Vielzahl von mehr oder weniger barbarischen Völkern erstreckte: «Da gab es bei den Colla eine höchst schändliche und ehrenrührige Sitte: Die Frauen konnten sich vor ihrer Heirat alle nur erdenklichen Freizügigkeiten erlauben, ganz wie es ihnen gefiel; je zügelloser sie waren, desto leichter war es, einen Ehemann zu finden. Die Inkakönige reformierten dies alles.»

Der letzte Satz klingt nach Voltaire. Es fehlt ‹nur› die Ironie. Dieser Sohn eines Besiegten, den die Vorsehung dazu bestimmte, sein Schicksal an das der Sieger zu binden, bewundert ohne Vorbehalte den «aufgeklärten Despotismus» (wie wir es heute nennen würden) seiner Vorfahren, die es derart gut verstanden, ihren Verstand zu gebrauchen. Er bewundert auch ihren Sinn für Ordnung und die Hierarchie, die gut durchorganisierten Armeen, in denen die Führer der Provinzen ihrem geliebten Herrscher um so näher stehen, je länger ihre Provinzen in das Reich eingegliedert sind, das System von Strafmaßnahmen, das nicht davor zurückschreckt, wegen eines ‹Wirtschaftsverbrechens› die Todesstrafe zu verhängen («Denn, so sagten sie, wenn man einem Schuldigen seine Güter wegnimmt und ihm das Leben läßt, wozu sollte er es wohl nutzen als dazu, noch weitere Verfehlungen zu begehen!» – in der Tat unwiderlegbar), jedoch den Erben der Güter der Gehirnwäsche unterzieht («Man überließ ihm die Machtbefugnisse seines Vaters und schilderte ihm dabei genauestens dessen Verbrechen und die Strafe, der er sich unterziehen mußte»). Er bewundert auch die Landarbeiter, die singend jene Art primitiven Spaten handhaben, der ihnen als Pflug dient, die beruhigende Sicherheit und die Geborgenheit der großen Politik, die bewirkt, daß die Inka auf ihren siegreichen Feldzügen nur reumütige und unterworfene Volksgruppen antreffen: «Hier bewegen sie sich in den neuen Provinzen, dem Land der reumütigen Chanca, die weise genug waren, sich ohne Widerstand zu ergeben.» All das – und noch viel mehr! – hatte der Inka Garcilaso selbst gesehen, und zwar «mit eigenen Augen», wie er des öfteren betont. Er wohnte in Cuzco dem Fest des Ackerbaus bei, der traditionsreichen Zeremonie, versehen mit allen Insignien der Vergangenheit. Er sah die Körper seiner königlichen Vorfahren, an denen «weder ein Haar noch Wimper oder Augenbraue fehlte» und die die Indios auf ihren Armen gegen einen geringen Geldbetrag auf den Stadtplatz transportierten, um die Neugier der «Herren», die von weither gekommen waren, zufriedenzustellen. Er hatte die Quipus, die Nachrichtenschnüre, gesehen, die die Bauern seines Vaters zum Johannisfest mitbrachten, um für die Ernte den Nachweis erbringen zu können, und die sie in arabische Zahlen ‹übersetzten›, um jedes Mißverständnis zu vermeiden. Was er nicht gesehen hatte, erfand er dazu, und so geriet wohl auch in das politische Testament Huayna Capacs ein höchst unwahrscheinlicher Satz, der jedoch mangels jeglicher schriftlicher Überlieferung nicht widerlegt werden kann. Danach forderte der Inkakönig seine Landsleute auf, den Fremden (d.h. den Spaniern) zu gehorchen «als einem Volk, das euch in vielerlei Hinsicht überlegen ist und das bessere Gesetze und schlagkräftigere Waffen besitzt als wir». Sei es aus einer unmäßigen Leidenschaft für die Technokratie oder aus Sorge, sich mit den Machthabern gut zu stellen: Hier kommt jedenfalls eine Haltung zum Vorschein, die wenig Gefallen findet.

Garcilaso ist keineswegs naiv. Er ist sich der Einflußnahme durch Selektion in der offiziellen «Geschichtsschreibung», wie sie der bescheidenen Vergangenheit eines kleinen Andenstammes widerfährt, dessen Bild abgerundet werden soll, vollkommen bewußt: «Der erste Inka muß wohl irgendein Indio von Verstand, Vorsicht und Überlegung gewesen sein, der die Einfalt der Nationen und ihrer Bedürfnisse verstanden hatte. Mit diesem Ziel gab er vor, daß er und seine Gefährtin Kinder der Sonne seien und vom Himmel kämen.» Ein französischer Philosoph der Aufklärung hätte gewiß nichts gegen diese lockere Sicht der Dinge einzuwenden gehabt, die ein ganzes religiöses Gebäude entmystifiziert.

Manchmal ist sogar Humor mit von der Partie. Über die gemeinschaftliche Organisation der Arbeit bemerkt Garcilaso: «Dagegen genossen die Tauben und die Stummen keinerlei besondere Befreiung, denn sie konnten arbeiten wie alle anderen auch.» Auch hätte jener französische Philosoph bestimmt nichts gegen die Nostalgie dieser wenigen glücklichen Jahrzehnte, die der Eroberung vorausgingen, einzuwenden, in denen das Reich (relativen) Frieden und Wohlstand erlebte. Als Ökologe schlechthin bedauert Garcilaso die «Zerstörungswut», die nicht nur ganze Stämme dezimierte, sondern auch die Umwelt zerstörte, aus der Vikunja (Wolle) und Guano (Vogeldünger) unwiederbringlich verschwanden. Doch handelt es sich hierbei um vorübergehende «Schwächen». Im ganzen gesehen steht Garcilaso unerschütterlich hinter seiner Vergangenheit, und das Bild, das er uns vom Reich der Inka zeichnet, liefert uns trotz seiner Voreingenommenheit wertvolle Informationen.

Die anderen Chronisten, auf die wir hier nur kurz eingehen können, teilen sich in zwei Gruppen: die Verfechter der aufgezwungenen Kolonisation, die wie Gamboa in seiner *Geschichte Perus* sogar Thesen der Sklaverei vertreten, und die «in das Land Verliebten», die ihre jeweiligen offiziellen Missionen nicht davon abhielt, eine Kultur zu bewundern und zu respektieren, die sie der ihren als ebenbürtig erachteten. Dies trifft auf Cieza de León zu, dessen *Crónica del Perú* keine Gelegenheit ausläßt, in einem neutralen und objektiven Ton auf die Verwüstungen hinzuweisen, die durch das gewaltsame Eindringen Pizarros und seiner Haudegen verursacht wurden. Ihm ist zu verdanken, daß wir uns eine ungefähre Vorstellung von dem Verlauf der Entvölkerung und der Landverwaisung, die mit der Konquista einsetzte oder sich zumindest weiter ausbreitete, machen können.

Ebenfalls erwähnt zu werden verdienen Bernabé Cobo, ein Jesuitenpater, der 1596 in Cuzco ankam; Bartolomé de Las Casas, Sohn eines Siedlers auf den Karibischen Inseln, dessen zwei Werke *Die alten Völker Perus* und *Bericht von der Zerstörung Westindiens* einen heftigen antikolonialistischen Standpunkt vertreten (eine Haltung, die mit dem Missionseifer nicht unvereinbar scheint: Als Jesuit war er wohl der Auffassung, daß die Bekehrung zum Christentum über die Erkenntnis führen würde); Juan de Betanzos, der Verfasser von *Suma y narración de los Incas*; und schließlich Felipe Huamán Poma de Ayala, der aus Huánuco in Peru stammte und dessen Vorfahren bereits vor dem Einfall der Inka Stammeshäuptlinge gewesen waren. Huamán Poma hat für uns moderne Menschen den Vorteil, daß er zugleich Chronist seiner eigenen Heimat ist («Indio vom Scheitel bis zur Sohle», wie er von sich selbst sagte), ein erbitterter Bekämpfer der *pax incaica*, die ihr Volk unterdrückte, und ein Beobachter der Konquista ohne jede Nachsicht. Seine Bildergeschichten mit den gedrungenen, etwas ungeschickt gezeichneten Figuren, seine selbst unter der schlimmsten Folter noch unverändert heiteren Gesichter, seine in einer Mischung aus Ketschua und Spanisch abgefaßten Legenden haben ihn berühmt gemacht. Aber auch der Historiker schöpft daraus wertvolle Erkenntnisse – und Bilder – über den gesellschaftlichen Aufbau, den technischen Fortschritt und die religiösen Bräuche der Inka.

Diese begrenzte Auswahl von Quellen erlaubt es uns bereits, den außergewöhnlichen Wissensdrang zu ermessen, den die Entdeckung der indianischen Königreiche auslöste. Zur Entlastung der Kolonialherren kann gesagt werden, daß sich in ihren eigenen Reihen einige zur Anthropologie berufen fühlten. Die Flut von Werken über Peru, die in der zweiten Hälfte des 16. Jahrhunderts erschienen, beweisen, daß sich die Chronisten ihrer privilegierten Position als Augenzeugen sehr wohl bewußt waren. Welche ideologischen Überzeugungen sie auch sonst haben mochten, so scheint es doch, daß sie all ihren Eifer daran setzten, der Geschichte eine sagenumwobene Welt zu erhalten, die im Begriff war zu verschwinden.

Reisende und Archäologen

Als die Gefährten Francisco Pizarros ihren Fuß auf die Hochebenen der Anden gesetzt haben, ist ihr dringendstes Anliegen, Schmelzöfen einzurichten, um die herrlichen Gegenstände aus Gold, die sie von ihrer Rundreise mitgebracht haben, einzuschmelzen und zu Goldbarren zu verarbeiten, die die spanische Krone bereichern sollen. Zunächst zur Zahlung eines Lösegelds verurteilt, gibt der Inka Atahuallpa die Anweisung, den Raum, in dem er als Gefangener festgehalten wird, vom Boden bis zur Decke mit wertvollen Gegenständen zu füllen, denn so lauten die Bedingungen des Tauschhandels. Aus den vier Teilen des Tahuantinsuyu eilen die treuen Untertanen des Inka nach Cajamarca, um das Gold abzuliefern, das die Freilassung ihres Königs gewährleisten soll. Dieser «Aderlaß des Ersparten» kommt erst zum Stillstand, als die öffentliche Hinrichtung des Inka verkündet wird. Die Schätze, die noch nicht an ihrem Bestimmungsort angekommen sind, werden an Ort und Stelle vergraben und entgehen so der Habgier der Spanier. Selbst heute noch werden solche Verstecke gefunden ...
Der Eifer der Eroberer, die von den *huaqueros* oder eingeborenen Grabschändern tatkräftig unterstützt werden, hat nicht nur negative Folgen. Im Gegensatz zum inkaischen Imperialismus, der nicht vor systematischer Zerstörung zurückschreckt, zeigt sich der spanische Kolonialismus (ist der Tribut in Gelbmetall erst einmal entrichtet) bemüht, die präkolumbianischen Kulturen, die vor dem Inkareich existierten, zu erhalten bzw. zu erforschen. Die Vermutung sei durchaus zugelassen, daß die Armeen von Cuzco auch ohne das Eingreifen der Spanier nach und nach jede Spur einer so bedeutenden Kultur wie der des Königreichs der Chimu hätten verschwinden lassen. Ein Imperialismus ist da so ‹gut› wie der andere.
Obgleich von den Stellvertretern Christi vorgenommen, wird die Ausrottung des ‹Heidentums› von schweren Verstößen gegen das kulturelle Erbe der Anden begleitet: Anscheinend ist die Kirche für das fast vollständige Verschwinden der Quipus (Knotenschnüre) der Inka verantwortlich, die beim Konzil von Lima als Teufelsinstrumente verdammt werden. Die Verbreitung des wahren Glaubens hält einige Verantwortliche jedoch nicht davon ab, sich für die Kulturen zu begeistern, die sie für besiegt erklärt haben. Martínez y Compañón verdanken wir die erste systematische Studie über Mumien und Fundstücke der historischen Stätte von

4 Nach einem Gemälde im Palais des Vizekönigs zu Lima wurde dieser Stahlstich von Francisco Pizarro geschaffen. Der Namenszug stammt von seinem Sekretär, denn der Konquistador konnte nicht schreiben; er malte lediglich die Schnörkel dazu.

Chan-Chan in Form einer bebilderten Enzyklopädie mit 1400 Farbzeichnungen, die die wichtigsten Schmuckmotive der Töpferei und der Bauwerke darstellen.

Die Berichte der Augenzeugen, die verschiedenartigen, von den ersten Reisenden oder Eroberern mitgebrachten wertvollen Gegenstände bewirken in Europa eine Sensation. Es ist die Konfrontation mit dem Unbekannten, der Zauber der Exotik. Albrecht Dürer, der ein Brustschild vom Hofe Montezumas in seinen Händen hält, erklärt ohne Umschweife, daß er in seinem Leben nichts Schöneres gesehen habe. Doch die Begeisterung vergeht allmählich, und die Arbeiten der «Intellektuellen», die wir bereits oben erwähnten, erregen kaum mehr die Gemüter: Nach und nach werden die präkolumbianischen Kulturen zum Bestandteil der Geschichte; was sie an Aktualität verlieren, gewinnen sie an Ewigkeitswert.

In der zweiten Hälfte des 18. Jahrhunderts läutet Martínez Compañón das Zeitalter der professionellen Archäologie ein. Zu dieser Zeit hat Europa eine nur noch sehr vage Vorstellung von der Andenkultur: Buffon schätzt das Alter Perus auf dreihundert Jahre, und der große Alexander von Humboldt ist seinerseits davon überzeugt, daß das Straßennetz der Inka zu keiner Zeit mehr als vierhundert Meilen betrug (anstelle von 16 000 Kilometern). Doch diese Tendenz beginnt sich ins Gegenteil zu verkehren. Nach Louis Feuillée, der die ersten französischen Stiche ausführen läßt, die die *huacas* darstellen, veröffentlicht Amadée François Frezier, ein gewöhnlicher Ingenieur des Königs, nach der Rückkehr von einer langen Rundreise «an den Küsten Chiles und Perus» eine Karte von der Flußmündung des Moche, auf der er genau den Ort der Chimu-Kultur in der Nähe von Trujillo vermerkt. Und das 18. Jahrhundert endet mit einem entschiedenen Satz des nämlichen Alexander von Humboldt: «Diese Verfasser betrachten jede Seinsweise des Menschen als barbarisch, die sich von der Art von Kultur entfernt, die sie sich in ihren schematischen Denkweisen zurechtgelegt haben. Wir werden diese scharfe Trennung in barbarische und zivilisierte Nationen nicht dulden.» Ein schwerwiegender Satz, von dem sich alle weltreisenden Archäologen des 19. Jahrhunderts inspirieren lassen.

Dem französischen Naturforscher Bonpland und Humboldt gelingt der erstaunlichste Vorstoß des beginnenden 19. Jahrhunderts: Eine fünf Jahre währende Reise (1799–1804) unter manchmal äußerst schweren Bedingungen, 65 000 zurückgelegte Kilometer, 60 000 nach Europa mitgebrachte Pflanzenarten; das darüber in französischer Sprache geschriebene Werk Humboldts umfaßt 150 000 Seiten und enthält 426 Abbildungen und Karten. Die Veröffentlichung geht auf Kosten des Verfassers, wobei sich die Rechnung allein für die Stiche auf 600 000 Goldfranken beläuft. Und am Ende 30 völlig unverkäufliche Folianten, die nach und

5 Das Porträt aus der Kolonialzeit zeigt den triumphierenden Inkaherrscher Atahuallpa, der 1532 seinen Stiefbruder gestürzt hatte, ein Jahr später aber von Pizarro hingerichtet wurde.

Farbabbildungen

1009 Bemaltes Tuch mit katzenförmiger Menschengestalt, die in der Hand einen Menschenkopf als Trophäe hält.

1010 Die Außenmauern der «Huaca del Dragón» («Huaca des Drachen») in der Nähe von Chan-Chan sind mit riesigen Wandreliefs geschmückt, die der Mochica-Kultur zugerechnet werden.

1011 Detail von der «Huaca del Dragón». Die kleinen, teppichmusterartig wiederholten Figuren wurden mit Hilfe von Modeln hergestellt, was eine Stilisierung des Dekors zur Folge hatte.

1012 Die «Huaca del Sol» («Huaca der Sonne») im Tal des Rio Moche ist das gigantischste Zeugnis der Mochica-Kultur; die religiöse Pyramide wurde aus etwa 130 Millionen ungebrannten Ziegeln errichtet.

1013 Infolge der Erosion wirken die «Huaca del Sol» (links) und die «Huaca des Mondes» (rechts) im Moche-Tal fast wie zwei natürliche Hügel – eindrucksvolle Reste der klassischen Mochica-Zeit.

1014 Typisch für Chan-Chan, die Hauptstadt des Chimu-Reichs, sind die aus ungebrannten Ziegeln aufgeführten Mauern im Flechtwerk-Muster, das reizvolle Hell-Dunkel-Kontraste entstehen läßt.

1015 Tongefäß in Gestalt eines Pinguins, Mochica-Zeit.

1016 Die meisten der Paläste von Chan-Chan sind mit Tierreliefs geschmückt (hier ein Vogel-Muster), die symbolischen Charakter haben.

nach in handlicheren Ausgaben zu Geld gemacht werden müssen. Der alte Traum vom Universalbild einer Kultur, aufgeschlüsselt in die Bereiche von Naturwissenschaften, Demographie, Ethnologie und Archäologie, wird hier wieder aufgenommen und mit einer Hartnäckigkeit zu Ende geführt, die Bewunderung verdient.

Die Angelsachsen führen seine Briefe auf eine bereits ehrwürdige Tradition zurück, in der sich die Franzosen schon seit dem 16. Jahrhundert einen Ruf verschafft hatten: den «bebilderten Reisebericht». Der Archäologe oder Ethnologe läßt sich von einem Künstler begleiten, der den Auftrag hat, von den wichtigsten Sehenswürdigkeiten, denen sie auf ihrer Reise begegnen, Skizzen anzufertigen. Nach der Rückkehr werden dann aus den Skizzen farbige Stiche entwickelt. Zwei ‹Paare› hinterlassen in der Geschichte der Reisen einen bedeutenden Namen: Guillelmo Dupaix und Luciano Castañeda, die im Auftrag König Karls V. Neu-Spanien erforschen, und vor allem Lloyd Stephens und Frederick Catherwood, die Spezialisten für Yukatan.

Ebenfalls aus der ersten Hälfte des 19. Jahrhunderts stammt der erste Gesamtüberblick der präkolumbianischen Kulturen des Andengebiets: Es handelt sich dabei um die *Altertümer Perus* von Eduardo de Rivero (aus Arequipa stammend) und Johann von Tschudi, welcher den Hauptteil seiner beiden Aufenthalte in Peru dem Studium des Ketschua und der Herausgabe des *Ollantay* widmete, einem der ganz wenigen literarischen Werke der Inka, von dem wir eine verläßliche Übertragung besitzen. Weitere Vorläufer der wissenschaftlichen Archäologie sind Ephraim Squier (*Incidents of travel in Peru*, 1877) der, bevor er dem Wahnsinn verfällt, den berühmten Satz von sich gibt: «Die Keramik der Mochica-Kultur besitzt eine eigene Sprache»; Roberto Markham, Autor eines geschichtlichen Überblicks über Peru, erschienen 1892; Antonio Raimondi, Archäologe und Entdecker der Stele, die von da an auch seinen Namen trägt; Ernst von Middendorf, Linguist und Archäologe, der erst einmal 25 Jahre in Peru verbringt, bevor er sein monumentales Werk über die peruanischen Sprachen verfaßt.

6   *Der spanische Konquistador Diego de Almagro (1475–1538) verbündete sich mit Pizarro zur Eroberung Perus; später mit ihm entzweit, wurde er von seinem Widersacher erdrosselt. Sein Sohn rächte den Vater und ermordete 1541 Pizarro.*

7+8 Die linke Abbildung zeigt den Schnitt durch eine einfache peruanische Mumie; rechts ist eine große Mumie zu sehen, der eine Kopf-Imitation aufgesetzt ist. An den Basttauen der Verschnürung wurde die Mumie ins Grab hinabgelassen.

Mit *Pachacamac* (1901) von Max Uhle endet die Zeit der großen Humanisten und Bewunderer der antiken Ruinen: Die mit großer Genauigkeit angewandte Methode der Schichtenkunde erlaubt es von nun an, bedingte Chronologien festzulegen, also den Annäherungswert zu überwinden. Max Uhle gelingt es, dem unter dem Namen Tiahuanaco bekannten Stil einen bestimmten Zeitpunkt zuzuordnen und auch festzulegen, daß die beiden Kulturen von Nazca und Mochica zeitlich vor ihm liegen. Er wird gefolgt von dem peruanischen Archäologen Julio C. Tello, der aufzeigt, daß die Chavín-Kultur in gewisser Weise die Matrix aller peruanischen Kulturen ist, und der die berühmten, fast 2000 Jahre alten Gewebe von Paracas an den Tag bringt. Junius Bird interessiert sich für die Epochen, die vor der Chavín-Kultur lagen: Er bestimmt eine sogenannte präkeramische Epoche, die er mit einer Art vorlandwirtschaftlichen Nutzung der Reichtümer der Natur in Verbindung bringt. Wegen ihrer Beiträge zur Erforschung der Küstenkulturen verdienen noch Alfons Stübel, H. Horkheimer, A. Kroeber (Spezialist der Mochica-Keramik) und Jorge C. Muelle erwähnt zu werden.

Das Einschreiten der lokalen politischen Behörden (insbesondere mit der Einrichtung der archäologischen Museen von Lima und La Paz) und der Archäologen des Landes setzt, wenn auch spät, einer doppelten Entfremdung ein Ende: zum einen der Entfremdung vom kulturellen Erbe durch die massive Entäußerung von Kunstwerken unter dem Deckmantel wissenschaftlicher Mission; zum anderen einer «historischen» Entfremdung, für die sowohl der He-

9 Am altperuanischen Monolith-Tor der Akapana-Pyramide von Tiahuanaco nimmt der zwei Zepter schwingende Gott-Priester die Huldigung von maskierten menschlichen Figuren entgegen.

gemonismus der Inka, die immer darauf bedacht waren, sich als einzige Vertreter einer präkolumbianischen Vergangenheit zu präsentieren, zur Verantwortung zu ziehen ist als auch der ethnische Zentrismus Europas, der lange Zeit dem Dogma des klassischen Schönheitsideals der Griechen und Römer, das konkurrenzlos die Kunst beherrschte, treu ergeben war. Nach sechs Jahrhunderten eines ‹Jakobinertums› in den Anden leben so die regionalen Kulturen erneut auf. Die Archäologie schließt sich also – manchmal gegen den Willen der Peruaner selbst – einer riesigen Bewegung zur Wiederbelebung der Vergangenheit an.

10　Der tropische Urwald jagte den Truppen der Konquistadoren Angst und Schrecken ein. Knapp dreihundert Jahre später war er Ziel der europäischen Naturforscher.

Der geographische Rahmen

«So wie Ägypten eine Schöpfung des Nil sein mag, so sucht man auch nach dem Schöpfer der Anden, und die Entstehung der Kulturen, die ihren Namen tragen, erinnern an Keimvorgänge in der Biologie, die sich nicht auf den sorgfältig dafür vorbereiteten Nährböden vollziehen wollen, sondern ganz zufällig am Rand einer Leiste oder auf dem Boden eines Laborschranks auftauchen. Die südamerikanischen Kulturen entwickelten sich wie eine Reihe von Schimmelpilzen an der Abseite der Anden-Kordilleren.»

(François Hébert-Stevens)

Das Rückgrat Südamerikas ist die Anden-Kette, die sich über 6000 Kilometer von der Meerenge Panamas bis nach Feuerland erstreckt und deren Gipfel zum Teil 7000 Meter übersteigen. Auf der Höhe von Peru erreicht der Höhenunterschied zwischen dem höchsten Punkt und der größten Meerestiefe 14 Kilometer. Es handelt sich dabei natürlich nicht um eine völlig homogene Struktur: Im Norden bilden die Gebirgsfalten drei parallele Ketten, die nach einer Nord-Süd-Achse ausgerichtet sind; auf Höhe des Äquators sind es nur noch zwei (Königskordilleren); in Peru verlaufen eine Reihe von Gebirgsfalten diagonal, was auf die Aushöhlung des Ostrands durch Erosion zurückzuführen ist; ab dem bolivianischen Altoplano (Hochebene) verläuft eine einzige, zusammenhängende Gebirgskette bis zum Kap Hoorn.

In Beziehung zur Achse des Kontinents erscheinen die Anden völlig aus dem Zentrum gerückt: Ungefähr 5000 Kilometer Luftlinie trennen die Gipfel der Westlichen Kordilleren von der Atlantikküste, während der peruanische Küstensaum an seiner breitesten Stelle 100 Kilometer nicht überschreitet. Dem reich bewässerten Amazonasgebiet steht das Gewässernetz in den eingeschlossenen Tälern der Ostausläufer gegenüber, wo sich die seltenen Wasserläufe einen Weg durch den Sand bahnen müssen.

Nach langen Monaten des Kampfes in der grünen Hölle, die die ecuadorianische Küste säumt, empfanden die Gefährten Pizarros eine riesige Erleichterung, als sie endlich in Tumbez, dem nördlichsten Punkt der peruanischen Küste, angelangt waren. Und doch zeichnet sich das Küstengebiet des Pazifik durch extreme Trockenheit aus, wo einzelne Zonen wie die Sechura-Wüste praktisch jeden pflanzlichen und tierischen Lebens entbehren, mit Ausnahme einiger seltener Varianten oder Arten, die außergewöhnliche Formen der Anpassung entwickeln konnten, oder wie die Atacama-Wüste, wo es so gut wie nie regnet. Diese Dürre ist auf das komplizierte Phänomen der Klimainversion zurückzuführen in Verbindung mit den Kaltwasserströmungen des Humboldtstroms. Leben ist dort nur aufgrund eines gelegentlich auftretenden dichten Nebels, der *garua*, möglich, der sich bestenfalls zu kleinen Tautröpfchen verdichtet.

Eine dem Menschen wahrlich feindlich gesinnte Welt! Und dennoch entstanden in dieser fast 2000 Kilometer langen Halbwüste an der Küste zwischen Tumbez und Paracas Kulturen, die zu den herausragendsten der präkolumbianischen Eopche gehören: die von Chimu, Mochica, Nazca und vor allem von Paracas. Wohl mehr zufällig waren es Völker von Fischern und Sammlern, die sich an den Flußmündungen niederließen, und zwar da, wo das Hochwasser eine natürliche Fruchtbarmachung des kultivierten Bodens erhoffen ließ. Die Täler von Moche, Viru, Santa, Nepana oder Ica stellen in der Tat richtige Oasen dar, die während der Blütezeit einer relativ großen Bevölkerung Lebensraum boten. Wenn sich dagegen die Natur von ihrer allzu strengen Seite zeigte, bedurfte es manchmal äußerst ausgeklügelter Bewässerungssysteme: Das Chimu-Reich im Norden verdankte seinen Wohlstand (und vielleicht auch seinen Untergang) dem Bau von Aquädukten bzw. Kanälen, die es ermöglichten, Wasser über weite Distanzen herbeizuschaffen. Man könnte sagen, um es mit den Worten Viktor von Hagens auszudrücken, daß «hier ein Volk seine Spur auf dem Weg der Zeit hinterlassen hat».

Kein noch so umfangreiches Werk könnte wahrscheinlich in der Lage sein, auf die große Zahl der Mikroklimen einzugehen, wie sie in einer derart langgestreckten Zone von mehreren tausend Kilometern auftreten. In den nördlichen Anden, die niedriger und schmaler sind als die südlichen Anden, finden sich Epiphytenwälder bis auf eine Höhe zwischen 2200 und 2500 Metern, während das Tal des Marañon, der die geographische Achse darstellt, fast ständig von der Dürre heimgesucht wird. Die Verkehrsverbindungen sind schwierig, und das Zentrum Cajamarca, jener Marktflecken, der erleben mußte, wie sich das Schicksal des Inkareichs zum Schlechten wandte, ist für die Landbewohner nur schwer erreichbar. Das Längstal des Callejon de Huaylas, umgeben von den herrlichen Gipfeln der Weißen Kordilleren, schützt eine Reihe von recht unterschiedlichen Landschaften (karge Hochlandweiden, Gehölz in der Nähe der kleinen Stadt Yungay, schließlich der Schotter des Moränengürtels). Oberhalb Cuzco, der alten Hauptstadt des Reichs, die in 3500 Metern Höhe am Ende eines weiten Tals errichtet wurde, gelangt man in eine Zone weitläufiger Ebenen mit Becken und Tälern in relativ trockenem Klima. Doch das Herz der südamerikanischen Kultur liegt im mittleren Teil der Anden, zwischen dem ehemaligen Chavín, dem Titicacasee und Tiahuanaco. Auch hier sind die Gegensätze zwischen dem mäßig trockenen Klima an der Küste (obwohl den größten Teil des Jahres unter einer dicken Nebeldecke, fallen in Lima so gut wie keine Niederschläge) und den eisigen Winden, die die Hochebenen peitschen, sehr stark ausgeprägt. Zu allen Zeiten mußte der Mensch hier um sein Überleben kämpfen und dem Boden einige magere Pflanzenknollen entreißen, die es ihm ermöglichten (so ihnen das Wasser entzogen war), mehr schlecht als recht die tote Jahreszeit zu überstehen. Hier zählt das Individuum nichts. Einzig gemeinsame Anstrengung und gegenseitige Hilfe können das Überleben sichern. So dürfen auch die Ruinen von Tiahuanaco, jene großartigen Überreste, die die Bewunderung von Cieza de León hervorriefen, nicht als höchste Vollendung irgendeines Kollektivismus angesehen werden: Dieser ländliche «Sozialismus» war nur die Antwort auf eine besonders menschenfeindliche Umwelt, und die Megalithen, die sich im Angesicht der Kordilleren erheben, konnten nur deshalb unter unvorstellbaren Schwierigkeiten transportiert werden, weil bereits eine durch das Klima bedingte Form der Anpassung an die Umwelt vollzogen war.

Auf diesem anderen Dach der Welt herrschen die Gegensätze und die Maßlosigkeit. Der ockerfarbigen Erde überdrüssig, läßt sich der von La Paz oder von Puno auf der peruanischen Seite kommende Tourist von dem tiefblauen Himmel und der ewig frühlingshaften Sonne in Versuchung führen: Aber das Wasser des Titicaca ist eiskalt, und nur ein paar junge, gut durchtrainierte Eingeborene können sich darin einige Minuten lang über Wasser halten. Glücklicherweise erwarten den Reisenden in einigen Kilometern Entfernung Warmwasserquellen mit ihren schwefelhaltigen Gerüchen. Welch berauschendes Gefühl, in über 4000 Metern Höhe nackt zu baden mit Blick auf die glitzernden Gipfel der Kordilleren, die einem durch die klare Luft so nah erscheinen, daß man glaubt, sie in wenigen Minuten erreichen zu können!

Das ewige Eis des Illimani und die tropisch-feuchte Hitze des Amazonas: So könnte man die Gegensätze – und die Widersprüche – des Andengebiets zusammenfassen. Der sportliche Reisende, der frühmorgens von einem bolivianischen Höhenrücken oberhalb von La Paz aufbricht und sich am Abend, nach der Durchquerung von atemberaubend schönen Landschaften, an den Ufern eines Flusses in den wärmeren Tälern, im Eden der Yungas, umgeben vom Duft der Zitronen- und Orangenbäume, wiederfindet, versteht vielleicht nicht recht, warum der *chollo*, der Bauer der Hochebenen, so verzweifelt an dieser undankbaren *meseta* hängt, die ihm gerade nur soviel abwirft, daß es zum Überleben reicht. Und warum all die Anstrengungen der modernen Regierungen, die Bevölkerungsgruppen umzusiedeln, in einem Mißerfolg endeten, ebenso wie auch unter dem Inkareich und dem «Obristenregime».

Die Antwort ist dennoch einfach: Der Landpächter der Hochebenen hängt an seinem Lebensbereich. Die kleinen ockerroten Kirchen, die sich gegen den azurblauen Himmel abheben, dürfen nicht darüber hinwegtäuschen, daß der Kult der Vorfahren mit seinen heidnischen, unter dem Flitter des Katholizismus nur schlecht verdeckten Riten unerschütterlich weiterbesteht. Die Legenden sind noch lebendig, die Götter bewohnen immer noch die Höhlen oder die Tiefen des Sees, in denen es Kapitän Cousteau trotz modernster Ausrüstung nicht gelang, das Geheimnis der versunkenen Stadt zu lüften. Das Elend wird hier (leider) zur Touristenattraktion. Die Farben leuchten: das Grün des Schilfrohrs, das zu kleinen Booten, den *balsas*, verarbeitet wird; das Rot der Ponchos, die an den Feiertagen mit verzweifelter Freude im Kreis herumwirbeln; scharlachrote Federn, die die Kopfbedeckung der Panflötenspieler schmücken und sich im Wind wiegen; das Braun der Meerschweinchen, die sich wie Katzen in den Höfen der Bauernhäuser balgen; das Rot-Braun der Kindergesichter mit ihrem tiefen Blick. Und dann dieser Himmel und dieser Horizont, den das Auge nie zu erreichen scheint...

Die sandige Weite der pazifischen Küste mit ihren fruchtbaren Oasen; wüstenartige Hochebenen, durchstreift vom langsamen Schritt der Guanakos, der Lamas; die warmen Täler der zentralen Tiefebenen; der Urwald des Amazonas, wo der Überlebenskampf noch unerbittlicher ist – in diesem auf der Welt einzigartigen Rahmen vollzog sich das tragische Schicksal der ersten Siedler Südamerikas, in dieser Umgebung verschwanden hochentwickelte Kulturen, deren Einfluß sich über riesige Gebiete erstreckte und die auf mysteriöse Weise erloschen und nichts weiter hinterließen als Gräber mit sorgfältig vermummten Toten oder Haufen von Steinen, einzige Zeugen ihrer vergangenen Herrlichkeit.

Die Umgebung erklärt aber auch teilweise die Geschichte. Die großen Kulturen des klassischen Zeitalters (Chimu, Mochica, Nazca und Paracas) florierten an den Küsten, und ihre auf Farbe und Linien ausgerichtete Kunst spiegelt eine offensichtliche Lebensfreude. Sobald man in das Landesinnere eindringt, mehren sich die Festungen, die Tempel, die mehr oder weniger geheimen Verbindungsgänge und die unterirdischen Getreidesilos. Die Mochica-Vase steht von allein auf dem Boden, das Salbgefäß der Inka wird eine Stütze brauchen. Der Lanzon, die geheimnisvolle Gottheit, die an einem Kreuzungspunkt der Geheimgänge in den Tiefen von Chavín wacht, scheint Gegenstand eines dunklen, beunruhigenden Kults zu sein. Und was die geheimnisvollen steinernen Menschenfiguren der Osterinseln oder Tiahuanacos betrifft, so scheinen sie lediglich Ausdruck menschlicher Herausforderung angesichts der Unermeßlichkeit einer Landschaft zu sein. Doch ihr Blick ist leer ...

Die großen archäologischen Fundstätten

Seit der Entdeckung von Machu-Picchu im Jahre 1911 durch Bingham wurden unsere Kenntnisse über das alte Peru beträchtlich erweitert, und es vergeht kein Jahr, ohne daß die systematisch vorgenommenen Ausgrabungen nicht eine oder mehrere neue Fundstätten ans Tageslicht bringen. Die jüngste Entdeckung der lange Zeit als Mythos erachteten Stadt Paititi ermutigt nur den Eifer der Archäologen und Abenteurer. Von Kolumbien bis Südpatagonien zählt man heute Dutzende solcher ‹Baustellen›. Wir begnügen uns an dieser Stelle mit einem zusammenfassenden Überblick der bedeutendsten Ausgrabungsstätten.

11+12 Die Grundrisse zweier Paläste von Chan-Chan offenbaren den abgeschlossenen, autarken Charakter dieser Wohnanlagen, die wie gigantische Labyrinthe wirken.

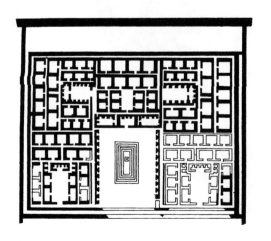
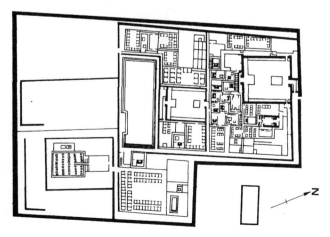

Chan-Chan

Die Entdeckung einer Stadt oder einer Siedlung markiert immer eine bedeutende Etappe in der Geschichte der Archäologie. Wenn man von «Stadt» spricht, meint man damit auch immer eine städtebauliche Planung, die Konzentrierung von Handwerk über einen ziemlich langen Zeitraum und folglich eine durchstrukturierte gesellschaftliche Ordnung. Ohne Chan-Chan wüßten wir nur sehr wenig über das große Reich der Chimu, das mit seinem Einfluß ein tausend Kilometer langes Küstengebiet in Peru prägte.

Die Hauptstadt des Reichs lag einige Kilometer nördlich von Trujillo. In ihrer Blütezeit zählte sie wohl mehrere zehntausend Einwohner. Die Anlage in Form eines Rechtecks umfaßt ungefähr 180 km² und enthält zehn Paläste, die durch Straßen und unterirdische Gänge miteinander verbunden sind. Das Ganze wird von einer trapezförmigen Mauer eingefaßt, die an manchen Stellen eine Höhe bis zu 14 Metern erreicht und dazu diente, die Stadt vor eventuellen Feinde, aber auch vor dem Wind zu schützen.

Dank des rekonstruierten Gesamtgrundrisses sind neben den Palästen (benannt nach bekannten Archäologen) eine ‹Wohnanlage›, bestehend aus sechs, der Adelsschicht vorbehaltenen ‹Pavillonen› zu erkennen, außerdem mit parallel verlaufenden Kanälen durchzogene offene Flächen, auf denen sich früher (wahrscheinlich als Überbleibsel der Tiahuanaco-Periode) Gärten und Wasserbecken befanden, von denen das größte die erstaunlichen Ausmaße von

13 Keramikschale mit der Darstellung des Schmelzens. Die Figuren fachen das Feuer im Kessel an, indem sie durch Röhren blasen.

14 Die Vasenmalerei aus dem Chicama-Tal zeigt eine Seehundjagd am Strand; die Tiere werden mit schweren Keulen erschlagen – ein grausames Gemetzel.

130 Metern Länge und 45 Metern Breite erreicht; schließlich eine Reihe von *huaca*, kleinen heiligen Hügeln, von denen die bekanntesten die Huaca del Obispo und die Huaca del Dragón sind.

Mauern, Tore und Durchgänge sind im allgemeinen mit geometrischen, oft fein gezeichneten Mustern, die einer strengen Symmetrie gehorchen, verziert. So setzt sich zum Beispiel die Mauer der Huaca del Dragón aus gleichen Zellen oder Kartuschen zusammen, auf denen entweder Figuren oder ‹abstrakte› bzw. stilisierte Formen dargestellt sind.

Moche

Im allgemeinen wird Moche (im Tal des gleichnamigen Flusses und in der Nähe der Städte Trujillo und Chan-Chan) als das Zentrum der Mochica-Kultur angesehen, deren Einfluß sich über sieben große Täler erstreckte, zu denen die von Viru, Santa und Nepena gehören. Das Moche-Tal umfaßt ferner eine Vielzahl von weniger bedeutenden Ausgrabungsstätten, was vermutlich darauf hinweist, daß es sich hier um eine Zone großer Siedlungsdichte handelt.

Im wesentlichen bestehen die Überreste aus zwei großen Gebäudeanlagen, der Huaca del Sol (der Sonne) und der Huaca de la Luna (des Mondes), die Gegenstand einer detaillierten Beschreibung aus dem 18. Jahrhundert sind, die wir dem Bischof von Trujillo, Jaime Martínez y Compañón verdanken. Zu dieser Zeit war die Große Pyramide durch die Schuld der Bewohner von Trujillo bereits zu einem großen Teil zerstört, die zu Beginn des 17. Jahrhunderts auf den Gedanken verfallen waren, den Flußlauf des Moche wegen besserer Bewässerung zu verlegen, und so einen nie wieder gutzumachenden Schaden anrichteten.

Der Sonnenhuaca setzt sich aus zwei übereinanderliegenden Terrassen (die eine mit 18 Metern, die andere mit 41 Metern Höhe) zusammen, ihre Grundfläche umfaßt ein Rechteck von 288 × 136 Metern. Als Baumaterial wurde der Adobe verwendet, was einerseits das höhere Alter der Anlage im Vergleich mit den Ruinen von Chan-Cha, andererseits aber auch ihren schlechteren Zustand erklärt.

Die in ihren Ausmaßen etwas kleinere Huaca de la Luna ist mit Wandmalereien ähnlich denen von Panamarca verziert. Die bekannteste unter ihnen ist die merkwürdige Szene eines «Aufstandes der Objekte»: Waffen und Gebrauchsgegenstände greifen ihre Benutzer an und prügeln sie zu Tode. Es handelt sich dabei übrigens um ein Thema, das auch an anderen Stätten zu finden ist. Der lange Kontakt mit der atmosphärischen Luft wirkte sich leider verheerend auf die Farben aus, die heute nur noch zu erahnen sind.

Chavín

Die 3135 Meter hoch gelegene Stätte von Chavín de Huantar, in der Nähe der Quelle des Rio Mosna, einem Nebenfluß des Marañon, zählt zu den bemerkenswertesten Denkmälern der nördlichen Anden. Sie ist durch bedeutende Pyramidenstümpfe gekennzeichnet, die eine Höhe bis zu zwölf Metern erreichen, und durch ein fein gegliedertes Netz von Galerien und unterirdischen Gängen. Die bis heute freigelegte Anlage weist außerdem Terrassen und tiefer gelegene Plätze auf, die untereinander durch Reihen von Sitzstufen, Säulen und Stelen mit hervorspringenden Köpfen, die sich harmonisch in ein architektonisches Ganzes einfügen, verbunden sind.

Auf einer Fläche von fast 40 000 m^2 breitet sich eine Anlage von äußerster Symmetrie aus. Dem «Castillo» bzw. der Großen Pyramide im äußersten Südwesten entspricht im Norden ein U-förmiges Gebäude älterer Bauart aus unregelmäßigen, mit Schlamm verzementierten Steinen.

Die mit einem komplizierten Lüftungssystem ausgestatteten Galerien erhielten mehr oder weniger beziehungsreiche Namen: «Die Treppen», «Die Wandschränke», «Die Fledermäuse». Die bekannteste Galerie ist die des «Lanzon», wo sich am Schnittpunkt zweier Gänge eine monolithische Stele in Form einer Lanze befindet, die eine Figur mit sowohl menschlichen als auch tierischen Zügen darstellt. Es handelt sich dabei um den einzigen an dieser Stätte verbliebenen Monolithen.

Cerro Sechín

Eine der bemerkenswertesten Entdeckungen J.C. Tellos (1937) ist eine Reihe von 98 auf einer Seite gemeißelten Monolithen, die den Mittelteil der Tempelfassade bildeten. Ausgrabungen von 1969 ermöglichten die Freilegung weiterer 22 Monolithen, und es konnte nachgewiesen werden, daß das an der unteren Hälfte des Flusses Casma auf 295 Metern Höhe gelegene Cerro Sechín eine der bedeutendsten Stätten der Andenregion ist, was sowohl seine Ausdehnung (1,5 km^2) als auch die Reichhaltigkeit des architektonischen Komplexes anbetrifft.

Die wiederentdeckten Gebäude, die alle aus Stein sind, dienten im unteren Teil überwiegend als Wohnräume und auf den Anhöhen militärischen Zwecken. Der Tempel selbst ist nach Norden ausgerichtet. Sein Bereich ist durch eine Mauer von Steinplatten begrenzt, in den man über eine 2,20 m breite Treppe gelangt. Bestimmte Zierelemente waren durch Farbe hervorgehoben, wovon heute noch Spuren zu sehen sind.

Die gemeißelten Monolithen bilden die Form eines länglichen Prismas. Die größten messen 1,80 × 4,40 m, die kleinsten gleichen unregelmäßigen Prismen. Die Technik des ziemlich gleichmäßigen Einschnitts (durch Abschleifen) erlaubt es, ganze menschliche Figuren zu erkennen, die zum einen nackt sind und zum anderen eine Art Gürtel tragen. Der Blick dieser Figuren ist immer auf das Tor gerichtet. Die Augenlider sind oft geschlossen, was für uns moderne Menschen den Eindruck leichenhafter Starrheit verstärkt. Die gegenüber Chavín wesentlich weniger feine Linienführung und die eher massive Formgebung weisen auf eine Annäherung an den Tiahuanaco-Stil des Kalasasaya oder den archaischen Stil von Monte Albán hin.

Pachacamac

Das im Tal des Flusses Lurin nahe Lima gelegene Kultzentrum Pachacamac ist ein bemerkenswertes historisches Beispiel für die Strategie der Inka, sich anzueignen, was man nicht zerstören kann. Der Kult des «Beherrschers der ganzen Welt» (Pachacamac) war in der Tat viel zu populär, als daß man ihn zu verbieten wagte; man gab sich also damit zufrieden, das Pantheon der Inka zu vergrößern und der neuen Gottheit darin einen Platz zu verschaffen.

Die noch erhaltenen Bauwerke, von denen einige, wie zum Beispiel der Sonnentempel, bis in die klassische Epoche zurückreichen, zeugen vom selben Streben nach Synkretismus: In dem von Julio C. Tello teilweise restaurierten Mondtempel finden sich gleichzeitig Strukturen aus Adobe (getrocknetem, nicht gebranntem Ziegel), charakteristisch für den Stil der Küste, und Unterbauten aus Quaderstein oder Tore mit Doppelpfosten, typisch für die Architektur der Inka.

Die während der klassischen Periode in ganz Amerika berühmte Stätte umfaßt zugleich Kultstätten und Wohnanlagen.

Paracas

Die Halbinsel Paracas an der Südküste Perus, 18 Kilometer südlich des Hafens Pisco gelegen, gelangte dank der Ausgrabungen Julio C. Tellos zwischen 1925 und 1930 zu weltweiter Berühmtheit. Es kamen dort Mumien und Stoffe von feinster Verarbeitung ans Tageslicht, die durch die extreme Trockenheit des Klimas vor der Zerstörung bewahrt worden waren.

Man unterscheidet in aller Regel zwei Kulturen, die an diesem Ort zur gleichen Zeit vorhanden gewesen sein sollen: Paracas-Cavernas und Paracas-Nekropolis. Erstere ist mit einem in den Felsen gehauenen unterirdischen Friedhof verbunden und besteht aus übereinanderliegenden Nischen, zu denen man über einen senkrechten, 6 bis 7 Meter tiefen Schacht gelangt. Man fand in diesen Nischen einige in Baumwolltuch (*fardo*) gehüllte Mumien und Grabmobiliar. Bei der Totenstadt handelt es sich um einen von einer Steinmauer umschlossenen Raum, in dem mehr als 400 Mumien exhumiert wurden, die unterschiedlich dicke Kleidung trugen. Sie scheint der höheren Gesellschaftsschicht vorbehalten gewesen zu sein.

Der Ort war unter Grabschändern bereits lange Zeit vor den offiziellen Ausgrabungen bekannt. Die Fundstücke stellen also nur einen sehr kleinen Teil der Schätze einer tausendjährigen Kultur dar, deren Keramik-Epoche nach John Rowe und Laurence Dawson mit dem alten Horizont (von 900 bis 200 v.Chr.) zusammenfällt. Die jüngsten, von Frédéric Engel auf der gesamten Halbinsel, insbesondere in Cabezas Largas, Salina und Cerro Colorado, durchgeführten Ausgrabungen scheinen die These zu erhärten, daß es sich um eine sehr alte Kultur handelt, die alle Entwicklungsstadien der präkolumbianischen Zeit, von der primitiven Ackerbaukultur (7000 v.Chr.) über die Chavín-, die frühe Nazca- und die Tiahuanaco-Kultur bis hin zur Eroberung durch die Inka (um 1450), durchlaufen hatte.

Machu Picchu

Von Charles Wiener 1870 nur knapp verfehlt und schließlich 1911 von Hiram Bingham entdeckt, ist die auf 2700 Metern Höhe über einer Flußschleife des Urubamba gelegene sagenumwobene Stadt Machu Picchu noch heute das vollkommenste Zeugnis der genialen Architektur der Inka, obgleich bei jüngsten Ausgrabungen weitere Stadtsiedlungen in dieser Ge-

15 *Plan von Machu Picchu: 1 Zugangstreppe zur Stadt; 2 Große terrassierte Plätze; 3 Intihuatana (Sonnenobservatorium).*

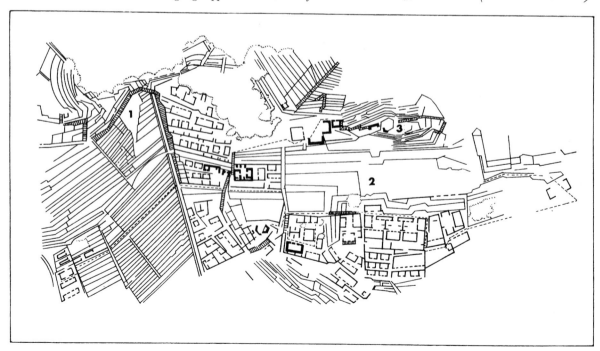

birgsgegend entdeckt wurden, wo die Widerstandsbewegung gegen die Konquista besonders günstige Bedingungen vorfand. Überragt von den Gipfeln des Machu Picchu und des Huayna Picchu, war die auf einem Felsvorsprung errichtete und durch eine 400 Meter senkrecht abfallende Felswand geschützte Festung nach dem Vorbild von Ollantaytambo geplant. Die Befestigungsarbeiten an den weniger geschützten Bereichen verweisen auf das Einwirken militärischer Architekten, die die Fähigkeit besaßen, größtmöglichen Vorteil aus der Lage zu ziehen.

Die Anlage ist im großen und ganzen um einen Hauptplatz orientiert, der höchstwahrscheinlich religiösen Zeremonien vorbehalten war. Sie umfaßt einen Wohnsektor mit einem Bereich für das «Volk», einem für den Adel (erkennbar an Größe und Ausführung der Bauten) und einem für die Gefängnisse, einen von dem Torreón beherrschten militärischen Sektor und einen religiösen Sektor, bestehend aus dem «Tempel der drei Fenster», dem Haupttempel und dem Intihuatana, einem aus den Felsen gehauenen, mit Toren und Fenstern versehenen Monument. Die Anlage umfaßt außerdem zahlreiche künstlich angelegte Terrassen, die für die Landwirtschaft bestimmt waren.

Machu Picchu verdankt seine Berühmtheit zum einen seiner Lage, zum anderen dem monumentalen Charakter seiner Bauwerke mit den weiß-grauen Granitblöcken, die ohne jeden Mörtel exakt ineinander verfugt sind. Auffällig sind ferner die Dicke der Mauern, die strengen, trapezförmigen Öffnungen, die Dreiecksgiebel der Häuser und die zahlreichen Nischen.

Der Bau der Stadt erforderte zyklopische Arbeiten, die offensichtlich in keinem direkten Zusammenhang mit der politischen und wirtschaftlichen Rolle, die die Stadt möglicherweise im Land spielte, standen. Von daher stammt die Hypothese, daß die Festungsanlage von Anfang an als Zufluchtsort der höchsten Amtsträger im Land bestimmt war, und die die Phantasie beflügelnde Vermutung, es könnten zwischen Vilcanota und Urubamba weitere letzte Zufluchtsstätten der Inka existieren. Die erst kurze Zeit zurückliegende Entdeckung der Stadt Paititi (allerdings in einer ganz anderen Gegend gelegen) bestärkt natürlich diese Art von Spekulationen.

16 Auf einer Vase, deren Fundort unbekannt ist, sind Tierdämonen beim Federballspiel abgebildet. Auf der stilisierten Stufenpyramide steht eine reichgekleidete Gottheit, vermutlich der Mondgott.

Farbabbildungen

1033   Standfigur (Cuchimilco).

1034   Der peruanische Archäologe Julio Tello entdeckte 1937 im Casma-Tal den Tempel von Cerro Sechín, der mit Flachreliefs geschmückt ist, die vermutlich eine Art Prozession darstellen.

1035   Detail einer Figur von Cerro Sechín; die starke Vereinfachung der Umrisse und Gesten deutet auf eine Entstehung der Reliefs in einer späten Phase der Mochica-Kultur.

1036   Typisch für die Festungen der Inka sind die Terrassierungen der Landschaft, wie hier bei Pisac nordöstlich von Cuzco.

1037   Die oberhalb von Pisac im Urubamba-Tal gelegenen Terrassenfelder bezeugen den hohen Stand der inkaischen Festungsbaukunst.

1038   «Das Bad des Inka» wird diese steinerne Kanalisation in Tampumachay bei Sacsahuaman genannt, die gleichzeitig eine kultische wie eine landwirtschaftliche Funktion besessen haben dürfte.

1039   Dieser Gitarrespieler in typisch indianischer Tracht, die auf die Inka-Zeiten zurückgeht, singt seine Lieder in Quechua, der Sprache seiner Vorfahren.

1040   Zu den schönsten altperuanischen Textilgeweben, die sich erhalten haben, gehören die aus zarten, spitzenähnlichen Gaze-Stoffen gearbeiteten Schleiergewebe.

Der chronologische Rahmen

Von der Geschichte des amerikanischen Kontinents vor seiner Eroberung ist nur sehr wenig bekannt. Dies ist eine scheinbar überraschende Tatsache, über die sich aber jedermann einig ist. Gott sei Dank fehlt es dafür nicht an Erklärungen.

Für einen Archäologen, der darum bemüht ist, die frühgeschichtlichen Etappen einer Kultur zurückzuverfolgen, besteht der Idealfall darin, auf eine Stätte zu stoßen, die ihm gleichzeitig Überreste von Menschen, Gegenstände und Artefakte (z.B. Skulpturen) mit datierten Inschriften liefert. Dies war der Fall im pharaonischen Ägypten, wo Fachleute mehrere Jahrtausende Geschichte mit einer bisweilen erstaunlichen Genauigkeit zurückverfolgen konnten. Doch was das Andengebiet betrifft, sind dort die schriftlichen und epigraphischen Dokumente, so es sie überhaupt gibt, äußerst selten.

Im Gegensatz zu Mittelamerika, das uns mit dem *Popol Vuh* und dem *Chilam Balam* eine verhältnismäßig genaue Chronologie vermachte, hinterließ das Andengebiet keine einzige schriftliche Spur der dort angesiedelten Hochkulturen. Von der Inkakultur, die sich zu einer Zeit ausbreitete, als für die Europäer bereits die Ära Gutenbergs begann, sind uns nur zwei literarische Werke (die Tragödien *Ollantay* und *Der Tod Atahuallpas*) erhalten geblieben, die aufgrund der mündlichen Überlieferung mit Zurückhaltung zu bewerten sind. Die an verschiedenen Orten der Küste entdeckten Piktogramme und die Symbole der Mochica-Keramiken entsprechen nicht notwendigerweise einer Form der Schrift, und die Interpretationsversuche sind bis heute nicht ganz schlüssig. Was die berühmten Quipus (Knotenschnüre) der Inka anbetrifft, die den Historikern unschätzbare Dienste hätten erweisen können, so sind diese auf Anordnung des Konzils von Lima fast ausnahmslos zerstört worden, und die wenigen uns erhaltenen Exemplare stellen noch heute ein unlösbares Rätsel dar.

Die Fachleute glaubten einen kurzen Moment lang, die Wunderwaffe zur genauen Bestimmung geschichtlicher Entwicklungsdaten gefunden zu haben, als Libby 1946 ein Verfahren zur Datenbestimmung entdeckte, das alle wissenschaftlichen Kriterien zu erfüllen schien: die C-14-Methode. Es handelt sich dabei um ein radioaktives Isotop des Kohlenstoffs, das in jedem lebenden Organismus enthalten ist. Der Gehalt von Kohlenstoff 14 ist in einem organi-

schen Stoff im Laufe seines Lebens festgelegt und bekannt. Nach dem Tod, wenn die molekulare Erneuerung endet, wird der Kohlenstoff 14 nicht mehr ersetzt, und seine Radioaktivität nimmt regelmäßig ab (Zerfallzeit: 5500 Jahre). Wenn man davon ausgeht, daß sich der Gehalt von Kohlenstoffgas in der Atmosphäre seit der Frühgeschichte nur unwesentlich verändert hat, so kann durch die Messung der spezifischen heutigen Radioaktivität von C 14 in einem gegebenen Fundstück (einem pflanzlichen Fossil z.B.) der Tod des jeweiligen Organismus zeitlich genau bestimmt werden. Es gibt dabei eine besondere Anwendungsweise, die auf einem wesentlich allgemeineren Prinzip beruht, nämlich die Kennzeichnung der Isotope.
Die erzielten Ergebnisse konnten, ohne zu enttäuschen, dennoch nicht alle Zweifel beseitigen. Je weiter man in die Zeit zurückgeht, desto größer wird die Fehlerspanne. Kauffmann-Doig gibt so einem Gegenstand aus der Chavín-Kultur ein höchst unwahrscheinliches Alter von 24 000 v.Chr., während kein einziger Fachmann die Chavín-Epoche auf einen früheren Zeitpunkt als zwei Jahrtausende vor unserer Zeit ansetzt. In der Praxis kann, so man über andere Bestimmungsmethoden verfügt (schichtenkundliche Gegebenheiten), festgestellt werden, daß die Fehlerspanne eines mehr als 3000 Jahre alten Fundes fünf oder sechs Jahrhunderte beträgt. Man darf jedoch davon ausgehen, daß sich die Annäherungswerte immer mehr verbessern werden.
Wenn sie auch nicht genaue Daten liefert, so kann die Stratigraphie (Schichtenkunde) doch eine Vorstellung von den verschiedenen Lebensweisen vermitteln, die sich an einem Ort entwickeln konnten. Aus diesem Grund sah sich der Archäologe Junius Bird dazu veranlaßt, die Höhlen Palli Aike und Fell in Patagonien zu erforschen, wo er fünf übereinanderliegende Schichten von Behausungen fand, von denen die jüngste der derzeitigen Kultur der Ona-Indianer entspricht. Die Ausgrabungen von Huaca Prieta im Tal des Chicama lieferten ebenfalls wertvolle Erkenntnisse über die Entwicklung hinsichtlich der verschiedenen Alltagspraktiken und religiösen Riten. Die archaische Art des Kochens, wozu man heiße Steine in einer mit Wasser gefüllten Kalebasse benötigte, wurde sogar nach dem Auftauchen der Keramik beibehalten, während sich die Methoden der Bestattung von dem einfachen Eingraben in Gruben bis hin zur Beerdigung in Gewölbegräbern entwickelte.
Die verschiedenen Datierungsmethoden (Stratigraphie, C-14-Methode, Thermoluminiszenz etc.), die seit Ende des 19. Jahrhunderts angewendet werden, führten durchaus in einigen Fällen zu spektakulären Ergebnissen: So konnte mit an Sicherheit grenzender Wahrscheinlichkeit festgestellt werden, daß die Tiahuanaco-Kultur, die einige Historiker noch zu Beginn des 20. Jahrhunderts für den Ursprung aller mittelamerikanischen Kulturen hielten, in Wirklichkeit im 3. Jahrhundert unserer Zeitrechnung anzusetzen ist, während die Chavín-Ära in die Zeit um 1200 v.Chr. gehört.

17   Eine Art Rechenbrett aus Tumibamba (Ekuador). Seine Form ist den Festungs- und Tempelanlagen des Ortes nachempfunden, der nach Cuzco das wichtigste Zentrum des Inkareiches bildete.

Abenteurer mit wissenschaftlichem Anspruch...

Die zeitliche Abfolge der Geschichte des amerikanischen Kontinents bleibt also trotz spektakulärer Fortschritte durch die Technik das Feld ständiger Herausforderung an die Experten. Wer war der erste Amerikaner? Und wann tauchte er das erste Mal auf? Über diese fundamentalen Fragen gehen die Meinungen auseinander, um es zurückhaltend auszudrücken.
Eine These scheint völlig vernachlässigt worden zu sein, nämlich die der Besiedlung durch die Eingeborenen. Fachleute wie Rivet oder Canals-Frau einigten sich auf die These eines in der Zeit zwischen 20 000 und 10 000 v.Chr. durch verschiedene Stammesgruppen kolonisierten Amerika, die zuerst von Asien, dann von Ozeanien oder vielleicht sogar von Australien kamen. In keinem Fall erbrachten Ausgrabungen jedoch Spuren eines primitiven «homo americanus».

Canals-Frau räumt als wahrscheinliche Hypothese vier Bevölkerungsströme ein, von denen der erste im Oberen Paläolithikum anzusiedeln ist und langschädlige Individuen vom Typ der Australoiden über die Meerenge der Beringstraße von Asien nach Alaska brachte, die ihren Lebensunterhalt durch Sammeln und Jagen bestritten. Im Mesolithikum tauchten dann die Einbaumfahrer aus Nordasien auf. Ihnen folgten wahrscheinlich Indonesier und schließlich um 500 v.Chr. eine Völkerwanderung aus Polynesien, die sich auf die Anden-Küste zubewegte und am Ursprung der Hochkulturen steht.

Es handelt sich hierbei um eine moderne und ernstzunehmende These im Gegensatz zu den zahlreichen abenteuerlichen Vermutungen zu Beginn des 20. Jahrhunderts, die in fast allen existierenden Rassen, von den Semiten bis zu den Chinesen, die Vorfahren der Amerikaner sahen. Doch wird auch sie bei weitem nicht einhellig angenommen. Die Erkenntnisse Thor Heyerdahls auf seiner Kon-Tiki-Expedition haben noch lange nicht jeden überzeugt, wie die folgende Stellungnahme in aller Deutlichkeit beweist: «Außerdem haben die Abenteurer mit wissenschaftlichem Anspruch, die auf einem Floß auf den Weltmeeren herumschippern, nicht wenig zur Verwirrung in den Köpfen beigetragen» (A. Dorsinfang 1973).

Die ältesten menschlichen Überreste, die in Amerika gefunden wurden, stammen aus der Zeit um 9500 v.Chr., was der letzten eiszeitlichen Phase des Quartär (der sog. «Wisconsin»-Phase) entspricht, während der sich der Meeresspiegel um 80 bis 150 Meter senkte. Da die Wassertiefe der heutigen Beringstraße 55 Meter nicht überschreitet, scheint nichts gegen die These zu sprechen, daß die aus Sibirien kommenden Jägerstämme die 90 oder 100 Kilometer, die sie von Alaska trennten, trockenen Fußes zurücklegen konnten. Statt einer wirklichen Kolonisierung handelte es sich dabei vielmehr um überfallartige Streifzüge, begleitet von periodischen Rückzügen zum Ausgangspunkt. Diese Jägerstämme durchquerten das heutige Yukon-Tal, sobald ihnen der Rückgang der Vergletscherung die Überquerung der Rocky Mountains erlaubte.

Trotz der verhältnismäßig großen Fülle prähistorischer Stätten konnte die Archäologie das Rätsel des ersten amerikanischen Menschen immer noch nicht endgültig lösen. Doch scheint man sich zur Zeit auf die 1961 von Comas formulierte These geeinigt zu haben: «Die beginnende zweite Hälfte des 20. Jahrhunderts fällt mit dem Ende des Mythos vom *American Homotype* zusammen, denn die Mehrzahl der Anthropologen bestätigt ausdrücklich, daß die amerikanischen Eingeborenen von einer großen Vielfalt und einer tiefgreifenden somatischen und osteologischen Verschiedenartigkeit geprägt sind.»

Mit der Kolonisierung durch diese Jägergruppierungen in mehreren aufeinanderfolgenden Schüben geht eine altsteinzeitliche Kunst einher, von der man zahlreiche Spuren auf dem ganzen Kontinent, insbesondere aber in den Grotten von Lauricocha und Toquepala (Bezirk von Moquega, Peru), aber auch in Arequipa und Tacna gefunden hat. Die modernen Datierungsmethoden schätzen das Alter der Stätte von Toquepala auf ungefähr 10 000 Jahre, was nicht automatisch bedeutet, daß die entsprechenden Steinmalereien ebenfalls aus dem 8. Jahrtausend vor unserer Zeitrechnung stammen. Diese Wandzeichnungen zeigen Tiere (Vierfüßler) und Jäger, die oft übereinander angeordnet sind und keinerlei perspektivische Wirkung aufweisen. Sie wurden wahrscheinlich von Gruppen ausgeführt, die keine wenn auch noch so primitive Form der Landwirtschaft betrieben.

Die Stätte von Lauricocha in der Nähe der Quelle des Marañon liegt in 4000 Meter Höhe. Die

18 Mit Rundschild, drei Speeren und Wurfbrett ist dieser Fuchsdämon wie ein Krieger ausgerüstet. Vasenzeichnung aus dem Chicama-Tal.

ersten Ausgrabungen wurden 1958 von Augusto Cardich vorgenommen. Dabei stieß man auf fünf übereinanderliegende Schichten, von denen die älteste wahrscheinlich bis ins Jahr 8000 v.Chr. zurückreicht. Die Keramik fehlt bei den drei ältesten Schichten, die ausschließlich grobschlächtiges Steinwerkzeug (eine Art von Feilen), zweiseitig und aus Feuerstein, sowie Dreiecksspitzen feinerer Ausführung beinhalten. Der Fund menschlicher Knochen bestätigt die Existenz nomadischer Stämme in dieser Gegend Perus, die sich ausschließlich der Jagd widmeten und sich vom Fleisch der Lamas (Guanakos) ernährten.
Doch darf uns bisher nichts zu der Annahme verleiten, es handle sich bei dem «Menschen von Lauricocha» um den direkten Vorfahren der «Maiskultur», von der die erste Keramikkunst ausging.
Die Bezeichnung «vorkeramische Periode» ist im allgemeinen der Zeit zwischen ungefähr 4000 bis 1400 v.Chr. vorbehalten, während derer die Landwirtschaft einen neuen Aufschwung erlebte, obgleich sie sich auf äußerst primitive Techniken beschränkte, und neue Arten, darunter die Baumwolle, einführte, die um 2500 v.Chr. auftauchte. Unter den Stätten an der Küste fand der Archäologe Federico Engel ungefähr 30 heraus, die er dieser Vor-Chavín-Zeit zuordnete. Junius Bird brachte seinerseits menschliche Überreste in Cabeza Larga (Halbinsel von Pa-

racas) und in Chilca (Südküste) zutage. Durch die jüngsten Ausgrabungen konnten insgesamt fünf Völker ohne Keramik an der peruanischen Küste ausgemacht werden: in Puemape in der Nähe von Pacasmayo, in Cerro Prieto im Tal des Viru, in Aspero im Tal des Supe und schließlich in Milagro und Huaca Prieta im Tal des Chicama. Die Stätte von Huaca Prieta lieferte die genauesten Erkenntnisse über die Lebensweise dieser ersten Bauern.

In Huaca Prieta folgten mehrere, wahrscheinlich ziemlich umfangreiche Bevölkerungsgruppen. Ihre Nahrung bestand im wesentlichen aus Fisch und Schalentieren, vervollständigt mit bestimmten Wildpflanzen und einigen angebauten Obst- und Gemüsesorten, außer Mais. Diese Volksstämme flochten die Baumwolle zu Fischernetzen und fertigten Kleider aus gestampfter Rinde mit Hilfe von Schabeisen, Messern aus Feuerstein und Nadeln aus Knochen. Hier läßt sich ein offensichtlicher Fortschritt gegenüber der Lebensweise der altsteinzeitlichen Stämme feststellen, die sich mit der Jagdausbeute und dem Sammeln von Früchten und Pflanzen aus der Natur zufrieden geben mußten. Schließlich sei noch erwähnt, daß diese Völker eine sehr ausgefeilte Webtechnik besaßen, wie an dem Baumwollmantel mit Schlangenmotiven, der im Anthropologischen Museum in Lima ausgestellt ist und aus der Zeit um 3200 v.Chr. stammt, zu sehen ist.

Die nachfolgende Epoche, die annähernd das erste Jahrtausend vor unserer Zeitrechnung (mit beträchtlichen Unterschieden entsprechend den verschiedenen Experten) umfaßt, erhielt die Bezeichnung «formative Kultur» oder «vorzeitiger Horizont». Sie ist von der systematischen Einführung der Maiskultur gekennzeichnet, die mit Sicherheit nicht von selbst die Umwälzung der Lebensweise mit sich brachte, jedoch eine vollständige Infrastruktur mit Terrassen und Bewässerungskanälen voraussetzte, also Handwerker in Hülle und Fülle, die einer zentralisierten politischen Macht gehorchen. Der seit Urzeiten (9500 v.Chr.) in Mexiko angebaute Mais, der immer verfeinerteren Selektionsmethoden unterzogen wurde, hielt allmählich in ganz Südamerika Einzug, zumindest bis zu einem Punkt (Insel Chiloe in Chile), wo ihm das Klima Grenzen setzte. Die Chavín-Kultur, die erste große und authentische Kultur Perus, stützte sich also auf ein politisches System landwirtschaftlicher Feudalherrschaft, bei deren Entstehen die Maiskultur sicher keine unbedeutende Rolle gespielt hat.

Bereits lange vor der Entstehung Chavíns gab es in Peru mit Sicherheit «Kulturzentren» (wie Cuanape, Paraiso und vor allem Kotosh mit seinem berühmten Tempel der «gekreuzten Hände»), in denen sich ursprüngliche Formen ausbreiten konnten. Wenn man so bereitwillig vom «Chavín-Horizont» spricht, so deshalb, weil man es mit einem zu dieser Zeit umfangreichen Kulturbereich zu tun hat, der sich um eine Siedlung konzentrierte, deren ausgefeilter städtebaulicher Grundriß die Existenz einer zentralen politischen Macht voraussetzte und deren Einflußbereich bei weitem den engen Rahmen des Marañon-Tals überschritt. Das Kultzentrum von Chavín de Huantar besaß wahrscheinlich eine Bedeutung vergleichbar mit der von La Venta oder Tres Zapotes im Olmekengebiet, und sein sowohl stilistischer als auch religiöser Einfluß erstreckte sich bis zur Küste.

Die formative Phase findet einen weiteren Vertreter in der Cupisnique-Kultur an der Nordküste, deren zeitliche Ausdehnung sich von 1200 bis 400 v.Chr. erstreckt. Doch dieser Stil steht nicht im Zusammenhang mit einer Ansiedlung vergleichbarer Bedeutung.

Zwischen dem Chavín-Horizont und der großen klassischen Periode des Tiahuanaco wird mitunter eine Phase regionaler Befreiung angesetzt, die in stilistischer Hinsicht durch die Ver-

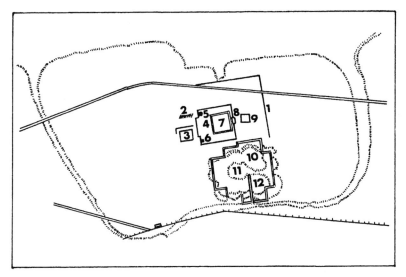

19 Grundriß von Tiahuanaco:
1+2 Spuren der Umfassungsmauern und Terrassierungen
3 «Palast der Sarkophage»
4 Kalasasaya
5 Sonnentor
6 «El Fraile»
7 Innerer Bezirk
8 Monolithische Treppe
9 Gebäude aus der Periode Tiahuanaco I
10+11 Akapana-Pyramide
12 Kanal aus der Periode Tiahuanaco II

wendung der sogenannten «Negativtechnik» und durch die Verzierung der Keramik in Weiß auf rotem Grund gekennzeichnet ist. Dieser Phase gehören an der Nordküste die Stilrichtungen von Vicus (klassisch) sowie von Gallinazo und Salinar (Chicama-Tal) an, am mittleren Küstenabschnitt die Stilrichtungen von Chancay und Lurin und an der Südküste die von Paracas-Cavernas, Paracas-Nekropolis und dem frühen Chincha. Man fand die Keramiken von Paracas-Cavernas (zusammen mit Mumien) in unterirdischen Grabstätten, deren typische Form an eine bauchige Flasche erinnert. Der Paracas-Nekropolis-Stil ist wegen der Feinheit und dem Farbenreichtum seiner Stoffe berühmt.
Die chronologische Klassifikation hat aufgrund zahlreicher Überschneidungen immer etwas Zufälliges an sich: Eine Keramik des späten Vicus-Stils gehört durch ihre kühne Formgebung in Wirklichkeit bereits zum Einfluß des Nazca-Bereichs. Mit dem Auftreten der Mochica-Kultur, deren Einfluß sich sehr weit ins Landesinnere erstreckte, begann das große klassische Andenzeitalter, das durch eine vollständige Erneuerung der Stilformen gekennzeichnet ist, die sich sowohl auf die Keramik als auch auf die Metallverarbeitung und die Architektur auswirkte. Der Klassizismus der Anden, der sich annähernd vom zweiten bis zum sechsten Jahrhundert erstreckte, ist durch eine bemerkenswerte Entwicklung der Infrastruktur, vor allem der Straßenverbindungen und des Kommunikationssystems (*chasqui*), und durch die Einführung einer politisch-religiösen Macht gekennzeichnet, die in der Lage war, die notwendigen Bewässerungsmaßnahmen für eine extensivere Bodenbewirtschaftung durchzuführen. Daher der Name «Wasserkultur», mit dem man die Küstenzivilisationen, die souveränen Staaten der Küste (Nazca, Mochica) bezeichnete, die sich auf eine zahlenmäßig ziemlich umfangreiche Bevölkerung und eine fortschrittliche Technik stützten.

Die Ruinen von Tiahuanaco in der Nähe des Titicacasees waren vermutlich der Ausgangspunkt einer unter dem Namen «Tiahuanaco-Huari-Horizont» bekannten Kultur, die wahrscheinlich im 8. Jahrhundert n.Chr. ihre Blüte erreichte. Im Gegensatz zur Meinung einiger passionierter Freunde der Stätte (insbesondere Posnanskys), die in ihr die Wiege der gesamten südamerikanischen Zivilisation sehen, geht der Ursprung dieser Kultur nicht weiter als bis auf das 4. Jahrhundert n.Chr. zurück. Richtig ist hingegen, daß das Verbreitungsgebiet dieses Stils äußerst groß war und sogar die Nordküste erreichte dank der «Haltestationen», großen religiösen Zentren wie dem von Huari auf den Nordplateaus und Pachacamac an der mittleren Küste.

Nach einer Übergangsperiode vom 10. bis zum 15. Jahrhundert, die durch die Blüte regionaler Stilrichtungen gekennzeichnet ist, gelangen wir schließlich zum Inka-Horizont, der zwar zeitlich eingeschränkt, jedoch über das gesamte Tahuantinsuyu verstreut war.

20   Auf einer Art Sänfte wird die Mondgottheit von Eidechse und Fuchs getragen. Die Bahn des Mondes ist durch die zweiköpfige Schlange symbolisiert. Vasengemälde der Chimu; die punktierten Kreise bezeichnen die Ansatzpunkte des Henkels.

Die Chavín-Kultur

In einem kleinen Dorf im Tal des Rio Pukcha, einem Nebenfluß des Marañon, östlich vom Callejon de Huaylas im heutigen Bezirk Ancash, fand man die monumentalen Überreste der ersten großen peruanischen Stilrichtung. Bereits im Jahre 1873 entdeckte der Archäologe P. de Raimondi in 3135 Metern Höhe das erste Element einer riesigen Gesamtanlage: eine fast zwei Meter hohe Stele, verziert mit einem Flachrelief, das ein göttliches Wesen mit dem Schnabel eines Raubvogels, umgeben von schnecken- oder schlangenförmigen Verzierungen, darstellt – so zumindest, wenn man den zahlreichen Experten Glauben schenkt, die versucht haben, die Geheimnisse der Raimondi-Stele zu enträtseln. Denn eines der Merkmale der Chavín-Kunst besteht genau darin, daß sie sich hartnäckig allen Interpretationsversuchen entzieht.
Die ersten systematischen Ausgrabungen wurden von J.C. Tello ab 1919 vorgenommen. Tello richtete nach und nach an Ort und Stelle ein kleines Museum ein, das zur Aufbewahrung vor allem der berühmten Kopfplastiken dienen sollte, die sich bereits über längere Zeit auf dem Dorfplatz angesammelt hatten. 1945 machten schwere Unwetter, begleitet von Erdrutschen, sein Werk teilweise zunichte; Jahre später fanden sich noch ursprünglich gemeißelte Steine, die der Strom völlig geglättet hatte. Die Arbeiten wurden natürlich seither fortgesetzt, und man verfügt heute über eine vollständige Ansicht der architektonischen Gesamtanlage, die den Höhepunkt des sogenannten kultischen Horizontalstils kennzeichnet.
Man kann mit Vorbehalt bezüglich der Datierung sagen, daß die Chavín-Kultur zwischen 1200 und 400 v. Chr. anzusetzen ist. Ihr Auftauchen erklärt sich zum Teil durch den Untergang einer primitiven Kultur, die auf dem Fischfang, dem Sammeln und der nomadischen Landwirtschaft basierte und langsam von einer seßhaften Agrarstruktur abgelöst wurde, deren Bevölkerung sich um die großen religiösen Kultstätten ansiedelte.
Chronologisch ist diese Kunst zeitgleich mit der Kunst der Olmeken in Mittelamerika und der Pucara-Kultur auf den Hochplateaus. Seltsamerweise kennt man nicht ihre Vorläufer, obgleich man Spuren einer früheren Keramik fand. Die stilistischen Analysen erlaubten es jedoch nicht, eine Verbindung zwischen der noch recht primitiven Zeichnung des Guanape und dem hochentwickelten Symbolismus des Chavín zu ziehen. Da diese Kunst jedoch nicht

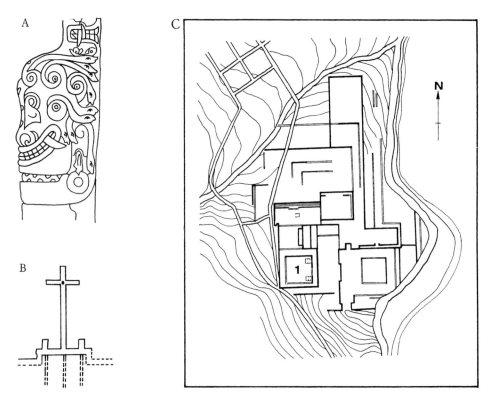

21-23 Die drei Abbildungen beziehen sich auf die Ausgrabungen von Chavín de Huantar: A Profil des Antlitzes auf dem Lanzon mit Fangzähnen und Schlangenhaar; B Schema der kreuzförmig angelegten Galerien, in deren Schnittpunkt der Lanzon liegt; C Skizze der archäologischen Fundstätte mit dem Castillo (1).

aus dem Nichts entstanden sein kann, glaubt man an einen Einfluß nichteingeborener Elemente. Die These von den fremdstämmigen Kulturen, die heute von den meisten Fachleuten anerkannt ist, weist den Ursprung der Chavín-Kultur zum einen den aus dem Urwald kommenden Stämmen, zum anderen den von den Küsten kommenden Stämmen zu, jedoch ohne genaueres Wissen darüber, warum diese Gruppen «vollständige» Systeme von Kultsymbolen und Glaubensrichtungen besaßen.

Meist beruft man sich auf den Einfluß Mittelamerikas. Man räumt im allgemeinen ein, daß sich die Andenregion nicht unabhängig von Mittelamerika entwickelte, sondern daß offenbar gegenseitige Wechselbeziehungen bestanden. In einer Strömung von Süden nach Norden verbreiteten sich in Richtung Mittelamerika die Techniken der Metallverarbeitung und der Goldschmiedekunst, während in umgekehrter Richtung eindeutige Verwandtschaften zwischen den Terrakottafiguren des primitiven Mexiko, den Keramiken von La Venta in Ekuador und den peruanischen Kultmotiven auftreten. Um nur ein Beispiel zu nennen: Es konnte eine auffällige Ähnlichkeit zwischen den Gefäßen von Tlatilco und den Bügelhenkelgefäßen des Cupisnique-Chavín-Stils festgestellt werden. Die katzenartigen Raubtiere und die Schlangenvögel der Olmeken finden sich auch auf den Flachreliefs von Chavín.

Wer dieser These das Argument entgegenhält, daß die Entfernungen vor zwei Jahrtausenden schwerer zu überwinden waren als zur Zeit der Konquista, dem sei erwidert, daß nach einer genialen Beobachtung von F. Kauffmann-Doig die Entfernung zwischen dem südlichsten Punkt des Inkareichs in seiner Blütezeit (auf der Höhe des Rio Bio-Bio im heutigen Chile) und seinem nördlichsten Punkt (Ancasmayo) die gleiche ist wie zwischen diesem Punkt und New York! Andererseits lassen alle Hypothesen bezüglich der Besiedelung des Andengebiets noch der Möglichkeit weiterer Kontakte durch andere Odysseen Raum. Wie dem auch sei, man kann hinsichtlich des Stils keine Verbindung zwischen der präformativen Keramik (Guanape, Kotosh) und dem Chavín-Stil herstellen. Alles weist jedoch auf Ähnlichkeiten zwischen den fremdartigen megalithischen Statuen von San Agustín in Kolumbien und den weniger fremdartigen Skulpturen von Chavín hin. Nach der Zeitfolge könnte die San-Agustín-Kultur sogar eine Verbindung zwischen der Kultur der Olmeken und der von Chavín darstellen.

Die bescheidenen Ausmaße des gleichnamigen Dorfes und die allgemeine Struktur des Ortes lassen die Hypothese von einem großen urbanen Zentrum religiösen Charakters wenig plausibel erscheinen; die aufwendigen Terrassierungen dieser mehrere tausend Quadratmeter großen Stätte und der Bau der Tempel sind wahrscheinlich das Werk von Pilgern gewesen, die, freiwillig oder nicht, an der Errichtung eines großen Kultzentrums beteiligt waren. Mangels eines schriftlichen Dokuments verfügen wir leider über keinerlei Hinweise, wie die Gruppe gesellschaftlich organisiert war, die ein solch gigantisches Werk zustande brachte. Und dennoch erstrahlte diese Zivilisation über ein riesiges Gebiet, das die Täler des Nepena, Puncuri und Cerro Blanco umfaßte, während man ihre Spuren an so verschiedenen Orten wie Ancon, Supe, Rimac, dem Tal des Marañon und vielleicht des Cupisnique findet.

Die Welt der Engel mit den Tigerköpfen

Die Chavín-Kunst ist vorwiegend eine graphische Kunst, die mehr auf die Gestaltung und Verzierung der Oberflächen als auf die Erstellung einer plastischen Form im dreidimensionalen Raum bedacht ist. Die Statuen der Osterinseln oder die Monolithen von Tiahuanaco bestechen durch ihre Art, von einem geographischen Raum, in den sie sich einfügen, Besitz zu ergreifen. Ihre Masse wirkt an sich beängstigend, doch davon spürt man in Chavín nichts. Die Große Statue des «Lanzon»-Tempels steht bescheiden im Zentrum einer kreuzförmigen Galerie, und trotz ihrer recht ansehnlichen Größe scheint sie bei der Pilgerschar keinen heiligen Schrecken ausgelöst zu haben. Im wesentlichen finden sich hier polierte Steinoberflächen, geschmückt mit Zeichnungen, und mehr oder weniger regelmäßige Steinkörper, auf deren Stirnseiten sich Gravuren befinden. Die berühmten Kopfskulpturen, die von den Schloßwänden vorspringen, besitzen eine architektonische Funktion, nämlich die der Zapfen.

Die Liste der Bauwerke, an denen sich der Scharfsinn der Forscher üben kann, ist letztlich ziemlich kurz. Neben dem bereits erwähnten «Lanzon», im Norden der Großen Pyramide im Tempel desselben Namens gelegen, finden sich noch der Tello-Obelisk, die Raimondi-Stele (heute im Museum von Lima zu sehen), der Adler und der Falke auf dem Gesims des Schwarzweißen Portals, die Raubkatzen und Schlangen eines Eckgesimses am Neuen Tempel, die Kaimane der monumentalen Treppe und der «lächelnde Gott» auf einer Steinplatte des Neuen Tempels. Der amerikanische Archäologe John Rowland Howe, einer der bedeutendsten Spezialisten für Chavín, teilte diese Werke in Zeitphasen ein, die er mit den Buchstaben des Alphabets benannte. Die Doppelbuchstaben bezeichnen eine Unterteilung gemäß dem Fortschreiten der Forschungen: Zu der sogenannten «AB»-Phase gehören der Lanzon, einige in Gesimse gemeißelte Adler und die Raubkatzen und Schlangen im Neuen Tempel; zur C-Phase der Tello-Obelisk; zur D-Phase die Säulen und Gesimse des Schwarzweißen Portals, die Adler der Großen Pyramide und der «lächelnde Gott». Zur EF-Phase gehört schließlich die Raimondi-Stele, die zeitlich wesentlich später anzusetzen ist.

Aufgrund der ausführlichen Erforschung des Zeichensystems kann man annehmen, daß bestimmte symbolische Details, die dazu beitragen sollten, das «Ganze» zu verstehen, durch Farbe hervorgehoben waren.

Die in großer Zahl aufgefundenen gemeißelten Köpfe verdienen besonders erwähnt zu werden. Es geht dabei weniger um die Einfügtechnik, die man auch in Tiahuanaco und Huamacucho findet, als um ihren strengen und bedrohlichen Ausdruck, der bisweilen an die Theatermasken des antiken Rom erinnert. Es sind dies menschenähnliche Skulpturen von 30 bis 70 Zentimeter Höhe, die mit einer Verlängerung versehen sind, mittels derer sie in den Mauerverband eingefügt sind, aufgedunsene Menschengesichter mit dicken, manchmal verstopften Nasenlöchern, deren verschiedene Bestandteile wie Mund, Augenbrauen und Haare derart verändert wurden, daß daraus Vögel, Schlangen und Raubkatzen entstanden. Aufgrund einer Zeichnung von Huamán Poma de Ayala geht man davon aus, daß die häufig auftretenden Erhebungen auf den Köpfen dazu dienten, Gefangene dort zu einer exemplarischen Züchtigung anzubinden. Dies würde auch erklären, warum diese Skulpturen von altersher immer schon den Namen «Tempelwächter» trugen. Es muß jedoch betont werden, daß es immer noch keinen nachweislichen Hinweis über ihren genauen Platz in der Chavín-Kultur gibt.

Die Auslegung des Zeichensystems stellt die Forscher vor ein großes Problem: Mangels jeglicher geschriebener Inschriften erscheint uns die Botschaft als äußerst schwer zu entziffern und läßt somit der Phantasie freien Lauf. So interpretierte Max Uhle den oberen Teil der Raimondi-Stele als altertümliche Version des Gottes Viracocha, der in Form eines gekrönten Jaguars dargestellt ist. Polo, ein anderer Archäologe, erkannte seinerseits darin einen Büffel oder ein Bison, das eine Mitra trägt, von der bogenförmig Sonnenstrahlen ausgehen. Andere wiederum glaubten den Umriß eines Katzenmenschen zu erkennen, dessen Kopf mit einem stilisierten Tausendfüßler geschmückt sein soll. Fragt man nun aber rundheraus einen Laien, so wird dieser zumindest einen menschlichen Umriß mit tierähnlichen Zügen erkennen, der ein mit geometrischen Symbolen überladenes Zepter trägt, dessen Auslegung ihm höchst problematisch erscheinen wird. In der Tat ist keine Form wirklich «unverfälscht«. Der Künstler scheint sich alle Mühe gegeben zu haben, die Spuren zu verwischen, indem er nur deshalb eine Seitenansicht entwarf, um die Gesichtszüge, die man von vorn sieht, stärker zu betonen, indem er den Hals eines Menschen in das Profil eines Jaguars verwandelte, deutlich erkennbare Elemente an völlig unerwartete Stellen setzte, kurz gesagt, indem er die Augen von uns modernen Beobachtern nach Belieben täuschte. Wir sind nicht besser gewappnet, die Intentionen der Künstler jener Zeit zu erfassen, als ein vorbehaltloser Bewunderer Corots, dem man ohne Vorwarnung die *Demoiselles von Avignon* von Picasso vorsetzen würde. Der Bezug fehlt ganz einfach.

Das trifft auch für den Lanzon zu, einen dreieckigen, 4,60 Meter hohen Monolith, der sich nach unten verjüngt. Er besitzt die Form einer Lanzenspitze, die oben so verlängert wurde, daß sie, zumindest symbolisch, in einen Stiel übergeht. Die Seiten, die allesamt mit Skulpturen versehen sind, zeigen eine Reihe von sowohl menschen- als auch tierähnlichen Elementen (Raubkatzen und Schlangen). Es könnte sich bei dem Lanzon um eine Gottheit handeln. Die geschlossenen Augen sind die eines Vogels; die Augenbrauen sind durch Schlangen und die Haare durch Nattern ersetzt. Die an der oberen Seite des Steines erkennbaren Rillen waren anscheinend dazu bestimmt, das Abfließen des Blutes bei den Opferritualen zu erleichtern. An den Seiten schließlich erkennt man eine Reihe völlig identischer Köpfe, die für den Chavín-Stil absolut charakteristisch sind. Es ist nicht nötig, sich lange bei der Beschreibung der anderen an dieser Stelle vorgefundenen Monolithen aufzuhalten: Die Zeichnungen setzen sich systematisch aus immer wiederkehrenden Symbolen, menschlichen oder tierähnlichen Gesichtern, Schlangen oder Federvögeln zusammen. Es handelt sich hier um die einzigen einigermaßen sicheren Anhaltspunkte, auf die sich unser Verständnis als Menschen des 20. Jahrhunderts stützen kann.

Der Ort selbst, dessen Lageplan ziemlich leicht, zumindest in den unteren Teilen, trotz des Zahns der Zeit rekonstruiert werden konnte, weist einen achteckigen Grundriß mit aufgeschütteten Terrassen auf, deren senkrecht abfallende Wände aus Stützmauern bestehen, die mit Tieren oder menschenähnlichen Wesen verziert sind. Die Gebäude ordnen sich um einen tieferliegenden großen Hof an, dessen Seitenlänge ungefähr 50 Meter mißt und in dessen Mitte sich der sogenannte «Opferstein» befindet.

Die meiste Aufmerksamkeit ziehen an dieser Stätte die unterirdischen Gänge mit den Belüftungsrohren auf sich. In die Dicke der aufgeschütteten Terrassen eingelassen, stellen sie die einzige Verbindung zwischen den verschiedenen Baukörpern dar. Das Netz der verhältnismäßig engen Gänge folgt einem genauen Plan mit einer Mittelachse und gelegentlichen kreuzförmigen Abzweigungen. Die Hypothesen bezüglich der Rolle dieser unterirdischen Gänge – Lagerräume, Versammlungsorte – können nicht ganz überzeugen.

Strukturanalyse

Da unsere Kenntnisse von den peruanischen Kulturen des ersten Jahrtausends v. Chr. keine Auslegung – im konkreten Fall: Übersetzung – der Werke, die sie hinterlassen haben, erlauben, ist es wohl das Einfachste, sich für die Struktur der Werke zu interessieren, ohne unbedingt wissen zu müssen, was sie bedeuten, die Struktur des Bezeichnenden zu analysieren und das Problem des Bezeichneten zunächst einmal beiseite zu lassen. Diesem semiotischen Dechiffrierungsversuch der steinernen Werke von Chavín schließt sich eine Zahl von Forschern, insbesondere F. Hébert-Stevens in seinem Werk *Die Kunst Südamerikas,* an. Die Kategorien, derer er sich bedient, sind folgende:

- *Artikulation:* Wie ist das Schriftbild gegliedert? In vielen Fällen sind die Elemente der Bilderschrift in sich geschlossen (Tello-Obelisk). Es ist eine gewisse Schematisierung (sich wiederholende Zeichen bei den verschiedenen Werken) zu erkennen; die Abstraktion bestimmter Symbole (Kreuz, Spirale etc.); die Veränderung und Gegenüberstellung von Merkmalen (rundes oder rechteckiges Auge).

- *Assoziation:* Es gibt eine systematische Assoziation des Bezeichnenden: Die Haare werden immer mit Schlangen «verglichen». Die Chavín-Kunst erinnert auch an eine Röntgenaufnahme: Die Bilderschrift läßt im Inneren des Körpers eine Wirbelsäule erkennen (Yauya-Stele), wie wenn sich der Gegenstand einer Röntgenbestrahlung unterzogen hätte; es gibt auch eine Verdichtung (die Verschmelzung von Jaguar und Kondor) und einen Transfer (die Kinnladen erscheinen systematisch an den Gelenkpunkten).

- *Komposition:* Der Chavín-Künstler gelangte durch die Entwicklung des Bildes zu einer Art ebener Projektion. Die Teile, die je nach Betrachtungswinkel des Gegenstandes verdeckt sein müßten, sind ebenfalls zu sehen; die Projektionen von der Seite und von vorn sind verdichtet; man erkennt sowohl vertikale als auch horizontale Sequenzen; schließlich fügt sich das Ganze in ein rechtwinkliges Raster ein, das einfache geometrische Muster bewirkt. F. Hébert-Stevens machte sich selbst an die Wiederherstellung dieses Rasters. Die gutdurchdachten Ergebnisse, zu denen er schließlich gelangte, geben zu denken. Bei der Yauya-Stele zum Beispiel kam er mit Hilfe eines Diagramms zu dem Schluß, daß die Zusammensetzung der Bilderschrift von einem Raster bestimmt wird, dessen markante Punkte sich durch den Schnitt der Fadenkreuze V2 und V3 ergeben. Beim Flachrelief an der Säule des Schwarzweißen Portals wird man feststellen können, «daß das Rechteck, das die Oberfläche der Säule, einschließlich der oberen und unteren Leiste, bildet, einen sechseckigen Stern umfaßt. Das Verhältnis seiner Seiten ist 1 zu $\sqrt{3}/2$.»

Diese mathematische Tüftelei wird so manchen skeptisch stimmen. Die Schemata, in die Hébert-Stevens und andere die im wesentlichen repetitive und geometrische Bilderschrift von Chavín einzuordnen versuchten, sind an sich vollkommen überzeugend: «Das Bildersystem des Chavín bringt Elemente ins Spiel, die drei verschiedenen Gruppierungen angehören: das Bild des Körpers, die Tiersymbolik und die geometrische Aufteilung der Darstellungsfläche. Nach unserer Hypothese gibt es einen Zusammenhang zwischen dem von dem Chavín-Bildhauer angewendeten und auf den ersten Blick ziemlich verwirrenden System von Korrespondenz und Assoziation und der Strukturierungsmethode der Körper, wie sie bei Schindler beschrieben wurde.»

Die stark von Saussure, dem Begründer der strukturellen Sprachwissenschaft, beeinflußte Methode, die darin besteht, die Minimalbestandteile der Darstellung herauszulösen, um anschließend ihre Verstrickung besser untersuchen zu können, gelangt zu erstaunlichen Ergebnissen, sobald man sich vergleichenden Studien zuwendet. So konnten zahlreiche Ähnlichkeiten in der Zeichnung zwischen den chinesischen Masken der Tao Tieh, den Drachen der Steppenkunst und aus Luristan, den Jaguargesichtern aus Honduras oder La Venta (Mexiko) und denen aus Chavín, den Makaras Indiens oder Indonesiens festgestellt werden, die alle durch stark betonte Kinnladen und Zähne gekennzeichnet sind, wodurch man vielleicht auf einen gemeinsamen amerikanisch-asiatischen Hintergrund schließen könnte. (Nebenbei sei erwähnt, daß sowohl im präkolumbianischen Amerika als auch im alten China die Mondfinsternis durch die Gefräßigkeit des Jaguars dargestellt wurde.)

Die Beweisführung grenzt an Zauberei, wenn man einmal alle Kunstwerke, die dasselbe Strukturelement besitzen, nebeneinanderstellt. So findet sich zum Beispiel ein Gesicht oder eine Kinnlade auf den Gelenkgliedmaßen in der Kunst von Chavín (zahlreiche Beispiele), in der Kunst von Paracas (Menschengesichter an der Stelle des Knöchels), auf einer Bronzefigur der chinesischen Chang-Epoche, auf einem kanadischen Gemälde der Haida-Kunst, auf dem Bildnis einer Frau aus dem europäischen 17. Jahrhundert, einer Freske in Roure aus dem Jahr 1510 in Frankreich, einem geflügelten Teufel der hebräischen Kunst aus Süddeutschland (1300), etc.

Man sollte sich hüten, aufgrund dieser bestechenden Ähnlichkeiten voreilige Schlüsse zu ziehen, doch darf man mit allem Grund annehmen, daß das Vorhandensein von Tiergesichtern an den Knien, an den Ellbogengelenken und an den Achseln eines Monsters der westlichen Kunst des 15. Jahrhunderts und eines mexikanischen Gottes aus präkolumbianischer Zeit ebenso, wenn nicht sogar mehr, die Phantasie anregen als die berühmte und bis dahin mythische versunkene Stadt im Titicacasee.

Was auch immer es mit diesen schwindelerregenden Perspektiven auf sich hat, so kann man doch abschließend feststellen, daß die Steinkunst des Chavín eine Reihe einfacher Merkmale aufweist: Die gesamte Wirklichkeit ist mit Hilfe von Minimalbestandteilen von unveränderlicher Bedeutung zum Ausdruck gebracht; die Bilderschrift zwingt die Wirklichkeit, in leicht erkennbare geometrische Kompositionen einzutreten, die nach einem Verhältnisschema mit geraden und spiralförmigen Linien ausgeführt sind; ein und derselbe Gegenstand kann darin schließlich unter zwei verschiedenen Perspektiven dargestellt sein, ein Verfahren, das in der europäischen «abstrakten» Kunst des 20. Jahrhunderts wieder aufgenommen wird. Die Chavín-Kunst basiert auf Zeichen, und zwar auf einem Zeichensystem, das so komplex ist, daß es offensichtlich die Schrift ersetzte.

Ein Wort noch zur Töpferei: Die Töpferei des Chavín weist einen deutlichen Fortschritt gegenüber der Guañape-Kultur auf, obgleich es ihr manchmal an Inspiration fehlt. Die Form erinnert an die Keramik-Grabbeigaben an der Küste, mit Schnabel- und Bügelhenkelgefäßen, die Früchte, Tiere, Köpfe von Menschen und Jaguaren darstellen. Ein Einfluß der Chavín-Kultur auf die von Cupisnique (Chicama-Tal) ist nicht auszuschließen, obwohl er von einigen Experten angezweifelt wird. Erwähnenswert sind noch die Goldschmiedearbeiten, bei denen die Darstellung von Raubkatzen eine bedeutende Rolle spielt.

Farbabbildungen

1057   Die Festung Sacsahuaman oberhalb von Cuzco war die wichtigste des Inka-Reichs, da sie dessen Hauptstadt schützen mußte. Ihre terrassenartig übereinandergesetzten Mauern sind sägezahnartig gegliedert.

1058   Ein merkwürdiges Inka-Heiligtum befindet sich in Kenko nahe bei Cuzco: links der Kultplatz, rechts der «Stein von Kenko», ein Felsen-Tempel über einer Höhle, die als das Grab des Inka Pachacutec gilt.

1059   Die Nischen und Spalten des Felsens von Kenko wurden zu bizarren Räumen erweitert, von der natürlichen Oberfläche ist durch die Bearbeitung nahezu nichts mehr vorhanden.

1060   Eines der wenigen Tore, die die Zyklopen-Mauern der Festung Sacsahuaman oberhalb von Cuzco öffnen.

1061   Die Mauern der Festung Sacsahuaman wurden aus gewaltigen asymmetrischen Steinquadern ohne jedes Verbindungsmittel aufeinandergeschichtet, indem man die Steine perfekt schnitt, schliff und ineinanderfügte.

1062/1063   Die Ähnlichkeit der Physiognomien ist frappierend: links ein bemaltes Keramikgefäß mit Steigbügelhenkel aus der Mochica-Kultur, rechts das Porträt eines Mannes auf dem Markt in Juliaca, das deutlich das Erbe seiner Vorväter zeigt.

1064   Bemaltes Tongefäß in Papageiengestalt mit Brückenhenkel aus der Mochica-Kultur.

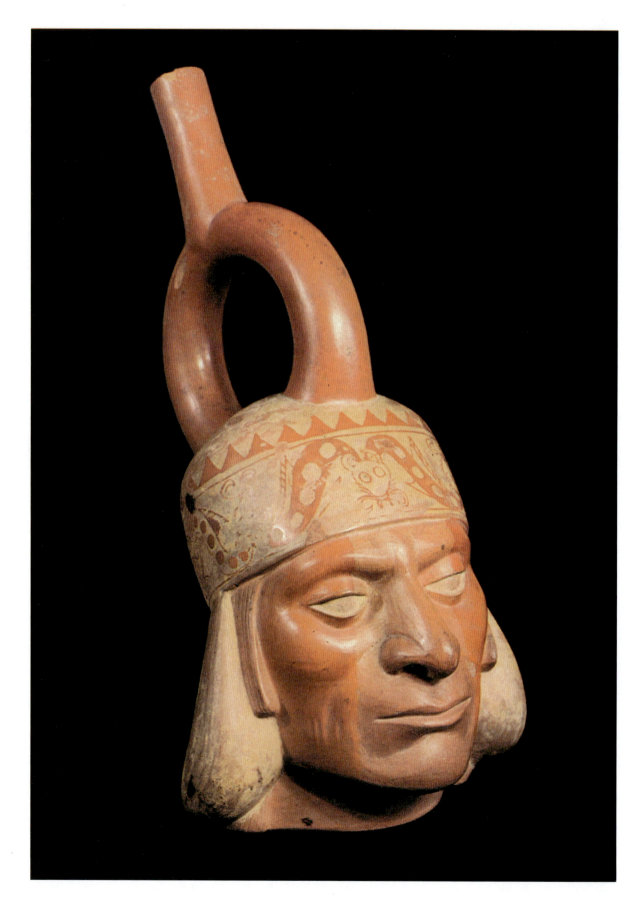

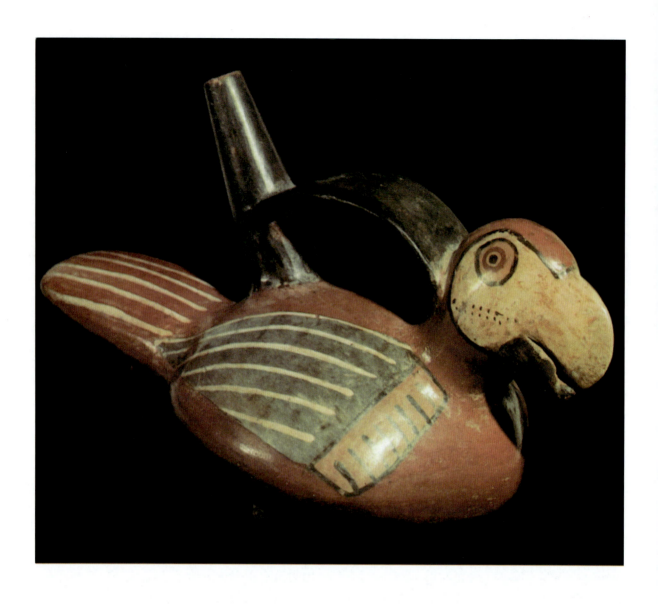

Im ganzen gesehen entspricht die Chavín-Kunst einem ziemlich genau festgelegten Abschnitt in der Entwicklung der präkolumbianischen Gesellschaften: Da sie über Be- und Entwässerungsanlagen verfügen, sind sie in der Lage, ihre landwirtschaftlichen Verfahren zu vervollkommen und die Intensivkultur vorzubereiten, die die Mochica-Epoche kennzeichnen wird. Die wahrscheinliche Existenz einer Priesterkaste, die in der Lage war, die Gebirge wenn auch nicht zu versetzen, so doch zu verändern, wird die Ausweitung von Kulturen begünstigen, deren Schöpfungsmythos uns durch seine Pracht besticht.

24   *Nachzeichnung eines Basreliefs aus Chavín de Huantar mit einer anthropomorphen Darstellung.*

Die Mochica-Kultur

Lange Zeit wurde das Bild Perus durch die fast völlige Unwissenheit über die heute sogenannten präkolumbianischen Kulturen geprägt. Jede Art von Töpferei wurde automatisch den Inka zugeordnet. Und doch stammt die Entdeckung der Schätze der Mochica-Kultur nicht erst von gestern. Zu allen Zeiten machten sich die Eingeborenen, die bestens über die Gebräuche der Völker vor ihnen auf peruanischem Boden Bescheid wußten, auf die Suche nach den sagenhaften Schätzen, indem sie alles durchforschten und ausplünderten, was mit einer *huaca,* einem Heiligtum oder Grabmal, Ähnlichkeit hatte. Der Mythos von Cipango beflügelte sogar die Phantasie der Amerikaner.
Die Geschichte bewahrt noch die Spuren von der Entdeckung einer Huaca im Jahr 1550, der Lomoyahuana, durch den schlauen Antonio Chayque, die einen phantastischen Schatz barg, der einige Jahre später systematisch ausgebeutet werden sollte. Danach wurden die monumentalen Sonne- und Mondpyramiden entdeckt. Zu dieser Zeit steckte hinter dem Bemühen der Archäologen ganz einfach die Begierde, günstig an Gold zu kommen. Und doch ist es dem Antrieb der *huaqueros,* der Grabplünderer, zu verdanken, daß die Vergangenheit Perus allmählich wieder ausgegraben wurde.
Die Verheimlichung der präkolumbianischen Kulturen ist zum einen das Werk der Inka, die stets darauf bedacht waren, ihre mythische Vergangenheit als Gründerväter aufrecht zu halten, zum anderen das der Katholischen Kirche, die fest entschlossen war, den heidnischen Teufel in all seinen Erscheinungsformen auszutreiben. Ein geschichtliches Paradox, das letztlich nicht verwundert, zeigt, daß die Goldgier der äußere Grund für die Zerstörung des mächtigen Inkareichs war und daß dieselbe Goldgier die Wiederentdeckung der Kulturen ermöglichte, die ihm vorausgingen.
Bereits im frühen 18. Jahrhundert fertigten die französischen Reisenden Louis Feuillée und Amadée Frézier Stiche mit Kartuschen, auf denen die berühmten Huacas dargestellt sind. Und wiederum erscheint es paradox, daß ausgerechnet Martínez y Compañón, Bischof von Trujillo, ab 1778 seine Aufgabe der Bekehrung zum Christentum vernachlässigt, um die Mumien und die Fundstücke der Ruinenstätte von Chan-Chan zu studieren. Darunter befindet sich ein

authentisches enzyklopädisches Wörterbuch mit 1400 mehrfarbigen Zeichnungen, die die wichtigsten Ziermotive der Chimu-Töpferei wiedergeben.

Ab Ende des 19. Jahrhunderts wurde dank des Eingreifens professioneller Archäologen wie Max Uhle, Kroeber, schließlich Larco Hoyle und Bennett, bemerkenswertes Material ans Tageslicht geschafft. Don Rafael Larco Herrera erstellte in seiner Hacienda in Chiclin im Tal des Rio Chicama eine einzigartige Sammlung, die aus mehreren zehntausend Keramiken besteht. Diese Sammlung wurde 1960 nach Lima verlegt. Trotz (oder vielleicht gerade wegen) der Vielfalt des gesammelten archäologischen Materials verfügt man bis heute über keine systematische und vollständige Studie über die Mochica-Keramik.

Ein Bildervorrat fürs Jenseits

Die Mochica-Kultur entwickelte sich an der nördlichen Pazifikküste Perus auf jenem halb wüstenartigen, von einem Dutzend Flußtälern durchschnittenen Küstenabschnitt, der von der Grenze des heutigen Ekuador bis zum Huarney-Tal reicht. Das Mochica-Gebiet umfaßt ein riesiges Areal von ungefähr 650 km Länge und einer Breite von 10 bis 100 km zwischen dem Cupisnique-Tal und dem Nepena-Tal, was grob gerechnet der heutigen Provinz Libertad entspricht. Zwischen der Stadt Tumbez im äußersten Norden und dem Nepena-Tal hat man bis jetzt nur eine einzige andere Keramikkultur, die der Vicu, festgestellt.

Fauna und Flora mußten sich an die besonders schwierigen Lebensbedingungen anpassen. Die Vegetation besteht im wesentlichen aus Pflanzen mit geringer Wurzeltiefe (Kakteen, Wurzelstockpflanzen), die sich mit einem Minimum an Feuchtigkeit zufrieden geben und die Meerluft ertragen. Die Liebe zum Detail der Mochica-Töpfer läßt speziell die Vertreter der Familie der *Opuntia* (Art der *Ficus indica*) und die *Tillandsia purpurea,* den *Melocactus communis,* den *Mimulus glabratus* und die *Furcraea andina* erkennen. Die Fauna besteht sowohl aus Land- wie auch aus Wassertieren (Füchse, Eichkätzchen, Hirsche bzw. Walroß, Krabbe). Das von D. Lavallée aufgestellte Inventar *(Tierdarstellungen in der Mochica-Keramik)* umfaßt ungefähr hundert verschiedene Arten, von den Muscheln über die Gliederfüßler und Wale bis hin zu den Primaten.

Das Mochica-Gebiet umfaßt von Norden nach Süden sieben Täler, die allesamt bewässert sind, sei es auf natürliche Weise durch Flüsse oder künstlich dank der Einrichtung hydraulischer Systeme. Es handelt sich dabei um die Täler Cupisnique, Chicama, Santa Catalina, Viru, Chao, Santa und Nepena. Jedes Tal verfügt über spezifische archäologische Merkmale in Form einer Ansammlung von Überresten wie von religiösen Zentren, Kultbauten, Friedhöfen oder Resten hydraulischer Infrastrukturen. Es ist bemerkenswert, daß diese Überreste, vor allem die Grabmäler, außerhalb der Gemeinschaftszentren an Orten in der Halbwüste zu finden sind. Beim aktuellen Stand der Ausgrabungen veranlaßt nichts zu der Annahme, daß es jemals eine ähnlich große Stadtanlage wie Cuzco gab, von der aus die Mochica ihre Herrschaft auf die Nachbartäler hätten ausweiten können. Dies unterscheidet die Mochica-Kultur von der Bewässerungskultur der Chimu.

Der Begriff «Mochica-Gebiet» muß also metaphorisch im Sinne eines kulturellen Verbreitungsgebietes ausgedehnt werden, auch wenn die gigantischen Bewässerungsarbeiten in die-

25   *Zwei Binsenflöße mit Passagieren und Ladung. Zeichnung auf einer Keramikflasche. Die menschlichen Beine am Kiel deuten die schnelle Fahrt der Flöße an.*

sem riesigen Gebiet nicht auf die Existenz, während einer Zeit von ungefähr 10 Jahrhunderten (von 200 v. Chr. bis 800 n. Chr.), eines zentralen Staates schließen lassen, der stark genug gewesen wäre, die beträchtliche Arbeitskraft, die ein solches Unternehmen erfordert hätte, aufzubringen und zu leiten. Jedoch konnte mit Gewißheit die Existenz eines Epizentrums der Mochica-Kultur bestimmt werden, und zwar die Täler der Flüsse Chicama, Moche (dem die Mochica wohl ihren Namen verdanken) und Viru.

Die Stätte Huaca Prieta im Tal des Chicama war Gegenstand systematischer Ausgrabungen und lieferte eine Anzahl interessanter Erkenntnisse über die ersten Siedler in dieser Gegend, einem Volk ohne Keramik, das in halb unterirdischen Behausungen lebte und dessen Nahrung sich hauptsächlich aus Fisch und Schalentieren zusammensetzte. Die Landwirtschaft beschränkte sich zu jener Zeit auf den Anbau einer Art Knollenfrucht, *achira*, den Kalebassenbaum, Bohnen, Piment und *lucuma*. Gekocht wurden diese Lebensmittel mit Hilfe erhitzter Steine.

Die Grabmäler von Huaca Prieta gelten als die ältesten, die von den Menschen des amerikanischen Kontinents errichtet wurden. Dennoch besteht die Besonderheit des Chicama-Tals in seinem Bewässerungssystem mit dem erwähnenswerten Aquädukt von Ascope mit einer Länge von 1500 Metern und dem Kanal von San Antonio, der die Ortschaft Chicama nach einem Verlauf von 120 km erreicht.

Die Geschichte der präkolumbianischen Kulturen erscheint nur deshalb so kompliziert, weil sie uns immer wieder mit der Problematik der Namensgebung konfrontiert. In jedem Einzelfall ist es daher angebracht, eine klare Unterscheidung zwischen dem Namen der Stätte, wo die Relikte gefunden wurden, dem Namen des oder der dazugehörigen Völker, dem Namen der damit verbundenen Kultur und gegebenenfalls dem Namen des Staates, der für eine Kultur steht, zu treffen.

Es gibt einen Fluß mit dem Namen Rio Moche, aber auch eine kleine Stadt beziehungsweise eine kleine Siedlung gleichen Namens. Bei Ausgrabungen in der Nähe dieses Zentrums, nahe der berühmten Huaca de la Luna, brachte Uhle 1899 jene Keramiken ans Tageslicht, die den

26   Gefangene werden vor dem Gericht angeklagt. Zeichnung auf einer Keramikflasche.

Ruhm der Mochica-Kultur ausmachen sollten. Doch diese Bezeichnung ist nur da gerechtfertigt, wo sie das Ergebnis einer Stilanalyse bezeichnet. Man kam daher überein, jedem Kunstwerk den Namen «Mochica-Töpferei» oder «Mochica-Gewebe» zuzuordnen, das genau den gleichen Stil aufweist wie die in Moche ausgegrabenen Fundstücke. Es versteht sich von selbst, daß sich das Verbreitungsgebiet der oben erwähnten Werke nicht auf die Gegend beschränkte, die man als relevant für die politische Macht des Mochica-Volkes erachtete. So fand man Gegenstände im Stil der Mochica sogar auf den Chincha-Inseln, wo sich die Mochica aller Wahrscheinlichkeit nach mit Guano (Vogeldung) zur Düngung ihrer Felder eindeckten. Uhle, der die berühmten Portraitvasen (*huacos-retratos*) zu Tage brachte und ihnen genaue stilistische Merkmale zuordnete, bewies, daß es auf jeden Fall eine ältere Kultur als die von Tiahuanaco gab, die er «Proto-Chimu» nannte, und widerlegte das zu Beginn des 20. Jahrhunderts weit verbreitete Vorurteil, nach dem die gesamten präkolumbianischen Portraitvasen, die im Andengebiet entdeckt worden waren, «Inkaköpfen» entsprachen.

Die in der Mochica-Zone entdeckten Kultstätten zählen zu den beeindruckendsten Bauwerken der präkolumbianischen Zeit, die auf dem amerikanischen Kontinent errichtet wurden. Die Huaca del Sol («Sonnenpyramide») im Santa-Catalina-Tal besitzt eine Plattform von 228 Metern Länge und 136 Metern Breite und erhebt sich über sieben Terrassen 18 Meter hoch über den Boden. Sie wird durch eine Aufschüttung ergänzt, die sich auf einer Länge von 90 Metern und einer Breite von 6 Metern erstreckt. Dieses spektakuläre Bauwerk stützt sich auf einen zentralen Kern aus riesigen Pfeilern, doch ein unabhängiges System ermöglichte es, den Zugang zu verschließen. Es fanden bereits verschiedene Versuche statt, dorthin vorzudringen, vor allem durch den darunter verlaufenden Bewässerungskanal, doch das Blockierungssystem widersetzte sich siegreich den Grabschändern.

Die andere Huaca, die «Mondpyramide», ist von geringerem Umfang, aber höher (21 m), da sie auf einem Felsvorsprung liegt. Die Mauern tragen noch Spuren von Fresken, deren Farben verblaßt sind. Auf einem der Frise konnte eine äußerst bemerkenswerte Szene entschlüsselt werden: der «Aufstand der Objekte». Alltägliche Gegenstände, anthropomorphe Waffen usw. greifen ihre Schöpfer an. Die Menschen werden dabei durchbohrt und an Stricken geführt wie Gefangene. Einige Forscher sahen darin das Symbol des Jüngsten Gerichts, die Vorboten einer Zeit der Finsternis.

In der Pyramide, die (von den Spaniern) Huaca de la Luna genannt wurde, fand man verschiedene zeremonielle oder rituelle Gegenstände, verziert mit Edelsteinen, darunter Totenmasken und Holzstatuetten, die vollkommen identisch sind mit denen, die auf den benachbarten Küsteninseln entdeckt wurden.

Beide Pyramiden beinhalten noch Spuren von Wohnräumen, die wahrscheinlich zur Unterbringung von Priestern, zur Aufbewahrung des zeremoniellen Zubehörs sowie zur Bewachung der Grabstätten bestimmt waren.

In der Umgebung dieser Kultzentren, deren genaue Bedeutung uns immer noch nicht bekannt ist, fanden die Archäologen Grabmäler, sogenannte Tumuli, kleine konische Steinhügel ähnlich denen, die die heutigen Indianer noch verehren, und Ziggurats, kleine, mit Öffnungen versehene Türmchen, in die die Eltern des Verstorbenen ständig Nahrung brachten und so die Grabbeigaben vervollständigten. Schließlich fand man noch unterirdische Totenstädte mit einzelnen Nischen, die allgemein den *Cie-Quiche* (Notablen) vorbehalten waren. Die vorgefundene Urnen im Inneren der Nischen lassen auf den Brauch der Einäscherung schließen.

Der Mochica-Keramiker war ein außergewöhnlicher Künstler, der mit besonderem Detailreichtum seinen Lebensraum abbildete. Im Glaubenssystem der Mochica war es von großer Bedeutung, daß sich der Tote auf seiner Reise ins Jenseits wohl fühlt. Es begleiteten ihn also eine ausreichende Menge Proviant, aber auch Gebrauchsgegenstände und die Bestandteile seiner gewohnten Umgebung, die der Töpfer darstellte und überhöhte. Die Mochica-Keramik ist eine Art Chronik in Form von Bildergeschichten, ein bebildertes Wörterbuch, das uns eine

27+28 Darstellungen eines Kolibris (links) und eines entenartigen Vogels. Im Unterschied zum übrigen Körper, der im Profil gezeigt ist, sind die Flügel um 90 Grad gedreht.

29+30   Typische Darstellungen einer Eidechse, oft in Verbindung mit der Samenhülse der Akazie, und eines Seelöwen, der gerade einen Fisch verschlingt.

außergewöhnliche Fülle von Details über das tägliche Leben liefert. Kein anderes Andenvolk erreichte eine derartige Wirklichkeitstreue und Poesie.

Der Töpfer projiziert seine Überzeugungen und Ängste mit Hilfe von Skalpell, Stäbchen, Pinsel und der Aufwendung seiner gesamten kreativen Fähigkeiten in eine Kunst, die äußerst harmonisch Natürliches mit Übernatürlichem vermischt und auf beeindruckende Weise mit der festgefügten Strenge früherer Epochen bricht. Das Auge wirkt lebhaft, ein Lächeln erscheint im Mundwinkel, eine sowohl zärtliche als auch tragische Mimik zeichnet sich ab. Weit entfernt sind die Anthropolithen von Tiahuanaco und den Osterinseln, deren Blick eine furchtbare Herausforderung auszustrahlen scheint. Ein erstaunlich modernes Leben im Überfluß mit all seinen Licht- und Schattenseiten kommt auf den Gefäßwänden zur Entfaltung. Menschen und Dämonen stehen sich in einem letztlich beherrschten Universum gegenüber.

Es muß hinzugefügt werden, daß diese Keramikgegenstände außer zu außergewöhnlichen Gelegenheiten (Trankopfer mit religiösem Charakter) im Alltag keine Verwendung fanden, und zwar weder zum Transport noch zur Aufbewahrung von Flüssigkeiten; in den meisten Fällen verhinderte dies schon die Form des Stücks.

Diese Form besteht aus zwei Hauptelementen, die nach Belieben variiert werden konnten: einem Griffstück (Bügelhenkel) und einem Rundkörper oder «Bauch». Der Henkel wird noch

31+32   Bei der Darstellung des Barrakudas sind Kopf und Schwanz im Profil zu sehen, der Körper in der Draufsicht. Beim Makrelenfisch (Bonite) ist die Gezacktheit von Schwanz und Flossen hervorgehoben.

durch einen zylinderförmigen Ausguß ergänzt. Die Kombination Henkel/Ausguß erlaubt, stilistische Entwicklungsphasen festzulegen. Wir verdanken Larco Hoyle eine auf dieser Kombination basierende zeitliche Abfolge, die fünf Perioden umfaßt (von Mochica I bis Mochica V), die durch eine zunehmende Verfeinerung von Bügel und Henkel und in einer späteren Epoche durch die Hervorhebung des Bügels gekennzeichnet sind, welcher schließlich die Höhe des Gefäßes selbst überragt. Eine derartige Methode der Klassifizierung ist schon deshalb berechtigt, weil sich die zur Darstellung gebrachten Themen im Lauf der Zeit kaum veränderten. Es sei noch erwähnt, daß die Henkel mit Doppelausguß erst bei den Kulturen der Nazca und Chimu auftreten, wobei diese Ausgüsse mit einer flachen, bogenförmigen Brücke verbunden sind.

Die Technik der Mochica bediente sich einer Gußform aus zwei Teilen, in die man den Ton und das Bindemittel hineingab. Ein oder zwei Öffnungen wurden freigelassen, um später das Gefäß innen glätten zu können. Nach dem Hinzufügen der hervortretenden Teile (Henkel, Ausgüsse usw.) fuhr man mit dem äußeren Glätten des Stückes fort, dann trug man durch Eintauchen oder Anstrich die Engobe, einen Schutzüberzug mit Bindemittel, auf. Danach wurde mit dem Pinsel die Verzierung aufgetragen. In der darauffolgenden Phase wurde das Gefäß poliert und in mehr oder weniger weit entwickelten Öfen gebrannt.

Diese einfache Technik erlaubt ein überaus reichhaltiges Angebot an Formen. Mal ist das darzustellende Wesen aus einem Stück geformt, wobei die Gliedmaßen nur schemenhaft skizziert sind; mal ist nur der Kopf aus einem Stück, und die runde Ausbauchung stellt den Körper der Figur dar; und manchmal (dann als Zeichen einer unbestritten höheren Entwicklungsstufe) ist die menschliche Figur aus einem einzigen Stück geformt, wobei die wertvollen Ohrgehänge (die den Spaniern keine Ruhe mehr ließen) das «bewegliche» Element darstellen. Unter den anderen Varianten seien noch der Rundkörper erwähnt mit gemalten oder flachgemeißelten Szenen sowie die aus einem Stück geformten menschlichen Figuren mit bemaltem oder flachgemeißeltem Rundkörper.

Wie D. Lavallée feststellte, gingen die Mochica an die Grenzen ihrer technischen Möglichkeiten, da sie nicht einmal davor zurückschreckten, so feingliedrige Tiere wie den Pfefferfresser (Tukan) zu formen, und erst vor den wirklich unlösbaren Problemen wie dem Kolibri oder dem Krebs halt machten.

Der Krabben-Mensch

Durchdrungen von der Welt, die ihn umgibt, und als scharfsinniger Beobachter seines geographischen und sozialen Umfelds enthüllte der Keramikkünstler die Fülle seiner Phantasie in der Vielfalt der Formen. Die französische Hochschuldozentin Hélène Cadilhac verfolgte die Idealisierung eines häufig vorkommenden Tieres, der Krabbe, in all ihren Etappen zurück. Ausgehend von einer übrigens bemerkenswert genauen und eleganten «klassischen» Darstellung kann man sehen, wie sich die Scheren in Beine verwandeln; es erscheint ein Kopf, während die Zeichnung der Menschenbeine genauer wird und der Körper eher eine trapezförmige Gestalt annimmt; in der nächsten Darstellung erhalten die menschenähnlichen Elemente eine

33 Als Dämon erhält der Taschenkrebs eine menschenähnliche Gestalt. Sein Rückenpanzer ist mit einem Antlitz geschmückt.

einheitliche Pigmentierung; im letzen Stadium hat man ein menschliches Wesen vor sich, dessen erhobene Arme aus gegliederten Elementen bestehen sowie an ihrem Ende Scheren aufweisen und das mit einer Art Tunika bekleidet ist, deren Muster in der Mitte eine Krabbe und deren Fransen die Arme dieser Krabbe darstellen.

Das Wohnen

Das Vorherrschen des Adobe ist eines der typischen Merkmale der Behausungen in den offenen Tälern. War der Bau fertiggestellt, widmeten sich die Mochica ganz der Ausschmückung mit lebhaften Farben und geometrischen Mustern. Der Eingang des Hauses besitzt keine Tür: Am Abend oder während der Schlechtwetterzeit wurde zum Schutz vor Feuchtigkeit und Nebel nur ein Vorhang davorgespannt. Das tägliche Leben spielte sich im Freien ab, wie es die Form einiger Behälter bestätigt, deren Boden rund und im Sand befestigt war, um zu verhindern, daß sie umstürzten. Die Feuerstelle befand sich am äußersten Ende der Behausung; die Gebrauchsgefäße ruhten auf Steinen. Die steinerne Feuerstelle am Boden wurde mit getrocknetem Lama-Mist und dem Holz des *hunango* geheizt. Der Rauch zog durch zwei Schächte am Dachfirst ab.
Die Mochica ernährten sich mit einer abwechslungsreichen Kost auf der Basis von Fisch, Weichtieren und Rohkost bzw. mit dem Fleisch von Hirsch, Raubtieren und verschiedenen Vogelarten. Sie hielten sich Haustiere wie Enten, Truthähne, *cuis* (eine Art Meerschweinchen).

Kurzfellige Hunde, die oft auf dem Giebel eines Daches dargestellt sind, leisteten ihnen sowohl im Haus als auch auf der Jagd Gesellschaft. Unnötig darauf hinzuweisen, daß die Fauna der Mochica-Keramikkünstler mehr Tierarten umfaßte als die hier aufgeführten.

Landwirtschaft und Töpferei

Die Landwirtschaft wurde damals – wie übrigens noch heute – auf Terrassen betrieben. Der auf den Inseln nahe der Küste geerntete Guano, zerbrochene Muscheln und Fischreste bildeten die Grundlage für den Dünger. Es wurden kleine Hügel sowie Streuspuren auf Landstrichen entdeckt, die ganz offensichtlich anbaufähig oder bebaut waren. Die Kombination von Bewässerung und Düngung erlaubte es, dürre Landstriche in fruchtbare Oasen zu verwandeln. Es kam vor, daß die Bauern bis zu drei Maisernten pro Jahr erzielten.
Die Landarbeit war die Hauptbeschäftigung derjenigen Männer, die nicht der religiösen oder herrschenden Klasse angehörten. Frauen und Kinder nahmen an bestimmten Gemeinschaftsarbeiten teil, wie z.B. an der Ernte.
Die Frauen sahen sich mit Aufgaben betraut, die wir heute als ausgesprochen künstlerisch erachten, nämlich der Weberei und der Töpferei. Es gibt mindestens ein Gefäß, auf dem eine von Frauen geleitete Weberei dargestellt ist, die nach einer komplizierten hierarchischen Struktur organisiert war. Wenn man mit Sicherheit wüßte, daß sich allein die Frauen mit der Keramik beschäftigten, müßte man daraus schließen, daß sie sich selbst nur in einer ganz kleinen Zahl typischer Situationen darstellten: beim Weben und Töpfern, in erotischen Szenen, bei der Babypflege und in einigen sehr seltenen Kriegsszenen.

Zügellose Sinnlichkeit

Es gibt ein Gebiet, auf dem sich die Mochica-Künstler einen beneidenswerten Ruf erwarben, nämlich das der erotischen Darstellung. Wer sich für die präkolumbianischen Kulturen interessiert, wird wissen, daß es eine stattliche Anzahl von Töpfereien im Mochica-Stil gibt, auf denen die Praktiken des Liebesaktes dargestellt oder modelliert sind, und zwar in völliger Freizügigkeit und ohne jede übertriebene Scham, was natürlich die für eine wohlverstandene Bekehrung zum Christentum verantwortlichen Spanier in helle Aufruhr versetzte: Wie konnten sich Menschen so verabscheuungswürdigen Akten wie der (sogar heterosexuellen) Sodomie hingeben und dabei anscheinend auch noch Vergnügen empfinden? Wie sollte man nicht den Teufel am Werk sehen angesichts einer so empörenden Szene wie der Besessenheit *a tergo* eines jungen Mädchens, zwischen seinem Vater und seiner Mutter liegend, die beide friedlich schlafen? Wenn die Mochica-Keramik die Entsprechung einer Sprache gewesen sein soll, so kann man wohl feststellen, daß die Mochica sehr deutlich die Sprache der körperlichen Lust gebrauchten.
Gegenüber dieser Fülle von erotischen Bildergeschichten, die in der Geschichte der präkolumbianischen Kulturen ohne Beispiel bleiben, beziehen die Experten sehr unterschiedliche Posi-

tionen. Einige (ansonsten reich dokumentierte) Abhandlungen übergehen einfach stillschweigend diese recht außergewöhnliche Vielfalt. Andere wiederum lächeln nachsichtig über das, was sie dennoch für den Ausdruck von Verderbnis halten. Rar sind diejenigen, die wie Federico Kauffmann-Doig der Ansicht sind, daß die Mochica ein ausgefülltes Sexualleben hatten, daß sie gern darüber sprachen und es recht unnötig fanden, daraus ein Geheimnis zu machen. Gibt es nun in diesem Bereich wirklich eine Neuerung?

Das Problem besteht in der Interpretation. Angesichts einer nun bereits schon klassischen Opposition in der Linguistik haben wir es mit einer Reihe von Bezeichnungen zu tun, die vollkommen frei von jeder Zweideutigkeit sind, doch müssen wir uns, was die Konnotationen betrifft, auf Hypothesen beschränken. Was bedeuten die kunstvoll gestalteten Ausgußhälse in Form eines männlichen Gliedes? Die Teller mit doppeltem Boden, bei denen die Flüssigkeit nur durch eine Öffnung austreten kann, die als Geschlechtsteil einer Frau mit weit gespreizten Beinen dargestellt ist? Der aufgerichtete Phallus, dessen Umrisse ziemlich geschickt verschleiert sind und erst erkennbar werden, wenn man das Gefäß in einer bestimmten Position hält?

Die Antwort auf diese Fragen wäre weniger schwierig, wenn wir Genaueres über den Zweck der *huacos* wüßten. Einige Fachleute glauben, daß diese Gefäße nie mit Flüssigkeit gefüllt wurden, sondern rein dekorative Funktion besaßen. Andere stellten die Hypothese auf, daß die *huacos* in der Tat Behälter waren, doch ausschließlich bei bestimmten religiösen Festen Verwendung fanden. Die Tatsache, daß die Flüssigkeit nur durch ein weibliches oder männliches Geschlechtsteil ausfließen kann, würde also einem Fruchtbarkeitsritus entsprechen. Man kann sich nun vorstellen, daß die Isolierung innerhalb der Produktion der Mochica-Künstler von Keramiken, die in unseren Augen als moderne Menschen des Westens einen deutlich erotischen Charakter haben, einen großen Irrtum darstellt, der an Anachronismus grenzt. Es wäre letztlich also unsere Sichtweise, in allem eine Zweideutigkeit erkennen zu wollen, der wir diese berühmte erotische «Serie» verdanken.

Soviel man über die Arbeitsteilung bei den Mochica weiß – und wie es auch durch die Szenen auf den Töpfereien belegt ist –, können wir annehmen, daß die Töpfer an der Nordküste in der Tat Frauen waren. Die Szenen mit Mutter und Kind bestechen durch ihre Zärtlichkeit und Heiterkeit, sei es beim Stillen, beim Spiel oder ganz einfach im gemeinsamen Leben. Man denke nur an jenes kleine Kind, dessen Körper teilweise von dem der Mutter verdeckt ist und das, so geschützt, den Kopf leicht zur Seite geneigt, einen zugleich neugierigen und leicht beunruhigten Blick in die es umgebende Welt wirft. Man kann also mit Recht davon ausgehen, daß die Mochica-Künstler (vor allem, wenn es sich dabei um Frauen handelte) das Leben von Mann und Frau auch in den intimsten Bereichen mit derselben Zärtlichkeit und Heiterkeit beobachteten. Statt mit einem Katalog mehr oder weniger anregender Positionen, wie es in unseren neo-positivistischen Gesellschaften nun mal Mode ist, hätte man es ganz einfach nur mit einer Erinnerung an das Leben in all seinen Erscheinungsformen, einschließlich des intimen Bereichs, zu tun. Der Verstand gebietet, endlich damit aufzuhören, einzig dem Aspekt der körperlichen Liebe bei den Mochica ganze Paragraphen zu widmen und eine christlich inspirierte Philosophie an Phänomene anzuheften, die sich dieser Art der Interpretation völlig entziehen.

34 Hirsch und Hirschkuh vor Algaroben, deren johannisbrotähnliche Schoten ihnen zur Nahrung dienen.

Jagd und Fischfang

Tiere besitzen in allen alten Kulturen einen überaus wichtigen Stellenwert. Als Opfergegenstand können sie den Platz eines Vorfahren einnehmen und mit übernatürlichen Eigenschaften versehen sein. Der Körper des Tiers ist zugleich eine bildliche Erweiterung des menschlichen Körpers und Anhaltspunkt für die Klassifizierung.

Die genaue Betrachtung der «Bildergeschichten» der Mochica zeigt uns, daß die Grundgarderobe für alle die gleiche war. Nur der Schmuck erlaubt es, die Mitglieder einer höheren Kaste von den anderen zu unterscheiden. Da der Fischfang die Versorgung mit Proteinen weitgehend deckte, verlor die Jagd ihre ursprüngliche Rolle und wurde zum Zeitvertreib für die höheren Schichten. Allerdings kann man die Hypothese nicht ausschließen, daß es zwei Formen der Jagd, nämlich für das Volk und für die Aristokratie, nebeneinander gab, wobei sich letztere dadurch im Bild hervortut, daß die Gewänder der daran beteiligten bedeutenden Persönlichkeiten mit Goldschmuck verziert sind, der ausschließlich ihrer Klasse zustand.

In der Tierwelt der Mochica haben der Hirsch und der Jaguar einen besonderen Platz. Die Raubtierjagd hat oft den Anschein eines mythologischen Kampfes zwischen Mensch und Gott. Für den Hirsch errichtete man zu diesem Zweck ein besonders raffiniertes System von Fallen: Von Pflöcken gehaltene Netze grenzten ein Gehege ab, in das sich das verfolgte Tier verlief und wo es unbeweglich stehen blieb, sobald sich sein Geweih in den Maschen des Netzes verfing. Nun brauchte man es nur noch mit Spießen oder Jagdpfeilen zu durchbohren.

Der symbolische Aspekt des Kampfes zwischen Mensch und Tier wird durch die Tatsache unterstrichen, daß auf den Bildern das mit dem Menschen ringende Tier mit zahlreichen menschenähnlichen Merkmalen versehen ist. So verwandeln sich die hinteren Gliedmaßen zu unteren, verziert mit Tätowierungen, wie man sie bei Kriegern oder Boten findet. Die vorderen Gliedmaßen verwandeln sich zu menschlichen Armen, die Waffen schwingen. Nur das Gesicht behält einige tierähnliche Züge, so daß sich der Leser noch darin erkennen kann. Nach und nach erscheint ein Fabelwesen, halb Mensch, halb Tier, und schließlich erkennt man darin das Gegenüber der irdischen und der überirdischen Welt. Verfolgt man die «Bildergeschichten» weiter, wird man feststellen, daß der menschliche Jäger ebenfalls einer Metamorphose unterliegt, da er sich seinerzeit in ein Tier, dann in einen Dämon verwandelt und sich die Jagdszene folglich zu einem Kampf zwischen Dämonen entwickelt.

Wenige Völker praktizierten den Fischfang auf so systematische Weise wie die Mochica. Dies erklärt sich durch die Tatsache, daß sie an der Küste und an Flußufern lebten. Der Fischfang gestattete es, sich Nahrungsquellen zu erschließen, förderte aber auch die Mythenbildung, angeregt durch die Fauna der Flüsse und des Meeres.

Auf den Bauchgefäßen tauchen drei verschiedene gemalte oder modellierte Bootstypen auf: Der erste und am weitesten verbreitete ist das *canoa*, das zum Küsten- und Flußfischfang bestimmt war und in dem eine oder zwei Personen nicht allzu lange Strecken zurücklegen konnten. Es ist aus der Faser des *Tortora* hergestellt, einem Schilfrohr mit flachen Blättern aus der Familie der Cyperacaeen, das an das ägyptische Papyrus erinnert. Eher Floß als Boot, setzt sich dieses *canoa* bzw. diese *balsa* aus drei Zylindern zusammen, von denen der mittlere aus festgeschnürten Fasern, der von außen nicht zu sehen ist, dem Boot als Achse dient; ein Geflecht aus *cabuya* verbindet die beiden dicken äußeren Zylinder mit der Achse und führt schließlich zum gegenüberliegenden Zylinder. Diese doppelte spiralenförmige Umwicklung verläuft von einem Ende der *balsa* zum anderen.

Der zweite, wesentlich größere Bootstyp dürfte in der Lage gewesen sein, größere Strecken in Angriff zu nehmen und somit der See zu trotzen. Es handelt sich dabei um ein Floß aus Balken des Leichtholzes *Ochroma piscatoria*. Die Zahl der Balken ist ungerade, und sie sind auf zwei kürzeren Querbalken befestigt.

Alle Boote haben die Halbkreisform und die Stellung des Benutzers, der entweder rittlings oder kniend auf dem Boot dargestellt ist, gemeinsam. Getreu seiner Technik der Angleichung vereint der Töpfer mitunter in ein und demselben Stück die Form des Bootes und des Fisches: Der Gefäßbauch gibt den Körper des Fisches wieder, auf dem ein Fischer, das Gesicht auf das Schwanzende gerichtet, sitzt und rudert.

Forscher wie Thor Heyerdahl versuchten diesen Bootstyp zu rekonstruieren, um so die mögliche Verbindung zwischen der peruanischen Küste und dem malayisch-polynesischen Becken zu beweisen. Ihre Versuche fanden, wie wir bereits erfahren haben, nicht überall Zustimmung. Es steht jedoch fest, daß diese großflächigen *balsas* zu regelrechten Hochsee-Expeditionen in der Lage waren. Bei den Darstellungen der *balsas* fällt jedoch das Fehlen eines Segels auf, was darauf schließen läßt, daß die Suche nach Guano auf den nördlichen Inseln ein regelrechtes Abenteuer gewesen sein muß. Eine Seefahrt dieser Art setzt in jedem Fall eine hervorragende Kenntnis der Meeresströmungen und eine gute körperliche Konstitution voraus, da ja der Ruderer nur über die Kraft seiner Arme (und die Abdrift) verfügte, um sich dem Wind entgegenstellen zu können.

35   Szenen von der Hirschjagd auf einer Keramikflasche. Die Jäger sind mit Speeren, Kolbenkeule und Wurfholz ausgerüstet. Unten sind zwei Netze angedeutet, in die das Wild getrieben wird.

Der Fischfang liefert uns ein besonders überzeugendes Beispiel dafür (obgleich sich auch viele andere anfügen ließen), zu welcher Präzision der Mochica-Künstler gelangt: Seine Töpferarbeiten veranschaulichen uns nicht nur den Aufbau der Fischerboote, sondern auch die verschiedenen Arten der im Netz gefangenen Fische und Schalentiere, die beim Angeln verwendeten Angelhaken und das System des Schwimmers, der das Netz hält.

Die Studie eines Tierbildes wie dem der Krabbe gibt übrigens Gelegenheit, einen wahrhaft feinsinnigen Symbolismus freizulegen. Glaubt man der bereits zitierten Hélène Cadilhac, so verdankt die Krabbe, ein Tier, dessen Körper mit dem Kopf verschmolzen ist (Kephalothorax), der Tatsache dieser morphologischen Besonderheiten eine Sonderstellung im Schöpfungsmythos der Mochica. Sie wird daher oft mit den Zügen einer Gottheit (wahrscheinlich des Gottes Ai-Apec) dargestellt. Die göttliche Natur bewirkt, daß man ihn bisweilen mit Raubtierzähnen versieht, einem deutlichen Überbleibsel des Jaguarkultes, der in der Chavín-Kultur eine so bedeutende Rolle spielte. Die von den Krallen gezeichnete Krümmung erinnert an die Mondsichel, wobei der Mond übrigens einem Meerestier entsprach, dem man als Träger des Lebens einen Kult erwies (s. Mondpyramide). Ai-Apec könnte also «die Verbindung zwischen der Meereswelt, der irdischen Welt und der kosmischen Welt darstellen».

Es handelt sich hierbei, versteht sich, nur um verlockende Hypothesen, doch ist die ständige Gegenwart der übernatürlichen Welt in den Szenen des alltäglichen Lebens eine allgemein bekannte Tatsache. Kraft der Bilderschrift, die menschen- und tierähnliche Elemente in die variierbaren Figurenelemente einfügt, können sich Menschen, Tiere, Pflanzen und Gegenstände augenblicklich in übernatürliche Wesen oder «Dämonen» verwandeln. Aus einer anfangs realistischen Zeichnung entwickeln sich schnell dämonische Füchse, Eulen und Fledermäuse. Die Raubkatze und die *strombe* (Schneckenart) nehmen monsterhafte Umrisse an. Aus den Hundeschnauzen steigen riesige Hunde, denen der Maler zudem noch eine gespaltene Zunge verleiht. Die Flossen der Fische wachsen zu übermäßiger Größe heran und schwingen das *tumi* oder heilige Messer: Der Fisch wird zum Dämonen, der bereit ist, sich dem Menschen in einem ebenbürtigen und todbringenden Kampf zu stellen.

Jeder Irrtum ist ausgeschlossen: Der Strich ist immer von bewundernswerter Lebendigkeit. Er erlaubt sogar eine genaue Aufstellung der Tätowierungen auf den Gesichtern der Krieger. Man kann selbst die Schicht erkennen, mit denen sich die Mochica bisweilen die Beine färbten und die man zuerst für eine Art Stiefel hielt. Doch nur in diesem Reich der Symbole bestimmt der Zweck das Organ: Die Krabbe bekommt ganz einfach deshalb Menschenbeine, weil sie sich fortbewegt, weil sie geht. Das Boot der Mythologie, das sich in den Fluten, dargestellt durch eine Reihe wellenförmiger Striche, hin- und herbewegt, wird mit Menschenfüßen ausstaffiert, die seinem siegreichen Vorankommen noch zusätzliche Kraft verleihen. Im Weltbild der Mochica kommt es schon mal vor, daß die Schiffe Beine bekommen oder daß den Tellern eines Festschmauses Gliedmaßen in Form von Pfoten wachsen, was es ihnen so ermöglicht, sich den Gästen selbst darzubieten und dadurch die Diener zu entlasten.

Die rennende Bohne

Von der Eingeborenensprache der Mochica sind uns mangels schriftlicher Spuren nur einige Dutzend Wörter erhalten, die es nicht erlauben, daraus ein System abzuleiten. Doch gab es im Mochica-Gebiet ein ziemlich ausgeklügeltes Kommunikationssystem durch Boten (die berühmten Chasqui), das die Inka schließlich im gesamten Tahuantinsuyu ausweiteten und dem sie nur noch einige Verbesserungen, wie die Haltestationen (oder *tambos*) in Massivbauweise, hinzufügen. In Ermangelung eines schnellen und widerstandsfähigen Tieres wie dem Pferd ist der Bote in Form des Menschen, unterstützt durch das Echo, immer noch die beste Gewähr für die schnelle Übermittlung der Botschaft.

Doch Schnelligkeit ist nicht gezwungenermaßen gleichbedeutend mit Sicherheit. Die mündliche Mitteilung hat ihre Tücken, ganz abgesehen davon, daß manche Nachrichten geheim bleiben sollen. Also trägt der Chasqui einen Beutel aus Lamaleder bei sich, der mit eingeritzten Bohnen oder *pallares* gefüllt ist und den er bei seiner Ankunft den Priestern zu Füßen legt. Eine Keramik zeigt uns ganz deutlich die Übermittlung der Botschaft, und zwar in dem Augenblick, als sich der Inhalt des Beutels auf den Sand ergießt und sich die Beteiligten über die *pallares* beugen, sei es, um sie zu «lesen» (falls die Einkerbungen in Form von durchbrochenen Linien oder Punkten wirklich einer Schrift oder zumindest Bilderzeichen entsprechen), oder um ihre Verteilung auf dem Boden zu interpretieren. Erweitert man die These von einer der artikulierten Sprache entsprechenden Schrift, so läßt sich vorstellen, daß die Bohnen eine Art Ideenschrift oder memotechnische Formeln darstellten, ähnlich den Quipus der Inka, dank derer nachgeprüft werden konnte, ob der Bote die ursprüngliche Botschaft nicht allzu sehr verfremdet hatte.

Die Knie weit hochgezogen, wobei die Fußspitzen kaum den Boden berühren, so schnell ist die Bewegung des Chasqui, der auf den Wänden der Keramikgefäße läuft: «Er beginnt als Punkt, der, indem er sich dem Betrachter nähert, entsprechend größer wird und Form

Farbabbildungen

1081 Aus der frühen Nazca-Zeit stammt dieses einem Tier nachgebildete bemalte Keramik-Gefäß, dessen Brückenhenkel zwei Ausflußtüllen besitzt.

1082 Goldener Ohrstopsel aus der Chimu-Zeit mit einer Vogel-Verzierung samt Fisch-Anhänger.

1083 Goldener Zeremonien-Becher mit Filigran-Verzierungen, die Tier-Motive darstellen. Vermutlich späte Chimu-Zeit.

1084 Gefäß aus der Mochica-Zeit mit Steigbügel-Ausguß; die beiden Figuren tragen ein Mumienbündel.

1085 Bemaltes Doppel-Gefäß aus Ton in Form zweier Papageien, die durch einen Steigbügel-Ausguß miteinander verbunden sind; Mochica-Zeit.

1086 Rund 3800 Meter hoch gelegen ist der Titicaca-See, der größte Hochlandsee der Erde im Grenzgebiet zwischen Peru und Bolivien.

1087 Zu den ältesten Bewohnern des Andengebiets zählen die Uru, die heute fast untergegangen sind. Ihre letzten Vertreter fertigen ihre Boote noch immer aus Binsen, wie schon vor Hunderten von Jahren.

1088 Mit solch einem Holzscheit, das zum Umgraben dient, werden auch in unserer Zeit noch die Felder bestellt. Seit den Inka hat sich an der Art der Werkzeuge nichts geändert.

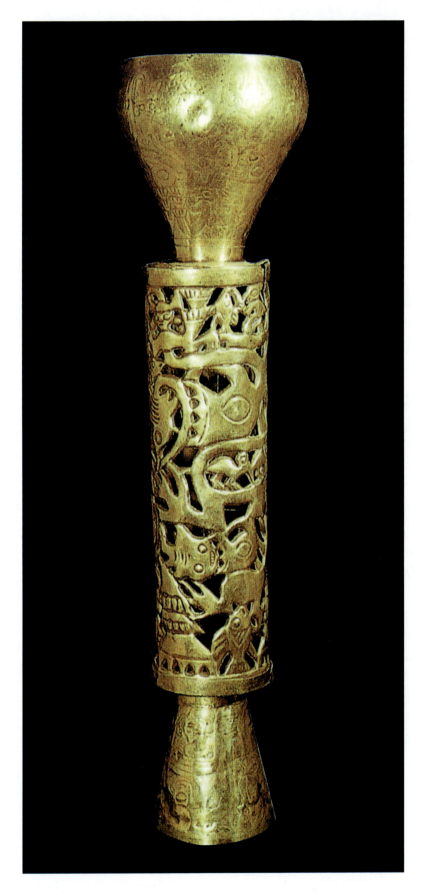

36 *Das Vasengemälde stellt eine Kulthandlung unter dem Sternenhimmel dar. Die drei Männer auf der rechten Seite sind beim Koka-Essen gezeigt; offensichtlich gehörte der Genuß der Droge zum Ritus.*

annimmt [...] von den Umrissen einer *pallar* als solcher zu einer *pallar* mit menschen- oder tierähnlichen Zügen, je nachdem; dann wird die *pallar* zu einem menschlichen Wesen, das seine Botschaft auf der Höhe der Haltestation übermittelt; schließlich entfernt sie sich wieder in einem umgekehrten Vorgang, bis sie sich zu einem Punkt am Horizont zurückverwandelt. *Botschaft und Bote sind ein und dasselbe*, Bezeichnendes und Bezeichnetes in einem Zeichen vereint« (Hélène Cadilhac). Wie könnte man dabei nicht an die Technik der Bildergeschichten denken?

Hinzu kommt die Anpassung: Der Chasqui verwandelt sich in einen Kolibri, Fuchs oder Tausendfüßler, je nach der zu durchquerenden Landschaft. Seine Konturen vervielfältigen sich, die Bewegung wird immer schneller, je näher der Bote seinem Ziel kommt. Der Priester, der die Botschaft entziffert, hat ein gekrümmtes Rückgrat in Form einer Bohne, während sich die Bohne in einen Krieger verwandelt, der für ein militärisches Abenteuer gerüstet ist. Denn Verständigung bedeutet Kampf.

Vor solcher Virtuosität der Ausführung im Dienste einer so poetischen Sicht der Welt muß man verwirrt und bewundernd innehalten. Wer sagt denn, daß die Keramiken der Mochica nicht als Lesebücher für die Kinder verwendet wurden?

Humor und Grausamkeit

Die schwarzen, mit Harz überzogenen Bohnen mit ihren gebrochenen Linien und Rillen sprechen eine Sprache, die uns bis heute unzugänglich ist. Aus diesem Grund bleiben viele, selbst wesentliche Fragen unbeantwortet: Wie war die Gesellschaft der Mochica organisiert? Wie groß war die Zahl der Bevölkerung? Gab es ein richtiges Verwaltungszentrum, also einen Staat der Mochica? War der Einfluß auf die nördlichen Täler rein kultureller Natur, oder mußten die Mochica, wie die Inka, ihre Herrschaft in Form von Strafexpeditionen durchsetzen? Waren sie Menschenfresser und brachten sie Menschenopfer dar? Bisweilen bedauert man zutiefst das Fehlen jeglicher Inschriften, was bewirkt, daß uns diese hochentwickelte und letztlich unserer Zeit recht nahe stehende Kultur weit weniger bekannt ist als die der Ägypter in der Antike. So muß man wohl oder übel auf das «bebilderte Wörterbuch», auf die Keramik zurückkommen, die uns eine Welt präsentiert, die von Tatendrang überquillt und wo sich Heiterkeit und Tragödie miteinander vereinen.

Der Krieger zieht in den Kampf, versehen mit dem zeremoniellen Zierrat und den Insignien seines gesellschaftlichen Ranges. Er bemalt sich sein Gesicht, vielleicht um sich Selbstvertrauen zu geben, wahrscheinlicher jedoch, um die Nummer seiner Kompanie anzuzeigen. Es ist der Aufbruch zu einem großen rituellen Fest. Was danach kommt, ist genauso reich bebildert, jedoch weniger erfreulich. Die Helme und Federfächer verlieren schnell ihre schöne Ordnung. Schädel zerbersten unter den wütenden Hieben zahlloser Waffen. Körper mit aufgeschlitzten Bäuchen, mit großer Geste entwaffnete feindliche Soldaten, lange Reihen nackter Gefangener, die – äußerst seltsam – noch beschnitten werden, bevor man sie direkten Weges zur Leichenverwertung bringt, gehäutete Leichen, von denen die Schädel als Trinkgefäße, die Haut als Trommelfell, die Knochen als Flöten und die Backenzähne als Halskette Verwendung finden: Die Gewalt wütet derart zügellos, daß die in ein Dorf einfallenden Krieger bisweilen mit den Zügen wilder Tiere dargestellt werden.

Die Welt der Mochica ist eine Welt der ausgelassenen Kindheit, des liebevollen Lächelns einer Mutter, der Freuden der Liebenden, aber auch eine Welt der Krankheit, der Gesichter mit von Leishmaniosen zerfressenen Lippen und Nasen, der Löwengesichter, der von der Elephantiasis aufgedunsenen Gliedmaßen und der angeschwollenen Hoden ... die überhaupt nichts Erotisches an sich haben. Die *huacos* zeigen uns eine Fülle von Blinden, Einäugigen, aus ihren Höhlen heraustretende Augen, syphilitische Pusteln und Jochbeinverkrümmungen durch Osteosarkome. Soll man darin die verheerenden Auswirkungen der Lepra oder die Folgen einer von Menschenhand auferlegten Züchtigung sehen?

Obgleich er mit seinem eigenen Leben für das Schicksal seiner Kranken bürgt, bewahrt der Medizinmann, dessen Kenntnisse der Anatomie nur rudimentär sind, der jedoch über ein gutes Arzneiensortiment verfügt, seine Ruhe. Er unterwirft seinen Patienten zunächst Halluzinogenen, so daß dieser in einen Trancezustand verfällt und in seinem Delirium den Fehler bekennt, der am Anfang der Krankheit steht. Jedes Leiden ist im Kern psychosomatisch, scheint uns der Medizinmann sagen zu wollen, der sich zuvor selbst einen Stärkungstrunk genehmigt, um mit seinem Kranken in Kontakt zu bleiben. Dann folgen die Handauflegung und das Aussaugen der eventuellen Wunde, dann die triumphale Vorführung der Krankheitsursache an die Umstehenden, eines blutenden Hautfetzens, wie sie auch die philippinischen «Wunderheiler» vorlegen. Wenn sich nichts tut, versucht man es mit einer Schädelöffnung mit Hilfe des *tumi*, des Opfermessers in Form einer Mondsichel. Die Studie der Schädel bestätigt es: Einige Patienten entkamen dieser Behandlung.

Der Mochica-Töpfer ist also ein Poet: Er schafft eine Welt nach seinem Bild. Zwar weniger geschickt in der Farbgebung als sein Kollege der Nazca-Kultur, der systematisch die Farbenvielfalt praktiziert, sucht er seinesgleichen, wenn es darum geht, die Welt, die ihn umgibt, photographisch genau abzubilden und ihr durch die Hinzufügung des Übernatürlichen ihre Dichte zurückzugeben. Keine Form ist wirklich festgelegt, der noch so perfekt gezeichnete Gegenstand sieht sich über kurz oder lang mit seltsamen Auswüchsen versehen, die wie ein Signal funktionieren: Vorsicht, die Welt ist nicht ganz so, wie wir glauben, daß sie ist, wie sie sich gibt. Die Gegenstände, die Erscheinungsformen können sich auflehnen. So zeichnet sich durch die subtile Anwendung von Perspektive, Verkürzung, Stilisierung und von allen «rhetorischen» Mitteln, über die die Zeichenkunst verfügt, das Bild einer wunderbar lebendigen Kunst ab, einer subversiven Kunst, deren mißverstandene Naivität die Rationalisten aller Religionen entsetzen mußte, die in den darauffolgenden Jahrhunderten das Schicksal der Anden in die Hand nahmen.

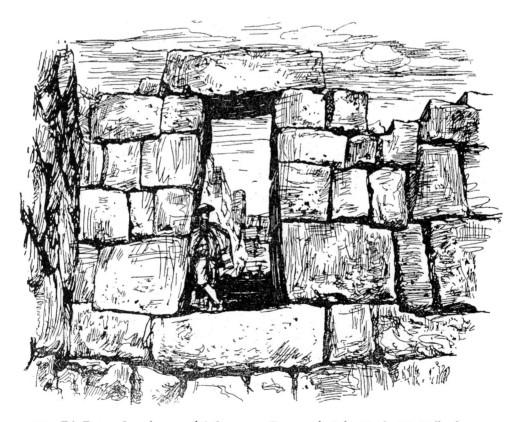

37 *Die Festung Sacsahuaman bei Cuzco war Zentrum der Inka-Macht. Die Vollendung der gewaltigen Anlage erstreckte sich über fast ein Jahrhundert, am Bau waren 20 000 Arbeiter beteiligt. Der Haupteingang (unsere Abbildung) spielte beim Sonnenkult eine wichtige Rolle.*

Der Nazca-Stil

Der Name Nazca bezeichnet ein kleines Dorf im heutigen Regierungsbezirk von Ica, wo man seit Beginn des 20. Jahrhunderts eine Reihe von Ruinen und Kunstgegenständen – in der Hauptsache Keramiken und Gewebe – gefunden hat, die es erlauben, die Kultur gleichen Namens in groben Zügen zu rekonstruieren. Den geographischen Rahmen bildet ein abfallendes Tal der westlichen Kordilleren, das etwa 300 km südlich von Lima liegt. Das trockene Klima, das in dieser Gegend Perus und in den benachbarten Tälern (Canete, Chincha, Ica und Pisco) herrscht, die ebenfalls reich an bedeutenden archäologischen Stätten sind, erklärt den guterhaltenen Zustand der nicht-baulichen Überreste (Mais, Baumwolle, Wolle; Schädeltrophäen oder Mumien aus Paracas-Nekropolis), die durch die Ausgrabungen ans Tageslicht kamen. Was die zeitliche Eingrenzung anbetrifft, so ist sie mit allen Vorbehalten zwischen dem beginnenden 2. Jahrhundert v. Chr. und dem ausgehenden 8. Jahrhundert anzusetzen.

Die Nazca-Keramik verdankt ihre Berühmtheit ihrer zierlichen Formgebung, die vor allem in den bekannten linsenförmigen, von der Spätphase abweichenden Gefäßen zum Ausdruck kommt und besonders in der außergewöhnlich guten Beherrschung der Farbgebung, die sie deutlich von der Mochica-Keramik derselben Epoche (200 v. Chr. bis 700 n. Chr.) unterscheidet. Leider verfügen die Archäologen nur über diese Tongefäße und einige Gewebe, um die damit verbundene Kultur wiedererstehen zu lassen. Aufgrund der fehlenden Gesprächigkeit der gemalten Figuren oder geformten Motive bleiben die durch diese Kunstwerke übermittelten Informationen weitgehend verschlüsselt und mangels einer Schrift daher zum großen Teil unentzifferbar. Dazu kommt noch, daß die interessanten Stätten von *huaqueros* oder anderen skrupellosen Sammlern heimgesucht wurden, lange bevor professionelle Archäologen sie erforschen und ihnen Schutz gewährleisten konnten.

Die Gesamtheit der Dokumente aus den archäologischen Ausgrabungen, einschließlich der äußerst seltenen Überreste bewohnter Orte (Cahuachi im Nazca-Tal und Dos Santos im Ica-Tal), ergeben das Bild von einem seßhaften und friedlichen Volk, das sich nur wenig um Probleme gesellschaftlicher Hierarchie sorgte. Die in den Gräbern und auf den Keramiken entdeckten Schädeltrophäen veranlassen einige Forscher zu der Annahme, daß es Menschen-

38 Nur aus der Luft sind die riesigen, oft über hundert Meter langen Figuren aus der Nazca-Kultur klar zu erkennen, die in den Erdboden geritzt sind. Es handelt sich überwiegend um die Darstellungen von Tieren, vor allem von Insekten, Vögeln und Reptilien. Sie hatten eine heraldische Funktion für die einzelnen Familienverbände.

opfer gab. Im Gegensatz zu ihren großen Rivalen im Norden vernachlässigten die Nazca-Keramiker absichtlich die Portraitgefäße und die großen gemalten Szenen. Jede Hypothese, die die Organisation des gesellschaftlichen Lebens betrifft, muß daher rein zufällig bleiben.

Innerhalb des Zeitraums von acht Jahrhunderten entwickelten sich die Formen und Motive nur recht wenig weiter. Mit Hilfe einer Analyse des Symbolismus gelang Kroeber eine Klassifikation der Kunstepochen der Nazca. Die Phase A (Proto-Nazca bei Strong) entspricht dem

Übergang von der Kunst der Paracas. Die manchmal auch «überschwenglich» genannte Phase B zeichnet sich durch den überaus großen Reichtum der Zeichnungen aus. Der klassische Nazca-Stil wird durch die Phase X, in der bereits Elemente des Tiahuanaco-Stils zu erkennen sind, und die Phase Y vertreten, die einer vollständigen Verschmelzung mit dem Tiahuanaco-Stil vorausgeht.

Der Nazca-Künstler ist im allgemeinen wenig an den Feinheiten der Formgebung interessiert. In den meisten Fällen zieht er es vor, dem Ton eine stereotype Form zu verleihen (was natürlich nicht bedeutet, daß diese Form künstlerisch unbedeutend ist), um sich schließlich voll und ganz auf die Zeichnung und die Farbgebung zu konzentrieren. Etwas schematisiert ausgedrückt könnte man sagen, daß er im Gegensatz zu seinem Mochica-Zeitgenossen, der seine oft überschwengliche Kreativität lieber in der Räumlichkeit zum Ausdruck bringt, in einem zweidimensionalen Raum arbeitet. Ob es sich nun um Personen, Tiere (Vögel, Tausendfüßler usw.) oder Früchte handelt, jeder Gegenstand ist für sich betrachtet und auf realistische Weise dargestellt. Nach und nach nimmt das anfängliche Motiv immer abstraktere Formen an und

39 *Plan von Marca Huamachuco bei Cajabamba im Chicama-Tal. Von links: Cerro Viejo, Cerro de la Monja, Cerro de la Falda, Cerro del Castillo, Cerro Amaro.*

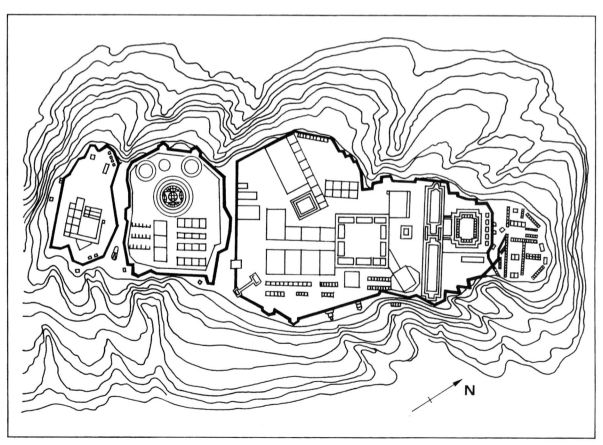

liefert schließlich nur noch – wie in der Kunst der Chavín – den Vorwand für ein in unseren Augen sehr intellektuelles Spiel mit den Formen. Die Personenfiguren fügen sich also in die ineinander verschachtelten geometrischen Bausteine ein, während die symbolischen Elemente zunehmen. So treten aus dem Mund eine Art Fortsätze in Form von Früchten oder Schädeltrophäen hervor, was diese Kunst wiederum in die Nähe der Paracas-Nekropolis rückt.

Wie bereits des öfteren erwähnt wurde, gilt der Nazca-Künstler als Meister der Farbgebung und versteht es auf wunderbare Weise, die für seinen Stil so charakteristischen bläulichen Grautöne und warmen Ockertöne einzusetzen. Sowohl in der Töpferei als auch in der Keramik stützt er sich (mit Ausnahme von Grün und Blau) auf die Grundfarben, die in ihrer Leuchtkraft ihresgleichen suchen. Obgleich recht hoch entwickelt, erlaubt es ihm seine Webtechnik nicht, mit den benachbarten Paracas zu konkurrieren.

Zum Schluß seien noch die gigantischen «Geoglyphen» in den Tälern der Nazca und Palpa erwähnt, die durch Luftaufnahmen entdeckt wurden, aus kleinen farbigen Steinen zusammengesetzt sind und auf der Pampa seltsame, tierähnliche Figuren zeichnen. Wie José Alcina bemerkte, «macht sie ihre Großartigkeit unbestritten zu religiösen Werken, denn nur die Götter konnten sie in ihrer ganzen Größe betrachten». Die Faszination, die von diesen Spuren ausgeht, ist derart groß, daß eine Frau, Maria Reiche, ihr Leben deren Studium und Erhaltung gewidmet hat.

Tiahuanaco-Huari

«Was waren das für Menschen, die derart gewaltige und stabile Festungen errichteten, daß man nicht einmal weiß, wieviel Zeit seither vergangen ist, und von denen nur noch eine gut gearbeitete Mauer zu sehen ist?»
Cieza de León

Den Forschern gelang es kürzlich, die Behausung des *Homo habilis*, der vor mehr als 400 000 Jahren in Europa lebte, zu rekonstruieren und der Öffentlichkeit zugänglich zu machen. Trotz der Anwendung modernster Datierungsmethoden, vor allem mittels der radioaktiven Zerfallszeit bestimmter Elemente in der Gruppe des Urans und des Studiums genetischer Anomalien, fragen sich die Spezialisten immer noch, ob die Osterinsel ursprünglich von seefahrenden Fischern der peruanischen Küste oder von Bewohnern des malaiisch-polynesischen Archipels besiedelt wurde, wobei diese Besiedelung in jedem Fall nicht länger als zehn Jahrtausende zurückliegen kann. Die Tiahuanaco-Kultur war jedoch Gegenstand eines in der Sammlung *Rätsel der Welt* erschienenen Buches mit dem Titel *Tiahuanaco – 10 000 Jahre Rätsel der Inka*. Lange vor der Ankunft der Inka auf den Hochebenen, und zwar mit ziemlicher Sicherheit zwischen dem 10. und 13. Jahrhundert unserer Zeit, muß es bereits eine hochentwickelte Kultur gegeben haben, deren stilistischer Einfluß in der Sierra und an der Küste sich über die kulturellen Zentren von Huari und Ayacucho ausbreitete. Der Rest ist Hypothese, denn diese nur relativ kurz zurückliegende Vergangenheit ist uns noch nicht zugänglich.

Der Standort an sich ist bereits großartig, und sein Aussehen hat sich seit dem Aufenthalt von Cieza de León zwischen 1530 und 1540 kaum verändert. In einer Entfernung von 21 km vom Titicacasee, am Rande des gleichnamigen Dorfes in 4 000 Metern Höhe gelegen, präsentiert sich die Puna mit ihren weiten Halbwüsten, übersät von kargen Vegetationsbüscheln, ihrer leichten und durchsichtigen Atmosphäre, ihrem manchmal unerträglich grellen Licht, in einem Rahmen wilder Schönheit der Kultstätte, die in ihrer Glanzzeit den Zustrom großer Menschenmassen erlebt haben muß. Die heutigen Ruinen bestechen durch ihre grandiosen Ausmaße und die vollkommene Integration in die Landschaft der Hoch-Anden. Schönheit und Mysterium. Wie gelang es, diese riesigen Monolithe mit ihrem leeren Blick, die den Zu-

40   Der Turm des Viracocha in Pisac war jenem Schöpfergott geweiht, den schon die Ureinwohner Perus verehrten und dem später die Inka einen Platz an der Seite ihres Sonnengottes gaben.

gang zu der Stätte bewachen, aufzustellen? Den Stein, aus dem das Sonnentor herausgeschnitten wurde? Die zum Bau der Acapana-Pyramide verwendeten Steinblöcke, deren Gewicht auf hundert Tonnen geschätzt und die in Steinbrüchen abgebaut wurden, die Dutzende von Kilometern entfernt lagen? Wurden sie nach Art der Römer auf Baumstämmen gerollt und mit Hilfe einer Winde hochgezogen? Wie und warum verschwand diese offensichtlich sehr hoch entwickelte Kultur, die in der Lage war, Klammern und Zapfen zu schmieden, um die riesigen Steinblöcke miteinander zu verbinden, ohne vorherige Warnung, ohne daß das kollektive Bewußtsein die Spur eines blutigen Krieges oder einer großen Naturkatastrophe bewahrt hat?

Die Hypothese von einem plötzlichen Anstieg des Wasserspiegels des See scheint heute keine Gültigkeit mehr zu haben. Doch da es keine menschlichen Überreste gibt, wird die Kultur von Tiahuanaco für uns stets eine versunkene Kultur bleiben.

Die Steinkunst

Auf der Ruinenstätte befinden sich zwei große Komplexe: im Norden das Kalasasaya mit dem Sonnentor und, etwas abseits, der halb unterirdische Tempel; im Süden die Acapana mit den Resten zweier großer Pyramiden.

Das Kalasasaya ist die berühmteste Anlage, sowohl wegen seiner Ausmaße (128 × 118 m) als auch wegen seiner monumentaler Treppen und seiner Monolithen (Priester-Monolith, Ponce-Monolith, beide neuere Entdeckungen). Das Sonnentor, ein Block aus Andesit mit einer Höhe von 3 Metern, einer Breite von 4 Metern und einem Durchgang, geschmückt mit einem Fries, befindet sich im nordwestlichen Winkel des Rechtecks. Auf dem Fries hält eine Menschenfigur mit einem übergroßen Kopf in jeder Hand eine Art Zepter, dessen unteres Ende einen stilisierten Vogelkopf darstellt. Das Gesicht ist von Flügeln eingerahmt, die zum Teil in Kondorköpfen enden. Um dieses Hauptmotiv sind vier übereinanderliegende Friese angeordnet, die geflügelte Wesen, Vögel mit Menschenbeinen und Kondorköpfe darstellen, deren Blick auf die Hauptfigur gerichtet ist.

Die beiden Monolithen in der Südwestecke bestechen durch ihr massives Erscheinungsbild, ihren ausdruckslosen Blick, ihre über einem noch nicht identifizierten Gegenstand verschränkten Hände und die Einfachheit der geritzten Verzierung. Der Bennett-Monolith, benannt nach dem amerikanischen Archäologen, der ihn entdeckte, mißt 6 Meter in der Höhe bei einem Gewicht von 17 Tonnen und befindet sich jetzt im Zentrum von La Paz.

Die Acapana, von der nur noch die sehr schlecht erhaltenen Stützmauern übrig sind, ist eine Pyramidenkonstruktion auf einem rechteckigen Grundriß (140 × 180 m), die vermutlich über vier Terrassen eine Höhe von 15 Metern erreichte. Die Steinplatten, die heute auf dem Boden der Pyramide zu sehen sind, messen 8 m in der Länge, 4,20 m in der Breite und 2 m in der Dicke. Es handelt sich zweifellos um die größten Steine, die jemals in Südamerika verarbeitet wurden. Bestimmte Kanten sind mit einem Einschnitt versehen, den man mit flüssigem Kupfer oder Bronze auffüllte, um eine Verzapfung zu erzielen.

Des weiteren findet sich östlich des Kalasasaya ein kleines Gebäude auf quadratischem Grundriß von bescheideneren Ausmaßen, der versenkte Tempel, dessen Grundmauer 1,70 m in den

41–44 Links die Zeichnungen zweier Kulpi in einfacher und großer Ausführung mit trapezförmigen Fenstern, rechts die Querschnitte durch zwei Chullpa in der gebräuchlichen Form sowie mit übereinanderliegenden Räumen.

Boden eingelassen ist. Wie in Chavín sind die Wände mit Köpfen verziert, und man fand hier auch einige gemeißelte Stelen. Zu erwähnen sind noch der Putuni oder Palast der Sarkophage, der Palast des Kheri-Khala und schließlich die Puma-Puncu-Pyramide, die ihren (wahrscheinlich nachträglichen) Namen den zahlreichen monolithischen Toren verdankt, von denen heute noch auf dem Gelände Ansätze zu sehen sind. Mehrere ebenfalls monolithische Treppen ermöglichen den Aufstieg zu der höhergelegenen Terrasse, auf der sich möglicherweise ein weiterer Sonnentempel erhob.

Diese Traumkulisse, die wahrhaftig die Phantasie der Besucher anzuregen vermag, wurde seit Mitte des 16. Jahrhunderts viele Male beschrieben und gezeichnet: Abgesehen von dem bereits erwähnten Cieza de León sollten noch Alcide d'Orbigny, Tschudi, Squier, Middendorf, Bennett und Posnansky erwähnt werden, wobei letzterer den Großteil seines Lebens dem manchmal gefährlichen Studium der tiahuanacoiden Kulturen widmete.

Die Fachleute unterscheiden in dieser Steinkunst vier Perioden: eine frühe Epoche des Tiahuanaco (*Tiahuanaco temprano*), eine klassische Periode, vertreten durch das Sonnentor und die Verzierungen der Monolithen, eine Periode des Verfalls und eine geometrische Periode (Klassifikation von Bennett). Die klassische Periode ist, wie in Chavín, durch eine konventionelle, außerordentlich gezierte Ausschmückung gekennzeichnet, die einer strengen Symmetrie folgt und sich aller rhetorischer Verfahren bedient, die bereits an den Ufern des Marañon in Gebrauch waren. Die genauere Betrachtung der Motive auf der Schulter des Bennett-Monolithen bringen ein auf den ersten Augenblick unentwirrbares Geflecht hervor von sich ständig wiederholenden geometrischen Mustern, menschenähnlichen, mit tierischen Fortsätzen versehene Figuren und symbolischen Elementen, deren Bedeutung uns ganz allgemein unzugänglich ist. Es handelt sich um eine starre und festgefügte Kunst, die sich nicht um die Darstellung der Wirklichkeit, sondern ganz im Gegenteil um den Zugang zu einer Welt der Symbole bemüht.

Zu einer Zeit, als die Maya-Kulturen zusehends von einem geheimnisvollen Übel heimgesucht werden, das ihre Zentren nach und befällt (die letzte Stele von San Lorenzo stammt aus dem Jahr 928), gelangt die Keramik auf die Hochebene der Anden. Sie entsteht natürlich nicht aus dem Nichts. Der Töpfer, dem wir die *kero*-Form, ein zylinderförmiges Gefäß mit gewölbten Seiten und einem weitgeöffneten Hals – das auch bei den Inka wiederzufinden sein wird – zu verdanken haben, verstand es, von seinen Vorbildern, den Mochica und vor allem den Nazca an der Küste, zu lernen: Er benutzt feinen Ton, der mit Sand und manchmal auch Glimmer vermischt und mechanisch mit Hilfe einer vorgefertigten Form verarbeitet wird. Viele Teile treten als Relief auf: Augen und Nase einer Figur, der Kopf einer Raubkatze, der über den oberen Teil des Gefäßes hinausragt, ein wirklichkeitsnah gearbeitetes Lama, das den Bauch des Gefäßes bildet, oder Zacken auf dem oberen Rand. Die Verzierungen sind oft in Beige oder Schwarz auf rotem Grund gemalt, wobei geometrische Elemente mit symbolischer Bedeutung vorherrschen: Kreise, Rechtecke, Mäander, Wellenlinien, Treppenzeichen treten in ständiger Wiederholung auf dem Tongefäß auf, wobei sich lediglich manchmal die Farbgebung ändert. Die Techniken des Glättens und des Farbauftrags scheinen perfekt aufeinander abgestimmt zu sein.

Beim gegenwärtigen Stand der Dinge gibt es keinen Beweis dafür, daß es zu irgendeiner Zeit ein großes Reich der Aymara mit Tiahuanaco als seiner Hauptstadt gegeben hat, das seinen Stil

45 Feingefügte Steinmauer mit Trapeznischen auf der oberen Terrasse der Festung von Ollantaytambo im Yucay-Tal nordwestlich von Cuzco.

auf ganz Peru und den Norden Argentiniens ausdehnte. Sicher ist jedoch, daß sich der Tiahuanaco-Horizont, als Teil einer Sprachzone der Aymara, die sich nicht gezwungenermaßen auf die gleichnamige Stadt beschränkte, nach und nach über die ganze Küste, höchstwahrscheinlich in Zusammenhang mit einem Kult, ausbreitete.

Gegen Ende der klassischen Periode vollzog sich ein Synkretismus. Sein Zentrum war die große Stadt Huari nahe Ayacucho und erlaubte die Verschmelzung der beiden Stilrichtungen des Nazca und des klassischen Tiahuanaco. Dies bezeugen die an diesem Ort entdeckten Monolithen, insbesondere eine seltsame stehende Figur, die Arme an den Körper gelegt wie seine Kameraden vom Titicacasee und auf den Wangen zwei große Kullertränen. Zwischen der Blüte des Klassizismus und dem Einfall der kriegerischen Reiche ist also eine Periode anzusetzen, die durch die kulturelle Vorherrschaft eines «Tiahuanaco-Huari-Horizonts» gekennzeichnet ist. Die tiahuanacoiden Formen dringen überall ein, wo sie nicht auf organisierten kulturellen Widerstand stoßen, selbst bis ins Nazca-Gebiet und an die Südküste. So konnten bei Ausgrabungen in Pacheco Keramiken an den Tag gefördert werden, die in ihrer äußeren Form dem *kero* entsprechen, auf deren Seitenwand sich jedoch in bemerkenswert deutlicher Zeichnung die Zentralfigur des Sonnentors mit den beiden Zeptern befindet, deren Raubtierköpfe besonders schön zu erkennen sind. Symbolische Motive des Tiahuanaco-Stils zieren auch die Keramiken der Nazca mit ihren beiden Ausgüssen und dem Bügelhenkel. Das bedeutende Zentrum Pachacamac muß sich ebenfalls dem neuen Gesetz beugen. Typische Motive finden sich sogar noch auf der Keramik von Chancay und Lambayeque.

Die nachklassische Periode (etwa 12. bis 14. Jahrhundert) ist durch das Aufblühen der Küstenkulturen gekennzeichnet: Chancay an der Zentralküste, Ica-Chincha an der Südküste, Quilque-Cuzco auf den südlichen Hochebenen und Collao auf dem Altiplano, nicht gerechnet die Chimu-Kultur mit ihren wundervollen schwarzen Keramiken. Doch Tiahuanaco bleibt eine der bedeutendsten archäologischen Stätten, die uns Kenntnisse über das präkolumbianische Amerika liefert. Von daher erklärt sich auch die außergewöhnliche Vielzahl moderner Mythen um die einst verlassene Stadt der Aymara. Wer weiß, ob sie ihr Geheimnis nicht für immer behält.

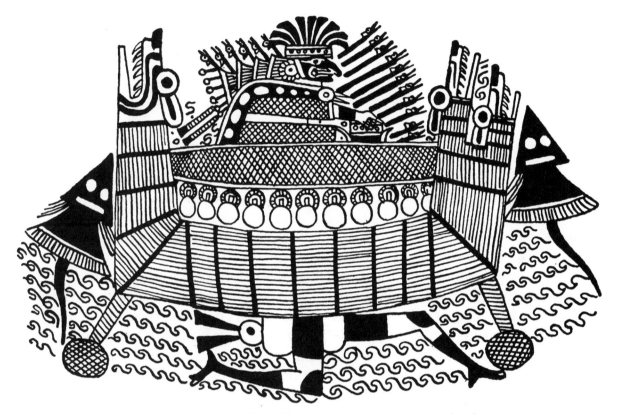

46 Vasenbild vom Mondgott im Himmelsfloß. Das aus Binsen zusammengebundene Boot ist von zwei dunklen Rochen flankiert, steingefüllte Netze an dicken Tauen dienen als Anker, die menschlichen Beine deuten eine schnelle Fahrt des Floßes an.

Die Inka

Vom Cuzco-Bund bis hin zum Reich

Die zeitliche Abfolge in der Geschichte birgt mitunter Überraschungen: Zwischen dem Zeitpunkt, als Pater Fernando de Luque in einem Pakt mit dem Teufel den Vertrag unterzeichnet, der die Teilung eines riesigen mythischen Reichs, des Eldorado-Lands, amtlich werden läßt, und dem Augenblick, als Francisco Pizarro (der zur Vertragsunterzeichnung die guten Dienste eines öffentlichen Schreibers in Anspruch nehmen muß) mit 180 Söldnern in Cajamarca eindringt (15. November 1532) und sich der Person Sapa Incas bemächtigt, vergehen weniger als acht Jahre. Trotz der tödlichen Rivalität, die die Konquistadoren untereinander entzweit, wissen die letzten eingeborenen Vertreter des umfangreichsten politischen Gebildes, das jemals in Südamerika errichtet wurde, daß das Ende nicht mehr aufzuhalten ist. Die Hinrichtung Tupac Amarus in Cuzco im Jahre 1572 bedeutet den endgültigen Schlag für eine bereits seit langem zum Tod geweihte Widerstandsbewegung.
Die Truppen Huayna Capacs erreichten erst 1523 nach einer Reihe zweifelhafter Kämpfe das Tal von Ancasmayo (das heute die Grenze zwischen Ekuador und Kolumbien bildet), wo sie im Tahuantinsuyu die endgültige Nordgrenze festlegten: Die übrigens recht unsichere *pax incaica* herrschte von nun an über ein riesiges Gebiet von 950 000 km² (entsprechend der doppelten Größe Frankreichs) auf einer Länge von 4 000 km Küste entlang den Anden. Diese Fläche umfaßte ungefähr hundert Volksstämme mit einer Gesamtbevölkerungszahl von sieben Millionen Seelen. Ganze zweihundert Jahre brauchte also ein bescheidener Andenstamm, um ein Gebiet, das vom Äquator bis nach Chile reichte, so gut es ging zu befrieden, aber die Blüte des Inkareiches dauerte im ganzen nur zehn Jahre.
Um ihre Macht zu festigen, brauchten die Inka eine Legende: Aus einer Grotte südlich von Cuzco entsteigen vier Brüder, von denen sich einer Manco Capac nennt. Nach einer langen Zeit der Irrfahrt, während derer sich einer von ihnen in eine *huaca* (heilige Persönlichkeit) verwandelt und die anderen beiden in Statuen aus Stein, gräbt sich der goldene Stab Manco Capacs schließlich in den Boden von Waynapata und markiert damit den Standort Cuzcos. Mit Unterstützung seiner Schwestergemahlin Mama Ocllo gründet der Ahnherr des Stammes

ein Reich, in dem er die weit verstreuten Stämme dieser Gebiete versammelt, um sie einer höheren Stufe der Zivilisation zuzuführen.

Tatsächlich scheinen – so die These Henri Favres – die Inka in den ersten Anfängen nur ein bescheidener Stamm gewesen zu sein, die (nach Bernabé Cobo) eine Sprache ähnlich der der Tampu-Indianer im Urubamba-Tal sprachen und die sich, im Becken von Cuzco angelangt, nicht ohne Schwierigkeiten in ein bereits bestehendes Bündnis eingliederten, das unter anderen die Mara und Sawasiray mit einbezog. Die aufsehenerregende Hypothese von einem amazonischen Ursprung der Inka bleibt also nach wie vor aktuell.

Die politische Eingliederung wird nur möglich durch die Übernahme der offiziellen Sprache, des Ketschua, und die Achtung eines untergeordneten Status in der niederen Hälfte des Volkes, dem sog. *Hurin*, während die höchste Autorität den Menschen des *Hanan* vorbehalten war. Diese Struktur (vor allem von Lévi-Strauss analysiert), die in zahlreichen Dörfern Mittelamerikas aufzufinden ist, zeigt sich auch geographisch in der Hauptstadt Cuzco, deren Stadtanlage auf dieses Schema eingeht. Die Inka sind einfache *Sinchi*, d.h. Kriegsanführer, in einer im wesentlichen auf Landwirtschaft und Schafzucht orientierten Gemeinschaft. Doch gelingt es ihnen, im Verlauf eines Jahrhunderts (zwischen ca. 1300 and 1400) das Kräfteverhältnis umzukehren. Nach dem Tod von Capac Yupanqui, dem fünften Inka nach der Tradition, hält sein Nachfolger Roca Yupanqui, gestärkt durch seine militärischen Erfolge im Aymara-Gebiet, seine rückwärtigen Gebiete für gefestigt genug, um die Macht im Cuzco-Bund zu ergreifen: die Statue von Manco Capac wird feierlich in die obere Hälfte transferiert.

Weil durch Waffengewalt eingesetzt, ist die Dynastie von nun an dazu verdammt, die Flucht nach vorn anzutreten. Anfangs rein defensiv und lediglich dazu bestimmt, die Territorialansprüche benachbarter Häuptlingsstämme in Zaum zu halten, verwandeln sich bewaffnete Konflikte und entlegene Vorstöße zu einer regelrechten Regierungsmethode. Sobald die einheimischen Führer, die berühmten *curacas*, Unruhen anstiften, verwickelt man ihre Truppen unter dem Vorwand einer Kulturmission in einen Beutezug, was zur Folge hat, daß sich ihre erhitzten Gemüter wieder für eine Weile beruhigen. Wahrscheinlich handelt es sich bei der wahnwitzigen Ausrichtung einer Amazonas-Expedition unter Roca Yupanqui um ein derartiges Unternehmen, bei dem die Soldaten mit den grausamen Chanca und den Anti Amazoniens konfrontiert werden und bei dem die Inka einen ihrer besten Feldherrn verlieren, der anscheinend den Reizen des Tropenlebens anheimgefallen war.

Als der Inka Viracocha, der achte König der Dynastie, zu Beginn des 15. Jahrhunderts die Macht übernimmt, kann sich seine Armee, die sich anschickt, in das Land der Diaguita einzufallen, der Errichtung von Brückenköpfen in bis zu hunderten von Kilometern Entfernung von ihrem Stützpunkt rühmen. Doch in Wirklichkeit besitzen sie nur die Kontrolle über die größeren Ortschaften und die Verbindungswege. Die offizielle Unterwerfung der Stämme erweist sich als wenig gesichert. Der Machtbereich des «Herrschers» übersteigt kaum 40 Kilometer im Umkreis der Hauptstadt (Henri Favre). Und das Zusammentreffen mit den mächtigen Chanca um Mantaro, westlich des Apurimac, wird die Zerbrechlichkeit dieses Reiches aufzeigen. Der völlig unverhoffte Sieg Yahuar Pampas öffnet dem Cuzco-Bündnis, von nun an vollständig in der Hand der Söhne der Sonne, den Weg ins Altiplano. Doch am Abend der Schlacht (bei der es nach Garcilaso de la Vega 30 000 Tote zu beklagen gab) waren die Flüsse rot gefärbt von Blut...

Farbabbildungen

1105 Die Tiahuanaco-Kunst (hier eine mehrfarbig bemalte Keramik) ist durch eine starke Geometrisierung der Formen und Dekors charakterisiert, die zum Teil an Nazca-Motive erinnern.

1106 Hoch über dem Tal des Rio Urubamba thront auf einer steil abfallenden Felskuppe die um 1400 erbaute Metropole Machu Picchu, die erst 1911 wiederentdeckt wurde.

1107 Machu Picchu war das letzte Inka-Zentrum, als Grenzfestung gegen die Bewohner des tropischen Waldgebiets errichtet. Beherrscht wird es von der bizarren Silhouette des Berges Huayna Picchu.

1108 Der «Intihuatana», der »Stein, an dem die Sonne angebunden ist», diente der Sonnenbeobachtung und war gleichzeitig von kultischer Bedeutung.

1109 Der Hügel mit dem «Intihuatana» ist der höchste Punkt der Stadt Machu Picchu.

1110 «El Torreón» mit seiner runden Mauer war ein Heiligtum der Stadt. Die spitzgiebligen Häuser wurden mit pflanzlichem Material gedeckt.

1111 Gesamtansicht von Machu Picchu: im Vordergrund die Wohnhäuser auf Geländeterrassen (rechts der «Torreón»), links von dem großen Platz, der das Zentrum der Stadt bildete, der «Intihuatana».

1112 Der «Sonnenkreis» von Sillustani am Umayo-See ist ein Steinrund von ca. 16 Metern Durchmesser. Sein Zweck ist unbekannt. Auffällig ist die Ähnlichkeit mit den Sonnenheiligtümern der Druiden in England.

47+48 Aus der 1587 entstandenen handgeschriebenen «Nueva Corónica» des Poma de Ayala stammen diese beiden Zeichnungen, die den Stammvater der Inka, Manco Capac, und seine Schwester-Gemahlin Mama Ocllo zeigen.

Theoretisch der Beherrscher des Hochlandes, doch einem ständigen Guerillakampf ausgesetzt, verbringt der Inka Viracocha die meiste Zeit damit, die Autonomiebestrebungen der eigentlich unterworfenen Volksgruppen zurückzudrängen. Mitte des 15. Jahrhunderts, also 80 Jahre vor der Ankunft der Spanier, wird noch gegen die Colla, die Lupaca und eine Gruppe von Aymara-Häuptlingen, die letzten Vertreter des großen Tiahuanaco-Reichs, gekämpft. Gleichzeitig wird ein Brückenkopf in Cajamarca, rund 1000 Kilometer von Cuzco entfernt, eingerichtet, was einen direkten Verstoß gegen das bedeutende Königreich Chimor bedeutet. Der unvermeidliche Zusammenstoß der beiden Kulturen endet zum Nachteil der Chimu: Um 1463 wird Chan-Chan eingenommen, das «bewässerte» Reich bricht von einem Tag auf den anderen zusammen, unfähig, so scheint es, seine Wasserversorgung wirksam aufrechtzuerhalten.

Um 1470 nimmt man systematisch das Problem der Verkehrsverbindungen in Angriff. In weniger als 50 Jahren entsteht ein Netz von 16 000 km abgesteckter oder gepflasterter Straßen, das zum Rückgrat des Reiches und die Bewunderung nachfolgender Generationen auf sich ziehen wird.

Die Friedens- und Expansionsbestrebungen werden ebenfalls wieder aufgenommen. Tupac Yupanqui, der zehnte Herrscher der Dynastie, muß sich um 1480 einem Aufstand der gesamten Hochebene stellen. Das hindert ihn jedoch nicht daran, zwei neue Fronten, eine in Richtung Argentinien (Tucuman) über Potosi, die andere in Richtung des Rio Bio-Bio nach Chile zu eröffnen. Es bedarf der geballten Durchsetzungskraft der wilden Araukaner und der Mapuchen, um zu verhindern, daß der Expansionsdrang der Inka noch ganz Chile einschließlich Feuerlands an sich reißt. Ein über zehn Jahre währender Krieg unter Huayna Capac erlaubt im Jahr 1511 die Befriedung der Kañarr und der Kara im Norden. Unsichere Ergebnisse für einen kostspieligen Feldzug: Das große Tahuantinsuyu, das Reich der vier Gebiete, über das Huayna Capac zum Zeitpunkt seines Todes im Jahr 1528 regiert, weist alle Merkmale eines Kolonialreichs mit unstabilem Gleichgewicht auf.

Ein ‹anständiger› Kolonialkrieg: die spanische Invasion

Hier nun die anderen gefürchteten Siedler: einhundertachtzig von Pizarro angeführte Abenteurer, die über Pferde und Feuerwaffen, aber vor allem über eine exzellente Kenntnis des Landes und der Stammesrivalitäten verfügen.

Zwei Söhne des Huayna Capac streiten sich über die Nachfolge: Atahuallpa, der Mann aus Quito, der Barbar aus dem Norden, ein Nachkomme der Hurin, und Huascar, der legitime Sohn, der Mann aus Cuzco, der Zivilisierte aus dem Süden, der die Linie der Hanan vertritt. Beide sind genauestens über das Vordringen der Spanier unterrichtet. Es ist durchaus möglich, daß keiner von beiden deren letztlich wenig furchterregende Armee ernstnahm. Es kann auch sein, daß der eine oder der andere mit dem Gedanken an eine Allianz spielte, um sich des Rivalen zu entledigen.

Die militärische Aktion von Cajamarca (15. November 1532), die schließlich nach einem furchtbaren Blutbad unter den Indianern mit der Gefangennahme Atahuallpas endet, verstellt durch ihre Grausamkeit die eigentliche politische Leistung des großen Konquistador, die es ihm erlaubt, sich mit den zahlreichen feindlichen *curacas* zu einer zentralen Macht zusammenzuschließen und einen fast unglaublichen Bündnisvertrag mit den mächtigen Huanka zu unterzeichnen. Von nun an werden sich die Stämme völlig ungestört im Schutze ihrer Alliierten selbst zerfleischen können: «Das Auffällige an der Konquista ist, daß es den Spaniern

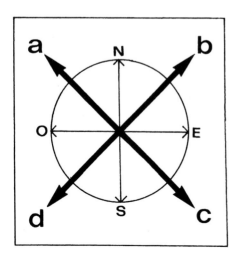

49 *Die Graphik (vgl. auch Abbildung 50 auf der folgenden Seite) zeigt die Beziehung zwischen Cuzco, den vier Himmelsrichtungen und den vier Provinzen des Inkareiches: a Chinchasuyu; b Antisuyu; c Collasuyu; d Contisuyu.*

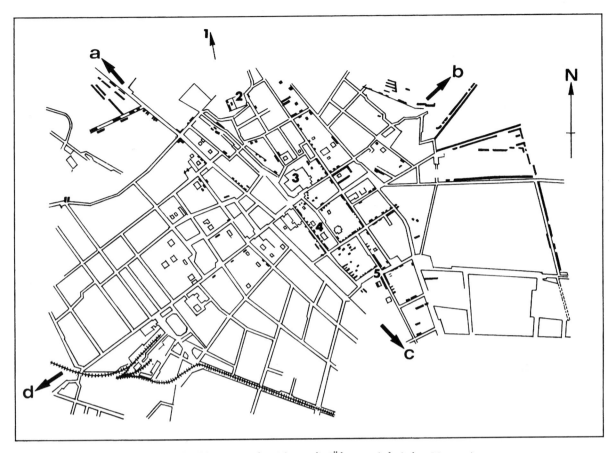

50 *Plan der Stadt Cuzco (die dunklen Linien bezeichnen die Überreste inkaischer Mauern):*
1 *Festung Sacsahuaman*
2 *Colcam-pata*
3 *Kathedrale und «Plaza de Armas» (Platz der Waffen)*
4 *Acclahuasi (Jungfrauenkonvent)*
5 *Ruinen des Cori-cancha (Sonnentempels)*

durch ein bemerkenswertes diplomatisches Geschick gelang, die Gebiete, die sie begehrten, von den Indianern selbst erobern zu lassen, indem sie ihr eigenes militärisches Engagement auf ein Minimum reduzierten» (Henri Favre). Einhundertachtzig festentschlossene Männer bringen so Zehntausende kampferprobter Krieger zur Strecke. Der Rest läuft fast wie von selbst. Die Armee des Nordens, die unverdrossen ihren Vorstoß weiterführt, bemächtigt sich der Person Huascars. Dieser wird folglich (zumindest theoretisch) zum Gefangenen Atahuallpas, der selbst wiederum Gefangener der Spanier in Cajamarca ist. Am 29. August 1533 läßt Pizarro Atahuallpa hinrichten und besiegelt somit den blutigen Pakt mit den verbündeten Indianern. Der in aller Eile von der Aristokratie Cuzcos gewählte Inka Manco versucht den Widerstand zu formieren, während er vorgibt, mit den Spaniern zu kollaborieren. Trotz eines listigen Zerstreuungsmanövers (er schickt Almagro nach Chile, Gold zu holen) muß er sich nach der Schlacht von Atocongo 1536 geschlagen geben.

Nach dem Tod Pizarros, der im Juni 1541 ermordet wird, und einem Nichtangriffspakt mit den Spaniern, unterzeichnet von Pawlu, dem Bruder Manco Capacs, zieht sich der Widerstand auf die Ostseite der Anden nach Vilcabamba, zwischen dem Urubamba und dem Apurimac, den beiden großen Flüssen des Königstals, zurück. Die Zitadelle von Vitcos wird der neue Sitz eines Hofes, der mit zunehmender Machtausbreitung die Etikette schätzt. Titu Kusi, ein Sohn des Manco Capac, bemüht sich, dem bewaffneten Widerstand eine gewisse Glaubwürdigkeit zurückzugeben. Er wird 1571 von Tupac Amaru abgelöst. Doch der Vize-König Toledo erreicht Peru mit den genauen Anweisungen der Krone: der endgültige militärischen Vernichtung dieser Unbeugsamen. Der letzte Inka-Herrscher wird im darauffolgenden Jahr auf dem Hauptplatz von Cuzco geköpft. Ein neuer Imperialismus hält auf den Hochebenen Einzug.

Regieren mit Schnüren

Das Gleichgewicht, das die vier Teile des Tahuantinsuyu zusammenhalten soll, steht also auf wackeligen Beinen. Da es keinerlei Thronfolgeregelungen gibt, leitet jeder Tod eines Herrschers den Beginn einer Zeit der Unruhen ein: Jeder Anwärter versucht, seine Rechte auf die *mascapaicha*, die scharlachrote Franse, das Symbol der Herrschaft, geltend zu machen, und die Verantwortlichen der Provinzen nutzen regelmäßig die Gelegenheit, das Joch der zentralen Herrschaft abzuschütteln. Hinzu kommt, daß sich der neue Herrscher sofort nach der Thronbesteigung zum Waisen erklärt, d.h. mit seiner Herkunft bricht und nicht länger die Kulturgemeinschaft der Inka vertritt: Der Aufstieg zur Gottheit wird von dem Verlust des Menschseins begleitet. Die Mitglieder des Stammes sind darüber oft sehr verbittert.

Die ersten Chronisten (allen voran Cieza de León) waren vom Dezimalsystem der Inka fasziniert. Ihre Berichte ließen lange Zeit glauben, daß das Königreich in Einheiten von 10, 100, 1 000 oder 10 000 Familien aufgeteilt (oder besser militärisch ausgedrückt: quadrilliert) waren. Alles weist darauf hin, daß es sich dabei um eine Verwechslung zwischen der gesellschaftlichen Ordnung und einer Zählmethode handelt: Der Verantwortliche für die Statistik, der *quipucamayoc*, hatte in der Tat ein Interesse daran, das leicht zu handhabende Dezimalsystem anzuwenden.

Das Inka-Reich ist nach einem streng vertikalen System strukturiert: die *ayllus*, auf Land- und Schafwirtschaft basierende Gemeinschaften, sind zu Häuptlingsstämmen zusammengeschlossen, die sich wiederum zu Fürstentümern und schließlich auch auf Provinzebene verbünden können. Vom *curaca* oder Verantwortlichen des Ayllu bis zum Verwalter der Provinz, der im Inka-Rat sitzt, kann ein jeder dazu herangezogen werden, der zentralen Regierung in Cuzco einen Rechenschaftsbericht abzulegen. Der Handlungsraum des einzelnen war fast gleich Null: An sein kleines Stückchen Erde gebunden, das nur dürftige Ernten abwirft, ist der tätige Erwachsene zwischen 27 und 60 Jahren zu bestimmten unbezahlten Dienstleistungen verpflichtet, die einen beträchtlichen Teil seiner Arbeitszeit in Anspruch nehmen; zudem kann er jederzeit zu den Waffen gerufen werden. Geld gibt es nicht, das Wirtschaftssystem ist der Tauschhandel. Der Handelsaustausch ist nur gering, dafür aber das Netz des Hausierhandels eng geknüpft. Da es keine Schrift gibt, geschieht die Nachrichtenübermittlung, außer bei Verwaltungsangelegenheiten, mündlich. Der *ayllu* lebt praktisch autark.

Es stimmt nicht, daß sich ein straff organisiertes Reich nur auf Kosten der «horizontalen» Wechselbeziehungen seine Macht erhalten kann. Der Inka ist durchaus bereit, die Eigentümlichkeiten der Provinzen zu respektieren, vorausgesetzt, daß diese sich der Zentralgewalt unterordnen (also, in der Hauptsache, Steuern bezahlen und eine bestimmte Zahl an Reichssoldaten liefern) und nicht auf den Gedanken verfallen, auf eigene Initiative einen Austausch, vor allem auf wirtschaftlichem Gebiet, auf die Beine zu stellen, der die ganze Produktionsordnung auf Reichsebene in Frage stellen würde. Wenn sich ein Stamm erhebt, begnügt man sich, den *curaca* kurzerhand zu enthaupten. Halten die Unruhen an, schreitet man zu massiven Zwangsverschleppungen in strategisch unbedeutende Gebiete (System der *mitimae*). Trägt er einmal das königliche Purpur, ist der Inka über die Kulturgemeinschaften erhaben. Er greift folglich nicht mehr in das Stammesleben ein und bemüht sich in aller Regel, die einheimischen Partikularismen nicht direkt zu verletzen. Doch seine Bürokraten zählen und registrieren unablässig selbst in den entlegensten Dörfern des Reiches.

In einem solchen System ist die Nachrichtenübermittlung lebenswichtig. Die Zentralgewalt muß zu jedem Zeitpunkt darüber informiert sein, welches Potential an Menschen sowie an Erzeugnissen ihr zur Verfügung steht und wie sich die der Befriedung unterworfenen Gruppen verhalten. Das Inka-Reich läßt sich auf politischer Ebene in einer bemerkenswerten Verwaltung mit Statistiken und allgemeinen Informationen erfassen. Für die statistischen Erhebungen bedient man sich der Knotenschnüre, der *quipus*, die Zählungen im Dezimalsystem ermöglichen: Demographische Fakten (Bevölkerungszahlen und vor allem Aufteilung in Altersgruppen) und wirtschaftliche Fakten (vor allem Produktionsziffern) werden mit eifriger Sorgfalt und vor allem mit einer Effektivität erfaßt, die die Bewunderung der Spanier hervorruft. In Peru muß Europa also lernen, daß es möglich ist, Statistiken aufzustellen.

Die einmal gesammelte Information macht die Runde. Sie verbreitet sich sogar mit einer derartigen Schnelligkeit, daß die Eroberer, die immerhin das Pferd besitzen, darauf verzichten, sie übertrumpfen zu wollen. In weniger als einem Jahrhundert erstellt diese Kultur, die kein Rad kennt, ein phantastisches Straßennetz von mehr als 16 000 km Länge, bestehend aus zwei großen parallelen Durchgangsstraßen, die eine an der Küste von Tumbez nach Arequipa und die andere im Inneren des Hochlandes, die Quito mit Tucuman in Argentinien über Jauja, Cajamarca und Vilcas-huaman verbindet, und aus zahlreichen Querverbindungen. Die Straße ist sechs Meter breit, stellenweise gepflastert, an schwierigen Stellen mit Steintreppen versehen und mit Posthaltestellen ausgestattet. Die *tampu* oder Boten warten ständig auf einen ihrer Kameraden, den Läufer oder *chasqui*, den Überbringer der neuesten Nachrichten oder der Anweisungen irgendeines lokalen Verantwortlichen. Will man Cieza de León Glauben schenken, so befand sich kein Punkt des Reiches weiter als acht Posttage von der Hauptstadt entfernt, was bedeutet, daß die Nachricht mit einem Tagesschnitt von 400 km transportiert wurde. Dazu erübrigt sich wohl jeder Kommentar.

Die Kunst an den Hängen

Es würde sich wohl um einen falschen Sprachgebrauch handeln, wollte man von einem «Inka-Horizont» sprechen. In der Tat ist es dem Reichtum künstlerischer Kreativität zu verdanken, daß die früheren Kulturen ihren Einflußbereich über die enggesteckten Grenzen, die ihnen der geographische Rahmen und vor allem die Produktionsweise zuweist, ausdehnen. Die präkolumbianischen Kulturen sind Kernkulturen, die ihrer Isolierung nur mittels der Schaffung von Formen und Motiven entgehen, die oft über sehr weite Gebiete verstreut sind, wobei höchstwahrscheinlich die Religion und der Eifer des Volkes eine tragende Rolle spielen. Nichts von all dem ist unter der Herrschaft der Inka vorzufinden. Der offizielle, durch Waffengewalt oder politische Verhandlungen aufgezwungene Kult ist nicht so streng, als daß er nicht lokale Synkretismen zulassen oder gar unterstützen würde. Wenn sich die Menschenmengen zu den offiziellen religiösen Zeremonien nach Cuzco drängen, so einesteils aus Neugierde und Freude am Spektakel und andernteils aus dem Bedürfnis, sich in einem gemeinsamen Glauben zu vereinen. Trotz des vielen Goldes und der großen Pracht spielte der Sonnenkult, wie er in einer großen Metropole moderner Prägung abgehalten wurde, bei der Verbreitung einer Kultur eine geringere Rolle als die Kulte des Raubkatzengottes, wie sie an vergleichsweise bescheidenen Stätten wie Chavín de Huantar oder Tiahuanaco gefeiert wurden. In diesem Zusammenhang ist bemerkenswert, daß bei den schichtenkundlichen Ausgrabungen nie – außer, seltsamerweise, im Ica-Tal – Spuren von Tongegenständen in Gegenden gefunden werden konnten, wo immerhin die politische und militärische Gegenwart der Abkömmlinge der Sonne sehr ausgeprägt war. Das Verbreitungsgebiet der Inka-Keramik scheint im Vergleich zum politischen Gewicht der Kulturgemeinde, zu der sie gehörte, äußerst bescheiden.

Die Inka verstanden es hervorragend, die Techniken ihrer Vorgänger für sich zu nutzen und sie ihrerseits zu höchster Vollendung zu führen. So wie sie von den Chimu den äußeren Ablauf des Herrscherkults übernahmen, eigneten sie sich auch auf bemerkenswerte Weise sämtliche Techniken der Metallverarbeitung an, die seit Beginn unserer Zeitrechnung im peruanischen Hochland Verwendung gefunden hatten. «Wenn die Inka in den Augen der sie umgebenden südamerikanischen Bevölkerung hohes Ansehen genossen, so zunächst deshalb, weil sie ihr als die «Beherrscher des Metalls» erschienen (Henri Favre). Es handelte sich dabei um eine Metallverarbeitung zur Herstellung von Schmuck wie Halsketten, Brustschilden, Armbändern oder Ohrenspangen (die berühmten Scheiben im Ohrläppchen, die den inkaischen Würdenträgern den Beinamen «Langohren» einbrachten), aber auch gearbeitete Platten, die für die Wände der Paläste und Tempel bestimmt waren.

Die präkolumbianischen Kulturen Perus verfügten sei der Mochica-Epoche über ein mit Rohren gespeistes Brennofensystem, das es erlaubte, Silber-, Kupfer- und Zinnerz zu schmelzen, um Legierungen wie Gold/Kupfer, Gold/Silber oder sogar Zinn/Kupfer zu erhalten, wobei letztere zu einer Art Bronze von recht bescheidener Qualität führte. Das im Tagabbau geförderte oder durch Auswaschung aus dem Flußbett gewonnene Erz wurde kalt gehämmert oder nach dem sog. Wachsschmelzverfahren geformt (Wachsvorlage, bedeckt mit Tonschicht). Einer der typischsten mit dieser Technik erstellten Gegenstände ist das berühmte Krummesser in Form einer Sichel, das *tumi*, das sowohl für die Kultopfer als auch für die «chirurgischen Eingriffe» wie die Trepanation (Schädelöffnung) Verwendung fand.

Doch verdient auch die Keramik der Inka erwähnt zu werden, die nach Aufnahme jahrhundertealter Kunstgriffe schließlich die Form des Aryballos schafft, einer Art Krug mit engem Hals und einem kegelstumpfartigen Unterteil, der in der Reinheit der Formgebung und der einzigartigen Qualität der Tonmasse in der Tat an die griechische Töpferei gleichen Namens erinnert. Die Technik der Keramik erreicht hier ihren Höhepunkt, wenngleich die künstlerische Inspiration zu versiegen scheint: Die Verzierung, meist schwarz und weiß auf rotem

Grund, beschränkt sich auf geometrische Muster (Vierecke, Rauten, Dreiecke), die sich längs einer waagerechten Achse wiederholen.

Wahrscheinlich sind es letztlich die bemalten Holzbecher, die für die Kunst der Inka am typischsten sind. Die gemalten Jaguarköpfe verdienen wegen ihrer harmonischen Farbgebung und der Patina des Holzes, die alle möglichen Lichtreflexe zuläßt, wirklich größte Bewunderung. Man kann das Verschwinden sämtlicher Kunstgegenstände der Inka, die Menschen- oder Tierfiguren darstellten und heute nur noch äußerst selten zu finden sind, nur zutiefst bedauern: Teller in Form eines Vogels und Portraitgefäße aus Terrakotta, Kultgegenstände aus Holz (*pacha*), mit deren Hilfe man hätte feststellen können, wie der Inkakünstler seine Umwelt sah. Die Seltenheit dieser Zeugnisse ist vielleicht weniger auf die Plünderungen und Verwüstungen der Konquista als vielmehr ganz einfach auf die Tatsache zurückzuführen, daß sich diese Kultur ständig in einer Abwehrstellung befand und daher gar nicht die Zeit aufwenden konnte, eine besondere Vorliebe für die vertrauten Lebewesen und Gegenstände zu entwickeln.

Doch erst in der Architektur, in der Inbesitznahme von Raum, kommt die Genialität der Inka zu voller Entfaltung. Von Kolumbien bis in den Süden Perus folgt der Architekt auf Schritt und Tritt dem Eroberer, dessen Machtwillen er mit Hilfe massiver Bauwerke aus Zyklopenmauerwerk, das uns in Erstaunen versetzt und seine Anwesenheit spüren läßt, symbolisiert. Diese Kunst, die entlang der Berghänge verläuft, läßt an den Straßen des Reiches zahlreiche Haltestationen aus Stein entstehen, hilft die steilen Täler abzusperren, die Terrassen auf den schwindelerregenden Abhängen zu errichten und ist in der Lage, die riesigen Felsblöcke zu behauen und so übereinanderzuschichten, daß nicht einmal mehr die Schneide eines Messers dazwischenpaßt. Mit ihrer Hilfe werden gefürchtete Verteidigungslinien um Orte ohne natürlichen Schutz gezogen und trapezförmige strenge Öffnungen in die mittelalterlich dicken Mauern gebrochen, als ob man sich den Himmel auf Distanz halten wollte. Der Stein unterwirft sich, wird rund, um als Badewanne des Inka dienen zu können, und stellt seine geglättete Oberfläche für das Gold bereit, das ihn zudecken und somit Macht bekunden wird. Eine unerbittliche, schwache und bedrohte Welt, von der die Lebensfreude endgültig gewichen zu sein scheint.

Der Nabel der Welt

Für dieses Königreich, «in dem kein Vogel flog und sich kein Blatt bewegte», wenn dies nicht der Wunsch des Herrschers war, bedurfte es einer streng geplanten Hauptstadt, die die gesellschaftliche und politische Struktur des Tahuantinsuyu widerspiegelte. Entsprechend dem Urteilsspruch, den der Goldstab des Manco Capac fällte, errichtet man die künftige Hauptstadt in einem engen Tal auf 3500 Metern Höhe, umgeben von Bergen, die sie zwar einschließen, aber nicht erdrücken. Ganz im Gegensatz zu La Paz, wo die zerbrechlichen Wohnhäuser in die unnatürliche und grandiose, aber unmenschliche Kulisse des Mondtales hineingesetzt erscheinen, fügt sich Cuzco vollkommen in die Landschaft. Etwas eingeengt durch die kurvenreichen Flußläufe, die den Standort umgeben, ersteht die Stadtanlage der Inka-Metro-

Farbabbildungen

1121 Die «Chullpa del Lagarto» in Sillustani, ein zwölf Meter hohes Turmgrab der Aimara aus der Inka-Zeit mit einer perfekt ausgeführten Steinverkleidung.

1122 Das Sonnentor von Tiahuanaco ist das berühmteste Monument in den Anden. Es besteht aus einem einzigen Andresitblock und hatte vermutlich eine kultische Funktion.

1123 Der prachtvolle Fries des monolithischen Sonnentors von Tiahuanaco zeigt den zepterschwingenden Gott-Priester, umgeben von Figuren mit Kondor- und Menschen-Masken, die ihm huldigen.

1124 Eine monolithische Treppe führt zum «Kalasasaya», dem heiligen Bezirk von Tiahuanaco. Im Hintergrund ist die Statue zu erkennen, die auf Seite 128 im Detail abgebildet ist.

1125 Dem Sonnentor ähnlich, aber wesentlich kleiner ist das Mondtor von Tiahuanaco, ebenfalls aus einem einzigen Felsblock herausgeschlagen und mit kultischer Funktion.

1126 Bemalter Kelch aus Holz in Form eines Jaguarkopfes.

1127 Bemalter Tonkrug mit Henkeln, die Jaguaren nachgebildet sind.

1128 Eine der riesigen monolithischen Statuen im heiligen Bezirk von Tiahuanaco. Die Schöpfungsgeschichte der Inka besagt, daß aus diesen vom höchsten Gott Viracocha in Stein gehauenen Modellen die menschliche Rasse hervorgegangen ist.

pole nach einem genauen symmetrischen Plan, der bei den Spaniern große Bewunderung hervorruft. So war es dem Inka Pachacutec gelungen, eine bescheidene Anhäufung von Hütten in eine moderne Stadt zu verwandeln, deren Bevölkerung in der Blütezeit 50 000 Einwohner leicht überschritt.

Die Stadt wurde an einer Längsachse, die von Nordwesten nach Südosten verlief, errichtet, wobei die Oberstadt (oder *Hanan-Cuzco*) den Nordwest-Sektor und die Unterstadt (*Hurin-Cuzco*) den Südost-Sektor einnahm. Eine zweite, senkrecht zur ersten verlaufende Achse, ebenfalls in Form einer gepflasterten Straße, erzeugte eine Teilung der Stadt in vier Bereiche, entsprechend den vier großen Provinzen des Reiches. An ihrem Schnittpunkt hatte man den Zeremonienplatz, die *huacapata,* eingerichtet, die folglich das geographische Zentrum des Reiches bildete. Auf diesem riesigen Areal (550 × 250 m) konnten bei den großen religiösen, zivilen und militärischen Zeremonien beträchtliche Menschenmengen Platz finden.

Außerhalb sowie innerhalb des strengstens dem Inka und den Mitgliedern und Familien seines Standes vorbehaltenen Bereichs zeichneten enge Straßen (zumindest aus der Sicht der Spanier, die beklagten, daß darin nicht einmal zwei Reiter aneinander vorbeikamen) mit einer Mittelrinne eine Art Schachbrettmuster, in das sich die kaiserlichen Paläste, darunter der Patacutecs und die Residenz Huayna Capacs, und das berühmte *acllhuasi* oder Haus der geweihten Jungfrau einfügten. Um diesen ‹adeligen› Kern erstreckte sich eine ‹provinziellere› Zone, in der sich alle Untertanen des Reiches niederlassen konnten, die nicht zu der sich gerade an der Macht befindenden Kulturgemeinschaft gehörten. Dieser Bereich war ebenfalls in vier Sektoren unterteilt, die den vier großen Provinzen des Reiches entsprachen. Im ganzen gesehen «erinnerte die Stadtanlage von Cuzco etwas an einen Puma, wobei die Zitadelle von Sacsahuaman den Kopf und die beiden Flüsse, die durch die Stadt verliefen, den Schwanz geformt hätten» (Henri Favre).

Es scheint, daß die Inka ihr Bestreben nach einer hierarchischen Ordnung sogar so weit trieben, daß sie innerhalb der Volks-Zone, in unmittelbarer Nähe des Zentrums des Adels, den Kulturgemeinden, die sich ihnen als erste verbündet oder ihren Gesetzen unterworfen hatten, Quartiere einrichteten. Soviel ist auf jeden Fall richtig, daß es die absolute Herrschaft immer nötig hat, Unterschiede zu wahren.

Die Zitadelle Sacsahuaman, deren großartigen Überreste heute noch die Stadt beherrschen, ist eines der beeindruckendsten Zeugnisse der inkaischen Militärarchitektur. Es handelt sich dabei im wesentlichen um eine Festung (deren Entstehungszeit unbekannt ist), die, außer im Süden, durch ein dreifaches zyklopisches Zickzackmauerwerk geschützt wird, dessen Steine eine Höhe bis zu fünf Metern erreichen. Zum Zeitpunkt der Eroberung befanden sich an diesem Platz verschiedene militärische Gebäude, insbesondere ein riesiger mehrstöckiger Turm, der bis zu 5000 Soldaten aufnehmen konnte, und ein großes Gebäude mit einem runden Grundriß, von dem nur noch die Fundamente übrig sind und dessen Bestimmung unbekannt ist. Die Überreste von Sacsahuaman mit den Mauern aus vieleckigen Steinen und den trapezförmigen Toren sind für den modernen Besucher immer noch äußerst faszinierend, und er wird sich fragen, wie vieler Menschen es bedurfte, um diese riesigen Steinmassen ohne Hilfe eines einzigen Rades fortzubewegen. Der Besucher zur damaligen Zeit, der zu Fuß aus seiner entlegenen Provinz gekommen war, mußte wohl das Gefühl haben, angesichts einer solchen Macht ‹erschlagen› zu werden. «Die Schutzwälle», so schreibt Sancho de la Hoz, der die architektonische Gesamtanlage vor ihrer teilweisen Zerstörung gesehen hat, «sind aus Steinen errichtet, die so groß sind, daß man sich unmöglich vorstellen kann, wie sie durch Menschenhand an diesen Ort gekommen sein mögen. Sie sind so groß wie Stücke von einem Berg.» Das alte Cuzco sollte Eindruck schinden: Der berühmte Sonnentempel Coricancha zum Beispiel mit der riesigen trapezförmigen Einfriedung und den Mauern, deren Steine auf vollkommenste Weise zugeschnitten, geglättet und ohne Zement aufeinandergeschichtet waren, dem Goldgesims von 50 Zentimetern Breite, so man Cieza de León Glauben schenken will, den mit Gold verkleideten Toren, dem Innenhof mit einer «Vegetation» aus massivem Gold, dem Heiligtum mit dem Bild des Gottes, ebenfalls aus massivem Gold und zusätzlichen Edelsteinen (jene berühmte, funkelnde Platte, nach der die Spanier vergeblich suchten) – all das war hervorragend dazu geeignet, den Glauben an die göttliche Natur der Macht im Reich zu festigen.

Man kann sich leicht die Bestürzung und die Verwunderung der ersten Spanier vorstellen, als sie an diesen Platz in 3000 Metern Höhe gelangten und eine geschäftige, fast europäische Stadt vorfanden mit ihren seit Jahrzehnten verschlüsselten Riten und Lebensrhythmen. Und man bedauert es sogleich, daß sich kein Künstler gefunden hat, der in groben Zügen diesen außergewöhnlichen Mikrokosmos festgehalten hat. Die Bewunderung der Eroberer wich jedoch sehr schnell der Beschäftigung mit viel materielleren Dingen. In weniger als 30 Jahren sollte sich das Gesicht der Stadt vollkommen verändern: Die Tempel wichen den Kirchen der Jesuiten, die Zyklopenmauern den reichen Bürgerhäusern.

Cuzco, Tumipampa, Cajamarca, Huanuco Jauja, Vilcas-huaman und viele andere: Die Liste der von den Inka gegründeten und weiterentwickelten Städte, die von den Kriegen und dem Vandalismus der Spanier und der Eingeborenen schließlich völlig zerstört wurden, ist lang. Es ist ein Paradox, das ihrem zweideutigen Schicksal durchaus würdig ist, daß es den Inka, die trotz ihrer überwältigenden zahlenmäßigen Überlegenheit und ihrer eigentlich uneinnehmbaren Festungen in nur wenigen Stunden besiegt wurden, gelang, uns fast unbeschädigte Zeugnisse ihres Genies in Form monumentaler Militärarchitektur zu hinterlassen. Ihre auf der Rechteckform basierende zivile Architektur konnte sich hingegen im Anden-Gebiet nicht durchsetzen, und einzig die Siedlung Tambo Colorado zeugt noch von dem Talent der Städtebauer.

Eine steinerne Welt, aber auch eine zerbrechliche Welt. Eine theokratische und technokratische Gesellschaft, in der sich der einzelne mit ein paar Knoten auf einem Schnürchen zusammenfassen ließ. Keramik- oder Holzmasken mit ausdruckslosen Gesichtern und leeren Blikken, die an die römische Bildhauerkunst erinnern. Um die Zeit zu überdauern, fehlte dieser Kultur vielleicht das Lächeln eines Mochica-Kindes...

Inhalt

Ägypten 7

Einleitung 9
Religion 11
Die prähistorische Epoche 28
Die thinitische Epoche 31
Das Alte Reich 34
Erste Zwischenzeit 58
Das Mittlere Reich 60
Zweite Zwischenzeit 74
Das Neue Reich 75
Die Spätzeit 131
Schlußbemerkung 145

Hellas 147

Einführung 149
Kreta bis zum Ende der mykenischen Periode 153
Die Zeit der Dorer 174
Von der Polis zu Demokratie – Kunst und Architektur im antiken Athen   203
Die griechische Kolonisation in Sizilien und Süditalien 230
Höhepunkt und Niedergang der klassischen Epoche 253

Rom ... 289

Bevor Rom wirklich Rom wurde ... 290
Das Mauerwerk und die römische Bautechnik ... 321
Monumentale Tore und Triumphbögen ... 341
Das Rom der Spiele und der Freizeit ... 361
Die römischen Aquädukte ... 389
Die römischen Wohnhäuser ... 395
Die römischen Paläste ... 411
Schlußbetrachtung ... 419

Byzanz ... 433

Das Byzantinische Reich ... 435
Die bedeutendste Kunstart: das Mosaik ... 447
Die Sakralkunst ... 469
Die Architektur ... 485
Die Renaissance in der Architektur ... 505
Die byzantinische Ikonographie ... 512
Die Fresken ... 514
Die Ikonen ... 519
Die Buchmalerei ... 535
Die Bildhauerkunst ... 542
Die Luxuskünste ... 554
Nachwort ... 558

Islam ... 569

Eine ungewöhnliche Kultur ... 571
Die Anfänge ... 573
Das Mittelalter: Das Goldene Zeitalter
der moslemischen Zivilisation ... 611
Die Neuzeit: Zersplitterung und Untergang ... 663
Schlußbetrachtung ... 710

China ... 711

Einleitung ... 713
Steinzeitliche Funde aus dem Neolithikum ... 717
Ein erster Höhepunkt: die Shang-Zeit ... 730
Eine Periode des Übergangs: die Zhou-Zeit ... 740
Die Quin-Zeit bringt die erste Einigung des Reichs ... 759
Die Gräber der Han-Zeit ... 761
Die Anfänge der buddhistischen Kunst:
San-guo- bis Nan-bei-chao-Zeit ... 782
Eine liberale Ära: die Tang-Zeit ... 801
Von der Erfindung des Porzellans zum Höhepunkt der
Landschaftsmalerei: die Song-Zeit ... 813
Jahre der Fremdherrschaft: die Yuan-Zeit ... 832
Zwischen Progression und Rückschritt: die Ming-Zeit ... 836
Das Ende der Kaiser-Ära: die Qing-Zeit ... 851

Japan ... 855

Einleitung ... 857
Kunst der Vor- und Frühgeschichte ... 859
Die Einführung des Buddhismus ... 879
Nara ... 897
Übergang zur Heian-Zeit ... 907
Heian ... 924
Kamakura ... 932
Muromachi ... 950
Momoyama ... 959
Edo ... 974
Schluß ... 993

Das Alte Amerika ... 995

Einführung ... 997
Die Augenzeugen ... 1001
Reisende und Archäologen ... 1005
Der geographische Rahmen ... 1021
Die großen archäologischen Fundstätten ... 1025
Der chronologische Rahmen ... 1041
Die Chavín-Kultur ... 1049
Die Mochica-Kultur ... 1066
Der Nazca-Stil ... 1092
Tiahuanaco-Huari ... 1096
Die Inkas ... 1102